Das Python Praxisbuch

Eine Auswahl aus unserem Programm:

Diese Neuauflage wurde auf die Debian GNU/Linux-Version 4 »Etch« hin aktualisiert und überarbeitet. Sie wendet sich an Nutzer, die vielleicht schon eine Linux-Distribution ausprobiert haben, aber dennoch eine grundlegende Einführung benötigen. Autor Frank Ronneburg bietet genau das: einen Einstieg in alle Bereiche der täglichen Arbeit mit Debian – von der Installation auf verschiedensten Plattformen über Netzwerkeinsatz, Office- und Grafikanwendungen bis hin zu Multimedia. Ein Schwerpunkt des Buchs liegt auf der Debian-eigenen Paketverwaltung apt-get.

Frank Ronneburg
Debian GNU/Linux 4-Anwenderhandbuch
ISBN 978-3-8273-2523-5
768 Seiten
Euro 49,95 (D), 51,40 (A)

Der aktualisierte Nachdruck der 8. Auflage preisgünstig als Studentenausgabe mit 3 DVDs: Fedora 9, openSUSE 11 (32/64-Bit), Ubuntu 8.04 LTS »Hardy Heron«

Wenn ein Buch den Aufstieg von Linux im deutschsprachigen Raum begleitet hat, dann dieses: Michael Koflers »Linux«-Buch, auch schlicht »der Kofler« genannt. Seit mehr als zehn Jahren gilt dieses Buch als DAS Standardwerk für Linux-Einsteiger und Anwender: Es richtet sich an alle, die ihr Betriebssystem nicht nur einsetzen, sondern auch hinter die Kulissen blicken möchten. Das Buch ist in acht Teilen gegliedert:

1. Einführung und Installation: Gnome, KDE 4
2. Linux im Büro: Webbrowser, Email-Clients, OpenOffice.org, Digitalkameras, Scanner, Bildverwaltung, Gimp 2.4, Audio und Video
3. Unix/Linux-Werkzeuge: Prozessverwaltung, Dateiverwaltung, Netzwerk-Tools, Vim, bash (Shell)
4. Systemkonfiguration/-Administration und Entwicklung: Software- und Paketverwaltung, Bibliotheken, Java und Mono, X, Administration des Dateisystems, Kernel und Module
5. Netzwerk- und Server-Konfiguration: LAN, WLAN, VPN, Modem, ISDN, ADSL, Internet-Gateway, Masquerading, DHCP, Nameserver, Firewall, SELinux, AppArmor, Apache, PHP, MySQL, FTP, SSH, CUPS, Samba, NFS
6. Wine, Xen, VMware & Co.
7. Distributionen: Details zu Debian/GNU Linux 4.0, Fedora 9, Knoppix 5.3, Red Hat Enterprise Linux 5, openSUSE 11 und Ubuntu 8.04
8. Referenz: Thematisch, alphabetisch

Michael Kofler
Linux
ISBN 978-3-8273-2752-9
1344 Seiten
Euro 39,95 (D), 41,10 (A)

open source library

Farid Hajji

Das **Python Praxisbuch**

Der große Profi-Leitfaden
für Programmierer

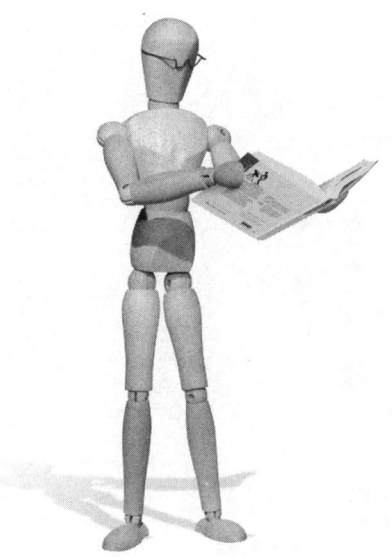

 ADDISON-WESLEY

An imprint of Pearson Education

München • Boston • San Francisco • Harlow, England
Don Mills, Ontario • Sydney • Mexico City
Madrid • Amsterdam

Bibliografische Information der Deutschen Nationalbibliothek
Die Deutsche Nationalbibliothek verzeichnet diese Publikation in der Deutschen Nationalbibliografie;
detaillierte bibliografische Daten sind im Internet über http://dnb.d-nb.de abrufbar.

10   9   8   7   6   5   4   3   2   1

10   09   08

ISBN 978-3-8273-2543-3

© 2008 by Addison-Wesley Verlag,
ein Imprint der Pearson Education Deutschland GmbH,
Martin-Kollar-Straße 10–12, D-81829 München/Germany
Alle Rechte vorbehalten
Lektorat: Boris Karnikowski, bkarnikowski@pearson.de
Korrektorat: Annette Glaswinkler, www.sprache-und-text.de
Herstellung: Monika Weiher, mweiher@pearson.de
Satz: PTP-Berlin Protago-TeX-Production GmbH, (www.ptp-berlin.eu)
Druck: Kösel, Krugzell, (www.KoeselBuch.de)
Printed in Germany

Inhaltsübersicht

open source library

Inhaltsverzeichnis

open source library

Teil III   Anwendungen   435

Einführung

Willkommen zum Python-Praxisbuch!

Was ist Python?

Python ist eine Allzweck-Programmiersprache, die verschiedene Paradigmen unterstützt: Objekt-orientiert, imperativ und funktional. Sie ist interpretiert, kann aber in C/C++ und anderen Programmiersprachen erstellte Binary-Module laden und ohne Geschwindigkeitseinbußen ausführen. Eines ihrer besonderen Merkmale, das Umsteigern und vielen erfahrenen Programmierern sofort ins Auge fällt, ist die ungewohnte und zum Teil umstrittene *Syntax durch Einrückung*, die aber einen maßgeblichen Beitrag zur Lesbarkeit und Wartbarkeit von Python-Code leistet.

Die Syntax von Python gilt im Gegensatz zu der anderer Sprachen wie Perl, C++ usw. als *minimalistisch*. Darum ist Python besonders als Einstiegssprache für Anfänger geeignet. Doch was gut für Anfänger ist, muss nicht schlecht für Fortgeschrittene sein! Zum einen bietet Python so gut wie alle Features, die sich ein Programmiererherz wünschen kann, und zum anderen ist gerade die klare, einfache Syntax maßgeblich entscheidend für die Wartbarkeit von eigenem und fremdem Code.

Eine Programmiersprache wäre nur halb so nützlich, wenn sie nicht auch mit einer mächtigen und ausführlichen Standardbibliothek ausgestattet wäre. Aus diesem Grunde wird Python mit einer umfangreichen Sammlung von Modulen ausgeliefert. Diese Sammlung, *Python Standard Library* genannt, befindet sich überall dort, wo der Python-Interpreter installiert ist. Ihr großer Umfang und ihre Vielseitigkeit haben die Bezeichnung *batteries included* inspiriert, und es ist auch tatsächlich so: Viele Python-Programme benötigen nicht mehr als die Standardmodule.

Natürlich ist die Python Standard Library (PSL) nur eine Auswahl möglicher Module. In der Praxis wird man je nach Anwendungsgebiet nicht umhin kommen, Drittanbietermodule aus dem Netz herunterzuladen, um so die PSL zu erweitern. Ähnlich wie bei Perls CPAN werden viele dieser Erweiterungsmodule im *Cheese Shop* PyPI zusammengefasst und können mit einem einzigen Kommando automatisch heruntergeladen, bei Bedarf kompiliert und installiert werden. Abhängigkeiten werden selbstverständlich automatisch berücksichtigt.

Warum dieses Buch?

In der schnelllebigen Welt der Programmiersprachen ist Python schon ziemlich alt: Sie wurde von Guido van Rossum 1991 erstmals veröffentlicht und hat im Laufe der Jahre immer mehr Anhänger und Anwendungsgebiete hinzugewonnen. Konnte man sich noch in den Anfängen von Python einen guten Überblick verschaffen, ist dies in letzter Zeit aufgrund der großen Zahl neuer Module etwas schwieriger geworden. Ja, Python ist gewachsen und hat sich zu einer ausgereiften Sprache samt eigenem Ökosystem entwickelt!

Wer Python erlernen möchte, wird in der Regel auf die Python-Website `http://www` `.python.org/` gehen und dort mit dem hervorragenden Tutorial anfangen. Anschließend heißt es für angehende *Pythonistas* (wie sich Python-Hacker oft und gern bezeichnen): ab in die ausführliche Dokumentation der Python Standard Library und lesen, lesen, lesen . . .

Das Python-Praxisbuch versucht die Lernkurve etwas zu verkürzen, indem es als Wegweiser durch das Labyrinth der vielen Dokumentationsseiten und unzähligen Standard- und Drittanbietermodule dient. Anstatt über *alle* möglichen Module etwas zu sagen (was von Natur aus schon unmöglich ist und auf ein Abschreiben der Dokumentation hinauslaufen würde), werden wir uns auf eine *Auswahl* interessanter Module beschränken.

Eine solche Auswahl wird immer subjektiv sein, denn sie hängt von den Vorlieben, Neigungen und besonderen Kenntnissen eines Autors ab. Darum wird es immer Module oder ganze Anwendungsgebiete geben, die im Python-Praxisbuch nicht einmal erwähnt werden. Dies ist nicht als Wertung zu verstehen: Es liegt einfach in der Natur der Sache, dass die Seitenzahl und die Zeit zum Schreiben eines Buches beide endliche Ressourcen sind!

Wir werden nicht die erwähnten und vorgeführten Module dokumentieren, dies können sie selbst viel besser tun! Sie werden beim Lesen dieses Buches ein Grundprinzip erkennen, das sich wie ein roter Faden durch alle Kapitel zieht: Nachdem wir ein Modul eingeführt haben, demonstrieren wir, wie man mit Hilfe der Python-Shell oder des *pydoc*-Programms das Modul dazu bringen kann, seine Dokumentation preiszugeben. Mit anderen Worten: Wir werden zeigen, wie man sich selbst hilft und Python-Module *interaktiv* erkunden kann.

Dieses interaktive Erkunden von Python-Modulen ist in meinen Augen ein essenzieller Bestandteil der Python-Erfahrung. Gleichgültig, ob Sie ein Standardmodul der PSL oder ein völlig unbekanntes Drittanbietermodul zum ersten Mal benutzen möchten, es wird sich immer die Frage stellen: Was kann ich mit diesem Modul so alles anstellen? Oder noch kürzer: Welche API stellt mir dieses Modul zur Verfügung?

Selbstverständlich liest niemand gern API-Dokumentationen. Schließlich können solche endlosen Listen von Funktionen und ihre Signaturen samt zugehörigen Kommentaren sehr öde sein. Python hat aber hier eine gute Alternative gegen die Langeweile: die interaktive Python-Shell!

In der Python-Shell kann man u.a. unbekannte Module `import`ieren und anschließend erkunden, indem man ihre Dokumentation aufruft. Doch was interessanter ist: Man kann direkt am Python-Prompt Code-Fragmente ausprobieren, neue Funktionen aufrufen und sofort erkennen, was diese Funktionen zurückgeben. Sind das komplizierte Datenstrukturen, dann kann man sie ebenfalls unter die Lupe nehmen. Der große Umweg, den man bei anderen Programmiersprachen (inklusive manch interpretierter Sprachen wie Perl) nehmen muss, um Datenstrukturen zu inspizieren oder kleine Testprogramme zu schreiben, entfällt bei Python komplett: Ausprobieren kann man direkt am Python-Prompt!

Was enthält dieses Buch?

Das Python-Praxisbuch gliedert sich in drei Hauptteile:

- Teil I: Die Python-Umgebung
- Teil II: Python-Grundlagen
- Teil III: Anwendungen

Der **erste Teil** zeigt, wie man Python installiert, die Python-Shell bedient, ein einfaches Programm startet und vor allem, wie man sich selbst helfen kann, um z.B. Dokumentation zu finden und anzuzeigen.

Bei der *Installation von Python* hat man die Wahl zwischen einer systemweiten Installation und einer Installation, die nur für einen Benutzer gilt (etwa wenn man keine ausreichenden Schreibrechte auf Systemverzeichnisse besitzt). Wir werden sehen, wie beide Installationen bewerkstelligt werden und nebeneinander koexistieren können.

Da Erweiterungsmodule in Python oft C/C++ Code enthalten, werden wir auch im Falle von Windows den MinGW-Compiler installieren und konfigurieren. Außerdem werden wir die *setuptools* unserer Python-Installation hinzufügen, um Module aus dem Cheese Shop PyPI automatisch herunterzuladen und zu installieren.

Die wichtigste Information aus diesem ersten Teil ist es, wie man sich in der *Python-Shell* selbst helfen kann, d.h. wie man neue Module interaktiv erkundet und ihre Dokumentation anzeigen kann. Nachdem Sie den ersten Teil gelesen haben, sollten Sie in der Lage sein, selbstständig existierende Programme zu laden, auszuführen und, zumindest oberflächlich, zu verstehen.

Der **zweite Teil** enthält das, was man als Programmierer wissen sollte, wenn man Python effektiv einsetzen möchte. Wir werden insbesondere die folgenden Datenstrukturen ausführlich vorstellen und etwas Übung darin gewinnen: *Zahlen, Strings, Listen, Dictionarys*. Diese Datenstrukturen sind grundlegende Bausteine eines jeden Python-Programms, und es ist sehr wichtig, dass Sie sich damit vertraut machen.

Sehr wichtig sind auch die Themen *Funktionen, Dateien und das Dateisystem* sowie *Klassen und Objekte*! Im Kapitel 8 *Funktionen* werden Sie mehr über den Übergabemechanismus von Funktionsparametern erfahren, wie man Funktionen mittels Dekoratoren verändert etc. Das Kapitel *Dateien und das Dateisystem* wird ausführlich die Dateiein- und -ausgabe erklären. In *Klassen und Objekte* kommt dann endlich die ganze objektorientierte Natur von Python zum Tragen: Während wir bisher nur diverse Klassen (str, list, file etc.) benutzt haben, lernen Sie hier, wie man selbst Klassen schreibt und was man darüber wissen muss.

Den zweiten Teil schließen wir mit einem wichtigen Thema ab: *Python und C/C++*. Dort erfahren Sie, was Python zu einer *Hybridsprache* macht, d.h. wie man von Python aus C- und C++-Code einbinden kann. Dies ist wichtig, weil man damit nicht nur in der Lage ist, CPU-Flaschenhälse in C zu optimieren, sondern auch, weil man so externe Bibliotheken wie etwa GUI-Toolkits von Python aus benutzen kann. Wir konzentrieren uns in diesem Kapitel auf das externe Tool SWIG, das zwar nicht Bestandteil von Python ist, aber spielend leicht nachinstalliert werden kann.

Nachdem Sie den zweiten Teil gelesen haben, sollten Sie in der Lage sein, *jedes* Python-Programm selbstständig zu lesen und zu verstehen und ohne fremde Hilfe eigene Python-Programme für alle möglichen Gebiete zu erstellen.

Während wir uns im zweiten Teil auf Standardmodule der Python Standard Library beschränkt haben, gehen wir im **dritten Teil** auf Drittanbietermodule ein, die man alle erst nachträglich installieren muss, wenn man sie denn braucht. Die Kapitel des dritten Teils sind nach Anwendungsgebieten gegliedert.

In Kapitel 12, *XML und XSLT*, erfahren Sie, wie Sie XML-Daten verarbeiten können; eine Aufgabe, die sehr häufig vorkommt und daher ein eigenes Kapitel erhält.

In Kapitel 13, *Persistenz und Datenbanken*, geht es darum, Daten in normalen Dateien, DBM-Dateien, Objekt-orientierten Datenbanken wie ZODB, SQL-basierten Datenbanken wie SQLite3, PostgreSQL und MySQL und objektorientiert in SQL-Datenbanken mit Hilfe von ORMs (objektrelationalen Mappern) zu speichern. Damit das möglich ist, müssen zuvor komplexe Datenstrukturen oft erst zu Strings serialisiert werden, bevor sie gespeichert werden, und sie sollten umgekehrt aus Strings deserialisiert werden, bevor sie wiederverwendet werden können. Dieses Thema wird ausführlich in diesem Kapitel behandelt.

In Kapitel 14, *Netzwerkprogrammierung*, erfahren Sie, wie Netzanwendungen erstellt werden, seien es Client/Server- oder Peer-to-Peer-Programme (wussten Sie, dass das ursprüngliche Bittorrent eine Python-Anwendung ist?). Dies kann mit einfachen Bordmitteln der Python Standard Library bewerkstelligt werden, was auch kurz gezeigt wird. Wir werden hier jedoch schwerpunktmäßig das Twisted Framework vorstellen, das nicht nur besonders mächtig und flexibel ist, sondern auch ein ganz eigenartiges nicht-lineares asynchrones event-gesteuertes Programmiermodell mit Deferred und Callbacks besitzt, dem Sie unbedingt einmal in Ihrer Programmiererkarriere begegnet sein sollten!

Das große Gebiet der *Webprogrammierung und Web-Frameworks,* das technisch als Sonderfall zur *Netzwerkprogrammierung* gehört, bekommt ein eigenes Kapitel aufgrund seines Umfangs. Dort zeigen wir, wie man eigene Webserver in Python programmiert, aber auch wie man populäre Webserver wie Apache oder Lighttpd an Python anbindet. Wichtiges Thema hier ist die WSGI-Schnittstelle zwischen einer Python-Anwendung und einem WSGI-enabled Webserver. Wir gehen auch auf die legacy CGI-Schnittstelle ein und zeigen, wie man traditionelle CGI-Programme in Python erstellen kann.

Viele Webanwendungen trennen die Präsentation von der Logik, indem sie die Präsentation in einer speziellen Template-Sprache ausdrücken. Wir werden in diesem Kapitel Text-basierte und XML-basierte Templating-Engines vorstellen, die besonders gern eingesetzt werden.

Immer noch im selben Kapitel gehen wir dann auf Web-Frameworks ein: Das sind Software-Architekturen, in die man eine Webanwendung einbetten kann, und ihr Zweck ist es, dem Anwendungsentwickler viele Details abzunehmen, wie etwa die Sitzungsverwaltung, die Persistenz und das Templating. Wir stellen mit Django ein leichtgewichtiges, aber dennoch mächtiges und flexibles Framework vor, mit dem Websites nach dem MVC-Modell (Model-View-Controller) erstellt werden. Als schwergewichtiges Web-Framework stellen wir kurz Zope und das auf Zope basierende Plone Content Management Framework vor und zeigen, wie man Benutzerdaten dort einschleusen und auswerten kann.

Wer portable Anwendungen erstellen will, ist gut beraten, diese in Form einer Webanwendung zu modellieren. Ein Webbrowser befindet sich auf so gut wie jeder Plattform, und gut geschriebene, sich an Webstandards haltende Web-basierte Anwendungen gehören zu den portabelsten Anwendungen überhaupt. Aber manchmal kommt man nicht umhin, ein lokales Programm samt GUI (Graphical User Interface) schreiben zu müssen! Dies ist Gegenstand des Kapitels *GUI-Toolkits.* Dort zeigen wir ausführlich, wie man GUI-Anwendungen mit wxPython, das auf dem populären wxWidgets-Toolkit basiert, erstellen kann. Schwerpunkt ist nicht, jedes einzelne Widget zu zeigen, sondern wie man sich generell in wxPython zurechtfindet und sich selbst helfen kann (der rote Faden, erinnern Sie sich?). Neben wxPython stellen wir auch PyQt4 vor, mit dem man das populäre Qt4-Toolkit ansprechen kann. Wir zeigen außerdem mit pythondialog ein kleines minimales Toolkit, mit dessen Hilfe man Text-basierte GUIs programmieren kann, sollte ausnahmsweise mal kein grafisches Fenstersystem zur Verfügung stehen.

Wir werden besondere Aufmerksamkeit dem Thema des »eingefrorenen GUIs« widmen und zeigen, wie man mit Timern, Threads und anderen Techniken responsive GUIs erstellen kann, die auch dann weiterhin auf Benutzereingaben reagieren, wenn längerlaufende Operationen ausgeführt werden. Auch die Integration zwischen Twisted und wxPython wird anhand eines Beispiels gezeigt.

Das letzte Kapitel, *Python für Wissenschaftler*, greift den Faden auf, den wir im einführenden Kapitel *Zahlen* aufgegeben haben, und führt ihn dort fort. Wir zeigen, wie man Brüche, aber auch einfach symbolische Variablen und Ausdrücke verwenden kann. Ganz so wie bei Maxima, Mathematica und Maple lässt sich von Python aus mit Hilfe des sympy-Moduls ein CAS (Computer Algebra System) aufsetzen, das erstaunlich vielseitig und flexibel ist. Neben CAS benötigen Wissenschaftler und Ingenieure Bibliotheken mit rechenintensiven Routinen (wie etwa Interpolation, numerische Integration, schnelle Fourier-Transformationen usw.) und Routinen, die mit großen Datenmengen umgehen sollen (Lineare Algebra, oft mit dünn besetzten, riesigen Matrizen). All dies ließe sich in Python codieren, aber da Python dafür doch etwas langsam wäre und vor allem viel Speicherplatz benötigen würde, verwendet man lieber die bewährten in FORTRAN und C geschriebenen und ausgiebig getesteten Bibliotheken BLAS, LAPACK, ATLAS usw. Wir stellen daher mit scipy einen Python-Wrapper um diese Routinen vor. Außerden zeigen wir, wie man mit matplotlib einen Graphen-Zeichner ähnlich MATLAB erhält.

Der Sinn dieses letzten, doch sehr auf Mathematik fokussierten Kapitels liegt darin zu zeigen, wie tief und ausgefeilt manche Python-Module sein können. Egal, welches Anwendungsgebiet Ihnen vorschwebt: Es kann sein, dass es dafür bereits sehr fortgeschrittene Module gibt, auch wenn sie nicht in der Python Standard Library zu finden sind. Mit etwas Geduld und Suche werden auch Sie ganz sicher das Modul finden, das für Ihre Anwendung ideal passen wird. Und wenn nicht, dann schreiben Sie es doch einfach und übertragen es zum Cheese Shop PyPI, damit die Community davon profitieren kann, genauso wie Sie aus den vielen fertigen Modulen einen Nutzen ziehen konnten. Schließlich lebt jedes Open Source-Projekt nach diesem Modell!

Python 3.0 ante portas

Als dieses Buch in seiner letzten Produktionsphase stand, war Python 2.5.2 die aktuelle offizielle Version; und es ist damit zu rechnen, dass es mit Python 2.6 noch eine Version aus der Python 2.X-Reihe geben wird, die weitgehend kompatibel zu Python 2.5.X sein wird. Die in diesem Buch gezeigten Beispiele sollten (theoretisch) unter Python 2.6 genauso wie unter Python 2.5 laufen.

In einigen Monaten wird aber Python 3.0 erscheinen. Es ist momentan noch im Alpha-Stadium. Python 3.0 wird *nicht* abwärtskompatibel zur Python 2.X-Reihe sein, und es ist damit zu rechnen, dass einige, wenn nicht die meisten, Beispiele aus dem Buch nicht ohne leichte Änderungen mit Python 3.0 laufen werden. Es soll zwar ein Software-Konvertierungstool geben, das Python 2.X-Code entsprechend anzupassen versucht, aber inwieweit dieses Tool auch in der Lage sein wird, die Beispiele aus diesem Buch zu konvertieren, bleibt abzuwarten.

Eine eventuelle zweite Auflage des Python-Praxisbuchs wird Python 3.X-kompatible Beispiele enthalten. Diese Beispiele werden Sie auch auf der Support-Seite dieses Buches finden, sobald sie zur Verfügung stehen.

Support-Seite

Die Support-Seite des Python-Praxisbuchs finden Sie unter folgender URL:

```
http://pythonbook.hajji.name/
```

Dort sehen Sie die Beispiele aus dem Buch und die verschiedenen Drittanbieter-Softwarepackages, die in diesem Buch zum Einsatz kamen, samt Links auf aktuellere Versionen. Außerdem finden Sie dort Erweiterungen, die aus Zeit- und Platzgründen nicht mehr in die jeweiligen Kapitel aufgenommen werden konnten.

Sie erhalten auf der Support-Seite auch eine E-Mail-Kontaktadresse, unter der Sie mich erreichen können, sei es, um Fehler zu melden, allgemeine Fragen zum Buch zu stellen oder um mich für On-site-Schulungen, Coaching oder Projekte auf Freelance-Basis zu buchen. Ich freue mich auf jede Mail.

Danksagungen

Ein großer Dank gebührt meinem Lektor Boris Karnikowski von Addison-Wesley für die reibungslose und erfreuliche Zusammenarbeit. Das Buch hat mehr Zeit in Anspruch genommen, als wir ursprünglich gedacht haben, aber die Geduld hat sich hoffentlich gelohnt. Danken möchte ich auch Annette Glaswinkler, die viele kleine Tipp- und Sprachfehler erwischt hat, und vielen Dank auch an das gesamte Team von Pearson Education München.

Ohne Guido van Rossum und die gesamte Pythonista-Community gäbe es nichts zu schreiben! Darum geht das größte Dankeschön an alle unermüdlichen Python-Hacker, die eine großartige Programmiersprache samt zahlloser, äußerst nützlicher Module entwickelt haben. Es ist eine wahre Freude, damit zu arbeiten!

Last, but not least, vielen Dank an diejenigen, die mir während der langen Schreibphase mit moralischer Unterstützung stets zur Seite standen, und an diejenige, die trotz Abwesenheit, stets in schweren Zeiten inspirierend wirkte. Ihr wisst, wer Ihr seid: Danke euch allen.

Toolbox

Die im Python-Praxisbuch verwendete Version war Python 2.5.2. Die Beispiele sind unter FreeBSD 7.0 (das Sie von `http://www.freebsd.org/` erhalten) entstanden und getestet. Sie wurden, soweit möglich, auch unter Windows XP ausprobiert, wie die meisten Screenshots zeigen. Ich habe sie mangels entsprechender Hardware nicht unter Mac OS X testen können.

Das Buch wurde im Python-basierten Wiki MoinMoin geschrieben (mit Hilfe der »It's all text« Firefox-Erweiterung und Emacs) und kollaborativ und parallel vom Verlag durchgesehen und korrigiert. Die Konvertierung nach LATEX geschah mit Hilfe eines vom Autor angepassten MoinMoin Plugin *text_latex.py* von Jürgen Hermann, João Neves und Johannes Berg. Das Syntax-Highlighting wurde mit Hilfe von Pygments realisiert. Als Fonts kamen Palatino, MetaPlus und LetterGothic-Condensed zum Einsatz.

Farid Hajji

Teil I

Die Python-Umgebung

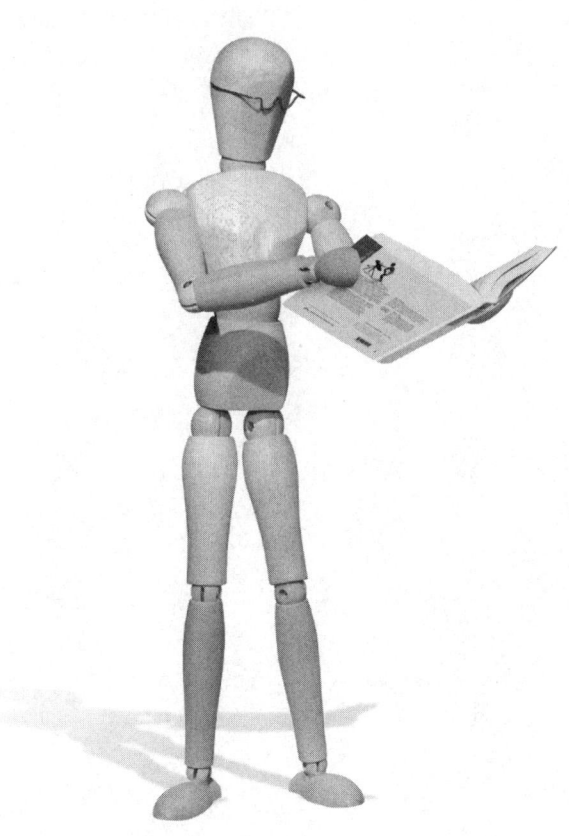

1 Python installieren

Python-Programme werden von einem Interpreter (oft *python* – oder *python.exe* bei Windows – genannt) ausgeführt, welcher auf jedem Zielrechner installiert sein muss.

In diesem Kapitel widmen wir uns dem Thema der Installation von Python. Dabei werden wir sehen, wie Python auf Unix-ähnlichen Plattformen und Windows installiert wird und wie verschiedene Versionen von Python auf demselben Rechner koexistieren können.

Anschließend beschäftigen wir uns mit der Installation von Drittanbietermodulen, mit denen die umfangreiche Python Standard Library ergänzt werden kann.

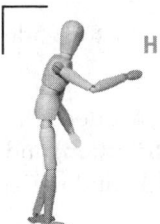

> **Hinweis**
>
> Als dieses Buch geschrieben wurde, war die aktuelle Version von Python 2.5.2. Bitte denken Sie sich höhere Versionsnummern, wenn Sie dieses Buch lesen und versuchen, die Beispiele nachzuvollziehen.

1.1 Python auf Unix

Auf Unix-ähnlichen Systemen wie die BSDs, Linux-Distributionen, Solaris usw. lässt sich Python vom Quellcode aus kompilieren und installieren. Obwohl dies trivial einfach ist, können wir uns die Zeit und Mühe des Kompilierens oft ersparen, denn es kann sein, dass Python bereits vorinstalliert ist. Dies ist typischerweise der Fall bei Linux-Distributionen, welche Python als Teil der Basisarchitektur benötigen, wie etwa Gentoo-Linux.

Um herauszufinden, ob Python bereits auf Ihrem System installiert ist, rufen Sie einfach *python* von der Shell aus auf. Beispielsweise ist auf meinem FreeBSD 7-System Python zur Zeit installiert:

```
$ python
Python 2.5.2 (r252:60911, Mar  1 2008, 14:15:45)
```

```
[GCC 4.2.1 20070719  [FreeBSD]] on freebsd7
Type "help", "copyright", "credits" or "license" for more information.
>>> quit()
```

Während es auf diesem Rechner *voraussichtlich* fehlt:

```
% python
python: Command not found.
```

Warum voraussichtlich? Es kann ja sein, dass Python dort vorhanden ist, aber die Umgebungsvariable PATH den Pfad nicht enthält, wo sich Python befindet.

Wie dem auch sei; man kann Python bei Bedarf nachträglich kompilieren und installieren. Das ist typischerweise der Fall, wenn:

- Python gar nicht auf dem System installiert ist;
- die installierte »Systemversion« von Python zu alt ist, aber nicht ersetzt werden soll, um existierende Funktionalität nicht zu beschädigen;
- man mehrere verschiedene Versionen von Python nebeneinander benötigt (wie z.B. Python 2.4 und Python 2.5),
- man keine Schreibrechte auf Systemverzeichnisse hat, aber trotzdem einen eigenen Python-Interpreter samt Bibliothek und Drittanbietermodulen z.B. im Home-Verzeichnis unterbringen will.

Um Python auf Unix-ähnlichen Systemen zu kompilieren, stehen einem folgende Möglichkeiten zur Verfügung:

- Man installiert eine Binary-Version von Python, indem man eine .rpm- oder .deb-Datei herunterlädt (typischerweise vom Anbieter der jeweiligen Distribution) und mit Hilfe des Package-Systems an einer vordefinierten Stelle auspackt und registriert.
- Man installiert Python mit Hilfe eines Ports oder Portage, indem man mit dem System den Quellcode herunterlädt, patcht, kompiliert, installiert und registriert.
- Man lädt den Quellcode manuell herunter und kompiliert ihn selbst, indem man verschiedene Optionen dabei angibt.

Die erste Methode ist oft die schnellste. Benutzen Sie dafür einfach das Programm Ihrer Distribution, mit dem Sie Packages hinzufügen. Vergessen Sie nicht, auch eventuelle *python-devel* Packages mit zu installieren, welche C-Header enthalten. Alternativ dazu können Sie die Programme direkt aufrufen, welche von diesen graphischen Installern hinter den Kulissen benutzt werden, wie etwa *rpm* oder *apt-get*. Rufen Sie man rpm oder man apt-get auf, um die jeweilige Manualseite zu erhalten.

Die zweite Methode ist ebenfalls sehr einfach zu verwenden, erfordert aber etwas Geduld, während der Quellcode von Python übersetzt wird. Auf FreeBSD kann man z.B. Python wie folgt installieren:

```
# cd /usr/ports/lang/python
# make install clean
```

Wohingegen man auf Gentoo einfach *emerge* aufrufen kann:

```
# emerge dev-lang/python
```

In beiden Fällen (Ports und Portage) steht einem eine Auswahl diverser Python Versionen zur Verfügung; wir wollen an dieser Stelle aber nicht zu sehr in die Tiefe gehen.

Die dritte Methode führen wir im nächsten Abschnitt vor, indem wir Python manuell kompilieren und in *$HOME/python* installieren:

1.1.1 Python ohne root-Rechte installieren

Will man eine eigene Python-Installation z.B. in *$HOME/python* haben (z.B. weil man keine *root*-Rechte hat, um auf die Systemverzeichnisse schreibend zugreifen zu können, oder um ein paar Experimente zu machen, ohne die Systemversion von Python zu beschädigen), kann man Python selbst kompilieren und bei *configure* die Option `--prefix=ziel` angeben:

```
$ mkdir $HOME/python
$ fetch http://www.python.org/ftp/python/2.5.2/Python-2.5.2.tar.bz2
Python-2.5.2.tar.bz2                          100% of 9577 kB  117 kBps 00m00s
$ tar -xpf Python-2.5.2.tar.bz2
$ cd Python-2.5.2
$ ./configure --prefix=$HOME/python
$ make
$ make install
```

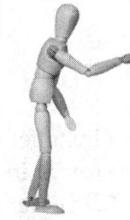

Hinweis

Das Programm *fetch* ist FreeBSD-spezifisch. Auf Ihrer Plattform wird es aber ein ähnliches Programm geben, um Dateien aus dem Web herunterzuladen, z.B. *wget, curl* etc. Auch der Browser Ihrer Wahl ist zum Herunterladen von solchen Dateien bestens geeignet.

Anschließend kann das Arbeitsverzeichnis (hier *Python-2.5.2*) gelöscht werden:

```
$ cd ..
$ rm -rf Python-2.5.2
```

Durch das *configure*-Flag `--prefix`, das hier auf den Pfad *$HOME/python* statt auf das Default */usr/local* zeigt, wird der Python-Interpreter nach *$HOME/python/bin*, die Python Standard Library nach *$HOME/python/lib/python2.5*, die C-Header nach *$HOME/python/include/python2.5* usw. installiert!

```
$ $HOME/python/bin/python
Python 2.5.2 (r252:60911, Mar  1 2008, 18:37:16)
[GCC 4.2.1 20070719  [FreeBSD]] on freebsd7
Type "help", "copyright", "credits" or "license" for more information.
>>> import sys
>>> sys.prefix
'/users/farid/python'
>>> quit()
```

Man beachte den Unterschied mit der Systemversion, die hier in */usr/local* installiert ist:

```
$ python
Python 2.5.2 (r252:60911, Mar  1 2008, 14:15:45)
[GCC 4.2.1 20070719  [FreeBSD]] on freebsd7
Type "help", "copyright", "credits" or "license" for more information.
>>> import sys
>>> sys.prefix
'/usr/local'
>>> quit()
```

Übrigens: durch Aufruf von *python* ohne weitere Argumente wird die *Python-Shell* gestartet, erkennbar am >>>-Prompt. Diese wird im folgenden Kapitel *Die Python-Shell* ausführlicher behandelt. Im Folgenden werden Kommandos, die in der Python-Shell einzugeben sind, stets durch den >>>-Prompt angedeutet.

1.2 Python auf Windows

Auf Windows lässt sich Python am einfachsten mit Hilfe des mitgelieferten Installers installieren. Dieser befindet sich auf der Python-Website http://www.python.org/ im Download-Bereich. Diesen Installer können Sie an einer beliebigen Stelle (z.B. in einem Download-Folder) ablegen und ausführen.

Als Erstes möchte der Installation Wizard wissen, ob Python für alle Benutzer oder nur für den Benutzer installiert werden soll, der das Programm ausführt. Da wir als *Administrator* unterwegs sind, installieren wir gleich für alle Benutzer.

Der *Installation Wizard* fragt dann wie gewohnt nach einem Zielfolder für Python und schlägt *C:\Python25* vor. Dies ist ein guter Vorschlag (alle Python 2.5.X Bug-fixes

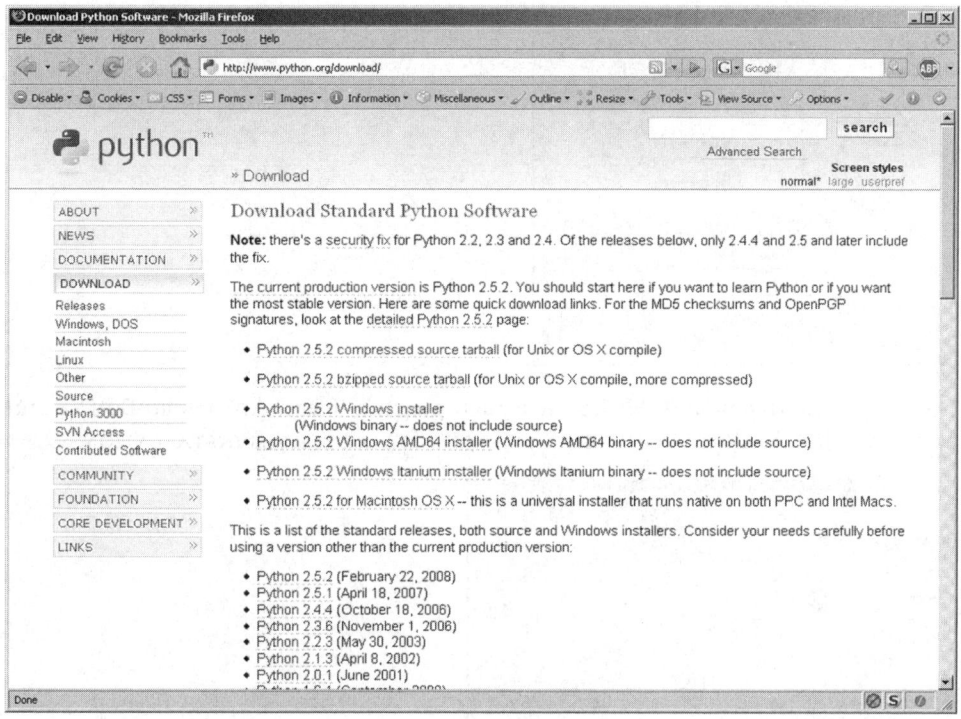

installieren sich dort). Natürlich lässt sich der Zielfolder verändern. In diesem Beispiel ändern wir etwa *C:\Python25* nach *D:\Python25*, um Python auf ein anderes Laufwerk zu installieren:

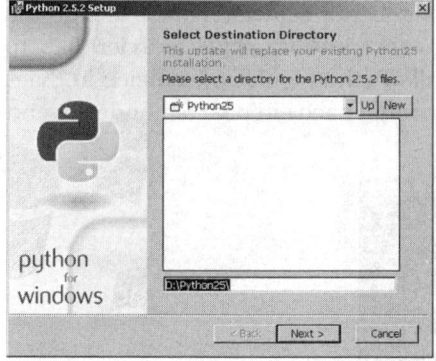

Beim nächsten Dialogfenster haben wir die Möglichkeit, einige Komponenten *abzuwählen*, wenn wir nicht genug Platz auf der Festplatte haben. Es wird jedoch empfohlen, alles zu installieren (d.h. hier nichts zu ändern):

Da wir gerade dabei sind, klicken wir auch gleich auf den ADVANCED-Button und aktivieren die Checkbox COMPILE .PY FILES TO BYTE CODE AFTER INSTALLATION:

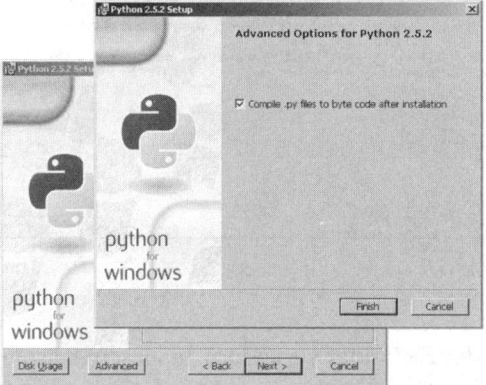

Anschließend wählen wir FINISH, um die Installation zu starten. Python-Dateien werden nun in den Zielordner kopiert, den wir weiter oben spezifiziert haben, und da wir die Checkbox COMPILE .PY FILES TO BYTE CODE AFTER INSTALLATION aktiviert haben, wird Python nun in ein eigenes Shell-Fenster alle Python-Quellcodedateien in Byte-Code kompilieren. Dieses Shell-Fenster verschwindet nach ein paar Sekunden, wenn alles vorbereitet ist:

Jetzt ist Python installiert. Wir können den Installer nun beenden, indem wir auf *Finish* klicken.

Unter *Python 2.5* (wie bereits erwähnt, ist die Version *2.5.2* lediglich ein Bugfix-Release von Python 2.5, so dass es wie 2.5 an derselben Stelle installiert wird), befindet sich jetzt ein Submenü:

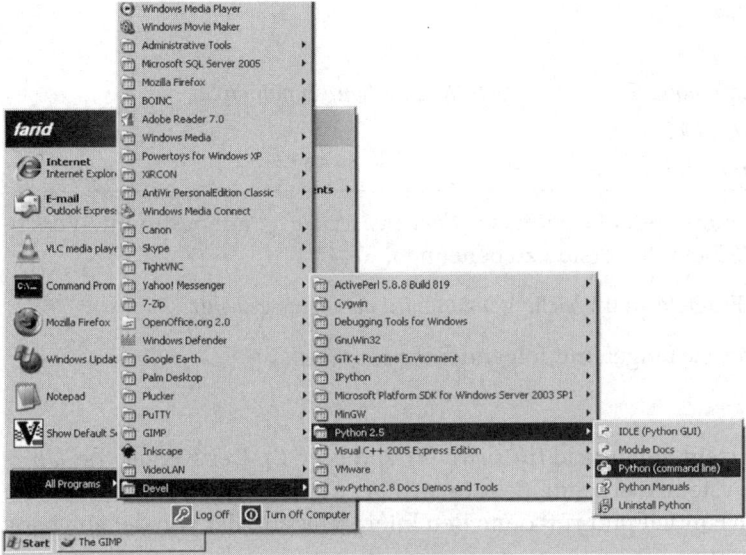

Nun ist Python auf Windows vollständig installiert.

1.3 Mehrere Python unter einem Dach

Auf demselben Rechner können also mehrere Python-Versionen friedlich nebenein-ander leben. So kann man beispielsweise sowohl Python 2.4.X als auch Python 2.5.Y gleichzeitig installieren; oder, wie wir es gerade vorgeführt haben, als normaler User einen eigenen Interpreter bei sich installieren.

Dies ist möglich, weil neben den Binarys *python*, *pydoc*, *idle* usw. dieselben Dateien auch als *python2.5*, *pydoc2.5*, *idle2.5* bzw. *python2.4*, *pydoc2.4* und *idle2.4* ins *$PREFIX/bin*-Verzeichnis installiert werden, und jede Python-Hauptversion wie 2.4 und 2.5 ihr eigenes Verzeichnis für die Python Standard Library besitzt (nicht jedoch die Bugfixes wie 2.4.3, 2.4.4, welche sich bei identischem *$PREFIX* das Verzeichnis der PSL teilen)! Bei einem Unix-System könnten die Pfade z.B. wie folgt aussehen:

Binaries	Python Standard Library
/usr/local/bin/python2.5	*/usr/local/lib/python2.5*
/usr/local/bin/pydoc2.5	
/usr/local/bin/idle2.5	
/usr/local/bin/python2.4	*/usr/local/lib/python2.4*
/usr/local/bin/pydoc2.4	
/usr/local/bin/idle2.4	
$HOME/python/bin/python2.5	*$HOME/python/lib/python2.5*
$HOME/python/bin/pydoc2.5	
$HOME/python/bin/idle2.5	

Es können auch Symlinks oder Hardlinks *python, pydoc, idle* ... auf bestimmte Versionen zeigen, um eine Default-Version zu benennen.

Doch die wichtige Frage lautet: *Welche Version wird davon ausgewählt?*

Die meisten Programme fangen mit folgender *she-bang-Zeile* an:

```
#!/usr/bin/env python
```

Der Slang *she-bang* steht abkürzend für *sharp* (#) und *bang* (!). Der Kernel von Unix-ähnlichen Betriebssystemen erkennt, dass es sich bei der jeweiligen Datei nicht um ein Binärprogramm handelt und ruft dann den Interpreter auf, der von der she-bang Zeile spezifiziert wurde.

Da */usr/bin/env* automatisch PATH durchsucht, wird der Python-Interpreter ausgeführt, der zuerst gefunden wurde (meist ist es derjenige, auf dem ein Symlink oder Hard-link *python* zeigt). Will man einen anderen Interpreter ausführen, kann man den zur Aufrufzeit explizit angeben:

```
$ /usr/local/bin/python2.4 myprog.py
$ /usr/local/bin/python2.5 myprog.py
$ $HOME/bin/python myprog.py
```

Alternativ dazu kann man die PATH-Umgebungsvariable so setzen, dass */usr/bin/env* automatisch den gewünschten Interpreter aufruft:

```
$ env PATH=$HOME/python/bin:$PATH python myprog.py
```

Manchmal hat man keinen Einfluss auf PATH, z.B. wenn Python über die CGI-Schnitt-stelle von einem Webserver aufgerufen wird. Oft bekommt man dann ein »gereinigtes« PATH, das oft nicht einmal den Standardpfad */usr/local/bin* enthält. In dem Fall bleibt uns keine andere Wahl als die genaue Version des Python-Interpreters (samt Pfad) in der she-bang-Zeile des Programms als absoluten Pfad mit aufzunehmen:

```
#!/usr/local/bin/python2.5
# somecgi.py -- Do something, requires python 2.5
```

Wird dieses Programm aufgerufen, dann wird immer der Interpreter */usr/local/bin/python2.5* ausgewählt.

1.4 Drittanbietermodule installieren

Eine Standard-Python-Installation enthält nach dem Prinzip *batteries included* eine umfangreiche Bibliothek nützlicher Module. Diese *Python Standard Library* genannte Bibliothek lässt sich selbstverständlich durch weitere Module und Packages aus Drittanbietern ergänzen. Hier erfahren Sie, wie es geht.

Hinweis

Windows-Benutzer: Im Folgenden gehen wir davon aus, dass ein Unix-ähnliches Betriebssystem benutzt wird. Daher sind die Pfade etwas anders als bei Windows. Bitte setzen Sie gedanklich die entsprechenden Pfade Ihrer Python-Installation anstelle der Unix-Pfade ein. So wäre z.B. *\Python25\Lib\site-packages* das Äquivalent zu *$PREFIX/lib/python2.5/site-packages*, und die Skripte landen bei Windows i.d.R. in *\Python25\Scripts* statt in *$PREFIX/bin*. Und statt *~/python/bin/python* und ähnliche Aufrufe, rufen Sie einfach *\Python25\python.exe* bzw. die Python-Version auf, die Sie installiert haben.

1.4.1 Einfache .py Dateien

Die Installation eines Python-Packages oder -Moduls ist recht einfach. Handelt es sich um eine einzelne .py-Datei, muss man sie lediglich ins *site-packages* Unterverzeichnis der Python Standard Library (z.B. */usr/local/lib/python2.5*) kopieren (bei Unix mit dem *cp* Kommando); mit anderen Worten nach */usr/local/lib/python2.5/site-packages*:

```
# cp example.py /usr/local/lib/python2.5/site-packages
```

Anschließend empfiehlt es sich, alle neuen .py-Dateien in Python Byte-Code zu kompilieren, damit sie schneller per import geladen werden können:

```
# python -c 'import compileall; compileall.compile_path()'
```

Dieser Schritt ist optional. Für unsere lokale Kopie des Python-Interpreters in *$HOME/python* können wir entsprechend sagen:

```
$ cp example.py $HOME/python/lib/python2.5/site-packages
$ $HOME/python/bin/python -c 'import compileall; compileall.compile_path()'
```

11

1.4.2 distutils-kompatible Packages

Heutzutage sind die meisten Python-Packages distutils-kompatibel. Das heißt, sie kommen alle mit einer Datei *setup.py*, welche die distutils-Infrastruktur der Python Standard Library nutzen, um sich

- zu kompilieren, falls C-Code mitgeliefert wird,
- an der richtigen Stelle zu installieren,
- evtl. weitere Dateien wie Skripte, Bilder etc. dort zu installieren, wo sie hingehören.

Um ein solches Package zu installieren, packt man es aus, wechselt mit cd ins ausgepackte Verzeichnis und ruft dann python setup.py install auf:

```
# cd /path/to/package
# python setup.py install
```

Natürlich installiert sich das Package nur in die Python-Installation, die *setup.py* ausgeführt hat! Möchte man z.B. dieses Package in unsere lokale Kopie der Python-Installation installieren:

```
$ cd /path/to/package
$ $HOME/python/bin/python setup.py install
```

Weitere Details zu distutils, distutils-kompatible Packages und wie man diese erzeugt finden Sie in der Python-Dokumentation unter *Installing Python Modules*. http://docs.python.org/inst/inst.html

1.4.3 Packages ohne root-Rechte installieren

Wir haben zwar gerade gesehen, dass wir Packages auch ohne *root*-Rechte in unserer eigenen Python-Installation unter *$HOME/python* installieren können. Doch wie ist es, wenn wir keine eigene Python Installation haben (können oder wollen), keine *root*-Rechte bekommen und *dennoch* Packages installieren wollen?

In dem Fall legen wir uns ein Verzeichnis für Packages an, z.B.:

```
$ mkdir $HOME/python.3rd
```

Anschließend installieren wir distutils-kompatible Packages mit der *setup.py* Option --home dorthin:

```
$ python setup.py install --home=$HOME/python.3rd
```

Dieser Aufruf wird Module in *$HOME/python.3rd/lib/python*, Skripte in *$HOME/ python.3rd/bin* und andere Dateien in *$HOME/python.3rd/share* kopieren.

Doch noch sind wir hier nicht fertig! Der Aufruf:

```
import mymodule
```

würde i.d.R. das unter *$HOME/python.3rd* installierte Package `mymodule` nicht finden, weil er keine Ahnung hat, dass er dort suchen muss!

Wir müssen offensichtlich Python mitteilen, wo es *zusätzlich* zu den üblichen Pfaden sonst noch suchen muss, d.h. eine Art Suchpfad angeben.

Des Rätsels Lösung liegt in der speziellen Variablen `sys.path`. Diese enthält eine Liste von Pfaden, die von `import` durchsucht werden um ein Modul oder Package zu finden. Unsere eigene Python-Installation in *$HOME/python* hat z.B. folgenden Suchpfad:

```
$ $HOME/python/bin/python -c 'import sys; print sys.path'
['', '/users/farid/python/lib/python25.zip',
'/users/farid/python/lib/python2.5',
'/users/farid/python/lib/python2.5/plat-freebsd7',
'/users/farid/python/lib/python2.5/lib-tk',
'/users/farid/python/lib/python2.5/lib-dynload',
'/users/farid/python/lib/python2.5/site-packages']
```

In dem Beispiel war *$HOME* mein Home-Verzeichnis */users/farid*, und entsprechend gestalteten sich die Pfade.

Diese Pfade werden von `import` der Reihe nach durchsucht ('' steht für das aktuelle Verzeichnis). Sobald das gesuchte Modul in einem dieser Verzeichnisse gefunden ist, wird es geladen.

Um also ein Modul in einer Nicht-Standardposition zu finden, muss man die Liste in `sys.path` entsprechend erweitern (genauso, wie man auf Betriebssystemebene `PATH` gelegentlich erweitern muss)!

Nun müssen wir entscheiden, ob wir *$HOME/python.3rd* genau *am Anfang* oder *am Ende* von `sys.path` hinzufügen wollen. In der Regel wird man es am Anfang einfügen (mit der noch zu erklärenden Anweisung `sys.path.insert(0, new_path)`) statt am Ende (mit `sys.path.append(new_path)`). Somit kann man nämlich bei Bedarf gleichnamige Module aus der Python Standard Library inklusive der nachträglich installierten Module in *site-packages* mit unserem eigenen Modul überschreiben. Dies muss man natürlich bei jedem Programm tun, das dieses Modul benötigt. Der Code sieht dann typischerweise wie folgt aus:

```
#!/usr/bin/env python
# Some program using custom modules.

# 0. Compute $HOME/python.3rd in a platform-independant manner:
import sys, os, os.path
HOME=os.environ['HOME']
PACKAGEDIR=os.path.join(HOME, 'python.3rd')

# 1. Prepend $HOME/python.3rd to sys.path:
sys.path.insert(0, PACKAGEDIR)
```

```
# OR:
# 1bis. Append $HOME/python.3rd to sys.path:
# sys.path.append(PACKAGEDIR)

# 2. Now import standard and custom modules:
import pprint        # a standard module
import mymodule2     # some custom module from $HOME/python.3rd

# 3. Finally use the module in your code
mymodule2.some_function()
```

Nun ist import in der Lage, mymodule2 in *$HOME/python.3rd* zu finden und zu laden.

Es gibt noch andere Wege, den Suchpfad von Python zu ergänzen, wie z.B. .pth-Dateien. All dies können Sie unter der Rubrik *Modifying Python's Search Path* in http://docs.python.org/inst/search-path.html nachlesen.

1.5 setuptools, Eggs und ein Käse-Shop

Im Anwendungsteil werden wir häufiger Module von Drittanbietern benötigen. Diese Module können einfache .py-Dateien, Eggs, Packages mit oder ohne C-Code, die mehr oder weniger Abhängigkeiten haben, sein.

Um all diese verschiedenen Formen von Packages am einfachsten zu handeln, werden wir an dieser Stelle setuptools installieren und erhalten dadurch u.a. das Skript *easy_install*, mit dessen Hilfe das Hinzufügen von Packages an eine Python-Installation (fast) zum Kinderspiel wird!

1.5.1 setuptools installieren

setuptools ist eine Erweiterung des Standardmoduls distutils.

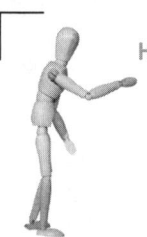

Hinweis

distutils ist ausführlich in der Python-Dokumentation *Distributing Python Modules*, http://docs.python.org/dist/dist.html, beschrieben.

Zum Zeitpunkt, als dieses Buch geschrieben wurde (Stand: Python 2.5.2), war setuptools nicht Teil der Python Standard Library. Daher werden wir es manuell nachinstallieren.

setuptools unter Unix installieren

- Besuchen Sie die setuptools-Homepage (derzeit http://peak.telecommunity.com/DevCenter/setuptools) und lokalisieren Sie das Bootstrapmodul *ez_setup.py*.
- Laden Sie dieses Modul auf Ihren Rechner herunter.
- Führen Sie es mit dem Python-Interpreter aus, in dessen *$PREFIX/bin*-Verzeichnis das Skript *easy_install* und in dessen *site-packages*-Verzeichnis die zugehörigen Module sich installieren sollen.

Um zum Beispiel setuptools in die Installation von *$HOME/python*, die wir weiter oben erzeugt haben, mit aufzunehmen, führen wir folgende Kommandos aus (ersetzen Sie das Programm fetch mit Ihrem eigenen Downloader, falls Sie *ez_setup.py* nicht sowieso mit einem Browser manuell in das aktuelle Verzeichnis kopiert haben):

```
$ fetch http://peak.telecommunity.com/dist/ez_setup.py
ez_setup.py                           100% of 9419  B    45 kBps
```

Anschließend führen wir *ez_setup.py* mit unserem Python-Interpreter aus:

```
$ $HOME/python/bin/python ez_setup.py
Downloading
  http://pypi.python.org/packages/2.5/s/setuptools/setuptools-0.6c8-py2.5.egg
Processing setuptools-0.6c8-py2.5.egg
Copying
  setuptools-0.6c8-py2.5.egg to
  /users/farid/python/lib/python2.5/site-packages
Adding setuptools 0.6c8 to easy-install.pth file
Installing easy_install script to /users/farid/python/bin
Installing easy_install-2.5 script to /users/farid/python/bin

Installed
  /users/farid/python/lib/python2.5/site-packages/setuptools-0.6c8-py2.5.egg
Processing dependencies for setuptools==0.6c8
Finished processing dependencies for setuptools==0.6c8
```

Wir haben ein neues Egg *setuptools-0.6c8-py2.5.egg* und ein paar .pth-Dateien im *site-packages* unserer Python-Installation und ein neues Skript *$HOME/python/bin/easy_install* hinzugewonnen:

```
$ ls ~/python/lib/python2.5/site-packages/
README                      setuptools-0.6c8-py2.5.egg
easy-install.pth            setuptools.pth
```

```
$ ls ~/python/bin
easy_install          pydoc              python2.5
easy_install-2.5      python             python2.5-config
idle                  python-config      smtpd.py
```

Hinweis

Eggs werden weiter unten erläutert.

Nun ist unsere Python-Installation setuptools enabled!

Die Notation ~/*python* steht für $*HOME*/*python* und wird von der Shell interpretiert. Jedes Mal, wenn wir $*HOME*/... angeben wollen, können wir stattdessen ~/... sagen. Bitte verwechseln Sie nicht ~/*python* und ~*python*: Ersteres ist das *python*-Verzeichnis im Home-Verzeichnis des aktuellen Users, während Letzteres das Home-Verzeichnis eines (meist nicht existierenden) Users namens *python* wäre!

Wollen Sie dies mit der System-Python-Installation auch tun, rufen Sie einfach python ez_setup.py als *root* auf.

setuptools unter Windows installieren

Die Installation von setuptools selbst unter Windows ist denkbar einfach.

- Besuchen Sie die setuptools-Homepage (derzeit http://peak.telecommunity.com/ DevCenter/setuptools) und lokalisieren Sie das Bootstrapmodul *ez_setup.py*.
- Laden Sie dieses Modul auf Ihren Rechner herunter.
- Führen Sie einfach die heruntergeladene Datei *ez_setup.py* aus, z.B. indem Sie sie im Explorer doppelklicken.

Das *easy_install*-Skript landet dann im Scripts-Folder der Python-Distribution, z.B. *D:\Python25\Scripts\easy_install*.

Wenn Sie möchten, können Sie Path um den Pfad *D:\Python25\Scripts* erweitern, wenn Sie nicht jedes Mal *Python25\Scripts\easy_install* in der DOS-Box eingeben wollen. Gehen Sie dafür ins Start-Menü und wählen der Reihe nach CONTROL PANEL / SYSTEM, dann den Reiter ADVANCED:

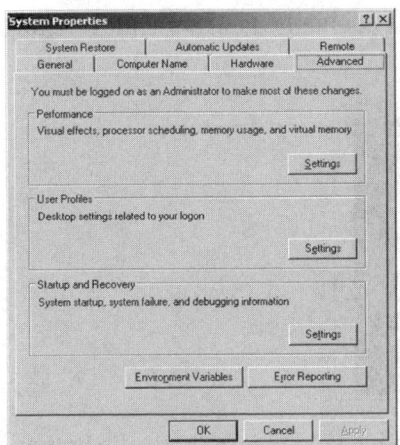

Dort klicken Sie auf ENVIRONMENT VARIABLES und selektieren die Umgebungsvariable
`Path`:

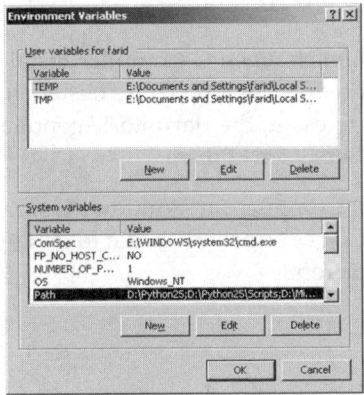

Diese wollen Sie erweitern. Also einfach auf EDIT klicken:

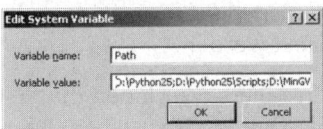

Dort geben Sie einen Pfad ein, der sowohl *Python25* als auch *Python25\Scripts* enthält.

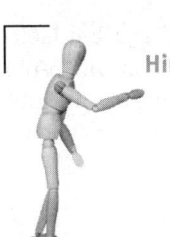

Hinweis

Später werden Sie an dieser Stelle auch die Pfade für den MinGW-
Compiler eintragen.

17

Spätestens wenn Sie den Rechner neu starten, sind die Pfade dann hoffentlich richtig gesetzt. Testen Sie es in einer DOS-Box:

Die Kommandos python und easy_install sollten ohne Pfadangabe direkt die Python-Shell bzw. das *easy_install*-Skript starten.

Im obigen Screenshot sehen wir auch, dass *gcc* aus MinGW dank eigener Pfadangaben (siehe unten) auch in Path steht.

Ein wichtiger Schritt fehlt jetzt noch! Wir müssen nämlich einen C-Compiler installieren, mit dessen Hilfe Packages, die nicht nur aus reinem Python-Code bestehen, übersetzt werden können. *easy_install* (oder, genauer gesagt, die darunterliegenden distutils) würde sonst eine Menge Packages nicht übersetzen können.

Im Folgenden werden wir den freien MinGW (GCC) Compiler für Windows installieren. Damit dieser auch von distutils benutzt wird, ist es erforderlich, die folgende Datei nach *Python25\Lib\distutils\distutils.cfg* zu kopieren:

```
[build_ext]
compiler = mingw32
```

MinGW ist eine Portierung der GNU C Compiler Suite (GCC) nach Win32. Diese erhält man von http://www.mingw.org/ entweder als einzelne Packages oder mit Hilfe eines *vollautomatischen Installers* (*Automated MinGW Installer*), der dafür sorgt, dass alle selektierten Komponenten heruntergeladen und ausgepackt werden.

Im Anschluss installieren wir MinGW mit Hilfe dieses Installers. Wir laden ihn erst herunter und speichern ihn in einen eigens dafür angelegten Folder. Nach einem Doppelklick darauf werden wir nach der Version von MinGW gefragt, die wir installieren wollen.

Als Nächstes wählen wir eine *Full* Installation (vielleicht möchten Sie ja bei Gelegenheit FORTRAN, Java oder ObjectiveC-Programme unter Windows kompilieren?). Installieren Sie auf jeden Fall g++, da es auch Python-Erweiterungsmodule in C++ gibt.

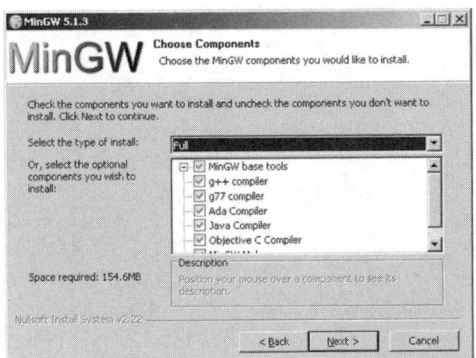

Nun sollten Sie einen Folder angeben, wo MinGW leben soll. Den Pfad dieses Folders, ergänzt um \mingw32\bin und \bin, sollten Sie auf jeden Fall der Umgebungsvariablen Path hinzufügen!

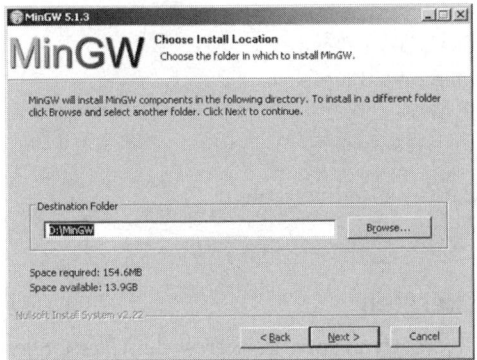

Ein Eintrag ins START-Menü kann auch nicht schaden. Jetzt ist der MinGW Installer bereit, sämtliche Packages herunterzuladen, was er auch fleißig tut. Nach dem Download packt er sie in den Zielfolder aus. Das war es auch schon!

Vergessen Sie nicht, Path wie oben angegeben zu ergänzen. Bei mir sähe Path so aus:

```
E:\Documents and Settings\farid>path
PATH=D:\Python25;D:\Python25\Scripts;D:\MinGW\mingw32\bin;D:\MinGW\bin;
E:\WINDOWS\system32;E:\WINDOWS;E:\WINDOWS\System32\Wbem
```

Wir testen auch kurz, ob MinGW richtig funktioniert, an folgendem klassischen Hello, World!-Programm für C++:

```
// helloworld.cpp -- Hello, World in C++

#include <iostream>

int main()
```

```
{
  std::cout << "Hello, World!" << std::endl;
}
```

Diesen kompilieren wir wie folgt:

```
E:\Documents and Settings\farid>g++ -o helloworld.exe helloworld.cpp


E:\Documents and Settings\farid>helloworld.exe
Hello, World!


E:\Documents and Settings\farid>dir helloworld*.*
 Volume in drive E has no label.
 Volume Serial Number is FCC0-AABB


 Directory of E:\Documents and Settings\farid


02/02/2008  10:07 AM                    131 helloworld.cpp
02/02/2008  10:07 AM                488,622 helloworld.exe
               2 File(s)            488,753 bytes
               0 Dir(s)       5,408,014,336 bytes free
```

Alles klar! Jetzt ist unsere Python-Installation setuptools enabled.

1.5.2 Ein Käse-Shop mit vielen Leckereien

Unter http://pypi.python.org/pypi befindet sich etwas ganz Leckeres: der *Cheese Shop* (Käse-Shop), auch *Python Package Index* genannt. Dort werden viele Drittanbieter-packages registriert und katalogisiert. Man kann dort nach Packages stöbern oder auch eigene Packages ablegen bzw. registrieren lassen.

PyPI ist deswegen interessant, weil es von setuptools automatisch abgefragt wird, wenn *easy_install* ein Package neu installieren oder auch updaten soll. Somit ist PyPI in etwa vergleichbar mit dem Perl CPAN-Repository, welches vom Skript cpan abgefragt wird.

1.5.3 ZODB3 mit easy_install hinzufügen

In diesem Abschnitt wollen wir das Drittanbietermodul ZODB3 unserer Python-Installation hinzufügen. Dieses Modul wird im Kapitel 13, *Persistenz und Datenbanken*, benötigt und dort ausführlich erläutert. Seine Details sind an dieser Stelle nicht wichtig.

Wir installieren u.a. ZODB3 hier, um die Funktionsfähigkeit von setuptools (und bei Windows von MinGW und dessen Anbindung an setuptools) zu überprüfen. Wenn

Sie die Schritte weiter oben alle nachvollzogen haben, sollte ZODB3 sauber heruntergeladen, entpackt, kompiliert und installiert werden; sowohl unter Unix als auch unter Windows.

Um nun ZODB3 in unsere Python-Installation zu bekommen, nutzen wir *easy_install* aus den gerade installierten setuptools, um ZODB3 im PyPI zu suchen, herunterzuladen, zu übersetzen und schließlich zu installieren. Da ZODB3 einige Abhängigkeiten aufweist, werden diese von *easy_install* anschließend automatisch ebenfalls heruntergeladen und installiert.

Alles, was wir tun müssen, um dieses Package zu installieren, ist, *easy_install* mit ZODB3 aufzurufen, also: easy_install ZODB3. Natürlich sollten wir das richtige *easy_install* aufrufen, falls wir setuptools bei verschiedenen Python-Installationen auf demselben Rechner installiert haben.

Schauen wir uns die Ausgabe von easy_install ZODB3 stückweise an:

```
$ ~/python/bin/easy_install ZODB3
Searching for ZODB3
Reading http://pypi.python.org/simple/ZODB3/
Reading http://www.zope.org/Products/ZODB3
Reading http://www.zope.org/Products/ZODB3.5
Reading http://www.zope.org/Products/ZODB3.6
Reading http://zope.org/Products/ZODB3.5
Reading http://zope.org/Products/ZODB3.1
Reading http://zope.org/Products/ZODB3.2
Reading http://www.zope.org/Products/ZODB3.3
Reading http://www.zope.org/Products/ZODB3.4
Best match: ZODB3 3.8.0
Downloading
    http://pypi.python.org/packages/source/Z/ZODB3/ZODB3-3.8.0.tar.gz#md5=
    62303eb01c9507173f6a1e698ea55121
Processing ZODB3-3.8.0.tar.gz
Running ZODB3-3.8.0/setup.py -q bdist_egg --dist-dir
    /tmp/easy_install-Jhvugk/ZODB3-3.8.0/egg-dist-tmp-uxM804

[... ein längerer compile-Lauf ...]

Adding ZODB3 3.8.0 to easy-install.pth file
Installing mkzeoinst script to /users/farid/python/bin
Installing fstail script to /users/farid/python/bin
Installing zeopack script to /users/farid/python/bin
Installing runzeo script to /users/farid/python/bin
Installing zeopasswd script to /users/farid/python/bin
Installing zeoctl script to /users/farid/python/bin
Installing fsdump script to /users/farid/python/bin
```

```
Installing fsrefs script to /users/farid/python/bin
Installing repozo script to /users/farid/python/bin
Installing fsoids script to /users/farid/python/bin

Installed
   /users/farid/python/lib/python2.5/site-packages/\
   ZODB3-3.8.0-py2.5-freebsd-7.0-STABLE-i386.egg
```

Hier hat *easy_install* die neueste Version von ZODB3 aus der PyPI ermittelt und entschieden, dass es ZODB3-3.8.0 installieren soll. Es hat diese Datei selbstständig gesucht, geladen, entpackt, kompiliert und in *site-packages* als Egg installiert.

easy_install weiß aber anhand der Metainformationen aus dem ZODB3 Package, dass es weitere Module als Abhängigkeiten suchen, herunterladen und ebenfalls kompilieren muss. Also geht es automatisch weiter, ohne dass wir eingreifen müssen:

```
Processing dependencies for ZODB3
```

Erst wird zdaemon gesucht und installiert:

```
Searching for zdaemon
Reading http://pypi.python.org/simple/zdaemon/
Best match: zdaemon 2.0.1
Downloading
   http://pypi.python.org/packages/source/z/zdaemon/zdaemon-2.0.1.tar.gz#md5=
   1828171835100f74a2f7428c96cd9c66
Processing zdaemon-2.0.1.tar.gz
Running
   zdaemon-2.0.1/setup.py -q bdist_egg --dist-dir
   /tmp/easy_install-o8nC5Q/zdaemon-2.0.1/egg-dist-tmp-IDXnKs
Adding zdaemon 2.0.1 to easy-install.pth file
Installing zdaemon script to /users/farid/python/bin

Installed
   /users/farid/python/lib/python2.5/site-packages/zdaemon-2.0.1-py2.5.egg
```

Dann werden genauso ZConfig, zope.testing, zope.proxy und zope.interface installiert. Die Ausgaben sparen wir uns hier, da sie alle ähnlich aussehen. Danach ist *easy_install* fertig:

```
Finished processing dependencies for ZODB3
```

Das ist doch viel einfacher, als alles manuell machen zu müssen!

Jetzt kann ZODB3 wie jedes andere Package und Modul (hier als ZODB) importiert werden:

```
>>> import ZODB
>>> quit()
```

Falls alles gut ging, dürfte `import ZODB` keine Fehlermeldungen verursacht haben.

Schauen wir uns kurz an, was *easy_install* unserer Python-Installation hinzugefügt hat! In *$PREFIX/bin* sind neue Programme hinzugekommen, wie etwa *fs**, *z**, *mkzeoinst, repozo, runzeo*:

```
$ ls $HOME/python/bin
easy_install          pydoc              zconfig
easy_install-2.5      python             zconfig_schema2html
fsdump                python-config      zdaemon
fsoids                python2.5          zeoctl
fsrefs                python2.5-config   zeopack
fstail                repozo             zeopasswd
idle                  runzeo
mkzeoinst             smtpd.py
```

Diese Programme benutzen die zusätzlichen Module, die in *$PREFIX/lib/python2.5/site-packages* installiert wurden:

```
$ ls -F $HOME/python/lib/python2.5/site-packages
README
ZConfig-2.5.1-py2.5.egg/
ZODB3-3.8.0-py2.5-freebsd-7.0-STABLE-i386.egg/
easy-install.pth
setuptools-0.6c8-py2.5.egg
setuptools.pth
zdaemon-2.0.1-py2.5.egg/
zope.interface-3.4.1-py2.5-freebsd-7.0-STABLE-i386.egg/
zope.proxy-3.4.0-py2.5-freebsd-7.0-STABLE-i386.egg/
zope.testing-3.5.1-py2.5.egg/
```

Was ein `.egg` ist, wird weiter unten erklärt.

1.5.4 easy_install benutzen

Allgemein kann man ein Package aus mehreren Quellen (Netz oder heruntergeladene `tar.gz`-, `.egg`-Dateien) mittels *easy_install* installieren:

- Gibt man nur den Namen des Packages an, wird *easy_install* die neueste Version aus PyPI ermitteln, herunterladen, kompilieren und installieren:
  ```
  $ easy_install ZODB3
  ```
- Statt PyPI kann man mit `-f` eine URL angeben (z.B. eine Download-Seite), aus der *easy_install* das gewünschte Package suchen soll:
  ```
  $ easy_install -f http://pypi.python.org/pypi/ZODB3 ZODB3
  ```

- *easy_install* kann auch eine ganz bestimmte Version eines Packages installieren, indem man es als URL angibt. Dabei kann man verschiedene Formate wie .tar.gz, .egg etc. angeben:
  ```
  $ easy_install
    http://pypi.python.org/packages/source/Z/ZODB3/ZODB3-3.7.2.tar.gz
  ```
- Ist das Package bereits manuell heruntergeladen worden, lässt es sich direkt angeben:
  ```
  $ easy_install /usr/local/src/ZODB3-3.7.2.tar.gz
  ```
- Falls die Datei schon ausgepackt ist, braucht man es nicht mehr selber tun:
  ```
  $ tar xpf ZODB3-3.7.2.tar.gz
  $ cd ZODB3-3.7.2
  $ easy_install .
  ```
- Bereits installierte Packages können ohne Weiteres auf die neueste Version (laut PyPI) upgraded werden:
  ```
  $ easy_install --upgrade ZODB3
  ```
- Alternativ dazu kann eine bestimmte Version eines Packages installiert werden. Diese ersetzt dann die bisher vorhandene:
  ```
  $ easy_install "ZODB3==3.7.2"
  ```
- Man kann auch eine spätere Version installieren, sofern vorhanden und von *easy_install* auffindbar:
  ```
  $ easy_install "ZODB3>3.8"
  ```

Weitere Tipps und Tricks finden Sie in der oben genannten Dokumentation zu *easy_install* unter http://peak.telecommunity.com/DevCenter/EasyInstall.

1.5.5 Was sind Eggs?

Die .eggs von setuptools sind grob vergleichbar mit den .jar-Dateien von Java: Sie fassen ein Package zusammen (evtl. mit Metadaten), damit es leichter transportiert und installiert werden kann. Man kann ein .egg einfach irgendwo in sys.path ablegen (z.B. ins *site-packages*-Verzeichnis), und schon steht es dem import-Befehl zur Verfügung!

Eggs sind uns schon begegnet: das Programm *easy_install* hat in unserer Python-Instanz ein paar Eggs abgelegt:

```
$ ls -F ~/python/lib/python2.5/site-packages
README
ZConfig-2.5.1-py2.5.egg/
ZODB3-3.8.0-py2.5-freebsd-7.0-STABLE-i386.egg/
easy-install.pth
setuptools-0.6c8-py2.5.egg
setuptools.pth
zdaemon-2.0.1-py2.5.egg/
zope.interface-3.4.1-py2.5-freebsd-7.0-STABLE-i386.egg/
```

```
                                                                            \
zope.proxy-3.4.0-py2.5-freebsd-7.0-STABLE-i386.egg/
zope.testing-3.5.1-py2.5.egg/
```

Was sind diese Dateien und Verzeichnisse, die mit `.egg` enden? Sie sind nichts anderes als spezielle Packages mit ein paar Metadaten (wie Versionsnummer, Abhängigkeiten usw.).

Ein `.egg` kann in einem Verzeichnis ausgepackt vorliegen oder in einer einzigen `.egg`-Datei gepackt sein. Schauen wir uns z.B. *setuptools-0.6c8-py2.5.egg* genauer an:

```
$ cd ~/python/lib/python2.5/site-packages
$ ls -l setuptools-0.6c8-py2.5.egg
-rw-r--r--  1 farid  users  324858 Mar  2 04:35 setuptools-0.6c8-py2.5.egg
```

Diese Datei ist nichts anderes als eine `zip`-Datei! Wir könnten sie mit einem Zip-Programm wie *zip, unzip, pkzip, pkunzip* (und bei Windows XP und höher mit dem Explorer) anschauen. Doch für den Fall, dass uns kein Zip-Programm zur Verfügung steht, können wir auch Python selbst zu Rate ziehen, indem wir dessen `zipfile`-Modul bemühen:

```
>>> import zipfile
>>> fname = 'setuptools-0.6c8-py2.5.egg'
>>> zipfile.is_zipfile(fname)
True
>>> zf = zipfile.ZipFile(fname)
>>> zf.printdir()
File Name                                Modified             Size
site.pyc                          2008-02-15 13:14:02        1759
pkg_resources.pyc                 2008-02-15 13:14:02       88266
pkg_resources.py                  2007-09-04 00:11:08       83809
site.py                           2006-09-20 17:05:04        2362
easy_install.pyc                  2008-02-15 13:14:02         311
easy_install.py                   2006-09-20 17:05:04         126
EGG-INFO/top_level.txt            2008-02-15 13:14:02          43
EGG-INFO/SOURCES.txt              2008-02-15 13:14:02        1580
EGG-INFO/zip-safe                 2008-02-15 13:14:02           1
EGG-INFO/PKG-INFO                 2008-02-15 13:14:02        8968
EGG-INFO/entry_points.txt         2008-02-15 13:14:02        2462
EGG-INFO/dependency_links.txt     2008-02-15 13:14:02           1
setuptools/extension.pyc          2008-02-15 13:14:02        1577
setuptools/extension.py           2006-09-20 17:05:02        1089
setuptools/sandbox.pyc            2008-02-15 13:14:02        9990
setuptools/sandbox.py             2007-01-09 12:38:26        7387
setuptools/archive_util.pyc       2008-02-15 13:14:02        5668

[... Eine lange Liste ...]
```

```
setuptools/command/test.py                2008-02-15 12:29:24    4442
setuptools/command/install_scripts.pyc    2008-02-15 13:14:02    2456
setuptools/command/develop.pyc            2008-02-15 13:14:02    5167
```

Am Dateinamen *setuptools-0.6c8-py2.5.egg* erkennt man die Version, in *EGG-INFO* befinden sich Metadaten, und die eigentlichen Package-Dateien befinden sich ebenfalls wie gewohnt im Zip-File.

Bei .egg-Verzeichnissen ist es noch einfacher: dort sind die Metadaten und Daten bereits ausgepackt.

In beiden Fällen ist die import-Anweisung von Python in der Lage, ein Egg zu laden, egal, ob es in einer Zip-Datei oder in einem Verzeichnis liegt, etwa:

```
>>> import setuptools
>>> import zope.interface
```

Was ist aber der wirkliche Vorteil von Eggs gegenüber normalen Packages? Man kann mehrere Versionen desselben Packages nebeneinander installieren und zur Laufzeit eine bestimmte Version anfordern:

```
>>> from pkg_resources import require
>>> require("zope.interface >= 3.4")
[zope.interface 3.4.1 (/users/farid/python/lib/python2.5/site-packages/\
zope.interface-3.4.1-py2.5-freebsd-7.0-STABLE-i386.egg),
setuptools 0.6c8 (/users/farid/python/lib/python2.5/site-packages/\
setuptools-0.6c8-py2.5.egg)]
>>> import zope.interface
```

In diesem Fall hatten wir nur eine Version des zope.interface-Eggs, aber sogar hier konnten wir verlangen, dass diese Version mindestens 3.4 sein sollte. Wären mehrere zope.interface-Eggs dort vorhanden, hätten wir eine bestimmte Version gezielt auswählen können. Das ist bei normalen bzw. distutils-kompatiblen Packages nicht möglich!

Sie werden auch bemerkt haben, dass die Namen mancher Eggs die Hauptversionsnummer von Python sowie die Plattformversion des Betriebssystems enthalten, wie etwa bei den Egg-Namen *ZODB3-3.8.0-py2.5-freebsd-7.0-STABLE-i386.egg* oder *ZODB3-3.8.0-py2.5-win32.egg*, während andere Eggs es nicht tun, z.B. *ZConfig-2.5.1-py2.5.egg*. Der Unterschied zwischen beiden Sorten von Eggs ist, dass Erstere kompilierten Code enthalten (typischerweise aus C oder C++), und somit an einer speziellen Kombination von Python-Hauptversion und Betriebssystem gebunden sind, während Letzteres aus reinem Python-Code (*pure python*) besteht und somit über Plattformgrenzen hinweg portabel ist. Mit anderen Worten: Man kann *pure python*-Eggs einfach zu einem beliebigen Rechner transportieren, während Eggs, die an eine Python-Hauptversion und Betriebssystemplattform gebunden sind, nur bei Rechnern laufen werden, die dieselbe Python-Hauptversion besitzen und dasselbe Betriebssystem ausführen.

Weitere Informationen zu Eggs und wie diese aus einem existierenden Package heraus erzeugt werden, entnehmen Sie der Dokumentation unter `http://peak.telecommunity.com/DevCenter/PythonEggs`.

1.6 Zusammenfassung

- Damit Python-Programme auf einem Rechner ausgeführt werden können, muss ein Python- Interpreter dort installiert sein.
- Bei Unix-ähnlichen Betriebssystemen kann es sein, dass Python bereits installiert ist. Das prüft man nach, indem man einfach *python* aufruft. Die Python-Shell (erkennbar am >>>-Prompt) verlässt man mit `quit()`.
- Python installiert man unter Unix am besten mit Hilfe des Package Management Systems, z.B. indem man *rpm* oder *apt-get* aufruft, *emerge* bei Gentoo oder das Ports-System unter FreeBSD einsetzt. Außerdem kann man Python vom C-Quellcode aus selbst kompilieren und installieren; evtl. auch im eigenen Home-Verzeichnis, falls die Zugriffsrechte ausnahmsweise mal nicht ausreichen.
- Für Windows gibt es einen grafischen *Installation Wizard*.
- Mehrere Versionen des Python-Interpreters können friedlich nebeneinander auf demselben Rechner koexistieren. Möglich ist dies, weil sie sich in versionsabhängigen Verzeichnissen installieren, so daß es zu keiner Kollision kommt. Es ist oft sinnvoll, einen eigenen Python-Interpreter zu installieren, wenn die Systemversion entweder veraltet oder nicht angetastet werden soll.
- Hat man keine *root*-Rechte, kann man sich dennoch einen eigenen Python-Interpreter vom Quellcode her bauen und z.B. im Home-Verzeichnis speichern. Dafür ruft man `./configure --prefix=$HOME/python` vor dem Kompilieren auf. Anschließend kann man Python z.B. so aufrufen: `$ ~/python/bin/python`.
- Man kann Drittanbietermodule in ein eigenes Verzeichnis installieren und trotzdem die Systemversion von Python benutzen. Allerdings muss man dann vor dem `importieren` dieser Module die Liste in `sys.path` um den Pfad oder die Pfade ergänzen, wo diese Drittanbietermodule sich befinden.
- Die bevorzugte *she-bang*-Zeile von Python-Programmen lautet: `#!/usr/bin/env python`. Somit lässt sich der jeweilige Python-Interpreter zur Laufzeit durch benutzerdefiniertem `PATH` festlegen. In CGI-Umgebungen kann es notwendig sein, einen spezifischen Interpreter festzulegen: `#!/usr/local/bin/python2.5`.
- Drittanbietermodule werden üblicherweise in *$PREFIX/lib/python2.5/site-packages* installiert. Einfache .py-Dateien kann man direkt dorthin kopieren; `distutils`-kompatible Packages werden mit `python setup.py install` evtl. kompiliert und anschließend ins *site-packages*-Verzeichnis automatisch kopiert.
- Mit `setuptools`, welches (bei Python 2.5.2) extra installiert werden musste, lassen sich Packages noch bequemer suchen, herunterladen, kompilieren und installieren. Das Skript `easy_install` durchsucht dabei den *Cheese Shop*, auch *Python Package Index* oder *PyPI* genannt, nach dem angeforderten Package, lädt dieses

und sämtliche Abhängigkeiten herunter, übersetzt es (oder sie) und installiert es (oder sie) in Form eines `.eggs` ins *site-packages*-Verzeichnis der zugehörigen Python-Installation.

- Eggs sind nichts anderes als versionierte Packages mit Metadaten. Sie können in Form eines Verzeichnisses oder einer Zip-Datei (mit Endung `.egg`) vorliegen und können mittels `import` geladen werden. Es ist auch möglich, mehrere Versionen eines Packages in Form von mehreren Eggs zu installieren und zur Laufzeit eines davon auszuwählen.

Im Kapitel 2, *Die Python-Shell*, werden wir uns der Python-Shell widmen und dabei lernen, wie man Dokumentation sucht und aufruft und unbekannte Packages spielerisch erkundet.

2 Die Python-Shell

Wird der Python-Interpreter ohne Argumente aufgerufen, landet man in der *Python-Shell*, erkennbar am >>>-Prompt:

```
$ ~/python/bin/python
Python 2.5.2 (r252:60911, Mar  1 2008, 18:37:16)
[GCC 4.2.1 20070719 [FreeBSD]] on freebsd7
Type "help", "copyright", "credits" or "license" for more information.
>>>
```

Hinweis

In Kapitel 1, *Python installieren*, haben wir eine lokale Version von Python unter *$HOME/python* installiert. Wir verwenden diese Version hier in den Beispielen; aber das sollte Sie natürlich nicht davon abhalten, einen anderen Python-Interpreter aufzurufen.

Dort können Code-Fragmente ausgetestet, Objekte untersucht, die Hilfefunktion aufgerufen, und sonstiger Schabernack getrieben werden. Wir werden oft die Python-Shell zur Illustration verwenden. Selbstverständlich werden richtige Python Programme in Dateien mit einem gewöhlichen Editor erstellt.

In diesem Kapitel werden wir mit der Python-Shell ein wenig spielen und dabei auch lernen, wie man Dokumentation aufruft und anzeigt.

2.1 Die Qual der (Python-Shell-) Wahl

Es gibt verschiedene Möglichkeiten, mit der Python-Shell zu kommunizieren. Man kann diese entweder direkt von der Kommandozeile aus aufrufen, oder man ruft sie indirekt auf, z.B. aus einem Emacs Shell-Fenster (M-x shell, gefolgt von python) bzw. aus der Python IDE *idle* aus. Statt der Shell, die mit dem Python-Interpreter geliefert wird, könnte man auch eine bessere Shell einsetzen, wie etwa IPython.

In diesem Abschnitt schauen wir uns kurz die verschieden Möglichkeiten an. Welche dieser Methoden Sie einsetzen werden, bleibt Ihnen überlassen. Es ist, wie die Wahl des richtigen Editors, reine Geschmackssache.

2.1.1 Python-Shells unter Unix

Die Python-Shell unter Unix ruft man einfach von der Unix-Shell auf, indem man den Namen des richtigen Python-Interpreters angibt, gefolgt von Enter. Beispielsweise *python*, */usr/local/bin/python2.5* oder auch *~/python/bin/python*. Dies kann an der Konsole geschehen oder in einem Terminal-Fenster wie *xterm*. Diese Shell mag etwas spartanisch aussehen, aber sie reicht für einfache kurze Experimente. Ihr Hauptnachteil besteht darin, dass es mühsam ist, dort längere Code-Fragmente einzugeben, und sie die Ausgaben nicht so gut abfangen und z.B. in eine Ausgabedatei umdirigieren kann.

Aus diesem Grund gibt es Alternativen. Eine davon besteht darin, den Python-Interpreter nicht direkt von der Shell aus aufzurufen, sondern innerhalb des Editors Emacs; genauer gesagt, innerhalb des Emacs Shellbuffers. Dazu ruft man erst Emacs auf (*emacs*), und innerhalb des Emacs startet man den Shellbuffer mit M-x shell.

Hinweis

M-x steht für Meta, gefolgt von x. Diejenigen, die keine Meta-Taste auf der Tastatur haben, ersetzen diese einfach durch Alt bzw. Esc. Innerhalb des Emacs geben Sie also Alt-x oder Esc, gefolgt von x, ein; gefolgt von shell.

Innerhalb der Emacs-Shell ruft man dann einfach den Python-Interpreter seiner Wahl auf und kann anschließend beliebige Code-Fragmente dort eingeben:

```
# ~/python/bin/python
Python 2.5.2 (r252:60911, Mar  1 2008, 18:37:16)
[GCC 4.2.1 20070719 [FreeBSD]] on freebsd7
Type "help", "copyright", "credits" or "license" for more information.
>>> 2 + (20 * 2)
42
>>> 7 / 2
3
>>> 7.0 / 2
3.5
>>> 1.0 / 10
0.10000000000000001
>>> 3 / 0
Traceback (most recent call last):
  File "<stdin>", line 1, in <module>
ZeroDivisionError: integer division or modulo by zero
>>>
```

Das Schöne am Emacs ist, dass man weitere Buffer öffnen kann, z.B. ganz normale .py-Dateien. Dann kann man mittels Copy und Paste Code zwischen der Datei und der Python-Shell hin- und hertransportieren. Auf die Details gehen wir an dieser Stelle aber nicht ein.

Eine nützliche Erweiterung von Emacs ist der Python-Modus python-mode, der für Syntax-Highlighting und bequemeres Ein- und Ausrücken sorgt. Diesen können Sie von der Adresse http://python-mode.sourceforge.net/ herunterladen und installieren, wenn er nicht schon Bestandteil Ihrer Version von Emacs ist. Erweitern Sie bei Bedarf Ihre ~/.emacs-Datei um folgende Zeilen:

```
;; Add python-mode
(autoload 'python-mode "python-mode" "Python editing mode." t)
(setq auto-mode-alist
   (cons '("\\.py$" . python-mode) auto-mode-alist))
(add-hook 'python-mode-hook 'turn-on-font-lock)
```

Dann sieht eine Python-Datei im Emacs so aus:

Wenn Ihnen die normale Python-Shell nicht zusagt, können Sie IPython aus http://ipython.scipy.org/ herunterladen und Ihrem Python-Interpreter hinzufügen. Wir benutzen hierfür einfach *easy_install*, indem wir easy_install ipython eingeben:

```
$ ~/python/bin/easy_install ipython
Searching for ipython
Reading http://pypi.python.org/simple/ipython/
Reading http://ipython.scipy.org
Reading http://ipython.scipy.org/dist
Best match: ipython 0.8.2
Downloading http://ipython.scipy.org/dist/ipython-0.8.2-py2.5.egg
Processing ipython-0.8.2-py2.5.egg creating
   /users/farid/python/lib/python2.5/site-packages/ipython-0.8.2-py2.5.egg
Extracting ipython-0.8.2-py2.5.egg to
   /users/farid/python/lib/python2.5/site-packages
```

```
Adding ipython 0.8.2 to easy-install.pth file
Installing ipython script to /users/farid/python/bin
Installing pycolor script to /users/farid/python/bin

Installed
 /users/farid/python/lib/python2.5/site-packages/ipython-0.8.2-py2.5.egg
Processing dependencies for ipython
Finished processing dependencies for ipython
```

Hinweis

Unter Windows brauchen Sie zusätzlich das `pyreadline`-Modul, das Sie unter `http://ipython.scipy.org/moin/PyReadline/Intro` erhalten, um eine voll funktionsfähige IPython Shell zu erhalten (am besten, Sie benutzen den Binary Installer von `pyreadline`).

Anschließend rufen Sie *ipython* auf, evtl. unter Angabe des richtigen Pfades (z.B. */usr/local/bin/ipython* oder *˜/python/bin/ipython*).

Die wesentliche Neuerung von IPython gegenüber der normalen Python-Shell liegt darin, dass man mit der TAB-Taste interkativ die Attribute eines Objekts anschauen kann. Einfach ein Objekt eingeben, gefolgt von einem Punkt, und dann die TAB-Taste drücken: Es erscheint eine Liste von Attributen! Mit dem Fragezeichen vor einem Objekt lässt sich mehr darüber herausfinden. IPython kann noch viel mehr als das. Details entnehmen Sie der IPython-Website.

Fans von integrierten Entwicklungsumgebungen (IDE) werden erfreut sein zu erfahren, dass Python standardmäßig mit einer primitiven IDE namens IDLE ausgeliefert wird. Unter Unix läßt sich IDLE durch den Aufruf von *idle* starten. Auch hier geben Sie den richtigen Pfad ein, wenn Sie mehrere Versionen von Python installiert haben, etwa *idle*, */usr/local/bin/idle2.5* oder *˜/python/bin/idle*.

Der Vorteil von IDLE besteht darin, dass sie einen eigenen Syntax-Highlighting Editor gleich mitbringt.

Auch hier haben wir die Oberfläche gerade mal gestreift. IDLE kann mehr als das, was wir hier vorstellen konnten (z.B. Breakpoints setzen etc.). Erwarten Sie aber dennoch nicht zu viel von IDLE. Sie ist vom Funktionsumfang her nicht mit ausgewachsenen IDEs wie Eclipse zu vergleichen.

2.1.2 Python-Shells unter Windows

Bei Windows lässt sich die Python-Shell entweder durch Aufruf des Python-Interpreters *python.exe* aus einem *cmd.exe*-Shell-Fenster oder durch die Auswahl des PYTHON (COMMAND LINE)-Menüpunktes aus dem PYTHON 2.5-Menü starten:

Wie bei Unix gibt's IDLE auch für Windows. Klicken Sie dafür einfach auf den Menüpunkt IDLE (PYTHON GUI) des PYTHON 2.5-Menüs:

IDLE ist bei Windows sicher noch nützlicher als bei Unix, weil es einem das Herunterladen und Installieren eines Editors erspart (was aber natürlich immer möglich ist):

Wenn Sie dennoch auf der Suche nach einem Editor mit Syntax-Highlighting für Python unter Windows sind und noch keine Präferenz haben, können Sie einen Blick auf den Open Source Notepad++ Editor werfen. Diesen finden Sie unter der URL `http://notepad-plus.sourceforge.net/`.

Selbstverständlich lassen sich Emacs und IPython ebenfalls unter Windows nachträglich installieren und die Python-Shell von dort aus aufrufen. Die Einzelheiten ersparen wir uns an dieser Stelle.

2.2 Ein Taschenrechner

Zur Illustration der Python-Shell lassen wir Python ein paar einfache Rechenaufgaben durchführen:

```
>>> 2 + (20 * 2)
42
>>> 7 / 2
3
>>> 7.0 / 2
3.5
>>> 1.0 / 10
0.10000000000000001
```

Zu erkennen ist, dass

- Python einen Ausdruck auswertet und das Ergebnis der Auswertung unmittelbar ausgibt,

- Python selbstverständlich die vier Rechenarten +, -, * und / kennt,
- / die ganzzahlige Division ist, wenn beide Argumente ganzzahlig sind, und eine Gleitkomma-Division ist, wenn eines der Argumente (oder beide) eine Gleitkommazahl ist,
- wegen der Binärdarstellung von Gleitkommazahlen nach IEEE-754 Rundungsfehler entstehen können.

Natürlich können auch Fehler auftreten:

```
>>> 3 / 0
Traceback (most recent call last):
  File "<stdin>", line 1, in <module>
ZeroDivisionError: integer division or modulo by zero
>>>
```

Wir erkennen, dass eine Division durch 0 eine ZeroDivisionError-Ausnahme auslöst. Auch Syntaxfehler sind möglich:

```
>>> 47 ? 3
  File "<stdin>", line 1
    47 ? 3
       ^
SyntaxError: invalid syntax
>>>
```

Neben den Grundrechenarten befinden sich im Modul math der Python Standard Library eine Menge mathematischer Funktionen und ein paar Konstanten. Um diese aufzurufen, laden wir dieses Modul mit der import-Anweisung:

```
>>> import math
>>> math.e
2.7182818284590451
>>> math.pi
3.1415926535897931
>>> math.cos(0)
1.0
>>> math.sin(0)
0.0
>>> math.cos(math.pi)
-1.0
>>> math.log(math.e)
1.0
>>> math.log10(1000)
3.0
```

Auch hier wird eine Ausnahme ausgelöst, wenn unerlaubte Argumente übergeben werden:

```
>>> math.log(0)
Traceback (most recent call last):
  File "<stdin>", line 1, in <module>
OverflowError: math range error

>>> math.log(-1)
Traceback (most recent call last):
  File "<stdin>", line 1, in <module>
ValueError: math domain error
```

Wir sehen, dass die Funktion `math.log` bei 0 eine `OverflowError`-Ausnahme auslöst, während bei einem negativen Wert eine `ValueError`-Ausnahme ausgelöst wird!

In der Python-Shell können auch Variablen deklariert und benutzt werden:

```
>>> radius = 10.0
>>> circumference = 2 * math.pi * radius
>>> circumference
62.831853071795862
```

Variablen können selbstverständlich mit neuen Werten überschrieben werden:

```
>>> radius
10.0
>>> radius = 5.0
>>> radius
5.0
```

Dies beeinflusst aber nicht bereits berechnete Ausdrücke:

```
>>> circumference
62.831853071795862
```

Variablen, die nicht definiert sind, sollte man natürlich nicht benutzen!

```
>>> radius2
Traceback (most recent call last):
  File "<stdin>", line 1, in <module>
NameError: name 'radius2' is not defined
```

Es ist sogar möglich, Funktionen dort zu definieren:

```
>>> def circ(rad):
...     "compute the circumference of a circle of radius rad."
...     return 2 * math.pi * rad
...
>>>
```

Die benutzerdefinierte Funktion `circ` berechnet nun den Umfang eines Kreises:

```
>>> circ(1)
6.2831853071795862
>>> circ(radius)
31.415926535897931
```

Es versteht sich von selbst, dass Variablen und Funktionen, die in der Python-Shell definiert werden, nur solange existieren, bis die Python-Shell beendet wird. Um sie dauerhaft zu speichern, könnte man sie in eine `.py`-Datei schreiben und diese Datei dann von Python ausführen lassen. Wie bereits erwähnt: Die Python-Shell ist zum Experimentieren mit kurzen Wegwerf-Code-Fragmenten da. Für alles, was darüber hinaus geht, sollte man Python-Code in eine Datei speichern und diese Datei dann ausführen.

Es ist möglich, auch Teile einer Datei (z.B. eine Funktion) in die Python-Shell zu `import`ieren und auszuprobieren. Tragen wir die Variablen `radius` und `circumference` sowie die Funktion `circ` in die Datei *demoshell.py* ein:

```
#!/usr/bin/env python
# demoshell.py -- import this into a python shell.

import math
radius = 10.0
circumference = 2 * math.pi * radius
def circ(rad):
    "compute the circumference of a circle of radius rad."
    return 2 * math.pi * rad
```

Nun gehen wir in die Python-Shell und importieren diese Datei mit der Anweisung `import demoshell`:

```
>>> import demoshell
```

Dann ist der gesamte Namensraum dieser Datei unter `demoshell` vorhanden. Die Variablen `radius` und `circumference` werden dann als `demoshell.radius` bzw. `demoshell.circumference` bezeichnet; und die Funktion `circ` heißt hier `demoshell.circ`:

```
>>> demoshell.radius
10.0
>>> demoshell.circumference
62.831853071795862
>>> demoshell.circ(10)
62.831853071795862
>>> demoshell.circ(20)
125.66370614359172
```

Warum ist der Namensraum getrennt? Wieso kann man nicht einfach `radius`, `circumference` oder `circ` benutzen? Der Grund liegt darin, dass man evtl. mehr als nur eine Datei in dieselbe Shell-Sitzung importieren möchte und dabei *Namenskollisionen* entstehen könnten.

Hinweis

Eine Namenskollision entsteht dann, wenn derselbe Name in zwei oder mehr verschiedenen Dateien benutzt wird. In dem Fall würde der zuletzt definierte Name den zuvor definierten Namen überschreiben, was zu schwer auffindbaren Fehlern führen kann.

Besteht man darauf, die Namen ohne Namensraumzusatz zu benutzen, kann man einzelne Objekte einer Datei mit einer alternativen `import`-Anweisung in den Namensraum der Python-Shell übernehmen. Nehmen wir an, dass wir eine frische Sitzung mit der Python-Shell haben, wo noch nichts definiert ist:

```
>>> from demoshell import circ
>>> circ(10)
62.831853071795862
```

Falls wir in dieser Sitzung der Python-Shell bereits `circ` definiert hätten, so hätte die Anweisung `from demoshell import circ` den Namen `circ` überschrieben und durch die Version ersetzt, die aus der Datei *demoshell.py* stammt.

Das gezielte Importieren von Funktionen oder anderer Objekte aus einer Datei bedeutet auch, dass man nur die Namen lädt, die man auch wirklich braucht. Im obigen Beispiel brauchten wir weder `radius` noch `circumference`. Sie sind auch nicht verfügbar:

```
>>> radius
Traceback (most recent call last):
  File "<stdin>", line 1, in <module>
NameError: name 'radius' is not defined
```

```
>>> demoshell.radius
Traceback (most recent call last):
  File "<stdin>", line 1, in <module>
NameError: name 'demoshell' is not defined
```

Nehmen wir nun an, dass wir beim Experimentieren unsere eigene `radius`-Variable schon definiert hätten:

```
>>> radius = 4711
```

Wie könnten wir jetzt den Wert der Variablen `radius` aus *demoshell.py* importieren, ohne dabei unseren `radius` zu verlieren? `import` hat eine weitere mögliche Schreibweise:

```
>>> from demoshell import radius as oldradius
>>> oldradius
10.0
>>> radius
4711
```

Das ist auch sinnvoll bei Objektnamen, die viel zu lang sind. Man erspart sich so manche Tastendrücke:

```
>>> from demoshell import circ as c
>>> c(10)
62.831853071795862
```

Möchte man den gesamten Inhalt der Datei *demoshell.py* in den Namensraum der Python-Shell laden, kann man die folgende Schreibweise der `import`-Anweisung benutzen: `from demoshell import *`.

In einer frischen Shell:

```
>>> from demoshell import *
>>> circ(1)
6.2831853071795862
>>> radius, circumference
(10.0, 62.831853071795862)
```

Wie das letzte Beispiel zeigt, kann man den Inhalt mehrerer Variablen gleichzeitig ausgeben, indem wir diese durch ein Komma trennen. Hinter den Kulissen ist ein *Tupel* am Werk: Wir fordern durch den Ausdruck `radius, circumference` Python auf, ein Tupel aus den Werten dieser beiden Variablen zu bilden. Die Python-Shell gibt diesen Tupel anschließend aus. Diese abkürzende Technik werden wir noch häufiger benutzen, um etwas Platz zu sparen.

2.3 Auf Erkundungstour

Sie werden sich sicher gewundert haben, woher wir wussten, dass das Modul `math` die Funktionen `sin`, `cos`, `log` oder Konstanten wie `pi` oder `e` enthielt. Und außerdem, woher wussten wir, dass es das `math`-Modul überhaupt gibt? Welche Module gibt's denn noch?

Diese Fragen lassen sich alle unter dem Begriff *Introspektion* zusammenfassen.

2.3.1 Introspektion mit dir, type und __doc__

Die Schlüssel zur Introspektion in Python sind die eingebauten Funktionen dir, type und die Docstrings __doc__. Mit ihrer Hilfe kann man sämtliche Module und Objekte unter die Lupe nehmen.

Die eingebaute Funktion dir listet die Namen aller Attribute eines Objekts oder des aktuellen Namensraums auf:

```
>>> help(dir)
Help on built-in function dir in module __builtin__:

dir(...)
    dir([object]) -> list of strings

    Return an alphabetized list of names comprising (some of) the attributes
    of the given object, and of attributes reachable from it:

    No argument:  the names in the current scope.
    Module object:  the module attributes.
    Type or class object:  its attributes, and recursively the attributes of
        its bases.
    Otherwise:  its attributes, its class's attributes, and recursively the
        attributes of its class's base classes.
```

Hinweis

Die Hilfefunktion help wird im nächsten Abschnitt eingeführt.

Das oben erwähnte Modul math bietet daher folgende Attribute:

```
>>> import math
>>> dir(math)
['__doc__', '__file__', '__name__', 'acos', 'asin', 'atan', 'atan2', 'ceil',
'cos', 'cosh', 'degrees', 'e', 'exp', 'fabs', 'floor', 'fmod', 'frexp',
'hypot', 'ldexp', 'log', 'log10', 'modf', 'pi', 'pow', 'radians', 'sin',
'sinh', 'sqrt', 'tan', 'tanh']
```

Trotzdem wissen wir noch nicht, was diese verschiedenen Namen nun bezeichnen. Steht e für eine Konstante, für eine Funktion, für eine Klasse? Dito für cos? Hier kommt uns type zu Hilfe:

```
>>> type(math.e)
<type 'float'>
```

```
>>> type(math.cos)
<type 'builtin_function_or_method'>
```

```
>>> type(math)
<type 'module'>
```

type liefert den Typ eines Objekts zurück. Wir erkennen, dass math.e eine Gleitkommazahl vom Typ float ist, während math.cos eine Funktion ist. math selbst ist ein Objekt vom Typ module.

Einige Objekte wie Klassen und Funktionen können auch einen mehr oder weniger ausführlichen Dokumentationsstring (Docstring) aufweisen. Dieser wird, soweit vorhanden, im __doc__-Attribut des jeweiligen Objekts zu finden sein.

Schauen wir uns zur Illustration den Docstring der Methode split eines Strings s vom Typ str an. Zunächst zu den Vorbereitungen:

```
>>> s = 'a string'
```

```
>>> type(s)
<type 'str'>
```

```
>>> type(s.split)
<type 'builtin_function_or_method'>
```

Und nun zum Docstring:

```
>>> s.split.__doc__
'S.split([sep [,maxsplit]]) -> list of strings\n\nReturn a list of the words
in the string S, using sep as the\ndelimiter string.  If maxsplit is given,
at most maxsplit\nsplits are done. If sep is not specified or is None,
any whitespace string is a separator.'
```

Hinweis

Dass der String s ein Attribut split enthält, wissen wir natürlich durch den Aufruf dir(s), dessen etwas längere Ausgabe wir uns hier aus Platzgründen ersparen.

Die Ausgabe sieht nicht besonders hübsch aus, weil ihre enthaltenen Newline-Zeichen \n nicht formatiert wurden. Die Formatierung lässt sich z.B. mit Hilfe der print-Anweisung bewerkstelligen:

```
>>> print s.split._doc_
S.split([sep [,maxsplit]]) -> list of strings

Return a list of the words in the string S, using sep as the
delimiter string.  If maxsplit is given, at most maxsplit
splits are done. If sep is not specified or is None, any
whitespace string is a separator.
```

Daher wissen wir nun, was s.split() liefern würde:

```
>>> s = 'a string'
>>> s.split()
['a', 'string']

>>> pwd = 'nobody:*:65534:65534:Unprivileged user:/nonexistent:/sbin/nologin'
>>> pwd.split(':')
['nobody', '*', '65534', '65534', 'Unprivileged user', '/nonexistent',
'/sbin/nologin']
```

Kommen wir noch einmal zur Funktion dir zurück. Diese Funktion ist eine so genannte *eingebaute Funktion* (*built-in function*). Unter »eingebaut« versteht man hier, dass sie immer zur Verfügung stehen und nicht erst mit dem Schlüsselwort import aus einem Modul geladen werden müssen.

Welche eingebauten Funktionen gibt es? Kann man es von der Python-Shell herausfinden, ohne sich durch die Python-Dokumentation wühlen zu müssen? Na klar doch! Bevor wir die Liste zeigen, schauen wir uns den Weg dorthin an. Der Schlüssel ist wieder die Funktion dir:

```
>>> dir()
['_builtins_', '_doc_', '_name_']
>>> type(_builtins_)
<type 'module'>
>>> print _builtins_._doc_
Built-in functions, exceptions, and other objects.

Noteworthy: None is the 'nil' object; Ellipsis represents '...' in slices.
```

Mit anderen Worten, alle eingebauten Funktionen, Ausnahmen und anderen eingebauten Objekte (z.B. Typen) befinden sich im Modul _builtins_, welches übrigens nicht mit der Anweisung import _builtins_ geladen werden muss, da dies der Python-Interpreter schon für uns tat.

Wie bekommen wir nun die Liste aller Attribute des __builtins__-Moduls heraus? Genauso wie wir die Liste aller Attribute des math-Moduls herausbekamen: mit dem Aufruf dir(__builtins__)!

```
>>> dir(__builtins__)
['ArithmeticError', 'AssertionError', 'AttributeError', 'BaseException',
'DeprecationWarning', 'EOFError', 'Ellipsis', 'EnvironmentError', 'Exception',
'False', 'FloatingPointError', 'FutureWarning', 'GeneratorExit', 'IOError',
'ImportError', 'ImportWarning', 'IndentationError', 'IndexError', 'KeyError',
'KeyboardInterrupt', 'LookupError', 'MemoryError', 'NameError', 'None',
'NotImplemented', 'NotImplementedError', 'OSError', 'OverflowError',
'PendingDeprecationWarning', 'ReferenceError', 'RuntimeError',
'RuntimeWarning', 'StandardError', 'StopIteration', 'SyntaxError',
'SyntaxWarning', 'SystemError', 'SystemExit', 'TabError', 'True', 'TypeError',
'UnboundLocalError', 'UnicodeDecodeError', 'UnicodeEncodeError',
'UnicodeError', 'UnicodeTranslateError', 'UnicodeWarning', 'UserWarning',
'ValueError', 'Warning', 'ZeroDivisionError', '__debug__', '__doc__',
'__import__', '__name__', 'abs', 'all', 'any', 'apply', 'basestring', 'bool',
'buffer', 'callable', 'chr', 'classmethod', 'cmp', 'coerce', 'compile',
'complex', 'copyright', 'credits', 'delattr', 'dict', 'dir', 'divmod',
'enumerate', 'eval', 'execfile', 'exit', 'file', 'filter', 'float',
'frozenset', 'getattr', 'globals', 'hasattr', 'hash', 'help', 'hex', 'id',
'input', 'int', 'intern', 'isinstance', 'issubclass', 'iter', 'len',
'license', 'list', 'locals', 'long', 'map', 'max', 'min', 'object', 'oct',
'open', 'ord', 'pow', 'property', 'quit', 'range', 'raw_input', 'reduce',
'reload', 'repr', 'reversed', 'round', 'set', 'setattr', 'slice', 'sorted',
'staticmethod', 'str', 'sum', 'super', 'tuple', 'type', 'unichr', 'unicode',
'vars', 'xrange', 'zip']
```

Die Liste ist ziemlich lang, denn sie enthält unter anderem Ausnahmen (alles, was mit Error endet – erinnern Sie sich an die Ausnahmen ZeroDivisionError, OverflowError, ValueError und NameError aus dem Taschenrechner-Beispiel weiter oben?), Warnungen, Datentypen (z.B. bool, float, str, list etc.) und eingebaute Funktionen wie dir, open usw.

Mit den Techniken dieses Abschnitts ausgerüstet, können Sie sich nun bereits auf Erkundungstour machen und diverse *built-ins* ausprobieren. Was macht z.B. range? Als Erstes finden wir heraus, welche Art Objekt es ist, d.h. was es für einen Typ hat:

```
>>> type(range)
<type 'builtin_function_or_method'>
```

Aha, es ist also eine eingebaute Funktion. Schauen wir uns den Docstring an, soweit einer vorhanden ist:

```
>>> print range.__doc__
range([start,] stop[, step]) -> list of integers
```

```
Return a list containing an arithmetic progression of integers.
range(i, j) returns [i, i+1, i+2, ..., j-1]; start (!) defaults to 0.
When step is given, it specifies the increment (or decrement).
For example, range(4) returns [0, 1, 2, 3].  The end point is omitted!
These are exactly the valid indices for a list of 4 elements.
```

Damit dürfte klar sein, was range tut. Probieren wir es aus:

```
>>> range(10)
[0, 1, 2, 3, 4, 5, 6, 7, 8, 9]
```

```
>>> range(10, 20, 2)
[10, 12, 14, 16, 18]
```

2.3.2   Das Hilfesystem help

Auf den ersten Blick scheint help nichts anderes zu sein als eine Funktion zur Ausgabe von Docstrings:

```
>>> import math
>>> help(math.cos)
Help on built-in function cos in module math:

cos(...)
    cos(x)

    Return the cosine of x (measured in radians).
```

Doch in Wirklichkeit ist help ein Docstring-Ausgeber auf Steroiden. Schauen wir uns den Unterschied zwischen der Anweisung print math.__doc__ und help(math) an:

```
>>> print math.__doc__
This module is always available.  It provides access to the
mathematical functions defined by the C standard.
```

```
>>> help(math)
Help on module math:

NAME
    math
```

```
FILE
    /users/farid/python/lib/python2.5/lib-dynload/math.so

MODULE DOCS
    http://www.python.org/doc/current/lib/module-math.html

DESCRIPTION
    This module is always available.  It provides access to the
    mathematical functions defined by the C standard.

FUNCTIONS
    acos(...)
        acos(x)

        Return the arc cosine (measured in radians) of x.

    asin(...)
        asin(x)

        Return the arc sine (measured in radians) of x.

[... weitere Funktionen ...]

    tanh(...)
        tanh(x)

        Return the hyperbolic tangent of x.

DATA
    e = 2.7182818284590451
    pi = 3.1415926535897931
```

Die Ausgabe erinnert nicht nur an Unix-Manpages mit ihren verschiedenen Sektionen, sie setzt sich vor allem aus dem Docstring des Moduls, einer Liste aller *dokumentierter* Modulattribute samt Signaturen und ihrer Docstrings zusammen.

Mit `help` lässt sich somit bequem die Dokumention einer Funktion, einer Klasse oder eines gesamten Moduls abrufen.

Doch `help` kann mehr! Ruft man `help` in der Python-Shell ohne Argumente auf, landet man im Help-System, erkennbar am `help>`-Prompt:

```
>>> help
Type help() for interactive help, or help(object) for help about object.
```

```
>>> help()

Welcome to Python 2.5!  This is the online help utility.

If this is your first time using Python, you should definitely check out
the tutorial on the Internet at http://www.python.org/doc/tut/.

Enter the name of any module, keyword, or topic to get help on writing
Python programs and using Python modules.  To quit this help utility and
return to the interpreter, just type "quit".

To get a list of available modules, keywords, or topics, type "modules",
"keywords", or "topics".  Each module also comes with a one-line summary
of what it does; to list the modules whose summaries contain a given word
such as "spam", type "modules spam".

help>
```

Im Hilfesystem kann man z.B. die Liste reservierter Schlüsselwörter von Python anzeigen:

```
help> keywords

Here is a list of the Python keywords.  Enter any keyword to get more help.

and                 elif                if                  print
as                  else                import              raise
assert              except              in                  return
break               exec                is                  try
class               finally             lambda              while
continue            for                 not                 with
def                 from                or                  yield
del                 global              pass
```

Hinweis

Ein *reserviertes Schlüsselwort* sollte nicht als Name für Variablen, Klassen und dergleichen benutzt werden.

Eine Liste von Themen erhält man mit topics:

```
help> topics

Here is a list of available topics.  Enter any topic name to get more help.

ASSERTION               DEBUGGING               LITERALS                SEQUENCEMETHODS2
ASSIGNMENT              DELETION                LOOPING                 SEQUENCES
ATTRIBUTEMETHODS        DICTIONARIES            MAPPINGMETHODS          SHIFTING
ATTRIBUTES              DICTIONARYLITERALS      MAPPINGS                SLICINGS
AUGMENTEDASSIGNMENT     DYNAMICFEATURES         METHODS                 SPECIALATTRIBUTES
BACKQUOTES              ELLIPSIS                MODULES                 SPECIALIDENTIFIERS
BASICMETHODS            EXCEPTIONS              NAMESPACES              SPECIALMETHODS
BINARY                  EXECUTION               NONE                    STRINGMETHODS
BITWISE                 EXPRESSIONS             NUMBERMETHODS           STRINGS
BOOLEAN                 FILES                   NUMBERS                 SUBSCRIPTS
CALLABLEMETHODS         FLOAT                   OBJECTS                 TRACEBACKS
CALLS                   FORMATTING              OPERATORS               TRUTHVALUE
CLASSES                 FRAMEOBJECTS            PACKAGES                TUPLELITERALS
CODEOBJECTS             FRAMES                  POWER                   TUPLES
COERCIONS               FUNCTIONS               PRECEDENCE              TYPEOBJECTS
COMPARISON              IDENTIFIERS             PRINTING                TYPES
COMPLEX                 IMPORTING               PRIVATENAMES            UNARY
CONDITIONAL             INTEGER                 RETURNING               UNICODE
CONTEXTMANAGERS         LISTLITERALS            SCOPING
CONVERSIONS             LISTS                   SEQUENCEMETHODS1
```

Interessanter ist jedoch die Liste aller installierten Module, die sich selbst dokumentieren, welche man mit modules erhält (Ausgabe stark gekürzt, um Platz zu sparen):

```
help> modules

Please wait a moment while I gather a list of all available modules...

BTrees              bsddb185            ipy_gnuglobal       robotparser
BaseHTTPServer      bz2                 ipy_host_completers runpy
Bastion             cPickle             ipy_kitcfg          sched
CGIHTTPServer       cProfile            ipy_legacy          select

( ... etc ... )

bdb                 ipy_defaults        resource            zlib
binascii            ipy_editors         rexec               zope
binhex              ipy_exportdb        rfc822
```

```
bisect            ipy_extutil         rgbimg
bsddb             ipy_fsops           rlcompleter
```

```
Enter any module name to get more help.  Or, type "modules spam" to search
for modules whose descriptions contain the word "spam".
```

Die Ausgabe kann je nach Anzahl zusätzlich installierter Module noch wesentlich umfangreicher werden! Hier enthält sie lediglich die Module der mitgelieferten Python Standard Library sowie die in Kapitel 1, *Python installieren*, installierten Module ZODB und ihre Abhängigkeiten und die ipython-Shell und ihre Module.

Von dort aus kann man sich weiter herunterhangeln zu den einzelnen Modulen, etwa math:

```
help> math
```

```
[... Ausgabe wie oben bei help(math) ...]
```

Das Hilfesystem verlässt man, indem man am help>-Prompt Enter drückt. Man kehrt dann in die Python-Shell zurück:

```
help>
```

```
You are now leaving help and returning to the Python interpreter.
If you want to ask for help on a particular object directly from the
interpreter, you can type "help(object)".  Executing "help('string')"
has the same effect as typing a particular string at the help> prompt.
>>>
```

Falls Sie beim Nachvollziehen dieser Beispiele auf Ihrem System aus reiner Neugierde versucht haben, Dokumentation zu einem Schlüsselwort oder zu einem Topic anzufordern, ist Ihnen vielleicht folgende Fehlermeldung begegnet:

```
help> finally
```

```
Sorry, topic and keyword documentation is not available because the Python
HTML documentation files could not be found.  If you have installed them,
please set the environment variable PYTHONDOCS to indicate their location.
```

```
On the Microsoft Windows operating system, the files can be built by
running "hh -decompile . PythonNN.chm" in the C:\PythonNN\Doc> directory.
```

Das liegt daran, dass das Hilfesystem die Dokumentationsdateien im HTML-Format zur aktuellen Version von Python nicht finden konnte. Diese können Sie von der Python-Website nachträglich herunterladen bzw. bei Windows wie angedeutet auspacken.

Unter Windows lässt sich diese `.chm`-Datei auch direkt anklicken. Die Hauptseite sähe so aus:

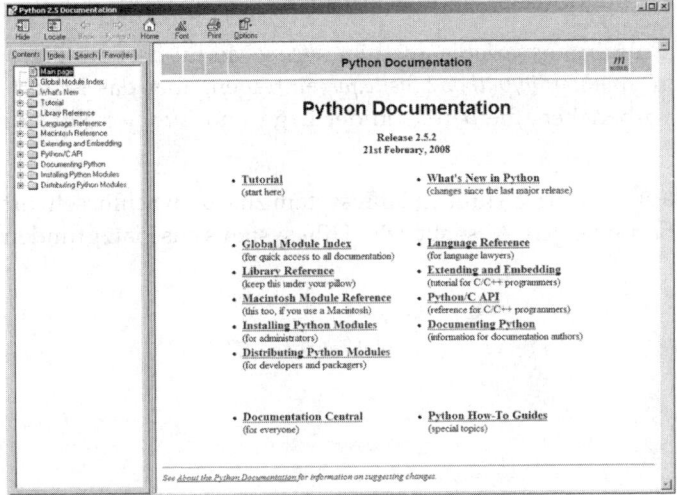

Der *Global Module Index* wäre die Seite, auf der Sie sich vermutlich am häufigsten aufhalten bzw. von der aus Sie starten werden, während die *Python Library Reference* detaillierte Informationen bereitstellt.

Doch zurück zum eingebauten Help-System der Python-Shell!

Hat man die HTML-Dateien an einer bestimmten Stelle installiert bzw. ausgepackt, muss man nur noch die Umgebungsvariable `PYTHONDOCS` entsprechend setzen und das Hilfesystem erneut aufrufen:

Auf meinem FreeBSD-System hat der Port */usr/ports/lang/python-doc-html* diese HTML-Dateien unter */usr/local/share/doc/python2.5* installiert. Wir können daher die Umgebungsvariable `PYTHONDOCS` entweder vor dem Aufruf des Python-Interpreters entsprechend setzen:

```
$ env PYTHONDOCS=/usr/local/share/doc/python2.5 ~/python/bin/python
Python 2.5.2 (r252:60911, Mar  1 2008, 18:37:16)
[GCC 4.2.1 20070719  [FreeBSD]] on freebsd7
Type "help", "copyright", "credits" or "license" for more information.
>>>
```

Oder, falls dieser bereits läuft, sie in der Python Shell nachträglich einfügen, bevor wir das Hilfesystem (erneut) aufrufen:

```
>>> import os
>>> os.environ['PYTHONDOCS'] = '/usr/local/share/doc/python2.5'
```

Es ist natürlich praktischer, die Umgebungsvariable PYTHONDOCS in die Startup-Dateien Ihrer Shell einzutragen. Die Vorgehensweise dabei ist Shell- und Betriebssystemspezifisch. Tragen Sie PYTHONDOCS dort ein, wo Sie sonst auch PATH anpassen.

Zur Not lässt sich diese Umgebungsvariable auch im *site.py*-Modul der jeweiligen Python-Installation, z.B. in *˜/python/lib/python2.5/site.py*, eintragen, aber das ist fortgeschrittenen Benutzern vorbehalten, die bereits in der Lage sind, *site.py* richtig zu deuten.

Bei richtig gesetztem PYTHONDOCS lässt sich nun im Hilfesystem zu jedem Schlüsselwort die passende Dokumentation anzeigen (Ausgaben des Hilfesystems aus Platzgründen nicht wiederholt):

```
>>> import os
>>> os.environ['PYTHONDOCS'] = '/usr/local/share/doc/python2.5'
>>> help()
help> keywords
help> finally
--------------------------------------------------------------------

7.4 The try statement

The try statement specifies exception handlers and/or cleanup code for a
group of statements:

        try_stmt        ::=     try1_stmt | try2_stmt
        try1_stmt       ::=     "try" ":" suite[1]
                        ("except" [expression[2] ["," target[3]]] ":" suite[4])+
                        ["else" ":" suite[5]]
                        ["finally" ":" suite[6]]
        try2_stmt       ::=     "try" ":" suite[7]
                        "finally" ":" suite[8]

Download entire grammar as text.[9]

Changed in version 2.5: In previous versions of Python,
try...except...finally did not work. try...except had to be nested
in try...finally.

The except clause(s) specify one or more exception handlers. When no
exception occurs in the try clause, no exception handler is executed.
When an exception occurs in the try suite, a search for an exception
handler is started. This search inspects the except clauses in turn
until one is found that matches the exception. An expression-less except
```

clause, if present, must be last; it matches any exception. For an
except clause with an expression, that expression is evaluated, and the
clause matches the exception if the resulting object is ''compatible''
with the exception. An object is compatible with an exception if it is
the class or a base class of the exception object, a tuple containing an
item compatible with the exception, or, in the (deprecated) case of
string exceptions, is the raised string itself (note that the object
identities must match, i.e. it must be the same string object, not just
a string with the same value).

[... Weitere Zeilen, die auch finally erklaeren ...]

```
-------------------------------------------------------------------
Release 2.5.2, documentation updated on 21st February, 2008.

Related help topics: EXCEPTIONS

help>
```

Dasselbe gilt für Topics:

```
help> topics
help> NUMBERS
-------------------------------------------------------------------

2.4.3 Numeric literals

There are four types of numeric literals: plain integers, long integers,
floating point numbers, and imaginary numbers. There are no complex
literals (complex numbers can be formed by adding a real number and an
imaginary number).

Note that numeric literals do not include a sign; a phrase like -1 is
actually an expression composed of the unary operator '-' and the
literal 1.


-------------------------------------------------------------------
Release 2.5.2, documentation updated on 21st February, 2008.

Related help topics: INTEGER, FLOAT, COMPLEX, TYPES

help>
```

2.3.3 Das Dokumentationstool pydoc

Eine Alternative zu den Introspektionswerkzeugen dir, type und help, die typischerweise innerhalb der Python-Shell aufgerufen werden, ist das Dokumentationstool *pydoc*, welches zusammen mit Python am selben Ort installiert wird wie *python*, d.h. als *$PREFIX/bin/pydoc*. Bei verschiedenen Versionen von Python kommt noch ein Versionssuffix hinzu, z.B. */usr/local/bin/pydoc2.4* oder */usr/local/bin/pydoc2.5* für Python 2.4.X und Python 2.5.X.

Bei Windows ist es ein bisschen komplizierter. Dort muss man nämlich *pydoc* unter Angabe des Python-Interpreters aufrufen, weil es beim Windows-Port von Python kein *pydoc*-Skript gibt (Stand: Python 2.5.2). Falls der Python-Interpreter in *D:\Python25* installiert wurde, ruft man statt *pydoc* Folgendes auf:

```
D:\PythonBook>D:\Python25\python.exe -m pydoc
```

Oder kürzer, falls *D:\Python25* bereits in Path ist:

```
D:\PythonBook>python.exe -m pydoc
```

Weitere Argumente von *pydoc* schließen sich dort an, genauso wie im Unix-Fall, z.B.:

```
D:\PythonBook>D:\Python25\python.exe -m pydoc -h
```

Im Folgenden gehen wir davon aus, dass wir die Unix-Version von *pydoc* benutzen; aber die von Windows ist weitestgehend identisch.

Ruft man *pydoc* mit dem -h Flag auf, erhält man folgende Ausgabe:

```
$ ~/python/bin/pydoc -h
pydoc - the Python documentation tool

pydoc <name> ...
    Show text documentation on something.  <name> may be the name of a
    Python keyword, topic, function, module, or package, or a dotted
    reference to a class or function within a module or module in a
    package.  If <name> contains a '/', it is used as the path to a
    Python source file to document. If name is 'keywords', 'topics',
    or 'modules', a listing of these things is displayed.

pydoc -k <keyword>
    Search for a keyword in the synopsis lines of all available modules.

pydoc -p <port>
    Start an HTTP server on the given port on the local machine.

pydoc -g
    Pop up a graphical interface for finding and serving documentation.
```

```
pydoc -w <name> ...
    Write out the HTML documentation for a module to a file in the current
    directory.  If <name> contains a '/', it is treated as a filename; if
    it names a directory, documentation is written for all the contents.
```

Schauen wir uns mal ein paar Beispiele an! Natürlich kann man man Docstrings von Funktionen und anderen Objekten ausgeben:

```
$ ~/python/bin/pydoc math.cos
Help on built-in function cos in math:

math.cos = cos(...)
    cos(x)

    Return the cosine of x (measured in radians).
```

Möchte man die Dokumentation eines ganzen Moduls bekommen, gibt man dieses einfach auf der Kommandozeile an:

```
$ ~/python/bin/pydoc math

[ ... Ausgabe wie oben bei help(math) ... ]
```

Eine Liste aller Keywords und Topics bekommt man natürlich auch (Ausgaben weggelassen, um Platz zu sparen), sie sind identisch mit denen aus help> keywords und help> topics:

```
$ ~/python/bin/pydoc keywords
$ ~/python/bin/pydoc topics
```

Auch hier benötigt *pydoc* die HTML-Dateien und eine richtig gesetzte PYTHONDOCS-Umbebungsvariable, um weitere Informationen zu Keywords und Topics auszugeben:

```
$ env PYTHONDOCS=/usr/local/share/doc/python2.5 ~/python/bin/pydoc finally

[... Ausgabe wie oben beim Help System ...]
```

Klar, dass man mit *pydoc* auch eine Liste aller installierter selbstdokumentierender Module erhält:

```
$ ~/python/bin/pydoc modules

[... Ausgabe wie oben beim Help System ...]
```

Das ist natürlich eine sehr umfangreiche Liste! Mit pydoc -k lässt sich diese lange Liste aller Module gezielt nach einem Suchbegriff durchforsten. Berücksichtigt werden nur die Synopsis-Zeilen der Module:

```
$ ~/python/bin/pydoc -k zip
zipimport - zipimport provides support for importing Python modules
          from Zip archives.
gzip - Functions that read and write gzipped files.
test.test_gzip - Test script for the gzip module.
test.test_zipfile
test.test_zipfile64
test.test_zipimport
zipfile - Read and write ZIP files.
```

Die Dokumentation lässt sich auch im HTML-Format ausgeben. Dazu dient die Option -w. Wir wollen beispielsweise von Windows aus die Dokumentation des math-Moduls in den *E:\Temp* Folder ablegen:

```
E:\Documents and Settings\farid>cd \Temp

E:\Temp>python -m pydoc -w math
wrote math.html
```

Interessant wird diese HTML-Ausgabe jedoch erst, wenn man den eingebauten HTTP-Server von *pydoc* benutzt! Mit pydoc -p und unter Angabe eines Ports lässt sich dieser Server starten:

```
$ ~/python/bin/pydoc -p 7464
pydoc server ready at http://localhost:7464/
```

Unter Windows können Sie diesen Server auch wie folgt starten:

```
D:\Python25\Tools\Scripts>python pydocgui.pyw
```

Dabei kann es sein, dass beim erstmaligen Start dieses Servers die Windows-Firewall anspringt und einen auffordert, dieses Programm freizugeben (UNBLOCK auswählen):

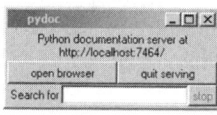

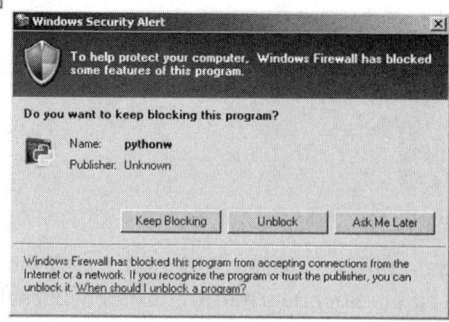

Anschließend kann man den Webserver seiner Wahl auf `localhost:7464` (oder welchen Port man auch immer ausgewählt hat) zeigen lassen. Es ist auch möglich, *pydoc* auf einem anderen Rechner ausführen zu lassen. In dem Fall geben Sie einfach den Rechnernamen samt Portnummer an.

Man erhält eine Liste aller Module, die thematisch in verschiedene Kategorien sortiert ist. So befinden sich z.B. die meisten Module einer Python-Standard-Installation in der Kategorie *$PREFIX/lib/python2.5*, zu der man gelangt, wenn man etwas weiter nach unten blättert:

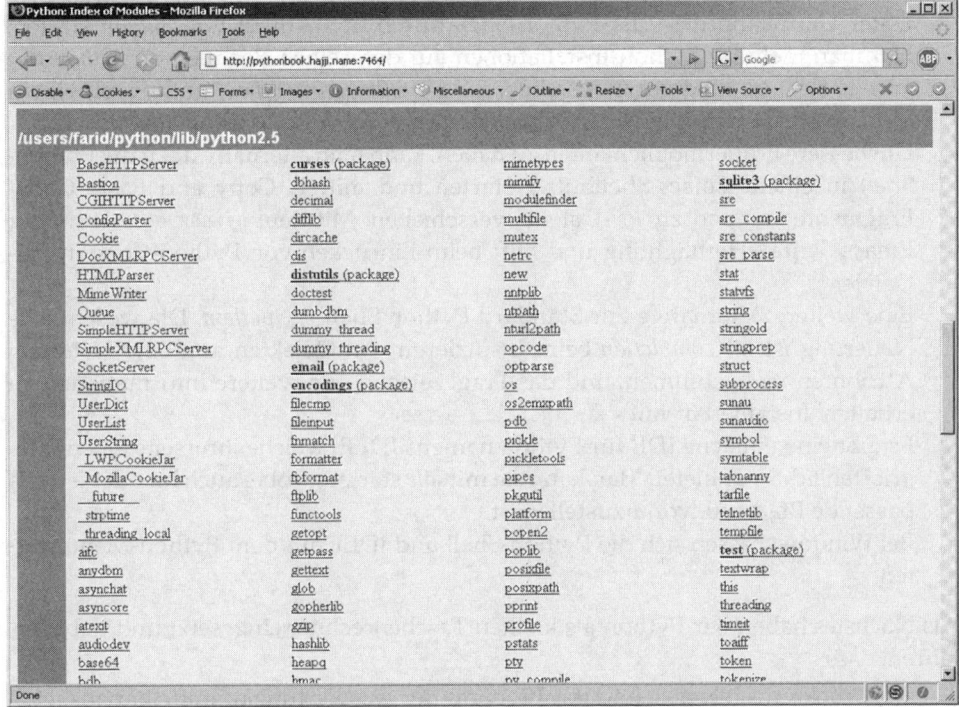

Die Dokumentation eines jeden Moduls ist ebenfalls unterteilt in verschiedenen Kategorien, etwa:

- den Docstring des Moduls selbst
- die Liste aller von diesem Modul importierten Module
- die detaillierte Liste aller in dem Modul definierten Klassen
- die Liste aller Funktionen dieses Moduls
- die Liste aller sonstiger Daten (Variablen, Konstanten)
- Informationen über Autoren usw.

Selbstverständlich lässt sich dieser kleine HTTP-Server auch von anderen Rechnern aus abfragen, sofern dies die Firewall-Einstellungen des jeweiligen Netzes erlauben.

open source library

2.4 Zusammenfassung

In diesem Kapitel haben zuerst verschiedene Möglichkeiten, die Python-Shell zu starten und auszuführen, sowohl unter Unix als auch unter Windows kennengelernt:

- Ruft man den Python-Interpreter ohne Argumente auf, landet man in der Python-Shell. Diese erkennt man am >>> -Prompt, und man kann sie mit quit() wieder verlassen.

- Die Python-Shell dient dazu, kleine Experimente mit Code-Fragmenten durchzuführen, aber auch Module, Objekte usw. mittels Introspektion kennenzulernen.

- Unter Unix kann man die Python-Shell durch den Aufruf von *python* starten. Hat man mehrere Python-Installationen auf demselben Rechner, ist *python* der jeweils richtige Pfad voranzustellen, z.B.: *˜/python/bin/python*, und eventuell ein Versionssuffix anzuhängen: */usr/local/bin/python2.4* oder */usr/local/bin/python2.5*.

- Um bessere Editiermöglichkeiten zu haben, kann man alternativ dazu die Python-Shell in einem Emacs-Shellbuffer starten und mittels Copy and Paste Code-Fragmente aus und zu .py-Dateien verschieben. Mit dem python-mode kann der Emacs Syntax-Highlighting und hilft beim Einrücken von Python-Code in .py-Dateien.

- Eine weitere Alternative zur Standard Python Shell ist *ipython*. Die wesentliche Neuerung ist *tab completion* beim Inspizieren von Objekten, um eine Liste von Attributen zu bekommen, und das Fragezeichen, um weitere Informationen zu erhalten. Installierbar mit easy_install ipython.

- Es gibt eine einfache IDE für Python namens IDLE, welche ihrerseits einen integrierten Editor anbietet. Man kann sie mit *idle* starten, wobei auch hier der jeweils passende Pfad evtl. voranzustellen ist.

- Bei Windows lassen sich die Python-Shell und IDLE aus dem Python-Menü starten.

Als Nächstes haben wir Python als kleinen Taschenrechner eingesetzt und dabei erfahren, dass:

- Ausdrücke ausgewertet und das Ergebnis der Auswertung unmittelbar ausgegeben wird,

- Fehler zur Laufzeit Ausnahmen auslösen; es sei denn, es handelt sich um Syntax-Fehler, welche zum Programmabbruch führen. Die Shell gibt die Fehlermeldung aus und kehrt zum Prompt zurück.

- man Module mit import laden kann. Wir haben dabei das math-Modul kennengelernt, das u.a. trigonometrische Funktionen und ein paar Konstanten enthält.

- Werte wie Ergebnisse von Berechnungen oder einfach nur Zahlen Variablen zugewiesen werden können,

- Funktionen mit def definiert werden,

- Variablen, Funktionen und andere Objekte, die in einer Python-Shell-Sitzung definiert wurden, beim Verlassen dieser Shell verschwinden. Damit sie dennoch persistent das Ende einer Python-Shell überdauern, müssen sie in einer .py-Datei definiert werden. Sie können dann bei Bedarf mit `import` in eine laufende Python-Shell geladen werden.

- man eine ganze Datei *demoshell.py* mit `import demoshell` in die laufende Shell laden kann, man dann aber die einzelnen Namen mit vorangestelltem Modul-namen (hier `demoshell`) vollqualifizieren muss. Alternativ dazu kann man mit `from demoshell import circ` einzelne Namen gezielt in den aktuellen Namensraum laden; in dem Fall müssen sie nicht mehr vollqualifiziert werden. Der gesamte Namensraum von `demoshell` lässt sich mit `from demoshell import *` in die laufende Shell laden.

Anschließend machten wir uns auf Erkundungstour, um herauszufinden, was das `math`-Modul enthält und welche Module es überhaupt gibt:

- Mit der eingebauten Funktion `dir` lässt sich der Inhalt eines *bereits importierten* Moduls anzeigen: `dir(math)`.
- `type` verrät uns den Typ eines Namens: `type(math.cos)`.
- Viele Objekte haben einen Dokumentationsstring, der im __doc__-Attribut enthalten ist. Man kann den Docstring eines Objekts o formatiert mit `print o.__doc__` ausgeben.
- Die Liste aller eingebauten Funktionen befindet sich in dem speziellen Modul __builtins__, welches automatisch vom Python-Interpreter importiert wird. Um diese Liste zu bekommen, ruft man einfach `dir(__builtins__)` auf.
- `help` ist nicht nur ein Docstring-Ausgeber auf Steroiden, der Dokumentation für ganze Module aus den einzelnen Docstrings zusammenstellen kann; es ist auch ein interaktives Hilfesystem.
- Im Help-System kann eine Liste aller Module mit `help> modules` angezeigt werden.
- Damit auch Dokumentation zu Keywords (`help> keywords`) und Topics (`help> topics`) erscheint, muss man die Dokumentation im HTML-Dateien- Format aus der Python-Website heruntergeladen und ausgepackt haben. Damit `help` weiß, wo sie sich befinden, gibt man den Pfad in die Umgebungsvariable `PYTHONDOCS` an, bevor man das Hilfesystem startet. Man kann es auch zur Laufzeit tun:

```
import os; os.environ['PYTHONDOCS'] = '/usr/local/share/doc/python2.5'
```

Eine ähnliche Funktionalität wie `help` bietet das Tool *pydoc*, das von außerhalb der Python-Shell aufgerufen wird:

- *pydoc* befindet sich im selben Verzeichnis wie der Python-Interpreter, auf den sich die Dokumentation bezieht: z.B. `~/python/bin/pydoc`.
- Bei Windows läßt sich *pydoc* unter Angabe des Python-Interpreters starten: `\Python25\python.exe -m pydoc`.
- `pydoc <name>` liefert ähnlich wie `help(name)` die Dokumentation zu einer Funktion, einer Klasse oder eines Moduls.
- `pydoc modules` gibt eine Liste aller installierten Module aus; `pydoc keywords` zeigt die reservierten Schlüsselwörter (Keywords) von Python, und `pydoc topics` zeigt die Liste der Hauptthemen (Topics). Keywords und Topics können nur abgefragt werden, wenn die HTML-Dokumentation installiert und `PYTHONDOCS` richtig gesetzt ist.

- `pydoc -k <keyword>` durchsucht die Synopsis-Zeilen aller Module nach dem Begriff `<keyword>`.
- `pydoc -w <modul>` gibt die Dokumentation des Moduls `<modul>` als HTML Datei aus.
- `pydoc -p <port>` startet einen kleinen lokalen HTTP-Server, der vom Browser Ihrer Wahl nach API-Dokumentation abgefragt werden kann.

Mit all diesen Informationen ausgerüstet, könnten Sie Python nun selbstständig weiter erkunden. Möchten Sie wissen, wie bestimmte Module ihre Aufgabe erledigen, können Sie stets den Python-Quellcode in den diversen `.py`-Dateien aus *$PREFIX/lib/python2.5* zu Rate ziehen. Beachten Sie bitte, dass einige Module aus einem Mix aus Python- und C/C++-Code bestehen. Um den C/C++-Code einzusehen, ist es natürlich erforderlich, den Quellcode von Python selbst aus dem Tarball oder Zipfile auszupacken.

Im nächsten Kapitel *Hello, World!* werden wir sehen, wie Python-Programme ausgeführt werden.

3 Hello, World!

Während wir in Kapitel 2, *Die Python-Shell*, kleine Wegwerf-Code-Fragmente ausprobiert haben, ist es nun an der Zeit, ein richtiges Python-Programm zu erstellen und auszuführen.

Der überlieferten Tradition entsprechend, wird auch unser erstes Python Programm das berühmte *Hello, World!* sein. In seiner traditionellen Form gibt dieses Programm lediglich die Zeichenkette *Hello, World!* aus und beendet sich anschließend. Da dies bei Python ein Einzeiler wäre und somit ziemlich langweilig, ziehen wir die erweiterte Form vor, welche vom Benutzer eine Eingabe erwartet und diese im Anschluss zusammen mit einem Gruß ausgibt.

Der Zweck von *Hello, World!* liegt weniger darin, was es tut, sondern wie man es ausführt. Wenn *Hello, World!* läuft, dann sollten auch andere Programme laufen, sofern sie keine Fehler enthalten; denn dann weiß man, dass die Python-Installation auf dem jeweiligen Rechner voraussichtlich voll einsatzfähig ist.

3.1 Das Hello, World!-Programm

Python-Programme werden in Dateien mit der Endung .py mit einem beliebigen Editor geschrieben. Jeder Editor, der reine ASCII-Dateien ohne versteckte Markierungen speichern kann, ist hierfür geeignet: von *emacs* oder *vim* mit ihren Python-Modi, die für Syntaxcoloring und noch leichtere Eingabe sorgen, über den integrierten Editor der mitgelieferten Python-Entwicklungsumgebung *idle* oder einem Plug-in für Eclipse bis hin zum Editor Ihrer Wahl.

Welchen Editor Sie auch immer bevorzugen, geben Sie Folgendes in eine Datei namens *hello.py* ein:

```
#!/usr/bin/env python
# hello.py -- the traditional hello world program.

print "Hello, World!"
```

```
name = raw_input("What's your name? ")
print "Nice to meet you,", name
```

Wie aus dem Quellcode zu erkennen ist, würde dieses Programm erst den Text Hello, World! ausgeben und anschließend den Benutzer nach seinem Namen fragen. Mit dem Namen des Benutzers ausgestattet, begrüßt *hello.py* diesen mit einer schönen, netten, personalisierten Nachricht.

3.1.1 hello.py verstehen

Der Code von *hello.py* dürfte weitestgehend selbsterklärend sein:

- Die erste Zeile #!/usr/bin/env python heißt *she-bang*-Zeile. Sie wird weiter unten ausführlich erklärt.
- Die zweite Zeile # hello.py -- ... ist eine Kommentarzeile. In Python wird alles, was mit # anfängt, bis zum Ende der Zeile vom Python-Interpreter ignoriert. Es dient der Dokumentation für den Programmierer.
- Mit der Anweisung print wird ausgegeben. Wir geben hier die Zeichenkette »Hello, World!« auf die Standardausgabe aus. Die Standardausgabe ist typischerweise der Bildschirm, das Terminal-Fenster etc. aus dem das Programm gestartet wurde, es sei denn, sie wurde mit > oder | umgeleitet.
- Die Benutzereingabe wird mit Hilfe der eingebauten Funktion raw_input von der Standardeingabe entgegengenommen. Die Standardeingabe ist normalerweise die Tastatur, es sei denn, sie wurde mit < beim Aufruf des Programms zuvor umgeleitet.
- Der von raw_input eingelesene Wert wird der Variablen name zugewiesen. Das ist genauso wie unsere Zuweisung radius = 5.0 aus dem Taschenrechner-Beispiel des Kapitels 2, *Die Python-Shell*.
- Die Ausgabe der personalisierten Nachricht erfolgt wieder mit print in der letzten Zeile des Programms. Zu beachten ist hier, dass print alle seine durch Komma getrennten Argumente ("Nice to meet you" und name) durch Leerzeichen getrennt ausgibt!

Bis auf die Funktion raw_input haben Sie sicher *hello.py* selbst erraten. Die eingebaute Hilfe (Docstring) von raw_input kann mit den aus Kapitel 2, *Die Python-Shell*, bekannten Techniken angezeigt werden:

```
raw_input(...)
    raw_input([prompt]) -> string

    Read a string from standard input.  The trailing newline is stripped.
    If the user hits EOF (Unix: Ctl-D, Windows: Ctl-Z+Return), raise EOFError.
    On Unix, GNU readline is used if enabled.  The prompt string, if given,
    is printed without a trailing newline before reading.
```

3.1.2   hello.py unter Unix ausführen

Um dieses Programm auszuführen, übergibt man *hello.py* dem Python-Interpreter: `python hello.py`. Sind mehrere Python-Versionen auf demselben Rechner installiert, ruft man einfach den passenden Interpreter auf: `/usr/local/bin/python2.5 hello.py`, `~/python/bin/python hello.py` etc.

Führen wir *hello.py* mit dem Python-Interpreter aus, den wir in Kapitel 1, *Python installieren*, im Home-Verzeichnis unter *~/python/bin/python* installiert hatten:

```
$ ~/python/bin/python hello.py
Hello, World!
What's your name? John Doe
Nice to meet you, John Doe
```

Diese Methode hat zwei Vorteile:

- Sie läuft sowohl unter Unix als auch unter Windows.
- Sie überlässt die Wahl des zu benutzenden Python-Interpreters nicht der Umgebungsvariablen `PATH`.

Unter Unix gibt es eine weitere Methode: Setzt man das ausführbare Bit (x-Bit) von *hello.py*, kann man auf die Nennung des Python-Interpreters unter Umständen verzichten. Das geht so:

Normalerweise ist das x-Bit einer neuen Datei nicht gesetzt:

```
$ ls -l hello.py
-rw-r--r-- 1 farid  users  168 Feb 11 08:26 hello.py
```

Damit kann man *hello.py* nicht direkt aufrufen:

```
$ ./hello.py
./hello.py: Permission denied.
```

Das x-Bit für den User setzt man wie folgt:

```
$ chmod u+x hello.py
$ ls -l hello.py
-rwxr--r-- 1 farid  users  168 Feb 11 08:26 hello.py
```

Jetzt kann ich *hello.py* direkt aufrufen:

```
$ ./hello.py
Hello, World!
What's your name? John Doe
Nice to meet you, John Doe
```

Sollen auch andere Benutzer derselben Gruppe (hier *users*) *hello.py* ausführen, sollte man auch das x-Bit für die Gruppe setzen:

```
$ chmod g+x hello.py
$ ls -l hello.py
-rwxr-xr-- 1 farid  users  168 Feb 11 08:26 hello.py
```

Jetzt können alle Benutzer, die der Gruppe users angehören, *hello.py* ausführen, *sofern sie Zugriff auf das Verzeichnis haben, das diese Datei enthält.*

Last, but not least, kann man auch das x-Bit für alle anderen Benutzer (die nicht in der Gruppe *users* sind) setzen:

```
$ chmod o+x hello.py
$ ls -l hello.py
-rwxr-xr-x 1 farid  users  168 Feb 11 08:26 hello.py
```

Statt alle drei chmod-Aufrufe kann man auch das x-Bit für alle Benutzer gleichzeitig mit einer Kommandozeile wie chmod a+x hello.py setzen.

Was soll aber diese komische ./-Schreibweise? Geht's nicht ohne?

```
$ hello.py
hello.py: Command not found.
```

Der Grund liegt darin, dass die Unix-Shell das Programm *hello.py* nur in den Verzeichnissen sucht, die in der Umgebungsvariablen PATH enthalten sind, da es sich nicht um einen relativen oder absoluten Pfad handelt. Zufälligerweise ist das aktuelle Verzeichnis nicht in PATH enthalten:

```
$ echo $PATH
/sbin:/bin:/usr/sbin:/usr/bin:/usr/games:/usr/local/sbin:/usr/local/bin:\
/users/farid/bin
```

Damit also die Unix-Shell *hello.py* dennoch findet, kann man:

- entweder einen relativen oder absoluten Pfad angeben
- oder PATH um das aktuelle Verzeichnis ergänzen.

Die erste Möglichkeit wird mit ./hello.py realisiert, denn ./hello.py ist ein relativer Pfad (relativ zum aktuellen Verzeichnis '.'). Die zweite Möglichkeit ist etwas umständlicher, geht aber auch:

```
$ PATH=$PATH:.; export PATH

$ echo $PATH
/sbin:/bin:/usr/sbin:/usr/bin:/usr/games:/usr/local/sbin:/usr/local/bin:\
/users/farid/bin:.

$ hello.py
Hello, World!
What's your name? Path Finder
Nice to meet you, Path Finder
```

Natürlich würde die Änderung von PATH nur so lange gelten, bis es erneut verändert wird oder bis zum Ende der Shell. Damit sie dauerhaft ist, sollte sie in der Shell-Startup-Datei eingetragen werden. Wie das geht, hängt von der jeweiligen Shell ab.

Aus Sicherheitsgründen sollten Sie . lieber nicht in PATH übernehmen. Wenn Sie jedoch nicht darauf verzichten wollen oder können, fügen Sie . besser ans Ende von PATH ein. Warum? Angenommen, Sie befinden sich in einem Verzeichnis eines anderen Users, und dieser hat dort ein Programm abgelegt, das genauso heißt wie ein Systemprogramm. Falls Sie das nicht wissen, könnten Sie statt des Systemprogramms das Benutzerprogramm aufrufen und wüssten nicht, dass Sie es mit dem falschen Programm zu tun haben!

Wir werden in Zukunft den Aufruf eines Programms *prog.py* immer mit ./prog.py bewerkstelligen, aber Sie wissen jetzt, dass es auch anders gehen kann.

Die Frage, die sich jedoch hier stellt ist: *Welcher Python-Interpreter hat hello.py ausgeführt?*

Um diese Frage zu beantworten, probieren wir folgendes Programm aus:

```
#!/usr/bin/env python
# pyversion.py -- print current version of python

import sys
print sys.version, sys.prefix
```

Wir rufen es mit den verschiedenen Methoden auf, die wir gerade kennengelernt haben. Achten Sie dabei auf das Datum der Kompilierung des Python-Interpreters und auf dessen Präfix:

```
$ python pyversion.py
2.5.2 (r252:60911, Mar  1 2008, 14:15:45)
[GCC 4.2.1 20070719  [FreeBSD]] /usr/local

$ ~/python/bin/python pyversion.py
2.5.2 (r252:60911, Mar  1 2008, 18:37:16)
[GCC 4.2.1 20070719  [FreeBSD]] /users/farid/python

$ chmod u+x pyversion.py
$ ./pyversion.py
2.5.2 (r252:60911, Mar  1 2008, 14:15:45)
[GCC 4.2.1 20070719  [FreeBSD]] /usr/local

$ PATH=$PATH:.; export PATH
$ pyversion.py
2.5.2 (r252:60911, Mar  1 2008, 14:15:45)
[GCC 4.2.1 20070719  [FreeBSD]] /usr/local
```

Was für *pyversion.py* gilt, gilt natürlich auch für *hello.py*!

In diesem Beispiel gibt es zwei Python-Interpreter:

- den systemweiten Python-Interpreter mit Präfix */usr/local*
- unseren Home-Verzeichnis-Interpreter mit Präfix */users/farid/python*

Der Aufruf `python pyversion.py` hat den System-Interpreter ausgeführt, ebenso der Aufruf `./pyversion.py` bzw. `pyversion.py`. Nur `~/python/bin/python pyversion.py` hat unseren Home-Verzeichnis-Interpreter gestartet!

Wie kommt das?

- Bei `python pyversion.py` hat die Shell das Programm `python` aufgerufen. Da PATH */usr/local/bin* aber nicht */users/farid/python/bin* enthält, hat die Shell den systemweiten Interpreter */usr/local/bin/python* gestartet, und dieser hat dann *pyversion.py* ausgeführt.
- Bei `~/python/bin/python pyversion.py` hat die Shell keine andere Wahl gehabt, als */users/farid/python/bin/python* zu starten, weil es sich um einen absoluten Pfad handelt. PATH wird in dem Fall überhaupt nicht berücksichtigt.
- Bei `./pyversion.py` und `pyversion.py` hat die Shell versucht, die Datei *pyversion.py* selbst auszuführen. Der Unix-Kernel kann aber eine solche Datei nicht direkt zur Ausführung laden, weil sie kein Binärprogramm enthält. Dies erkennt der Kernel daran, dass eine bestimmte Präambel fehlt. Also schaut sich der Kernel dann die Datei genauer an und sucht nach einer *she-bang*-Zeile. Das, was in der she-bang Zeile steht, wird dann gestartet.
  Der Ausdruck *she-bang* ist eine Abkürzung für *sharp* (#) und *bang* (!).

Die *she-bang* Zeile von *pyversion.py* (und *hello.py*) lautet:

```
#!/usr/bin/env python
```

Daher wird der Unix-Kernel das Programm */usr/bin/env* starten und ihm die Argumente *python* und den Namen der Datei (also *pyversion.py* bzw. *hello.py*) übergeben. Nun ist */usr/bin/env* dafür verantwortlich, die `.py`-Datei auszuführen.

Jetzt ist */usr/bin/env* natürlich kein Python-Interpreter, sondern nur ein Zwischenprogramm. Dieses ruft hier *python* auf, genauso wie es die Shell tun würde; und genauso wie bei der Shell berücksichtigt es dabei PATH! Und jetzt kommt's: Da PATH den Pfad */usr/local/bin*, aber nicht */users/farid/python/bin* enthält, würde */usr/bin/env* den systemweiten Python-Interpreter */usr/local/bin/python* starten und den Namen der `.py`-Datei übergeben. Ergo wird die Datei vom Python-Interpreter mit dem Präfix */usr/local* ausgeführt!

Hinweis

Übrigens: Sogar wenn */users/farid/python/bin* in PATH gewesen wäre, jedoch nicht */usr/local/bin*, würde `/usr/bin/env` natürlich den systemweiten Python-Interpreter zuerst gefunden und ausgeführt haben.

Damit also unser Home-Verzeichnis-Python-Interpreter die Datei ausführt, können wir PATH entsprechend ergänzen:

```
$ PATH=$HOME/python/bin:$PATH; export PATH
```

```
$ echo $PATH
/users/farid/python/bin:/sbin:/bin:/usr/sbin:/usr/bin:/usr/local/sbin:\
/usr/local/bin:/users/farid/bin
```

```
$ ./pyversion.py
2.5.2 (r252:60911, Mar  1 2008, 18:37:16)
[GCC 4.2.1 20070719 [FreeBSD]] /users/farid/python
```

Oder, wenn's nur für einen einzigen Aufruf gelten soll:

```
$ PATH=$HOME/python/bin:$PATH ./pyversion.py
2.5.2 (r252:60911, Mar  1 2008, 18:37:16)
[GCC 4.2.1 20070719 [FreeBSD]] /users/farid/python
```

Wie wir sehen, können wir also durch geschicktes Manipulieren des Pfades PATH zur Laufzeit den richtigen Python-Interpreter bestimmen. Das ist der Grund, warum die bevorzugte *she-bang*-Zeile #!/usr/bin/env python lautet und nicht etwa #!/usr/local/bin/python. Durch den Aufruf von */usr/bin/env* überlässt man es dem Systemadministrator, durch Setzen von PATH den Default Python-Interpreter auszuwählen. Außerdem sind Programme mit dieser *she-bang*-Zeile portabler, denn der Python-Interpreter muss nicht bei allen Rechnern in */usr/local/bin* vorhanden sein.

Hinweis

Linux-User: bei einigen Linux-Distributionen befindet sich *env* nicht unter */usr/bin*, sondern unter */bin*. In diesem Fall müssten Sie entweder alle Python-Skripte dahingehend ändern, dass ihre *she-bang* Zeile #!/bin/env statt #!/usr/bin/env lautet, oder, viel besser, Sie setzen ein Symlink von */usr/bin/env* nach */bin/env* mit der als *root* auszuführenden Anweisung ln -sf /bin/env /usr/bin/env .

In manchen Fällen ist die #!/usr/bin/env python *she-bang*-Zeile aber nicht die beste Wahl, trotz all ihrer Vorteile! Falls das Programm z.B. in einer CGI-Umgebung ausgeführt werden soll, würde der Webserver i.d.R. PATH *sanitizen*, d.h. aus Sicherheitsgründen auf eine minimale Anzahl von als »sauber« geltenden Pfade setzen (etwa auf */bin* und */usr/bin*). Da man dort kaum Einfluss auf PATH hat, besonders bei *shared hosting*-Umgebungen, hat man keine andere Wahl als die richtige Version von Python in der *she-bang*-Zeile explizit zu benennen: #!/usr/local/bin/python2.5.

Ein weiterer Grund, eine explizitere *she-bang*-Zeile anzugeben, könnte darin liegen, dass das jeweilige Programm auf eine ganz präzise, spezifische Version von Python angewiesen ist und mit der Systemversion von Python ohnehin nicht laufen würde.

Doch in der Regel sollten Sie bei der kanonischen *she-bang*-Zeile `#!/usr/bin/env python` bleiben und es dem Systemadministrator überlassen, durch Setzen von `PATH` die Default-Version von Python zu bestimmen, und den Anwender wählen lassen, zur Laufzeit bestimmen zu können, welcher Python-Interpreter aufgerufen werden soll.

All das ist nun schön und gut, aber warum spielt die Auswahl des richtigen Python-Interpreters überhaupt eine Rolle? Sind nicht alle Python gleich? Unsere beiden Programme laufen doch in beiden Fällen! Also was soll die ganze Aufregung?

Python-Interpreter scheinen nur gleich zu sein, aber es stimmt nicht! Zum einen sind unterschiedliche Versionen von Python nicht abwärtskompatibel: Ein Python 2.5-Programm läuft nicht unbedingt auf einem Python 2.4-Interpreter. Zum anderen sind sogar Python-Interpreter derselben Version (hier 2.5.2) trotzdem nicht zwingend gleich, weil sie eine unterschiedliche Anzahl von Drittanbietermodulen installiert haben können.

Erinnern Sie sich an das `ZODB`-Package, das wir im Kapitel 1, *Python installieren*, unserem Home-Verzeichnis-Interpreter hinzugefügt haben? Da wir es nicht in der Systemversion von Python installiert haben, würde ein Programm, das `import ZODB` enthält, nur mit dem Home-Verzeichnis-Interpreter laufen, nicht aber mit dem Interpreter der Systemversion:

```
$ ~/python/bin/python
Python 2.5.2 (r252:60911, Mar  1 2008, 18:37:16)
[GCC 4.2.1 20070719 [FreeBSD]] on freebsd7
Type "help", "copyright", "credits" or "license" for more information.
>>> import ZODB
>>> quit()
```

```
$ python
Python 2.5.2 (r252:60911, Mar  1 2008, 14:15:45)
[GCC 4.2.1 20070719 [FreeBSD]] on freebsd7
Type "help", "copyright", "credits" or "license" for more information.
>>> import ZODB
Traceback (most recent call last):
  File "<stdin>", line 1, in <module>
ImportError: No module named ZODB
>>> quit()
```

Darum ist es immer wichtig, dass ein `.py`-Programm vom richtigen Python-Interpreter ausgeführt wird!

3.1.3 hello.py unter Windows ausführen

Um *hello.py* auszuführen, rufen wir einfach den Python-Interpreter *python.exe* auf und übergeben ihm *hello.py* als Argument.

Angenommen, *hello.py* befindet sich in *D:\PythonBook*, und unser Python-Interpreter wurde in *D:\Python25* installiert. Wir starten ein *cmd.exe*-Shell-Fenster, und wechseln nach *D:\PythonBook*, wo sich unser Programm befindet:

```
E:\Documents and Settings\farid>D:

D:\>cd \PythonBook

D:\Pythonbook>
```

Nun rufen wir den Python-Interpreter *D:\Python25\python.exe* auf und übergeben *hello.py* als Argument:

```
D:\PythonBook>D:\Python25\python.exe hello.py
Hello, World!
What's your name? John Doe
Nice to meet you, John Doe

D:\Pythonbook>
```

Wenn der Installation Wizard seine Arbeit richtig getan hat, müsste man auch *hello.py* ohne Angabe von *python.exe* starten können:

```
D:\Pythonbook>hello.py
Hello, World!
What's your name? John Doe
Nice to meet you, John Doe
```

Das ist deswegen möglich, weil der Installation Wizard die Endung .py mit dem Python-Interpreter *D:\Python25\python.exe* in der Windows-Registry verbunden hat und *cmd.exe* somit wusste, welches Programm diese .py-Datei ausführen konnte.

Außerdem lässt sich *hello.py* einfach im Explorer anklicken. Es startet dann ein Shell-Fenster, in dem wir unseren Namen eingeben können. Die Antwort ist in dem Fall leider kaum zu erkennen, denn das Fenster schließt sich unmittelbar, nachdem sich *hello.py* beendet hat.

Zu beachten ist, dass *python.exe* normalerweise nicht in Path enthalten ist:

```
D:\PythonBook>python.exe
'python.exe' is not recognized as an internal or external command,
operable program or batch file.
```

```
D:\PythonBook>
```

In Kapitel 1, *Python installieren*, haben wir bei der Installation von *easy_install* unter Windows gezeigt, wie Path eingestellt wird.

Bei richtig gesetztem Path lässt sich der Python-Interpreter direkt als *python.exe* statt *D:\Python25\python.exe* aufrufen:

```
D:\PythonBook>python.exe hello.py
Hello, World!
What's your name? Path Found
Nice to meet you, Path Found


D:\PythonBook>
```

Befinden sich weitere Python-Versionen dort, können Sie Ihren Python-Interpreter entweder direkt aufrufen oder mittels Path auswählen.

3.1.4 hello.py in IDLE ausführen

Um *hello.py* in der Entwicklungsumgebung IDLE auszuführen, muss man lediglich diese Datei in den integrierten Editor laden und dort die Option RUN / RUN MODULE F5 aus dessen Menüleiste ausführen:

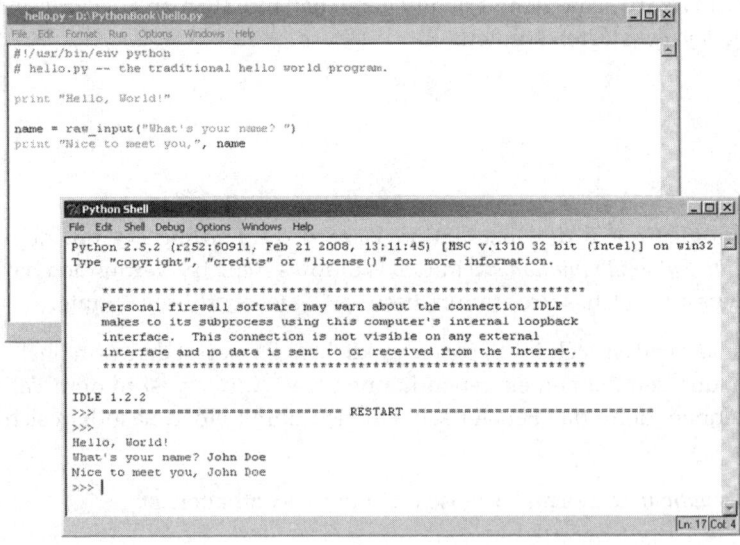

Das Programm läuft dann im Fenster der Python-Shell.

3.2 hello2.py mit sys.argv

Das Programm *hello.py* hat den Namen des Benutzers mit Hilfe der Funktion `raw_input` erhalten. Alternativ können Daten auch über die Kommandozeile in ein Programm eingegeben werden. Dies wird am Beispiel von *hello2.py* vorgeführt:

```
#!/usr/bin/env python
# hello2.py -- the traditional hello world program, cli version.

'''

This program greets the user and asks him for a name,
but only if the name has not been specified on the
command line interface as its first argument. Then
it welcomes the user with a nice personalized message.

Call this program either as:
  hello2.py "John Doe"
or as
  hello2.py

'''

import sys

def say_hello():
    "Say hello to the world"
    print "Hello, World!"

def ask_user_from_cli():
    "Fetch user name from the command line interface"
    if len(sys.argv) > 1:
        return sys.argv[1]
    else:
        return None

def ask_user_interactively():
    "Ask user for his name"
    return raw_input("What's your name? ")

def greet_user(name):
    "Send user a personalized greeting"
    print "Nice to meet you,", name
```

```
def main():
    "This is the main program"
    say_hello()
    name = ask_user_from_cli()
    if name is None:
        name = ask_user_interactively()
    greet_user(name)

if __name__ == '__main__':
    main()
```

3.2.1 hello2.py verstehen

Anders als *hello.py* ist *hello2.py* in *Funktionen* unterteilt. Jede Funktion hat eine genau definierte Aufgabe, die in ihrem Docstring zusammengefasst ist:

- say_hello gibt einfach "Hello, World!" aus.
- ask_user_from_cli liest die Kommandozeile aus und gibt entweder einen String oder das spezielle Python-Objekt None an den Aufrufer zurück.
- ask_user_interactively fragt wie in *hello.py* den Benutzer interaktiv nach seinem Namen und liefert diesen an den Aufrufer zurück.
- greet_user wird mit einem String (name) aufgerufen und gibt eine personalisierte Nachricht an den Benutzer aus.
- main ruft der Reihe nach all diese Funktionen auf: erst wird gegrüßt, dann wird, wenn möglich, der Name des Benutzers von der Kommandozeile eingelesen; und wenn es nicht gelang (z.B. weil beim Aufruf kein Name angegeben wurde), wird der Benutzer interaktiv aufgefordert, seinen Namen einzugeben. Anschließend wird der Benutzer mit einer personalisierten Nachricht willkommen geheißen.

Achten Sie auf den großzügigen Einsatz von Docstrings. Sie sollten es sich zur Gewohnheit machen, Ihre Programme immer gut zu dokumentieren, denn so lässt sich auch ganz bequem eine fertige Doku erstellen:

```
$ ~/python/bin/pydoc hello2
Help on module hello2:

NAME
    hello2

FILE
    /users/farid/PythonBook/hello2.py

DESCRIPTION
    This program greets the user and asks him for a name,
    but only if the name has not been specified on the
```

```
command line interface as its first argument. Then
it welcomes the user with a nice personalized message.

Call this program either as:
  hello2.py "John Doe"
or as
  hello2.py

FUNCTIONS
    ask_user_from_cli()
        Fetch user name from the command line interface

    ask_user_interactively()
        Ask user for his name

    greet_user(name)
        Send user a personalized greeting

    main()
        This is the main program

    say_hello()
        Say hello to the world
```

Neben der Modularisierung von *hello2.py* in Funktionen ist die wesentliche Neuerung der Inhalt von `ask_user_from_cli`. Um dies zu verstehen, muss man wissen, dass `sys.argv` ein Array ist, das die Argumente der Kommandozeile enthält. Dabei ist `sys.argv[0]` der Name des Programms selbst, `sys.argv[1]` ist der Wert des ersten Kommandozeilenarguments nach dem Programmnamen, `sys.argv[2]` der Wert des zweiten Kommandozeilenarguments usw. Die Zahl der Werte im Array `sys.argv` erhält man mit der `len`-Funktion: Ist also `len(sys.argv)` mehr als 1, dann gibt es auf jeden Fall ein oder mehrere Kommandozeilenargumente. Wir schnappen uns nur das erste, `sys.argv[1]`, und liefern es als String zurück.

Eine weitere Neuerung ist das, was am Ende von *hello2.py* steht:

```
if __name__ == '__main__':
    main()
```

Was hat es damit auf sich? Man kann *hello2.py* entweder direkt aufrufen oder als Modul in die Python-Shell laden. Wenn es direkt aufgerufen wird, möchte man, dass `main` ausgeführt wird; aber wenn es in die Python-Shell geladen wird, soll `main` *nicht* aufgerufen werden (vielleicht will man es selbst tun oder lieber die eine oder andere Funktion austesten?):

```
>>> import hello2

>>> dir(hello2)
['__builtins__', '__doc__', '__file__', '__name__', 'ask_user_from_cli',
'ask_user_interactively', 'greet_user', 'main', 'say_hello', 'sys']

>>> hello2.say_hello()
Hello, World!

>>> quit()
```

Wir sehen, dass die Funktion main hier nicht aufgerufen wurde!

3.2.2 hello2.py ausführen

Führen wir *hello2.py* mal aus:

```
$ ~/python/bin/python hello2.py
Hello, World!
What's your name? John Doe
Nice to meet you, John Doe

$ ~/python/bin/python hello2.py John Doe
Hello, World!
Nice to meet you, John

$ ~/python/bin/python hello2.py "John Doe"
Hello, World!
Nice to meet you, John Doe
```

Der erste und dritte Aufruf müssten beide klar sein. Aber warum wurde beim zweiten Aufruf nur John und nicht John Doe übernommen? Des Rätsels Lösung liegt in der Unix-Shell: Sie erinnern sich, dass wir als Namen lediglich das erste Kommandozeilenargument sys.argv[1] nehmen. Die Unix Shell übergibt jedoch die Argumente John und Doe als getrennte Argumente, d.h. John würde nach sys.argv[1] landen und Doe wäre in sys.argv[2] zu finden! Es ist daher kein Wunder, dass ask_user_from_cli lediglich John als Namen zurückgeben würde, was auch die Ausgabe erklärt.

Damit John Doe als Name angenommen wird, muss es als einziges Argument von der Unix-Shell angesehen und übergeben werden, damit es nach sys.argv[1] landet. Und wie geht das? Indem man der Shell mit Anführungszeichen signalisiert, dass sie diese Argumente gruppieren und als ein einziges Argument übergeben soll.

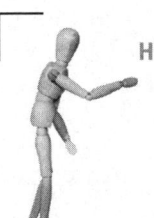

Hinweis

Unter Windows ist der Aufruf identisch wie unter Unix.

3.2.3 hello2.py unterm Debugger

hello2.py kann man auch unter dem *Python-Debugger* pdb ausführen. Damit können Breakpoints gesetzt, der Stack und Variablen untersucht und Funktionen schrittweise ausgeführt werden.

Den Python-Debugger startet man sowohl unter Unix als auch Windows mit dem Aufruf: python -m pdb prog.py arg1 arg2 ...

```
$ ~/python/bin/python -m pdb hello2.py "John Doe"
> /users/farid/PythonBook/hello2.py(14)<module>()
-> '''
(Pdb)
```

Die Liste der Kommandos, die man am Pdb-Prompt eingeben kann, erhält man wie erwartet mit einem Fragezeichen:

```
(Pdb) ?

Documented commands (type help <topic>):
========================================
EOF    break    commands    debug     h        l       pp      s        up
a      bt       condition   disable   help     list    q       step     w
alias  c        cont        down      ignore   n       quit    tbreak   whatis
args   cl       continue    enable    j        next    r       u        where
b      clear    d           exit      jump     p       return  unalias

Miscellaneous help topics:
==========================
exec   pdb

Undocumented commands:
======================
retval   rv
```

Jedes Kommando hat eine weitere Hilfe, z.B.:

```
(Pdb) ?b
b(reak) ([file:]lineno | function) [, condition]
With a line number argument, set a break there in the current
file.  With a function name, set a break at first executable line
of that function.  Without argument, list all breaks.  If a second
argument is present, it is a string specifying an expression
which must evaluate to true before the breakpoint is honored.

The line number may be prefixed with a filename and a colon,
to specify a breakpoint in another file (probably one that
hasn't been loaded yet).  The file is searched for on sys.path;
the .py suffix may be omitted.
```

Setzen wir einen Breakpoint auf ask_user_from_cli:

```
(Pdb) b ask_user_from_cli
Breakpoint 1 at /users/farid/PythonBook/hello2.py:22
```

Und nun starten wir das Programm:

```
(Pdb) r
Hello, World!
> /users/farid/PythonBook/hello2.py(24)ask_user_from_cli()
-> if len(sys.argv) > 1:
```

Wo sind wir gerade? Ein Stacktrace wäre nicht schlecht:

```
(Pdb) bt
  /users/farid/python/lib/python2.5/bdb.py(366)run()
-> exec cmd in globals, locals
  <string>(1)<module>()
  /users/farid/PythonBook/hello2.py(46)<module>()
-> main()
  /users/farid/PythonBook/hello2.py(40)main()
-> name = ask_user_from_cli()
> /users/farid/PythonBook/hello2.py(24)ask_user_from_cli()
-> if len(sys.argv) > 1:
```

Wir erkennen hier, indem wir den Stacktrace von unten nach oben lesen, dass wir uns in der Aufrufreihenfolge in ask_user_from_cli befinden, welches von main aufgerufen ist (welches seinerseits vom Debugger aufgerufen ist, aber das ist hier nicht wichtig).

Der Stacktrace verrät uns die Reihenfolge der aufgerufenen Funktionen. Die Stelle im Quellcode, an der wir uns befinden, erhalten wir anders:

```
(Pdb) l
 19         "Say hello to the world"
 20         print "Hello, World!"
 21
 22 B   def ask_user_from_cli():
 23         "Fetch user name from the command line interface"
 24   ->    if len(sys.argv) > 1:
 25             return sys.argv[1]
 26         else:
 27             return None
 28
 29     def ask_user_interactively():
```

Hinweis

Der Breakpoint wird hier mit einem B angezeigt und die Stelle, an der wir sind, mit einem Pfeil.

Variablen können hier zur Laufzeit inspiziert und verändert werden. Zum Spaß verändern wir mal schnell `sys.argv[1]`, um zu sehen, ob wir eine abweichende Ausgabe erhalten:

```
(Pdb) sys.argv
['hello2.py', 'John Doe']
(Pdb) sys.argv[1] = 'John "the debugger" Doe'
(Pdb) sys.argv
['hello2.py', 'John "the debugger" Doe']
```

Natürlich ist diese Änderung nicht dauerhaft! Sie ist nur während dieser Ausführung von *hello2.py* wirksam. Der Quellcode in *hello2.py* bleibt davon selbstverständlich unberührt! Falls die Ausführung innerhalb derselben Debugger-Sitzung neu gestartet wird, wird diese Änderung ebenfalls überschrieben.

Einen Einzelschritt kann man mit s(tep) ausführen:

```
(Pdb) s
> /users/farid/PythonBook/hello2.py(25)ask_user_from_cli()
-> return sys.argv[1]
```

Das stimmt: `len(sys.argv)` war tatsächlich größer als 1, darum sind wir hier und nicht im `else`-Zweig gelandet!

Die Funktion `ask_user_from_cli` führen wir dann weiter aus, bis sie verlassen wird. Das geht mit dem `r(eturn)`-Befehl:

```
(Pdb) r
> /users/farid/PythonBook/hello2.py(41)main()
-> if name is None:
```

Wir sind wieder in der `main`-Funktion:

```
(Pdb) l
 36
 37     def main():
 38         "This is the main program"
 39         say_hello()
 40         name = ask_user_from_cli()
 41  ->     if name is None:
 42             name = ask_user_interactively()
 43         greet_user(name)
 44
 45     if __name__ == '__main__':
 46         main()
```

Inspizieren wir den Rückgabewert, der in `name` gespeichert wurde:

```
(Pdb) name
'John "the debugger" Doe'
```

Yep, wie erwartet!

Nun führen wir mit `c(ontinue)` die Ausführung fort, und zwar bis zum nächsten Breakpoint, oder, wie hier, wo keiner mehr da ist, bis zum Ende des Programms:

```
(Pdb) c
Nice to meet you, John "the debugger" Doe
The program finished and will be restarted
> /users/farid/PythonBook/hello2.py(14)<module>()
-> '''
```

Haben Sie die Ausgabe erkannt? Unsere Änderung von `sys.argv` war offenbar wirksam.

Den Debugger verlassen wir dann mit `q(uit)`:

```
(Pdb) quit
$
```

3.3 tkhello.py mit Tkinter

Python-Programme mit GUI (*graphical user interface*) lassen sich genauso einfach wie traditionelle Nicht-GUI-Programme starten. Um dies zu illustrieren, schreiben wir unser *Hello, World!*-Programm so um, dass es folgende grafische Oberfläche bekommt:

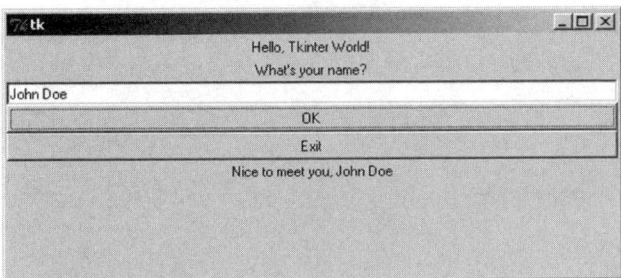

Hinweis

Die Oberfläche mag nicht so ästhetisch aussehen, wie man es gewohnt ist. Wir verzichten hier auf Schönheit zugunsten der Einfachheit (des Quellcodes).

Wie geht so etwas? Mit Hilfe eines GUI-Toolkits natürlich! Oder, genauer gesagt, eines Python-Packages, das eine Schnittstelle zu einem GUI-Toolkit anbietet. Toolkits gibt's wie Sand am Meer (na ja, nicht ganz so viele, aber in ausreichender Vielfalt). Darum stellt sich die Frage, welches dieser Toolkits wir an dieser Stelle auswählen wollen.

Da man die allermeisten GUI-Toolkits und ihre Python-Packages erst nachträglich installieren muss, bietet sich als einziges Toolkit dasjenige, das automatisch Bestandteil der *batteries included* Python Standard Library ist, als natürlicher Kandidat an! Dieses Toolkit ist Tk, samt Python Package `Tkinter`. Tk mag nicht so hübsche Widgets besitzen wie andere GUI-Toolkits, hat aber zwei unbestreitbare Vorteile für schnelle Wegwerfprogramme:

- Tk gibt's für Unix, Windows und weitere Plattformen.
- `Tkinter` wird standardmäßig mit Python ausgeliefert.

Kommen wir nun zum Programm *tkhello.py*, das den oben gezeigten Screenshot erzeugt:

```python
#!/usr/bin/env python
# tkhello.py -- Hello, World as a Tkinter application
import sys
from Tkinter import *
```

```
def build_gui():
    "Build the GUI. Return root, entry, and personalized greeting label"

    rootWindow = Tk()
    rootWindow.wm_geometry("500x200")

    label1 = Label(rootWindow)
    label1['text'] = "Hello, Tkinter World!"
    label1.pack()

    label2 = Label(rootWindow)
    label2['text'] = "What's your name?"
    label2.pack()

    nameEntry = Entry(rootWindow)
    nameEntry.bind('<Key-Return>', entry_callback)
    nameEntry.pack(fill=X)

    okButton = Button(rootWindow)
    okButton['text'] = 'OK'
    okButton['command'] = entry_callback
    okButton.pack(fill=X)

    exitButton = Button(rootWindow)
    exitButton['text'] = 'Exit'
    exitButton['command'] = exit_callback
    exitButton.pack(fill=X)

    outLabel = Label(rootWindow)
    outLabel['text'] = ''
    outLabel.pack()

    return rootWindow, nameEntry, outLabel

def entry_callback(event=None):
    "Called when the Return key is hit in the entry field or OK is clicked"
    name = theEntry.get()
    theLabel['text'] = "Nice to meet you, %s" % name

def exit_callback():
    "Called when the Exit button is hit"
    sys.exit(0)
```

```
def main():
    global theRoot, theEntry, theLabel
    theRoot, theEntry, theLabel = build_gui()
    theRoot.mainloop()

if __name__ == '__main__':
    main()
```

Als Erstes merken wir, dass der Quellcode deutlich länger ist als derjenige von *hello.py*. Das dürfte aber nicht überraschen: GUI-Programme sind *immer* länger als einfache Konsolen-Skripte. Doch das Programm müsste auch für `Tkinter`- oder gar GUI-Newbies zumindest nachvollziehbar sein.

Bevor wir zu den Details von *tkhello.py* kommen, wollen wir es starten. Unter Unix ruft man es einfach genauso auf, wie man jedes andere Python-Programm aufruft:

```
$ ~/python/bin/python tkhello.py
```

Das setzt aber voraus, dass

- man es bei laufendem X-Server tut,
- der X-Server Verbindungen vom Aufrufer zulässt, und
- die Umgebungsvariable `DISPLAY` richtig gesetzt ist.

All diese Bedingungen sind sicher erfüllt, wenn das Programm aus einem X-Fenster gestartet wird (z.B. einem *xterm*-Fenster), unabhängig davon, welchen Window-Manager Sie benutzen. Wird das Programm jedoch von der Konsole gestartet, ist `DISPLAY` natürlich nicht gesetzt, und wir erhalten eine Fehlermeldung (achten Sie auf die letzte Zeile):

```
$ ~/python/bin/python tkhello.py
Traceback (most recent call last):
  File "tkhello.py", line 56, in <module>
    main()
  File "tkhello.py", line 52, in main
    theRoot, theEntry, theLabel = build_gui()
  File "tkhello.py", line 10, in build_gui
    rootWindow = Tk()
  File "/users/farid/python/lib/python2.5/lib-tk/Tkinter.py",
     line 1636, in __init__
    self.tk = _tkinter.create(screenName, baseName, className, interactive,
                             wantobjects, useTk, sync, use)
_tkinter.TclError: no display name and no $DISPLAY environment variable
```

Unter Windows reicht es aus, auf *tkhello.py* zu klicken oder es wie gewohnt in der DOS-Box mit *tkhello.py* oder unter Angabe des Interpreters, z.B. als `python.exe tkhello.py`, zu starten.

Kehren wir nun zu *tkhello.py* zurück und schauen es uns etwas näher an, ohne dabei jedoch zu sehr in die Details zu versinken:

■ *tkhello.py* ist in Funktionen modularisiert, wobei main die erste Funktion ist, welche aufgerufen wird.

■ main **ruft erst die Funktion** build_gui **auf, um das GUI aufzubauen.**

■ Nach build_gui ruft main die Haupteventschleife des Hauptfensters theRoot auf.

Das war's auch schon! Nun wartet diese Hauptschleife mainloop auf Ereignisse, d.h. darauf, dass der User etwas macht:

■ Klickt er auf okButton, wird der Callback entry_callback automatisch aufgerufen. Dasselbe gilt für den Fall, dass der Benutzer im Texteingabefeld nameEntry die Return-Taste betätigt.

■ Klickt er hingegen auf den Exit-Button exitButton, wird der Callback exit_callback aufgerufen; und dieser beendet das Programm wie gewünscht. Das Programm wird auch sauber beendet, wenn der Benutzer versucht, das Fenster mit Hilfe des Window-Managers zu schließen (z.B. durch Anklicken des X in der oberen rechten Ecke beim Screenshot).

Die Callbacks entry_callback und exit_callback sind gewöhnliche Python-Funktionen, welche vom Tkinter-Framework aufgerufen werden, wenn die in build_gui definierten Ereignisse eintreten. Mit anderen Worten, nicht wir rufen sie auf, sie werden über die Haupteventschleife mainloop automatisch bei Bedarf aufgerufen. Das nennt man *eventgesteuerte Programmierung*.

Interessant ist lediglich entry_callback: dort wird mittels der Methode get das Texteingabefeld theEntry ausgelesen und anschließend, um einen kleinen Satz ergänzt, als Text des Ausgabelabels eingetragen. Dadurch ändert sich die personalisierte Begrüßung.

Bleibt nur noch die Funktion build_gui zu erklären. Zunächst wird ein Hauptfenster mit Tk() erzeugt und auf eine bestimmte Größe gesetzt. Danach werden nacheinander die einzelnen Widgets erzeugt, die ins Hauptfenster gehören: zwei Textzeilen, ein Texteingabefeld nameEntry, zwei Buttons okButton und exitButton sowie ein Textausgabefeld outLabel.

Damit *tkhello.py* auf Eingaben reagiert, wird nameEntry an den Callback entry_callback angekoppelt. Somit würde das Klicken der Return-Taste automatisch den Aufruf dieses Callbacks bewerkstelligen (probieren Sie es mal aus!). Auch der okButton wird an diesen Callback angekoppelt, so dass der Benutzer die Wahl hat, entweder Return im Texteingabefeld einzugeben oder den ok-Button anzuklicken. Der Effekt bleibt derselbe.

exitButton hingegen wird an den Callback exit_callback angekoppelt, so dass sich das Programm beendet, sobald auf Exit geklickt wird.

Die personalisierte Begrüßung erfolgt in `outLabel`. Er bekommt in `build_gui` noch keinen Wert, denn er wird erst von `entry_callback` bei vorliegender Benutzereingabe belegt.

Es bleibt nur noch zu erwähnen, dass die Funktion `main` die Widgets `theRoot`, `theEntry` und `theLabel` als `global` deklariert hat, damit sie nicht nur im Body von `main` leben, sondern auch von `entry_callback` aus benutzt werden können.

Übrigens erhält man die Dokumentation zu den verschiedenen Widget-APIs, die Signatur einzelner Widget-Methoden oder die gesamte API wie gewohnt mit dem *pydoc*-Tool:

- `$ ~/python/bin/pydoc Tkinter.Label`
- `$ ~/python/bin/pydoc Tkinter.Entry`
- `$ ~/python/bin/pydoc Tkinter.Button`
- `$ ~/python/bin/pydoc Tkinter.Entry.bind`
- `$ ~/python/bin/pydoc Tkinter`

Auch GUI-Programme lassen sich debuggen, selbst wenn es etwas schwieriger ist als bei normalen CLI Programmen. Um *tkhello.py* zu debuggen, rufen wir den Python-Debugger wie folgt auf und setzen gleich einen Breakpoint an der interessantesten Stelle, dem Callback `entry_callback`:

```
$ ~/python/bin/python -m pdb tkhello.py
> /users/farid/PythonBook/tkhello.py(4)<module>()
-> import sys
(Pdb) b entry_callback
Breakpoint 1 at /users/farid/PythonBook/tkhello.py:41
```

Anschließend starten wir einfach das Programm mit `r(un)`:

```
(Pdb) r
```

An der Stelle erscheint das Hauptfenster. Wir geben im Eingabefeld etwas ein und drücken dann entweder die Return-Taste oder auf klicken den OK-Button. Im Debugger erscheint dann Folgendes:

```
> /users/farid/PythonBook/tkhello.py(43)entry_callback()
-> name = theEntry.get()
```

Im GUI-Fenster selbst sehen wir natürlich noch nichts. Nun inspizieren wir ein bisschen unsere Umgebung:

```
(Pdb) bt
  /users/farid/python/lib/python2.5/bdb.py(366)run()
-> exec cmd in globals, locals
  <string>(1)<module>()
  /users/farid/PythonBook/tkhello.py(56)<module>()
-> main()
  /users/farid/PythonBook/tkhello.py(53)main()
```

```
-> theRoot.mainloop()
  /users/farid/python/lib/python2.5/lib-tk/Tkinter.py(1023)mainloop()
-> self.tk.mainloop(n)
  /users/farid/python/lib/python2.5/lib-tk/Tkinter.py(1403)__call__()
-> return self.func(*args)
> /users/farid/PythonBook/tkhello.py(43)entry_callback()
-> name = theEntry.get()
```

Die letzte Zeile des Stacktrace zeigt, dass wir im Callback `entry_callback` angekommen sind. Interessant ist, wenn man den Stacktrace weiter nach oben klettert, dass `entry_callback` von einer Funktion `__call__` tief aus den Innereien des `Tkinter`-Moduls aufgerufen wurde. Erinnern Sie sich, dass es sich hier um eventgesteuerte Programmierung handelt? Diese ominöse `__call__`-Funktion (die für unsere Diskussion hier keine Rolle spielt) wird ihrerseits von der `mainloop` des `Tkinter`-Moduls aufgerufen. Diese `tk.mainloop`-Funktion ist die Haupteventschleife, die wir oben erwähnt haben. Sie selbst wurde von `theRoot.mainloop()` aus gestartet.

Aus dem Stacktrace kann man daher durchaus einiges über die Struktur von `Tkinter`-Programmen lernen, insbesondere über die Haupteventschleife.

Aber schauen wir uns nun an, wo wir im Quellcode gelandet sind:

```
(Pdb) list
 38
 39         return rootWindow, nameEntry, outLabel
 40
 41 B   def entry_callback(event=None):
 42         "Called when the Return key is hit in the entry field \
            or OK is clicked"
 43 ->      name = theEntry.get()
 44         theLabel['text'] = "Nice to meet you, %s" % name
 45
 46     def exit_callback():
 47         "Called when the Exit button is hit"
 48         sys.exit(0)
```

Wir sind also in `entry_callback` (das wussten wir schon), direkt an der Stelle, wo jetzt der Wert aus dem Texteingabefeld `theEntry` ausgelesen werden soll. Führen wir nun einen einzelnen Schritt aus, um zu sehen, was wir da erhalten:

```
(Pdb) s
--Call--
> /users/farid/python/lib/python2.5/lib-tk/Tkinter.py(2369)get()
-> def get(self):
```

Statt die ganze Funktion auszuführen, haben wir uns hier in die `tk.get`-Methode tief in die Innereien des `Tkinter`-Moduls verirrt (wir hätten `n(ext)` statt `s(tep)` benutzen sollen, um zur nächsten Zeile von `entry_callback` zu springen, statt in die Funktion `get` des `Tkinter`-Moduls einzutauchen – aber hier geht es ja darum, eine echte Debugger-Sitzung vorzuführen, und in der Realität macht man eben mal den einen oder anderen Fehler). Da uns dessen Details nicht interessieren, führen wir diese Methode bis zum Ende aus und kehren zurück. Doch wie?

```
(Pdb) ?r
r(eturn)
Continue execution until the current function returns.
```

Ah, ja, mit `r(eturn)`:

```
(Pdb) r
--Return--
> /users/farid/python/lib/python2.5/lib-tk/Tkinter.py(2371)get()->'John Doe'
-> return self.tk.call(self._w, 'get')
```

Sind wir wirklich zurück in `entry_callback`? Mit `l(ist)` finden wir es heraus:

```
(Pdb) l
2366        def delete(self, first, last=None):
2367            """Delete text from FIRST to LAST (not included)."""
2368            self.tk.call(self._w, 'delete', first, last)
2369        def get(self):
2370            """Return the text."""
2371 ->         return self.tk.call(self._w, 'get')
2372        def icursor(self, index):
2373            """Insert cursor at INDEX."""
2374            self.tk.call(self._w, 'icursor', index)
2375        def index(self, index):
2376            """Return position of cursor."""
```

Nein, doch noch nicht. Also weiter eine Ebene zurück: diese Funktion aus den Innereien von `Tkinter` soll auch bis zu ihrem Ende laufen und zum Aufrufer (hoffentlich `entry_callback`) zurückkehren:

```
(Pdb) r
> /users/farid/PythonBook/tkhello.py(44)entry_callback()
-> theLabel['text'] = "Nice to meet you, %s" % name
```

Na, das sieht schon viel besser aus! Wir sind zurück, aber jetzt auf der folgenden Zeile:

```
(Pdb) l
 39            return rootWindow, nameEntry, outLabel
 40
 41 B   def entry_callback(event=None):
 42            "Called when the Return key is hit in the entry field \
```

```
          or OK is clicked"
43        name = theEntry.get()
44  ->    theLabel['text'] = "Nice to meet you, %s" % name
45
46    def exit_callback():
47        "Called when the Exit button is hit"
48        sys.exit(0)
49
```

Was haben wir in name erhalten? Das, was im Texteingabefeld der User eingetragen hat?

```
(Pdb) name
'John Doe'
```

Genau!

Jetzt führen wir das Programm bis zum Ende aus, nicht jedoch, ohne zuvor den Breakpoint an entry_callback zu löschen:

```
(Pdb) clear
Clear all breaks? y
(Pdb) r
--Return--
> /users/farid/PythonBook/tkhello.py(44)entry_callback()->None
-> theLabel['text'] = "Nice to meet you, %s" % name
```

An dieser Stelle ist die personalisierte Nachricht im Hauptfenster erschienen! Nun kann der Benutzer noch ein paar weitere Eingaben vornehmen, um den Text unter dem EXIT-Button zu verändern. Beim Klicken auf EXIT oder Schließen des Fensters wird das Programm beendet. Die Sitzung im Python-Debugger wird ebenfalls beendet, und man kehrt zur Kommandozeile zurück.

3.4 Zusammenfassung

In diesem Kapitel haben wir drei Versionen eines einfachen Programms des Typs *Hello, World!* mit Benutzereingabe vorgeführt:

- *hello.py* holt sich seine Eingabe mit raw_input direkt vom Benutzer.
- *hello2.py* holt sich seine Eingabe aus der Kommandozeile sys.argv.
- *tkhello.py* ist die GUI-Version von *hello.py*.

Bei *Hello, World!*-Programmen geht es nicht so sehr darum, was sie tun, sondern wie sie aufgerufen werden.

Das einfache *hello.py*-Programm wird wie folgt aufgerufen:

- Unter Unix:
  - Vom von `PATH` gewählten Interpreter: `$ python hello.py`
  - Von einem spezifischen Interpreter: `$ ~/python/bin/python hello.py`
  - Bei `$ chmod u+x hello.py`; `./hello.py` wird der von `PATH` gewählte Interpreter *hello.py* ausführen, es sei denn, die *she-bang*-Zeile spezifiziert etwas anderes.
  - Die kanonische *she-bang*-Zeile lautet bei allen Plattformen: `#!/usr/bin/env python`
- Unter Windows:
  - `D:\Python25\python.exe hello.py`, wenn Python unter *D:\Python25* installiert ist
  - *hello.py*, da die Endung `.py` mit dem (hoffentlich) richtigen Python-Interpreter vom Installation Wizard verbunden wurde
  - `python.exe hello.py`, wenn `Path` den Pfad von *python.exe* enthält (also z.B. um *D:\Python25* ergänzt). Bei XP: Start -> Control Panel -> System -> Advanced -> Environment variables
- In IDLE (Unix, Windows, ...):
  - *idle* starten
  - *hello.py* im Editor laden
  - im Editor-Fenster Run -> Run Module aufrufen

Als Nächstes haben wir das Programm *hello2.py* betrachtet, das seine Eingabe aus der Kommandozeile `sys.argv` annimmt. *hello2.py* ist, anders als *hello.py*, in Funktionen modularisiert gewesen:

- Bei der Ausführung gibt man einfach die zusätzlichen Argumente nach dem Namen des Programms an: `$ ~/python/bin/python hello2.py "John Doe"`.
- Damit der Benutzername und -vorname als ein einziges Argument in `sys.argv[1]` landen, muss man der Shell mit Anführungszeichen mitteilen, dass sie diese Kommandozeilenargumente zu einem einzigen Kommandozeilenargument zusammenfassen soll.

hello2.py haben wir auch unter dem Python-Debugger ausgeführt:

- `$ ~/python/bin/python -m pdb hello2.py »John Doe«`
- Im Pdb erhält man eine Liste aller Kommandos mit `(Pdb) ?` und kann sich über einzelne Kommandos informieren mit dem Fragezeichen: `(Pdb) ?b`.
- Man kann Breakpoints setzen: `(Pdb) b ask_user_from_cli`. Mit `r` wird das Programm unter Debugger-Kontrolle gestartet. Der Debugger stoppt beim ersten Breakpoint. Mit `bt` erhält man einen Stacktrace und mit `l(ist)` die aktuelle Position im Quellcode. Variablen kann man wie in der Python-Shell ausgeben und u.U. sogar verändern. Mit `n(ext)` geht es zur nächsten Zeile, wobei Funktionen übersprungen werden, die dort aufgerufen werden; mit `s(tep)` werden sie nicht übersprungen, man kann sie bis zum Ende durchlaufen lassen mit `r(eturn)`. Last but not least, mit `c(ontinue)` führt man das Programm bis zum Ende durch.

Als drittes Programm haben wir die GUI-Version von *hello.py* namens *tkhello.py* anhand des standardmäßig vorhandenen Tkinter-Moduls vorgeführt:

- *tkhello.py* lässt sich wie jedes andere Python-Programm starten: $ ~/python/bin/python tkhello.py oder bei Windows z.B. durch Anklicken. Läuft bei Unix der X-Server nicht, wird eine Ausnahme ausgelöst, und das Programm wird beendet.
- *tkhello.py* ist in Funktionen modularisiert und unterliegt dem Design der *eventgesteuerten Programmierung*. Das heißt, dass nach dem Zusammenstellen des GUIs und dem Aufruf der Haupteventschleife die einzelnen Funktionen (Callbacks) automatisch vom Toolkit in Abhängigkeit von den Benutzeraktionen aufgerufen werden.
- Die API-Dokumentation zu den verschiedenen Tkinter-Widgets erhält man wie gewohnt mit *pydoc*.
- Das Debuggen von GUI-Programmen erfolgt wie dasjenige von Nicht-GUI-Programmen mit Hilfe des Python-Debuggers.

Im nächsten Teil werden die Python-Grundlagen behandelt.

Teil II
Python-Grundlagen

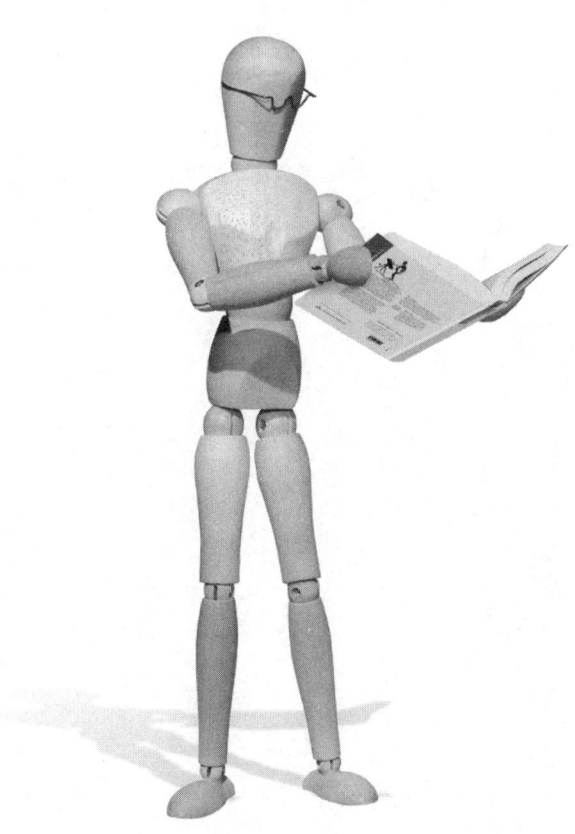

4 Zahlen

In diesem Kapitel werden wir sehen, wie Python mit Zahlen umgeht. Während die Zahlenverarbeitungsfertigkeit von Python selbst sich auf die üblichen Zahlentypen `int`, `long`, `float` und `complex` beschränkt, befinden sich in der Python Standard Library Module zur Verarbeitung von Dezimalzahlen (`decimal`) und zur Erzeugung von Zufallszahlen (`random`), die nützlich sein können.

Falls Sie Python für anspruchsvolle numerische Berechnungen einsetzen wollen oder müssen, sollten Sie sich Kapitel 17, *Python für Wissenschaftler*, nicht entgehen lassen!

4.1 Die Grundzahlentypen

Standard-Python kennt folgende Zahlentypen:

- Integer (`int`)
- Long integer (`long`)
- Gleitkommazahlen (`float`)
- Komplexe Zahlen (`complex`)

Integer und `long` integer unterscheiden sich darin, dass ein `int` in ein Maschinenwort (32 bit oder 64 bit) passen muss, während ein `long` beliebig lang werden kann und nur durch den zur Verfügung stehenden virtuellen Speicher beschränkt ist. Ein `long`-Literal wird in Python mit einem nachgestellten `l` oder `L` bezeichnet.

```
>>> i = 12345
>>> l = 12345L

>>> type(i)
<type 'int'>
>>> type(l)
<type 'long'>
```

Fehlt das `l` oder `L` oder würde eine `int`-Operation die Grenzen von `int` sprengen, wird dieses `int` automatisch in ein `long` verwandelt:

```
>>> num = 13256278887989457651018865901401704640
```

```
>>> type(num)
<type 'long'>

>>> num
13256278887989457651018865901401704640L
```

Wie groß ein int werden kann, bevor er zu einem long verwandelt wird, verrät uns die Konstante sys.maxint:

```
>>> import sys

>>> sys.maxint
2147483647

>>> hex(sys.maxint)
'0x7fffffff'
```

Hier erkennen wir, dass die ausführende Python-Shell auf einem 32-bit-System läuft. Wie gesagt, wenn eine Operation die Grenzen von int sprengen würde, bekommt man ein long:

```
>>> sys.maxint + 1
2147483648L

>>> hex(sys.maxint + 1)
'0x80000000L'
```

long-Zahlen können ziemlich groß werden:

```
>>> a_long_long = 2**1024

>>> a_long_long
179769313486231590772930519078902473361797697894230657273430081157732675805501\
09631327084773224075360211201138798713933576587897688144166224928474306394741\
24377767893424865485276302219601246094119453082952085005768838150682342462881\
47391311054082723716335051068458629823994724593847971630483535632962422413721\
6L

>>> hex(a_long_long)
'0x100000000000000000000000000000000000000000000000000000000000000000000000000\
00000000000000000000000000000000000000000000000000000000000000000000000000000\
00000000000000000000000000000000000000000000000000000000000000000000000000000\
0000000000000000000000000000000L'
```

int- und long-Literale können auch in Oktal- und Hexadezimaldarstellung angegeben werden, indem wie üblich 0 bzw. 0x vorangestellt wird:

```
>>> o  = 0755
>>> h1 = 0x7eadbeef
>>> h2 = 0xdeadbeef

>>> o
493
>>> h1
2125315823
>>> h2
3735928559L
```

Haben Sie den Unterschied zwischen `0xdeadbeef` und `0x7eadbeef` bemerkt? Auf diesem 32-bit-Rechner passte `0xdeadbeef` nicht mehr in ein 32-bit-Wort, weil das MSB (das höchstsignifikante Bit) für das Vorzeichen reserviert ist. Darum ist `0x7eadbeef` ein `int`, `0xdeadbeef` jedoch ein `long`.

Umgekehrt ergeben die Funktionen `oct` und `hex` einen String, der dem String-Literal entspräche:

```
>>> oct(493)
'0755'

>>> hex(2125315823)
'0x7eadbeef'

>>> hex(3735928559L)
'0xdeadbeefL'

>>> hex(13256278887989457651018865901401704640L)
'0x9f911029d74e35bd84156c5635688c0L'
```

Selbstverständlich erhalten wir auch die Dezimaldarstellung eines `int` bzw. `long` als String mit Hilfe der `str`-Funktion, welche ihrerseits von der `print`-Anweisung hinter den Kulissen aufgerufen wird:

```
>>> num = 0x4711

>>> str(num)
'18193'

>>> print num
18193
```

Soll es ein klein wenig besser formatiert aussehen? Kein Problem: Der Stringinterpolationsoperator (Kapitel 5, *Strings*) hilft weiter:

```
>>> num1, num2, num3 = 42, 4711, 34321

>>> "%d %d %d" % (num1, num2, num3)
'42 4711 34321'

>>> "%4d %4d %4d" % (num1, num2, num3)
'  42 4711 34321'

>>> "%04d %04d %04d" % (num1, num2, num3)
'0042 4711 34321'

>>> "%x %x %x" % (num1, num2, num3)
'2a 1267 8611'

>>> "0x%04x 0x%04x 0x%04x" % (num1, num2, num3)
'0x002a 0x1267 0x8611'
```

Weitere Details zum Stringinterpolationsoperator finden Sie im Help Topic FORMATTING. Geben Sie einfach in der Python-Shell help('FORMATTING') ein. Anders als bei API-Dokumentation, die immer zur Verfügung steht, funktioniert die Hilfe zu Topics und Keywords nur, wenn die Umgebungsvariable PYTHONDOCS auf den Pfad mit der (aus-gepackten) HTML-Dokumentation verweist (siehe Kapitel 2, *Die Python-Shell*).

Und da wir schon bei Konvertierungen sind: Liegt eine int- oder long-Zahl in Dezi-maldarstellung als String vor (z.B. als Ergebnis einer Eingabe), lässt sie sich mit Hilfe des int- bzw. long-Konstruktors parsen:

```
>>> num_string = "2125315823"

>>> int(num_string)
2125315823

>>> long(num_string)
2125315823L
```

Auch hier gilt, dass der int-Konstruktor auf long ausweicht, wenn er keine int-Zahl produzieren kann, weil die Zahl zu groß ist:

```
>>> num_string2 = "3735928559"

>>> int(num_string2)
3735928559L

>>> long(num_string2)
3735928559L
```

Lässt sich hingegen ein String nicht als Dezimalzahl parsen, wird eine ValueError-Ausnahme ausgelöst:

```
>>> int("32a7")
Traceback (most recent call last):
  File "<stdin>", line 1, in <module>
ValueError: invalid literal for int() with base 10: '32a7'
```

Somit kann man z.B. Benutzereingaben validieren. Angenommen, wir haben folgende Funktion definiert:

```
def get_value_from_user():
    "Ask user an int or long, and return it."
    user_input = raw_input("Please enter an int or a long: ")
    try:
        result = int(user_input)
        return result
    except ValueError:
        print "Sorry, that is not an int or long. Returning 0."
        return 0     # Return 0 by default
```

Dann sähe der Aufruf so aus:

```
>>> get_value_from_user()
Please enter an int or a long: 34321
34321

>>> get_value_from_user()
Please enter an int or a long: 32a7
Sorry, that is not an int or long. Returning 0.
0
```

int- und long-Operatoren sind die gewohnten - und + (unär und binär), *, /, %, **, <<, >> etc. Eine Zusammenfassung erhalten Sie mit pydoc int auf der Kommandozeile oder help(i), wobei i ein int enthält, von der Python-Shell heraus. Dito bei den anderen Zahlentypen long, double und complex.

Hier dürften keine Überraschungen auftauchen, mit einer kleinen Ausnahme: der Integer-Division. Sind *beide Argumente* int oder long, greift die Integer-Division:

```
>>> 3 / 2
1
```

Um hier dennoch einen Gleitkommawert zu bekommen, sollte entweder eines der Argumente (oder beide) ein float sein:

```
>>> 3.0 / 2
1.5
```

Oder man importiert aus dem __future__-Pseudomodul eine veränderte Definition der Division, welche in zukünftigen Versionen von Python voraussichtlich die Integer Division ablösen wird:

```
>>> from __future__ import division
>>> 3 / 2
1.5
```

Wenn Sie dies lesen, kann es sein, dass die Integer-Division schon längst nicht mehr zum Standard gehört. Am besten, Sie prüfen es konkret nach. Die Integer-Division steht jetzt schon und wird wohl auch zukünftig mit einem doppelten Slash // zur Verfügung stehen: 3 // 2 wäre dann so oder so 1.

Nun kommen wir zu float-Zahlen. Die sind die gewohnten IEEE-754-Gleitkommazahlen (sie entsprechen dem C-Datentyp double), die natürlich zur nächsten darstellbaren binären Maschinenzahl gerundet werden:

```
>>> d1 = 3.14159265
>>> d2 = 3e-7

>>> d1
3.1415926500000002

>>> d2
2.9999999999999999e-07

>>> type(d1)
<type 'float'>
```

Die Schreibweise 3e-7 steht für 3.0 * 10**(-7).

Bemerkenswert sind hier die Rundungsfehler! Sie tauchen auch bei ganz harmlos scheinenden Operationen auf:

```
>>> 10.0
10.0

>>> 1 / 10.0
0.10000000000000001
```

Der Grund hierfür liegt in der Natur der Maschinenzahlen: diese werden bekanntlich zur Basis 2 (binär) kodiert, und zwar sowohl die Mantisse als auch der Exponent (cf. IEEE-754-Zahlen); und da es nur eine endliche Anzahl solcher Maschinenzahlen gibt, kann ein Rechner eine Gleitkommazahl nur selten ganz genau darstellen; in den meisten Fällen ist er gezwungen, diese auf die nächstgelegene Maschinenzahl abzubilden. Daher diese Rundungsfehler.

Dies ist keine Schwäche von Python, sondern der darunterliegenden Hardware. Andere Programmiersprachen weisen genau dasselbe Problem auf (versuchen Sie es z.B. in C zu programmieren!). Dies ist besonders ärgerlich, wenn es auf große Genauigkeit ankommt, wie z.B. bei der Berechnung von Geldbeträgen. In diesem Fall lässt sich entweder alles in Cent-Beträge konvertieren und per Integer-Arithmetik rechnen, oder man verwendet einen eigenen Datentyp, der extra dafür entwickelt wurde. float ist jedenfalls nicht der richtige Datentyp dafür. Weiter unten werden wir diesem Problem mit dem Standardmodul decimal zu Leibe rücken. Alternativ dazu kann man auch genaue Arithmetik benutzen, wie es bei CAS-Systemem wie Mathematica, Maple oder Matlab üblich ist. Unter Python gibt es als Drittanbietermodul ein gutes CAS namens sympy, das wir im oben erwähnten Kapitel 17, *Python für Wissenschaftler*, ausführlich vorstellen werden, das mit Rational-Zahlen punktgenau rechnet.

Gleitkommazahlen parst man aus Strings mit Hilfe des float-Konstruktors. Auch hier wird eine ValueError-Ausnahme ausgelöst, wenn float die Eingabe aus irgendeinem Grund nicht parsen konnte. Bedenken Sie stets, dass Rundungsfehler nicht auszuschließen sind:

```
>>> float("3.01")
3.0099999999999998

>>> float("3e-7")
2.9999999999999999e-07

>>> float("3ae-7")
Traceback (most recent call last):
  File "<stdin>", line 1, in <module>
ValueError: invalid literal for float(): 3ae-7
```

Umgekehrt lässt sich eine float-Zahl mittels str zu einem String konvertieren:

```
>>> num = 3e-7
>>> str(num)
'3e-07'

>>> num2 = 0.1
>>> str(num2)
'0.1'
>>> num2
0.10000000000000001
```

Ist eine bestimmte Formatierung gewünscht, kommt wieder der Stringinterpolationsoperator zu Hilfe:

```
>>> pi = 3.14159265
```

```
>>> "%3.2f %6.4f" % (pi, pi*2)
'3.14 6.2832'
```

Wie oben erwähnt, erhalten Sie ausführliche Details zum Stringinterpolationsoperator mit help('FORMATTING') von der Python-Shell aus.

Der letzte von Python unterstützte Grundzahlentyp ist complex, mit dessen Hilfe man komplexe Zahlen darstellen kann:

```
>>> c1 = 3+5j
>>> c2 = 7-6.2j
```

```
>>> c1
(3+5j)
```

```
>>> c2
(7-6.2000000000000002j)
```

```
>>> type(c1)
<type 'complex'>
```

Wir erkennen, dass eine komplexe Zahl aus einem Real- und einem Imaginärteil besteht, wobei beide Teile float-Werte sind (was am Rundungsfehler bei c2 zu erkennen war).

Die üblichen Operatoren funktionieren auch bei komplexen Zahlen, wie sie sollen (siehe pydoc complex bzw. help(complex)):

```
>>> c1 + c2
(10-1.2000000000000002j)
```

```
>>> c1 - c2
(-4+11.199999999999999j)
```

```
>>> c1 * c2
(52+16.399999999999999j)
```

```
>>> c1 / c2
(-0.11436413540713634+0.61299176578225067j)
```

Dagegen sind manche Vergleichsoperatoren nicht sinnvoll. Man kann sicherlich keine komplexen Zahlen miteinander vergleichen:

```
>>> c1 < c2
Traceback (most recent call last):
```

```
  File "<stdin>", line 1, in <module>
TypeError: no ordering relation is defined for complex numbers
```

Die Konvertierungen erfolgen wie gewohnt:

```
>>> str(c2)
'(7-6.2j)'
```

```
>>> complex('7-6.2j')
(7-6.2000000000000002j)
```

```
>>> complex('7a-6.2j')
Traceback (most recent call last):
  File "<stdin>", line 1, in <module>
ValueError: complex() arg is a malformed string
```

Dass die Funktionen des math-Moduls, das uns bereits in Kapitel 2, *Die Python-Shell*, begegnet ist, nicht für komplexe Zahlen ausgelegt sind, liegt an der Natur der darunterliegenden mathematischen Bibliothek libm:

```
>>> import math
```

```
>>> math.sqrt(-1)
Traceback (most recent call last):
  File "<stdin>", line 1, in <module>
ValueError: math domain error
```

Auch das geht nicht, weil math.sin keine komplexen Zahlen akzeptiert:

```
>>> math.sin(3+2j)
Traceback (most recent call last):
  File "<stdin>", line 1, in <module>
TypeError: can't convert complex to float; use abs(z)
```

Abhilfe schafft das Modul cmath (für complex math – siehe die nachfolgende Abbildung).

Die Funktionen aus cmath arbeiten recht gut mit komplexen Zahlen:

```
>>> import cmath
```

```
>>> dir(cmath)
['__doc__', '__file__', '__name__', 'acos', 'acosh', 'asin', 'asinh',
'atan', 'atanh', 'cos', 'cosh', 'e', 'exp', 'log', 'log10', 'pi',
'sin', 'sinh', 'sqrt', 'tan', 'tanh']
```

```
>>> cmath.exp(2 * cmath.pi * 1j)
(1-2.4492127076447545e-16j)
```

```
>>> cmath.log(-1)
3.1415926535897931j

>>> cmath.sqrt(-1)
1j
```

4.2 Dezimalzahlen mit dem decimal-Modul

Wie wir gerade gesehen haben, bieten gewöhnliche float-Zahlen nicht die für bestimmte Anwendungen gewünschte Genauigkeit. Oft möchte man z.B. mit einer fest-
gelegten Anzahl signifikanter Stellen rechnen und möchte dabei verhindern, dass
aufgrund der Kodierung von Maschinenzahlen sich mehr Fehler einschleichen, als
numerisch vermeidbar wäre.

Dass dies nicht mit den hardwareunterstützten Zahlen geht, dürfte einleuchten. Aber
nichts hindert einen daran, Zahlen z.B. in Strings oder andere Datenstrukturen zu
speichern, z.B. als Dezimalzahlen, und mit ihnen nach allen Regeln der Kunst zu

rechnen. In dem Fall wären die Operationen (z.B. Addition, Multiplikation) nicht mehr einfache, rasend schnelle CPU-Befehle, sondern kleine Abfolgen von Befehlen, etwa richtige ausgewachsene Funktionen.

Mit anderen Worten: Man kann zwar jede beliebige Genauigkeit erreichen, wenn man vom Hardwareformat der Gleitkommazahlen zugunsten eines eigenen Dezimalformats abweicht, erkauft sich diese erhöhte Genauigkeit jedoch mit längerer Rechenzeit und langsamerer Berechnung. Doch dieser trade-off wird sicher gern in Kauf genommen, wenn es z.B. um kaufmännische Berechnungen geht, bei denen jeder Rundungsfehler echtes Geld kosten würde (und u.U. wütende Kunden).

Obwohl es eine schöne Übungsaufgabe wäre, müssen wir einen solchen Datentyp zum Glück nicht programmieren, denn es gibt ihn schon in Gestalt des decimal-Moduls der Python Standard Library. Dieses Modul bietet unter anderem den Datentyp Decimal, samt zugehöriger Rechenoperatoren. Die Handhabung von Decimal-Zahlen ist nicht ganz so bequem wie die Verwendung normaler float-Zahlen, aber dank überladener Operatoren ist es nicht so schlimm, wie es sich anhört.

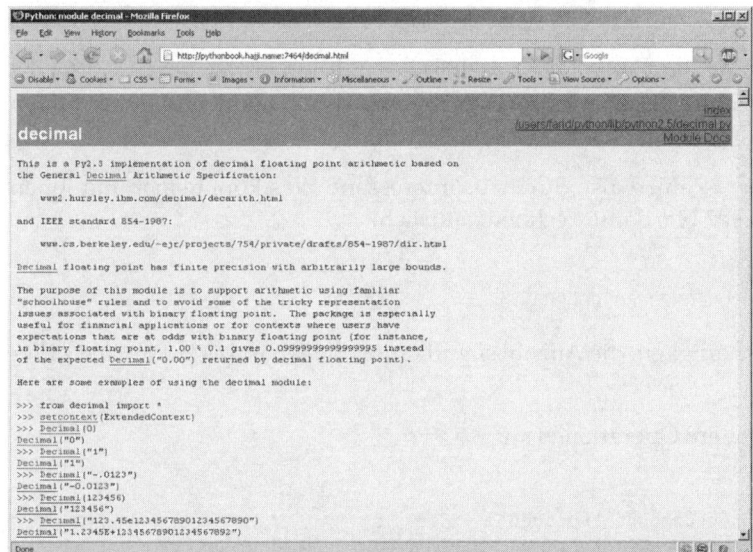

Schauen wir uns also decimal an! Zunächst importieren wir das decimal-Modul:

```
>>> import decimal
>>> D = decimal.Decimal
```

Die zweite Zeile dient nur der Vereinfachung: anstatt Zahlen als decimal.Decimal (»10.0«) zu definieren, reicht dann das kürzere D("10.0"):

```
>>> ten = D("10.0")
>>> onethird = D("1.0") / D("3.0")
>>> twothird = D("2.00") / D("3.00")
```

Damit werden drei Decimal-Objekte erzeugt:

```
>>> ten
Decimal("10.0")
```

```
>>> onethird
Decimal("0.3333333333333333333333333333")
```

```
>>> twothird
Decimal("0.6666666666666666666666666667")
```

Beachten Sie den Unterschied zwischen onethird und 1.0 / 3 bzw. zwischen twothird und 2.0 / 3:

```
>>> 1.0 / 3
0.33333333333333331
```

```
>>> 2.0 / 3
0.66666666666666663
```

Offenbar ist nicht nur die Genauigkeit geringer, das Runden der letzten Ziffer ist bei den Maschinenzahlen falsch, während es bei den Decimal-Zahlen in der richtigen Richtung erfolgte.

Offenbar sind Decimal-Zahlen also durchaus interessant. Was könnte man mit ihnen tun, außer sie anlegen? Na, damit rechnen natürlich!

```
>>> onethird + twothird
Decimal("1.000000000000000000000000000")
```

Man beachte die Genauigkeit: die Anzahl signifikanter Stellen ist bis zur letzten Ziffer angegeben!

Schauen wir uns weitere Operationen an:

```
>>> onethird * 2
Decimal("0.6666666666666666666666666666")
```

```
>>> ten - onethird
Decimal("9.666666666666666666666666667")
```

```
>>> onethird ** 2
Decimal("0.1111111111111111111111111111")
```

```
>>> onethird.sqrt()
Decimal("0.5773502691896257645091487805")
```

```
>>> onethird < twothird
True
```

Möchte man eine Decimal-Zahl zu einer float-Zahl konvertieren (mit eventuellen Fehlern), kann man einfach den float-Konstruktor benutzen:

```
>>> float(onethird)
0.33333333333333331
```

Wieso kann float so ein exotisches Objekt wie Decimal dennoch konvertieren? Das
liegt daran, dass die decimal.Decimal-Klasse eine Methode __float__ definiert (ein so
genanntes Hook), welche von float aufgerufen wird, um die Arbeit zu machen. Mit
anderen Worten: Der float-Konstruktor fordert Decimal auf, sich selbst zu einem float
zu konvertieren, indem es dessen Hook __float__ aufruft! Somit ist float(onethird)
äquivalent zu onethird.__float__(). Das Überladen der Operatoren erfolgt ebenfalls
durch das Bereitstellen von Hooks (Decimal.__add__, ...). Weitere Details zu Hooks
finden Sie in Kapitel 10, *Klassen und Objekte*.

Doch wozu sollte man die ungenaueren Maschinenzahlen wieder wählen? Wenn man
Decimal-Zahlen bloß ausgeben möchte, lässt sich eine Decimal-Zahl mit Hilfe der Funktion str zu einem String konvertieren, der dann beliebig weiterverwendet werden
kann (z.B. von print ausgegeben):

```
>>> str(onethird)
'0.3333333333333333333333333333'
```

```
>>> print onethird
0.3333333333333333333333333333
```

```
>>> "The result is: %s" % str(onethird)
'The result is: 0.3333333333333333333333333333'
```

Umgekehrt geht es selbstverständlich auch:

```
>>> onethird
Decimal("0.3333333333333333333333333333")
```

```
>>> s = str(onethird)
>>> s
'0.3333333333333333333333333333'
```

```
>>> D(s)
Decimal("0.3333333333333333333333333333")
```

Wie lässt sich die Genauigkeit nun verändern? Bisher rechneten wir mit 28 signifikanten Stellen. Wie kann man dies verändern? Des Rätsels Lösung ist der per-thread-

Kontext des `decimal`-Moduls, das mit der Methode `decimal.getcontext` angefordert werden kann:

```
>>> ctx = decimal.getcontext()
```

```
>>> ctx
Context(prec=28, rounding=ROUND_HALF_EVEN, Emin=-999999999, Emax=999999999,
capitals=1, flags=[Inexact, DivisionByZero, Rounded],
traps=[Overflow, DivisionByZero, InvalidOperation])
```

Wir erkennen hier schon die 28, welche die Genauigkeit angibt. Verändern wir sie mal testweise:

```
>>> ctx.prec = 6
```

```
>>> D("1.0") / D("3.0")
Decimal("0.333333")
```

```
>>> D("2.0") / D("3.0")
Decimal("0.666667")
```

```
>>> onethird
Decimal("0.3333333333333333333333333333")
```

```
>>> onethird * 2
Decimal("0.666667")
```

```
>>> ctx.prec = 28
```

Offenbar verändert `prec` die Genauigkeit neuer Rechenoperationen, aber selbstverständlich bleibt die Genauigkeit einmal erzeugter `Decimal`-Objekte erhalten!

`prec` bezeichnet die Anzahl der signifikanten Stellen. Das heißt die Anzahl *aller* Stellen:

```
>>> ctx.prec = 6
```

```
>>> speedrpm = D("33") + onethird
```

```
>>> speedrpm
Decimal("33.3333")
```

```
>>> ctx.prec = 28
```

An diesem Beispiel ist zu erkennen, dass 33.3333 genau 6 signifikante Ziffern hat. Mit anderen Worten: `prec` bezeichnet nicht die Anzahl der Ziffern nach dem Komma, sondern die Anzahl *aller* signifikanter Ziffern.

Was geschieht, wenn man was Verbotenes tun möchte?

```
>>> onethird / 0
Traceback (most recent call last):
  File "<stdin>", line 1, in <module>
  File "/users/farid/python/lib/python2.5/decimal.py", line 1183, in __div__
    return self._divide(other, context=context)
  File "/users/farid/python/lib/python2.5/decimal.py", line 1265, in _divide
    return context._raise_error(DivisionByZero, 'x / 0', sign)
  File "/users/farid/python/lib/python2.5/decimal.py", line 2325, in _raise_error
    raise error, explanation
decimal.DivisionByZero: x / 0
```

Es wird eine decimal.DivisionByZero-Ausnahme ausgelöst. Durch Manipulation des Kontexts können wir ein anderes Ergebnis erzielen:

```
>>> ctx.traps[decimal.DivisionByZero]
True
```

```
>>> ctx.traps[decimal.DivisionByZero] = False
```

```
>>> onethird / 0
Decimal("Infinity")
```

Jetzt führen Divisionen durch 0 nicht mehr zu einer Ausnahme, sondern liefern die spezielle Zahl Decimal("Infinity") zurück, die für unendlich steht.

Doch das ist nicht die einzige verbotene Operation! Was ist, wenn wir 0/0 berechnen wollen?

```
>>> D("0.0") / D("0.0")
Traceback (most recent call last):
  File "<stdin>", line 1, in <module>
  File "/users/farid/python/lib/python2.5/decimal.py", line 1183, in __div__
    return self._divide(other, context=context)
  File "/users/farid/python/lib/python2.5/decimal.py", line 1245, in _divide
    return context._raise_error(DivisionUndefined, '0 / 0')
  File "/users/farid/python/lib/python2.5/decimal.py", line 2325, in _raise_error
    raise error, explanation
decimal.InvalidOperation: 0 / 0
```

Statt einer decimal.DivisionByZero-Ausnahme bekommen wir jetzt eine decimal.InvalidOperation zurück. Auch diese lässt sich abschalten:

```
>>> ctx.traps[decimal.InvalidOperation]
True
```

```
>>> ctx.traps[decimal.InvalidOperation] = False

>>> D("0.0") / D("0.0")
Decimal("NaN")
```

Wir erhalten nun NaN (*not a number*). Schauen wir uns an, wie unser Kontext jetzt aussieht:

```
>>> ctx
Context(prec=28, rounding=ROUND_HALF_EVEN, Emin=-999999999, Emax=999999999,
capitals=1, flags=[Inexact, InvalidOperation, DivisionByZero, Rounded],
traps=[Overflow])
```

Man beachte, dass nun DivisionByZero und InvalidOperation nicht mehr bei traps auftauchen und InvalidOperation bei den flags gelandet ist.

Eine weitere Möchglichkeit, den Kontext zu verändern, ist der Umweg über den Lokalkontext. Das folgende Programm zeigt, wie man den Kontext *temporär* verändert, um mit einer bestimmten Genauigkeit zu rechnen:

```
#!/usr/bin/env python
# decimal_localcontext.py -- compute with specific precision

from __future__ import with_statement

import decimal

def sumprec(prec=6, arglist=[]):
    "Compute the sum of list arglist with precision prec."
    with decimal.localcontext() as lctx:
        # Here, computations should occur with precision prec
        lctx.prec = prec
        result = decimal.Decimal("0")
        for num in arglist:
            result = result + decimal.Decimal(num)
    # Resume computation with default or previous precision
    return result

if __name__ == '__main__':
    import sys
    if len(sys.argv) < 2:
        print "Usage:", sys.argv[0], "precision [num1 [num2 ...]]"
        sys.exit(1)
    print sumprec(int(sys.argv[1]), sys.argv[2:])
```

Die Ausführung ergibt:

```
$ ~/python/bin/python ./decimal_localcontext.py
Usage: ./decimal_localcontext.py precision [num1 [num2 ...]]

$ ~/python/bin/python ./decimal_localcontext.py 5 100.0000001 200 300
600.00

$ ~/python/bin/python ./decimal_localcontext.py 10 100.0000001 200 300
600.0000001
```

Zu erkennen ist, wie die gewünschte Genauigkeit das Ergebnis beeinflusst.

Das Schlüsselwort with wird ab Python 2.6 reserviert sein. Bei der hier verwendeten Python-Version 2.5.2 kann es zwar schon eingesetzt, muss dafür aber aus dem __future__-Pseudo-Modul erst importiert werden. Diese Zeile muss die erste im Programm sein.

Die Methode localcontext des decimal-Moduls liefert einen *lokalen Kontext* zurück, der speziell für dem Einsatz von with konzipiert ist:

```
>>> import decimal

>>> lctx = decimal.localcontext()
>>> lctx
<decimal._ContextManager object at 0x2841d42c>
```

Dieser _ContextManager implementiert das with-Protokoll:

```
>>> print lctx.__doc__
Context manager class to support localcontext().

    Sets a copy of the supplied context in __enter__() and restores
    the previous decimal context in __exit__()
```

Die Idee dabei ist, dass das with-Schlüsselwort durch den impliziten Aufruf von __enter__ den aktuellen Dezimalkontext sichert und einen neuen Kontext liefert. Alles, was innerhalb des with Statements läuft, verwendet für die Berechnungen den neuen Kontext, und wenn der with-Block verlassen wird, ruft with implizit __exit__ auf, wodurch der alte Dezimalkontext wieder geladen wird. Nun werden alle Berechnungen wieder mit dem vorigen Kontext ausgeführt.

Hinweis

Nähere Einzelheiten erhalten Sie mit pydoc with von der Kommandozeile bzw. help('with') von der Python-Shell aus (bei richtig gesetztem
PYTHONDOCS).

Bevor wir diesen Abschnitt schließen, schauen wir uns den Dezimalkontext noch einmal genauer an (in einer neu gestarteten Python-Shell):

```
>>> import decimal
>>> D = decimal.Decimal

>>> ctx = decimal.getcontext()
>>> ctx
Context(prec=28, rounding=ROUND_HALF_EVEN, Emin=-999999999, Emax=999999999,
capitals=1, flags=[], traps=[Overflow, DivisionByZero, InvalidOperation])
```

Anders als beim ersten Mal, als wir ctx berechnet haben, ist jetzt flags eine leere Liste.
Das liegt daran, dass jede Rechenoperation, welche zu Ungenauigkeiten oder anderen
Situationen führt, in flags protokolliert wird.

Interessanter ist aber etwas Anderes. ctx ist ein richtiges Objekt vom Typ decimal.
Context:

```
>>> type(ctx)
<class 'decimal.Context'>
```

Und als solches enthält es eine eigene umfangreiche API:

```
>>> dir(ctx)
['Emax', 'Emin', 'Etiny', 'Etop', '__class__', '__copy__', '__delattr__',
'__dict__', '__doc__', '__getattribute__', '__hash__', '__init__',
'__module__', '__new__', '__reduce__', '__reduce_ex__', '__repr__',
'__setattr__', '__str__', '__weakref__', '_apply', '_clamp',
'_ignore_all_flags', '_ignore_flags', '_ignored_flags', '_raise_error',
'_regard_flags', '_rounding_decision', '_set_rounding',
'_set_rounding_decision', '_shallow_copy', 'abs', 'add', 'capitals',
'clear_flags', 'compare', 'copy', 'create_decimal', 'divide', 'divide_int',
'divmod', 'flags', 'max', 'min', 'minus', 'multiply', 'normalize', 'plus',
'power', 'prec', 'quantize', 'remainder', 'remainder_near', 'rounding',
'same_quantum', 'sqrt', 'subtract', 'to_eng_string', 'to_integral',
'to_sci_string', 'traps']
```

Man kann nämlich Berechnungen direkt mit dem Context-Objekt durchführen, z.B.:

```
>>> onethird = ctx.divide(D("1.0"), D("3.0"))
>>> onethird
Decimal("0.3333333333333333333333333333")
```

Daher empfiehlt sich ein Blick in die API-Dokumentation des Context-Objekts (hier mit pydoc decimal.Context von der Kommandozeile oder help(decimal.Context) von der Python-Shell (bei importiertem decimal-Modul):

4.3 Zufallszahlen mit dem random-Modul

Oft benötigt man eine oder mehrere zufällige Zahlen aus einem bestimmten Bereich. Eine typische Anwendung für diese Zufallszahlen liegt in der Kryptographie: eine gute Verschlüsselung macht nur dann Sinn, wenn die Schlüssel nicht leicht zu erraten sind, und das sind sie umso weniger, je zufälliger sie sind.

Um Zufallszahlen zu erzeugen, gibt es im Wesentlichen zwei Möglichkeiten:

- Man verwendet einen möglichst guten algorithmischen Zufallszahlengenerator.
- Man verwendet eine vom Betriebssystem gelieferte Entropiequelle.

Typischerweise wird der algorithmische Zufallszahlengenerator mit Daten aus der Entropiequelle (soweit vorhanden) geseedet, denn gleiche Seeds führen unweigerlich zu derselben Folge von Zufallszahlen bei diesen Generatoren.

In Python kann man Zufallszahlen sowohl aus einem algorithmischen Zufallszahlen-generator (bei Python 2.5.2 ist es der Mersenne Twister, der sehr gute kryptographische Eigenschaften aufweist) als auch, soweit vorhanden, aus der Entropiequelle des Betriebssystems beziehen. Dies wird in beiden Fällen mit Hilfe des random-Moduls der Python Standard Library bewerkstelligt.

Schauen wir uns also an, was random zu bieten hat. Natürlich muss es zuerst importiert werden:

```
>>> import random
```

Im Modul random befinden sich nun drei Klassen zur Erzeugung von Zufallszahlen:
- der Default-Zufallszahlengenerator Random
- der Zufallszahlengenerator WichmannHill
- die vom Betriebssystem bereitgestellte Entropiequelle SystemRandom

All diese Klassen bieten Methoden an, welche Zufallszahlen erzeugen oder zufällige Elemente aus einer Liste heraussuchen. Zusätzlich zu diesen drei Klassen befinden sich Funktionen im random-Modul:

```
>>> dir(random)
['BPF', 'LOG4', 'NV_MAGICCONST', 'RECIP_BPF', 'Random', 'SG_MAGICCONST',
'SystemRandom', 'TWOPI', 'WichmannHill', '_BuiltinMethodType', '_MethodType',
'__all__', '__builtins__', '__doc__', '__file__', '__name__', '_acos',
'_ceil', '_cos', '_e', '_exp', '_hexlify', '_inst', '_log', '_pi', '_random',
'_sin', '_sqrt', '_test', '_test_generator', '_urandom', '_warn',
'betavariate', 'choice', 'expovariate', 'gammavariate', 'gauss',
'getrandbits', 'getstate', 'jumpahead', 'lognormvariate', 'normalvariate',
'paretovariate', 'randint', 'random', 'randrange', 'sample', 'seed',
'setstate', 'shuffle', 'uniform', 'vonmisesvariate', 'weibullvariate']
```

Diese Funktionen sind lediglich andere Namen für Methoden aus dem random-Modul:

```
>>> random.randrange
<bound method Random.randrange of <random.Random object at 0x2847700c>>
```

```
>>> random.shuffle
<bound method Random.shuffle of <random.Random object at 0x2847700c>>
```

Ruft man also diese Funktionen auf statt die Methoden aus den drei oben erwähnten Klassen, bekommt man default-mäßig Ergebnisse aus dem Random-Zufallszahlen-generator.

4.3.1 Zufallszahlen aus dem Mersenne Twister

Schauen wir uns also ein paar dieser Funktionen näher an!

Um ganze Zufallszahlen aus einem bestimmten Intervall zu erzeugen, kann man die Funktion randrange aufrufen:

```
>>> random.randrange(0, 10)
4
>>> random.randrange(0, 10)
1
>>> random.randrange(0, 10)
8
```

Der Funktionsaufruf randrange(begin, end) liefert eine zufällige ganze Zahl zwischen begin inklusive und end exclusive. Beachten Sie, dass end niemals geliefert wird! Jedes Mal, wenn randrange aufgerufen wird, kommt eine andere Zufallszahl heraus (evtl. auch mit Wiederholungen).

Um eine Liste von Zufallszahlen zu bekommen, verwenden wir z.B. eine *list comprehension*, gekoppelt mit der built-in-Funktion range (das wird in Kapitel 6, *Listen*, noch ausführlich erklärt):

```
>>> dices = [ random.randrange(1, 7) for i in range(20) ]
>>> dices
[2, 5, 3, 5, 1, 2, 1, 3, 4, 4, 4, 4, 2, 4, 4, 1, 6, 1, 6, 5]

>>> dices = [ random.randrange(1, 7) for i in range(20) ]
>>> dices
[6, 3, 3, 2, 3, 4, 4, 4, 4, 6, 1, 3, 6, 1, 2, 6, 2, 3, 5, 6]
```

Man kann auch zwei Würfel gleichzeitig werfen:

```
>>> rr = random.randrange

>>> dual_dices = [ (rr(1,7), rr(1,7)) for i in range(9) ]
>>> dual_dices
[(5, 2), (6, 6), (5, 4), (3, 2), (3, 5), (3, 3), (6, 1), (3, 6), (5, 1)]

>>> dual_dices = [ (rr(1,7), rr(1,7)) for i in range(9) ]
>>> dual_dices
[(2, 5), (3, 5), (4, 3), (2, 3), (2, 6), (6, 2), (6, 5), (3, 5), (2, 6)]
```

Hinweis

Die Abkürzung `rr` kommt dadurch zustande, dass wir die Funktion `random.randrange` der Variablen `rr` zugewiesen haben. Aufrufe der Variablen `rr` werden daher an `random.randrange` weitergeleitet.

Neben zufälligen ganzen Zahlen sind oft zufällige Gleitkommazahlen nützlich. Die Funktion `random` liefert eine zufällige `float`-Zahl aus dem rechts-halboffenen Intervall [0, 1):

```
>>> random.random()
0.91565248197332127

>>> random.random()
0.74565342496264786

>>> random.random()
0.31638588731300932
```

Wenn man eine ganz bestimmte Verteilung der reellen Zufallszahlen benötigt (z.B. für Simulationen von Experimenten), hat man die Auswahl zwischen verschiedenen Verteilungen wie `uniform`, `gauss`, `normalvariate`, `lognormvariate`, `paretovariate`, `betavariate`, `vonmisesvariate`, `weibullvariate` etc.:

```
>>> random.uniform(0, 10)
7.8127584021447909
```

Jetzt, da wir Zufallszahlen erzeugen können, wollen wir uns einer typischen Fragestellung widmen: der zufälligen Auswahl von Elementen aus einer Liste. Wie könnte man so etwas bewerkstelligen? Eine naive Implementierung besteht darin, sich mittels `randrange` zufällige ganze Zahlen aus einem genau definierten Bereich zu erzeugen und diese dann als Indizes in der Quellliste zu benutzen, um Elemente daraus zu generieren. Das folgende Programm tut genau das:

```python
#!/usr/bin/env python
# get_sample_naive.py -- Get a random sample from a population. Naive version.

import random

def get_sample_naive(population, size):
    "Return a list of size random elements from the list population."
    population_size = len(population)
```

```
    result = []
    i = 0
    while (i < size):
        idx = random.randrange(0, population_size)
        result.append(population[idx])
        i = i + 1
    return result

if __name__ == '__main__':
    print get_sample_naive(['apples', 'oranges', 'lemons', 'bananas'], 3)
```

Hinweis

Man könnte dies mit Hilfe von *list comprehensions* zu einem eleganten Einzeiler komprimieren. Wir verzichten darauf an dieser Stelle.

Der Nachteil dieser Lösung ist aber, dass Elemente evtl. auch mehrfach ausgewählt werden könnten:

```
$ ~/python/bin/python get_sample_naive.py
['lemons', 'lemons', 'oranges']

$ ~/python/bin/python get_sample_naive.py
['lemons', 'oranges', 'oranges']
```

Es handelt sich also um *zufälliges Auswählen mit Zurücklegen*. Wie lässt sich aber *zufälliges Auswählen ohne Zurücklegen* bewerkstelligen?

Jetzt könnte man natürlich Buch führen über bereits ausgewählte Elemente, damit sie nicht noch mal ausgewählt werden. Aber die Mühe können wir uns sparen. Die Funktion sample liefert das Gewünschte: eine Auswahlliste ohne Wiederholungen:

```
>>> population = [ 'apples', 'oranges', 'lemons', 'bananas' ]

>>> random.sample(population, 3)
['oranges', 'apples', 'lemons']

>>> random.sample(population, 3)
['apples', 'oranges', 'bananas']
```

Selbstverstänlich ist `sample` auch schlau genug zu erkennen, wenn wir mehr Elemente auswählen wollen, als tatsächlich vorhanden sind:

```
>>> random.sample(population, 10)
Traceback (most recent call last):
  File "<stdin>", line 1, in <module>
  File "/users/farid/python/lib/python2.5/random.py", line 303, in sample
    raise ValueError, "sample larger than population"
ValueError: sample larger than population
```

Benötigt man hingegen nur ein einziges Element, kann man auf die Funktion `choice` zurückgreifen, statt erst eine ein-elementige Liste zu erzeugen und daraus das nullte Element zu selektieren:

```
>>> random.sample(population, 1)[0]
'lemons'

>>> random.choice(population)
'oranges'
```

Eine weitere nützliche Anwendung von Zufallszahlen ist das zufällige Umordnen einer Liste. Möchten Sie z.B. Ihre MP3s in zufälliger Reihenfolge hören, und sollte dabei keine einzige MP3 wiederholt werden, bevor die gesamte Liste abgespielt wurde? Für diesen Fall ist die Funktion `shuffle` genau der richtige Kandidat:

```
>>> population
['apples', 'oranges', 'lemons', 'bananas']

>>> random.shuffle(population)

>>> population
['lemons', 'apples', 'bananas', 'oranges']
```

Wie man sieht, verändert `shuffle` die Eingangsliste!

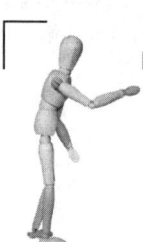

Hinweis

Eine Übersicht über diese und weitere Funktionen erhalten Sie wie gewohnt mit `pydoc random` auf der Kommandozeile bzw. mit `help(random)` in der Python-Shell bei bereits importiertem Modul `random`.

4.3.2 Zufallszahlen aus einer Entropiequelle

Vom kryptographischen Standpunkt aus gesehen, sind *gute* algorithmische Zufalls-zahlengeneratoren wie der hier verwendete Mersenne Twister durchaus akzeptabel, aber wenn man schon eine Entropiequelle zur Verfügung hat, ist sie allemal besser.

Die ideale Entropiequelle sollte auf einem physikalischen Prozess beruhen, der absolut nicht wiederholbar ist. Das Quantenrauschen eines Ohmschen Widerstandes oder der radioaktive Zerfall würden sich sehr gut dafür eignen. Doch dummerweise haben die wenigsten heute handelsüblichen Computer einen Entropie-Chip, den man einfach abfragen könnte.

Dafür haben einige Betriebssysteme einen Ersatz in Software geschaffen, indem sie diverse Ereignisse messen, die von außen auf den Rechner einwirken: z.B. der Abstand zwischen zwei Interrupts am Ethernet-Adapter oder zwischen zwei Tastendrücken. Daraus errechnet das Betriebssystem Zufallsbits, welche in einem Entropie-Pool landen. Diesen Entropie-Pool kann man dann auslesen (z.B. aus */dev/urandom* unter Unix).

Nicht alle Betriebssysteme bieten eine Entropiequelle an. Daher ist die folgende Klasse SystemRandom auch nicht überall verfügbar. Unter Unix und Windows steht sie jedoch zur Verfügung.

Um uns also aus der Entropiequelle zu bedienen, verwenden wir die Methoden der SystemRandom-Klasse. Schauen wir uns an, was sie uns anbietet:

```
>>> import random
>>> cls = random.SystemRandom

>>> [ s for s in dir(cls) if not s.startswith('__') and not s.endswith('__') ]
['VERSION', '_notimplemented', '_randbelow', '_stub', 'betavariate', 'choice',
'expovariate', 'gammavariate', 'gauss', 'getrandbits', 'getstate',
'jumpahead', 'lognormvariate', 'normalvariate', 'paretovariate', 'randint',
'random', 'randrange', 'sample', 'seed', 'setstate', 'shuffle', 'uniform',
'vonmisesvariate', 'weibullvariate']
```

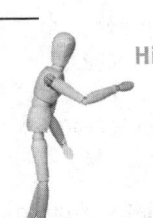

Hinweis

Die *list comprehension* filtert lediglich die Hooks aus der Ausgabe von dir(cls) heraus, d.h. die Namen, die mit __ anfangen und enden.

Wie man sieht, sind alte Bekannte dabei: random, randrange, sample, choice, shuffle und diverse Verteilungen. Diese haben dieselbe Bedeutung wie im vorigen Abschnitt, greifen aber auf die Entropiequelle statt auf den Mersenne Twister zurück.

Um sie aufzurufen, erzeugen wir erst eine Instanz von `SystemRandom`:

```
>>> entropy = random.SystemRandom()
```

Jetzt kann's los gehen:

```
>>> [ entropy.randrange(1, 7) for i in range(20) ]
[5, 1, 5, 3, 2, 2, 6, 6, 4, 6, 5, 4, 3, 2, 4, 6, 4, 3, 1, 2]

>>> entropy.random()
0.16828423455113306

>>> entropy.sample(['apples', 'oranges', 'bananas', 'lemons'], 3)
['oranges', 'apples', 'bananas']

>>> entropy.choice(['apples', 'oranges', 'bananas', 'lemons'])
'lemons'
```

Eine nützliche Memberfunktion ist `getrandbits`:

```
getrandbits(self, k) method of random.SystemRandom instance
    getrandbits(k) -> x.  Generates a long int with k random bits.
```

Der Hauptzweck dieser Funktion ist das Erzeugen von Schlüsseln mit einer bestimmten Anzahl von Bits. Dies wird in vielen kryptographischen Algorithmen benötigt:

```
>>> akey = entropy.getrandbits(1024)

>>> hex(akey)
'0xa738b064c599ca47ab29b6fbd0c3e428b71544bc84999174cd748fef979e16097653323293\
1cd05a7aec271413415cc5e8ca512d6595d9b579acbaf48e86b04dd48bb28abf055629402a9d5\
2b086db326e7a357192b709e713a40a41e558292bd0cb2044e16b0bf7ec26c7c2ef4a43ea675d\
b20cb81e4b536e9e5ec0f1c84b9bL'

>>> akey
117426889641496828134863288341535866364841828825079891070288487383622539925 75\
79443282229734555186096343414944178662992159477322322417477687567056687498303\
58277550303786626173004012479759036931088519916160224236664387569787127058239\
49272444512882752402253932802606247742531302918588780442938317817209563226409\
1L
```

Wünscht man hingegen die Bits in Form von Bytes, kann man alternativ dazu die Funktion `os.urandom` (soweit verfügbar) benutzen:

```
urandom(n)
    urandom(n) -> str

    Return a string of n random bytes suitable for cryptographic use.
```

Der Aufruf liefert einen Bytestring mit den jeweiligen Bytes. Beachten Sie dabei, dass hier n, anders als bei getrandbits, die Anzahl *Bytes* und nicht *Bits* angibt:

```
>>> bkey = os.urandom(1024/8)
```

```
>>> bkey
"\xf8\xbeK\xc7\xd8\xff\x90\xb7\xd0\x05\xc6\xeaL\xd2\xf0\xfd\xf6\x06\xb0\xa5\
\xb2\xed\x8a\x9ff!\xf4z\x9b\xfe\x06\x8f\xc4\x0c\x84\xe0\xb5\x84\xb8U\xe1\xd8\
\x87Y\xe8\x1b\xb7n\x1b\xd0,$~\xdara\xd8'v'k'\xb9\x9b\x01q\xda\x01\xbb\x8c=\
\xd8\xaeQ.!\xdb\xec\xa8\x92\xe6\n\xfd-\xd8~|\xceLYM\xe5Zu\x18\xbd7\xc31\\\
\x81\xf6\xab*\xc9q\xf9J\xa3\x18\x8b\xe7\xc082\xb5qh\xa0\xbdh\x85\xeaf\x12\
\x9b1\x1a"
```

```
>>> bkey[10]
'\xc6'
```

4.4 Zusammenfassung

Die Grundzahlentypen:

■ Python bietet standardmäßig die Datentypen int, long, float und complex an. int passen in ein Maschinenwort, long sind beliebig lange ganze Zahlen. Ein zu langes int wird automatisch zu einem long konvertiert. float entspricht den C-Datentyp double, und complex-Zahlen können mit den üblichen Operatoren und Funktionen aus dem Modul cmath verarbeitet werden, da die math-Funktionen auf float beschränkt sind.

■ Mit den Funktionen hex und oct kann man die Hexadezimal- und Oktaldarstellung einer ganzen Zahl als String erhalten. Mit dem Stringinterpolationsoperator % lassen sich printf-ähnlich Zahlen formatieren.

■ Umgekehrt konvertiert man einen String zu einer Zahl mit dem passenden Konstruktor (int, long, float und complex): num = int("1234"). Diese Konstruktoren lösen bei Fehlern eine ValueError-Ausnahme aus.

■ Auch beim numerischen Vergleich von Zahlen, die in Strings gespeichert sind, sollte man diese zunächst in den richtigen numerischen Datentyp konvertieren: int(numstring1) < int(numstring2).

Das decimal-Modul:

■ Normale float-Zahlen werden zur nächstgelegenen Maschinenzahl approximiert. Das schafft Fehler, z.B. bei 1.0 / 10, das 0.10000000000000001 ergibt. Dies ist nicht gut, besonders bei finanziellen, aber auch bei wissenschaftlichen Berechnungen, bei denen es auf höchste Genauigkeit ankommt.

■ Um diese Fehler zu vermeiden, kann man den Decimal-Datentyp aus dem decimal-Modul benutzen. Anders als float berücksichtigt Decimal eine festgelegte Anzahl signifikanter Stellen und festgelegte Rundungsregeln. Anders als bei float gibt es keine Maschinenzahl-bedingten Überraschungen.

- Die arithmetischen und Vergleichsoperatoren arbeiten mit Decimal-Zahlen, indem sie die Hooks der Decimal-Objekte aufrufen. Mit diesem Mechanismus kann man im Prinzip beliebige numerische Datentypen selbst definieren.

- Diverse Parameter wie die Anzahl signifikanter Stellen kann man im thread-spezifischen Dezimalkontext einstellen. Diesen Kontext erhält man mit decimal .getcontext().

- Die Anzahl der signifikanten Dezimalstellen setzt man, indem man das prec-Attribut des Kontexts setzt. Dort kann man auch Ausnahmen (traps) abfangen und durch spezielle Werte (wie Infinity, NaA) ersetzen lassen. Methoden des Kontexts können auch für Berechnungen herangezogen werden.

Das random-Modul:

- Es gibt zwei Methoden, um Zufallszahlen erhalten: mit einem Algorithmus (bei Python ist es der Mersenne Twister) oder aus einer Entropiequelle des Betriebssystems (soweit vorhanden).

- Das random-Modul definiert u.a. die Klasse Random, welche den Mersenne Twister benutzt, und die Klasse SystemRandom, welche die Entropiequelle anzapft. Beide Klassen bieten Methoden zum Erzeugen von Zufallszahlen, zur Auswahl eines Elements aus einer Liste usw. Darüberhinaus definiert das random-Modul Funktionen, welche lediglich Methoden einer Random-Instanz aufrufen.

- Mit randrange erhält man eine *ganze* Zufallszahl aus einem rechts-halboffenen Intervall. random liefert dafüer eine float-Zufallszahl aus dem Intervall [0,1). Es gibt auch verschiedene Verteilungen wie uniform. choice sucht ein zufälliges Element aus einer Liste heraus; sample sucht mehrere zufällige Elemente aus einer Liste heraus, ohne Wiederholungen. Mit shuffle lässt sich eine Liste in eine zufällige Reihenfolge bringen (shuffle verändert dabei die Liste).

- Um die Zufallszahlen aus der Entropiequelle statt aus dem Mersenne Twister zu erhalten, ruft man die jeweiligen Methoden einer Instanz von SystemRandom. Zuerst wird eine Instanz erzeugt: entropy = random.SystemRandom(), und darauf können nun die Methoden aufgerufen werden, z.B.: a_dice = entropy.randrange(0,7).

- Die Methode getrandbits liefert eine long-Zahl mit einer anzugebenden Anzahl von Zufallsbits. Ähnlich dazu liefert os.urandom einen str-String mit einer anzugebenden Anzahl von Zufallsbytes. Beide Funktionen werden typischerweise zum Erzeugen von kryptographischen Schlüsseln verwendet.

Wer viel mit Zahlen arbeiten muss, sollte auch einen Blick in das Kapitel 17, *Python für Wissenschaftler*, werfen.

Im nächsten Kapitel werden wir uns den String-Datentypen str und unicode widmen.

5 Strings

In Python gibt es zwei Sorten von Strings:

- einfache Bytestrings vom Typ `str`
- Unicode-Strings vom Typ `unicode`

Beide Strings haben eine weitestgehend identische API, und ihre sie definierenden Klassen werden beide von der *abstrakten* Basisklasse `basestring` abgeleitet.

In diesem Kapitel werden wir beide String-Arten kennenlernen und ihre wichtigsten Methoden vorstellen. Dabei führen wir die meisten Methoden bei `str` ein und gehen bei `unicode` dann nur noch auf die Unterschiede ein.

Anschließend werden wir auf das zweifellos wichtige Thema der *regulären Ausdrücke* eingehen und werden sehen, wie man sie mit Hilfe des `re`-Moduls der Python Standard Library benutzt.

Zur Illustration der Fähigkeiten von Strings zeigen wir im *Anwendungen*-Abschnitt, wie man in String-Objekten sucht, und wir führen ein typisches Python-Idiom ein, wie man Strings effizient schrittweise aufbaut.

5.1 Einfache Bytestrings

Strings in Python sind normalerweise Objekte vom Typ `str`:

```
>>> type("hi")
<type 'str'>
```

Sie können beliebige Bytes speichern und sind nur durch die Menge verfügbaren virtuellen Speicher begrenzt. Anders als bei C-Strings können `str`-Strings auch Nullbytes speichern, was sie besonders wertvoll macht als Container für beliebige Daten (man kann z.B. eine PNG- oder MP3-Datei am Stück dort speichern, ohne zu befürchten, dass sie abgeschnitten wird):

```
>>> s = 'item1\0item2\0'
>>> s
'item1\x00item2\x00'
```

Python-Strings sind *unveränderliche Objekte* (*immutable objects*). Das bedeutet, dass ein einmal erzeugter String nicht verändert werden kann. Man kann höchstens einen neuen String an seiner Stelle erzeugen:

```
>>> a_string = 'hello'
```

```
>>> a_string[0] = 'H'
Traceback (most recent call last):
  File "<stdin>", line 1, in <module>
TypeError: 'str' object does not support item assignment
```

```
>>> a_string = 'Hello'
```

Dies sollte man sich stets merken, denn es wird an verschiedenen Stellen noch eine Rolle spielen.

5.1.1 String-Literale

Ein String-Literal ist die Schreibweise eines Strings in einem Python-Ausdruck.

String-Literale werden in einfache, doppelte oder – wenn sie mehr als eine Zeile umfassen müssen – dreifache Anführungszeichen gesetzt. Das folgende kleine Programm fasst die typischen Schreibweisen für String-Literale zusammen:

```
#!/usr/bin/env python
# literalstrings.py -- writing literal strings.

# A singly-quoted string.
s1 = '<a href="http://www.example.com/">link</a>'

# A doubly-quoted string
s2 = "Joe's Appartment"

# A triply-quoted string with double quotes.
s3 = """foo(string) -> string

Transmogrify string, doing this and that.
Return the transmogrified string."""

# A triply-quoted string with single quotes.
s4 = '''<html>
```

```
  <head>
    <title>A title</title>
  </head>
  <body>
    <h1>A test page</h1>
    <div>
      <a href="http://www.example.com/">Back home</a>.
    </div>
  </body>
</html>'''
```

Wie leicht zu erkennen ist, können einfache Anführungszeichen innerhalb doppelt gequoteter Strings vorkommen und umgekehrt. Auch innerhalb dreifach gequoteter Strings sind Anführungszeichen natürlich erlaubt. Alternativ dazu können sie auch mit einem Backslash entwertet werden:

```
>>> ja = 'Joe\'s Appartment'
```

```
>>> ja
"Joe's Appartment"
```

```
>>> js = 'John "the Wiesel" Sullivan\'s Appartment'
```

```
>>> js
'John "the Wiesel" Sullivan\'s Appartment'
```

5.1.2 String Interpolation

Anders als bei Unix-Shells oder bei Perl gibt es keinen wesentlichen Unterschied zwischen einfach und doppelt gequoteten String-Literalen, denn Variablen werden innerhalb von Strings grundsätzlich nicht automatisch interpoliert:

```
>>> name = 'John Doe'
>>> greetings1 = 'Hello, name'
>>> greetings2 = "Hello, name"
>>> greetings3 = "Hello, $name"
```

```
>>> greetings1, greetings2, greetings3
('Hello, name', 'Hello, name', 'Hello, $name')
```

Wir erkennen an diesem Beispiel, dass der Inhalt der Variablen name nicht innerhalb von greetings3 (und schon gar nicht innerhalb von greetings1 und greetings2) eingesetzt wurde.

Interpolation ist dennoch mit Hilfe des %-Operators möglich. Dazu trägt man in dem Quell-String Platzhalter, die mit % beginnen und eine `printf`-ähnliche Syntax haben (z.B. `%s` für einen String), ein. Anschließend wird dieser *Template* genannte String mit Hilfe des %-Operators interpoliert:

```
>>> name = 'John Doe'
>>> greetings4 = 'Hello, %s! How are you?'

>>> greetings4 % name
'Hello, John Doe! How are you?'

>>> greetings4
'Hello, %s! How are you?'
```

Natürlich verändert der Interpolationsoperator % nicht das Template, er liefert nur einen neuen interpolierten String zurück! Wir werden weiter unten sehen, dass dies für alle String-Operatoren und -Methoden gilt, denn Strings sind in Python ja *unveränderlich* (*immutable*).

Enthält das Template mehrere Platzhalter, können dazu passende Werte in Form eines *Tupels* im Anschluss an den %-Operator übergeben werden:

```
>>> tmpl = 'name: %s, phone: %s'

>>> tmpl % ('John Doe', '555-1234')
'name: John Doe, phone: 555-1234'
```

Das Interpolieren macht besonders bei größeren String-Templates Sinn:

```
>>> mheaders = 'From: %s\nTo: %s\nSubject: %s\nSize: %d\nX-Mailer: Python'

>>> print mheaders
From: %s
To: %s
Subject: %s
Size: %d
X-Mailer: Python

>>> me, you = 'pythonbook@hajji.name', 'reader@example.com'
>>> size, subject = 4242, 'FAQ to chapter 1'

>>> print mheaders % (me, you, subject, size)
From: pythonbook@hajji.name
To: reader@example.com
Subject: FAQ to chapter 1
```

```
Size: 4242
X-Mailer: Python
```

Wir haben hier ganz nebenbei das Newline-Zeichen \n eingeführt.

An diesem Beispiel erkennen wir unter anderem, dass %s Strings und %d Integer in Dezimaldarstellung interpolieren. Weitere printf-ähnliche Platzhalter sind ebenfalls möglich. Die Übergabe der zu interpolierenden Werte muss natürlich in der richtigen Reihenfolge erfolgen, genauso wie bei der C printf-Funktion. Außerdem handelt es sich hier um eine reine String-Operation: Sie ist völlig unabhängig von der Python-Anweisung print!

Bei langen Templates mit vielen Platzhaltern kann man jedoch schnell die Übersicht verlieren. Darum lässt sich alternativ ein Dictionary statt eines langen Tupels von Werten übergeben.

Als Beispiel greifen wir wieder unser E-Mail-Template auf:

```
>>> mheaders2 = '''From: %(from)s\nTo: %(to)s
... Subject: %(subject)s\nSize: %(size)d
... X-Mailer: Python'''

>>> print mheaders2
From: %(from)s
To: %(to)s
Subject: %(subject)s
Size: %(size)d
X-Mailer: Python
```

Die einzusetzenden Werte tragen wir in ein Dictionary mailparams ein:

```
>>> mailparams = { 'from': me, 'to': you, 'subject': subject, 'size': 4242 }

>>> print mailparams
{'to': 'reader@example.com', 'size': 4242,
'from': 'pythonbook@hajji.name', 'subject': 'FAQ to chapter 1'}
```

Die Formatierung erfolgt dann als mheaders2 % mailparams:

```
>>> print mheaders2 % mailparams
From: pythonbook@hajji.name
To: reader@example.com
Subject: FAQ to chapter 1
Size: 4242
X-Mailer: Python
```

Hinweis

Dictionarys werden wir noch ausführlich in Kapitel 7, *Dictionarys*, vorstellen.

Da die eingebaute Funktion `locals` ein Dictionary mit allen lokal definierten Namen, insbesondere also auch Variablennamen, liefert, kann es im Zusammenhang mit der %-Interpolation benutzt werden, um Variablen direkt in Strings zu interpolieren:

```
>>> tmpl = "The %(jumper)s jumped over the %(jumpee)s"
```

```
>>> jumper = "quick brown fox"
>>> jumpee = "lazy dog"
```

```
>>> tmpl % locals()
'The quick brown fox jumped over the lazy dog'
```

Die Dokumentation des Interpolationsoperators samt aller %-Werte finden Sie im Help-System unter dem Topic FORMATTING:

```
>>> help()
```

```
help> FORMATTING
```

Eine schwache Alternative zum %-Interpolieren bietet die `string.Template`-Klasse, mit der man $-Substitutionen vornehmen kann, wenn es unbedingt sein muss:

```
>>> import string
>>> tmpl2 = string.Template("The $jumper jumped over the $jumpee")
```

```
>>> tmpl2.safe_substitute(jumper="quick brown fox", jumpee="lazy dog")
'The quick brown fox jumped over the lazy dog'
```

```
>>> tmpl2.safe_substitute({'jumper': "quick brown fox", 'jumpee': "lazy dog"})
'The quick brown fox jumped over the lazy dog'
```

Auch hier kann man `locals` benutzen, um Variablen direkt einzuspeisen:

```
>>> jumper = "quick brown fox"
>>> jumpee = "lazy dog"
```

```
>>> tmpl2.safe_substitute(locals())
'The quick brown fox jumped over the lazy dog'
```

Möchte man hingegen, ähnlich wie PHP, Code innerhalb eines Strings ausführen, ist man auf Module wie Kid oder Cheetah angewiesen. Kapitel 15, *Webprogrammierung und Web-Frameworks*, enthält weiterführende Hinweise.

5.1.3 String Slices

Auf Teile eines Strings (Substrings) kann mit Hilfe der *Slice Notation* zugegriffen werden.

Angenommen, s enthält einen String:

```
>>> s = 'hello, world!'
```

s[pos] steht für das Zeichen an der Stelle pos. Die Zählung beginnt ab Position 0. Ist pos negativ, wird ab dem Ende des Strings gezählt, d.h. s[-1] ist das letzte Zeichen, s[-2] das vorletzte Zeichen usw. Wird jenseits der String-Grenzen zugegriffen, wird eine IndexError-Ausnahme ausgelöst:

```
>>> s[0], s[5], s[-1], s[-4]
('h', ',', '!', 'r')
```

```
>>> s[13]
Traceback (most recent call last):
  File "<stdin>", line 1, in <module>
IndexError: string index out of range
```

s[begin:end] steht für den Teil-String, der ab Position begin anfängt und sich bis *ein Zeichen vor* Position end erstreckt. Beachten Sie, dass s[end] schon nicht mehr zu s[begin:end] gehört! Die Spezifikation rechts-halboffener Intervalle gilt als *pythonisch* und dürfte aus anderen Sprachen wie z.B. bei der C++ STL bekannt sein. Negative end-Werte stehen natürlich für Positionen ab dem Ende des Strings. Anders als bei einem einzelnen Zeichen löst eine Indexüberschreitung bei Intervallen keine Ausnahme aus; das Intervall reicht dann eben höchstens so weit wie der Quell-String. Liegt der Anfang nach dem Ende, wird einfach ein leerer (Teil-)String zurückgegeben.

```
>>> s[0:5], s[7:-1]
('hello', 'world')
```

```
>>> s[-500:5], s[7:500], s[-500:500]
('hello', 'world!', 'hello, world!')
```

```
>>> s[0:5], s[5:0]
('hello', '')
```

s[begin:end:step] steht für dasselbe wie s[begin:end], wobei aber nur jedes step-sche Zeichen gewählt wird. step ist also die Schrittweite. Negative Schrittweiten sind ebenfalls möglich, um den String in umgekehrter Richtung zu durchlaufen:

```
>>> s[0:7:2], s[1:7:3]
('hlo ', 'eo')
```

```
>>> s[13:0:-1]
'!dlrow ,olle'
```

begin, end und step können dabei weggelassen werden. Fehlt begin, so steht es für den Anfang des zu durchlaufenden Intervalls, fehlt end, steht es für *Eins nach dem Ende des Intervalls*. Anfang und Ende hängen dabei von der Schrittweitenrichtung ab. step ist defaultmäßig natürlich 1:

```
>>> s[:6], s[7:], s[5::-1], s[:6:-1]
('hello,', 'world!', ',olleh', '!dlrow')
```

```
>>> s[:], s[::], s[::-1]
('hello, world!', 'hello, world!', '!dlrow ,olleh')
```

Wie bereits erwähnt, sind Strings unveränderlich. Darum sind Zuweisungen an Slices unzulässig:

```
>>> s[:5] = 'bye'
Traceback (most recent call last):
  File "<stdin>", line 1, in <module>
TypeError: 'str' object does not support item assignment
```

5.1.4 String-Operatoren

Strings werden mit = an Variablen zugewiesen, mit + konkateniert, mit * wiederholt und mit ==, <, <=, >, >= und != *lexikographisch* miteinander verglichen. Sollen in Strings enthaltene Zahlen *numerisch* verglichen werden, müssen sie erst in einen Zahlentyp konvertiert werden, z.B. mit int, long, float etc.:

```
>>> s1 = '+-'
>>> s2 = '7'
```

```
>>> s1 + s2
'+-7'
```

```
>>> s1*10
'+-+-+-+-+-+-+-+-+-+-'

>>> s3 = '9'
>>> s4 = '10'

>>> s3 < s4
False

>>> int(s3) < int(s4)
True
```

Außerdem sind Strings natürlich keine Zahlen:

```
>>> s3 == 9
False
>>> s3 == '9'
True
```

5.1.5 String-Methoden

Als Objekte des Datentyps str können Strings mit einer Menge nützlicher Methoden aufwarten. Eine Liste dieser Methoden (und Attribute) liefert uns die dir-Funktion in der Python-Shell:

```
>>> s = 'this is a string'

>>> metat = [ n for n in dir(s) if n[:2] != '__' and n[-2:] != '__' ]

>>> metat
['capitalize', 'center', 'count', 'decode', 'encode', 'endswith',
'expandtabs', 'find', 'index', 'isalnum', 'isalpha', 'isdigit',
'islower', 'isspace', 'istitle', 'isupper', 'join', 'ljust', 'lower',
'lstrip', 'partition', 'replace', 'rfind', 'rindex', 'rjust',
'rpartition', 'rsplit', 'rstrip', 'split', 'splitlines', 'startswith',
'strip', 'swapcase', 'title', 'translate', 'upper', 'zfill']
```

Der Ausdruck, der metat aus dir(s) berechnet, ist eine so genannte *list comprehension*. List comprehensions werden in Kapitel 6, *Listen*, erklärt. Hier werden lediglich Namen der Form __xxx__ aus der dir(s)-Liste herausgefiltert.

Der Aufruf dieser Methoden ist ganz einfach. Auch Verkettungen sind möglich:

```
>>> s.upper()
'THIS IS A STRING'
```

```
>>> s.replace('is', 'was')
'thwas was a string'

>>> s.replace('is', 'was').upper()
'THWAS WAS A STRING'
```

Wie bereits erwähnt, sind Strings unveränderlich. All diese Methoden liefern einen veränderten String zurück, lassen aber den String, auf den sie operieren, unverändert:

```
>>> s
'this is a string'
```

Beachten Sie den folgenden Unterschied:

```
>>> s.upper
<built-in method upper of str object at 0x81ce880>

>>> s.upper()
'THIS IS A STRING'
```

s.upper ist eine Methode, während s.upper() diese Methode aufruft.

All diese Methoden sind selbstdokumentierend. Zur Erinnerung und Illustration erinnern wir an das einführende Kapitel 2, *Die Python-Shell*:

```
>>> help(s.replace)
Help on built-in function replace:

replace(...)
    S.replace (old, new[, count]) -> string

    Return a copy of string S with all occurrences of substring
    old replaced by new.  If the optional argument count is
    given, only the first count occurrences are replaced.
```

Es empfiehlt sich an dieser Stelle, sich einen Überblick über diese Methoden zu verschaffen, da sie häufig benötigt werden:

```
$ ~/python/bin/pydoc str
```

```
Python: class str - Mozilla Firefox                                    _ □ ×
File  Edit  View  History  Bookmarks  Tools  Help

← · → · C  ⊗ ⌂ [ http://pythonbook.hajji.name:7464/str.html      ▼ ▶ [G▼ Google        ⊕ ▼

Disable ▼  Cookies ▼  CSS ▼  Forms ▼  Images ▼  Information ▼  Miscellaneous ▼  Outline ▼  Resize ▼  Tools ▼  View Source ▼  Options ▼     ✕  ⓘ  ◎

  partition(...)
        S.partition(sep) -> (head, sep, tail)

        Searches for the separator sep in S, and returns the part before it,
        the separator itself, and the part after it.  If the separator is not
        found, returns S and two empty strings.

  replace(...)
        S.replace (old, new[, count]) -> string

        Return a copy of string S with all occurrences of substring
        old replaced by new.  If the optional argument count is
        given, only the first count occurrences are replaced.

  rfind(...)
        S.rfind(sub [,start [,end]]) -> int

        Return the highest index in S where substring sub is found,
        such that sub is contained within s[start:end].  Optional
        arguments start and end are interpreted as in slice notation.

        Return -1 on failure.

  rindex(...)
        S.rindex(sub [,start [,end]]) -> int

        Like S.rfind() but raise ValueError when the substring is not found.

  rjust(...)
        S.rjust(width[, fillchar]) -> string

        Return S right justified in a string of length width. Padding is
        done using the specified fill character (default is a space)

  rpartition(...)
        S.rpartition(sep) -> (tail, sep, head)

Done
```

5.2   Unicode-Strings

Wir haben uns gerade bei der Einführung von Strings auf den Datentyp str beschränkt,
der nichts anderes ist als eine einfache Zeichenkette aus beliebigen Bytes. str mag
zwar zum Speichern von Rohdaten nützlich sein, aber will man Umlaute etc. in einer
portablen Art und Weise speichern und weiterbehandeln (die von der jeweiligen Kodierung wie etwa ISO-8859-15 oder UTF-8 unabhängig ist), kommen wir um Unicode
nicht herum; und somit auch nicht um Unicode-Strings vom Typ unicode.

5.2.1   Warum Unicode?

Ursprünglich konnte man sich auf die 7-bit-ASCII-Codierung von alphanumerischen
Zeichen beschränken. Doch das ASCII-Alphabet enthielt keine Umlaute, Accents und
sonstige Sonderzeichen. Darum wurde das 8. Bit von seiner Rolle als Paritätsbit befreit
und zur Codierung von 8-bit-Tabellen herangezogen. Sonderzeichen, die nicht Teil
von ASCII waren, konnten in den Positionen 128-255 untergebracht werden.

Leider gab es mehr als eine mögliche Verteilung dieser Sonderzeichen. So entstanden diverse 8-bit-Codierungen wie diverse Codepages (CP-437, CP-850, Windows-

1252, ...). All dies trug zu einer erheblichen Verwirrung beim Austausch von Dateien bei. Nach einiger Zeit einigte man sich auf einen 8-bit-Standard namens Latin-1, der auch ISO-8859-1 genannt wurde (offiziell heißt ISO-8859-1 eigentlich ISO/IEC 8859-1, aber wir wollen nicht übermäßig pedantisch sein). Später wurde das Euro-Zeichen anstelle eines anderen Zeichens dort eingetragen und ein paar weitere Änderungen vorgenommen, was zum leicht veränderten Standard ISO-8859-15 führte.

Aber das ist alles eine sehr einseitige Sicht der Welt. Schließlich gibt es auch andere Alphabete, die alle ihre eigene standardisierte Code-Tabelle haben wie z.B. Kyrillisch (ISO-8859-5), Arabisch (ISO-8859-6), Griechisch (ISO-8859-7), Hebräisch (ISO-8859-8) etc.

Das macht schon eine Menge 8-bit-Code-Tabellen! Um die Verwirrung komplett zu machen gibt es natürlich auch Alphabete wie Chinesisch, Japanisch (Kanji, Hiragana und Katakana) etc., die so umfangreich sind, dass sie nicht mehr in eine einzige 8-bit-Code-Tabelle passen. Will man CJK (Chinese, Japanese and Korean)-Alphabete darstellen, muss man mindestens 2 Bytes pro Zeichen dafür einsetzen, was zum Begriff der *wide characters* führte.

Auch wenn man CJK-Alphabete beiseite lässt (und warum sollte man das tun?), reichen 8-bit offensichtlich nicht mehr aus, um die Alphabete unserer Welt darzustellen. Das ist vor allem schlecht beim Austausch von Dokumenten (man denke nur an HTML-Dateien im Web!). Denn woher soll der Empfänger wissen, dass die eine Datei im Format ISO-8859-1 und eine andere Datei im Format ISO-8859-8 codiert ist?

Manche Protokolle übertragen die Information über die benötigte Code-Tabelle out-of-band als Metadatum. So kann man in MIME die Codierung angeben. In HTML-Dateien sieht es z.B. so aus:

```
<head>
  <meta http-equiv="Content-Type" content="text/html; charset=iso-8859-1">
  ...
</head>
```

Dies ist natürlich sehr fragil und umständlich. Wenn man dazu noch die Problematik der CJK-Alphabete mit dazurechnet, kommt man wohl automatisch auf die Idee, alle, aber auch wirklich alle, Alphabete dieser Welt in eine neue große Tabelle aufzunehmen, die pro Eintrag ruhig aus mehreren Bytes besteht. Eine solche Tabelle gibt es tatsächlich, und sie heißt Unicode! Diese Tabelle und viele begleitende Informationen finden Sie auf der Seite des Unicode-Consortiums: http://www.unicode.org/.

5.2.2 Unicode-Encodings

Da Unicode-Zeichen aus mehreren Bytes bestehen, können sie nicht so ohne Weiteres mit 8-bit-Zeichen vermischt werden. Es muss eine Möglichkeit geben, Unicode-

Zeichen als Bytefolgen zu kodieren und umgekehrt Bytefolgen wieder in Unicode-Zeichen zu dekodieren.

Leider gibt es keine 1:1-Umsetzung von Unicode-Positionen nach Bytefolgen. Zum einen gibt es big endian- und little endian-Rechner, zum zweiten kann man einzelne Zeichen in 2 oder 4 Bytes kodieren (UCS-2, UCS-4), und zum dritten möchte man ganz gerne eine Platz sparende Codierung haben, die 7-bit-ASCII-Zeichen unverändert lässt und nur bei Bedarf (eine variable Anzahl) mehr Bytes für weitere Unicode-Zeichen vorsieht (UTF-8).

Aus diesem Grunde müssen wir uns als Programmierer beim Lesen und Speichern von Unicode auch stets mit dem Encoding in Bytefolgen befassen. Leider gibt es nicht nur ein sehr häufiges Encoding, sondern zwei: UCS-2 (a.k.a. UTF-16), das zwei Bytes pro Zeichen benutzt und vor allem in der Windows-Welt populär ist, und UTF-8, das von 1 bis 6 Bytes pro Zeichen (1 Byte bei ASCII, so dass dort nichts verändert werden muß, 2 bis 6 Bytes bei weiteren Zeichen) vorsieht, das nicht nur in der Unix-Welt Standard ist, sondern auch das Default-Encoding des Web und der W3C-Standards wie z.B. XML ist.

Im Folgenden gehen wir nicht auf die technischen Details von Unicode und seiner Encodings ein, sondern nur auf die Python-API zur Verarbeitung von Unicode. Der interessierte Leser möge die jeweilige Dokumentation lesen.

5.2.3 Der unicode-Datentyp

In Python werden Unicode-Strings in Objekte des Typs `unicode` gespeichert. Dieser eigenständige Datentyp ähnelt sehr dem Typ `str` der Bytestrings. Darum werden wir hier lediglich die Unterschiede zwischen `str` und `unicode` zeigen.

In Python 2.X werden Unicode-String-Literale mit einem u-Präfix eingeleitet:

```
>>> su = u'hello'
>>> su, type(su)
(u'hello', <type 'unicode'>)
```

Innerhalb eines Unicode-String-Literals kann man einzelne Unicode Zeichen mit der `\uNNNN` oder der alternativen `\N{UNICODE NAME}`-Notation spezifizieren:

```
>>> jm1 = u'J\u00FCrgen Mustermann'
>>> jm2 = u'J\N{LATIN SMALL LETTER U WITH DIAERESIS}rgen Mustermann'

>>> jm1, jm2
(u'J\xfcrgen Mustermann', u'J\xfcrgen Mustermann')
```

Auf das Thema der Ausgabe kommen wir gleich zurück.

API-weise verhalten sich Unicode-Strings wie Bytestrings vom Typ str mit ein paar kleinen Abweichungen. Wie bei str gibt's eine Menge nützlicher Memberfunktionen:

```
>>> [ memb for memb in dir(su) if memb[:2] != '__' and memb[-2:] != '__' ]
['capitalize', 'center', 'count', 'decode', 'encode', 'endswith', 'expandtabs',
'find', 'index', 'isalnum', 'isalpha', 'isdecimal', 'isdigit', 'islower',
'isnumeric', 'isspace', 'istitle', 'isupper', 'join', 'ljust', 'lower',
'lstrip', 'partition', 'replace', 'rfind', 'rindex', 'rjust', 'rpartition',
'rsplit', 'rstrip', 'split', 'splitlines', 'startswith', 'strip', 'swapcase',
'title', 'translate', 'upper', 'zfill']
```

Die (wesentlichen) Abweichungen sind:

- Die gespeicherten Zeichen (character) sind nicht mehr Bytes, sondern Unicode-Zeichen:
  ```
  >>> su[0], type(su[0])
  (u'h', <type 'unicode'>)
  ```
- Alle Indizes beziehen sich auf die Zeichen und nicht auf die Bytes ihrer Darstellung. Auch wenn Unicode-Zeichen intern mehrere Bytes benötigen (typischerweise 2, es können bei UCS-4 auch 4 sein), ist z.B. s[1] stets das zweite Unicode-Zeichen von s, s[2] das dritte Unicode-Zeichen usw.
- Wie man Unicode in ein bestimmtes Encoding konvertiert und umgekehrt, wird im folgenden Abschnitt gezeigt.

5.2.4 Codieren und Decodieren von Unicode

Möchte man Unicode in Bytestrings konvertieren (z.B. um sie auszugeben, zu speichern oder übers Netz zu einem anderen Rechner zu senden), muss man sich für ein Encoding entscheiden. Einige populäre Encodings sind:

Encoding	Bedeutung
utf-8	1 bis 6 Bytes pro Zeichen. Unix und XML
utf-16	2 Bytes pro Zeichen, für jedes Zeichen. Windows
ISO-8859-15	1 Byte pro Zeichen. Für \U0000 bis \U00FF
ascii	Nur für Unicode-Zeichen \U0000 bis \U007F

Eine vollständige Liste aller Encodings befindet sich der Dokumentation des codecs-Standard-Moduls unter http://docs.python.org/lib/standard-encodings.html

Einen Unicode-String su konvertiert man in eines dieser Encodings (sofern möglich) mit Hilfe der Memberfunktion encode:

```
>>> su = u'J\u00FCrgen Mustermann'
```

```
>>> su.encode('utf-8')
'J\xc3\xbcrgen Mustermann'
```

```
>>> su.encode('utf-16')
'\xff\xfeJ\x00\xfc\x00r\x00g\x00e\x00n\x00
 \x00M\x00u\x00s\x00t\x00e\x00r\x00m\x00a\x00n\x00n\x00'

>>> su.encode('ISO-8859-15')
'J\xfcrgen Mustermann'

>>> su.encode('ascii')
Traceback (most recent call last):
  File "<stdin>", line 1, in <module>
UnicodeEncodeError: 'ascii' codec can't encode character u'\xfc' in
                    position 1: ordinal not in range(128)
```

- Wir erkennen an der Ausgabe, dass bei UTF-8 nur das ü zu den zwei Bytes C3 BC konvertiert wurde, während der Rest weiterhin ein Byte einnimmt, und zwar dasselbe, das bei ASCII bekannt ist. Darum ist UTF-8 so populär.
- Bei UTF-16 hingegen wurde *jedes* Zeichen in zwei Bytes konvertiert. Erkennen Sie die einzelnen ASCII-Zeichen von su noch bei der Ausgabe? Übrigens, die zwei ersten Bytes des UTF-16-Strings FF FE heißen BOM: sie ermöglichen es UTF-16-Software zu erkennen, ob der String little endian oder big endian codiert ist.
- Die gewohnte ISO-8859-15-Codierung weist wieder jedem Unicode-Zeichen zwischen \U0000 und \U00FF genau ein Byte zu (und würde einen Fehler bei Unicode-Zeichen außerhalb dieses Bereiches auslösen!). Wir erkennen, dass das ü hier das Byte FC erhielt.
- Die ascii-Codierung hingegen gelang nicht, weil das Unicode ü mit dem code point \U00FC außerhalb des gültigen 7-bit-ASCII-Bereiches \U0000 bis \U007F lag. Da es unmöglich ist, das ü so in ASCII zu konvertieren, löste encode eine UnicodeEncode Error-Ausnahme aus.

Die Konvertierung in die andere Richtung geschieht mit Hilfe des unicode Konstruktors: man übergibt einfach als zweiten Parameter das Encoding, welches nach Unicode dekodiert werden soll:

```
>>> unicode('J\xc3\xbcrgen Mustermann', 'utf-8')
u'J\xfcrgen Mustermann'

>>> unicode('\xff\xfeJ\x00\xfc\x00r\x00g\x00e\x00n\x00 \
... \x00M\x00u\x00s\x00t\x00e\x00r\x00m\x00a\x00n\x00n\x00', 'utf-16')
u'J\xfcrgen Mustermann'

>>> unicode('J\xfcrgen Mustermann', 'ISO-8859-15')
u'J\xfcrgen Mustermann'
```

Natürlich kann dies auch schief gehen, wenn ein ungültiges Encoding übergeben wurde. Angenommen, wir übergeben ein Bitmuster, das nicht das UTF-8-Format respektiert: In dem Fall erhalten wir eine UnicodeDecodeError-Ausnahme:

```
>>> unicode('J\xe3\xbcrgen Mustermann', 'utf-8')
Traceback (most recent call last):
  File "<stdin>", line 1, in <module>
UnicodeDecodeError: 'utf8' codec can't decode bytes in position 1-3:
                    invalid data
```

5.2.5 Codecs

Wenn man häufig mit Unicode-Strings arbeitet und diese oft in Dateien speichern oder daraus lesen muss, ist es etwas umständlich, die Konvertierungen immer explizit vornehmen zu müssen. Es wäre schön, ein transparentes file-Objekt zu bekommen, das automatisch Unicode ins richtige Encoding umsetzen würde oder umgekehrt.

Hinweis

Auf file-Objekte und die Ein-/Ausgabe in oder aus Dateien gehen wir in Kapitel 9, *Dateien und das Dateisystem*, in aller Ausführlichkeit ein.

Ein transparentes file-Objekt, das sich um das Encoding selbst kümmert, erhält man mit der Funktion codecs.open des Standardmoduls codecs:

```
>>> import codecs
>>> su = u'J\u00FCrgen Mustermann'
>>> out = codecs.open('/tmp/jm.u8', 'wb', encoding='utf-8')
>>> out
<open file '/tmp/jm.u8', mode 'wb' at 0x81cc000>
>>> out.write(su)
>>> out.close()
```

Das Einlesen verläuft genauso:

```
>>> inp = codecs.open('/tmp/jm.u8', 'rb', encoding='utf-8')
>>> jm2 = inp.read()
>>> inp.close()
>>> jm2
u'J\xfcrgen Mustermann'
```

Dass es sich bei */tmp/jm.u8* tatsächlich um eine UTF-8-Datei handelt, prüfen wir gleich nach, indem wir sie wieder einlesen, aber diesmal in ein `str` ohne transparentem `codecs.open`-Wrapper:

```
>>> inp2 = open('/tmp/jm.u8', 'rb')
>>> inp2.read()
'J\xc3\xbcrgen Mustermann'
>>> inp2.close()
```

Wir erkennen die UTF-8-Encodierung an den zwei Bytes `C3 BC` statt des einzelnen Bytes `FC` für das ü. Löschen wir noch gleich diese Datei, wenn wir schon dabei sind:

```
>>> import os
>>> os.unlink('/tmp/jm.u8')
```

Ein weiterer netter Trick besteht darin, der Standardausgabe `sys.stdout` ein Codec (z.B. UTF-8) anzuhängen, so dass alle `print`-Ausgaben von Unicode-Strings automatisch in UTF-8 ausgegeben werden. Benutzt man eine UTF-8 enabled Konsole (z.B. ein *xterm* bei eingeschaltetem UTF-8), werden viele internationale Zeichen wie Umlaute gleich richtig dargestellt.

Wie geht man dabei vor? Wir brauchen einen `StreamWriter`, den man um `sys.stdout` wrappen kann. Einen solchen `StreamWriter` für ein bestimmtes Encoding bekommt man mit der Funktion `codecs.lookup`:

```
>>> import codecs

>>> codecs.lookup('utf-8')
<codecs.CodecInfo object for encoding utf-8 at 0x81c930c>

>>> codecs.lookup('utf-8')[:]
(<built-in function utf_8_encode>, <function decode at 0x81c984c>,
<class encodings.utf_8.StreamReader at 0x81c9a0c>,
<class encodings.utf_8.StreamWriter at 0x81c99cc>)

>>> codecs.lookup('utf-8')[-1]
<class encodings.utf_8.StreamWriter at 0x81c99cc>
```

Nimmt man nun diesen `StreamWriter` für UTF-8 und wrappt mit ihm `sys.stdout`, bekommt man einen neuen Stream, der automatisch seine Ausgaben in UTF-8 erzeugt:

```
>>> import sys

>>> u8out = codecs.lookup('utf-8')[-1](sys.stdout)

>>> u8out
<open file '<stdout>', mode 'w' at 0x8133780>
```

Diesen Stream können wir wie jeden anderen Stream und jede andere geöffnete Datei benutzen:

```
>>> su = u'J\u00FCrgen Mustermann'
```

```
>>> print >>u8out, su
Jürgen Mustermann
```

Wäre die Konsole nicht UTF-8 enabled, hätten wir stattdessen eine andere Darstellung bekommen, z.B.:

```
>>> print >>u8out, su
J<C3><BC>rgen Mustermann
```

Last but not least: Man kann auch `sys.stdout` selbst mit einem transparenten UTF-8-Encoder versehen:

```
>>> sys.stdout = codecs.lookup('utf-8')[-1](sys.stdout)
```

```
>>> print su
Jürgen Mustermann
```

Wir haben auch hier gerade mal an der Oberfläche dieses weiten Themenbereichs gekratzt.

5.3 Reguläre Ausdrücke

In den meisten einfachen Fällen kann man in Strings einfache Teil-Strings suchen, und diese evtl. ersetzen. Der Schlüssel hierzu liegt in den String-Methoden `index`, `rindex`, `find`, `rfind` und `replace` sowie in dem Operator `in`. Diese String-Methoden werden weiter unten im Abschnitt *Anwendungen* anhand eines Beispiels vorgestellt.

Mit Hilfe von *regulären Ausdrücken* kann man in Strings nach komplizierten Mustern suchen und selektiv Teile eines Strings mit anderen Teilen ersetzen.

5.3.1 Was sind reguläre Ausdrücke?

Reguläre Ausdrücke beschreiben eine Menge von Strings. Alle ihre Metazeichen werden in der *Python Library Reference*-Dokumentation unter *Regular Expression Syntax* zusammengefasst: `http://docs.python.org/lib/re-syntax.html`.

Eine gute Einführung in dieses umfangreiche Gebiet ist das *Regular Expression HOW-TO* von A. M. Kuchling: `http://www.amk.ca/python/howto/regex/`. Wenn Sie mit der Thematik noch nicht vertraut sind, sollten Sie an dieser Stelle kurz innehalten und das

HOWTO durcharbeiten. Sind Ihnen dagegen reguläre Ausdrücke grob vertraut (z.B. aus Perl, PHP, Unix-Tools wie *awk*, *sed*, *vi* etc.), werden Sie den folgenden Ausführungen leicht folgen können.

5.3.2 re.search und re.sub

Das re-Modul der Python Standard Library bietet Funktionen und Methoden zum *Suchen* und *Suchen und Ersetzen* mit Hilfe regulärer Ausdrücke an. Beginnen wir mit der Funktion re.search:

```
>>> import re
>>> input = 'The quick brown fox jumped over the lazy dog'

>>> re.search(r'brown', input)
<_sre.SRE_Match object at 0x81c9300>

>>> re.search(r'blue', input)
```

Die Funktion re.search hat folgende Signatur:

```
search(pattern, string, flags=0)
    Scan through string looking for a match to the pattern, returning
    a match object, or None if no match was found.
```

Auf das r bei r'brown' bzw. r'blue' kommen wir gleich zurück.

Der Rückgabewert von re.search ist entweder ein Match-Objekt oder None, je nachdem, ob das Muster im String gefunden wurde oder nicht. Im Beispiel war brown im String input enthalten, aber nicht blue.

Das ist noch nicht besonders interessant, denn man hätte dasselbe Ergebnis mit dem in-Operator erzielen können:

```
>>> 'brown' in input
True

>>> 'blue' in input
False
```

Für solche einfachen Suchoperationen ist es ohnehin besser, in statt re.search zu bemühen. Außerdem ist es effizienter. Der wirkliche Nutzen von re.search wird erst da sichtbar, wo in an seine Grenzen stößt. Angenommen, wir suchen wieder *das Wort* brown in einem String:

```
>>> input1 = 'The quick brown fox jumped over the lazy dog'
>>> input2 = 'I love brownies!'
```

```
>>> 'brown' in input1, 'brown' in input2
(True, True)
```

```
>>> re.search(r'\bbrown\b', input1), re.search(r'\bbrown\b', input2)
(<_sre.SRE_Match object at 0x82e92c0>, None)
```

Der reguläre Ausdruck \b steht für *Wortgrenze* (word boundary) und bedeutet, dass wir das Wort brown suchen, aber nur wenn es alleinstehend ist und nicht Teil eines anderen Wortes wie etwa brownies. Der in-Operator versteht keine regulären Ausdrücke und kann daher nicht den Unterschied erkennen (darum zweimal True), aber re.search kann sehr wohl erkennen, dass brown eigenständig in input1, aber nicht in input2 vorkommt (darum Match-Objekt im ersten Fall, None im zweiten Fall).

An dieser Stelle wird auch der Nutzen des r-Präfix im Muster klar: ein String-Literal, das mit r eingeleitet wird, heißt roher String(literal). Ein roher String ist wie ein normaler String, mit dem Unterschied, dass man Backslashes nicht entwerten muss. Man hätte also entweder r'\bbrown\b' oder '\\bbrown\\b' als Muster angeben können. Da bei regulären Ausdrücken Backslashes häufig vorkommen, ist es keine schlechte Idee, diese grundsätzlich als rohe String-Literale aufzuschreiben.

Doch zurück zu re.search! Ein weiteres typisches Anwendungsbeispiel ist das Erkennen von Wortdoubletten wie z.B. the the. Da wir nicht wissen, welches Wort irrtümlicherweise dupliziert wird, können wir es als regulären Ausdruck spezifizieren:

```
>>> input3 = 'The quick brown fox jumped over the lazy dog'
>>> input4 = 'The quick brown fox jumped over the the lazy dog'
```

```
>>> re.search(r'(\b\w+\b)\s+\1', input3)
```

```
>>> re.search(r'(\b\w+\b)\s+\1', input4)
<_sre.SRE_Match object at 0x82e9e00>
```

Um den regulären Ausdruck (\b\w+\b)\s+\1 zu verstehen, gehen wir stückweise vor:
- Der in Klammern stehende Ausdruck \b\w+\b erkennt ein (alleinstehendes) Wort: ein Wort ist nämlich nichts anderes als eine Folge von Wort-Zeichen (Wort-Zeichen: \w, ein oder mehrere solcher Wortzeichen: \w+), die von Wortgrenzen \b umschlossen ist.
- \s+ steht für eine Folge aus einem oder mehreren Whitespaces (Whitespace: \s, eines oder mehr davon: \s+).
- \1 ist eine Backreference: sie bezieht sich auf das, was im ersten Klammerausdruck gefunden wurde.

Mit anderen Worten: es wird erst ein Wort \b\w+\b gesucht und gemerkt (\b\w+\b). Dieses Wort soll vom Nachfolgerwort mit einem oder mehreren Whitespaces \s+ getrennt sein. Nach dem ersten Wort soll das zweite Wort *dasselbe* sein, was zuvor gefunden und gemerkt wurde: \1.

Führen wir nun die *Suche und Ersetze*-Funktion re.sub ein, um z.B. alle Wortdoubletten zu entfernen. Die Signatur von re.sub lautet:

```
sub(pattern, repl, string, count=0)
    Return the string obtained by replacing the leftmost
    non-overlapping occurrences of the pattern in string by the
    replacement repl.  repl can be either a string or a callable;
    if a callable, it's passed the match object and must return
    a replacement string to be used.
```

In einfachen Fällen wird es so eingesetzt:

```
>>> input = 'The quick brown fox jumped over the lazy dog'

>>> output = re.sub(r'fox', 'cat', input)
>>> output
'The quick brown cat jumped over the lazy dog'
```

Zu beachten ist, dass input selbstverständlich nicht verändert wird (schließlich sind Strings ja sowieso unveränderlich): re.sub liefert den eventuell veränderten String als Wert zurück!

Um also alle Wortdoubletten zu entfernen, kann man so vorgehen:

```
>>> input3 = 'The quick brown fox jumped over the lazy dog'
>>> input4 = 'The quick brown fox jumped over the the lazy dog'

>>> re.sub(r'(\b\w+\b)\s+\1', r'\1', input3)
'The quick brown fox jumped over the lazy dog'

>>> re.sub(r'(\b\w+\b)\s+\1', r'\1', input4)
'The quick brown fox jumped over the lazy dog'
```

Bei input3 hat sich (erwartungsgemäß) nichts verändert, aber re.sub hat das doppelte the aus input4 entfernt (ohne input4 selbst zu verändern, um es nochmal zu betonen) und den veränderten String zurückgegeben.

5.3.3 Kompilierte reguläre Ausdrücke

Ein Nachteil der Funktionen re.search und re.sub besteht darin, dass sie jedes Mal einen regulären Ausdruck in ein internes Format kompilieren müssen, bevor sie mit der Suche beginnen können. Dies ist zwar bei einmaligen Aufrufen nicht schlimm, aber wenn sie in Schleifen eingesetzt werden (z.B. beim zeilenweisen Lesen einer Datei), kann es schon ein merkbarer Aufwand sein.

Darum bietet das re-Modul die Funktion re.compile, die einen regulären Ausdruck kompiliert und ein Pattern-Objekt zurückgibt:

```
compile(pattern, flags=0)
    Compile a regular expression pattern, returning a pattern object.
```

Ein Beispiel:

```
>>> regdoub = re.compile(r'(\b\w+\b)\s+\1')

>>> regdoub
<_sre.SRE_Pattern object at 0x82ed000>
```

Dieses Objekt bietet (unter anderem) die Methoden search

```
search(...)
    search(string[, pos[, endpos]]) --> match object or None.
    Scan through string looking for a match, and return a corresponding
    MatchObject instance. Return None if no position in the string matches.
```

und sub an:

```
sub(...)
    sub(repl, string[, count = 0]) --> newstring
    Return the string obtained by replacing the leftmost non-overlapping
    occurrences of pattern in string by the replacement repl.
```

Man beachte, dass das Pattern in deren Signaturen nicht mehr vorkommt, weil dieses Pattern bereits im Pattern-Objekt implizit enthalten ist.

Dieses Objekt kann man wie gewohnt benutzen:

```
>>> input3 = 'The quick brown fox jumped over the lazy dog'
>>> input4 = 'The quick brown fox jumped over the the lazy dog'

>>> regdoub.search(input3)

>>> regdoub.search(input4)
<_sre.SRE_Match object at 0x831ea80>

>>> regdoub.sub(r'\1', input3)
'The quick brown fox jumped over the lazy dog'

>>> regdoub.sub(r'\1', input4)
'The quick brown fox jumped over the lazy dog'
```

Übrigens, falls es mehr als 9 Backreferences gibt, sollte man \n durch \g<n> ersetzen. Das kann man natürlich auch für den Ausdruck n < 10 tun:

```
>>> regdoub.sub(r'\g<1>', input6)
'The quick brown fox jumped over the lazy dog'
```

In einer Schleife sähe die typische Verwendung so aus:

```
reg = re.compile(r'some_pattern')
for line in open('input.txt', 'r'):
    mo = reg.search(line)
    if mo is not None:
        # line matches some_pattern.
        # do something with match object mo.
```

5.3.4   Das Match-Objekt

Was hat es eigentlich mit diesem Match-Objekt auf sich, das re.search bzw. die search-Methode des kompilierten Pattern-Objekts zurückgibt? Bis jetzt haben wir lediglich die Tatsache ausgenutzt, dass diese Funktionen None liefern, wenn etwas nicht gefunden wurde.

Mit Hilfe eines Match-Objekts kann man auf die Teile des Strings zurückgreifen, die zum regulären Ausdruck passten:

```
>>> input4 = 'The quick brown fox jumped over the the lazy dog'

>>> mo = re.search(r'(\b\w+\b)\s+\1', input4)

>>> mo
<_sre.SRE_Match object at 0x8324500>

>>> mo.group(0)
'the the'
>>> mo.group(1)
'the'

>>> mo.start()
32
>>> mo.span()
(32, 39)

>>> input4[32:39]
'the the'
```

Hier enthält mo.group(0) den gesamten gematchten String, der zum regulären Ausdruck passte. Da wir hier zwei aufeinanderfolgende, mit einem oder mehreren Whitespaces getrennte identische Wörter gefunden haben, ist mo.group(0) der String der aus diesen beiden Wörtern samt Whitespace dazwischen: 'the the'.

Da wir im regulären Ausdruck gruppierende (runde) Klammern haben, wird das, was dort gemerkt wurde, in aufeinanderfolgenden Gruppen gespeichert. Nachdem wir hier nur ein paar runde gruppierende Klammern im regulären Ausdruck hatten, wurde das, was dort gematcht wurde (das erste the des the the-Paares), in mo.group(1) gesteckt und ist dort so abrufbar. Hätten wir weitere gruppierende Klammern im regulären Ausdruck gehabt, dann wären weitere Gruppen mo.group(2), mo.group(3) usw. vorhanden gewesen: Dabei werden bei der Zuordnung an die jeweiligen Gruppen die öffnenden runden Klammern der gruppierenden Ausdrücke ab 1 gezählt.

Die Methode start liefert den (0-basierten) Index des gefundenen Teilstrings (hier the the innerhalb des Quell-Strings input4); span liefert ein Tupel, bestehend aus dem Start und Eins-nach-dem-Ende-Index: ideal zum Slicen!

5.3.5 Die Flags

An den Signaturen von re.search und re.compile haben Sie sicher den optionalen flags-Parameter bemerkt. Mit Flags kann man das Verhalten des Suchalgorithmus verändern. Eine Liste von Flags finden Sie in der Dokumentation zum re-Modul (help(re) in der Python-Shell oder pydoc re auf der Kommandozeile).

Dazu ein Beispiel mit dem Flag re.IGNORECASE:

```
>>> input = 'The the quick brown fox jumped over the the lazy dog'

>>> mo1 = re.search(r'(\b\w+\b)\s+\1', input)
>>> mo2 = re.search(r'(\b\w+\b)\s+\1', input, flags=re.IGNORECASE)

>>> mo1.group(0), mo1.span()
('the the', (36, 43))

>>> mo2.group(0), mo2.span()
('The the', (0, 7))
```

Wie zu erkennen ist, enthält mo1 das Ergebnis der case-sensitiven Suche, d.h. des the the-Paars mitten in der Zeile input. Dagegen enthält mo2, das mit Hilfe des Flags re.IGNORECASE gesucht hat, das Wortpaar The the am Anfang von input.

Dito beim Suchen und Ersetzen:

```
>>> regdoub1 = re.compile(r'(\b\w+\b)\s+\1')
>>> regdoub2 = re.compile(r'(\b\w+\b)\s+\1', flags=re.IGNORECASE)

>>> regdoub1.sub(r'\g<1>', input)
'The the quick brown fox jumped over the lazy dog'
```

```
>>> regdoub2.sub(r'\g<1>', input)
'The quick brown fox jumped over the lazy dog'
```

5.3.6 findall und finditer

Während re.sub bzw. die sub-Methode des Pattern-Objekts *alle* nicht-überlappenden Vorkommen eines Musters ersetzt, liefern re.search bzw. die search-Methode des Pattern-Objekts nur das *erste* Vorkommen dieses Musters im Match-Objekt zurück. Wie kann man *alle* solchen (nicht überlappenden) Vorkommen entdecken?

Des Rätsels Lösung ist re.findall und re.finditer:

```
findall(pattern, string, flags=0)
    Return a list of all non-overlapping matches in the string.

finditer(pattern, string, flags=0)
    Return an iterator over all non-overlapping matches in the
    string.  For each match, the iterator returns a match object.
```

Bzw. ihre Cousins findall und finditer des Match-Objekts:

```
findall(...)
    findall(string[, pos[, endpos]]) --> list.
    Return a list of all non-overlapping matches of pattern in string.

finditer(...)
    finditer(string[, pos[, endpos]]) --> iterator.
    Return an iterator over all non-overlapping matches for the
    RE pattern in string. For each match, the iterator returns a
    match object.
```

Wir greifen noch mal unser voriges Beispiel auf:

```
>>> input = 'The the quick brown fox jumped over the the lazy dog'

>>> regdouble = re.compile(r'(\b\w+\b)\s+\1', re.IGNORECASE)

>>> moiter = regdouble.finditer(input)

>>> moiter
<callable-iterator object at 0x838b12c>

>>> for mo in moiter:
...     print mo.group(0), mo.span()
...
```

```
The the (0, 7)
the the (36, 43)
```

Wir haben das Thema der regulären Ausdrücke gerade mal an der Oberfläche gestreift. Sie sollten wirklich etwas Zeit in deren Studium investieren, weil es sich in der Praxis sehr oft lohnt: Viele Text- und Datenverarbeitungsprobleme lassen sich mit regulären Ausdrücken sehr elegant lösen. Hinweise wurden bereits am Anfang dieses Abschnittes angegeben.

5.4 Anwendungen

Zur Illustration schauen wir uns kurz zwei Anwendungsmöglichkeiten von String-Methoden in den folgenden Abschnitten an: das Suchen in Strings und der effiziente stückweise Aufbau eines langen Strings.

5.4.1 Suchen in Strings

Das folgende Programm zeigt verschiedene Vorgehensweisen, um einen Teil-String in einem String zu suchen. Dabei kommen der Operator in und die Stringmethoden index, rindex, find, rfind, startswith, endswith und count zum Einsatz:

```python
#!/usr/bin/env python
# stringsearch.py -- searching in strings with string methods

s   = raw_input('Enter source string: ')
sub = raw_input('Enter substring: ')

# The in operator returns True or False:
if sub in s:
    print "'%s' is a substring of '%s'" % (sub, s)
else:
    print "'%s' is NOT a substring of '%s'" % (sub, s)

# index, rindex return index (0-based), or raise ValueError:
try:
    idx = s.index(sub)
    ridx = s.rindex(sub)
    print "'%s'.index('%s') == %d" % (s, sub, idx)
    print "'%s'.rindex('%s') == %d" % (s, sub, ridx)
except ValueError:
    print "'%s' doesn't occur in '%s'" % (sub, s)
```

```
# find, rfind return index (0-based), or -1 if not found
pos = s.find(sub)
rpos = s.rfind(sub)
print "'%s'.find('%s') == %d" % (s, sub, pos)
print "'%s'.rfind('%s') == %d" % (s, sub, rpos)

# startswith, endswith return True or False
print "'%s'.startswith('%s') == " % (s, sub), s.startswith(sub)
print "'%s'.endswith('%s') == " % (s, sub), s.endswith(sub)

# count returns number of non-overlapping occurences:
print "'%s' occurs %d times in '%s'" % (sub, s.count(sub), s)
```

Wie leicht zu erkennen ist, hat der Boolesche Ausdruck sub in s den Wert True genau dann, wenn sub ein Teil-String von s ist. Somit kann er z.B. in if-Ausdrücken oder, wie wir später noch sehen werden, in *list comprehensions* eingesetzt werden.

Die Methoden index und rindex geben die Position (den Index) des Substrings innerhalb des Strings zurück oder lösen eine ValueError-Ausnahme aus, wenn der Substring dort nicht vorkommt. index sucht dabei ab dem Anfang, rindex ab dem Ende des Strings. Das obige Programm zeigt, wie sie üblicherweise in einem *except/try*-Block aufgerufen werden.

Natürlich lässt sich mit regulären Ausdrücken nach komplizierteren Mustern suchen, aber in den meisten Fällen reichen String-Methoden wie index, replace oder der in-Operator völlig aus. Die ganze Maschinerie der regulären Ausdrücke sollte man nur dann bemühen, wenn es erforderlich ist, und sei es, weil es aus Effizienz- und Lesbarkeitsgründen besser ist, diese einfachen String-Methoden einzusetzen.

5.4.2 Strings effizient aufbauen

Oft werden Strings stückweise aufgebaut, bevor sie ausgegeben werden. Typisches Beispiel ist dabei eine potenziell lange Liste von ⟨li⟩-Elementen innerhalb einer ⟨ul⟩-Liste bei HTML-Ausgaben. Das folgende Programm zeigt zwei verschiedene Methoden:

```
#!/usr/bin/env python
# stringbuild.py -- shows how to build a string efficiently

def ul_inefficient(list_of_items):
    "Create and return a <ul> list of <li> items as string."
    s = '<ul>'
    for item in list_of_items:
        s = s + '\n<li>%s</li>' % escape_html(item)
    s = s + '\n</ul>'
    return s
```

```
def ul_efficient(list_of_items):
    "Create and return a <ul> list of <li> items as string."
    slist = ['<ul>']
    for item in list_of_items:
        slist.append('<li>%s</li>' % escape_html(item))
    slist.append('</ul>')
    return '\n'.join(slist)

def escape_html(s):
    '''Escape HTML special characters.

    Given a string s, escape the HTML special characters
    "&", "<" and ">". Return the escaped string.'''

    return s.replace('&', '&amp;').replace('<', '&lt;').replace('>', '&gt;')

if __name__ == '__main__':
    thelist = [ 'Python', 'Ruby', 'Perl', 'PHP' ]
    ul_string1 = ul_inefficient(thelist)
    ul_string2 = ul_efficient(thelist)
    assert ul_string1 == ul_string2
```

Beide Funktionen ul_inefficient und ul_efficient liefern denselben Ausgabe-String zurück:

```
>>> from stringbuild import ul_inefficient, ul_efficient

>>> thelist = [ 'one', 'two', 'three' ]

>>> ul_inefficient(thelist)
'<ul>\n<li>one</li>\n<li>two</li>\n<li>three</li>\n</ul>'

>>> ul_efficient(thelist)
'<ul>\n<li>one</li>\n<li>two</li>\n<li>three</li>\n</ul>'
```

Der Unterschied besteht darin, dass bei ul_inefficient der Ausgabe-String wiederholt konkateniert wird, während ul_efficient zunächst eine Liste von Teilstrings aufbaut und diese erst am Schluss zu einem String mittels join zusammenfügt.

Warum ist der Umweg über Listen oft effizienter als wiederholtes Konkatenieren? Das Geheimnis liegt in der Unveränderlichkeit von Strings: Beim Konkatenieren muss ständig der aufzubauende String kopiert werden, was O(n) Aufwand pro Kopie bedeutet, und somit O(n*n) Gesamtaufwand, wenn man die Schleife dazuzählt. Der Python-Interpreter kann zwar manchmal diese Situation erkennen und selbst intern optimieren; aber darauf sollte man sich nicht generell verlassen, da es von vielen

Umständen und auch von der Implementierung des jeweiligen Python-Interpreters abhängt.

Darum greift man zu dem Trick, erst eine Liste aufzubauen (mittels `append`, vgl. Kapitel 6, *Listen*) und anschließend zu einem String zusammenzusetzen. Das ist effizienter, weil die Listmethode `append` einen amortisierten Aufwand von O(1) besitzt, wodurch insgesamt der Aufwand bei O(n) liegt; erheblich effizienter als Konkatenieren!

Ein weiterer Vorteil des Umwegs über Listen besteht darin, dass wir uns auch keine Gedanken um Trennzeichen (wie z.B. dem Newline \n im Beispiel) machen müssen: Die String-Methode `join` fügt diesen automatisch hinzu. Braucht man keinen Separator, kann man einen leeren String angeben: `''.join(aList)`

Die zu `join` inverse Operation lautet `split`:

```
>>> s = ul_efficient(thelist)
```

```
>>> s
'<ul>\n<li>one</li>\n<li>two</li>\n<li>three</li>\n</ul>'
```

```
>>> tokens = s.split('\n')
>>> tokens
['<ul>', '<li>one</li>', '<li>two</li>', '<li>three</li>', '</ul>']
```

Wird `split` ohne Parameter aufgerufen, wird an Whitespaces getrennt. Braucht man eine Liste von Zeichen, ist der `list`-Konstruktor besser geeignet:

```
>>> 'a list of words'.split()
['a', 'list', 'of', 'words']
```

```
>>> list('a list of words')
['a', ' ', 'l', 'i', 's', 't', ' ', 'o', 'f', ' ', 'w', 'o', 'r', 'd', 's']
```

5.5 Zusammenfassung

In Python implementieren die Typen `str` und `unicode` einfache Bytestrings und Unicode-Strings:

- Python bietet standardmäßig zwei Sorten von Strings an: einfache Bytestrings (vom Typ `str`) und Unicode-Strings (vom Typ `unicode`). Beide String-Typen haben eine weitestgehend identische API, und sie stammen beide vom abstrakten Stringtyp `basestring` ab.
- Bytestrings können beliebige Zeichen enthalten (auch Nullbytes) und können so groß werden, wie der virtuelle Speicher es erlaubt. Sie sind sowohl für Text- als auch für Binärdaten (z.B. Bilder) als Container bestens geeignet. Sie können direkt ein- und ausgegeben werden.

- Unicode-Strings speichern hingegen (2- oder 4-Byte) Unicode-Zeichen und müssen vor ihrer Ein- und Ausgabe mittels eines auszuwählenden Codecs in Bytestrings konvertiert werden.

Zum Einsatz von Strings in Python-Programmen:

- In Programmen werden Strings als String-Literale kodiert. Ein solcher String wird durch einfache, doppelte oder dreifache Anführungszeichen eingeschlossen. Dreifache Anführungszeichen werden benutzt, um mehrzeilige String-Literale zu kennzeichnen. Es gibt keinen Unterschied zwischen einfachen und doppelten Anführungszeichen. Unicode-String-Literale werden mit einem vorangestelltem u spezifiziert: u'I am a Unicode string'.
- Variablen werden standardmäßig nicht in Strings interpoliert (eingesetzt). Aber mit Hilfe des %-Interpolationsoperators lassen sich %-Ausdrücke in String-Templates durch Werte ersetzen.
- Strings sind unveränderlich, aber man kann auf String-Slices zugreifen mit Hilfe der Syntax s[pos] (ab 0 zählend), s[begin:end] (wobei der Endpunkt nicht mehr zum Teil-String gehört, genauso wie bei der C++ STL!) und s[begin:end:step]. Negative Argumente beziehen sich auf das Ende des Strings. Bei Unicode-Strings beziehen sich die Indizes auf Unicode-Zeichen, egal, durch wie viele Bytes sie jeweils kodiert werden. Dies entspricht dem POLA-Prinzip (*principle of least astonishment*).
- String-Operatoren sind + (Konkatenation), * (Wiederholung), = (Zuweisung). Vergleichsoperatoren sind <, <=, >, >=, == und !=. Will man Zahlen, die als Strings vorliegen, numerisch vergleichen, muss man sie zuerst in Zahlen konvertieren, z.B. mit dem int- oder float-Konstruktur: int(s1) < int(s2).
- Die Datentypen str und unicode definieren eine Menge von Methoden. Eine Dokumentation dieser API erhält man im Help-System oder mit pydoc aus den Docstrings dieser Module.

Reguläre Ausdrücke:

- Mit regulären Ausdrücken kann man kompliziertere Suchen durchführen, als es die String-Methoden index, find oder der in Operator erlauben. Auch das Suchen und Ersetzen komplizierter Ausdrücke ist mit ihrer Hilfe möglich, wenn die String-Methode replace nicht ausreicht.
- Man kann sie mit den Funktionen und Klassen des Moduls re der Python Standard Library verarbeiten.
- Für einmaliges Suchen benutzt man re.search(r'some regexp', input), wobei das kleine r vor dem String-Literal des regulären Ausdrucks bedeutet, dass es sich um einen rohen String handelt (*raw string*), bei dem Backslashes nicht extra durch einen weiteren Backslash escapt werden. re.search liefert entweder None oder ein Match-Objekt zurück. Zum Suchen und Ersetzen benutzt man re.sub.
- Soll mehrmals in einer Schleife gesucht oder gesucht und ersetzt werden, empfiehlt es sich, aus Effizienzgründen den regulären Ausdruck nur einmal zu einem Pattern-Objekt zu kompilieren und dann die Methoden search und sub dieses Pattern-Objekts statt der Funktionen re.search und re.sub aufzurufen.

- Das Match-Objekt speichert u.A. gematchte Teil-Strings, die in runden Klammern des regulären Ausdrucks angegeben wurden. Es enthält auch Informationen über den Ort des gematchten Ausdrucks im Quell-String (z.B. wo er anfängt und wo er endet).
- Die Suche kann mit speziellen Flags beeinflusst werden, z.B. case-insensitive.
- Mit `re.findall` und `re.finditer` bzw. den `findall`- und `finditer`-Methoden des Match-Objekts kann man über die Ergebnisse in einer Schleife iterieren.

Wir haben zwei Anwendungen kennengelernt:

- Das Suchen in Strings kann bei einfachen Fällen mit Hilfe der verschiedenen String-Methoden (der `in`-Operator, `index`, `rindex`, `find`, `rfind`, `startswith` und `endswith`) erfolgen, ohne reguläre Ausdrücke zu bemühen.
- Strings werden oft stückweise aufgebaut. Aus Effizienzgründen hat sich das Python-Idiom durchgesetzt, das den Umweg über Listen geht: Erst wird eine Liste mittels `append` zusammengesetzt, und ganz am Schluss wird mit der String-Methode `join` daraus ein String zusammengebaut.

Im nächsten Kapitel werden wir die Datenstruktur `list` ausführlich kennenlernen.

6 Listen

Möchte man mehrere Python-Objekte in eine Datenstruktur in einer bestimmten Reihenfolge zusammenfassen, bietet sich als Container der Datentyp list an:

```
>>> lst1 = [ 'hello', 'brave', 'new', 'world' ]
```

Bei Listen ist der Zugriff auf ein bestimmtes Element durch Angabe seiner Position (ab 0 zählend) sehr effizient: lst1[0]

Da Listen auch dynamisch wachsen können (z.B. mit den Methoden append und extend), entsprechen sie in etwa std::vector<T> aus der C++ STL. Diese Ähnlichkeit besteht aber nur an der Oberfläche, denn Python-Listen können im Gegensatz zum C++ vector heterogene Objekte gleichen oder unterschiedlichen Typs (inklusive Listen) speichern:

```
>>> lst2 = [ 42, 3.1415, 'hi', True, None, [1, 0, 0] ]
```

Hinter den Kulissen speichert ein list-Objekt lediglich Pointer auf diverse Python-Objekte, genauso wie es Variablen tun:

```
>>> lst2
[42, 3.1415000000000002, 'hi', True, None, [1, 0, 0]]

>>> map(type, lst2)
[<type 'int'>, <type 'float'>, <type 'str'>, <type 'bool'>,
<type 'NoneType'>, <type 'list'>]
```

Listen können sowohl mit Memberfunktionen (wie z.B. die oben erwähnten append und extend) als auch eingebauten Funktionen (wie das soeben verwendete map) verarbeitet werden, und man kann über Listen mit einer Schleife iterieren. list ist ein sehr vielseitiger Datentyp: Es gibt kaum echte Python-Programme, die ohne Listen auskommen. Wir nehmen sie daher in diesem Kapitel genauer unter die Lupe.

6.1 Zugriff auf Listenelemente

Mit Hilfe der Index-Notation L[i] kann das i-te Element (ab 0 zählend) der Liste L angesprochen werden:

```
>>> lst = [ 42, 3.1415, 'hi', True, None, [1, 0, 0] ]

>>> lst[0]
42

>>> lst[2]
'hi'
```

Wie bei Strings sind auch negative Indizes erlaubt: L[-1] bezeichnet das letzte Element von L, L[-2] das vorletzte usw.

```
>>> lst[-1]
[1, 0, 0]

>>> lst[-2]
>>> print lst[-2]
None
```

Ein ungültiger Index löst dabei eine IndexError-Ausnahme aus:

```
>>> lst[6]
Traceback (most recent call last):
  File "<stdin>", line 1, in <module>
IndexError: list index out of range
```

Bei verschachtelten Listen kann man L[i][j] usw. benutzen:

```
>>> lst
[42, 3.1415000000000002, 'hi', True, None, [1, 0, 0]]

>>> lst[5]
[1, 0, 0]

>>> lst[5][0]
1
>>> lst[5][1]
0
```

Da Listen, anders als Strings, mutable (veränderbare) Datenstrukturen sind, kann man einzelne Elemente austauschen, indem man L[i] ein neues Element zuweist. Dabei muss nicht der Typ des Elements erhalten bleiben:

```
>>> lst = ['hello', 'brave', 'new', 'world']

>>> lst[2] = ['old', 'and', 'tired']
```

```
>>> lst
['hello', 'brave', ['old', 'and', 'tired'], 'world']
```

Elemente können aus einer Liste auf zweierlei Art und Weise entfernt werden:

▪ Durch Zuweisung von None, also L[i] = None wird das Element durch ein *Loch* ersetzt. Andere Elemente verändern ihre Position nicht.

```
>>> lst
['hello', 'brave', ['old', 'and', 'tired'], 'world']

>>> lst[2] = None

>>> lst
['hello', 'brave', None, 'world']
```

▪ Durch del L[i] oder die Slice-Zuweisung L[i:i+1] = [] (mehr darüber weiter unten) wird das Element ganz entfernt. Nachfolgende Elemente rücken eine Position nach vorn.

```
>>> lst
['hello', 'brave', None, 'world']

>>> del lst[2]

>>> lst
['hello', 'brave', 'world']

>>> lst[2]
'world'
```

Um ein Element mitten in einer Liste einzufügen, kann man

▪ die Memberfunktion insert aufrufen:

```
>>> lst
['hello', 'brave', 'world']

>>> lst.insert(2, 'new')

>>> lst
['hello', 'brave', 'new', 'world']
```

▪ einem leeren Slice eine 1-elementige Liste mit diesem Element zuweisen:

```
>>> lst
['hello', 'brave', 'new', 'world']

>>> lst[3:3] = ['big']

>>> lst
['hello', 'brave', 'new', 'big', 'world']
```

6.2 Listen-Slices

Wie bei Strings kann man mit der Notation L[begin:end] oder L[begin:end:step] Teil-listen spezifizieren. Diese Teillisten heißen *Slices*, und die Operation wird als *Slicing* bezeichnet. begin bezeichnet dabei den Index des ersten Elements und end den In-dex, der direkt nach dem letzten Element des Slices liegt. L[end] gehört somit schon nicht mehr zu L[begin:end]. step ist die Schrittweite und kann selbstverständlich auch negativ sein:

```
>>> lst
['hello', 'brave', 'new', 'big', 'world']

>>> lst[1:4]
['brave', 'new', 'big']

>>> lst[0:5:2]
['hello', 'new', 'world']

>>> lst[4:0:-1]
['world', 'big', 'new', 'brave']
```

Fehlen begin, end und step, so nehmen sie als Default-Werte jeweils den Beginn, eins nach dem Ende des zu durchlaufenden Intervalls (abhängig von Vorzeichen, d.h. der Richtung von step) und 1 an:

```
>>> lst
['hello', 'brave', 'new', 'big', 'world']

>>> lst[:3]
['hello', 'brave', 'new']

>>> lst[2:]
['new', 'big', 'world']

>>> lst[:]
['hello', 'brave', 'new', 'big', 'world']

>>> lst[::-1]
['world', 'big', 'new', 'brave', 'hello']
```

Wir sehen also, dass L[:] eine Kopie von L, und L[::-1] eine Kopie von L in umge-kehrter Reihenfolge liefert. Auf Kopien von Listen wird weiter unten noch genauer eingegangen.

Man kann Slices mittels einer Zuweisung ersetzen. Dabei kann der neue Slice auch größer oder kleiner als der zu ersetzende Slice werden, die Liste wird automatisch wachsen oder schrumpfen:

```
>>> lst
['hello', 'brave', 'new', 'big', 'world']

>>> lst[1:4]
['brave', 'new', 'big']

>>> lst[1:4] = ['brave', 'new']

>>> lst
['hello', 'brave', 'new', 'world']
```

Ein Slice lässt sich auch ganz entfernen:

```
>>> lst
['hello', 'brave', 'new', 'world']

>>> lst[1:3] = []

>>> lst
['hello', 'world']
```

Oder ganz neu einfügen:

```
>>> lst
['hello', 'world']

>>> lst[1:1] = ['brave', 'new']

>>> lst
['hello', 'brave', 'new', 'world']
```

Manchmal möchte man auch Listen komplett leeren. Dazu weist man einfach dem kompletten Slice L[:] eine leere Liste zu, also L[:] = [].

6.3 Memberfunktionen von Listen

In Kapitel 2, *Die Python-Shell*, haben wir gesehen, wie sich mit Hilfe der Funktion dir Attribute eines beliebigen Objekts herausfinden lassen. Schauen wir uns daher an, welche Attribute ein typisches list-Objekt (z.B. die leere Liste []) enthält. Der Aufruf dir([]) verrät uns die Antwort:

```
>>> [ s for s in dir([]) if not s.startswith('_') and not s.endswith('_') ]
['append', 'count', 'extend', 'index', 'insert', 'pop', 'remove', 'reverse',
'sort']
```

Wir haben hier mit dieser *list comprehension* die ganzen Hooks herausgefiltert, die mit _ anfangen und enden, um Platz zu sparen.

All diese Attribute sind Memberfunktionen des list-Datentyps. Selbstverständlich sind sie selbstdokumentierend! Rufen Sie z.B. help(list.remove) von der Python-Shell aus auf, um sich den Docstring zur remove-Methode anzeigen zu lassen, oder lassen Sie sich die Dokumentation des gesamten list-Datentyps von der Kommandozeile mittels pydoc list ausgeben:

Schauen wir uns diese Memberfunktionen kurz an!

Mit append fügt man ein Element *ans Ende* einer Liste an. Möchte man mehrere Elemente auf einmal einfügen, und sind diese in einer Sequenz (z.B. einer weiteren Liste) enthalten, benutzt man extend:

```
>>> lst = [ 111, 222, 333 ]

>>> lst.append(444)
```

```
>>> lst.extend([555, 666])
```

```
>>> lst
[111, 222, 333, 444, 555, 666]
```

append hat einen Aufwand von amortisiertem O(1), d.h. es ist sehr effizient, wiederholt Elemente ans Ende eines list-Containers mit append anzufügen. Es ist lediglich amortisiert statt reines O(1), weil gelegentlich die Implementierung Daten umschaufeln muss, wenn sie einen größeren Speicherblock intern anfordert. Wegen dieses effizienten Laufzeitverhaltens wird ein String stückweise am besten über eine Liste erweitert (vgl. Kapitel 5, *Strings*).

Soll ein Element stattdessen an den Anfang oder, allgemeiner, irgendwo in der Mitte der Liste eingefügt werden, kann man entweder, wie oben gezeigt, Slices oder die insert-Memberfunktion benutzen. Diese hat folgende Signatur:

```
insert(...)
    L.insert(index, object) -- insert object before index
```

Um also ein Element an den Anfang der Liste einzufügen, rufen wir insert einfach mit einem Index von 0 auf:

```
>>> lst.insert(0, 'Start')
```

```
>>> lst
['Start', 111, 222, 333, 444, 555, 666]
```

Soll zwischen 222 und 333 ein weiteres Element eingefügt werden, ermitteln wir die Position von 333 und verwenden diesen Index für insert:

```
>>> lst.index(333)
3
```

```
>>> lst.insert(3, 'Before 333')
```

```
>>> lst
['Start', 111, 222, 'Before 333', 333, 444, 555, 666]
```

Die Memberfunktion index, die wir gerade benutzt haben, hat ihrerseits folgende Signatur:

```
index(...)
    L.index(value, [start, [stop]]) -> integer -- return first index of value
```

Kennt man einen Wert (im Beispiel der Wert 333), liefert index die Position (ab 0 zählend) des *ersten* Vorkommens dieses Wertes in der Liste zurück. Kommt dieses Element nicht vor, löst index eine ValueError-Ausnahme aus:

```
>>> lst.index('not there')
Traceback (most recent call last):
  File "<stdin>", line 1, in <module>
ValueError: list.index(x): x not in list
```

Dank der start- und stop-Werte von index kann man alle Indizes herausfinden:

```
>>> lst = [ 111, 222, 333, 222, 444, 555, 222, 666 ]

>>> lst.index(222)
1

>>> lst.index(222, 1+1)
3

>>> lst.index(222, 3+1)
6

>>> lst.index(222, 6+1)
Traceback (most recent call last):
  File "<stdin>", line 1, in <module>
ValueError: list.index(x): x not in list
```

Somit kann man eine Funktion schreiben, die eine Liste aller Indizes liefert:

```python
#!/usr/bin/env python
# allindex.py -- an iterated list.index function.

def allindex(the_list, the_value):
    "Compute a list of all indexes of the_value within the_list."
    indexes = []
    try:
        search_from_here = 0
        while True:
            found_index = the_list.index(the_value, search_from_here)
            indexes.append(found_index)
            search_from_here = found_index + 1
    except ValueError:
        return indexes

if __name__ == '__main__':
    assert allindex([111, 222, 333, 222, 444, 555], 222) == [1, 3]
    assert allindex([111, 222, 333, 222, 444, 555], 999) == []
    assert allindex([], 111) == []
```

Dieses Programm benutzt die `ValueError`-Ausnahme, um aus der Endlosschleife auszubrechen. Die `assert`-Anweisung des Hauptprogramms dient sowohl der Dokumentation als auch dem Testen. Sie sollten sich generell daran gewöhnen, Testfälle zu schreiben, die insbesondere Grenzfälle nachprüfen.

Um sie kurz zu testen:

```
>>> from allindex import allindex

>>> lst = [ 111, 222, 333, 222, 444, 555, 222, 666 ]

>>> allindex(lst, 222)
[1, 3, 6]

>>> allindex(lst, 4747)
[]
```

Die Memberfunktion `pop` entfernt ein Element aus der Liste und liefert es zurück. Ohne Argumente entfernt `pop` das letzte Element der Liste; man kann aber auch ein beliebiges anderes Element durch Angabe des Index entfernen:

```
pop(...)
    L.pop([index]) -> item -- remove and return item at index (default last)
```

Somit sähe die Verwendung von `pop` so aus:

```
>>> lst
[111, 222, 333, 222, 444, 555, 222, 666]

>>> lst.pop()
666

>>> lst
[111, 222, 333, 222, 444, 555, 222]

>>> lst.pop()
222

>>> lst
[111, 222, 333, 222, 444, 555]
```

Die Liste wird immer kleiner. Entfernen wir das Element 333 an der Indexposition 2:

```
>>> lst.pop(2)
333

>>> lst
[111, 222, 222, 444, 555]
```

Es versteht sich von selbst, dass da, wo nichts (mehr) zu holen ist, auch nichts entfernt werden kann:

```
>>> [].pop()
Traceback (most recent call last):
  File "<stdin>", line 1, in <module>
IndexError: pop from empty list
```

Während pop nützlich ist, um ein Element unter Angabe seiner Indexposition zu entfernen, ist remove dafür da, ein Element unter Angabe seines Wertes zu entfernen. Somit kann man sich den vorherigen Aufruf der index-Methode ersparen. Beachten Sie, dass remove nur das *erste Vorkommen* eines Objektes entfernt:

```
remove(...)
    L.remove(value) -- remove first occurrence of value
```

Entfernen wir die 222 aus lst:

```
>>> lst
[111, 222, 222, 444, 555]

>>> lst.remove(222)

>>> lst
[111, 222, 444, 555]

>>> lst.remove(222)

>>> lst
[111, 444, 555]

>>> lst.remove(222)
Traceback (most recent call last):
  File "<stdin>", line 1, in <module>
ValueError: list.remove(x): x not in list
```

Ist nichts mehr zu entfernen, wird (wie erwartet?) eine ValueError-Ausnahme ausgelöst.

Kommen wir nun zum Zählen von Elementen in einer Liste, d.h. zu count:

```
count(...)
    L.count(value) -> integer -- return number of occurrences of value
```

count könnte man theoretisch auch benutzen, um herauszufinden, ob ein Element in einer Liste vorhanden ist (dann wäre count größer als 0), aber das wäre ineffizient. In dem Fall würde der in-Operator völlig ausreichen, denn er bräche die Suche ab, sobald das erste Vorkommen entdeckt wurde. count müsste hingegen die ganze Liste durchlaufen:

```
>>> lst = [111, 222, 333, 222, 444, 555, 222, 666]

>>> lst.count(222)
3

>>> lst.count(999)
0
>>> 999 in lst
False
```

Mit sort (das wir uns weiter unten genauer ansehen werden), kann man eine Liste effizient in sortierter Reihenfolge bringen. Alles, was dafür notwendig ist, ist, dass die in der Liste enthaltenen Elemente miteinander verglichen werden können:

```
>>> lst
[111, 222, 333, 222, 444, 555, 222, 666]

>>> lst.sort()

>>> lst
[111, 222, 222, 222, 333, 444, 555, 666]
```

Mit anderen Worten, auch Listen von Strings kann man sortieren:

```
>>> lst = [ 'hello', 'brave', 'new', 'world' ]

>>> lst.sort()

>>> lst
['brave', 'hello', 'new', 'world']
```

Zu beachten ist, dass sort die Liste verändert!

Die letzte Memberfunktion, reverse, dreht die Reihenfolge der Elemente einer Liste um:

```
>>> lst
['brave', 'hello', 'new', 'world']

>>> lst.reverse()

>>> lst
['world', 'new', 'hello', 'brave']
```

6.4   Built-in-Funktionen für Listen

Neben den Memberfunktionen der Klasse list, kann man Listen auch mit einigen eingebauten built-in-Funktionen verarbeiten:

Bevor wir uns diesen Funktionen widmen, wollen wir uns erst einen Überblick über *alle* Builtins verschaffen. Diese sind im immer importierten Modul __builtins__ enthalten:

```
>>> [ s for s in dir(__builtins__) if type(eval(s)) == type(len) ]
['__import__', 'abs', 'all', 'any', 'apply', 'callable', 'chr', 'cmp',
'coerce', 'compile', 'delattr', 'dir', 'divmod', 'eval', 'execfile',
'filter', 'getattr', 'globals', 'hasattr', 'hash', 'hex', 'id', 'input',
'intern', 'isinstance', 'issubclass', 'iter', 'len', 'locals', 'map',
'max', 'min', 'oct', 'open', 'ord', 'pow', 'range', 'raw_input', 'reduce',
'reload', 'repr', 'round', 'setattr', 'sorted', 'sum', 'unichr', 'vars',
'zip']
```

Von all diesen Funktionen akzeptieren folgende Builtins Listen als Argumente:

- len liefert die Anzahl der (top-level) Elemente einer Liste zurück.
  ```
  >>> len([111, 222, 333, 444, 555, 666])
  6
  ```

```
>>> len([[1,0,0], [0,1,0], [0,0,1]])
3

>>> len([])
0
```

- sorted **liefert eine sortierte Liste zurück, ohne die Ursprungsliste anzutasten.**

```
>>> lst = [ 'hello', 'brave', 'new', 'world']

>>> sorted(lst)
['brave', 'hello', 'new', 'world']

>>> lst
['hello', 'brave', 'new', 'world']
```

- reversed **liefert einen Iterator zum Iterieren über eine Liste vom letzten zum ersten Element.**

```
>>> lst = [ 'hello', 'brave', 'new', 'world']

>>> revit = reversed(lst)

>>> revit
<listreverseiterator object at 0x284c69cc>

>>> lst
['hello', 'brave', 'new', 'world']

>>> for elem in revit:
...     print elem,
...
world new brave hello
```

- enumerate **liefert einen Iterator zum Iterieren über eine Liste, wobei** (index, wert) **Paare jedes Mal geliefert werden.**

```
>>> lst
['hello', 'brave', 'new', 'world']

>>> enumit = enumerate(lst)

>>> enumit
<enumerate object at 0x284c6a2c>

>>> for idx, val in enumit:
...     print "%d: %s" % (idx, val)
...
0: hello
```

```
1: brave
2: new
3: world
```

- range liefert eine Liste aufeinanderfolgender ganzer Zahlen (evtl. mit einer von 1 abweichenden Schrittweite).

```
>>> range(10)
[0, 1, 2, 3, 4, 5, 6, 7, 8, 9]

>>> range(5, 10)
[5, 6, 7, 8, 9]

>>> range(10, 20, 2)
[10, 12, 14, 16, 18]

>>> range(20, 10, -1)
[20, 19, 18, 17, 16, 15, 14, 13, 12, 11]

>>> range(10,10)
[]
```

- xrange ist die *lazy*-Version von range. Der Sinn von xrange ist, dass man längere Aufzählungen erzeugen, aber nur bei Bedarf abholen kann:

```
>>> ten_elems = xrange(10)

>>> ten_elems
xrange(10)

>>> type(ten_elems)
<type 'xrange'>

>>> for i in ten_elems:
...     print i,
...
0 1 2 3 4 5 6 7 8 9

>>> for i in xrange(1000000):
...     if i >= 10:
...         break
...     print i,
...
0 1 2 3 4 5 6 7 8 9
```

- min und max liefern das kleinste und größte Element einer Liste. Die Listen müssen nicht unbedingt numerische Werte enthalten. Es reicht aus, dass die Werte miteinander vergleichbar sind:

```
>>> lst
['hello', 'brave', 'new', 'world']

>>> min(lst)
'brave'

>>> max(lst)
'world'
```

■ sum berechnet die Summe aller Elemente einer Liste von Zahlen.
```
>>> sum(range(10))
45
```

■ reduce fasst aufeinanderfolgende Berechnungen einer Liste zusammen.
```
>>> import operator

>>> reduce(operator.add, range(10))
45

>>> reduce(operator.mul, range(1,10))
362880

>>> def concat(str1, str2):
...     "Concatenate two strings"
...     return str1 + str2
...
>>> reduce(concat, ['hello', 'brave', 'new', 'world'])
```

■ map wendet eine Funktion auf jedes Element einer Liste an und liefert eine Liste aus Rückgabewerten zurück.
```
>>> map(len, ['hello', 'brave', 'new', 'world'])
[5, 5, 3, 5]
```

■ filter wendet ein Prädikat (eine Boolsche Funktion) auf jedes Element einer Liste an und liefert eine Liste zurück, die nur aus den Elementen besteht, bei denen der Prädikatswert True ergibt.
```
>>> def isodd(intval):
...     "True if intval is odd"
...     return intval % 2 != 0

>>> isodd(5)
True

>>> isodd(4)
False
```

```
>>> filter(isodd, range(10))
[1, 3, 5, 7, 9]
```

▪ all bzw. any liefert True, wenn alle bzw. mindestens eines der Elemente der Liste wahr sind.

```
>>> map(isodd, range(10))
[False, True, False, True, False, True, False, True, False, True]

>>> all(map(isodd, range(10)))
False

>>> any(map(isodd, range(10)))
True
>>> map(isodd, range(1, 10, 2))
[True, True, True, True, True]

>>> all(map(isodd, range(1, 10, 2)))
True

>>> any(map(isodd, range(1, 10, 2)))
True
```

▪ zip packt mehrere Listen zu einer Liste von Tupelwerten zusammen.

```
>>> words = ['hello', 'brave', 'new', 'world']
>>> indxs = range(len(words))

>>> words
['hello', 'brave', 'new', 'world']
>>> indxs
[0, 1, 2, 3]

>>> zip(indxs, words)
[(0, 'hello'), (1, 'brave'), (2, 'new'), (3, 'world')]
```

Einige dieser Funktionen werden wir im folgenden Abschnitt vertiefen. Es empfiehlt sich, ein bisschen in der Python-Shell mit diesen Funktionen zu spielen.

6.5 Anwendungen

Im diesem Abschnitt schauen wir uns ein paar typische Anwendungen von Listen an.

6.5.1 Listen durchlaufen

Schleifen werden am einfachsten elementweise in einer for-Schleife durchlaufen:

```
lst = ['hello', 'brave', 'new', 'world']

for word in lst:
    foo(word)
```

Alternativ dazu kann man auch Index-basiert vorgehen. Hierbei erweisen sich die Funktionen len und range als nützlich.

```
for idx in range(len(lst)):
    bar(lst[idx])
```

Bei sehr langen Listen ist der Einsatz von range etwas ineffizient, da range sehr lange Indexlisten erzeugen und im Speicher vorrätig halten muss (Stand: Python 2.5.2). Möchte man ohne range auskommen, aber benötigt trotzdem den Index, kann man entweder den Index explizit mitführen:

```
idx = 0
while idx < len(lst):
    baz(idx, lst[idx])
    idx = idx + 1
```

Oder man verwendet gleich den von enumerate gelieferten Iterator:

```
for idx, elem in enumerate(lst):
    baz(idx, lst[idx])
    # idx will be automatically incremented
```

Möchte man die Liste L rückwärts durchlaufen, hat man die Wahl zwischen dem Rückwärtsiterator reversed(L) oder der Rückwärtskopie L[::-1]:

```
for elem in reversed(L):
    # DON'T ADD OR REMOVE ELEMENTS FROM L!
    foobar(elem)
```

```
for elem in L[::-1]:
    # L can be modified, because L[::-1] is a copy.
    foobaz(elem)
```

Die obigen Kommentare deuten auf eine klassische Falle hin: man sollte Container wie z.B. das Listenobjekt L nicht verändern (d.h. Elemente entfernen oder hinzufügen), während darüber iteriert wird (auch nicht mit einem reversed- oder enumerate-Iterator!). Das gilt auch für normales Durchlaufen ohne Iteratorfunktion wie reversed oder enumerate!

Angenommen, wir wollen jedes Element einer Liste duplizieren, so dass aus

```
['hello', 'brave', 'new', 'world']
```

die folgende Liste wird:

```
['hello', 'hello', 'brave', 'brave', 'new', 'new', 'world', 'world']

for elem in L:
    # Duplicate element the wrong way:
    L.insert(L.index(elem)+1, elem)  # ERROR!

for elem in L[:]:
    # Duplicate element:
    L.insert(L.index(elem)+1, elem)
```

Die erste Schleife terminiert nicht oder, besser gesagt, sie führt zu einem Programmabbruch aus Speicherplatzmangel, da sie die Liste L zu

```
['hello', 'hello', 'hello', 'hello', ...., 'brave', 'new', 'world']
```

zu transformieren versucht.

Die zweite Schleife hingegen leistet das Gewünschte, da sie über eine *Kopie* von L (nämlich dem kompletten Slice L[:]) statt über L selbst iteriert, während L verändert wird.

6.5.2 Listen kopieren und vergleichen

Da Variablen immer nur Referenzen auf Python-Objekte enthalten, führt eine einfache Zuweisung L2 = L1 nicht zu einer echten Kopie von Listen. Nach dieser Zuweisung verweisen die Variablen L1 und L2 auf dieselbe Liste (auf dasselbe Python-Objekt, das eine Liste ist). Jede Änderung von L1 ist sofort in L2 sichtbar und umgekehrt:

```
>>> L1 = [ 111, 222, 333 ]
>>> L2 = L1

>>> L2[1] = 'Ping!'

>>> L1
[111, 'Ping!', 333]
```

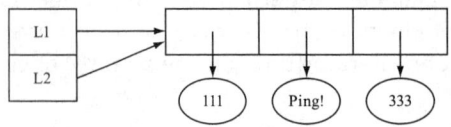

Beide Listen sind nicht nur Element für Element gleich (==), sondern sind auch noch dasselbe Objekt im Speicher (is).

Die Funktion id liefert die *Identität* eines Python-Objekts, d.h. seine Adresse im Speicher:

```
>>> L1 == L2, L1 is L2
(True, True)
```

```
>>> hex(id(L1)), hex(id(L2))
('0x819cbec', '0x819cbec')
```

Im Unterschied zu L2 = L1 führt die folgende Slice-Operation zu einer *flachen Kopie* (*shallow copy*): L3 = L1[:]. Nach der Kopie sind L1 und L3 *verschiedene* Listen; eine Änderung an einer Liste wird natürlich nicht bei der anderen Liste sichtbar:

```
>>> L3 = L1[:]
```

```
>>> L1 == L3, L1 is L3
(True, False)
```

```
>>> hex(id(L1)), hex(id(L3))
('0x819cbec', '0x81d30ec')
```

```
>>> L3[2] = 'Pong!'
```

```
>>> L1, L3
([111, 'Ping!', 333], [111, 'Ping!', 'Pong!'])
```

```
>>> L1 == L3, L1 is L3
(False, False)
```

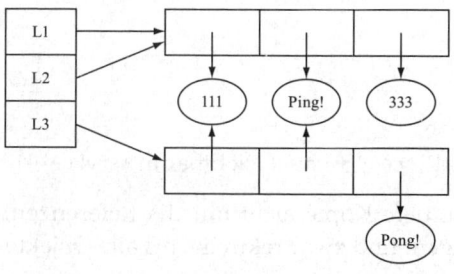

Doch was bedeutet *shallow copy*? Was unterscheidet sie von einer *tiefen Kopie* (*deep copy*)? Schauen wir uns folgendes Beispiel an:

```
>>> lsource = [ [ 11, 12 ], [ 21, 22 ], [ 31, 32 ] ]
```

```
>>> lscopy = lsource[:]
```

```
>>> lscopy[0][1] = 'Peng!'
```

```
>>> lsource
[[11, 'Peng!'], [21, 22], [31, 32]]
```

Trotz (flacher) Kopie lscopy = lsource[:] hat die Änderung an lscopy[0][1] sich auf lsource[0][1] übertragen! Wie kommt das?

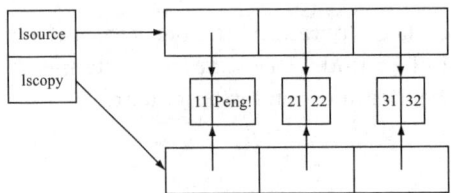

Um das zu verstehen, erinnern wir uns daran, dass die Liste lsource in Wirklichkeit drei Referenzen auf die drei Teillisten [11, 12], [21, 22] und [31, 32] enthält. Beim flachen Kopieren lscopy = lsource[:] wurden nicht die Teillisten, sondern nur diese drei Referenzen in lscopy hineinkopiert!

Mit anderen Worten, lsource und lscopy teilen sich nun die Sublisten oder, besser gesagt: Diese Sublisten werden nun gleichzeitig von Zeigern aus lsource als auch lscopy referenziert. So befindet sich z.B. die Teilliste [11, 22] an derselben Speicherstelle, sowohl von lsource[0] als auch lscopy[0] aus gesehen (dito für die anderen Teillisten):

```
>>> hex(id(lsource[0])), hex(id(lscopy[0]))
('0x819cbcc', '0x819cbcc')
```

```
>>> hex(id(lsource[1])), hex(id(lscopy[1]))
('0x81c802c', '0x81c802c')
```

```
>>> hex(id(lsource[2])), hex(id(lscopy[2]))
('0x819cc2c', '0x819cc2c')
```

Darum ist eine Änderung an dem Listenobjekt lscopy[0] auch sichtbar in lsource[0].

Im Gegensatz zur flachen Kopie kopiert eine tiefe Kopie nicht nur die Referenzen, sondern auch das, worauf die Referenzen zeigen; und zwar rekursiv, bis alle Objekte kopiert sind.

Um eine tiefe Kopie von lsource zu bewerkstelligen, rufen wir die Funktion deepcopy des Moduls copy auf (diese müssen wir einmalig importieren). Anschließend sind die beiden Listen völlig unabhängig voneinander:

```
>>> import copy
```

```
>>> lsource
[[11, 'Peng!'], [21, 22], [31, 32]]

>>> lscopy2 = copy.deepcopy(lsource)

>>> lscopy2[0][1] = 'Pluf!'

>>> lsource
[[11, 'Peng!'], [21, 22], [31, 32]]

>>> lscopy2
[[11, 'Pluf!'], [21, 22], [31, 32]]
```

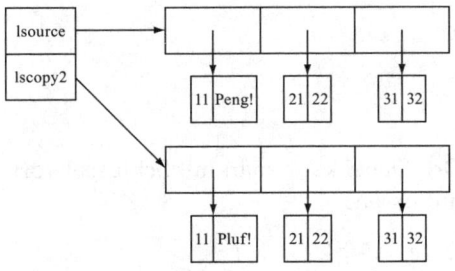

Wir prüfen noch kurz nach, ob die Teillisten wirklich verschiedene Objekte sind, z.B. die Teilliste [21, 22]:

```
>>> lsource[1] == lscopy2[1], lsource[1] is lscopy2[1]
(True, False)

>>> hex(id(lsource[1])), hex(id(lscopy2[1]))
('0x81c802c', '0x819cfec')
```

Der Unterschied zwischen flacher und tiefer Kopie kommt nur dann zum Tragen, wenn die Listenelemente mutable Objekte sind (z.B. Teillisten, Dictionarys oder andere mutable Objekte, aber nicht Strings, Zahlen, ...).

Zum Schluss bleibt nur noch zu erwähnen, dass die Vergleichsoperatoren $<$, $<=$, $>$, $>=$ Listen *lexikographisch* miteinander vergleichen, natürlich nur, falls sich die Listenelemente vergleichen lassen.

```
>>> l1 = [ 'hello', 'world' ]
>>> l2 = [ 'hello', 'brave', 'new', 'world' ]

>>> l1 < l2, l1 <= l2, l1 > l2, l1 >= l2
(False, False, True, True)
```

In diesem Beispiel ist l1 kleiner als l2, nicht etwa, weil sie weniger Elemente aufweist, sondern weil 'brave' kleiner als 'world' ist. Mit anderen Worten: Wenn l1 und l2 verglichen werden, wird erst l1[0] mit l2[0] verglichen; und da sie hier gleich sind, werden dann l1[1] und l2[1] miteinander verglichen ... Und da stand dann das Gesamtergebnis fest.

Wenn eine Liste nicht mehr genug Elemente hat und trotzdem alle bisherigen Vergleiche Gleich ergeben haben, wird nach den Regeln des lexikographischen Sortierens die längere Liste als echt größer erkannt:

```
>>> l3 = ['hello', 'john']
>>> l4 = ['hello', 'john', 'howdy?']

>>> l3 < l4
True
```

6.5.3 Listen sortieren

Der Aufruf L.sort() sortiert die Liste L vor Ort. Dabei kann man mit Schlüsselwortparametern das Verhalten von sort auch beeinflussen.

```
>>> L = 'The Quick Brown Fox Jumped over the Lazy Dog'.split()
>>> L
['The', 'Quick', 'Brown', 'Fox', 'Jumped', 'over', 'the', 'Lazy', 'Dog']

>>> L1, L2 = L[:], L[:]

>>> L1.sort()
>>> L2.sort(reverse=True)

>>> L1
['Brown', 'Dog', 'Fox', 'Jumped', 'Lazy', 'Quick', 'The', 'over', 'the']
>>> L2
['the', 'over', 'The', 'Quick', 'Lazy', 'Jumped', 'Fox', 'Dog', 'Brown']
```

Hier wurden L1 aufsteigend und L2 absteigend sortiert.

Beachten Sie, dass der Ausdruck L.sort() den Wert None liefert, so dass Zuweisungen wie L_sorted = L.sort() keinen Sinn machen. Verwenden Sie stattdessen die built-in-Funktion sorted:

```
>>> L_sorted = sorted(L_unsorted)
```

Dies würde dann L_unsorted unsortiert belassen. Dies ist aber nicht so effizient wie L.sort(), weil es doppelt soviel Speicher, nämlich für die Quellliste und eine sortierte Kopie der Quellliste, benötigt. Bei sehr großen Listen kann das schon eine Rolle spielen!

Wollen wir Listen case-insensitive sortieren, kann man dazu entweder eine eigene Vergleichsfunktion oder Schlüsselberechnungsfunktion mit cmp bzw. key angeben:

```python
#!/usr/bin/env python
# listsortci.py -- sort list case-insensitively

def ci_compare(x, y):
    "Compare two strings case-insensitively"
    return cmp(x.lower(), y.lower())

def ci_compare_verbose(x, y):
    "Compare two strings case-insensitively"
    x_lower, y_lower = x.lower(), y.lower()
    if x_lower < y_lower: return -1
    elif x_lower > y_lower: return 1
    else: return 0

L = 'The Quick Brown Fox Jumped over the Lazy Dog'.split()
L1, L2, L3, L4, L5 = L[:], L[:], L[:], L[:], L[:]  # Create copies of L

L1.sort(cmp=ci_compare)
L2.sort(cmp=ci_compare_verbose)
L3.sort(cmp=lambda x,y: cmp(x.lower(), y.lower()))
L4.sort(key=str.lower)
L5.sort(key=lambda x: x.lower())

print L1
print L2
print L3
print L4
print L5

# Output in all five cases:
# ['Brown', 'Dog', 'Fox', 'Jumped', 'Lazy', 'over', 'Quick', 'The', 'the']
```

Zu diesem Programm:

- Eine Vergleichsfunktion erwartet zwei Argumente und liefert -1, 0 oder 1 zurück, je nachdem, ob das erste Argument echt kleiner, gleich oder echt größer als das zweite Argument ist.
- Die built-in-Vergleichsfunktion cmp leistet das Gewünschte, womit sich ausführliche if .. elif .. else-Unterscheidungen oft erübrigen bzw. abkürzen lassen.
- Statt einer expliziten namentlichen Vergleichsfunktion kann man auch *anonyme Funktionen* in Form eines lambda-Ausdrucks übergeben. Für kurze Vergleichsausdrücke erspart uns dies etwas Schreibarbeit.

- Alternativ zu einer 2-argumentigen Vergleichsfunktion kann man mittels key eine 1-argumentige Schlüsselberechnungsfunktion (oder lambda-Ausdruck) angeben, die (der) den zu vergleichenden Schlüssel eines jeden Listenelements berechnet.

Schlüsselberechnungsfunktionen werden vor allem eingesetzt, um Objekte (Klasseninstanzen) miteinander zu vergleichen, die mehrere Attribute haben. Darauf kommen wir weiter unten zurück. Sie sind auch sinnvoll, um z.B. Listen von Tupeln nur anhand der n-ten Komponente zu sortieren:

```
>>> l1 = [ 1, 5, 2, 6, 3 ]
>>> l2 = [ 12, 10, 17, 18, 14 ]

>>> l = zip(l1, l2)
>>> l
[(1, 12), (5, 10), (2, 17), (6, 18), (3, 14)]

>>> l_copy1, l_copy2 = l[:], l[:]

>>> l_copy1.sort()
>>> l_copy2.sort(key=lambda t: t[1])

>>> l_copy1
[(1, 12), (2, 17), (3, 14), (5, 10), (6, 18)]
>>> l_copy2
[(5, 10), (1, 12), (3, 14), (2, 17), (6, 18)]
```

Auf das DSU-Idiom (*decorate, sort, undecorate*) bzw. der Schwarzschen Transformation kommen wir gleich zurück, sobald wir *list comprehensions* eingeführt haben.

Sortieren von Klasseninstanzen
Nehmen wir an, wir definieren eine Klasse Employee wie folgt:

```
class Employee(object):
    "The classic employee"

    def __init__(self, lastname, middlename, firstname):
        self.lastname = lastname
        self.middlename = middlename
        self.firstname = firstname

    def __repr__(self):
        return '<Employee "%s %s. %s">' % (self.firstname,
                                           self.middlename,
                                           self.lastname)
```

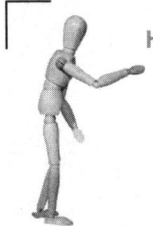

Hinweis

In Kapitel 10, *Klassen und Objekte,* werden Klassen und Objekte ausführlich erklärt.

Nun definieren wir ein paar Angestellte:

```
>>> john = Employee('Doe', 'M', 'John')
>>> jane = Employee('Doe', 'S', 'Jane')
>>> mike = Employee('Ambrosius', 'T', 'Michael')
>>> suze = Employee('Randell', 'K', 'Suzanne')
```

Diese Angestellten sind der Entwicklungsabteilung devel zugeordnet:

```
>>> devel = [jane, suze, mike, john]
```

Da wir bei Employee den __repr__-Hook überladen haben, erhalten wir eine schöne
Darstellung der Liste devel:

```
>>> devel
[<Employee "Jane S. Doe">, <Employee "Suzanne K. Randell">,
<Employee "Michael T. Ambrosius">, <Employee "John M. Doe">]
```

Alles schön und gut. Jetzt wollen wir diese Namen in sortierter Reihenfolge (erst nach
Namen, dann nach Vornamen) bekommen. Reicht etwa die sort-Methode von devel
aus? Probieren wir es einfach aus!

```
>>> devel.sort()
>>> devel
[<Employee "John M. Doe">, <Employee "Jane S. Doe">,
<Employee "Michael T. Ambrosius">, <Employee "Suzanne K. Randell">]
```

Nach Namen sortiert sieht das nicht gerade aus. Woran liegt es? Ist etwa sort fehler-
haft?

```
>>> john < jane < mike < suze
True
```

Offensichtlich nicht: sort funktioniert tadellos! Es ist der Vergleichsoperator <, der
nicht richtig zu funktionieren scheint. Wieso nicht?

```
>>> "0x%0x 0x%0x 0x%0x 0x%0x" % (id(john), id(jane), id(mike), id(suze))
'0x2841d54c 0x2841d5ec 0x2841d64c 0x2841d6cc'
```

```
>>> id(john) < id(jane) < id(mike) < id(suze)
True
```

Nochmal zu id:

```
id(...)
    id(object) -> integer

    Return the identity of an object.  This is guaranteed to be unique among
    simultaneously existing objects.  (Hint: it's the object's memory address.)
```

Mit anderen Worten, der Vergleichsoperator < glaubt, dass ein Employee kleiner ist als ein anderer Employee, wenn die Adresse der einen Employee-Instanz kleiner ist als die Adresse der anderen Employee-Instanz!

Wie kriegt man also eine sinnvollere Sortierung hin? Indem man das Verhalten des <-Operators verändert, natürlich! Aber wie geht das? Nun, durch das Überschreiben des __cmp__-Hooks von Employee!

Wir verändern unsere Klasse also wie folgt:

```
class Employee(object):
    "The classic employee"

    def __init__(self, lastname, middlename, firstname):
        self.lastname = lastname
        self.middlename = middlename
        self.firstname = firstname

    def __repr__(self):
        return '<Employee "%s %s. %s">' % (self.firstname,
                                           self.middlename,
                                           self.lastname)

    def __cmp__(self, other):
        if self.lastname < other.lastname: return -1
        elif self.lastname > other.lastname: return 1
        elif self.firstname < other.firstname: return -1
        elif self.firstname > other.firstname: return 1
        else: return 0 # We don't care about middlenames
```

Die Funktion cmp bzw. der Hook __cmp__ soll -1 liefern, wenn das erste Element kleiner als das zweite sein soll, +1, wenn es größer sein soll und 0, wenn beide als gleich anzusehen sind.

Instanziieren wir erneut unsere vier Angestellten und weisen sie noch mal `devel` zu, in derselben Reihenfolge wie zuvor:

```
>>> john = Employee('Doe', 'M', 'John')
>>> jane = Employee('Doe', 'S', 'Jane')
>>> mike = Employee('Ambrosius', 'T', 'Michael')
>>> suze = Employee('Randell', 'K', 'Suzanne')

>>> devel = [jane, suze, mike, john]

>>> devel
[<Employee "Jane S. Doe">, <Employee "Suzanne K. Randell">,
<Employee "Michael T. Ambrosius">, <Employee "John M. Doe">]
```

Und nun sortieren wir die Liste `devel` erneut:

```
>>> devel.sort()

>>> devel
[<Employee "Michael T. Ambrosius">, <Employee "Jane S. Doe">,
<Employee "John M. Doe">, <Employee "Suzanne K. Randell">]
```

Das sieht schon viel besser aus! Nicht nur die Namen sind richtig sortiert, auch die Vornamen bei den beiden Does sind in der richtigen alphabetischen Reihenfolge.

Man merke sich also: Beim Sortieren von Listen mit Hilfe der `sort`-Methode sollte `<` sinnvolle Ergebnisse liefern. Wenn es nicht schon der Fall ist, erreicht man dies durch Überladen des `__cmp__`-Hooks der zu sortierenden Klasse.

6.5.4 List comprehensions

Oft möchte man aus einer Liste (oder allgemeiner aus einer Sequenz) bestimmte Elemente herauspicken, die ein Kriterium erfüllen. Oder man möchte eine Liste in eine andere Liste transformieren. Es kommt auch vor, dass man beide Operationen, das Filtern und das Transformieren kombinieren möchte.

All dies könnte man mit den built-in-Funktionen `filter` und `map` erledigen. Angenommen, wir wollen aus der Liste `[1, 2, 3, 4, 5]`

- jedes Element mit 11 multiplizieren,
- nur die geraden Elemente herausgreifen,
- nur die Elemente mit 11 multiplizieren (und herausgreifen), die gerade sind:

```
>>> L1 = [ 1, 2, 3, 4, 5 ]

>>> map(lambda x: x*11, L1)
[11, 22, 33, 44, 55]
```

```
>>> filter(lambda x: x % 2 == 0, L1)
[2, 4]
```

```
>>> map(lambda x: x*11, filter(lambda x: x % 2 == 0, L1))
[22, 44]
```

Statt der Funktionen map und filter kann man *list comprehensions* einsetzen:

```
>>> [elem*11 for elem in L1]
[11, 22, 33, 44, 55]
```

```
>>> [elem for elem in L1 if elem % 2 == 0]
[2, 4]
```

```
>>> [elem*11 for elem in L1 if elem % 2 == 0]
[22, 44]
```

List comprehensions haben folgende allgemeine Form

```
[ expr(elem) for elem in iterable if pred(elem) ]
```

wobei expr(elem) ein beliebiger Ausdruck ist, der von elem abhängt, iterable eine beliebige Sequenz ist (z.B. eine Liste) und pred(elem) ein Prädikat (d.h. eine Funktion, die True oder False liefert) ist, das von elem abhängt.

Dabei kann if pred(elem) entfallen, wenn man nur transformieren, aber nicht filtern möchte, und statt expr(elem) kann auch einfach elem stehen, wenn man nicht transformieren will, etwa wenn es nur ums reine Filtern geht.

Die Laufvariable muss natürlich nicht unbedingt elem heißen!

List comprehensions sind sehr beliebt und werden häufig in Python-Programmen eingesetzt. Jedes Mal, wenn Sie kurz davor sind, eine for-Schleife zu schreiben, halten Sie doch mal kurz inne und überlegen Sie, ob sich diese Schleife nicht doch lieber als *list comprehension* formulieren lässt!

Last but not least kann man *list comprehensions* auch schachteln. Beachten Sie den folgenden Unterschied:

```
>>> E3 = [ [1, 0, 0], [0, 1, 0], [0, 0, 1] ]
```

```
>>> [ E3[row][col] for row in range(len(E3)) for col in range(len(E3[0])) ]
[1, 0, 0, 0, 1, 0, 0, 0, 1]
```

```
>>> [[-E3[row][col] for col in range(len(E3[row]))] for row in range(len(E3))]
[[-1, 0, 0], [0, -1, 0], [0, 0, -1]]
```

6.5.5 Das DSU-Idiom

Erinnern Sie sich an das case-insensitive-Sortieren einer Liste?

```
>>> L = 'The Quick Brown Fox Jumped over the Lazy Fox'.split()
```

```
>>> L1 = L[:]
```

```
>>> L1.sort(cmp=lambda x,y: cmp(x.lower(), y.lower()))
```

```
>>> L1
['Brown', 'Fox', 'Fox', 'Jumped', 'Lazy', 'over', 'Quick', 'The', 'the']
```

Das Problem hier ist, dass die cmp-Funktion O(n log n) mal aufgerufen wird, und somit wird auch str.lower häufiger aufgerufen, als es eigentlich nötig wäre. Bei großen Listen kann sich das durchaus auf die Performance auswirken.

Wäre es nicht schöner, wenn man für jedes Listenelement word den Ausdruck word.lower() nur einmal berechnen müsste, und anschließend die Liste *danach* sortieren könnte?

```
>>> L2 = [ word.lower() for word in L]
```

```
>>> L2.sort()
```

```
>>> L2
['brown', 'fox', 'fox', 'jumped', 'lazy', 'over', 'quick', 'the', 'the']
```

Nun wurde zwar str.lower nur O(n) mal aufgerufen, aber dummerweise sind die ursprünglichen Wörter weg. Das war nicht, was wir wollten.

Wie wär's aber damit?

```
>>> L3_deco = [ (word.lower(), word) for word in L ]
```

```
>>> L3_deco.sort()
```

```
>>> L3 = [ tup[1] for tup in L3_deco ]
```

```
>>> L3
['Brown', 'Dog', 'Fox', 'Jumped', 'Lazy', 'over', 'Quick', 'The', 'the']
```

Was ist hier geschehen?

Wir haben erst die Liste von Wörtern L dekoriert, d.h. in eine Liste von Tupeln (word.lower(), word) konvertiert. L3_deco sieht zunächst so aus:

```
[('the', 'The'), ('quick', 'Quick'), ('brown', 'Brown'), ('fox', 'Fox'),
('jumped', 'Jumped'), ('over', 'over'), ('the', 'the'), ('lazy', 'Lazy'),
('fox', 'Fox')]
```

Diese Liste von Tupeln haben wir dann tupelweise sortiert. Da beim Vergleich zweier Tupel zunächst die 0-ten Komponenten verglichen werden und erst bei Gleichheit die 1. Komponenten usw., werden die Tupel also nach der Kleinschreibung sortiert. Nach dem L3_deco.sort() Aufruf sieht L3_deco wie folgt aus:

```
[('brown', 'Brown'), ('fox', 'Fox'), ('fox', 'Fox'), ('jumped', 'Jumped'),
('lazy', 'Lazy'), ('over', 'over'), ('quick', 'Quick'), ('the', 'The'),
('the', 'the')]
```

Nun müssen wir nur noch die Liste *undekorieren*, indem wir aus jedem Tupel nur noch die Komponente herausziehen, die uns von Anfang an interessierte:

```
>>> L3 = [ tup[1] for tup in L3_deco ]
>>> L3
['Brown', 'Fox', 'Fox', 'Jumped', 'Lazy', 'over', 'Quick', 'The', 'the']
```

Diese Vorgehensweise wird als das *decorate - sort - undecorate* (kurz: DSU)-Idiom bezeichnet. Sie ist identisch mit der aus Perl bekannten Schwarzschen Transformation.

6.5.6 Stabiles Sortieren

Erinnern Sie sich an die (verbesserte) Klasse Employee weiter oben? Dort haben wir __cmp__ so definiert, dass zwar der Nachname und der Vorname eine Rolle spielen, haben aber das mittlere Initial außer Acht gelassen. Zur Erinnerung hier noch mal die Employee-Klasse:

```python
class Employee(object):
    "The classic employee"

    def __init__(self, lastname, middlename, firstname):
        self.lastname = lastname
        self.middlename = middlename
        self.firstname = firstname

    def __repr__(self):
        return '<Employee "%s %s. %s">' % (self.firstname,
                                           self.middlename,
                                           self.lastname)
```

```
def __cmp__(self, other):
    if self.lastname < other.lastname: return -1
    elif self.lastname > other.lastname: return 1
    elif self.firstname < other.firstname: return -1
    elif self.firstname > other.firstname: return 1
    else: return 0 # We don't care about middlenames
```

Mit anderen Worten, zwei Employees mit identischen Nachnamen und Vornamen sollen auch dann als gleich gelten, wenn ihre mittleren Initialen unterschiedlich sind. Hier ist ein künstliches Beispiel:

```
>>> p11 = Employee('Rossum', 'van', 'Guido')

>>> p2y = Employee('L.', 'Y', 'P.')
>>> p2h = Employee('L.', 'H', 'P.')
>>> p2o = Employee('L.', 'O', 'P.')
>>> p2t = Employee('L.', 'T', 'P.')
>>> p2p = Employee('L.', 'P', 'P.')
>>> p2n = Employee('L.', 'N', 'P.')

>>> progr = [ p11, p2p, p2y, p2t, p2h, p2o, p2n ]

>>> progr
[<Employee "Guido van. Rossum">, <Employee "P. P. L.">, <Employee "P. Y. L.">,
<Employee "P. T. L.">, <Employee "P. H. L.">, <Employee "P. O. L.">,
<Employee "P. N. L.">]
```

Achten Sie hier auf die Reihenfolge der p2X-Elemente in der Liste progr:

```
>>> [ e.middlename for e in progr ]
['van', 'P', 'Y', 'T', 'H', 'O', 'N']
```

Nun sortieren wir progr mit Hilfe von sort und der modifizierten cmp-Funktion:

```
>>> progr.sort()

>>> progr
[<Employee "P. P. L.">, <Employee "P. Y. L.">, <Employee "P. T. L.">,
<Employee "P. H. L.">, <Employee "P. O. L.">, <Employee "P. N. L.">,
<Employee "Guido van. Rossum">]
```

Das sieht auf den ersten Blick nicht besonders spannend aus: wir haben nämlich genau das erreicht, was wir wollten: Rossum kommt nach L., also erscheint es am Ende der Liste. Doch die p2X-Elemente waren ja alle gleich im Sinne des __cmp__-Hooks:

```
>>> p2p == p2y == p2t == p2h == p2o == p2n
True
```

Würde sort intern den beliebten Quicksort-Algorithmus benutzen (typischerweise die Funktion qsort() der C-Standard-Bibliothek), dann müsste die Reihenfolge als gleich angesehener Elemente nicht unbedingt erhalten werden. Mit anderen Worten: sort könnte theoretisch nach Belieben die Reihenfolge der p2X-Elemente untereinander während des Sortierens durcheinanderbringen. Aber wenn wir unsere *list comprehension* erneut ansetzen, kommt was Überraschendes heraus:

```
>>> [ e.middlename for e in progr ]
['P', 'Y', 'T', 'H', 'O', 'N', 'van']
```

van ist hier am Ende, weil Rossum der letzte Nachname in der sortierten prog-Liste war. So weit, so klar. Aber wir erkennen, dass die Reihenfolge der mittleren Initialen gegenüber vorher erhalten blieb!

Ist es ein Zufall? Könnte es an den Adressen der p2X-Objekte liegen? Wohl kaum: Wir haben diese Objekte absichtlich in einer willkürlichen Reihenfolge angelegt, also sind die Adressen entsprechend. Hier sind sie, wenn Sie sich selbst davon überzeugen möchten:

```
>>> [ (id(e), e.middlename) for e in progr ]
[(676106604, 'P'), (676076748, 'Y'), (676106476, 'T'), (676077516, 'H'),
(676106348, 'O'), (676106732, 'N'), (676077292, 'van')]
```

Tatsächlich erhält die sort-Methode die ursprüngliche Reihenfolge von Elementen, die als gleich gelten! Diese Eigenschaft ist für einen Sortieralgorithmus etwas ganz Besonderes. Sie ist so besonders, dass man dafür sogar einen Namen hat: Man nennt einen Sortieralgorithmus, der die Reihenfolge gleicher Elemente beim Sortieren aufrecht erhält, einen *stabilen Sortieralgorithmus*.

Python garantiert, dass die sort-Methode für Listen einen stabilen Sortieralgorithmus verwendet.

6.6   Zusammenfassung

- list ist ein Container-Datentyp, der in etwa dem C++ STL-Typ std::vector<T> entspricht; mit dem Unterschied, dass er Python-Objekte unterschiedlichsten Typs gleichzeitig enthalten kann (er ist polymorph und nicht homogen).
- Listen sind, anders als Strings, mutable Datenstrukturen: Man kann gezielt einzelne oder mehrere Elemente einer Liste durch andere Elemente ersetzen.
- Auf Listenelemente greift man mit der Index-Notation lst[idx] zu. Dabei ist das erste Element an der Position 0 und nicht 1. Das letzte Element einer Liste lst ist lst[-1], das vorletzte lst[-2] usw.

▪ Mit der Slice-Notation kann man Teillisten aus einer Liste erhalten. Die Syntax lautet `lst[begin:end]` bzw. `lst[begin:end:step]`. Dabei ist `begin` der Index des ersten Elements des Slices, und `end` ist der Index des letzten Elements des Slices +1! `step` gibt die Schrittweite an. Man kann `begin`, `end` und `step` weglassen: Sie haben sinnvolle Default-Werte. Durch Zuweisung von Slices an Slices kann man die Liste erweitern oder verkleinern.

▪ `list` bietet folgende Memberfunktionen an: `append`, `count`, `extend`, `index`, `insert`, `pop`, `remove`, `reverse`, `sort`.

▪ Zusätzlich können folgende built-in-Funktionen Listen als Argumente akzeptieren: `len`, `sorted`, `reversed`, `enumerate`, `range`, `xrange`, `min`, `max`, `reduce`, `map`, `filter`, `all`, `any` und `zip`.

▪ Man kann über Listen mit einer gewöhnlichen `for`-Schleife iterieren: `for elem in alist:` .... Dabei können die von den Builtins `reversed` und `enumerate` gelieferten Iteratoren sich als nützlich erweisen. Wichtig ist dann, die Liste, über die iteriert wird, nicht während der Iteration zu verändern.

▪ Durch `L2 = L1` wird keine Liste kopiert, sondern bloß der Pointer, der in `L1` auf das Listenobjekt zeigte, in `L2` kopiert (`L2` und `L1` bezeichnen dann dieselbe Liste). Eine *shallow copy*, wo nur die top-level-Elemente kopiert werden, bekommt man mit `L3 = L1[:]`. In manchen Fällen ist es erforderlich, eine *deep copy* zu erstellen, um wirklich getrennte Strukturen zu erhalten: `L4 = copy.deepcopy(L1)`.

▪ Listen kann man *in place* mit dem *stabilen Sortieralgorithmus* der `sort`-Methode sortieren: `lst.sort()` (`sorted(lst)` liefert hingegen eine sortierte `lst` zurück, ohne `lst` zu verändern). An `sort` kann man eine eigene Vergleichsfunktion als `cmp`-Schlüsselargument übergeben.

▪ Beim Sortieren von Listen, die beliebige Objekte enthalten (z.B. Instanzen unserer eigenen Klasse) ist darauf zu achten, dass diese Objekte ein sinnvolles Verhalten des <-Operators aufweisen. Das kann man erreichen durch Überschreiben des `__cmp__`-Hooks der jeweiligen Klasse. `cmp` muss dabei -1, 0 oder 1 zurückgeben, je nachdem, ob das erste Element kleiner, gleich oder größer als das zweite Element sein soll.

▪ Wir haben das DSU-Idiom kennengelernt.

▪ Werden beim Sortieren zwei Elemente als gleich angesehen, bleibt ihre ursprüngliche Reihenfolge erhalten. Das nennt man *stabiles Sortieren*, und es ist ein Feature der `sort`-Methode von Listen.

▪ Mit *list comprehensions*, dessen allgemeine Syntax `[expr(elem) for elem in iterable if pred(elem)]` lautet, kann man bequem in einem Einzeiler Listen sowohl verändern (à la `map`) als auch filtern (à la `filter`). Pythonistas ziehen *list comprehensions* expliziten Schleifen i.d.R. vor, da dies für besonders lesbare Programme sorgt.

Im nächsten Kapitel werden wir `dict`, die zweite wichtige Datenstruktur von Python, kennenlernen.

7 Dictionarys

In Kapitel 6, *Listen*, haben wir den `list`-Datentyp kennengelernt. Sein wesentliches Merkmal ist, dass man verschiedene Python-Objekte in einer bestimmten Reihenfolge abspeichern und nach einem numerischen Index abfragen kann: `lst[i]`.

Der Index-basierte Zugriff ist aber nicht die einzige Möglichkeit, um Elemente in einem Container zu organisieren. Der Datentyp `dict`, den wir in diesem Kapitel ausführlich vorstellen werden, implementiert *assoziative Arrays*, auch *Dictionarys* genannt. Ein solches Array unterschiedet sich vom normalen Array (wie es vom Datentyp `list` implementiert ist) durch zwei Merkmale:

- Der Index muss nicht mehr nur `int`-Zahlen sein, sondern kann aus beliebigen *unveränderlichen* Python-Objekten bestehen (sofern diese eine __hash__-Methode besitzen); typischerweise werden es Strings sein, es können aber auch Objekte anderer Datentypen sein.
- Die Reihenfolge der Einträge bleibt aufgrund des internen Hashing-Algorithmus *nicht* erhalten.

Der (nicht notwendigerweise numerische) Index, unter dem ein Objekt abgelegt wird, heißt *Schlüssel* (`key`), und das eigentliche Objekt heißt *Wert* (`value`). Mit dieser Terminologie kann man sagen, dass ein Dictionary aus einer *ungeordneten* Sammlung von Schlüssel/Wert-Paaren besteht und dass man auf einzelne Werte zugreifen kann, indem man ihre Schlüssel angibt.

In diesem Kapitel gehen wir ausführlich auf Dictionarys sein: es ist eine zentrale Datenstruktur von Python. Am Ende des Kapitels betrachten wir auch kurz das Thema Iteratoren und Generatoren, um das, was die `iter*()`-Methoden zurückgeben, besser zu verstehen.

7.1 Dictionary-Literale

Ein Dictionary kann in Form eines Literals im Programm angegeben werden. Dies geschieht dadurch, dass man in geschweiften Klammern durch Kommata getrennt die einzelnen Schlüssel/Wert-Paare angibt. Dabei trennt man den Schlüssel vom Wert durch einen Doppelpunkt.

Die allgemeine Syntax für Dictionary-Literale lautet daher:

```
aDict = { key1: value1, key2: value2, ... }
```

wobei die Schlüssel `key1`, `key2` ... alle immutable Python-Objekte mit einer `__hash__`-Methode sein müssen. Die Werte können dafür beliebige Objekte sein, inklusive Listen und Dictionarys. `value1` ist hier der zum Schlüssel `key1` zugeordnete Wert etc.

Schauen wir uns erst ein paar Beispiele an!

Das einfachste Dictionary ist das leere Dictionary:

```
>>> emptydict = {}
```

```
>>> emptydict
{}
```

```
>>> type(emptydict)
<type 'dict'>
```

Als Schlüssel verwendet man oft Strings. Ein typisches Beispiel ist ein Telefonbuch:

```
>>> phones = { 'john doe': '555-1111', 'jane doe': '555-2222' }
```

```
>>> phones
{'jane doe': '555-2222', 'john doe': '555-1111'}
```

Haben Sie gemerkt, dass die Reihenfolge der Schlüssel/Wert-Paare sich geändert hat? Wir haben ja bereits erwähnt, dass diese *nicht* erhalten bleibt. Es ist wichtig, sich dies zu merken!

Während wir bei `phones` Strings auf Strings abgebildet haben, bilden wir im folgenden Beispiel Strings auf `int`-Zahlen ab. Das ist möglich, weil die Werte eines jeden Schlüssel/Wert-Paares beliebige Objekte sein können. Um also etwa die fünf ersten römischen Ziffern zu `int`-Zahlen abzubilden, könnten wir folgendes Dictionary definieren:

```
>>> r2a = { 'I': 1, 'II': 2, 'III': 3, 'IV': 4, 'V': 5 }
```

```
>>> r2a
{'I': 1, 'II': 2, 'V': 5, 'III': 3, 'IV': 4}
```

Auch hier bleibt die Reihenfolge der Schlüssel/Wert-Paare nicht unbedingt erhalten.

Selbstverständlich müssen Schlüssel nicht unbedingt Strings sein! Solange der Schlüsseltyp immutabel und hashbar ist, kann man ihn für die Schlüssel verwenden. Ein gutes Beispiel sind `int`-Schlüssel. Normalerweise würde man `int`-indizierte Werte einfach in einer `list`-Liste speichern, aber wenn diese Schlüssel dünn besetzt sind (*sparse*), könnte man viel Speicherplatz verlieren. Besser wäre es in dem Fall, ein Dictionary zu wählen:

```
>>> a2r = { 1: 'I', 10: 'X', 100: 'C', 1000: 'M' }
```

```
>>> a2r
{1000: 'M', 1: 'I', 10: 'X', 100: 'C'}
```

Ein weiterer gültiger Datentyp für die Schlüssel ist das Tupel (tuple), das unveränderlich ist und einen Hash-Wert besitzt. Das folgende, etwas künstliche Bespiel zeigt, wie man Tupel auf Strings abbildet:

```
>>> bazdict = { (1, 'one'): 'uno', (2, 'two'): 'due', (3, 'three'): 'tres' }
```

```
>>> bazdict
{(2, 'two'): 'due', (3, 'three'): 'tres', (1, 'one'): 'uno'}
```

Dass man komplexe Datenstrukturen mit Dictionarys bilden kann, liegt unter anderem daran, dass die Werte eines jeden Schlüssel/Wert-Paares beliebige Objekte sein können, insbesondere auch Container. Das folgende Beispiel zeigt, wie man Strings zu einer Liste, einem Tupel und einem Hash abbilden kann. Beachten Sie dabei, dass, wie bei Listen, der Datentyp von Werten innerhalb desselben Dictionary nicht homogen bleiben muss!

```
>>> dofX = { 'one': [ 1, 'I'], 'two': (2, 'II'), 'three': { 3: 'III' } }
```

```
>>> dofX
{'three': {3: 'III'}, 'two': (2, 'II'), 'one': [1, 'I']}
```

Und selbstverständlich müssen die Schlüssel auch nicht homogen sein! Das folgende Dictionary bildet int-, tuple-, str- und unicode-Schlüssel auf Strings ab, welche den Datentyp des Schlüssels enthalten:

```
>>> tDict = { 3: 'int', (2, 'II'): 'tuple', 'hi': 'str', u'low': 'unicode' }
```

```
>>> tDict
{(2, 'II'): 'tuple', 'hi': 'str', 3: 'int', u'low': 'unicode'}
```

Nicht erlaubt sind Datentypen als Schlüssel (egal, ob mutabel oder nicht), die nicht hashbar sind (d.h. die keine __hash__-Methode definiert haben). Beispielsweise ist eine Liste nicht hashbar. Somit kommt sie nicht als Schlüssel in Frage.

```
>>> notallowed = { [1, 2]: 'one and two', []: 'empty list' }
Traceback (most recent call last):
  File "<stdin>", line 1, in <module>
TypeError: list objects are unhashable
```

Während Listen nicht hashbar sind, besitzen Tupel und Strings sehr wohl eine __hash__-Methode, die von der Hash-Funktion hash aufgerufen wird, um den Hash-Wert zu ermitteln. Darum kann man Strings und Tupel als Schlüssel verwenden:

```
>>> hash('hello')
-1267296259
```

```
>>> hash((2, 'II'))
194556673
```

```
>>> hash([1, 2])
Traceback (most recent call last):
  File "<stdin>", line 1, in <module>
TypeError: list objects are unhashable
```

7.2 Dictionarys abfragen und verändern

Ist D ein Dictionary und key ein Schlüssel, dann bezeichnet D[key] den zu key zugeordneten Wert. Gibt es diesen Schlüssel nicht in D, wird D[key] eine KeyError-Ausnahme auslösen.

Mit den Dictionary-Literalen des vorigen Abschnitts sieht der Zugriff so aus:

```
>>> phones
{'jane doe': '555-2222', 'john doe': '555-1111'}
```

```
>>> phones['john doe']
'555-1111'
```

```
>>> phones['jane doe']
'555-2222'
```

Wie man sieht, erhält man den zum Schlüssel-String gehörigen Wert! Der Schlüssel kann selbstverständlich auch in einer Variablen enthalten sein:

```
>>> aname = 'john doe'
```

```
>>> phones[aname]
'555-1111'
```

Da es kein Schlüssel/Wert-Paar zum Schlüssel 'sally doe' gibt, wird hier eine KeyError-Ausnahme ausgelöst:

```
>>> phones['sally doe']
Traceback (most recent call last):
  File "<stdin>", line 1, in <module>
KeyError: 'sally doe'
```

Zum Abfangen dieser Ausnahme kommen wir in Kürze. Doch schauen wir uns noch ein paar weitere Beispiele an:

```
>>> r2a
{'I': 1, 'II': 2, 'V': 5, 'III': 3, 'IV': 4}
>>> r2a['V']
5

>>> a2r
{1000: 'M', 1: 'I', 10: 'X', 100: 'C'}
>>> a2r[100]
'C'

>>> bazdict
{(2, 'two'): 'due', (3, 'three'): 'tres', (1, 'one'): 'uno'}
>>> bazdict[(3, 'three')]
'tres'

>>> dofX
{'three': {3: 'III'}, 'two': (2, 'II'), 'one': [1, 'I']}
>>> dofX['one']
[1, 'I']

>>> tDict
{(2, 'II'): 'tuple', 'hi': 'str', 3: 'int', u'low': 'unicode'}
>>> tDict[u'low']
'unicode'
```

Wir erkennen, dass man als Schlüssel nicht nur Strings, sondern auch int-, tuple- und unicode-Objekte angeben kann. Generell kann man jedes Objekt angeben, das hashbar ist, d.h. auf das man die hash-Funktion aufrufen kann (siehe oben).

Außerdem erkennen wir, dass als Werte nicht nur Strings, sondern alles Mögliche zurückgegeben werden kann, z.B. int, list, etc. Man kann also auch verschachtelte Ausdrücke schreiben:

```
>>> dofX
{'three': {3: 'III'}, 'two': (2, 'II'), 'one': [1, 'I']}

>>> dofX['one']
[1, 'I']
```

```
>>> dofX['one'][1]
'I'

>>> dofX['two'][0]
2

>>> dofX['three'][3]
'III'
```

Somit lassen sich recht komplexe Datenstrukturen aufbauen, z.B. Dictionarys von Listen, Dictionarys von Dictionarys oder Listen von Dictionarys. Ein kleines künstliches Beispiel wäre eine Liste von Telefonbüchern:

```
>>> phonebooks = [ { 'john': '111-2222', 'jane': '555-3333' },
...                { 'mitch': '323-1212', 'sue': '555-9999' },
...                { 'uli': '312-4342', 'julia': '666-7979' } ]

>>> phonebooks[0]['john']
'111-2222'

>>> phonebooks[1]['sue']
'555-9999'
```

Oder ein Telefonbuch, bei dem jeder Teilnehmer mehrere Telefonnummern haben könnte:

```
>>> multiphones = { 'john': ['555-1111', '555-1112', '555-1113'],
...                 'jane': ['555-2111', '555-2112'],
...                 'suze': ['555-3111'],
...                 'mole': [] }

>>> multiphones['jane']
['555-2111', '555-2112']

>>> multiphones['jane'][0]
'555-2111'
```

Eine typische Anwendung für ein Dictionary von Dictionarys wäre ein LDAP-ähnliches Directory von Personen:

```
>>> compdir = { 'john': { 'name': 'John Doe', 'phone': '555-1212' },
...             'jane': { 'name': 'Jane Doe', 'email': 'jane@example.com' },
...             'sue' : { 'name': 'Sue Meincourt' } }
```

```
>>> compdir['john']['name']
'John Doe'
```

```
>>> compdir['jane']['email']
'jane@example.com'
```

Im folgenden Unterabschnitt lernen mit mit get eine weitere Methode kennen, um ein Dictionary abzufragen.

7.2.1 Was tun bei nicht-existierenden Einträgen?

Kehren wir zurück zu den KeyError-Ausnahmen, die ausgelöst werden, wenn wir nach nicht-existierenden Schlüsseln fragen:

```
>>> phones
{'jane doe': '555-2222', 'john doe': '555-1111'}
```

```
>>> phones['not there']
Traceback (most recent call last):
  File "<stdin>", line 1, in <module>
KeyError: 'not there'
```

Wie kann man programmatisch mit fehlenden Schlüsseln umgehen? Im Wesentlichen bieten sich drei verschiedene Vorgehensweisen an:

- EAFP (Easier to Ask Forgiveness than Permission)
- LBYL (Look Before You Leap)
- Die get-Methode von dict, mit oder ohne Default-Wert

Bei EAFP wird einfach der Wert abgefragt, ohne vorher nachzuprüfen, ob der Schlüssel im Dictionary enthalten war. Bekommen wir deswegen eine KeyError-Ausnahme, fangen wir diese einfach ab und wissen dann Bescheid:

```
# Querying dictionaries, EAFP-style.
try:
    the_phone_number = phones['john doe']
    print "John Doe's phone number: ", the_phone_number
except KeyError:
    print "John Doe's phone number: N/A"
```

Ganz anders bei LBYL: Hier fragen wir erst das Dictionary, ob es den Schlüssel enthält, bevor wir den dazu passenden Wert abfragen. Dazu benutzen wir das Schlüsselwort in:

```
# Querying dictionaries, LBYL-style.
if 'john doe' in phones:
```

```
    the_phone_number = phones['john doe']
    print "John Doe's phone number: ", the_phone_number
else:
    print "John Doe's phone number: N/A"
```

Anstatt von `key in dict` hätte man auch `dict.has_key(key)` schreiben können.

Viel eleganter ist aber die `get`-Methode:

```
# Querying dictionaries with the dict.get method:
the_phone_number = phones.get('john doe', 'N/A')

print "John Doe's phone number: ", the_phone_number
```

Dank der `get`-Methode kann man nicht nur Ausnahmen vermeiden, man gibt auch gleich einen Wert an, der anstelle des fehlenden Wertes zurückzugeben ist:

```
>>> phones.get('john doe', 'not available')
'555-1111'

>>> phones.get('not there', 'not available')
'not available'
```

Fehlt der zweite Wert beim Aufruf von `get`, wird `None` angenommen:

```
>>> print phones.get('john doe')
555-1111

>>> print phones.get('not there')
None
```

Die Synopsis von `get` erhält man z.B. mit `help(phones.get)` von der Python-Shell aus:

```
get(...)
    D.get(k[,d]) -> D[k] if k in D, else d.  d defaults to None.
```

7.2.2   Wie verändert man Dictionarys?

Dictionarys sind, wie Listen, mutable Datenstrukturen. D.h. man kann:

- Schlüssel/Wert-Paare hinzufügen,
- Schlüssel/Wert-Paare entfernen,
- den zugehörigen Wert eines existierenden Schlüssels durch Zuweisung verändern und
- den zugehörigen Wert eines existierenden Schlüssels durch Mutation verändern (soweit dieser Wert mutabel ist).
- Bulk-Änderungen vornehmen, z.B. das Dictionary d komplett leeren mit `d.clear()` oder ergänzen / aktualisieren mit `d.update(newdict)`.

Um Schlüssel/Wert-Paare hinzuzufügen, nutzen wir eine einfache Zuweisung:

```
>>> phones
{'jane doe': '555-2222', 'john doe': '555-1111'}

>>> phones['new user'] = '555-9999'

>>> phones
{'jane doe': '555-2222', 'new user': '555-9999', 'john doe': '555-1111'}
```

Und um einen Eintrag zu entfernen, ruft man einfach del auf, unter Angabe des Schlüssels. Soll z.B. das Schlüssel/Wert-Paar des Schlüssels jane doe aus phones entfernt werden:

```
>>> del phones['jane doe']

>>> 'jane doe' in phones
False

>>> phones
{'new user': '555-9999', 'john doe': '555-1111'}
```

Was nicht da ist, kann auch nicht entfernt werden:

```
>>> del phones['non existent']
Traceback (most recent call last):
  File "<stdin>", line 1, in <module>
KeyError: 'non existent'
```

Möchte man den zu john doe gehörigen Wert verändern, weist man diesen ebenfalls einfach zu:

```
>>> phones['john doe'] = '555-1212'

>>> phones['john doe']
'555-1212'

>>> phones
{'new user': '555-9999', 'john doe': '555-1212'}
```

Damit wird john doe einfach ein gänzlich neuer Wert zugewiesen.

Sind die Werte selbst mutabel (d.h. veränderbar), kann man sie verändern, ohne dass das Haupt-Dictionary dies merken muss! Schauen wir uns folgendes Beispiel an:

```
>>> multiphones
{'jane': ['555-2111', '555-2112'], 'john': ['555-1111', '555-1112', '555-1113'],
'mole': [], 'suze': ['555-3111']}
```

```
>>> multiphones['suze'].append('555-4444')
```

```
>>> multiphones
{'jane': ['555-2111', '555-2112'], 'john': ['555-1111', '555-1112', '555-1113'],
'mole': [], 'suze': ['555-3111', '555-4444']}
```

Wir haben hier die append-Methode benutzt, um die Liste der Telefonnummern von suze zu erweitern. Es geht ja, weil list-Objekte mutabel sind.

Ein weiteres Beispiel? Bitteschön:

```
>>> compdir
{'jane': {'name': 'Jane Doe', 'email': 'jane@example.com'},
'sue': {'name': 'Sue Meincourt'},
'john': {'phone': '555-1212', 'name': 'John Doe'}}
```

Dies ist das Dictionary von Dictionarys aus dem vorigen Abschnitt. Daraus extrahieren wir den Wert von john und speichern ihn temporär in eine Variable john_entry:

```
>>> john_entry = compdir['john']
```

```
>>> john_entry
{'phone': '555-1212', 'name': 'John Doe'}
```

Dieser Wert ist selbst ein Dictionary und ist somit mutabel. Fügen wir z.B. die E-Mail-Adresse von john diesem Dictionary zu:

```
>>> john_entry['email'] = 'john@example.com'
```

```
>>> john_entry
{'phone': '555-1212', 'name': 'John Doe', 'email': 'john@example.com'}
```

Beachten Sie dabei, dass wir compdir nicht angegeben haben! Doch Überraschung, compdir ist trotzdem jetzt anders: Es enthält nun die E-Mail-Adresse von john:

```
>>> compdir
{'jane': {'name': 'Jane Doe', 'email': 'jane@example.com'},
'sue': {'name': 'Sue Meincourt'},
'john': {'phone': '555-1212', 'name': 'John Doe', 'email': 'john@example.com'}}
```

Um das zu verstehen, muss man wieder wissen, dass ein Dictionary in Wirklichkeit nicht die Objekte selbst enthält, sondern lediglich Pointer darauf speichert. Die Variable john_entry erhielt einfach eine Kopie des Pointers auf das john-Subdictionary und konnte ihn so verändern:

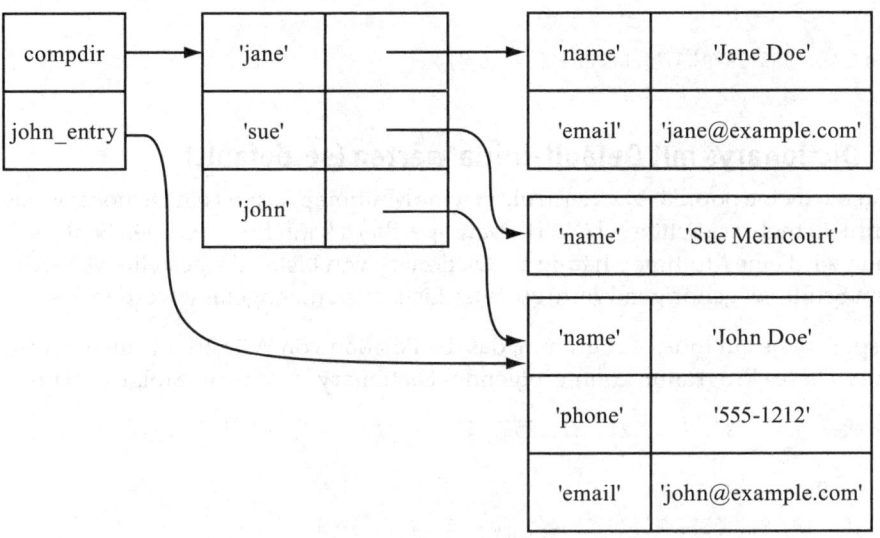

Es versteht sich von selbst, dass man einen Umweg über eine Variable nicht benötigt, um diesen Effekt zu bewerkstelligen! Verändern wir die E-Mail-Adresse von jane von jane@example.com nach jdoe@example.com:

```
>>> compdir['jane']['email'] = 'jdoe@example.com'
```

```
>>> compdir
{'jane': {'name': 'Jane Doe', 'email': 'jdoe@example.com'},
 'sue': {'name': 'Sue Meincourt'},
 'john': {'phone': '555-1212', 'name': 'John Doe', 'email': 'john@example.com'}}
```

Eine etwas seltenere Veränderung von Dictionarys betrifft Schlüssel: Möchten wir statt des Wertes den Schlüssel eines Paares verändern (etwa oldkey:value durch newkey:value ersetzen), müssen wir erst das alte Paar mit del D[oldkey] löschen und anschließend das neue Paar mit D[newkey] = value hinzufügen. Das liegt daran, dass die Schlüssel eines Dictionarys stets unveränderlich sind.

Angenommen, wir wollen new user durch jane doe ersetzen:

```
>>> phones
{'new user': '555-9999', 'john doe': '555-1212'}
```

```
>>> oldval = phones['new user']
```

```
>>> del phones['new user']
```

```
>>> phones['jane doe'] = oldval
```

```
>>> phones
{'jane doe': '555-9999', 'john doe': '555-1212'}
```

7.2.3 Dictionarys mit Default-Initialwerten (setdefault)

Betrachten wir eine populäre Datenstruktur: eine Multimap. Das ist ein Dictionary, das (konzeptuell) mehrere Schlüssel/Wert-Paare speichern kann für denselben Schlüssel. In Python wird eine Multimap häufig als Dictionary von Listen dargestellt, wobei die zu einem Schlüssel gehörigen Werte zu einer Liste zusammengefasst werden.

Als Beispiel diene ein Index-Programm, das die Position von Wörtern in einem String berechnet. Dieses Programm könnte folgendes Dictionary theIndex wie folgt aufbauen:

```
>>> theIndex = { 'is': [15, 27, 81, 256, 437], 'the': [0, 31, 127, 321] }
```

```
>>> theIndex
{'is': [15, 27, 81, 256, 437], 'the': [0, 31, 127, 321]}
```

Wenn jetzt ein neues Wort aWord auftaucht, das bisher nicht in theIndex enthalten war, kann man nicht einfach schreiben: theIndex[aWord].append(someIndexPos), da theIndex [aWord] ja noch keine Liste ist, an die mittels append etwas hinzugefügt werden kann!

Angenommen, das Wort was taucht zum ersten Mal an der Position 323 auf:

```
>>> theIndex['was'].append(323)
Traceback (most recent call last):
  File "<stdin>", line 1, in <module>
KeyError: 'was'
```

Damit es funktioniert, müssten wir erst eine leere Liste von Indizes bei was initialisieren:

```
>>> if 'was' not in theIndex:
...     theIndex['was'] = []
...
```

```
>>> theIndex['was']
[]
```

```
>>> theIndex['was'].append(323)
```

```
>>> theIndex
{'is': [15, 27, 81, 256, 437], 'was': [323], 'the': [0, 31, 127, 321]}
```

Allgemeiner sähe dies im Programm wie folgt aus:

```
if aWord not in theIndex:
    theIndex[aWord] = []
theIndex[aWord].append(someIndexPos)
```

Das ist alles etwas hässlich. Zum Glück gibt es die Memberfunktion `setdefault`, die uns diese explizite Initialisierung abnimmt! Schauen wir uns nun ihre Synopsis an (in der Python-Shell mit `help(dict.setdefault)` anzeigbar):

```
setdefault(...)
    D.setdefault(k[,d]) -> D.get(k,d), also set D[k]=d if k not in D
```

Offensichtlich können wir den obigen umständlichen, aber einfachen Code nun viel sauberer formulieren:

```
theIndex.setdefault(aWord, []).append(someIndexPos)
```

Das Schöne an `setdefault` ist, dass man es sowohl beim ersten Mal, wenn der Schlüssel noch nicht im Dictionary war, aufrufen

```
>>> theIndex
{'is': [15, 27, 81, 256, 437], 'was': [323], 'the': [0, 31, 127, 321]}

>>> theIndex.setdefault('will', []).append(400)

>>> theIndex
{'will': [400], 'is': [15, 27, 81, 256, 437], 'was': [323],
'the': [0, 31, 127, 321]}
```

als auch später auf dieselbe Art und Weise immer wieder aufrufen kann:

```
>>> theIndex.setdefault('will', []).append(500)

>>> theIndex
{'will': [400, 500], 'is': [15, 27, 81, 256, 437], 'was': [323],
'the': [0, 31, 127, 321]}
```

Beachten Sie hier, wie die Liste `[400, 500]` von `'will'` wächst!

Hinweis

Bei Python 3.0 wird `dict.setdefault` *voraussichtlich* zugunsten eines flexibleren Datentyps `defaultdict` entfallen.

7.3 Dictionarys durchlaufen

Nun haben wir gelernt, wie man aus einem Dictionary Werte extrahiert, wenn man die Schlüssel kennt. Doch wie kommt man auf die Schlüssel, wenn wir ein unbekanntes Dictionary erhalten? Wir haben es ja schließlich nicht selber aufgebaut!

```
>>> import os
```

```
>>> d = dict(os.environ)
```

```
>>> type(d)
<type 'dict'>
```

Mit dem dict-Konstruktor konvertieren wir das Umgebungsarray os.environ in ein richtiges Dictionary. Das ist an dieser Stelle nicht weiter interessant.

Eine naheliegende Möglichkeit ist natürlich, das Dictionary einfach auszugeben (z.B. mit print oder einfach unter Angabe seines Namens in der Python-Shell):

```
>>> d
{'GROUP': 'users', 'REMOTEHOST': '', 'HOSTTYPE': 'FreeBSD', 'USER': 'farid',
'HOME': '/users/farid', 'PATH': '/sbin:/bin:/usr/sbin:/usr/bin:\
/usr/local/sbin:/usr/local/bin:/users/farid/bin', 'TERM': 'cons25',
'SHELL': '/bin/tcsh', 'TZ': 'MST7MDT', 'SHLVL': 1, 'BLOCKSIZE': 'K',
'FTP_PASSIVE_MODE': 'YES', 'EDITOR': 'emacs', 'OSTYPE': 'FreeBSD',
'LOGNAME': 'farid', 'JAVA_HOME': '/usr/local/jdk1.6.0', 'VENDOR': 'intel',
'HOST': 'pythonbook.hajji.name', 'LC_ALL': 'en_US.ISO8859-15',
'COLUMNS': '80', 'PWD': '/tmp', 'MAIL': '/var/mail/farid', 'MACHTYPE': 'i386',
'PAGER': 'more', 'PYTHONDOCS': '/usr/local/share/doc/python2.5'}
```

Wie man sieht, ist es möglich, auch unbekannte Dictionarys interaktiv zu erkunden, aber so ist es alles andere als handlich; sogar wenn wir die Ausgabe mit pprint.pprint aus dem pprint-Modul »schönformatieren«:

```
>>> import pprint
```

```
>>> pprint.pprint(d)
{'BLOCKSIZE': 'K',
 'COLUMNS': '80',
 'EDITOR': 'emacs',
 'FTP_PASSIVE_MODE': 'YES',
 'GROUP': 'users',
 'HOME': '/users/farid',
 'HOST': 'pythonbook.hajji.name',
 'HOSTTYPE': 'FreeBSD',
```

```
  'JAVA_HOME': '/usr/local/jdk1.6.0',
  'LC_ALL': 'en_US.ISO8859-15',
  'LOGNAME': 'farid',
  'MACHTYPE': 'i386',
  'MAIL': '/var/mail/farid',
  'OSTYPE': 'FreeBSD',
  'PAGER': 'more',
  'PATH': '/sbin:/bin:/usr/sbin:/usr/bin:/usr/local/sbin:/usr/local/bin:\
/users/farid/bin',
  'PWD': '/tmp',
  'PYTHONDOCS': '/usr/local/share/doc/python2.5',
  'REMOTEHOST': '',
  'SHELL': '/bin/tcsh',
  'SHLVL': 1,
  'TERM': 'cons25',
  'TZ': 'MST7MDT',
  'USER': 'farid',
  'VENDOR': 'intel'}
```

Der Hauptnachteil dieser Ausgabe ist, dass wir letztendlich nur einen großen String bekommen, sei es mir repr oder mit str:

```
>>> type(repr(d))
<type 'str'>

>>> type(str(d))
<type 'str'>
```

Und diesen String nach den Schlüsseln zu parsen, wäre doch etwas an den Haaren herbeigezogen!

Wie bekommt man also die Schlüssel von d in Form einer Liste? Vielleicht tut es eine Memberfunktion von d? Das könnte es sein! Was bietet denn ein dict als Members an? Werfen Sie dazu einen Blick in die Abbildung auf der nächsten Seite.

```
>>> [ s for s in dir(d) if not s.startswith('_') and not s.endswith('_') ]
['clear', 'copy', 'fromkeys', 'get', 'has_key', 'items', 'iteritems',
'iterkeys', 'itervalues', 'keys', 'pop', 'popitem', 'setdefault',
'update', 'values']
```

Wir entfernen mit der *list comprehension* lediglich die Hooks des Datentyps dict.

Das sieht schon mal viel versprechend aus! Probieren wir es einfach mal mit keys aus!

```
>>> d.keys()
['GROUP', 'REMOTEHOST', 'HOSTTYPE', 'USER', 'HOME', 'PATH', 'TERM', 'SHELL',
'TZ', 'SHLVL', 'BLOCKSIZE', 'FTP_PASSIVE_MODE', 'EDITOR', 'OSTYPE', 'LOGNAME',
```

```
clear(...)
    D.clear() -> None.  Remove all items from D.

copy(...)
    D.copy() -> a shallow copy of D

get(...)
    D.get(k[,d]) -> D[k] if k in D, else d.  d defaults to None.

has_key(...)
    D.has_key(k) -> True if D has a key k, else False

items(...)
    D.items() -> list of D's (key, value) pairs, as 2-tuples

iteritems(...)
    D.iteritems() -> an iterator over the (key, value) items of D

iterkeys(...)
    D.iterkeys() -> an iterator over the keys of D

itervalues(...)
    D.itervalues() -> an iterator over the values of D

keys(...)
    D.keys() -> list of D's keys

pop(...)
    D.pop(k[,d]) -> v, remove specified key and return the corresponding value
    If key is not found, d is returned if given, otherwise KeyError is raised

popitem(...)
    D.popitem() -> (k, v), remove and return some (key, value) pair as a
    2-tuple; but raise KeyError if D is empty
```

```
'JAVA_HOME', 'VENDOR', 'HOST', 'LC_ALL', 'COLUMNS', 'PWD', 'MAIL', 'MACHTYPE',
'PAGER', 'PYTHONDOCS']
```

Das ist doch schon viel erfreulicher! Wie sieht es mit values aus?

```
>>> d.values()
['users', '', 'FreeBSD', 'farid', '/users/farid', '/sbin:/bin:/usr/sbin:\
/usr/bin:/usr/local/sbin:/usr/local/bin:/users/farid/bin', 'cons25',
'/bin/tcsh', 'MST7MDT', 1, 'K', 'YES', 'emacs', 'FreeBSD', 'farid',
'/usr/local/jdk1.6.0', 'intel', 'pythonbook.hajji.name', 'en_US.ISO8859-15',
'80', '/tmp', '/var/mail/farid', 'i386', 'more',
'/usr/local/share/doc/python2.5']
```

Offensichtlich macht diese Ausgabe nur Sinn, wenn man sie zusammen mit derjenigen von d.keys() nimmt:

```
>>> d.keys()[4], d.values()[4]
('HOME', '/users/farid')

>>> d.keys()[-1], d.values()[-1]
('PYTHONDOCS', '/usr/local/share/doc/python2.5')
```

Die built-in-Funktion `zip` könnte sich hier als nützlich erweisen:

```
>>> zip(d.keys(), d.values())
```

Die Ausgabe haben wir hier noch nicht gezeigt, denn, wie es der Zufall so will, ist sie identisch mit dem, was die Methode `items` liefern würde:

```
>>> d.items()
[('GROUP', 'users'), ('REMOTEHOST', ''), ('HOSTTYPE', 'FreeBSD'),
('USER', 'farid'), ('HOME', '/users/farid'), ('PATH', '/sbin:/bin:/usr/sbin:\
/usr/bin:/usr/local/sbin:/usr/local/bin:/users/farid/bin'),
('TERM', 'cons25'), ('SHELL', '/bin/tcsh'), ('TZ', 'MST7MDT'), ('SHLVL', 1),
('BLOCKSIZE', 'K'), ('FTP_PASSIVE_MODE', 'YES'), ('EDITOR', 'emacs'),
('OSTYPE', 'FreeBSD'), ('LOGNAME', 'farid'),
('JAVA_HOME', '/usr/local/jdk1.6.0'), ('VENDOR', 'intel'),
('HOST', 'pythonbook.hajji.name'), ('LC_ALL', 'en_US.ISO8859-15'),
('COLUMNS', '80'), ('PWD', '/tmp'), ('MAIL', '/var/mail/farid'),
('MACHTYPE', 'i386'), ('PAGER', 'more'),
('PYTHONDOCS', '/usr/local/share/doc/python2.5')]
```

Beachten Sie, dass die Reihenfolge der Schlüssel, Werte und Paare vom internen Hashing-Algorithmus abhängt und alles andere als intuitiv ist.

Typischerweise werden die zurückgelieferten Listen in `for`-Schleifen durchlaufen. Sowohl mit

```
for key in d.keys():
    # Do something with the item: key, d[key]
    print "%s=%s" % (key, d[key])
```

als auch mit

```
for key, value in d.items():
    # Do something with the item: key, value
    print "%s=%s" % (key, value)
```

erhält man eine Liste von `ENV=VALUE`-Zuweisungen, die man z.B. einer Unix-Shell übergeben könnte:

```
GROUP=users
REMOTEHOST=
HOSTTYPE=FreeBSD
USER=farid

(... etc ...)

MAIL=/var/mail/farid
MACHTYPE=i386
```

```
PAGER=more
PYTHONDOCS=/usr/local/share/doc/python2.5
```

Benötigt man die Schlüssel in sortierter Form, kann man einfach die von keys gelieferte Liste sortieren, entweder vor Ort mit sort

```
keylist = d.keys()
keylist.sort()
for key in keylist:
    # So something with key, d[key]
    print "%s=%s" % (key, d[key])
```

oder als Kopie mit sorted:

```
for key in sorted(d.keys()):
    # Do something with key, d[key]
    print "%s=%s" % (key, d[key])
```

In beiden Fällen erscheint jetzt die Liste nach Schlüsseln sortiert:

```
BLOCKSIZE=K
COLUMNS=80
EDITOR=emacs
FTP_PASSIVE_MODE=YES

(... etc ...)

TERM=cons25
TZ=MST7MDT
USER=farid
VENDOR=intel
```

7.3.1 Dictionarys effizient durchlaufen

All dies ist schön und gut, aber Dictionarys können auch sehr groß werden, z.B. wenn sie aus einer Persistenzquelle wie dem anydbm-Modul oder einer Datenbank intern gespeist werden. Für diese Monster-Dictionarys sind keys, values und items nicht besonders günstig, da sie gezwungen sind, sehr große Listen aufzubauen und zurückzugeben. Das geht nicht nur auf Kosten des Speicherplatzes, sondern auch der CPU; manchmal können diese Listen sogar so groß sein, dass sie nicht mehr in den virtuellen Speicher passen.

Um dieses Problem zu lösen, verwendet man die Iterator-Version dieser Memberfunktionen iterkeys, itervalues und iteritems. Diese liefern im Gegensatz zu keys, values und items keine Liste, sondern einen Iterator auf eine solche Liste:

```
>>> d.iterkeys()
<dictionary-keyiterator object at 0x284cb6c0>

>>> d.itervalues()
<dictionary-valueiterator object at 0x284d0340>

>>> d.iteritems()
<dictionary-itemiterator object at 0x284cb6c0>
```

Diese Iteratoren können z.B. in einer for-Schleife verwendet werden:

```
for key in d.iterkeys():
    # Do something with key, d[key]
    print "%s=%s" % (key, d[key])
```

Oder auch so:

```
for key, value in d.iteritems():
    # Do something with key, value
    print "%s=%s" % (key, value)
```

Die Ausgabe sieht genauso aus wie beim Aufruf von d.keys() und d.items().

Der Vorteil der iter*-Memberfunktionen liegt im effizienten Durchlaufen großer Dictionarys. Sie haben jedoch auch zwei Nachteile:

- Möchte man das Dictionary in sortierter Reihenfolge durchlaufen, kommt man nicht umhin, eine Liste zum Sortieren zu erzeugen. In dem Fall bleiben wir natürlich bei keys, values und items.
- Während des Durchlaufens eines Dictionarys via Iterator kann man keine Einträge dort einfügen oder entfernen, da dies sonst den Iterator invalidieren würde. Der Python-Interpreter erkennt dies manchmal, aber nicht immer:

```
>>> romnums = { 'one': 'I', 'two': 'II', 'three': 'III', 'four': 'IV' }

>>> for key, value in romnums.iteritems():
...     romnums[key.capitalize()] = value
...
Traceback (most recent call last):
  File "<stdin>", line 1, in <module>
RuntimeError: dictionary changed size during iteration
```

romnums ist nur teilweise verändert worden:

```
>>> romnums
{'four': 'IV', 'Four': 'IV', 'three': 'III', 'two': 'II', 'one': 'I'}
```

Möchte man also ein Dictionary verändern (d.h. Schlüssel/Wert-Einträge hinzufügen oder entfernen), muss man über Listen und nicht über Iteratoren iterieren:

```
>>> del romnums['Four']

>>> romnums
{'four': 'IV', 'three': 'III', 'two': 'II', 'one': 'I'}

>>> for key, value in romnums.items():
...     romnums[key.capitalize()] = value
...

>>> romnums
{'Four': 'IV', 'Two': 'II', 'three': 'III', 'Three': 'III', 'four': 'IV',
'two': 'II', 'One': 'I', 'one': 'I'}
```

Beachten Sie den Unterschied zum vorigen Beispiel: Hier haben wir items statt iteritems in der for-Schleife verwendet.

7.4 Dictionarys kopieren

Genauso wie bei Listen kopiert d2 = d1 nicht das Dictionary d1 nach d2, sondern lediglich eine Referenz darauf. d2 wird somit zu einem Alias von d1, da beide Variablen nun auf dasselbe Dictionary verweisen. Darum würde auch jede Veränderung an das Dictionary über d2 auch von d1 aus sichtbar werden:

```
>>> d1 = { 'one': 1, 'two': 2 }

>>> d2 = d1

>>> d2['two'] = 'II'

>>> d1
{'two': 'II', 'one': 1}
```

Dies ist zwar nützlich, um effizient ein Dictionary als Argument einer Funktion zu übergeben, ohne dass das ganze Dictionary selbst kopiert werden muss; doch es bedeutet auch, dass man Dictionarys so nicht kopieren kann.

Eine *flache Kopie* (*shallow copy*) eines Dictionarys D erhält mit mit dessen copy-Methode
D.copy():

```
>>> d1 = { 'one': 1, 'two': 2 }

>>> d2 = d1.copy()

>>> d2['two'] = 'II'

>>> d1
{'two': 2, 'one': 1}

>>> d2
{'two': 'II', 'one': 1}
```

Nun verweisen d1 und d2 auf verschiedene Python-Dictionary-Objekte. Folglich kann
man auch Einträge d2 hinzufügen oder entnehmen, ohne dass dies d1 auch nur im
Geringsten stören würde:

```
>>> del d2['two']

>>> d2
{'one': 1}

>>> d1
{'two': 2, 'one': 1}
```

Solange die Werte des Schlüssel/Wert-Paares unveränderlich sind, spielt es keine Rolle, ob wir eine flache oder eine tiefe Kopie erstellen. Aber wenn die Werte veränderlich sind (wenn sie z.B. Listen wären), dann bekommen wir bei flacher Kopie dasselbe Problem der gemeinsamen Referenzen, das wir im Falle der flachen Kopie von Listen hatten:

```
>>> d1 = { 'one': [1, 'I'], 'two': [2, 'II'] }

>>> d2 = d1.copy()

>>> d2['two'].append('two')

>>> d1
{'two': [2, 'II', 'two'], 'one': [1, 'I']}
```

Dies wäre nicht geschehen, wenn wir eine *tiefe Kopie* mit Hilfe der deepcopy-Funktion des copy-Moduls gemacht hätten:

```
>>> import copy

>>> d1 = { 'one': [1, 'I'], 'two': [2, 'II'] }

>>> d2 = copy.deepcopy(d1)

>>> d2['two'].append('two')

>>> d1
{'two': [2, 'II'], 'one': [1, 'I']}

>>> d2
{'two': [2, 'II', 'two'], 'one': [1, 'I']}
```

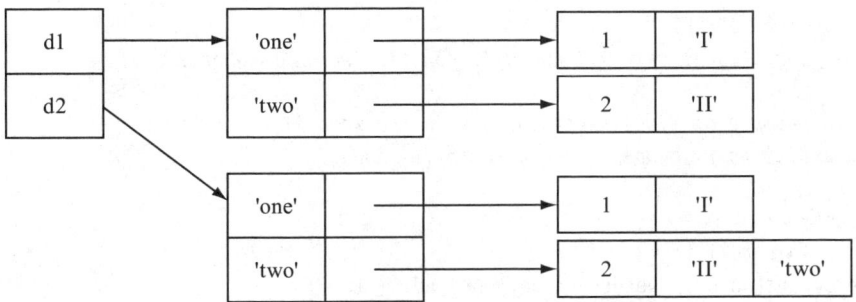

7.5 Anwendung: word count

Gegeben sei eine Datei mit beliebigem Text. Wir möchten wissen, wie oft jedes Wort darin vorkommt. Die Ausgabe soll einmal alphabetisch nach Wörtern sortiert und noch einmal nach absteigenden Worthäufigkeiten stattfinden.

Mit folgender (künstlicher) Eingabedatei *wordcount.dat*

```
w1 w2 w2 w7 w5 w1 w2 w1 w3 w7 w2 w2 w2 w2 w5 w1
w3 w2 w2 w2 w5 w1 w3 w2 w3 w6 w3 w2 w1 w5 w4 w1
w3 w7 w2 w2 w1 w6 w1 w3 w4 w5 w1 w5 w2 w5 w3 w1
w2 w1 w3 w3 w1 w2 w1 w5 w2 w2 w3 w7 w2 w4 w1 w4
```

sollten wir folgende Ausgabe erhalten:

```
$ ~/python/bin/python wordcount.py wordcount.dat
By words: (w1, 15) (w2, 20) (w3, 11) (w4, 4) (w5, 8) (w6, 2) (w7, 4)
By count: (w2, 20) (w1, 15) (w3, 11) (w5, 8) (w4, 4) (w7, 4) (w6, 2)
```

Wie geht man dabei vor? Die Idee ist, für jedes unterschiedliche Wort einen eigenen Zähler mitzuführen, der jedes Mal inkrementiert wird, wenn das Wort angetroffen wird. Es handelt sich also um eine Abbildung zwischen Wörtern und Zählern. Und wie wird eine Abbildung in Python dargestellt? Richtig, mit einem dict!

Da das Programm verschiedene Aufgaben erledigen muss (Daten einlesen, zählen, sortieren, ausgeben, ...), packen wir diese Funktionalität in Funktionen (siehe Kapitel 8, *Funktionen*). Somit erhöhen wir nicht nur die Lesbarkeit, sondern erzeugen auch wiederverwendbare Code-Fragmente (man kann diese Funktionen mittels import gezielt in andere Programme einlesen). All diese Funktionen tragen wir in eine Datei *wordcount.py* der Reihe nach ein:

Fangen wir also mit der Funktion an, die im Herzen des Programms liegt: count_words:

```
def count_words(wordlist):
    '''count_words(wordlist) -> { 'word1': count1, 'word2': count2, ...}

    Count the number of times a word occurs in the word list wordlist.
    Return a dictionary mapping each word to its count.'''

    wordcount = {}
    for word in wordlist:
        wordcount[word] = wordcount.get(word, 0) + 1
    return wordcount
```

Diese Funktion erwartet eine Liste von Wörtern und baut die zentrale Datenstruktur auf.

Interessant ist hier der Aufruf der get-Methode des Dictionarys unter Angabe eines Default-Wertes 0. Somit ist sichergestellt, dass die Zähler immer initialisiert sind und die Addition niemals undefiniert ist (z.B. bei neuen Wörtern).

Probieren wir diese Funktion in der Python-Shell aus:

```
>>> from wordcount import count_words

>>> count_words([])
{}

>>> count_words(['w1', 'w2', 'w3', 'w1', 'w1', 'w3'])
{'w3': 2, 'w2': 1, 'w1': 3}
```

Wie kriegen wir die Ausgabe hin? Offensichtlich sind die Wörter nicht alphabetisch sortiert, weil in Dictionarys die Reihenfolge der Schlüssel/Wert-Paare undefiniert ist (oder genauer gesagt, vom internen Hashing-Algorithmus abhängt). Wir müssen also die Liste der Schlüssel sortieren, und durch diese sortierte Liste iterieren. Dies tut die Funktion display_wordcount_by_words:

```
def display_wordcount_by_words(wordcount):
    "Display the word count, sorted by words."

    sorted_by_words = wordcount.keys()
    sorted_by_words.sort()

    outlist = []
    for key in sorted_by_words:
        outlist.append("(%s, %d)" % (key, wordcount[key]))
    print ' '.join(outlist)
```

Merken Sie, wie diese Funktion völlig von der eigentlichen Zählerei entkoppelt ist? Alles, was sie benötigt, ist ein Zähl-Dictionary, wie es z.B. von der Funktion count_words zurückgegeben wird.

Wir benutzen hier zwei Tricks:

Zunächst wird die Liste der Schlüssel mit keys geholt und sortiert. Dann wird in der for-Schleife diese Liste durchlaufen. Somit erhalten wir eine Ausgabe in sortierter Wortreihenfolge.

Der Ausgabe-String wird stückweise aufgebaut, bevor er ausgegeben wird. Wir haben in Kapitel 5, *Strings*, gesehen, dass es effizienter ist, erst eine Liste (hier outlist) stückweise aufzubauen und diese anschließend in einen String (hier mit join) zusammenzufügen. Wir benutzen hier außerdem den Stringinterpolationsoperator %.

Probieren wir sie in der Python-Shell aus:

```
>>> from wordcount import display_wordcount_by_words

>>> display_wordcount_by_words({})

>>> display_wordcount_by_words({'w1': 1})
(w1, 1)

>>> display_wordcount_by_words({'w3': 2, 'w2': 1, 'w1': 3})
(w1, 3) (w2, 1) (w3, 2)

>>> display_wordcount_by_words(count_words(['w1', 'w2', 'w3', 'w1', 'w1']))
(w1, 3) (w2, 1) (w3, 1)
```

Ein Dictionary in sortierter Schlüsselfolge zu durchlaufen, ist ja trivial. Es in sortierter Wertefolge zu durchlaufen, ist schon etwas komplizierter. Schauen wir uns erst display_wordcount_by_counts an:

```
def display_wordcount_by_counts(wordcount):
    "Display the word count, sorted by counts."

    # 0. Define a custom comparison function
    def cmp_1st(t1, t2):
        "Compare two tuples, according to their first component"
        return cmp(t1[0], t2[0])

    # 1. sort by words, ascending
    items = wordcount.items()
    items.sort(cmp=cmp_1st)
```

```
# 2. sort by counts, descending (note: sort is stable!)
backitems = [ (count, word) for word, count in items ]
backitems.sort(cmp=cmp_1st, reverse=True)

outlist = []
for count, word in backitems:
    outlist.append("(%s, %d)" % (word, count))
print ' '.join(outlist)
```

Diese Funktion akzeptiert genauso wie `display_wordcount_by_words` ein Zähl-Dictionary:

```
>>> from wordcount import display_wordcount_by_counts

>>> display_wordcount_by_counts({})

>>> display_wordcount_by_counts({'w1': 1})
(w1, 1)

>>> display_wordcount_by_counts({'w3': 2, 'w2': 1, 'w1': 3})
(w1, 3) (w3, 2) (w2, 1)

>>> display_wordcount_by_counts(count_words(['w1', 'w2', 'w3', 'w1', 'w1']))
(w1, 3) (w2, 1) (w3, 1)
```

Das Problem des Sortierens von Dictionarys nach ihren Werten statt nach ihren Schlüsseln haben wir bei dieser Funktion auf das Problem des Sortierens einer Liste reduziert. Genauer gesagt: Wir sollen die Liste der Schlüssel/Wert-Tupel sortieren und über diese sortierte Liste dann bei der Ausgabe iterieren.

Die Liste der Schlüssel/Wert-Tupel zu erhalten, ist einfach: Dafür gibt es ja die Methode `items`!

```
items = wordcount.items()
```

Sie aufsteigend nach Wörtern zu sortieren, funktioniert ebenfalls problemlos:

```
items.sort(cmp=cmp_1st)
```

In Kapitel 6, *Listen*, haben wir ja gesehen, wie man der `sort`-Methode eine eigene Vergleichsfunktion übergeben kann (welche -1, 0 oder 1 liefern soll, je nach Ergebnis des Vergleichs zweier Elemente). Dies tun wir hier mit Hilfe des Schlüsselwortparameters `cmp`.

Diese benutzerdefinierte Vergleichsfunktion, `cmp_1st`, haben wir auch gleich als verschachtelte Funktion definiert (verschachtelt, weil wir sie ohnehin nur in `display_wordcount_by_counts` benötigen):

```
# 0. Define a custom comparison function
def cmp_1st(t1, t2):
    "Compare two tuples, according to their first component"
    return cmp(t1[0], t2[0])
```

Diese Funktion tut nichts anderes als die jeweils ersten Komponenten der Schlüssel/
Wert-Tupel miteinander zu vergleichen, indem sie die built-in-Funktion cmp darauf
anwendet.

Das ist zwar alles schön und gut, aber wollten wir eigentlich nicht eher nach den
Werten statt nach den Schlüsseln sortieren, d.h. nach der 2. statt nach der 1. Tupel-
Komponente? Geduld, das kommt gleich!

```
# 2. sort by counts, descending (note: sort is stable!)
backitems = [ (count, word) for word, count in items ]
backitems.sort(cmp=cmp_1st, reverse=True)
```

An dieser Stelle benutzen wir eine *list comprehension*, um aus der Schlüssel/Wert-Liste
eine Wert/Schlüssel-Liste zu erzeugen. Somit landen die Werte in der ersten Komponente eines jeden Tupels (und die Schlüssel in der zweiten Komponente). Nun können
wir die cmp_1st-Vergleichsfunktion recyceln, indem man sie an sort übergibt. Mit anderen Worten: backitems wird umsortiert, wobei diesmal die Werte als Vergleichskri-
terium herangezogen werden. Da außerdem nach *absteigenden* Werten sortiert werden
soll (die häufigsten Wörter sollen zuerst erscheinen), zeigen wir dies der sort-Methode
an durch Angabe des Schlüsselwortparameters reverse.

Alles, was jetzt noch nötig ist, ist, diese Liste von Wert/Schlüssel-Paaren zu durchlaufen (Vorsicht bei der Reihenfolge: erst count, dann word!) und sie auszulesen und
auszugeben:

```
outlist = []
for count, word in backitems:
    outlist.append("(%s, %d)" % (word, count))
print ' '.join(outlist)
```

Auch hier benutzen wir das Python-Idiom zum sukzessiven Aufbau eines Strings mit
Hilfe einer Liste.

Warum haben wir vor dem Sortieren nach den Werten diese Tupel-Liste nach den
Schlüsseln sortiert? Ist es nicht verlorene Liebesmüh? Bringt der zweite Aufruf von
sort nicht die Schlüsselsortierung sowieso wieder durcheinander?

Angenommen, zwei Wörter, sagen wir mal w8 und w9, kommen gleich häufig vor,
beispielsweise 23 mal. Es kann ja sein, dass items folgende Liste zurückgibt: [('w9',
23,), ('w8', 23)]. Ohne vorherige Wortsortierung wäre die Liste erst einmal geswappt
worden: [(23, 'w9'), (23, 'w8')]. Beim Sortieren wäre nur die erste Komponente
berücksichtigt worden: [(23, 'w9'), (23, 'w8')], was nicht das ist, was wir haben
wollten.

Durch das vorherige Sortieren nach Wörtern wäre aus der Eingangsliste [('w8', 23), ('w9', 23)] dann [(23, 'w8'), (23, 'w9')] geworden. Und jetzt kommt das Entscheidende: Beim Sortieren dieser Liste, sind für sort oder, genauer gesagt, für cmp_1st beide Tupel (23, 'w8') und (23, 'w9') gleich, da sie gleiche erste Komponenten haben (also jeweils 23). Da aber sort einen stabilen Sortieralgorithmus einsetzt (Listen), bleibt die relative Reihenfolge dieser Tupel mit gleicher erster Komponente erhalten. Mit anderen Worten, die Vorsortierung nach Wörtern geht bei identischer Häufigkeit nicht verloren. Nur dadurch ist sichergestellt, dass bei gleicher Häufigkeit die Wörter alphabetisch aufsteigend sortiert sind.

Nun kommen wir zu den restlichen Funktionen. Wir benötigen eine Hilfsfunktion, die einen String in eine Liste von Wörtern zerlegt:

```
def create_word_list(input):
    "Create a list of words read from input string."

    return input.split()
```

Diese Funktion ruft lediglich die split-Methode eines Strings auf, um diesen in eine Liste von Wörtern zu zerlegen:

```
>>> from wordcount import create_word_list

>>> create_word_list("")
[]

>>> create_word_list("w3")
['w3']

>>> create_word_list("w3 w1 w7 w7 w3 w2")
['w3', 'w1', 'w7', 'w7', 'w3', 'w2']
```

Wozu brauchen wir eine Funktion dafür, wo wir doch split auch direkt hätten aufrufen können? Wir sorgen hier schon vor, denn split ist nicht immer ideal:

```
>>> "hello, how are you? fine, thank you.".split()
['hello,', 'how', 'are', 'you?', 'fine,', 'thank', 'you.']
```

Wir sehen, dass Interpunktionszeichen (Komma, Fragezeichen, Punkt, ...) zu den Wörtern gezählt werden. Durch die Verlagerung der Logik des Worttrennens in eine eigene Funktion kann dieser Tatsache später bei der Verbesserung dieses Programms Rechnung getragen werden. In einer verbesserten Implementierung von create_word_list könnte man dann z.B. alle Wörter erst in Kleinbuchstaben konvertieren, damit Hello und hello zusammen als ein Wort gezählt werden; oder, wie gesagt, man könnte sämtliche Interpunktionszeichen herausfiltern, bevor man z.B. split aufruft. All diese Verbesserungen können sich auf die Funktion create_word_list beschränken, ohne den restlichen Code des *wordcount.py*-Programms anzutasten.

Als Nächstes kommt eine Funktion, die Daten aus einer Datei einliest und als String zurückgibt:

```
def slurp_data_from_file(filename):
    "Read a text file from filename, return as string."

    # The same as: return open(filename, 'r').read()
    filein = open(filename, 'r')
    file_as_string = filein.read()
    filein.close()

    return file_as_string
```

In Kapitel 9, *Dateien und das Dateisystem*, werden wir die Details zum file-Objekt, das die built-in-Funktion open zurückgibt, noch ausführlich vorstellen. Hier reicht es aus zu wissen, dass dessen read-Methode den Inhalt der gesamten Datei liest und als String zurückgibt.

Im Hauptprogramm werden all diese Komponenten dann zusammengefügt:

```
if __name__ == '__main__':
    import sys
    if len(sys.argv) < 2:
        print "Usage:", sys.argv[0], "file"
        sys.exit(1)
    filename = sys.argv[1]

    theInputData = slurp_data_from_file(filename)
    theWordList  = create_word_list(theInputData)
    theWordCount = count_words(theWordList)

    print "By words:",
    display_wordcount_by_words(theWordCount)
    print "By count:",
    display_wordcount_by_counts(theWordCount)
```

7.6 Iteratoren und Generatoren

Sie erinnern sich an die Iteratoren aus dict.iterkeys, dict.itervalues und dict.iteritems? In diesem Abschnitt werden wir Iteratoren ein bisschen näher ansehen, und da wir schon dabei sind, gehen wir auch auf Generatoren ein, die eng damit verwandt sind.

7.6.1 Was ist ein Iterator?

Was geschieht eigentlich, wenn eine for-Schleife über ein Objekt iteriert?

```
for char in a_string: ...
for elem in a_list: ...
for key in a_dict: ...
for line in a_file: ...
```

Wenn for versucht, über ein Objekt o zu iterieren, ruft es erst dessen Iterator mit der Funktion iter ab. Anschließend ruft for so lange die next-Methode *des Iterators* auf, bis der Iterator eine StopIteration-Ausnahme auslöst. Dann wird die for-Schleife verlassen. Dies nennt man *Iterator-Protokoll*.

Führen wir manuell die Schritte aus, die for beim Durchlaufen einer Liste lst ausführt. Zunächst holt sich for mit iter(lst) ein Iterator-Objekt i:

```
>>> lst = [ 'bye', 'cruel', 'world' ]

>>> i = iter(lst)

>>> i
<listiterator object at 0x2841c90c>
```

Dieser Iterator bietet die Memberfunktion next an. for ruft nun so lange i.next() auf, bis eine StopIteration ausgelöst wird:

```
>>> i.next()
'bye'

>>> i.next()
'cruel'

>>> i.next()
'world'

>>> i.next()
Traceback (most recent call last):
  File "<stdin>", line 1, in <module>
StopIteration
```

Natürlich würde for die Ergebnisse von i.next() bei jedem Schleifendurchlauf der Laufvariable zuweisen und anschließend den Schleifenkörper ausführen.

7.6.2 Einen eigenen Iterator schreiben

Wir wollen eine Klasse Timer entwickeln, über die iteriert werden kann. Dabei soll bei jedem Durchlauf der for-Schleife erst eine bestimmte Anzahl von Sekunden gewartet werden, bevor es weitergeht.

Eine solche Funktionalität implementieren wir dadurch, dass wir

- eine Iterator-Klasse TimerIterator definieren, welche die gewünschte Funktionalität implementiert (in next schlafen),
- in der Klasse Timer die __iter__-Methode dahingehend definieren, dass ein Objekt dieses speziellen Iterators zurückgegeben wird.

Fangen wir erst mit dem Iterator an:

```
import time

class TimerIterator(object):
    def __init__(self, interval=1):
        self.interval = interval

    def next(self):
        time.sleep(self.interval)
        return int(time.time())   # Return current time
```

Wir sehen, dass dieser Iterator niemals StopIteration auslöst: man kann also potenziell Endlosschleifen damit durchführen, was ganz im Sinne des Erfinders ist!

Testen wir ihn kurz aus. Die letzte Zeile erfordert 3+3+3=9 Sekunden:

```
>>> ti = TimerIterator(3)

>>> ti
<__main__.TimerIterator object at 0x284203ac>

>>> time.ctime(ti.next())
'Wed Mar  5 16:51:36 2008'

>>> time.ctime(ti.next())
'Wed Mar  5 16:51:39 2008'

>>> time.ctime(ti.next())
'Wed Mar  5 16:51:42 2008'
```

Ein Iterator-Objekt ist aber noch kein *iterable*-Objekt:

```
>>> iter(ti)
Traceback (most recent call last):
  File "<stdin>", line 1, in <module>
TypeError: 'TimerIterator' object is not iterable
```

Definieren wir nun Timer:

```
class Timer(object):
    def __init__(self, interval=1):
        self.the_iterator = TimerIterator(interval)

    def __iter__(self):
        return self.the_iterator
```

Nun ist Timer ein *iterable*-Objekt, weil __iter__ automatisch von der built-in-Funktion iter aufgerufen wird:

```
>>> timer = Timer(2)
```

```
>>> iter(timer)
<__main__.TimerIterator object at 0x2842068c>
```

Darum können wir nun das Timer-Objekt timer in eine for-Schleife aufrufen:

```
>>> for now in timer:
...     print time.ctime(now)
...
Wed Mar  5 16:53:25 2008
Wed Mar  5 16:53:27 2008
Wed Mar  5 16:53:29 2008
^CTraceback (most recent call last):
  File "<stdin>", line 1, in <module>
  File "<stdin>", line 6, in next
KeyboardInterrupt
```

Die Schleife haben wir mit Strg-C (Ctrl-C) abbrechen müssen, sonst wäre sie ewig weiter gelaufen (der Iterator löst keine StopIteration-Ausnahme aus).

Eine Klasse mit integriertem Iterator

Im vorigen Beispiel hatten wir zwei verschiedene Klassen definiert:

- TimerIterator, der Iterator, der eine wartende next-Methode implementierte,
- Timer, der Iterable, der eine TimerIterator-Instanz lokal speicherte und mittels __iter__ exportierte.

Das ist eine ziemlich lose Kopplung, die in dem Fall aber vertretbar ist, denn TimerIterator ist auch so für sich genommen nützlich. Eine Alternative besteht darin, TimerIterator als eine verschachtelte Klasse zu definieren:

```
class Timer2(object):
    class TimerIterator(object):
```

```
        def __init__(self, interval=1):
            self.interval = interval

        def next(self):
            time.sleep(self.interval)
            return int(time.time())    # Return current time

    def __init__(self, interval=1):
        self.the_iterator = Timer2.TimerIterator(interval)

    def __iter__(self):
        return self.the_iterator
```

Auch Timer2 ist ein Iterable, doch wie Timer enthält es eine Instanz eines Timer2.Timer-Iterator-Objekts als Iterator, das er über __iter__ zurückgibt.

Doch nichts hindert uns daran, Iterator- und Iterable-Funktionalität in einem einzigen Objekt zu kombinieren! Wir müssen einfach nur sowohl next als auch __iter__ definieren; und in __iter__ uns selbst (also self) zurückgeben (wir, das iterable-Objekt, sind unser eigener Iterator):

```
class Timer3(object):
    def __init__(self, interval=1):
        self.interval = interval

    def __iter__(self):
        return self

    def next(self):
        time.sleep(self.interval)
        return int(time.time())   # Return current time
```

Auch hier ist ein Timer3-Objekt ein Iterable:

```
>>> timer3 = Timer3(5)
```

```
>>> iter(timer3)
<__main__.Timer3 object at 0x28420dcc>
```

Und wir können nun darüber iterieren.

Jetzt können wir Timer3 weiter ausbauen, so dass auch Ticks gezählt werden. Wir ändern next so ab, dass nun ein (ticks,now)-Tupel bei jeder Iteration geliefert wird:

```
class Timer4(object):
    def __init__(self, interval=1):
```

```
        self.interval = interval
        self.ticks = -1L

    def __iter__(self):
        return self

    def next(self):
        time.sleep(self.interval)
        self.ticks = self.ticks + 1L
        return self.ticks, int(time.time())
```

Die Ausführung ergibt nun:

```
>>> timer4 = Timer4(3)

>>> for tick, now in timer4:
...     print tick, time.ctime(now)
...
0 Wed Mar  5 16:56:41 2008
1 Wed Mar  5 16:56:44 2008
2 Wed Mar  5 16:56:47 2008
3 Wed Mar  5 16:56:50 2008
^CTraceback (most recent call last):
  File "<stdin>", line 1, in <module>
  File "<stdin>", line 10, in next
KeyboardInterrupt
```

Übrigens sind Tickzahl und Zeit nicht automatisch miteinander gekoppelt. Ruft man mehrere Minuten später noch mal timer4.next() auf, ist der Tick wie erwartet 1 Punkt weiter, während die Zeit viel weiter ist:

```
>>> t = timer4.next()

>>> (t[0], time.ctime(t[1]))
(4L, 'Wed Mar  5 16:57:34 2008')
```

7.6.3 Generatoren

Generatoren sind spezielle Funktionen, die Iterables/Iteratoren on-the-fly erzeugen. Sie erkennt man dadurch, dass sie das Schlüsselwort yield enthalten (statt return), und sie lassen sich am besten an einem Beispiel erklären.

Hat es Sie nicht immer gestört, dass der Default-Iterator eines Dictionarys die Schlüssel in scheinbar zufälliger Reihenfolge zurückgibt?

```
>>> d = { 'one': 1, 'two': 2, 'three': 3, 'four': 4, 'five': 5 }
```

```
>>> for key in d:
...     print key,
...
four three five two one
```

Wäre es nicht nett, einen Iterator zu schreiben, der über d in sortierter Reihenfolge der Schüssel gehen würde? So etwas wie die built-in-Funktion sorted?

Das könnten wir natürlich mit einem Klassen-basierten Iterator/Iterable implementieren:

```
class SortedDictIterable(object):
    def __init__(self, thedict={}):
        self.thedict = thedict

    def __iter__(self):
        self.thekeys = self.thedict.keys()
        self.thekeys.sort()
        self.index = -1
        return self

    def next(self):
        self.index = self.index + 1
        if self.index >= len(self.thekeys):
            raise StopIteration
        return self.thekeys[self.index]
```

Die Ausgabe der Schlüssel erfolgt nun in ASCIIbetischer Reihenfolge:

```
>>> for key in SortedDictIterable(d):
...     print key,
...
five four one three two
```

Der Iterator/Iterable SortedDictIterable war aber etwas umständlich zu schreiben: Wir mussten nicht nur eine eigene Klasse definieren, sondern auch noch ein paar interne Variablen in self.xxx speichern und mitführen, diverse Methoden wie __iter__ oder next definieren usw.

All dies geht viel einfacher mit Generatoren:

```
def sorted_dict_generator(aDict):
    thekeys = aDict.keys()
    thekeys.sort()
    for key in thekeys:
        yield key
```

Diese Funktion, ein Generator, ist nichts anderes als eine kleine Fabrik für Iteratoren/Iterables! Schauen wir uns erst an, wie sie verwendet wird:

```
>>> for key in sorted_dict_generator(d):
...     print key,
...
five four one three two
```

Offensichtlich kann man das, was sortred_dict_generator(d) erzeugt hat, wie ein Iterable in for verwenden. Die Reihenfolge der Schlüssel stimmt ebenfalls.

Nun sehen wir etwas näher hin:

```
>>> genobj = sorted_dict_generator(d)

>>> genobj
<generator object at 0x284235ac>

>>> dir(genobj)
['__class__', '__delattr__', '__doc__', '__getattribute__', '__hash__',
'__init__', '__iter__', '__new__', '__reduce__', '__reduce_ex__',
'__repr__', '__setattr__', '__str__', 'close', 'gi_frame', 'gi_running',
'next', 'send', 'throw']

>>> iter(genobj)
<generator object at 0x284235ac>
```

Wir erkennen, dass ein Generator-Objekt (unter anderem) die Methoden next und __iter__ enthält und somit als Iterator/Iterable gut durchgehen könnte. Probieren wir es gleich aus!

```
>>> genobj.next(), genobj.next(), genobj.next()
('five', 'four', 'one')

>>> genobj.next(), genobj.next()
('three', 'two')

>>> genobj.next()
Traceback (most recent call last):
  File "<stdin>", line 1, in <module>
StopIteration
```

Generatoren sind also Funktionen, die Generator-Objekte erzeugen, wenn sie aufgerufen werden.

Ein solches Generator-Objekt verhält sich wie ein Iterator/Iterable: Die built-in-Funktion `iter` liefert als Iterator dieses Generator-Objekt selbst zurück, wie wir es bei den kombinierten Iterator/Iterables gesehen haben.

Der Aufruf seiner `next`-Methode führt den Code des Generators (das, was in der Funktion stand, die den Generator definiert hat!) bis zum `yield` aus. Der Wert, der neben `yield` steht, wird dann als Wert des `next`-Aufrufs zurückgegeben.

Beim nächsten `next`-Aufruf wird die Ausführung im Code des Generators direkt nach dem `yield` wieder aufgenommen, als sei nichts geschehen. Waren wir (wie in dem Beispiel oben) gerade in einer Schleife, wird diese ganz normal fortgesetzt. Die Ausführung läuft wieder bis zum nächsten `yield`, woraufhin `next` wieder mit dem nächsten Wert zurückkehrt.

Das kann endlos so weitergehen. Wird aber der Code des Generators verlassen, ohne noch mal `yield` auszuführen (entweder weil die Funktion zu Ende ist, durch eine Ausnahme oder sonst wie), so löst das Generator-Objekt eine `StopIteration`-Ausnahme aus, was das Iterieren darüber beendet.

Zusammengefasst sind Generatoren nichts anderes als kleine Iterator/Iterable-Fabriken, die uns die Arbeit ersparen, eine Iterable/Iterator-Klasse selbst definieren zu müssen.

Generator-Ausdrücke

Generator-Ausdrücke sind wie *list comprehensions*, die in runden statt eckigen Klammern stehen:

```
>>> [i*i for i in range(10) if i % 2 == 0]
[0, 4, 16, 36, 64]

>>> (i*i for i in range(10) if i % 2 == 0)
<generator object at 0x2842328c>
```

Genauso wie *list comprehensions* Listen als Ergebnis liefern, liefern Generator-Ausdrücke Generator-Objekte als Ergebnis zurück. Über diese Objekte kann man iterieren, z.B.:

```
>>> for square in (i*i for i in range(10) if i % 2 == 0):
...     print square,
...
0 4 16 36 64
```

Das ist i.d.R. Speicherplatz schonender, als erst eine ganze Liste wie bei *list comprehensions* erzeugen zu müssen. Es ist auch praktischer, weil man somit *lazy evaluation* erreicht. Nehmen wir folgende »unbeschränkte« Range-Funktion `urange`:

```
def urange(start=0L):
    "Unlimited range generator"
    index = start
    while True:
        yield index
        index = index + 1L
```

Diese Funktion ist wie range mit dem Unterschied, dass

- sie ein Generator ist und keine Liste von Zahlen im Voraus erzeugt,
- sie potenziell nicht terminiert (unendlich lang läuft).

```
>>> u = urange()

>>> u
<generator object at 0x2842390c>

>>> u.next(), u.next(), u.next()
(0L, 1L, 2L)
```

So eine Funktion kann man ja nicht in einer *list comprehension* benutzen, um z.B. alle Quadrate zu erzeugen:

```
>>> for square in [i*i for i in urange()]:
...     if square > 100:
...         break
...     print square,
...
Traceback (most recent call last):
  File "<stdin>", line 1, in <module>
MemoryError
```

Dafür geht es mit einem Generator-Ausdruck:

```
>>> for square in (i*i for i in urange()):
...     if square > 100:
...         break
...     print square,
...
0 1 4 9 16 25 36 49 64 81 100
```

Der Grund hierfür liegt darin, dass bei der *list comprehension* die ganze, unendliche Liste erst erzeugt werden muss, bevor die Iteration überhaupt beginnt. So viel Speicherplatz haben wir nicht. Bei dem Generator-Ausdruck muss keine ewig lange Liste erzeugt werden, bevor die Iteration beginnt: der Generator-Ausdruck ruft urange immer nur einmal pro Iteration auf und liefert das Ergebnis i*i gleich zurück, ohne es in eine Liste zu speichern. Darum wird hierfür kein großer Speicherplatz benötigt.

Man sagt, dass der Generator-Ausdruck erst bei Bedarf ausgeführt wird, und nennt das *lazy evaluation*; was eine bekannte Technik aus Sprachen der funktionalen Programmierung wie Haskell ist.

7.7 Zusammenfassung

- Dictionarys (vom Datentyp `dict`) sind Container, die Schlüssel/Wert-Paare speichern. Die Reihenfolge dieser Paare bleibt nicht erhalten, weil `dict` sie intern in eine Hash-Tabelle speichert.
- Der Schüssel muss einem Python-Typ angehören, der immutabel ist und eine `__hash__`-Methode aufweist. Der Wert kann jedes beliebige Python-Objekt sein.
- Dictionary-Literale haben die Syntax `{key1: value1, key2: value2, ...}` .
- Ist `d` ein Dictionary, kann man mit `d[key]` den zu `key` passenden Schlüssel erhalten. Gibt es diesen Schlüssel nicht, wird eine `KeyError`-Ausnahme ausgelöst. Alternativ dazu kann man die `get`-Methode evtl. mit einem Default-Wert aufrufen: `d.get(key, defaultval)`.
- Mit der Zuweisung `d[key]=value` wird ein existierender Eintrag verändert oder ein neuer Eintrag hinzugefügt. Existierende Einträge kann man mit `del d[key]` entfernen.
- Mit der `setdefault`-Methode kann man einen Dictionary-Eintrag gleichzeitig abfragen und, wenn er nicht schon existiert, mit einem Default-Wert initialisieren.
- Dictionarys durchläuft man dadurch, dass man mit den Methoden `keys`, `values` oder `items` eine Liste von Schlüsseln, Werten oder Schlüssel/Wert-Tupeln erhält und über diese iteriert. Aus Effizienzgründen sollte man möglichst die `iterkeys`-, `itervalues`- und `iteritems`-Methoden stattdessen aufrufen.
- Da die Reihenfolge der Schlüssel (Werte, Paare) nicht notwendigerweise sortiert ist, kann man das, was `keys`, `values` oder `items` liefert, mittels `sort` erst sortieren, bevor man darüber iteriert. Oder man verwendet `sorted`: `for key in sorted(d.keys()): ...`.
- Dictionarys werden mit `d1 = d2` nicht kopiert: `d2` wird lediglich ein Alias zu `d1`. Mit `d2 = d1.copy()` wird eine *shallow copy* erzeugt, bei der sich `d1` und `d2` evtl. gemeinsame Werte teilen. Das kann zu unerwünschten Fehlern führen. Mit `d2 = copy.deepcopy(d1)` des `copy`-Moduls wird eine rekursive Kopie sämtlicher Datenstrukturen erzeugt, so dass anschließend `d1` und `d2` vollständig voneinander entkoppelt sind.
- Als Anwendung haben wir das Programm *wordcount.py* vorgestellt und dabei gesehen, wie man ein Dictionary auch nach Werten sortieren kann.

Wir haben auch Iteratoren und Generatoren näher betrachtet:

- Alle Objekte, die das Iterator-Protokoll implementieren, können mit einer `for`-Schleife iteriert werden.

- Das Iterator-Protokoll verlangt nach einer next-Memberfunktion, die bei jedem Aufruf den nächsten Wert liefert. Sollten keine weiteren Werte mehr zur Verfügung stehen, soll die next-Methode die Ausnahme StopIteration auslösen.

- Generatoren sind spezielle Funktionen, die Iteratoren on-the-fly erzeugen. Sie erkennt man am Schlüsselwort yield (statt return).

- Ein Generator merkt sich bei yield seinen Zustand und kann an genau dieser Stelle wieder betreten werden. Anders als bei manuell geschriebenen Iteratoren ist es nicht nötig, diesen Zustand irgendwo dauerhaft abzuspeichern.

- Generatorausdrücke sind wie *list comprehensions* mit runden statt eckigen Klammern dargestellt. Sie liefern ein generator-Objekt zurück statt einer Liste. Dies ist nützlich in Fällen, in denen *lazy evaluation* angebracht ist.

In Kapitel 13, *Persistenz und Datenbanken*, werden wir sehen, wie mit Hilfe des anydbm-Moduls Dictionarys an DBM-Dateien gebunden und somit persistent gemacht werden können. Außerdem werden wir lernen, wie mit dem bsddb-Modul Dictionarys in sortierter Form als B-Trees gespeichert werden. Kompliziertere Datenstrukturen (Dictionarys von Dictionarys etc.) lassen sich ebenfalls bequem persistent mit Hilfe des ZODB-Moduls ablegen.

Es bleibt zu erwähnen, dass das Dictionary-Konzept das gesamte Design von Python stark beeinflusst. So werden Klassen intern mit Dictionarys realisiert (konzeptuell). Auch die Namensräume (die man mit den built-in-Funktionen globals und locals erhält) werden als Dictionarys realisiert, die Variablennamen zu Werten abbilden:

```
>>> a = 7
>>> b = 'hello'

>>> globals()
{'__builtins__': <module '__builtin__' (built-in)>, '__name__': '__main__',
'b': 'hello', '__doc__': None, 'a': 7}
```

Dictionarys sind eine zentrale Datenstruktur in Python: Es lohnt sich, sich damit auseinanderzusetzen.

Im nächsten Kapitel werden wir Funktionen genauer unter die Lupe nehmen.

8 Funktionen

In Python gehören Funktionen zu einem eigenständigen Datentyp: function. Man kann Funktionen daher genauso wie andere Daten in Variablen speichern, anderen Funktionen übergeben usw. Funktionen können beim Aufruf Argumente übergeben werden. Diese Argumente können beliebige Objekte sein und werden per Referenz übergeben (d.h. Funktionen können sie verändern, wenn sie mutable Objekte sind – wird z.B. eine Liste übergeben, kann die Funktion diese Liste verändern). Der Rückgabewert einer Funktion kann ebenfalls ein beliebiges Python-Objekt sein. Will man mehrere Werte auf einmal zurückgeben, gibt man einfach einen Container wie etwa eine Liste oder ein Dictionary zurück.

In diesem Kapitel werden wir zunächst die Definition von Funktionen vorstellen, wobei deren Signaturen (Parameterübergabe) besonderer Aufmerksamkeit bedürfen. Anschließend streifen wir das Thema der lokalen und globalen Namensräume, in denen Variablen leben. Mit diesem Wissen bewaffnet, sollten Sie in der Lage sein, die meisten Python-Programme zu verstehen, was Funktionen angeht.

Für Interessierte werfen wir dann einen Blick unter die Haube, d.h. in die Innereien eines function-Objekts. Dabei lernen wir unter anderem die Introspektionsmodule inspect und dis kennen, mit denen man die Signaturen von Funktionen abfragen bzw. den Python-Bytecode in Anweisungen an die Python Virtuelle Maschine disassemblieren kann.

Nachdem wir kurz Closures gestreift haben, gehen wir dann ausführlich auf Funktionsdekoratoren ein. Es handelt sich dabei um spezielle Wrapper, die das Verhalten von Funktionen auf die eine oder andere Art und Weise verändern. Wir lernen erst, wie man Dekoratoren manuell programmiert, und stellen anschließend das Drittanbietermodul decorator vor, das signaturerhaltende Dekoratoren erzeugt. Als Beispiele für Dekoratoren implementieren wir traced, profiled, memoized und synchronized.

8.1 Funktionen aufrufen

Nehmen wir an, dass wir eine Funktion foo definiert haben:

```
def foo(p1, p2):
    "Transmogrify p1 and p2 into a string."
    return p1[::-1] + p2
```

Es gibt einen großen Unterschied zwischen dem Namen der Funktion, und dem Aufruf derselben:

```
>>> foo
<function foo at 0x81e9c34>
```

```
>>> foo("hello", "world")
'ollehworld'
```

Der Rückgabewert des Aufrufs von foo kann einer Variablen zugewiesen werden, oder in komplexeren Ausdrücken weiterverwendet werden:

```
>>> some_result = foo("hello", "world")
```

```
>>> some_result
'ollehworld'
```

```
>>> foo("hello", "world").upper()
'OLLEHWORLD'
```

```
>>> len(foo("hello", "world"))
10
```

```
>>> if foo("hello", "world") == "ollehworld":
...     print foo("roc", "rect")
...
correct
```

Ist die Liste der Parameter sehr lang oder einfach nur schwer zu merken, können wir stattdessen Schlüsselwortargumente (*keyword arguments*) übergeben:

```
>>> foo("hello", "world")
'ollehworld'
```

```
>>> foo(p2="world", p1="hello")
'ollehworld'
```

Dabei müssen die Schlüsselwortargumente stets *nach* nach den positionalen Argumenten stehen:

```
>>> foo("hello", p2="world")
'ollehworld'
```

```
>>> foo(p1="hello", "world")
  File "<stdin>", line 1
SyntaxError: non-keyword arg after keyword arg
```

Einige Funktionen können positionale Parameter mit Default-Werten spezifizieren (in ihrer Definition):

```
def foobar(p1, p2="world"):
    "Transmogrify p1 and p2 into a string."
    return p1[::-1] + p2
```

Werden die passenden Argumente beim Aufruf weggelassen, dann nehmen diese Parameter ihre Default-Werte automatisch an:

```
>>> foobar("hello")
'ollehworld'
```

```
>>> foobar("hello", "you")
'ollehyou'
```

In diesem Beispiel war p1 erforderlich, doch p2 optional, weil dafür bereits ein Default-Wert world angegeben war.

Ein erforderliches Argument (Pflichtargument) wegzulassen, ist ein Fehler und löst eine TypeError-Ausnahme aus:

```
>>> foobar()
Traceback (most recent call last):
  File "<stdin>", line 1, in <module>
TypeError: foobar() takes at least 1 argument (0 given)
```

Wenn eine Funktionsdefinition keine *p-Form enthält, werden zusätzliche positionale Argumente beim Aufruf ebenfalls als Fehler gewertet:

```
>>> foobar("hello", "big", "world")
Traceback (most recent call last):
  File "<stdin>", line 1, in <module>
TypeError: foobar() takes at most 2 arguments (3 given)
```

Und wenn die Funktionsdefinition keine **kw-Form spezifiziert, werden zusätzliche Schlüsselwortargumente ebenfalls als Fehler gewertet:

```
>>> foobar("hello", "world", name="blah")
Traceback (most recent call last):
  File "<stdin>", line 1, in <module>
TypeError: foobar() got an unexpected keyword argument 'name'
```

Wir werden diese *p- und **kw-Formen weiter unten erläutern.

8.2 Funktionsparameter

Funktionsparameter werden in der Parameterliste spezifiziert und als Argumente beim Aufruf der Funktion übergeben. Es gibt folgende Parameter:

■ positionale Parameter, mit oder ohne Default-Wert
■ die *p-Form
■ die **kw-Form

Diese Parametergruppen müssen genau in dieser Reihenfolge in der Parameterliste stehen. Natürlich können einzelne Gruppen entfallen.

Schauen wir uns folgendes Beispiel an, das alle Formen auf einmal zeigt:

```
def foo(p1, p2=42, *p, **kw):
    "Print positional parameters, *p and **kw forms"
    print "p1  =", p1
    print "p2  =", p2
    print "*p  =", p
    print "**kw =", kw
```

Probieren wir es nun aus. p1 ist Pflicht, kann nicht weggelassen werden, da es keinen Default-Wert hat:

```
>>> foo()
Traceback (most recent call last):
  File "<stdin>", line 1, in <module>
TypeError: foo() takes at least 1 argument (0 given)
```

Dafür kann das zweite Argument p2 angegeben oder weggelassen werden:

```
>>> foo('one', 'two')
p1  = one
p2  = two
*p  = ()
**kw = {}

>>> foo('one')
p1  = one
```

```
p2   = 42
*p   = ()
**kw = {}
```

Interessanter sind hier aber die *p- und **kw-Formen. Diese nehmen zusätzliche positionale und Schlüsselwortargumente auf und speichern sie in ein Tupel bzw. ein Dictionary:

```
>>> foo('one', 'two', 'three', 'four', fiver='five', fizzle='six')
p1   = one
p2   = two
*p   = ('three', 'four')
**kw = {'fizzle': 'six', 'fiver': 'five'}
```

Innerhalb der Funktion kann auf p oder kw ganz klassisch zugegriffen werden, sie enthalten ein ganz einfaches Tupel- bzw. Dictionary-Objekt. Beispielsweise: arg1=p[2]+ p[7] oder result=kw['fizzle'].upper(). Hier ist noch ein Beispiel, das eine beliebige Anzahl von Zahlen summiert:

```
def summer(*p):
    "Sum all numbers"
    result = 0
    for num in p:
        result = result + num
    return result
```

Der Aufruf sieht dann so aus:

```
>>> summer()
0

>>> summer(1)
1

>>> summer(5, 10, 15, 20)
50
```

Zu beachten ist, dass die *p- und **kw-Formen ausschließlich überschüssige Argumente aufnehmen, die nicht bereits von den anderen Parametern übernommen wurden. Selbstverständlich können sie auch leer bleiben.

Zu den Parametern mit Default-Werten sollte man zwei Punkte wissen:

- sie stehen in der Parameterliste stets *nach* den Pflichtparametern: foobar(p1, p2=42) ist okay, aber foobar(p1=4711, p2) ist es nicht;
- die Default-Werte werden nur *einmal* den Parametern zugewiesen, und zwar zum Zeitpunkt, an dem die def-Anweisung ausgeführt wird. Somit kann man z.B. einen Funktionszähler implementieren:

open source library

```
def foobar(p1, store={}):
    "Function with meta data"

    if isinstance(store, dict):
        store['counter'] = store.get('counter', 0) + 1
        print "foobar called", store['counter'], "time(s)"
    else:
        print "store(shadowed) =", store

    # Do something with p1
    print "p1 =", p1
```

Schauen wir ein paar Aufrufe an:

```
>>> foobar('one')
foobar called 1 time(s)
p1 = one

>>> foobar('two')
foobar called 2 time(s)
p1 = two

>>> foobar('three', 'four')
store(shadowed) = four
p1 = three

>>> foobar('four')
foobar called 3 time(s)
p1 = four
```

Der Variablen store wird einmalig bei der Definition von foobar ein leeres Dictionary zugewiesen. Anschließend wird immer wieder mit diesem Dictionary gearbeitet. Dort speichern wir einen Eintrag 'counter': anzahl_der_aufrufe_von_foobar, den wir jedes Mal aktualisieren.

Natürlich könnte beim Aufruf ein store-Parameter explizit übergeben werden. In dem Fall funktioniert der Funktionszähler in unserem Beispiel nicht! Um keinen Fehler beim Aufruf von store.get('counter', 0) zu bekommen, prüfen wir erst mit isinstance nach, ob store überhaupt ein Dictionary ist.

Der Default-Wert bleibt auch dann erhalten, wenn wir nach der expliziten Angabe eines passenden Wertes (hier beim Aufruf von foobar('three', 'four')) anschließend ihn wieder weglassen. Man sagt, dass der Default-Wert nur temporär verdeckt war (*shadowed*). Darum funktioniert der Zähler beim Aufruf foobar('four') wieder, auch wenn er jetzt um 1 zu klein ist.

Wenn wir schon dabei sind: Die Abfrage, ob store ein Dictionary ist, reicht nicht aus, um eine richtige Zählersemantik zu erhalten:

```
>>> foobar('blah', { 'hello': 'hi' })
foobar called 1 time(s)
p1 = blah

>>> foobar('blam', { 'counter': 9999 })
foobar called 10000 time(s)
p1 = blam

>>> foobar('blih')
foobar called 4 time(s)
p1 = blih
```

Der Grund liegt darin, dass *unser* eigentlicher Zähler nur im Default-Wert sein sollte. Wird dieser durch ein anderes Dictionary verdeckt, landet ein *neuer* Zähler dort, da rum die falsche Ausgabe. Dazu gibt es keine richtige Lösung, außer Programmierern mitzuteilen, dass bestimmte Parameter wie z.B. store beim Aufruf *nicht* zu verwenden sind, etwa im Docstring.

Ein weiterer Fehler ist die nicht ausreichende Typprüfung von store: Man kann nämlich locker eine Ausnahme auslösen, auch wenn foobar (bis auf das Problem mit dem Shadowing) robust aussieht:

```
>>> foobar('bloh', { 'counter': 'non_numeric' })
Traceback (most recent call last):
  File "<stdin>", line 1, in <module>
  File "<stdin>", line 5, in foobar
TypeError: cannot concatenate 'str' and 'int' objects
```

Wir können dies durch eine präzisere Abfrage abfangen, auf Kosten eines etwas unübersichtlicheren Codes:

```
def foobar2(p1, store={}):
    "Function with meta data"

    if isinstance(store, dict):
        the_counter = store.get('counter', 0)
        if isinstance(the_counter, int):
            store['counter'] = the_counter + 1
            print "foobar2 called", store['counter'], "time(s)"
        else:
            # store['counter'] wasn't a counter!
            print "store =", store
    else:
        print "store(shadowed) =", store

    # Do something with p1:
    print "p1 =", p1
```

Wir werden weiter unten sehen, wie das Zählerproblem mit Hilfe von *Dekoratoren* elegant gelöst wird.

8.3 Rückgabewerte

Wie bereits erwähnt, können Funktionen beliebige Objekte zurückgeben. Falls kein Objekt explizit mit return zurückgegeben wird, liefert eine Funktion None zurück. Sollen mehrere Werte zurückgegeben werden, kann man diese in ein Python-Objekt (z.B. eine Liste, ein Dictionary, eine Instanz eines eigens definierten Datentyps etc.) packen und dieses zurückgeben:

```
def foo1():
    "Return multiple values in a list"
    return ['john doe', '555-2323', 'jdoe@example.com']

def foo2():
    "Return multiple values in a dictionary"
    return {'name': 'john doe', 'phone': '555-2323',
            'email': 'jdoe@example.com'}
```

Der Aufruf müsste klar sein:

```
>>> p1 = foo1()
>>> p2 = foo2()

>>> p1
['john doe', '555-2323', 'jdoe@example.com']

>>> p2
{'phone': '555-2323', 'name': 'john doe', 'email': 'jdoe@example.com'}
```

8.4 Scope

Angenommen, wir haben folgende Funktion:

```
def set_a(value):
    "Set a to value"
    a = value
    print "New value:", a
```

Was geschieht beim Aufruf, wenn es eine Variable namens a außerhalb der Funktion set_a gibt?

```
>>> a = 42

>>> set_a(4711)
New value: 4711

>>> a
42
```

Offensichtlich hat die Zuweisung a = value innerhalb der Funktion eine *lokale Variable* a erzeugt, die von der *globalen Variablen* a völlig unabhängig ist!

Wollen wir dennoch von innerhalb der Funktion auf solche globalen Variablen zugreifen, können wir das Schlüsselwort global nutzen:

```
def set_b(value):
    "Set global b to value"
    global b
    b = value
    print "New value:", b
```

Durch diese kleine, aber wichtige Ergänzung verändert set_b nun auch eine globale Variable gleichen Namens:

```
>>> b = 42

>>> set_b(4711)
New value: 4711

>>> b
4711
```

Sogar wenn es noch keine globale Variable b gibt, wird diese von set_b erzeugt. Um es zu zeigen, löschen wir kurz die globale Variable b mit Hilfe eines Tricks, der weiter unten noch erläutert wird:

```
>>> del globals()['b']

>>> b
Traceback (most recent call last):
  File "<stdin>", line 1, in <module>
NameError: name 'b' is not defined
```

Und rufen nun `set_b` noch mal auf:

```
>>> set_b(12345)
New value: 12345
```

```
>>> b
12345
```

8.4.1 Lokale und globale Namensräume verstehen

Um zu verstehen, was hier vor sich geht, muss man nur wissen, dass Variablen in zwei Namensräumen existieren können: in einem globalen Namensraum, der immer gleich ist, und in einem lokalen Namensraum, der von der jeweiligen Funktion abhängt, die gerade ausgeführt wird.

Nun gibt es einen Unterschied beim Auslesen oder Beschreiben von Variablen von innerhalb einer Funktion:

Beim Auslesen von Variablen (d.h. alles, was nicht einer Zuweisung entspricht) von innerhalb einer Funktion wird grundsätzlich die Variable erst im jeweils aktuellen lokalen Namensraum der Funktion nachgeschlagen, und, falls diese Suche erfolglos bleibt, anschließend im globalen Namensraum.

Beim Beschreiben von Variablen (d.h. im Falle einer Zuweisung) wird ebenfalls zunächst im lokalen Namensraum nachgeschlagen; aber, falls die Variable dort nicht vorkommt, wird dann nicht etwa im globalen Namensraum nachgeschaut, sondern eine neue Variable im lokalen Namensraum angelegt! Dieses Verhalten gilt nicht für Variablen, die (durch Kommata getrennt, wenn es mehrere sind) hinter dem Schlüsselwort `global` angegeben werden. Diese Variablen werden grundsätzlich im globalen Namensraum nachgeschlagen, und auch bei Bedarf dort erzeugt.

Was ist ein Namensraum? Das ist konzeptuell nichts anderes als ein Dictionary, der Variablennamen zu deren Adresse im Speicher zuordnet. Beide Namensräume kann man mit den built-in-Funktionen `locals` und `globals` anschauen und auch manipulieren:

```
import pprint

def show_namespaces():
    "Display local and global namespaces"
    foo = 'a local variable'
    bar = 99999
    print "locals() =="
    pprint.pprint(locals())
    print "globals() =="
    pprint.pprint(globals())
```

Die Funktion pprint aus dem Modul pprint der Python Standard Library ist lediglich ein Pretty Printer, der hier die Ausgabe der Dictionarys etwas übersichtlicher formatieren soll.

Führt man diese Funktion aus, erhält man z.B. folgende Ausgabe:

```
>>> show_namespaces()
locals() ==
{'bar': 99999, 'foo': 'a local variable'}
globals() ==
{'__builtins__': <module '__builtin__' (built-in)>,
 '__doc__': None,
 '__name__': '__main__',
 'a': 42,
 'b': 12345,
 'foo': <function foo at 0x28417844>,
 'foo1': <function foo1 at 0x28417924>,
 'foo2': <function foo2 at 0x2841795c>,
 'foobar': <function foobar at 0x2841787c>,
 'foobar2': <function foobar2 at 0x284177d4>,
 'p1': ['john doe', '555-2323', 'jdoe@example.com'],
 'p2': {'email': 'jdoe@example.com', 'name': 'john doe', 'phone': '555-2323'},
 'pprint': <module 'pprint' from
                '/users/farid/python/lib/python2.5/pprint.pyc'>,
 'set_a': <function set_a at 0x28417994>,
 'set_b': <function set_b at 0x284178ec>,
 'show_namespaces': <function show_namespaces at 0x28417e9c>,
 'some_result': 'ollehworld',
 'summer': <function summer at 0x2841779c>}
```

Wir erkennen an der Ausgabe erwartungsgemäß:

- bar und foo sind ausschließlich im lokalen Namensraum enthalten.
- a, b, set_a, set_b, show_namespaces sind im globalen Namensraum neben ein paar anderen globalen Namen wie dem pprint-Modul, das wir gerade importiert haben, dem speziellen __builtins__-Modul der built-in-Funktionen etc. zu finden.

Jetzt müsste der kleine Trick del globals()['b'] weiter oben verständlicher sein.

Es bleibt nur noch zu erwähnen, dass der lokale Namensraum nicht an eine Funktion gebunden ist, sondern an einen Aufruf einer Funktion. Wird eine Funktion *rekursiv* aufgerufen, wird natürlich ein Namensraum pro Aufruf angelegt:

```
def factorial(n):
    "Returns n!"
    result = n
    if result > 1:
        result = result * factorial(n-1)
```

```
    print "locals() of factorial(%d) ==" % n, locals()
    return result
```

Der Aufruf zeigt, dass pro Aufruf von factorial jeweils ein eigener Namensraum erzeugt wird:

```
>>> factorial(5)
locals() of factorial(1) == {'result': 1, 'n': 1}
locals() of factorial(2) == {'result': 2, 'n': 2}
locals() of factorial(3) == {'result': 6, 'n': 3}
locals() of factorial(4) == {'result': 24, 'n': 4}
locals() of factorial(5) == {'result': 120, 'n': 5}
120
```

So sollte sich jede wohlerzogene Funktion schließlich auch benehmen.

8.5   Ein Blick unter die Haube

Nehmen wir an, dass wir eine Funktion f haben:

```
def f(p1, p2='hi', *alist, **adict):
    "A function that prints its arguments"
    print "p1:", p1
    print "p2:", p2
    print "*alist:", alist
    print "**adict:", adict
    return [ p1, p2 ]
```

Der Aufruf lautet wie zu erwarten:

```
>>> f('hello', 'world', 'more', 'arguments', lastname='doe', firstname='doe')
p1: hello
p2: world
*alist: ('more', 'arguments')
**adict: {'lastname': 'doe', 'firstname': 'doe'}
['hello', 'world']
```

Was steckt aber unter f?

```
>>> f
<function f at 0x284d5294>

>>> type(f)
<type 'function'>
```

Das war schon klar! Funktionen sind *first class citizens* vom Typ function.

Wie alle anderen Python-Objekte hat f sicher interessante Attribute. Aber welche? Hier kommt uns dir zu Hilfe:

```
>>> [ s for s in dir(f) if not s.startswith('_') and not s.endswith('_') ]
['func_closure', 'func_code', 'func_defaults', 'func_dict', 'func_doc',
'func_globals', 'func_name']
```

Ob uns help hier weiterhilft?

```
>>> help(f)
Help on function f in module __main__:

f(p1, p2='hi', *alist, **adict)
    A function that prints its arguments
```

Leider nicht! help(f) liefert die Hilfe zur Funktion f, indem sie deren Docstring auswertet.

Also bleibt uns nichts anderes übrig, als die Attribute von f einzeln unter die Lupe zu nehmen. Ein paar dieser Attribute sind einfach zu verstehen:

```
>>> f.func_doc
'A function that prints its arguments'

>>> f.func_name
'f'
```

Die Default-Argumente erhält man als Tupel:

```
>>> f.func_defaults
('hi',)
```

Dafür ist f.func_dict zunächst einmal leer:

```
>>> f.func_dict
{}
```

Aber man kann Attribute an f dranhängen, was dessen Dictionary verändern kann:

```
>>> f.foo = 'the foo attribute'
>>> f.bar = 'the bar attribute'

>>> f.func_dict
{'foo': 'the foo attribute', 'bar': 'the bar attribute'}
```

Das Attribut f.func_globals liefert dasselbe wie der Aufruf der globals-Funktion: den globalen Namespace als Dictionary (wir ersparen uns hier die Wiedergabe, da sie fast identisch ist mit oben).

Interessant ist aber f.func_code:

```
>>> f.func_code
<code object f at 0x2841f380, file "<stdin>", line 1>
```

```
>>> type(f.func_code)
<type 'code'>
```

Das code-Objekt von f enthält Informationen zum Python-Code, der die Funktion ausmacht, zu dessen Signatur usw.

```
>>> fc = f.func_code
```

```
>>> [ s for s in dir(fc) if not s.startswith('__') and not s.endswith('__') ]
['co_argcount', 'co_cellvars', 'co_code', 'co_consts', 'co_filename',
 'co_firstlineno', 'co_flags', 'co_freevars', 'co_lnotab', 'co_name',
 'co_names', 'co_nlocals', 'co_stacksize', 'co_varnames']
```

Diese Attribute sind leider nicht besonders gut dokumentiert. Den Zweck einiger dieser Attribute kann man erraten:

```
>>> fc.co_argcount
2
```

```
>>> fc.co_varnames
('p1', 'p2', 'alist', 'adict')
```

Der Zweck oder die Bedeutung anderer Flags erschließt sich uns nicht so ohne Weiteres:

```
>>> fc.co_flags
79
```

```
>>> fc.co_code
'd\x01\x00G|\x00\x00GHd\x02\x00G|\x01\x00GHd\x03\x00G|\x02\x00GHd\x04\
\x00G|\x03\x00GH|\x00\x00|\x01\x00g\x02\x00S'
```

Um diese Innereien des code-Objekts zu entziffern, bedient man sich besser des inspect-Moduls der Python Standard Library (siehe Abbildung auf der nächsten Seite).

```
>>> import inspect
```

```
>>> inspect.getargspec(f)
(['p1', 'p2'], 'alist', 'adict', ('hi',))
```

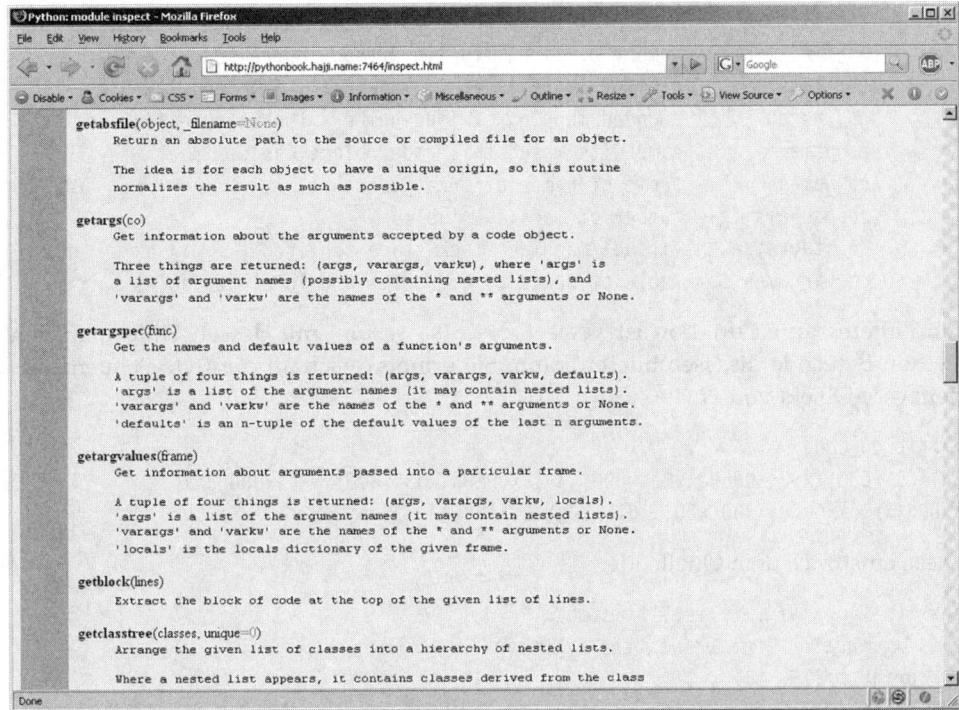

Mit `getargspec` erhält man ein Tupel, bestehend aus

- der Liste der positionalen Argumente,
- dem Namen der *p-Form,
- dem Namen der **kw-Form und
- einem Tupel aus Default-Werten.

Diese Funktion ist sehr nützlich, denn sie wird u.a. auch von *pydoc* benutzt, um die Signatur eines Funktionsobjekts zu erhalten.

Wir können z.B. die Bedeutung der `co_*`-Attribute des `code`-Objekts wie folgt erhalten:

```
>>> help(inspect.iscode)
Help on function iscode in module inspect:

iscode(object)
    Return true if the object is a code object.

    Code objects provide these attributes:
        co_argcount     number of arguments (not including * or ** args)
        co_code         string of raw compiled bytecode
        co_consts       tuple of constants used in the bytecode
```

```
co_filename      name of file in which this code object was created
co_firstlineno   number of first line in Python source code
co_flags         bitmap: 1=optimized | 2=newlocals | 4=*arg | 8=**arg
co_lnotab        encoded mapping of line numbers to bytecode indices
co_name          name with which this code object was defined
co_names         tuple of names of local variables
co_nlocals       number of local variables
co_stacksize     virtual machine stack space required
co_varnames      tuple of names of arguments and local variables
```

Eine interessante Funktion ist inspect.dis.disassemble, mit dessen Hilfe man den Python-Bytecode disassemblieren kann. Sie erinnern sich an die Byte-Sequenz aus dem code-Objekt von f?

```
>>> fc.co_code
'd\x01\x00G|\x00\x00GHd\x02\x00G|\x01\x00GHd\x03\x00G|\x02\x00GHd\x04\
\x00G|\x03\x00GH|\x00\x00|\x01\x00g\x02\x00S'
```

Diese entsprach dem Quellcode:

```
def f(p1, p2='hi', *alist, **adict):
    "A function that prints its arguments"
    print "p1:", p1
    print "p2:", p2
    print "*alist:", alist
    print "**adict:", adict
    return [ p1, p2 ]
```

Und lässt sich wie folgt disassemblieren:

```
>>> inspect.dis.disassemble(fc)
  3           0 LOAD_CONST          1 ('p1:')
              3 PRINT_ITEM
              4 LOAD_FAST           0 (p1)
              7 PRINT_ITEM
              8 PRINT_NEWLINE

  4           9 LOAD_CONST          2 ('p2:')
             12 PRINT_ITEM
             13 LOAD_FAST           1 (p2)
             16 PRINT_ITEM
             17 PRINT_NEWLINE

  5          18 LOAD_CONST          3 ('*alist:')
             21 PRINT_ITEM
```

```
            22 LOAD_FAST              2 (alist)
            25 PRINT_ITEM
            26 PRINT_NEWLINE


6           27 LOAD_CONST             4 ('**adict:')
            30 PRINT_ITEM
            31 LOAD_FAST              3 (adict)
            34 PRINT_ITEM
            35 PRINT_NEWLINE


7           36 LOAD_FAST              0 (p1)
            39 LOAD_FAST              1 (p2)
            42 BUILD_LIST            2
            45 RETURN_VALUE
```

Die großgeschriebenen Kommandos sind Primitive der Python Virtuellen Maschine, und die Zahlen ganz links entsprechen den Zeilennummern im Quellcode.

Ein weiteres, einfacheres Beispiel zum Nachvollziehen:

```
def g(a, b):
    "Add two numbers, and return the result"
    res = a + b
    return res
```

Der Bytecode sieht so aus:

```
>>> g.func_code.co_code
'|\x00\x00|\x01\x00\x17}\x02\x00|\x02\x00S'
```

Ziemlich kompakt, aber völlig unleserlich für Menschen! Disassemblieren wir ihn:

```
>>> inspect.dis.disassemble(g.func_code)
  3           0 LOAD_FAST              0 (a)
              3 LOAD_FAST              1 (b)
              6 BINARY_ADD
              7 STORE_FAST             2 (res)

  4          10 LOAD_FAST              2 (res)
             13 RETURN_VALUE
```

Man erkennt leicht, wie die Python Virtuelle Maschine solche Anweisungen ausführen wird!

8.6 Factory-Funktionen und -Closures

Eine Funktion, die ein function-Objekt zurückgibt, nennt man u.a. eine *factory function*:

```
def create_prompter(prompt):
    "A factory that creates prompting functions"
    def prompter():
        "Ask the user a question and return reply as string"
        return raw_input(prompt + " ")
    return prompter
```

Diese Factory-Funktion erzeugt bei Bedarf eine Funktion und liefert diese zurück.

```
>>> fname = create_prompter("What is your name?")
```

```
>>> fage  = create_prompter("How old are you?")
```

```
>>> fprog = create_prompter("What is your favorite programming language?")
```

All diese Funktionen sind unterschiedliche Objekte, wie man an den unterschiedlichen Adressen erkennt:

```
>>> fname
<function prompter at 0x2841787c>
```

```
>>> fage
<function prompter at 0x284178b4>
```

```
>>> fprog
<function prompter at 0x284177d4>
```

Doch rufen wir sie mal auf:

```
>>> fname()
What is your name? John Doe
'John Doe'
```

```
>>> fage()
How old are you? 39
'39'
```

```
>>> fprog()
What is your favorite programming language? Python
'Python'
```

Diese von der Factory create_prompter erzeugten Funktionen nennt man *closures*, weil sie den Wert von prompt in sich eingeschlossen haben.

8.7 Dekoratoren

Oft möchte man das Verhalten von Funktionen verändern. Einige typische Anwendungen sind dabei:

- Tracing und Debuggen: die Aufrufe der Funktion sollen geloggt werden.
- Profiling: es soll gezählt werden, wie oft eine Funktion aufgerufen wird.
- Memoizing: die Funktion soll rechenintensive Ergebnisse cachen.
- Locking: die Funktion soll nur von einem einzigen Thread betreten werden.

Stellen Sie sich dabei vor, dass die zu verändernden Funktionen bereits in einem umfangreichen Programm überall verwendet werden. Wäre es nicht praktisch, mittels eines Schlüsselwortes vor der Definition der Funktion das gewünschte Verhalten wie auf magische Art und Weise einzuschalten? Etwa so:

```
@traced
def foo(): ...


@profiled
def bar(): ...


@memoized
def foobar(num): ...


@synchronized
def baz(): ...
```

Könnten diese Schlüsselwörter auch miteinander einfach kombiniert werden?

```
@synchronized
@memoized
@profiled
def foobar(num):
    "A threaded and memoized worker that is being profiled"
    # ...
```

Der Mechanismus, mit dem in Python dies möglich wird, heißt *Dekorator*. Ein Dekorator ist nichts anderes als eine Factory-Funktion, die eine beliebige Funktion als Argument erwartet und eine modifizierte Funktion zurückgibt. In den obigen Beispielen sind `traced`, `profiled`, `synchronized` und `memoized` Dekoratoren.

Wir werden in diesem Abschnitt lernen, wie man Dekoratoren definiert. Dabei ist eine Eigenschaft von Dekoratoren sehr wünschenswert: Sie sollen die Signatur der zu wrappenden Funktion erhalten! Wir werden im nächsten Unterabschnitt sehen, dass dies keine triviale Aufgabe ist, wenn man einen Dekorator manuell erstellt. Doch zum Glück gibt es ein kleines, aber feines Drittanbietermodul namens `decorator`, das uns diese Aufgabe auf eine elegante Art und Weise abnimmt. `decorator` stellen wir daher im übernächsten Unterabschnitt vor.

8.7.1 Dekoratoren manuell erstellen

Angenommen, wir haben eine einfache Funktion foo:

```
def foo():
    "A very simple function"
    print "I am foo()"
```

Wir möchten nun, dass jeder Aufruf von foo protokolliert wird. So soll beispielsweise eine einfache Ausgabe erfolgen. Wie kann man so etwas bewerkstelligen? Eine ganz naive Version sähe so aus:

```
def tracefoo():
    "Trace each call to foo"
    print "TRACE: foo"
    return foo()
```

Der Aufruf wäre dann:

```
>>> tracefoo()
TRACE: foo
I am foo()
```

Etwas eleganter wäre eine Factory-Funktion:

```
def tracer_function(f):
    "Create a tracer for function f"
    def tracer():
        "A tracer for f"
        print "TRACE:", f.func_name
        return f()
    return tracer
```

Daraus können wir einen Tracer für foo erzeugen:

```
>>> tfoo = tracer_function(foo)

>>> tfoo()
TRACE: foo
I am foo()
```

Man sieht, dass die Factory tracer_function allgemeiner als die Funktion tracefoo ist, weil man mit ihr beliebige Funktionen tracen kann, *solange diese keine Parameter akzeptieren.*

Jetzt könnte man erst eine Funktion bar definieren, dann die Factory tracer_function mit bar als Argument aufrufen, und das, was diese tracer_function zurückgibt, statt bar aufrufen.

Was ist aber, wenn bar mehrmals im Programm aufgerufen wird? Muss man jetzt jedes Vorkommen von bar durch die von der Factory-Funktion zurückgegebene Tracer-Funktion ersetzen? Zum Glück nicht! Man kann nämlich tracer_function als Dekorator direkt bei der Definition von bar angeben:

```
@tracer_function
def bar():
    "Another very simple function"
    print "I am bar()"
```

Durch diese Schreibweise ist nicht nur bar definiert, es ist auch so modifiziert worden, dass es sich selbst tracet:

```
>>> bar()
TRACE: bar
I am bar()
```

In Wirklichkeit ist also bar an dieser Stelle nicht mehr bar, sondern der von tracer_function **gelieferte** tracer:

```
>>> bar
<function tracer at 0x2841787c>
```

Im Unterschied dazu hat foo seine Eigenständigkeit behalten:

```
>>> foo
<function foo at 0x284177d4>
```

```
>>> tfoo
<function tracer at 0x284178b4>
```

Gehen wir nun einen Schritt weiter. Wie wäre es mit Funktionen, die Argumente akzeptieren? Definieren wir also folgende Funktion:

```
def doubler(num):
    "Returns the double of a number num"
    return num + num
```

Könnten wir doubler mit tracer_function **wrappen**?

```
>>> tdbl = tracer_function(doubler)
```

```
>>> doubler(10.0)
20.0
```

```
>>> tdbl(10.0)
Traceback (most recent call last):
  File "<stdin>", line 1, in <module>
TypeError: tracer() takes no arguments (1 given)
```

Das Problem hier ist, dass die von `tracer_function` erzeugte `tracer` Funktion `tdbl` keine Argumente annimmt!

Wir müssten also `tracer_function` dahingehend verbessern, dass es einen `tracer` erzeugt, der ein Argument annimmt:

```
def tracer_function_1arg(f):
    "Create a tracer for function f, where f takes one argument"
    def tracer(thearg):
        "A tracer for f"
        print "TRACE:", f.func_name
        return f(thearg)
    return tracer
```

Jetzt geht's leichter:

```
>>> tdbl = tracer_function_1arg(doubler)
```

```
>>> tdbl(10.0)
TRACE: doubler
20.0
```

Gibt es eine allgemeingültige Lösung? Wir könnten ja beliebige Argumente annehmen, indem man die *p- und **kw-Formen bei `tracer` angibt:

```
def tracer_function_general(f):
    "Create a tracer for function f, f takes *p and **kw forms"
    def tracer(*p, **kw):
        "A tracer for f"
        print "TRACE:", f.func_name
        return f(*p, **kw)
    return tracer
```

Versuchen wir es damit:

```
>>> tfoo2 = tracer_function_general(foo)
>>> tfoo2()
TRACE: foo
I am foo()
```

```
>>> tdbl2 = tracer_function_general(doubler)
>>> tdbl2(10.0)
TRACE: doubler
20.0
```

Das ist schon mal nicht schlecht, aber es ist nicht allgemein genug.

Ein Schönheitsfehler besteht darin, dass der Name der getraceten Funktion nicht erhalten geblieben ist. Statt doubler ist der Name von tdbl2 einfach nur tracer; ein bisschen zu generisch:

```
>>> tdbl2
<function tracer at 0x284249cc>
```

Das könnte man durch eine verbesserte Version der Factory beheben. Dabei erhalten wir auch gleich den Docstring, wo wir so schön dabei sind!

```
def tracer_function_with_name(f):
    "Create a tracer function for f; preserve function name"
    def tracer(*p, **kw):
        print "TRACE:", f.func_name
        return f(*p, **kw)
    tracer.func_name = f.func_name
    tracer.func_doc  = f.func_doc
    return tracer
```

Probieren wir diese verallgemeinerte Factory aus:

```
>>> tdbl3 = tracer_function_with_name(doubler)

>>> tdbl3(10.0)
TRACE: doubler
20.0

>>> tdbl3
<function doubler at 0x28436064>

>>> doubler
<function doubler at 0x2843610c>

>>> tdbl3.__doc__
'Returns the double of a number num'
```

Wir erkennen, dass tdbl3 den Namen von doubler erhalten hat, sowie dessen Docstring. Natürlich haben tdbl3 und doubler nicht dieselben Adressen im Speicher; aber das ist normal, da es sich hier um zwei verschiedene Funktionen handelt: die zu wrappende Funktion doubler und den Wrapper tdbl3.

Ein weiterer Schönheitsfehler ist, dass diese verbesserte Factory nicht alle Attribute der zu wrappenden Funktion kopiert hat! Nehmen wir an, dass wir an doubler ein paar Attribute anhängen:

```
>>> doubler.name = "The doubler function"
>>> doubler.addy = hex(id(doubler))
```

Diese Attribute werden intern in `doubler.__dict__` gespeichert:

```
>>> doubler.__dict__
{'name': 'The doubler function', 'addy': '0x2843610c'}
```

Natürlich bleiben sie beim Wrappen bisher nicht erhalten:

```
>>> tdbl4 = tracer_function_with_name(doubler)
>>> tdbl4.__dict__
{}
```

Also verbessern wir die Factory-Funktion noch einmal aufs Neue:

```
def tracer_function_with_name_and_dict(f):
    "Create a tracer function for f; preserve function name and attrs."
    def tracer(*p, **kw):
        print "TRACE:", f.func_name
        return f(*p, **kw)
    tracer.func_name = f.func_name
    tracer.func_doc  = f.func_doc
    tracer.__dict__.update(f.__dict__)
    return tracer
```

Nun müsste es hoffentlich besser gehen:

```
>>> tdbl5 = tracer_function_with_name_and_dict(doubler)

>>> tdbl5(10.0)
TRACE: doubler
20.0

>>> tdbl5
<function doubler at 0x284c8f0c>

>>> tdbl5.__dict__
{'name': 'The doubler function', 'addy': '0x2843610c'}
```

Das sieht schon mal sehr gut aus!

All dies hätten wir auch mit Hilfe der Funktion `update_wrapper` des `functools`-Modul erreichen können:

```
>>> import functools

def tracer_function_with_update_wrapper(f):
    "Create a tracer function for f; preserve attributes"
    def tracer(*p, **kw):
```

```
        print "TRACE:", f.func_name
        return f(*p, **kw)
    functools.update_wrapper(tracer, f)
    return tracer
```

Probieren wir es aus!

```
>>> tdbl6 = tracer_function_with_update_wrapper(doubler)
```

```
>>> tdbl6(10.0)
TRACE: doubler
20.0
```

```
>>> tdbl6
<function doubler at 0x284c90d4>
```

```
>>> tdbl6.addy
'0x2843610c'
```

```
>>> tdbl6.__doc__
'Returns the double of a number num'
```

```
>>> tdbl6.__module__
'__main__'
```

Sind wir jetzt soweit? Haben wir einen Dekorator hinbekommen, der alles erhält? Wie sieht es aus mit der Signatur?

```
>>> import inspect
```

```
>>> inspect.getargspec(doubler)
(['num'], None, None, None)
```

```
>>> inspect.getargspec(tdbl6)
([], 'p', 'kw', None)
```

Oh-oh! Das sieht jetzt aber gar nicht gut aus: Die Signaturen von doubler und tdbl6 sind verschieden:

```
def doubler(num): ...
def tracer(*p, **kw): ...
```

Wie kann man dennoch die Signatur erhalten? In dem Fall bleibt uns nichts anderes übrig, als die zu wrappende Funktion mittels eval zu evaluieren. Dies wird mit dem Drittanbietermodul decorator von Michele Simionato bewerkstelligt.

8.7.2 Das decorator-Modul

Da decorator nicht Bestandteil der Python Standard Library ist, muss es erst heruntergeladen und installiert werden. Wenn Sie wie in Kapitel 1, *Python installieren*, die setuptools installiert und konfiguriert haben, rufen Sie einfach easy_install decorator auf, und den Rest übernimmt setuptools in Zusammenarbeit mit dem PyPI:

```
$ ~/python/bin/easy_install decorator
Searching for decorator
Reading http://pypi.python.org/simple/decorator/
Reading http://www.phyast.pitt.edu/~micheles/python/documentation.html
Best match: decorator 2.2.0
Downloading http://www.phyast.pitt.edu/~micheles/python/decorator-2.2.0.zip
Processing decorator-2.2.0.zip
Running setup.py -q bdist_egg --dist-dir \
  /tmp/easy_install-9-Rs4o/egg-dist-tmp-Igt19b
zip_safe flag not set; analyzing archive contents...
Adding decorator 2.2.0 to easy-install.pth file

Installed /users/farid/python/lib/python2.5/site-packages/\
  decorator-2.2.0-py2.5.egg
Processing dependencies for decorator
Finished processing dependencies for decorator
```

Wie man sieht, verlief die Installation ziemlich schmerzfrei: es wurde bloß ein .zip heruntergeladen und als .egg neu verpackt im site-packages-Verzeichnis abgelegt. Nun steht decorator zur Verfügung. Starten Sie die Python-Shell erneut, falls Sie die Beispiele aus diesem Kapitel dort ausprobiert haben, und laden Sie den gesamten Namensraum von decorator mit folgender import-Anweisung ein:

```
>>> from decorator import decorator
```

Es sollten keine Fehler dabei auftreten.

traced

Nun greifen wir nochmal unseren Tracer auf, definieren ihn jetzt aber mit @decorator als Decorator:

```
@decorator
def traced(f, *p, **kw):
    "A tracer decorator"
    print "TRACE:", f.func_name
    return f(*p, **kw)
```

Man beachte, dass der Tracer generische Argumente für f erwartet: die *p- und **kw-Formen.

Nun kommt unser doubler wieder dran:

```
@traced
def doubler(num):
    "Returns the double of a number num"
    return num + num
```

Und jetzt schauen wir uns unseren doubler-Tracer näher an:

```
>>> doubler
<function doubler at 0x284b1224>

>>> doubler.__doc__
'Returns the double of a number num'

>>> doubler(10.0)
TRACE: doubler
20.0

>>> import inspect
>>> inspect.getargspec(doubler)
(['num'], None, None, None)
```

Wie unschwer zu erkennen ist, wurde diesmal auch die Signatur erhalten.

Es ist zu beachten, dass der Dekorator traced selbst dank des @decorator-Aufrufs während seiner Erzeugung eine neue Signatur bekam:

```
>>> inspect.getargspec(traced)
(['func'], None, None, None)
```

profiled

Jetzt, da wir traced implementiert haben, wollen wir mit dem profiled-Dekorator das Problem des Zählens von Funktionsaufrufen wieder aufgreifen, das wir weiter oben thematisiert hatten.

Der folgende Dekorator profiled speichert die Anzahl der Aufrufe einer Funktion als dessen Attribut count:

```
from decorator import decorator
from inspect import getargspec
```

```
@decorator
def profiled(f, *p, **kw):
    "A call counter decorator"
    if hasattr(f, "count"):
        f.count = f.count + 1
    else:
        f.count = 1
    print "PROFILER: %s called %d times(s)" % (f.func_name, f.count)
    return f(*p, **kw)
```

In Kapitel 10, *Klassen und Objekte*, erklären wir die Funktion hasattr und wie man generell Attribute an Objekte anfügen kann. Wenn Sie ungeduldig sind, geben Sie einfach help(hasattr) in der Python-Shell ein.

Erzeugen wir daraus unsere Funktion doubler:

```
@profiled
def doubler(num):
    "Returns the double of number num"
    return num + num
```

doubler hat die richtige Signatur und zählt nun mit, wie oft es aufgerufen wurde:

```
>>> doubler
<function doubler at 0x284a6304>

>>> getargspec(doubler)
(['num'], None, None, None)

>>> doubler(10.0)
PROFILER: doubler called 1 times(s)
20.0

>>> doubler(15.0)
PROFILER: doubler called 2 times(s)
30.0
```

Ein Nachteil dieses Decorators ist jedoch, dass wir den aktuellen Stand des Zählers nicht von außen ablesen können:

```
>>> doubler.count
Traceback (most recent call last):
  File "<stdin>", line 1, in <module>
AttributeError: 'function' object has no attribute 'count'

>>> doubler.__dict__
{}
```

Um diesen Nachteil zu beheben, müsste man in der Lage sein, nicht nur Funktionen, sondern auch Objekte (*callables*) mit decorator zu versehen, und in diesen Callables den Zählerstand ablegen. Dies war bei der aktuellen Implementierung von decorator leider noch nicht möglich.

memoized

Während profiled den Zähler count als einziges Attribut im Wrapper speichert, speichert memoized die Ergebnisse der Berechungen in ein ganzes Dictionary namens store:

```
from decorator import decorator
from inspect import getargspec


@decorator
def memoized(f, *p):
    "A memoizing decorator"
    if not hasattr(f, "store"):
        f.store = {}
    if p in f.store:
        return f.store[p]
    else:
        result = f(*p)
        f.store[p] = result
        return result
```

Wie stellen zunächst fest, dass wir hier keine Schlüsselwortparameter zulassen. Für die meisten Anwendungen reicht dies auch aus.

Nun definieren wir eine memoized-Version von doubler:

```
@memoized
def doubler(num):
    "Doubles number num"
    return num + num
```

Der Aufruf verläuft völlig unspektakulär:

```
>>> doubler
<function doubler at 0x284a625c>

>>> getargspec(doubler)
(['num'], None, None, None)

>>> doubler(10.0)
20.0
>>> doubler(15.0)
30.0
```

```
>>> doubler(15.0)
30.0
```

Was haben wir mit memoized nun gewonnen? In dem Fall gar nichts. Aber wenn die zu memoizende Funktion rechenintensiv ist, lohnt sich das Cachen der Ergebnisse im store schon ganz erheblich! Das klassische Beispiel ist die rekursive Berechnung der Fibonacci-Folge.

Zunächst definieren wir eine Funktion zum Messen der Zeit:

```
import time
def timeme(f, *p):
    "Compute and return f(p), and print time in seconds"
    start_time = time.time()
    result = f(*p)
    end_time = time.time()
    print "RUN TIME: %s took %.2f seconds" % (f.func_name,
                                    end_time - start_time)
    return result
```

Diese Funktion liefert nicht ganz so zuverlässige Ergebnisse, wenn weitere Prozesse auf dem Rechner während der Messung laufen. Das timeit-Modul der Python Standard Library bietet eine bessere Alternative, indem Python-Code in einer Schleife mehrmals ausgeführt wird und der Durchschnittswert der Ausführungszeiten berechnet wird.

Und nun zur rekursiven Definition von Fibonacci:

```
def fib1(n):
    "Computer fibonacci(n) recursively"
    if n == 1 or n == 2:
        return 1
    else:
        return fib1(n-1) + fib1(n-2)
```

Messen wir die Ausführungszeit für ein paar Argumente (auf einem sehr langsamen Rechner: die Laufzeiten werden bei Ihnen viel kürzer sein):

```
>>> timeme(fib1, 30)
RUN TIME: fib1 took 9.09 seconds
832040

>>> timeme(fib1, 32)
RUN TIME: fib1 took 25.33 seconds
2178309
```

Die Laufzeit steigt exponentiell an. Nun definieren wir erneut die rekursive Fibonacci-Funktion, diesmal aber mit memoized:

```
@memoized
def fib2(n):
    "Computer fibonacci(n) recursively"
    if n == 1 or n == 2:
        return 1
    else:
        return fib2(n-1) + fib2(n-2)
```

Führen wir fib2 nun ein paar mal aus:

```
>>> timeme(fib2, 30)
RUN TIME: fib2 took 0.00 seconds
832040

>>> timeme(fib2, 32)
RUN TIME: fib2 took 0.00 seconds
2178309

>>> timeme(fib2, 50)
RUN TIME: fib2 took 0.00 seconds
12586269025L

>>> timeme(fib2, 100)
RUN TIME: fib2 took 0.00 seconds
354224848179261915075L
```

Die Berechnung ist nun dermaßen schnell, dass die Ausführungszeit unterhalb der Messgenauigkeit unserer timeme-Funktion liegt! Der Grund für die Beschleunigung liegt natürlich im Zwischenspeichern der Ergebnisse aus fib(n-1) und fib(n-2), die mit einem einfachen Nachschlagen im Memoizing-Cache store in O(1) Zeit abgerufen werden, statt ihrerseits rekursiv berechnet werden zu müssen.

Dass wir im memoized-Dekorator das gesamte Tupel *p als Schlüssel des store-Cache Dictionary eingesetzt haben, hat eine angenehme Nebenwirkung: Man kann auch mehrargumentige Funktionen memoizen!

```
@memoized
def fast_pow(x, y):
    "Compute pow(x, y) and cache the results"
    return pow(x, y)
```

In diesem Beispiel werden (x, y) Tupel als Schlüssel im Cache eingesetzt und pow(x, y) als passender Wert. Wieder einmal wird beim ersten Mal pow aufgerufen, beim zweiten Mal kommt das Ergebnis aus dem Cache:

```
>>> fast_pow(2, 128)
340282366920938463463374607431768211456L
```

```
>>> fast_pow(2, 128)
340282366920938463463374607431768211456L
```

Bei sehr großen Zahlen könnte es eine spürbare Beschleunigung bedeuten.

synchronized

In Java kann man Methoden, die nur von einem Thread gleichzeitig ausgeführt werden sollen, als synchronized markieren. Python kennt zwar kein synchronized-Schlüsselwort wie Java, aber mit Hilfe von Dekoratoren lässt sich eine ähnliche Wirkung erzielen.

Das folgende Beispiel ist weitgehend der decorator-Dokumentation entnommen.

Definieren wir also den synchronized-Dekorator:

```
from decorator import decorator
import threading


@decorator
def synchronized(f, *p, **kw):
    "Make a function synchronized in the Java sense"
    lock = threading.Lock()
    lock.acquire()
    try:
        result = f(*p, **kw)
    finally:
        lock.release()
    return result
```

Dieser Dekorator benutzt ein Lock aus dem threading-Modul (siehe Abbildung auf der nächsten Seite).

Nehmen wir nun an, dass eine Funktion in mehreren Threads ausgeführt werden und dabei auf eine gemeinsame Ressource zugreifen soll. Eine solche Ressource könnte z.B. ein Python-Container sein:

```
>>> datalist = []
```

Eine einfache Funktion würde beliebige Daten an datalist anfügen:

```
import time

@synchronized
def write(data):
    "Writing to a single-access resouce"
    time.sleep(1)
    datalist.append(data)
```

Die kleine Wartezeit soll weiter unten einen länger laufenden Thread simulieren.

Der Aufruf in einem single-threaded Programm ist ja trivial:

```
>>> write('apples')

>>> write('oranges')

>>> datalist
['apples', 'oranges']
```

255

Interessant wird es natürlich erst, wenn man diese write-Funktion in verschiedenen Threads gleichzeitig aufruft! Um dies zu tun, definieren wir folgende Familie von Dekoratoren (die von einem Parameter abhängig sind):

```
def delayed(nsec):
    "A factory of decorators which launch a function after a delay"
    def delayed_call(f, *p, **kw):
        "Call f(*p, **kw) in a thread after a delay"
        thread = threading.Timer(nsec, f, p, kw)
        thread.start()
        return thread
    return decorator(delayed_call)
```

Damit können wir unsere synchronized-Funktion write starten:

```
@delayed(2)
def write_delayed(data):
    write(data)
```

Der Aufruf von des write_delayed Wrappers kehrt sofort mit einem threading.Timer-Objekt zurück:

```
>>> write_delayed('bananas')
<_Timer(Thread-1, started)>

>>> write_delayed('coconuts')
<_Timer(Thread-2, started)>
```

Nach 2 Sekunden wird dann der Thread, der die gewrappte Funktion write_delayed ausführen soll, vom threading-Subsystem gestartet. Die beiden Threads Thread-1 und Thread-2 laufen parallel; aber es besteht trotzdem keine Kollisionsgefahr für datalist, weil sie die bereits synchronized Funktion write aufrufen:

```
>>> datalist
['apples', 'oranges', 'bananas', 'coconuts']
```

Ein besonderer Dekorator aus der oben definierten delayed-Familie ist threaded, der eine Funktion ohne jegliche Verzögerung in einem eigenen Thread sofort startet:

```
>>> threaded = delayed(0)
```

Damit lassen sich jetzt Funktionen dekorieren, die sofort in ihrem eigenen Thread laufen sollen:

```
@threaded
def long_computation(maxval):
    "Perform some long running computation"
    i = 0
```

```
    while i < maxval:
        i = i + 1
    print "Finished computation. Result: %d" % (i,)
    return i

>>> long_computation(1000000)
<_Timer(Thread-3, started)>


>>> long_computation(2000000)
<_Timer(Thread-4, started)>
```

Und ein bisschen später erscheint:

```
Finished computation. Result: 1000000
Finished computation. Result: 2000000
```

Doch ohne die threading._Timer-Objekte kann man leider nicht an die Ergebnisse gelangen. Diese hätten wir wie folgt speichern sollen:

```
>>> thr1 = long_computation(1000000)
>>> thr2 = long_computation(2000000)


>>> thr1
<_Timer(Thread-5, stopped)>
```

In Wirklichkeit wäre der Rückgabewert von long_computation verloren, denn der Rückgabewert der run-Methode des Thread-Objekts wird weggeworfen. Sollte die im Thread laufende Funktion einen Wert zurückgeben, müsste sie diesen in eine Datenstruktur ablegen (am besten eine Datenstruktur, die mit einem Lock/Mutex vor gegenseitigen parallelen Zugriff geschützt ist!) und sich dann ‚ohne einen Wert zurückzugeben, beenden.

Details zu Threads finden Sie in der Dokumentation des threading-Modul in der *Python Library Reference*: http://docs.python.org/lib/module-threading.html.

Mehr Informationen zu Dekoratoren finden Sie u.a. in der Dokumentation des decorator-Moduls.

8.8 Zusammenfassung

Funktionen sind Instanzen des function-Datentyps und somit *first class citizens*. Man kann sie in Variablen und Containern speichern und sie anderen Funktionen als Argumente übergeben oder als Werte zurückgeben.

- Eine Funktion wird mit der Anweisung def erzeugt.
- Die allgemeine Signatur von Funktionen besteht aus positionalen Parametern, Parametern mit Default-Werten, der *p-Form und der **kw-Form.

- Beim Aufruf kann man mittels Schlüsselwertargumenten die Reihenfolge der positionalen Argumente verändern.
- Eine Funktion kann einen Wert mit `return` an den Aufrufer zurückgeben. Dieser Wert kann auch ein ganzer Container sein, falls man mehrere Werte zurückgeben will.

Als Nächstes haben wir Namensräume eingeführt:

- Variablen, die in Funktionen definiert werden, landen im lokalen Namensraum.
- Damit Funktionen dennoch auf globale Variablen zurückgreifen, müssen diese Variablen innerhalb der Funktion mit dem Schlüsselwort `global` speziell gekennzeichnet werden.
- Die Funktionen `locals` und `globals` liefern ein Dictionary von lokalen und globalen Namen zurück.

Ein `function`-Objekt hat noch mehr zu bieten. Man muss nur genau hinschauen:

- Wir haben folgende Attribute kennengelernt: `func_name`, `func_doc`, `func_defaults`, `func_dict`, `func_code`.
- `f.func_code` ist ein `code`-Objekt, das den Python-Bytecode und andere Metadaten wie etwa die Signatur enthält. Um ein solches `code`-Objekt zu untersuchen, kann man dessen Attribute untersuchen oder, besser, Funktionen aus dem `inspect`-Modul heranziehen.
- Die Funktion `getargspec` des `inspect`-Moduls liefert die Signatur einer Funktion zurück.
- Die Funktion `inspect.dis.disassemble`, angewandt auf `f.func_code`, disassembliert den Python-Bytecode `f.func_code.co_code` in Anweisungen an die Python Virtuelle Maschine.

Nachdem wir Factory-Funktionen (Funktionen, die Funktionen erzeugen und zurückgeben) und Closures kurz gestreift haben, haben wir uns auf Dekoratoren konzentriert:

- Mit `@dekoname def foo():` ... wird die Funktion `foo` innerhalb des Dekorators `dekoname` gewrappt. `dekoname` kann das Verhalten von `foo` nach Belieben verändern.
- Man kann Dekoratoren manuell erstellen, indem man einen Wrapper für die Signatur `(*p, **kw)` erstellt.
- Um die Signatur und andere Attribute der zu wrappenden Funktion im Wrapper zu erhalten, kann man den Dekorator `decorator` des Drittanbietermoduls `decorator` benutzen.
- Als Anwendungen von `decorator` haben wir die Dekoratoren `traced`, `profiled`, `memoized` und `synchronized` vorgestellt. Außerdem haben wir kurz Threads gestreift, indem wir die Dekoratoren `delayed` und `threaded` kennengelernt haben.

Im nächsten Kapitel gehen wir ausführlich auf die Dateiein- und -ausgabe und auf das Dateisystem ein.

9 Dateien und das Dateisystem

In Python ist der Schlüssel zur dateibasierten Ein- und Ausgabe der Datentyp `file`. In diesem Kapitel werden wir die `file`-API kennenlernen und damit sowohl Text- als auch Binärdateien verarbeiten. Auch *memory mapped*-Dateien mit `mmap` werden wir kennenlernen. Außerdem werden wir sehen, wie bestimmte Dateiformate wie `.gz`, `.bz2`, `.zip`, und `.tar` mit Hilfe von Modulen der Python Standard Library gelesen und beschrieben werden können.

Ein weiterer wichtiger Aspekt ist der Umgang mit dem Dateisystem. So möchte man beispielsweise alle Dateien mit einer bestimmten Endung auflisten oder auch die Metadaten einer Datei herausfinden (z.B. wann sie zuletzt modifiziert wurde).

Dateien sind nur eine Möglichkeit, persistente Programme in Python zu schreiben. In Kapitel 13, *Persistenz und Datenbanken*, lernen wir, wie man Persistenz außerdem mittels diverser Datenbankmodule implementieren kann.

9.1 Dateien

Eine Datei liest und schreibt man am bequemsten mit den Methoden eines `file`-Objekts. Ein solches Objekt erhält man mit der built-in-Funktion `open`:

```
>>> f = open('example.txt', 'w')
```

```
>>> f
<open file 'example.txt', mode 'w' at 0x81cc000>
```

Die Methoden dieses Objekts erhält man wie gewohnt mit `dir`:

```
>>> [ meth for meth in dir(f) if meth[:2] != '__' and meth[:-2] != '__' ]
['close', 'closed', 'encoding', 'fileno', 'flush', 'isatty', 'mode', 'name',
'newlines', 'next', 'read', 'readinto', 'readline', 'readlines', 'seek',
'softspace', 'tell', 'truncate', 'write', 'writelines', 'xreadlines']
```

Auf diese Methoden gehen wir weiter unten ausführlich ein.

Braucht man das `file`-Objekt nicht mehr, sollte man es mit der `close`-Methode schließen. Ein einmal geschlossenes `file`-Objekt kann nicht mehr zum Lesen und Schreiben benutzt werden:

```
>>> f.close()
```

```
>>> f
<closed file 'example.txt', mode 'w' at 0x81cc000>
```

9.1.1 Die Funktion open

Mit der built-in-Funktion `open` erhält man ein `file`-Objekt. Sie hat folgende Signatur:

```
open(name[, mode[, buffering]]) -> file object
```

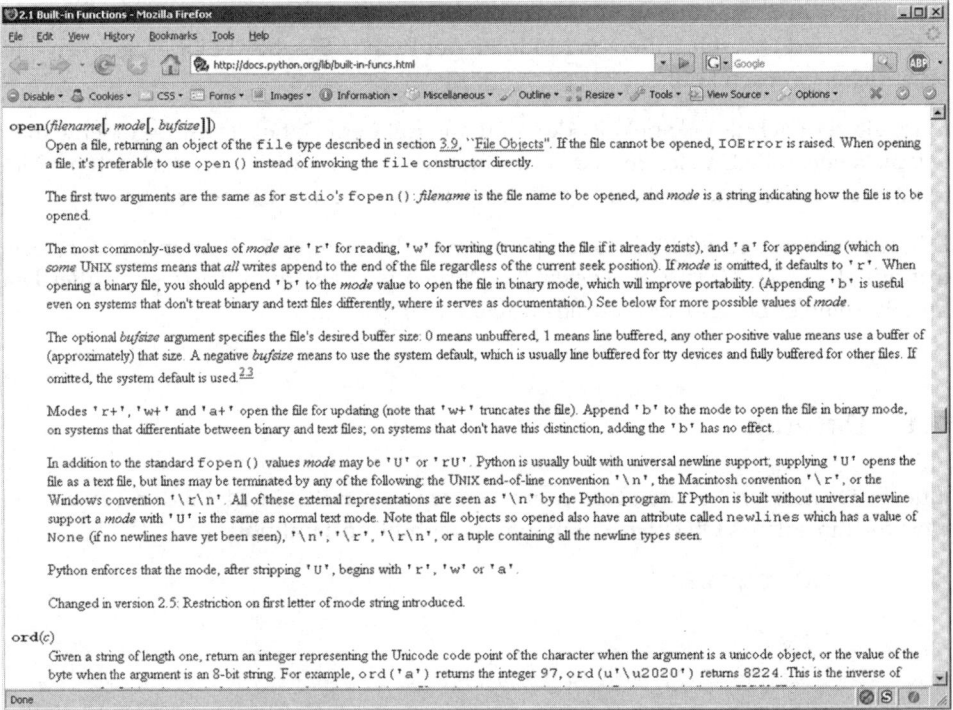

`open` versucht, die Datei `name` mit dem angegebenen Modus `mode` zu öffnen. Gelingt es, wird ein `file`-Objekt zurückgegeben. Tritt ein Fehler auf (etwa wenn die Zugriffsrechte fehlen, eine Datei nicht existiert etc.), wird eine `IOError`-Ausnahme ausgelöst, die den Fehler zeigt.

Im folgenden Beispiel öffnen wir eine (Text-)Datei *demo.txt* im aktuellen Verzeichnis zum Schreiben und tragen dort eine einzelne Textzeile ein. Existiert diese Datei noch nicht, wird sie erzeugt; ansonsten wird sie auf 0 Bytes gekürzt. Das entsprechende mode lautet dann 'w':

```
>>> f = open('demo.txt', 'w')
```

Da keine IOError-Ausnahme ausgelöst wurde, haben wir mit f nun ein file-Objekt erhalten, mit dessen Hilfe man in die Datei *demo.txt* schreiben kann:

```
>>> f
<open file 'demo.txt', mode 'w' at 0x28405b60>
```

Tragen wir einfach mal eine Zeile dort ein, um zu zeigen, dass es funktioniert:

```
>>> f.write('I am a simple line\n')
```

Nun sind wir fertig mit *demo.txt*. Wir schließen sie einfach:

```
>>> f.close()
```

Das Dateiobjekt f kann nun nicht mehr zum Schreiben verwendet werden:

```
>>> f
<closed file 'demo.txt', mode 'w' at 0x28405b60>

>>> f.write('Another line\n')
Traceback (most recent call last):
  File "<stdin>", line 1, in <module>
ValueError: I/O operation on closed file
```

Um zu sehen, dass wir tatsächlich eine Datei mit einer Zeile erzeugt haben, geben wir in der (Unix-)Shell Folgendes ein:

```
$ ls -l demo.txt
-rw-r--r--  1 farid   users  19 Mar  6 16:56 demo.txt

$ cat demo.txt
I am a simple line
```

Unter Windows geben Sie in der DOS-Box dir für ls -l und type anstelle von cat ein; oder Sie verwenden den Explorer.

Wir erkennen, dass *demo.txt* aus genau einer Zeile besteht. Die zweite Zeile wurde ja nicht mit aufgenommen, weil das Dateiobjekt f bereits geschlossen war.

Als Nächstes zeigen wir, dass der w-Modus existierende Dateien erst auf 0 Bytes kürzt, bevor geschrieben werden kann:

```
f = open('demo.txt', 'w')

f.write('A first line\n')
f.write('A second line\n')

f.close()
```

Geht man erneut in die Unix-Shell, sieht man, dass *demo.txt* folgenden Inhalt hat:

```
$ cat demo.txt
A first line
A second line
```

Die früheren Zeilen sind ja weg.

Möchte man stattdessen Zeilen an die Datei *demo.txt* anhängen, statt immer wieder von vorn anzufangen, sollte man den a-Modus verwenden:

```
f = open('demo.txt', 'a')
f.write('A third line\n')
f.close()
```

Kurze Überprüfung? Bitteschön:

```
$ cat demo.txt
A first line
A second line
A third line
```

Um zu zeigen, dass open auch einen Fehler liefern kann, setzen wir die Zugriffsrechte von *demo.txt* nun auf *read only*:

```
$ chmod a-w demo.txt

$ ls -l demo.txt
-r--r--r--  1 farid  users  40 Mar  6 17:04 demo.txt
```

Unter Windows rufen Sie attrib +r demo.txt auf, um dieselbe Wirkung zu erzielen.

Versuchen wir jetzt noch eine Zeile anzufügen:

```
>>> f = open('demo.txt', 'a')
Traceback (most recent call last):
  File "<stdin>", line 1, in <module>
IOError: [Errno 13] Permission denied: 'demo.txt'

>>> f
<closed file 'demo.txt', mode 'a' at 0x2840f4a0>
```

Offensichtlich kann man keine schreibgeschützte Datei zum Anfügen öffnen.

Jetzt zeigen wir, wie wir *demo.txt* zum Lesen öffnen:

```
>>> f = open('demo.txt', 'r')
```

```
>>> f
<open file 'demo.txt', mode 'r' at 0x28405b60>
```

Den Inhalt von f geben wir nun aus:

```
>>> for line in f:
...     print line,
...
A first line
A second line
A third line
```

Nun brauchen wir f nicht mehr:

```
>>> f.close()
```

```
>>> f
<closed file 'demo.txt', mode 'r' at 0x28405b60>
```

Auch beim Öffnen zum Lesen können Fehler auftreten. So ist es nicht möglich, eine nicht existierende Datei zum Lesen zu öffnen:

```
>>> f = open('nonexistent.dat', 'r')
Traceback (most recent call last):
  File "<stdin>", line 1, in <module>
IOError: [Errno 2] No such file or directory: 'nonexistent.dat'
```

Ebenso kann man keine Datei zum Lesen öffnen, wenn die Leserechte nicht ausreichen:

```
>>> f = open('/etc/master.passwd', 'r')
Traceback (most recent call last):
  File "<stdin>", line 1, in <module>
IOError: [Errno 13] Permission denied: '/etc/master.passwd'
```

Denn:

```
$ ls -l /etc/master.passwd
-rw-------  1 root  wheel  3767 Mar  2 05:49 /etc/master.passwd
```

Möchte man portable Programme schreiben, sollte man sich auch stets bewusst sein, ob es sich um Textdateien oder Binärdateien handeln soll. Unter Unix spielt es zwar keine Rolle, weil Unix alle Dateien als eine schlichte Folge von Bytes ansieht und somit keinen Unterschied zwischen Text- und Binärdateien kennt; aber unter Windows, das Wert auf diesen Unterschied legt, sieht es schon ganz anders aus. Speichert man unbeabsichtigt Binärdaten (z.B. die Bytes eines PNG-Bildes) in eine Textdatei, merkt man den Fehler unter Unix nicht, aber sobald das Programm unter Windows laufen soll, erhält man zerstörte Bilddaten in der Ausgabedatei!

Man sollte also stets den richtigen Dateityp (Text oder Binär) beim Aufruf von open mit angeben, auch dann, wenn man ausschließlich unter Unix programmiert.

Alle bisherigen open-Aufrufe betrafen Textdateien. Sollen Binärdaten verarbeitet werden, fügt man ein 'b' an den Modus an:

- ```
  f = open('demo.bin', 'wb')
  ```
- ```
  f = open('demo.bin', 'ab')
  ```
- ```
  f = open('demo.bin', 'rb')
  ```

Alle bisherigen open-Aufrufe haben eine Datei ausschließlich zum Lesen oder zum Schreiben geöffnet. Möchte man stattdessen eine Datei sowohl zum Lesen als auch zum Schreiben öffnen, benutzt man die +-Varianten des open-Modus:

```
>>> f = open('demo.bin', 'w+b')
```

Hier wurde die Binärdatei *demo.bin* zum Schreiben geöffnet, wobei eine evtl. bereits existierende Datei auf 0 Bytes gekürzt wird. Dank + kann man zwischen Schreib- und Lesezugriffen alterieren: die einzige Voraussetzung für einen Wechsel zwischen einer Folge von Lese- und einer Folge von Schreibzugriffen (oder umgekehrt) ist ein Aufruf der seek-Methode, um den Dateizeiger neu zu positionieren.

Um dies kurz zu illustrieren, schreiben wir 4 Bytes in *demo.bin*, gehen zurück an den Anfang und lesen sie wieder ein:

```
>>> f.write("\x00\x01\x02\x03")

>>> f.seek(0)
>>> f.read()
'\x00\x01\x02\x03'
```

Nun wollen wir das 2. Byte auf 0x88 setzen. Wir setzen also den Zeiger auf die Position 1 (es wird ab 0 gezählt) und schreiben dieses Byte:

```
>>> f.seek(1)
>>> f.write("\x88")
```

Dann gehen wir erneut an den Anfang und lesen noch einmal alle Bytes ein:

```
>>> f.seek(0)
>>> f.read()
'\x00\x88\x02\x03'
```

Nun sind wir fertig:

```
>>> f.close()
```
```

Um zu überprüfen, dass unsere Binärdatei tatsächlich nun die Bytefolge 0x00, 0x88, 0x02 und 0x03 hat, rufen wir von der Unix-Shell ein Hexdump-Programm auf:

```
$ ls -l demo.bin
-rw-r--r--  1 farid  users  4 Mar  6 17:28 demo.bin

$ hexdump -C demo.bin
00000000  00 88 02 03                                       |....|
00000004
```

hexdump ist FreeBSD-spezifisch. Auf Ihrem System heißt es evtl. anders und wird evtl. auch anders aufgerufen. Wenn es ganz fehlt, programmieren Sie es doch einfach in Python!

Möchte man jetzt *demo.bin* erneut verändern, z.B. indem man das dritte Byte von 0x02 auf 0x77 hochsetzt, sollte man nicht w+b benutzen, denn dies würde den bereits existierenden Inhalt verändern. In dem Fall rufen wir open mit dem Modus r+b auf. Lassen Sie sich nicht vom r täuschen: durch + ist die Datei trotzdem beschreibbar:

```
f = open('demo.bin', 'r+b')

f.seek(2)
f.write('\x77')

f.close()
```

Kurze Überprüfung:

```
$ hexdump -C demo.bin
00000000  00 88 77 03                                       |..w.|
00000004
```

Da wir nun wissen, wie open in allen seinen Varianten aufgerufen wird, schauen wir uns noch einmal dessen Parameter an:

```
open(...)
    open(name[, mode[, buffering]]) -> file object

    Open a file using the file() type, returns a file object.
```

In der Dokumentation der Python Library Reference befindet sich unter http://docs .python.org/lib/built-in-funcs.html bei open eine formale Definition der Parameter (inklusive buffering, auf das wir hier nicht eingehen werden).

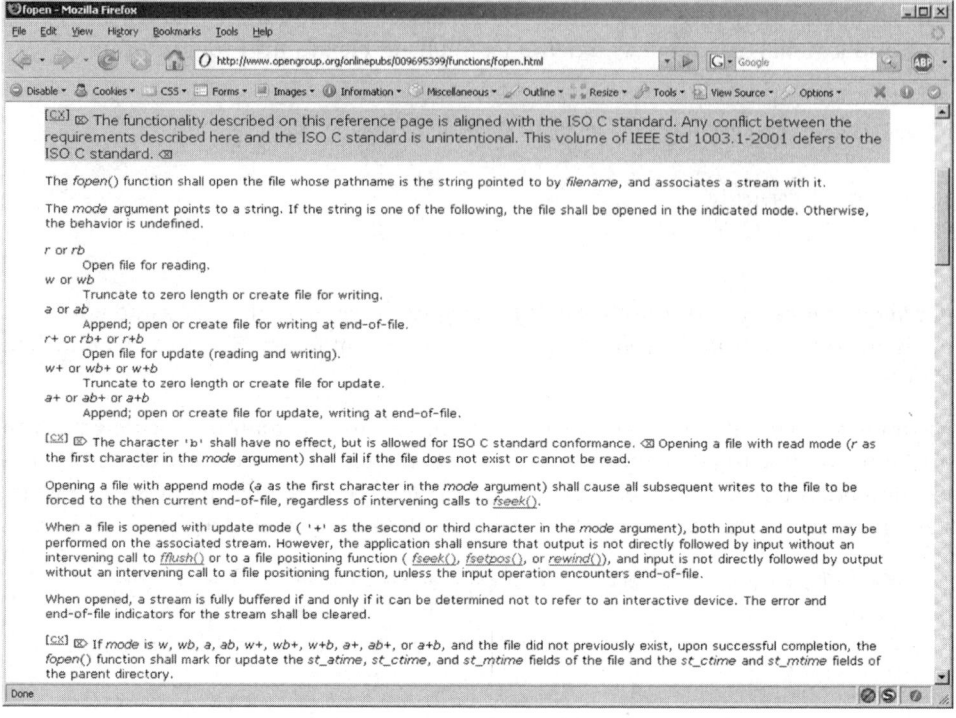

name kann ein relativer oder absoluter Pfad sein (relativ zum aktuellen Verzeichnis), siehe os.getcwd und os.chdir, etwa *example.txt*, *mysubdir/afile.dat* oder */usr/include/stdio.h*.

mode bezeichnet, wie wir gerade gesehen haben, den Modus und kann u.a. r, w, a sein (read-only, write-only mit Überschreiben, append-only ohne Überschreiben). Sollen Binärdateien verarbeitet werden, hängt man ein b an den Modusstring an, z.B. wb. Es empfiehlt sich auch bei Betriebssystemen, die keinen Unterschied zwischen Textdateien und Binärdateien machen (etwa alle Unix-ähnlichen Systeme), dennoch explizit b zu verwenden aus Gründen der Portabilität. Seltener sind die Modi r+b, w+b und a+b für Dateien, die zum Updaten, d.h. zum gleichzeitigen Lesen und Schreiben, geöffnet werden. Die Manpage *fopen(3)* erklärt all dies ausführlich.

9.1.2 Die Funktion close

Wenn man ein file Objekt f nicht mehr benötigt, sollte man dessen close-Methode aufrufen, um die darunterliegende Datei zu schließen. Dies kann explizit geschehen:

```
f.close()
```

oder implizit am Ende eines with-Blocks:

```
with open('example.txt', 'r') as f:
    print f.read()
```

In beiden Fällen ist sichergestellt, dass close auch aufgerufen wird, und zwar genau dann, wann wir es möchten. Vergleichen Sie dies mit folgendem Beispiel:

```
def show_file(path_to_file):
    "Show content of a file"
    f = open(path_to_file, 'r')
    print f.read()
```

Hier haben wir vergessen, f explizit oder implizit zu schließen! Ist es schlimm? Es kommt drauf an. Wenn die Funktion zurückkehrt, verliert das file-Objekt seine letzte Referenz (f) und ist somit zum Abschuss durch den Garbage Collector freigegeben. Irgendwann mal (spätestens beim Verlassen des Programms) wird dieser den Destruktor __del__ dieses file-Objekts aufrufen, was einen impliziten Aufruf von close zur Folge haben wird.

Problematisch wird es aber, wenn show_file in einer Schleife mehrmals aufgerufen wird. Das kann z.B. dann passieren, wenn wir das Dateisystem durchlaufen (siehe unten) und mehrere Dateien ausgeben wollen. Ein weiteres Beispiel wäre ein Webserver mit vielen statischen Dateien. In diesen Fällen sammeln sich im Prozess sowohl offene file-Objekte, als auch offene Dateideskriptoren (das ist die low-level-Abstraktion einer offenen Datei im Betriebssystem). Nun kann es passieren, dass der Garbage Collector mehr offene, noch nicht eingesammelte file-Objekte toleriert, als das Betriebssystem offene Filedeskriptoren ermöglicht! Auf meinem FreeBSD-System kann ich z.B. nur ein paar Tausend Dateien gleichzeitig öffnen:

```
$ limit descriptors
descriptors  7092

$ sysctl -a | grep maxfiles
kern.maxfiles: 7880
kern.maxfilesperproc: 7092
```

Was mit show_file geschehen wird, dürfte klar sein: Falls der Garbage Collector nicht rechtzeitig ein paar verlassene file-Objekte aufräumt (und somit Filedeskriptoren an das Betriebssystem zurückgibt), wird irgendwann mal die Tabelle offener Dateideskriptoren des aktuellen Prozesses überlaufen, und open wird nicht mehr neue Dateien öffnen können. Mit anderen Worten: open wird mit einer Ausnahme einen Fehler melden. Dieser Fehler wäre nicht eingetreten, hätten wir ordentlich close aufgerufen haben, sobald wir die Datei nicht mehr benötigen, z.B. kurz vor dem Verlassen von show_file.

Das können wir sogar ausprobieren! Stellen Sie erst sicher, dass keine Programme laufen, die neue Dateien öffnen müssen, bevor Sie folgendes Code-Fragment ausführen:

```
>>> fo = []

>>> for i in xrange(10000):
...     fo.append(open('demo.bin', 'rb'))
...
Traceback (most recent call last):
  File "<stdin>", line 2, in <module>
IOError: [Errno 23] Too many open files in system: 'demo.bin'

>>> len(fo)
7084

>>> quit()
```

Dieses Beispiel zeigt, dass man auf diesem Rechner pro Prozess nicht mehr als knapp 7000 gleichzeitig geöffnete Dateien vorhalten kann.

9.1.3 Textdateien lesen und schreiben

Kommen wir nun zurück zu Textdateien. Diese werden üblicherweise zeilenorientiert gelesen oder beschrieben.

Beim Schreiben haben wir die Wahl zwischen der write- (bzw. writelines-)Methode und der printf >>file_obj, ...-Syntax.

Wir öffnen also die Textdatei *example.txt* zum Schreiben (und löschen dabei alle vorigen Inhalte, falls es dort schon welche gab):

```
f = open('example.txt', 'w')
```

Angenommen, wir möchten folgende Liste von Zeilen in diese Datei schreiben:

```
lines = ['first line\n', 'second line\n', 'third line\n']
```

Eine Möglichkeit ist, die print >>file_obj, ... Syntax der print-Anweisung in einer Schleife aufzurufen:

```
for line in lines:
    print >>f, line,
```

Normalerweise würde print seine Ausgabe nach sys.stdout, der Standardausgabe, senden. Mit print >>f, ... wird diese Ausgabe stattdessen in das file-Objekt f umgeleitet. Mit anderen Worten: Das, was print normalerweise auf die Standardausgabe senden würde, landet in der Datei (hier *demo.txt*).

Wenn Sie genau hingeschaut haben, werden Sie ein Komma nach line in der Zeile print >>f, line, bemerkt haben. Dieses abschließende Komma bewirkt, dass print seine Ausgabe nicht mit einem Newline-Zeichen beendet.

Warum ist das nötig? Na, weil die Zeilen in lines dieses Newline-Zeichen bereits enthalten! Man muss also immer aufpassen, ob die auszugebenden Daten bereits ein Newline-Zeichen \n enthalten oder nicht.

Eine weitere Möglichkeit, Zeilen in *demo.txt* zu schreiben, ist mit der Methode write des f Objekts. write schreibt einfach die Bytes, die man ihr angibt, in das file-Objekt:

```
write(...)
    write(str) -> None.  Write string str to file.

    Note that due to buffering, flush() or close() may be needed before
    the file on disk reflects the data written.
```

Möchte man also Zeilen schreiben, sollte man dafür sorgen, dass diese alle ein abschließendes Newline-Zeichen enthalten:

```
lines = ['fourth line\n', 'fifth line\n', 'sixth line\n']
```

Diese Zeilen können wir z.B. in einer Schleife nach f ausgeben:

```
for line in lines:
    f.write(line)
```

Da es sehr häufig vorkommt, eine Liste von mit Newline abgeschlossenen Zeilen auszugeben, können wir abkürzend die Methode writelines des file-Objekts benutzen:

```
# Add lines in one fell swoop with f.writelines()
lines = ['seventh line\n', 'eight line\n']

f.writelines(lines)
```

Doch was tun, wenn wir eine Liste von Zeilen haben und diese *nicht* mit Newlines abgeschlossen sind? Mit write kann man sie ja explizit hinzufügen:

```
lines = ['ninth line', 'tenth line']

for line in lines:
    f.write(line + "\n")
```

Möchte man trotzdem writelines benutzen, könnten wir z.B. eine *list comprehension* oder einen Generator-Ausdruck verwenden:

```
lines = ['eleventh line', 'last line']

# f.writelines( [line + "\n" for line in lines] )
f.writelines(line + "\n" for line in lines)
```

Jetzt muss man nur noch die Datei schließen, indem man die close-Methode des file-Objekts aufruft:

```
f.close()
```

All dies ist sehr ausführlich formuliert. Man kann es auch viel kürzer ausdrücken:

```
lines = [ "first line\n", "second line\n", "last line\n" ]

open("example.txt", "w").writelines(lines)
```

Das funktioniert wie folgt:

- open öffnet die Datei *example.txt* und liefert ein file-Objekt zurück.
- Auf dieses file-Objekt wird die Methode writelines aufgerufen, um die Zeilenliste auszugeben.
- Das elternlose file-Objekt wird irgendwann mal vom Garbage Collector eingesammelt und die Datei geschlossen.

Man möchte aber manchmal expliziter sein und das Schließen der Datei an dieser Stelle erzwingen. Das lässt sich am elegantesten mit dem with-Ausdruck erreichen. Bei Python 2.5.2 zählt with noch nicht zum Standardrepertoire. Daher muss man es aus __future__ wie folgt aktivieren:

```
from __future__ import with_statement
```

Jetzt kann man sagen:

```
with open("example.txt", "w") as f:
    f.writelines(lines)
```

Damit erreicht man, dass f.close() direkt nach Verlassen des with-Blocks automatisch aufgerufen wird, ohne dass wir es selbst tun müssen.

Nun kommen wir zum Auslesen von Textdateien.

Als Erstes muss natürlich die Datei im r-Modus (oder einem äquivalenten Modus wie r+b) geöffnet werden:

```
>>> f = open('example.txt', 'r')
```

Die einfachste und natürlichste Art und Weise, eine Textdatei zeilenweise einzulesen, ist mit Hilfe einer for-Schleife:

```
>>> for line in f:
...     print line,
...
first line
second line
last line
>>> f.close()
```

Das ist deswegen möglich, weil file das Iterator-Protokoll implementiert (siehe Dictionarys).

Jede gelesene Zeile line enthält ein eventuell abschließendes Newline-Zeichen (in Perl-Redeweise: Sie sind ungechoppt). Darum müssen wir bei der Ausgabe dafür sorgen, dass das Newline-Zeichen nicht doppelt ausgegeben wird: einmal von print und einmal das in der Zeile enthaltene Newline. Wie geht das? Hier wieder mit dem abschließenden Komma in print line,.

Oft möchte man line nicht nur mit print ausgeben, sondern vorher auch verarbeiten. Dann stört dieses abschließende Newline. Das kann man wie folgt entfernen:

```
>>> with open('example.txt', 'r') as f:
...     for line in f:
...         line = line.strip('\n')
...         print line
...
first line
second line
last line
```

Die String-Methode strip entfernt dabei das abschließende Newline-Zeichen \n:

```
strip(...)
    S.strip([chars]) -> string or unicode

    Return a copy of the string S with leading and trailing
    whitespace removed.
    If chars is given and not None, remove characters in chars instead.
    If chars is unicode, S will be converted to unicode before stripping
```

All diese Beispiele sind *stromlinienförmig*. Darunter versteht man, dass aus der Eingabedatei nur so viel auf einmal eingelesen wird, wie gerade benötigt wird. Das ist besonders wichtig bei Dateien, die ziemlich groß werden können; ja so groß, dass sie den virtuellen Arbeitsspeicher des jeweiligen Prozesses übersteigen. Man sollte grundsätzlich versuchen, dateibasierte Ein- und Ausgabe stromlinienförmig zu gestalten.

Alternativ zur stromlinienförmigen Zeilenverarbeitung lässt sich eine ganze Datei mittels read in den Speicher (in eine Variable vom Typ str) auf einmal laden (schlürfen, *to slurp*):

```
with open('example.txt', 'r') as f:
    lines_str = f.read()

lines = lines_str.split('\n')
```

Die Ausgabe sieht so aus:

```
>>> for line in lines:
...     print line
...
first line
second line
last line

>>>
```

Wieso sind eigentlich hinter last line zwei statt nur ein Newline-Zeichen? Schauen wir uns die Liste lines an:

```
>>> lines
['first line', 'second line', 'last line', '']
```

Der letzte String mit '' entstand beim Aufsplitten nach \n, weil die letzte Zeile von *example.txt* natürlich ebenfalls mit \n abgeschlossen war; und die split-Methode eines Strings dieses abschließende Newline einfach als weiteren Trenntoken ansieht.

Wie dem auch sei ... Dieses Programm lässt sich natürlich etwas optimieren und kompakter schreiben:

```
with open('example.txt', 'r') as f:
    for line in f.read().split('\n'):
        print line
```

Oder noch extremer:

```
for line in open('example.txt', 'r').read().split('\n'):
    print line
```

Zur Erinnerung: In diesem letzten Beispiel wird die Datei erst geschlossen, wenn das das file-Objekt vom Garbage Collector irgendwann mal eingesammelt wird. Darum ist es stets besser, with zu benutzen.

Doch viel sauberer wäre es einfach, die readlines-Methode des file-Objekts aufzurufen:

```
with open('example.txt', 'r') as f:
    lines = f.readlines()
```

lines sähe dann so aus:

```
>>> lines
['first line\n', 'second line\n', 'last line\n']
```

Beachten Sie, dass \n wieder Bestandteil jeder Zeile ist.

Anwendung: Sortieren nach Wortenden

Dichter benötigen oft Wortlisten, die nach Wortendungen statt nach Wortanfängen sortiert sind, um leichter passende Reimwörter zu finden. Jon Bentley hat in *Programming Pearls* dafür den folgenden Unix-Trick vorgeführt:

```
$ rev < /usr/share/dict/words | sort | rev > /tmp/words.rev
```

Diese Transformation der Wortliste */usr/share/dict/words* nach */tmp/words.rev* funktioniert, indem die Unix-Programme *rev* und *sort* über eine Pipe miteinander kommunizieren. Zunächst wird die Originalwortliste mittels *rev* in eine Liste von spiegelverkehrten Wörtern transformiert; diese spiegelverkehrten Wörter werden dann mit *sort* wie eine ganz gewöhnliche Datei aufsteigend sortiert und anschließend mittels *rev* noch mal spiegelverkehrt angeordnet, wodurch die Originalwörter wiederhergestellt werden. Das Nettoergebnis ist, dass die Wörter nun nach ihren Endungen statt nach ihren Anfängen sortiert vorliegen, und dies wird dann nach */tmp/words.rev* gespeichert.

Wie kann man so etwas in Python realisieren, und zwar so, dass möglichst stromlinienförmig vorgegangen wird?

```
#!/usr/bin/env python
# revwordlist.py -- sort a list of words according to their endings.

# This uses Jon Bentley's "Programming Pearls" trick:
# $ rev < word.list | sort | rev > words.rev

from __future__ import with_statement

WORDS_LIST = '/usr/share/dict/words'
WORDS_REV  = '/tmp/words.rev'

def sort_by_endings(wordlist_in=WORDS_LIST, wordlist_out=WORDS_REV):
    "Sort wordlist_in according to words endings into wordlist_out"
    with open(wordlist_in, 'r') as f_in:
        thelist = [word[::-1] for word in f_in.readlines()]
        thelist.sort()
        with open(wordlist_out, 'w') as f_out:
            f_out.writelines([word[::-1] for word in thelist])

if __name__ == '__main__':
    sort_by_endings()
```

Als Erstes fällt auf, dass wir Gebrauch vom `with`-Statement machen, um nicht explizit `file`-Objekte zu schließen. Unter der hier verwendeten Python-Version 2.5.2 muss `with_statement` noch aus `__future__` geladen werden. Das wird bei einer späteren Version von Python nicht mehr nötig sein.

revwordlist.py benötigt zwei `file`-Objekte: eines zum Einlesen (`f_in`) und eines zum Ausgeben (`f_out`). In diesem Fall sind beide Objekte unabhängig voneinander, denn man braucht das erste nicht mehr, wenn das zweite erstmals benötigt wird. So hätte man auch schreiben können:

```
with open(wordlist_in, 'r') as f_in:
    thelist = [word[::-1] for word in f_in.readlines()]

thelist.sort()

with open(wordlist_out, 'w') as f_out:
    f_out.writelines([word[::-1] for word in thelist])
```

Die Verschachtelung der `with`-Blöcke hätte man benötigt, wenn man beide Objekte `f_in` und `f_out` gleichzeitig hätte benutzen wollen; was bei der typischen Filteranwendung: eine Zeile einlesen, verarbeiten und evtl. ausgeben üblich wäre.

Das Spiegeln eines Wortes (z.B. `hello` nach `olleh`) geschieht hier mit Hilfe eines String-Slices mit negativer Schrittweite (siehe Strings): `word[::-1]`. Interessanterweise brauchten wir nicht die abschließenden Newline-Zeichen zu entfernen und später wieder hinzuzufügen: Das Sortieren von Wörtern, die *alle* mit einem Newline-Zeichen anfangen, wird nicht von diesem Newline beeinflusst!

Um das Programm möglichst kompakt zu schreiben, kamen hier gleich zweimal *list comprehensions* zum Einsatz: einmal, um die von `readlines` gelieferte Liste in eine Liste spiegelverkehrter Wörter zu verwandeln, und einmal, um die sortierte Liste erneut Element für Element (Wort für Wort) spiegelverkehrt anzuordnen, bevor sie `writelines` übergeben wird. In gewisser Weise ist es eine Art von DSU-Idiom ohne angehängter Dekoration (das DSU-Idiom wurde in Kapitel 6, *Listen*, vorgestellt).

Bei allen Programmen, die Textdateien verarbeiten, sollte man sich stets überlegen, ob wir die stromlinienförmigste Version haben. In diesem Fall konnten wir nicht umhin, die gesamte Datei mit den Wörtern in den Speicher (in `thelist`) zu laden, weil nur so eine Sortierung möglich war. Aber ist es die effizienteste Lösung? Nicht unbedingt! Beachten Sie, dass zunächst einmal eine Liste mit allen Wörtern von `readlines` erzeugt wird. Daraus wird eine zweite Liste von spiegelverkehrten Wörtern erzeugt mit der ersten *list comprehension*. Anschließend wird eine dritte Liste von »entspiegelten« Wörtern mit einer weiteren *list comprehension* erzeugt, welche anschließend an die `writelines`-Methode übergeben wird. Da diese Wortliste nicht gerade klein ist, ist der Speicherplatzbedarf (und CPU-Bedarf, denn all dies muss ja auch intern verwaltet werden) höher als unbedingt notwendig. Eine stromlinienförmigere Version von *revwordlist.py* ist *revwordlist2.py*:

```
#!/usr/bin/env python
# revwordlist2.py -- sort a list of words according to their endings.
```

```
# This uses Jon Bentley's "Programming Pearls" trick:
# $ rev < word.list | sort | rev > words.rev

from __future__ import with_statement

WORDS_LIST = '/usr/share/dict/words'
WORDS_REV  = '/tmp/words.rev'

def sort_by_endings(wordlist_in=WORDS_LIST, wordlist_out=WORDS_REV):
    "Sort wordlist_in according to words endings into wordlist_out"
    with open(wordlist_in, 'r') as f_in:
        thelist = []
        for word in f_in:
            thelist.append(word[::-1])

    thelist.sort()

    with open(wordlist_out, 'w') as f_out:
        for word in thelist:
            f_out.write(word[::-1])

if __name__ == '__main__':
    sort_by_endings()
```

Man kann zwar nicht ganz verhindern, dass eine Wortliste gebildet wird, aber man kann wenigstens dafür sorgen, dass es nur eine bleibt!

9.1.4 Binärdateien lesen und schreiben

Kommen wir nun zu Binärdateien. Der Hauptunterschied zu Textdateien besteht darin, dass man Binärdateien meist byte- statt zeilenorientiert verarbeiten will. Bei vielen Binärformaten weiß man z.B., an welchem Offset sich welche Daten befinden. Darum ist ein typischer Vorgang das Hin- und Herspringen mit dem Dateizeiger und das gezielte Auslesen bzw. Beschreiben einer bestimmten Anzahl von Bytes aus einem genau definierten Bereich.

Zur Hilfe kommen uns dabei Bytestrings (vom Typ str), welche beliebige Daten speichern können (auch Null-Bytes) und wissen, wie viele Bytes es genau sind; und sich somit hervorragend als Puffer eignen.

Wie oben gezeigt, werden Binärdateien fast genauso wie Textdateien mit der built-in-Funktion open geöffnet. Der kleine, aber feine Unterschied besteht im b-Suffix des Modus, damit es unter Betriebssystemen, die einen Unterschied zwischen Text- und Binärdateien machen (wie Windows), nicht zu Verfälschungen kommt.

Die entscheidenden Methoden des file-Objekts bei Binärdateien sind read, write, seek und eventuell auch tell.

Fangen wir mit read an! Dessen Hilfetext lautet:

```
read(...)
    read([size]) -> read at most size bytes, returned as a string.

    If the size argument is negative or omitted, read until EOF is reached.
    Notice that when in non-blocking mode, less data than what was requested
    may be returned, even if no size parameter was given.
```

Wir gehen im Folgenden davon aus, dass die Datei im normalen blockierenden Modus geöffnet ist. Wenn Sie unbedingt nicht blockierende reads benötigen, können Sie den Betriebssystem-Filedeskriptor mit der fileno-Methode des file-Objekts bekommen und (unter Unix) ihn mit fcntl.fcntl auf nicht-blockierend setzen. Anschließend würden Aufrufe von read eventuell weniger Daten liefern, als mit dem size-Parameter angefordert. Nicht-blockierende reads erhalten Sie auch, wenn Sie von Sockets lesen.

Um mit read im Binärmodus ein wenig zu spielen, geben wir uns eine Datei mit 10 Bytes:

```
f = open('demo.bin', 'wb')
f.write('\x80\x81\x82\x83\x84\x85\x86\x87\x88\x89')
f.close()
```

Lesen wir nun *demo.bin* ein:

```
>>> f = open('demo.bin', 'rb')
```

```
>>> f.read()
'\x80\x81\x82\x83\x84\x85\x86\x87\x88\x89'
```

Wie man sieht, liest read alle Daten bis zum Dateiende ein und liefert sie als String zurück. Dies nennt man *eine Datei schlürfen* (*to slurp a file*).

Wenn nichts mehr zu lesen ist, wird ein leerer String geliefert:

```
>>> f.read()
''
```

```
>>> f.close()
```

Möchte man nur eine bestimmte Anzahl Bytes lesen, gibt man diese Anzahl einfach als Argument an:

```
>>> f = open('demo.bin', 'rb')

>>> f.read(4)
'\x80\x81\x82\x83'

>>> f.read(4)
'\x84\x85\x86\x87'

>>> f.read(4)
'\x88\x89'

>>> f.read(4)
''

>>> f.close()
```

Hier erkennen wir, dass read auch weniger als die angeforderte Anzahl Bytes zurückgeben kann (wenn nicht so viele in der Datei zur Verfügung stehen). Wiederum wird ein leerer String zurückgegeben, wenn EOF erreicht wurde.

Dieses stückweise Lesen von Bytes werden wir uns gleich zunutze machen, wenn wir eine Datei chunkweise kopieren.

Kommen wir zur write-Methode. Diese hat eine einfachere Signatur:

```
write(...)
    write(str) -> None.  Write string str to file.

    Note that due to buffering, flush() or close() may be needed before
    the file on disk reflects the data written.
```

Man muss nur die zu schreibenden Bytes in einem Bytestring packen und kann diese schreiben. Möchte man z.B. ein paar Bytes unserer Datei *demo.bin* hinzufügen, öffnen wir diese im Modus ab und rufen anschließend write auf:

```
f = open('demo.bin', 'ab')
f.write('hello\x00\x01\x02\x03')
f.close()
```

Prüfen wir es nach:

```
>>> f = open('demo.bin', 'r+b')

>>> f.read()
'\x80\x81\x82\x83\x84\x85\x86\x87\x88\x89hello\x00\x01\x02\x03'
```

Interessanter ist aber das Überschreiben existierender Bytes. Da wir die Datei im Update-Modus geöffnet haben, können wir sie auch beschreiben. Wir setzen die Dateizeiger mit seek neu und rufen write auf:

```
>>> f.seek(4)
```

```
>>> f.write('Woah!')
```

Die Datei sieht jetzt so aus:

```
>>> f.seek(0)
```

```
>>> f.read()
'\x80\x81\x82\x83Woah!\x89hello\x00\x01\x02\x03'
```

Dies führt uns direkt zur seek-Methode:

```
seek(...)
    seek(offset[, whence]) -> None.  Move to new file position.

    Argument offset is a byte count.  Optional argument whence defaults to
    0 (offset from start of file, offset should be >= 0); other values are 1
    (move relative to current position, positive or negative), and 2 (move
    relative to end of file, usually negative, although many platforms allow
    seeking beyond the end of a file).  If the file is opened in text mode,
    only offsets returned by tell() are legal.  Use of other offsets causes
    undefined behavior.
    Note that not all file objects are seekable.
```

Die einfachste Verwendung ist es, seek mit einem positiven offset-Argument aufzurufen. Die Position 0 ist der Anfang der Datei, und jedes weitere Byte befindet sich genau ein Offset weiter. Wie in der Hilfefunktion angedeutet, gilt dies nur bei Binärdateien (und Textdateien unter Unix, die wie Binärdateien behandelt werden).

Schauen wir uns ein paar Beispiele an. Mit nur einem Parameter hat whence den Default-Wert 0. Das bedeutet, dass der offset-Parameter sich immer relativ zum Anfang der Datei bestimmt:

```
>>> f.seek(4)
```

```
>>> f.read(5)
'Woah!'
```

Hat hingegen whence den Wert 1, bezieht sich offset auf den aktuellen Wert des Dateizeigers: 5 würde bedeuten, 5 Bytes weiter vorn, -3 steht für 3 Bytes weiter zurück.

```
>>> f.seek(1, 1)

>>> f.read(5)
'hello'

>>> f.seek(-11, 1)

>>> f.read(5)
'Woah!'
```

Wenn aber whence den Wert 2 hat, bezieht sich offset auf das Ende der Datei: -1 wäre das letzte Zeichen, -2 das vorletzte Zeichen usw.:

```
>>> f.seek(-4, 2)

>>> f.read()
'\x00\x01\x02\x03'
```

Die zu seek duale Methode ist tell:

```
tell(...)
    tell() -> current file position, an integer (may be a long integer).
```

tell liefert die aktuelle Position des Dateizeigers:

```
>>> f.seek(10)

>>> f.read(5)
'hello'

>>> f.tell()
15L
```

Anwendung: Stückweises Kopieren von Dateien

Zur Illustration von Binärdateien werden wir ein Programm schreiben, das Dateien kopiert. Die naivste Lösung bestünde darin, die Quelldatei in einen String-Puffer zu schlürfen und anschließend wieder auszugeben. Um z.B. */boot/kernel/kernel* nach */tmp/tempkernel* zu kopieren, können wir folgende Sequenz eingeben:

```
f_src = open('/boot/kernel/kernel', 'rb')
buff = f_src.read()
f_src.close()

f_dest = open('/tmp/tempkernel', 'wb')
f_dest.write(buff)
f_dest.close()
```

Natürlich lässt sich das zu einem Einzeiler komprimieren:

```
open('/tmp/tempkernel', 'wb').write(open('/boot/kernel/kernel', 'rb').read())
```

Doch das heißt nicht, dass der Puffer nicht dennoch benötigt wurde. Zum Glück war die Quelldatei */boot/kernel/kernel* nicht zu groß und passte mit ihren knapp 9 Megabytes locker in den virtuellen Speicher:

```
$ ls -l /boot/kernel/kernel /tmp/tempkernel
-r-xr-xr-x  1 root    wheel   9221053 Feb 29 12:16 /boot/kernel/kernel
-rw-r--r--  1 farid   wheel   9221053 Mar  8 11:48 /tmp/tempkernel

$ rm /tmp/tempkernel
```

Doch was ist mit Monster-Dateien, d.h. Dateien, die mehrere hundert Gigabytes groß sind (z.B. Datenbankdateien)? Diese kann man nicht mehr ohne Weiteres mit dieser Methode kopieren, denn der virtuelle Speicherplatz des Prozesses, der den Python-Interpreter ausführt, wird wohl kaum dafür ausreichen.

Wie geht man also vor? Stromlinienförmig natürlich! Die Idee ist, immer nur ein Stückchen (englisch: *chunk*) von der Quelldatei zu lesen und in die Zieldatei zu speichern. Im folgenden Programm kopieren wir zwei Dateien chunkweise:

```python
#!/usr/bin/env python
# chunkwise-copy.py -- copy a file chunkwise

from __future__ import with_statement

CHUNKSIZE = 4096

def chunkwise_copy(source, destination):
    "Copy file source into destination, using CHUNKSIZE sized chunks"
    with open(source, 'rb') as f_src:
        with open(destination, 'wb') as f_dest:
            buff = f_src.read(CHUNKSIZE)
            while len(buff) > 0:
                f_dest.write(buff)
                buff = f_src.read(CHUNKSIZE)

if __name__ == '__main__':
    import sys
    if len(sys.argv) != 3:
        print >>sys.stderr, "Usage:", sys.argv[0], "source destination"
        sys.exit(1)
    source, destination = sys.argv[1], sys.argv[2]
    chunkwise_copy(source, destination)
```

Hier wurden immer CHUNKSIZE-lange Blöcke nach buff gelesen und sofort wieder von dort weiter zur Zieldatei kopiert. Das Programm ist nun stromlinienförmig und skaliert weitaus besser als das Dateischlürfen.

```
$ ~/python/bin/python chunkwise-copy.py /boot/kernel/kernel /tmp/tempkernel

$ ls -l /boot/kernel/kernel /tmp/tempkernel
-r-xr-xr-x  1 root   wheel   9221053 Feb 29 12:16 /boot/kernel/kernel
-rw-r--r--  1 farid  wheel   9221053 Mar  8 12:10 /tmp/tempkernel

$ diff /boot/kernel/kernel /tmp/tempkernel

$ rm /tmp/tempkernel
```

Anwendung: Auslesen von mp3 ID3v1-Tags

Zur Illustration wollen wir die ID3v1-Tags von mp3-Dateien auslesen und anzeigen. Ein solcher Tag, wenn er denn vorhanden ist, befindet sich in den letzten 128 Bytes einer mp3-Datei, und er muss mit dem String TAG anfangen. Um also diesen Tag zu lesen,

- öffnen wir die Datei zum Lesen *im Binärmodus*: f = open(mp3, 'rb'),
- positionieren wir den Dateizeiger 128 Bytes for dem Ende der Datei. Dazu rufen wir die seek-Methode auf mit den Parametern -128 und 2, d.h. 128 Bytes *rückwärts* (darum negativ) ab dem *Ende* (darum 2) auf: f.seek(-128, 2) und
- lesen wir anschließend 128 Bytes in einen Puffer (eine gewöhnliche str-Variable) ein: Wir rufen einfach buf = f.read(128) auf.

Anschließend parsen wir die 128 Bytes und geben sie aus.

Das ganze Programm sieht wie folgt aus:

```
#!/usr/bin/env python
# parseid3.py -- Use binary read to parse the ID3v1 header of an MP3 file.

def fetch_ID3tag(mp3):
    "Fetch the ID3 tag of filename mp3 as tuple, or None."
    try:
        f = open(mp3, 'rb')
        f.seek(-128, 2)
        buf = f.read(3+30+30+30+4+30+1)  # read so many bytes
        f.close()
    except IOError:
        return None    # Can't fetch ID3 tag

    return parse_ID3tag(buf)
```

```python
def parse_ID3tag(buf):
    "Parse an ID3 tag stored in buf and return a dictionary or None."
    if not buf.startswith('TAG'):
        return None      # Not an ID3 tag!

    id3 = {}
    id3['title']   = remove_padding(buf[3:33])    # 30 chars for title
    id3['artist']  = remove_padding(buf[33:63])   # 30 chars for artist
    id3['album']   = remove_padding(buf[63:93])   # 30 chars for album
    id3['year']    = remove_padding(buf[93:97])   #  4 chars for year

    raw_comment    = buf[97:127]                   # 30 chars for comment+track

    if ord(raw_comment[-2]) == 0 and ord(raw_comment[-1]) != 0:
        id3['track'] = ord(raw_comment[-1])
        id3['comment'] = remove_padding(raw_comment[:-2])
    else:
        id3['track'] = None
        id3['comment'] = remove_padding(raw_comment)

    id3['genre']   = ord(buf[127])                 #  1 byte  for genre

    return id3

def remove_padding(inp):
    "Remove padding chars whitespace and NULL from string inp"
    out = inp.strip(' \x00')
    return out

if __name__ == '__main__':
    import sys, pprint
    if len(sys.argv) < 2:
        print "Usage:", sys.argv[0], "[file.mp3 ...]"
        sys.exit(0)

    for fname in sys.argv[1:]:
        print "ID3(%s) == " % fname
        pprint.pprint(fetch_ID3tag(fname))
```

Führt man es aus, sieht die Ausgabe z.B. so aus:

```
$ python parseid3.py /users/farid/mp3/speedoflove.mp3
ID3(/users/farid/mp3/speedoflove.mp3) ==
{'album': 'Produced by Galen Breen',
```

```
'artist': 'Stephen Terakami, Shelley Rann',
'comment': 'www.cordula.ws',
'genre': 2,
'title': 'The Speed Of Love',
'track': 1,
'year': '2002'}
```

9.1.5 RAM-Dateien mit StringIO

Manchmal erwarten bestimmte Funktionen ihre Eingabedaten in Form eines `file`-ähnlichen Objekts, aber diese Daten liegen im Programm in Form eines Strings vor. Beispielsweise erwartet die Funktion `parse` des `xml.etree.ElementTree`-Moduls der Python Standard Library XML-Daten in Form eines Dateinamens oder geöffneten `file`-ähnlichen Objekts:

```
>>> from xml.etree.ElementTree import parse

>>> xml_data = '<pers><sn>Doe</sn><fn>John</fn></pers>'

>>> et = parse(xml_data)
```

Das ergibt den Traceback:

```
Traceback (most recent call last):
  File "<stdin>", line 1, in <module>
  File "/users/farid/python/lib/python2.5/xml/etree/ElementTree.py",
    line 862, in parse tree.parse(source, parser)
  File "/users/farid/python/lib/python2.5/xml/etree/ElementTree.py",
    line 579, in parse source = open(source, "rb")
IOError: [Errno 2] No such file or directory:
  '<pers><sn>Doe</sn><fn>John</fn></pers>'
```

Jetzt könnte man natürlich die Daten aus `xml_data` in eine temporäre Datei speichern und den Pfadnamen oder ein `file`-Objekt darauf `xml.etree.ElementTree.parse` übergeben; aber das ist etwas umständlich.

Viel natürlicher ist die Verwendung des `StringIO`-Moduls der Python Standard Library, das ein String in eine Art RAM-Datei umwandelt und ein `file`-ähnliches Objekt zurückgibt, siehe dazu die Abbildung auf der nächsten Seite).

`StringIO` benutzt man z.B. so:

```
>>> from cStringIO import StringIO

>>> ramfile = StringIO("line 1\nline2\nlast line\n")
```

```
>>> ramfile
<cStringIO.StringI object at 0x28311458>

>>> [ s for s in dir(ramfile) if not s.startswith('__') ]
['close', 'closed', 'flush', 'getvalue', 'isatty', 'next', 'read',
'readline', 'readlines', 'reset', 'seek', 'tell', 'truncate']

>>> for line in ramfile:
...     print line,
...
line 1
line2
last line
>>> ramfile.close()
```

Umgekehrt kann man in ein StringIO-Objekt schreiben und dessen Werte mit getvalue als String auslesen:

```
>>> ramfile = StringIO()

>>> ramfile
<cStringIO.StringO object at 0x2841cec0>
```

```
>>> [ s for s in dir(ramfile) if not s.startswith('__') ]
['close', 'closed', 'flush', 'getvalue', 'isatty', 'next', 'read',
'readline', 'readlines', 'reset', 'seek', 'softspace', 'tell',
'truncate', 'write', 'writelines']

>>> ramfile.write('line 1\n')
>>> ramfile.write('line 2\n')
>>> print >>ramfile, 'last line'

>>> ramfile.getvalue()
'line 1\nline 2\nlast line\n'
```

Haben Sie bemerkt, dass ramfile in den beiden vorigen Beispielen nicht dasselbe Objekt war und somit nicht dieselben Methoden hat?

Um unser Beispiel mit den XML-Daten fortzusetzen:

```
>>> from StringIO import StringIO

>>> mf = StringIO(xml_data)

>>> et = parse(mf)

>>> et
<xml.etree.ElementTree.ElementTree instance at 0x2843f66c>

>>> et.getroot()
<Element pers at 2843f6cc>
```

Umgekehrt ist es genauso. Wenn eine Funktion ihre Ausgaben partout in ein file-ähnliches Objekt deponieren will, wir diese Ausgabe aber lieber in einem String sehen wollen, können wir wieder StringIO benutzen:

```
mof = StringIO()
et.write(mof, encoding='UTF-8')
s = mof.getvalue()
```

s sieht dann so aus:

```
>>> print s
<?xml version='1.0' encoding='UTF-8'?>
<pers><sn>Doe</sn><fn>John</fn></pers>
```

Wir fassen zusammen:

■ StringIO() liefert ein file-ähnliches Objekt zum Schreiben. Den Wert des Puffers erhält man als String mit dessen getvalue-Methode.

▪ StringIO(s) liefert ein file-ähnliches Objekt zum Lesen. Es wird gespeist aus dem Inhalt des Strings s.

Bei der hier verwendeten Version Python 2.5.2 lässt sich anstelle der in Python codierten Module StringIO und xml.etree.ElementTree auch eine in C optimierte Version cStringIO beziehungsweise xml.etree.cElementTree verwenden, die dieselbe API bietet.

Dazu brauchen nur die import-Zeilen leicht geändert zu werden. Man kann z.B. eingeben: from cStringIO import StringIO und benutzt dann einfach StringIO wie gewohnt:

```
from xml.etree.cElementTree import parse
from cStringIO import StringIO


xml_data = '<pers><sn>Doe</sn><fn>John</fn></pers>'


mf = StringIO(xml_data)
et = parse(mf)


mof = StringIO()
et.write(mof, encoding='UTF-8')
s = mof.getvalue()


print s
```

9.1.6 Memory mapped Dateien mit mmap

Eine Datei wird normalerweise mittels read und write gelesen bzw. beschrieben. Doch das ist nicht die einzige Möglichkeit. Wenn das Betriebssystem den Systemaufruf mmap zur Verfügung stellt, steht einem ein weiterer Weg offen, um auf Dateien zuzugreifen (siehe dazu die Abbildung oben auf der nächsten Seite).

Der mmap-Systemaufruf des Betriebssystems ermöglicht es, den Inhalt einer Datei an einer Stelle im Hauptspeicher abzulegen. Jedes Mal, wenn man dann auf Adressen innerhalb dieses Hauptspeicherbereiches zugreift, wird in Wirklichkeit der passende Inhalt der Datei gelesen bzw. beschrieben. Dies wird mit Hilfe des virtuellen Speichersystems implementiert. Man kann sich somit den umständlichen Umweg über die read- und write-Methoden sparen und eine Datei als großes Array von Bytes behandeln.

Memory mapped-Dateien werden häufig von Datenbankservern und anderen High Performance-Programmen eingesetzt, um den Overhead der read- und write-Systemaufrufe aus dem Weg zu gehen.

Steht der mmap-Systemaufruf auf Ihrem Betriebssystem zur Verfügung, kann man mit Hilfe des mmap-Moduls der Python Standard Library darauf zugreifen. Dieser Aufruf

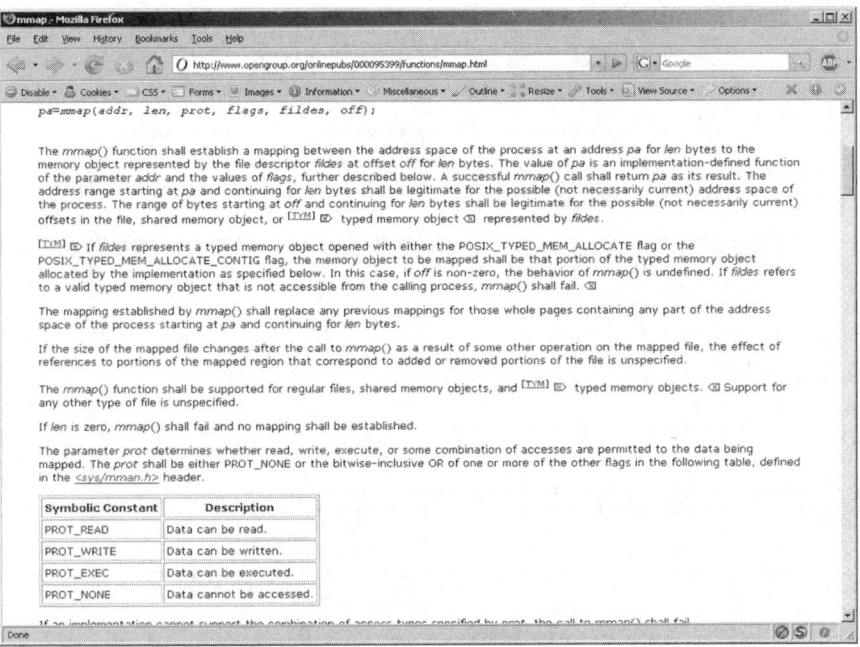

ist sowohl unter Windows als auch unter Unix abrufbar. Dabei sind die Semantiken unter Windows etwas anders als die unter Unix:

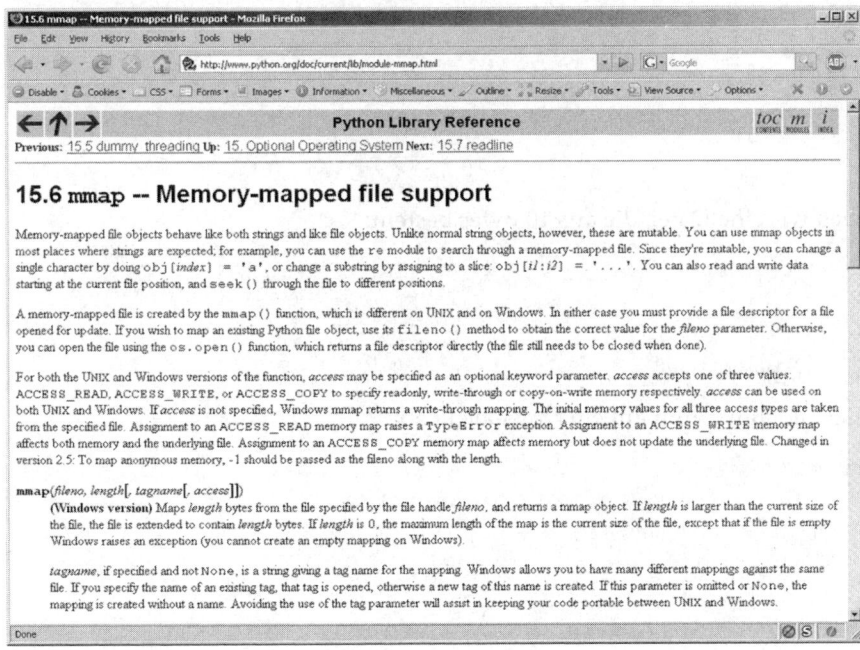

287

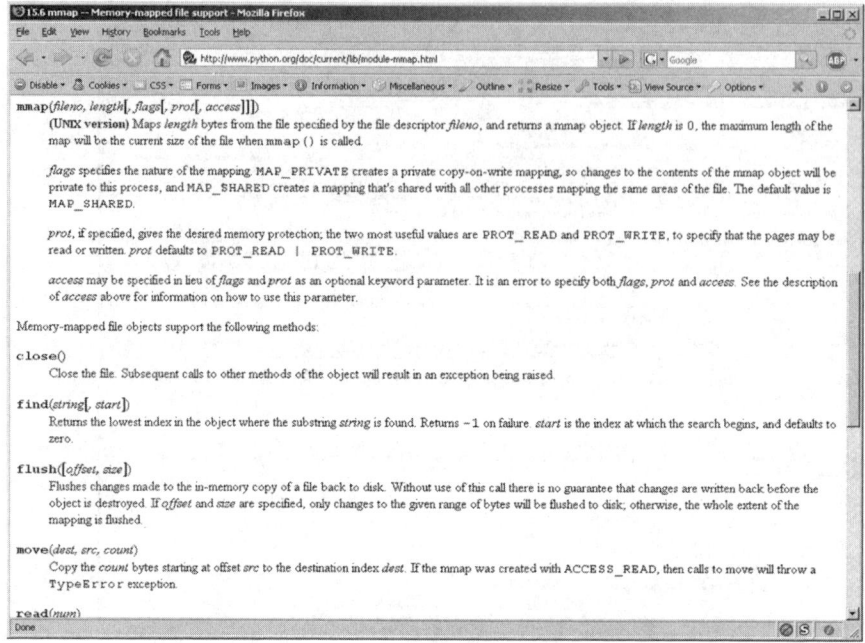

In diesem Abschnitt werden wir ein wenig mit mmap-Objekten spielen, um einen Eindruck davon zu bekommen. Fangen wir also an!

Als Erstes benötigen wir eine bereits beschriebene Datei. Eine solche Datei legen wir uns nun zu:

```
f = open('demo.bin', 'wb')
f.write('hello')
f.write('\x00' * 5)
f.close()
```

Somit haben wir eine Datei, die aus 10 Bytes besteht:

```
>>> f = open('demo.bin', 'r+b')
```

```
>>> f.read()
'hello\x00\x00\x00\x00\x00'
```

Diese Datei bilden wir nun auf ein mmap-Objekt ab:

```
>>> import mmap
```

```
>>> fm = mmap.mmap(f.fileno(), 0)
```

```
>>> fm
<mmap.mmap object at 0x2841c9a0>
```

Wie aus der Dokumentation zum mmap-Konstruktor zu erkennen ist, benötigen wir als ersten Parameter den Dateideskriptor einer geöffneten Datei. Einen solchen Deskriptor erhalten wir z.B. mit der fileno-Methode des file-Objekts. Der zweite Parameter gibt die Länge des abzubildenden Bereiches an: 0 bedeutet hier, dass dieser Bereich die gesamte Datei abbilden soll, und zwar so, wie sie zum Zeitpunkt des mmap-Aufrufs war. Konkret bedeutet es, dass wir in unserem Beispiel die 10 Bytes der Datei ins mmap-Objekt fm abgebildet haben.

Beachten Sie dabei, dass f zum Updaten geöffnet war. Hätten wir f nur zum Lesen geöffnet (z.B. mit einem Moduls von rb), dann könnten wir mittels mmap den Inhalt der Datei nur lesen, aber nicht verändern.

Schauen wir uns kurz die Methoden des mmap-Objekts an:

```
>>> [ s for s in dir(fm) if not s.startswith('__') ]
['close', 'find', 'flush', 'move', 'read', 'read_byte', 'readline', 'resize',
'seek', 'size', 'tell', 'write', 'write_byte']
```

Es sieht ein wenig aus wie ein file-Objekt, aber es ist mehr. Auf einige dieser Methoden kommen wir gleich zurück.

Interessanter als diese Methoden ist die Tatsache, dass man aus fm Slices auslesen kann:

```
>>> fm[:]
'hello\x00\x00\x00\x00\x00'

>>> fm[:5]
'hello'

>>> fm[2:7]
'llo\x00\x00'
```

Man erkennt hier den Inhalt der Datei.

Doch es kommt noch besser! Anders als bei Strings kann man hier den Inhalt mittels Zuweisung verändern:

```
>>> fm[5:] = ' mmap'

>>> fm[:]
'hello mmap'
```

Da defaultmäßig ein *write through*-Mapping stattfindet, bewirkt dieser schreibende Zugriff nicht nur, dass der Hauptspeicher geändert wird (wie man sieht), sondern dass diese Veränderung sich auch auf die Datei selbst auswirkt. Um dies zu erkennen, flushen wir unser mmap-Objekt mittels flush und lesen dann die Datei erneut ein, diesmal über das file-Objekt:

```
>>> fm.flush()
0
```

```
>>> f.seek(0)
```

```
>>> f.read()
'hello mmap'
```

Wenn wir das Mapping nicht mehr benötigen, können wir es schließen:

```
>>> fm.close()
```

```
>>> f.close()
```

Um zu sehen, dass die Datei tatsächlich ohne write-Aufruf verändert wurde, geben wir sie aus von der Unix-Shell aus:

```
$ hexdump -C demo.bin
00000000  68 65 6c 6c 6f 20 6d 6d  61 70                    |hello mmap|
0000000a
```

Fassen wir zusammen! Mit mmap haben wir eine Datei im *write through*-Modus in den Hauptspeicher abgebildet: Dazu brauchten wir zum einen den Dateideskriptor einer im Update-Modus geöffneten Datei (fileno), zum anderen die Länge des abzubildenden Bereiches (0 für die gesamte Datei). Anschließend konnten wir das mmap-Objekt wie einen String mittels Slice Notation auslesen und haben den Inhalt der Datei erhalten. Doch anders als bei Strings konnten wir mittels Zuweisung an Slices dieses mmap-Objekts den Hauptspeicher verändern; und diese Veränderung hat sich dank *write through* auch weiter auf die darunterliegende Datei ausgewirkt. Damit beide Änderungen (Speicher, Datei) wirksam werden, mussten wir aber dem mmap-Objekt mittels flush mitteilen, dass es seine interne Datenstruktur mit dem Speicher (und somit in die Datei) synchronisieren sollte.

Beachten Sie, dass wir so nicht die Datei vergrößern konnten! Sie musste schon die richtige Anzahl Bytes haben, bevor wir das Mapping angelegt haben. Ein nachträgliches Vergrößern der Datei bedeutet nicht, dass das Mapping ebenfalls vergrößert wird!

```
>>> import mmap
```

```
>>> f = open('demo.bin', 'r+b')
>>> fm = mmap.mmap(f.fileno(), 0)
```

```
>>> f.read()
'hello mmap'

>>> f.write('. how are you?')
>>> f.flush()

>>> fm[:]
'hello mmap'
```

Das Mapping zeigt nicht den zusätzlichen Inhalt von *demo.bin* an, obwohl wir diesen mit write hineingeschrieben und, um ganz sicher zu gehen, auch mit flush physisch in die Datei gespeichert haben.

Wir können auch nicht verändernd darauf zugreifen:

```
>>> fm[9]
'p'

>>> fm[10]
Traceback (most recent call last):
  File "<stdin>", line 1, in <module>
IndexError: mmap index out of range

>>> fm[10:15]
''
```

Schreibend auch nicht:

```
>>> fm[10:12] = 'XX'
Traceback (most recent call last):
  File "<stdin>", line 1, in <module>
IndexError: mmap slice assignment is wrong size
```

Mit anderen Worten, die Größe des Mappings wird zum Zeitpunkt des mmap-Aufrufs festgelegt.

Wer mehr Flexibilität benötigt, sollte sich die Dokumentation der Methoden des mmap-Objekts genauer anschauen.

9.1.7 Spezielle Dateiformate

Mit Hilfe des binären Modus für Dateien lassen sich alle Dateiformate prinzipiell einlesen. Doch damit sie mehr als ein bloßes Sammelsurium von Bytes sind, müssen sie logischerweise interpretiert werden. Hier kommen verschiedene Module aus der Python Standard Library, aber auch von Drittanbietern ins Spiel. In diesem Abschnitt schauen wir uns ein paar Standardmodule an, mit denen komprimierte Dateien und Archive dekodiert werden.

open source library

gzip und bzip2

Mit dem Unix-Tool *gzip* lassen sich einzelne Dateien recht gut komprimieren. Eine bessere Komprimierung erhält man mit dem *bzip2*-Programm. Beide Formate (`.gz` und `.bz2`) kann man von Python aus mit Hilfe der Standardmodule `gzip` und `bz2` bequem dekodieren oder auch erzeugen. Der Vorteil liegt darin, dass solche Programme plattformunabhängig sind (und somit auch unter Windows laufen, wo die Programme *gzip* und *bzip2* nicht standardmäßig installiert sind).

Erzeugen wir also mal zum Spaß eine kleine Datei im *gzip*- und *bzip2*-Format und dekodieren wir sie anschließend wieder. Fangen wir mit `gzip` an:

```
>>> import gzip
```

```
>>> fg = gzip.open('demo.bin.gz', 'wb')
```

```
>>> fg
<gzip open file 'demo.bin.gz', mode 'wb' at 0x28421c38 0x2842442c>
```

Dieses `gzip`-Objekt enthält neben den üblichen `file`-Methoden noch ein paar andere Methoden, die uns an dieser Stelle nicht unbedingt interessieren brauchen:

```
>>> [ s for s in dir(fg) if not s.startswith('_') ]
['bufsize', 'close', 'compress', 'crc', 'filename', 'fileno',
'fileobj', 'flush', 'isatty', 'max_read_chunk', 'mode', 'myfileobj',
'next', 'offset', 'read', 'readline', 'readlines', 'rewind', 'seek',
'size', 'tell', 'write', 'writebuf', 'writelines']
```

Wir können nun beliebige Binärdaten in diese Datei schreiben. Diese werden *on-the-fly* gzippt und gespeichert:

```
>>> fg.write('hello')
```

```
>>> fg.write('\x00' * 5)
```

```
>>> fg.close()
```

Und nun lesen wir dies wieder ein:

```
>>> fg = gzip.open('demo.bin.gz', 'rb')
```

```
>>> fg.read()
'hello\x00\x00\x00\x00\x00'
```

```
>>> fg.close()
```

Wir haben in der Tat eine gzippte Datei, wie uns das FreeBSD-Programm `file` verrät:

```
$ ls -l demo.bin.gz
-rw-r--r--  1 farid  users  36 Mar  8 17:46 demo.bin.gz

$ file demo.bin.gz
demo.bin.gz: gzip compressed data, was "demo.bin", last modified:
  Sat Mar  8 17:42:33 2008, max compression

$ hexdump -C demo.bin.gz
00000000  1f 8b 08 08 f9 c1 d2 47  02 ff 64 65 6d 6f 2e 62  |....ùÁÒG.ÿdemo.b|
00000010  69 6e 00 cb 48 cd c9 c9  67 00 01 00 f3 c6 be 05  |in.ËHÍÉÉg...óÆ¾.|
00000020  0a 00 00 00                                       |....|
00000024

$ zcat demo.bin.gz | hexdump -C
00000000  68 65 6c 6c 6f 00 00 00  00 00                    |hello.....|
0000000a
```

In dem Fall hat die Komprimierung die Datei eher vergrößert als verkleinert. Das ist aber bei ganz kleinen Dateien normal, da der Kompressionsalgorithmus seine eigenen Verwaltungsdaten ja zusätzlich in die komprimierte Datei ablegen muss.

Kommen wir nun zu bz2:

```
>>> import bz2

>>> fb2 = bz2.BZ2File('demo.bin.bz2', 'wb')

>>> fb2
<bz2.BZ2File object at 0x28405f50>

>>> [ s for s in dir(fb2) if not s.startswith('_') ]
['close', 'closed', 'mode', 'name', 'newlines', 'next', 'read',
'readline', 'readlines', 'seek', 'softspace', 'tell', 'write',
'writelines', 'xreadlines']

>>> fb2.write('hello')
>>> fb2.write('\x00' * 5)

>>> fb2.close()
```

Der Aufruf ist also fast identisch zu gzip, nur das Öffnen der Datei ist anders. Das Auslesen verläuft genauso glatt:

```
>>> fb2 = bz2.BZ2File('demo.bin.bz2', 'rb')
```

```
>>> fb2.read()
'hello\x00\x00\x00\x00\x00'
```

```
>>> fb2.close()
```

Unter Unix prüfen wir es noch mal nach:

```
$ ls -l demo.bin.bz2
-rw-r--r-- 1 farid  users  44 Mar  8 18:12 demo.bin.bz2
```

```
$ file demo.bin.bz2
demo.bin.bz2: bzip2 compressed data, block size = 900k
```

```
$ hexdump -C demo.bin.bz2
00000000  42 5a 68 39 31 41 59 26  53 59 94 4a 7a a8 00 00  |BZh91AY&SY.Jz#..|
00000010  03 41 00 60 00 02 44 a0  00 21 29 a6 03 00 a8 23  |.A.'..D .!)#..##|
00000020  94 c2 ee 48 a7 0a 12 12  89 4f 55 00              |.ÂîH§....OU.|
0000002c
```

```
$ bzcat demo.bin.bz2 | hexdump -C
00000000  68 65 6c 6c 6f 00 00 00  00 00                    |hello.....|
0000000a
```

zip und tar

In *zip*- und *tar*-Archiven kann man mehrere Dateien speichern. .zip-Archive sind normalerweise komprimiert, .tar-Archive sind es nicht (können aber nachträglich zu einer .tar.gz- oder .tar.bz2-Datei komprimiert werden).

Als Beispiel packen wir alle .eggs aus dem *site-packages*-Verzeichnis unserer systemweiten Python-Installation (aber nicht aus dessen Unterverzeichnissen) in eine *eggs.zip*- und *eggs.tar*-Datei. Wir benutzen das weiter unten erklärte glob.glob, um eine solche Liste von Dateien zu erzeugen:

```
>>> import os, os.path, glob
```

```
>>> os.chdir('/usr/local/lib/python2.5')
```

```
>>> egglist = glob.glob('site-packages/*.egg')
```

```
>>> len(egglist)
6
```

```
>>> filelist = [ fn for fn in egglist if os.path.isfile(fn) ]
```

```
>>> filelist
['site-packages/setuptools-0.6c7-py2.5.egg',
 'site-packages/pytz-2007f-py2.5.egg',
 'site-packages/decorator-2.0.1-py2.5.egg']
```

Da egglist auch auch Verzeichnisse enthielt (.eggs können ohne Weiteres Verzeichnisse sein), mussten wir daraus nur die echten Dateien herausfiltern.

Fangen wir also mit der .zip-Datei an!

```
>>> import zipfile
```

```
>>> z = zipfile.ZipFile('/tmp/eggs.zip', 'w', zipfile.ZIP_DEFLATED)
```

```
>>> z
<zipfile.ZipFile instance at 0x2842d2ac>
```

```
>>> [ s for s in dir(z) if not s.startswith('_') ]
['NameToInfo', 'close', 'compression', 'debug', 'filelist', 'filename',
 'fp', 'getinfo', 'infolist', 'mode', 'namelist', 'printdir', 'read',
 'testzip', 'write', 'writestr']
```

Statt des Parameters zipfile.ZIP_DEFLATED, welcher bewirkt, dass die Dateien komprimiert werden, bevor sie dem .zip-Archiv hinzugefügt werden, hätten wir auch zipfile.ZIP_STORED angeben können, so dass die Dateien nicht komprimiert werden. Das wäre bei bereits komprimierten Dateien (wie hier .eggs) sinnvoll gewesen. Aber sei's drum.

Um nun die .egg-Dateien aus unserer Dateiliste filelist ins Archiv zu speichern, benutzen wir die Methode write von z, welche folgende Signatur besitzt:

```
write(self, filename, arcname=None, compress_type=None)
    method of zipfile.ZipFile instance

    Put the bytes from filename into the archive under the name
    arcname.
```

Also:

```
for eggname in filelist:
    z.write(eggname, arcname=eggname)
```

Folgende Dateien sind nun im ZipFile-Objekt:

```
>>> z.namelist()
['site-packages/setuptools-0.6c7-py2.5.egg',
 'site-packages/pytz-2007f-py2.5.egg',
 'site-packages/decorator-2.0.1-py2.5.egg']
```

Man erhält auch mehr Metadaten:

```
>>> z.printdir()
File Name                                      Modified             Size
site-packages/setuptools-0.6c7-py2.5.egg       2008-01-27 20:14:18    503322
site-packages/pytz-2007f-py2.5.egg             2008-02-19 22:24:27    486357
site-packages/decorator-2.0.1-py2.5.egg        2008-02-27 15:39:08      5857
```

Schließen wir das Archiv

```
>>> z.close()
```

und schauen es uns von Unix aus an:

```
$ ls -l /tmp/eggs.zip
-rw-r--r--  1 farid  wheel  871518 Mar  8 19:28 /tmp/eggs.zip

$ file /tmp/eggs.zip
/tmp/eggs.zip: Zip archive data, at least v2.0 to extract

$ unzip -l /tmp/eggs.zip
Archive:  /tmp/eggs.zip
  Length      Date    Time    Name
 --------    ----    ----    ----
   503322  01-27-08 20:14    site-packages/setuptools-0.6c7-py2.5.egg
   486357  02-19-08 22:24    site-packages/pytz-2007f-py2.5.egg
     5857  02-27-08 15:39    site-packages/decorator-2.0.1-py2.5.egg
 --------                    -------
   995536                    3 files

$ unzip -t /tmp/eggs.zip
Archive:  /tmp/eggs.zip
    testing: site-packages/setuptools-0.6c7-py2.5.egg   OK
    testing: site-packages/pytz-2007f-py2.5.egg    OK
    testing: site-packages/decorator-2.0.1-py2.5.egg    OK
No errors detected in compressed data of /tmp/eggs.zip.
```

Es ist also eine echte, vollwertige .zip-Datei, die darüberhinaus auch (relative) Pfadnamen enthält. Diese Pfadnamen kamen vom Parameter arcname beim Aufruf von write.

Jetzt versuchen wir es von Python aus auszulesen:

```
>>> import zipfile

>>> z = zipfile.ZipFile('/tmp/eggs.zip', 'r')
```

```
>>> z.printdir()
File Name                                    Modified          Size
site-packages/setuptools-0.6c7-py2.5.egg     2008-01-27 20:14:18    503322
site-packages/pytz-2007f-py2.5.egg           2008-02-19 22:24:26    486357
site-packages/decorator-2.0.1-py2.5.egg      2008-02-27 15:39:08      5857
```

Wie lesen wir das nun aus? Man könnte zum Beispiel mit der Methode read die Bytes, aus denen eine Datei besteht, einlesen:

```
read(self, name) method of zipfile.ZipFile instance
    Return file bytes (as a string) for name.
```

Das sähe so aus:

```
>>> thebytes = z.read('site-packages/decorator-2.0.1-py2.5.egg')
```

```
>>> len(thebytes)
5857
```

An der Länge erkennen wir, dass wir alle Bytes dieser Datei eingelesen haben. Diese könnten wir jetzt z.B. irgendwo abspeichern (etwa mit der write-Methode eines file-Objekts, das im Binärmodus zum Schreiben geöffnet wurde).

Und nun kommen wir zu .tar-Dateien. Wir arbeiten nach wie vor mit derselben filelist von vorhin und sind auch nach wie vor im richtigen Verzeichnis:

```
>>> filelist
['site-packages/setuptools-0.6c7-py2.5.egg',
 'site-packages/pytz-2007f-py2.5.egg',
 'site-packages/decorator-2.0.1-py2.5.egg']
```

```
>>> os.getcwd()
'/usr/local/lib/python2.5'
```

Nun erzeugen wir uns ein tarfile.TarFile-Objekt:

```
>>> import tarfile
```

```
>>> t = tarfile.TarFile('/tmp/eggs.tar', 'w')
```

```
>>> t
<tarfile.TarFile object at 0x2842d72c>
```

Dieses Objekt hat mehr Methoden als das zipfile.ZipFile-Objekt, doch lassen wir uns nicht davon abschrecken:

```
>>> [ s for s in dir(t) if not s.startswith('_') ]
['OPEN_METH', 'add', 'addfile', 'bz2open', 'chmod', 'chown', 'close',
 'closed', 'debug', 'dereference', 'errorlevel', 'extract', 'extractall',
 'extractfile', 'fileobj', 'fileobject', 'getmember', 'getmembers',
 'getnames', 'gettarinfo', 'gzopen', 'ignore_zeros', 'inodes', 'list',
 'makedev', 'makedir', 'makefifo', 'makefile', 'makelink', 'makeunknown',
 'members', 'mode', 'name', 'next', 'offset', 'open', 'posix', 'proc_builtin',
 'proc_gnulong', 'proc_member', 'proc_sparse', 'taropen', 'utime']
```

Also, wie fügen wir die Einträge aus filelist diesem *tar*-Archiv nun zu?

Die Signatur der tarfile-Methode addfile verrät uns Folgendes:

```
addfile(self, tarinfo, fileobj=None)
    method of tarfile.TarFile instance

    Add the TarInfo object 'tarinfo' to the archive. If 'fileobj' is
    given, tarinfo.size bytes are read from it and added to the archive.
    You can create TarInfo objects using gettarinfo().
    On Windows platforms, 'fileobj' should always be opened with mode
    'rb' to avoid irritation about the file size.
```

Man kann also keine Datei direkt hinzufügen. Stattdessen muss man den Weg über ein TarInfo-Objekt gehen:

```
gettarinfo(self, name=None, arcname=None, fileobj=None)
    method of tarfile.TarFile instance

    Create a TarInfo object for either the file 'name' or the file
    object 'fileobj' (using os.fstat on its file descriptor). You can
    modify some of the TarInfo's attributes before you add it using
    addfile(). If given, 'arcname' specifies an alternative name for the
    file in the archive.
```

Aus filelist erzeugen wir also eine Liste von TarInfo-Objekten:

```
>>> tilist = [ t.gettarinfo(name=fn, arcname=fn) for fn in filelist ]
```

```
>>> tilist
[<TarInfo 'site-packages/setuptools-0.6c7-py2.5.egg' at 0x284e4cec>,
 <TarInfo 'site-packages/pytz-2007f-py2.5.egg' at 0x2860210c>,
 <TarInfo 'site-packages/decorator-2.0.1-py2.5.egg' at 0x284c7a4c>]
```

Ein solches TarInfo-Objekt sieht wie folgt aus:

```
>>> tilist[0]
<TarInfo 'site-packages/setuptools-0.6c7-py2.5.egg' at 0x284e4cec>
```

```
>>> [ s for s in dir(tilist[0]) if not s.startswith('_') ]
['chksum', 'devmajor', 'devminor', 'frombuf', 'gid', 'gname', 'isblk',
'ischr', 'isdev', 'isdir', 'isfifo', 'isfile', 'islnk', 'isreg', 'issparse',
'issym', 'linkname', 'mode', 'mtime', 'name', 'offset', 'offset_data',
'size', 'tobuf', 'type', 'uid', 'uname']
```

```
>>> tilist[0].name
'site-packages/setuptools-0.6c7-py2.5.egg'
```

```
>>> tilist[0].size
503322L
```

Wer sich mit Unix auskennt, wird eine Menge nützlicher Attribute erkennen.

Mit dieser Liste von TarInfo-Objekten bewaffnet, können wir nun addfile aufrufen:

```
for ti in tilist:
    f = open(ti.name, 'rb')
    t.addfile(ti, f)
    f.close()
```

Beachten Sie dabei, dass wir die Dateien erst öffnen mussten. Nun schließen wir das *tar*-Archiv:

```
>>> t.close()
```

Unter Unix sieht unsere Datei */tmp/eggs.tar* wie folgt aus:

```
$ ls -l /tmp/eggs.tar
-rw-r--r--  1 farid  wheel  1003520 Mar  8 20:14 /tmp/eggs.tar
```

```
$ file /tmp/eggs.tar
/tmp/eggs.tar: POSIX tar archive
```

```
$ tar -tf /tmp/eggs.tar
site-packages/setuptools-0.6c7-py2.5.egg
site-packages/pytz-2007f-py2.5.egg
site-packages/decorator-2.0.1-py2.5.egg
```

Und nun wieder umgekehrt! Zur Abwechslung extrahieren wir den Inhalt dieses Archivs nach */tmp*:

```
>>> import tarfile
```

```
>>> t = tarfile.TarFile('/tmp/eggs.tar', 'r')
```

Wir könnten jetzt gezielt Dateien mit extract oder extractfile daraus holen, aber wir benutzen stattdessen extractall:

```
extractall(self, path='.', members=None) method of tarfile.TarFile instance
    Extract all members from the archive to the current working
    directory and set owner, modification time and permissions on
    directories afterwards. 'path' specifies a different directory
    to extract to. 'members' is optional and must be a subset of the
    list returned by getmembers().
```

Das sieht dann so aus:

```
>>> t.extractall(path='/tmp', members=t.getmembers())
```

```
>>> t.close()
```

Unter Unix sehen wir, dass die Dateien extrahiert sind:

```
$ ls -l /tmp/site-packages
total 1014
-rw-r--r--  1 farid  wheel    5857 Feb 27 15:39 decorator-2.0.1-py2.5.egg
-rw-r--r--  1 farid  wheel  486357 Feb 19 22:24 pytz-2007f-py2.5.egg
-rw-r--r--  1 farid  wheel  503322 Jan 27 20:14 setuptools-0.6c7-py2.5.egg
```

Übungsaufgabe: Versuchen Sie nun, eine .tar.gz- oder eine .tar.bz2-Datei zu erzeugen oder auszulesen.

9.2   Das Dateisystem

Bis jetzt haben wir uns für das interessiert, was in den Dateien war. Doch was ist mit den Metadaten (wie Dateiname, Länge, Besitzer, Datum der letzten Änderung etc.)? Wie kann man z.B. einen Teil des Dateisystems durchlaufen, um etwa alle Dateien mit einer bestimmten Endung zu verarbeiten?

Für solche Aufgaben ist nicht das file-Objekt zuständig, sondern Funktionen aus anderen Modulen der Python Standard Library. Zu diesem Thema empfiehlt sich das Studium des Kapitels *File and Directory Access* der *Python Library Reference* Dokumentation http://docs.python.org/lib/filesys.html.

Im folgenden Abschnitt gehen wir auf diese drei Fragestellungen ein:

- Wie verschiebe oder lösche ich eine Datei?
- Wie erhalte ich Metadaten zu einem Dateinamen?
- Wie durchlaufe ich ein Dateisystem?

9.2.1 Dateien verschieben oder löschen

Mit os.rename kann man Dateien umbenennen:

```
rename(...)
    rename(old, new)

    Rename a file or directory.
```

Mit os.unlink lässt sich eine Datei löschen:

```
unlink(...)
    unlink(path)

    Remove a file (same as remove(path)).
```

Und mit os.rmdir lässt sich ein leeres (bis auf . und ..) Verzeichnis löschen:

```
rmdir(...)
    rmdir(path)

    Remove a directory.
```

Weiter unten werden wir das shutil-Modul vorstellen, das eine Menge weiterer nützlicher Funktionen bietet.

9.2.2 Metadaten einer Datei

Wir werden später beim Durchlaufen des Dateisystems sehen, dass manche Funktionen wie glob.glob oder os.listdir eine Liste von Dateinamen liefern. Aber diese Dateinamen müssen ja nicht unbedingt nur Dateien bezeichnen. Sie könnten auch die Namen von Verzeichnissen sein. Also stellt sich die Frage: Wie unterscheidet man reguläre Dateien von Verzeichnissen?

Andere Fragen, die sich häufig stellen sind:

- Wie groß ist eine Datei?
- Wer ist ihr Besitzer?
- Wer darf darauf zugreifen?
- Wann wurde sie zuletzt verändert?

Ganz allgemein stellt sich die Frage nach den *Metadaten einer Datei* (wobei hier »Datei« ganz allgemein aufzufassen ist und neben regulären Dateien auch Verzeichnisse und spezielle Dateitypen wie Sockets, named Pipes usw. sein können).

Um Metadaten einer Datei zu erhalten, gibt es zwei Möglichkeiten:

- Das Modul os.path bietet ein paar plattformunabhängige Funktionen, um Dateitypen zu identifizieren.

■ Das Modul os bietet darüberhinaus plattformabhängige Funktionen, um weitere Attribute einer Datei zu erhalten.

Plattformunabhängige Metadaten mit os.path.*

Das Modul os.path liefert nützliche Methoden und Attribute:

```
>>> import os.path
```

```
>>> dir(os.path)
['__all__', '__builtins__', '__doc__', '__file__', '__name__',
'_resolve_link', '_varprog', 'abspath', 'altsep', 'basename', 'commonprefix',
'curdir', 'defpath', 'devnull', 'dirname', 'exists', 'expanduser',
'expandvars', 'extsep', 'getatime', 'getctime', 'getmtime', 'getsize',
'isabs', 'isdir', 'isfile', 'islink', 'ismount', 'join', 'lexists',
'normcase', 'normpath', 'os', 'pardir', 'pathsep', 'realpath', 'samefile',
'sameopenfile', 'samestat', 'sep', 'split', 'splitdrive', 'splitext',
'stat', 'supports_unicode_filenames', 'walk']
```

Nützlich sind dabei unter anderem folgende Methoden und Attribute:

■ isdir, isfile und islink sind True, falls der Pfadname ein Verzeichnis, eine reguläre Datei oder ein Symlink ist.

■ getsize liefert die Anzahl Bytes einer Datei.

■ getatime, getctime und getmtime liefern die Zeit, als auf die Datei zuletzt zugegriffen wurde (solange das Filesystem nicht mit noatime gemountet ist), wann sie erzeugt wurde und wann sie zuletzt verändert wurde. Diese Zeit ist Epochen-spezifisch und kann z.B. mit time.ctime zu einem String konvertiert werden.

Neben diesen Funktionen bietet os.path auch Funktionen zur Manipulation von Pfaden an:

■ abspath, dirname und basename liefern den absoluten Pfad, den Pfad ohne den Dateinamen und den Dateinamen ohne den Pfad zurück.

■ realpath normalisiert Pfade, z.B. ../../hello.txt zu einem Pfad ohne . und ...

■ expanduser ersetzt die Tildenotation durch einen richtigen Pfad, z.B. ˜farid nach /users/farid.

Als Beispiel probieren wir ein paar dieser Funktionen sowohl unter Unix als auch unter Windows aus.

Unter Unix:

```
>>> import os.path, time
```

```
>>> os.path.isdir('/usr/include')
True
```

```
>>> os.path.isdir('/usr/include/stdio.h')
False

>>> os.path.getsize('/usr/include/stdio.h')
14724L

>>> time.ctime(os.path.getmtime('/usr/include/stdio.h'))
'Sun Jan 27 14:35:23 2008'

>>> os.path.dirname('/usr/include/stdio.h')
'/usr/include'

>>> os.path.basename('/usr/include/stdio.h')
'stdio.h'

>>> os.path.devnull
'/dev/null'
```

Unter Windows:

```
>>> import os.path, time

>>> os.path.isdir('D:\\Python25\\Lib')
True

>>> os.path.isdir('D:\\Python25\\Lib\\token.py')
False

>>> os.path.getsize(r'D:\Python25\Lib\token.py')
3067L

>>> time.ctime(os.path.getmtime(r'D:\Python25\Lib\token.py'))
'Fri Oct 28 19:07:40 2005'

>>> os.path.dirname(r'D:\Python25\Lib\token.py')
'D:\\Python25\\Lib'

>>> os.path.basename(r'D:\Python25\Lib\token.py')
'token.py'

>>> os.devnull
'nul'
```

Haben Sie gemerkt, wie man mittels roher Strings die Schreibweise von Pfadnamen mit Backslashes vereinfachen konnte? Siehe Kapitel 5, *Strings*.

Plattformabhängige Metadaten mit os.stat (Unix)

Um weitere Metadaten einer Datei zu erhalten, verwendet man z.B. die Funktion os.stat. Diese liefert ein Tupel von Werten, die auf den ersten Blick schwer zu verstehen sind:

```
>>> import os
```

```
>>> os.stat('/etc/passwd')
(33188, 50432L, 85L, 1, 0, 0, 3084L, 1205010659, 1204433380, 1204433380)
```

Das weiter unten gezeigte Programm *statfile.py* würde daraus folgende Zeile machen, die stark an eine ls -l-Zeile bei Unix erinnert:

```
$ ~/python/bin/python statfile.py /etc/passwd
(85,50432) -rw-r--r-- 1 root wheel 3084 Sun Mar  2 05:49:40 2008 /etc/passwd
```

```
$ ls -li /etc/passwd
50432 -rw-r--r--  1 root   wheel  3084 Mar  2 05:49 /etc/passwd
```

Schauen wir uns *statfile.py* erst an:

```
#!/usr/bin/env python
# statfile.py -- present os.stat results in a friendlier form.

import os, time, pwd, grp
from stat import *

def statfile(path):
    "Read meta-data of file path and return a ls -l like one-liner"
    stat_val  = os.stat(path)
    stat_dict = parse_stat(path, stat_val)
    stat_line = format_stat(stat_dict)
    return stat_line

def parse_stat(path, sval):
    "Parse os.stat tuple sval into a dictionary"
    d = {}
    d['path']     = path

    mode          = sval[ST_MODE]
    d['type']     = mode_to_filetype(mode)
```

```
        d['perms']      = permissions_to_string(S_IMODE(mode))
        d['dev']        = sval[ST_DEV]
        d['ino']        = sval[ST_INO]
        d['nlinks']     = sval[ST_NLINK]
        d['size']       = sval[ST_SIZE]
        d['owner']      = uid_to_user(sval[ST_UID])
        d['group']      = gid_to_group(sval[ST_GID])
        d['atime']      = epoch_to_string(sval[ST_ATIME])
        d['mtime']      = epoch_to_string(sval[ST_MTIME])
        d['ctime']      = epoch_to_string(sval[ST_CTIME])
        return d

def format_stat(sdict):
    "Format stat dictionary as an ls -l like one-liner"
    s = '(%(dev)d,%(ino)d) %(type)s%(perms)s %(nlinks)d \
        %(owner)s %(group)s %(size)d %(mtime)s %(path)s' % sdict
    return s

def mode_to_filetype(mode):
    "Return the file type, accoding to mode"
    if S_ISREG(mode):   return '-'    # regular file
    if S_ISDIR(mode):   return 'd'    # directory
    if S_ISLNK(mode):   return 'l'    # symlink
    if S_ISFIFO(mode):  return 'p'    # FIFO
    if S_ISSOCK(mode):  return 's'    # socket
    if S_ISCHR(mode):   return 'c'    # character device
    if S_ISBLK(mode):   return 'b'    # block device
    return '?'                        # unknown type: shouldn't happen

def permissions_to_string(perm):
    "Convert permissions (octal) into a string such as rwxr-xr-x"
    bits = [ '-', '-', '-', '-', '-', '-', '-', '-', '-' ]
    if perm & 0x1:    bits[8] = 'x'   # X for other
    if perm & 0x2:    bits[7] = 'w'   # W for other
    if perm & 0x4:    bits[6] = 'r'   # R for other
    if perm & 0x8:    bits[5] = 'x'   # X for group
    if perm & 0x10:   bits[4] = 'w'   # W for group
    if perm & 0x20:   bits[3] = 'r'   # R for group
    if perm & 0x40:   bits[2] = 'x'   # X for owner
    if perm & 0x80:   bits[1] = 'w'   # W for owner
    if perm & 0x100:  bits[0] = 'r'   # R for owner
    if perm & 0x400:  bits[5] = 'g'   # set-gid on exec
    if perm & 0x800:  bits[2] = 's'   # set-uid on exec
    return ''.join(bits)
```

```
def uid_to_user(uid):
    "Convert user-id to user name"
    return pwd.getpwuid(uid)[0]

def gid_to_group(gid):
    "Convert group-id to group name"
    return grp.getgrgid(gid)[0]

def epoch_to_string(tsec):
    "Convert Epoch-based seconds tsec into localtime string"
    return time.asctime(time.localtime(tsec))

if __name__ == '__main__':
    import sys
    for fname in sys.argv[1:]:
        print statfile(fname)
```

Im Herzen von *statfile.py* befindet sich natürlich der Aufruf: `stat_val = os.stat(path)`, der diesen Tupel ausgibt, den wir weiter oben gesehen haben.

Nun machen wir uns auf dem Weg und parsen diesen Tupel in der Funktion `parse_stat`. Es wird ein Dictionary aufgebaut. Die Konstanten `ST_*` stammen aus dem Modul stat und sind bloß Indizes innerhalb dieses Tupels. Manchmal ist es erforderlich, ein Feld weiter zu berechnen, was durch Aufruf passender Konvertierungsfuntionen geschieht.

Nachdem das Dictionary aufgebaut ist, wird es einfach der Funktion `format_stat` übergeben, welche daraus eine schöne Zeile erzeugt mit der Stringinterpolationstechnik, die uns weiter oben bei der Einführung von Strings begegnet ist. Diese Zeile wird im Hauptprogramm einfach ausgegeben. Hier fallen noch zwei Punkte auf:

- Da wir den String über zwei Zeilen im Programm schreiben, die Ausgabe aber kein Newline enthalten soll, mussten wir den Zeilenumbruch im Programm mit einem Backslash entwerten. Wichtig ist, dass nach dem Backslash keine unsichtbaren Whitespaces mehr vorhanden sind. Da es sich auch um einen String handelt, der logisch nur eine Zeile umfasst, musste er nicht dreimal gequotet werden.
- Im Formatstring geben wir nicht alle Werte von `sdict` aus, z.B. fehlt dort `atime` und `ctime`. Das ist völlig in Ordnung: Der Stringinterpolationsoperator % holt sich aus `sdict` nur die Werte, die er braucht.

Die Hilfsfunktion `mode_to_filename` verwendet die `S_IS*`-Funktionen aus dem stat-Modul, die uns verraten, um welchen Dateityp es sich hierbei handelt: reguläre (normale) Datei, Verzeichnis etc.

Die Konvertierungsfunktion `permissions_to_string` verwendet den Teil von `mode`, der die Bits für die Zugriffsrechte enthält (bereits vom Aufrufer mittels `S_IMODE` aus `mode` herausgeschnitten), um daraus den bekannten `rwxr-xr-x`-String zu erzeugen. Dabei wird eine Bitmaske auf diese Zahl mit dem bitweisen &-Operator gelegt, um zu testen, ob bestimmte Bits gesetzt sind oder nicht. Wer hat behauptet, man könne bei Python nicht genauso undurchsichtig wie bei C programmieren?! Das Ergebnis wird übrigens in einer Liste zusammengestellt und erst am Schluss zu einem String wieder zusammengesetzt, aus dem einfachen Grund, dass Strings unveränderlich sind: Man kann nicht mitten aus einem String ein Zeichen einfach verändern!

Die Konvertierung von UID und GID nach Benutzernamen und Gruppennamen geschieht mit Hilfe zweier Funktionen aus den Standardmodulen `pwd` und `grp`. Diese liefern jeweils ein Tupel zurück, bei dem uns nur die 0-te Komponente interessiert.

Die langen Zahlen, welche die Zeit repräsentieren, sind nichts anderes als die Zahl der Sekunden seit der Epoche (1. Januar 1970 UTC), was ungefähr der Geburtsstunde von Unix entsprach. Um diese Zahlen in menschenlesbare Werte zu konvertieren, verwenden wir in `epoch_to_string`-Funktionen aus dem `time`-Standardmodul.

Das waren jetzt viele Konzepte auf einmal. Falls es zu schnell ging, können Sie einzelne Schritte in der Python-Shell noch mal nachvollziehen und dabei gleichzeitig die Dokumentation der Module konsultieren.

9.2.3 Das Dateisystem durchlaufen

Es gibt unzählige Aufgaben, bei denen mehrere Dateien verarbeitet werden sollen:

- Ersetze alle `.htm`-Endungen von Dateien mit `.html` (sieht einfach schöner aus).
- Vergleiche zwei Verzeichnisse (z.B. um die Integrität eines Backups zu überprüfen).
- Durchlaufe eine Sammlung von `.mp3`-Dateien und extrahiere dabei alle ihre ID3-Tags (z.B. um sie in eine Playlist oder Datenbank aufzunehmen).

Dazu gibt es u.a. folgende Techniken:

- Die Funktion `os.listdir` liefert eine Liste aller Einträge eines Verzeichnisses (keine Rekursion).
- Die Funktion `glob.glob` ermöglicht es, Dateien nach einem Muster wie `*.py` zu selektieren (keine Rekursion).
- Die Funktion `os.walk` dient dazu, Verzeichnisse zu durchlaufen (mit Rekursion).

Die Funktionen `os.listdir` und `glob.glob` kann man am besten in der Python-Shell in Aktion sehen. Zur besseren Übersichtlichkeit wählen wir dafür ein kleines Verzeichnis mit wenig Dateien. Fangen wir mit `os.listdir` an:

os.listdir

```
>>> import os

>>> files = os.listdir('/users/farid/python/lib/python2.5/logging')
```

```
>>> files
['__init__.py', 'config.py', 'handlers.py', '__init__.pyc', 'config.pyc',
'handlers.pyc', '__init__.pyo', 'config.pyo', 'handlers.pyo']
```

Wir sehen, dass os.listdir

- keine Pfade an die Einträge anhängt,
- die Reihenfolge nicht sortiert,
- die speziellen Verzeichnisse . und .. nicht mit aufnimmt.

Natürlich lässt sich die Liste nachträglich sortieren:

```
>>> files.sort()

>>> files
['__init__.py', '__init__.pyc', '__init__.pyo', 'config.py', 'config.pyc',
'config.pyo', 'handlers.py', 'handlers.pyc', 'handlers.pyo']
```

Die Einträge aus os.listdir können alles mögliche sein, etwa reguläre Dateien, Verzeichnisse usw. Um z.B. daraus nur die Unterverzeichnisse eines Verzeichnisses herauszubekommen, muss man die Liste filtern. Hier ist ein komplettes Beispiel, das alle Unterverzeichnisse von */users/farid/python/lib/python2.5* zeigt:

```
>>> import os
>>> import os.path

>>> PY = '/users/farid/python/lib/python2.5'

>>> all = os.listdir(PY)

>>> len(all)
595

>>> dirs = [ e for e in all if os.path.isdir(os.path.join(PY, e)) ]

>>> dirs.sort()

>>> dirs
['bsddb', 'compiler', 'config', 'ctypes', 'curses', 'distutils', 'email',
'encodings', 'hotshot', 'idlelib', 'lib-dynload', 'lib-tk', 'logging',
'plat-freebsd7', 'site-packages', 'sqlite3', 'test', 'wsgiref', 'xml']
```

Zur Erläuterung:

- Hier war all eine lange Liste von 595 Einträgen. Aber nur wenige davon sind Verzeichnisse.

- Um die Verzeichnisse herauszufiltern, benutzen wir eine *list comprehension*, wie wir das bereits bei der Einführung von Listen kennengelernt haben.
- Das Prädikat, um Verzeichnisse zu erkennen, ist die Funktion os.path.isdir aus dem os.path-Modul, welches wir natürlich erst importieren mussten.
- Wir konnten nicht einfach os.path.isdir(e) schreiben, weil die Einträge e aus os.listdir ja bekanntlich ohne Pfad sind; und unser aktuelles Verzeichnis (anzeigbar durch os.getcwd()) wohl kaum zufälligerweise */users/farid/python/lib/python2.5* gewesen ist. Also muss zu jedem Eintrag e der all-Liste dieser Pfad vorangestellt werden. Dies hätte man hier auch mit einfacher Stringkonkatenation machen können (den Slash dazwischen nicht vergessen), aber wir haben es vorgezogen, die portablere Funktion os.path.join zu benutzen, die auch bei Windows richtig funktioniert.
- Anschließend muss die so verkleinerte Liste nur noch sortiert und ausgegeben werden. Wir sehen, es ist jetzt viel übersichtlicher!

Beim Einsatz von os.listdir sollte man also stets daran denken, dass die Einträge *keine Pfade* haben und diese Pfade bei Bedarf erst angehängt werden müssen (z.B. mit os.path.join)! Es ist ein häufiger Anfängerfehler, es zu übersehen!

glob.glob
Als Nächstes ist glob.glob dran. Hierzu bedarf es nicht vieler Worte:

```
>>> import glob

>>> glob.glob('/users/farid/python/lib/python2.5/logging/*.py')
['/users/farid/python/lib/python2.5/logging/__init__.py',
'/users/farid/python/lib/python2.5/logging/config.py',
'/users/farid/python/lib/python2.5/logging/handlers.py']
```

Wir sehen, dass glob.glob einen übergebenen Pfad ohne Weiteres in die Rückgabeliste mit aufnimmt. Will man kürzere Ausgaben, kann man ins Zielverzeichnis temporär wechseln:

```
>>> import os

>>> olddir = os.getcwd()

>>> os.chdir('/users/farid/python/lib/python2.5/logging')

>>> glob.glob('*.py')
['__init__.py', 'config.py', 'handlers.py']

>>> os.chdir(olddir)
```

Übrigens: `glob.glob` wird intern mit `glob.fnmatch` implementiert und nicht durch den Aufruf einer echten Shell. Der Aufruf ist also durchaus effizient.

Rekursives Durchlaufen mit os.walk

Um Verzeichnisse rekursiv zu durchlaufen, ohne dabei extra eine rekursive Funktion schreiben zu müssen (die `os.listdir` und `os.path.isdir` wiederholt aufruft), verwendet man besser die Funktion `os.walk`.

`os.walk` wird typischerweise in einer `for`-Schleife aufgerufen. Für jedes Verzeichnis (und Unterverzeichnis), liefert `os.walk` ein Tupel zurück, bestehend aus den drei folgenden Werten:

- `root` ist der Pfad des gerade untersuchten Verzeichnisses.
- `dirs` ist eine Liste von Unterverzeichnissen, die sich in `root` befinden.
- `files` ist eine Liste von Dateien, die sich in `root` befinden.

Wir sehen also, dass `os.walk` Dateien und (Unter-)Verzeichnisse des gerade untersuchten Verzeichnisses sauber in zwei Listen trennt.

Wichtig ist dabei, dass alle Namen in `dirs` und `files` relativ zu `root` zu verstehen sind (und `root` relativ zum Parameter, der `os.walk` übergeben wurde). Will man auf diese Dateien oder Verzeichnisse zugreifen, muss man erst den Pfad aus `root` dem der Einträge aus `dirs` oder `files` voranstellen, z.B. mit `os.path.join`.

Jetzt genug der Worte! `os.walk` wird typischerweise so verwendet:

```python
import os
import os.path
for root, dirs, files in os.walk('/path/to/files', topdown=True):
    # Proceed all files:
    for file_name in files:
        proceed_file(os.path.join(root, file_name))

    # Proceed all (sub-)directories:
    for dir_name in dirs:
        proceed_directory(os.path.join(root, dir_name))
```

Das Schlüsselwortargument `topdown` sagt `os.walk`, dass es eine Breitensuche (*breadth first search*) machen soll. Setzt man es auf `False`, wird `os.walk` hingegen eine Tiefensuche (*depth first search*) durchführen. Der Unterschied ist deswegen wichtig, weil man bei Breitensuche Einträge aus `dirs` entfernen und somit automatisch bestimmte Teilbäume von der weiteren Suche ausschließen kann:

```python
for root, dirs, files in os.walk('/usr/src', topdown=True):
    dirs.remove('CVS')    # Don't recurse into CVS directories
    # now proceed as before
```

Dagegen ist eine Tiefensuche angesagt, wenn bestimmte Operationen erst auf tiefster Ebene geschehen sollen, bevor sie auf höherer Ebene durchgeführt werden können (etwa das rekursive Löschen, d.h. das Äquivalent des gefährlichen Kommandos `rm -rf /path/to/dir`: Dort kann man Verzeichnisse erst dann löschen, wenn sie völlig leer sind; was nur möglich ist, wenn man die tiefsten Verzeichnisse vor ihrem übergeordneten Verzeichnis leert und anschließend löscht).

Anwendung: Prüfsummen

Angenommen, wir müssen regelmäßig Backups auf ihre Integrität hin überprüfen. Schließlich sind Backupmedien nicht immer fehlerfrei, und da wäre es sehr nützlich, rechtzeitig zu erfahren, ob das Schreiben nicht nur scheinbar erfolgreich war, sondern auch tatsächlich mit sehr hoher Wahrscheinlichkeit das auf Band, DVD oder Festplatte gespeichert ist, was zu sichern war!

Um eine solche Überprüfung vornehmen zu können, bedient man sich oft kryptographischer Prüfsummen wie MD5 oder einer der stärkeren Digest-Funktionen SHA1, SHA-224, SHA-256, SHA-384 oder SHA-512, um nur ein paar Beispiele zu nennen. Diese Prüfsummen kondensieren eine große Zahl von Bytes auf wenige Bytes so, dass zufällige oder beabsichtigte Veränderungen der Quelldatei fast immer zu einer veränderten Prüfsumme führen. Somit erkennt man Übertragungsfehler oder auch Fehler im Speichermedium.

Prüfsummen sind keine absolute Lösung, denn es ist theoretisch nicht nur möglich, sondern unumgänglich, dass es verschiedene Quelleingaben gibt, die zur selben Prüfsumme führen (schließlich kann eine Abbildung großer Daten auf wenige Bytes niemals 1:1 sein!). Die Wahrscheinlichkeit, dass zufälliges oder auch gezieltes leichtes Verändern einer Eingabe zu einer Kollision führt (d.h. zur selben Prüfsumme) ist aber sehr klein.

In diesem Abschnitt stellen wir ein einfaches Programm zur Bildung von MD5- und SHA1-Prüfsummen für eine einzelne Datei und nehmen dieses Programm (Modul) dann als Basis für ein weiteres Programm, welches Prüfsummen für ganze Dateihierarchien berechnet und in speziellen Dateien in den jeweiligen Verzeichnissen ablegt zwecks späterer Überprüfung.

Fangen wir also mit *fingerprint.py* an, dem Programm, das MD5- und SHA1-Prüfsummen für eine einzelne Datei berechnet:

```python
#!/usr/bin/env python
# fingerprint.py -- fingerprints files with MD5 and SHA1

import hashlib

def compute_md5(file):
    digester = hashlib.md5()
    return _compute_digest(file, digester)
```

```python
def compute_sha1(file):
    digester = hashlib.sha1()
    return _compute_digest(file, digester)


_BLOCKSIZE = 2048
def _compute_digest(file, digest_algorithm):
    while 1:
        chunk = file.read(_BLOCKSIZE)
        if not chunk: break
        digest_algorithm.update(chunk)
    file.close()
    return digest_algorithm.hexdigest()


if __name__ == '__main__':
    import sys, getopt
    try:
        opts, args = getopt.getopt(sys.argv[1:], "ms", [ "md5", "sha1" ])
    except getopt.GetoptError:
        print "Usage: %s [-m | -s] [path ...]" % sys.argv[0]
        sys.exit(0)


    m, s = None, None
    for o, a in opts:
        if o in ("-m", "--md5"): m = True
        if o in ("-s", "--sha1"): s = True
    if m is None and s is None: m = True;        # Default is MD5


    for pname in args:
        if m == True:
            print "MD5 (%s) = %s" % (pname, compute_md5(open(pname, "rb")))
        if s == True:
            print "SHA1 (%s) = %s" % (pname, compute_sha1(open(pname, "rb")))
```

Im Kern von *fingerprint.py* befindet sich das Modul hashlib, das diverse Digest-Algorithmen enthält. Wir verwenden daraus die md5- und sha1-Hash-Objekte.

Die eigentliche Berechnung erfolgt in compute_md5 und compute_sha1 chunkweise, also schön stromlinienförmig. Es wird mittels update immer ein Chunk nach dem anderen an den Digester übermittelt. Am Ende wird mit hexdigest die Prüfsumme in Hexadezimaldarstellung ausgegeben.

Das Hauptprogramm zeigt nebenbei, wie das getopt-Modul der Python Standard Library benutzt wird, um Kurz- und Langoptionen zu parsen. Wir führen das Programm *fingerprint.py* aus, um die Prüfsumme seines Quellcodes *fingerprint.py* zu berechnen; und prüfen gleich mit Hilfe der FreeBSD-Programme *md5* und *sha1* nach, ob wir identische Prüfsummen erhalten:

```
$ ~/python/bin/python fingerprint.py -h
Usage: fingerprint.py [-m | -s] [path ...]

$ ~/python/bin/python fingerprint.py -m fingerprint.py
MD5 (fingerprint.py) = c7306bfdbb53a71e76d7bf9da2490b86

$ ~/python/bin/python fingerprint.py -s fingerprint.py
SHA1 (fingerprint.py) = 49b4badbd4c37fcd14acaa8ce3113f70fe07bf50

$ md5 fingerprint.py
MD5 (fingerprint.py) = c7306bfdbb53a71e76d7bf9da2490b86

$ sha1 fingerprint.py
SHA1 (fingerprint.py) = 49b4badbd4c37fcd14acaa8ce3113f70fe07bf50
```

Da *fingerprint.py* ganze Pfade akzeptiert

```
$ ~/python/bin/python fingerprint.py -m /usr/include/stdio.h
MD5 (/usr/include/stdio.h) = d5c8236bd34122cb753834e045da92b9
```

können wir es als Modul beim folgenden allgemeineren Programm *fpdir.py* benutzen:

```
#!/usr/bin/env python
# fpdir.py -- fingerprint whole directories with MD5 (later: and SHA1)

import os, os.path
import re
import fingerprint


md5fname = "md5.txt"
sha1fname = "sha1.txt"
matcher = re.compile(r'MD5 \((.*)\) = (.*)')


def make_fingerprints(path, verbose=None):
    for root, dirs, files in os.walk(path):
        if "TRANS.TBL" in files: files.remove("TRANS.TBL")
        if md5fname in files: files.remove(md5fname)
        files.sort()
        if len(files) != 0:
            # If we have some files, then (and only then) create md5fname
            md5file = open(os.path.join(root, md5fname), "w")
            for file in files:
```

```
                    md5file.write("MD5 (%s) = %s\n" %
                                  (file,
                                   fingerprint.compute_md5(
                        open(os.path.join(root, file), "rb")))))
                md5file.close()
                if verbose is not None: print "Checksummed: %s" % root


def check_fingerprints(path, verbose=None):
    for root, dirs, files in os.walk(path):
        if md5fname in files:
            # There's a checksum file here. check its contents:
            md5file = open(os.path.join(root, md5fname))
            for line in md5file.readlines():
                # Line is in the form MD5 (fname) = cksum
                mo = matcher.match(line)
                if mo is not None:
                    fname, recorded_md5sum = mo.group(1), mo.group(2)
                    # fname is always relative to root
                    computed_md5sum = fingerprint.compute_md5(
                        open(os.path.join(root, fname), "rb"))
                    if recorded_md5sum != computed_md5sum:
                        print "< MD5 (%s) = %s" % (os.path.join(root, fname),
                                                   recorded_md5sum)
                        print "> MD5 (%s) = %s" % (os.path.join(root, fname),
                                                   computed_md5sum)
            md5file.close()
            if verbose is not None: print "Verified: %s" % root


if __name__ == '__main__':
    import sys, getopt
    try:
        opts, args = getopt.getopt(sys.argv[1:], "mcv",
                            ["make", "check", "verbose"])
    except getopt.GetoptError:
        print "Usage: %s [-m | -c] [-v] [path ...]" % sys.argv[0]
        sys.exit(0)

    m, c, v = None, None, None
    for o, a in opts:
        if o in ("-m", "--make"): m = True
        if o in ("-c", "--check"): c = True
        if o in ("-v", "--verbose"): v = True
    if m is None and c is None: c = True;      # Default is checking
```

```
if len(args) == 0: args.append(".")

for pname in args:
    if m == True: make_fingerprints(pname, v)
    if c == True: check_fingerprints(pname, v)
```

Dieses Programm besteht aus zwei Funktionen:

- `make_fingerprints`
- `check_fingerprints`

`make_fingerprints` durchläuft ein Verzeichnis ab `path` und legt in jedem Unterverzeichnis eine Datei *md5.txt* an. Dort berechnet es für jede *Datei* dieses Unterverzeichnisses mit Hilfe der `compute_md5`-Funktion des `fingerprint`-Moduls eine Prüfsumme und schreibt diese in *md5.txt*. Man beachte, dass die Unterscheidung zwischen Dateien und Verzeichnissen hier von `os.walk` selbst durchgeführt wird. Außerdem schließen wir aus jedem Unterverzeichnis die Datei *TRANS.TBL* von den Prüfsummenberechnungen aus.

`check_fingerprints` durchläuft wieder alle Verzeichnisse ab `path` mit der `os.walk`-Funktion. Für jedes Unterverzeichnis, das eine *md5.txt* Datei enthält, wird diese geöffnet und zeilenweise gelesen. Jeder der Einträge dieser Prüfsummendatei wird dann einzeln geparst (mit einem regulären Ausdruck `matcher`, siehe Kapitel 5, *Strings*). Anschließend wird die Prüfsumme der Datei mit der Funktion `compute_md5sum` des `fingerprint`-Moduls erneut berechnet und mit der gespeicherten Prüfsumme verglichen. Unterschiede werden gemeldet.

Das Hauptprogramm selbst ist langweilig, da es dort nur um das Parsen von Optionen mit `getopt` geht und um das Dispatchen zur richtigen Funktion.

fpdir.py kann also zwei Fehler erkennen:

- Stimmt eine Prüfsumme nicht, wird dies gemeldet und weiter verglichen.
- Kann das Eingabemedium nicht gelesen werden, löst die Funktion `_compute_digest` des `fingerprint`-Moduls bei `read` eine `IOError`-Ausnahme aus, welche nach `compute_md5` und schließlich `check_fingerprints` propagiert und zum gesamten Programmabbruch führt.

Ergänzen Sie nun *fingerprint.py* dahingehend, dass auch andere Algorithmen aus `hashlib` angeboten werden, und erweitern Sie *fpdir.py* entsprechend, um diese zusätzlichen Digester zu benutzen (Auswahl durch geeignete Flags).

9.2.4 Das shutil-Modul

Das Standardmodul `shutil` bietet eine praktische Alternative zu den bisher gezeigten Funktionen `os.walk` usw., wenn es darum geht, Dateien oder ganze Dateibäume zu verschieben, zu kopieren oder zu löschen (siehe dazu die Abbildung auf der nächsten Seite).

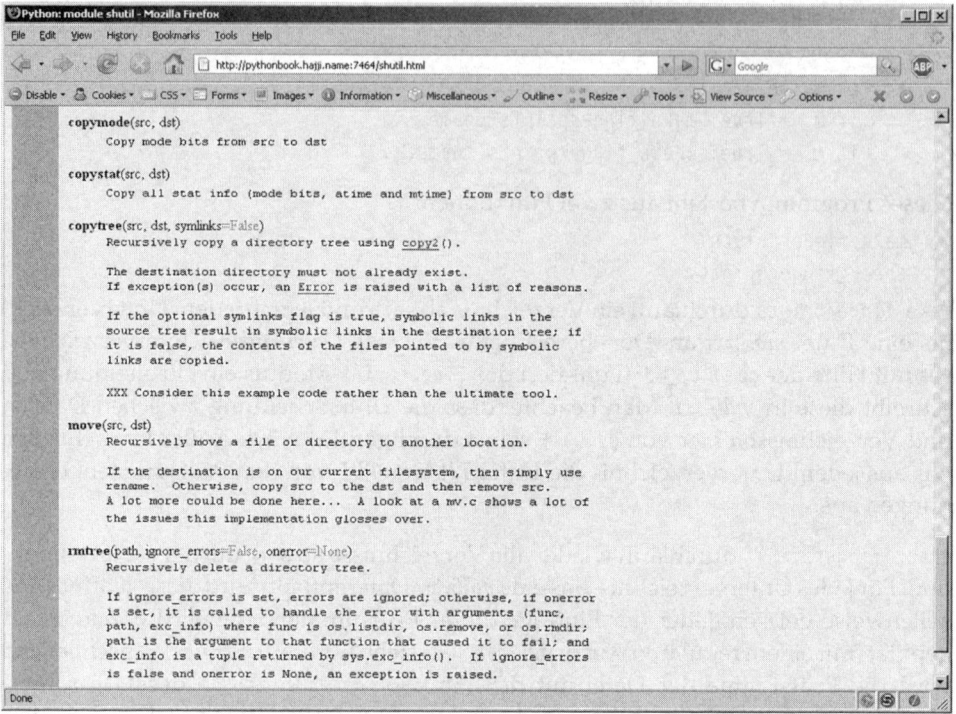

Ein kurzer Überblick zeigt folgende Funktionen:

```
>>> import shutil
```

```
>>> [ s for s in dir(shutil) if not s.startswith('_') ]
['Error', 'abspath', 'copy', 'copy2', 'copyfile', 'copyfileobj', 'copymode',
'copystat', 'copytree', 'destinsrc', 'move', 'os', 'rmtree', 'stat', 'sys']
```

Informationen darüber erhalten Sie mit `pydoc shutil` oder in der Python-Shell mit importiertem `shutil`-Modul mit `help(shutil)`.

9.3 Zusammenfassung

Dateien:

- Der `file`-Datentyp ist der Schlüssel zur Dateiein- und -ausgabe.
- Man erhält ein `file`-Objekt mit Hilfe der built-in-Funktion `open`.
- Der Modus der Datei kann `'r'`, `'w'`, `'a'` oder `'r+'`, `'w+'`, `'a+'` sein. Handelt es sich um eine Binärdatei, ist `'b'` an den Modus anzuhängen, z.B. `'r+b'`.
- Wird eine Datei nicht mehr benötigt, sollte sie mit der `close`-Funktion geschlossen werden, um Betriebssystemressourcen wieder freizugeben.

Textdateien:

▪ Textdateien werden typischerweise zeilenweise gelesen: `for line in f:` .... Das abschließende Newline-Zeichen landet in `line` und sollte bei Bedarf mit `bareline = line.strip('\n')` entfernt werden.

▪ Alternativ kann mit `f.read()`, `f.readlines()` der gesamte Inhalt der Datei als String oder Liste von Strings eingelesen werden (Datei schlürfen).

▪ Zum Schreiben verwendet man entweder `print >>f`, ... oder `f.write(...)`.

▪ Wir haben gelernt, daß es besser ist, Dateien stromlinienförmig zu bearbeiten. So skalieren Programme viel besser, falls riesengroße Monster-Dateien zu verarbeiten sind.

Binärdateien:

▪ Unter Unix gibt es keinen Unterschied zwischen Text- und Binärdateien, aber unter Windows schon. Darum sollte man das `'b'` beim Modus nicht vergessen, um platformunabhängig zu programmieren.

▪ Als Behälter für Bytes eignen sich Bytestrings vom Typ `str` hervorragend, da sie auch Nullbytes speichern können.

▪ Mit `read` kann man eine festgelegte Anzahl Bytes ab der aktuellen Zeigerposition lesen. Ist nichts mehr zu lesen, wird ein leerer String zurückgegeben. Mit `write` wird ein String (eine Bytefolge) ab der aktuellen Zeigerposition gespeichert.

▪ Die aktuelle Zeigerposition erhält man mit `tell` und kann sie mit `seek` verändern. Dessen `whence`-Parameter kann 0 (ab dem Dateianfang), 1 (relativ zur aktuellen Position) oder 2 (relativ zum Ende der Datei) sein.

▪ Wir haben als Anwendungen eine Binärdatei chunkweise kopiert und den ID3v1-Tag von mp3-Dateien ausgelesen und ausgewertet.

RAM-Dateien:

▪ Mit `StringIO` kann man einen String zu einem `file`-ähnlichen Objekt verwandeln. Umgekehrt kann man in ein solches `file`-ähnliches Objekt wie bei einer Datei schreiben und anschließend mit dessen Methode `getvalue` einen String mit allen geschriebenen Daten bekommen.

▪ Eine schnellere Version von `StringIO.StringIO` ist `cStringIO.StringIO`.

Memory-mapped Dateien (`mmap`):

▪ Falls das Betriebssystem einen `mmap`-Systemaufruf anbietet, kann man mit dem `mmap`-Modul memory mapped-Dateien in den Speicher abbilden.

▪ Memory mapped-Dateien werden von High Performance-Datenbankservern und ähnlichen Programmen benutzt, um den Umweg über die `read`- und `write`-Methoden zu umgehen.

▪ Ist `fm` ein `mmap.mmap`-Objekt, kann man mit Index- (`fm[3] = 'h'`) oder Slice-Schreibweise (`fm[4:8] = 'mmap'`) die Datei stückweise auslesen bzw. verändern.

▪ Beim Verändern nicht vergessen, ganz am Ende `fm.flush()` aufzurufen.

■ Das Mapping erstreckt sicht nicht jenseits der angegebenen Anzahl Bytes (bzw. des Endes der Datei so wie sie war, als das Mapping angelegt wurde). Die Datei sollte schon die entsprechende Größe haben, bevor das Mapping angelegt wird.

Komprimierte Dateien und Archive:

■ `.gz`-Dateien werden mit `gzip.open` geöffnet.

■ `.bz2`-Dateien werden mit `bz2.BZ2File` geöffnet.

■ `.zip`-Archive werden mit `zipfile.ZipFile` geöffnet, Dateien werden dort mit `z.write(filename, arcname)` hinzugefügt. Eine Liste von Dateien liefert `namelist`, und ein schönes Listing erhält man mit `printdir`. Mit `z.read(path_within_zip)` liest man die Bytes einer Datei aus dem Archiv `z`.

■ `.tar`-Dateien werden mit `tarfile.TarFile` geöffnet. Dateien werden indirekt über `TarInfo`-Objekte hinzugefügt. Mit `extract`, `extractall` etc. kann man Dateien aus einer `.tar`-Datei extrahieren.

Das Dateisystem:

■ Mit `os.rename` kann man Dateien umbenennen; mit `os.unlink` löscht man Dateien, und mit `os.rmdir` löscht man leere Verzeichnisse.

■ Metadaten extrahiert man plattformunabhängig mit `os.path.*`-Methoden. Die plattformabhängige Methode `os.stat` liefert eine Menge weiterer Metadaten einer Datei.

■ Zum Durchlaufen des Dateisystems gibt es `os.listdir` und `glob.glob`, die nicht rekursiv sind, und `os.walk`, ein rekursiver Generator, der auch Dateien und Verzeichnisse sauber auseinanderhält.

■ Als Anwendung haben wir mit *fingerprint.py* kryptographische Prüfsummen mit dem `hashlib`-Standardmodul für einzelne Dateien und mit *fpdir.py* für ganze Dateibäume berechnet, wobei *fpdir.py* bereits berechnete Prüfsummen überprüfen kann.

Das `shutil`-Standardmodul:

■ Wenn es darum geht, Dateien oder Dateibäume zu kopieren, zu verschieben oder zu löschen, kann man Funktionen aus dem `shutil`-Standardmodul benutzen.

Im nächsten Kapitel konzentrieren wir uns auf Klassen und Objekte.

10   Klassen und Objekte

Python ist eine objektorientierte Sprache. Doch bis jetzt haben wir nur Objekte diverser eingebauter Datentypen wie str, list, dict usw. verwendet. Zusätzlich zu diesen eingebauten Datentypen bietet die Python Standard Library eine umfangreiche und erweiterbare Klassenbibliothek.

Nun ist es an der Zeit zu erfahren, wie man eigene Klassen schreibt, daraus Objekte instanziiert und verwendet. Dies ist keine Einführung in objektorientierte Konzepte.

Dieses Kapitel leiten wir mit der objektorientierten Version des *Hello World!*-Programms ein, damit Sie einen groben Überblick erhalten. Anschließend schauen wir uns an, wie Klassen verwendet werden: Wie instanziiert man Objekte, wie ruft man ihre Methoden auf usw.? Danach lernen wir, wie wir unsere eigenen Klassen definieren und was dabei zu beachten ist.

Eine wichtiger Aspekt von Klassen sind Hooks: Das sind diese __xxx__-Methoden, die Sie sicher schon gesehen haben, als Sie Python interaktiv erkundet haben. Wir werden darauf ausführlich eingehen und sehen, wozu sie nützlich sind. Dabei besprechen wir auch ausführbare Objekte, Propertys, Deskriptoren (die verallgemeinerte Propertys sind) und Slots. Anschließend gehen wir auf das zu Unrecht als schwarze Magie verschrieene Thema der Metaklassen ein.

10.1   Hello, OO-World!

Hier ist ein *Hello World!*-Programm im objektorientierten Stil:

```python
#!/usr/bin/env python
# helloooworld.py -- Hello, OO-World!

class Hello(object):
    "Hello, OO-world!"

    def __init__(self, welcome):
        "Squirrel the welcome message away"
        self.welcome = welcome
```

```
    def hello(self):
        "Print the saved welcome message"
        print self.welcome

def main():
    "Play around with Hello"

    # Instantiate two Hello objects:
    hel1 = Hello("Hello, World!")
    hel2 = Hello("Good Bye, Cruel World!")

    # Call hel1 and hel2's hello method:
    hel1.hello()
    hel2.hello()

if __name__ == '__main__':
    main()
```

Dieses Programm gibt die kanonischen Strings aus:

```
$ ~/python/bin/python helloooworld.py
Hello, World!
Good Bye, Cruel World!
```

Die Details werden wir weiter unten diskutieren. Begnügen wir uns erst mit dem Gesamtbild:

- Wir definieren eine Klasse Hello mit Hilfe des class-Schlüsselwortes.
- Wir instanziieren zwei Objekte hel1 und hel2 aus Hello in der Funktion main.
- Wir rufen die hello-Methode der Objekte hel1 und hel2 mit der object.method()-Syntax auf.

10.2 Klassen verwenden

Bevor wir in die Kunst des Klassenschreibens eintauchen, wollen wir erst sehen, wie sie verwendet werden.

10.2.1 Objekte instanziieren

Eine Klasse ist eine Fabrik von Objektinstanzen. Um ein Objekt o aus der Klasse C zu instanziieren, rufen wir die Klasse ohne oder mit Argumenten auf, als wäre sie eine Funktion: C().

Angenommen, wir definieren die Klasse C wie folgt:

```
class C(object):
    pass
```

Um ein Objekt o daraus zu instanziieren, rufen wir die Klasse C auf, als wäre sie eine Funktion:

```
>>> o = C()
```

```
>>> o
<__main__.C object at 0x81ebfec>
```

```
>>> type(o)
<class '__main__.C'>
```

In diesem Beispiel definierten wir eine *leere Klasse* C. Das pass-Schlüsselwort ist eine *no-op*, es hat keine Auswirkung zur Laufzeit, ist jedoch aus Syntaxgründen erforderlich, da eine Klassendefinition keinen leeren Körper akzeptiert.

Durch den Aufruf C() fordern wir C auf, ein neues Objekt des Typs C zu erzeugen. Wir speichern eine Referenz auf diese neue Objektinstanz in die Variable o ab. Wie wir sehen können, ist o ein neues Objekt des Typs C (oder, genauer gesagt, des Typs __main__.C, da wir dies innerhalb der Python-Shell, d.h. des __main__-Moduls aufrufen).

Übrigens, man erhält die Klasse zu einem Objekt, indem man dessen __class__-Attribut abfragt:

```
>>> o.__class__
<class '__main__.C'>
```

Ruft man C() mehrfach auf, werden verschiedene Objekte erzeugt, was wir an deren unterschiedlicher id erkennen können:

```
>>> C()
<__main__.C object at 0x81ee0ec>
```

```
>>> C()
<__main__.C object at 0x81ee12c>
```

```
>>> C()
<__main__.C object at 0x81ee0ac>
```

Die Klasse C kann keine Argumente akzeptieren, da wir dafür keinen Konstruktor definiert haben:

```
>>> C(42)
Traceback (most recent call last):
  File "<stdin>", line 1, in <module>
TypeError: default __new__ takes no parameters
```

Um einen solchen Konstruktor anzugeben, überschreiben wir einfach die spezielle __init__-Methode der Basisklasse object, die als Konstruktor fungiert (oder, genauer gesagt, als Initialisierer; der eigentliche Konstruktor ist __new__, doch den sollten wir nicht überschreiben):

```
class C2(object):
    def __init__(self, magic):
        self.magic = magic
```

Wir kommen auf self gleich zurück. Erzeugen wir nun zwei Objekte aus der Klasse C2: o21 und o22:

```
>>> o21 = C2(42)
```

```
>>> o22 = C2('hello')
```

Beachten Sie, dass der Konstruktor von C2, __init__ genau einen Parameter nach self erwartet, hier magic genannt. Also müssen wir genau ein Argument dem Aufruf von C2 übergeben. Mehr oder weniger Argumente lösen eine TypeError-Ausnahme aus:

```
>>> C2(42, 4711)
Traceback (most recent call last):
  File "<stdin>", line 1, in <module>
TypeError: __init__() takes exactly 2 arguments (3 given)
```

```
>>> C2()
Traceback (most recent call last):
  File "<stdin>", line 1, in <module>
TypeError: __init__() takes exactly 2 arguments (1 given)
```

10.2.2 Objektattribute

Was können wir so alles mit Objekten anstellen? Zunächst einmal, ihre Attribute auslesen. Erinnern Sie sich an o21 und o22, die wir weiter oben definiert haben? __init__ hat die Argumente 42 bzw. 'hello' in deren magic-Attribut gespeichert. Das können wir nun auslesen:

```
>>> o21.magic
42
```

```
>>> o22.magic
'hello'
```

Diese Attribute sind durch Python in keinerlei Art und Weise geschützt (in C++-Jargon sind sie `public`). Wir können ihren Inhalt verändern, in dem wir ihnen einfach neue Werte zuweisen:

```
>>> o21.magic = 4711
```

```
>>> o21.magic
4711
```

Es ist selbstverständlich auch möglich, den Datentyp eines Attributs zur Laufzeit zu verändern. So hätten wir etwa dem Attribut `o21.magic` statt eines `int` auch ein `str` zuweisen können.

Attribute können wir darüber hinaus mit `del obj.attribute` entfernen:

```
>>> o22.magic
'hello'
```

```
>>> del o22.magic
```

```
>>> o22.magic
Traceback (most recent call last):
  File "<stdin>", line 1, in <module>
AttributeError: 'C2' object has no attribute 'magic'
```

Durch eine einfache Zuweisung lässt sich ein Attribut wieder hinzufügen:

```
>>> o22.magic = 666
```

```
>>> o22.magic
666
```

Wenn Sie jetzt glauben, dass wir ausschließlich Attribute, die in __init__ gesetzt wurden, verwenden können, sind Sie im Irrtum! Wir können eine beliebige Anzahl von Attributen existierenden Objekten zur Laufzeit hinzufügen; sogar zu `o`, das weiter oben aus unserer *leeren Klasse* C instanziiert wurde:

```
>>> o.name = "John Doe"
```

```
>>> o.phone = "555-2121"
```

```
>>> o
<__main__.C object at 0x81ebfec>
```

```
>>> o.name, o.phone
('John Doe', '555-2121')
```

Objekte verhalten sich ähnlich wie Dictionarys, so ungefähr. Wie bekommen wir eine Liste aller Attribute und Memberfunktionen eines Objekts? Innerhalb der Python-Shell könnten wir etwa die Funktion dir einsetzen:

```
>>> dir(o)
['__class__', '__delattr__', '__dict__', '__doc__',
'__getattribute__', '__hash__', '__init__', '__module__',
'__new__', '__reduce__', '__reduce_ex__', '__repr__',
'__setattr__', '__str__', '__weakref__', 'name', 'phone']
```

Neben den zahlreichen __xxx__-Attributen sehen wir auch unsere neuen name- und phone-Attribute, die wir soeben o hinzugefügt haben.

Etwas portabler können wir auch dessen __dict__-Attribut anschauen:

```
>>> o.__dict__
{'phone': '555-2121', 'name': 'John Doe'}
```

Oder auch verändern:

```
>>> o.__dict__['email'] = 'jdoe@example.com'
```

```
>>> o.__dict__
{'phone': '555-2121', 'name': 'John Doe', 'email': 'jdoe@example.com'}
```

```
>>> o.email
'jdoe@example.com'
```

10.2.3 Objektmethoden (Memberfunktionen)

In der objektorientierten Welt besteht jedes Objekt aus Daten (Attribute, die wir gerade kennengelernt haben) und Methoden, die auf diese Daten zugreifen. Betrachten wir folgende Klasse:

```
class C3(object):
    def __init__(self):
        self.counter = 0
    def inc(self):
        self.counter = self.counter + 1
```

Wenn wir nun ein C3-Objekt o31 instanziieren, können wir dessen Methode inc mit der Syntax o31.inc() aufrufen:

```
>>> o31 = C3()
```

```
>>> o31.counter
0
```

```
>>> o31.inc()
>>> o31.inc()
>>> o31.inc()
```

```
>>> o31.counter
3
```

Der springende Punkt bei Objekten ist, dass sie völlig unabhängig voneinander sind und getrennte Datenattribute haben:

```
>>> o32 = C3()
```

```
>>> o32.inc()
```

```
>>> o31.counter
3
```

```
>>> o32.counter
1
```

Man sagt dazu, dass Objekte Zustand (Datenattribute) und Code (Methoden) kapseln.

Viele Objekte desselben Typs (d.h. derselben Klasse) werden i.d.R. dieselben Methoden haben; was auch der Grund ist, warum sie in der Klassendefinition definiert werden. Was Objekten ihre eigentliche Identität gibt, ist

- deren Adresse im Speicher (id Wert) und
- der Wert ihrer Attribute.

In unserem Beispiel sind o31 und o32 beides Instanzen von C3; und als solche können beide die inc-Methode aufrufen. Aber sie sind unterschiedliche Objekte:

```
>>> id(o31)
136370988
```

```
>>> id(o32)
136370860
```

Außerdem ist die Methode inc, genauer gesagt, C3.inc, jeweils an unterschiedliche Objekte gebunden, auch wenn es sie nur einmal gibt:

```
>>> o31.inc
<bound method C3.inc of <__main__.C3 object at 0x820db2c>>
```

```
>>> o32.inc
<bound method C3.inc of <__main__.C3 object at 0x820daac>>

>>> C3.inc
<unbound method C3.inc>

>>> C3.inc.im_func
<function inc at 0x820744c>

>>> o31.inc.im_func
<function inc at 0x820744c>

>>> o32.inc.im_func
<function inc at 0x820744c>
```

Wichtig ist vor allem, dass die Datenattribute o31.counter und o32.counter nichts miteinander zu tun haben:

```
>>> id(o31.counter)
135553904

>>> id(o32.counter)
135553928
```

Selbstverständlich können Methoden auch Parameter haben und somit Argumente akzeptieren:

```
class C4(object):
    def __init__(self, initvalue=0):
        self.counter = initvalue
    def inc(self, increment=1):
        self.counter = self.counter + increment
```

Nun akzeptiert inc ein (optionales) Argument increment:

```
>>> o41 = C4(35)
>>> o41.counter
35

>>> o42 = C4()
>>> o42.inc(5)

>>> o42.counter
5
```

```
>>> o42.inc(2)

>>> o42.counter
7
```

In diesem Beispiel akzeptiert __init__ ein Argument initvalue (mit einem Default-Wert von 0), und inc erwartet ein Argument increment (mit einem Default-Wert von 1).

Innerhalb einer Methode rufen wir eine andere Methode desselben Objekts (sagen wir mal otherMethod) mit der Syntax self.otherMethod() auf. Im folgenden Beispiel ruft inc die Methode self.add mit dem Wert 1 auf:

```
class C5(object):
    def __init__(self, initvalue=0):
        self.counter = initvalue
    def add(self, value):
        self.counter = self.counter + value
    def inc(self):
        self.add(1)    # Call another method
```

Die Ausgabe dürfte nicht überraschen:

```
>>> c = C5()

>>> c.inc()
>>> c.inc()

>>> c.counter
2
```

Beachten Sie, dass wie bei normalen Funktionen Memberfunktionen nicht mehr oder weniger Argumente übergeben werden können, als ihre Signatur angibt. Die Signatur einer Memberfunktion kann nach dem self alle Parameterarten (inklusive der *p- und **kw-Formen) enthalten, die auch bei Funktionen möglich sind.

10.3 Klassen schreiben

Anstatt die vollständige Syntax einer Klassendefinition zu zeigen, wollen wir uns noch ein anderes Beispiel anschauen:

```
#!/usr/bin/env python
# classdef.py -- Defining classes
```

```python
class ObjectCounter(object):
    "A class that counts how many objects it created."

    nr_objects = 0

    def __init__(self, value=''):
        "Create a new object. Count it!"
        ObjectCounter.nr_objects = ObjectCounter.nr_objects + 1
        self.value = value

    def get_value(self):
        "Get the value of this object"
        return self.value

    def set_value(self, newvalue):
        "Change the value of this object"
        self.value = newvalue

    def object_count(self):
        "Return the number of ObjectCounter objects created so far."
        return ObjectCounter.nr_objects

    # This is a class method
    def override_object_count_cmethod(cls, newcount):
        print "Overriding %s.%d with %d" % (cls, cls.nr_objects, newcount)
        cls.nr_objects = newcount
    override_object_count_cmethod = classmethod(override_object_count_cmethod)

    # This is a static method
    def override_object_count_static(newcount):
        print "Overriding object count %d with %d" % (ObjectCounter.nr_objects,
                                                       newcount)
        ObjectCounter.nr_objects = newcount
    override_object_count_static = staticmethod(override_object_count_static)
```

Bevor wir in die Details von *classdef.py* eindringen, schauen wir uns erst an, wie wir ObjectCounter einsetzen. Wir gehen in die Python-Shell und importieren die Klassendefinition von ObjectCounter mit der from ... import ...-Form des import-Statements:

```python
from classdef import ObjectCounter
```

Als Nächstes instanziieren wir ein ObjectCounter-Objekt oc mit dem value-Argument 'N/A'. Beachten Sie, dass die Anzahl der Objekte nun 1 ist:

```
>>> oc = ObjectCounter('N/A')

>>> oc.object_count()
1
```

Nun instanziieren wir zwei weitere Objekte obj1 und obj2 mit ihren eigenen Werten und lesen den Wert von obj1.value mit dessen Methodenfunktion get_value:

```
>>> obj1 = ObjectCounter('val1')

>>> obj2 = ObjectCounter('val2')

>>> obj1.get_value()
'val1'
```

Da wir drei Objekte erzeugt haben, sollte der Objektzähler, der allen ObjectCount Instanzen gemeinsam ist, wie erwartet auf 3 gestiegen sein:

```
>>> obj1.object_count()
3

>>> oc.object_count()
3
```

Bloß weil obj1 und obj2 verschiedene value-Werte haben, heißt es noch lange nicht, dass oc.value nun einen anderen Wert hat:

```
>>> oc.get_value()
'N/A'
```

Was geschieht also hier?

Wir haben die Klasse ObjectCounter in einem eigenen Python-Modul (hier *classdef.py* genannt) definiert. Das ist typisch für modulare Bibliotheken. Um diese Klasse zu benutzen, importieren wir sie mit from classdef import ObjectCounter und verwenden dann ObjectCounter, als wäre es in derselben Datei (bzw. hier in der Python-Shell) definiert worden. Alternativ dazu hätten wir auch das gesamte classef-Modul mit import classdef importieren können, doch dann hätten wir jedes Mal ObjectCounter als classdef.ObjectCounter bezeichnen müssen, z.B. bei dem Ausdruck some_obj = classdef.ObjectCounter():

```
# 1. Either import just the names we want:
from classdef import ObjectCounter

obj_1 = ObjectCounter()
obj_1.get_value()
```

```
# 2. Or import the whole module:
import classdef

obj_1 = classdef.ObjectCounter(42)
obj_2 = classdef.ObjectCounter('hello')
obj_1.get_value()
obj_2.set_value(4711)
```

ObjectCounter ist eine *new-style class*, weil sie von object abgeleitet ist (im Sinne von Vererbung). Jede Klasse, die aus object abgeleitet ist, entweder direkt oder indirekt (z.B. indem aus Klassen abgeleitet wird, die ihrerseits irgendwann mal von object abgeleitet worden sind), ist ebenfalls eine *new-style class*. Die Klassen, aus denen eine Klasse abgeleitet wird (die Superklassen), werden in runden Klammern angegeben:

```
class SomeClass(ASuperClass):
    "SomeClass is-a subclass of ASuperClass."
    # ...


class SomeOtherClass(ASuperClass1, ASuperClass2):
    "Multiple-inheritance from two classes."
    # ...
```

Wir haben ObjectCounter großzügig mit docstrings dokumentiert. Das ist nicht unbedingt erforderlich, aber es ist eine gute Angewohnheit, weil sie für selbst-dokumentierende Klassen sorgt: Wir könnten z.B. *pydoc* von der Kommandozeile aus benutzen, um eine gutaussehende Dokumentation zu erstellen:

```
$ ~/python/bin/pydoc classdef.ObjectCounter
Help on class ObjectCounter in classdef:

classdef.ObjectCounter = class ObjectCounter(__builtin__.object)
 |  A class that counts how many objects it created.
 |
 |  Methods defined here:
 |
 |  __init__(self, value='')
 |      Create a new object. Count it!
 |
 |  get_value(self)
 |      Get the value of this object
 |
 |  object_count(self)
 |      Return the number of ObjectCounter objects created so far.
 |
```

```
| set_value(self, newvalue)
|     Change the value of this object
|
| -------------------------------------------------------------
| Class methods defined here:
|
| override_object_count_cmethod(cls, newcount) from __builtin__.type
|     # This is a class method
|
| -------------------------------------------------------------
| Static methods defined here:
|
| override_object_count_static(newcount)
|     # This is a static method
|
| -------------------------------------------------------------
| Data descriptors defined here:
|
| __dict__
|     dictionary for instance variables (if defined)
|
| __weakref__
|     list of weak references to the object (if defined)
|
| -------------------------------------------------------------
| Data and other attributes defined here:
|
| nr_objects = 0
```

Variablen, die innerhalb einer Klassendefinition, aber außerhalb von Methoden definiert werden, wie etwa nr_objects in unserem Beispiel, sind *klassenweite Attribute*. Sie werden von allen Instanzen einer Klasse gemeinsam genutzt. Das ist der Grund, warum das Inkrementieren oder Abfragen von nr_objects in den Methoden jeder Instanz (wie oc, obj1 oder obj2 weiter oben) dieselbe globale Klassenvariable meinte.

Außerhalb ihrer Klassendefinition werden klassenweite Attribute immer mit ihrem vollen Namen angesprochen, hier z.B. ObjectCounter.nr_objects. Es spielt dabei keine Rolle, ob wir es innerhalb oder außerhalb der Methodendefinition tun:

```
>>> from classdef import ObjectCounter

>>> oc = ObjectCounter('N/A')
>>> obj1 = ObjectCounter('val1')
>>> obj2 = ObjectCounter('val2')
```

```
>>> ObjectCounter.nr_objects
3
```

Klassenweite Attribute werden von allen Instanzen ihrer Klasse gemeinsam genutzt (sie sind nichts anderes als ein Attribut des Klassenobjekts selbst, nicht dessen Objekt-instanzen – schon verwirrt?). Instanzspezifische Daten werden an self angehängt. In unserem Beispiel haben wir das instanzspezifische value jedem Objekt mit Hilfe der Sytnax self.value innerhalb der Methoden zugeordnet. Mehr dazu in Kürze.

Beim Aufruf von CounterObject() oder CounterObject('SomeValue') erzeugt das Klassenobjekt CounterObject ein neues Objekt. Bevor wir dieses Objekt verwenden können, ruft CounterObject die spezielle __init__-Methode automatisch auf und über-gibt ihr das gerade neu erzeugte Objekt als erstes Argument (hier self genannt). Man kann sich __init__ als eine Art Konstruktor vorstellen, in dem typischerweise Parameter in self-Attributen gespeichert und sonstige Initialisierungen vorgenom-men werden.

In unserem __init__-Initialisierer tun wir zwei Dinge:

- Wir inkrementieren das klassenweite Attribut nr_counts, indem wir dessen voll-qualifizierten Namen benutzen.
- Wir speichern den zusätzlichen Parameter value als Attribut desselben Namens von self (wir hätten auch einen anderen Attributsnamen wählen können, doch wozu unnötig Verwirrung stiften?): self.value = value. Dies wird in Englisch *squirreling some data away* genannt (Daten wie ein Eichhörnchen im Objekt ver-buddeln).

Wenn __init__ zurückkehrt, liefert ObjectCounter ein völlig initialisiertes neues Objekt zurück (genauer gesagt eine Referenz darauf), das dann weiterverwendet werden kann, wie wir oben sahen.

get_value und set_value sind typische *getter-* und *setter*-Methoden. In diesem Fall sind sie hier trivial: wir übergeben einfach Daten von oder zu self.value. Getters und Setters wären in diesem Beispiel nicht unbedingt erforderlich gewesen, weil wir auch den Wert value eines jeden Objekts objX als objX.value auslesen und durch objX.value = newvalue einen neuen Wert zuweisen können. Es ist halt Geschmackssache.

Jedes Mal, wenn wir obj.method(other_parameters) aufrufen, wobei obj eine Instanz von ClassName ist, wird die Methode method automatisch mit obj als erstes Argument aufgerufen, etwa so: ClassName.method(obj, other_parameters). Da das erste Argument, das einer Methode *automatisch* übergeben wird, stets die Objektinstanz selbst ist, die beim Aufruf angegeben war, müssen wir dafür sorgen, dass es als erster Parameter in der Signatur einer jeden Methode steht (inklusive __init__!). Das ist der Grund, warum die Parameterlisten von __init__, get_value, set_value und sogar object_count alle mit self beginnen. Hier kann other_parameters 0, einen oder mehrere Parameter bedeuten; davon einige bei Bedarf optional, oder sogar eine *p- oder **kw-Form.

In diesem Beispiel ist object_count ebenfalls eine Methode eines jeden Objekts, auch wenn sie bloß das klassenweite Attribut nr_objects benötigt und keinen Bedarf an objektspezifischen self-Attributen hatte.

Noch ein Wort über self: Sie könnten den ersten Parameter einer Methode alles mögliche nennen. Es muss nicht unbedingt self sein; auch etwas wie this (für C++-Fans) wäre erlaubt. Doch tun Sie das nicht! Sie würden nicht nur den Zorn eines jeden Python-Programmierers auf sich ziehen, sondern auch viele Programme verwirren, die Python-Code verarbeiten: Syntax-Editoren, die Code unterschiedlich färben, könnten meckern, Tools zur Code-Analyse könnten nicht mehr richtig funktionieren, und Ihre Katze könnte ihre Maus fressen, während Sie gerade kurz abgelenkt sind!

10.3.1 Klassenmethoden und statische Methoden

Kommen wir jetzt zu Klassenmethoden und zu statischen Methoden. In *classdef.py* hatten zwei Funktionen eine von den anderen Methoden abweichende Signatur. Die erste davon sieht so aus:

```
class ObjectCounter(object):

    nr_objects = 0

    # Regular member functions omitted

    # This is a class method
    def override_object_count_cmethod(cls, newcount):
        print "Overriding %s.%d with %d" % (cls, cls.nr_objects, newcount)
        cls.nr_objects = newcount
    override_object_count_cmethod = classmethod(override_object_count_cmethod)
```

Die Funktion override_object_count_cmethod erwartet als erstes Argument nicht self (d.h. nicht eine Referenz auf eine Instanz dieser Klasse), sondern cls (kurz für class; aber da class ein reserviertes Schlüsselwort ist, mussten wir einen anderen Namen wählen). cls bezeichnet die Klasse, die diese Funktion aufgerufen hat. Es ist normalerweise ObjectCounter, könnte aber auch eine davon abgeleitete Klasse sein (siehe unten bei Klassenvererbung).

Rufen wir sie doch einfach in einer frischen Python-Shell auf:

```
>>> OC.override_object_count_cmethod(100)
Overriding <class 'classdef.ObjectCounter'>.0 with 100

>>> OC.override_object_count_cmethod(200)
Overriding <class 'classdef.ObjectCounter'>.100 with 200
```

333

```
>>> OC.nr_objects
200
```

Man sieht, dass diese Funktion keine Instanz benötigt, um den Objektzähler zu verändern. Doch man kann diese Funktion trotzdem auch indirekt über eine Instanz aufrufen:

```
>>> obj1 = OC('hello')
```

```
>>> obj1.override_object_count_cmethod(300)
Overriding <class 'classdef.ObjectCounter'>.201 with 300
```

```
>>> OC().override_object_count_cmethod(400)
Overriding <class 'classdef.ObjectCounter'>.301 with 400
```

Man erkennt hier zweierlei:

- Das Instanziieren von obj1 hat erst einmal den Zähler von 200 auf 201 hochgesetzt. Dasselbe gilt für das Instanziieren des anonymen Objekts mit OC(), das den Zähler von 300 auf 301 erhöht hat.
- override_object_count_cmethod hat trotzdem als erstes Argument (cls) die Klasse von obj1 bzw. des anonymen Objekts OC() erhalten! Sie hat *nicht* eine Referenz auf obj1 oder dieses Objekts bekommen, wie es bei normalen Memberfunktionen der Fall wäre (beim self-Parameter).

Der Grund für dieses absonderliche Verhalten liegt darin, dass diese zunächst ganz normale Memberfunktion mit Hilfe von classmethod zu einer Klassenmethode umgewandelt wird, nachdem sie definiert wurde:

```
override_object_count_cmethod = classmethod(override_object_count_cmethod)
```

classmethod hat demnächst das Verhalten dieser Methode gründlich verändert! classmethod bewirkt, dass die Funktion als erstes Argument nicht mehr eine Objektinstanz erhält, sondern die Klasseninstanz (die Klasse), die sie aufruft. Darum der cls-Parameter. Übrigens: eine von ObjectCounter abgeleitete Klasse, sagen wir mal ObjectCounter2, die diese Funktion aufruft, würde selbst als cls-Parameter übergeben:

```
>>> class ObjectCounter2(OC):
...     pass
...
>>> ObjectCounter2.override_object_count_cmethod(500)
Overriding <class '__main__.ObjectCounter2'>.400 with 500
```

Beachten Sie, was cls nun ist! Auf die Vererbung kommen wir gleich zurück.

Die zweite Funktion mit seltsamer Signatur ist diese:

```
class ObjectCounter(object):

    nr_objects = 0

    # Regular member functions omitted

    # This is a static method
    def override_object_count_static(newcount):
        print "Overriding object count %d with %d" % (ObjectCounter.nr_objects,
                                                        newcount)
        ObjectCounter.nr_objects = newcount
    override_object_count_static = staticmethod(override_object_count_static)
```

In einer frisch gestarteten Python-Shell rufen wir nun diese Funktion so ähnlich auf, wie die Klassenmethode zuvor:

```
>>> from classdef import ObjectCounter as OC

>>> OC.override_object_count_static(100)
Overriding object count 0 with 100

>>> OC.override_object_count_static(200)
Overriding object count 100 with 200
```

Das sieht alles ziemlich ähnlich aus! Wir können wieder diese Funktion via einer Instanz aufrufen:

```
>>> obj1 = OC('Hi')

>>> obj1.override_object_count_static(300)
Overriding object count 201 with 300

>>> OC().override_object_count_static(400)
Overriding object count 301 with 400
```

Offensichtlich verändert diese Funktion nr_objects wie die Klassenmethode zuvor:

```
>>> OC.nr_objects
400
```

override_object_count_static ist, wie man leicht erkennen kann, keine Methode: Sie bekommt als erstes Argument kein self, d.h. keine Referenz auf eine Instanz. So ist sie unabhängig von jeglicher Instanz und operiert auf der Klasse selbst, in der sie definiert ist. Doch damit so ein Verhalten eintritt, muss sie zuvor von einer gewöhnlichen Methode zu einer statischen Funktion umgewandelt werden. Das geht mit staticmethod:

```
override_object_count_static = staticmethod(override_object_count_static)
```

Erst dann wird diese Funktion zu einer statischen Funktion!

Beachten Sie den Unterschied zwischen einer Funktion, einer gewöhnlichen Methode, einer Klassenmethode und einer statischen Funktion:

Eine Funktion wird außerhalb einer Klassendefinition definiert. Sie hat mit der Klasse eigentlich nichts zu tun; aber man kann ihr explizit eine Klasse oder eine Instanz übergeben, wenn man möchte.

Die gewöhnliche Methode erhält als erstes Argument (self) automatisch immer eine Referenz auf eine Instanz; und zwar auf die Instanz, die sie aufruft. Es gibt nichts, was diese Methode dagegen tun kann: Man muss beim Programmieren darauf achten, dass man diesen Wert (z.B. mit einem self-Parameter) einsammelt. Ohne Instanz kann man eine gewöhnliche Methode nicht aufrufen!

Die Klassenmethode erhält als erstes Argument (cls, bzw. klass) automatisch immer eine Referenz auf die Klasse, die sie aufruft; oder auf die Klasse der Instanz, die sie aufruft. Es gibt nichts, was diese Klassenmethode dagegen unternehmen kann. Man muss als Programmierer dafür sorgen, diese Referenz auf die Klasse einzusammeln durch eine geeignete Signatur.

Die statische Methode ist wie eine Klassenmethode, mit dem Unterschied, dass sie gar nichts automatisch beim Aufruf erhält. Man kann sie aus ihrer Klasse oder aus einer Instanz ihrer Klasse heraus aufrufen. Sie entsteht aus einer gewöhnlichen Methode, indem sie staticmethod durchläuft.

Wenn Sie statische Methoden aus C++ oder Java kennen: Diese entsprechen dem, was staticmethod (und nicht classmethod) erzeugt. Mehr Informationen dazu erhalten Sie mit help(classmethod) und help(staticmethod) von der Python-Shell heraus.

10.3.2 Klassenvererbung

Schauen wir uns folgendes Beispiel an:

```
class Widget(object):
    "A generic widget class"
    def __init__(self, value=''):
        self.value = value
    def get_value(self):
        return self.value


class Window(Widget):
    "A Window is a special Widget"
    def __init__(self):
        Widget.__init__(self, 'TheWindow')
```

Nun erzeugen wir uns ein `Widget` und ein `Window`:

```
>>> widget = Widget('A Special Widget')
```

```
>>> window = Window()
```

```
>>> widget
<__main__.Widget object at 0x81c882c>
```

```
>>> window
<__main__.Window object at 0x81c894c>
```

Bisher ist das Beispiel langweilig. Aber jetzt kommt's:

```
>>> widget.get_value()
'A Special Widget'
```

```
>>> window.get_value()
'TheWindow'
```

Dass `widget` eine `get_value`-Methode hat, überrascht sicher kaum. Aber wieso hat nun `window` auch eine `get_value`-Methode, obwohl wir sie nicht in der Klassendefinition von `Window` mit aufgenommen haben?

Des Rätsels Lösung liegt in der Vererbung! In dem obigen Beispiel erbt `Window` von `Widget`, was an folgender Notation zu erkennen ist:

```
class Window(Widget):
    # etc....
```

In den runden Klammern stehen (durch Kommata getrennt, auch wenn wir es hier nicht sehen können, da nur eine Klasse dort steht) die unmittelbaren Superklassen. Hier ist `Widget` eine Superklasse der Klasse `Window`. Wir sagen auch, dass `Window` von der Klasse `Widget` erbt.

Was erbt `Window` von `Widget`? Es erbt alle seine Attribute und Methoden (wie etwas, das Attribut `value` oder die Methode `get_value`) von `Widget`, sofern sie nicht überschrieben wurden (siehe weiter unten). Darum ist `window.get_value` eine für ein `Window`-Objekt gültige Methode, weil sie aus `Widget`, der Superklasse von `Window`, vererbt wurde.

Natürlich erbt `Window` noch weitere Attribute von `Widget`, und zwar alles, was `Widget` selbst von *seiner* Superklasse `object` geerbt hat:

```
>>> dir(window)
['__class__', '__delattr__', '__dict__', '__doc__', '__getattribute__',
'__hash__', '__init__', '__module__', '__new__', '__reduce__',
'__reduce_ex__', '__repr__', '__setattr__', '__str__', '__weakref__',
'get_value', 'value']
```

Wir erkennen hier neben `get_value` und `value` (aus `Widget`) auch viele `__xxx__`-Einträge, die in Wirklichkeit aus `object` stammen.

Was zeigt uns das Beispiel sonst noch? Schauen wir uns noch mal die Funktion `__init__` aus der abgeleiteten Klasse `Window` an:

```
def __init__(self):
    Widget.__init__(self, 'TheWindow')
```

Das nennt man Überschreiben einer Methode: hätte man in `Window` keine Methode `__init__` definiert, wäre die Methode `Widget.__init__` aufgerufen worden. Wollen wir aber das Verhalten bei Vererbung verändern (was ja schließlich der ganze Sinn von Vererbung ist), dann können wir Methoden hinzufügen oder, wie hier im Beispiel, Methoden neu definieren. Dazu sagt man auch überschreiben.

Eine Methode zu überschreiben, verdeckt die Methode(n) gleichen Namens der Superklasse(n). Möchte man diese übergeordnete Methode dennoch aufrufen, muss man es in Python immer explizit tun. In diesem Beispiel haben wir die übergeordnete `__init__`-Methode der Superklasse `Widget` explizit aufgerufen. Wir haben dabei den Namen der explizit gemeinten Klasse (`Widget`) vorangestellt und auch `self` explizit mit übergeben.

Alternativ zu dieser Schreibweise hätte man auch die `super`-Funktion verwenden können:

```
class Dialog(Widget):
    "A Dialog is a special Widget"
    def __init__(self):
        super(Dialog, self).__init__('This is a Dialog')
```

Der Aufruf sieht so aus:

```
>>> dialog = Dialog()
```

```
>>> dialog.get_value()
'This is a Dialog'
```

Der Vorteil von `super(Dialog, self).__init__('Value')` gegenüber `Widget.__init__ (self, 'Value')` liegt darin, dass `super` automatisch die Superklasse der aktuellen Klasse `Dialog` ermittelt, statt sie explizit zu verlangen. Das kann sich als nützlich erweisen, sollte sich die Klassenhierarchie eines Tages ändern.

10.4   Hooks

Erinnern Sie sich an die vielen __xxx__-Methoden und Attribute diverser Python-Objekte, die wir mit der Funktion dir der Python-Shell erkennen konnten? Sogar das einfachste Objekt vom Basistyp object kommt nicht ohne sie aus:

```
>>> o = object()
```

```
>>> dir(o)
['__class__', '__delattr__', '__doc__', '__getattribute__', '__hash__',
'__init__', '__new__', '__reduce__', '__reduce_ex__', '__repr__',
'__setattr__', '__str__']
```

Kompliziertere Datentypen können weitere __xxx__-Methoden und Attribute definieren:

```
>>> d = {}
```

```
>>> dir(d)
['__class__', '__cmp__', '__contains__', '__delattr__', '__delitem__',
'__doc__', '__eq__', '__ge__', '__getattribute__', '__getitem__', '__gt__',
'__hash__', '__init__', '__iter__', '__le__', '__len__', '__lt__', '__ne__',
'__new__', '__reduce__', '__reduce_ex__', '__repr__', '__setattr__',
'__setitem__', '__str__', 'clear', 'copy', 'fromkeys', 'get', 'has_key',
'items', 'iteritems', 'iterkeys', 'itervalues', 'keys', 'pop', 'popitem',
'setdefault', 'update', 'values']
```

In diesem Kapitel werden wir lernen, wozu sie gut sind und wie man sie nutzbringend verändert.

10.4.1   Eine Einführung in Hooks

Hooks sind Funktionen, die aufgerufen werden, wenn auf ein Objekt von außen zugegriffen wird. Ruft man z.B. die built-in-Funktion str auf, um ein Objekt o in einen String zu konvertieren, wird der Aufruf str(o) automatisch in den Aufruf o.__str__() übersetzt. Mit anderen Worten, die Methode __str__ des Objekts o ist dafür zuständig, o in String-Form darzustellen:

```
>>> o = object()
```

```
>>> str(o)
'<object object at 0x82bd590>'
```

```
>>> o.__str__()
'<object object at 0x82bd590>'
```

```
>>> o.__str__
<method-wrapper '__str__' of object object at 0x82bd590>
```

Interessant ist, dass man __str__ umdefinieren kann, so dass man eine völlig andere String-Darstellung bekommt. Überschreibt man z.B. __str__ in einer neuen Klasse object2 wie folgt

```
class object2(object):
    def __str__(self):
        "Show object2 in a custom manner"
        return 'object2(0x%x)' % id(self)
```

würde der Aufruf von str auf ein object2-Objekt entsprechend anders aussehen:

```
>>> o2 = object2()
```

```
>>> str(o2)
'object2(0x81c876c)'
```

Genauso wie man __str__ umdefinieren kann, lassen sich alle anderen __xxx__-Methoden ebenfalls überschreiben. Somit lässt sich das Verhalten eines Objekts substanziell verändern.

10.4.2 Eine Tour der object-Hooks

Wir wollen nun die diversen Methoden und Attribute des object-Datentyps genauer unter die Lupe nehmen. Diese sind wichtig, weil alle *new-style Klassen* von object abgeleitet sind und somit diese Hooks bereitstellen.

Zur Erinnerung: object bietet folgende Hooks an:

```
>>> dir(object)
['__class__', '__delattr__', '__doc__', '__getattribute__', '__hash__',
'__init__', '__new__', '__reduce__', '__reduce_ex__', '__repr__',
'__setattr__', '__str__']
```

Diese und andere Hooks sind im Kapitel *Special Method Names* des *Python Reference Manual* genau dokumentiert: http://docs.python.org/ref/specialnames.html.

Im folgenden Programm definieren wir ein paar dieser Funktionen so um, dass sie sich kurz melden, bevor sie die eigentlichen object-Hooks selber aufrufen. So ein Vorgehen nennt man in Englisch *to instrument a class*.

```python
#!/usr/bin/env python
# objecthooks.py -- instrument the class object by intercepting some hooks.

class object_i(object):
    '''An object with instrumented hooks.'''

    # __doc__ is a documentation string for the whole class
    __doc__ == 'An instrumented object'

    # __new__ is a class method for creating new instances
    def __new__(cls, *args, **kwargs):
        print "CALLED object_i.__new__(%s, %s, %s)" \
            % (cls, str(args), str(kwargs))
        return object.__new__(cls, args, kwargs)

    # The initializer (constructor)
    def __init__(self):
        print "CALLED object_i.__init__()"
        return super(object_i, self).__init__()

    # Called for del self.attrname
    def __delattr__(self, attrname):
        print "CALLED object_i.__delattr__(%s)" % (attrname,)
        return super(object_i, self).__delattr__(attrname)

    # Called for self.attrname
    def __getattribute__(self, attrname):
        print "CALLED object_i.__getattribute__(%s)" % (attrname,)
        return super(object_i, self).__getattribute__(attrname)

    # Called for self.attrname = attrvalue
    def __setattr__(self, attrname, attrvalue):
        print "CALLED object_i.__setattr__(%s, %s)" % (attrname, attrvalue)
        return super(object_i, self).__setattr__(attrname, attrvalue)

    # Called for str(self)
    def __str__(self):
        print "CALLED object_i.__str__()"
        return 'object_i(0x%x)' % (id(self),)

    # Called for repr(self)
    def __repr__(self):
        print "CALLED object_i.__repr__()"
        return '<repr: object_i at 0x%x>' % (id(self),)
```

```
# Called for hash(self)
def __hash__(self):
    print "CALLED object_i.__hash__()"
    return super(object_i, self).__hash__()
```

Probieren wir es einfach mal aus! Als Erstes importieren wir diesen Datentyp mit der Zeile from objecthooks import object_i in die Python-Shell:

```
>>> from objecthooks import object_i
```

Bevor wir irgendwelche Objekte instanziieren, schauen wir uns den Docstring der Klasse object_i an:

```
>>> object_i.__doc__
'An object with instrumented hooks.'
```

Jetzt geht's aber los! Wir instanziieren ein Objekt oi aus der Klasse object_i:

```
>>> oi = object_i()
CALLED object_i.__new__(<class 'objecthooks.object_i'>, (), {})
CALLED object_i.__init__()
```

Jedes Mal, wenn ein Objekt instanziiert wird, ruft Python als Erstes den Konstruktor der passenden Klasse auf. Dieser heißt __new__ und ist, anders als die restlichen Hooks, keine Methode, sondern eine Klassenmethode. Die Aufgabe dieser Funktion besteht darin, das Objekt zu konstruieren (d.h. Speicher dafür zu reservieren, es in verschiedene Namespaces eintragen usw.). Wir sparen uns diese ganze Mühe, indem wir stattdessen einfach den __new__-Konstruktor der Superklasse object mit object.__new__(cls, args, kwargs) aufrufen. Normalerweise wird man kaum __new__ überschreiben, außer man hat sehr spezielle Erfordernisse. Das ist ein Thema für Fortgeschrittene!

Nachdem das Objekt konstruiert wurde, ruft Python dessen Initialisierer __init__ auf. Das erkennen wir in der obigen Ausgabe ganz leicht. Auch hier übergeben wir diesen Aufruf an die __init__-Methode der Superklasse object weiter, aber diesmal benutzen wir die super built-in-Funktion in dem Ausdruck super(object_i, self).__init__(). Sollte dies irgendetwas zurückgeben, geben wir es ebenfalls zurück.

Als Nächstes erzeugen wir ein Attribut blah und weisen dem einen Wert zu:

```
>>> oi.blah = 4711
CALLED object_i.__setattr__(blah, 4711)
```

Wir erkennen hier, dass das Setzen eines Attributes die Methode __setattr__ automatisch aufruft. Innerhalb dieser Methode leiten wir den Aufruf einfach an die übergeordnete __setattr__ Methode der Superklasse object weiter. Wie wir später sehen werden, könnten wir hier das Setzen bestimmter Attribute kontrollieren, z.B. je nach Name verhindern etc. Die Argumente des __setattr__-Aufrufs sind der Name des zu setzenden oder ändernden Attributes und der passende Wert.

Jetzt fragen wir das gerade gesetzte Attribut oi.blah einfach ab!

```
>>> oi.blah
CALLED object_i.__getattribute__(blah)
4711
```

Somit dürfte klar sein, dass das Abfragen von Attributen den Hook __getattribute__ mit dem jeweiligen Attributnamen als String triggert. In unserem Fall delegieren wir dies einfach weiter an die übergeordnete Methode und kümmern uns nicht um die Details.

Natürlich kann ein Attribut auch wieder gelöscht werden:

```
>>> del oi.blah
CALLED object_i.__delattr__(blah)
```

Damit ist eindeutig, dass das Löschen eines Attributes die Methode __delattr__ triggert und ihr dabei den Namen des zu löschenden Attributes übergibt. Richtig verschwinden tut das Attribut aber nur, weil wir den Aufruf von __delattr__ wieder weitergeleitet haben an die übergeordnete Klasse object, die sich darum kümmert.

Nun geben wir das Objekt aus: einmal mit print und einmal ohne print:

```
>>> print oi
CALLED object_i.__str__()
object_i(0x81c88cc)

>>> oi
CALLED object_i.__repr__()
<repr: object_i at 0x81c88cc>
```

Im ersten Fall hat print die built-in-Funktion str aufgerufen, um oi in einen String zu konvertieren. Dieser Aufruf str(oi) hat die Memberfunktion __str__ getriggert, welche unsere veränderte Darstellung object_i(...) erzeugte.

Im zweiten Fall hat die *read-eval-print*-Schleife der Python-Shell die built-in-Funktion repr aufgerufen, um eine spezielle Darstellung von oi zu bekommen. Der Aufruf repr(oi) hat nicht __str__, sondern den Hook __repr__ aktiviert, der eine abweichende Darstellung der Form <repr: ...> zurückgab.

Das Löschen von oi triggert gar nichts in unserem Beispiel:

```
>>> del oi
```

Jetzt wollen wir noch sehen, wozu der __hash__-Hook gut ist. Wir erzeugen ein neues Objekt oi2 und tragen es *als Schlüssel* in ein Dictionary von Objekten-zu-Namen names ein:

```
>>> names = {}

>>> oi2 = object_i()
CALLED object_i.__new__(<class 'objecthooks.object_i'>, (), {})
CALLED object_i.__init__()

>>> names[oi2] = 'oi2'
CALLED object_i.__hash__()
```

Neben den zu erwartenden Aufrufen von __new__ und __init__ beim Instanziieren von oi2 wurde beim Eintragen von oi2 im Dictionary names auch der Hook __hash__ aufgerufen! Wieso das denn? Wenn Sie sich erinnern, haben wir bei der Einführung von Dictionarys erwähnt, dass der dict-Datentyp intern eine Hash-Tabelle benutzt, um Schlüssel abzulegen (darum die scheinbare Unordnung in der Reihenfolge der Schlüssel in einem Dictionary). Immer, wenn ein Dictionary nun ein Objekt als Schlüssel speichern muss, benötigt es dessen Hash-Wert. Hier hat nämlich names nichts anderes als hash(oi2) abgefragt, und dies hat natürlich dessen Hook __hash__ getriggert:

```
>>> hash(oi2)
CALLED object_i.__hash__()
136088140
```

Nun dürften Sie eine ziemlich gute Vorstellung von diesen grundlegenden Hooks entwickelt haben. Im Folgenden schauen wir uns zwei Anwendungen dieses Mechanismus an.

10.4.3 Ein Dictionary mit case-insensitive Schlüsseln

Soll ein Dictionary case-insensitive zu den Schlüsseln sein, genügt es ein paar Hooks des dict-Datentyps zu überschreiben. Die Idee ist dabei, ausschließlich kleingeschriebene Strings als Schlüssel zu speichern und alle Abfragen abzufangen, die Einträge speichern oder auslesen.

Ein kurzer Blick auf dir(dict) zeigt uns, dass folgende Hooks zu überschreiben sind, wobei alle abgefangenen Schlüssel mittels der str.lower-Methode in Kleinbuchstaben zu konvertieren sind, bevor das eigentliche Dictionary abgefragt wird:

- __init__, damit die Schlüssel aller übergebenen Mappings und Sequenzen vor ihrer Übernahme konvertiert werden,
- __contains__, um die Schlüssel bei Abfragen der Form 'Hello' in aDict abzufangen und in 'hello' in aDict zu verwandeln,
- __delitem__, um del aDict['Hello'] abzufangen und in del aDict['hello'] umzuwandeln,
- __getitem__, um aDict['Hello'] abzufangen und in aDict['hello'] zu konvertieren,
- __setitem__, um aDict['Hello'] = 'hi' in aDict['hello'] = 'hi' abzuwandeln.

Die von dict abgeleitete Klasse dictci sieht so aus:

```python
#!/usr/bin/env python
# dictci.py -- dictionary with case-insensitive (string) keys.

class dictci(dict):
    '''Dictionary with case-insensitive (string) keys.'''

    __doc__ == 'A case insensitive dictionary'

    def __init__(self, mapping={}, *seq, **kwargs):
        for key, value in mapping.items():
            self.__setitem__(key.lower(), value)
        for key, value in seq:
            self.__setitem__(key.lower(), value)
        for key, value in kwargs.items():
            self.__setitem__(key.lower(), value)

    def __contains__(self, key):
        return super(dictci, self).__contains__(key.lower())

    def __delitem__(self, key):
        return super(dictci, self).__delitem__(key.lower())

    def __getitem__(self, key):
        return super(dictci, self).__getitem__(key.lower())

    def __setitem__(self, key, value):
        return super(dictci, self).__setitem__(key.lower(), value)
```

Probieren wir sie mal aus:

```python
>>> from dictci import dictci

>>> di = dictci()

>>> di['Hello'] = 'hi'

>>> di['Bye'] = 'ciao'

>>> di
{'bye': 'ciao', 'hello': 'hi'}
```

Offensichtlich funktioniert dictci.__setitem__ sehr gut!

```
>>> 'Hello' in di
True
```

```
>>> 'bye' in di
True
```

```
>>> 'bletch' in di
False
```

Auch dictci.__getitem__ funktioniert sehr gut!

```
>>> del di['Bye']
```

```
>>> di
{'hello': 'hi'}
```

An dictci.__delitem__ ist auch nichts auszusetzen!

Jetzt bleibt nur noch die dictci.__init__-Methode auszuprobieren:

```
>>> di2 = dictci({'Hello': 'hi', 'Bye': 'ciao'}, ('one', 1), ('two', 2),
...              Name='John Doe', EMail='jdoe@example.com')
```

```
>>> di2
{'one': 1, 'name': 'John Doe', 'two': 2, 'hello': 'hi', 'bye': 'ciao',
'email': 'jdoe@example.com'}
```

Da ein dictci auch ein dict ist (Vererbung im Sinne der objektorientierten Programmierung), bei dem lediglich die Schlüssel vorher in Kleinbuchstaben konvertiert wurden, funktionieren auch die sonstigen dict-Methoden wie z.B. keys, items usw.:

```
>>> di2.keys()
['one', 'name', 'two', 'hello', 'bye', 'email']
```

```
>>> di2.items()
[('one', 1), ('name', 'John Doe'), ('two', 2), ('hello', 'hi'),
('bye', 'ciao'), ('email', 'jdoe@example.com')]
```

10.4.4 Ein Dictionary mit Default-Werten

Eine weitere nützliche Anwendung von dict-Hooks ist ein Dictionary mit Default-Werten. Damit ist gemeint, dass die Abfrage d[key] für einen nicht existierenden Schlüssel key statt einer KeyError-Ausnahme einen zur Initialisierung dieses speziellen Dictionarys übergebenen Default-Wert zurückgeben soll. Mit anderen Worten: Dieses spezielle Dictionary soll *alle* Schlüssel enthalten, die auch alle den Default-Wert als zugehörigen Wert haben sollen, es sei denn, es wurde etwas anderes angegeben.

Wir leiten also dict noch einmal ab. Diesmal brauchen wir nur die Hooks __init__ (zum Speichern des Default-Wertes), __contains__ (um zu sagen, dass *alle* Schlüssel enthalten sind) und __getitem__ (um zur Not den Defaultwert zurückzugeben) zu überschreiben:

```python
#!/usr/bin/env python
# dictdefault.py -- dictionary with default value

class dictdefault(dict):
    '''Dictionary with default value.'''

    __doc__ == 'A dictionary with default value'

    def __init__(self, default=None, mapping={}, *seq, **kwargs):
        self.default = default

        for key, value in mapping.items():
            self.__setitem__(key, value)
        for key, value in seq:
            self.__setitem__(key, value)
        for key, value in kwargs.items():
            self.__setitem__(key, value)

    def __contains__(self, key):
        return True   # Every imaginable keys is there with default value!

    def __getitem__(self, key):
        try:
            return super(dictdefault, self).__getitem__(key)
        except KeyError:
            return self.default
```

Probieren wir es aus:

```python
>>> from dictdefault import dictdefault

>>> dd = dictdefault(default='N/A', Hello='hi', Bye='ciao')

>>> dd
{'Bye': 'ciao', 'Hello': 'hi'}

>>> dd['Howdy']
'N/A'
```

```
>>> dd.keys()
['Bye', 'Hello']
```

```
>>> 'Howdy' in dd
True
```

```
>>> 'Hello' in dd
True
```

```
>>> len(dd)
2
```

Durch unsere Auswahl an Hooks haben wir das semantische Verhalten eines dictdefault festgelegt: so ist dank der Implementierung von __contains__ jeder Schlüssel im Dictionary enthalten, obwohl keys nur die tatsächlich eingetragenen Schlüssel auflistet. Inwieweit dies dict Invarianten verletzt, müssen Sie selbst herausfinden.

10.4.5   Ein aufrufbares Objekt

Ein *callable*-Objekt o kann wie eine Funktion aufgerufen werden: o(...). Dieser Aufruf wird automatisch an den Hook __call__ weitergeleitet. Als Beispiel definieren wir zwei Klassen:

```
class TheAnswer(object):
    def __call__(self):
        return 42
```

```
class TheAdder(object):
    def __call__(self, *args):
        return sum(args)
```

Jetzt instanziieren wir zwei Objekte daraus und prüfen nach, dass es wirklich Objekte und keine Funktionen sind:

```
>>> deepthought = TheAnswer()
```

```
>>> adder = TheAdder()
```

```
>>> deepthought
<__main__.TheAnswer object at 0x81c884c>
```

```
>>> adder
<__main__.TheAdder object at 0x81c892c>
```

Der Witz dabei ist, dass wir sie trozdem wie Funktionen aufrufen können:

```
>>> deepthought()
42

>>> adder(1,2,3,4,5)
15
```

Der eigentliche Vorteil von Funktionsobjekten wird aber erst dann sichtbar, wenn wir uns die Haupteigenschaft von Objekten nutzbar machen: Objekte speichern einen Zustand!

```
class Counter(object):
    def __init__(self, start=0):
        self.start = start

    def __call__(self):
        self.start = self.start + 1
        return self.start
```

Wir bekommen so schöne Zähler, die auch unabhängig voneinander sind:

```
>>> c1 = Counter(10)

>>> c1
<__main__.Counter object at 0x81c8fec>

>>> c1(), c1(), c1(), c1()
(11, 12, 13, 14)

>>> c2 = Counter(1000)

>>> c2(), c1(), c2(), c1()
(1001, 15, 1002, 16)
```

Doch da es auch Objekte sind, kann man ihren inneren Zustand verändern, was sich auf die Funktionsaufrufe auswirkt:

```
>>> c1.start = 1000000

>>> c1(), c1(), c1()
(1000001, 1000002, 1000003)
```

Callables sind grob mit C++-Funktionsobjekten vergleichbar.

10.4.6 Propertys

Eine Alternative zu klassischen Hooks sind *Propertys*:

```python
#!/usr/bin/env python
# properties.py -- how to define properties.

class MyClass(object):
    def __init__(self, initval=0):
        print "Object created at 0x%x" % id(self)
        self._x = initval

    def getter(self):
        print "getter(0x%x) called" % id(self)
        return self._x

    def setter(self, value):
        print "setter(0x%x, %d) called" % (id(self), value)
        self._x = value

    def deleter(self):
        print "deleter(0x%x) called" % id(self)
        del self._x

    x = property(getter, setter, deleter, "I'm a managed attribute")
```

In diesem Beispiel hat die Klasse MyClass ein klassenweites Attribut x, das als property definiert ist. Die Verwendung sieht wie folgt aus:

```python
>>> from properties import MyClass

>>> MyClass.x
<property object at 0x81f4b44>
```

Na gut, das ist ja noch nicht besonders interessant. Nun erzeugen wir ein paar Instanzen von MyClass:

```python
>>> c1 = MyClass(42)
Object created at 0x81f77ac

>>> c2 = MyClass(4711)
Object created at 0x81f782c
```

Falls nun das x-Attribut von c1 oder c2 abgefragt wird, wird automatisch die getter-Methode aufgerufen:

```
>>> c1.x
getter(0x81f77ac) called
42

>>> c2.x
getter(0x81f782c) called
4711
```

Das Setzen des Attributs x bei c1 oder c2 ruft automatisch die Methode setter auf:

```
>>> c1.x = 1111
setter(0x81f77ac, 1111) called

>>> c2.x = 2222
setter(0x81f782c, 2222) called
```

Es lässt sich natürlich überprüfen:

```
>>> c1.x, c2.x
getter(0x81f77ac) called
getter(0x81f782c) called
(1111, 2222)
```

Das Entfernen des x-Attributs lässt sich selbstverständlich ebenfalls abfangen:

```
>>> del c2.x
deleter(0x81f782c) called

>>> c2.x
getter(0x81f782c) called
Traceback (most recent call last):
  File "<stdin>", line 1, in <module>
  File "properties.py", line 11, in getter
    return self._x
AttributeError: 'MyClass' object has no attribute '_x'

>>> c2.x = 5555
setter(0x81f782c, 5555) called

>>> c2.x
getter(0x81f782c) called
5555
```

Das Setzen anderer Attribute (z.B. neue Attribute wie y) würde aber keinen Aufruf von setter triggern, weil y nicht als property deklariert wurde; es ist ein ganz normales Attribut:

```
>>> c1.y = 9999

>>> c1.y
9999

>>> del c1.y
```

Wäre x nur als klassenweites Attribut, aber nicht als property definiert worden, hätten c1 und c2 ein gemeinsames Attribut gehabt: so hätte sich c1.x = 10000 auf c2.x ausgewirkt. Da aber x eine Property ist, welche mit Hilfe der getter-, setter- und deleter-Funktionen in diesem Fall auf instanzspezifischen Speicher self._x zugreifen, sind c1.x und c2.x tatsächlich unabhängig voneinander. Das muss aber nicht unbedingt so sein: denn, was c1.x sein soll, wird ausschließlich durch das Verhalten der getter-Funktion bestimmt: Was die macht, bleibt dem Programmierer überlassen. Dito für setter und deleter.

Propertys sind sehr nützlich, wenn man den Zugriff auf bestimmte Attribute beschränken will:

```python
#!/usr/bin/env python
# posint.py -- positive integers implemented as a property

class PosInt(object):
    "A positive integer"

    class InvalidValue(Exception):
        pass

    def __init__(self, i):
        if i <= 0:
            raise PosInt.InvalidValue("Only positive integers allowed")
        self._i = i

    def getter(self):
        return self._i

    def setter(self, value):
        if value <= 0:
            raise PosInt.InvalidValue("Only positive integers allowed")
        self._i = value

    def deleter(self):
        del self._i

    x = property(getter, setter, deleter, "A positive integer property")
```

Der Aufruf könnte so aussehen:

```
>>> from posint import PosInt

>>> i1 = PosInt(10)

>>> i2 = PosInt(-10)
Traceback (most recent call last):
  File "<stdin>", line 1, in <module>
  File "posint.py", line 12, in __init__
    raise PosInt.InvalidValue("Only positive integers allowed")
posint.InvalidValue: Only positive integers allowed

>>> i1.x
10

>>> i1.x = 42

>>> i1.x
42

>>> i1.x = -10
Traceback (most recent call last):
  File "<stdin>", line 1, in <module>
  File "posint.py", line 20, in setter
    raise PosInt.InvalidValue("Only positive integers allowed")
posint.InvalidValue: Only positive integers allowed

>>> i1.x
42
```

In diesem Fall kann das x-Attribut keine nicht-positiven Werte enthalten.

Eine andere typische Anwendung besteht darin, bestimmte Attribute vom Ergebnis einer Berechnung abhängig zu machen. So könnte z.B. der lesende Zugriff auf obj.attr eine getter-Funktion triggern, welche eine SQL-Abfrage an einen Datenbankserver abschickt und das Ergebnis auswertet.

Auch hier haben wir nur die Oberfläche berührt. Das oben erwähnte Kapitel *Special method names* des *Python Reference Manual* enthält weiterführende Informationen.

10.4.7 Deskriptoren

Propertys sind nur ein Sonderfall von Deskriptoren. Eine Descriptor-Klasse ist nichts anderes als eine Klasse, die eine bestimmte API implementiert: __get__, __set__ und __delete__. Sie dient dazu, ein (klassenweites) Attribut dynamisch zu berechnen.

Um das zu verstehen, schauen wir uns folgende beide Klassen an! Zunächst eine Deskriptor-Klasse TimeDescriptor:

```
import time

class TimeDescriptor(object):
    def __get__(self, instance, owner):
        return time.time()
    def __set__(self, instance, value):
        pass
    def __delete__(self, instance):
        pass
```

Und nun eine Owner-Klasse TimeDemo, die eine Instanz von TimeDescriptor als klassenweites Attribut thetime speichert:

```
class TimeDemo(object):
    thetime = TimeDescriptor()
    def __init__(self, somevalue):
        self.data = somevalue
```

Geben wir uns nun ein paar TimeDemo-Instanzen:

```
>>> time1 = TimeDemo("This is time1")
>>> time2 = TimeDemo("This is time2")

>>> time1
<__main__.TimeDemo object at 0x2841fa6c>

>>> time2
<__main__.TimeDemo object at 0x2841fb2c>
```

Dass time1 und time2 jeweils ein data-Attribut haben, wissen wir ja:

```
>>> time1.data
'This is time1'

>>> time2.data
'This is time2'
```

Und dass data das einzige Attribut ist, das in den __dict__ der jeweiligen Instanz steckt, müsste auch klar sein:

```
>>> time1.__dict__
{'data': 'This is time1'}
```

```
>>> time2.__dict__
{'data': 'This is time2'}
```

Das Attribut `thetime` von `TimeDemo` ist also offensichtlich kein Instanzattribut; es ist klassenweit. Lesen wir es mal via `time1` aus (wir könnten es auch via `time2` tun, es sähe genauso aus):

```
>>> time1.thetime
1204642392.0067019
```

Das ist die aktuelle Zeit, wie sie von `time.time()` ausgegeben wurde. Was hier geschah, ist, dass die `__get__`-Methode der Deskriptorklasse `TimeDescriptor` aufgerufen wurde, weil `thetime` nicht ein normaler Datentyp ist, sondern etwas ganz Besonderes: Es ist eine Instanz einer Deskriptor-Klasse!

Somit haben wir mit einem Schlag dynamische klassenweite Attribute erhalten. Das dürfte Sie sicher an die weiter oben soeben eingeführten Propertys erinnern; und es ist kein Zufall: Propertys sind nichts anderes als spezielle Deskriptoren.

Doch was unterscheidet gewöhnliche Propertys von Deskriptoren? Deskriptoren sind einfach mächtiger, weil ihre API detaillierter ist.

Ein Beispiel dürfte mehr erklären als tausend Worte. Wir möchten an dieser Stelle ein klassenweites Attribut, sagen wir mal `x`, definieren, das sich so ähnlich wie ein Instanz-Attribut verhält. So soll für die Instanzen `o1` und `o2` der Ausdruck `o1.x` und `o2.x` zwar dieses klassenweite Attribut ansprechen, aber es sollen verschiedene Werte dabei herauskommen. Oder, besser gesagt, die Werte sollten je nach ansprechender Instanz (`o1` oder `o2`) unabhängig voneinander werden. Außerdem soll jeder Zugriff auf `x` protokolliert werden, damit wir sehen, was geschieht.

Dies implementieren wir mit Hilfe einer Deskriptor-Klasse, die wir `ChattyDescriptor` nennen werden:

```python
#!/usr/bin/env python
# chattydescriptor.py -- A verbose descriptor class.

class ChattyDescriptor(object):
    "A chatty descriptor class"
    def __init__(self):
        self.store = {}

    def __get__(self, instance, owner):
        print "CALLED __get__(%s, %s, %s)" % \
            (str(self), str(instance), str(owner))
        try:
            value = self.store[instance]
            self.store[instance] = value + 1
```

```
            return value
        except KeyError:
            raise AttributeError("There is no such attribute")

    def __set__(self, instance, value):
        print "CALLED __set__(%s, %s, %s)" % \
                (str(self), str(instance), str(value))
        self.store[instance] = value

    def __delete__(self, instance):
        print "CALLED __delete__(%s, %s)" % \
                (str(self), str(instance))
        del self.store[instance]

    def keyhole(self):
        return self.store
```

Um diesen Deskriptor zu verwenden, erzeugen wir erst eine Instanz dieser Deskriptorklasse:

```
>>> from chattydescriptor import ChattyDescriptor

>>> xmanager = ChattyDescriptor()

>>> xmanager
<chattydescriptor.ChattyDescriptor object at 0x2841f0ec>

>>> xmanager.keyhole()
{}
```

Nun wird es interessant! Wir weisen einem klassenweiten Attribut x einer Klasse ChattyDescriptorDemo diese Deskriptorinstanz zu:

```
class ChattyDescriptorDemo(object):
    "An example owner class for ChattyDescriptor"
    x = xmanager
```

In diesem Beispiel ist x ein klassenweites Attribut, das allen Instanzen von ChattyDescriptorDemo gemeinsam ist. Wir instanziieren zwei solche Instanzen: o1 und o2:

```
>>> o1 = ChattyDescriptorDemo()
>>> o2 = ChattyDescriptorDemo()

>>> o1
<__main__.ChattyDescriptorDemo object at 0x2841f16c>
```

```
>>> o2
<__main__.ChattyDescriptorDemo object at 0x2841f0ac>
```

Merken Sie sich die Adressen gut!

Und nun greifen wir auf ChattyDescriptorDemo.x zu, indem wir den Weg über die o1-Instanz wählen. Zuerst weisen wir diesem x-Attribut einen Anfangswert zu:

```
>>> o1.x = 10
CALLED __set__(<chattydescriptor.ChattyDescriptor object at 0x2841f0ec>,
               <__main__.ChattyDescriptorDemo object at 0x2841f16c>, 10)
```

Man beachte zunächst, dass hier __set__ aus ChattyDescriptor aufgerufen wurde! Die Argumente sind dabei:

- *self*, was hier die Adresse von xmanager war,
- *instance*, d.h. die Adresse der aufrufenden Instanz o1,
- *value*, der zuzuweisende neue Wert 10.

Werfen wir kurz einen Blick in xmanager mit Hilfe unserer Spionagefunktion keyhole:

```
>>> xmanager.keyhole()
{<__main__.ChattyDescriptorDemo object at 0x2841f16c>: 10}
```

Na gut, lesen wir den Wert via o1 aus:

```
>>> o1.x
CALLED __get__(<chattydescriptor.ChattyDescriptor object at 0x2841f0ec>,
               <__main__.ChattyDescriptorDemo object at 0x2841f16c>,
               <class '__main__.ChattyDescriptorDemo'>)
10
```

Zu erkennen ist, dass 10 tatsächlich zurückgegeben wurde. Aber wichtiger ist, dass die __get__-Methode des Deskriptorobjekts ChattyDescriptorDemo.x (bzw. xmanager) mit folgenden Parametern aufgerufen wurde:

- *self*, das wieder die Adresse von xmanager ist,
- *instance*, das erneut die Adresse der aufrufenden Instanz o1 ist,
- *owner*, das hier die Klasse ist, welche das Attribut x enthält (also ChattyDescriptor-Demo).

Da wir __get__ so implementiert haben, dass sich der Wert des Attributs verändert, lesen wir ihn gleich noch mal aus:

```
>>> o1.x
CALLED __get__(<chattydescriptor.ChattyDescriptor object at 0x2841f0ec>,
               <__main__.ChattyDescriptorDemo object at 0x2841f16c>,
               <class '__main__.ChattyDescriptorDemo'>)
11
```

Wir erhalten wie erwartet eine 11. Die Argumente für __get__ sind gleich geblieben.

Wie sieht `xmanager` jetzt aus?

```
>>> xmanager.keyhole()
{<__main__.ChattyDescriptorDemo object at 0x2841f16c>: 12}
```

Jawohl, der neue Wert 12 steht schon zum Ablesen bereit!

Spielen wir jetzt mit der zweiten Instanz der Owner-Klasse:

```
>>> o2.x
CALLED __get__(<chattydescriptor.ChattyDescriptor object at 0x2841f0ec>,
               <__main__.ChattyDescriptorDemo object at 0x2841f0ac>,
               <class '__main__.ChattyDescriptorDemo'>)
Traceback (most recent call last):
  File "<stdin>", line 1, in <module>
  File "chattydescriptor.py", line 17, in __get__
    raise AttributeError("There is no such attribute")
AttributeError: There is no such attribute
```

Zunächst einmal ist wieder __get__ aufgerufen worden. So weit, so gut. Die Argumente von __get__ sind hier:

- *self*, die Adresse von `xmanager`.
- *instance*, die Adresse von `o2`.
- *owner*, die Klasse `ChattyDescriptorDemo`.

Auch das ist keine Überraschung. Unsere Funktion __get__ hat aber intern in `store` nachgeschaut, ob zur Instanz `o2` bereits ein Wert gespeichert war. Es hat keinen gefunden und hat der API entsprechend eine `AttributeError`-Ausnahme ausgelöst.

Weisen wir mal `o2.x` einen Wert zu:

```
>>> o2.x = 4711
CALLED __set__(<chattydescriptor.ChattyDescriptor object at 0x2841f0ec>,
               <__main__.ChattyDescriptorDemo object at 0x2841f0ac>, 4711)
```

Wie bei `o1`, sind die Argumente von __set__:

- *self*, die Adresse von `xmanager`
- *instance*, die Adresse der aufrufenden Instanz; hier jetzt `o2`,
- *value*, der zuzuweisende Wert 4711.

`xmanager` sieht daher jetzt so aus:

```
>>> xmanager.keyhole()
{<__main__.ChattyDescriptorDemo object at 0x2841f0ac>: 4711,
 <__main__.ChattyDescriptorDemo object at 0x2841f16c>: 12}
```

Wie man sieht, speichert der Deskriptor `xmanager` der Klasse `ChattyDescriptor` *pro Instanz* einen Wert! Bei einem gewöhnlichen klassenweiten Attribut hätten wir denselben Wert erhalten.

Nun entfernen wir x aus o1:

```
>>> del o1.x
CALLED __delete__(<chattydescriptor.ChattyDescriptor object at 0x2841f0ec>,
                  <__main__.ChattyDescriptorDemo object at 0x2841f16c>)
```

xmanager sähe jetzt so aus:

```
>>> xmanager.keyhole()
{<__main__.ChattyDescriptorDemo object at 0x2841f0ac>: 4711}
```

Und natürlich ist einerseits o2.x immer noch da, während o1.x nicht mehr da ist:

```
>>> o2.x
CALLED __get__(<chattydescriptor.ChattyDescriptor object at 0x2841f0ec>,
               <__main__.ChattyDescriptorDemo object at 0x2841f0ac>,
               <class '__main__.ChattyDescriptorDemo'>)
4711
```

```
>>> o1.x
CALLED __get__(<chattydescriptor.ChattyDescriptor object at 0x2841f0ec>,
               <__main__.ChattyDescriptorDemo object at 0x2841f16c>,
               <class '__main__.ChattyDescriptorDemo'>)
Traceback (most recent call last):
  File "<stdin>", line 1, in <module>
  File "chattydescriptor.py", line 17, in __get__
    raise AttributeError("There is no such attribute")
AttributeError: There is no such attribute
```

Was haben wir damit gewonnen?

Zunächst einmal ist das Attribut x nicht mehr im __dict__ der jeweiligen Instanz gespeichert:

```
>>> o1.__dict__
{}
```

```
>>> o2.__dict__
{}
```

Es ist stattdessen an einer zentralen Stelle abgelegt: der Deskriptorinstanz.

```
>>> xmanager.keyhole()
{<__main__.ChattyDescriptorDemo object at 0x2841f0ac>: 4712}
```

Das kann sich als sehr nützlich erweisen, wenn man den Wert eines bestimmten Attributs von den jeweiligen Instanzen entkoppeln will.

Außerdem erhalten wir natürlich dynamische Attribute, die durch Methoden berechnet werden; aber das hatten wir ja schon bei Propertys.

10.4.8 __slots__

Beim vorigen Abschnitt haben wir gesehen, wie Deskriptoren unter anderem helfen, Speicherplatz zu sparen. Angenommen, wir hätten 1000 Instanzen von ChattyDescriptorDemo angelegt (die Ausgabe von 1000 mal CALLED __set__(...) ersparen wir uns natürlich):

```
alist = []

for i in range(1000):
    o = ChattyDescriptorDemo()
    o.x = "Object number %d" % (i,)
    alist.append(o)
```

Wäre o.x nicht ein Deskriptor gewesen, dann hätte jedes dieser Objekte eine eigene __dict__-Datenstruktur bekommen, welche aus einem einzigen Paar 'x': 'Object number xyz' bestanden hätte. Doch anstatt 1000 Dictionarys mit je einem Schlüssel/Wert-Paar zu erzeugen, wurden stattdessen in unserem xmanager-Objekt 1000 Objektinstanz/String-Einträge in einem einzigen klassenweiten Dictionary angelegt:

```
>>> len(xmanager.keyhole().keys())
1001
```

Hinweis

Wir erhalten hier 1001 statt 1000 Schlüssel, weil o2 noch darin gespeichert war.

Dies mag etwas exotisch erscheinen, aber es ist es nicht! Es kommt häufiger vor, als man denkt. Nehmen wir z.B. eine Messreihe von einer Scannerzeile. Diese besteht aus, sagen wir mal, 1024 Datensätzen aus (rot, grün, blau) Werten, und zwar einen Datensatz pro Pixel.

```
class RGB(object):
    def __init__(self, red, green, blue):
        self.red = red
        self.green = green
        self.blue = blue
```

Eine Zeile könnte als eine Liste gespeichert werden:

```
scanline = []

for col in range(1024):
    scanline.append(RGB(0x40, 0x80, 0xf0))
```

Dass wir hier konstante Werte für die Farben genommen haben, liegt nur daran, dass wir das Beispiel einfach halten wollten. Es könnten selbstverständlich beliebige Werte sein.

Wichtig hier ist, dass wir jetzt zusätzlich zu den 3072 (1024 x 3) Farbwerten auch 1024 Dictionarys haben:

```
>>> scanline[7].__dict__
{'blue': 240, 'green': 128, 'red': 64}

>>> scanline[432].__dict__
{'blue': 240, 'green': 128, 'red': 64}

>>> hex(id(scanline[7].__dict__))
'0x2c94d604'

>>> hex(id(scanline[432].__dict__))
'0x2c95ecec'
```

Das ist ein ziemlich verschwenderischer Umgang mit Speicherplatz; wo doch alle RGB-Punkte so eine gleichmäßige Struktur haben (immer dieselben Attributnamen, keine Attribute mehr und keine weniger). Nun könnte man so ähnlich wie im vorigen Abschnitt diese Attribute statt in __dict__-Attributen der Instanzen in einem klassenweiten Attribut (einer Instanz einer geeigneten Deskriptorklasse) ablegen, so dass wir uns das Erzeugen vieler kleiner __dict__-Objekte ersparen können!

Jetzt könnten Sie ChattyDescriptor dahingehend ändern, dass:

- keine Ausgaben mehr mittels print erfolgen,
- die Methode __get__ den Wert nicht inkrementiert.

Doch es gibt zum Glück eine noch einfachere Alternative: der __slots__-Mechanismus:

```
class RGB2(object):

    __slots__ = ['red', 'green', 'blue']

    def __init__(self, r, g, b):
        self.red = r
        self.green = g
        self.blue = b
```

Auf den ersten Blick unterschieden sich die Klassen RGB und RGB2 lediglich durch das klassenweite Attribut __slots__. Doch der Eindruck täuscht: Schließlich handelt es sich bei __slots__ um einen ganz besonderen Hook! Schauen wir näher hin. Wir instanziieren ein Objekt vom Typ RGB und eines vom Typ RGB2:

```
>>> col1 = RGB(0x10, 0x20, 0x30)
>>> col2 = RGB2(0x40, 0x50, 0x60)

>>> col1
<__main__.RGB object at 0x2c975e2c>

>>> col2
<__main__.RGB2 object at 0x2c975fac>
```

Beide haben red-, green- und blue-Attribute:

```
>>> hex(col1.red)
'0x10'

>>> hex(col2.red)
'0x40'
```

Bisher scheint es keinen Unterschied zu geben. Aber jetzt kommt's:

```
>>> col1.__dict__
{'blue': 48, 'green': 32, 'red': 16}

>>> col2.__dict__
Traceback (most recent call last):
  File "<stdin>", line 1, in <module>
AttributeError: 'RGB2' object has no attribute '__dict__'
```

col1 hat also, wie gewohnt, alle seine Attribute in einem Instanz-spezifischen Dictionary __dict__ gespeichert, während col2 seine Attribute ebenfalls gespeichert hat, aber nicht in einem eigenen Dictionary!

Der Vorteil liegt nun auf der Hand: RGB2-Objekte verbrauchen weniger Speicherplatz als RGB-Objekte, weil sie ihre Attribute speichern können, ohne dafür ein __dict__-Dictionary pro Instanz anlegen zu müssen.

Somit würde folgende Datenstruktur erheblich weniger Speicherplatz verbrauchen:

```
scanline2 = []

for col in range(1024):
    scanline2.append(RGB2(0x50, 0x90, 0x20))
```

Doch dieser Vorteil kommt nicht ohne Nachteil: Man kann zwar die Attributwerte durch Zuweisung verändern

```
>>> col2.red
64
```

```
>>> col2.red = 128
```

```
>>> col2.red
128
```

und auch mit del ein Attribut komplett entfernen

```
>>> del col2.red
```

```
>>> col2.red
Traceback (most recent call last):
  File "<stdin>", line 1, in <module>
AttributeError: red
```

und sogar wieder hinzufügen

```
>>> col2.red = 10
```

```
>>> col2.red
10
```

aber man kann keine neuen Attribute dynamisch hinzufügen, die nicht in der Liste __slots__ angegeben wurden:

```
>>> col2.orange = 4343
Traceback (most recent call last):
  File "<stdin>", line 1, in <module>
AttributeError: 'RGB2' object has no attribute 'orange'
```

Ein weiterer Nachteil liegt darin, dass sich __slots__ nicht automatisch vererbt: Wenn man nicht __slots__ in der abgeleiteten Klasse explizit setzt, werden Attribute dort erneut in einem pro-Instanz-__dict__ gespeichert:

```
class RGB2Derived(RGB2):
    pass
```

Dies sieht dann so aus:

```
>>> col2derived = RGB2Derived(0x10, 0x20, 0x30)
```

```
>>> col2derived.__dict__
{}
```

```
>>> col2derived.red
16
```

Hier sind die Attribute red, green und blue immer noch als __slots__ deklariert, aber RGB2Derived-Instanzen erhalten erneut ein (leeres) Dictionary zum Ablegen neuer Attribute. Wollte man dies verhindern, müsste man __slots__ erneut definieren:

```
class RGB2Derived2(RGB2):
    __slots__ = []
```

Dann hätten Instanzen von RGB2Derived2 zwar immer noch die Attribute red, green und blue als __slots__, aber kein pro-Instanz-Dictionary:

```
>>> col2derived2 = RGB2Derived2(0x10, 0x20, 0x30)
```

```
>>> col2derived2.red
16
```

```
>>> col2derived2.__dict__
Traceback (most recent call last):
  File "<stdin>", line 1, in <module>
AttributeError: 'RGB2Derived2' object has no attribute '__dict__'
```

Last but not least bleibt noch zu erwähnen, dass man trotz __slots__ sich die Fähigkeit erhalten kann, dynamische Attribute Instanzen hinzuzufügen. Dazu fügt man einfach den String __init__ der __slots__-Liste hinzu! Dies läuft zwar dem Sinn von Slots entgegen, aber wer es braucht, kann es nutzen.

10.5 Metaklassen

Da Klassen nichts anderes als Python-Objekte sind, werden sie folglich von Metaklassen instanziiert. In diesem Abschnitt führen wir Metaklassen und ihre Anwendungen ein. Dies ist ein Thema für Fortgeschrittene, da Metaklassen normalerweise als tiefschwarze Magie gelten; aber Sie werden feststellen, dass sie besser als ihr Ruf sind und eigentlich ganz einfach einzusetzen sind!

10.5.1 Klassen sind Instanzen von Metaklassen

Was geschieht eigentlich, wenn wir eine Klasse definieren?

```
class MyClass(object):
    def __init__(self, initval=0):
        self.data = initval
    def show(self):
        print self.data
```

Als Erstes wird ein Klassenobjekt erzeugt:

```
>>> MyClass
<class '__main__.MyClass'>
```

Doch was für einen Typ hat MyClass?

```
>>> type(MyClass)
<type 'type'>
```

Interessant! Das Klassenobjekt MyClass ist nichts anderes als eine Instanz von type. Das können wir nachprüfen, indem wir wie bei normalen Instanzen das __class__-Attribut von MyClass überprüfen:

```
>>> dir(MyClass)
['__class__', '__delattr__', '__dict__', '__doc__', '__getattribute__',
'__hash__', '__init__', '__module__', '__new__', '__reduce__',
'__reduce_ex__', '__repr__', '__setattr__', '__str__', '__weakref__', 'show']

>>> MyClass.__class__
<type 'type'>
```

Mit anderen Worten: MyClass ist nicht nur eine Klasse, es ist eine Instanz einer *übergeordneten* Klasse, welche MyClass instanziiert hat! Und diese übergeordnete Klasse lautet hier type. Man sagt auch, dass type eine Metaklasse der Klasse MyClass ist.

Kann man eigentlich eine Klasse wie MyClass definieren, indem man es von type instanziieren lässt? Oder, anders ausgedrückt, können wir eine Klasse ohne das Schlüsselwort class definieren? Na klar doch!

```
def __init__(self, initval=0):
    self.data = initval

def show(self):
    print self.data

MyClass2 = type('MyClass2', (object,),
                {'__init__': __init__, 'show': show})
```

Hier haben wir den Konstruktor type aufgerufen und folgende Parameter übergeben:

- den Namen der zu erzeugenden Klasse als String: 'MyClass2'
- ein Tupel mit den Basisklassen, aus denen die zu erzeugende Klasse erben soll. Da wir aus object erben wollen, übergeben wir (object,).
- ein Dictionary, bestehend aus Methodennamen als Strings, und Funktionen, die als Methoden fungieren sollen.

Nun ist `MyClass2` ein Klassenobjekt und eine Klasse zugleich:

```
>>> MyClass2
<class '__main__.MyClass2'>

>>> type(MyClass2)
<type 'type'>

>>> MyClass2.__class__
<type 'type'>
```

`MyClass2` kann man wie eine durch `class` definierte Klasse aufrufen, um Instanzen daraus zu erzeugen:

```
>>> o = MyClass2('hello')

>>> o
<__main__.MyClass2 object at 0x284211ac>

>>> o.__class__
<class '__main__.MyClass2'>

>>> o.show()
hello
```

Die built-in-Metaklasse `type` kann zwar schön Klassen erzeugen, aber können wir unsere eigene Metaklasse definieren? Na klar doch, warum nicht? Wir leiten sie einfach von `type` ab:

```
class ChattyMetaClass(type):
    "A verbose meta class"
    def __new__(meta, name, bases, dict):
        print "ChattyMetaClass(%s, %s, %s)" % (name, str(bases), str(dict))
        return type.__new__(meta, name, bases, dict)
```

Diese Metaklasse kann man zum Erzeugen einer Klasse heranziehen:

```
>>> MyClass3 = ChattyMetaClass('MyClass3', (object,),
...                            {'__init__': __init__, 'show': show})
ChattyMetaClass(MyClass3, (<type 'object'>,),
                {'__init__': <function __init__ at 0x284187d4>,
                 'show': <function show at 0x2841880c>})
```

Mal sehen, ob `MyClass3` wirklich eine Klasse ist:

```
>>> MyClass3
<class '__main__.MyClass3'>
```

366

```
>>> MyClass3.__class__
<class '__main__.ChattyMetaClass'>
```

Wie man sieht, ist die Klasse der `MyClass3`-Instanz die Metaklasse `ChattyMetaClass`; zugleich ist `MyClass3` eine Klasse, aus der man Objektinstanzen erzeugen kann:

```
>>> o = MyClass3('yep')
```

```
>>> o
<__main__.MyClass3 object at 0x284213cc>
```

```
>>> o.__class__
<class '__main__.MyClass3'>
```

```
>>> o.show()
yep
```

`ChattyMetaClass` ist also genauso wie `type` in der Lage, Klassen zu erzeugen.

Eine andere Möglichkeit, Klassen zu erzeugen, wäre eine Klassenfactory:

```
def MetaClassFactory(name, bases, dict):
    "A factory function that cranks out classes"
    print "CALLED MetaClassFactory(%s, %s, %s)" % \
        (name, str(bases), str(dict))
    return type(name, bases, dict)
```

Erzeugen wir eine Klasse daraus:

```
>>> MyClass4 = MetaClassFactory('MyClass4', (object,),
...                             {'__init__': __init__, 'show': show})
CALLED MetaClassFactory(MyClass4, (<type 'object'>,),
                  {'__init__': <function __init__ at 0x284187d4>,
                   'show': <function show at 0x2841880c>})
```

Wir haben wir eine voll funktionsfähige Klasse:

```
>>> MyClass4
<class '__main__.MyClass4'>
```

```
>>> o = MyClass4('it works')
```

```
>>> o
<__main__.MyClass4 object at 0x284214cc>
```

```
>>> o.__class__
<class '__main__.MyClass4'>
```

```
>>> o.show()
it works
```

Fassen wir also zusammen, was wir bisher gelernt haben:

- Klassen sind nichts anderes als Instanzen von Metaklassen.
- Mögliche Metaklassen sind das built-in-`type`, oder aus `type` abgeleitete Metaklassen (die letztendlich den __new__-Konstruktor von `init` aufrufen müssen).
- Klassen können auch von Factory-Funktionen erzeugt werden. Diese Funktionen könnte man *Klassenfactory* nennen.

10.5.2 Das __metaclass__-Attribut

Wäre es nicht schön, wenn man Klassen mit der gewohnten `class`-Anweisung erzeugen könnte, dass aber gleichzeitig statt `type` eine eigene Metaklasse das Erzeugen dieser Klasse übernehmen könnte? Auch das geht dank des klassenweiten »Attributes« __metaclass__:

```
class MyClass5(object):
    "A class created from a custom meta class"

    __metaclass__ = ChattyMetaClass

    def __init__(self, initvalue=0):
        self.data = initvalue
    def show(self):
        print self.data
```

Sobald Python diese `class`-Anweisung ausführt, wird statt `type` die Metaklasse `ChattyMetaClass` **aufgerufen**, um `MyClass5` zu erzeugen:

```
ChattyMetaClass(MyClass5, (<type 'object'>,),
                {'__module__': '__main__',
                 '__metaclass__': <class '__main__.ChattyMetaClass'>,
                 '__doc__': 'A class created from a custom meta class',
                 '__init__': <function __init__ at 0x2841895c>,
                 'show': <function show at 0x2841872c>})
```

Wieder einmal erhalten wir eine voll funktionsfähige Klasse:

```
>>> MyClass5
<class '__main__.MyClass5'>

>>> o = MyClass5(1111)

>>> o.show()
1111
```

Statt einer Metaklasse wie `ChattyMetaClass` könnten wir auch eine Klassenfactory-Funktion wie `MetaClassFactory` bei __metaclass__ angeben:

```
class MyClass6(object):
    "A class created from a custom class factory"

    __metaclass__ = MetaClassFactory

    def __init__(self, initvalue=0):
        self.data = initvalue
    def show(self):
        print self.data
```

Hier wird die Funktion `MetaClassFactory` aufgerufen, um die Klasse `MyClass6` zu erzeugen. Das erkennen wir an der Ausgabe, sobald das `class`-Statement ausgeführt wird:

```
CALLED MetaClassFactory(MyClass6, (<type 'object'>,),
                {'__module__': '__main__',
                 '__metaclass__': <function MetaClassFactory at 0x284188b4>,
                 '__doc__': 'A class created from a custom class factory',
                 '__init__': <function __init__ at 0x28418994>,
                 'show': <function show at 0x284188ec>})
```

Muss noch erwähnt werden, dass auch `MyClass6` voll funktionsfähig ist?

```
>>> MyClass6
<class '__main__.MyClass6'>

>>> o = MyClass6('good class')

>>> o
<__main__.MyClass6 object at 0x2842192c>

>>> o.show()
good class
```

Interessanterweise vererbt sich die __metaclass__-Eigenschaft auf abgeleitete Klassen. So können wir z.B. aus unserer `MyClass5`-Klasse folgende Klasse ableiten:

```
class MyDerivedClass(MyClass5):
    def show(self):
        print "derived",
        super(MyDerivedClass, self).show()
```

Da die Basisklasse MyClass5 die Metaklasse ChattyMetaClass hatte, hat sich letztere beim Anlegen von MyDerivedClass gemeldet:

```
ChattyMetaClass(MyClass5, (<type 'object'>,),
                { '__module__': '__main__',
                  '__metaclass__': <class '__main__.ChattyMetaClass'>,
                  '__doc__': 'A class created from a custom meta class',
                  '__init__': <function __init__ at 0x2841880c>,
                  'show': <function show at 0x284187d4>})
```

Wieder einmal erhalten wir eine voll funktionsfähige Klasse:

```
>>> MyDerivedClass
<class '__main__.MyDerivedClass'>

>>> MyDerivedClass.__class__
<class '__main__.ChattyMetaClass'>

>>> MyDerivedClass.__metaclass__
<class '__main__.ChattyMetaClass'>

>>> o = MyDerivedClass('heir')
>>> o.show()
derived heir
```

Somit lässt sich ganz bequem die Metaklasse einer ganzen Hierarchie von Klassen verändern. Gehen Sie einfach an die Spitze dieser Hierarchie und fügen Sie ein Attribut __metaclass__ der Basisklasse(n) hinzu. Diese Eigenschaft wird dann automatisch auf die abgeleiteten Klassen vererbt.

Alternativ dazu: Wenn Sie in einem Modul viele Klassen haben, die nicht miteinander in einer Vererbungsbeziehung stehen, können Sie die __metaclass__-Definition auch direkt im Modul vor den Klassen eintragen, anstatt sie in jede Klassendefinition aufzunehmen. Sie gilt dann für alle in diesem Modul deklarierten Klassen.

10.5.3 Anwendungen von Metaklassen

Jetzt, da wir wissen, wie Metaklassen definiert und benutzt werden, stellt sich die Frage, wozu man sie braucht. Die Anwendungsmöglichkeiten sind unbegrenzt. Damit Sie einen Eindruck davon bekommen, folgen ein paar Ideen:

Klassen umbenennen

Die folgende Metaklasse verändert den Namen neuer Klassen, indem sie ein einheitliches Präfix hinzufügt:

```
class RenameMetaClass(type):
    "A meta class that renames classes by prepending a prefix"
    def __new__(meta, name, bases, dict):
        return type.__new__(meta, 'My' + name, bases, dict)
```

Damit werden alle neuen Klassen mit dem Präfix My erweitert. Schauen wir uns ein Beispiel an!

```
class A(object):
    __metaclass__ = RenameMetaClass

class B(object):
    __metaclass__ = RenameMetaClass
```

A und B haben intern den Namen MyA und MyB erhalten:

```
>>> A
<class '__main__.MyA'>
```

```
>>> B
<class '__main__.MyB'>
```

Da sich die __metalcass__ vererbt, würde folgende Deklaration

```
class D(A, B):
    pass
```

eine Klasse D mit internem Namen MyD erzeugen:

```
>>> D
<class '__main__.MyD'>
```

Beachten Sie, dass der Name der Klasse und der Name der Variablen, welche das Klassenobjekt enthält, nicht identisch sein müssen. So enthält die Variable A ein Klassenobjekt mit Namen MyA. MyA selbst ist keine Variable, die etwas enthält, darum ist folgende Instanziierung zum Scheitern verurteilt:

```
>>> o = MyA()
Traceback (most recent call last):
  File "<stdin>", line 1, in <module>
NameError: name 'MyA' is not defined
```

Genauso ist folgende Deklaration nicht möglich:

```
>>> class D2(MyA):
...     pass
...
Traceback (most recent call last):
```

```
  File "<stdin>", line 1, in <module>
NameError: name 'MyA' is not defined
```

Der eigentliche Sinn von RenameMetaClass ist kosmetischer Natur: Man kann somit Introspektionswerkzeugen schönere Klassennamen anbieten, wenn man es möchte.

Mixin-Klassen als Metaklassen

Eine weitere mögliche Anwendung von Metaklassen ist es, Mixin-Klassen zu simulieren, ohne dabei eine Mixin-Klasse zu verwenden. Aber was ist eine Mixin-Klasse? Das ist eine Klasse mit nützlichen Methoden, die man einer anderen Klasse hinzufügen kann, indem man von ihr per Mehrfachvererbung erbt:

Ein Beispiel soll es erklären! Nehmen wir folgende *old style* Mixin-Klasse:

```
class MyMixin:
    def foo(self):
        print "foo() from Mixin:", self.fooval
    def bar(self):
        print "bar() from Mixin:", self.barval
```

Diese Klasse können wir unserer eigenen Klasse wie folgt hinzufügen:

```
class MyClass(object, MyMixin):
    def __init__(self, fooval, barval):
        self.fooval = fooval
        self.barval = barval
    def foobar(self):
        print "foobar() from MyClass:", self.fooval, self.barval
```

Jetzt haben wir eine Klasse erhalten, die zusätzlich zu foobar auch die Methoden foo und bar der Mixin-Klasse enthält:

```
>>> o = MyClass('FOO', 'BAR')

>>> o.foobar()
foobar() from MyClass: FOO BAR

>>> o.foo()
foo() from Mixin: FOO

>>> o.bar()
bar() from Mixin: BAR
```

Der Nachteil von Mixin-Klassen liegt in der komplizierteren Struktur. So lässt sich z.B. unsere neue Klasse nur schlecht stringifizieren, da sie ohne die Mixin-Klasse nicht selbstständig für sich stehen kann.

Besser ist es, eine Metaklasse zu benutzen. Eine solche Metaklasse würde unseren Klassen einfach die Methoden foo und bar hinzufügen:

```python
def foometa(self):
    print "foo() from Metamixin:", self.fooval


def barmeta(self):
    print "bar() from Metamixin:", self.barval


class MyMetaMixin(type):
    def __new__(meta, name, bases, dict):
        dict.update({'foo': foometa, 'bar': barmeta})
        return type.__new__(meta, name, bases, dict)
```

Eine eigene Klasse definieren wir dann wie folgt:

```python
class MyClass2(object):

    __metaclass__ = MyMetaMixin

    def __init__(self, fooval, barval):
        self.fooval = fooval
        self.barval = barval

    def foobar(self):
        print "foobar() from MyClass2:", self.fooval, self.barval
```

Damit haben wir eine schöne Klasse erhalten:

```python
>>> o = MyClass2('FOO', 'BAR')

>>> o.foobar()
foobar() from MyClass2: FOO BAR

>>> o.foo()
foo() from Metamixin: FOO

>>> o.bar()
bar() from Metamixin: BAR
```

Die Metaklasse hat also durch Ergänzung des Dictionarys zwei Methoden (unter dem Namen foo und bar) unserer Klasse ganz automatisch hinzugefügt.

Weitere Anwendungen von Metaklassen

Generell, und ohne konkrete Beispiele zu geben, können wir folgende Änderungen an Klassen mit Hilfe von Metaklassen vornehmen (ohne Anspruch auf Vollständigkeit):

- Die Liste der Basisklassen kann verändert werden: Damit lassen sich insbesondere weitere Basisklassen hinzufügen oder existierende Basisklassen durch wrappende Basisklassen ersetzen.
- Die Klassendefinition kann zur Laufzeit umgeschrieben werden.
- Bereits erzeugte Klassen könnten aus einem Cache geladen werden.
- Methoden, Attribute und Propertys können nach bestimmten applikationsspezifischen Kriterien hinzugefügt oder maskiert werden.
- Methoden könnten angepasst werden, bevor sie Teil der Klasse werden (z.B. mit Dekoratoren gewrappt werden).
- Die Struktur der Klasse kann anhand bestimmter Kriterien überprüft werden: so ließe sich z.B. verifizieren, dass eine Klasse eine bestimmte Schnittstelle (Interface) erfüllt, bevor sie erzeugt wird.

10.6 Zusammenfassung

Klassen und Objekte:

- Klassen werden mit der `class`-Anweisung definiert. Sämtliche *new style*-Klassen sollten von `object` oder einer von `object` stammenden Klasse abgeleitet werden.
- Instanzen werden aus Klassen instanziiert, indem man die Klasse wie eine Funktion aufruft: `o = C()`. Man kann auch Parameter übergeben: `o = C(some_param)`. Diese Parameter werden dem `__init__`-Konstruktor übergeben.
- Jede Instanz einer Klasse hat eine eigene Identität, was die built-in-Funktion `id` auch zeigt.
- Objekte können Attribute haben: `obj.attrib = somevalue`. Diese werden in der Klasse zugewiesen (typischerweise im `__init__`-Konstruktor, aber nicht nur dort), können aber auch vom Aufrufer gesetzt werden. Gelöscht werden sie mit `del obj.attrib`. Die Attribute werden in `obj.__dict__` in einem Dictionary zusammengefasst (außer bei `__slots__`).
- In der Klasse kann man auch Methoden definieren. Hat ein Objekt o eine Methode `meth`, wird diese wie jede normale Funktion als `o.meth()` ohne oder mit Argumenten aufgerufen.

Klassen schreiben:

- Die Klassen, aus denen eine Klasse abgeleitet wird, gibt man in Klammern nach dem Klassennamen an: `class Derived(Base1, Base2): ....`
- Allen Methoden der Klasse, inklusive dem Initialisierer `__init__` muss explizit als erstes Argument eine Variable (typischerweise `self`) übergeben werden, die für die Objektinstanz steht, welche die Methode aufruft.

- Einige Methoden können mit `classmethod` zu einer Klassenmethode umgewandelt werden. Klassenmethoden erwarten als ersten Parameter `cls` statt `self`, wobei `cls` eine Referenz auf die aufrufende Klasse (und nicht Objektinstanz) ist. Andere Methoden können mit `staticmethod` zu statischen Methoden umgewandelt werden, die gar keine Argumente automatisch erhalten. Klassenmethode und statische Methoden können von Klassen und von Instanzen dieser Klassen heraus aufgerufen werden; sie haben jedoch keine Möglichkeit, auf die Instanz zuzugreifen, die sie aufruft. Eine statische Methode entspricht am ehesten den statischen Methoden aus C++ und Java.
- In Python geschieht nichts automatisch! Möchte man, dass der Konstruktur der Basisklassen aufgerufen wird, muss man es selbst explizit tun: `super(Derived, self).__init__(self, ...)` oder `Base.__init__(self, ...)`.

Hooks:

- `__str__` wird von der built-in-Funktion `str` aufgerufen, wenn ein Objekt zu einem String konvertiert werden soll (z.B. in der `print`-Anweisung). `__repr__` soll eine Kurzform des Objekts als String zurückgeben, was sinnvoll ist für Python-Shell-Sitzungen.
- `__new__` ist der echte Konstruktor, der Speicherplatz für die neue Objektinstanz besorgt und anschließend `__init` aufruft. `__new__` wird nur äußerst selten überschrieben.
- `__setattr__`, `__getattribute__` und `__delattr__` werden aufgerufen, wenn ein Attribut eines Objekts gesetzt (oder verändert), gelesen oder gelöscht werden soll. Damit kann man *intelligente* Objekte definieren, deren Attribute sich dynamisch verhalten.
- `__hash__` sollte man für Objekte definieren, die in ein Dictionary (oder allgemeiner in einer Hash-Tabelle) gespeichert werden können sollen.
- Als Anwendung für Hooks haben wir `dictci`, ein Dictionary mit case-insensitiven Schlüsseln, und `dictdefault`, ein Dictionary mit Default-Werten, implementiert. Der gleiche Mechanismus wird von Persistenzmodulen wie `anydbm` genutzt, um Dictionarys zu implementieren, die dauerhaft in eine DBM-Datei gespeichert werden.

Aufrufbare Objekte:

- Objektinstanzen können aufrufbar gemacht werden (sie benehmen sich wie eine Funktion), wenn man ihren `__call__`-Hook definiert. Sie sind sinnvoll, um Funktionen mit innerem Zustand zu implementieren (z.B. einen Zähler).

Propertys:

- Eine Klasse kann auch *getter*-, *setter*- und *deleter*-Methoden definieren und ein Attribut mittels `property` daran binden. Zugriffe auf dieses Attribut (auf diese Property) triggern dann diese Methoden.

375

■ Eine nützliche Anwendung von Propertys ist es, den Zugriff auf Attribute zu beschränken. Als Beispiel haben wir gesehen, wie wir mit Hilfe von Propertys erzwingen können, dass ein Attribut ausschließlich positive Werte enthält.

Deskriptoren:

■ Deskriptoren sind verallgemeinerte Propertys.

■ Klassenweite Attribute können Instanzen einer Deskriptor-Klasse sein.

■ Der Zugriff darauf wird dann zu den __get__-, __set__- und __delete__-Methoden der Deskriptorklasse umgeleitet.

■ Im Gegensatz zu Propertys kann man somit klassenweite Attributmanager implementieren.

■ Als Beispiel haben wir die Klasse ChattyDescriptor definiert, die pro aufrufender Instanz einen Wert speichert und (inkrementierend) zurückgibt.

Slots:

■ Normalerweise wird jedes Objekt, das Attribute hat, mit einem eigenen __dict__-Dictionary versehen.

■ Dies verschwendet unnötig viel Speicherplatz (für die Dictionary-Datenstruktur), wenn man viele Objekte mit einer festen Anzahl von Attributen benötigt.

■ Darum kann man benötigte Attribute mit __slots__ im Vorfeld definieren. In dem Fall werden keine __dict__-Dictionarys pro Instanz angelegt.

■ Wenn eine __slots__-Deklaration vorhanden ist, kann man keine zusätzlichen Attribute zur Laufzeit hinzufügen. Möchte man es dennoch tun können, könnte man den String __dict__ der __slots__-Liste hinzufügen; was aber den Sinn von __slots__ etwas zuwiderläuft.

■ Bei der Vererbung von Klassen muss man __slots__ in der abgeleiteten Klasse erneut setzen, wenn man verhindern möchte, dass wieder pro-Instanz-Dictionarys __dict__ erzeugt werden.

Metaklassen:

■ Klassen sind auch nur Objekte, die von Metaklassen instanziiert werden. Die Default-Metaklasse heißt type.

■ Man kann Metaklassen oder Klassenfactorys definieren, welche Klassen erzeugen. Beide rufen letztendlich den type-Konstruktor auf mit dem Namen der zu erzeugenden Klasse, einem Tupel von Basisklassen und einem Dictionary von Methoden und Attributen.

■ Mit dem klassenweiten __metaclass__-Attribut kann man die class-Anweisung dazu bewegen, eine Klasse mit einer anderen als type angegebenen Metaklasse zu erzeugen. __metaclass__ vererbt sich auf abgeleitete Klassen und kann auch modulweit gelten, wenn es außerhalb einer class-Deklaration steht.

■ Zu den möglichen Anwendungen von Metaklassen zählen das Umbenennen von Klassen, das Simulieren von Mixins und viele andere Anwendungen.

Im nächsten Kapitel gehen wir auf das wichtige Thema der Anbindung von C und C++ in Python-Programmen ausführlich ein.

11 Python und C/C++

Nicht alle Python-Module bestehen aus reinem Python-Code. Viele von ihnen rufen hinter den Kulissen Funktionen einer C- oder C++-Bibliothek auf. So ruft z.B. das os-Modul diverse Funktionen aus der C-Bibliothek libc auf, während das math-Modul Funktionen aus der libm benötigt. Doch nicht nur Standard-Librarys wie libc oder libm kommen zum Zuge. So gut wie jede Bibliothek auf dem System ist potenziell von Python aus nutzbar; darunter auch sehr umfangreiche wie die von GUI-Toolkits.

Python ist also in der Lage, Code aus C-Bibliotheken aufzurufen. Wie das geht, ist Gegenstand zweier Kapitel aus der Python-Dokumentation:

- *Extending and Embedding* führt in die Grundlagen ein und ist Tutorial-ähnlich aufgebaut.
- *Python/C-API* listet referenzartig alle C-Funktionen der Python-API auf.

Mit Hilfe dieser Dokumentation kann man Erweiterungsmodule manuell erstellen. Das ist nicht besonders schwer und wird in der oben genannten Python-Dokumentation gut erklärt.

In der Praxis wird man aber selten die low-level Python/C-API einsetzen, da es viel zu aufwändig ist. Stellen Sie sich vor, Sie müssten eine Bibliothek mit Hunderten oder Tausenden C-Funktionen und C++-Klassen an Python anbinden. Typische Beispiele wären GUI-Toolkits wie *wxWidgets*, *GTK+* oder *Qt* (siehe Kapitel 16, *GUI-Toolkits*). Bei den ersten Funktionen und Klassen macht es sicher noch Spaß, da es immer wieder etwas Neues von der Python/C-API zu lernen gibt; aber früher oder später würde diese Arbeit zur reinen Routine entarten. Diese Aufgabe überlässt man dann doch lieber einem Programm!

Werkzeuge zur Automatisierung derartiger Aufgaben heißen *Interface-Generatoren*. Es handelt sich dabei um kleine Minicompiler, die eine Schnittstellenspezifikation lesen, und daraus den Template-Code erzeugen, der die Python/C-API aufruft. Mit Hilfe eines Interface-Generators muss man nur noch die Spezifikation der Schnittstellen schreiben und kann sich dann zurücklehnen, während dieser die notwendigen Python- und C-Dateien erzeugt, welche anschließend nur noch wie im low-level-Fall übersetzt werden sollten.

Der bekannteste Interface-Generator ist SWIG, der nicht nur Python, sondern auch andere Sprachen unterstützt. Während SWIG ein allgemeiner hervorragender Allzweck-Interface-Generator ist, ist SIP ein Fork von SWIG, das speziell zur Portierung des Qt GUI-Toolkits angepasst wurde. Die Vorgehensweise bleibt aber dieselbe: Man schreibt eine Schnittstellenspezifikation und lässt den Interface-Generator daraus Python- und C- bzw. C++-Code erzeugen, aus dem anschließend das Erweiterungsmodul kompiliert wird.

Ein kleiner Schönheitsfehler von SWIG (und SIP) ist, dass die Sprache zur Schnittstellenspezifikation weder Python noch C/C++ ist. Für C++-Puristen bietet sich daher Boost.Python an. Dort kann man die Schnittstelle in reinem C++ spezifizieren, und überlässt es der Boost.Python C++-Bibliothek, daraus den notwendigen Code zu erzeugen. Dies ist dank ausgeklügelter Template-Metaprogrammierung möglich. Doch obwohl der dahinterliegende Mechanismus äußerst clever ist, ist seine Anwendung auch Programmierern zugänglich, die keine C++-Template-Wizards sind.

Oft ist es aber gar nicht notwendig, den C/C++-Compiler einzusetzen! Mit Hilfe des `ctypes`-Standardmoduls kann man Funktionen aus dynamischen Bibliotheken direkt aufrufen. Diese Funktionen werden somit in eigene vollwertige Python-Objekte gewrappt und können wie gewohnt benutzt werden.

In diesem Kapitel stellen wir erst ausführlich `ctypes` vor. Wir werden sehen, wie man existierende Unix- und Windows-Funktionen aufrufen kann und dabei die C-Datentypen an die Python-Datentypen mappt. Solange man keinen eigenen C- oder C++-Code schreiben muss, reicht `ctypes` völlig aus. Damit man aber auch richtige Python-Erweiterungen aus C/C++ anbinden kann, gehen wir dann ausführlich auf SWIG ein. Dabei werden wir die Grundlagen von SWIG genauso wie bei `ctypes` Tutorial-ähnlich einführen und halten kurz vor der Einführung von Templates (die Sie aus der SWIG Dokumentation erlernen können) inne.

Auf Boost.Python und die low-level Python/C-API gehen wir aus Platzgründen nicht ein, geben aber die URLs für Dokumentation und Tutorials an.

11.1 ctypes

Mit Hilfe des Standardmoduls `ctypes` lassen sich Funktionen aus dynamischen Bibliotheken ganz ohne Erweiterungsmodule aufrufen. Um jedoch den Unterschied zwischen C- und Python-Datentypen zu überbrücken, definiert `ctypes` eine Menge von `c_*`-Datentypen, welche Grunddatentypen von C in ein Python-Objekt wrappen. Wir beginnen daher mit diesen Datentypwrappern und schauen uns anschließend an, wie man C-Funktionen via `ctypes` aufrufen kann.

11.1.1   Die ctypes-Datentypwrapper

ctypes definiert folgende Datentypwrapper:

ctype	C-Typ	Python-Typ
c_char	char	1-char str
c_wchar	wchar_t	1-char unicode
c_byte	char	int/long
c_ubyte	unsigned char	int/long
c_short	short	int/long
c_ushort	unsigned short	int/long
c_int	int	int/long
c_uint	unsigned int	int/long
c_long	long	int/long
c_ulong	unsigned long	int/long
c_longlong	__int64 oder long long	int/long
c_ulonglong	unsigned __int64 oder unsigned long long	int/long
c_float	float	float
c_double	double	float
c_char_p	char * (NUL terminated)	str oder None
c_wchar_p	wchar_t * (NUL terminated)	unicode oder None
c_void_p	void *	int/long oder None

Der Sinn dieser Datentypen besteht darin, zu übergebende C-Daten in einen Python-Datentyp zu kapseln. Man übergibt also einer C-Funktion Instanzen dieser c_*-Datentypen und erhält als Ergebnis ebenfalls solche c_*-Objekte zurück.

Schauen wir uns ein paar Beispiele an! Definieren wir ein c_int (der ein int in C repräsentieren wird), ein c_ushort (der ein unsigned short in C darstellt) und ein c_char_p (d.h. ein NULL-terminiertes char * in C):

```
from ctypes import *

i = c_int()
us = c_ushort(-3)
s = c_char_p("Hello, World!")
```

- i wurde kein Wert übergeben, also wird hier 0 genommen.
- us kann als unsigned keine -3 enthalten. Als unsigned short wird dieses Bytemuster anders interpretiert.
- s enthält einen String, auch wenn man es nicht direkt erkennt:

```
>>> i
c_long(0)

>>> us
c_ushort(65533)

>>> s
c_char_p(675396908)
```

Der als Python-Datentyp dargestellte Wert dieser Objekte ist im Attribut value enthalten:

```
>>> i.value
0

>>> us.value
65533

>>> s.value
'Hello, World!'
```

Beachten Sie, dass sowohl c_int als auch c_ushort zu einem Python-int werden:

```
>>> type(i), type(i.value)
(<class 'ctypes.c_long'>, <type 'int'>)

>>> type(us), type(us.value)
(<class 'ctypes.c_ushort'>, <type 'int'>)

>>> type(s), type(s.value)
(<class 'ctypes.c_char_p'>, <type 'str'>)
```

Die in i, us und s enthaltenen Werte können durch Zuweisung an value verändert werden:

```
>>> i.value = 42

>>> s.value = 'Bye, World!'

>>> i
c_long(42)

>>> s
c_char_p(675415628)
```

```
>>> s.value
'Bye, World!'
```

Beachten Sie, dass ein c_char_p wie s in Wirklichkeit lediglich einen Pointer auf einen Python-str enthält. Weist man s.value einen anderen Wert zu, wird nicht der ursprüngliche Python-String geändert (das ginge sowieso nicht, weil Python-Strings unveränderlich sind). In dem Fall wird lediglich in s ein Pointer auf einen anderen Python-String eingetragen (wenn Sie das Beispiel nachvollziehen, werden Sie merken, dass die Adresse sich von 675396908 nach 675415628 geändert hat).

Das hat wichtige Konsequenzen! Da man Python-Strings nicht verändern darf, darf man folglich auch nicht ein c_char_p verändern. Mit anderen Worten: ein c_char_p darf man nur C-Funktionen mit einer const char *-Signatur für diesen Parameter übergeben!

Doch was ist mit C-Funktionen, die Daten in einen char *-Puffer schreiben wollen? In dem Fall benötigen wir eine mutable c_*-Datenstruktur. Eine solche Datenstruktur erhält man mit der ctypes-Funktion create_string_buffer:

```
>>> buf = create_string_buffer(10)
```

```
>>> type(buf)
<class 'ctypes.c_char_Array_10'>
```

Hier ist buf ein Puffer von 10 Bytes:

```
>>> buf.value
''
```

```
>>> buf.raw
'\x00\x00\x00\x00\x00\x00\x00\x00\x00\x00'
```

Diese Bytes sind veränderbar (mutabel). So lässt sich z.B. value überschreiben:

```
>>> buf.value = 'A test'
```

```
>>> buf.value
'A test'
```

```
>>> buf.raw
'A test\x00\x00\x00\x00'
```

Umgekehrt kann man auch buf.raw gezielt verändern:

```
>>> buf.raw = 'A\x00new test'
```

```
>>> buf.value
'A'
```

```
>>> buf.raw
'A\x00new test'
```

Hier haben wir den C-String in buf.raw nach dem ersten Zeichen mit einem Nullbyte abgeschlossen und noch ein paar Bytes (den String new test) angehängt. Als buf.value erscheint daher folgerichtig auch nur A; auch wenn der rohe Puffer immer noch alle Daten enthält.

Erweitern kann man den Puffer aber nicht!

```
>>> buf.value = 'this is way too long for 10 bytes'
Traceback (most recent call last):
  File "<stdin>", line 1, in <module>
ValueError: string too long
```

Verändert ist somit nichts:

```
>>> buf.value
'A'
```

```
>>> buf.raw
'A\x00new test'
```

Der Grund ist natürlich, dass wir buf als ein Array von 10 Bytes mit create_string_buffer(10) definiert hatten:

```
>>> buf._length_
10
```

11.1.2 Komplexe Datentypen

Nach dem c_*-Wrapper für einfache Datentypen ist es an der Zeit, auch komplexere C-Typen zu wrappen.

- Pointer einer ctypes-Instanz bekommt man mit der pointer-Funktion und einen neuen Pointer-Datentyp mit der POINTER-Funktion.
- Arrays eines ctypes-Datentyps X bekommt man durch einfache Multiplikation mit der Anzahl der Array-Elemente.
- struct und union werden als eine Klasse dargestellt, die von Structure bzw. Union abgeleitet ist und deren _fields_-Attribut eine Liste von (Typnamen, ctypes Typen) Tupeln sind.

Grund dafür ist, dass bestimmte C-Funktionen auch komplexere Signaturen haben können, z.B.:

```
char *   asctime(const struct tm *);    /* <time.h> */
double   erand48(unsigned short[3]);    /* <stdlib.h> */
```

ctypes-Pointer

Hat man schon ein ctypes-Objekt, kann man einen C-Pointer darauf mit der Funktion pointer bekommen:

```
>>> from ctypes import *

>>> i = c_int(42)
>>> pi = pointer(i)

>>> pi
<ctypes.LP_c_long object at 0x2840f464>
```

Das pi-Objekt könnte nun C-Funktionen übergeben werden, die ein int * erwarten.

Ein solcher Pointer kann dereferenziert werden, indem man sein contents-Attribut abfragt:

```
>>> pi.contents
c_long(42)
```

Es ist aber wichtig, sich klarzumachen, dass pi.contents und i unterschiedliche Objekte sind: jedes Mal, wenn pi.contents abgefragt wird, wird ein neues ctypes Objekt erzeugt und zurückgegeben:

```
>>> i is pi.contents
False
```

Ändert man den Wert von i, macht sich das aber schon bei dem dereferenzierten Wert des Pointer pi, d.h. bei pi.contents, bemerkbar, weil der Zugriff auf pi.contents den Wert i.value ausliest:

```
>>> i.value = 4711

>>> pi.contents
c_long(4711)
```

Umgekehrt kann man auch den Wert von i durch Manipulation des value Attributs von pi.contents verändern, so wie es sich für richtige Pointer gehört:

```
>>> pi.contents.value = 9999

>>> i
c_long(9999)
```

Allerdings ist die pi Pointer-Variable unabhängig von i: Nichts hindert uns daran, sie auf eine andere Variable umzulenken:

```
>>> j = c_int(5555)
>>> pi.contents = j
```

Wenn wir jetzt den Wert von j verändern, wirkt sich das auf pi.contents natürlich aus:

```
>>> j.value = 4444
```

```
>>> pi.contents
c_long(4444)
```

Einen ctypes-Pointer kann man auch mit der Index-Notation dereferenzieren. Das ist bei einfachen Datentypen nicht besonders sinnvoll, wird es aber bei Pointern auf Arrays werden:

```
>>> i = c_int(42)
```

```
>>> pi = pointer(i)
```

```
>>> pi[0]
42
```

```
>>> pi[0] = 4711
```

```
>>> i
c_long(4711)
```

Achtung!

Ein Zugriff außerhalb des reservierten Speichers wie etwa pi[1] = 9999 wird von ctypes nicht abgefangen und führt i.d.R. zu einem Absturz des Python-Interpreters.

Gelegentlich benötigt man nicht nur den Pointer einer ctypes-Instanz, sondern einen Pointer-Datentyp. Diesen erhält man mit der Funktion POINTER:

```
>>> from ctypes import *
```

```
>>> PI = POINTER(c_int)
```

```
>>> PI
<class 'ctypes.LP_c_long'>
```

```
>>> pi = PI()
```

```
>>> pi.contents = c_int(42)
```

pi zeigt nun auf ein c_int(42). Einen NULL-Pointer auf c_int bekommt man einfach so:

```
>>> pi_null = PI()
```

```
>>> pi_null
<ctypes.LP_c_long object at 0x2840fa04>
```

```
>>> pi_null.contents
Traceback (most recent call last):
  File "<stdin>", line 1, in <module>
ValueError: NULL pointer access
```

Natürlich ist ein NULL-Pointer falsch:

```
>>> if pi_null:
...     print "NULL is True"
... else:
...     print "NULL is False"
...
NULL is False
```

Und er lässt sich folgerichtig auch nicht dereferenzieren:

```
>>> pi_null[0] = 4711
Traceback (most recent call last):
  File "<stdin>", line 1, in <module>
ValueError: NULL pointer access
```

ctypes-Strukturen und -Unions

Um C-struct- oder union-Strukturen in einen ctypes-Datentyp zu wrappen, muss man eine Klasse schreiben, die von Structure bzw. Union abgeleitet ist und ein spezielles _fields_-Attribut besitzt. Dieses Attribut soll eine Liste von Tupeln enthalten, welche die einzelnen Felder der Struktur beschreiben.

Ein solcher Tupel hat die Form ('type_name', ctypes_type), wobei 'type_name' ein Python-String (str) ist, der den Namen des Feldes im C-Quellcode ist, und ctypes_type entweder ein einfacher c_*-Wrapper oder ein pointer, eine (weitere) ctypes-Struktur oder -Union oder ein ctypes-Array sein kann.

Schauen wir uns am besten ein Beispiel an. Wie wrappt man die Struktur struct tm aus der Include-Datei *time.h* in eine ctypes-kompatible Datenstruktur? Die C-Struktur sieht wie folgt aus:

```
struct tm {
        int     tm_sec;         /* seconds after the minute [0-60] */
        int     tm_min;         /* minutes after the hour [0-59] */
        int     tm_hour;        /* hours since midnight [0-23] */
        int     tm_mday;        /* day of the month [1-31] */
        int     tm_mon;         /* months since January [0-11] */
        int     tm_year;        /* years since 1900 */
        int     tm_wday;        /* days since Sunday [0-6] */
        int     tm_yday;        /* days since January 1 [0-365] */
        int     tm_isdst;       /* Daylight Savings Time flag */
        long    tm_gmtoff;      /* offset from UTC in seconds */
        char    *tm_zone;       /* timezone abbreviation */
};
```

Nun definieren wir folgende Klasse:

```
#!/usr/bin/env python
# time_tm.py -- ctypes wrapper for <time.h> struct tm;

from ctypes import Structure, c_int, c_long, c_char_p

class tm(Structure):
    _fields_ = [ ("tm_sec", c_int),       # seconds after the minute [0-60]
                 ("tm_min", c_int),       # minutes after the hour [0-59]
                 ("tm_hour", c_int),      # hours since midnight [0-23]
                 ("tm_mday", c_int),      # day of the month [1-31]
                 ("tm_mon", c_int),       # months since January [0-11]
                 ("tm_year", c_int),      # years since 1900
                 ("tm_wday", c_int),      # days since Sunday [0-6]
                 ("tm_yday", c_int),      # days since January 1 [0-365]
                 ("tm_isdst", c_int),     # Daylight Savings Time flag
                 ("tm_gmtoff", c_long),   # offset from UTC in seconds
                 ("tm_zone", c_char_p),   # timezone abbreviation
               ]
```

Wie diese Klasse verwendet wird, schauen wir uns weiter unten an.

ctypes-Arrays

Um einen Array-Typ zu definieren, multipliziert man einfach den ctypes-Typ mit der Anzahl der Elemente dieses Arrays.

Um z.B. den Typ unsigned short[3] zu wrappen, schreibt man lediglich c_ushort * 3. Enthält eine Struktur Arrays als Elemente, kann man diese Notation in der _fields_-Liste in der Datentypkomponente des jeweiligen Tupels angeben:

```
class XZY(Structure):
    _fields_ = [ ("point", c_ushort * 3),
                 ("rgb",   c_ubyte  * 3)
               ]
```

11.1.3   C-Funktionen aufrufen

Der eigentliche Sinn des ctypes-Moduls ist es, Funktionen aus dynamischen C-Bibliotheken zu laden und aufzurufen.

Funktionen aus Bibliotheken laden

Um C-Funktionen aus einer Bibliothek aufzurufen, müssen wir diese erst laden. Unter
Unix kann man die C-Bibliothek *libc.so* so laden:

```
from ctypes import *

libc = cdll.LoadLibrary("libc.so")
```

libc sieht dann folgendermaßen aus

```
>>> libc
<CDLL 'libc.so', handle 2816a800 at 2841ca2c>
```

und ist ein Handle auf die C-Bibliothek. Auch wenn dir(libc) an dieser Stelle nicht
viel verrät

```
>>> dir(libc)
['_FuncPtr', '__class__', '__delattr__', '__dict__', '__doc__', '__getattr__',
 '__getattribute__', '__getitem__', '__hash__', '__init__', '__module__',
 '__new__', '__reduce__', '__reduce_ex__', '__repr__', '__setattr__',
 '__str__', '__weakref__', '_handle', '_name']
```

können wir dank intelligenter Hooks Funktionen dennoch einfach mit der Attribut-
Notation ansprechen (und, wie wir weiter unten sehen werden, auch aufrufen):

```
>>> libc.printf
<_FuncPtr object at 0x28318984>

>>> libc.sleep
<_FuncPtr object at 0x28318b8c>
```

Was hinter den Kulissen geschieht, ist, dass die Funktionen printf und sleep aus der
libc.so bzw. DLL geladen werden und nun zur Verfügung stehen. Diese werden z.B.
als Methoden dem libc-Objekt hinzugefügt:

```
>>> [ s for s in dir(libc) if s[:2] != '__' and s[-2:] != '__' ]
['_FuncPtr', '_handle', '_name', 'printf', 'sleep']
```

Unter Windows kann man wichtige DLLs wie folgt laden:

```
from ctypes import *

kernel32 = windll.kernel32
user32 = windll.user32
msvcrt = cdll.msvcrt
```

Hier sind kernel32, user32 und msvcrt Windows DLL, ähnlich wie unser libc-Beispiel bei Unix weiter oben:

```
>>> kernel32
<WinDLL 'kernel32', handle 7c800000 at 127b0f0>

>>> user32
<WinDLL 'user32', handle 7e410000 at d58290>

>>> msvcrt
<CDLL 'msvcrt', handle 77c10000 at d4ec10>
```

Daraus kann man Funktionen aufrufen. Als Beispiel wollen wir die Funktion Message-Box aufrufen, die folgende Signatur aufweist:

```
int MessageBox(
    HWND hWnd,
    LPCTSTR lpText,
    LPCTSTR lpCaption,
    UINT uType
);
```

Ein Blick in die Windows-API unter http://msdn.microsoft.com/ verrät uns, dass sie sich in der user32-DLL befindet. Da Windows aber sowohl eine ANSI-, als auch eine Unicode-Version von MessageBox anbietet, muss man die richtige Funktion laden. Um z.B. beide Versionen zu laden, können wir Folgendes tun:

```
>>> MessageBoxA = user32.MessageBoxA

>>> MessageBoxW = user32.MessageBoxW

>>> MessageBoxA
<_FuncPtr object at 0x012890A8>
```

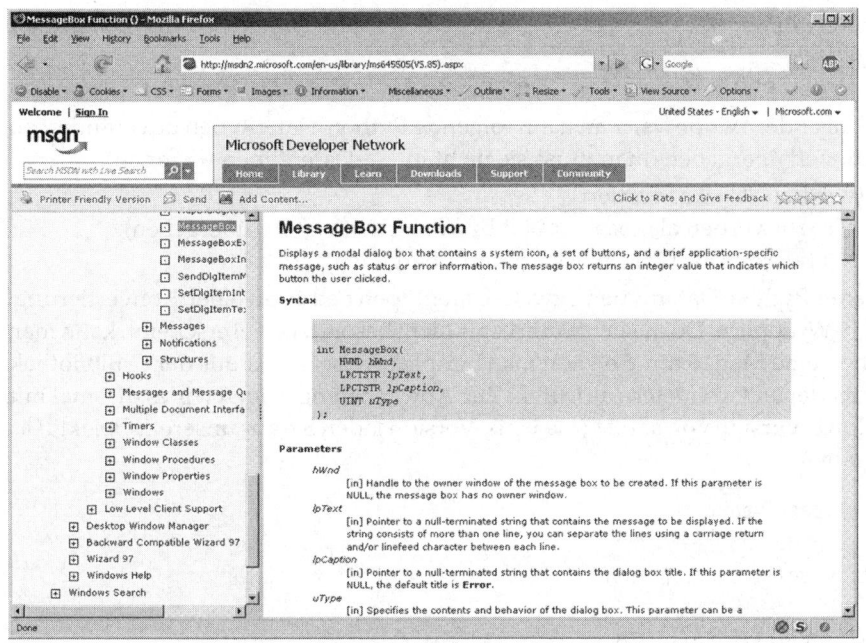

```
>>> MessageBoxW
<_FuncPtr object at 0x01289120>
```

Der Aufruf ist denkbar einfach: Da Handles `int` sind, und ANSI-Strings zum Python-Datentyp `str` passen sowie Unicode-Strings gut mit dem Python-Datentyp `unicode` harmonieren, können wir wie folgt eine `MessageBox` aufrufen:

```
>>> MessageBoxA(0, 'Hello, Python World', 'A Python Greeter', 0)
1
```

Oder so:

```
>>> MessageBoxW(0, u'A Unicode Message: ÄÖÜäöüß', u'A Unicode Greeter', 0)
1
```

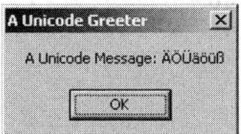

Es geht auch kürzer:

```
>>> windll.user32.MessageBoxA(0, 'A Message', 'A Title', 0)
```

Egal, ob Unix oder Windows, man kann folgende Python-Datentypen unverändert an die Funktionen übergeben (man muss sie nicht in c_*-Datentypen wrappen):

- None (wird zu NULL konvertiert)
- str, unicode (werden als const char * bzw. const wchar_t * übergeben)
- int, long (werden als C int maskiert und übergeben).

Alle anderen Python-Datentypen bzw. C-Datentypen bedürfen einer Konvertierung, z.B. mit c_*-Wrappern. Doch auch wenn es als nicht besonders viel erscheint, kann man damit schon eine Menge tun. So kann man beispielsweise printf aus der C-Bibliothek mit verschiedenen Parametern aufrufen. Zur Abwechslung zeigen wir es diesmal mit der Windows-Version von printf (die Unix-Version laden Sie aus unserem Objekt libc als libc.print).

```
>>> from ctypes import *

>>> printf = cdll.msvcrt.printf

>>> result = printf("Hello, %s. You are %d years old.\n",
...                  "John", 39)
Hello, John. You are 39 years old.

>>> result
35
```

Hinweis

Der Rückgabewert von printf ist die Zahl geschriebener Zeichen.

Voilà! Instant printf, direkt aus der C-Bibliothek!

Zwei einfache Funktionen: time und sleep

Rufen wir z.B. das Python-Äquivalent des C-Codes time(NULL); auf:

```
>>> libc.time(None)
1205068902
```

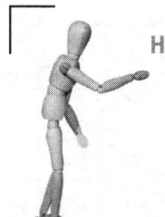

Hinweis

Bei Windows rufen Sie im Folgenden statt `libc.time` einfach `cdll.msvcrt.time` auf.

Das ist die Zahl der Sekunden seit der Epoche, und wäre dasselbe, was die Python-Funktion `time.time` liefern würde. Es kommt jetzt aber direkt aus der C-Bibliothek. Rufen wir es erneut auf und übergeben wir diesmal das Ergebnis der Python-Funktion `time.ctime`. An der Ausgabe erkennen wir, dass es nicht nur zufälliger Blödsinn war, was `libc.time` zurückgegeben hat:

```
>>> import time
```

```
>>> time.ctime(libc.time(None))
'Sun Mar  9 14:21:55 2008'
```

Um diese Zahl von Sekunden zu erhalten, haben wir die C-Funktion `time` (repräsentiert durch den Python-Wrapper `libc.time`) aufgerufen und ihr den Nullpointer `NULL` übergeben. Um `NULL` der C-Funktion zu übergeben, übergaben wir `None` dem Python-Wrapper `libc.time`.

Wir wär's mit der Funktion `sleep`? Diese hat unter Unix folgende Signatur:

```
unsigned int sleep(unsigned int seconds);   /* <unistd.h> */
```

Um diese aufzurufen, brauchen wir ein `unsigned int`-Argument in C. Leider ist es kein `int`, denn in dem Fall hätten wir einfach eine 5 als Python `int` übergeben können. Um ein `unsigned int` zu übergeben, benötigen wir den `c_uint`-Wrapper aus `ctypes`:

```
>>> libc.sleep(c_uint(5))
0
```

Die C-Funktion `sleep` hat 5 Sekunden gewartet, um anschließend mit einer 0 zurückzukehren.

Unter Windows hat die äquivalente Funktion die Signatur:

```
VOID WINAPI Sleep(
  __in  DWORD dwMilliseconds
);
```

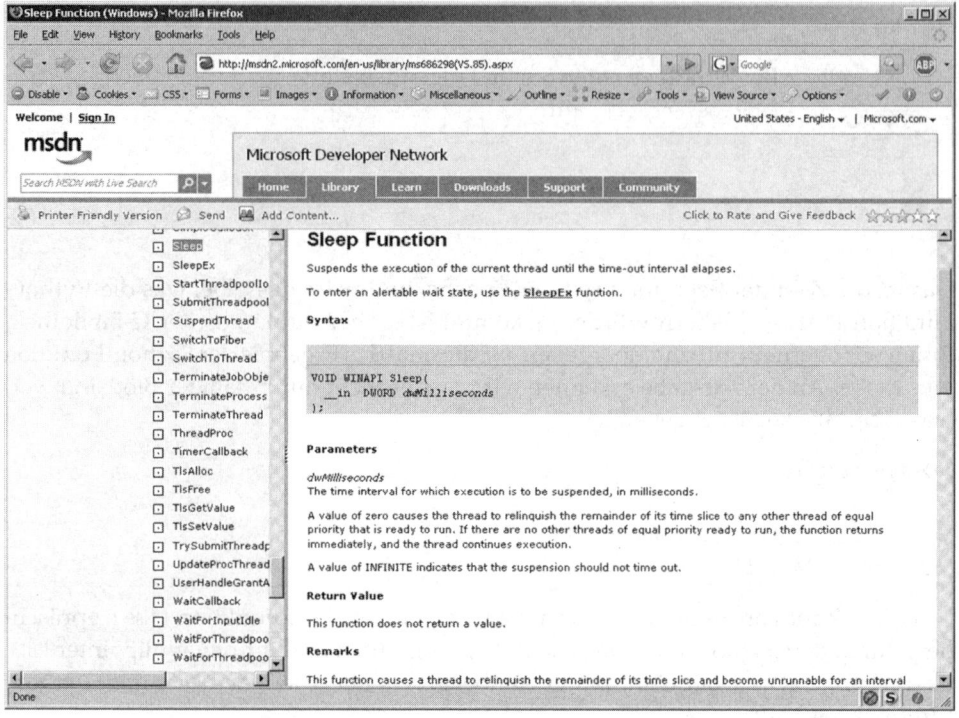

Sie befindet sich in der kernel32-DLL. Da DWORD zu einem int passt, braucht man keine explizite Konvertierung mit einem c_*-Wrapper. Also sieht der Aufruf dort so aus:

```
>>> windll.kernel32.Sleep(5000)
0
```

Argument- und Rückgabewerte spezifizieren: cos

Man kann aber oft nicht umhin, den Typ der Parameter und des Rückgabewertes zu spezifizieren. Als Beispiel diene die Cosinus-Funktion cos:

```
double cos(double x);    /* <math.h> -lm */
```

Bei Unix müssen wir cos aus der libm laden:

```
>>> libm = cdll.LoadLibrary("libm.so")
```

```
>>> libm
<CDLL 'libm.so', handle 2816a400 at 2842bd4c>
```

```
>>> cos = libm.cos
```

```
>>> cos
<_FuncPtr object at 0x28318dfc>
```

Während wir sie bei Windows von msvcrt holen:

```
>>> cos = cdll.msvcrt.cos
```

```
>>> cos
<_FuncPtr object at 0x01289288>
```

An dieser Stelle weiß cos noch nicht, dass es ein double als Argument und ein double als Rückgabewert hat!

Der Aufruf von cos mit einem Datentyp, der nicht eines der oben genannten ist, führt sofort zu einem Fehler:

```
>>> cos(3.14159265)
Traceback (most recent call last):
  File "<stdin>", line 1, in <module>
ctypes.ArgumentError: argument 1: <type 'exceptions.TypeError'>:
  Don't know how to convert parameter 1
```

Doch auch wenn wir statt eines Python double- nun ein c_double-Objekt übergeben

```
>>> cos(c_double(3.14159265))
0
```

```
>>> cos(c_double(0.0))
0
```

```
>>> cos(c_double(3.14159265/2))
0
```

ist der Rückgabetyp offensichtlich falsch.

Um die Signatur unseres cos-Wrappers zu präzisieren, definieren wir seine argtypes- und restype-Attribute. argtypes soll eine Liste von ctypes-Typen sein, die cos erwartet, und restype ein einzelner ctypes-Typ, der den Rückgabewert spezifiziert.

Ursprünglich ist argtypes gleich None, und restype ist c_long, d.h. es wird vorausgesetzt, dass cos in (Python) int zurückgibt, aber nichts erwartet:

```
>>> cos.argtypes
```

```
>>> cos.restype
<class 'ctypes.c_long'>
```

Nun definieren wir `cos.argtypes` und `cos.restype`, damit sie der Signatur der C-Funktion `cos` entsprechen:

```
>>> cos.argtypes = [c_double]
```

```
>>> cos.restype = c_double
```

Jetzt ist der Aufruf kein Problem mehr:

```
>>> cos(c_double(3.14159265))
-1.0
```

```
>>> cos(c_double(3.14159265/2))
1.7948965149187836e-09
```

Sogar dies funktioniert nun dank `argtypes` richtig:

```
>>> cos(3.14159265)
-1.0
```

Funktionen, die Strings auslesen: getenv, setenv

Als nächstes Beispiel schauen wir uns die Funktionen `getenv` und `setenv` von Unix an. Diese haben folgende Signatur aus der Include-Datei `<stdlib.h>`:

```
char *getenv(const char *name);
int   setenv(const char *name, const char *value, int overwrite);
```

Laden wir sie von unserem `libc`-Objekt:

```
>>> getenv = libc.getenv
>>> setenv = libc.setenv
```

Zu `getenv` muss man den Typ des Rückgabewertes angeben, da er nicht `int` ist:

```
>>> getenv('HOME')
674631941
```

```
>>> getenv.restype = c_char_p
```

```
>>> getenv('HOME')
'/users/farid'
```

Der aufmerksame Leser wird sich jetzt fragen, was aus dem Array `getenv.argtypes` geworden ist. Ohne Parametertypspezifikation (`argtypes` ist ja defaultmäßig `None`) werden die Argumente zwar übergeben, aber nicht auf Korrektheit überprüft. Hätte man statt eines `str` (oder `c_char_p`) ein `int` übergeben, würde `getenv` dies als Pointer ins Nirwana interpretieren und den Python-Interpreter zu seltsamem Verhalten verleiten, bestenfalls zum Absturz:

```
>>> getenv(4711)
Segmentation fault (core dumped)
$
```

Es empfiehlt sich daher, `argtypes` auch dann zu definieren, wenn es ohne Definition zu funktionieren scheint, damit `ctypes` eine Möglichkeit erhält, die Argumente zumindest hinsichtlich ihres Datentyps überprüfen zu können. Starten wir die Python-Shell erneut und holen dies nach:

```
from ctypes import *
libc = cdll.LoadLibrary("libc.so")

getenv = libc.getenv
setenv = libc.setenv

getenv.argtypes = [c_char_p]
getenv.restype = c_char_p

setenv.argtypes = [c_char_p, c_char_p, c_int]
setenv.restype = c_int
```

Nun können wir `getenv` und `setenv` in aller Ruhe aufrufen. Unser voriger Aufruf von `getenv` kann jetzt Argumente falschen Typs erkennen und eine Ausnahme auslösen, statt zum Absturz von Python zu führen:

```
>>> getenv('HOME')
'/users/farid'
```

```
>>> getenv(4711)
Traceback (most recent call last):
  File "<stdin>", line 1, in <module>
ctypes.ArgumentError: argument 1: <type 'exceptions.TypeError'>: wrong type
```

`setenv` funktioniert genauso gut:

```
>>> setenv('MYENV', 'My own environment variable', 1)
0
```

```
>>> getenv('MYENV')
'My own environment variable'
```

Beachten Sie, dass `os.environ` Änderungen am Environment via `setenv` nicht unbedingt erkennen muss, denn `setenv` benachrichtigt nicht das `os`-Modul, dass es eine Änderung gab:

```
>>> import os

>>> os.environ['MYENV']
Traceback (most recent call last):
  File "<stdin>", line 1, in <module>
  File "/users/farid/python/lib/python2.5/UserDict.py", line 22, in __getitem__
    raise KeyError(key)
KeyError: 'MYENV'
```

Umgekehrt werden Änderungen an os.environ direkt an das Betriebssystem (mit Aufruf der Funktion *setenv* der C-Bibliothek hinter den Kulissen) geleitet; diese Änderungen sind unmittelbar durch getenv dann sichtbar:

```
>>> os.environ['MYOTHERENV'] = 'My other environment variable'

>>> getenv('MYOTHERENV')
'My other environment variable'
```

Daran sollten Sie stets denken: Durch den direkten Aufruf einer C-Funktion via ctypes unter Umgehung der üblichen Python-Module (z.B. des os-Moduls) können unter Umständen solche Phänomene auftreten.

Funktionen, die in einen Puffer schreiben

Nun kommen wir zu einer Funktion, die einen Puffer erwartet und Werte darin schreibt. Als Beispiel wählen wir die Unix-Funktion gethostname:

```
int gethostname(char *name, size_t namelen);  /* <unistd.h> */
```

Diese Funktion erwartet einen Puffer name, der bereits die richtige Größe haben muss, und schreibt darin bis zu namelen Zeichen des aktuellen Rechnernamens.

Einer solchen Funktion kann man offensichtlich kein c_char_p als name übergeben, weil Python-Strings unveränderlich sind: falls gethostname versucht, dort was zu verändern, würde es zu einem undefinierten Verhalten des Python-Interpreters kommen (also Absturz im besten aller Fälle).

Statt eines c_char_p wird natürlich ein mutabler Zeichenpuffer benötigt; wie etwa das, was die weiter oben gezeigte Funktion create_string_buffer erzeugen würde. Die Vorbereitungen lauten also:

```
from ctypes import *
libc = cdll.LoadLibrary("libc.so")

gethostname = libc.gethostname
gethostname.argtypes = [c_char * 255, c_uint]
gethostname.restype = c_int

buf = create_string_buffer(255)
```

Man beachte, dass `create_string_buffer` ein Array von `c_char` erzeugt: die Array-Notation `c_char * 255` haben wir bereits oben kennengelernt!

Der Aufruf mit verschiedenen Größen ergibt nun:

```
>>> gethostname(buf, 10)
-1
```

```
>>> buf.value
'pythonbook'
```

```
>>> gethostname(buf, 30)
0
```

```
>>> buf.value
'pythonbook.hajji.name'
```

Kommen wir jetzt zu einer anderen Funktion, die einen Puffer erwartet: das Windows-Äquivalent der Unix-Funktion `getenv`. Sie heißt `GetEnvironmentVariable` und hat folgende Signatur:

```
DWORD WINAPI GetEnvironmentVariable(
  __in_opt    LPCTSTR lpName,
  __out_opt   LPTSTR lpBuffer,
  __in        DWORD nSize
);
```

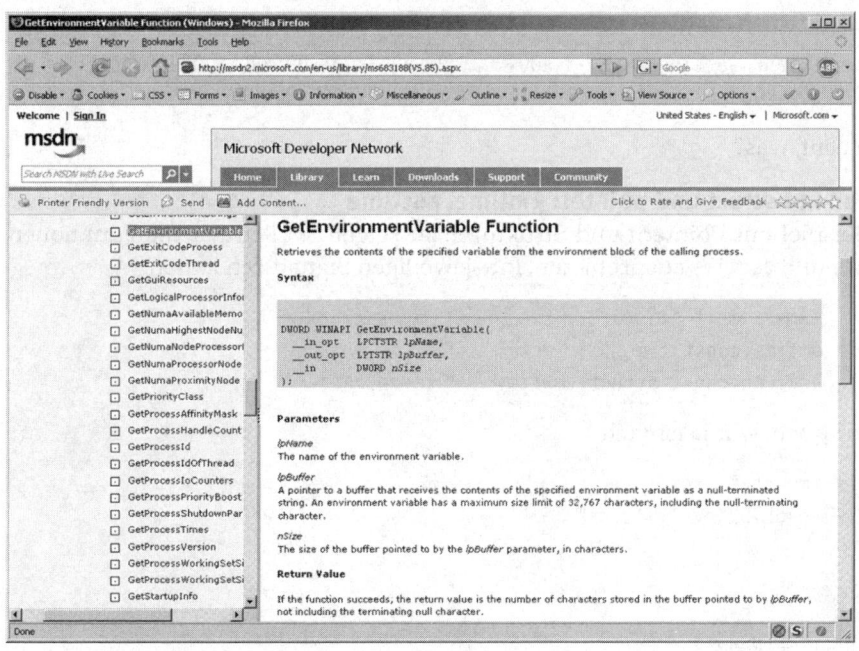

Da hier der Ausgabepuffer lpBuffer samt Größe angegeben werden muss, erzeugen wir einen Puffer, der groß genug ist, mit der ctypes-Funktion create_string_buffer. Zunächst laden wir die ANSI-Version von GetEnvironmentVariable und erzeugen den Puffer, der das Ergebnis aufnehmen soll:

```
>>> from ctypes import *
```

```
>>> getenv = windll.kernel32.GetEnvironmentVariableA
```

```
>>> buff = create_string_buffer(60)
```

```
>>> buff
<ctypes.c_char_Array_60 object at 0x00CAD670>
```

```
>>> len(buff)
60
```

Jetzt rufen wir diese Funktion auf:

```
>>> getenv('HOME', buff, len(buff))
31
```

```
>>> buff.value
'E:\\Documents and Settings\\farid'
```

Der rohe Puffer besteht aus dem Ergebnis, samt einer Menge Null-Bytes:

```
>>> buff.raw
'E:\\Documents and Settings\\farid\x00\x00\x00\x00\x00\x00\x00\x00\x00\x00\\
x00\x00\x00\x00\x00\x00\x00\x00\x00\x00\x00\x00\x00\x00\x00\x00\x00\x00'
```

Nicht schlecht, was?

Funktionen mit struct und pointer: gmtime, asctime

Um ein Beispiel mit Pointern und Strukturen zu zeigen, wollen wir die Funktionen time, gmtime und asctime ausprobieren. Ihre jeweiligen Signaturen lauten:

```
time_t     time(time_t *tloc);           /* <time.h> */
struct tm * gmtime(const time_t *clock);  /* <time.h> */
char *     asctime(const struct tm *tm); /* <time.h> */
```

time zu wrappen, war ja einfach:

```
from ctypes import *
libc = cdll.LoadLibrary("libc.so")
```

```
time = libc.time
```

```
now = c_int(time(None))
```

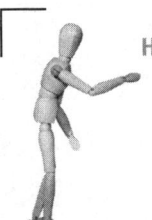

Hinweis

Unter Windows heißt die Funktion `cdll.msvcrt.time` statt `libc.time`.

`now` enthält die Anzahl der Sekunden seit der Epoche:

```
>>> now
c_long(1205070395)
```

Nun wenden wir uns `gmtime` zu:

- Als Argument erwartet `gmtime` einen Pointer auf ein `int`. Also deklarieren wir einen Pointertyp `int_ptr_t` mit Hilfe der Funktion `POINTER`.
- Als Rückgabewert liefert `gmtime` einen Pointer auf eine `struct tm` Struktur. Diese haben wir in *time_tm.py* als Klasse `tm` modelliert. Also importieren wir diese Klassen und deklarieren einen Pointertyp `tm_ptr_t` darauf, wiederum mit der Funktion `POINTER`.

```
from time_tm import tm

tm_ptr_t = POINTER(tm)
int_ptr_t = POINTER(c_int)
```

Nun können wir die Signatur von `gmtime` modellieren:

```
gmtime = libc.gmtime

gmtime.argtypes = [int_ptr_t]
gmtime.restype = tm_ptr_t
```

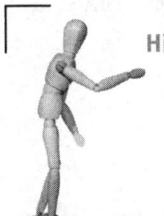

Hinweis

Unter Windows heißt die Funktion `cdll.msvcrt.gmtime` statt `libc.gmtime`.

Jetzt ist der Aufruf von `gmtime` ein Kinderspiel! Alles, was wir noch benötigen, ist der Pointer auf `now`, den wir mit der Funktion `pointer` erhalten:

```
res = gmtime(pointer(now))
```

Schauen wir uns das Ergebnis an:

```
>>> res
<ctypes.LP_tm object at 0x2840f464>

>>> res[0]
<time_tm.tm object at 0x2840fa04>

>>> the_tm = res[0]
```

Wir könnten nun (mühsam) die einzelnen Werte aus the_tm manuell extrahieren, z.B.:

```
>>> the_tm.tm_hour, the_tm.tm_min, the_tm.tm_sec
(13, 47, 54)
```

Doch wozu gibt es die Funktion asctime? Diese kann so eine Struktur schließlich viel bequemer in einen String konvertieren! Wir bereiten also asctime vor:

```
asctime = libc.asctime

asctime.argtypes = [tm_ptr_t]
asctime.restype = c_char_p
```

Hinweis

asctime heißt unter Windows cdll.msvcrt.asctime statt libc.asctime.

Mit dieser Signatur können wir nun asctime aufrufen, wobei wir einen Pointer auf the_tm (bzw. unser voriges res) übergeben:

```
>>> asctime(pointer(the_tm))
'Sun Mar  9 13:47:54 2008\n'
```

11.2 SWIG

Am einfachsten lässt sich eine C- oder C++-Bibliothek an Python anbinden, indem man den SWIG Interface-Generator benutzt. Dieser ist nicht Bestandteil von Python und muss getrennt heruntergeladen und installiert werden.

11.2.1 SWIG installieren

Der Quellcode befindet sich auf der SWIG-Homepage `http://www.swig.org/`. Dort befindet sich auch ein vorkompiliertes Binary *swigwin* für Windows.

SWIG unter Unix installieren

Unter Unix verläuft die Installation von SWIG wie bei jeder anderen `autoconf`-basierten Anwendung. Zur Illustration installieren wir *swig* in unserer Custom $HOME/*python*-Hierarchie.

Als Erstes laden wir *swig-1.3.34.tar.gz* nach *~/python/src*:

```
$ mkdir ~/python/src
$ cd ~/python/src
$ fetch http://prdownloads.sourceforge.net/swig/swig-1.3.34.tar.gz
swig-1.3.34.tar.gz                         100% of 4332 kB    83 kBps 00m00s
```

Dann packen wir es aus und wechseln ins Arbeitsverzeichnis:

```
$ tar -xpf swig-1.3.34.tar.gz
$ cd swig-1.3.34
```

Als Nächstes konfigurieren wir *swig* so, dass:

- es sich nach *~/python* installiert: `--prefix=/users/farid/python`
- es den richtigen Python-Interpreter benutzt: `--with-python=/users/farid/python/bin/python`
- es andere Sprachen nicht unterstützt: `--without-*`. Dieser letzte Schritt ist optional: Wenn Sie ihn weglassen, wird *configure* versuchen, alle Sprachen, die es auf dem Rechner findet, einzubinden.

```
$ ./configure --prefix=/users/farid/python \
          --with-python=/users/farid/python/bin/python \
    --without-tcl --without-perl5 --without-java --without-gcj \
    --without-guile --without-mzscheme --without-ruby --without-php4 \
    --without-ocaml --without-pike --without-chicken --without-csharp \
    --without-lua --without-allegrocl --without-clisp --without-r
```

Wenn *configure* fertig ist, kann man *make* aufrufen, um *swig* zu kompilieren:

```
$ make
```

Nach einer Weile erscheint dann

```
'swig' is up to date.
```

Nun müssen wir nur noch das fertig übersetzte *swig* samt Hilfsdateien installieren:

```
$ make install
```

In diesem Fall werden folgende Dateien installiert:

```
~/python/bin/swig
~/python/share/swig/1.3.34/*.{i,swg}
~/python/share/swig/1.3.34/typemaps/*.swg
~/python/share/swig/1.3.34/std/*.{i,swg}
~/python/share/swig/1.3.34/python/*.{i,swg}
```

Und nun probieren wir es aus:

```
$ ~/python/bin/swig -version

SWIG Version 1.3.34

Compiled with g++ [i386-unknown-freebsd7.0]
Please see http://www.swig.org for reporting bugs and further information
```

Eine Liste aller Optionen von *swig* erhalten Sie mit dem -help Flag; spezifische Hilfe zu Python bekommen Sie dafür mit den Flags -help -python. Die Dokumentation befindet sich online, ist aber natürlich auch im Source-Tarball im *Doc/Manual*-Verzeichnis zu finden. Diese kopieren wir woanders hin, damit wir das Arbeitsverzeichnis löschen können:

```
$ pwd
/users/farid/python/src/swig-1.3.34
$ mkdir ~/python/share/swig/1.3.34/doc
$ cp Doc/Manual/SWIGDocumentation.html ~/python/share/swig/1.3.34/doc
$ cp Doc/Manual/SWIGDocumentation.pdf ~/python/share/swig/1.3.34/doc
$ cd ..
$ rm -rf swig-1.3.34
```

Nun können wir die gesamte Dokumentation mit einem Browser unserer Wahl lesen:

```
$ lynx ~/python/share/swig/1.3.34/doc/SWIGDocumentation.html
```

SWIG unter Windows installieren

Alles, was Sie unter Windows tun müssen, ist, die Binary-Distribution von *swig* herunterzuladen und die .zip-Datei irgendwo auszupacken. Anschließend erweitern Sie die Umgebungsvariable Path entsprechend, damit das ausführbare Programm *swig.exe* gefunden werden kann. Wie das geht, steht in aller Ausführlichkeit in Kapitel 1, *Python installieren*.

Wenn alles gut gelaufen ist, müssten Sie Folgendes sehen:

11.2.2 SWIG aufrufen

Nehmen wir an, wir möchten anstelle von `time.sleep` die `sleep`-Funktion der Unix-C-Bibliothek direkt aufrufen. Diese Funktion hat folgende Signatur (`man 3 sleep`):

```
#include <unistd.h>

unsigned int
sleep(unsigned int seconds);
```

Um diese Funktion zu wrappen, schreiben wir folgende Interface-Datei *sleeper.i*:

```
%module sleeper

unsigned int sleep(unsigned int seconds);
```

SWIG kann für diese Interface-Datei *glue code* für eine ganze Menge von Sprachen erzeugen. Um Python *glue code* zu bekommen, rufen wir *swig* mit der Option `-python` auf:

```
$ ~/python/bin/swig -python sleeper.i
```

Dies erzeugt die Dateien *sleeper.py* und *sleeper_wrap.c*:

```
$ ls -l *sleeper*
-rw-r--r--  1 farid  users     59 Mar  9 16:48 sleeper.i
-rw-r--r--  1 farid  users   1601 Mar  9 16:52 sleeper.py
-rw-r--r--  1 farid  users  94547 Mar  9 16:52 sleeper_wrap.c
```

Dabei ist *sleeper.py* ein Python-Modul, das wir später mit `import sleeper` einbinden werden, und *sleeper_wrap.c* ist ein Python-Erweiterungsmodul in C, das von *sleeper.py* geladen wird.

Nun muss *sleeper_wrap.c* zu einer *shared library* namens *_sleeper.so* kompiliert werden. Wie dies geht, ist abhängig vom Betriebssystem, dem C-Compiler usw. Unter FreeBSD mit dem GNU-Compiler sieht es z.B. so aus:

```
$ cc -c -fPIC sleeper_wrap.c -I/users/farid/python/include/python2.5
$ cc -shared sleeper_wrap.o -o _sleeper.so
```

Das Beispiel ist leider nicht unabhängig von der benutzten Plattform. Die Kommandos unter Windows sähen z.B. ganz anders aus. Darum ist eine portablere Lösung der Einsatz des distutils-Standardmoduls, welches weiß, wie Erweiterungsmodule für die jeweilige Plattform zu erstellen sind.

Um distutils zu benutzen, erstellen wir folgende *setup.py*-Datei (wir können sie natürlich auch anders nennen, z.B. *sleeper_setup.py*):

```
#!/usr/bin/env python

from distutils.core import setup, Extension

sleeper_module = Extension('_sleeper',
                           sources = ['sleeper_wrap.c', ],
                           )

setup(name        = 'sleeper',
      version     = '0.1',
      author      = 'Farid Hajji',
      description = '''Wrapping sleep(3)''',
      ext_modules = [sleeper_module],
      py_modules  = ["sleeper"],
      )
```

Jetzt können wir unser das Modul mit diesem Aufruf kompilieren:

```
$ ~/python/bin/python sleeper_setup.py build_ext --inplace
running build_ext
building '_sleeper' extension
creating build
creating build/temp.freebsd-7.0-STABLE-i386-2.5
gcc -pthread -fno-strict-aliasing -DNDEBUG -g -fwrapv -O3 -Wall \
  -Wstrict-prototypes -fPIC -I/users/farid/python/include/python2.5 \
  -c sleeper_wrap.c -o build/temp.freebsd-7.0-STABLE-i386-2.5/sleeper_wrap.o
gcc -shared build/temp.freebsd-7.0-STABLE-i386-2.5/sleeper_wrap.o \
  -o _sleeper.so
```

In beiden Fällen ist eine Shared Library _sleeper erzeugen worden:

```
$ file _sleeper.so
_sleeper.so: ELF 32-bit LSB shared object, Intel 80386, version 1 (FreeBSD), \
  dynamically linked, not stripped
```

Das Erweiterungsmodul sleeper besteht nun aus den Dateien *sleeper.py* und *_sleeper.so*. Letztere wird von *sleeper.py* automatisch geladen.

Jetzt können wir unser Erweiterungsmodul ausprobieren!

```
>>> import sleeper
```

```
>>> sleeper.sleep(5)
0
```

C-Code mitkompilieren

Als Nächstes kompilieren wir ein Beispiel, wo wir selbst den C-Code liefern. Das Modul deepthought soll aus zwei Dateien *deepthought.h* und *deepthought.c* bestehen. *deepthought.h* ist eine klassische Header-Datei:

```
/* deepthought.h -- a complex function */

#ifndef _DEEPTHOUGHT_H_
#define _DEEPTHOUGHT_H_

#define THE_ANSWER 42

extern int answer(void);

#endif /* _DEEPTHOUGHT_H_ */
```

Und *deepthought.c* ist die Implementierung von answer:

```
/* deepthought.c -- a complex function */

#include "deepthought.h"

int answer(void) {
  return THE_ANSWER;
}
```

Die Interface-Datei *deepthought.i* sieht etwas komplizierter aus:

```
%module deepthought

%{
#include "deepthought.h"
%}

int answer(void);
```

Alles, was im %{ ... %}-Block steht, wird unverändert in die automatisch generierte *deepthought_wrap.c* eingefügt. Somit kann der *glue code* die Funktion answer richtig benutzen (aufrufen). Generell wird man in %{ ... %} das eintragen, was zum Kompilieren der *_wrap.c*-Dateien dient.

Man beachte, dass das, was in %{ ... %} steht, nicht Bestandteil der nach Python (oder anderen Sprachen) exportierten Schnittstelle wird. Will man z.B., dass die Funktion answer von Python aus aufrufbar ist (und nicht nur von *deepthought_wrap.c* heraus), muss man die Schnittstelle außerhalb des %{ ... %}-Blocks angeben!

Damit unser deepthought-Modul compiliert werden kann, muß man sowohl *deepthought.c* als auch *deepthought_wrap.c* compilieren und zu einer einzigen *shared library* zusammenfassen. Dies geht am Besten wieder mit Hilfe von distutils. Wir definieren folgende Datei *deepthought_setup.py*:

```
#!/usr/bin/env python

from distutils.core import setup, Extension

deepthought_module = Extension('_deepthought',
                               sources = ['deepthought.c',
                                          'deepthought_wrap.c', ],
                               )

setup(name        = 'deepthought',
      version     = '0.1',
      author      = 'Farid Hajji',
      description = '''A complex function''',
      ext_modules = [deepthought_module],
      py_modules  = ["deepthought"],
      )
```

Beachten Sie, dass wir *deeptought.c* dem sources-Parameter von Extension hinzugefügt haben. Das Bauen des Moduls verläuft jetzt genauso wie vorher. Beachten Sie, wie beide .c-Dateien *deepthought.c* und *deepthought_wrap.c* kompiliert und anschließend zu *_deepthought.so* zusammengelinkt werden:

```
$ ~/python/bin/swig -python deepthought.i

$ ~/python/bin/python deepthought_setup.py build_ext --inplace
running build_ext
building '_deepthought' extension
gcc -pthread -fno-strict-aliasing -DNDEBUG -g -fwrapv -O3 -Wall \
  -Wstrict-prototypes -fPIC -I/users/farid/python/include/python2.5 \
  -c deepthought.c -o build/temp.freebsd-7.0-STABLE-i386-2.5/deepthought.o
```

```
gcc -pthread -fno-strict-aliasing -DNDEBUG -g -fwrapv -O3 -Wall \
  -Wstrict-prototypes -fPIC -I/users/farid/python/include/python2.5 \
  -c deepthought_wrap.c \
  -o build/temp.freebsd-7.0-STABLE-i386-2.5/deepthought_wrap.o
gcc -shared build/temp.freebsd-7.0-STABLE-i386-2.5/deepthought.o \
  build/temp.freebsd-7.0-STABLE-i386-2.5/deepthought_wrap.o -o _deepthought.so
```

Damit das Beispiel auch unter Windows läuft, muss dort ein C/C++-Compiler (wie MinGW) installiert und die distutils so konfiguriert werden, dass dieser Compiler aufgerufen wird. Wie das geht, wurde in Kapitel 1, *Python installieren*, vorgeführt.

deepthought ist voll einsatzfähig:

```
>>> import deepthought
>>> deepthought.answer()
42
```

Die setup-Funktion und das Extension-Objekt des Standardmoduls distutils.core bieten noch eine Menge weiterer Optionen an, mit denen man z.B. externe Bibliotheken einbinden kann, Suchpfade für Include- und Bibliothek-Dateien spezifizieren kann usw. Die Dokumation des distutils-Moduls enthält alle Details.

Im Folgenden werden wir die Schritte zum Übersetzen einer Interface-Datei und die benötigte distutils-basierte *setup.py* nicht immer wieder angeben, weil diese leicht aus *sleeper_setup.py* durch kleine offensichtliche Änderungen entsteht.

407

11.2.3 Konstanten und Variablen

Header-Dateien enthalten i.d.R. viele Konstanten und können auch auf (externe) globale Variablen verweisen. Beide lassen sich in ein Erweiterungsmodul wrappen.

Konstanten

Viele Header-Dateien definieren Konstanten mittels #define, enum oder als const. Um diese Konstanten in ein Python-Erweiterungsmodul zu importieren, werden die #define- und enum-Deklarationen der Header-Datei einfach in die Interface-Spezifikation übernommen (entweder per cut-and-paste oder, wenn möglich, eleganter per %include der Header-Datei selbst). const-Konstanten sollte %constant vorangestellt werden.

Die folgende Datei *math_constants.h*

```
/* math_constants.h -- some math.h constants */

#ifndef _MATH_CONSTANTS_H_
#define _MATH_CONSTANTS_H_


#define MM_E       2.7182818284590452354   /* e */
#define MM_LOG2E   1.4426950408889634074   /* log 2e */
#define MM_LOG10E  0.43429448190325182765  /* log 10e */
#define MM_LN2     0.69314718055994530942  /* log e2 */
#define MM_LN10    2.30258509299404568402  /* log e10 */


#define MMAXFLOAT  ((float)3.40282346638528860e+38)

enum Integers { ZERO, ONE, TWO, THREE, FOUR, FIVE };

const double MM_PI = 3.14159265358979323846;    /* pi */
const double MM_PI_2 = 1.57079632679489661923;  /* pi/2 */
const double MM_PI_4 = 0.78539816339744830962;  /* pi/4 */

#endif /* _MATH_CONSTANTS_H_ */
```

lässt sich wie folgt in *math_constants.i* wrappen (wir benutzen hier die *copy-and-paste*-Methode):

```
%module math_constants

%{
#include "math_constants.h"
%}
```

```
#define MM_E        2.7182818284590452354   /* e */
#define MM_LOG2E    1.4426950408889634074   /* log 2e */
#define MM_LOG10E   0.43429448190325182765  /* log 10e */
#define MM_LN2      0.69314718055994530942  /* log e2 */
#define MM_LN10     2.30258509299404568402  /* log e10 */

#define MMAXFLOAT   ((float)3.40282346638528860e+38)

enum Integers { ZERO, ONE, TWO, THREE, FOUR, FIVE };

%constant double MM_PI;
%constant double MM_PI_2;
%constant double MM_PI_4;
```

Übersetzt man sie mit folgender Datei *math_constants_setup.py*

```
#!/usr/bin/env python

from distutils.core import setup, Extension

math_constants_module = Extension('_math_constants',
                                  sources = ['math_constants_wrap.c',],
                                  )

setup(name        = 'math_constants',
      version     = '0.1',
      author      = 'Farid Hajji',
      description = '''Wrapping constants in math_constants.h''',
      ext_modules = [math_constants_module],
      py_modules  = ["math_constants"],
      )
```

wie folgt

```
$ ~/python/bin/swig -python math_constants.i

$ ~/python/bin/python math_constants_setup.py build_ext --inplace
running build_ext
building '_math_constants' extension
gcc -pthread -fno-strict-aliasing -DNDEBUG -g -fwrapv -O3 -Wall \
  -Wstrict-prototypes -fPIC -I/users/farid/python/include/python2.5 \
  -c math_constants_wrap.c \
  -o build/temp.freebsd-7.0-STABLE-i386-2.5/math_constants_wrap.o
gcc -shared build/temp.freebsd-7.0-STABLE-i386-2.5/math_constants_wrap.o \
  -o _math_constants.so
```

kann man sie so verwenden:

```
>>> import math_constants as mc
```

```
>>> mc.MM_LOG10E
0.43429448190325182
```

```
>>> mc.MM_PI_4
0.78539816339744828
```

```
>>> mc.FIVE
5
```

```
>>> [ s for s in dir(mc) if s[0] != '_' ]
['FIVE', 'FOUR', 'MM_E', 'MM_LN10', 'MM_LN2', 'MM_LOG10E', 'MM_LOG2E',
'MM_PI', 'MM_PI_2', 'MM_PI_4', 'ONE', 'THREE', 'TWO', 'ZERO', 'new',
'new_instancemethod']
```

Man beachte, dass diese Variablen nicht wirklich Konstanten sind: nichts hindert uns daran, sie zu verändern (auch wenn man das nicht tun sollte):

```
>>> mc.FIVE += 1
```

```
>>> mc.FIVE
6
```

Der aufmerksame Leser wird auch bemerkt haben, dass MMAXFLOAT nicht Teil des Moduls wurde, obwohl es mit #define in *math_constants.i* definiert wurde. Der Grund dafür liegt darin, dass SWIG nur einfache Konstantendefinitionen mittels #define erkennt und die Definition für MMAXFLOAT ein bisschen zu kompliziert war. Versuchen Sie, MMAXFLOAT als const zu definieren!

Globale Variablen: cvar

Das folgende Beispiel zeigt, wie Funktionen über eine globale Variable miteinander kommunizieren und wie man diese globale Variable nach Python exportieren kann.

Die Header-Datei *globvar.h* deklariert die zwei Funktionen get_value und set_value und eine globale Variable global_var:

```
/* globvar.h -- global variables */

#ifndef _GLOBVAR_H_
#define _GLOBVAR_H_

extern int get_value(void);
```

```
extern void set_value(int value);

extern int global_var;
```

```
#endif /* _GLOBVAR_H_ */
```

Diese Funktionen werden in *globvar.c* definiert. Ebenso wird dort Speicherplatz für die Variable global_var bereitgestellt:

```
/* globvar.c -- global variables */

#include "globvar.h"

int
get_value(void) {
  return global_var;
}

void
set_value(int value) {
  global_var = value;
}

/* A global variable shared by set_value and get_value */
int global_var = 0;
```

Um diese Funktionen samt globaler Variable in ein Erweiterungsmodul zu packen, definieren wir sie wie gewohnt in *globvar.i*. Dort definieren wir auch die globale Variable global_var:

```
%module globvar

%{
#include "globvar.h"
%}

extern int get_value(void);
extern void set_value(int value);

extern int global_var;
```

Da unser Erweiterungsmodul globvar aus zwei C-Quellcode-Dateien *globvar_wrap.c* und *globvar.c* besteht, müssen wir daran denken, diese dem sources-Parameter von distutils.core.Extension der Datei *globvar_setup.py* zu übergeben:

```
#!/usr/bin/env python

from distutils.core import setup, Extension

globvar_module = Extension('_globvar',
                           sources = ['globvar_wrap.c',
                                      'globvar.c'],
                           )

setup(name         = 'globvar',
      version      = '0.1',
      author       = 'Farid Hajji',
      description = '''Wrapping a global variable''',
      ext_modules = [globvar_module],
      py_modules  = ["globvar"],
      )
```

Das Kompilieren erfolgt wie gewohnt:

```
$ ~/python/bin/swig -python globvar.i

$ ~/python/bin/python globvar_setup.py build_ext --inplace
running build_ext
building '_globvar' extension
gcc -pthread -fno-strict-aliasing -DNDEBUG -g -fwrapv -O3 -Wall \
  -Wstrict-prototypes -fPIC -I/users/farid/python/include/python2.5 \
  -c globvar_wrap.c -o build/temp.freebsd-7.0-STABLE-i386-2.5/globvar_wrap.o
gcc -pthread -fno-strict-aliasing -DNDEBUG -g -fwrapv -O3 -Wall \
  -Wstrict-prototypes -fPIC -I/users/farid/python/include/python2.5 \
  -c globvar.c -o build/temp.freebsd-7.0-STABLE-i386-2.5/globvar.o
gcc -shared build/temp.freebsd-7.0-STABLE-i386-2.5/globvar_wrap.o \
  build/temp.freebsd-7.0-STABLE-i386-2.5/globvar.o -o _globvar.so
```

Nun ist es an der Zeit, das Modul globvar auszuprobieren:

```
>>> from globvar import *

>>> get_value()
0

>>> set_value(42)

>>> get_value()
42
```

```
>>> cvar.global_var
42

>>> cvar.global_var = 4711

>>> get_value()
4711
```

Typfehler werden ebenfalls abgefangen:

```
>>> cvar.global_var = 'blah'
Traceback (most recent call last):
  File "<stdin>", line 1, in <module>
TypeError: in variable 'global_var' of type 'int'
```

Entscheidend ist hier, dass global_var als Attribut der speziellen Variablen cvar ansprechbar ist. Der Grund dafür liegt darin, dass eine Zuweisung in Python der Form a = value nicht etwa eine Kopie von value in a speichert, sondern dass a lediglich ein neuer Name für value wird. C hat aber eine andere Semantik: man möchte also die Zuweisung an a abfangen und durch eigenen Wrappercode ersetzen, welcher seinerseits die C-Variable verändert. Dieses Abfangen der Zuweisung ist nur möglich über Attribute (über Propertys: Klassen und Objekte unter *Hooks*). Darum werden alle globalen Variablen eines Moduls als Attribute der speziellen Python-Variablen cvar implementiert.

Falls globale Variablen als const deklariert sind, werden sie so implementiert, dass sie von Python aus nicht verändert werden können. Außerdem kann man Variablen mit der %immutable-Direktive *read-only* deklarieren (Datei *globvar_ro.i*):

```
%module globvar_ro

%{
#include "globvar.h"
%}

extern int get_value(void);
extern void set_value(int value);

%immutable;
extern int global_var;
%mutable;
```

Übersetzt man dies mit folgender *globvar_ro_setup.py*-Datei

```
#!/usr/bin/env python

from distutils.core import setup, Extension
```

```
globvar_ro_module = Extension('_globvar_ro',
                              sources = ['globvar_ro_wrap.c',
                                         'globvar.c'],
                   )

setup(name        = 'globvar_ro',
      version     = '0.1',
      author      = 'Farid Hajji',
      description = '''Wrapping a global variable''',
      ext_modules = [globvar_ro_module],
      py_modules  = ["globvar_ro"],
      )
```

erhält man das Modul globvar_ro wie folgt:

```
$ ~/python/bin/swig -python globvar_ro.i

$ ~/python/bin/python globvar_ro_setup.py build_ext --inplace
running build_ext
building '_globvar_ro' extension
gcc -pthread -fno-strict-aliasing -DNDEBUG -g -fwrapv -O3 -Wall \
  -Wstrict-prototypes -fPIC -I/users/farid/python/include/python2.5 \
  -c globvar_ro_wrap.c \
  -o build/temp.freebsd-7.0-STABLE-i386-2.5/globvar_ro_wrap.o
gcc -shared build/temp.freebsd-7.0-STABLE-i386-2.5/globvar_ro_wrap.o \
  build/temp.freebsd-7.0-STABLE-i386-2.5/globvar.o -o _globvar_ro.so
```

Versucht man nun, cvar.global_var auszulesen, geht es ohne Probleme; aber sobald man einen Wert zuzuweisen versucht, wird eine Ausnahme ausgelöst:

```
>>> from globvar_ro import *

>>> set_value(4711)

>>> get_value()
4711

>>> cvar.global_var
4711

>>> cvar.global_var = 42
Traceback (most recent call last):
  File "<stdin>", line 1, in <module>
AttributeError: Variable global_var is read-only.
```

```
>>> get_value()
4711
```

Es sei an dieser Stelle noch einmal daran erinnert, dass man globale Variablen wie `global_var` nicht unbedingt in die Interface-Spezifikation mit aufnehmen muss: gibt man dort nur `get_value` und `set_value` (außerhalb der `%{ ... %}`-Blöcke) an und verzichtet darauf, `global_var` anzugeben, wird das resultierende Modul trotzdem funktionieren, denn die globale Variable ist nach wie vor von diesen Funktionen aus erreichbar. Man kann sie nur nicht mehr von Python aus auslesen oder verändern (Datei *globvar_noglobals.i*):

```
%module globvar_noglobals

%{
#include "globvar.h"
%}

extern int get_value(void);
extern void set_value(int value);
```

Übersetzen wir es erneut mit *globvar_noglobals_setup.py*

```
#!/usr/bin/env python

from distutils.core import setup, Extension

globvar_noglobals_module = Extension('_globvar_noglobals',
                         sources = ['globvar_noglobals_wrap.c',
                                    'globvar.c'],
                         )

setup(name        = 'globvar_noglobals',
      version     = '0.1',
      author      = 'Farid Hajji',
      description = '''Wrapping a global variable''',
      ext_modules = [globvar_noglobals_module],
      py_modules  = ["globvar_noglobals"],
      )
```

indem wir Folgendes aufrufen:

```
$ ~/python/bin/swig -python globvar_noglobals.i
$ ~/python/bin/python globvar_noglobals_setup.py build_ext --inplace
```

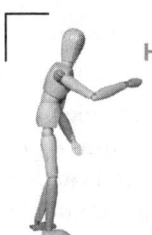

open source library

Hinweis

Wir verzichten auf die Wiedergabe der Compiler-Meldungen. Die sind ja immer ähnlich.

Der Aufruf funktioniert dann nach wie vor:

```
>>> from globvar_noglobals import *
```

```
>>> get_value()
0
```

```
>>> set_value(42)
```

```
>>> get_value()
42
```

Der einzige Unterschied ist, dass global_var nicht mehr über cvar ansprechbar ist (in diesem Fall ist nicht einmal ein cvar definiert worden, da wir keine einzige globale Variable haben):

```
>>> cvar.global_var
Traceback (most recent call last):
  File "<stdin>", line 1, in <module>
NameError: name 'cvar' is not defined
```

In diesem Fall ist es vielleicht gar nicht mal so schlecht, dass global_var nicht von außen aus manipulierbar ist: Indem wir diese Variable nicht mit in die Schnittstellenspezifikation aufgenommen haben, haben wir sie gewissermaßen als zum C-Programm *privat* deklariert. Beim Wrappen von C/C++-Programmen und -Bibliotheken sollte man sich daher immer Gedanken machen, welche Details von Python aus ansprechbar sein sollen und welche besser nicht.

11.2.4 Stringmanipulationen

Wir haben bereits gesehen, wie die C-Funktionen get_value und set_value des Moduls globvar von Python aus aufgerufen werden. Dies setzen wir fort, indem wir nun mit C-Funktionen experimentieren, die Strings als Argumente erwarten/lesen (const char *) oder gar verändern (char *) und Strings zurückgeben.

C-Funktionen, die Strings lesen

Versuchen wir die Unix-Funktionen getenv und setenv zu wrappen. Diese haben folgende Signaturen:

```
#include <stdlib.h>

char *getenv(const char *name);
int   setenv(const char *name, const char *value, int overwrite);
```

Man beachte erst, dass getenv und setenv ihre Argumente nicht verändern, da sie const char * sind. getenv liefert einen char *-String zurück, der nicht verändert werden darf. Somit sind beide Funktionen vollkommen kompatibel zum unveränderlichen Python-Stringdatentyp str. Die Datei *environ.i* lautet:

```
%module environ
%{
#include <stdlib.h>
%}

char *getenv(const char *name);
int setenv(const char *name, const char *value, int overwrite);
```

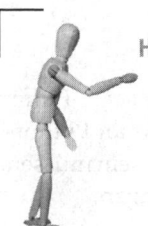

Hinweis

Wir sparen uns ab hier das Abdrucken der *_setup.py*-Dateien und der Aufrufe von *swig* und python ... build_ext --inplace.

Testen wir das Modul:

```
>>> import environ

>>> environ.getenv('HOME')
'/users/farid'

>>> environ.getenv('BLAH')
>>> print environ.getenv('BLAH')
None

>>> environ.setenv('BLAH', 'Blah blah blah', 1)
0
```

```
>>> environ.getenv('BLAH')
'Blah blah blah'
```

Achten Sie aber auf Nebenwirkungen:

```
>>> import os
```

```
>>> os.environ['BLAH']
Traceback (most recent call last):
  File "<stdin>", line 1, in <module>
  File "/users/farid/python/lib/python2.5/UserDict.py", line 22, in __getitem__
    raise KeyError(key)
KeyError: 'BLAH'
```

Das Setzen einer Umgebungsvariablen mit environ.setenv hat sich zwar auf die Liste der Umgebungsvariablen des Prozesses ausgewirkt, aber os.environ hat diese Liste nicht erneut gescannt. Umgekehrt geht's aber:

```
>>> os.environ['TESTENV'] = 'A test is a test'
```

```
>>> environ.getenv('TESTENV')
'A test is a test'
```

C-Funktionen, die Strings verändern

Schwieriger wird es bei C-Funktionen, die ihre Ausgaben in mutable char *-Puffer speichern. Diese Puffer können aus naheliegenden Gründen nicht direkt an Python-Strings angeschlossen werden, weil Python-Strings ja immutable Objekte sein müssen. Falls man nicht besonders aufpasst, kann man Python zum Absturz bringen.

Also Beispiel diene die C-Funktion gethostname unter Unix:

```
#include <unistd.h>
```

```
int gethostname(char *name, size_t namelen);
```

gethostname liefert den Namen des Rechners in einem String name, der vorher von der Anwendung im Speicher alloziiert werden musste! Die Funktion füllt bis zu namelen Bytes dieses Puffers mit der Antwort.

Wie kann so etwas nun auf Python abgebildet werden? Zum Glück liefert SWIG eine umfangreiche Bibliothek von Typemaps, die solche Fälle auf Python-Objekte sinnvoll abbilden. Bei mutablen Strings benötigen wir die *cstring.i* SWIG-Bibliothek; genauer gesagt: Wir benötigen speziell das Typemap %cstring_output_maxsize, welches die Semantik von gethostname am besten abbildet.

Die Interface-Datei *hostname.i* sieht dann so aus:

```
%module hostname
%include "cstring.i"

%{
#include <unistd.h>
%}

%cstring_output_maxsize(char *name, size_t namelen);
int gethostname(char *name, size_t namelen);
```

Und nun zum Aufruf:

```
>>> import hostname

>>> hostname.gethostname(30)
[0, 'pythonbook.hajji.name']

>>> hostname.gethostname(10)
[-1, 'pythonbook']
```

Das Typemap %cstring_output_maxsize der SWIG-Bibliothek *cstring.i* ist nur eines von vielen. Sie werden in dem Kapitel *SWIG Library* der SWIG-Dokumentation unter *String Handling* vorgestellt.

Typemaps sind übrigens nichts anderes als Code-Fragmente, die SWIG in die *_wrap.c*-Wrapper einsetzt in Abhängigkeit vom Typ der Argumente. Sie werden in der SWIG-Dokumentation ausführlich erklärt, und jeder ernsthafte SWIG-Benutzer sollte darüber Bescheid wissen.

11.2.5 Strukturen

Wie weiter unten noch gezeigt wird, behandelt SWIG alles, was kein einfacher C-Datentyp ist bzw. nicht explizit in die Interface-Spezifikation mit aufgenommen wurde, als Pointer. Aber nichts hindert uns daran, diese Datentypen in der Spezifikation zu definieren. Dann sind wir nämlich auch in der Lage, sie von Python aus zu benutzen.

Als Beispiel schauen wir uns wie im ctypes-Abschnitt wieder folgende Funktionen aus <time.h> an:

```
#include <time.h>

char *asctime(const struct tm *);
struct tm *gmtime(const time_t *);

time_t time(time_t *);
```

Die Funktion time liefert eine Zahl von Sekunden (seit dem 1.1.1970) zurück. Diese Zahl (bzw. ein Zeiger darauf) wird der Funktion gmtime übergeben, welche eine struct tm erzeugt und einen Pointer darauf zurückgibt. Diese Struktur ist in <time.h> definiert und enthält eine Menge von Feldern. Sie (bzw. ein Zeiger darauf) wird dann der Funktion asctime übergeben, welche dies als String konvertiert und zurückgibt.

Nun könnten wir dies so wrappen, dass ein struct tm (bzw. ein struct tm *) ein opakes Objekt ist. SWIG würde ihn dann als Pointer betrachten und man könnte ihn von gmtime aus empfangen und an asctime weitergeben. Die Datei *tm.i* sieht wie folgt aus:

```
%module tm
%include typemaps.i

%{
#include <time.h>
%}

typedef int time_t;

char *asctime(const struct tm *INPUT);
struct tm *gmtime(const time_t *INPUT);
time_t time(time_t *);
```

Hinweis

Das Typemap INPUT aus der SWIG-Bibliothek *typemaps.i* wird in der SWIG-Dokumentation, aber auch in den Kommentaren von *typemaps.i* ausführlich erklärt. Diese finden Sie bei unseren Beispielen unter *~/python/share/swig/1.3.34/python/typemaps.i*.

So könnte die Ausführung aussehen:

```
>>> from tm import *

>>> now = time(None)

>>> now
1205146628

>>> tmobj = gmtime(now)
```

```
>>> asctime(tmobj)
'Mon Mar 10 10:57:08 2008\n'
```

Das Objekt tmobj sieht dafür so aus:

```
>>> tmobj
<Swig Object of type 'struct tm *' at 0x282a6ee0>
```

Leider kann man so nicht auf die einzelnen Felder der struct tm zugreifen:

```
>>> tmobj.tm_sec
Traceback (most recent call last):
  File "<stdin>", line 1, in <module>
AttributeError: 'PySwigObject' object has no attribute 'tm_sec'

>>> [ s for s in dir(tmobj) if s[:2] != '__' and s[-2:] != '__' ]
['acquire', 'append', 'disown', 'next', 'own']
```

Damit die einzelnen Felder der struct tm sichtbar werden, müssen sie in der Interface-Datei *tm_verbose.i* wie folgt angegeben werden:

```
%module tm_verbose
%include typemaps.i

%{
#include <time.h>
%}


struct tm {
    int      tm_sec;        /* seconds after the minute [0-60] */
    int      tm_min;        /* minutes after the hour [0-59] */
    int      tm_hour;       /* hours since midnight [0-23] */
    int      tm_mday;       /* day of the month [1-31] */
    int      tm_mon;        /* months since January [0-11] */
    int      tm_year;       /* years since 1900 */
    int      tm_wday;       /* days since Sunday [0-6] */
    int      tm_yday;       /* days since January 1 [0-365] */
    int      tm_isdst;      /* Daylight Savings Time flag */
    long     tm_gmtoff;     /* offset from UTC in seconds */
    char     *tm_zone;      /* timezone abbreviation */
};


typedef int time_t;


char *asctime(const struct tm *INPUT);
struct tm *gmtime(const time_t *INPUT);
time_t time(time_t *);
```

Die Ausführung sieht zunächst genauso aus:

```
>>> from tm_verbose import *

>>> now = time(None)

>>> now
1205146815

>>> tmobj = gmtime(now)

>>> asctime(tmobj)
'Mon Mar 10 11:00:15 2008\n'
```

Aber tmobj ist jetzt interessanter:

```
>>> tmobj
<tm_verbose.tm; proxy of <Swig Object of type 'struct tm *' at 0x282a6ee0> >

>>> [ s for s in dir(tmobj) if s[:2] != '__' and s[-2:] != '__' ]
['this', 'tm_gmtoff', 'tm_hour', 'tm_isdst', 'tm_mday', 'tm_min', 'tm_mon',
'tm_sec', 'tm_wday', 'tm_yday', 'tm_year', 'tm_zone']

>>> tmobj.tm_mday, tmobj.tm_mon+1, tmobj.tm_year+1900
(10, 3, 2008)
```

11.2.6 C++-Klassen

C++-Klassen lassen sich genauso einfach wie C-Strukturen wrappen. Das soll an folgendem Beispiel gezeigt werden. Die Klasse Person wird in der Header-Datei *person.h* deklariert:

```
// person.h -- a C++ class

#ifndef _PERSON_H_
#define _PERSON_H_

#include <string>

class Person {
 public:
   Person(const char *name);
   Person(const Person &anotherOne);
   virtual ~Person();
```

```
  const std::string &get_name(void) const;
  void set_name(const char *newname);

 private:
  std::string name_;
};
```

```
#endif /* _PERSON_H_ */
```

Die Memberfunktionen definieren wir in einer eigenen Datei, *person.cxx*:

```
// person.cxx -- a C++ class

#include <iostream>
#include "person.h"

Person::Person(const char *name)
{
  name_ = std::string(name);
}

Person::Person(const Person &anotherOne)
{
  name_ = std::string(anotherOne.get_name());
}

Person::~Person()
{
  std::cout << "Person::~Person() called" << std::endl;
}

const std::string & Person::get_name(void) const
{
  return name_;
}

void Person::set_name(const char *newname)
{
  name_ = std::string(newname);
}
```

Und um zu zeigen, wie diese Klasse verwendet wird, ein kleines Testprogramm *person_test.cxx* in C++:

```
// person_test.cxx -- testing the Person class

#include <iostream>
#include "person.h"

int main(int argc, char *argv[])
{
  Person p("John Doe");
  std::cout << "Name of p: " << p.get_name() << std::endl;
  p.set_name("Jane Doe");
  std::cout << "Name of p: " << p.get_name() << std::endl;

  Person p2(p);
  std::cout << "Name of p2: " << p2.get_name() << std::endl;

  return 0;
}
```

Alldas lässt sich wie gewohnt übersetzen und aufrufen:

```
$ c++ -Wall -c person.cxx

$ c++ -Wall -c person_test.cxx

$ c++ -o person_test person.o person_test.o

$ ./person_test
Name of p: John Doe
Name of p: Jane Doe
Name of p2: Jane Doe
Person::~Person() called
Person::~Person() called
```

So weit, so gut.

Nun zum SWIG-Wrapper *person.i*:

```
%module person
%include "std_string.i"

%{
#include "person.h"
%}
```

```
class Person {
 public:
  Person(const char *name);
  Person(const Person &anotherOne);
  virtual ~Person();

  const std::string &get_name(void) const;
  void set_name(const char *newname);

 private:
  std::string name_;
};
```

Wir erkennen hier, dass die ganze Klasse Person unverändert in die Interface-Spezifikation übernommen wurde: SWIG ist in der Tat in der Lage, dafür sinnvolle C++/Python-Wrapper zu erzeugen!

Das Einbinden von *std_string.i* aus der SWIG-Bibliothek am Anfang von *person.i* ist nicht unbedingt erforderlich, wenn wir nicht am Ergebnis der Memberfunktion get_name interessiert sind. Damit aber ein std::string ebenfalls schön transparent zu einem Python-String abgebildet wird (und nicht nur zu einem Pointer auf ein SWIG-Objekt), benötigen wir die Hilfe der *std_string.i* Typemap-Bibliothek, welche den STL-Datentyp std::string auf den Python-Datentyp-String (str) abbildet.

Um all dies in C++ zu kompilieren, benötigen wir noch die distutils-Datei *person_setup.py*:

```
#!/usr/bin/env python


from distutils.core import setup, Extension


person_module = Extension('_person',
                          sources = ['person_wrap.cxx',
                                     'person.cxx'],
                          )


setup(name        = 'person',
      version     = '0.1',
      author      = 'Farid Hajji',
      description = '''Wrapping C++ class Person''',
      ext_modules = [person_module],
      py_modules  = ["person"],
      )
```

Man beachte, dass es in sources nicht nur *person_wrap.cxx* statt *person_wrap.c* heißt, sondern dass dort auch die Datei mit den Memberdefinitionen *person.cxx* stehen muss.

Nun erzeugen wir mit SWIG den entsprechenden *glue code*. Da dieser in C++ (statt C) sein muss, ist es erforderlich, dies *swig* wissen zu lassen, indem wir das Flag -c++ mit übergeben. In dem Fall wird C++ *glue code* erzeugt und in die Datei *person_wrap.cxx* abgelegt (und natürlich wird wie gewohnt ein *person.py*-Wrappermodul in Python dazu generiert). Das Kompilieren des Moduls geht wie gewohnt:

```
$ ~/python/bin/swig -python -c++ person.i
$ ~/python/bin/python person_setup.py build_ext --inplace
```

Nun ist die Stunde der Wahrheit gekommen! Können wir person (das Modul) von Python aus so benutzen, wie wir Person (die C++-Klasse) von *person_test.cxx* benutzt haben? Versuchen wir's einfach!

```
>>> from person import Person

>>> p = Person("John Doe")

>>> p.get_name()
'John Doe'

>>> p.set_name("Jane Doe")

>>> p.get_name()
'Jane Doe'

>>> p2 = Person(p)

>>> p2.get_name()
'Jane Doe'

>>> quit()
Person::~Person() called
Person::~Person() called
```

Dies dürfte die Flexiblität von SWIG eindrucksvoll gezeigt haben!

11.2.7 Unbekannte Datentypen sind Pointer

SWIG kommt mit unvollständig definierten Datentypen sehr gut klar, denn alles, was nicht ein einfacher C-Datentyp ist, oder nicht explizit definiert wurde (wie oben die struct oder class), wird als Pointer betrachtet!

Nehmen wir an, wir wollen die Unix-Funktionen geteuid und getegid, die folgende Signaturen haben, in ein Modul uid wrappen:

```
#include <unistd.h>

gid_t    getegid(void);
uid_t    geteuid(void);
```

Ein erster naiver Versuch besteht in folgender Interface-Datei *uid_err.i*:

```
%module uid

gid_t    getegid(void);
uid_t    geteuid(void);
```

Auch wenn die Übersetzung auf den ersten Blick reibungslos zu funktionieren scheint, erhalten wir nicht das gewünschte Ergebnis:

```
>>> import uid

>>> uid.geteuid()
<Swig Object of type 'uid_t *' at 0x2837d0a8>

>>> uid.getegid()
swig/python detected a memory leak of type 'uid_t *', no destructor found.
<Swig Object of type 'gid_t *' at 0x2837d0b4>

>>> quit()
swig/python detected a memory leak of type 'gid_t *', no destructor found.
```

Das Problem hier ist, dass SWIG alle Datentypen, die es nicht kennt, grundsätzlich als Pointer interpretiert! Hier wurde der Rückgabetyp uid_t von geteuid() bzw. der Rückgabetyp gid_t von getegid fälschlicherweise als Pointer auf uid_t und Pointer auf gid_t abgebildet. Die Speicherlecks sind Folgewarnungen davon.

Damit SWIG (und *uid_wrap.c*) den Datentyp uid_t und gid_t richtig interpretiert, müssen wir ihn in der Interface-Definition *uid.i* konkret angeben (z.B. mit einem typedef):

```
%module uid

typedef  int gid_t;
typedef  int uid_t;

gid_t    getegid(void);
uid_t    geteuid(void);
```

Nachdem wir das Modul neu gebaut haben, funktioniert der Aufruf von Python aus nun wie erwartet:

```
>>> import uid

>>> uid.geteuid(), uid.getegid()
(1001, 1000)

>>> import os

>>> os.geteuid(), os.getegid()
(1001, 1000)
```

Dass SWIG alle unbekannten Datentypen als Pointer interpretiert, ist nicht unbedingt schlecht. Das folgende Beispiel aus dem SWIG-Handbuch zeigt den Nutzen auf eindrucksvolle Art und Weise am Beispiel der opaken FILE-Datenstruktur (Datei *fileio.i*):

```
%module fileio

FILE *fopen(char *, char *);
int fclose(FILE *);
unsigned fread(void *ptr, unsigned size, unsigned nobj, FILE *);
unsigned fwrite(void *ptr, unsigned size, unsigned nobj, FILE *);
void *malloc(int nbytes);
void free(void *);
```

Hinweis

Beachten Sie, dass SWIG nicht wissen muss, was ein FILE ist: Wir holen uns nicht dessen Definition von <stdio.h>!

Um die Anwendung der Funktionen aus fileio zu zeigen, betrachten Sie folgende Funktion filecopy:

```
#!/usr/bin/env python
# filecopy.py -- copy binary files with <stdio.h> functions.
#
# Source: SWIG Documentation.

from fileio import *

BLOCKSIZE = 8192
```

```
def filecopy(source, target):
    '''Copy file SOURCE to TARGET using fread/fwrite.

    The source file MUST contain a multiple of BLOCKSIZE bytes.
    If not, the last block will NOT be copied over!'''

    f1    = fopen(source, "r")
    f2    = fopen(target, "w")
    buf   = malloc(BLOCKSIZE)

    nrecs = fread(buf, BLOCKSIZE, 1, f1)
    while nrecs > 0:
        fwrite(buf, BLOCKSIZE, 1, f2)
        nrecs  = fread(buf, BLOCKSIZE, 1, f1)

    free(buf)
    fclose(f2)
    fclose(f1)
```

Na, wenn das nicht wie C aussieht!

Diese Funktion kopiert Binärdateien, deren Größe ein Vielfaches von BLOCKSIZE ist. Dies wird durch verzahntes Aufrufen der C-Funktionen fread und fwrite erreicht, um jeweils einen Record der Größe BLOCKSIZE zu lesen bzw. zu schreiben.

Das Interessante an diesem Programm ist, dass die Wrapperfunktionen fopen, fread, fwrite und fclose ein FILE *-Objekt bekommen und dieses einfach weiter an die darunterliegenden echten fopen-, fread-, fwrite- und fclose-Funktionen der STDIO-Bibliothek leiten. Soweit Python betroffen ist, handelt sich es sich hierbei um opake Daten:

```
>>> from fileio import *

>>> f1 = fopen('/usr/include/stdio.h', 'r')

>>> f1
<Swig Object of type 'FILE *' at 0x282a7e20>

>>> str(f1)
'_207e2a28_p_FILE'

>>> fclose(f1)
0
```

Dasselbe gilt für den Puffer buf des Beispiels:

```
>>> buf = malloc(10)

>>> buf
<Swig Object of type 'void *' at 0x283063e0>

>>> free(buf)
```

Wichtig ist hier aber, dass buf zwar ein Pointer ist, dieser Pointer aber auf eine opake Datenstruktur verweist. Den Pointer kann man Funktionen (wie fread und fwrite) übergeben, die so etwas erwarten, aber wir können das, worauf der Pointer verweist, nicht von Python aus manipulieren:

```
>>> buf2 = malloc(10)

>>> buf2[0]
Traceback (most recent call last):
  File "<stdin>", line 1, in <module>
TypeError: 'PySwigObject' object is unsubscriptable

>>> free(buf2)
```

11.2.8 Wie geht's von hier aus weiter?

Wir könnten an dieser Stelle weitere wichtige SWIG-Themen behandeln, insbesondere Templates. Doch dies ist aus Platzmangel leider nicht möglich. Lassen Sie sich das aber bitte nicht entgehen, denn Templates sind nicht nur das A und O bei SWIG, es gibt mit ihnen kaum eine C- oder C++-Schnittstelle, die man nicht an Python anbinden könnte.

Hinweis

Lesen Sie die SWIG-Dokumentation! Fangen Sie am besten mit dem sprachspezifischen Teil an (hier: Python) und lesen Sie anschließend die Kapitel *Argument handling* und *Typemaps*.

11.3 Boost.Python

Boost.Python ist eine clevere C++-Bibliothek aus den Boost-Bibliotheken. Mit ihrer Hilfe kann man C++-Code ohne fremde Hilfe zu einem Python-Erweiterungsmodul

machen. Wie bereits angekündigt, können wir aus Platzgründen nicht darauf eingehen. Die folgenden URLs dürften als Einführung ausreichen:

- `http://www.boost.org/libs/python/doc/`
- `http://www.boost.org/libs/python/doc/tutorial/doc/html/index.html`
- `http://www.boost-consulting.com/writing/bpl.html`
- `http://wiki.python.org/moin/boost.python`

Eine interessante Erweiterung ist Py++. Es ist ein Code-Generator für Boost.Python:

- `http://www.language-binding.net/pyplusplus/pyplusplus.html`

11.4 Low-level Python/C-API

Trotz `ctypes` und Interface-Generatoren wie SWIG, Boost.Python, Py++ usw. gibt es
Situationen, in denen man sich dennoch auf die Ebene der Python/C-API begeben
muss:

- wenn der Wrapper-Code nicht flexibel genug ist,
- wenn man in SWIG-Typemaps Python/C-API-Aufrufe braucht (z.B. um Ausnahmen auszulösen oder spezielle Konvertierungen vorzunehmen),
- wenn man ohne Interface-Generatoren auskommen möchte,
- wenn man Spaß am Programmieren in C hat.

Die von Programmierern bzw. Interface-Generatoren verwendete Schnittstelle zu
Python ist in der Python/C-API definiert und formalisiert. Es handelt sich um eine Menge von C-Funktionen, die zur Kommunikation mit dem Python-Interpreter
dienen.

Die Python-Dokumentation enthält eine Einführung in das Schreiben von Erweiterungen und zeigt auch, wie man umgekehrt den Python-Interpreter in ein C-Programm
einbetten kann. Ein weiteres Kapitel dieser Dokumentation listet die Python/C-API
in aller Ausführlichkeit auf:

- *Extending and Embedding,* `http://docs.python.org/ext/ext.html`
- *Python/C-API,* `http://docs.python.org/api/api.html`

Eine unerschöpfliche Quelle von Beispielen findet man im Quellcode diverser Python-
Erweiterungsmodule (inklusive Modulen aus der Python Standard Library) sowie in
den SWIG-Templates. Viel Spaß beim Hacken!

11.5 Zusammenfassung

`ctypes`:

- Mit dem `ctypes`-Standardmodul kann man ohne Compiler-Funktionen aus dynamischen Bibliotheken aufrufen.

- Damit das geht, muss man C-Datentypen zu Python-Datentypen abbilden. Dies ist mit den `c_*`-Wrappern möglich. Grob gesagt, ist `c.value` der Python-Wert, während `c.raw` der C-Wert eines `c`-Wrappers ist.

- `c_char_p` entspricht `const char *`. Um einen mutablen Stringpuffer zu erhalten, den man `char *` Funktionen übergeben kann, ruft man `create_string_buffer` mit der gewünschten Länge auf.

- Alles, was nicht genauer spezifiziert ist, wird als Pointer angesehen. Man kann auch Strukturen und Arrays wrappen.

- Unter Unix lädt man C-Funktionen aus einem C-Bibliothek-Objekt, das man wie folgt erhält: `libc = cdll.LoadLibrary("libc.so")`. Unter Windows bekommt man wichtige DLLs so: `kernel32 = windll.kernel32`, `user32 = windll.user32` und `msvcrt = cdll.msvcrt`.

- Einzelne Funktionen ruft man über das Library-Objekt auf oder mit ganzem Pfad: `windll.user32.MessageBoxA(...)`.

- `None`, `int` und `str` werden, ohne dass ein Wrapper nötig ist, als `NULL`, `int` und `const char *` an die C-Funktion übergeben. Alle anderen Datentypen sollten in `c_*` Objekten gewrappt werden oder werden als Pointer auf opake Datenstrukturen angesehen und können an weitere C-Funktionen übergeben werden, die diese Struktur auswerten.

- Die Signaturen eines Funktionsobjekts passt man mit den Attributen `argtypes` (eine Liste) und `restype` an.

- Funktionen, die in einen Puffer schreiben (z.B. `char *`), benötigen eine mutable Datenstruktur als Argument; eine solche Datenstruktur, wie sie z.B. von `create_string_buffer` erzeugt wird.

SWIG:

- SWIG ist ein Interface-Generator für mehrere Sprachen, darunter Python. Man kann es aus `http://www.swig.org/` herunterladen und installieren.

- Zum Erzeugen von Erweiterungsmodulen benötigt SWIG eine Interface-Datei, welche die nach Python zu exportierende Schnittstelle spezifiziert. Daraus erzeugt SWIG Python- und C-Code, der mit den `distutils` kompiliert wird.

- Zum Kompilieren der Interface-Datei *example.i* ruft man erst `swig -python example.i`. Dies erzeugt automatisch die Dateien *example.py* und *example_wrap.c* (bzw. bei C++ *example_wrap.cpp*), welche das Modul `example` ausmachen. Um das Modul zu einer *_example.so* bzw. *_example.pyd* zu kompilieren, ruft man `python example_setup.py build_ext --inplace` auf. Die Setup-Datei *example_setup.py* ruft die `distutils.core.setup` Funktion mit einem `distutils.core.Extension`-Objekt auf, das die Erweiterung spezifiziert. `distutils` kümmert sich darum, den C-Compiler mit den plattformabhängigen Parametern aufzurufen, um die Erweiterung zu kompilieren und zu linken. Bei C++-Erweiterungen fügt man das `-c++` Flag dem Aufruf von *swig* hinzu.

- Python-Strings werden als `const char *` übergeben. Einige C-Funktionen benötigen einen Ausgabepuffer `char *` samt Längenangabe. In dem Fall sollte man die Funktion mit dem `%cstring_output_maxsize`-Typemap aus *cstring.i* in die Interface-Datei deklarieren.
- C-Strukturen und -Klassen werden von SWIG zu Python-Strukturen konvertiert.
- Unbekannte bzw. unspezifizierte Datentypen werden von SWIG als Pointer auf opake Datenstrukturen angesehen und können C-Funktionen übergeben werden, die diese Datenstrukturen interpretieren.

Andere Methoden:

- Boost.Python ist eine C++ Boost Library, die C++-Spezifikationen in Python-Erweiterungsmodule konvertiert. Ein Frontend zu Boost.Python ist Py++.
- Wie man die low-level Python/C-API benutzt, um Erweiterungsmodule manuell zu programmieren und um Python in ein C/C++-Programm einzubetten, wird in der Python-Dokumentation in zwei Kapiteln ausführlich erklärt.

Eine interessante Alternative zu den in diesem Kapitel vorgestellten Modul `ctypes` und Interface-Generatoren wie SWIG, Boost.Python usw. ist Cython bzw. Pyrex:

- `http://www.cython.org/`
- `http://www.cosc.canterbury.ac.nz/greg.ewing/python/Pyrex/`

Im nächsten Teil werden wir ein paar ausgewählte Anwendungsgebiete von Python kennenlernen.

433

Teil III
Anwendungen

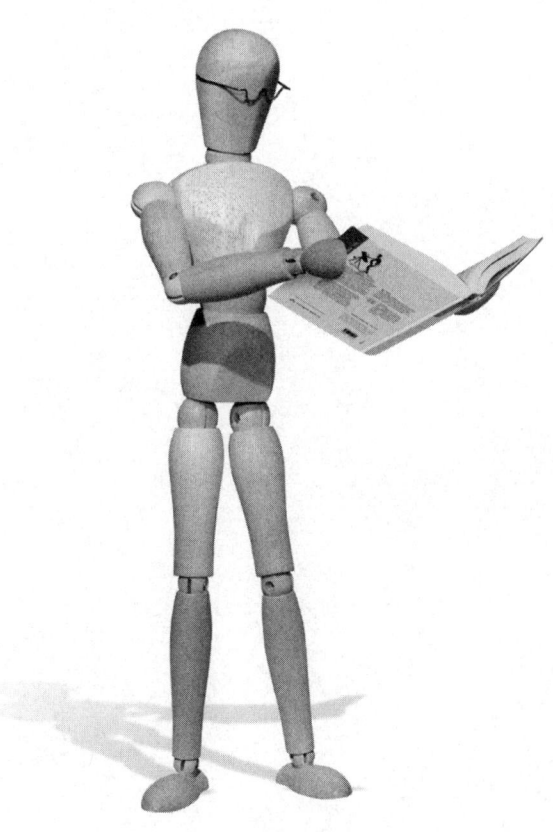

12 XML und XSLT

Python bietet viele Standard- und Drittanbietermodule zum Verarbeiten von XML-Daten. In diesem Kapitel werden wir uns nach der Einführung in das Standardmodul `xml.etree.ElementTree` auf die 4Suite-XML `Ft.*`-Module konzentrieren, da sie nicht nur sehr ausgereift sind, sondern auch vieles können, was die `xml.*`-Standardmodule (noch?) nicht (z.B. XSLT) oder nicht zuverlässig genug können.

Beim Verarbeiten von XML-Daten unterschiedet man zwischen zwei Methoden:
- Konvertierung der gesamten Datei in eine Python-Datenstruktur (z.B. `ElementTree` oder DOM)
- Stromlinienförmiges Verarbeiten der Datei und Reagieren auf bestimmte Events (SAX).

In diesem Kapitel werden wir einen `ElementTree` mit dem Standardmodul `xml.etree.ElementTree` erstellen und diese Datenstruktur experimentell erkunden (Sie sollten mittlerweile in der Lage sein, neue Module selbstständig zu erkunden mit Hilfe der eingebauten Hilfe). Der Vorteil dieser Datenstruktur ist, dass sie besonders *pythonisch* ist und dass man sie nach Belieben verändern und erweitern, und sie später bei Bedarf in andere Formate oder auch zurück nach XML konvertieren kann.

Anschließend wenden wir uns DOM und SAX zu. Beide Methoden sind zwar im auch mit Hilfe der Standard `xml.*`-Module durchführbar, aber wir werden stattdessen die `Ft.*`- Drittanbietermodule der 4Suite-XML einsetzen.

Am Ende führen wir dann noch `Ft`-Module zur Verarbeitung von XSL-Stylesheets vor.

12.1 Eine XML-Datei

Alle Beispiele dieses Kapitels werden folgende XML-Datei *languages.xml* parsen:

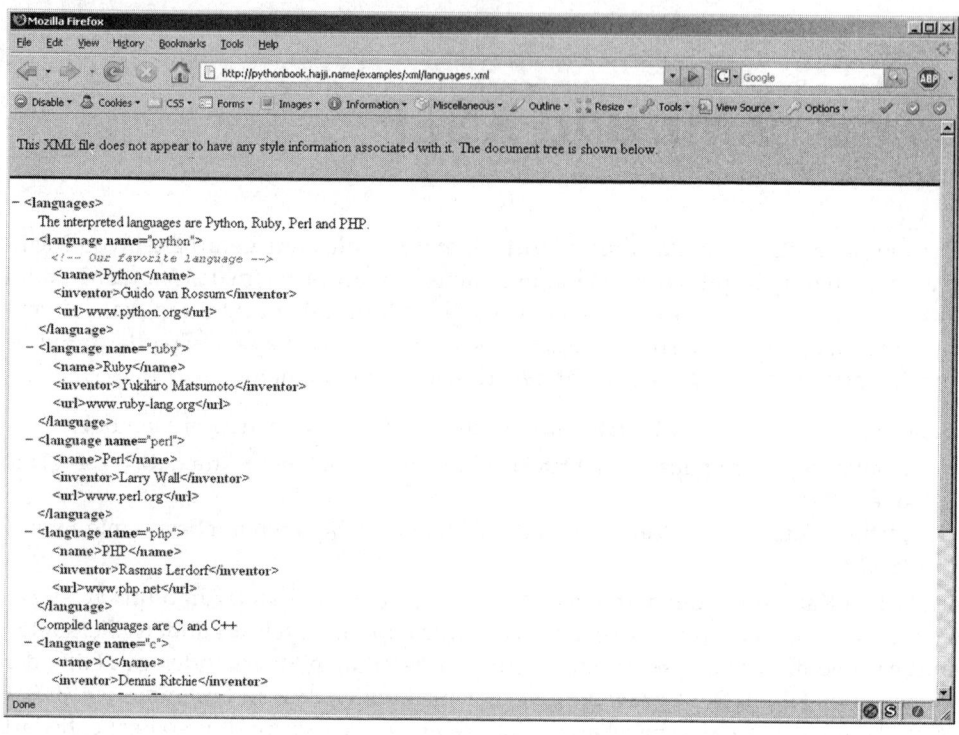

```xml
<?xml version="1.0" encoding="utf-8"?>
<languages>

    The interpreted languages are Python, Ruby, Perl and PHP.

    <language name="python">
      <!-- Our favorite language -->
      <name>Python</name>
      <inventor>Guido van Rossum</inventor>
      <url>www.python.org</url>
    </language>
    <language name="ruby">
      <name>Ruby</name>
      <inventor>Yukihiro Matsumoto</inventor>
      <url>www.ruby-lang.org</url>
    </language>
```

```
<language name="perl">
  <name>Perl</name>
  <inventor>Larry Wall</inventor>
  <url>www.perl.org</url>
</language>
<language name="php">
  <name>PHP</name>
  <inventor>Rasmus Lerdorf</inventor>
  <url>www.php.net</url>
</language>

Compiled languages are C and C++

<language name="c">
  <name>C</name>
  <inventor>Dennis Ritchie</inventor>
  <inventor>Brian Kernighan</inventor>
</language>
<language name="c++">
  <name>C++</name>
  <inventor>Bjarne Stroustrup</inventor>
</language>

Lisp is normally interpreted, but can be compiled as well

<language name="lisp">
  <name>Lisp</name>
  <inventor>John McCarthy</inventor>
</language>
</languages>
```

Diese Datei besteht aus einem einzigen großen Wurzelelement `<languages>`...
`</languages>`, welches Kinder hat. Bis auf den Kommentar `<!-- ... -->` und auf die
Textelemente außerhalb von Klammern ist jedes der Kinder ein `<language>`...
`</language>`-Element. Diese Elemente haben ein `name`-Attribut und weitere Kinder-
elemente wie `<name>...</name>`, `<inventor>...</inventor>`, ... Ein Element wird durch
einen Tag, eine Menge von Kindern und eventuell Text-Knoten definiert. Der Text ist
das, was zwischen den Kindern steht, also außerhalb der spitzen Klammern. Beispielsweise ist der Text des Elements `<inventor>Bjarne Stroustrup</inventor>` der String
`'Bjarne Stroustrup'`.

Nicht alle Kinder eines Elements müssen ihrerseits Elemente sein, aber das hängt vom
jeweiligen Modell ab! Beispielsweise sind XML-Kommentare der Form `<!-- ... -->`
im DOM zwar Kinder, aber sie sind nicht Kinder im Sinne von `ElementTree`.

12.2 xml.etree.ElementTree

xml.etree.ElementTree bzw. sein in C geschriebener Cousin xml.etree.cElementTree liest XML-Daten aus einer Datei oder einem String ein und erzeugt daraus eine Datenstruktur in Python. Diese lässt sich am einfachsten anhand eines Beispiels erläutern. Wir parsen einfach unsere Beispieldatei und untersuchen experimentell den resultierenden ElementTree:

```
>>> from xml.etree.cElementTree import parse

>>> et = parse(open('languages.xml', 'rb'))

>>> et
<__builtin__.ElementTree instance at 0x28440ecc>
```

Na gut, was verbirgt sich hinter einem ElementTree?

```
>>> dir(et)
['__doc__', '__init__', '__module__', '_root', '_setroot', '_write',
'find', 'findall', 'findtext', 'getiterator', 'getroot', 'parse', 'write']
```

Fangen wir mit getroot an. Jedes XML-Dokument enthält genau ein Wurzelelement. Bei uns wäre es <languages>...</languages>:

```
>>> root = et.getroot()

>>> root
<Element 'languages' at 0x28311758>
```

Alle <elem>...</elem>-Strukturen der XML-Datei werden in Objekte des Typs Element konvertiert, so auch unser gesamter Inhalt <languages>...</languages>. Wir ahnen schon, dass ein Element Methoden bietet, um seine Kinder herauszufinden, oder neue Elemente einzufügen oder zu entfernen ...

Was steckt also in ein Element drin? Zunächst einmal die zwei Attribute tag und text:

```
>>> root.tag
'languages'

>>> root.text
'\n\n   The interpreted languages are Python, Ruby, Perl and PHP.\n\n   '
```

Wir sehen, dass der tag eines <languages>...</languages>-Elements languages ist. Der text ist das, was zwischen den spitzen Klammern steht, und zwar bis zum ersten Kindelement.

Was können Elemente sonst noch? Schauen wir mal nach:

```
>>> dir(root)
['__copy__', '__deepcopy__', '__reduce__', 'append', 'clear', 'find',
'findall', 'findtext', 'get', 'getchildren', 'getiterator', 'insert',
'items', 'keys', 'makeelement', 'remove', 'set']
```

Probieren wir einfach die Methode getchildren aus:

```
>>> root.getchildren()
[<Element 'language' at 0x28311668>, <Element 'language' at 0x28311848>,
<Element 'language' at 0x283118c0>, <Element 'language' at 0x283117a0>,
<Element 'language' at 0x283117d0>, <Element 'language' at 0x283119b0>,
<Element 'language' at 0x283119f8>]
```

Alternativ dazu hätte man root auch als Iterator über seine unmittelbaren Kinder nutzen können: list(root) hätte dieselbe Liste wie root.getchildren() erzeugt. Außerdem kann man auf das n-te Kind mit der Array-Schreibweise root[n] zugreifen (immer ab 0 zählend). Auch Slice-Schreibweise ist erlaubt:

```
>>> root[0]
<Element 'language' at 0x28311668>
```

```
>>> root[1:3]
[<Element 'language' at 0x28311848>, <Element 'language' at 0x283118c0>]
```

Was können wir mit dieser Liste oder diesen Kindern nun anfangen? Beispielsweise sie der Reihe nach durchlaufen:

```
>>> for child in root:
...     print child, child.items()
...
<Element 'language' at 0x28311668> [('name', 'python')]
<Element 'language' at 0x28311848> [('name', 'ruby')]
<Element 'language' at 0x283118c0> [('name', 'perl')]
<Element 'language' at 0x283117a0> [('name', 'php')]
<Element 'language' at 0x283117d0> [('name', 'c')]
<Element 'language' at 0x283119b0> [('name', 'c++')]
<Element 'language' at 0x283119f8> [('name', 'lisp')]
```

Die items-Methode liefert also alle attribute=value-Paare eines Elements.

Gehen wir nun auf root[0], die Sprache Python, ein. Dies wäre das XML-Element:

```
<language name="python">
  <!-- Our favorite language -->
  <name>Python</name>
  <inventor>Guido van Rossum</inventor>
  <url>www.python.org</url>
</language>
```

Durchlaufen wir mal `root[0]` genauso wie wir `root` durchlaufen haben. Wir geben zusätzlich für jedes Kind dessen Text aus:

```
>>> for child in root[0]:
...     print child, child.items(), child.text.strip()
...
<Element 'name' at 0x283117b8> [] Python
<Element 'inventor' at 0x28311800> [] Guido van Rossum
<Element 'url' at 0x28311830> [] www.python.org
```

In diesem Fall hätten wir uns `strip` beim `text`-Attribut sparen können, aber es ist gut, es trotzdem zu tun, weil Texte oft aufgrund der Einrückungen Whitespaces am Anfang und Ende haben, die wir wirklich nicht brauchen. Das kann man beim Text des Wurzelelements `root` sehr genau erkennen:

```
>>> root.text
'\n\n  The interpreted languages are Python, Ruby, Perl and PHP.\n\n  '
```

```
>>> root.text.strip()
'The interpreted languages are Python, Ruby, Perl and PHP.'
```

Manchmal möchte man aus einer Liste von (unmittelbaren) Kindern nur diejenigen mit einem bestimmten Tag. Bei C sind wir z.B. nur an den Erfindern interessiert. Die Methode `find` sucht und liefert das erste Element (ab dem Element suchend, das sie aufgerufen hat), das einen bestimmten Tag hat. `findall` gibt eine Liste von allen Elementen (wieder ab dem Element, das die Suche startete) zurück, die den angegebenen Tag haben:

```
>>> clang = root[4]
```

```
>>> clang[0].text
'C'
```

```
>>> clang.find('inventor')
<Element 'inventor' at 0x28311980>
```

```
>>> clang.findall('inventor')
[<Element 'inventor' at 0x28311980>, <Element 'inventor' at 0x28311998>]
```

In unserem Beispiel können wir die Namen dieser Erfinder im `text`-Attribut der zurückgegebenen Elemente finden:

```
>>> clang.find('inventor').text
'Dennis Ritchie'
```

```
>>> for cinv in clang.findall('inventor'):
...     print cinv.text
...
Dennis Ritchie
Brian Kernighan
```

Die Methode findtext liefert den Text (den Inhalt) des *ersten* Elements, das den jeweiligen Tag hat, zurück:

```
>>> clang.findtext('inventor')
'Dennis Ritchie'
```

```
>>> clang.find('inventor').text
'Dennis Ritchie'
```

Während getchildren bzw. das Iterieren über ein Element immer nur die *unmittelbaren Kinder* zurückgibt, kann man mit Hilfe der Methode getiterator einen so genannten Baumiterator erhalten, der rekursiv auch die Kinder der Kinder durchläuft etc.: Alle Elemente (inklusive des jeweiligen root-Elements!) werden durchlaufen. Wenn wir z.B. ganz oben beim Wurzelelement anfangen, können wir die gesamte Datenstruktur erkennen:

```
>>> for e in root.getiterator():
...     print e, e.items(), e.text.strip()
...
<Element 'languages' at 0x28311758> [] The interpreted languages are Python,
 Ruby, Perl and PHP.
<Element 'language' at 0x28311668> [('name', 'python')]
<Element 'name' at 0x283117b8> [] Python
<Element 'inventor' at 0x28311800> [] Guido van Rossum
<Element 'url' at 0x28311830> [] www.python.org
<Element 'language' at 0x28311848> [('name', 'ruby')]
<Element 'name' at 0x28311878> [] Ruby
<Element 'inventor' at 0x28311860> [] Yukihiro Matsumoto
<Element 'url' at 0x283118a8> [] www.ruby-lang.org
<Element 'language' at 0x283118c0> [('name', 'perl')]
<Element 'name' at 0x283118d8> [] Perl
<Element 'inventor' at 0x283118f0> [] Larry Wall
<Element 'url' at 0x28311908> [] www.perl.org
<Element 'language' at 0x283117a0> [('name', 'php')]
<Element 'name' at 0x28311920> [] PHP
<Element 'inventor' at 0x28311938> [] Rasmus Lerdorf
<Element 'url' at 0x28311950> [] www.php.net
<Element 'language' at 0x283117d0> [('name', 'c')]
```

```
<Element 'name' at 0x28311968> [] C
<Element 'inventor' at 0x28311980> [] Dennis Ritchie
<Element 'inventor' at 0x28311998> [] Brian Kernighan
<Element 'language' at 0x283119b0> [('name', 'c++')]
<Element 'name' at 0x283119e0> [] C++
<Element 'inventor' at 0x28311890> [] Bjarne Stroustrup
<Element 'language' at 0x283119f8> [('name', 'lisp')]
<Element 'name' at 0x28311a10> [] Lisp
<Element 'inventor' at 0x28311a40> [] John McCarthy
```

Wir erkennen, dass beim Text des Root-Elements nur der erste Text zu den interpretierten Sprachen berücksichtigt wurde, nicht jedoch der Text zu den anderen Sprachen. Außerdem ist der Kommentar kein Element (beim DOM werden Text und Kommentar eigene Knoten im Baum bilden; aber nicht bei ElementTree).

Das Schöne an ElementTree ist, dass es sehr pythonisch ist. Man kann z.B. den Baum auf natürliche Art und Weise durchlaufen:

```
>>> root[0]
<Element 'language' at 0x28311668>
```

```
>>> root[0][0]
<Element 'name' at 0x283117b8>
```

```
>>> root[0][0].text
'Python'
```

```
>>> root[0][1].text
'Guido van Rossum'
```

```
>>> root[0][2].tag, root[0][2].text
('url', 'www.python.org')
```

Zur Erinnerung, das ist das Element, das root[0] repräsentiert:

```
<language name="python">
  <name>Python</name>
  <inventor>Guido van Rossum</inventor>
  <url>www.python.org</url>
</language>
```

Diese Datenstruktur kann nun nach Belieben manipuliert werden. Löschen wir z.B. alle Sprachen, bis auf Python und Ruby; d.h. alle Elemente aus dem Slice root[2:]. Wie Sie sich sicher aus dem einführenden Kapitel über Listen erinnern, kann man dies durch die Zuweisung eines leeren Slices erreichen:

```
>>> root[2:] = []
```

```
>>> list(root)
[<Element 'language' at 0x28311668>, <Element 'language' at 0x28311848>]
```

Die Datenstruktur ist sehr flexibel. So ist es z.B. möglich, Ruby den Vortritt zu lassen und an den Anfang zu stellen (Elemente umordnen):

```
>>> python, ruby = root[0], root[1]
```

```
>>> root[0], root[1] = ruby, python
```

```
>>> for lang in root:
...     print lang[0].text
...
Ruby
Python
```

Es ist auch möglich, Elemente hinzuzufügen. Wir können ein Element mit der Funktion fromstring aus einem XML-Fragment erzeugen:

```
from xml.etree.cElementTree import fromstring
```

```
scheme = fromstring('''
  <language name="scheme">
    <name>Scheme</name>
    <inventor>Guy L. Steele</inventor>
    <inventor>Gerald Jay Sussman</inventor>
    <url>http://mitpress.mit.edu/sicp/sicp.html</url>
  </language>''')
```

scheme sieht dann so aus:

```
>>> scheme
<Element 'language' at 0x28311908>
```

Alternativ dazu kann man auch die Factory-Funktion Element einsetzen:

```
>>> from xml.etree.cElementTree import Element
```

```
>>> cl = Element('language', { 'name': 'commonlisp' })
```

```
>>> cl.text = ''
```

```
>>> cl.append(Element('name'))
```

```
>>> cl[0].text='Common Lisp'

>>> cl
<Element 'language' at 0x283119f8>
```

Nun fügen wir diese beiden Sprachen scheme und cl irgendwo im Baum ein. scheme soll an den Anfang, direkt gefolgt von cl:

```
>>> root.insert(0, scheme)

>>> root.insert(1, cl)
```

Jetzt geben wir noch mal alle Sprachen aus der veränderten Datenstruktur aus:

```
>>> for lang in et.getroot():
...     print lang.find('name').text
...
Scheme
Common Lisp
Ruby
Python
```

scheme, a.k.a. root[0] in seiner ganzen Größe:

```
>>> for e in root[0].getiterator():
...     print e, e.items(), e.text.strip()
...
<Element 'language' at 0x28311908> [('name', 'scheme')]
<Element 'name' at 0x283118f0> [] Scheme
<Element 'inventor' at 0x28311890> [] Guy L. Steele
<Element 'inventor' at 0x283119e0> [] Gerald Jay Sussman
<Element 'url' at 0x28311a10> [] http://mitpress.mit.edu/sicp/sicp.html
```

Zum Schluss geben wir den so veränderten ElementTree wieder aus, z.B. auf die Standardausgabe sys.stdout:

```
>>> import sys
>>> et.write(sys.stdout)
```

Die Ausgabe sieht so aus:

```
<languages>

  The interpreted languages are Python, Ruby, Perl and PHP.

  <language name="scheme">
    <name>Scheme</name>
    <inventor>Guy L. Steele</inventor>
    <inventor>Gerald Jay Sussman</inventor>
    <url>http://mitpress.mit.edu/sicp/sicp.html</url>
  </language><language name="commonlisp"><name>Common Lisp</name></language>
  <language name="ruby">
    <name>Ruby</name>
    <inventor>Yukihiro Matsumoto</inventor>
    <url>www.ruby-lang.org</url>
  </language>
  <language name="python">

    <name>Python</name>
    <inventor>Guido van Rossum</inventor>
    <url>www.python.org</url>
  </language>
</languages>
```

Die Ausgabe entspricht den Änderungen an et, auch wenn sie nicht besonders hübsch aussieht (wir haben ja die text-Teile nicht immer entsprechend der notwendigen Einrückung gesetzt). Dies wird weiter unten beim Serialisieren von DOM (Domlettes) kein Problem mehr sein.

12.3 4Suite-XML

4Suite-XML ist ein Drittanbieterpackage zur Verarbeitung von XML-Eingaben. Seine Stärke gegenüber den XML-Modulen der Python Standard Library (xml.*) und PyXML liegt darin, dass es nicht nur sehr effizient ist, sondern auch bestimmte Aspekte der XML- und Schwesterspezifikationen viel präziser implementiert. Will man z.B. XSLT in Python betreiben, kommt man momentan um 4Suite-XML nicht herum. Aus diesem Grunde werden wir das Thema XML mit den Ft.*-Modulen von 4Suite-XML statt mit den Standardmodulen vorstellen.

Es empfiehlt sich, nach dem Durchlesen der folgenden Abschnitte die Dokumentation von 4Suite-XML von der Website des Projektes zu studieren: http://www.4suite.org/.

447

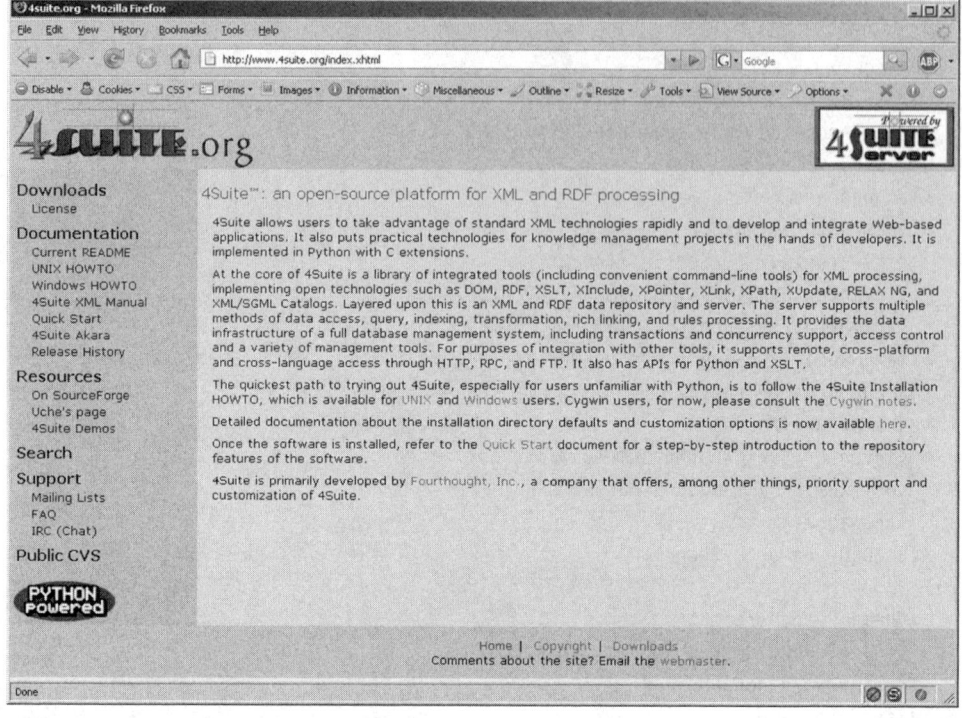

12.3.1   4Suite-XML installieren

Da es sich bei 4Suite-XML um ein Drittanbieterpackage handelt, müssen wir es erst in unsere Python-Installation einbauen. Wie bei anderen Drittanbietermodulen kann man es am einfachsten mit dem *easy_install*-Skript der `setuptools` finden, herunterladen, kompilieren und installieren.

Als Erstes sucht sich *easy_install* aus PyPI das passende Modul:

```
$ ~/python/bin/easy_install 4Suite-XML
Searching for 4Suite-XML
Reading http://pypi.python.org/simple/4Suite-XML/
Reading http://4suite.org/
Reading ftp://ftp.4suite.org/4Suite/
Best match: 4Suite-XML 1.0.2
Downloading
  http://pypi.python.org/packages/source/4/4Suite-XML/4Suite-XML-1.0.2.zip\
  #md5=b5515baa72c1b88613af71d2af0a539a
```

Dann wird es ausgepackt und kompiliert:

```
Processing 4Suite-XML-1.0.2.zip
Running 4Suite-XML-1.0.2/setup.py -q bdist_egg \
  --dist-dir /tmp/easy_install-wFOtUx/4Suite-XML-1.0.2/egg-dist-tmp-I8HJmw
Ft/Xml/src/expat/lib/xmlparse.c: In function 'doProlog':
Ft/Xml/src/expat/lib/xmlparse.c:3789: warning: passing argument 1
  of 'normalizePublicId' discards qualifiers from pointer target type
```

Anschließend wird das Modul installiert:

```
Adding 4Suite-XML 1.0.2 to easy-install.pth file
Installing 4xslt script to /users/farid/python/bin
Installing 4xml script to /users/farid/python/bin
Installing 4xupdate script to /users/farid/python/bin
Installing 4xpath script to /users/farid/python/bin


Installed
  /users/farid/python/lib/python2.5/site-packages/\
  4Suite_XML-1.0.2-py2.5-freebsd-7.0-STABLE-i386.egg
Processing dependencies for 4Suite-XML
Finished processing dependencies for 4Suite-XML
```

Wie wir sehen, wurden auch ein paar Skripte in *~/python/bin* installiert: *4xml*, *4xslt*,
4xupdate und *4xpath*:

```
$ ls -l ~/python/bin/4x*
-rwxr-xr-x  1 farid  users  279 Mar 10 19:06 /users/farid/python/bin/4xml
-rwxr-xr-x  1 farid  users  283 Mar 10 19:06 /users/farid/python/bin/4xpath
-rwxr-xr-x  1 farid  users  281 Mar 10 19:06 /users/farid/python/bin/4xslt
-rwxr-xr-x  1 farid  users  287 Mar 10 19:06 /users/farid/python/bin/4xupdate
```

Wir überprüfen, ob die Installation erfolgreich war, indem wir ein Modul importieren,
z.B.:

```
$ ~/python/bin/python
Python 2.5.2 (r252:60911, Mar  1 2008, 18:37:16)
[GCC 4.2.1 20070719 [FreeBSD]] on freebsd7
Type "help", "copyright", "credits" or "license" for more information.
>>> from Ft.Xml.Domlette import parse
>>> quit()
```

Wie bereits bei anderen Modulen erwähnt: Wenn Sie möchten, dass 4Suite-XML in die
Systemversion von Python installiert wird, rufen Sie einfach easy_install 4Suite-XML
ohne Pfadangaben als *root* auf: Dann wird */usr/local/bin/easy_install*, oder was auch immer zuerst in PATH gefunden wird, aufgerufen, welches die System-Python-Installation
benutzen würde.

Unter Windows rufen Sie bei installierten `setuptools` ebenfalls `easy_install 4Suite-XML`
auf, und es müsste ein Binary-Egg heruntergeladen und installiert werden:

```
Command Prompt                                                    _ □ ×
D:\PythonBook>easy_install 4Suite-XML
Searching for 4Suite-XML.
Reading http://pypi.python.org/simple/4Suite-XML/
Reading http://4suite.org/
Reading ftp://ftp.4suite.org/4Suite/
Best match: 4Suite-XML 1.0.2
Downloading http://pypi.python.org/packages/2.5/4/4Suite-XML/4Suite_XML-1.0.2-py
2.5-win32.egg#md5=55e18daaac645aedbb819091a69cfaf6
Processing 4Suite_XML-1.0.2-py2.5-win32.egg
creating d:\python25\lib\site-packages\4Suite_XML-1.0.2-py2.5-win32.egg
Extracting 4Suite_XML-1.0.2-py2.5-win32.egg to d:\python25\lib\site-packages
Adding 4Suite-XML 1.0.2 to easy-install.pth file
Installing 4xslt-script.py script to D:\Python25\Scripts
Installing 4xslt.exe script to D:\Python25\Scripts
Installing 4xml-script.py script to D:\Python25\Scripts
Installing 4xml.exe script to D:\Python25\Scripts
Installing 4xupdate-script.py script to D:\Python25\Scripts
Installing 4xupdate.exe script to D:\Python25\Scripts
Installing 4xpath-script.py script to D:\Python25\Scripts
Installing 4xpath.exe script to D:\Python25\Scripts

Installed d:\python25\lib\site-packages\4suite_xml-1.0.2-py2.5-win32.egg
Processing dependencies for 4Suite-XML.
Finished processing dependencies for 4Suite-XML.
```

Wir testen es, indem wir wieder `Ft.Xml.Domlette` importieren, genauso wie bei Unix.
Wenn es keinen Fehler im `import` gab, kann es weitergehen.

12.3.2 Die 4Suite-XML-Skripte

`4Suite-XML` installiert unter anderem die vier Demo-Skripte *4xml*, *4xslt*, *4xpath* und
4xupdate:

* *4xml* parst eine XML-Datei und überprüft sie somit auf Wohlgeformtheit. Falls das
  Flag `--noserialize` nicht angegeben wird, wird der geparste Baum wieder ausgegeben, auf Wunsch (`--pretty`) auch schön eingerückt und mit einem bestimmtem
  `--encoding`. Ein interessantes Feature von *4xml* ist, dass es mit `--validate` die XML-
  Datei gegen eine DTD validieren kann. Normalerweise werden `<xi:include>`-Ele-
  mente expandiert, es sei dann, man unterdrückt dies mit `--noxinclude`.
* *4xslt* parst eine XML-Datei und ein XSL-Stylesheet und wendet das Stylesheet auf
  die XML-Datei an. Das Ergebnis der Transformation wird auf die Standardausgabe oder auf eine Ausgabedatei (`--outfile`) umgeleitet. `4xslt -h` zeigt alle Optionen.
* *4xpath* parst eine XML-Datei und wendet dann den angegebenen XPath-Ausdruck
  darauf an. Das Ergebnis wird als node-set ausgegeben.
* *4xupdate* wendet XUpdate-Anweisungen auf eine XML-Datei an und gibt das Ergebnis aus.

Ein kleines Beispiel? Fangen wir mit einer wohlgeformten Testdatei *test.xml* an (das
`<?xml ...>` sparen wir uns):

```
<a><b></b><b></b></a>
```

```
$ ~/python/bin/4xml test.xml
<?xml version="1.0" encoding="utf-8"?>
<a><b/><b/></a>
```

```
$ ~/python/bin/4xml --pretty test.xml
<?xml version="1.0" encoding="utf-8"?>
<a>
  <b/>
  <b/>
</a>
```

Eine nicht-wohlgeformte Datei, hier *test2.xml*, wird sofort erkannt:

```
<a><b></b><b></a></a>
```

```
$ ~/python/bin/4xml test2.xml
Traceback (most recent call last):

   ... A longer traceback ...

Ft.Xml.ReaderException: In file:///users/farid/PythonBook/test2.xml,
                        line 1, column 15: mismatched tag
```

Und nun eine Datei *test3.xml* mit DTD:

```
<?xml version="1.0" encoding="utf-8"?>
<!DOCTYPE a [
  <!ELEMENT a (b, b)>
  <!ELEMENT b EMPTY>
]>
<a><b/><b/></a>
```

```
$ ~/python/bin/4xml --validate test3.xml
<?xml version="1.0" encoding="utf-8"?>
<a><b/><b/></a>
```

Diese DTD spezifiziert, dass

- das Dokument mit einem `<a>...</a>`-Element anfangen soll (`<!DOCTYPE a ...`),
- ein `<a>...</a>`-Element ausschließlich genau 2 `<b>...</b>` Kinder haben darf (`<!ELEMENT a (b, b)>`),
- ein `<b>...</b>`-Element leer sein muss, also keine Kinder oder Text etc. haben darf (`<!ELEMENT b EMPTY>`).

Nun verändern wir *test3.xml* dahingehend, dass diese Bedindungen nicht mehr erfüllt sind, und versuchen, die Datei wieder zu validieren. Beachten Sie, dass die Datei nach wie vor wohlgeformt ist!

```
<?xml version="1.0" encoding="utf-8"?>
<!DOCTYPE a [
  <!ELEMENT a (b, b)>
  <!ELEMENT b EMPTY>
]>
<a><b/><b/><b/></a>

$ ~/python/bin/4xml test4.xml
<?xml version="1.0" encoding="utf-8"?>
<a><b/><b/><b/></a>


$ ~/python/bin/4xml --validate test4.xml
Traceback (most recent call last):

  ... A longer traceback ...

Ft.Xml.ReaderException: In file:///users/farid/PythonBook/test4.xml,
                    line 6, column 11: Element 'b' not allowed here
```

Hier war die erste Bedingung verletzt, dass nur zwei (statt hier drei) <b>...</b>-
(bzw. <b/>)-Elemente in <a>...</a> enthalten sein durften. Ein nicht-leeres <b>...</b>-
Element würde die zweite Bedingung ebenfalls verletzen. Auch hier ist die Datei
test5.xml nach wie vor wohlgeformt, aber syntaktisch verletzt sie die DTD:

```
<?xml version="1.0" encoding="utf-8"?>
<!DOCTYPE a [
  <!ELEMENT a (b, b)>
  <!ELEMENT b EMPTY>
]>
<a><b/><b>Non empty b</b></a>

$ ~/python/bin/4xml test5.xml
<?xml version="1.0" encoding="utf-8"?>
<a><b/><b>Non empty b</b></a>


$ ~/python/bin/4xml --validate test5.xml
Traceback (most recent call last):

  ... A longer traceback ...

Ft.Xml.ReaderException:
  In file:///users/farid/PythonBook/test5.xml, line 6, column 21:
  Character data not allowed in the content of element 'b'
```

Kommen wir jetzt zu *4xslt*. Angenommen, wir haben folgende XSL-Datei *languages.xsl*:

```
<?xml version="1.0" encoding="utf-8"?>
<xsl:stylesheet xmlns:xsl="http://www.w3.org/1999/XSL/Transform" version="1.0">

  <xsl:output method="xml" indent="yes"
          omit-xml-declaration="no"
          doctype-public="-//W3C//DTD XHTML 1.0 Strict//EN"
          doctype-system="http://www.w3.org/TR/xhtml1/DTD/xhtml1-strict.dtd"/>

  <xsl:template match="/">
    <html xmlns="http://www.w3.org/1999/xhtml" xml:lang="en" lang="en">
      <head><title>Programming Languages</title></head>
      <body>
        <h1>Programming Languages</h1>
        <ul>
          <xsl:apply-templates select="/languages/language"/>
        </ul>
      </body>
    </html>
  </xsl:template>
```

```
<xsl:template match="language">
  <li xmlns="http://www.w3.org/1999/xhtml">
    <b><xsl:copy-of select="name/text()"/></b>
    <xsl:text>: </xsl:text>
    <xsl:apply-templates select="inventor"/>
  </li>
</xsl:template>

<xsl:template match="inventor">
  <xsl:copy-of select="text()"/>
  <xsl:text> </xsl:text>
</xsl:template>

</xsl:stylesheet>
```

Diese XSL-Datei extrahiert alle Sprachen(namen) und ihre Erfinder aus einer XML-Datei und gibt sie als XHTML-Liste aus, so dass sie z.B. in einem Browser angeschaut werden kann. Wir wenden sie auf die am Anfang dieses Kapitels gezeigte Datei *languages.xml* an:

```
$ ~/python/bin/4xslt languages.xml languages.xsl > languages.html

$ cat languages.html
<?xml version="1.0" encoding="UTF-8"?>
<!DOCTYPE html PUBLIC "-//W3C//DTD XHTML 1.0 Strict//EN"
                      "http://www.w3.org/TR/xhtml1/DTD/xhtml1-strict.dtd">
<html xmlns="http://www.w3.org/1999/xhtml" lang="en" xml:lang="en">
  <head>
    <title>Programming Languages</title>
  </head>
  <body>
    <h1>Programming Languages</h1>
    <ul>
      <li>
        <b>Python</b>: Guido van Rossum </li>
      <li>
        <b>Ruby</b>: Yukihiro Matsumoto </li>
      <li>
        <b>Perl</b>: Larry Wall </li>
      <li>
        <b>PHP</b>: Rasmus Lerdorf </li>
      <li>
        <b>C</b>: Dennis Ritchie Brian Kernighan </li>
      <li>
        <b>C++</b>: Bjarne Stroustrup </li>
```

```
    <li>
      <b>Lisp</b>: John McCarthy </li>
   </ul>
  </body>
</html>
```

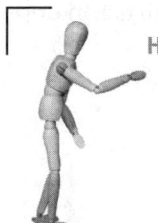

Hinweis

Praxistipp: Es empfiehlt sich, diese Ausgabe zu validieren, um ganz sicher zu sein, dass es gültiges XHTML 1.0 Strict ist, wie angegeben. Einen Validator finden Sie unter http://validator.w3.org/.

Auf die Details von XSLT können wir an dieser Stelle aus Platzgründen nicht eingehen. Nur soweit: ein XSLT-Prozessor durchläuft die XML-Datei und ruft bei Bedarf Templates auf, die im XSL-Stylesheet definiert wurden.

Die ganze Prozedur startet beim xsl:template zu '/': <xsl:template match="/">... </xsl:template>, welches ein XHTML-Skelett ausgibt, mit einer <ul>...</ul>-Liste. Innerhalb der Liste ruft es das language-Template auf für *jedes* /languages/language-Element, um das <li>...</li>-Item zu erzeugen.

Nun würde bei jedem Antreffen eines <language>...</language>-Elements in der XML-Datei das definierte 'language'-Template <xsl:template match="language">... </xsl:template> aufgerufen. Dieses Template gibt hier zwischen <b> und </b> den Namen einer Sprache aus (das ist der Text des enthaltenen <name>...</name>-Elements), gefolgt von einem Doppelpunkt, und ruft dann das inventor-Template auf, um die <inventor>...</inventor>-Elemente, die unter der jeweils verarbeiteten Sprache sind, zu verarbeiten. Dieses inventor-Template wiederum gibt lediglich den Text zwischen <inventor> und </inventor> aus, gefolgt von einem Whitespace (falls es mehrere gibt).

Das Gesamtergebnis ist eine XHTML-Datei.

Und nun zu *4xpath*! Wir extrahieren mit XPath alle Erfinder aus unserer *languages.xml*. Als XPath haben wir die Wahl zwischen //inventor/text() und dem expliziteren, aber etwas effizienteren /languages/language/inventor/text(), welches wir an dieser Stelle benutzen:

```
$ ~/python/bin/4xpath languages.xml '/languages/language/inventor/text()'
Result (XPath node-set):
========================
<Text at 0x2895dc0c: u'Guido van Rossum'>
<Text at 0x2895dd4c: u'Yukihiro Matsumoto'>
<Text at 0x2895de8c: u'Larry Wall'>
```

```
<Text at 0x2895dfcc: u'Rasmus Lerdorf'>
<Text at 0x28967144: u'Dennis Ritchie'>
<Text at 0x28967194: u'Brian Kernighan'>
<Text at 0x28967284: u'Bjarne Stroustrup'>
<Text at 0x28967374: u'John McCarthy'>
```

Unter Windows funktioniert das Beispiel nur, wenn Sie den XPath-Ausdruck in doppelten Anführungszeichen setzen:

Diese kleinen Beispiele dürften Ihnen einen groben Überblick über typische Aufgaben verschafft haben, die wir mit 4Suite-XML erledigen können. Im Folgendem benutzen wir Ft.*-Module, um genau das von Python aus zu tun, was die Skripte weiter oben für uns übernommen haben.

12.3.3 Ft.Xml.InputSource-Eingabequellen

Die zu parsenden XML-Daten können in diversen Formen vorkommen: Strings, Dateien, URLs etc. Um eine uniforme Schnittstelle für DOM- und SAX-Parser zu bieten, wurden diese Eingabequellen zu einem Ft.Xml.InputSource-Objekt zusammengefasst:

```
from Ft.Xml import InputSource

factory = InputSource.DefaultFactory

isrc1 = factory.fromString("<a><b/><b/></a>",
                           "http://pythonbook.hajji.name/examples/xml")

isrc2 = factory.fromStream(open("/var/tmp/languages.xml", "rb"),
                           "http://pythonbook.hajji.name/examples/xml")

isrc3 = factory.fromUri(
              "http://pythonbook.hajji.name/examples/xml/languages.xml")
```

Die drei Eingabequellen `isrc1`, `isrc2` und `isrc3` können nun weiter unten verwendet werden. Bei String-Eingabe darf kein Unicode-String übergeben werden! Dieses müssten Sie bei Bedarf erst in einen Bytestring, z.B. als UTF-8, encodieren.

Das zweite Argument ist eine Basis-URL. Diese wird durchgehend bei 4Suite-XML verwendet und benötigt, weil sich alle externen Referenzen eines XML-Dokuments im Bezug auf diese Basis-URL auflösen lassen müssen. Befinden sich keine solchen Referenzen im Dokument, kann jede beliebige URI dort stehen.

12.3.4 DOM

DOM, das Document Object Model, spezifiziert, wie Teile von XML-Dokumenten in einem Programm angegeben werden. So ähnlich wie bei `ElementTree` kann man ein XML-Dokument parsen und dabei in eine DOM-Datenstruktur speichern. Diese Datenstruktur lässt sich dann mit einer standardisierten API gezielt abfragen, verändern usw.

Es gibt verschiedene XML-Parser, die DOM-Objekte erzeugen. 4Suite-XML nennt seine DOM-Parser *Domlette*. Diese befinden sich im Modul `Ft.Xml.Domlette`.

Es gibt dabei im Wesentlichen zwei verschiedene Parser (Reader, da sie die Eingabequelle auslesen):

- `NonvalidatingReader`
- `ValidatingReader`

Beide parsen eine XML-Eingabe und halten bei Nicht-Wohlgeformtheit mit einer `Ft.Xml.ReaderException`-Ausnahme an. Anders als ein `NonvalidatingReader` prüft ein `ValidatingReader` zusätzlich zur Wohlgeformtheit, ob das Dokument der DTD-Spezifikation entspricht. Es gibt auch noch exotischere Parser, z.B. der nicht-validierende `EntityReader` für Teile von XML-Dateien und `NoExtDtdReader`, welcher extern definierte `&entity;` nicht versuchen wird aufzulösen.

Während es möglich wäre, die global definierten Reader `NonvalidatingReader` und `ValidatingReader` direkt zu benutzen, gehen wir noch einen Schritt weiter und definieren uns unsere eigenen Reader-Instanzen, so dass diese, wenn nötig, in verschiedene Threads laufen können, ohne sich gegenseitig auf die Zehenspitzen zu treten. Dabei rufen wir die `*Base()`-Factorys explizit auf.

Wir fangen mit einem nicht-validierenden Parser an:

```python
from Ft.Xml.Domlette import NonvalidatingReaderBase

reader = NonvalidatingReaderBase()
```

Jetzt können wir diesen Reader benutzen, um eine Eingabequelle in eine Domlette zu konvertieren. Dabei benutzen wir die Quellen isrc1, isrc2 und isrc3 aus dem vorigen Abschnitt.

```
>>> doc1 = reader.parse(isrc1)
```

```
>>> doc1
<Document at 0x286a1bac: 1 children>
```

```
>>> list(doc1)
[<Element at 0x286a1bec: name u'a', 0 attributes, 2 children>]
```

Zur Erinnerung: Wir haben den String <a></a> vorliegen.

Wir können den Reader reader wiederverwenden:

```
>>> doc2 = reader.parse(isrc2)
```

```
>>> doc2
<Document at 0x286a1cac: 1 children>
```

```
>>> list(doc2)
[<Element at 0x286a1cec: name u'languages', 0 attributes, 15 children>]
```

Versuchen wir nun einen ValidatingReader:

```
from Ft.Xml.Domlette import ValidatingReaderBase

vreader = ValidatingReaderBase()
```

Und jetzt probieren wir ihn aus:

```
>>> isrc4 = factory.fromString('''<?xml version="1.0" encoding="utf-8"?>
... <!DOCTYPE a [
...   <!ELEMENT a (b, b)>
...   <!ELEMENT b EMPTY>
... ]>
... <a><b/><b/></a>''', "http://pythonbook.hajji.name/examples/xml")
```

```
>>> doc4 = vreader.parse(isrc4)
```

```
>>> doc4
<Document at 0x2878f3ec: 1 children>
```

Und wenn's schiefgeht:

```
from Ft.Xml import ReaderException

isrc5 = factory.fromString('''<?xml version="1.0" encoding="utf-8"?>
<!DOCTYPE a [
  <!ELEMENT a (b, b)>
  <!ELEMENT b EMPTY>
]>
<a><b/><b>Not empty</b></a>''',
"http://pythonbook.hajji.name/examples/xml")

try:
    doc5 = vreader.parse(isrc5)
    print "doc5 successfully parsed"
except ReaderException, e:
    print e
```

Es kommt Folgendes heraus:

```
In http://pythonbook.hajji.name/examples/xml, line 6, column 19:
   Character data not allowed in the content of element 'b'
```

DOM verstehen

Was können wir eigentlich mit einem DOM-Objekt so alles anstellen? Was die `parse`-Methode des `NonvalidatingReader` oder `ValidatingReader` liefert ist ein Objekt vom Typ `Document`:

```
>>> type(doc2)
<type 'Ft.Xml.cDomlette.Document'>
```

Als Erstes muss man wissen, dass ein `Document` nicht identisch ist mit dem Wurzelelement. Dies ist anders als bei `ElementTree`! Vielmehr ist das Wurzelelement im `Document` enthalten. Da `doc2` die `Document`-Darstellung unserer *languages.xml*-Datei ist, müsste das Wurzelelement von `doc2` das `<languages>...</languages>`-Element sein:

```
>>> root = doc2.documentElement
```

```
>>> type(root)
<type 'Ft.Xml.cDomlette.Element'>
```

```
>>> root
<Element at 0x286a1cec: name u'languages', 0 attributes, 15 children>
```

Nun sind wir in der Lage, das `Element` unter die Lupe zu nehmen:

```
>>> root.nodeName
u'languages'
```

```
>>> root.hasChildNodes()
True
```

Die Liste der Kinder dieses Wurzelelements, root.childNodes, zeigen wir gleich mit dem Prettyprinter pprint.pprint:

```
>>> import pprint
```

```
>>> pprint.pprint(root.childNodes)
[<Text at 0x286ba9dc: u'\n\n  The interp...'>,
 <Element at 0x286a1d2c: name u'language', 1 attributes, 9 children>,
 <Text at 0x2878d20c: u'\n  '>,
 <Element at 0x286a1e2c: name u'language', 1 attributes, 7 children>,
 <Text at 0x2878d34c: u'\n  '>,
 <Element at 0x286a1f2c: name u'language', 1 attributes, 7 children>,
 <Text at 0x2878d48c: u'\n  '>,
 <Element at 0x2878f06c: name u'language', 1 attributes, 7 children>,
 <Text at 0x2878d5cc: u'\n\n  Compiled l...'>,
 <Element at 0x2878f16c: name u'language', 1 attributes, 7 children>,
 <Text at 0x2878d70c: u'\n  '>,
 <Element at 0x2878f26c: name u'language', 1 attributes, 5 children>,
 <Text at 0x2878d7fc: u'\n\n  Lisp is no...'>,
 <Element at 0x2878f32c: name u'language', 1 attributes, 5 children>,
 <Text at 0x2878d8ec: u'\n'>]
```

Wenn Sie sich die Datei *languages.xml* noch mal vor Augen führen und sich an die Liste der Kinder von <languages>...</languages> bei ElementTree erinnern, werden Sie einen wichtigen Unterschied bemerken: Anders als bei ElementTree sind bei DOM nicht nur <x>...</x>-Elemente Kinder eines Knotens; auch Texte (das, was zwischen den <x> steht) sind Kinder! Texte werden also auch zu Text-Knoten zusammengefasst. Dies ist eine Eigenart des DOM-Modells, das es ermöglichen soll, ohne jeglichen Informationsverlust eine XML-Eingabe 1:1 rekonstruieren zu können!

Hinweis

Praxistipp: XML-Parser sind nicht gezwungen, Textelemente immer zusammenhängend zu speichern. Je nachdem, wie sie gefüttert wurden oder wie groß die Textteile sind, können Parser eine Menge von aufeinanderfolgenden Text-Knoten erzeugen; es kann auch vorkommen, dass leere Text-Knoten im DOM entstehen. Mit Hilfe der Methode normalize lassen sich diese Anomalien rekursiv beseitigen. Darum empfiehlt es sich, ein Document mit normalize zu normalisieren: am besten direkt nach dem Parsen: doc2.normalize()

Schnappen wir uns gleich das erste Element (d.h. das zweite Kind), welches die Sprache Python repräsentiert:

```
>>> python = root.childNodes[1]
```

```
>>> python
<Element at 0x286a1d2c: name u'language', 1 attributes, 9 children>
```

```
>>> pprint.pprint(python.childNodes)
[<Text at 0x286baa04: u'\n        '>,
 <Comment at 0x286ba66c: u' Our favorite ...'>,
 <Text at 0x286ba964: u'\n        '>,
 <Element at 0x286a1d6c: name u'name', 0 attributes, 1 children>,
 <Text at 0x2878d144: u'\n        '>,
 <Element at 0x286a1dac: name u'inventor', 0 attributes, 1 children>,
 <Text at 0x2878d194: u'\n        '>,
 <Element at 0x286a1dec: name u'url', 0 attributes, 1 children>,
 <Text at 0x2878d1e4: u'\n  '>]
```

Wieder zur Erinnerung: Es handelt sich gerade um dieses Fragment unserer Eingabequelle:

```
<language name="python">
  <!-- Our favorite language -->
  <name>Python</name>
  <inventor>Guido van Rossum</inventor>
  <url>www.python.org</url>
</language>
```

An der Kinderliste erkennen wir jetzt, dass auch Kommentare zu einem Comment-Knoten konvertiert wurden: Auch Kommentare sind Kinder im DOM-Modell.

Interessant ist, dass python auch Attribute hat: name="python"

```
>>> python.attributes
<NamedNodeMap at 0x2878a584: 1 nodes>
```

```
>>> str(python.attributes)
"{(None, u'name'): <Attr at 0x286b8844: name u'name', value u'python'>}"
```

Dass Attribute in Form eines Dictionarys dargestellt werden, dürfte nicht überraschen. Die komplizierte Darstellung mit Hilfe einer namedNodeMap liegt daran, dass man XML-Attribute in verschiedenen Namespaces haben könnte. Wird kein Namespace angegeben (wie in diesem Beispiel), so wird None dafür genommen.

461

```
>>> python_attr = python.attributes[(None, "name")]
```

```
>>> python_attr
<Attr at 0x286b8844: name u'name', value u'python'>
```

```
>>> python_attr.nodeName
u'name'
```

```
>>> python_attr.nodeValue
u'python'
```

Wer ist also der Erfinder von Python?

```
>>> python.childNodes[5]
<Element at 0x286a1dac: name u'inventor', 0 attributes, 1 children>
```

```
>>> python.childNodes[5].childNodes
[<Text at 0x2878d16c: u'Guido van Rossum'>]
```

```
>>> python.childNodes[5].childNodes[0]
<Text at 0x2878d16c: u'Guido van Rossum'>
```

```
>>> python.childNodes[5].childNodes[0].data
u'Guido van Rossum'
```

Die data-Property eines Text-Objekts erhält den eigentlichen Text, als Unicode-String.

Sehr nützlich sind auch Methoden zum Serialisieren von Elementen, Documenten usw. Ft.Xml.Domlette bietet Print und PrettyPrint an:

```
from Ft.Xml.Domlette import Print, PrettyPrint
```

```
Print(doc1)
```

Es kommt heraus:

```
<?xml version="1.0" encoding="UTF-8"?>
<a><b/><b/></a>
```

Führt man aber PrettyPrint(doc1) aus

```
PrettyPrint(doc1)
```

resultiert eine schön formatierte Ausgabe:

```
<?xml version="1.0" encoding="UTF-8"?>
<a>
  <b/>
  <b/>
</a>
```

Print und PrettyPrint können auch auf Streams (geöffnete file-Objekte) schreiben, wobei man zwischen verschiedenen Encodings auswählen darf:

```
PrettyPrint(doc1, stream=open("/tmp/doc1.xml", "wb"), encoding="utf-8")
```

Möchte man die Ausgabe gleich als (Byte-)String haben, bietet sich StringIO aus der Python Standard Library an:

```
from cStringIO import StringIO
```

```
sio = StringIO()
PrettyPrint(doc1, stream=sio, encoding="utf-8")
buf = sio.getvalue()
sio.close()
```

Der Puffer sieht nun so aus:

```
>>> print buf
<?xml version="1.0" encoding="utf-8"?>
<a>
  <b/>
  <b/>
</a>
```

Zur Manipulation der DOM-Datenstruktur geben wir ein kleines Beispiel an. Nehmen wir an, dass wir ein (neues) Wurzelelement brauchen, in dem wir nur die Sprachen Python und Ruby einhängen wollen. Dazu kopieren wir erst unseren root-Knoten:

```
>>> root2 = root.cloneNode()
```

```
>>> root
<Element at 0x286a1cec: name u'languages', 0 attributes, 15 children>
```

```
>>> root2
<Element at 0x2878f6ac: name u'languages', 0 attributes, 0 children>
```

Man beachte den Unterschied: root und root2 haben verschiedene Adressen (sind also verschiedene Objekte), und root2 hat, im Gegensatz zu root, noch keine Kinder!

Jetzt fügen wir einfach die Kinder aus root in root2 ein, die wir brauchen. Dafür extrahieren wir erst die beiden benötigten Kinder:

```
>>> child1 = root.xpath(u'//language[@name="python"]')[0]
```

```
>>> child2 = root.xpath(u'//language[@name="ruby"]')[0]
```

Und nun können wir diese an root2 anfügen:

```
>>> root2.appendChild(child1)
<Element at 0x286a1d2c: name u'language', 1 attributes, 9 children>
```

```
>>> root2.appendChild(child2)
<Element at 0x286a1e2c: name u'language', 1 attributes, 7 children>
```

Nun hat root2 genau zwei Kinder:

```
>>> PrettyPrint(root2)
<languages>
  <language name="python">
    <!-- Our favorite language -->
    <name>Python</name>
    <inventor>Guido van Rossum</inventor>
    <url>www.python.org</url>
  </language>
  <language name="ruby">
    <name>Ruby</name>
    <inventor>Yukihiro Matsumoto</inventor>
    <url>www.ruby-lang.org</url>
  </language>
</languages>
```

Neben all diesen Methoden und Propertys definiert die DOM-API eine Menge weiterer Methoden, mit deren Hilfe man diese Datenstruktur durchlaufen, verändern, Elemente einfügen, löschen, verändern kann.

Einen guten Überblick bietet die 4Suite-XML-Dokumentation http://www.4suite.org/docs/CoreManual.xml sowie das Kapitel zu xml.dom der Python Library Reference, http://docs.python.org/lib/module-xml.dom.html.

Elemente mit XPath extrahieren

Bei der Suche nach dem Python-Datenelement aus doc2 bzw. root haben wir manuell das Element angegeben und der Variablen python zugewiesen. Hier noch mal alle Schritte bisher in einer neuen Python-Shell-Sitzung:

```
from Ft.Xml import InputSource
from Ft.Xml.Domlette import NonvalidatingReaderBase
```

```
factory = InputSource.DefaultFactory
reader = NonvalidatingReaderBase()

isrc2 = factory.fromStream(open("/var/tmp/languages.xml", "rb"),
                           "http://pythonbook.hajji.name/examples/xml")

doc2 = reader.parse(isrc2)
root = doc2.documentElement

python = root.childNodes[1]
```

Das ist natürlich suboptimal. Man kann nämlich mit der xpath-Methode Kinder mit einem XPath-Ausdruck selektieren:

```
>>> root.xpath(u'//language[@name="python"]')
[<Element at 0x286a18ac: name u'language', 1 attributes, 9 children>]
```

Da eine XPath-Suche stets einen (eventuell leeren) node-set erzeugt, liefert xpath immer eine Liste von Ergebnissen zurück.

Um also das Element zur Sprache *Python* aus dem ein-elementigen node-set zu extrahieren:

```
>>> python = root.xpath(u'//language[@name="python"]')[0]

>>> python
<Element at 0x286a18ac: name u'language', 1 attributes, 9 children>
```

Schauen wir uns das python Objekt noch mal an:

```
from Ft.Xml.Domlette import Print, PrettyPrint

PrettyPrint(python)
```

Man erhält:

```
<language name="python">
  <!-- Our favorite language -->
  <name>Python</name>
  <inventor>Guido van Rossum</inventor>
  <url>www.python.org</url>
</language>
```

Ein weiteres Beispiel:

```
>>> import pprint

>>> pprint.pprint(root.xpath(u'//inventor/text()'))
```

```
[<Text at 0x286bbe64: u'Guido van Rossum'>,
 <Text at 0x286bbfa4: u'Yukihiro Matsumoto'>,
 <Text at 0x2878611c: u'Larry Wall'>,
 <Text at 0x2878625c: u'Rasmus Lerdorf'>,
 <Text at 0x2878639c: u'Dennis Ritchie'>,
 <Text at 0x287863ec: u'Brian Kernighan'>,
 <Text at 0x287864dc: u'Bjarne Stroustrup'>,
 <Text at 0x287865cc: u'John McCarthy'>]
```

Dies ist genau die Funktionalität des *4xpath* Tools, das wir weiter oben kennengelernt haben.

XPath ist eine sehr mächtige Sprache zum Extrahieren von Elementen aus einem XML-Dokument. Sie wird nicht nur allgemein benötigt, sondern auch in diversen XML-basierten Technologien eingesetzt wie z.B. XSLT. Darum lohnt es sich, ein bisschen Zeit zum Erlernen von XPath zu investieren: http://www.w3.org/TR/xpath.

12.3.5 SAX

DOM ist eine sehr praktische Datenstruktur, aber sie ist nicht billig: Man muss nämlich die gesamte XML-Datei in den Hauptspeicher laden. Bei sehr großen XML-Dateien ist es nicht besonders praktisch, denn es kann durchaus vorkommen, dass man den gesamten virtuellen Speicher dafür aufbraucht und immer noch nicht die ganze Datei eingelesen hat.

Doch auch wenn die Eingabe (mit Mühe) in den Hauptspeicher passt, ist es oft nicht erforderlich, sie überhaupt zu speichern: falls man z.B. eine Eingabe lediglich auf Wohlgeformtheit prüfen will oder diese gegen eine DTD validieren möchte, kann man Fehler bereits während des Parsens erkennen.

Um XML-Eingaben stromlinienförmig zu verarbeiten, kann man sie mit Hilfe eines SAX-Parsers einlesen. Dieser Parser liest die Eingabe und ruft bestimmte Methoden seines Content-Handlers jedes Mal auf, wenn er einen Anfangstag, Endtag oder Text dazwischen erkannt hat. Der Content-Handler des SAX-Parsers kann sich dann intern merken, wo der Parser gerade angekommen ist.

Ein Beispiel wäre ein Tag-Zähler. Wir möchten z.B. wissen, wie viele <language>... </language>-, <inventor>..</inventor>- usw. Elemente in unserer *languages.xml*-Datei vorkommen. Dazu benötigen wir einen Content-Handler, der ein Dictionary aufbaut, welches {tagName: tag_count}-Einträge sammelt. Doch gehen wir schrittweise vor!

Als Erstes brauchen wir wieder eine Eingabequelle:

```python
from Ft.Xml import InputSource

factory = InputSource.DefaultFactory
isrc = factory.fromUri("file:///var/tmp/languages.xml")
```

Dann wäre ein SAX-Parser, hier eine *Saxlette*, keine schlechte Idee:

```
from Ft.Xml import Sax
```

```
parser = Sax.CreateParser()
```

Nun braucht dieser parser einen Content-Handler, der die einzelnen Tags zählt. Diesen tragen wir in eine Datei *tagcounter.py* ein:

```
class TagCounter(object):
    def startDocument(self):
        self.tagCount = {}

    def startElementNS(self, name, qname, attribs):
        if name in self.tagCount:
            self.tagCount[name] += 1
        else:
            self.tagCount[name] = 1
```

Nun übergeben wir eine Instanz von TagCounter als Content-Handler unserer Saxlette, parser:

```
from tagcounter import TagCounter
```

```
handler = TagCounter()
```

```
parser.setContentHandler(handler)
```

Jetzt bleibt uns nur noch die Eingabequelle isrc zu parsen!

```
parser.parse(isrc)
```

Hat man all dies ausgeführt, ist im Content-Handler handler hoffentlich die Anzahl aller Tags richtig protokolliert worden! Wir schauen uns also handler.tagCount an. Damit es schöner aussieht, formatieren wir das Dictionary mit pprint.pprint, auch wenn's strenggenommen nicht nötig wäre:

```
>>> import pprint
```

```
>>> pprint.pprint(handler.tagCount)
{(None, u'inventor'): 8,
 (None, u'language'): 7,
 (None, u'languages'): 1,
 (None, u'name'): 7,
 (None, u'url'): 4}
```

Ein riesengroßer Vorteil von Saxlette gegenüber anderen SAX-Parsern, z.B. dem aus der Python Standard Library `xml.sax` ist, dass Saxlette direkt benachbarte `Text`-Events zusammenfasst und nur einmal die entsprechende Methode `characters` des Event-Handlers aufruft.

Die Methoden des Event-Handlers sind im Abschnitt *Content Handler Objects* der Python Library Reference enthalten: `http://docs.python.org/lib/content-handler-objects.html`. Die wichtigsten sind:

- `startDocument()`: wird aufgerufen, wenn der Parser anfängt, das Dokument zu parsen. Dort wird man typischerweise diverse Initialisierungen vornehmen.
- `startElement(name, attrs)`: wird aufgerufen, wenn ein Tag `<name>` angetroffen wird. Der Name des Tags wird als `name` übergeben. Enthält der Tag Attribute wie in `<name a="1", b="b">`, werden diese als Dictionary von Tagnamen zu Werten in `attrs` übergeben.
- `startElementNS(name, qname, attrs)`: wie `startElement`, mit dem Unterschied, dass `name` ein Tupel (`namespace, tagname`) ist, das Dictionary `attrs` als Schlüssel (`name-space, attrName`) hat, und `qname` der rohe XML-Tagname ist.
- `endElement(name)`: wird aufgerufen, wenn `</name>` angetroffen wird.
- `endElementNS(name, qname)`: Wie `endElement`, wobei `name` wieder ein Tupel ist, während `qname` der rohe XML-Name ist.
- `characters(content)`: wird aufgerufen, um den Inhalt von Text-Knoten zu signalisieren. Saxlette ruft `characters` genau einmal pro aufeinanderfolgenden Text-Knoten auf und ruft sie gar nicht auf, wenn die Text-Knoten alle leer sind. Bei anderen SAX-Parsern könnte `characters` mehrmals hintereinander aufgerufen werden: Dann muss man die Daten intern sammeln und beim nächsten `startElement` oder `endElement` etc. zusammenfügen.

Zum Schluss zeigen wir noch, wie wir XML-Dokumente mit einem SAX-Parser auf syntaktische Korrektheit überprüfen. Eine Eingabe, die nicht wohlgeformt ist, löst sofort eine `SaxParseException`-Ausnahme aus:

```
isrc = factory.fromString('<a><b></a>',
                        "http://pythonbook.hajji.name/examples/xml")
parser = Sax.CreateParser()
parser.setContentHandler(TagCounter())
```

Beim Parsen erhalten wir eine Ausnahme:

```
>>> parser.parse(isrc)
Traceback (most recent call last):
  File "<stdin>", line 1, in <module>
xml.sax._exceptions.SAXParseException:
  http://pythonbook.hajji.name/examples/xml:1:8: mismatched tag
```

Normalerweise validiert der Sax-Parser nicht das Dokument gegen seine DTD:

```
xml = '''<?xml version="1.0" encoding="utf-8"?>
<!DOCTYPE a [
  <!ELEMENT a (b, b)>
  <!ELEMENT b EMPTY>
]>
<a><b/><b>Not empty</b></a>'''
```

```
isrc = factory.fromString(xml, "http://pythonbook.hajji.name/examples/xml")
```

```
parser = Sax.CreateParser()
parser.setContentHandler(TagCounter())
parser.parse(isrc)
```

Aber wenn man das `xml.sax.handler.feature_validation`-Feature des SAX-Parsers auf
True setzt, dann wird der Fehler erkannt:

```
isrc = factory.fromString(xml, "http://pythonbook.hajji.name/examples/xml")
```

```
parser = Sax.CreateParser()
parser.setContentHandler(TagCounter())
```

```
from xml.sax.handler import feature_validation
parser.setFeature(feature_validation, True)
```

Jetzt löst das Parsen die Ausnahme aus:

```
>>> parser.parse(isrc)
Traceback (most recent call last):
  File "<stdin>", line 1, in <module>
xml.sax._exceptions.SAXParseException:
  http://pythonbook.hajji.name/examples/xml:6:19:
  Character data not allowed in the content of element 'b'
```

12.4 Transformationen mit XSLT

Die eigentliche Stärke von 4Suite-XML ist XSLT. Um ein XML-Dokument mittels XSLT
zu transformieren, gehen wir wie folgt vor. Zunächst brauchen wir zwei Eingabequellen: eine für die XML-Datei und eine andere für das XSL-Stylesheet:

```
from Ft.Xml import InputSource
factory = InputSource.DefaultFactory
```

```
ixml = factory.fromUri('file:///var/tmp/languages.xml')
ixsl = factory.fromUri('file:///var/tmp/languages.xsl')
```

Als Nächstes brauchen wir einen XSLT-Prozessor:

```
from Ft.Xml.Xslt import Processor
processor = Processor.Processor()
```

Damit dieser Prozessor die Eingabe ixml mit dem Stylesheet ixsl verarbeitet, hängen wir das Stylesheet an den Prozessor an mit der Methode appendStyleSheet und rufen dann dessen run-Methode auf:

```
processor.appendStylesheet(ixsl)
result = processor.run(ixml)
```

Das Ergebnis ist die transformierte Eingabe:

```
>>> print result
<?xml version="1.0" encoding="UTF-8"?>
<!DOCTYPE html PUBLIC "-//W3C//DTD XHTML 1.0 Strict//EN"
  "http://www.w3.org/TR/xhtml1/DTD/xhtml1-strict.dtd">
<html xmlns="http://www.w3.org/1999/xhtml" lang="en" xml:lang="en">
  <head>
    <title>Programming Languages</title>
  </head>
  <body>
    <h1>Programming Languages</h1>
    <ul>
      <li>
        <b>Python</b>: Guido van Rossum </li>
      <li>
        <b>Ruby</b>: Yukihiro Matsumoto </li>
      <li>
        <b>Perl</b>: Larry Wall </li>
      <li>
        <b>PHP</b>: Rasmus Lerdorf </li>
      <li>
        <b>C</b>: Dennis Ritchie Brian Kernighan </li>
      <li>
        <b>C++</b>: Bjarne Stroustrup </li>
      <li>
        <b>Lisp</b>: John McCarthy </li>
    </ul>
  </body>
</html>
```

12.5 Zusammenfassung

xml.etree.ElementTree:

- Die Funktion parse liest ein file-ähnliches Objekt ein und erzeugt einen Element-Tree aus einer XML-Eingabe.
- Mit getroot erhält man den äußersten Container eines ElementTrees. Es ist vom Typ Element.
- Ein Element besitzt (u.a.) die Attribute tag und text.
- Mit der Methode getchildren erhält man eine Liste von Kindern (die wieder vom Typ Element sind). Alternativ dazu kann man ein Element wie eine Liste seiner Kinder indizieren, slicen und darüber iterieren.
- Die Methode items liefert die attribute=value-Paare eines Elementes. Es gibt auch Methoden zum Suchen von Kindern, und man kann in die Tiefe herabsteigen, indem man Aufrufe schachtelt, z.B.: e[3][7].text.strip()
- Mit der Funktion fromstring kann man ein Element aus einem String parsen und erzeugen. Statt zu parsen, kann man ein Element auch direkt mit dessen Konstruktor (Element) zusammenbauen.
- Mit der write-Methode eines ElementTrees kann man den gesamten Inhalt eines Elementes samt Kindern rekursiv ausgeben.

4Suite-XML:

- 4Suite-XML installiert man mit easy_install 4Suite-XML.
- Sie kommt mit den Demoskripten *4xml, 4xslt, 4xpath* und *4xupdate.*
- Wir haben gesehen, wie XML-Dateien auf Wohlgeformtheit mit *4xml* überprüft und bei Bedarf ihre DTD mit einem validierenden Parser bestätigt wird. Außerdem haben wir ein XSL-Stylesheet auf eine XML-Datei mittels *4xslt* angewandt, um die XML-Datei beispielsweise in eine HTML-Datei zu transformieren. Schließlich haben wir mit *4xpath* und einem XPath-Ausdruck Daten aus einem XML-Dokument extrahiert.
- Die Parser aus der 4Suite-XML können ihre Daten aus Eingabequellen beziehen. Diese Eingabequellen stammen aus einer Factory aus Ft.Xml.InputSource, z.B. aus Ft.Xml.InputSource.DefaultFactory. Man kann von einem String (fromString), einem file-Objekt (fromStream) und einer URL (fromUri) lesen. Dabei muss man immer als zweiten Parameter von fromString und fromStream eine URL als Basis für das Dokument angeben.
- Mit DOM wird der gesamte Inhalt der Eingabe in eine Ft.Xml.Domlette-Datenstruktur eingelesen. Es gibt einen NonvalidatingReader, der die DTD nicht überprüft, und einen ValidatingReader, der es tut. Mit der parse-Methode des Readers wird eine DOM-Datenstruktur vom Typ Document erzeugt.
- Die DOM-Datentruktur haben wir interaktiv erkundet, um den Zusammenhang zwischen Element und Text-Knoten zu verstehen. Mit Ft.Xml.Domlette.PrettyPrint kann man ein Document oder Element schön formatiert ausgeben.

471

- Die xpath-Methode eines Document- oder Element-Objekts extrahiert ein *node-set*, der zum XPath-Ausdruck passt.
- Mit SAX wird eine Eingabe stromlinienförmig durchlaufen, wobei Events den Aufruf von Methoden eines Content-Handlers triggern. Einen SAX-Parser erhält man mit Ft.Xml.Sax.CreateParser und muss daran einen Content-Handler mit der Methode setContentHandler anbinden. Das eigentliche Parsen wird mit der parser-Methode des Sax-Parsers angestoßen.
- Um XSL-Transformationen durchzuführen, besorgt man sich einen XSLT-Prozessor mit Ft.Xml.Xslt.Processor; fügt daran mit appendStylesheet ein XSL-Stylesheet hinzu und startet ihn mit der run-Methode unter Angabe einer XML-Eingabe.

Im nächsten Kapitel *Persistenz und Datenbanken* lernen wir, wie man Daten dauerhaft speichern kann.

13 Persistenz und Datenbanken

Jedes ernstzunehmende Programm besitzt eine Form von persistentem Speicher, seien es Dateien oder Datenbanken. Im einführenden Kapitel 9, *Dateien und das Dateisystem*, haben wir das file-Objekt kennengelernt, mit dessen Hilfe ganz normale Dateien gelesen und beschrieben werden. Auch wenn man allein mit file im Prinzip schon alle Persistenzerfordernisse eines Programms erfüllen könnte, gibt es zum Glück bequemere Alternativen.

Wir beginnen dieses Kapitel mit einer wichtigen Technik: der Serialisierung und Deserialisierung von Python-Datenstrukturen. Will man nämlich Datenstrukturen in Dateien und Datenbanken speichern, müssen diese in Stringform vorliegen. Dazu dient das pickle-Standardmodul bzw. sein schnellerer, in C geschriebener Cousin cPickle, auf die wir zuerst eingehen.

Nachdem wir wissen, wie Python-Datenstrukturen zu Strings konvertiert und daraus wiederhergestellt werden, werden wir zwei Typen von Persistenz kennenlernen:

- Dictionary-basierte Persistenz mit Hilfe von DBM-Dateien:
- Persistenz mit Hilfe von SQL (datei- oder serverbasiert).

Wir lernen erst Dictionary-basierte Persistenz mit Hilfe von DBM-Dateien kennen. Diese werden mit folgenden Modulen (mit zunehmender Komplexität, aber auch Flexibilität) implementiert:

- anydbm speichert Dictionarys, die Strings auf Strings abbilden, mit dbhash in Hash-Tabellen-Dateien.
- bsddb hat einen speziellen Modus, mit dem Strings auf Strings-Dictionarys in BTree-Dateien in sortierter Schlüsselreihenfolge gehalten werden.
- shelve hebt die Einschränkung auf, dass die Werte Strings sein müssen; muss aber mit Vorsicht bedient werden.
- ZODB ist ein Drittanbietermodul, das Einschränkungen von shelve aufhebt und die ZODB-Datenbank von Zope implementiert.

Als Illustration und kleine Zwischenpause implementieren wir dann als Beispiel das Backend eines Blog-Systems mit Hilfe der ZODB.

Danach wenden wir uns der SQL-basierten Persistenz, d.h. der Anbindung von SQL-Datenbanken, zu. Dabei werden verschiedene DB-API 2.0-kompatible Datenbank-anbindungsmodule vorgestellt:

- sqlite3, ein Standardmodul seit Python 2.5, realisiert eine SQL-Datenbank in eine Datei ohne externen Datenbankserver.
- psycopg2 ist das Drittanbietermodul, mit dem man PostgreSQL-Datenbankserver anspricht.
- MySQLdb ist für den Zugriff auf MySQL-Datenbankserver zuständig.

Zum Abschluss dieses Kapitels stellen wir dann ein Mittelding zwischen Dictionary- und SQL-basierter Persistenz vor: objektrelationale Mapper. Am Beispiel des Drittanbietermoduls *SQLObject* namens sqlobject werden wir sehen, wie diese Mapper Python-Objekte in SQL-Datenbanken persistent speichern und dabei selbstständig die dafür benötigten SQL-Abfragen und -Befehle erzeugen.

Es gibt weitere Persistenzmodule und -frameworks in Python, auf die wir aber aus Platzgründen nicht eingehen können. Die im Folgenden eingeführten Module dürften Ihnen einen groben, aber ausreichenden Überblick über das geben, was möglich ist.

13.1 Serialisieren und Deserialisieren

Bevor ein Python-Objekt gespeichert (oder über eine Netzverbindung zu einem anderen Rechner übertragen) werden kann, muss es in Stringform vorliegen; und zwar nicht in irgendeiner Stringform. Diese Form muss die umgekehrte Operation ermöglichen: wieder ein äquivalentes Python-Objekt daraus rekonstruieren zu können.

13.1.1 Ein naiver Versuch mit str und eval

Mit einigen Datentypen scheint das Problem der Serialisierung auf den ersten Blick einfach zu sein:

```
>>> obj = { 'one': [ 1, 'I', 'eins' ], 'two': [ 2, 'II', 'zwei' ] }

>>> obj_as_str = str(obj)

>>> type(obj_as_str)
<type 'str'>

>>> obj_as_str
"{'two': [2, 'II', 'zwei'], 'one': [1, 'I', 'eins']}"

>>> obj2 = eval(obj_as_str)
```

```
>>> type(obj2)
<type 'dict'>
```

```
>>> obj2['two']
[2, 'II', 'zwei']
```

```
>>> hex(id(obj)), hex(id(obj2))
('0x28416934', '0x2841e1c4')
```

Wir sehen, dass mit str(obj) ein String erzeugt wurde, der, wenn wieder mit eval(obj_ as_str) evaluiert wird, ein neues Objekt obj2 rekonstruierte. Dies war möglich, weil str *in diesem Fall* ausführbaren Python-Code erzeugte.

Doch dies funktioniert weder bei rekursiven Datenstrukturen (die auf sich selbst verweisen) noch bei eigenen Datentypen:

```
class MyType(object):
    def hello(self):
        return "hello!"
```

Versucht man mit str und eval eine Instanz von MyType zu serialisieren und zu deserialisieren, geht's nicht:

```
>>> obj = MyType()
```

```
>>> obj.hello()
'hello!'
```

```
>>> str(obj)
'<__main__.MyType object at 0x2841ccac>'
```

So etwas lässt sich natürlich nicht evaluieren:

```
>>> eval(str(obj))
Traceback (most recent call last):
  File "<stdin>", line 1, in <module>
  File "<string>", line 1
    <__main__.MyType object at 0x2841ccac>
    ^
SyntaxError: invalid syntax
```

Wir benötigen also eine allgemeinere Methode zum Serialisieren und Deserialisieren.

13.1.2 Die richtige Lösung mit pickle

Das Standardmodul pickle (bzw. das bei Python 2.X viel schnellere, in C geschriebene Standardmodul cPickle) bietet die Funktionen dumps und loads an, um ein Python-Objekt zu serialisieren bzw. zu deserialisieren (das abschließende s steht für den Typ des Ziels bzw. der Quelle: es wird in oder von einem String konvertiert).

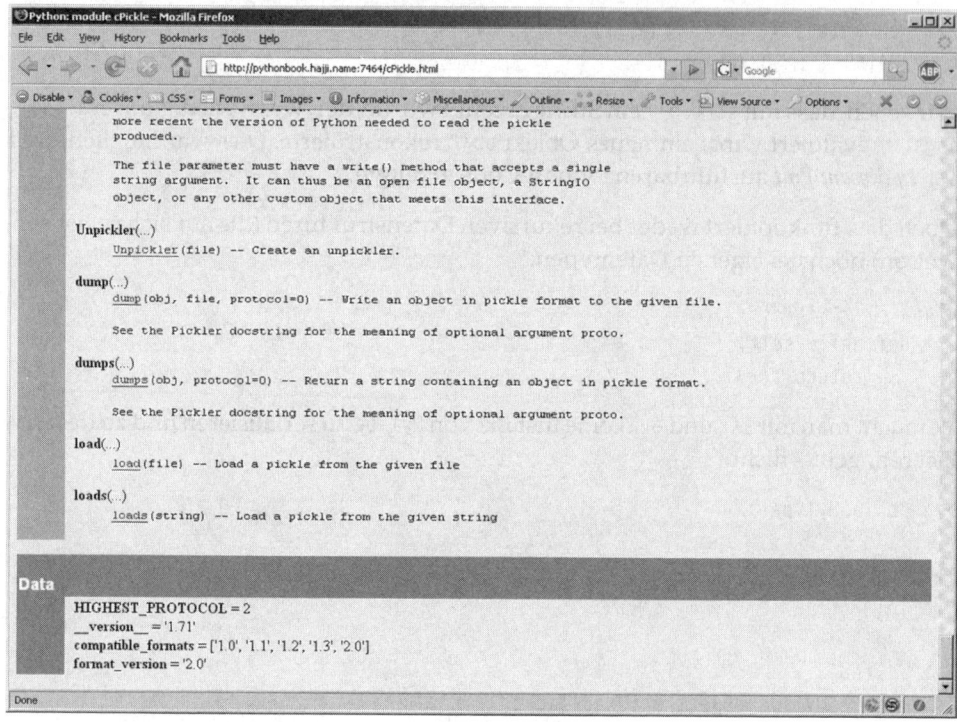

Wenn wir noch mal unsere Klasse MyType nehmen

```
class MyType(object):
    def hello(self):
        return "hello!"
```

können wir jetzt mit dumps und loads eine Instanz obj in einen String obj_as_str seria-lisieren und anschließend wieder in ein neues Objekt obj2 deserialisieren:

```
from cPickle import dumps, loads

obj = MyType()
obj_as_str = dumps(obj)
obj2 = loads(obj_as_str)
```

obj2 ist ein MyType-Objekt:

```
>>> obj2
<__main__.MyType object at 0x2841fa0c>

>>> type(obj2)
<class '__main__.MyType'>

>>> obj2.hello()
'hello!'
```

Bei richtig großen Objekten und Objektgeflechten kann es sich als nützlich erweisen, statt diese Datenstrukturen in einen String zu serialisieren, diese gleich in eine Datei (ein geöffnetes file-Objekt) zu speichern. Dazu gibt es die Methoden dump und load (ohne abschließendes s) des pickle- bzw. cPickle-Moduls.

Als Beispiel speichern wir das (einzige) Objekt obj in eine temporäre Datei */tmp/myobj .pickle* mittels dump und laden es mit load wieder von dort ein:

```
from cPickle import dump, load

out = open('/tmp/myobj.pickle', 'wb')
dump(obj, out)
out.close()

inp = open('/tmp/myobj.pickle', 'rb')
obj3 = load(inp)
inp.close()
```

obj3 ist voll funktionsfähig:

```
>>> obj3.hello()
'hello!'
```

Dies ist aber noch kein vollwertiges Persistenzsystem, denn es speichert weder die Namen der Objekte, noch die Reihenfolge, in der diverse Objekte in das Pickle gedumpt wurden. Zum Glück gibt es fertige Lösungen, die wir weiter unten kennenlernen werden!

Ein weiteres Problem besteht darin, dass zwar Instanzen gespeichert werden, aber nicht die Klassendefinitionen. Führt man etwa folgenden Code aus

```
from cPickle import dump, load

class MyType(object):
    def hello(self):
        return "hello!"
```

```
obj = MyType()

dump(obj, open('/tmp/myobj.pickle', 'wb'))
obj2 = load(open('/tmp/myobj.pickle', 'rb'))
```

funktioniert erst einmal alles reibungslos.

```
>>> obj2.hello()
'hello!'
```

Beendet man aber jetzt die Python-Shell, startet sie neu und versucht, dann das ge-pickelte Objekt wieder einzulesen, ohne dabei die Klasse MyType erneut zu definieren, gibt's ein Problem:

```
>>> from cPickle import load

>>> obj3 = load(open('/tmp/myobj.pickle', 'rb'))
Traceback (most recent call last):
  File "<stdin>", line 1, in <module>
AttributeError: 'module' object has no attribute 'MyType'
```

Erst nachdem wir den Typ MyType wieder definiert oder mittels from mytype import MyType aus einer Datei *mytype.py* eingelesen haben

```
class MyType(object):
    def hello(self):
        return "hello!"
```

würde das Entpicklen funktionieren:

```
>>> obj3 = load(open('/tmp/myobj.pickle', 'rb'))

>>> obj3.hello()
'hello!'
```

Wir erkennen, dass dump (bzw. dumps) nicht die Klassendefinition mitspeichert, wenn wir bloß eine Instanz picklen:

```
>>> from cPickle import dumps

>>> dumps(obj3)
'ccopy_reg\n_reconstructor\np1\n(c__main__\nMyType\np2\nc__builtin__\
\nobject\np3\nNtRp4\n.'
```

Aber es speichert sehr wohl den Namen des Datentyps MyType und das Modul, wo es enthalten ist: __main__. Hätten wir MyType nicht in der Python-Shell definiert, sondern in einer eigenen Datei *mytype.py*

```
class MyType(object):
    def hello(self):
        return 'hello!'
```

dann hätte das Picklen und vor allem das spätere Entpicklen sehr wohl funktioniert:

```
from mytype import MyType
from cPickle import dump

obj = MyType()
dump(obj, open('/tmp/myobj.pickle', 'wb'))
```

Nun verlassen wir die Python-Shell und betreten sie wieder:

```
>>> from cPickle import load

>>> obj2 = load(open('/tmp/myobj.pickle', 'rb'))
>>> obj2.hello()
'hello!'
```

Beachten Sie, dass wir nicht einmal MyType importieren mussten: dies hat load für uns übernommen. Das Geheimnis liegt wieder in der Darstellung des gepickleten Objekts:

```
>>> from cPickle import dumps

>>> dumps(obj2)
'ccopy_reg\n_reconstructor\np1\n(cmytype\nMyType\np2\nc__builtin__\
\nobject\np3\nNtRp4\n.'
```

Wir erkennen hier wieder das Modul mytype und den Datentyp MyType. Somit sind load oder loads in der Lage, automatisch das benötige Modul zu importieren.

Noch zwei abschließende Bemerkungen zum pickle-Modul:

Das Stringformat sieht zwar seltsam aus, ist aber portabel über Systemgrenzen hinweg (z.B. sowohl auf little endian- als auch big endian-CPUs).

Vieles, aber nicht alles ist picklebar. Manchmal kann man das Pickling customizen, indem man die Klassen pickle.Pickler und pickle.Unpickler des pickle- (aber nicht cPickle-) Moduls ableitet. Informationen finden Sie in der Dokumentation des pickle-Moduls sowie im Kapitel pickle – *Python Object Serialization* der Python Library Reference, welche, als dieses Buch entstand, unter anderem unter der URL http://docs.python.org/lib/module-pickle.html verfügbar war.

13.2 Persistente Dictionarys mit anydbm

Manchmal möchte man nichts anderes, als ein einfaches Dictionary, das Strings auf Strings abbildet, zu speichern.

13.2.1 Eine naive suboptimale Lösung

Wir zeigen erst, wie man es *nicht* machen sollte:

```
d = { 'one': 'eins', 'two': 'zwei', 'three': 'drei' }
open('/tmp/dictstore', 'wb').write(str(d))
d2 = eval(open('/tmp/dictstore', 'rb').read())
```

d2 ist in der Tat ein neues Dictionary:

```
>>> d2
{'one': 'eins', 'three': 'drei', 'two': 'zwei'}
```

Wir könnten d auch mit dump und load des pickle- bzw. des schnelleren cPickle-Moduls sauberer serialisieren und deserialisieren, aber auch das ist nicht die ideale Lösung:

```
from cPickle import dump, load

dump(d, open('/tmp/dictstore', 'wb'))
d2 = load(open('/tmp/dictstore', 'rb'))
```

Auch hier ist d2 wieder richtig hergestellt:

```
>>> d2
{'one': 'eins', 'three': 'drei', 'two': 'zwei'}
```

Warum ist das keine optimale Lösung? Schließlich könnte man ja das Dictionary mit pickle.load aus einer Datei laden, es verändern, und, wenn wir damit fertig sind, mit pickle.dump wieder in die Datei speichern:

```
from cPickle import dump, load

d = load(open('/tmp/dictstore', 'rb'))

d['four'] = 'vier'
d['five'] = 'fuenf'

dump(d, open('/tmp/dictstore', 'wb'))
```

Beim nächsten Laden hätten wir dann fünf statt drei Items in d:

```
>>> from cPickle import load

>>> d = load(open('/tmp/dictstore', 'rb'))

>>> d
{'four': 'vier', 'five': 'fuenf', 'three': 'drei', 'two': 'zwei',
'one': 'eins'}
```

480

13.2.2   Die richtige Lösung mit anydbm

Der wesentliche Nachteil der naiven Lösung, das gesamte Dictionary zu entpicklen, zu verändern und anschließend wieder zu picklen, ist, dass es eigentlich nicht nötig wäre, das gesamte Dictionary d im Speicher zu halten.

Wäre es nicht praktisch, wenn man d einfach an eine Datei binden könnte, so dass jedes Auslesen eines Schlüssels automatisch den passenden Wert aus der Datei suchen würde? Wäre es nicht schön, wenn sich jedes Verändern, Löschen oder Hinzufügen eines Eintrags von d sofort auf die Datei auswirken könnte? Dies ist in der Tat möglich mit Hilfe des anydbm-Standardmoduls:

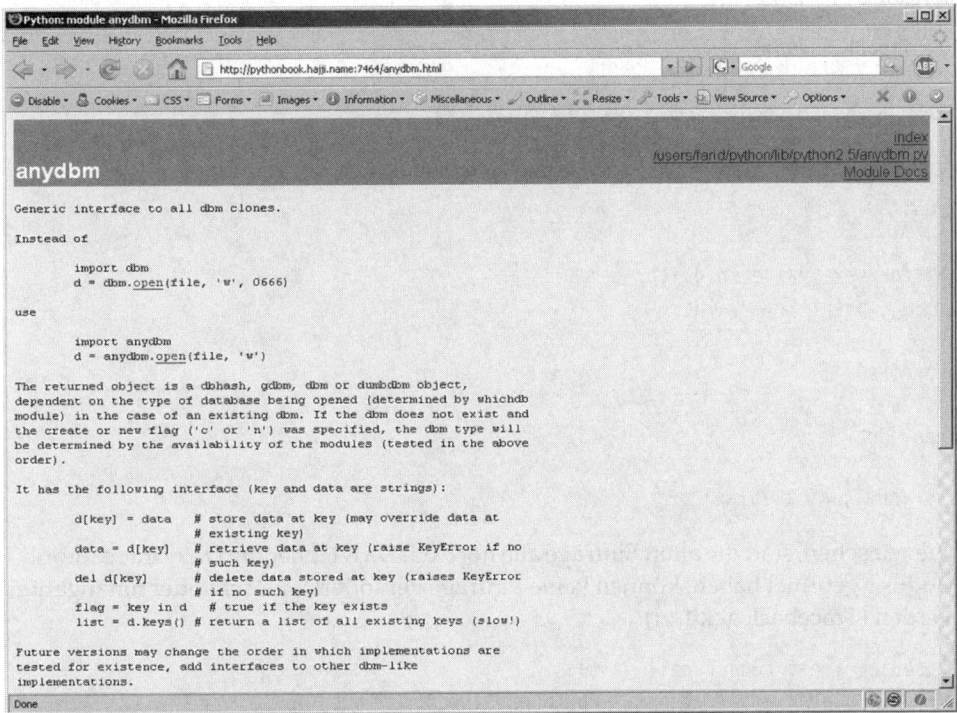

```
import anydbm

d = anydbm.open('/tmp/dictstore.db', 'c', 0600)

d['one'] = 'eins'
d['two'] = 'zwei'
d['three'] = 'drei'


d.close()
```

481

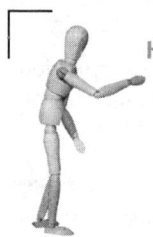

Hinweis

Mit dem c-Modus weisen wir anydbm.open an, eine neue Datei zu erzeugen (*create*), und zwar mit den Unix-Zugriffsrechten 0600 (oktal für -rw------).

Nun starten wir die Python-Shell erneut und docken an die neu angelegte */tmp/dictstore.db* DBM-Datei an.

```
>>> import anydbm
```

```
>>> d = anydbm.open('/tmp/dictstore.db', 'r')
```

```
>>> d['two']
'zwei'
```

```
>>> for key, value in d.iteritems():
...     print key, value
...
one eins
two zwei
three drei
```

```
>>> d['four'] = 'vier'
```

Wie wir sehen, sind die alten Einträge alle noch da! Da wir aber die Datei im read-only-Modus r geöffnet haben, können keine Einträge verändert, gelöscht oder hinzugefügt werden (Traceback gekürzt):

```
Traceback (most recent call last):
  File "/users/farid/python/lib/python2.5/bsddb/__init__.py",
    line 229, in wrapF
    self.db[key] = value
bsddb.db.DBAccessError: (13, 'Permission denied -- DB->put: attempt to modify
                        a read-only database')
```

Der Grund ist, dass d natürlich read-only ist:

```
>>> 'four' in d
False
```

```
>>> d.close()
```

Möchte man in der Lage sein, d auch zu verändern, sollten wir stattdessen an die Datei im w-Modus andocken:

```
>>> import anydbm

>>> d = anydbm.open('/tmp/dictstore.db', 'w')

>>> d['three']
'drei'

>>> d['four'] = 'vier'
>>> d['five'] = 'fuenf'

>>> d['four']
'vier'

>>> d.close()
```

Wir sehen, dass man mit w das Dictionary nicht nur verändern, sondern auch ohne Weiteres auslesen kann.

Dass d nun auch in */tmp/dictstore.db* erweitert wurde, können wir noch mal in einer neu gestarteten Python-Shell überprüfen:

```
>>> import anydbm

>>> d = anydbm.open('/tmp/dictstore.db', 'r')

>>> for key, value in d.iteritems():
...     print key, value
...
one eins
two zwei
three drei
four vier
five fuenf

>>> d.close()
```

13.2.3 Besonderheiten von anydbm-Dictionarys

Das Objekt d, das anydbm.open im Erfolgsfall liefert, sieht wie ein Dictionary aus, benimmt sich wie ein Dictionary, ist aber gar keines!

Schlüssel/Wert-Paare aus der Datei werden nämlich nur bei Bedarf in den Hauptspeicher geladen! Liest man z.B. nur ein einziges Schlüssel/Wert-Paar aus d aus, z.B. v =

483

d['four'], wird hinter den Kulissen eine spezielle Funktion aufgerufen. Diese Funktion sucht in der Datei den Eintrag mit dem Schlüssel 'four' und liefert ihn an anydbm zurück. Umgekehrt würde der Aufruf d['six'] = 'sechs' eine andere Funktion triggern, die einen Eintrag in der Datei hinzufügt oder ggf. verändert.

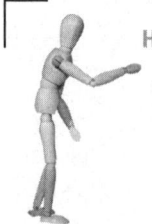

Hinweis

In Kapitel 10, *Klassen und Objekte*, wird verraten, wie anydbm intern funktioniert.

Was hat das für Konsequenzen? Solange die in der Datei gespeicherte Datenmenge übersichtlich klein ist, so gut wie keine: ein anydbm Objekt ist nichts anderes als ein schön praktisches Dictionary mit eingebauter transparenter Persistenz (solange man sich bei Schlüssel und Werten auf Strings beschränkt!).

Aber was geschieht, wenn die Datei dermaßen wächst, dass sie irgendwann mal Millionen und Abermillionen von Einträgen enthält? Was ist, wenn es dort sogar mehr Einträge gibt, als gleichzeitig in den Hauptspeicher passen würden?

Wie wir gesehen haben, werden diese Einträge nur bei Bedarf in den Hauptspeicher geladen, so dass es möglich ist, auch mit riesigen Dateien zu arbeiten.

Bei großen Datenbeständen (und man muss immer davon ausgehen, dass solche Dateien irgendwann mal groß werden könnten) sollte man aber nicht die Dictionary (anydbm)-Methoden aufrufen, die viel in den Hauptspeicher laden würden. Typische »Todsünden« bei anydbm-Objekten sind Aufrufe wie:

- d.keys(). Hier wird u.U. eine riesige Liste von Schlüsseln aus der Datei geladen; eventuell reicht sogar der ganze Hauptspeicher dafür nicht aus. Besser d.iterkeys() in einer Schleife aufrufen.
- d.items(). Auch hier wird eine noch riesigere Liste von (Schlüssel, Wert) Tupeln in den Hauptspeicher geladen; und es ist noch wahrscheinlicher, dass dieser dafür nicht ausreicht. Besser ist es d.iteritems() in einer Schleife aufzurufen.
- print d, str(d), repr(d) usw. aufzurufen (in der Python-Shell auch einfach d aufrufen, was repr(d) triggert). Hier würde das anydbm-Objekt wieder *alle* Datensätze aus der Datei einlesen und müsste daraus einen riesengroßen String aufbauen, der evtl. nicht mehr in den Hauptspeicher passen würde.

Der größte Nachteil bei anydbm-Objekten ist wohl, dass man normalerweise keine sortierte Liste von Schlüsseln effizient erhält, denn zum Sortieren muss ja die gesamte (potenziell riesige) Schlüsselliste in den Hauptspeicher geladen werden:

```
>>> import anydbm

>>> d = anydbm.open('/tmp/dictstore.db', 'r')

>>> klist = d.keys()

>>> klist
['one', 'two', 'three', 'four', 'five']

>>> klist.sort()

>>> klist
['five', 'four', 'one', 'three', 'two']

>>> d.close()
```

Hinweis

Beachten Sie, dass klist vor der Sortierung klist.sort() *nicht* ASCII-betisch sortiert ist, auch wenn's hier zufällig die »richtige« Reihenfolge der Zahlennamen ist! Erst das Sortieren hat eine ASCIIbetische Reihenfolge hervorgebracht.

Wir werden weiter unten beim bsddb-Modul sehen, wie man Einträge gleich in eine Datei sortiert ablegen kann, so dass sich das speicherplatzintensive nachträgliche Sortieren der Schlüsselliste erübrigt.

Also, immer schön stromlinienförmig anydbm-Objekte benutzen, damit der Code bei zunehmender Datenmenge gut skaliert!

13.2.4 Die anydbm-Architektur

Was wir bisher verschwiegen haben, ist, dass das anydbm-Modul nur eine Fassade ist, hinter der sich verschiedene so genannte DB-Module zur Verwaltung von DBM-Dateien verbergen. Diese Module sind:

- dbhash (welches auf bsddb aufsetzt),
- gdbm,
- dbm,
- dumbdbm.

Diese Module sind es, die Einträge in die DBM-Datei einfügen, entfernen, verändern und suchen. Sie nutzen bis auf dumbdbm System-Librarys, die in C geschrieben sind und stehen daher nur auf den Rechnern zur Verfügung, die diese Bibliotheken installiert hatten, als Python installiert wurde. `dumbdbm` ist eine reine Python-Implementierung einer DBM-Bibliothek, die auf allen Plattformen zur Verfügung steht.

Wenn nun `anydbm.open('/tmp/dictstore.db', 'c', 0600)` aufgerufen wird, versucht `anydbm`, das DB-Modul zu importieren und zu benutzen, das am effizientesten ist. Darum probiert es erst `dbhash`, und wenn es nicht existiert, geht's weiter mit `gdbm`, dann `dbm`. Ist keines dieser Module vorhanden, wird eine DBM-Datei mit Hilfe des `dumbdbm`-Moduls angelegt.

Würde umgekehrt `anydbm.open('/tmp/dictstore.db', 'r')` oder `anydbm.open('/tmp/dictstore.db', 'w')` aufgerufen, wird `anydbm` das Modul `whichdb` benutzen, um den Typ von */tmp/dictstore.db* herauszufinden (die DBM-Formate sind von DBM-Bibliothek zu DBM-Bibliothek verschieden), und lädt und verwendet dann das passende DB-Modul für Zugriffe auf diese Datei.

Wichtig ist, dass `anydbm` sämtliche Aufrufe zum Suchen, Eintragen, Verändern und Löschen von Einträgen an das darunterliegende DB-Modul delegiert, welches die eigentliche Aufgabe an die jeweilige DBM-Bibliothek weiterleitet, die schließlich die DBM-Datei gezielt liest, verändert etc.

Das obige Beispiel mit */tmp/dictstore.db* lief auf meinem FreeBSD-Rechner, auf dem die Berkeley DB installiert war/ist, als Python kompiliert wurde. Also hat `anydbm` beim Erzeugen dieser Datei das Modul `dbhash` (welches, wie schon gesagt, `bsddb` benutzt, was das Modul ist, welches die Berkeley-DB anspricht) benutzt und folglich eine Berkeley-DB Hash-Datei erzeugt:

```
$ file /tmp/dictstore.db
/tmp/dictstore.db: Berkeley DB (Hash, version 9, native byte-order)
```

Darum wurden anschließend alle Aufrufe zum Eintragen, Verändern, Löschen und Durchsuchen dieser Datei über `dbhash`, dann weiter zu `bsddb` und schließlich an die Berkeley-DB-Bibliothek geleitet, welche dann diese Datei manipuliert hat.

13.3 Mehr Flexibilität mit bsddb

Erinnern Sie sich an das Problem mit dem Sortieren von Schlüsseln bei sehr großen Dateien? Bisher mussten wir die Schlüsselliste erst mit `d.keys()` in den Hauptspeicher laden, dann sortieren und mit Hilfe der sortierten Liste die DBM-Datei in einer Schleife auslesen.

Das war sehr ineffizient, weil das Laden der Schlüsselliste in den Hauptspeicher bei riesengroßen Dateien problematisch ist. Dabei wäre es doch mit Hilfe der Berkeley-DB möglich, die Datensätze in der Datei nicht als Hash zu speichern, sondern gleich als sortierten Baum (ein so genanntes BTree).

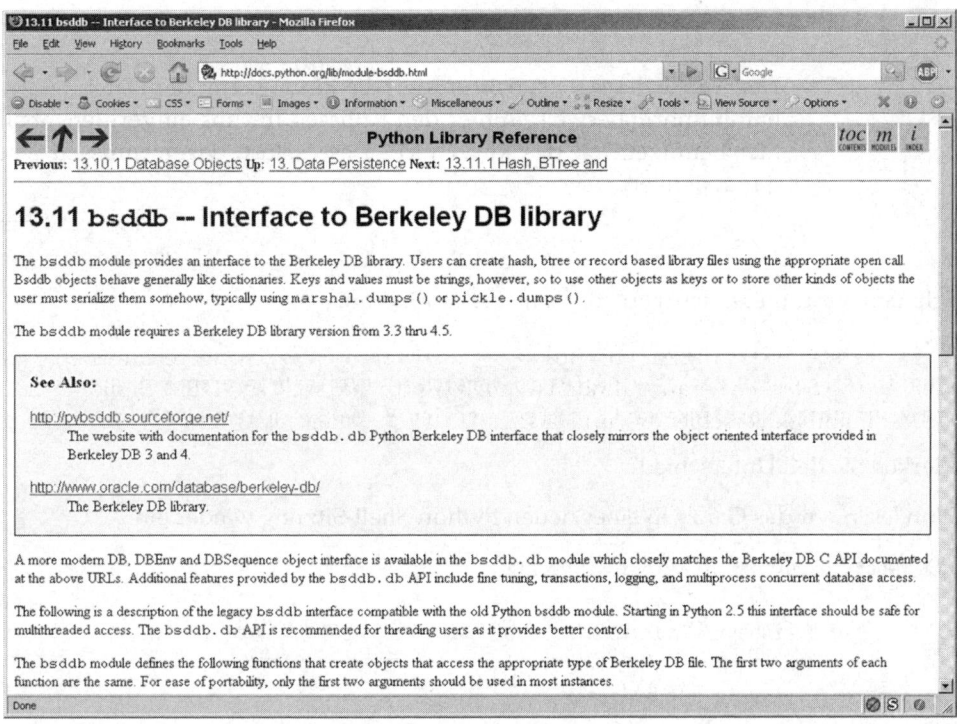

Darum wiederholen wir das vorige Beispiel, diesmal mit einem BTree statt mit einem Hash. Wir können jetzt nicht mehr anydbm benutzen, da dieses dbhash verwendet, welches seinerseits bsddb anweist, eine Hash-Datei zu erzeugen. Wir müssen hier schon bsddb direkt verwenden und dabei ein BTree mit der Funktion bsddb.btopen anlegen:

```python
import bsddb

d = bsddb.btopen('/tmp/dictstore2.db', 'c', 0600)

d['one'] = 'eins'
d['two'] = 'zwei'
d['three'] = 'drei'
d['four'] = 'vier'
d['five'] = 'fuenf'

d.sync()
d.close()
```

Hinweis

Der Aufruf d.sync() synchronisiert die Einträge mit der Datei. anydbm hat ihn normalerweise hinter den Kulissen für uns aufgerufen, aber hier benutzen wir das lower level-bsddb selbst, darum müssen wir daran denken.

Schauen wir uns erst den Typ von */tmp/dictstore2.db* an:

```
$ file /tmp/dictstore*.db
/tmp/dictstore.db:  Berkeley DB (Hash, version 9, native byte-order)
/tmp/dictstore2.db: Berkeley DB (Btree, version 9, native byte-order)
```

Merken Sie den Unterschied?

Nun lesen wir das Ganze in einer neuen Python-Shell-Sitzung wieder ein:

```
>>> import bsddb

>>> d = bsddb.btopen('/tmp/dictstore2.db', 'r')

>>> for key, value in d.iteritems():
...     print key, value
...
five fuenf
four vier
one eins
three drei
two zwei

>>> d.close()
```

Die Reihenfolge der Schlüssel ist nun ASCIIbetisch, ohne dass wir diese extra sortieren mussten. Diese Lösung skaliert außerordentlich gut, denn wir müssen nicht mehr die Schlüsselliste erst in den Hauptspeicher laden, um sie zu sortieren.

Wir sind hier ein trade-off eingegangen: Einerseits haben wir Zeit und Speicher gespart, weil wir nicht mehr die Schlüsselliste sortieren müssen, wenn sie die Einträge sortiert verarbeiten wollen; aber andererseits bezahlen wir diesen Vorteil mit ein klein wenig mehr Aufwand beim Suchen, Einfügen, Verändern und Löschen von Einträgen, da intern das BTree durchlaufen und umorganisiert werden muss, damit es weiter in sortierter Reihenfolge durchlaufen werden kann. Dieser höhere Aufwand ist aber nicht so groß, dass man ihn nicht durchaus in Kauf nehmen könnte: BTrees und die Berkeley-DB sind stark optimiert und kommen in typischen Situationen oft fast an die Performance von Hash-Tabellen heran.

Was kann man noch mit BTrees machen? Anders als bei Hash-Tabellen gibt es hier das Konzept eines Cursors, den man an einer bestimmten Position setzen, und vorwärts und rückwärts bewegen kann:

```
>>> import bsddb

>>> d = bsddb.btopen('/tmp/dictstore2.db', 'r')

>>> d.keys()
['five', 'four', 'one', 'three', 'two']

>>> d.first()
('five', 'fuenf')

>>> d.next()
('four', 'vier')

>>> d.next()
('one', 'eins')

>>> d.last()
('two', 'zwei')

>>> d.previous()
('three', 'drei')

>>> d.set_location('four')
('four', 'vier')
```

Natürlich kann man den Cursor nicht über die Grenzen hinweg bewegen:

```
>>> d.first()
('five', 'fuenf')

>>> d.previous()
```

Dieser letzte Aufruf erzeugt folgenden Traceback

```
Traceback (most recent call last):
  File "<stdin>", line 1, in <module>
  File "/users/farid/python/lib/python2.5/bsddb/__init__.py",
    line 272, in previous
    rv = _DeadlockWrap(self.dbc.prev)
  File "/users/farid/python/lib/python2.5/bsddb/dbutils.py",
    line 62, in DeadlockWrap
    return function(*_args, **_kwargs)
```

```
_bsddb.DBNotFoundError: (-30989,
                        'DB_NOTFOUND: No matching key/data pair found')
```

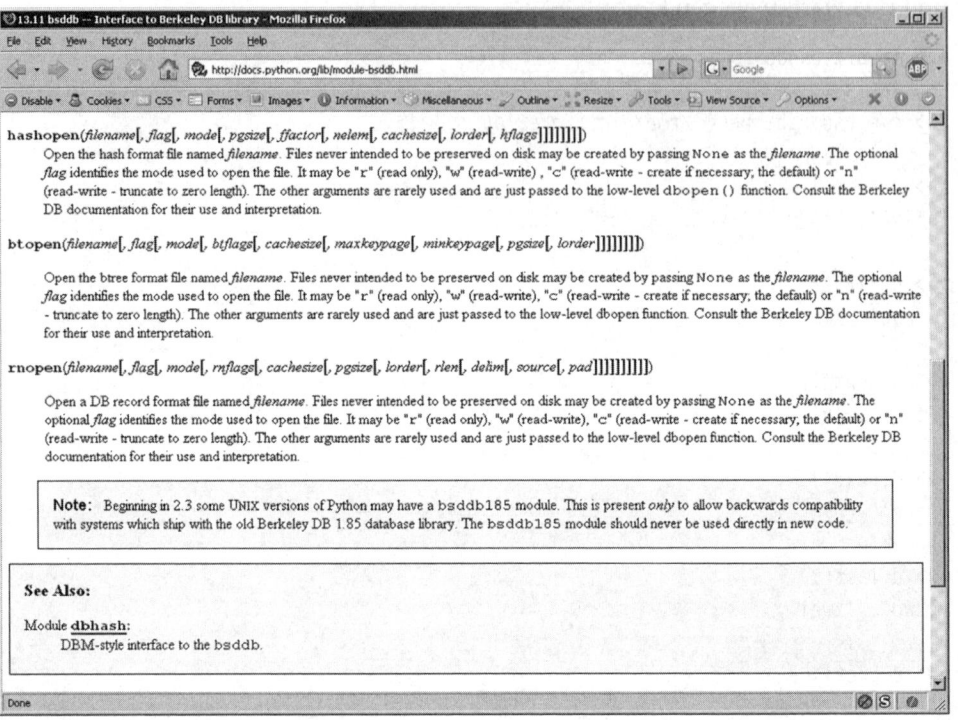

Neben Hash und BTree kann die Berkeley-DB und somit das bsddb-Modul auch so genannte datensatzbasierte (recno) DB-Dateien verwalten. Darauf gehen wir hier nicht ein und verweisen den interessierten Leser auf die Funktion bsddb.rnopen sowie die Code-Beispiele aus der Testsuite des bsddb-Moduls, die sich bei unserer Python-Installation unter */users/farid/python/lib/python2.5/bsddb/test/test_recno.py* befinden. Diese Code-Beispiele benutzen die präzisere, hier nicht gezeigte API des bsddb.db-Moduls; sie sollten aber dennoch an dieser Stelle intuitiv verständlich sein.

13.4 Persistente Datenstrukturen mit shelve

Bei anydbm und bsddb konnten wir bisher lediglich String auf String Mappings speichern: Sowohl Schlüssel als auch Werte mussten Strings sein. In diesem Abschnitt lockern wir die Anforderung an die Werte (aber nicht an die Schlüssel), so dass wir beliebige Python-Objekte als Werte speichern können.

Als Beispiel gehen wir davon aus, dass wir eine kleine Datenbank von Personaldaten speichern wollen. Diese Personaldaten bestehen aus Records des Typs `Personal`, den wir in einer Datei *personal.py* definieren:

```
class Personal(object):
    '''A personal record for HR databases'''
    def __init__(self, pid, firstname, middlename, surname):
        self.pid = pid
        self.firstname = firstname
        self.middlename = middlename
        self.surname = surname

    def __str__(self):
        return 'Personal(%s, %s %s. %s)' % (self.pid, self.firstname,
                                            self.middlename, self.surname)
```

Einträge dieses Datentyps sollen nun in einer persistenten Form abgespeichert werden. Sie sollen nach der Personalnummer `pid` indiziert werden (d.h. wir werden oft nach `Personal`-Einträgen anhand ihrer `pid` suchen).

13.4.1 Eine umständliche Lösung

Zunächst mal dürfte offensichtlich sein, dass wir nicht `Personal`-Datensätze direkt als Werte eines `anydbm` Objekts speichern können, weil sie keine Strings sind:

```
from personal import Personal
import anydbm

d = anydbm.open('/tmp/personal.store', 'c', 0600)
p1 = Personal('0001', 'John', 'R', 'Doe')
```

`p1` ist zwar ein `Personal`-Objekt, aber leider kein String, und kann somit nicht als Wert in `d` gespeichert werden:

```
>>> p1
<personal.Personal object at 0x284314cc>

>>> d[p1.pid] = p1

  ... A longer traceback ...

TypeError: Data values must be of type string or None.
```

Doch auch seine String-Darstellung `str(p1)` nützt uns nichts, da wir daraus keinen `Personal`-Eintrag wieder erzeugen könnten (jedenfalls nicht ohne großen Aufwand):

```
>>> str(p1)
'Personal(0001, John R. Doe)'

>>> d[p1.pid] = str(p1)

>>> p2 = d['0001']

>>> p2
'Personal(0001, John R. Doe)'

>>> p2.pid
Traceback (most recent call last):
  File "<stdin>", line 1, in <module>
AttributeError: 'str' object has no attribute 'pid'
```

Wenn Sie den Abschnitt *Serialisieren und Deserialisieren* weiter oben gelesen haben, wissen Sie, dass man mittels pickle.dumps eine String-Darstellung von Personal-Instanzen erhält, welche als Werte durchaus zulässig sind (da sie Strings sind), die mittels pickle.loads wieder in ein Personal-Objekt zurückverwandelt werden kann. Probieren wir es einfach aus!

Schauen wir uns erst das Speichern an:

```
from personal import Personal
from cPickle import dumps
import anydbm

d = anydbm.open('/tmp/personal.store', 'c', 0600)

p1 = Personal('0001', 'John', 'R', 'Doe')
d[p1.pid] = dumps(p1)

d.close()
```

Das Einlesen verläuft spiegelbildlich. Wir starten die Python-Shell erneut und holen uns das Personal-Objekt mit der Personalnummer 0001 aus */tmp/personal.store* wieder heraus.

```
>>> from cPickle import loads
>>> import anydbm

>>> d = anydbm.open('/tmp/personal.store', 'r')

>>> p1 = loads(d['0001'])
```

```
>>> p1
<personal.Personal object at 0x2843508c>

>>> str(p1)
'Personal(0001, John R. Doe)'

>>> p1.surname
'Doe'
```

Der Nachteil dieser Lösung wird sofort ersichtlich, wenn wir versuchen, eine nicht-existierende Person zu finden (Traceback gekürzt):

```
>>> p2 = loads(d['0002'])

KeyError: '0002'
```

Wir müssten also stets diesen Ausdruck in einem try: ... except:-Block einschließen:

```
try:
    p2 = loads(d['0002'])
    print p2.surname
except KeyError:
    print 'No such Personal with id', '0002'
```

Beim Verändern von Einträgen muss man ebenfalls darauf achten, diese anschließend wieder zu picklen und abzuspeichern:

```
from cPickle import dumps, loads
import anydbm

d = anydbm.open('/tmp/personal.store', 'w')

p1 = loads(d['0001'])
p1.middlename = 'S'
d[p1.pid] = dumps(p1)

d.close()
```

13.4.2 Die shelve-Lösung

Was wir soeben in der naiven Lösung getan haben, kann auch das Standardmodul shelve für uns tun. Es erspart uns das manuelle Picklen und Entpicklen.

Führen wir erst folgenden Code aus:

```python
from personal import Personal
import shelve

p1 = Personal('0001', 'John', 'R', 'Doe')
p2 = Personal('0002', 'Martin', 'S', 'Bishop')
p3 = Personal('U100', 'John', 'P', 'McKittrick')

s = shelve.open('/tmp/personal.shelve')

s[p1.pid] = p1
s[p2.pid] = p2
s[p3.pid] = p3

s.close()
```

Nun starten wir die Python-Shell und befragen mal unser shelve-Objekt:

```python
>>> import shelve

>>> s = shelve.open('/tmp/personal.shelve')
```

```
>>> s['0001']
<personal.Personal object at 0x2843586c>

>>> pers = s['0001']

>>> str(pers)
'Personal(0001, John R. Doe)'

>>> for pid in s.iterkeys():
...     print s[pid]
...
Personal(0002, Martin S. Bishop)
Personal(U100, John P. McKittrick)
Personal(0001, John R. Doe)

>>> s.close()
```

Anders als im vorigen Beispiel konnten wir ein beliebiges picklable Objekt (z.B. p1) in s ablegen: s[p1.pid] = p1, ohne uns dabei Gedanken um Serialisieren und Deserialisieren zu machen. Umgekehrt konnten wir mit s[pid] ein beliebiges Personal-Objekt aus dem shelve extrahieren, wiederum ohne es entpicklen zu müssen.

Außerdem benimmt sich ein shelve-Objekt so ähnlich wie ein persistentes Dictionary (vergleichbar mit dem anydbm-Fall weiter oben). Auch hier sollte man nicht-existierende Einträge mit einem try: ... except-Block abfangen:

```
import shelve

s = shelve.open('/tmp/personal.shelve')
try:
    pers = s['ZZZZ']
    print pers
except KeyError:
    print 'No such Personal with id ZZZZ'
finally:
    s.close()
```

shelve-Gotchas
Wenn Sie jetzt glauben, mit shelve den Heiligen Gral der Persistenz gefunden zu haben, irren Sie sich. shelve-Objekte haben nämlich ein paar hässliche Nachteile:

Die im Hintergrund benutzte DBM-Bibliothek (z.B. das dbhash-Modul) kann unter Umständen bestimmte Einschränkungen im Bezug auf die Länge der Datensätze aufweisen. Will man große Python-Objekte bzw. große Geflechte von Python-Objekten persistent in ein shelve speichern, würde das automatische Picklen große Strings erzeugen. Sind diese zu groß für die DBM-Bibliothek, können sie nicht gespeichert werden. Bei kleineren Datenstrukturen wie Personal ist es natürlich kein Problem, nur große Datensätze können es sein/werden.

Noch gravierender ist die Tatsache, dass shelve-Objekte i.d.R. nicht auf Änderungen mutabler Objekte achten, sondern nur auf Zuweisungen. Will man ein geshelvetes Objekt verändern, muss man vorsichtig sein:

```
>>> import shelve
```

```
>>> s = shelve.open('/tmp/personal.shelve')
```

```
>>> str(s['0001'])
'Personal(0001, John R. Doe)'
```

```
>>> s['0001'].middlename = 'S'
```

```
>>> str(s['0001'])
'Personal(0001, John R. Doe)'
```

Hier haben wir versucht, das Feld middlename eines geshelveten Objekts von R nach S zu verändern. Dummerweise hat sich dies nicht auf das shelve-Objekt übertragen. Ein erneutes Fetchen von s['0001'] zeigt, dass middlename immer noch bei R ist.

Die Lösung besteht darin, ein geshelvetes Objekt erst aus dem shelve herauszukopieren (z.B. in eine Variable), die Kopie zu verändern und diese anschließend wieder auf das Regal zu stellen:

```
temp = s['0001']
temp.middlename = 'S'
s['0001'] = temp
```

Wir prüfen nun nach, dass sich der Eintrag von middlename tatsächlich von R auf S geändert hat:

```
>>> str(s['0001'])
'Personal(0001, John S. Doe)'
```

```
>>> s.close()
```

Dies erinnert ein wenig an das Problem, das wir in der naiven Lösung bei den gepickleten Objekten hatten: auch dort mussten wir, um ein Objekt zu ändern, dieses erst laden (und entpicklen), verändern, (erneut picklen) und anschließend wieder abspeichern.

shelve mit Gedächtnis

Damit shelve trotzdem seine mutablen Objekte beobachtet, kann man shelve.open das Argument writeback=True übergeben:

```
import shelve

s = shelve.open('/tmp/personal.shelve', writeback=True)
```

Nun wird s alle Objekte, auf die zugegriffen wird, im Hauptspeicher cachen und bei sync oder close wieder zurückspeichern:

```
>>> str(s['0001'])
'Personal(0001, John S. Doe)'
```

Jetzt ist s['0001'] ein im Hauptspeicher gecachtes Objekt und kann etsprechend verändert werden:

```
>>> s['0001'].middlename = 'R'

>>> str(s['0001'])
'Personal(0001, John R. Doe)'
```

Wir erkennen, dass die Änderung am *gecachten* s['0001'] Objekt wirksam ist: S ist auf R gesetzt. Aber die Änderung ist noch nicht in die Datei */tmp/personal.shelve* zurückgeschrieben worden. Das shelve-Objekt s hat sich lediglich gemerkt, dass dieses Personal-Objekt *dirty* ist und später in die Datei wieder zurückzuschreiben ist.

Das bedeutet, dass mehrere Änderungen an verschiedenen Objekten vorgenommen werden können: Diese werden alle vorerst nur um Hauptspeichercache durchgeführt.

Damit diese Änderungen nun in die Datei übernommen werden, ruft man die Methode sync des shelve-Objekts auf:

```
s.sync()
s.close()
```

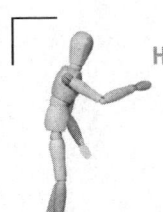

Hinweis

sync wird automatisch von close aufgerufen; aber es ist immer besser, explizit zu sein, als Gedächtnisstütze für weitere Programmierer, die diesen Code später maintainen müssen.

Ein shelve mit writeback=True ist somit ein Stück näher an den Heiligen Gral der Persistenz gerückt, jedoch auf Kosten eines potenziell großen Hauptspeicherverbrauchs für den Cache. Eine bessere Lösung dieses Problems werden wir beim ZODB-Modul kennenlernen.

13.5 Die ZODB-objektorientierte Datenbank

ZODB ist eine objektorientierte Datenbank, die Python-Objekte effizient speichern kann. Sie ist die Persistenzbasis des Zope-Frameworks, auf das große Websites aufsetzen, und sie kann auf verschiedene Backends aufsetzen wie einfache Dateien, SQL-Datenbanken und sogar einen vernetzten ZEO-Server.

13.5.1 ZODB installieren

Da die ZODB und somit das ZODB-Modul nicht Bestandteil der Python Standard Library ist, muss es erst installiert werden. Dazu verwenden Sie am besten *easy_install* aus dem Drittanbietermodul setuptools. Einen kompletten *walk-through,* sowohl um setuptools als auch ZODB zu installieren, finden Sie im einführenden Kapitel 1, *Python installieren.*

Wenn Sie alle dort aufgelisteten Schritte ausgeführt haben, sollte ZODB in Ihrer Python Installation vollständig vorhanden und betriebsbereit sein, was Sie durch probeweises importieren von ZODB nachprüfen können:

```
$ ~/python/bin/python
Python 2.5.2 (r252:60911, Mar  1 2008, 18:37:16)
[GCC 4.2.1 20070719 [FreeBSD]] on freebsd7
Type "help", "copyright", "credits" or "license" for more information.
>>> import ZODB
>>> quit()
```

Es müssten auch ein paar *fs*-* und *z*-*Skripte im bin-Verzeichnis gelandet sein:

```
$ ls ~/python/bin
easy_install          pydoc               zconfig
easy_install-2.5      python              zconfig_schema2html
fsdump                python-config       zdaemon
fsoids                python2.5           zeoctl
fsrefs                python2.5-config    zeopack
fstail                repozo              zeopasswd
idle                  runzeo
mkzeoinst             smtpd.py
```

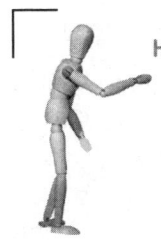

Hinweis

Statt *~/python/bin/python* und `ls ~/python/bin` können Sie bei einer Installation von ZODB in die Systemversion von Python natürlich *python* bzw. `ls /usr/local/bin` benutzen.

13.5.2 Die ZODB benutzen

In diesem Abschnitt werden wir die ZODB konkret benutzen, um `Personal`daten zu speichern. Zur Erinnerung die Datei *personal.py*:

```
class Personal(object):
    '''A personal record for HR databases'''
    def __init__(self, pid, firstname, middlename, surname):
        self.pid = pid
        self.firstname = firstname
        self.middlename = middlename
        self.surname = surname

    def __str__(self):
        return 'Personal(%s, %s %s. %s)' % (self.pid, self.firstname,
                                    self.middlename, self.surname)
```

Als Erstes müssen wir unsere `Personal`-Definition aus der Datei *personal.py* dahingehend erweitern, dass die zu speichernden Objekte von der ZODB-Klasse `persistent.Persistent` abgeleitet sind. Dies tun wir an dieser Stelle einfach dadurch, dass wir einen neuen Datentyp `PPersonal` (für persistent `Personal`) in eine neue Datei *ppersonal.py* definieren:

```
from personal import Personal
import persistent

class PPersonal(Personal, persistent.Persistent):
    '''A persistent Personal object'''

    def __str__(self):
        return 'PPersonal(%s, %s %s. %s)' % (self.pid, self.firstname,
                                    self.middlename, self.surname)
```

Achten Sie darauf, dass wir `PPersonal` sowohl von `Personal` als auch von `persistent.Persistent` ableiten!

Hinweis

Durch das Ableiten von `Personal` erbt `PPersonal` alle nicht überschriebenen Methoden und Attribute; hier insbesondere `Personal.__init__`, das die Attribute `firstname`, `middlename` und `surname` erzeugt.

Hinweis

Das Ableiten von `persistent.Persistent` sorgt dafür, dass `PPersonal`-Objekte jede Änderung an ihre Attribute (durch Zuweisung) dem für sie zuständigen ZODB `Connection`-Objekt melden, damit sie beim Committen der Transaktion in die Datenbank wieder gespeichert werden. Mehr dazu später.

Als kleine kosmetische Operation haben wir auch `__str__` überschrieben, damit `PPersonal(...)` statt `Personal(...)` ausgegeben wird. Das tut hier nichts zur Sache, aber es schadet ja auch nicht.

Wir erzeugen nun ein paar `PPersonal`-Objekte, die wir später in die ZODB speichern wollen:

```
from ppersonal import PPersonal

p1 = PPersonal('0001', 'John', 'R', 'Doe')
p2 = PPersonal('0002', 'Jane', 'S', 'Typewriter')
p3 = PPersonal('0003', 'Martin', 'S', 'Bishop')
```

Wir haben die Wahl zwischen verschiedenen Backends für unsere ZODB. Das könnte eine einfache Datei (`FileStorage`), eine Verbindung zu einem vernetzten ZEO-Server (`ClientStorage`) oder eine eigene, von `Connection` abgeleitete Klasse, die z.B. Daten in eine `anydbm`-Datei oder SQL-Datenbank ablegen könnte, sein. Wir entscheiden uns für das einfachste `Storage`, das es gibt: ein `FileStorage`-Objekt, das mit der Datei */tmp/personal.fs* verbunden ist:

```
import logging
from ZODB import FileStorage, DB

logger = logging.getLogger('ZODB.FileStorage')
storage = FileStorage.FileStorage('/tmp/personal.fs')
```

Die globale Variable `logger` wird von `ZODB.FileStorage` benötigt, um Fehlermeldungen in ein `logging`-Objekt zu schreiben. `logging` ist Bestandteil der Python Standard Library.

Da es im Prinzip möglich ist, dass mehrere Threads gleichzeitig auf das `storage`-Objekt zurückgreifen wollen, brauchen wir einen Vermittler, der Anfragen der diversen `Connection`-Objekte (mehr dazu in Kürze) entgegennimmt, serialisiert und an `storage` weiterleitet; und umgekehrt die Antworten von `storage` entgegennimmt und an die jeweiligen `Connection`-Objekte zurückgibt.

Ein solcher Vermittler ist ein Objekt vom Typ `DB`. Es kann nur einen einzigen `DB`-Vermittler pro Prozess (und `Storage`) geben:

```
db = DB(storage)
```

Das `DB`-Objekt kann nun verschiedene `Connection`-Objekte erzeugen. Eine `Connection` ist nichts anderes als ein Objekt-Cache, der die `persistent.Persistent`-Objekte verwaltet. In multi-threaded Programmen sollte man pro Thread ein eigenes `Connection`-Objekt erzeugen lassen und verwenden. Im Datenbank-Jargon laufen diese `Connections` in verschiedenen Transaktionen ab und sind somit unabhängig voneinander.

```
conn = db.open()
```

In eine ZODB können verschiedene voneinander getrennte Objektgeflechte gespeichert werden: so ist es z.B. möglich, in derselben ZODB verschiedene Foren, CMS, Wikis, Verwaltungsdaten etc. zu speichern. Diese verschiedene Objektgeflechte werden in eigene Datenstrukturen verpackt, welche ihrerseits in das (einzige) Wurzelobjekt der ZODB eingetragen werden.

Der Grund für diese scheinbar komplizierte Lösung liegt darin, dass ZODB *Persistenz durch Erreichbarkeit* realisiert. Will heißen: Ist ein Objekt o in der ZODB, würde `o.neighbor = o2` auch o2 mit in die ZODB aufnehmen *und* die Beziehung zwischen diesen beiden Objekten o und o2 speichern. Hat man später irgendwie o aus der ZODB extrahiert, kann man von o ausgehend auch o2 extrahieren, indem man `o.neighbor` abfragt. Mit anderen Worten: ZODB speichert `persistent.Persistent`-Objekte und ihre Beziehungen.

Wir holen uns also an dieser Stelle das Wurzelobjekt unserer ZODB:

```
dbroot = conn.root()
```

Ein Wurzelobjekt ist nichts anderes als ein Dictionary, das Namen von (Teil-)Datenbanken zu persistenten Objekten zuordnet.

Wir vereinbaren an dieser Stelle, dass die `PPersonal`-(Teil-)Datenbank unter dem Namen `'personal'` im Wurzelobjekt abgelegt werden soll. Wir könnten ja später weitere Teildatenbanken wie etwa diverse Wikis, Foren oder was auch immer unter anderen Namen in diesem Wurzelobjekt speichern.

Doch an dieser Stelle gibt es ein kleines Problem(chen)! Wir wollen mehrere PPersonal-Objekte speichern, können aber unter 'personal' im Wurzelobjekt nur ein einziges Objekt speichern! Was tun? Natürlich fassen wir PPersonal-Objekte zu einem Container zusammen und speichern diesen Container dann als einziges Objekt im Wurzelobjekt. Ein guter Container wäre ein Objekt des Typs BTrees.OOBTree, das sich wie das sortierte Dictionary, das wir im Abschnitt über bsddb kennengelernt haben, verhält. Der Code sieht dann so aus:

```
if 'personal' not in dbroot:
    from BTrees.OOBTree import OOBTree
    dbroot['personal'] = OOBTree()

personaldb = dbroot['personal']
```

Bevor wir einen PPersonal-Container vom Typ OOBTree im Wurzelobjekt unter 'personal' anlegten, mussten wir natürlich erst nachschauen, ob es nicht schon eine 'personal'-Teildatenbank dort gab. Sonst hätten wir versehentlich eine bereits existierende Teildatenbank komplett gelöscht! Das konnte bei unserer brandneuen ZODB-Datenbank nicht geschehen, da dort natürlich noch keine 'personal'-Datenbank enthalten war, aber falls man diesen Code ein zweites, drittes, ... Mal ausführt, ist es absolut notwendig, darauf zu achten!

Schauen wir uns unseren personaldb-Container an:

```
>>> personaldb
<BTrees.OOBTree.OOBTree object at 0x2872665c>
```

Nun wollen wir unsere Mitarbeiter p1, p2 und p3 diesem Container hinzufügen. Dies tun wir in einer Transaktion, damit, falls etwas schiefgehen sollte, der personaldb-Container in einem konsistenten Zustand bleibt. Mit anderen Worten: Entweder sollen alle drei Mitarbeiter aufgenommen werden oder gar keiner.

```
import transaction

personaldb[p1.pid] = p1
personaldb[p2.pid] = p2
personaldb[p3.pid] = p3

transaction.commit()
```

Unser Container personaldb wird nach Personalnummern indiziert, so wie wir es bei den anderen Persistenzbeispielen weiter oben auch getan haben.

Der Aufruf transaction.commit() signalisiert dem Connection-Objekt, dass alle Änderungen nun zum Storage-Objekt committet werden sollen. Hätte man alternativ dazu die Transaktion mit dem Aufruf transaction.abort() abgebrochen, wären p1, p2 und p3 nicht in die Datenbank aufgenommen worden.

Dies prüfen wir gleich anhand eines Beispiels nach: Wir verändern kurzerhand den Vornamen von p1, brechen dann aber die Transaktion ab:

```
>>> str(p1)
'PPersonal(0001, John R. Doe)'

>>> p1.firstname = 'Jimmy'

>>> str(p1)
'PPersonal(0001, Jimmy R. Doe)'

>>> transaction.abort()

>>> str(p1)
'PPersonal(0001, John R. Doe)'
```

Der Vorname ist wieder zurückgesetzt worden.

Persistenz durch Erreichbarkeit

Der Unterschied zwischen den persistenten Dictionarys und der ZODB ist, dass Objekte nicht unbedingt alle in unserem Container personaldb abgelegt werden müssen! Da die ZODB Persistenz durch Erreichbarkeit realisiert, reicht es aus, dass Objekte in Attributen bereits gespeicherter Objekte enthalten sind:

```
p100 = PPersonal('0100', 'Spy', 'Mr', 'Hyde')
p3.shadow = p100
transaction.commit()
```

Die ZODB enthält nun auch p100, weil es p3 als Attribut shadow zugewiesen wurde:

```
>>> p3.shadow
<ppersonal.PPersonal object at 0x2874886c>

>>> str(p3.shadow)
'PPersonal(0100, Spy Mr. Hyde)'

>>> p3.shadow.surname
'Hyde'
```

Dieses Objekt ist in der Datenbank erhalten (und man kann es vom Container personaldb aus indirekt erreichen); aber es steht selbst nicht im personaldb-Mapping:

```
>>> personaldb['0003'].shadow.surname
'Hyde'
```

```
>>> personaldb['0100']
Traceback (most recent call last):
  File "<stdin>", line 1, in <module>
KeyError: '0100'
```

Dieser Unterschied zu den persistenten Dictionarys ist wesentlich und unterscheidet ZODB von den *flachen* Persistenzmodellen, die wir bisher kannten.

Das ist ein großer Vorteil der ZODB, denn in vielen Fällen kann man komplexe Anwendungen sehr bequem mit Hilfe der ZODB speichern und verwalten. Nehmen wir zum Beispiel einen Blog mit Kommentarfunktion. Ein Blog, sagen wir mal b, könnte Artikel in Form von Attributen enthalten: b.article0001, b.article0002, b.article0003 usw. Jeder dieser Artikel könnte Kommentare enthalten, etwa wieder als Attribute: b.article0003.comment0001, b.article0003.comment0002 etc. Wären nun Blog, Article und Comment alle persistent.Persistent-Klassen, hätte man damit automatisch ein persistentes Blog-System in der ZODB. Von der Performance her wäre es besser, Artikel in OOBTree-Objekte zu bündeln und Kommentare eines Artikels ebenfalls in ein OOBTree-Objekt zusammenzufassen, aber es geht hier nur darum zu zeigen, dass man komplexe Objektgeflechte in der ZODB speichern kann, ohne unbedingt über Dictionarys, OOBTree oder ähnliche Mappings gehen zu müssen. Persistenz durch Erreichbarkeit macht es möglich!

Wir werden ein komplettes Beispiel weiter unten zeigen.

Worauf man bei ZODB achten muss

Wie bei anderen Persistenz-Systemen auch gibt es bei ZODB eine Stelle, an der man sehr gut aufpassen muss: Nur das Zuweisen eines Wertes an ein Attribut markiert das Objekt als *dirty* und somit als Kandidat zum Zurückspeichern in das Storage-Objekt beim Committen der Transaktion. Doch wenn das Attribut ein mutables Objekt enthält (z.B. bei ZODB vor 3.8.0 eine Liste, ein Dictionary usw.) und dieses mutable Objekt nicht selbst dafür sorgt, dass Veränderungen an das Connection-Objekt gemeldet werden, dann muss man als Programmierer manuell nachhelfen, indem man das spezielle Attribut _p_changed auf True setzt.

Ein Beispiel erklärt dies besser als tausend Worte: Nehmen wir an, dass wir eine ZODB vor 3.8.0 benutzen:

```
>>> str(p2)
'PPersonal(0002, Jane S. Typewriter)'

>>> p2.friends = []

>>> transaction.commit()
```

Jetzt verändern wir das Listenobjekt p2.friends:

open source library

```
thefriends = p2.friends

thefriends.append('friend1')
thefriends.append('friend2')

transaction.commit()
```

Doch, Überraschung: p2 hat nach dem commit immer noch keine Freunde. Benutzen
Sie ein ZODB Modul vor der Version 3.8.0, erscheint Folgendes:

```
>>> # With ZODB < 3.8.0
>>> p2.friends
[]
```

Der Grund dafür liegt darin, dass der Python-Datentyp list (und dict) nicht persistent
ist, d.h. nicht von der Klasse persistent.Persistent abgeleitet wird. Ein solches Objekt
zu verändern, wird also nicht dem Connection-Objekt signalisiert, welches dann auch
nicht erkennt, dass das Objekt, welches list (oder dict) als Attribut hat, nun *dirty* ist
und bei commit zurückzuspeichern ist!

Die Lösung besteht darin, als Programmierer ZODB auf die Sprünge zu helfen, indem
man das Objekt, dessen mutables Attribut verändert wurde, als *dirty* markiert. Dies
tut man dadurch, dass man dessen Attribut _p_changed auf True setzt:

```
p2.friends.append('friend1')
p2._p_changed = True
transaction.commit()
```

p2 ist jetzt verändert:

```
>>> p2.friends
['friend1']
```

Bei ZODB 3.8.0 sind List- und Dictionary-Attribute persistent (genauer gesagt: Sie
werden hinter den Kulissen durch einen persistenten Datentyp substituiert). Führt
man folgenden Code aus

```
p3.friends = []
transaction.commit()

thefriends = p3.friends
thefriends.append('buddy1')
thefriends.append('friend2')

transaction.commit()
```

erhalten wir:

```
>>> personaldb['0003'].friends
['buddy1', 'friend2']
```

Dies ist deswegen möglich, weil ZODB 3.8.0 list und dict transparent durch die Klassen persistent.list.PersistentList und persistent.mapping.PersistentMapping ersetzt, welche das Signalisieren von Änderungen selbstständig übernehmen.

Ein Performance-Tipp

Auch wenn ZODB 3.8.0 und später persistente Listen und Dictionarys anbieten, ist es dennoch nicht ratsam, Listen oder Dictionarys als Attribute zu speichern. Der Grund dafür liegt darin, dass sie intern gepicklet sind und bei Bedarf erst komplett von dem Storage geladen und entpicklet werden müssen, und später wieder gepicklet und zum Storage zurückgesendet werden sollen (wir haben eine ähnliche Situation weiter oben schon kennengelernt).

Dies ist also ziemlich ineffizient:

```
# Initializing a new blog:
blog = Blog(...)
blog.articles = {}

# Later, add articles:
article = Article(...)
blog.articles['0001'] = article
```

Das Problem hier ist, dass blog.articles ein Python-Dictionary ist (meinetwegen auch ein persistent.PersistentMapping) und jedes Mal, wenn auf einen Artikel zugegriffen werden muss, das gesamte Dictionary von der Datenbank geladen und entpicklet werden muss (siehe hierzu die Abbildung auf der nächsten Seite).

Viel effizienter ist es, anstatt eines Dictionarys ein BTrees.OOBTree-Objekt zu wählen. Dieses wird intern nicht als Pickle, sondern als komplizierte Datenstruktur implementiert, so dass der Zugriff auf ein einzelnes Element direkt an der richtigen Stelle in der Datei springt, ohne dass alles erst entpicklet werden muss:

```
# Initialize-Time:
blog = Blog(...)
blog.articles = BTrees.OOBTree()

# Later, add an article:
article = Article(...)
blog.articles['0001'] = article
```

Bis auf den Typ von blog.articles hat sich nichts verändert!

Ein weiterer Vorteil von BTrees.OOBTree liegt darin, dass die Schlüssel in sortierter Reihenfolge vorliegen: Somit kann man sich speicherplatzintensives Sortieren sparen.

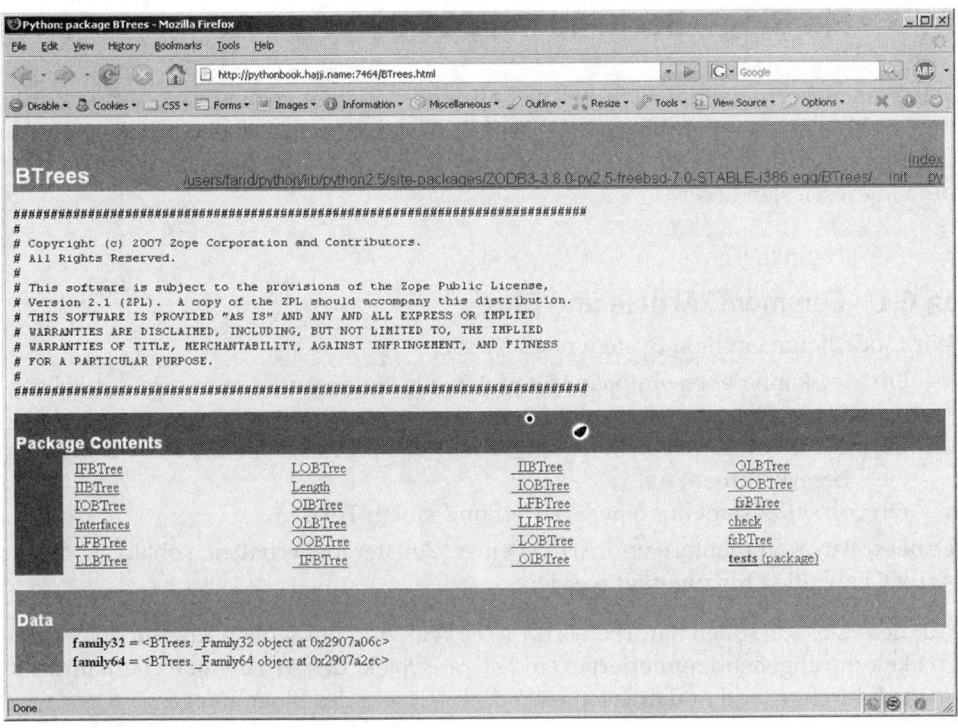

Beim Einsatz von BTrees.OOBTree empfiehlt es sich, als Schlüssel nur unveränderliche Datentypen einzusetzen, die eine sinnvolle __cmp__-Implementierung haben, welche nicht von der Speicheradresse abhängt (weil das Connection-Objekt die einzelnen Objekte im Cache hin- und herbewegt, wodurch sich ihre Speicheradresse ändern würde und somit die BTree-Datenstruktur durcheinandergeraten könnte). str, unicode oder int sind als Schlüssel sicher.

Weiterführende Informationen

Aus Platzmangel können wir an dieser Stelle nicht allzu ausführlich auf die ZODB-Interna und Besonderheiten eingehen. Der interessierte Leser sei auf die ZODB-Dokumentation unter der URL http://wiki.zope.org/ZODB/Documentation und insbesondere auf den exzellenten *ZODB/ZEO Programming Guide* von A. M. Kuchling, http://wiki .zope.org/ZODB/Documentation/guide/zodb.html verwiesen. Darüberhinaus empfiehlt sich die Lektüre von *Introduction to the Zope Object Database* von Jim Fulton, verfügbar unter der URL http://www.python.org/workshops/2000-01/proceedings/papers/fulton/zodb3.html.

13.6 Ein Blogs-Backend mit ZODB

Wir greifen noch mal das Blog-Beispiel auf und bauen es so aus, dass wir ein funktionierendes Backend für Blogs auf ZODB-Basis bekommen. Dabei konzentrieren wir uns nur auf die Persistenz-Aspekte und überlassen die Darstellung der Blogs im Web dem interessierten Leser.

13.6.1 Comment, Article und Blog

Wir modellieren ein Blog-System mit 3 Klassen:

- Ein Blog kann neben ein paar Metadaten wie Name und Autor viele Artikel enthalten.
- Ein Article enthält neben Metadaten wie Titel und Autor einen Text sowie beliebig viele Leserkommentare.
- Ein Comment besteht aus einem Betreff und einem Text.

Dabei sollen Kommentare und Artikel einen Zeitstempel erhalten, sobald sie einem Artikel bzw. Blog hinzugefügt werden.

All diese Objekte sollen natürlich Persistent sein, und wir wollen Kommentare eines Artikels durchgehend numeriert in ein OOBTree-Objekt des Artikels speichern und alle Artikel durchgehend numeriert in ein OOBTree-Objekt des Blogs ablegen.

Fangen wir mit der einfachsten Klasse, Comment, an:

```python
#!/usr/bin/env python
# zcomment.py -- A ZODB-persistent Comment class.

from persistent import Persistent

class Comment(Persistent):
    '''A Comment contains a simple text'''

    def __init__(self, subject='Comment Subject', text='Comment Text',
                author='Anonymous'):
        self.subject = subject
        self.author  = author
        self.text    = text

    def __str__(self):
        return "Comment(subject='%s', author='%s', text='%s')" \
                % (self.subject, self.author, self.text)

    def __repr__(self):
        return "<Comment subject='%s'>" % self.subject
```

Wir können Comment auch unabhängig von der ZODB testen:

```
from zcomment import Comment

c1 = Comment(subject='I love ZODB', author='A reader', text='ZODB rulez!')
```

Schauen wir uns c1 an:

```
>>> c1
<Comment subject='I love ZODB'>
```

```
>>> print c1
Comment(subject='I love ZODB', author='A reader', text='ZODB rulez!')
```

Comment ist ja ziemlich langweilig: es ist bloß ein Objekt mit drei Text-Attributen subject, author und text.

Das Einzige, was Comment leicht interessant macht ist, dass es von persistent.Persistent abgeleitet ist, damit es in die ZODB gespeichert werden kann. Ach ja, wir haben die Hooks __repr__ und __str__ überschrieben, damit wir eine Kurz- und Volldarstellung bekommen. Dies wird sich später beim Vorführen als nützlich erweisen.

Als Nächstes schauen wir uns Article an:

```
#!/usr/bin/env python
# zarticle.py -- A ZODB-persistent Article class.

from persistent import Persistent
from BTrees.OOBTree import OOBTree
import time

class Article(Persistent):
    '''An Article contains many comments'''

    def __init__(self, title='Article Title', author='Article Author',
                 text='Article Text'):
        self.title = title
        self.author = author
        self.text   = text
        self.comments = OOBTree()
        self.lastcomment = 0L

    def add_comment(self, comment):
        self.lastcomment = self.lastcomment + 1L
        self.comments['%08d' % self.lastcomment] = (comment, time.time())
```

```
def __str__(self):
    result = []
    result.append("Article(title='%s', author='%s',\n" \
                  % (self.title, self.author))
    result.append(" text='%s',\n" % self.text)
    for comment_id in self.comments:
        thecomment, when_added = self.comments[comment_id]
        result.append(" %s,\n comment_added=%s\n" \
                      % (str(thecomment), time.ctime(when_added)))
    result.append(")")
    return ''.join(result)

def __repr__(self):
    return "<Article title='%s'>" % self.title
```

Ein Article besteht aus den Metadaten title, author und aus dem eigentlichen Text text. Außerdem soll ein Article mehrere Leserkommentare (Comments) enthalten, die pro Article fortlaufend nummeriert, werden von 00000001 aufsteigend. Diese Kommentare speichern wir aus Effizienzgründen nicht in eine Python-Liste oder Python-Dictionary, sondern in ein OOBTree-Objekt unter dem Article Attribut comments. Dabei führen wir pro Article auch buchhalterisch das Attribut lastcomment mit, welches die jeweils höchste Kommentarnummer enthält.

Damit wir auch den Zeitstempel des Hinzufügens eines Kommentars speichern können, übergeben wir dem OOBTree statt des »nackten« Kommentars ein Tupel, bestehend aus dem hinzuzufügenden Kommentar und dem Zeitstempel. Dieser wird dann z.B. in Article.__str__ ausgewertet und ausgegeben.

Beachten Sie, dass der Zeitstempel *nicht* in Comment.__init__ gesetzt wurde. Warum? Weil die ZODB persistente Objekte immer wieder zwischen Storage und dem Cache überträgt und wir vorsichtshalber vermeiden wollen, dass der Zeitstempel durch irrtümliches Aufrufen von __init__ überschrieben wird. Der Zeitstempel wird einfach neben dem Kommentar im Artikel-Objekt gespeichert, dann und nur dann, wenn die Funktion Article.add_comment aufgerufen wird.

Erzeugen wir uns also kurz ein Artikel mit zwei Leserkommentaren:

```
from zarticle import Article

a1 = Article(title='Learning ZODB', author='Farid Hajji',
             text='ZODB is ...')

a1.add_comment(c1)
a1.add_comment(Comment(subject='I love ZODB too!', author='me',
                       text='I agree, ZODB is great'))
```

Schauen wir uns nun a1 an:

```
>>> a1
<Article title='Learning ZODB'>

>>> print a1
Article(title='Learning ZODB', author='Farid Hajji', text='ZODB is ...',
  Comment(subject='I love ZODB', author='A reader', text='ZODB rulez!'),
    comment_added=Tue Mar 11 16:23:24 2008
  Comment(subject='I love ZODB too!', author='me',
        text='I agree, ZODB is great'),
    comment_added=Tue Mar 11 16:23:24 2008
)
```

Derselbe Mechanismus wird nun in der Klasse Blog wiederholt. Ein Blog besteht aus mehreren Artikeln, die in ein OOBTree-Objekt gespeichert werden:

```python
#!/usr/bin/env python
# zblog.py -- A ZODB-persistent Blog class.

from persistent import Persistent
from BTrees.OOBTree import OOBTree
import time

class Blog(Persistent):
    '''A Blog contains many articles'''

    def __init__(self, name='Blog Name', author='Blog Author',
                 descr='Blog description'):
        self.name = name
        self.author = author
        self.descr = descr
        self.articles = OOBTree()
        self.lastarticle = 0L

    def add_article(self, article):
        self.lastarticle = self.lastarticle + 1
        self.articles['%08d' % self.lastarticle] = (article, time.time())

    def __str__(self):
        result = []
        result.append("Blog(name='%s', author='%s '\n" \
                    % (self.name, self.author))
        result.append(" descr='%s '\n" % self.descr)
        for article_id in self.articles:
            thearticle, when_added = self.articles[article_id]
```

```
              result.append(" %s\n article_added=%s\n" \
                          % (str(thearticle), time.ctime(when_added)))
        result.append(")")
        return ''.join(result)


    def __repr__(self):
        return "<Blog name='%s'>" % self.name
```

Auch hier speichern wir die Zeitstempel der Artikel nicht im `Article`-Objekt ab, sondern zusammen mit diesen Objekten als Tupel in ein `OOBTree`.

Erzeugen wir also ein `Blog` mit dem Artikel, den wir schon vorher kreiert haben:

```
from zblog import Blog


b1 = Blog(name='Python Book', author='Farid Hajji',
          descr='Welcome to the Python Book blog')


b1.add_article(a1)


b1.add_article(Article(title='Not yet finished', author='Farid Hajji',
                       text='The book is not finished yet.'))
```

Und nun zu `b1`:

```
>>> b1
<Blog name='Python Book'>
```

Jetzt machen sich die `__str__`-Überschreibungen bezahlt:

```
>>> print b1
Blog(name='Python Book', author='Farid Hajji'
    descr='Welcome to the Python Book blog'
  Article(title='Learning ZODB', author='Farid Hajji', text='ZODB is ...',
    Comment(subject='I love ZODB', author='A reader', text='ZODB rulez!'),
      comment_added=Tue Mar 11 16:23:24 2008
    Comment(subject='I love ZODB too!', author='me',
            text='I agree, ZODB is great'),
      comment_added=Tue Mar 11 16:23:24 2008
  )
    article_added=Tue Mar 11 16:24:58 2008
  Article(title='Not yet finished', author='Farid Hajji',
          text='The book is not finished yet.',
  )
    article_added=Tue Mar 11 16:24:58 2008
)
```

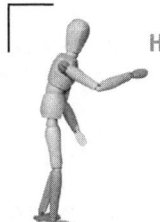

Hinweis

Die Ausgabe habe ich ein bisschen manuell formatiert und eingerückt, damit sie im Buch klarer aussieht.

Beachten Sie, dass wir OOBTree auch völlig unabhängig von einer konkreten ZODB-Datenbank benutzen konnten.

13.6.2 Das Blog-Backend BlogDB

Jetzt, wo wir unsere Blog-, Article- und Comment-Klassen getestet haben, ist es an der Zeit, sie in eine ZODB abzulegen. Schauen Sie sich folgende Persistenzklasse für Blogs an:

```python
#!/usr/bin/env python
# zblogdb.py -- A ZODB-persistent Blog system.

from ZODB import FileStorage, DB
from BTrees.OOBTree import OOBTree
import transaction
import logging

from zblog import Blog
from zarticle import Article
from zcomment import Comment

class BlogDB(object):
    '''A persistent Blog ZODB'''

    def __init__(self, zodbname='blogs', path_to_fs='/tmp/blogdb.fs'):
        self.zodbname   = zodbname
        self.path_to_fs = path_to_fs
        self.connect()

    def connect(self):
        self.logger     = logging.getLogger('ZODB.FileStorage')
        logger = self.logger
        self.storage    = FileStorage.FileStorage(self.path_to_fs)
        self.db         = DB(self.storage)
```

```
    self.conn      = self.db.open()
    self.dbroot    = self.conn.root()
    if self.zodbname not in self.dbroot:
        self.dbroot[self.zodbname] = OOBTree()
    self.blogsdb   = self.dbroot[self.zodbname]

def close(self):
    self.conn.close();    self.conn    = None
    self.db.close();      self.db      = None
    self.storage.close(); self.storage = None
    self.dbroot  = None;  self.blogsdb = None

def add_blog(self, newblog, commit=True):
    "Add a new Blog object to the ZODB"
    self.blogsdb[newblog.name] = newblog
    if commit:
        self.commit_changes()

def get_blog_names(self):
    "Return a list of blog names"
    return list(self.blogsdb.keys())

def get_blog_by_name(self, blogname):
    "Given a blog name, return Blog object or None."
    try:
        return self.blogsdb[blogname]
    except KeyError:
        return None

def commit_changes(self):
    transaction.commit()

def rollback_changes(self):
    transaction.abort()

if __name__ == '__main__':
    theblogdb = BlogDB()
```

Die Klasse BlogDB kapselt alles, was wir über die ZODB gelernt haben, in ein BlogDB-Objekt. Dieses Objekt können wir nun benutzen, um unser Blog b1 auf einen Schlag zu speichern:

```
from zblogdb import BlogDB

B = BlogDB()
B.add_blog(b1, commit=True)
B.close()
```

Nun ist alles auf einmal gespeichert worden! Wir prüfen es nach, indem wir die Python-Shell verlassen und neu aufrufen:

```
from zblogdb import BlogDB

B = BlogDB()
bloglist = B.get_blog_names()
```

bloglist sieht dann so aus:

```
>>> bloglist
['Python Book']
```

Da wir nun wissen, welche Blogs in der ZODB-Datenbank stehen, können wir sie unter Angabe des Namens extrahieren (d.h. in den Cache laden):

```
>>> b1 = B.get_blog_by_name('Python Book')

>>> b1
<Blog name='Python Book'>
```

Es sieht schon mal gut aus! Geben wir ihn jetzt als String aus. Beachten Sie dabei, dass die __str__-Methoden nun sämtliche Article- und Comment-Objekte ebenfalls aus dem ZODB-Storage laden würden. Normalerweise sollte man so etwas vermeiden, aber was soll's: Wir wollen sehen, ob alles gut aussieht:

```
>>> print b1
Blog(name='Python Book', author='Farid Hajji'
    descr='Welcome to the Python Book blog'
  Article(title='Learning ZODB', author='Farid Hajji', text='ZODB is ...',
    Comment(subject='I love ZODB', author='A reader', text='ZODB rulez!'),
      comment_added=Tue Mar 11 16:23:24 2008
    Comment(subject='I love ZODB too!', author='me',
          text='I agree, ZODB is great'),
      comment_added=Tue Mar 11 16:23:24 2008
  )
    article_added=Tue Mar 11 16:24:58 2008
  Article(title='Not yet finished', author='Farid Hajji',
        text='The book is not finished yet.',
  )
    article_added=Tue Mar 11 16:24:58 2008
)
```

Juhuu! Sieht das nicht super aus? Sogar die Zeitstempel sind alle noch erhalten. Wir haben ein ganzes Geflecht, auf das wir jetzt gezielt zugreifen können. Schauen wir uns z.B. die Liste aller Artikelnamen an und greifen wir uns einen Artikel heraus:

```
>>> for article_id in bl.articles:
...     print article_id
...
00000001
00000002
```

```
>>> import time
```

```
>>> a1, when_added = bl.articles['00000001']
```

```
>>> a1, time.ctime(when_added)
(<Article title='Learning ZODB'>, 'Tue Mar 11 16:24:58 2008')
```

Sie erinnern sich? Wir speichern ja Tupel in `articles`: Dort steht sowohl der Artikel selbst, als auch der Zeitstempel, als dieser Artikel dem Blog bl hinzugefügt wurde.

```
>>> print a1
Article(title='Learning ZODB', author='Farid Hajji', text='ZODB is ...',
  Comment(subject='I love ZODB', author='A reader', text='ZODB rulez!'),
    comment_added=Tue Mar 11 16:23:24 2008
  Comment(subject='I love ZODB too!', author='me',
        text='I agree, ZODB is great'),
    comment_added=Tue Mar 11 16:23:24 2008
)
```

Auch hier können wir a1 direkt ausgeben (Ausgabe leicht editiert).

Wenn wir mit dem Objekt B fertig sind, können wir die Connection, das DB-Objekt und das Storage-Objekt auch explizit schließen:

```
>>> B.close()
```

Um zu zeigen, dass man Objekte nicht nur als fertiges Objektgeflecht auf einmal in die ZODB eintragen muss, stellen wir die Verbindung zur ZODB wieder her (wir hätten alternativ dazu auch die Python-Shell verlassen und wieder betreten können) und fügen noch gezielt einen Kommentar hinzu:

```
B.connect()
bl = B.get_blog_by_name('Python Book')
```

```
from zcomment import Comment

new_c = Comment(subject='A new comment', text='Comment added later')
b1.articles['00000001'][0].add_comment(new_c)
B.commit_changes()
```

Der Artikel sieht dann so aus:

```
>>> print b1.articles['00000001'][0]
Article(title='Learning ZODB', author='Farid Hajji', text='ZODB is ...',
  Comment(subject='I love ZODB', author='A reader', text='ZODB rulez!'),
    comment_added=Tue Mar 11 16:23:24 2008
  Comment(subject='I love ZODB too!', author='me',
          text='I agree, ZODB is great'),
    comment_added=Tue Mar 11 16:23:24 2008
  Comment(subject='A new comment', author='Anonymous',
          text='Comment added later'),
    comment_added=Tue Mar 11 16:36:05 2008
)
```

Beachten Sie, wie der neue Kommentar *am Ende* hinzugefügt wurde (erinnern Sie sich an das automatische Durchzählen?) und dass b1.articles['00000001'] in Wirklichkeit ein Tupel (Article, Zeitstempel) ist!

Nun schließen wir die ZODB wieder und sind fertig:

```
>>> B.close()
```

13.7 DB-API 2.0 SQL-Anbindungen

Anders als objektorientierte Datenbanken wie ZODB werden relationale Datenbanken i.d.R. mit SQL angesteuert. In diesem Abschnitt werden wir sehen, wie von Python aus solche SQL-Datenbanken abgefragt und verändert werden. Dabei werden wir auf folgende Datenbanken und ihre Python-Module kurz eingehen:

- SQLite: http://www.sqlite.org/
- PostgreSQL: http://www.postgresql.org/
- MySQL: http://www.mysql.com/

Selbstverständlich gibt es auch Python-Module zur Anbindung anderer Datenbanken wie Oracle, Informix, MSSQL, ODBC-basierte Datenbanken usw.

Bei der Vielzahl der Datenbanken und Anbindungsmodule wäre es fast unmöglich, ein Programm so zu schreiben, dass es auch nur einigermaßen portabel über alle Datenbankgrenzen hinweg bliebe. Zum Glück haben sich Entwickler von Datenbankmodulen schon seit einigen Jahren auf eine gemeinsame API geeinigt: DB-API 2.0.

Diese wurde im Python Enhancement Proposal 249 unter dem Titel *PEP 249 - Python Database API Specification v2.0* formalisiert: `http://www.python.org/dev/peps/pep-0249/`.

Dank der DB-API 2.0 ist es *theoretisch* möglich, ein Python-Programm von der einen auf eine andere Datenbank zu portieren (z.B. von SQLite auf PostgreSQL), indem man lediglich die Parameter der `connect`-Funktion anpasst. In der Praxis ist es aber nicht ganz so einfach, denn es gibt zwischen den Datenbankservern Abweichungen im Bezug auf SQL. Man kann aber trotzdem versuchen, so portabel wie möglich zu programmieren, indem man sich auf die SQL-Features beschränkt, die bei allen gewünschten Datenbanksystemen gleich sind. Eine 100%-ige Portabilität wird nie möglich sein, aber man kann ihr relativ nahe kommen, wenn man bereit ist, Abstriche in Kauf zu nehmen.

Die drei Datenbanksysteme, die wir weiter unten besprechen wollen, haben alle DB-API 2.0-kompatible Anbindungsmodule. Wir werden bei SQLite3 diese Schnittstelle ausführlich einführen und anschließend bei PostgreSQL und MySQL nur noch auf einige Abweichungen verweisen.

13.7.1 Eine kurze DB-API 2.0-Einführung

Alle Datenbankanbindungsmodule, welche die DB-API 2.0-Schnittstelle implementieren, haben für Endanwender ein ähnliches Look and Feel. Für ein *hypothetisches* Modul `dbapi` sieht der Code typischerweise wie folgt aus:

```
import dbapi

conn = dbapi.connect(dbname='dbase', host='db.example.com',
                     user='dbuser', password='pw')
curs = conn.cursor()

curs.execute('''CREATE TABLE atable ( A INT, B VARCHAR(5) )''')
curs.execute('''INSERT INTO atable VALUES (%s, %s)''', (42, 'ABCDE'))
curs.execute('''INSERT INTO atable VALUES (%s, %s)''', (4711, 'ZZZZZ'))

conn.commit()
conn.close()
```

Zunächst wird ein `Connection`-Objekt des Datenbankmoduls `dbapi` mit der `connect`-Funktion unter Angabe von Login-Daten geholt. Ist die Verbindung gelungen, kann mit dem `conn`-Objekt ein `Cursor` besorgt werden, mit dem nun SQL-Befehle an die Datenbank gesendet werden können. Es können im Prinzip mehrere `Cursor` pro `Connection` existieren (z.B. in verschiedenen Threads); sie wären alle schön voneinander unabhängig. Auch ihre *Result Sets* wären unabhängig voneinander; aber darauf kommen wir gleich zurück.

Im obigen hypothetischen Beispiel haben wir eine Tabelle erzeugt (mit dem SQL-Statement CREATE TABLE) und anschließend zwei Zeilen mit zwei INSERT-Statements hinzugefügt. Diese SQL-Befehle wurden mit der execute-Methode des Cursor-Objekts übermittelt.

Ist die Datenbank im *autocommit-Modus* geöffnet worden, wäre nach jedem INSERT die Datenbanktabelle sofort verändert worden. Einige Datenbanksysteme (und Anbindungsmodule) unterstützen Transaktionen. Dann kann man eine Datenbank im nicht-autocommit-Modus öffnen. Befehle wie INSERT, UPDATE, DELETE laufen dann innerhalb einer Transaktion ab: Sie werden einfach gesammelt, aber noch nicht endgültig der/den Tabelle/n hinzugefügt. Um diese Transaktion nun zu beenden, ruft man auf dem Connection-Objekt entweder die Methode commit auf, um die Transaktion abzusegnen und auf die Tabellen zu schicken, oder die Methode rollback, welche die Transaktion abbricht. Eine abgebrochene Transaktion hat zur Folge, dass keine Veränderungen, die in der Transaktion enthalten waren, in der Datenbank landen. Mit anderen Worten: Transaktionen haben Alles-oder-Nichts-Semantik.

Das Thema Transaktionen ist etwas komplizierter als das. Man müsste über das ACID-Prinzip sprechen, diverse Isolationsstufen erwähnen, MVCC etwas Beachtung schenken etc. Aber dies würde den Rahmen dieses Buches bei Weitem sprengen.

Wichtig ist, dass nicht alle Datenbanksysteme Transaktionen auf dieselbe Art und Weise unterstützen. So kann sqlite3 Transaktionen gut verwalten, wenn man die Datenbank im nicht-autocommit-Modus öffnet; psycopg2 kann das volle Transaktionspotenzial von PostgreSQL anbieten. Dafür kann MySQLdb z.Zt. nur Transaktionen auf InnoDB-Tabellen einigermaßen unterstützen. Es empfiehlt sich, die Dokumentation der einzelnen Module sorgfältig zu studieren.

Doch kommen wir noch einmal zu unserem Cursor-Objekt zurück! Eine effizientere Art und Weise, mehrere ähnliche INSERT-Befehle auszuführen, besteht darin, den INSERT-Befehl zu »präparieren« (d.h. zum Datenbankserver zu schicken, damit dieser ihn in ein optimiertes internes Format kompiliert). Mit dem präparierten SQL-Befehl kann man dann die immer anderen Parameter übermitteln. So etwas kann man mit der executemany-Methode des Cursor Objekts wie folgt bewerkstelligen:

```
curs.executemany('''INSERT INTO atable VALUES (%s, %s)''',
                 [(11, 'AAAAA'), (22, 'BBBBB'), (33, 'CCCCC'),
                  (44, 'DDDDD'), (55, 'EEEEE'), (66, 'FFFFF')])
```

Mit anderen Worten: Man übergibt executemany den parametrisierten SQL-Befehl und eine Liste von Tupeln, die aus den Parametern bestehen. Dies ist viel effizienter, als mehrmals in einer Schleife execute aufzurufen, denn wir sparen uns das erneute interne Kompilieren des SQL-Befehls durch den Datenbankserver.

Nun bleibt nur noch die Frage, wie man Ergebnisse aus einem SELECT-Befehl einsammelt:

```
curs.execute('''SELECT * FROM atable ORDER BY A''')

tpl = curs.fetchone()

while tpl is not None:
    print "A", tpl[0], "B", tpl[1]
    tpl = curs.fetchone()
```

Wenn ein SELECT-Befehl abgesetzt wird, werden die Antwortzeilen in ein internes *Result Set* des Cursor-Objekts gesammelt. Diese Zeilen können nun eine nach der anderen mit der Methode fetchone abgeholt werden. fetchone liefert stets genau eine Zeile in Form eines Tupels. Jedes Element des Tupels repräsentiert eine Spalte der Ergebniszeile. Sind keine Ergebniszeilen im *Result Set* mehr da, wird fetchone einfach None zurückgeben. Dies nutzten wir oben zum Abbrechen der while-Schleife.

Statt fetchone kann man auch fetchmany aufrufen, um eine bestimmte Anzahl von Zeilen auf einmal aus den *Result Set* zu holen; oder sogar fetchall, um alle übriggebliebenen Zeilen auf einmal zu erhalten. In beiden Fällen erhält man eine *Liste von Tupeln*:

```
curs.execute('''SELECT * FROM atable ORDER BY A''')

for tpl in curs.fetchall():
    print 'A', tpl[0], 'B', tpl[1]
```

Es empfiehlt sich, fetchone statt fetchall zu verwenden. Der Grund dafür liegt darin, dass manche DB-Module in der Lage sind, eine wichtige Optimierung vorzunehmen: Sie können es nämlich bei fetchone (aber nicht fetchall) vermeiden, sofort den ganzen *Result Set* aus dem Datenbankserver herunterzuladen und in den lokalen Speicher abzulegen! Das ist sehr wichtig, wenn der *Result Set* potenziell riesig groß werden kann. Man programmiert stromlinienförmiger, wenn man fetchone in einer Schleife aufruft, statt fetchall zu benutzen. Außerdem kann man auch mitten im Abarbeiten des *Result Set* bei Bedarf die Schleife verlassen und somit auf das Herunterladen des restlichen *Result Set* vom Datenbankserver ganz verzichten.

In den folgenden Abschnitten lernen Sie konkrete DB-API 2.0-kompatible Datenbankanbindungsmodule kennen und werden auch damit von der Python-Shell aus experimentieren können.

13.8 SQLite-Anbindung mit sqlite3

Anders als alle anderen SQL-Datenbanksysteme ist SQLite kein Datenbankserver, sondern lediglich eine in C geschriebene Bibliothek. Diese Bibliothek akzeptiert SQL-Abfragen und -Statements und beantwortet diese anhand einer normalen (index-sequenziellen) Datei. SQLite ist aufgrund seiner äußerst geringen Anforderungen an Speicher und CPU besonders gut für eingebettete Systeme geeignet, kann aber auch bei ernsthaften Datenbankanwendungen gut eingesetzt werden.

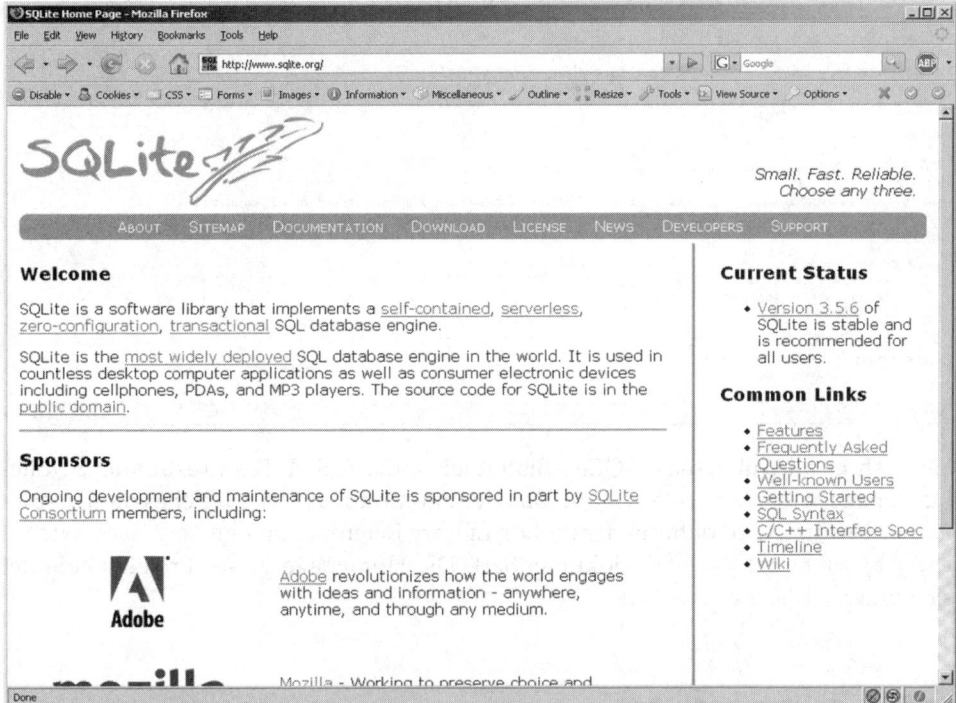

Seit Python 2.5 ist das Anbindungsmodul sqlite3 Bestandteil der Python Standard Library. Somit lassen sich sofort SQL-basierte Anwendungen schreiben, ohne erst mehr oder weniger mühsam einen SQL-Server wie PostgreSQL oder MySQL installieren zu müssen. Code, der auf sqlite3 entwickelt wurde, kann anschließend auf andere DB-API 2.0-kompatible Anbindungsmodule portiert werden. SQLite ist also auch eine exzellente Entwicklungsumgebung.

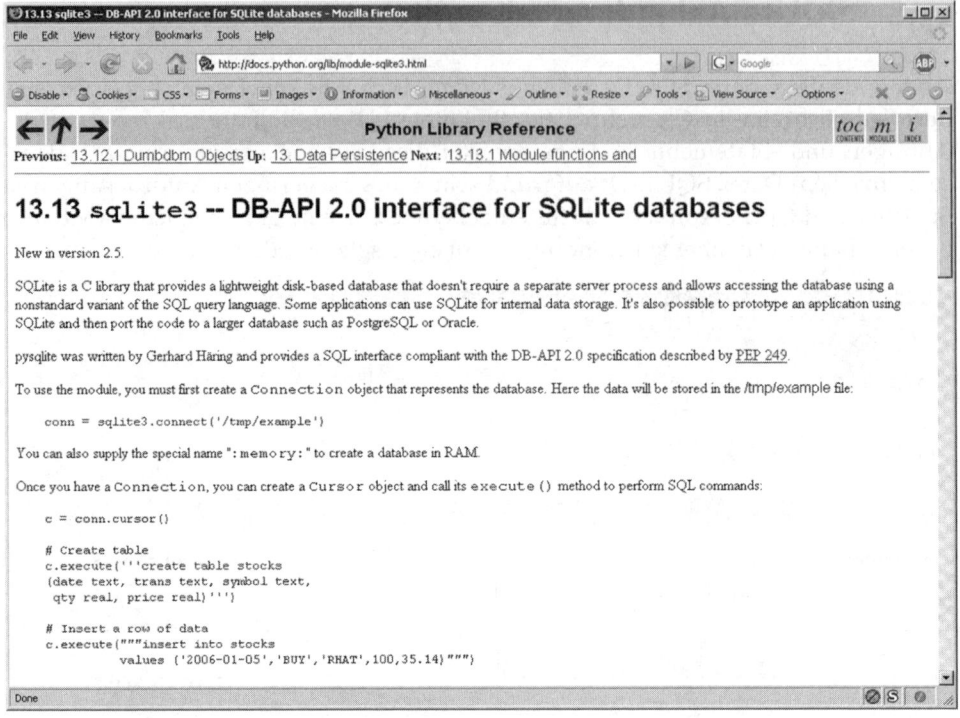

Sie erfahren alles über die C SQLite-Bibliothek und ihre SQL-Features auf der SQLite-Homepage `http://www.sqlite.org/`. Das Python-Modul `sqlite3`, welches diese C-Bibliothek benutzt, wird dafür in der Python Library Reference unter `http://docs.python.org/lib/module-sqlite3.html` dokumentiert. Die Homepage dieses Projekts befindet sich unter `http://www.pysqlite.org/`.

13.8.1 sqlite3 benutzen

Wir gehen im Folgenden davon aus, dass Sie Grundkenntnisse in SQL haben oder bereit sind, diese bei Bedarf nachzulesen. Es gibt viele gute SQL-Tutorials im Netz.

Bevor wir das `sqlite3`-Python-Modul benutzen, wollen wir erst ein wenig mit dem *sqlite3*-Tool der SQLite-Bibliothek spielen, um ein Gefühl für SQLite zu entwickeln.

13.8.2 Das sqlite3-Tool

Das *sqlite3*-Tool ermöglicht es, SQL Befehle an SQLite zu senden und sofort die Ergebnisse zu sehen. Eine Einführung befindet sich in `http://www.sqlite.org/sqlite.html`.

Es kann sein, dass das *sqlite3*-Tool nicht auf Ihrem Rechner ist. Das ist typischerweise bei Windows der Fall, wo die vorkompilierte Python-Distribution zwar mit dem `sqlite3`-Modul samt dazugehöriger DLLs daherkommt, aber nicht die komplette SQLite3-Distribution beinhaltet. In diesem Fall sollten Sie das *sqlite3.exe*-Binary (bzw. dessen Quellcode, den Sie dann selbst übersetzen müssten) aus der SQLite3-Homepage http://www.sqlite.org/ herunterladen, bevor Sie die Beispiele dieses Abschnitts nachvollziehen können. Unter Unix wird *in der Regel* Python 2.5 und später vom SQLite3-Package oder Port abhängen, was zur Folge hat, daß die komplette SQLite3-Distribution ebenfalls heruntergeladen und vor Python installiert wird. Wenn nicht, sollten Sie auch da nicht zögern, das *sqlite3*-Tool bzw. die komplette Bibliothek samt Tool aus der SQLite3-Homepage herunterzuladen, zu kompilieren und zu installieren.

Wir werden an dieser Stelle unser Blog-System als Datenbankschema anlegen. Die Datenbankdatei */tmp/blogdb.sqlite3* wird auf der Kommandozeile angegeben. Anschließend erzeugen wir drei Tabellen:

- `comments` enthält Kommentare zu Leserartikeln,
- `articles` enthält Blog Artikel,
- `blogs` enthält Blogs.

Eine Datenbank kann man auf der Kommandozeile angeben. Wir definieren z.B. eine Tabelle im *sqlite3*-Tool wie folgt:

```
$ sqlite3 /tmp/blogdb.sqlite3
SQLite version 3.4.1
Enter ".help" for instructions
sqlite> CREATE TABLE comments (
   ...>      id      INTEGER PRIMARY KEY AUTOINCREMENT,
   ...>      subject TEXT,
   ...>      author  TEXT,
   ...>      text    TEXT
   ...> );
sqlite> .quit
```

Oder man legt das Schema in eine Textdatei ab (z.B. *blogdb.schema*):

```
CREATE TABLE articles (
    id      INTEGER PRIMARY KEY AUTOINCREMENT,
    title   TEXT,
    author  TEXT,
    text    TEXT
);
CREATE TABLE articles_comments (
    article_id INTEGER,
    comment_id INTEGER,
```

```
    added_time REAL,
    PRIMARY KEY (article_id, comment_id)
);
CREATE TABLE blogs (
    name    TEXT PRIMARY KEY,
    author  TEXT,
    descr   TEXT
);
CREATE TABLE blogs_articles (
    blog_name   TEXT,
    article_id INTEGER,
    added_time REAL,
    PRIMARY KEY (blog_name, article_id)
);
CREATE TABLE comments (
    id      INTEGER PRIMARY KEY AUTOINCREMENT,
    subject TEXT,
    author  TEXT,
    text    TEXT
);
```

Und lädt diese Datei von der Kommandozeile ein:

```
$ rm /tmp/blogdb.sqlite3
$ sqlite3 /tmp/blogdb.sqlite3 < blogdb.schema
```

Dies ist besser als der manuelle Weg, denn man kann so eine Datenbank immer wieder neu anlegen, wenn es nötig ist.

Anders als volles SQL unterstützt SQLite nur eine Teilmenge dieser umfangreichen Sprache. Insbesondere ist die Menge der unterstützten Datentypen beschränkt: NULL, INTEGER, REAL, TEXT, BLOB.

Die Einschränkung PRIMARY KEY direkt hinter einer Spalte (z.B. bei blogs.name) bedeutet zweierlei:

- Diese Spalte hat die UNIQUE-Eigenschaft, d.h. jeder dort eingetragene Wert darf höchstens einmal in der ganzen Tabelle vorkommen.
- Es wird ein INDEX über diese Tabelle angelegt, so dass das Suchen nach diesen Werten sehr effizient ist.

Stehen Einschränkungen hingegen nach den Spaltendefinitionen (z.B. das PRIMARY KEY in den Verbindungstabellen articles_comments und blogs_articles), so gelten sie für die ganze Tabelle. Konkret:

■ In `articles_comments` darf jedes Paar (`article_id`, `comment_id`) nur einmal vorkommen; womit sichergestellt werden soll, dass ein Kommentar nicht mehrmals einem Artikel zugewiesen wird.

■ In `blogs_articles` darf jedes Paar (`blog_name`, `article_id`) nur einmal vorkommen; denn wir wollen nicht ein Artikel mehrmals im selben Blog eintragen.

Dieses Schema implementiert aber leider nicht die SQL-Einschränkung `FOREIGN KEY`, mit der sichergestellt werden soll, dass nur auf bereits existierende Einträge verwiesen wird: etwa von der Tabelle `articles_comments` zu den Tabellen `articles` und `comments`. Es gibt zwar eine Möglichkeit, dies mit Hilfe von Triggers zu implementieren, aber das würde den Rahmen dieser Einführung bei Weitem sprengen. Was genau `FOREIGN KEY`-Constraints sind, werden wir bei PostgreSQL und MySQL zeigen.

Jetzt könnten wir mittels `INSERT` SQL-Statements diese Tabellen manuell füllen, und mittels `SELECT` diese Tabellen gezielt abfragen, aber das werden wir mit dem Python-Modul `sqlite3` weiter unten tun.

Was kann man sonst noch mit dem *sqlite3*-Tool so alles anstellen? Geben Sie einfach `.help` am `sqlite>`-Prompt ein, um sich einen Überblick zu verschaffen. Geben Sie auch `--help` auf der Kommandozeile nach `sqlite3` an, um eine Liste von Optionen zu erhalten.

Am wichtigsten sind hier jedoch die Kommandos:

■ `.schema`, das uns das Schema einer eventuell unbekannten Datenbank verrät,

■ `.dump`, welches das Schema und alle Daten der aktuellen Datenbank als SQL Befehle ausgibt (ideal für Backup Zwecke).

Die kanonische Anwendung von `.dump` ist natürlich *cron*-basiertes Backup, welches die SQLite3-Datei regelmäßig in eine SQL-Datei speichert. Eine solche SQL-Datei kann man benutzen, um eine Datenbank komplett neu zu generieren:

```
$ sqlite3 /tmp/blogdb.sqlite3 .dump > blogdb.sql
$ sqlite3 /tmp/blogdb2.sqlite3 < blogdb.sql
```

Dies kann man noch kürzer als Pipe aufrufen, so dass temporäre Dateien nicht angelegt werden müssen (sinnvoll bei sehr großen Datenbanken):

```
$ sqlite3 /tmp/blogdb.sqlite3 .dump | sqlite3 /tmp/blogdb3.sqlite3
```

Nun, da *sqlite3* die Datei erzeugt hat, wollen wir mal manuell etwas dort eintragen:

```
$ sqlite3 /tmp/blogdb.sqlite3
SQLite version 3.4.1
Enter ".help" for instructions
sqlite> INSERT INTO blogs VALUES (
   ...>      'The Python Blog',
   ...>      'Farid Hajji',
   ...>      'A blog about Python, what else?'
   ...> );
```

525

```
sqlite> INSERT INTO blogs VALUES (
   ...>     'The Perl Blog',
   ...>     'Farid Hajji',
   ...>     'There is more than one way to do it!'
   ...> );
sqlite> .quit
```

Und jetzt fragen wir die Datenbank ab:

```
$ sqlite3 /tmp/blogdb.sqlite3
SQLite version 3.4.1
Enter ".help" for instructions
sqlite> SELECT name FROM blogs ORDER BY name;
The Perl Blog
The Python Blog
sqlite> SELECT name, descr FROM blogs ORDER BY name;
The Perl Blog|There is more than one way to do it!
The Python Blog|A blog about Python, what else?
sqlite> .quit
```

13.8.3 Das sqlite3-Modul

Wir versuchen gleich ein paar Blog-Einträge in die soeben erzeugte Datenbank einzufügen und später abzufragen.

Als Erstes verbinden wir uns mit der Datenbank:

```
>>> import sqlite3
```

```
>>> conn = sqlite3.connect('/tmp/blogdb.sqlite3', isolation_level='DEFERRED')
```

```
>>> conn
<sqlite3.Connection object at 0x2832ba70>
```

Mit der connect-Methode des sqlite3-Moduls verbinden wir uns mit der SQLite-Datenbank */tmp/blogdb.sqlite3*, die wir im vorigen Abschnitt angelegt haben. Die Verbindung soll nicht im autocommit-Modus erfolgen, was wir durch das Setzen von isolation_level auf DEFERRED angeben.

conn ist ein Connection-Objekt, welches unter anderem die Methoden close, commit, rollback und cursor liefert:

```
>>> [ s for s in dir(conn) if not s[0] == '_' and not s.endswith('Error') ]
['Warning', 'close', 'commit', 'create_aggregate', 'create_collation',
'create_function', 'cursor', 'execute', 'executemany', 'executescript',
```

'interrupt', 'isolation_level', 'rollback', 'row_factory', 'set_authorizer',
'text_factory', 'total_changes']

- close schließt die Verbindung zur Datenbank. Ist der autocommit-Modus ausgeschaltet, werden Transaktionen, die nicht mit commit abgeschickt wurden, zurück-
  gerollt (d.h. nicht gespeichert).
- commit schließt eine offene Transaktion (eine Menge von SQL-Anweisungen), indem sie sie dauerhaft in die Datenbank speichert.
- rollback bricht eine Transaktion ab und startet eine neue. Alle in dieser Transaktion ausgeführten Befehle haben keine Auswirkung auf die Datenbank.
- cursor erzeugt ein Cursor-Objekt, mit dessen Hilfe man die Datenbank abfragen,
  neue Daten dort eintragen, verändern und löschen kann.

Als Nächstes brauchen wir jetzt ein Cursor-Objekt:

```
>>> curs = conn.cursor()
```

```
>>> curs
<sqlite3.Cursor object at 0x2841f4a0>
```

Cursor-Objekte bieten schon viel mehr Methoden, um eine Datenbank anzusprechen:

```
>>> [ s for s in dir(curs) if not s.startswith('_') ]
['arraysize', 'close', 'connection', 'description', 'execute', 'executemany',
'executescript', 'fetchall', 'fetchmany', 'fetchone', 'lastrowid', 'next',
'row_factory', 'rowcount', 'setinputsizes', 'setoutputsize']
```

- close schließt einen Cursor; aufzurufen, wenn man ihn nicht mehr benötigt.
- execute führt einen SQL-Befehl aus. Das Ergebnis dieses Befehls (*Result Set*) wird
  im Cursor-Objekt gespeichert und kann anschließend abgeholt werden, z.B. mit
  fetchone oder fetchall. Neben dem String mit dem SQL-Befehl können weitere
  Parameter, als Tupel gepackt, folgen.
- executemany ist wie execute, mit dem Unterschied, dass der SQL-Befehl für mehrere
  Sätze von Parametern ausgeführt wird. Dies ist i.d.R. effizienter, als execute in
  einer Schleife auszuführen, weil der SQL-Befehl nur einmal präpariert (kompiliert)
  werden muss und anschließend wiederverwendet werden kann.
- fetchone liefert eine Zeile aus dem *Result Set* als Tupel zurück. Dieser *Result Set*
  ist das Ergebnis einer vorigen execute- (oder executemany-) Operation. Sind keine
  Daten mehr im *Result Set* verfügbar, wird None zurückgegeben.
- fetchall liefert alle übriggebliebenen Datensätze des *Result Set* als Liste von Tupeln. Will man nur chunkweise ein paar Datensätze auf einmal abholen, kann man
  auch fetchmany verwenden.
- Unter bestimmten Bedinungen (z.B. erst aus Ausführung eines SQL-Befehls mit
  execute) stehen auch Cursor-Attribute zum Auslesen bereit:
  - rowcount ist die Anzahl der Zeilen, die der letzte execute-Aufruf lieferte oder
    veränderte.

– `description` liefert ein 7-elementiges Tupel, wovon die 2 ersten Elemente `name` und `type_code` sind.

Je nach Fähigkeiten des DB-API 2.0-Moduls stehen noch weitere Methoden zur Verfügung, wie z.B. `callproc`, um eine *stored procedure* aufzurufen, `nextset`, um zum nächsten *result set* zu springen, `setinputsizes`, `setoutputsizes` und das Attribut `arraysize`.

Weitere, nicht in der DB-API 2.0 definierte Methoden und Attribute sind ebenfalls denkbar, je nach Modul.

Wir wollen nun ein paar Kommentare in die `comments`-Tabelle eintragen. Dies ist ein SQL-`INSERT`-Befehl, also benutzen wir die Methode `execute` des Cursors:

```
>>> curs.execute('''INSERT INTO comments VALUES (?, ?, ?, ?)''',
...              (None, 'a subject', 'an author', 'a text'))
<sqlite3.Cursor object at 0x2841f4a0>

>>> curs.rowcount
1
```

Wir werden den Rückgabewert des `curs.execute`-Aufrufs weiter unten aus Übersichtlichkeitsgründen weglassen. Wenn Sie die Beispiele am Rechner nachvollziehen, liefert `curs.execute` immer den `Cursor` zurück.

Eine Zeile ist von diesem Befehl betroffen worden. Fügen wir noch einen Datensatz ein:

```
>>> curs.execute('''INSERT INTO comments VALUES (?, ?, ?, ?)''',
...              (None, 'another subject', 'another author', 'blah blah'))

>>> curs.rowcount
1
```

`curs.rowcount` liefert immer nur die Anzahl der betroffenen Zeilen des zuletzt ausgeführen Befehls.

Nun machen wir die Transaktion permanent, indem wir die `commit`-Methode des `Connection`-Objekts `conn` aufrufen:

```
>>> conn.commit()
```

Damit ist die aktuelle Transaktion geschlossen und eine neue geöffnet worden.

Die Fragezeichen bei `INSERT` und anderen SQL-Befehlen sind so genannte SQL-Platzhalter. Es dürfte klar sein, dass sie mit den passenden Parametern aus dem Parameter-Tupel von `execute` automatisch gefüllt werden. Es wäre zwar auch möglich, die Werte direkt im SQL-Befehl einzugeben (z.B. mit dem Stringinterpolationsoperator %), doch dies sollten Sie niemals tun, wenn diese Werte aus einer unsicheren Quelle stammen (z.B. einer Benutzereingabe). Es ist nämlich möglich mit geschicktem Einsetzen von Quote-Zeichen ganz andere SQL-Befehle zu bekommen, als man ursprüglich gedacht hat (das ist eine so genannte *SQL injection vulnerability* und ist ein ganz beliebter Angriffsvektor). Aus Sicherheitsgründen sollten Sie sich daran gewöhnen, ausschließlich Platzhalter einzusetzen (und wenn Sie extra vorsichtig sind, auch die Parameter auf ihre Konsistenz vorher noch zu überprüfen).

Jetzt wollen wir mit SELECT die Datenbank abfragen:

```
>>> curs.execute('''SELECT * FROM comments ORDER BY id''')
```

```
>>> curs.rowcount
-1
```

Offensichtlich funktioniert rowcount bei SELECT nicht. Aber das macht ja nichts. Jetzt holen wir uns eine Zeile nach der anderen mit fetchone:

```
>>> curs.fetchone()
(1, u'a subject', u'an author', u'a text')
```

```
>>> curs.fetchone()
(2, u'another subject', u'another author', u'blah blah')
```

```
>>> curs.fetchone()
```

Natürlich würde man in der realen Welt die Zeilen in einer Schleife auslesen:

```
curs.execute('''SELECT * FROM blogs ORDER BY name''')
result = curs.fetchone()
while result is not None:
    print result
    result = curs.fetchone()
```

Als Ausgabe erscheint:

```
(u'The Perl Blog', u'Farid Hajji', u'There is more than one way to do it!')
(u'The Python Blog', u'Farid Hajji', u'A blog about Python, what else?')
```

Wie bereits im vorigen Abschnitt bei der allgemeinen Einführung zu DB-API 2.0 erwähnt, ist es stets besser, fetchone (oder zur Not fetchmany) in einer Schleife aufzurufen, weil die Anzahl der Zeilen unter Umständen ziemlich groß werden kann.

Wie wir gesehen haben, brauchen wir auch kein speicherplatzintensives Sortieren von Schlüsseln in Python vorzunehmen, da uns dies unter Umständen die Datenbank (der Datenbankserver oder jeweilige Datenbankbibliothek) abnehmen kann (hier z.B. mit der SQL-Klausel ORDER BY).

Wollen wir trotzdem alle Zeilen des *Result Set* auf einmal holen, können wir es mit `fetchall` tun:

```
>>> curs.execute('''SELECT * FROM comments ORDER BY id''')
```

```
>>> curs.fetchall()
[(1, u'a subject', u'an author', u'a text'),
 (2, u'another subject', u'another author', u'blah blah')]
```

Wie wär's damit, Datensatz 2 zu verändern? Dazu ist der `UPDATE`-Befehl gut:

```
>>> curs.execute('''UPDATE comments SET author=? WHERE id=?''',
...              ('me', 2))
```

```
>>> curs.rowcount
1
```

Auch hier sind die Veränderungen nur in der Transaktion, aber noch nicht wirksam. Schicken wir die Transaktion ab und fragen die Datenbank noch einmal ab:

```
>>> conn.commit()
```

```
>>> curs.execute('''SELECT * FROM comments WHERE id=?''', (2,))
```

```
>>> curs.fetchone()
(2, u'another subject', u'me', u'blah blah')
```

Last but not least können wir einen oder mehrere Datensätze löschen:

```
>>> curs.execute('''DELETE FROM comments WHERE id < ?''', (3,))
```

```
>>> curs.rowcount
2
```

Wenn wir uns das aber anders überlegen, ist es im nicht-autocommit-Modus noch nicht zu spät: Wir können hier die Transaktion noch rückgängig machen!

```
>>> conn.rollback()
```

```
>>> curs.execute('''SELECT count(*) FROM comments''')
```

```
>>> curs.fetchone()
(2,)
```

```
>>> curs.execute('''SELECT * FROM comments ORDER BY id''')
```

```
>>> curs.fetchall()
[(1, u'a subject', u'an author', u'a text'),
(2, u'another subject', u'me', u'blah blah')]
```

Manchmal funktionieren bestimmte Operationen nicht. Angenommen, wir möchten noch einen Datensatz mit der id 1 in comments einfügen. Das sollte nicht gehen, weil diese Spalte UNIQUE (ja sogar PRIMARY KEY) ist und somit eine wesentliche Constraint verletzt und von der Datenbank abgefangen würde. Wie sieht der Fehler dann in Python aus?

```
>>> curs.execute('''INSERT INTO comments VALUES (?, ?, ?, ?)''',
...             (1, 'a rogue subject', 'hacker', 'not here'))
Traceback (most recent call last):
  File "<stdin>", line 2, in <module>
sqlite3.IntegrityError: PRIMARY KEY must be unique
```

In diesem Fall hat die Datenbank einen Fehler gemeldet, und dieser ist in Form einer sqlite3.IntegrityError-Ausnahme bei uns angekommen. Natürlich ist hier nichts eingefügt worden.

Ein Syntaxfehler in SQL hätte ebenfalls eine Ausnahme ausgelöst:

```
>>> curs.execute('''THIS IS NOT SQL''')
Traceback (most recent call last):
  File "<stdin>", line 1, in <module>
sqlite3.OperationalError: near "THIS": syntax error
```

Wir haben somit die wesentlichen Aspekte der DB-API 2.0 kurz überflogen.

```
>>> conn.close()
```

Nun versuchen Sie als Übungsaufgabe, das Blog-System auf SQLite mit dem sqlite3-Modul zu übertragen!

13.8.4 Anwendung: Verwaltung von MP3-Metadaten

Angenommen, wir haben eine größere Sammlung von MP3-Dateien und finden uns darin nicht mehr zurecht. Nehmen wir auch ferner an, dass die allermeisten dieser Dateien ID3-Tags besitzen, die den Titel, den Künstler, das Album usw. spezifizieren. Wir möchten nun all diese Metadaten in eine SQLite3-Datenbank speichern, um sie später wieder leicht zu finden.

Dazu brauchen wir erst ein paar Vorbereitungen. Wie benötigen

- eine Funktion, die Metadaten aus einer MP3-Datei extrahiert,
- eine Funktion, die eine Liste von MP3-Dateien liefert,
- eine Funktion, die eine SQLite3-Datenbank erzeugt,
- eine Funktion, die die Metadaten in die Datenbank speichert.

Wenn möglich, sollten diese Funktionen weitgehend voneinander entkoppelt werden, damit wir sie bei anderen Datenbanksystemen einsetzen können, z.B. bei PostgreSQL und MySQL.

Als Erstes fangen wir also mit der Datei *mp3scan.py* an:

```python
#!/usr/bin/env python
# mp3scan.py -- scan an mp3 and return a dictionary

import parseid3
import fingerprint

def scan_mp3(path_to_mp3):
    "Scan an MP3 for vital data"
    mp3data = {}
    mp3data['path'] = path_to_mp3

    try:
        mp3data['sha1'] = fingerprint.compute_sha1(open(path_to_mp3, 'rb'))
    except IOError, e:
        print "EIOO: %s\n%s" % (path_to_mp3, e)      # Permission problem?
        return None

    id3 = parseid3.fetch_ID3tag(path_to_mp3)
    if id3 is None:
        print "EID3: %s" % path_to_mp3
        id3 = {}
        id3['title'] = id3['artist'] = id3['album'] = id3['comment'] = 'ERROR'
        id3['track'] = id3['genre']  = id3['year']  = None
    mp3data.update(id3)

    for key in mp3data.keys():
        if mp3data[key] is None:
            mp3data[key] = ''

    return mp3data

if __name__ == '__main__':
    import sys, pprint
    if len(sys.argv) != 2:
        print >>sys.stderr, "Usage:", sys.argv[0], "path/to/file.mp3"
        sys.exit(1)
    thepath = sys.argv[1]
    pprint.pprint(scan_mp3(thepath))
```

532

Diese Datei benutzt das `parseid3`-Modul aus dem Abschnitt *Binary-Dateien* aus Kapitel 9, *Dateien und das Dateisystem*, um den MP3-Tag auszulesen und auszuwerten. Sie benutzt zusätzlich das Modul `fingerprint` aus demselben Kapitel, um die SHA-1-Prüfsumme der Datei zu berechnen. Wie man sieht, lohnt sich die Wiederverwendung von Code. Eine Kleinigkeit ist, dass `None`-Einträge hier zu leeren Strings verändert werden, da man mit leeren Strings leichter umgehen kann.

Dieses Programm kann getrennt ausprobiert werden:

```
$ ~/python/bin/python mp3scan.py /tmp/barrayar.mp3
{'album': 'Suburban Banshee (upcoming)',
 'artist': "Maureen S. O'Brien",
 'comment': 'www.dnaco.net/~mobrien/filk/',
 'genre': 255,
 'path': '/tmp/barrayar.mp3',
 'sha1': 'a8cf157d6d9aa189e03a4a14e8e7f6e00fb6ef93',
 'title': '"Barrayaran Roses"',
 'track': '',
 'year': '2002'}
```

Als Zweites benötigen wir eine Funktion, die das Dateisystem ab einem bestimmten Punkt durchläuft (der Wurzel unserer MP3-Sammlung?) und eine Liste von MP3-Dateien zurückgibt. Am besten sollte statt einer Liste ein Iterator zurückgegeben werden, falls diese extrem lang werden sollte.

```
#!/usr/bin/env python
# mp3tree.py -- get list of all files that end in .mp3 or .MP3

import os, os.path

def tree_mp3(path_to_root):
    "A generator that returns a list of all .mp3 and .MP3 files"
    for root, dirs, files in os.walk(path_to_root):
        files.sort()
        for fname in files:
            if fname.endswith('.mp3') or fname.endswith('.MP3'):
                yield os.path.join(path_to_root, root, fname)

if __name__ == '__main__':
    import sys
    if len(sys.argv) != 2:
        print >>sys.stderr, "Usage:", sys.argv[0], "dir"
        sys.exit(1)
    rootpath = sys.argv[1]
    print '\n'.join(tree_mp3(rootpath))
```

Die Datei *mp3tree.py* benutzt `os.walk`, eine alte Bekannte aus Kapitel 9, *Dateien und das Dateisystem*, um das Dateisystem zu durchlaufen. Das Herausfischen von MP3-Dateien ist hier zu Demonstrationszwecken äußerst primitiv: Wir gehen einfach davon aus, dass alle MP3-Dateien die Endung `.mp3` bzw. `.MP3` aufweisen und dass alle Dateien mit dieser Endung automatisch MP3-Dateien sind. Es stimmt zwar nicht immer, aber es bleibt Ihnen überlassen, eine bessere Erkennungslogik einzusetzen.

Die Verwendung sähe so aus (die überlange Liste wird natürlich nicht hier im Buch wiedergegeben):

```
$ ~/python/bin/python mp3tree.py /mnt2/mp3
```

Jetzt kommen wir zur Funktion, welche die Initialisierung der SQLite3-Datenbank übernimmt. Die Idee hier ist es, zwei Tabellen anzulegen: eine Tabelle, welche Metadaten zur MP3-Datei selbst enthält, und eine andere Tabelle, die diese Datei zu den diversen Pfaden assoziiert, unter der sie sich befinden kann.

Hä? Na ja, denken Sie mal drüber nach: Eine MP3-Datei kann ja mehrfach unter verschiedenen Pfaden vorkommen (z.B. in Form von Hard- oder Symlinks oder einfach nur als echte Kopie). Diese Dateikopien wollen wir aber nicht mehrfach in der Haupttabelle haben, da wir sie nicht mehrfach gezählt oder aufgelistet haben möchten. Da darüberhinaus Dateien verschoben werden könnten, würden wir immer unterschiedliche Ergebnisse erhalten. Das ist alles suboptimal.

Eine bessere Lösung besteht darin, jede eindeutige Datei (egal, wo sie sich befindet) nur einmal in einer Tabelle *mp3meta* zu speichern; und dann soll für jedes ihrer Vorkommen in der Verzeichnisherarchie soll ein Eintrag in die Tabelle *mp3paths* hinzukommen.

Doch was wäre das eindeutige Kennzeichen für eine Datei, wenn es nicht ihr Pfad sein soll? Das sollte etwas sein, was sich mit der Datei selbst nicht verändert, egal, wo wir sie hinbewegen; es sollte auch etwas sein, dass zwei MP3-Dateien wohl kaum gemeinsam haben, auch wenn wir Millionen solcher Dateien haben (sollten). Was liegt da näher, als eine krytographische Prüfsumme zu verwenden? Genau! Wir benutzen dafür z.B. das SHA-1 Digest, das wir deswegen vorher berechnet haben. Dieses ist nicht kollisionssicher (man könnte ja auch SHA-512 benutzen), aber es soll erst einmal reichen. Darum benutzen wir dieses Kriterium als Primärschlüssel für unsere Haupttabelle *mp3meta* und werden in der Sekundärtabelle *mp3paths* ein Tupel (`sha-1`, `pfad`) benutzen.

Schauen wir uns also das Initialisierungsprogramm an:

```python
#!/usr/bin/env python
# mp3initdb_sqlite3.py -- create mp3collection schemas in SQLite3

import sqlite3
```

```python
MP3META_SCHEMA = '''
CREATE TABLE mp3meta (
id TEXT PRIMARY KEY,
title TEXT,
artist TEXT,
album TEXT,
track INTEGER,
genre INTEGER,
comment TEXT,
year TEXT
);
'''

MP3PATHS_SCHEMA = '''
CREATE TABLE mp3paths (
id TEXT NOT NULL,
path TEXT NOT NULL
);
'''

MP3PATHS_INDEX_SCHEMA = '''
CREATE UNIQUE INDEX unique_index ON mp3paths ( id, path );
'''


def create_schema(path_to_db):
    "Create the SQLite3 database schema"
    conn = sqlite3.connect(path_to_db)
    curs = conn.cursor()
    curs.execute(MP3META_SCHEMA)
    curs.execute(MP3PATHS_SCHEMA)
    curs.execute(MP3PATHS_INDEX_SCHEMA)
    curs.close()
    conn.close()


if __name__ == '__main__':
    import sys
    if len(sys.argv) != 2:
        print >>sys.stderr, "Usage:", sys.argv[0], "path/to/mp3collectiondb"
        sys.exit(1)
    path_to_db = sys.argv[1]
    create_schema(path_to_db)
```

Dieses Programm müssen wir nur erstmalig aufrufen, um die Datenbank zu initialisieren:

```
$ ~/python/bin/python mp3initdb_sqlite3.py /mnt2/mp3/mp3collection.sqlite3
```

Nun kommen wir endlich zum Programm, das alles zusammenfügt! *mp3db_sqlite3.py* importiert erst aus *mp3scan.py* die Scanfunktion scan_mp3 und aus *mp3tree.py* den Generator tree_mp3. Natürlich importiert es auch das Python sqlite3-Standardmodul. Die eigentliche Arbeit geschieht in der Funktion update_database:

```python
#!/usr/bin/env python
# mp3db_sqlite3.py -- update mp3collection database from mp3 meta data

import sqlite3

from mp3scan import scan_mp3
from mp3tree import tree_mp3

def update_database(path_to_db, root, debug=False):
    "Update database, starting from root path"

    # Open SQLite3 database and start transaction block
    conn = sqlite3.connect(path_to_db, isolation_level='DEFERRED')
    curs = conn.cursor()

    for path in tree_mp3(root):
        # Read and compute meta data of file path
        m = scan_mp3(path)
        if debug: print "READ(%s)" % path
        if m is None: continue

        # Save meta data into mp3meta
        try:
            curs.execute('''INSERT INTO mp3meta VALUES
                    (?, ?, ?, ?, ?, ?, ?, ?)''',
                    (m['sha1'], m['title'], m['artist'], m['album'],
                     m['track'], m['genre'], m['comment'], m['year']))
        except sqlite3.IntegrityError, e:
            print "ERR1(%s, %s):" % (m['sha1'], path), e

        # Save path info of this file into mp3paths
        try:
            curs.execute('''INSERT INTO mp3paths VALUES (?, ?)''',
                    (m['sha1'], path))
```

```
        except sqlite3.IntegrityError, e:
            print "ERR2(%s, %s):" % (m['sha1'], path), e

    # Commit transaction now
    conn.commit()

    # That's all, folks! Now let's clean up
    curs.close()
    conn.close()

if __name__ == '__main__':
    import sys
    if len(sys.argv) != 3:
        print >>sys.stderr, "Usage:", sys.argv[0], "path_to_db path_to_root"
        sys.exit(1)
    path_to_db, path_to_root = sys.argv[1], sys.argv[2]

    update_database(path_to_db, path_to_root, debug=True)
```

Der Aufruf sähe dann so aus:

```
$ ~/python/bin/python mp3db_sqlite3.py \
>                       /mnt2/mp3/mp3collection.sqlite3 \
>                       /mnt2/mp3
```

Die Ausführung dauert je nach Geschwindigkeit des Mediums und je nach Datenmenge ein Weilchen. Anschließend ist unsere SQLite3-Datenbank */mnt2/mp3/mp3-
collection.sqlite3* gut gefüllt und kann abgefragt werden.

Der Kern des Datenbankupdates besteht aus:

```
# Pseudo code without error handling

for path in tree_mp3(root):
    m = scan_mp3(path)
    curs.execute('''INSERT INTO mp3meta VALUES (?, ?, ?, ?, ?, ?, ?, ?)''',
                (m['sha1'], m['title'], m['artist'], m['album'],
                 m['track'], m['genre'], m['comment'], m['year']))
    curs.execute('''INSERT INTO mp3paths VALUES (?, ?)''',
                (m['sha1'], path))
```

Man sieht, dass pro Dateienpfad path diese Datei erst gescannt wird, dann werden zwei
Einträge in die Datenbank vorgenommen: einer in *mp3meta* und einer in *mp3paths*.

Die Fehlerbehandlung fängt übliche Fehler ab. Keiner dieser Fehler sollte zum Abbruch des Programms führen:

537

- ERR1 wird von update_database ausgegeben, wenn eine identische Datei erneut an einer anderen Stelle des Dateisystems vorkam.
- ERR2 wird von update_database ausgegeben, wenn zweimal ein identisches (sha-1, path) Paar in *mp3paths* eingefügt werden soll: Das kann nur dann geschehen, wenn wir das Programm mehr als einmal laufen lassen.
- EIO0 wird von scan_mp3 ausgegeben, wenn die Datei nicht gelesen werden konnte. Das kann vorkommen, wenn die Datei lesegeschützt ist und wir nicht ausreichend Rechte haben.
- EID3 wird von scan_mp3 ausgegeben, wenn die Datei kein IDv3 Tag besitzt.

Beachten Sie, dass die Datenbank *nicht* im autocommit Modus geöffnet wird (isolation_level=DEFERRED). Falls also etwas beim Updaten der Datenbank schief geht (z.B. während der Entwicklung des Programms, wenn man vergisst, ein paar Fehler abzufangen), wäre diese Datenbank nicht zerstört, weil die offene Transaktion noch nicht mittels commit permanent gemacht wurde: Alles, was bis zum Abbruch des Programms geschah, wird einfach weggeworfen und wird nicht Teil der Datenbank. Erst nach dem conn.commit()-Aufruf werden alle unsere Einträge gespeichert.

Nun bleibt uns nur noch, die Datenbank abzufragen! Eine typische Abfrage wäre nach der Liste der Dateien, die noch kein ID3-Tag haben. Sie erinnern sich, dass wir in dem Fall ein ID3-Tag gefakt haben, indem wir in 'title' und anderen Feldern den String 'ERROR' eingetragen haben. Genau danach suchen wir mit einem Join!

Als Erstes stellen wir eine Verbindung zur Datenbank her. Wir benutzen wieder das *sqlite3*-Tool, könnten aber genauso gut von Python aus das sqlite3 Modul benutzen. Das Tool ist aber für unsere Zwecke hier praktischer:

```
$ sqlite3 /mnt2/mp3/mp3collection.sqlite3
SQLite version 3.4.1
Enter ".help" for instructions
sqlite>
```

Da es schon ein Weilchen her ist, dass wir die Datenbank angelegt haben, erinnern wir uns vielleicht nicht an das Schema. Kein Problem: Das rufen wir einfach interaktiv ab!

```
sqlite> .schema
CREATE TABLE mp3meta (
id TEXT PRIMARY KEY,
title TEXT,
artist TEXT,
album TEXT,
track INTEGER,
genre INTEGER,
comment TEXT,
year TEXT
);
```

```
CREATE TABLE mp3paths (
id TEXT NOT NULL,
path TEXT NOT NULL
);
CREATE UNIQUE INDEX unique_index ON mp3paths ( id, path );
```

Als Nächstes stellen wir die Abfrage Schritt für Schritt zusammen:

- Wir fragen nach den Pfaden, also SELECT mp3paths.path,
- aus den beiden Tabellen: FROM mp3paths, mp3meta,
- wobei der Titel den String 'ERROR' enthalten muss: WHERE mp3meta.title = 'ERROR',
- und um die Verbindung zwischen beiden Tabelle *mp3paths* und *mp3meta* herzustellen, benutzen wir ein Join: AND mp3paths.id = mp3meta.id;
- am Schluss sortieren wir noch alles nach Pfaden ORDER BY mp3paths.path:

```
sqlite> SELECT mp3paths.path FROM mp3paths, mp3meta
   ...>        WHERE mp3meta.title = 'ERROR'
   ...>          AND mp3paths.id = mp3meta.id
   ...>        ORDER BY mp3paths.path;
```

Es erscheint eine Liste von Pfaden, um die wir uns nun kümmern können (indem wir ihnen z.B. ID3-Tags verpassen).

Zählen wir jetzt ein bisschen: Wie viele eindeutige Dateien sind mit und ohne ID3-Tags? Das wird Aufschluss geben über die Qualität unserer MP3-Sammlung:

```
sqlite> SELECT count(*) FROM mp3meta WHERE title = 'ERROR';
45

sqlite> select count(*) FROM mp3meta WHERE title != 'ERROR';
8280
```

Das ist ja gar nicht mal so schlecht! Jetzt zählen wir noch die Anzahl der Mehrfacheinträge, d.h. von Dateien, die mehrfach unter den verschiedenen Pfaden vorkommen. Das geht mit einer verschachtelten SQL-Abfrage:

```
sqlite> SELECT path, c
   ...>     FROM
   ...>       (SELECT path, count(*) AS c
   ...>        FROM mp3paths
   ...>        GROUP BY id)
   ...>     WHERE
   ...>       c > 1;
```

Sie erhalten eine Liste von Pfaden und Anzahl der Mehrfachvorkommen (2, 3, ...). Nun modifizieren Sie die Abfrage so, dass Sie zu jedem dieser Pfade die Pfade erhalten, die zu einer identischen Datei gehören.

13.9   PostgreSQL-Anbindung mit psycopg2

Nachdem wir mit SQLite3 ein wenig gespielt haben, ist es an der Zeit, mit einem *richtigen* Datenbankserver zu arbeiten. Dank der Python DB-API 2.0-Schnittstelle ist es möglich, von Python aus verschiedene Datenbankserver über eine einigermaßen uniforme Schnittstelle aus anzusprechen.

In diesem Abschnitt werden wir den PostgreSQL Datenbankserver sowohl unter Unix (FreeBSD) als auch Windows (XP) installieren und konfigurieren. Dies ist ein bisschen langwierig, aber nicht besonders schwer. Anschließend werden wir mit dem Tool *psql* ein wenig experimentieren, indem wir SQL-Befehle an den DB-Server senden und Ergebnisse auslesen.

All dies ist natürlich nur Vorbereitung für die eigentliche Arbeit: die Installation und Benutzung des `psycopg2`-Python-Moduls, welches die DB-API 2.0 implementiert und mit dem DB-Server das eigentliche *wire procotol* spricht.

13.9.1   Was ist PostgreSQL?

PostgreSQL ist ein enterprise-grade Open Source RDBMS (relationales Datenbank-managementsystem), das nicht nur eine der vollständigsten SQL-Implementierungen auf dem Markt bietet, sondern auch äußerst robust und trotzdem sehr performant ist (richtiges Betriebssystem vorausgesetzt). Vom Leistungsumfang her kann es durch-aus mit Oracle mithalten. Wenn Sie einen Datenbankserver für produktionskritische Abläufe suchen, ist PostgreSQL eine sehr gute Wahl.

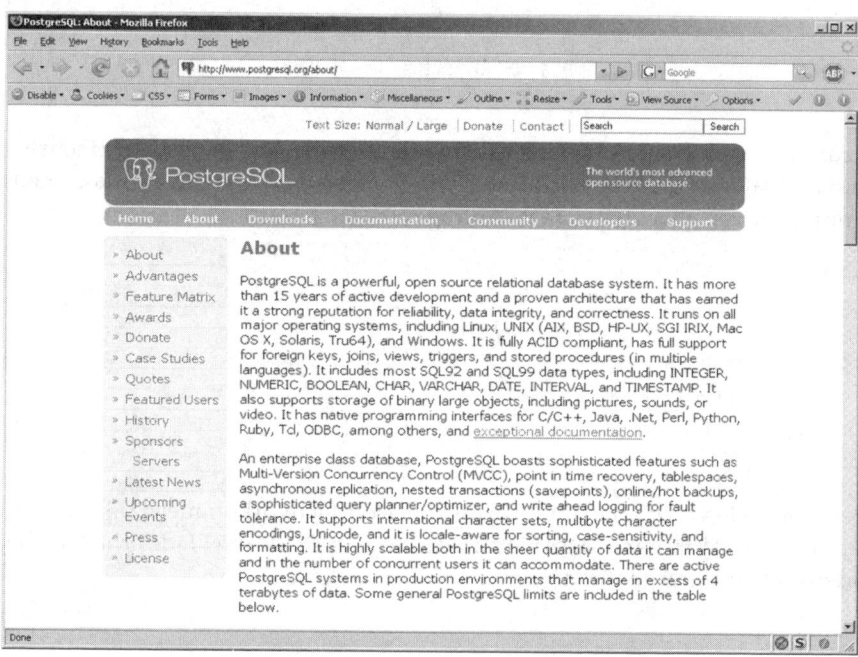

13.9.2 PostgreSQL installieren

Wir werden im Folgenden PostgreSQL installieren und konfigurieren; aber in der Praxis werden Sie bereits einen vorkonfigurierten DB-Server zur Verfügung haben. Wie auch immer: Man kommt oft nicht umhin, sich eine Entwicklerumgebung nachzubilden, und nicht jeder Python-Programmierer ist auch von der Ausbildung her ein eingefleischter Datenbankadministrator (DBA) oder Systemadministrator. Darum die folgende Anleitung, die Ihnen hoffentlich als nicht zu langatmig vorkommen wird.

Unix

PostgreSQL lässt sich entweder aus einem für Ihre Version von Unix vorkompilierten Binary (z.B. eine .rpm Datei) installieren, oder man kann es vom Quellcode aus übersetzen und installieren. Wie dies geht, ist abhängig vom Betriebssystem, und wir können an dieser Stelle nicht auf die Details für jede einzelne Plattform eingehen.

Wir zeigen beispielhaft, wie man PostgreSQL 8.3.1 auf FreeBSD 7.0 installieren kann. Dies ist ein hervorragendes Serverbetriebssystem, auf dem PostgreSQL im Produktionsbetrieb häufig anzutreffen ist.

Unter FreeBSD benutzt man am bequemsten das Ports-System:

```
# cd /usr/ports/databases/postgresql83-server
# make install clean
```

Dies lädt den Quellcode aus http://www.postgresql.org/ herunter, entpackt ihn, wendet ein paar FreeBSD-spezifische Patches an und übersetzt ihn dann. Anschließend werden die Binarys installiert, und der Server kann nun konfiguriert werden.

Bevor wir fertig sind, installieren wir auch gleich die HTML-Dokumentation. Dazu tragen wir in */etc/make.conf* Folgendes ein

```
.if ${.CURDIR:M*/databases/postgresql-docs}
DEFAULT_PGSQL_VER=83
.endif
```

und installieren die Dokumentation über den Port:

```
# cd /usr/ports/databases/postgresql-docs
# make install clean
```

Bei anderen Betriebssystemen nutzen Sie einfach deren Package-Tool, um PostgreSQL zu installieren (z.B. *emerge* by Gentoo, *rpm* oder deren Frontends bei RPM-basierten Linux Distributionen usw.); oder Sie packen die Quellcodes (z.B. *postgresql-8.3.1.tar.bz2*) aus und kompilieren den Server selbst (Instruktionen innenliegend).

Nun wollen wir den PostgreSQL Server so konfigurieren, dass er sowohl einen Benutzer *pythonbook* als auch eine Datenbank pybookdb bereitstellt. Diese Zugangsdaten werden wir später beim Verbinden mit dem psycopg2-Modul benutzen.

Nach der Installation des PostgreSQL Ports auf FreeBSD wurde ein Unix-User *pgsql* angelegt, dessen Home-Verzeichnis */var/db/pgsql* ist. Außerdem wurde eine Instanz des PostgreSQL-Servers unter */var/db/pgsql/data* installiert (das sind Dateien, die alle dem User *pgsql* gehören). Als Schmankerl wurde noch ein Startup-Skript */usr/local/etc/rc.d/ postgresql* angelegt, welches *pg_ctl* aufruft. Dieses Skript funktioniert nur, wenn man folgende Variablen in */etc/rc.conf* setzt:

```
postgresql_class="postgres"
postgresql_enable="YES"
```

In */etc/login.conf* steht am Ende Folgendes, damit alle Daten standardmäßig in UTF-8-Encoding im Datenbankserver abgelegt werden.

```
postgres:\
        :lang=en_US.UTF-8:\
        :setenv=LC_COLLATE=C:\
        :tc=default:
```

Wie dem auch sei, wir wollen hier ganz frisch anfangen und die ganze PostgreSQL-Datenbankinstanz neu aufsetzen. Natürlich tun wir dies nur, wenn dort noch keine Datenbanken angelegt wurden!

Wir löschen also */var/db/pgsql/data* als *root* und initialisieren die Datenbankinstanz neu (vergessen Sie nicht sicherzustellen, dass der Datenbankserver währenddessen nicht läuft, und vor allem, dass Sie nicht versehenlich eine existierende Datenbankinstallation löschen!).

```
# /usr/local/etc/rc.d/postgresql stop
server stopped

# rm -rf /var/db/pgsql/data

# /usr/local/etc/rc.d/postgresql initdb

The files belonging to this database system will be owned by user "pgsql".
This user must also own the server process.

The database cluster will be initialized with locales
  COLLATE:  C
  CTYPE:    en_US.UTF-8
  MESSAGES: en_US.UTF-8
  MONETARY: en_US.UTF-8
  NUMERIC:  en_US.UTF-8
  TIME:     en_US.UTF-8
The default text search configuration will be set to "english".
```

```
creating directory /var/db/pgsql/data ... ok
creating subdirectories ... ok
selecting default max_connections ... 40
selecting default shared_buffers/max_fsm_pages ... 28MB/179200
creating configuration files ... ok
creating template1 database in /var/db/pgsql/data/base/1 ... ok
initializing pg_authid ... ok
initializing dependencies ... ok
creating system views ... ok
loading system objects' descriptions ... ok
creating conversions ... ok
creating dictionaries ... ok
setting privileges on built-in objects ... ok
creating information schema ... ok
vacuuming database template1 ... ok
copying template1 to template0 ... ok
copying template1 to postgres ... ok

WARNING: enabling "trust" authentication for local connections
You can change this by editing pg_hba.conf or using the -A option the
next time you run initdb.

Success. You can now start the database server using:

    /usr/local/bin/postgres -D /var/db/pgsql/data
or
    /usr/local/bin/pg_ctl -D /var/db/pgsql/data -l logfile start
```

Nun ist eine neue Datenbankinstanz in */var/db/pgsql/data* erzeugt worden!

Wir starten testweise den Server, um zu sehen, ob alles funktioniert:

```
# /usr/local/etc/rc.d/postgresql start
```

Wir verifizieren in der Prozessliste, ob der *postgres*-Dämon läuft:

```
# ps ax | grep postg
29676  ??  Ss     0:01.06 /usr/local/bin/postgres -D /var/db/pgsql/data
29678  ??  Ss     0:00.01 postgres: writer process    (postgres)
29679  ??  Ss     0:00.01 postgres: wal writer process    (postgres)
29680  ??  Ss     0:00.01 postgres: autovacuum launcher process    (postgres)
29681  ??  Ss     0:00.01 postgres: stats collector process    (postgres)
```

Sieht gut aus. Auf welche Ports hört er?

```
$ sockstat -461 | grep pgsql
pgsql    postgres  29676 3  tcp6   ::1:5432          *:*
pgsql    postgres  29676 4  tcp4   127.0.0.1:5432    *:*
```

Okay, auf Port 5432, aber nur `localhost`. Das ist aus den üblichen Sicherheitsgründen schon mal recht akzeptabel: Von außen kann noch keiner auf den PostgreSQL-Server drauf.

Als zweiten Schritt benötigen wir einen Datenbank-Superuser, sagen wir mal *superuser*. Diesen erzeugen wir mit dem Kommando *createuser*, und zwar solange wir noch nicht die Zugriffsrechte auf dem Server eingeschränkt haben (sonst könnten wir uns nicht darauf einloggen: Problem von der Henne und dem Ei ...).

```
# su - pgsql
```

```
~pgsql> createuser --superuser --pwprompt superuser
Enter password for new role: <su.per>
Enter it again: <su.per>
```

Das Passwort wird natürlich nicht am Bildschirm angezeigt. Es steht nur hier zum leichteren Nachvollziehen der erforderlichen Schritte!

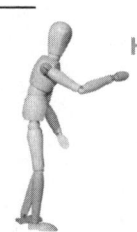

Hinweis

Man beachte, dass Datenbank-User und Unix-User streng getrennte Konzepte sind. *pgsql* war ein Unix-User, dem die `postgresql`-Dateien gehören, *superuser* ist ein Datenbank-(Super)user, der ausschließlich in der Datenbank wohnt (es muss und wird wohl auch kaum einen Eintrag für *superuser* – oder auch andere Datenbankuser – in der Datei */etc/passwd* geben!).

Als dritten Schritt ist es an der Zeit, die Zugriffsrechte auf den Datenbankserver etwas einzuschränken. Bisher durfte sich jeder Benutzer von `localhost` aus am Server anmelden. Um das zu unterbinden, editieren wir als *pgsql* die Datei */var/db/pgsql/data/pg_hba.conf* wie folgt:

```
~pgsql> cd /var/db/pgsql/data
```

```
~pgsql> ls
PG_VERSION      pg_clog         pg_multixact    pg_twophase     postmaster.opts
base            pg_hba.conf     pg_subtrans     pg_xlog         postmaster.pid
global          pg_ident.conf   pg_tblspc       postgresql.conf
```

```
~pgsql> cp pg_hba.conf pg_hba.conf.orig
```

```
~pgsql> vi pg_hba.conf
```

Dabei ändern wir in den letzten Zeilen den Parameter trust und ersetzen ihn durch md5. Wir fügen eine Zeile mit unserem lokalen Netzwerk *192.168.254.1/24* hinzu, damit sich auch andere Rechner dieses Netzwerks (aber aus keinem anderen Rechner, insbesondere auch nicht aus dem offenen Internet) auf den Server einloggen können. Passen Sie IP-Adressen einfach Ihren lokalen Gegebenheiten an. Außerdem entfernen wir die IPv6-Zeile. Das Ende der *pg_hba.conf* sollte dann so aussehen:

```
# TYPE   DATABASE    USER        CIDR-ADDRESS        METHOD

# "local" is for Unix domain socket connections only
local   all         all                             md5
# IPv4 local connections:
host    all         all         127.0.0.1/32        md5
host    all         all         192.168.254.1/24    md5
```

Wir ändern auch den Parameter listen_addresses aus der Datei */var/db/pgsql/data/postgresql.conf* von localhost auf *, damit der Server nicht nur auf Verbindungen von *127.0.0.1* hört.

```
~pgsql> cp postgresql.conf postgresql.conf.orig

~pgsql> vi postgresql.conf

~pgsql> grep listen_addresses postgresql.conf
#listen_addresses = 'localhost'        # what IP address(es) to listen on;
listen_addresses = '*'
```

Damit das wirksam wird, starten wir postgresql neu:

```
# /usr/local/etc/rc.d/postgresql stop
server stopped


# /usr/local/etc/rc.d/postgresql start
```

Schauen wir noch mal nach, ob der Server auf alle Interfaces statt nur *127.0.0.1* hört:

```
# sockstat -461 | grep postgres
pgsql    postgres   29731 3  tcp6   *:5432              *:*
pgsql    postgres   29731 4  tcp4   *:5432              *:*
```

Als vierten Schritt erzeugen wir den Datenbankbenutzer *pythonbook*. Dies tun wir unter Ausnutzung des gerade angelegten Datenbank-Superuser *superuser* aus der Shell eines ganz normalen Unix-Benutzers (z.B. *farid*) aus:

```
~farid> createuser --host 127.0.0.1 --username superuser --password \
                   --pwprompt pythonbook
Enter password for new role: <py.book>
```

```
Enter it again: <py.book>
Shall the new role be a superuser? (y/n) n
Shall the new role be allowed to create databases? (y/n) n
Shall the new role be allowed to create more new roles? (y/n) n
Password: <su.per>
```

Hinweis

Die Passwörter werden natürlich nicht auf dem Bildschirm angezeigt.

Da der neue Datenbankbenutzer *pythonbook* keine Datenbanken anlegen kann, erzeugen wir für ihn eine Datenbank pybookdb, wiederum unter Ausnutzung der *superuser*-Datenbankadministratorkennung:

```
~farid> createdb --host 127.0.0.1 --username superuser --password \
                --owner pythonbook pybookdb
Password: <su.per>
```

Jetzt sind wir bereit, im letzten Schritt uns testweise als Datenbankbenutzer *pythonbook* einzuloggen und an die Datenbank pybookdb anzudocken:

```
~farid> psql --host 127.0.0.1 --username pythonbook --password \
            --dbname pybookdb
Password for user pythonbook: <py.book>
Welcome to psql 8.3.1, the PostgreSQL interactive terminal.

Type:   \copyright for distribution terms
        \h for help with SQL commands
        \? for help with psql commands
        \g or terminate with semicolon to execute query
        \q to quit

pybookdb=>
```

Sind wir schon an diesem Prompt angekommen, hat alles wunderbar funktioniert. Da wir (*pythonbook*) der Besitzer dieser Datenbank sind, können wir auch gleich (testweise) eine Tabelle anlegen, befüllen und befragen:

```
pybookdb=> CREATE TABLE emails (
pybookdb(>      full_name VARCHAR(30),
```

```
pybookdb(>       e_mail    VARCHAR(30),
pybookdb(>       descr     VARCHAR(50)
pybookdb(> );
CREATE TABLE

pybookdb=> INSERT INTO emails VALUES ('Python Book', 'pythonbook@hajji.name',
pybookdb(>                                    'Service address of the Python Book');
INSERT 0 1

pybookdb=> SELECT * FROM emails ORDER BY full_name;
  full_name  |        e_mail         |                 descr
-------------+-----------------------+------------------------------------
 Python Book | pythonbook@hajji.name | Service address of the Python Book
(1 row)
```

Das Datenbankschema lässt sich auch interaktiv erkunden:

```
pybookdb=> \d
          List of relations
 Schema |  Name  | Type  |   Owner
--------+--------+-------+------------
 public | emails | table | pythonbook
(1 row)

pybookdb=> \d emails
             Table "public.emails"
   Column   |         Type          | Modifiers
-----------+-----------------------+-----------
 full_name | character varying(30) |
 e_mail    | character varying(30) |
 descr     | character varying(50) |
```

Wir könnten jetzt die Tabelle emails mit DROP TABLE emails; löschen, und mit \d nachprüfen, dass keine Tabellen mehr in der Datenbank sind, aber wir lassen sie erst einmal
stehen (um sie weiter unten von Windows aus anzusprechen).

Jetzt verlassen wir die Datenbank pybookdb und loggen uns aus dem Datenbankserver
aus:

```
pybookdb=> \q
~farid>
```

Den Dankbankserver lassen wir natürlich laufen. Nun sind wir bereit, das psycopg2-
Modul zu installieren und auszuprobieren!

Windows

Für Windows gibt es unter http://www.postgresql.org/ einen Binary-Installer. Packen Sie einfach *postgresql-8.3.1-1.zip* bzw. die Version, die Sie erhalten, wenn Sie dieses Buch lesen, irgendwo aus, und klicken Sie auf *postgresql-8.3.msi*, um den Installer zu starten.

In einem der Fenster können Sie die zu installierenden Komponenten aussuchen und den Pfad, wo die gesamte PostgreSQL-Installation und die eigentlichen Daten dieser PostgreSQL-Instanz leben sollen, spezifizieren (achten Sie auf den Browse-Button bei selektierten Optionen *Database Server* und *Data directory* im Fenster *Installation options*). Wir wählen hier beispielhaft den folgenden Pfad aus: *E:\PostgreSQL\8.3* (der Pfad muss so gewählt werden, dass er sich auf ein NTFS-Filesystem bezieht) und installieren sowohl Server- als auch Client-Komponenten dorthin.

Achtung!

In der Praxis möchten Sie nicht wirklich einen Datenbankserver auf Windows laufen lassen! Es empfiehlt sich dringend, den Server im Produktionsbetrieb nur auf einer stabilen Serverplattform laufen zu lassen (z.B. auf FreeBSD, Solaris oder Linux), und bei Bedarf von Unix- und Windows-PCs aus darauf per TCP zugreifen.

Wir benötigen also folgende Komponenten:

- *Database Server* samt *Data Directory* (für den Entwicklungsbetrieb auf Windows)
- *Application Stack Builder*
- *User Interfaces*, mindestens *psql* (aber *pgAdmin III* ist auch ganz nett)
- *Development*, und zwar sowohl *Include files*, *Library files* als auch *Tools and utilities* (für das noch zu installierende psycopg2-Modul)

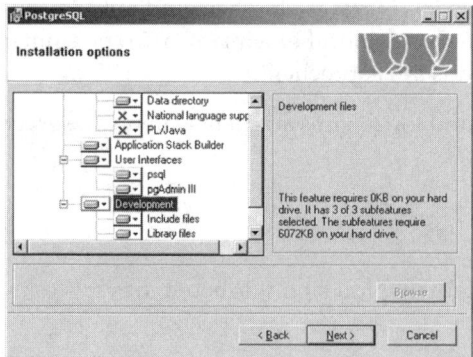

Der PostgreSQL-Server soll nun auf Port 5432 aller Adressen auf Verbindungen warten, das Encoding setzen wir auf UTF-8, damit wir auch mit Unix kompatibel sind, und wir legen eine Kennung für den Datenbankadministrator *superuser* an. Diese werden wir später benötigen, um Datenbank-User anzulegen:

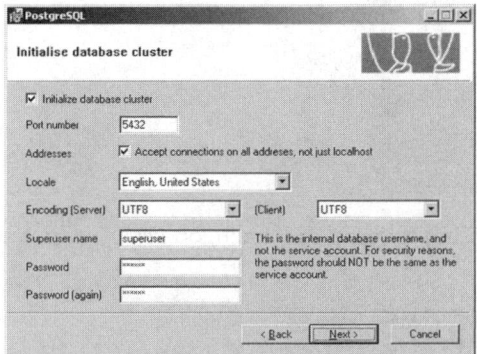

So weit, so gut. Wir dürfen nicht vergessen, die Datei *pg_hba.conf* zu ergänzen. Dazu geht man in das Menü CONFIGURATION FILES:

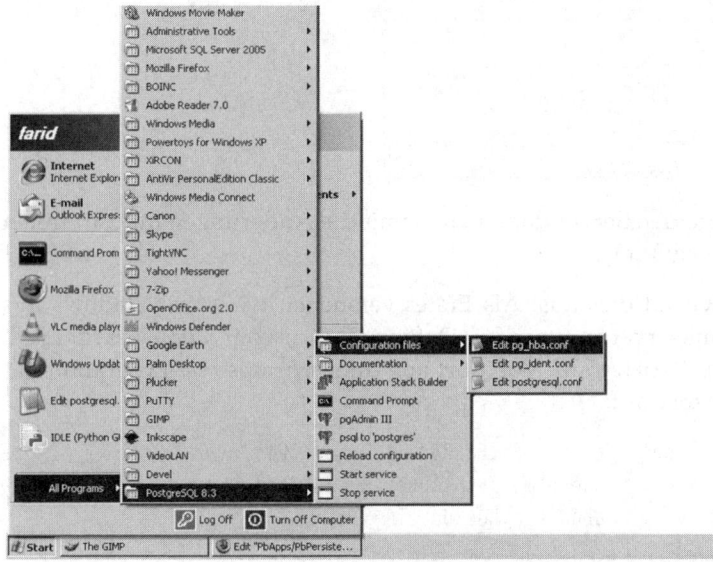

Dort wählt man EDIT PG_HBA.CONF und trägt ans Ende der Datei die Netze in CIDR-Notation, von denen der Datenbankserver Verbindungen akzeptieren soll:

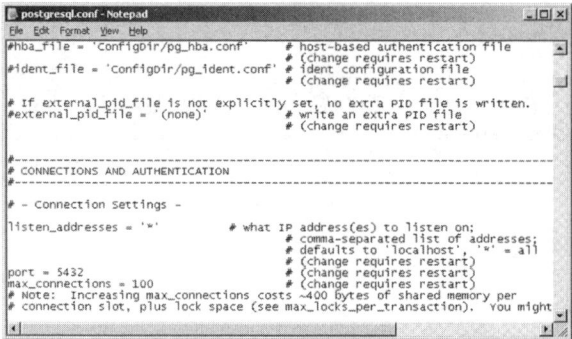

Da wir gerade dabei sind, prüfen wir auch in *postgresql.conf* nach, ob *listen_addresses* auf * gesetzt ist:

Stoppen und starten Sie den Server dann neu, damit die Änderungen in Kraft treten (Stop service, Start service).

Und nun probieren wir all dies aus! Als Erstes versuchen wir, von Windows aus auf den Unix Datenbankserver zuzugreifen. Dafür rufen wir vom Menü PostgreSQL 8.3 aus den Command Prompt auf. Von dort aus rufen wir das *psql*-Programm mit folgender Kommandozeile auf:

```
E:\PostgreSQL\8.3\bin> psql --host 192.168.254.11 --port 5432 \
                            --username pythonbook --password \
                            --dbname pybookdb
```

Nun können wir die Datenbank abfragen:

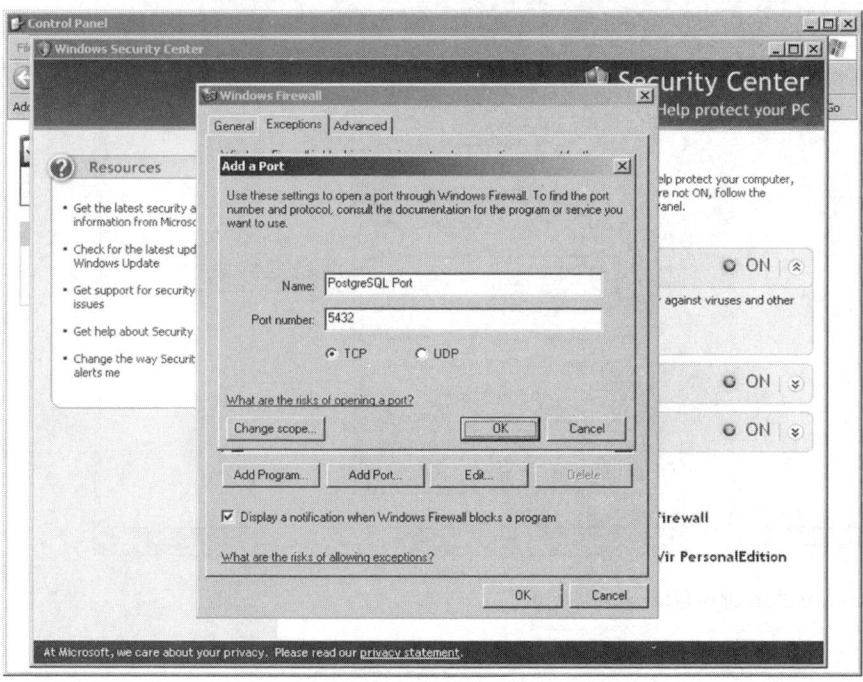

Mit \q verlässt man den *psql*-Monitor wieder.

Um auch umgekehrt von Unix und anderen Rechnern aus auf diesen Windows basierten PostgreSQL DB Server zugreifen zu können, müssen wir noch den Port (wir haben hier 5432 ausgewählt) in der Windows Firewall freigeben. Dazu geht man ins START MENÜ und wählt der Reihe nach aus: CONTROL PANEL / WINDOWS SECURITY CENTER / WINDOWS FIREWALL. Dort den Reiter EXCEPTIONS anklicken, und auf ADD PORT ... gehen. Anschließend tragen wir die passenden Werte ein:

Nach einem Neustart des Windows DB Servers können wir von Unix aus auf den Windows Server zugreifen:

```
$ psql --host 192.168.254.51 --port 5432 --username superuser \
      --password --dbname postgres
Password for user superuser: <su.per>
Welcome to psql 8.3.1, the PostgreSQL interactive terminal.

Type:   \copyright for distribution terms
        \h for help with SQL commands
        \? for help with psql commands
        \g or terminate with semicolon to execute query
        \q to quit

postgres=#
```

Es funktioniert also von Unix nach Windows. Wir verlassen den Prompt wieder mit \q.

Eine praktische Alternative zu *psql* ist *pgAdmin III*, das man vom Menü aus starten kann. Man trägt dort den FreeBSD-Server ein:

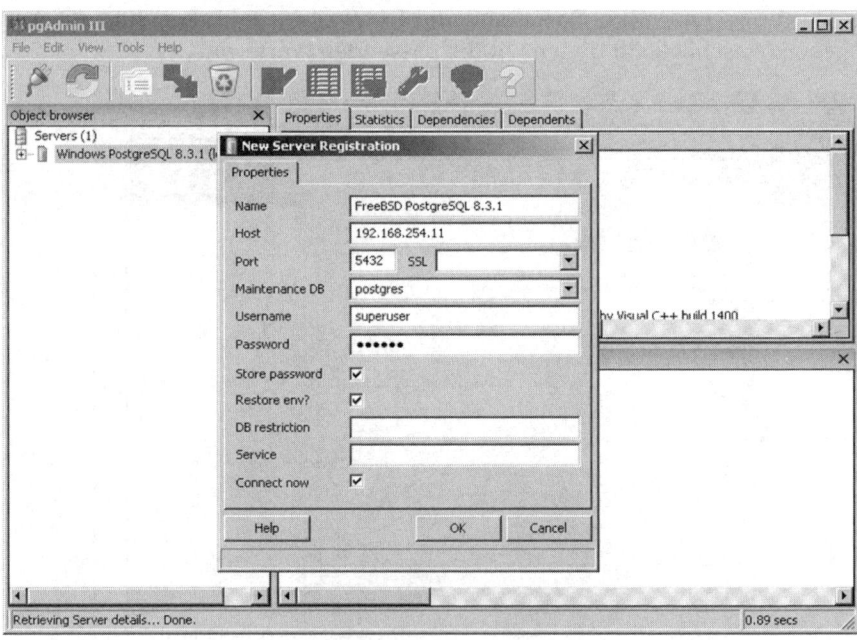

Und kann anschließend darin wuseln:

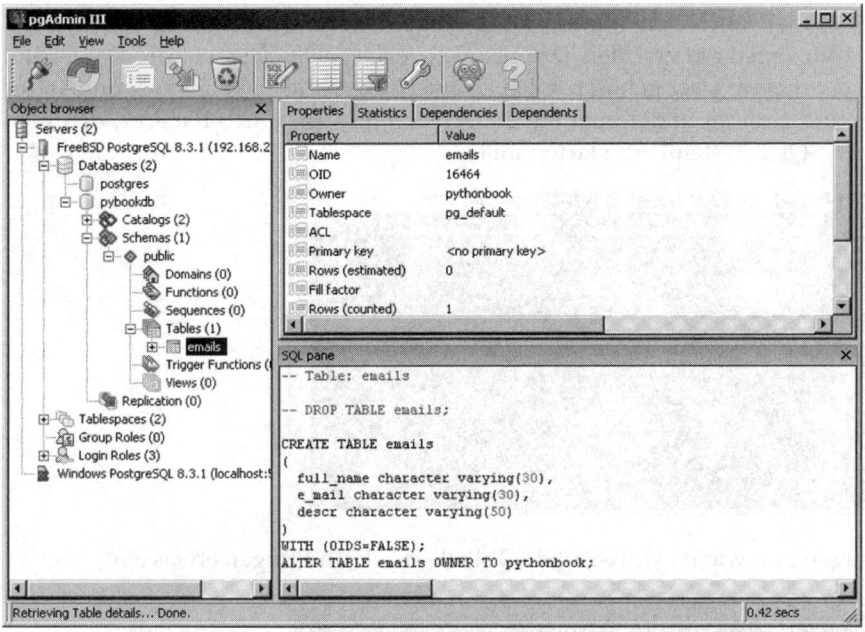

Es ist auch möglich, sich Tabellen grafisch anzeigen zu lassen; man kann sie unter Umständen sogar editieren (wenn ein Feld als Hauptschlüssel (PRIMARY KEY) definiert wurde):

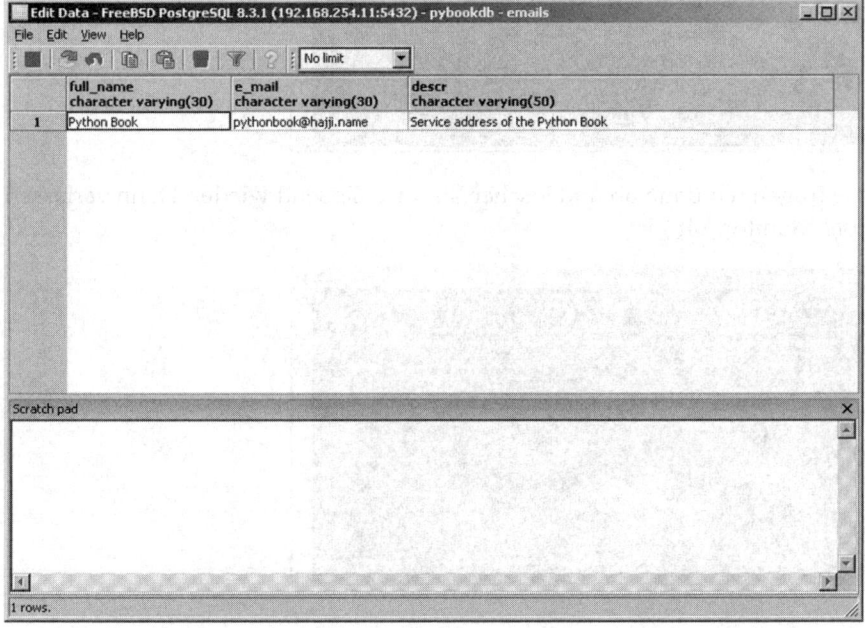

Nun bereiten wir auch den Windows-basierten PostgreSQL-Server so vor wie unter Unix. Wir erzeugen erst den Datenbank-User *pythonbook* sowie die Datenbank pybookdb, die diesem User gehören soll. Die aus Unix bereits bekannten Kommandos *createuser* und *createdb* findet man am einfachsten im COMMAND PROMPT, den man vom *PostgreSQL 8.3*-Menü aus starten sollte:

Wir erzeugen nun wie im Unix-Fall die Tabelle *emails* und tragen etwas ein:

Die Tabelle fragen wir dann ab und löschen sie anschließend wieder. Dann verlassen wir den *psql*-Monitor mit \q:

13.9.3 psycopg2 installieren

Nun wollen wir den PostgreSQL DB-Server von Unix und Windows aus mit Python ansprechen. Dafür benötigen wir das `psycopg2`-Modul. Dessen Installation unter Unix und Windows unterscheidet sich genug, um zwei Unterabschnitte zu rechtfertigen.

psycopg2 unter Unix installieren

Das `psycopg2`-Modul lässt sich genauso wie vorher ZODB mit *easy_install* aus den `setup-tools` suchen, herunterladen, kompilieren und installieren. Doch bevor wir das tun können, muss sichergestellt werden, dass auf dem Rechner, auf dem `psycopg2` installiert werden und laufen soll, die PostgreSQL Client-Bibliothek `libpq` und die PostgreSQL Client-Header (u.A. `<postgres_fe.h>`) installiert und gefunden werden können:

```
$ cd /usr/local/lib
$ ls -l libpq*
-rw-r--r--  1 root  wheel  195746 Mar 26 14:12 libpq.a
lrwxr-xr-x  1 root  wheel      10 Mar 26 14:12 libpq.so -> libpq.so.5
-rwxr-xr-x  1 root  wheel  144972 Mar 26 14:12 libpq.so.5

$ cd /usr/local/include/postgresql/server

$ ls -l postgre*.h
-rw-r--r--  1 root  wheel  21898 Mar 26 14:12 postgres.h
-rw-r--r--  1 root  wheel   1837 Mar 26 14:12 postgres_ext.h
-rw-r--r--  1 root  wheel    790 Mar 26 14:12 postgres_fe.h
```

Das ist normalerweise der Fall bei allen Rechnern, auf denen der PostgreSQL-Server installiert ist. Bei Rechnern ohne Datenbankserver (also die Client-Rechner) kann es sein, dass Sie ein *postgresql-devel* oder ähnliches Package nachinstallieren müssten, um die C-Header (und die `libpq`-Bibliothek) zu erhalten. Unter FreeBSD wäre dies der Port */usr/ports/databases/postgresql83-client*, der, anstatt den ganzen Datenbankserver zu installieren, nur die Client-Bibliotheken und Client-Header zur Verfügung stellen wird.

Die Beispiele aus dem Buch sind mit PostgreSQL 8.3.1 unter FreeBSD 7.0 getestet worden:

```
$ cd /usr/ports/distfiles/postgresql

$ ls -l postgresql-*
-rw-r--r--  1 root  wheel  13995572 Mar 17 23:50 postgresql-8.3.1.tar.bz2
```

Mit vorhandenen `libpq`, C-Header und *easy_install* aus den `setuptools` lässt sich `psycopg2` leicht installieren. Rufen Sie einfach `easy_install psycopg2` auf, und lassen Sie *easy_install* den Rest für Sie erledigen:

```
$ ~/python/bin/easy_install psycopg2
Searching for psycopg2
Reading http://pypi.python.org/simple/psycopg2/
Reading http://initd.org/projects/psycopg2
Reading http://initd.org/pub/software/psycopg/
Best match: psycopg2 2.0.6
Downloading http://initd.org/pub/software/psycopg/psycopg2-2.0.6.tar.gz
Processing psycopg2-2.0.6.tar.gz
Running psycopg2-2.0.6/setup.py -q bdist_egg --dist-dir \
  /tmp/easy_install--tUiwP/psycopg2-2.0.6/egg-dist-tmp-aH9RL1
```

Da dies ein Praxisbuch ist, wollen wir auch eine Situation aus der Praxis zeigen. Unter FreeBSD konnte ohne Einsatz des jeweiligen Ports *psycopg2-2.0.6* nicht kompiliert werden (der Fehler wird höchstwahrscheinlich bei einer späteren Version von psycopg2 behoben sein):

```
warning: no files found matching '*.html' under directory 'doc'
In file included from psycopg/psycopgmodule.c:26:
./psycopg/config.h:119: error:
  static declaration of 'round' follows non-static declaration
error: Setup script exited with error:
  command 'gcc' failed with exit status 1
```

Was tun in so einem Fall? Der FreeBSD */usr/ports* Tree hat unter */usr/ports/databases/ py-psycopg2/files/patch-psycopg-config.h* folgenden Patch:

```
--- psycopg/config.h.orig     2007-04-11 12:12:37.000000000 +0000
+++ psycopg/config.h     2007-07-02 14:41:35.000000000 +0000
@@ -113,7 +113,7 @@
 #define inline
 #endif

-#if defined(__FreeBSD__) || (defined(_WIN32) && !defined(__GNUC__)) \
   || defined(__sun__)
+#if (defined(_WIN32) && !defined(__GNUC__)) || defined(__sun__)
 /* what's this, we have no round function either? */
 static double round(double num)
 {
```

Diesen Patch hätten wir gerne angewandt. Leider kennt *easy_install* (noch?) keine direkte Möglichkeit, Patches anzuwenden, bevor ein Package übersetzt wird. Also was nun? Die Lösung besteht darin, die Quellen manuell auszupacken, im ausgepackten Verzeichnis den Patch anzuwenden und anschließend *easy_install* mit dem Pfad des ausgepackten und gepatchten Verzeichnisses aufzurufen.

Zuerst patchen wir den Quellcode:

```
$ cd ~/python/src

$ fetch http://initd.org/pub/software/psycopg/psycopg2-2.0.6.tar.gz
psycopg2-2.0.6.tar.gz                    100% of  222 kB  122 kBps

$ tar -xpf psycopg2-2.0.6.tar.gz

$ cd psycopg2-2.0.6

$ patch < /usr/ports/databases/py-psycopg2/files/patch-psycopg-config.h
Hmm... Looks like a unified diff to me...
The text leading up to this was:
--------------------------
|--- psycopg/config.h.orig      2007-04-11 12:12:37.000000000 +0000
|+++ psycopg/config.h   2007-07-02 14:41:35.000000000 +0000
--------------------------
Patching file psycopg/config.h using Plan A...
Hunk #1 succeeded at 113.
done
```

Nun sind wir bereit, *easy_install* die Arbeit machen zu lassen:

```
$ cd ~

$ ~/python/bin/easy_install ~/python/src/psycopg2-2.0.6
Processing psycopg2-2.0.6
Running setup.py -q bdist_egg --dist-dir \
  /users/farid/python/src/psycopg2-2.0.6/egg-dist-tmp-O3HFWC
zip_safe flag not set; analyzing archive contents...
Adding psycopg2 2.0.6 to easy-install.pth file

Installed \
  /users/farid/python/lib/python2.5/site-packages/\
  psycopg2-2.0.6-py2.5-freebsd-7.0-STABLE-i386.egg
Processing dependencies for psycopg2==2.0.6
Finished processing dependencies for psycopg2==2.0.6
```

Das sieht gut aus! Löschen wir nun das Arbeitsverzeichnis:

```
$ rm -rf ~/python/src/psycopg2-2.0.6
```

Soweit zu diesem praxisrelevanten Fall. Normalerweise sollte ja ein easy_install psycopg2 keine derartigen Problemchen bereiten.

Wir testen, ob sich das Package importieren lässt:

```
$ ~/python/bin/python
Python 2.5.2 (r252:60911, Mar  1 2008, 18:37:16)
[GCC 4.2.1 20070719 [FreeBSD]] on freebsd7
Type "help", "copyright", "credits" or "license" for more information.
>>> import psycopg2
>>> quit()
```

Gibt es keine Fehler nach der `import psycopg2`-Anweisung, ist `psycopg2` bereit und kann benutzt werden.

Bitte beachten Sie, dass der PostgreSQL-Server nicht unbedingt auf dem Rechner sein muss, auf dem `psycopg2` liegt. Der Server kann dort laufen, er könnte auch irgendwo anders auf der Welt sein, solange dorthin eine TCP-Verbindung aufgebaut werden kann.

psycopg2 unter Windows installieren

Genauso wie unter Unix, müssen auch auf Windows die `libpq` und die entsprechenden C-Header vorhanden sein, damit `psycopg2` übersetzt werden kann. Wenn Sie das Beispiel oben nachvollzogen haben, dann haben Sie hoffentlich im Binary-Installer auch die Option DEVELOPMENT samt Unteroptionen INCLUDE FILES und LIBRARY FILES ausgewählt.

Im Folgenden gehen wir davon aus, dass die Includes in *E:\PostgreSQL\8.3\include* und *E:\PostgreSQL\8.3\lib* installiert sind.

Nun wollen wir `libpq` mit *easy_install* bauen. Das geht leider nicht in einem Schritt, weil wir die Pfade der PostgreSQL-Bibliothek explizit angeben müssen. Also packen wir den Quellcode des Packages aus und verändern manuell die `setup.py`-Datei. Um dies zu erreichen, müssen wir *easy_install* anweisen, nach dem Entpacken des Quellcodes aufzuhören, damit wir eine Chance erhalten, *setup.py* zu editieren. Das geht mit dem Flag `--editable`:

Wir editieren dann *D:\PythonBook\psycopg2\setup.cfg* z.B. mit *edit* und setzen dort die Variablen `include_dirs` und `library_dirs` wie folgt:

```
Command Prompt - edit setup.cfg                            _|□|x|
   File   Edit   Search   View   Options   Help
                   D:\PythonBook\psycopg2\setup.cfg
# If "pg_config" is not available, "include_dirs" can be used to locate      ↑
# postgresql headers and libraries. Some extra checks on sys.platform will
# still be done in setup.py.
# The next line is the default as used on psycopg author Debian laptop:
#include_dirs=/usr/include/postgresql:/usr/include/postgresql/server

# Uncomment next line on Mandrake 10.x (and comment previous ones):
#include_dirs=/usr/include/pgsql/8.0:/usr/include/pgsql/8.0/server

# Uncomment next line on SUSE 9.3 (and comment previous ones):
#include_dirs=/usr/include/pgsql:/usr/include/pgsql/server

# FARID: Set this for Windows
include_dirs=E:\PostgreSQL\8.3\include
library_dirs=E:\PostgreSQL\8.3\lib

# If postgresql is installed somewhere weird (i.e., not in your runtime librar
# path like /usr/lib), just add the right path in "library_dirs" and any extra
# libraries required to link in "libraries".
#library_dirs=
#libraries=                                                                   ↓
 F1=Help                                      | Line:50   Col:1
```

Danach rufen wir einfach `easy_install D:\PythonBook\psycopg2` auf. Sollte es wider Erwarten auf Ihrer Plattform nicht funktionieren, fragen Sie einfach die `psycopg2`-Community um Hilfe (sie hat natürlich wie andere Open Source-Projekte auch eine aktive Mailing-Liste). Es gibt auch fertige Binarys im Netz: Wenn Sie diesen vertrauen, können Sie z.B. ein Binary vom `win-psycopg`-Projekt herunterladen: `http://www.stickpeople.com/projects/python/win-psycopg/`.

13.9.4   psycopg2 benutzen

In diesem Abschnitt wiederholen wir das kleine Beispiel mit der `emails`-Tabelle, nur diesmal von Python aus.

Bevor es losgeht, laden wir das `psycopg2`-Modul und ein paar Transaktionskonstanten:

```
import psycopg2

from psycopg2.extensions import ISOLATION_LEVEL_AUTOCOMMIT
from psycopg2.extensions import ISOLATION_LEVEL_READ_COMMITTED
from psycopg2.extensions import ISOLATION_LEVEL_SERIALIZABLE
```

Um ein `Connection`-Objekt aus `psycopg2.connect` zu erhalten, benötigen wir einen DSN-String in einem bestimmten Format:

```
dsn = "dbname='%s' user='%s' host='%s' password='%s'" % \
        ('pybookdb', 'pythonbook', '127.0.0.1', 'py.book')
```

Nachprüfen:

```
>>> dsn
"dbname='pybookdb' user='pythonbook' host='127.0.0.1' password='py.book'"
```

Damit bewaffnet, können wir nun ein `Connection`-Objekt erzeugen:

```
>>> conn = psycopg2.connect(dsn)
```

559

```
>>> conn
<connection object at 0x28802560; dsn: 'dbname='pybookdb' user='pythonbook'
host='127.0.0.1' password=xxxxxxxxx', closed: 0>
```

Also gut, wir haben eine Verbindung. Wir können den Transaktionslevel des Connection-Objekts mit `conn.isolation_level` auslesen und mit `conn.set_isolation_level` auf eines der folgenden Werte setzen:

- `ISOLATION_LEVEL_AUTOCOMMIT`
- `ISOLATION_LEVEL_READ_COMMITTED` (der Default)
- `ISOLATION_LEVEL_SERIALIZABLE`

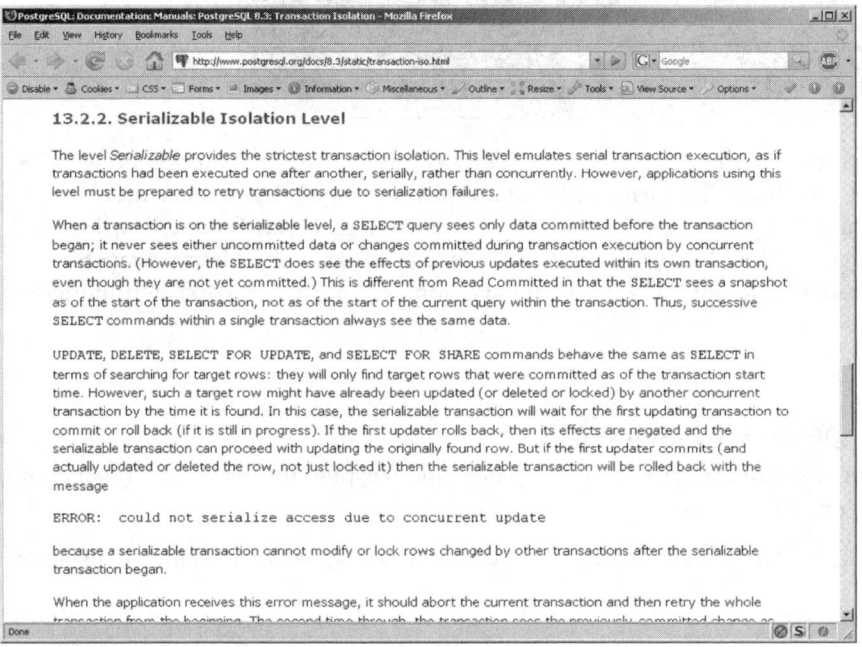

Was sie bedeuten, wird im PostgreSQL-Manual im Kapitel *Concurrency Control* unter *Transaction Isolation* genau erklärt: `http://www.postgresql.org/docs/8.3/static/transaction-iso.html`.

Auch wenn es in dem Beispiel hier nicht erforderlich ist, setzen wir dennoch den Transaktionslevel auf *Serializable*, um zu zeigen, wie's geht:

```
>>> conn.isolation_level, ISOLATION_LEVEL_READ_COMMITTED
(1, 1)

>>> conn.set_isolation_level(ISOLATION_LEVEL_SERIALIZABLE)
```

```
>>> conn.isolation_level, ISOLATION_LEVEL_SERIALIZABLE
(2, 2)
```

Jetzt sind wir bereit, eine Tabelle anzulegen. Dafür brauchen wir natürlich erst einen Cursor:

```
>>> curs = conn.cursor()
```

```
>>> curs
<cursor object at 0x28318978; closed: 0>
```

Wir erzeugen dieselbe Tabelle emails wie oben. Sollte die alte Tabelle emails noch da sein, löschen wir sie erst:

```
curs.execute('''DROP TABLE emails''')
```

```
curs.execute('''CREATE TABLE emails (
                full_name  VARCHAR(30),
                e_mail     VARCHAR(30),
                descr      VARCHAR(50)
            )''')
```

Damit dies wirksam wird, müssen wir die Transaktion abschließen:

```
conn.commit()
```

Als Alternative fügen wir jetzt mehrere Datensätze auf einmal mit executemany ein; alles natürlich innerhalb einer einzigen Transaktion. Dazu müssen wir erst nach PEP-249 wissen, welche Parametertypen psycopg2 erwartet:

```
>>> psycopg2.paramstyle
'pyformat'
```

Also Dictionary-style:

```
contacts = [
  { 'name': 'Python Book', 'email': 'pythonbook@hajji.name',
    'desc': 'Service Address of the Python Book' },
  { 'name': 'Python FAQ',  'email': 'pyfaq@hajji.name',
    'desc': 'Python Frequently Asked Questions' },
  { 'name': 'Python Spam', 'email': 'pyspam@hajji.name',
    'desc': 'Spam, Eggs, and Ham!' }
]
```

Jetzt können wir executemany ausführen:

```
curs.executemany('''INSERT INTO emails
                    VALUES (%(name)s, %(email)s, %(desc)s)''',
              contacts)
```

und natürlich nicht commit vergessen:

```
conn.commit()
```

Und zu guter Letzt fragen wir die Datenbank ab:

```
>>> curs.execute('''SELECT * FROM emails ORDER BY e_mail''')
```

```
>>> curs.fetchall()
[('Python FAQ', 'pyfaq@hajji.name', 'Python Frequently Asked Questions'),
('Python Spam', 'pyspam@hajji.name', 'Spam, Eggs, and Ham!'),
('Python Book', 'pythonbook@hajji.name', 'Service Address of the Python Book')]
```

Nun sind wir fertig! Merken Sie, wie das closed-Attribut des Connection-Objekts nun auf 1 springt?

```
>>> conn.close()
```

```
>>> conn
<connection object at 0x28802560; dsn: 'dbname='pybookdb' user='pythonbook'
host='127.0.0.1' password=xxxxxxxxx', closed: 1>
```

Zum Schluss prüfen wir nach, ob wir nicht Opfer einer psycopg2-induzierten Illusion geworden sind, indem wir von der Kommandozeile aus die Datenbank mit dem *psql*-Tool abfragen:

```
~farid> psql -q --host 127.0.0.1 --username pythonbook --password \
              --dbname pybookdb
Password for user pythonbook: <py.book>
pybookdb=> SELECT * FROM emails;
  full_name   |        e_mail         |                descr
--------------+-----------------------+-------------------------------------
 Python Book  | pythonbook@hajji.name | Service Address of the Python Book
 Python FAQ   | pyfaq@hajji.name      | Python Frequently Asked Questions
 Python Spam  | pyspam@hajji.name     | Spam, Eggs, and Ham!
(3 rows)

pybookdb=> \q
~farid>
```

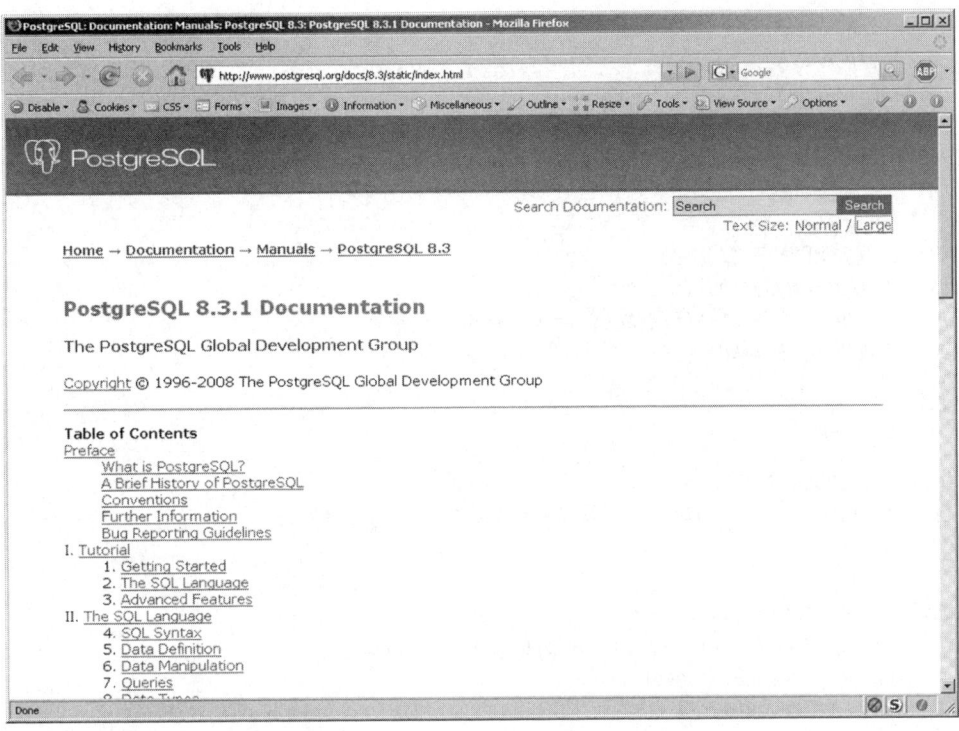

PostgreSQL ist ein sehr mächtiger Datenbankserver mit einer ziemlich vollständigen SQL-Syntax. Es sei noch mal auf die Originaldokumentation verwiesen: `http://www` `.postgresql.org/docs/8.3/static/index.html`.

13.9.5 Anwendung: MP3-Metadaten unter PostgreSQL

Wir greifen nun ohne viele Worte das Beispiel mit den MP3-Metadaten wieder auf und portieren es nach PostgreSQL (psycopg2). Die Dateien *parseid3.py*, *fingerprint.py*, *mp3scan.py* sowie *mp3tree.py* bleiben unverändert. Die Initialisierung der Tabellen neh-men wir in der bereits angelegten Datenbank pybookdb vor:

```
#!/usr/bin/env python
# mp3initdb_pgsql.py -- create mp3collection schemas in PostgreSQL

import psycopg2

MP3META_SCHEMA = '''
CREATE TABLE mp3meta (
id CHAR(40) PRIMARY KEY,
title VARCHAR(30),
artist VARCHAR(30),
album VARCHAR(30),
```

```
track VARCHAR(3),
genre VARCHAR(3),
comment VARCHAR(30),
year VARCHAR(4)
);
'''


MP3PATHS_SCHEMA = '''
CREATE TABLE mp3paths (
id CHAR(40) NOT NULL REFERENCES mp3meta(id),
path VARCHAR(255) NOT NULL
);
'''


MP3PATHS_INDEX_SCHEMA = '''
CREATE UNIQUE INDEX unique_index ON mp3paths ( id, path );
'''


def create_schema(dsn):
    "Create the tables within the pybookdb database"
    conn = psycopg2.connect(dsn)
    curs = conn.cursor()
    curs.execute(MP3META_SCHEMA)
    curs.execute(MP3PATHS_SCHEMA)
    curs.execute(MP3PATHS_INDEX_SCHEMA)
    conn.commit()
    curs.close()
    conn.close()

if __name__ == '__main__':
    from getpass import getpass
    DSN = "dbname='pybookdb' user='pythonbook' host='127.0.0.1' " + \
          "password='%s'" % (getpass("Enter password for pythonbook: "),)
    print "Schema(%s)" % (DSN,)
    create_schema(DSN)
```

Man beachte, dass die Schemata etwas anders sind, und vor allem, dass wir jetzt einen FOREIGN KEY von mp3paths.id nach mp3meta.id angelegt haben. Der Datenbankserver wird nun verhindern, dass in *mp3paths* ein Eintrag hinzugefügt wird, der nicht bereits in *mp3meta* referenziert wird.

Die Aktualisierung der Datenbank sieht etwas anders aus als im SQLite3-Fall, aber man erkennt auch viele Gemeinsamkeiten:

```python
#!/usr/bin/env python
# mp3db_pgsql.py -- update mp3collection database from mp3 meta data

import psycopg2

from mp3scan import scan_mp3
from mp3tree import tree_mp3

def update_database(dsn, root, debug=False):
    "Update database dsn, starting from root path"

    # Open PostgreSQL database and start transaction block
    conn = psycopg2.connect(dsn)
    curs = conn.cursor()

    for path in tree_mp3(root):
        # Read and compute meta data of file path
        m = scan_mp3(path)
        if debug: print "READ(%s)" % path
        if m is None: continue

        # Save meta data into mp3meta
        try:
            curs.execute('''INSERT INTO mp3meta VALUES
                        (%(sha1)s, %(title)s, %(artist)s, %(album)s,
                        %(track)s, %(genre)s, %(comment)s, %(year)s)''', m)
        except psycopg2.DatabaseError, e:
            print "ERR1(%s, %s):" % (m['sha1'], path), e
        conn.commit()

        # Save path info of this file into mp3paths
        try:
            curs.execute("INSERT INTO mp3paths VALUES (%(sha1)s, %(path)s)", m)
        except psycopg2.DatabaseError, e:
            print "ERR2(%s, %s):" % (m['sha1'], path), e
        conn.commit()

    # That's all, folks! Now let's clean up
    curs.close()
    conn.close()

if __name__ == '__main__':
    from getpass import getpass
```

```
import sys

if len(sys.argv) != 2:
    print >>sys.stderr, "Usage:", sys.argv[0], "path_to_root"
    sys.exit(1)

path_to_root = sys.argv[1]
DSN = "dbname='pybookdb' user='pythonbook' host='127.0.0.1' " + \
      "password='%s'" % (getpass("Enter password for pythonbook: "),)

update_database(DSN, path_to_root, debug=True)
```

Versuchen Sie nun, dieses Beispiel zu verbessern!

13.10 MySQL-Anbindung mit MySQLdb

Ein weiterer guter und populärer Datenbankserver ist MySQL. In diesem Abschnitt werden wir, anders als bei PostgreSQL, nicht mehr so ausführlich einen MySQL-Datenbankserver auf Unix und Windows installieren. Wir gehen davon aus, dass Sie bereits einen Zugang zu einem MySQL-Server haben (z.B. auf Ihrem eigenen Rechner, in Ihrer Firma oder bei einem der zahlreichen shared hosting-Provider). Das Einzige, was wir brauchen, ist ein Python-Modul, um von überall her auf diesen Server zugreifen zu können. Oh, und wir brauchen natürlich zumindest die Zugangsdaten zu einer Datenbank auf diesem Server.

13.10.1 MySQL-Datenbank vorbereiten

Also, wie gesagt, wir gehen davon aus, dass Sie bereits Zugang zu einem laufenden MySQL-Datenbankserver haben. Wir gehen auch davon aus, dass die Datenbank pybookdb heißen soll, und der Datenbankbenutzer heißt pythonbook (genauso wie im PostgreSQL-Fall).

Die pybookdb-Datenbank anlegen

Für den Fall, dass wir unseren eigenen MySQL-Datenbankserver unter Unix verwalten, müssen wir die Datenbank pybookdb und pythonbook, den Datenbankbenutzer, manuell (oder mit einem dieser hübschen Administrationsfrontends) anlegen. Manuell geht es so:

Wir loggen uns als Datenbankbenutzer *root* ohne oder mit (--password) Passwort in die mysql-Datenbank ein, je nachdem, wie der DB-Server konfiguriert ist:

```
# mysql --user=root mysql
Reading table information for completion of table and column names
You can turn off this feature to get a quicker startup with -A

Welcome to the MySQL monitor.  Commands end with ; or \g.
Your MySQL connection id is 326
Server version: 5.0.51a FreeBSD port: mysql-server-5.0.51a

Type 'help;' or '\h' for help. Type '\c' to clear the buffer.

mysql>
```

Am mysql> -Prompt geben wir nun folgende Kommandos ein, um den User pythonbook
und die Datenbank pybookdb zu erzeugen, und um alle Zugriffsrechte auf pybookdb dem
User *pythonbook* zu gewähren:

```
mysql> CREATE USER 'pythonbook'@'localhost' IDENTIFIED BY 'py.book';
Query OK, 0 rows affected (0.00 sec)

mysql> CREATE DATABASE pybookdb;
Query OK, 1 row affected (0.01 sec)

mysql> GRANT ALL ON pybookdb.* TO 'pythonbook'@'localhost';
Query OK, 0 rows affected (0.01 sec)

mysql> \q
Bye
#
```

Die pybookdb-Datenbank testen

Wir testen jetzt, als normaler User, ob wir als dieser User eine Verbindung zur Datenbank herstellen können:

```
~farid> mysql --user=pythonbook --password --database=pybookdb --host=127.0.0.1
Enter password: <py.book>
Welcome to the MySQL monitor.  Commands end with ; or \g.
Your MySQL connection id is 327
Server version: 5.0.51a FreeBSD port: mysql-server-5.0.51a

Type 'help;' or '\h' for help. Type '\c' to clear the buffer.
```

Sind wir auch mit der richtigen Datenbank verbunden?

```
mysql> \s
mysql  Ver 14.12 Distrib 5.0.51a, for portbld-freebsd7.0 (i386) using  5.2
```

```
Connection id:          327
Current database:       pybookdb
Current user:           pythonbook@localhost
SSL:                    Not in use
Current pager:          more
Using outfile:          ''
Using delimiter:        ;
Server version:         5.0.51a FreeBSD port: mysql-server-5.0.51a
Protocol version:       10
Connection:             127.0.0.1 via TCP/IP
Server characterset:    latin1
Db      characterset:   latin1
Client characterset:    latin1
Conn.   characterset:   latin1
TCP port:               3306
Uptime:                 9 days 6 hours 38 min 55 sec

Threads: 1  Questions: 5356  Slow queries: 0  Opens: 49  Flush tables: 1
Open tables: 43  Queries per second avg: 0.007
```

Erzeugen wir wieder manuell die `emails` Tabelle, tragen was ein, und fragen es ab:

```
mysql> CREATE TABLE emails (
    ->      full_name VARCHAR(30),
    ->      e_mail    VARCHAR(30),
    ->      descr     VARCHAR(50)
    -> );
Query OK, 0 rows affected (0.05 sec)

mysql> INSERT INTO emails VALUES ('Python Book', 'pythonbook@hajji.name',
    ->                            'Service address of the Python Book');
Query OK, 1 row affected (0.00 sec)

mysql> SELECT * FROM emails ORDER BY full_name;
+-------------+-----------------------+------------------------------------+
| full_name   | e_mail                | descr                              |
+-------------+-----------------------+------------------------------------+
| Python Book | pythonbook@hajji.name | Service address of the Python Book |
+-------------+-----------------------+------------------------------------+
1 row in set (0.03 sec)
```

Ein bisschen Introspektion gefällig?

```
mysql> SHOW DATABASES;
+--------------------+
| Database           |
+--------------------+
| information_schema |
| pybookdb           |
| test               |
+--------------------+
3 rows in set (0.01 sec)

mysql> SHOW TABLES FROM pybookdb;
+--------------------+
| Tables_in_pybookdb |
+--------------------+
| emails             |
+--------------------+
1 row in set (0.01 sec)

mysql> SHOW COLUMNS FROM emails;
+-----------+-------------+------+-----+---------+-------+
| Field     | Type        | Null | Key | Default | Extra |
+-----------+-------------+------+-----+---------+-------+
| full_name | varchar(30) | YES  |     | NULL    |       |
| e_mail    | varchar(30) | YES  |     | NULL    |       |
| descr     | varchar(50) | YES  |     | NULL    |       |
+-----------+-------------+------+-----+---------+-------+
3 rows in set (0.01 sec)

mysql> \q
Bye
~farid>
```

Wir lassen die Datenbanktabelle emails in pybookdb, um sie weiter unten nicht noch
einmal anlegen zu müssen.

13.10.2   MySQL-python installieren

Nun ist es an der Zeit, das Python DB-API 2.0-Modul zu installieren, damit wir auf den
MySQL-Datenbankserver zugreifen können. Wir benutzen das Modul MySQLdb (auch
als MySQL-python bekannt). Die Homepage von MySQLdb (a.k.a. MySQL-python) befindet
sich derzeit auf http://mysql-python.sourceforge.net/. Dort stehen auch der MySQLdb
User's Guide, eine FAQ und eine API-Dokumentation zur Verfügung.

Wir unterscheiden bei der Installation zwischen Unix und Windows.

Unix

Die Installation verläuft hier wieder am bequemsten mit *easy_install* aus den setup-tools:

```
$ ~/python/bin/easy_install MySQL-python
Searching for MySQL-python
Reading http://pypi.python.org/simple/MySQL-python/
Reading http://sourceforge.net/projects/mysql-python
Reading http://sourceforge.net/projects/mysql-python/
Best match: MySQL-python 1.2.2
Downloading http://osdn.dl.sourceforge.net/sourceforge/mysql-python/\
   MySQL-python-1.2.2.tar.gz
Processing MySQL-python-1.2.2.tar.gz
Running MySQL-python-1.2.2/setup.py -q bdist_egg --dist-dir \
   /tmp/easy_install-j3wG8y/MySQL-python-1.2.2/egg-dist-tmp-faINds
zip_safe flag not set; analyzing archive contents...
Adding MySQL-python 1.2.2 to easy-install.pth file

Installed /users/farid/python/lib/python2.5/site-packages/\
   MySQL_python-1.2.2-py2.5-freebsd-7.0-STABLE-i386.egg
Processing dependencies for MySQL-python
Finished processing dependencies for MySQL-python
```

Zum Probieren, ob die Installation erfolgreich war, reicht es aus, MySQLdb zu importieren:

```
$ ~/python/bin/python
Python 2.5.2 (r252:60911, Mar  1 2008, 18:37:16)
[GCC 4.2.1 20070719 [FreeBSD]] on freebsd7
Type "help", "copyright", "credits" or "license" for more information.
>>> import MySQLdb
>>> quit()
```

Auch hier gilt: Benutzen Sie easy_install MySQL-python, wenn Sie MySQLdb in die Systemversion von Python installieren wollen.

Sollte es Probleme geben, denken Sie daran, dass auf dem Rechner, auf dem MySQLdb installiert werden soll, *easy_install* beim Bauen des Packages die MySQL-C-Header sowie die Client-Bibliothek libmysqlclient (bzw. libmysqlclient_r) benötigt und auch finden können muss:

```
$ ls /usr/local/include/mysql/mysql.h /usr/local/lib/mysql/libmysqlclient*.so
/usr/local/include/mysql/mysql.h
/usr/local/lib/mysql/libmysqlclient.so
/usr/local/lib/mysql/libmysqlclient_r.so
```

Sie müssen eventuell erst die Client-Komponenten von MySQL auf Ihren Rechner herunterladen, kompilieren und installieren. Darauf gehen wir nicht weiter ein.

Windows

Unter Windows ist die Installation auch ganz einfach. Sie müssen lediglich `easy_install MySQL-python` aufrufen, und es wird ein Binary-Egg für diese Plattform heruntergeladen und installiert:

Das Testen geht genauso wie unter Unix: Importieren Sie einfach das Modul `MySQLdb`. Gibt es dabei keine Fehler, dürfte auch dem Zugriff auf fremde MySQL-Server nichts mehr im Wege stehen (solange diese Server Verbindungen akzeptieren).

13.10.3 MySQL-python benutzen

Jetzt sind wir endlich so weit, mit `MySQLdb` ein `Connection`-Objekt zur MySQL-Datenbank `pybookdb` aufzubauen:

```
import MySQLdb

conn = MySQLdb.connect(user='pythonbook', passwd='py.book',
                       host='localhost',  db='pybookdb')
```

Das `conn` Objekt sieht dann so aus:

```
>>> conn
<_mysql.connection open to 'localhost' at 28488c0c>
```

`MySQLdb.connect` unterstützt weitere Schlüsselwortargumente, die in der `MySQLDB`-API dokumentiert sind. Wir gehen auf sie an dieser Stelle nicht weiter ein.

Nun besorgen wir uns einen `Cursor`:

```
>>> curs = conn.cursor()
```

571

```
>>> curs
<MySQLdb.cursors.Cursor object at 0x287b13cc>
```

Prüfen wir nun nach, ob wie die emails-Tabelle, die wir im vorigen Abschnitt angelegt haben, auslesen können:

```
>>> curs.execute('''SELECT * FROM emails ORDER BY e_mail''')
1L
```

```
>>> curs.fetchall()
(('Python Book', 'pythonbook@hajji.name',
  'Service address of the Python Book'),)
```

Nun fügen wir in einem einzigen Schritt ein paar Einträge mit executemany hinzu:

```
>>> curs.executemany('''INSERT INTO emails VALUES (%s, %s, %s)''',
...                   [('a', 'a@blah', 'aaa'),
...                    ('b', 'b@blah', 'bbb'),
...                    ('c', 'c@blah', 'ccc')])
3L
```

Schauen wir nach, ob etwas eingetragen wurde:

```
>>> curs.execute('SELECT * FROM emails')
4L
```

```
>>> curs.fetchall()
(('Python Book', 'pythonbook@hajji.name',
'Service address of the Python Book'),
('a', 'a@blah', 'aaa'),
('b', 'b@blah', 'bbb'),
('c', 'c@blah', 'ccc'))
```

Löschen wir sie wieder:

```
>>> curs.execute('''DELETE FROM emails WHERE descr IN ('aaa', 'bbb', 'ccc')''')
3L
```

```
>>> curs.execute('SELECT COUNT(*) from emails')
1L
```

```
>>> curs.fetchall()
((1L,),)
```

```
>>> conn.close()
```

Bevor wir diesen Abschnitt schließen, noch ein wichtiger Hinweis: Falls Sie trans-
aktionale Datenbanktabellen angelegt haben (InnoDB), ist autocommit standardmäßig
ausgeschaltet. Darum sollten Sie in diesen Fällen Transaktion vor conn.close() explizit
committen (z.B. mit conn.commit()) oder auch abbrechen mit conn.rollback().

```
import MySQLdb

conn = MySQLdb.connect(user='pythonbook', passwd='py.book',
                       host='localhost',  db='pybookdb')

curs = conn.cursor()

curs.execute('''CREATE TABLE innotest (a INT, b INT) ENGINE=InnoDB''')
curs.execute('''INSERT INTO innotest VALUES (11, 11)''')

conn.rollback()
conn.close()
```

Noch mal einlesen:

```
import MySQLdb
conn = MySQLdb.connect(user='pythonbook', passwd='py.book',
                       host='localhost',  db='pybookdb')
curs = conn.cursor()
curs.execute('SELECT * FROM innotest')

print curs.fetchall()
```

Es erscheint ein leeres Tupel: ().

Wegen des vorigen Rollbacks ist tatsächlich nichts in der InnoDB-Tabelle innotest gelandet, trotz des erfolgreichen INSERT-Statements. Führen wir das Ganze erneut durch,
diesmal aber mit commit:

```
curs.execute('INSERT INTO innotest VALUES (111, 222)')

conn.commit()
conn.close()
```

Wir stellen noch ein letztes Mal die Verbindung her, um zu sehen, ob die Transaktion
tatsächlich in der Tabelle gelandet ist:

```
import MySQLdb

conn = MySQLdb.connect(user='pythonbook', passwd='py.book',
                       host='localhost',  db='pybookdb')
```

```
curs = conn.cursor()
curs.execute('SELECT * FROM innotest')
```

```
print curs.fetchone()
```

Ausgegeben wird (111L, 222L).

Die Zeile ist persistent, weil wir die Daten mittels conn.commit() gespeichert haben. Nun räumen wir ab.

```
curs.execute('DROP TABLE innotest')
```

```
conn.commit()
conn.close()
```

13.10.4 Anwendung: MP3-Metadaten unter MySQL

Und wieder einmal greifen wir unser MP3-Metadaten-Beispiel auf und portieren es nach MySQL!

Die Initialisierung der Datenbank erfolgt so:

```
#!/usr/bin/env python
# mp3initdb_MySQLdb.py -- create mp3collection schemas in MySQL

import MySQLdb

MP3META_SCHEMA = '''
CREATE TABLE mp3meta (
id CHAR(40) PRIMARY KEY,
title VARCHAR(30),
artist VARCHAR(30),
album VARCHAR(30),
track VARCHAR(3),
genre VARCHAR(3),
comment VARCHAR(30),
year VARCHAR(4)
) ENGINE = "InnoDB";
'''

MP3PATHS_SCHEMA = '''
CREATE TABLE mp3paths (
id CHAR(40) NOT NULL,
path VARCHAR(255) NOT NULL,
```

```
FOREIGN KEY (id) REFERENCES mp3meta(id)
) ENGINE = "InnoDB";
'''


MP3PATHS_INDEX_SCHEMA = '''
CREATE UNIQUE INDEX unique_index ON mp3paths ( id, path );
'''

def create_schema(dsn):
    "Create the tables within the pybookdb database"
    conn = MySQLdb.connect(user=dsn['user'], passwd=dsn['passwd'],
                           host=dsn['host'], db=dsn['dbname'])
    curs = conn.cursor()
    curs.execute(MP3META_SCHEMA)
    curs.execute(MP3PATHS_SCHEMA)
    curs.execute(MP3PATHS_INDEX_SCHEMA)
    conn.commit()
    curs.close()
    conn.close()

if __name__ == '__main__':
    from getpass import getpass
    DSN = { 'user': 'pythonbook', 'passwd': getpass("Enter db password: "),
            'host': '127.0.0.1', 'dbname': 'pybookdb' }
    print "Schema(%s)" % (DSN,)
    create_schema(DSN)
```

Beachten Sie hierbei eine Besonderheit von MySQL: Nur mit InnoDB-Tabellen kann man FOREIGN KEY-Einschränkungen erzwingen. Darum müssen wir die Tabellen so deklarieren, dass sie zu diesem Typ gehören, und das geht mit dem nicht-SQL-Schlüsselwort ENGINE. Wie man sieht, ist es trotz DB-API 2.0 nicht leicht, völlig losgelöst vom jeweiligen SQL-Dialekt zu programmieren.

Doch nun kommen wir zum Update-Programm:

```
#!/usr/bin/env python
# mp3db_mysql.py -- update mp3collection database from mp3 meta data

import MySQLdb

from mp3scan import scan_mp3
from mp3tree import tree_mp3

def update_database(dsn, root, debug=False):
    "Update database dsn, starting from root path"
```

```
# Open MySQL database and start transaction block
conn = MySQLdb.connect(user=dsn['user'], passwd=dsn['passwd'],
                       host=dsn['host'], db=dsn['dbname'])
curs = conn.cursor()

for path in tree_mp3(root):
    # Read and compute meta data of file path
    m = scan_mp3(path)
    if debug: print "READ(%s)" % path
    if m is None: continue

    # Save meta data into mp3meta
    try:
        curs.execute('''INSERT INTO mp3meta VALUES
                    (%(sha1)s, %(title)s, %(artist)s, %(album)s,
                     %(track)s, %(genre)s, %(comment)s, %(year)s)''', m)
    except MySQLdb.DatabaseError, e:
        print "ERR1(%s, %s):" % (m['sha1'], path), e
    conn.commit()

    # Save path info of this file into mp3paths
    try:
        curs.execute("INSERT INTO mp3paths VALUES (%(sha1)s, %(path)s)", m)
    except MySQLdb.DatabaseError, e:
        print "ERR2(%s, %s):" % (m['sha1'], path), e
    conn.commit()

# That's all, folks! Now let's clean up
curs.close()
conn.close()

if __name__ == '__main__':
    from getpass import getpass
    import sys

    if len(sys.argv) != 2:
        print >>sys.stderr, "Usage:", sys.argv[0], "path_to_root"
        sys.exit(1)

    path_to_root = sys.argv[1]
    DSN = { 'user': 'pythonbook', 'passwd': getpass("Enter db password: "),
            'host': '127.0.0.1', 'dbname': 'pybookdb' }

    update_database(DSN, path_to_root, debug=True)
```

Bis auf den `connect`-Aufruf und `MySQLdb.DatabaseError` statt `psycopg2.DatabaseError` ist dieses Programm identisch mit dem aus PostgreSQL. Hier kam uns die Tatsache zu Hilfe, dass wir dieselbe DB-API 2.0 und nur Standard-SQL benutzt haben. Außerdem war es sehr nützlich, dass der Parameterübergabemechanismus bei der `execute`-Methode über ein Python-Dictionary in beiden Fällen erfolgen konnte.

13.11 Der objektrelationale Mapper SQLObject

13.11.1 Was sind objektrelationale Mapper?

Es gibt offenbar zwei verschiedene Welten:

- die objektorientierte Welt von Python
- die tabellenorientierte Welt von SQL

Um mehr als nur primitive (`anydbm`, `shelve`, ...) Persistenz zu realisieren, hatte man bisher die Qual der Wahl: entweder objektorientiert wie bei der ZODB vorgehen oder gleich SQL-Befehle schreiben und über ein DB-API 2.0-Modul an einen Datenbankserver abschicken und die Ergebnisse interpretieren.

Zwischen diesen Welten klafft eine große Lücke. Wäre es nicht schön, in Python ganz flexible Objekte zu haben, die sich auf eine SQL-Datenbank automatisch eintragen und bei Änderungen per SQL-`UPDATE`-Befehl in der Datenbank aktualisieren etc.?

Diese Brücke wird von objektrelationalen Mappern realisiert. Ein *objektrelationaler Mapper* (ORM) ist ein Python-Modul, das Änderungen an Objekten abfängt und nach SQL umwandelt. Dieses SQL wird nicht vom Programmierer, sondern vom ORM selbst erstellt (man kann aber eingreifen, wenn man will). Außerdem wird dieses SQL selbstständig per DB-API 2.0 Modul an eine Datenbank abgeschickt.

Es gibt verschiedene ORM in Python. Das prominenteste Beispiel ist SQLObject, das in diesem Kapitel vorgestellt wird. Neben SQLObject ist `djanbo.db` ein weiterer erwähnenswerter ORM, der für das Django-Framework speziell entwickelt wurde (dieser wird in Kapitel 15, *Webprogrammierung und Web-Frameworks*, kurz eingeführt, siehe hierzu die Abbildung auf der nächsten Seite).

SQLObject ist in der Lage, mehrere speziell markierte Klassen persistent und transparent in eine Menge von Datenbanken abzulegen, darunter auch SQLite, PostgreSQL und MySQL. SQLObject kennt die Nuancen ihrer SQL-Dialekte und generiert automatisch die richtige Version je nach gewähltem Datenbank-Backend.

Die Markierung der Klassen geschieht dadurch, dass sie von SQLObject abgeleitet sind und Attribute eines bestimmten Typs haben können. Diese bestimmten Typen werden auf SQL-Datentypen abgebildet.

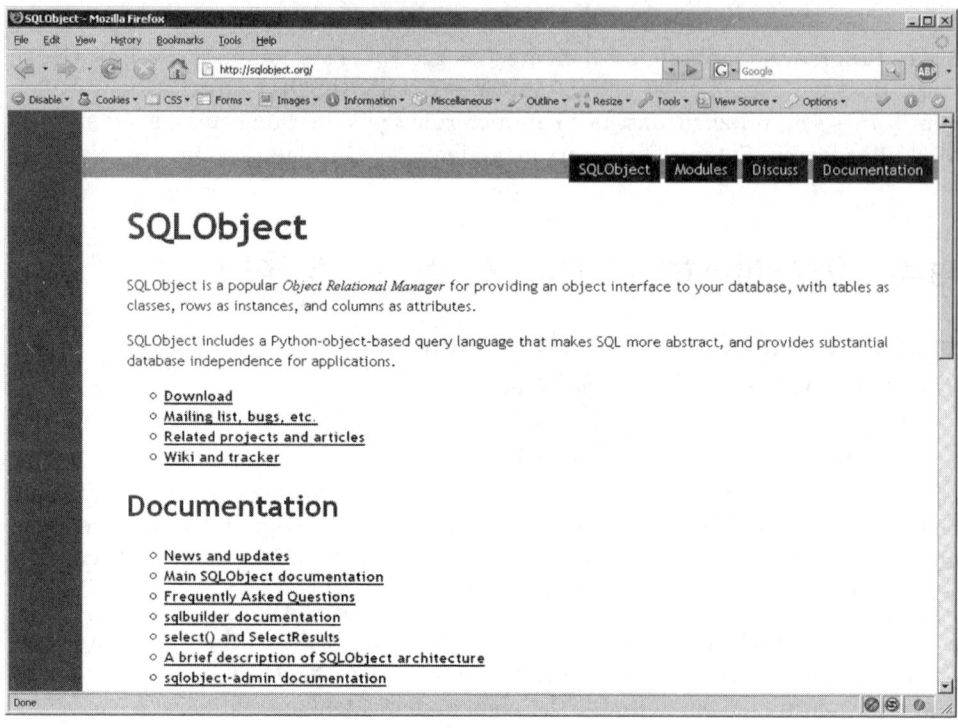

Wir werden nun SQLObject installieren und damit ein wenig experimentieren. Es empfiehlt sich, die Dokumentation von SQLObject anschließend zu studieren, denn wir werden nur an der Oberfläche kratzen: http://sqlobject.org/SQLObject.html.

13.11.2   SQLObject installieren

SQLObject lässt sich wie andere Drittanbietermodule am einfachsten mit *easy_install* aus den setuptools finden, herunterladen und installieren:

```
$ ~/python/bin/easy_install SQLObject
Searching for SQLObject
Reading http://pypi.python.org/simple/SQLObject/
Reading http://sqlobject.org/devel/
Reading http://sqlobject.org/
Reading http://sqlobject.org
Best match: SQLObject 0.10.0
Downloading
  http://pypi.python.org/packages/2.5/S/SQLObject/SQLObject-0.10.0-py2.5.egg\
  #md5=c16166ddab37bd6acccad99b44360040
```

```
Processing SQLObject-0.10.0-py2.5.egg
creating
  /users/farid/python/lib/python2.5/site-packages/SQLObject-0.10.0-py2.5.egg
Extracting SQLObject-0.10.0-py2.5.egg to \
  /users/farid/python/lib/python2.5/site-packages
Adding SQLObject 0.10.0 to easy-install.pth file
Installing sqlobject-admin script to /users/farid/python/bin

Installed
  /users/farid/python/lib/python2.5/site-packages/SQLObject-0.10.0-py2.5.egg
```

Noch fehlende Abhängigkeiten werden gleich automatisch nachinstalliert:

```
Processing dependencies for SQLObject
Searching for FormEncode>=0.2.2
Reading http://pypi.python.org/simple/FormEncode/
Reading http://formencode.org
Reading http://formencode.sf.net
Best match: FormEncode 0.9
Downloading
  http://pypi.python.org/packages/2.5/F/FormEncode/FormEncode-0.9-py2.5.egg\
  #md5=3a16fc576374ebcf9456eae09bfba94f
Processing FormEncode-0.9-py2.5.egg
creating
  /users/farid/python/lib/python2.5/site-packages/FormEncode-0.9-py2.5.egg
Extracting FormEncode-0.9-py2.5.egg to \
  /users/farid/python/lib/python2.5/site-packages
Adding FormEncode 0.9 to easy-install.pth file

Installed
  /users/farid/python/lib/python2.5/site-packages/FormEncode-0.9-py2.5.egg
Finished processing dependencies for SQLObject
```

Unter Windows verläuft die Installation genauso reibungslos:

Wir testen, ob SQLObject richtig installiert ist, indem wir das Modul `sqlobject` zu importieren versuchen:

```
$ ~/python/bin/python
Python 2.5.2 (r252:60911, Mar  1 2008, 18:37:16)
[GCC 4.2.1 20070719 [FreeBSD]] on freebsd7
Type "help", "copyright", "credits" or "license" for more information.
>>> import sqlobject
>>> quit()
```

13.11.3   SQLObject benutzen

Mit SQLObject kann man Objekte in eine SQL-Datenbank speichern. Dazu geht man folgendermaßen vor:

- Wir stellen eine Verbindung zu einer Datenbank her.
- Wir definieren Klassen von abzuspeichernden Objekten.
- Wir erzeugen diese Objekte und verändern sie.
- Wir können nach Objekten suchen etc.

Wir werden im Folgenden erst ein wenig mit SQLObject spielen, bei eingeschaltetem Debugging, um ein Gefühl für das zu bekommen, was hinter den Kulissen geschieht.

Eine Verbindung zur Datenbank herstellen

Als Erstes stellen wir eine Verbindung zu einer Datenbank her:

```
from sqlobject import *

dsn = 'sqlite:/:memory:?debug=True'
conn = connectionForURI(dsn)
sqlhub.processConnection = conn
```

In diesem Fall haben wir eine Verbindung zur SQLite-Datenbank `:memory:` hergestellt und dabei den optionalen Parameter `debug` auf `True` gesetzt, damit wir beim Experimentieren die von SQLObject abgesetzten SQL-Statements sehen können. `:memory:` ist eine so genannte Wegwerf-Datenbank, die nur im Hauptspeicher existiert, solange der Prozess läuft. Damit können wir uns das lästige Aufräumen (`DROP TABLE` dies, `DROP INDEX` das) unserer Spielereien ersparen. Später werden wir eine echte Datenbank nehmen, indem wir einfach die `dsn` verändern.

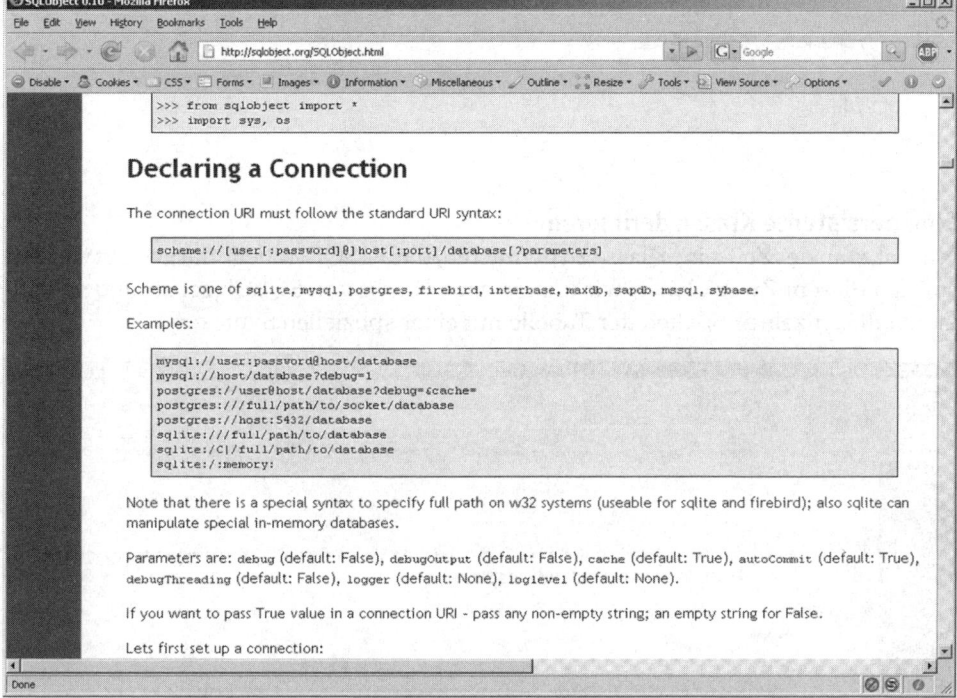

Die DSN zur Angabe einer Datenbank hat allgemein folgende Syntax:

```
scheme://[user[:password]@]host[:port]/database[?parameters]
```

Dabei ist `scheme` eine der von SQLObject unterstützten Datenbanken `sqlite`, `mysql`, `postgres`, `firebird`, `interbase`, `maxdb`, `sapdb`, `mssql`, `sybase`.

Will man sich z.B. an die PostgreSQL-Datenbank `pybookdb` als User `pythonbook` mit dem Passwort `py.book` auf dem lokalen Rechner anmelden, wäre die DSN (ohne zusätzliche Parameter):

```
postgres://pythonbook:py.book@127.0.0.1/pybookdb
```

Die Funktion `connectionForURL` erzeugt aus der DSN ein `Connection`-Objekt, das flugs in einem Pool von `Connection`-Objekten landet: `sqlhub.processConnection = conn`. SQLObject bedient sich dann aus diesem Pool. Die Details dazu sind an dieser Stelle unwichtig und werden in der Dokumentation von SQLObject ausführlich erklärt.

Wir können durch Setzen des `debug`-Attributs des `Connection`-Objekts auf `True` oder `False` die Ausgabe von SQL-Statements auf die Konsole ein- oder ausschalten. In obigen Beispiel hatten wir `debug` für `conn` bereits auf `True` gesetzt, und zwar bei den Parametern der DSN:

```
>>> dsn
'sqlite:/:memory:?debug=True'

>>> conn.debug
'True'
```

Eine persistente Klasse definieren

Nun ist es an der Zeit, eine Klasse zu definieren, die als SQL-Tabelle dargestellt werden soll. Zu diesem Zweck leiten wir unsere neue Klasse von SQLObject ab und spezifizieren die einzelnen Spalten der Tabelle mit einer speziellen Syntax:

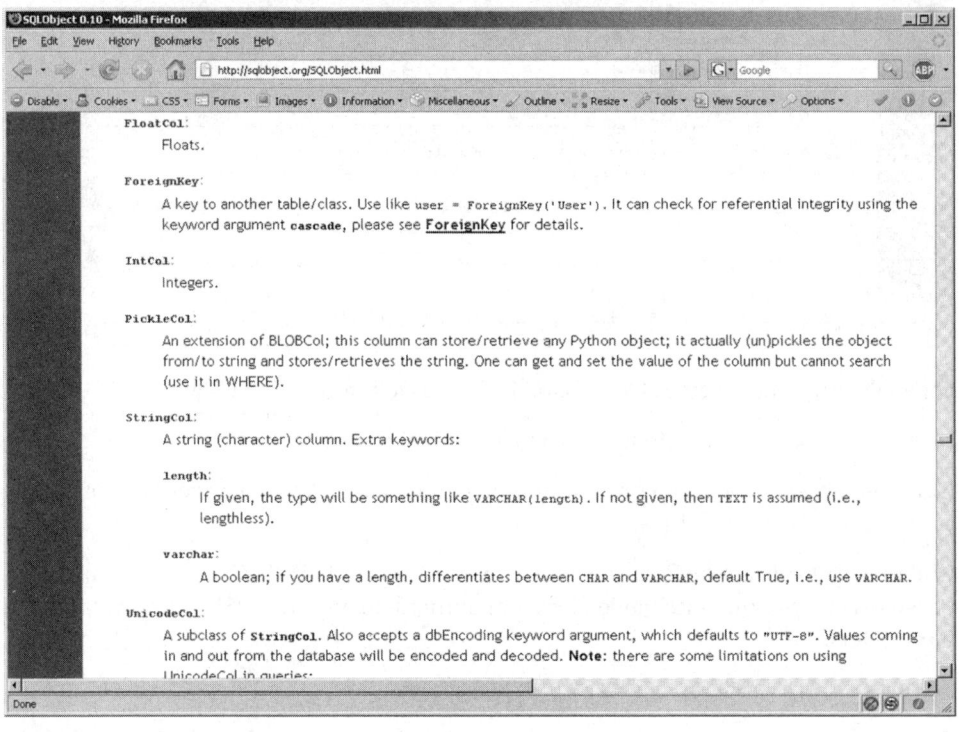

```
class Comment(SQLObject):
    subject = StringCol(length=50)
    body    = StringCol()
    author  = StringCol(default='Anonymous')
    added   = DateTimeCol(default=DateTimeCol.now)
```

Ein Comment besteht also aus den Spalten subject (max. 50 Zeichen), einem unbeschränkten Textfeld body, einem Autor author und einem Zeitstempel.

Da wir noch keine SQL-Tabelle in der Datenbank haben, die als Hintergrund für Comment dienen soll, erzeugen wir sie kurzerhand mit Comment.createTable():

```
>>> Comment.createTable()
 1/Query    :  CREATE TABLE comment (
    id INTEGER PRIMARY KEY,
    subject VARCHAR (50),
    body TEXT,
    author TEXT,
    added TIMESTAMP
)
```

Hinweis

Die Debug-Ausgabe ist etwas länger: Sie enthält auch den Rückgabewert. Da dieser fast immer identisch zur Abfrage ist, wurde er im Buch nicht noch mal ausgedruckt, um Platz zu sparen.

Wir sehen, dass Comment.createTable() einen SQL-Befehl generiert hat, der die Tabelle comment erzeugt. Der SQL-Code hängt von der jeweiligen Datenbank ab. Dieser ist bei SQLite, PostgreSQL, MySQL etc. unterschiedlich; aber SQLObject kennt diese Unterschiede und erzeugt immer den richtigen SQL-Code für die richtige Datenbank. Wir müssen uns also nicht mehr um die Details kümmern!

Nun fügen wir Comment dieser Tabelle hinzu. Alles, was dazu nötig ist, ist, dass wir ein Comment-Objekt mit den richtigen Feldern instanziieren. SQLObject kümmert sich darum, dass das Objekt mittels INSERT in der Tabelle landet:

```
c1 = Comment(subject='First comment', body='This is a comment')
```

Die Debug-Ausgabe zeigt, dass folgende SQL-Statements von SQLObject an die Datenbank abgesetzt wurden:

```
INSERT INTO comment (body, added, subject, author) VALUES \
('This is a comment', '2008-03-12 23:56:46', 'First comment', 'Anonymous')

SELECT subject, body, author, added FROM comment WHERE ((comment.id) = (1))
```

Merken Sie, wie die Default-Werte Anonymous und die aktuelle Zeit richtig eingesetzt wurden, auch wenn wir sie nicht angegeben haben?

Jetzt ändern wir nachträglich body:

```
c1.body = 'Ils ont change ma chanson'
```

Dies hat folgenden SQL-Befehl erzeugt:

```
UPDATE comment SET body = ('Ils ont change ma chanson') WHERE id = (1)
```

Die Datenbank abfragen

Nun schalten wir kurz die Debug-Ausgaben aus und fügen noch ein paar Comments hinzu:

```
conn.debug = False
```

```
c2 = Comment(subject='Second comment', body='This is another comment')
c3 = Comment(subject='Third comment', body='This is a third comment')
c4 = Comment(subject='I am new here', author='Farid', body="That's cool!")
```

All diese Objekte haben verschiedene IDs:

```
>>> c1.id, c2.id, c3.id, c4.id
(1, 2, 3, 4)
```

Ein Objekt kann man per ID aus der Tabelle mit der Syntax Comment.get(some_id) extrahieren:

```
>>> third = Comment.get(3)
```

```
>>> third
<Comment 3 subject='Third comment' body="'This is a third ...'" author='Anonymous'
added='datetime.datetime...)'>
```

```
>>> third.author
'Anonymous'
```

In der Praxis wird man aber nicht die ID kennen, sondern nach bestimmten Kriterien suchen:

```
>>> res = Comment.select(Comment.q.author != 'Anonymous')
```

```
>>> res
<SelectResults at 28a0164c>
```

```
>>> list(res)
[<Comment 4 subject='I am new here' body="That's cool!" author='Farid'
added='datetime.datetime...)'>]
```

Weitere Details zu Abfragen finden Sie in der SQLObject-Dokumentation.

1:N- und N:M-Beziehungen

Mit ForeignKey und MultipleJoin kann man 1:N-Beziehungen modellieren:

```
class Person(SQLObject):
    name = StringCol()
    contacts = MultipleJoin('Contact')

class Contact(SQLObject):
    email = StringCol()
    phone = StringCol()
    person = ForeignKey('Person')

Person.createTable()
Contact.createTable()
```

In diesem Beispiel kann eine Person mehrere Contacte haben; doch jeder Contact gehört zu genau einer Person:

```
p1 = Person(name='John Doe')

c11 = Contact(email='jdoe@example.com', phone='555-1234', person=p1)
c12 = Contact(email='me@example.org', phone='555-9999', person=p1)
```

Schauen wir uns erst Contact an:

```
>>> c12
<Contact 2 email='me@example.org' phone='555-9999' personID=1>

>>> c12.person
<Person 1 name='John Doe'>
```

Intern speichert ein Contact-Objekt eine Referenz auf eine Person, genau gesagt: In der Tabelle von Contact steht eine Spalte namens personID, welche nur Werte annehmen kann, die bereits in Person stehen. So wird sichergestellt, dass es keine Contacte geben kann ohne gültige Person.

Und wie sieht's mit Person aus?

```
>>> p1.name
'John Doe'

>>> p1.contacts
[<Contact 1 email='jdoe@example.com' phone='555-1234' personID=1>,
 <Contact 2 email='me@example.org' phone='555-9999' personID=1>]
```

Wir haben p1.contacts zwar nichts zugewiesen, aber trotzdem enthält es eine Liste von Contacts; und zwar diejenigen, die mit zu p1 gehören. Schauen wir uns die dahinterstehende SQL-Anfrage an:

```
>>> conn.debug = True
```

```
>>> p1.contacts
21/QueryAll:  SELECT id FROM contact WHERE person_id = (1)
21/QueryR  :  SELECT id FROM contact WHERE person_id = (1)
[<Contact 1 email='jdoe@example.com' phone='555-1234' personID=1>,
 <Contact 2 email='me@example.org' phone='555-9999' personID=1>]
```

```
>>> conn.debug = False
```

Mit anderen Worten: die MultipleJoin-Abfrage p1.contacts hat eine gezielte SQL-Abfrage in die contact-Tabelle ausgelöst!

Die Regel ist also einfach: Bei 1:N-Beziehungen trägt man ForeignKey in die Richtung N -> 1 ein (auf der N-Seite) und MultipleJoin in die Richtung 1 -> N (auf der 1-Seite).

Als Parameter von ForeignKey und MultipleJoin stehen *Strings* statt Klassennamen, weil es vorkommen kann, dass bestimmte Klassen noch nicht existieren, wenn sie schon benötigt werden.

Und nun zu den N:M-Beziehungen:

```
class Employee(SQLObject):
    name = StringCol()
    roles = RelatedJoin('Role')
```

```
class Role(SQLObject):
    descr = StringCol()
    employees = RelatedJoin('Employee')
```

Ein Employee kann mehrere Aufgaben (Roles) haben, und eine Aufgabe kann von mehreren Employees ausgeführt werden. Es handelt sich um eine N:M-Beziehung. Beachten Sie, dass diese Beziehung an beiden Enden mit RelatedJoin gekennzeichnet werden muss!

Wir wissen zwar, dass solche N:M-Beziehungen mit Hilfe von Zwischentabellen in relationalen Datenbanken realisiert werden, aber wir wollen es auch überprüfen. Erzeugen wir also die Tabellen für Employee und Role mit eingeschaltetem Debug:

```
conn.debug = True

Employee.createTable()
Role.createTable()

conn.debug = False
```

Folgende Tabellen werden erzeugt:

```
CREATE TABLE employee (
    id INTEGER PRIMARY KEY,
    name TEXT
)

CREATE TABLE employee_role (
    employee_id INT NOT NULL,
    role_id INT NOT NULL
)

CREATE TABLE role (
    id INTEGER PRIMARY KEY,
    descr TEXT
)
```

employee und role dürften nicht überraschen: Beide haben einen id-Schlüssel, der von SQLObject bzw. der Datenbank gepflegt wird. Interessant ist die Zwischentabelle employee_role, welche Paare von ids speichert. Diese Zwischentabelle wird nicht in Form von Python-Klassen sichtbar, sondern dient im Hintergrund dazu, die N:M-Beziehung zu speichern.

Zum Ausprobieren erzeugen wir zwei Angestellte und zwei Aufgaben:

```
e1 = Employee(name='John Doe')
e2 = Employee(name='Jane Doe')

r1 = Role(descr='Clerk')
r2 = Role(descr='Manager')
```

e1 hat z.B. noch keine Aufgaben:

```
>>> e1.roles
[]
```

Nun sei John gleichzeitig Sachbearbeiter und Manager, während Jane nur Sachbearbeiterin ist:

```
e1.addRole(r1)
e1.addRole(r2)

e2.addRole(r1)
```

Jetzt können wir pro Person die Aufgabe abfragen:

```
>>> el.roles
[<Role 1 descr='Clerk'>, <Role 2 descr='Manager'>]
```

```
>>> e2.roles
[<Role 1 descr='Clerk'>]
```

Umgekehrt geht's auch! Welche Angestellten erfüllen eine bestimmte Aufgabe?

```
>>> r1.employees
[<Employee 1 name='John Doe'>, <Employee 2 name='Jane Doe'>]
```

```
>>> r2.employees
[<Employee 1 name='John Doe'>]
```

Nach einer Restrukturierung wird ein neuer Manager engagiert, der aber kein Sachbearbeiter ist:

```
>>> m = Employee(name='Big Wheel')
```

```
>>> m.addRole(Role.get(2))
```

```
>>> m.roles
[<Role 2 descr='Manager'>]
```

Dafür soll John seine Aufgabe als Manager verlieren, aber Sachbearbeiter bleiben:

```
>>> el.removeRole(Role.get(2))
```

```
>>> el.roles
[<Role 1 descr='Clerk'>]
```

Die Manager-Aufgabe hat nun nur noch Big Wheel:

```
>>> r2.employees
[<Employee 3 name='Big Wheel'>]
```

Wir haben hier gerade mal an der Oberfläche gekratzt. SQLObject kann noch viel mehr. Die Lektüre der Dokumentation wird wärmstens empfohlen: http://sqlobject.org/ SQLObject.html.

13.11.4 Das Blog-System mit SQLObject

Unser Blog-Beispiel aus der ZODB lässt sich auf natürliche Art und Weise nach SQLObject übertragen:

```python
#!/usr/bin/env python
# soblogs.py -- A blogs system with SQLObject

from sqlobject import *

dsn = 'postgres://pythonbook:py.book@127.0.0.1/pybookdb'

class SoBlogs(object):
    def __init__(self, createTables=False, debug=False):
        self.dsn = dsn
        self.conn = connectionForURI(self.dsn)
        self.conn.debug = debug
        sqlhub.processConnection = self.conn
        if createTables:
            Blog.createTable()
            Article.createTable()
            Comment.createTable()

class Blog(SQLObject):
    name = StringCol()
    author = StringCol()
    descr = StringCol()
    added = DateTimeCol(default=DateTimeCol.now)
    articles = MultipleJoin('Article')

class Article(SQLObject):
    title = StringCol()
    author = StringCol()
    text = StringCol()
    added = DateTimeCol(default=DateTimeCol.now)
    blog = ForeignKey('Blog')
    comments = MultipleJoin('Comment')

class Comment(SQLObject):
    subject = StringCol()
    author = StringCol()
    text = StringCol()
    added = DateTimeCol(default=DateTimeCol.now)
    article = ForeignKey('Article')
```

Eine Sitzung könnte so aussehen:

```python
from sqlobject import *
from soblogs import *
```

```
SoBlogs(createTables=True, debug=False)

b = Blog(name='SQLObject Blog', author='Farid Hajji',
         descr='A blog to discuss SQLObject issues')

a1 = Article(title='Installing SQLObject is easy', author='Farid',
             text='Just run "easy_install SQLObject" to install',
             blog=b)

a2 = Article(title='Joins in SQLObject', author='A Blogger',
             text='Use ForeignKey and MultipleJoin for 1:N',
             blog=b)

a3 = Article(title='Joins in SQLObject (II)', author='A Blogger',
             text='Use RelatedJoin on both sides of a N:M relationship',
             blog=b)

c11 = Comment(subject='URL needed', author='Anonymous',
              text='Need to add an -f URL to easy_install',
              article=a1)
```

Nun verlassen wir die Python-Shell und betreten sie erneut. Damit soll überprüft werden, ob die Daten in der PostgreSQL-Datenbank immer noch da sind:

```
from sqlobject import *
from soblogs import *

cx = SoBlogs(createTables=False)
```

Welche Blogs gibt's denn?

```
>>> blogs = Blog.select()

>>> blogs
<SelectResults at 28b18c6c>

>>> list(blogs)
[<Blog 1 name='SQLObject Blog' author='Farid Hajji'
descr="'A blog to discus...'" added='datetime.datetime...)'>]

>>> b1 = blogs[0]
```

```
>>> b1.name
'SQLObject Blog'
```

Da wir jetzt ein Blog haben, können wir es gezielt abfragen: Welche Artikel sind dort enthalten, und welche Kommentare gibt es für einen Artikel?

```
>>> import pprint

>>> pprint.pprint(b1.articles)
[<Article 1 title="'Installing SQLOb...'" author='Farid'
          text='\'Just run "easy_i...\'' added='datetime.datetime...)'
          blogID=1>,
 <Article 2 title='Joins in SQLObject' author='A Blogger'
          text="'Use ForeignKey a...'" added='datetime.datetime...)'
          blogID=1>,
 <Article 3 title="'Joins in SQLObje...'" author='A Blogger'
          text="'Use RelatedJoin ...'" added='datetime.datetime...)'
          blogID=1>]
```

Na, dann schauen wir uns mal einen Artikel an:

```
>>> a1 = b1.articles[0]

>>> a1
<Article 1 title="'Installing SQLOb...'" author='Farid'
          text='\'Just run "easy_i...\'' added='datetime.datetime...)'
          blogID=1>
```

Und nun zu einem Kommentar:

```
>>> a1.comments
[<Comment 1 subject='URL needed' author='Anonymous'
          text="'Need to add an -...'" added='datetime.datetime...)'
          articleID=1>]
```

Die Struktur ist offenbar noch erhalten geblieben. Schauen wir uns noch ein paar Objekte genauer an:

```
>>> c = a1.comments[0]

>>> c
<Comment 1 subject='URL needed' author='Anonymous'
          text="'Need to add an -...'" added='datetime.datetime...)'
          articleID=1>

>>> c.added
datetime.datetime(2008, 3, 26, 19, 32, 17)
```

```
>>> c.subject
'URL needed'

>>> a = c.article

>>> a.title
'Installing SQLObject is easy'

>>> blg = a.blog

>>> blg.name
'SQLObject Blog'
```

Selbstverständlich können wir uns auch die SQL-Tabellen selbst in PostgreSQL anschauen:

```
$ psql --host 127.0.0.1 --username pythonbook --password --dbname pybookdb
Password for user pythonbook: <py.book>
Welcome to psql 8.3.1, the PostgreSQL interactive terminal.

Type: \copyright for distribution terms
      \h for help with SQL commands
      \? for help with psql commands
      \g or terminate with semicolon to execute query
      \q to quit


pybookdb=> \d
              List of relations
 Schema |     Name      |   Type   |   Owner
--------+---------------+----------+------------
 public | article       | table    | pythonbook
 public | article_id_seq | sequence | pythonbook
 public | blog          | table    | pythonbook
 public | blog_id_seq   | sequence | pythonbook
 public | comment       | table    | pythonbook
 public | comment_id_seq | sequence | pythonbook
 public | emails        | table    | pythonbook
 public | mp3meta       | table    | pythonbook
 public | mp3paths      | table    | pythonbook
(9 rows)
```

Wir erkennen die Tabellen article, blog und comment. Da wir keine N:M-Beziehungen (RelatedJoin) haben, gibt es keine Verbindungstabellen zwischen diesen drei Tabellen. Die *_seq-Sequenzen werden von PostgreSQL benutzt, um den Autoinkrement zu implementieren. emails stammt noch aus unseren vorigen Tests und hat nichts mit unserem SQLObject-Test zu tun.

Da wir so neugierig sind, schauen wir uns mal das Schema von article kurz an:

```
pybookdb=> \d article

                          Table "public.article"
  Column   |            Type             |              Modifiers
-----------+-----------------------------+-------------------------------------
 id        | integer                     | not null default nextval
           |                             |     ('article_id_seq'::regclass)
 title     | text                        |
 author    | text                        |
 text      | text                        |
 added     | timestamp without time zone |
 blog_id   | integer                     |

Indexes:
    "article_pkey" PRIMARY KEY, btree (id)
Foreign-key constraints:
    "blog_id_exists" FOREIGN KEY (blog_id) REFERENCES blog(id)
```

Und nun eine Abfrage:

```
pybookdb=> SELECT title FROM article ORDER BY added DESC;
            title
-------------------------------
 Installing SQLObject is easy
 Joins in SQLObject
 Joins in SQLObject (II)
(3 rows)
```

Das war's:

```
pybookdb=> \q
```

Zu guter Letzt betrachten wir noch mal die Tabelle article im *pgAdmin III*-Tool (siehe hierzu die Abbildung auf der nächsten Seite).

Das dürfte keine Wüsche offen lassen.

Eine Übungsaufgabe für den interessierten Leser besteht nun darin, die Verwaltung der MP3-Daten aus den vorigen Abschnitten nach SQLObject zu portieren. Denken Sie dabei in Relationen und Objekten und versuchen Sie möglichst, existierende Module wiederzuverwenden. Viel Spaß!

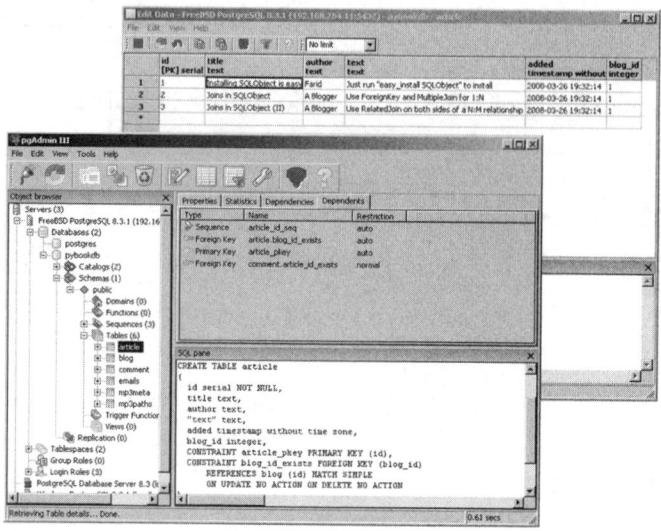

13.11.5 django.db, ein anderer ORM

SQLObject ist nicht der einzige ORM. Wenn Sie weitere objektrelationale Mapper ausprobieren möchten, werfen Sie doch einen Blick auf die models.Model-generierte ORMs des Django-Frameworks, verfügbar unter der URL http://www.djangoproject.com/documentation/db-api/. Wie bereits erwähnt, wird Django in Kapitel 15, *Webprogrammierung und Web-Frameworks*, eingeführt.

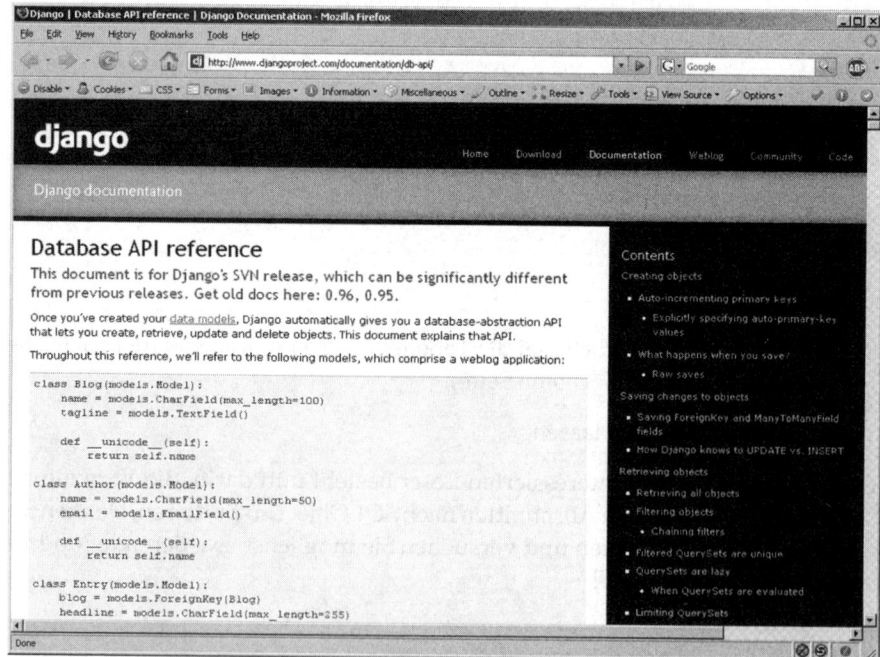

open source library

Diese Modelle können auch unabhängig von Django in eigenen Programmen benutzt werden.

13.12 Zusammenfassung

Python-Objekte serialisieren und deserialisieren:

- Damit Objekte gespeichert werden können, müssen sie zu einem String serialisiert werden. Dieser String muss auch wieder 1:1 zu einem äquivalenten Objekt deserialisiert werden.
- Ein naiver Ansatz benutzt die Python-Darstellung einer Datenstruktur, die man mit str erhält, und liest sie via eval wieder ein.
- Die richtige Lösung verwendet das Pickle- bzw. cPickle-Modul, das alle pickle-baren Objekte serialisieren kann. Deren Funktionen dumps und loads picklen zu und von einem String, während dump und load zu und von einem file-ähnlichen Objekt picklen.

Persistente Dictionarys:

- Mit anydbm erhält man ein Dictionary, das str-zu-str-Dictionary-Mappings in DBM-Dateien transparent ablegt. Jede Änderung am Dictionary wirkt sich auf die Datei aus. anydbm.open liefert ein solches Dictionary, das mit close geschlossen werden sollte.
- Das bsddb-Modul benutzt die Berkeley-DB-Bibliothek, um persistente str-zu-str-Dictionarys zu implementieren. Unterstützt werden sowohl Hashes (zufällige Reihenfolge) als auch BTrees (sortierte Reihenfolge). Letztere erhält man mit der Funktion bsddb.btopen.
- Das shelve-Modul picklet und entpicklet Objekte automatisch, bevor sie als Werte in einem persistenten Dictionary landen. Somit sind str zu beliebigen picklebaren Objekte-Mappings möglich. Man muss aber bei mutablen Objekten (wie z.B. list oder dict) aufpassen, da Änderungen daran nicht automatisch von shelve erkannt und in das persistente Dictionary übernommen werden.

Die ZODB-objektorientierte Datenbank:

- Die ZODB ist eine Erweiterung des shelve-Konzeptes, das ein beliebiges Objektgeflecht persistent speichern kann. Objekte werden durch Erreichbarkeit angekoppelt.
- Das Drittanbietermodul ZODB installiert man mit easy_install ZODB3.
- Alle Objekte, die in die ZODB gespeichert werden sollen, müssen unter anderem aus der Klasse persistent.Persistent abgeleitet werden.
- Eine ZODB erzeugt man mit s = FileStorage.FileStorage('somefile.fs'), gefolgt von db = DB(s) und conn = db.open(). Die Wurzel des Objektgeflechts erhält

man mit `dbroot = conn.root()`. Dieses ist ein Dictionary, unter dem verschiedene `persistent.Persistent` abgeleitete Objekte abgelegt werden.

- Aus Effizienzgründen kann man unter dem Wurzelobjekt ein effizientes `BTrees.OOBTree`-persistentes Dictionary anhängen, z.B.: `dbroot['personal'] = BTrees.OOBTree.OOBTree()`.

- Mit Transaktionen kann man Änderungen zwischenspeichern und bei Bedarf wieder verwerfen. Dazu `importiert` man ein `transaction`-Singleton, führt ein paar Operationen durch und ruft dann entweder `transaction.commit()` oder `transaction.abort()` auf.

- Hängt man ein `persistent.Persistent`-abgeleitetes Objekt an ein bereits in der ZODB enthaltenes Objekt an (z.B. als Attribut: `obj_saved.some_attr = new_obj`), wird das neue Objekt automatisch in die ZODB mit aufgenommen. Man sagt, dass `new_obj` durch Erreichbarkeit persistent wurde (weil `obj_saved` schon persistent war).

- Als Anwendung haben wir das persistente Backend eines Blog-Systems auf ZODB-Basis entwickelt.

DB-API 2.0 SQL-Anbindungen:

- Die DB-API 2.0 ist ein Standardisierungsversuch, um diversen SQL-Datenbankanbindungsmodulen eine möglichst uniforme Schnittstelle zu geben. Theoretisch sollte es möglich sein, am Anfang einer Anwendung ein DB-API 2.0-Modul einfach durch ein anderes DB-API 2.0-Modul zu ersetzen; aber in der Praxis erschweren kleine Unterschiede beim SQL-Dialekt des RDBMS-Backends diese Portabilität.

- Die typische Verwendung besteht darin, erst ein `Connect`-Objekt zu erhalten: `conn = dbapi.connect(dsn)`, wobei `dbapi` ein (hypothetisches) DB-API 2.0-Modul ist; dann daraus ein `Cursor`-Objekt anzufordern: `curs = conn.cursor()`. Anschließend kann man mit `curs` SQL-Befehle absetzen: `curs.execute(a_str_with_sql_commands)`. Transaktionen werden mit `conn.commit()` abgeschickt oder mit `conn.rollback()` abgebrochen. Mit `conn.close()` wird die Verbindung zum DB-Server geschlossen.

- `curs.execute` kann auch mit Parametern aufgerufen werden. Um Ergebnisse abzuholen, ruft man `curs.fetchone`, `curs.fetchmany` oder `curs.fetchall` auf.

SQLite-Anbindung mit `sqlite3`:

- SQLite ist ein dateibasiertes SQL-Datenbanksystem in Form einer Bibliothek, das ohne DB-Server auskommt. Es wird bei embedded Devices bevorzugt eingesetzt, kann aber auch für größere Aufgaben verwendet werden.

- Seit Python 2.5 ist `sqlite3` ein Standardmodul, das die SQLite-Bibliothek benutzt, um eine DB-API 2.0-kompatible Schnittstelle anzubieten. Möchte man in Python mal eben schnell eine SQL-basierte Lösung implementieren, ohne einen Datenbankserver aufsetzen zu müssen, ist `sqlite3` ideal.

- Um SQLite-Dateien ohne Python auslesen zu können, kann man das *sqlite3*-Tool benutzen, das von der SQLite-Homepage `http://www.sqlite.org/` bezogen werden kann (und das Bestandteil der Bibliothek ist). In *sqlite3* gibt man SQL-Kommandos ein und erhält Ergebnisse angezeigt. Dieses Tool kann man auch benutzen, um Backups zu erzeugen: So erhält man mit dem `.dump`-Befehl ein Backup in Form einer Textdatei mit SQL-Befehlen.

■ Das `sqlite3`-Modul benutzt man wie ein anderes DB-API 2.0-Modul: `conn = sqlite3.connect(some_file, isolation_level='DEFERRED')`, dann `curs = conn. cursor()` und anschließend Folgen von SQL-Befehlen mit `curs.execute(...)`. Parameter von SQL-Befehlen kann man mit Fragezeichen übergeben. Daten abholen geht mit `curs.fetch*()` etc. Mit `conn.commit()` wird die Transaktion abgeschlossen und eine neue geöffnet, und mit `conn.rollback()` rückgängig gemacht. `conn. close()` schließt die SQLite-Datei ab.

■ Als Anwendung haben wir eine Playlist aus (den ID3 Tags von) MP3-Dateien erstellt und in eine SQLite-Datenbank, bestehend aus zwei Tabellen, gespeichert.

PostgreSQL-Anbindung mit `psycopg2`:

■ PostgreSQL ist ein Enterprise-grade exzellentes Open Source RDBMS. Wir haben in aller Ausführlichkeit gesehen, wie man es unter Unix (FreeBSD) und Windows installiert und konfiguriert.

■ Um SQL-Befehle ohne Python an den PostgreSQL Server zu senden, benutzt man entweder `psql` (das dem *sqlite3*-Tool entspricht) oder das grafische *pgAdmin III*.

■ Das DB-API 2.0-Modul zur Anbindung von PostgreSQL heißt `psycopg2`. Unter Unix installiert man es einfach mit `easy_install psycopg2`. Unter Windows gibt es u.a. einen Binary-Installer, der bequemer zu benutzen ist als eine manuelle Installation. In beiden Fällen müssen Client-Header und Librarys (`libpq`) von PostgreSQL auf dem Client-Rechner sein, damit `psycopg2` übersetzt werden und laufen kann.

■ Die Benutzung von `psycopg2` ist ähnlich wie bei jedem anderen DB-API 2.0-Modul. Mit `conn = psycopg2.connect(dbname='...' user='...' host='...' password= '...')` erhält man ein `Connection`-Objekt und daraus einen `Cursor` mit `curs = conn.cursor()`. Diese benutzt man wie gewohnt; wobei als Parameterstil für SQL-Befehle die Python-Syntax zum Tragen kommt: `curs.execute(... %(name1)s, %(name2)s, { 'name1': 'value1', 'name2': 'value2' })`. Die restlichen Methoden sind identisch zu denen von `sqlite3`.

■ Als Anwendung haben wir das MP3-Beispiel aus `sqlite3` nach PostgreSQL portiert.

MySQL Anbindung mit `MySQLdb`:

■ Bei MySQL sind wir davon ausgegangen, dass der Benutzer bereits einen Account auf einem Datenbankserver besitzt, und haben nur testweise eine Tabelle mit dem *mysql*-Tool per SQL erzeugt und angeschaut.

■ Das DB-API 2.0-kompatible Modul zum Ansprechen von MySQL-Datenbankservern heißt `MySQLdb`. Man installiert es einfach mit `easy_install MySQL-python`, sowohl unter Unix als auch unter Windows. Bei Unix müssen dafür die MySQL-Client-Bibliothek und MySQL-Header installiert sein.

- Die Verwendung von `MySQLdb` ist weitgehend identisch mit derjenigen von `psycopg2`. Mit `conn = MySQLdb.connect(user='...', passwd='...', host='...', db='...')` bekommt man ein `Connection`-Objekt und mit `curs = conn.cursor()` ein `Cursor`-Objekt, das die übliche Funktionalität besitzt.

- Als Anwendung haben wir das MP3-Beispiel aus `sqlite3` und PostgreSQL nach MySQL portiert. Eine Besonderheit war hier, dass man Transaktionen und `FOREIGN KEY`-Einschränkungen nur bei InnoDB-Tabellen bekommt; eine Eigenart von MySQL, die vom SQL-Standard abweicht.

Ein objektrelationaler Mapper (ORM) mit SQLObject:

- Ein ORM ist ein Zwischending zwischen der objektorientierten Welt à la ZODB und der relationalen Welt à la DB-API 2.0. Ein ORM präsentiert der Anwendung eine objektorientierte Schnittstelle, übersetzt aber hinter den Kulissen Zugriffe auf diese Objekte in SQL-Befehle, die es einem RDBMS-System wie SQLite, PostgreSQL, MySQL oder andere sendet. Das Ergebnis aus dem RDBMS wird als Objektattribute und Werte zur Anwendung reflektiert.

- Ein bekannter ORM ist SQLObject, es gibt aber auch andere ORMs wie z.B. den vom Django-Framework.

- SQLObjekt installiert man unter Unix und Windows mit `easy_install SQLObject`. Das Modul heißt `sqlobject`. Die DSN unterscheidet sich je nach DB-Backend (`mysql`, `postgres`, `sqlite` usw.). Das `Connection`-Objekt kann man in den Debug-Modus versetzen, um die generierten SQL-Befehle zu sehen: `conn.debug = True`.

- Persistente Objekte sollen aus der Klasse `sqlobject.SQLObject` abgeleitet werden. In der Klassendefinition gibt man die jeweiligen Felder an. Diese können verschiedene Typen haben, z.B. `StringCol`, `DateTimeCol`, ...

- Durch die `createTable`-Methode der von `SQLObject` abgeleiteten Klassen werden die SQL-Tabellen im Datenbank-Backend erzeugt. Das Instanziieren solcher Objekte legt sie automatisch in die SQL-Datenbank ab. Das Ändern eines der Attribute setzt einen `UPDATE`-Befehl zur Datenbank ab.

- Die Datenbank kann man mit verschiedenen Methoden abfragen. Mit `get` bekommt man das N-te Objekt, mit `select` kann man Objekte nach verschiedenen Kriterien herausfinden.

- 1:N-Beziehungen werden mit den Feldtypen `MultipleJoin` und `ForeignKey` modelliert und N:M-Beziehungen mit dem Feldtyp `RelatedJoin`.

- Als Anwendung haben wir zur Illustration das Blog-System mit SQLObject modelliert.

Im nächsten Kapitel werden wir sehen, wie man mit Python Client/Server- und Peer-to-Peer-Programme schreibt.

14 Netzwerkprogrammierung

Unter Netzwerkprogrammierung versteht man die Kommunikation zwischen Programmen auf verschiedenen Rechnern. Am häufigsten folgt diese Kommunikation dem Client/Server-Modell, doch dezentralisierte Peer-to-Peer-Programme gehören ebenfalls in diese Kategorie. In diesem Kapitel werden wir die Netzwerkkommunikation unter Python kennenlernen.

Programmiertechnisch hat man bei Python die Wahl zwischen mehreren APIs:

- dem asynchronen, Event-gesteuerten Modell des Drittanbieter-Packages Twisted
- dem synchronen, Event-gesteuerten Modell von `SocketServer` und `asyncore/asynchat`
- dem synchronen, nicht Event-gesteuerten Modell vieler Netzmodule der Python Standard Library
- dem RPC- (remote procedure call) Modell, asynchron bei Twisted Perspective Broker, synchron bei XML-RPC (und andere Standards wie SOAP, CORBA etc.)
- der low-level Berkeley Socket API, auf die alle anderen Packages und Module letztendlich fußen

In diesem Kapitel werden wir all diese APIs und Modelle vorstellen, wobei der Schwerpunkt eindeutig auf dem Twisted Framework liegen wird. Der Grund dafür ist, dass größere, ernstzunehmende Programme aus der Praxis die Asynchronität von Twisted gut gebrauchen können. Mit Twisted lassen sich Programme schreiben, die gut skalieren und auch größere Last bewältigen können.

Nach Twisted konzentrieren wir uns auf `SocketServer`-basierte Server. Auch diese sind wie bei Twisted Event-gesteuert, bieten aber eine etwas andere und leichtere Schnittstelle. Außerdem sind Aufrufe dort synchron, d.h. man muss warten, bis das Ergebnis zur Verfügung steht. Dank Threads und Prozessen kann man dennoch multithreaded `SocketServer` implementieren, die auch dann weiter antworten, wenn sie von langsamen (oder vielen) Clients gleichzeitig kontaktiert werden.

Oft möchte man nicht ein ganzes Framework benutzen, um so etwas einfaches wie das Senden einer Mail oder das Herunterladen einer Datei aus einem FTP-Server zu bewerkstelligen. Die Python Standard Library bietet für diesen Zweck einfache Protokollklassen, die gnadenlos synchron sind: man ruft dort einfach eine Funktion nach der anderen auf und muss jeweils auf die Antwort der anderen Seite warten.

Trotzdem reichen sie aus für einfache Programme, die nicht auf strenge Parallelität angewiesen sind.

Während es bei den obigen Ansätzen sichtbar ist, dass man über das Netz mit einem entfernten Programm kommuniziert, versucht man beim Remote Procedure Call-(RPC-) Modell diese Kommunikation vor dem Programmierer zu verbergen. Die Idee ist dabei, dass man Methoden eines Proxy-Objekts aufruft und dass hinter den Kulissen dieser Aufruf an ein Server-Objekt auf der anderen Seite gesendet, dort ausgeführt und dann zurückgeschickt wird. Wir werden zwei RPC-Modelle kennenlernen: das asynchrone Modell, bei dem man Deferred als Ergebnis eines RPC-Aufrufs erhält (Twisted Perspective Broker), und das klassische synchrone Modell, bei dem das Proxy-Objekt auf der Client-Seite auf die Antwort des Servers warten muss. Anders als bei Twisted Perspective Broker, das Python spezifisch ist, gibt es für das synchrone RPC-Modell diverse sprachenagnostische Standards wie XML-RPC, SOAP oder CORBA, bei denen Client und Server durchaus auch in verschiedenen Sprachen programmiert sein können. Es gibt für all diese Standards entsprechende Python-Module. Wir wählen das XML-RPC-Modell aus, das nicht nur sehr einfach ist, sondern auch direkt von Modulen aus der Python Standard Library unterstützt wird.

Sie werden feststellen, dass wir das Thema HTTP, obwohl es auch zur Netzprogrammierung gehört, ausgeklammert haben. Das holen wir in Kapitel 15, *Webprogrammierung und Web-Frameworks*, nach, da es sehr umfangreich ist.

14.1 Das Twisted Framework

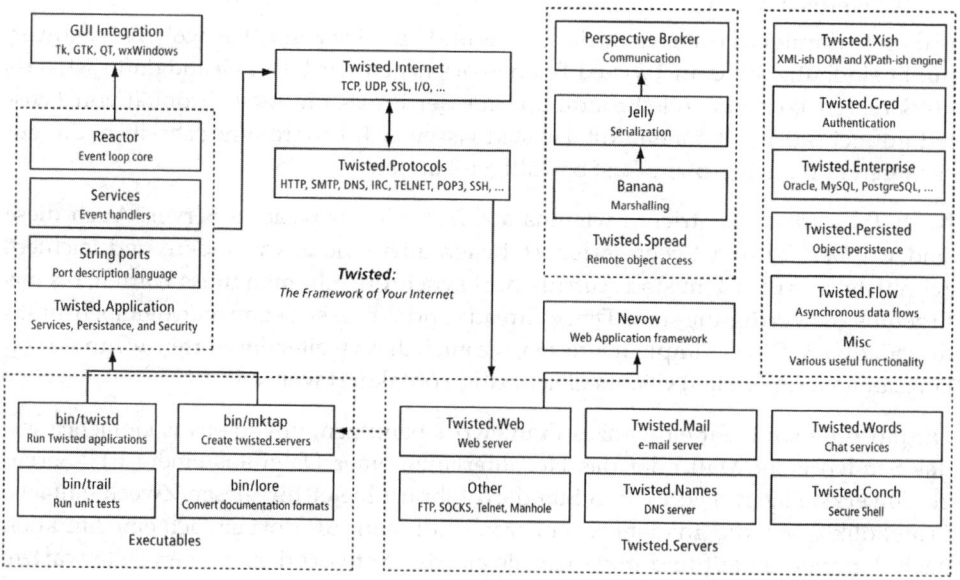

Twisted ist ein mächtiges Framework zum Erstellen von asynchronen Netzwerkprogrammen (Client/Server und Peer-to-Peer zugleich). Es besteht aus vielen Komponenten, wie das aus der Twisted-Dokumentation entnommene Blockdiagramm zeigt. Wir werden nur einen kleinen Bruchteil dieser Komponenten hier mit Beispielen vorstellen können. Es bleibt Ihnen überlassen, weiter in die Tiefe zu gehen.

Twisted-Programme folgen dem Event-gesteuerten Modell. Das bedeutet, dass man als Programmierer diverse Funktionen, Callbacks genannt, bereitstellt und anschließend eine Event-Schleife aufruft. Sobald das geschehen ist, übernimmt die Event-Schleife die Kontrolle des Programms und wartet auf diverse Ereignisse. Wenn ein Ereignis eintrifft, wird der jeweilige Callback aufgerufen.

Das allein macht aber noch kein asynchrones Modell aus. Wir werden weiter unten sehen, dass man z.B. mit `SocketServer` und `asyncore` / `asynchat` ebenfalls Event-gesteuerte Programme erstellen kann. Das Besondere an Twisted ist, dass dort viele Funktionen `Deferred`-Objekte sofort an den Aufrufer zurückgeben, auch wenn das gewünschte Ergebnis noch nicht zur Verfügung steht. Das `Deferred`-Objekt wird später eine eigene Callback-Kette »feuern«, wenn es soweit ist. Damit wird Asynchronität erst ermöglicht.

Sinn und Nutzen dieser Asynchronität liegen darin, dass man in einem Programm mehrere parallele Aufgaben gleichzeitig ausführen kann, und zwar *im selben Thread*, ohne dass sie sich gegenseitig blockieren. Stellen Sie sich z.B. einen Chat-Server vor: Dieser muss verschiedene parallele Verbindungen zu diversen Clients managen und kann schlecht auf die Antwort eines Clients warten und dabei die ganze Zeit nichts anderes tun; das würde die anderen Clients blockieren. Oder denken Sie an ein Netzprogramm mit GUI: Würde man dort synchron auf Netzereignisse warten, und hätte man nur einen Thread zur Verfügung, würde so eine Operation die gesamte grafische Oberfläche effektiv einfrieren, bis das Ergebnis bereitsteht (was mehrere Sekunden, ja Minuten dauern könnte). Mit Asynchronität lässt sich dieses Problem vermeiden, und Twisted setzt Asynchronität äußerst konsequent durch.

Twisted unterstützt die gängigen Internet-Protokolle aus den OSI Layern 4 (TCP ohne oder mit SSL, UDP) und 7 (POP3, IMAP4, SMTP, HTTP, DNS etc.) und kann einem somit viel Mühe und das ständige Neuerfinden des Rades ersparen. Darum werden wir im Folgenden ausführlich auf Twisted eingehen und es in kleinen, gut verdaulichen Stückchen nach und nach vorstellen. Am Ende des Twisted-Hauptabschnitts sollten Sie in der Lage sein, Ihre eigenen Netzwerkprogramme mit Twisted auf die Beine zu stellen.

14.1.1 Twisted installieren

Twisted ist ein Drittanbieter-Package (eine ganze Sammlung von Modulen) und muss erst installiert werden. Den gesamten Quellcode finden Sie auf der Homepage des Projekts unter der Adresse `http://twistedmatrix.com`. Wir brauchen `Twisted` und die externen Abhängigkeiten pycrypto und pyOpenSSL, um die volle Funktionalität von Twisted nutzen zu können.

Twisted unter Unix installieren

Unter Unix lässt sich der Tarball von Twisted ab Version 8.0.0 mit *easy_install* auspacken und installieren. Da die neueste Twisted-Version 8.0.1 zum Zeitpunkt, als dieses Buch entstand, noch nicht im PyPI war, laden wir sie manuell herunter und installieren sie mit easy_install Twisted-8.0.1.tar.bz2:

```
$ cd ~/python/src


$ fetch http://tmrc.mit.edu/mirror/twisted/Twisted/8.0/Twisted-8.0.1.tar.bz2
Twisted-8.0.1.tar.bz2                        100% of 2294 kB    93 kBps 00m00s


$ ~/python/bin/easy_install Twisted-8.0.1.tar.bz2
Processing Twisted-8.0.1.tar.bz2
Running Twisted-8.0.1/setup.py -q bdist_egg --dist-dir \
  /tmp/easy_install-jWEkJ3/Twisted-8.0.1/egg-dist-tmp-cSqTsh
Adding Twisted 8.0.1 to easy-install.pth file

Installing pyhtmlizer script to /users/farid/python/bin
Installing twistd script to /users/farid/python/bin
Installing tapconvert script to /users/farid/python/bin
Installing tap2rpm script to /users/farid/python/bin
Installing mktap script to /users/farid/python/bin
Installing manhole script to /users/farid/python/bin
Installing tap2deb script to /users/farid/python/bin
Installing t-im script to /users/farid/python/bin
Installing trial script to /users/farid/python/bin
Installing im script to /users/farid/python/bin
Installing bookify script to /users/farid/python/bin
Installing lore script to /users/farid/python/bin
Installing cftp script to /users/farid/python/bin
Installing conch script to /users/farid/python/bin
Installing tkconch script to /users/farid/python/bin
Installing ckeygen script to /users/farid/python/bin
Installing mailmail script to /users/farid/python/bin

Installed
  /users/farid/python/lib/python2.5/site-packages/\
  Twisted-8.0.1-py2.5-freebsd-7.0-STABLE-i386.egg
Processing dependencies for Twisted==8.0.1
Finished processing dependencies for Twisted==8.0.1
```

Da manche Komponenten von Twisted (z.B. `conch`) Cryptofunktionen benötigen, brauchen wir dafür noch die Module `pycrypto` und `pyOpenSSL`. Man muss sie nicht installieren, wenn man keine verschlüsselte Verbindung braucht. Eine Alternative und gute Ergänzung zu den Cryptomodulen ist auch `M2Crypto`. Wir gehen aus Platzgründen in diesem Kapitel nicht darauf ein.

Twisted installieren (Windows)

Für Windows gibt es im Downloadbereich einen Binary Installer für Twisted und einen für `pycrypto`. Achten Sie lediglich darauf, die Version herunterzuladen, die zu Ihrer Version von Python passt. Ansonsten gibt es nichts Spektakuläres darüber zu berichten: Sie kopieren lediglich die Python-Dateien in den *site-packages*-Folder und kompilieren sie evtl. zu Python-Bytecode.

Diese einfache Installation dürfte Motivation genug sein, Twisted auf möglichst vielen Client-PCs zu installieren: Es ist sehr leicht zu deployen!

14.1.2 Erste Schritte ins Twisted-Universum

Um die Twisted-Programme zu verstehen, muss man sich erst mit der Grundarchitektur objektorientierter Netzprogramme vertraut machen. Die folgende Skizze zeigt die verschiedenen Objekte, die in ein einem typischen Twisted-Programm zusammenwirken.

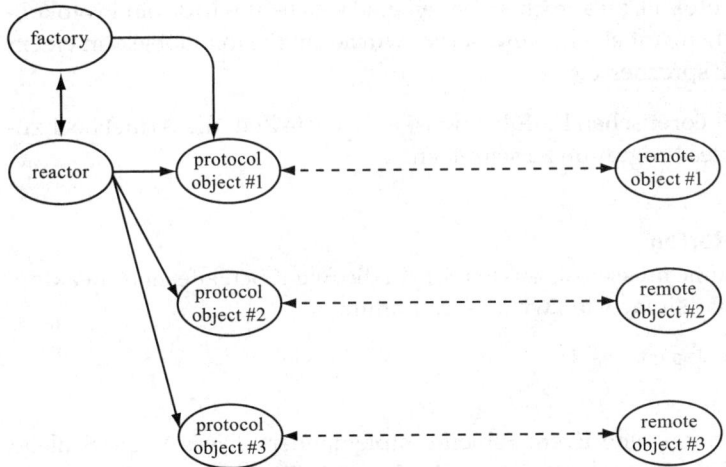

Dort sieht man, wie jeweils drei Akteure miteinander wirken, um Server und Clients zu realisieren:

- Der *Reactor* wartet auf Ereignisse aus dem Socket Layer.
- Die *Factory* erzeugt bei Bedarf Protokollobjekte.
- Die *Protokollobjekte* managen eine einzelne Verbindung.

Beim Server sitzt `reactor` in seiner Event-Schleife und wartet darauf, dass von den Sockets ein Ereignis eintrifft. Er verbraucht kaum CPU-Zeit, weil der Aufruf der Betriebssystemfunktion, die auf Ereignisse wartet (typischerweise `select`) blockierend ist. Es können jetzt mehrere Ereignisse eintreffen. Unter anderem:

- Ein Client will eine Verbindung aufbauen.
- Ein Client sendet uns etwas.
- Ein Client schließt die Verbindung.

Wenn ein Client eine Verbindung aufbauen will, erkennt der Server `reactor` dies in der Event-Schleife und ruft die Factory auf, die dem `listenTCP`-Aufruf übergeben wurde (ein Beispiel folgt in Kürze). Die Factory erkennt, dass eine neue Verbindung zu managen ist, erzeugt daraufhin ein Protokollobjekt extra für diese neue Verbindung und übergibt dieses Objekt an den `reactor`.

Der `reactor` ruft daraufhin die `connectionMade`-Methode dieses Protokollobjekts auf, um zu signalisieren, dass es nun eine Verbindung zum Client auf der anderen Seite hat und mit ihm kommunizieren kann. `connectionMade` ist nur einer von einer ganzen Reihe möglicher Callbacks, die der `reactor` aufrufen könnte. Welche Callbacks es sonst noch gibt, werden wir weiter unten noch zeigen.

Für jede Verbindung mit einem Client gibt es im Server eine neue Instanz des Protokollobjekts. Wenn es also 1000 parallele Verbindungen gibt, wird es auch 1000 verschiedene Protokollobjekte geben.

Der Sinn dieser Protokollobjekte liegt darin, mit der anderen Seite in deren Sprache, d.h. mit deren Protokoll, zu sprechen. Mit einem Webclient würde ein Protokollobjekt in HTTP sprechen, mit einem Newsserver würde ein Protokollobjekt in einem Newsreader in NNTP sprechen etc.

Nach dieser kleinen theoretischen Einführung ist es höchste Zeit, die Ärmel hochzukrempeln und ein erstes Programm zu schreiben!

Die Event-Schleife starten

Alle Twisted-Programme müssen als letzten Schritt die Event-Schleife eines Reaktors aufrufen. Darum ist das einfachste Twisted-Programm:

```
from twisted.internet import reactor
reactor.run()
```

`reactor` ist ein Objekt, das eine Event-Schleife implementiert. Diese Event-Schleife blockiert so lange, bis ein Ereignis eingetreten ist. Typische Ereignisse sind:

- Eine Verbindung ist gerade hergestellt worden.
- Die andere Seite hat die Verbindung geschlossen.
- Wir haben gerade einen Schub Daten erhalten.
- Bereit zum Senden weiterer Daten.

Da wir an dieser Stelle auf keine Ergebnisse warten, hängt der Aufruf von `reactor.run` so lange, bis wir ihn mit *Ctrl-C* (*Strg-C*) abbrechen.

Eine Funktion verspätet aufrufen

Soll eine Funktion nach einer bestimmten Verzögerung aufgerufen werden, kann man sie beim Reaktor registrieren:

```
from twisted.internet import reactor

def foo(name):
    print "CALLED foo(%s)" % (name,)
    reactor.stop()

reactor.callLater(5, foo, "John Doe")
reactor.run()
```

Dies bewirkt, dass die Funktion `foo` nach 5 Sekunden vom `reactor` mit dem Argument `John Doe` aufgerufen wird. Die Ausgabe wird dann logischerweise sein:

```
CALLED foo(John Doe)
```

Außerdem kehrt der Aufruf von `reactor.run` zurück, weil die Event-Schleife innerhalb von `foo` mit `reactor.stop()` beendet wurde. Mit anderen Worten: Das Programm beendet sich, weil der Aufruf `reactor.run()` dann zurückkehrt und nichts Weiteres mehr zu tun ist.

Die Methode `callLater` des `reactor`-Objekts erwartet folgende Argumente:

- die Anzahl der zu wartenden Sekunden, bevor die Funktion aufgerufen wird,
- die aufzurufende Funktion,
- positionale und Schlüsselwort-Argumente, welche der Funktion beim Aufruf zu übergeben sind

Anders ausgedrückt: `callLater` hat folgende Signatur (die folgende Ausgabe liefert `help(reactor.callLater)`):

```
callLater(self, _seconds, _f, *args, **kw) method of
    twisted.internet.selectreactor.SelectReactor instance
    See twisted.internet.interfaces.IReactorTime.callLater.
```

Zu den Interfaces kommen wir später noch.

Warum ist `callLater` wichtig? Angenommen, man möchte eine Antwort verzögert abgeben (z.B. bei einem tarpitting Server). Falls man traditionell `time.sleep` aufruft, würde dies den aktuellen Thread blockieren, der die Event-Schleife des Reaktors ausführen müsste, bis die Wartezeit verstrichen ist. Dies wäre aber ganz schlecht, denn dann könnte das Programm nicht auf Ereignisse reagieren, die in dieser Zeit eintreffen könnten. Das ist, wie wenn Sie in einem GUI-Programm eine lang laufende Operation *modal* ausführen: Das würde die gesamte Oberfläche für die Dauer der Berechnung »einfrieren«.

Ein unhöflicher Server

Wir programmieren jetzt einen Server, der auf einen Port nach Verbindungen wartet, diese entgegennimmt, aber gleich wieder schließt.

```
#!/usr/bin/env python
# twisted_nullserver.py -- a lazy server that closes all connections

from twisted.internet.protocol import Factory, Protocol
from twisted.internet import reactor

class ConnectionCloser(Protocol):
    def connectionMade(self):
        self.transport.loseConnection()

factory = Factory()
factory.protocol = ConnectionCloser

reactor.listenTCP(7070, factory)
reactor.run()
```

Diesen Server startet man ganz normal von einem Fenster aus, z.B. so:

```
$ ~/python/bin/python twisted_nullserver.py
```

Testen kann man ihn von einem anderen Fenster aus (oder gar von einem ganz anderen Rechner aus), indem man das altbewährte *telnet* benutzt:

```
$ telnet localhost 7070
Trying 127.0.0.1...
Connected to localhost.hajji.name.
Escape character is '^]'.
Connection closed by foreign host.
```

Alternativ zu *telnet* kann man auch *nc* (auch als *netcat* bekannt) benutzen, dort, wo es installiert ist:

```
$ nc localhost 7070
```

Den Server beendet man, indem man *Ctrl-C* in das Fenster eingibt, in das man ihn gestartet hat.

In *twisted_nullserver.py* erkennen wir die Hauptkomponenten eines jeden Twisted-Programms:

- den Reaktor `reactor`, der seine Event-Schleife mit `reactor.run()` startet
- die Factory `factory` vom Typ `Factory`
- die Protokollklasse `ConnectionCloser`

`reactor` erzeugt mit `reactor.listenTCP(7070, factory)` auf Port 7070 einen Server Socket und assoziiert diesen mit der `Factory`-Instanz `factory`. In der Event-Schleife wird der `reactor` so lange auf Verbindungen warten, bis ein Client sich an diesem Port per TCP anmeldet. Sobald das geschehen ist, wird `reactor` die Verbindung akzeptieren und `factory` anweisen, ein neues Protokollobjekt für diese Verbindung zu instanziieren.

`factory` erzeugt daraufhin ein Protokollobjekt, und benutzt dafür die Klasse, die in `factory.protocol` registriert ist. Mit anderen Worten: `factory` erzeugt eine Instanz von `ConnectionCloser` und übergibt diese Instanz an den `reactor`.

`reactor` ruft daraufhin den Callback `connectionMade` dieser `ConnectionCloser`-Instanz auf, um dem Protokollobjekt zu signalisieren, dass es anfangen kann, mit dem Client zu kommunizieren. Doch bevor er `connectionMade` aufruft, hat er via Factory in dem `transport`-Attribut des Protokollobjekts einen `Transport`-Wrapper um den Socket zum Client abgelegt. Somit kann das Protokollobjekt mit dem Client kommunizieren, indem es Daten aus dem und zum `transport`-Objekt liest bzw. sendet.

Das Protokollobjekt in unserem Beispiel tut nichts anderes, als die Verbindung zum Client zu schließen, indem er die `loseConnection`-Methode des Transport-Objekts aufruft.

Das erkennt dann der `reactor` in seiner Event-Schleife, und er signalisiert der `factory`, dass die Instanz des Protokollobjekts nun nicht mehr benötigt wird und zerstört werden kann.

Ein nicht ganz so unhöflicher Server
Der folgende, leicht veränderte Server schließt die Verbindung erst, nachdem er eine kurze Nachricht an den Client gesendet hat:

```python
#!/usr/bin/env python
# twisted_nullserver2.py -- a lazy server that closes all connections

from twisted.internet.protocol import Protocol, Factory
from twisted.internet import reactor


class ConnectionCloser2(Protocol):
    def connectionMade(self):
        self.transport.write("Sorry, I don't accept connections. Bye!\r\n")
        self.transport.loseConnection()
```

```
factory = Factory()
factory.protocol = ConnectionCloser2

reactor.listenTCP(7070, factory)
reactor.run()
```

Von der Client-Seite kann man ihn wie folgt testen (z.B. mit *nc*):

```
$ nc localhost 7070
Sorry, I don't accept connections. Bye!
```

Der einzige Unterschied zum vorigen Programm liegt darin, dass wir eine Nachricht an den Client mit folgender Zeile senden:

```
self.transport.write("Sorry, I don't accept connections. Bye!\r\n")
```

Wie man sieht, bietet das `transport`-Objekt eine `write`-Methode (wie ein `file`-ähnliches Objekt!), die man nutzen kann, um Strings an die andere Seite, d.h. hier an den Client, zu senden.

Einen Server mit twistd starten

Ein Problem bei den vorigen Beispielen lag darin, dass wir einen Port größer als 1024 nutzen mußten, da nur *root* auf Ports kleiner 1024 hören darf. Man hätte zwar theoretisch auch einen solchen kleinen Port nutzen können, aber dann hätte man den Server als *root* starten und laufen lassen müssen. Das ist aus den bekannten Sicherheitsgründen nicht zu empfehlen.

Um das Problem zu lösen, implementieren wir das Programm neu, diesmal als `internet`
`.Application`, und führen es mit dem *twistd*-Programm aus, das während der Installation von Twisted ins Verzeichnis für Skripte bzw. ins Binaryverzeichnis kopiert wurde. Wir fangen mit der Datei *twisted_nullserver3.tac* an (beachten Sie die Endung: es sollte jetzt `.tac` statt `.py` heißen):

```
# twisted_nullserver3.tac -- a lazy twistd server that closes all connections

from twisted.application import internet, service
from twisted.internet.protocol import Protocol, Factory
from twisted.internet import reactor

class ConnectionCloser3(Protocol):
    def connectionMade(self):
        self.transport.write("Sorry, I don't accept connections. Bye!\r\n")
        self.transport.loseConnection()

factory = Factory()
factory.protocol = ConnectionCloser3
```

608

```
application = service.Application('nullserver3', uid=65534, gid=65534)
itcp = internet.TCPServer(94, factory)
itcp.setServiceParent(service.IServiceCollection(application))
```

Das Programm führen wir als *root* wie folgt aus:

```
# ~farid/python/bin/twistd -ny twisted_nullserver3.tac
2008-04-02 18:44:15+0200 [-] Log opened.
2008-04-02 18:44:15+0200 [-] twistd 8.0.1
                             (/users/farid/python/bin/python 2.5.2) starting up
2008-04-02 18:44:15+0200 [-] reactor class:
                             <class 'twisted.internet.selectreactor.SelectReactor'>
2008-04-02 18:44:15+0200 [-] twisted.internet.protocol.Factory starting on 94
2008-04-02 18:44:15+0200 [-] Starting factory
                        <twisted.internet.protocol.Factory instance at 0x28a36b8c>
2008-04-02 18:44:15+0200 [-] set uid/gid 65534/65534
```

Unter Windows rufen Sie einfach *twistd* ohne Pfad auf. Falls Sie Path richtig eingestellt haben, müsste *Python25\Scripts* dort enthalten sein. Falls nicht, befindet sich *twistd* im *Scripts*-Folder der aktuellen Python-Installation, z.B. unter *Python25\Scripts\ twistd.bat*.

Das Programm lässt sich wie gewohnt abfragen:

```
$ nc localhost 94
Sorry, I don't accept connections. Bye!
```

Interessant ist hier Folgendes:

```
$ sockstat -461 | grep '*:94'
nobody   python    76207 3  tcp4   *:94                    *:*
```

Mit anderen Worten: Das Programm hört auf Port 94 als Benutzer *nobody*, obwohl wir *twistd* als *root* gestartet hatten. *nobody* entspricht auf meinem System der UID 65534 (darum habe ich diese Zahl gewählt); passen Sie die UID einfach Ihren Bedürfnissen an!

Man hätte *twistd* auch mit anderen Argumenten starten können. Dafür beenden wir erst den aktuellen Server mit einem *Ctrl-C*

```
2008-04-02 18:51:02+0200 [-] Received SIGINT, shutting down.
2008-04-02 18:51:02+0200 [-] (Port 94 Closed)
2008-04-02 18:51:02+0200 [-] Stopping factory
                        <twisted.internet.protocol.Factory instance at 0x28a36b8c>
2008-04-02 18:51:02+0200 [-] Main loop terminated.
2008-04-02 18:51:02+0200 [-] Warning: No permission to delete pid file
2008-04-02 18:51:02+0200 [-] Server Shut Down.
```

und starten ihn neu mit ein paar Optionen:

```
# ~farid/python/bin/twistd -y twisted_nullserver3.tac --syslog \
          --pidfile=nullserver3.pid --prefix=nullserver3
```

Man erhält sofort wieder den Prompt, denn der Server läuft jetzt im Hintergrund. Weitere Optionen erhalten Sie wie gewohnt mit `twistd --help`.

Man beendet den Server mit Hilfe der PID-Datei (beachten Sie die Backticks):

```
# kill `cat nullserver3.pid`
```

Ein einfacher Client

Wie stellen wir eine Verbindung zu unserem nicht ganz so unhöflichen Server her, ohne ein externes Programm wie *telnet* oder *nc* zu benutzen? Mit einem Python-Programm natürlich. Und da wir gerade bei Twisted sind, programmieren wir einfach das passende Gegenstück zu *twisted_nullserver2.py*:

```python
#!/usr/bin/env python
# twisted_nullclient.py -- A client for the lazy nullserver.

from twisted.internet.protocol import Protocol, ClientFactory
from twisted.internet import reactor
from sys import stdout

class NullClient(Protocol):
    def dataReceived(self, data):
        stdout.write(data)

class NullClientFactory(ClientFactory):

    protocol = NullClient

    def clientConnectionLost(self, connector, reason):
        print "clientConnectionLost():", reason.value
        reactor.stop()
    def clientConnectionFailed(self, connector, reason):
        print "clientConnectionFailed():", reason.value
        reactor.stop()

reactor.connectTCP('localhost', 7070, NullClientFactory())
reactor.run()
```

Führt man *twisted_nullclient.py* auf, während der Server läuft, erhält man:

```
$ ~/python/bin/python twisted_nullclient.py
Sorry, I don't accept connections. Bye!
clientConnectionLost(): Connection was closed cleanly.
```

Aber wenn der Server gerade nicht läuft und kein anderer Server auf Port 7070 hört, kommt Folgendes heraus:

```
$ ~/python/bin/python twisted_nullclient.py
clientConnectionFailed(): Connection was refused by other side:
                         61: Connection refused.
```

Wir erkennen wieder die drei Hauptakteure eines Twisted-Programms:

- den reactor, der die Event-Schleife ausführt
- die NullClientFactory-Instanz, die NullClient-Protokollobjekte erzeugt
- Die Klasse NullClient der Protokollobjekte.

Der reactor erzeugt mit connectTCP('localhost', 7070, ...) einen Client Socket, der eine Verbindung zum angegebenen Rechner (hier localhost) auf dem angegebenen Port (hier 7070) aufbauen soll. Zu diesem Socket wird eine Factory-Instanz vom Typ NullClientFactory assoziiert. Anschließend führt der reactor die Event-Schleife aus.

Die Factory-Instanz wird vom reactor informiert, sobald die Verbindung zum Server steht. Sie instanziiert daraufhin ein Protokollobjekt vom Typ NullClient (das ist die Klasse, die im klassenweiten protocol-Attribut der NullClientFactory steht) und übergibt dieses Protokollobjekt dem reactor.

Jetzt ist alles bereit zum Empfang:

- Der reactor lauert in seiner Event-Schleife auf Events vom Socket.
- Das Protokollobjekt vom Typ NullClient steht bereit und kann Daten empfangen.
- Die Factory-Instanz steht ebenfalls bereit.

Wenn alles gut geht, wird uns der Server seine Begrüßungszeile senden. Diese kommt beim Client-Socket an und wird von der Event-Schleife des reactors registriert. Der reactor weiß, welches Protokollobjekt für diesen Socket verantwortlich ist, und wird daher die dataReceived-Methode der NullClient-Instanz aufrufen.

Das Protokollobjekt erhält in dataReceived einen Schub Daten vom Server. Alles, was es tut, ist, diese Daten auf die Standardausgabe auszugeben.

Die Daten vom Server müssen nicht alle auf einmal eintreffen: Es kann sein, dass sie schubweise bei uns eintrudeln. In diesem Fall wird die Event-Schleife des reactors mehrere »Daten empfangen«-Events sehen und folglich auch mehrfach dataReceived mit dem jeweils empfangenen Datenstück aufrufen. Dem muss ein Protokollobjekt immer Rechnung tragen, und wir werden weiter unten sehen, dass dies bei zeilenorientierten Protokollen nicht ganz so günstig ist, da dataReceived nicht unbedingt immer ganze Zeilen empfangen muss. In diesem Fall aber ist es nicht schlimm, da alle Datenschübe einfach der Reihe nach auf die Standardausgabe stdout geschrieben werden.

Doch zurück zu unserem Client-Programm. Irgendwann wird der Server mit dem Senden seiner Begrüßungszeile fertig sein und die Verbindung schließen. Dieses Schließen der Verbindung wird in der Event-Schleife des Client reactors registriert. Jetzt setzt der reactor die Factory-Instanz davon in Kenntnis, indem er deren clientConnectionLost-Callback aufruft. Die Factory weiß damit, dass das Protokollobjekt (vom Typ Null-Client) nicht mehr benötigt wird, da es keine Verbindung mehr besitzt, mit der es mit der anderen Seite sprechen könnte, und dass es zerstört werden kann. Sie gibt einfach die Ursache der Schließung aus und beendet das gesamte Programm, indem es die Event-Schleife des Client reactors anhält.

Beim Versuch, eine Verbindung aufzubauen, kann connectTCP auch scheitern. Gründe dafür gibt es viele, z.B.:

- Auf dem gewünschten Port wartet kein Server (Server nicht gestartet?).
- Der gewünschte Port ist durch eine Firewall blockiert.
- Es gibt keine Route zum gewünschten Rechner.
- Unter dem angegebenen DNS-Namen gibt es keine passende IP.

All diese Ereignisse werden vom reactor in der Event-Schleife registriert und an die Factory-Instanz weitergeleitet, indem reactor ihren clientConnectionFailed-Callback aufruft. Die Factory-Instanz gibt auch hier einfach die Ursache aus und beendet den reactor und somit das Programm.

Was haben wir bisher gelernt?

Wir fassen noch einmal alles bisher Gelernte zusammen:

- In einem Twisted-Programm agieren drei Akteure: reactor, eine Factory-Instanz und Protokollobjekte.
- Beim Server erzeugt der reactor einen Server Socket mit listenTCP und assoziiert ihn mit einer Factory-Instanz, die vom Typ Factory sein kann.
- Beim Client erzeugt der reactor ein Client Socket mit connectTCP und assoziiert ihn mit einer Factory Instanz, die vom Typ ClientFactory oder einer von ClientFactory abgeleiteten Klasse sein muss.
- Die Factory weiß, welche Protokollobjekte sie erzeugen soll, weil in deren klassenweitem protocol-Attribut die Klasse der Protokollobjekte steht.
- Die Klassen, die ein Protokollobjekt definieren, müssen von Protocol (oder einer von Protocol abgeleiteten Klasse) abgeleitet werden.

Der reactor startet seine Event-Schleife, indem er seine run-Methode aufruft. Ab da sitzt er in der Event-Schleife und wartet auf Ereignisse von draußen. Wir haben auch gesehen, wie der reactor eine Funktion verspätet mit callLater aufruft und wie man das Programm beendet, indem man die stop-Methode des reactors aufruft, welche die Event-Schleife beendet.

Wenn eine Verbindung aufgebaut werden soll, signalisiert der reactor dies der Factory-Instanz. Diese instanziiert daraufhin ein Protokollobjekt, das einzig und allein für diese Verbindung zuständig ist. Dieses Protokollobjekt übergibt die Factory-Instanz dem reactor.

Sobald die Verbindung steht, ruft der `reactor` den `connectionMade`-Callback des Protokollobjekts auf, aber nicht ohne zuvor den Socket mit der anderen Seite in ein `ITransport`-Objekt gewrappt und dem Protokollobjekt als `transport`-Attribut zur Verfügung gestellt zu haben. Das Protokollobjekt kann in `connectionMade` diverse Aufgaben erfüllen, z.B. etwas an die andere Seite schreiben oder einfach die Verbindung schließen.

Wenn die Verbindung geschlossen wird, erkennt dies der `reactor` in einer Event-Schleife und signalisiert dies der Factory-Instanz (im Fall von `ClientFactory` über den Callback `clientConnectionFailed`), die ihrerseits das Protokollobjekt, das zu dieser Verbindung gehörte, zerstören bzw. aufgeben wird.

14.1.3 Zeilenpufferung und ein einfacher Dialog

In unserem Client/Server-Beispiel sendet uns der Server eine Zeile und schließt dann die Verbindung. Die vom Client empfangene Zeile wird im Callback `dataReceived` ausgegeben. Wie bereits angedeutet, kann es sein, dass diese Zeile nicht am Stück ausgegeben wird, sondern stotternd rüberkommt. Wenn z.B. das Netz belastet ist oder die Antwort des Servers zu groß für ein IP-Paket ist, kann es vorkommen, dass die Antwort über mehrere Pakete verstreut wird, und es ist auch nicht ungewöhnlich, dass der `reactor` in seiner Event-Schleife mehrere Ereignisse empfängt und folglich auch `dataReceived` mehrmals mit einzelnen Fragmenten der Antwort aufruft! Als Endanwender sehen wir dies zum Glück nicht, weil wir dort diese Fragmente alle mit dem Aufruf `stdout.write(data)` hintereinander ausgegeben haben. Hätten wir aber `print data` dort angegeben (ohne abschließendes Komma!), würde man es merken.

Da viele Protokolle zeilenorientiert sind, wäre es praktischer, wenn man es statt mit kleinen Datenfragmenten gleich mit ganzen Zeilen zu tun hätte. Was benötigt wird, ist ein Protokollobjekt, das die empfangenen Daten puffert und einen Callback aufruft (*ich habe eine Zeile empfangen*), wenn eine Zeile vollständig angekommen ist. Mit so einem Callback könnte man ganz bequem auf bestimmte Zeilen des Protokolls reagieren (z.B. eine Zeile zurücksenden usw.).

Ein solches Protokoll, das Daten zu Zeilen puffert, könnten wir selbst schreiben, doch zum Glück bietet Twisted hier eine Lösung an: die Klasse `twisted.protocols.basic.LineReceiver`. Diese von `twisted.internet.protocol.Protocol` abgeleitete Klasse überschreibt `dataReceived` durch eigenen Code, so dass die empfangenen Datenfragmente gepuffert werden. Für den Anwender dieser Klasse bietet `LineReceiver` u.a. dem Callback `lineReceived` an, der automatisch aufgerufen wird, sobald eine Zeile empfangen ist. Eine weitere Methode dieser Klasse ist `sendLine`, die eine Zeile samt abschließendem Zeilenendekennzeichen (typischerweise \r\n) zur anderen Seite sendet.

Weitere Details zu `LineReceiver` erhält man z.B. so:

```
>>> from twisted.protocols.basic import LineReceiver
>>> print LineReceiver.__doc__
```

Es erscheint:

```
A protocol that receives lines and/or raw data, depending on mode.

    In line mode, each line that's received becomes a callback to
    L{lineReceived}.  In raw data mode, each chunk of raw data becomes a
    callback to L{rawDataReceived}.  The L{setLineMode} and L{setRawMode}
    methods switch between the two modes.

    This is useful for line-oriented protocols such as IRC, HTTP, POP, etc.

    @cvar delimiter: The line-ending delimiter to use. By default this is
                     '\r\n'.
    @cvar MAX_LENGTH: The maximum length of a line to allow (If a
                      sent line is longer than this, the connection is
                      dropped). Default is 16384.
```

Wie man sieht, kann LineReceiver noch etwas mehr. Es ist möglich, zwischen einem Zeilenmodus (wo lineReceived automatisch aufgerufen wird) und einem rohen Modus (wo rawDataReceived aufgerufen wird) mit setLineMode und setRawMode zu alterieren. Es gibt nämlich Protokolle, die aus einer Mischung von Zeilen und rohen Daten bestehen. Ein Beispiel für so ein Protokoll wäre HTTP: wenn man etwa ein Bild via HTTP von einem Webserver herunterlädt, erhält man als Antwort erst eine Reihe von Zeilen (die HTTP-Header), gefolgt von einer leeren Zeile und anschließend Binärdaten, die das Bild beschreiben (z.B. JPEG, PNG etc.). In so einem Fall ließt man erst die HTTP-Header im Zeilenmodus ein und schaltet dann in den rohen Modus, um die Bilddaten zu empfangen.

Die genauen Signaturen von LineReceiver findet man in der Datei *twisted/protocols/basic.py*. Abgekürzt sieht es so aus:

```
class LineReceiver(protocol.Protocol, _PauseableMixin):
    delimiter = '\r\n'
    def clearLineBuffer(self):
    def setLineMode(self, extra=''):
    def setRawMode(self):
    def rawDataReceived(self, data):
    def lineReceived(self, line):
    def sendLine(self, line):
    def lineLengthExceeded(self, line):
```

Mit diesem Wissen ausgestattet, wollen wir eine kleine Anwendung schreiben. Wir greifen wieder unser Nullclient-Beispiel auf und verwandeln es in eine kleine Dialoganwendung. Der Server fragt den Client nach einem Namen und sendet, sobald er eine Antwort erhalten hat, eine kurze Begrüßung an den Client zurück, die diesen Namen enthält. Wenn Sie wollen, ist es ein *Hello, Twisted World*-Beispiel mit Benutzereingabe. So eine Anwendung ist offensichtlich zeilenorientiert, also bietet sich der Einsaz von `LineReceiver` anstelle von `Protocol` im Protokollobjekt an.

Der Server sieht so aus:

```python
#!/usr/bin/env python
# twisted_helloserver.py -- A Hello, Twisted World server.

from twisted.internet.protocol import Factory
from twisted.protocols.basic import LineReceiver
from twisted.internet import reactor

class HelloWorld(LineReceiver):
    def connectionMade(self):
        self.delimiter = '\n'
        self.sendLine(self.factory.prompt)

    def lineReceived(self, line):
        self.name = line
        self.sendLine("Hello, " + self.name)
        self.transport.loseConnection()

factory = Factory()
factory.protocol = HelloWorld
factory.prompt = "Hello! What's your name?"

reactor.listenTCP(7070, factory)
reactor.run()
```

Den Server führt man in ein Fenster aus, und in einem anderen Fenster oder von einem anderen Rechner aus kontaktieren wir diesen Server, indem wir z.B. *nc* oder *telnet* zu Hilfe nehmen:

```
$ nc localhost 7070
Hello! What's your name?
John Doe
Hello, John Doe
```

Zunächst einmal fällt auf, dass unsere Protokollklasse `HelloWorld` von `LineReceiver` statt von `Protocol` abgeleitet ist. Die Methode `lineReceived` haben wir überschrieben, um die Antwortzeile des Clients zu erhalten. Innerhalb von `lineReceived` können wir davon ausgehen, dass `line` keine partielle Antwort sein wird, sondern die komplette

Zeile ist. Außerdem können wir annehmen, dass `line` keinen Zeilentrenner (hier auf \n gesetzt) enthalten wird: Dieser wurde von der Pufferungslogik bereits entfernt.

Innerhalb von `lineReceiver` senden wir also die empfangene Antwort an den Client zurück, indem wir sie um das Präfix `'Hello, '` ergänzen. Dieses Zurücksenden hätte man z.B. mit folgendem Aufruf bewerkstelligen können:

```
self.transport.write('Hello, ' + line + self.delimiter)
```

Doch das ist genau das, was `sendLine` für uns tut. Das Hinzufügen des Zeilentrenners erspart man sich, indem man Folgendes schreibt:

```
self.sendLine("Hello, " + line)
```

Auch wenn es hier nicht notwendig gewesen wäre, haben wir trotzdem in `lineReceived` am Beispiel von `self.name` gezeigt, wie man Werte temporär im Protokollobjekt ablegen kann. Das wäre sinnvoll, wenn man bedenkt, dass verschiedene Callbacks hintereinander aufgerufen werden könnten. Mit diesem Mechanismus könnte man Daten von einem Callback zum anderen übergeben. Allerdings gibt es dafür einen besseren Mechanismus, auf den wir weiter unten zu sprechen kommen werden: *Deferreds*.

Kommen wir nun zum Callback `connectionMade`. Dieser Callback erschien nicht in der obigen Liste der Methoden von `LineReceiver`. Wieso wird er trotzdem aufgerufen? Des Rätsels Lösung liegt darin, dass die Klasse `LineReceiver` von der Klasse `Protocol` abgeleitet ist und somit alle `Protocol`-Methoden erbt, so auch `connectionMade`. Diese und andere Methoden von `Protocol` sind in der Spezifikation der Schnittstelle von `Protocol`, *twisted/internet/interfaces.py*, wie folgt definiert (abgekürzt):

```
class IProtocol(Interface):
    def dataReceived(data):
    def connectionLost(reason):
    def makeConnection(transport):
    def connectionMade():
```

Was diese Callbacks genau tun, ist in der o.g. Datei ausführlich beschrieben (wir verzichten auf den Abdruck aus Platzgründen: Bitte werfen Sie auf jeden Fall einen Blick in die *interfaces.py*-Datei!). Diese Methoden muss man gedanklich den Methoden von `LineReceiver` hinzufügen.

Mit anderen Worten: Sobald die Factory ein neues Protokollobjekt aus `HelloWorld` für eine neue Clientverbindung instanziieren muss, wird der `reactor` dessen Callback `connectionMade` aufrufen. Das ist die Stelle, an der wir als Server dem Client die Begrüßungszeile senden können:

```
class HelloWorld(LineReceiver):
    def connectionMade(self):
        self.delimiter = '\n'
        self.sendLine(self.factory.prompt)
```

Auch hier sind ein paar interessante Aspekte zu berücksichtigen.

Zunächst einmal verändern wir den Zeilentrenner vom Default \r\n nach \n, damit wir unser *nc* (*netcat*) unter Unix als Client benutzen können (wie sendet man sonst \r\n im Anschluss an den eingegebenen Namen?). Diese Veränderung bewirkt, dass ab sofort alle gesendeten und empfangenen Zeilen mit einem Newline statt mit der Folge Carriage Return + Newline abgeschlossen werden. Normalerweise sollte man es aus Gründen der Portabilität bei \r\n belassen, aber das ist hier ja lediglich ein Beispiel. Wir sollten nur daran denken, wenn wir den dazu passenden Client in Twisted programmieren.

Der zweite wichtige Aspekt ist der Ort, an dem wir den Prompt abgelegt haben. Sie haben sicher bemerkt, dass die Frage nach dem Namen (der Prompt) hier in der Variablen factory unter dem Attribut prompt abgelegt wurde:

```
factory = Factory()
factory.protocol = HelloWorld
factory.prompt = "Hello! What's your name?"
```

Dies lesen wir dann in connectionMade als self.factory.prompt wieder aus. Dies ist möglich, weil Twisted dafür sorgt, dass es stets eine Verbindung zwischen Protokollobjekten und der Factory, die sie erzeugt haben, in self.factory des Protokollobjekts gibt.

Es stellt sich die Frage, wieso wir den Prompt in der Factory statt im Protokollobjekt abgelegt haben. Nun ja, das ist der logische Ort dafür, denn der Prompt wird von allen Protokollobjekten, die der Server gleichzeitig instanziieren und wieder zerstören wird, gemeinsam genutzt. Da es nur ein Factory-Objekt (factory), aber viele Protokollobjekte vom Typ HelloWorld gibt, wäre der logische Ort für solche gemeinsam genutzten Werte das Factory-Objekt.

In realen Anwendungen könnte im Factory-Objekt z.B. ein DB API-2.0 Connection-Objekt zu einer Datenbank abgelegt werden, das von allen Protokollobjekten gemeinsam genutzt werden könnte. Es gibt Factory-Callbacks, in denen man diese Objekte initialisieren und wieder aufräumen kann: startFactory und stopFactory. Diese werden in *twisted/internet/protocol.py* in der Definition der Klasse Factory ausführlich kommentiert und erklärt.

So, das war's auch schon mit dem Server. Wie sieht jetzt der dazu passende Client in Twisted aus?

```
#!/usr/bin/env python
# twisted_helloclient.py -- A Hello, Twisted World client


from twisted.internet.protocol import ClientFactory
from twisted.protocols.basic import LineReceiver
from twisted.internet import reactor
from sys import stdout
```

```python
class HelloWorld(LineReceiver):
    def connectionMade(self):
        self.delimiter = '\n'
        self.state = 0          # 0: waiting for prompt, 1: waiting for greeting

    def lineReceived(self, line):
        self.line = line

        if self.state == 0:
            # Got prompt from server: reply by sending name
            try:
                self.name = raw_input(self.line + " ")
                self.sendLine(self.name)
            except EOFError:
                self.sendLine("User didn't answer")
            finally:
                self.state = 1

        elif self.state == 1:
            # Got greeting from server: print out, and close conn
            stdout.write(self.line + "\r\n")
            self.transport.loseConnection()
            self.state = 2

        else:
            # Should not happen. Got spurious line
            stdout.write("Got spurious line: " + self.line + "\r\n")
            self.transport.loseConnection()

class HelloWorldFactory(ClientFactory):

    protocol = HelloWorld

    def clientConnectionLost(self, connector, reason):
        print "clientConnectionLost():", reason.value
        reactor.stop()
    def clientConnectionFailed(self, connector, reason):
        print "clientConnectionFailed():", reason.value
        reactor.stop()

reactor.connectTCP('localhost', 7070, HelloWorldFactory())
reactor.run()
```

Wenn man es bei laufendem *twisted_helloserver.py*-Server ausführt, sieht es so aus:

```
$ ~/python/bin/python twisted_helloclient.py
Hello! What's your name? John Doe
Hello, John Doe
clientConnectionLost(): Connection was closed cleanly.
```

Aber wenn gerade kein Server auf Port 7070 hört, erhalten wir logischerweise einen Fehler:

```
$ ~/python/bin/python twisted_helloclient.py
clientConnectionFailed(): Connection was refused by other side:
                        61: Connection refused.
```

Die Grundstruktur von *twisted_helloclient.py* entspricht der aller bisherigen Twisted-Programme und ähnelt sehr der von *twisted_nullclient.py*: Wir haben einen reactor, eine von ClientFactory abgeleitete Factory-Klasse HelloWorldFactory und eine Protokoll-klasse HelloWorld. Dabei haben wir HelloWorld wie beim Server auch von LineReceiver statt von Protocol abgeleitet, um in der Lage zu sein, ganze Zeilen am Stück in derem lineReceived-Callback zu empfangen. So weit, so gut.

Die eigentliche Neuerung ist hier, dass wir hier mit Hilfe der Protokollobjekt-Variablen self.state einen Zustandsautomaten (*state machine*) programmieren mussten. Wieso das denn? Das Problem von HelloWorld ist doch, dass es vom Server *zwei* Zeilen erhält, aber nur ein einziger Callback dafür zur Verfügung steht. Die erste Zeile ist die Begrüßung des Servers und die zweite Zeile die Antwort des Servers auf unseren Namen.

Leider können wir nicht einfach beide Zeilen in lineReceived ausgeben, als bestünde kein Unterschied zwischen ihnen. Denn nach der ersten Zeile sollten wir den Benutzer fragen und eine Antwort zurücksenden, während bei der zweiten Zeile diese einfach nur auszugeben und die Verbindung zu schließen ist. Je nachdem, ob wir die erste oder zweite Zeile erhalten (und diese kommen beide in lineReceived an), müssen wir uns unterschiedlich verhalten.

Mit anderen Worten: Unser Protokollobjekt befindet sich in verschiedenen Zuständen und muss je nach Zustand dies oder jenes tun:

- In Initialzustand 0 (der in connectionMade gesetzt wird) haben wir noch keine Zeile erhalten: wir warten darauf, daß der Server uns etwas sendet.
- Im Zustand 1 haben wir bereits die erste Zeile erhalten und unsere Antwort darauf zum Server abgeschickt. Oder anders gesagt: Wir warten hier auf die zweite Zeile vom Server.
- Im Zustand 2 wurde die personalisierte Antwort des Servers erhalten (d.h. die zweite Zeile), und wir haben Client-seitig die Verbindung geschlossen. Wenn wir in Zustand 2 übergegangen sind, erwarten wir keine Zeile mehr vom Server.

Die Logik von HelloWorld ist daher ganz simpel: Wir starten im Zustand 0 und warten auf eine Zeile. Wenn diese irgendwann mal kommt, prüfen wir, in welchem Zustand dies geschah: war es im Zustand 0, ist es die erste Zeile gewesen. Dann fragen wir den Benutzer und senden dessen Antwort an den Server zurück. Anschließend gehen wir in Zustand 1 über. Irgendwann mal wird `lineReceived` wieder aufgerufen, wenn der Server uns antwortet. Da dies im Zustand 1 geschieht, wissen wir, dass dies die Antwort ist. Wir geben sie aus, schließen Client-seitig die Verbindung und gehen in Zustand 2 über. Hier sollte nichts mehr kommen, d.h. `lineReceived` nicht mehr aufgerufen werden. Aus Gründen der *defensiven Programmierung* fangen wir aber trotzdem diesen Fall im `else:`-Zweig ab und geben eine Warnung aus.

Der aufmerksame Leser wird folgende Frage leicht beantworten können: Wieso haben wir die Zustandsvariable `self.state` im Protokollobjekt und nicht in der Factory als `self.factory.state` gespeichert? Die Antwort ist einfach: Auch wenn wir in diesem konkreten Fall `state` durchaus auch in der Factory hätten unterbringen können, so wäre dies doch nicht der *richtige* Ort dafür gewesen. Wieso nicht? Weil der Zustand eine Eigenschaft des Protokollobjekts selbst ist! Stellen Sie sich vor, Sie würden einen Client programmieren, der gleichzeitig mehrere Verbindungen zu verschiedenen *twisted_helloserver.py*-Servern aufbauen würde. Dieser Client müsste dann pro Verbindung ein `HelloWorld`-Protokollobjekt instanziieren. Doch jedes dieser Protokollobjekte könnte in einem unterschiedlichen Zustand sein, je nachdem, wie schnell die Server reagieren. Es wäre dann fatal, einen einzigen Zustand in der Factory zu speichern, denn jedes Protokollobjekt kann in einem unterschiedlichen Zustand sein, je nach Stand seiner Konversation mit der anderen Seite. Und die Moral von der Geschichte? Man muss immer darauf achten, was zu einer konkreten Verbindung gehört und was all diese Verbindungen gemeinsam haben. Ersteres landet dann in den einzelnen Protokollobjekten, Letzteres in der gemeinsamen Factory.

Fassen wir noch einmal zusammen

Zeilenorientierte Protokolle empfängt man statt mit `Protocol` doch lieber mit `Line-Receiver`. Diese Protokollklasse stellt einen Callback `lineReceived` zur Verfügung und übergibt ihm immer eine ganze Zeile am Stück. Möchte man eine Zeile zurücksenden, bietet sich die `sendLine`-Methode des `LineReceivers` an. Man kann auch zwischen Zeilenmodus und Rohmodus umschalten.

Um `LineReceiver` zu benutzen, leiten Sie einfach eine Klasse davon ab und überschreiben `lineReceived`.

14.1.4 Anwendung: Ein Chat-Server

In diesem Abschnitt entwickeln wir einen kleinen Chat-Server. Das ist lediglich ein Programm, das empfangene Zeilen an alle angemeldeten Clients zurücksendet. Somit können diverse Chat-Clients miteinander über den Server kommunizieren. Auch wenn wir in diesem Abschnitt keinen Chat-Client explizit vorstellen, könnten Sie sich selbst so einen Client mit Twisted programmieren, oder Sie verwenden einfach *telnet* bzw. *nc* (*netcat*).

Der weiter unten gezeigte Server *twisted_chatserver.py* wartet auf Port 7070 auf TCP-Verbindungen von Clients (z.B. von *telnet*, *nc* oder einen in Python entwickelten Client). Nachdem sich ein Benutzer mit einem Nicknamen beim Server angemeldet hat, wird er

- eigene Zeilen an den Server senden, damit sie vom Server aus an andere Clients reflektiert werden,
- alle an den Server gesendeten Zeilen (von ihm selbst und von anderen Clients) empfangen und anzeigen.

Wir fangen erst mit dem Server an. Der Schlüssel zur Lösung dieser Aufgabenstellung liegt in der Verwaltung von Protokollobjekten. Der Server wird pro Client-Verbindung ein Protokollobjekt bereitstellen müssen, das die Verbindung zum Client managen soll. Dass es mehrere Protokollobjekte geben wird, dürfte offensichtlich sein: Schließlich werden mehrere Clients gleichzeitig an dem Server angemeldet sein.

Aber was weniger offensichtlich ist: Jedes Protokollobjekt braucht den Zugriff auf alle anderen Protokollobjekte, um seine eigenen Zeilen an die anderen Clients zu übermitteln. Wir benötigen also einen Container, in dem wir die verschiedenen Protokollobjekte verwalten.

Es stellen sich dann zwei Fragen:

- Welche Datenstruktur nehmen wir dafür?
- Wo soll sie im Server leben?

Zur ersten Frage: Auf jeden Fall müssen wir Protokollobjekte speichern, damit wir an deren `transport`-Kanäle kommen. Also wäre eine Liste oder ein Dictionary von Protokollobjekten angesagt. Doch welcher Containertyp wäre natürlicher? Eine Liste wäre durchaus denkbar, aber wir wollen eine zusätzliche Einschränkung beim Server einbauen: Ein Benutzer darf sich nur einmal gleichzeitig unter einem Nicknamen anmelden. Oder, anders gesagt, es sollen nicht gleichzeitig zwei Verbindungen im Server mit demselben Nicknamen existieren. So etwas lässt sich am bequemsten mit einem Dictionary von (Nickname, Protokollobjekt) Paaren realisieren.

Jedes Mal, wenn sich ein Benutzer anmeldet, wird in diesem Dictionary erst nachgeschaut, ob der als Nickname angegebene Name bereits als Schlüssel vorhanden ist; und nur wenn das nicht der Fall ist, wird das jeweilige neue Protokollobjekt samt neuem Nicknamen im Dictionary eingetragen. Umgekehrt würde immer, wenn ein Client sich verabschiedet, dieser aus dem Dictionary wieder entfernt.

Jetzt, da wir uns auf ein Dictionary geeinigt haben, kommen wir zur zweiten Frage: Wo soll es im Programm untergebracht werden? Da es sich um eine von allen Protokollobjekten gemeinsam genutzte Datenstruktur handelt, wäre die Factory der logische Ort dafür. Also legen wir ein Dictionary namens `users` in `factory` ab und greifen in den Protokollobjekten darauf zu, indem wir die Schreibweise `self.factory.users` benutzen. Beachten Sie, dass der Chat-Server alle angeschlossenen Clients mit einem einzigen Thread bedient; darum müssen wir uns keine Sorgen machen, dass `self.factory.users` mit einem Mutex vor konkurrierenden Zugriffen geschützt werden müsste: Es gibt keine konkurrierenden Zugriffe, wenn es nur einen Thread gibt!

Schauen wir uns nun das Programm an:

```python
#!/usr/bin/env python
# twisted_chatserver.py -- A Twisted chat server.

from twisted.internet.protocol import Factory
from twisted.protocols.basic import LineReceiver
from twisted.internet import reactor

class Chat(LineReceiver):
    def connectionMade(self):
        self.delimiter = '\n'
        self.userName = None
        self.sendLine(self.factory.prompt)

    def lineReceived(self, line):
        if self.userName is not None:
            # Received a line from a logged in user
            self.broadcastLine("<%s>: %s" % (self.userName, line))
        else:
            # User logging in with username line
            if line in self.factory.users:
                self.sendLine("Sorry, but %s is already logged in." % (line,))
                self.transport.loseConnection()
            else:
                self.userName = line
                self.factory.users[self.userName] = self
                self.broadcastLine(self.userName + " logged in.")

    def connectionLost(self, reason):
        if self.userName is not None and self.userName in self.factory.users:
            del self.factory.users[self.userName]
            self.broadcastLine(self.userName + " logged out.")

    def broadcastLine(self, line):
        for chatobject in self.factory.users.itervalues():
            chatobject.sendLine(line)

factory = Factory()
factory.protocol = Chat
factory.prompt   = "Nickname:"
factory.users    = {}  # Dictionary of (Nickname, Chat object) items.
```

```
reactor.listenTCP(7070, factory)
reactor.run()
```

Starten wir diesen Chat-Server in einem Fenster, und führen wir in anderen Fenstern
(oder von anderen Rechern aus) dann jeweils einen Dialog-Client wie *telnet* oder *nc*
aus, um ihn zu testen. In einem der Fenster sähe ein Dialog so aus:

```
King Arthur logged in.
<Bridgekeeper>: Hee hee heh. Stop. What... is your name?
<King Arthur>: It is 'Arthur', King of the Britons.
<Bridgekeeper>: What... is your quest?
<King Arthur>: To seek the Holy Grail.
<Bridgekeeper>: What... is the air-speed velocity of an unladen swallow?
<King Arthur>: What do you mean? An African or European swallow?
<Bridgekeeper>: Huh? I... I don't know that.
Bridgekeeper logged out.
<Sir Bedevere>: How do know so much about swallows?
<King Arthur>: Well, you have to know these things when you're a king, ya know.
```

Das Programm dürfte Ihnen in seiner Grundstruktur mittlerweile weitgehend vertraut
vorkommen. Wir haben wieder die drei Akteure eines Twisted-Programms: reactor,
factory und Protokollobjekte. Die beiden ersten Akteure werden wie folgt initialisiert:

```
factory = Factory()
factory.protocol = Chat
factory.prompt   = "Nickname:"
factory.users    = {}  # Dictionary of (Nickname, Chat object) items.

reactor.listenTCP(7070, factory)
reactor.run()
```

Wir haben hier einen reactor, die Factory-Instanz factory mit dem Dictionary users
und eine von LineReceiver abgeleitete Klasse Chat für die Protokollobjekte, die mit den
Clients kommunizieren (Skelettausgabe zwecks besserer Übersicht):

```
class Chat(LineReceiver):
    def connectionMade(self):
    def lineReceived(self, line):
    def connectionLost(self, reason):

    def broadcastLine(self, line):
```

In connectionMade setzen wir erst den Delimiter auf \n, damit wieder *nc* (zusätzlich zu
telnet) funktioniert; und vor allem den Nicknamen (self.userName) auf None. Der Client
hat sich ja schließlich noch nicht angemeldet, sondern hat lediglich eine Verbindung
aufgebaut. Wir senden dem Client daraufhin die Aufforderung, uns einen Nicknamen
mitzuteilen. Beachten Sie, dass wir pro Protokollobjekt einen Nicknamen haben, folg-

lich ist der logische Ort für den `userName` hier im `Chat`-Objekt als `self.userName` und nicht etwa in der Factory als `self.factory.userName`.

```
def connectionMade(self):
    self.delimiter = '\n'
    self.userName = None
    self.sendLine(self.factory.prompt)
```

In `lineReceived` implementieren wir wieder einen Zustandsautomaten. Wir könnten in einem von zwei Zuständen sein:

■ Der Benutzer hat sich bereits angemeldet und hat uns eine Zeile gesendet, die an alle angemeldeten Benutzer weitergeleitet werden soll.

■ Der Benutzer hat uns gerade seinen Nicknamen gesendet, um sich anzumelden.

Wir unterschieden zwischen beiden Zuständen, indem wir nachschauen, ob wir einen Nicknamen bereits in `self.userName` gespeichert haben oder nicht: Ist `self.userName` nicht `None`, dann senden wir an alle. Ansonsten haben wir gerade einen Nicknamen erhalten, d.h. ein Benutzer will sich anmelden. Hier müssen wir jetzt zwischen zwei Fällen unterschieden:

■ Es gibt schon einen Benutzer mit diesem Nicknamen.

■ Es gibt noch keinen Benutzer mit diesem Nicknamen.

Dies unterschieden wir, indem wir das Dictionary `users` aus der Factory nach dem vorgeschlagenen Nicknamen abfragen. Der Code für `lineReceived` sieht daher so aus:

```
def lineReceived(self, line):
    if self.userName is not None:
        # Received a line from a logged in user
        self.broadcastLine("<%s>: %s" % (self.userName, line))
    else:
        # User logging in with username line
        if line in self.factory.users:
            self.sendLine("Sorry, but %s is already logged in." % (line,))
            self.transport.loseConnection()
        else:
            self.userName = line
            self.factory.users[self.userName] = self
            self.broadcastLine(self.userName + " logged in.")
```

Wir erkennen hier die jeweiligen Zustände: mit der weiter unten gezeigten Hilfsfunktion `broadcastLine` senden wir die über unsere Client-Verbindung empfangene Zeile `line` an alle anderen Benutzer (inklusive uns selbst), doch nicht, ohne sie zuvor mit unserem Benutzernamen in spitzen Klammern gekennzeichnet zu haben. Ist der vorgeschlagene Nickname bereits besetzt, senden wir dem Client (und nur dem Client) eine Meldung mit `sendLine` zurück und schließen die Verbindung. Ansonsten tragen wir uns im Dictionary ein und sind bereit, Zeilen von anderen Chat-Objekten zu erhalten. Dies teilen wir ebenfalls freudig allen angemeldeten Benutzern durch einen weiteren Aufruf von broadcastLine mit.

Die Hilfsfunktion broadcastLine erhält eine Zeile und sendet sich dann an jeden angemeldeten Benutzer:

```
def broadcastLine(self, line):
    for chatobject in self.factory.users.itervalues():
        chatobject.sendLine(line)
```

Wie wir sehen, holen wir uns aus self.factory.users alle Chat-Objekte und benutzen jedes von ihnen, mit dessen sendLine-Methode die Zeile line an den jeweiligen Client zu senden. Dass wir itervalues benutzt haben, liegt daran, dass users Paare der Form (Nickname, Chat-Objekt) speichert: Wir sind nur an den Chat-Objekten interessiert.

Wenn sich einer der Clients verabschiedet, wird die connectionLost-Methode von dessen Chat-Objekt aufgerufen:

```
def connectionLost(self, reason):
    if self.userName is not None and self.userName in self.factory.users:
        del self.factory.users[self.userName]
        self.broadcastLine(self.userName + " logged out.")
```

Mit anderen Worten: Waren wir als self.userName angemeldet, tragen wir uns sauber aus dem Dictionary self.factory.users aus, damit andere Chat-Objekte uns nicht mehr Zeilen senden. Außerdem sagen wir dies allen anderen angemeldeten Benutzern durch einen Aufruf von broadcastLine. Anschließend verschwindet dieses jeweilige Chat-Objekt.

Was lernen wir daraus? Die Buchhaltung über self.factory.users ist über ein paar Callbacks verstreut. Das ist etwas verwirrend, aber bei Event-gesteuerten Programmen dieser Art kaum zu vermeiden. Man muss sich nur stets bewusst sein, was an welcher Stelle zu tun ist.

14.1.5   Deferred oder: Wenn ein Ergebnis auf sich warten lässt

Manche Funktionen brauchen einfach länger, bis sie ein Ergebnis zurückgeben können, weil sie darauf erst warten müssen. Beispiele sind Funktionen, die folgende typische Aufgaben erledigen sollen:

- das Einloggen in oder Abfragen eines Datenbankservers,
- das Senden einer E-Mail,
- das Herunterladen einer Seite von einem Webserver.

Da Callbacks möglichst schnell beendet sein sollten, damit der reactor in die Event-Schleife zurückkehren kann, wäre es ungünstig, solche zeitraubenden Funktionen in Callbacks aufzurufen und dort auf deren Beendigung zu warten. Dies könnte das gesamte Programm in der Zwischenzeit blockieren, weil externe Events nicht mehr bearbeitet würden.

Twisted löst dieses Problem mit Hilfe von *Deferred*s. Ein *Deferred* ist ein Objekt vom Typ `twisted.internet.defer.Deferred`. Es repräsentiert einen Rückgabewert, der noch nicht zur Verfügung steht. Der Empfänger eines `Deferred` kann dann mit Hilfe von `addCallback` und `addErrback` verschiedene Funktionen an das `Deferred` anhängen, die später aufgerufen werden, wenn das Ergebnis bzw. ein Fehler zur Verfügung steht.

Deferred benutzen

Dies versteht man am besten anhand eines Beispiels:

```python
#!/usr/bin/env python
# twisted_fetcher.py -- fetch and display a page via HTTP using Deferred.

from twisted.internet import reactor
from twisted.web.client import getPage
import sys

def contentHandler(thepage):
    print thepage,
    reactor.stop()

def errorHandler(theerror):
    print theerror
    reactor.stop()

d = getPage(sys.argv[1])
d.addCallback(contentHandler)
d.addErrback(errorHandler)

reactor.run()
```

So könnte die Ausführung aussehen:

```
$ ~/python/bin/python twisted_fetcher.py http://www.example.com/blah
[Failure instance: Traceback (failure with no frames):
    <class 'twisted.web.error.Error'>: 404 Not Found

$ ~/python/bin/python twisted_fetcher.py http://www.example3434334.com/
[Failure instance: Traceback (failure with no frames):
    <class 'twisted.internet.error.DNSLookupError'>:
    DNS lookup failed: address 'www.example3434334.com' not found:
            (8, 'hostname nor servname provided, or not known').]

$ ~/python/bin/python twisted_fetcher.py http://www.example.com/

(... Some HTML ...)
```

In diesem Beispiel benutzten wir die Funktion `getPage` aus dem Modul `twisted.web.client`, um eine Webseite via HTTP herunterzuladen. Da es sich bei dieser Funktion um eine zeitraubende Operation handelt, liefert `getPage` statt einem String mit dem HTML-Inhalt der Seite oder einer Fehlermeldung ein `Deferred`-Objekt zurück (wir haben es in *twisted_fetcher.py* in die Variable d gespeichert). Dieses `Deferred` wird uns als Aufrufer später noch die Webseite oder eine Fehlermeldung liefern:

```
d = getPage(sys.argv[1])
```

Doch wie holt man sich das Ergebnis ab, wenn es denn zur Verfügung steht? Im Beispiel sehen Sie, wie das geht: man hängt an das `Deferred`-Objekt Callbacks und Errbacks an:

```
d.addCallback(contentHandler)
d.addErrback(errorHandler)
```

Dies bewirkt Folgendes: Wenn der von `getPage` angestoßene Download der angeforderten Seite beendet ist und die Seite vollständig zur Verfügung steht, wird automatisch der Callback `contentHandler` des `Deferred`-Objekts d aufgerufen. Als Argument erhält dieser Callback das langersehnte Ergebnis. Dieser Callback wird dann die Seite einfach ausgeben und das Programm beenden, indem er den `reactor` stoppt:

```
def contentHandler(thepage):
    print thepage,
    reactor.stop()
```

Es kann aber auch sein, dass ein Fehler während des Downloads eintritt (z.B. die Netzverbindung bricht ab, der Webserver antwortet mit einem 404, der Rechnername ist unbekannt etc.). In dem Fall würde der von `getPage` angestoßene Download automatisch den Errback `errorHandler` aufrufen und ihm dabei ein Fehlerobjekt als Argument übergeben. Auch hier geben wir den Fehler einfach aus und beenden das Programm:

```
def errorHandler(theerror):
    print theerror
    reactor.stop()
```

Mehrere Callbacks pro Deferred

Sie haben es erraten: Man kann auch mehrere Callbacks (und mehrere Errbacks) an ein `Deferred`-Objekt hängen. Diese werden dann der Reihe nach hintereinander ausgeführt, wobei der Rückgabewert einer der Callbacks als Eingabeargument für den nachfolgenden Callback dient. Man spricht von einer Callback- oder Errback-Kette (*callback chain, errback chain*).

Als Beispiel könnte man das obige Programm so verändern, dass sämtliche Werbeeinblendungen einer HTML-Seite herausgefiltert werden, bevor sie ausgegeben wird. Wir zeigen hier nur, wie es im Prinzip geht, ohne den Werbevernichter-Code zu implementieren:

```
#!/usr/bin/env python
# twisted_fetcher2.py -- fetch and display a page via HTTP using Deferred.

from twisted.internet import reactor
from twisted.web.client import getPage
import sys

def removeAds(thepage):
    "This would remove all Ads from a page"
    return thepage    # Not yet implemented

def contentHandler(thepage):
    print thepage,
    reactor.stop()

def errorHandler(theerror):
    print theerror
    reactor.stop()

d = getPage(sys.argv[1])
d.addCallback(removeAds)
d.addCallback(contentHandler)
d.addErrback(errorHandler)


reactor.run()
```

Es werden zwei Callbacks registriert:

```
d.addCallback(removeAds)
d.addCallback(contentHandler)
```

Das bedeutet: Wenn die von getPage heruntergeladene Seite vollständig zur Verfügung steht, wird die Funktion removeAds aufgerufen wird, mit dieser Seite als Argument. removeAds kann jetzt diese Seite beliebig verarbeiten (z.B. daraus die üblichen img-Tags entfernen, die zu Adservern führen, Flash und Javascript eliminieren etc.) und die so veränderte Seite zurückgeben.

Anschließend wird der nächste Callback in der Kette aufgerufen, nämlich content-Handler. Entscheidend dabei ist, dass dieser zweite Callback den Rückgabewert des ersten Callbacks erhält; d.h. in diesem Beispiel den HTML-Code der bereinigten, nun hoffentlich werbefreien HTML-Seite. Das Endergebnis ist die Ausgabe dieser werbefreien Seite.

Was geschieht aber, wenn man mitten in der *callback chain* plötzlich einen Fehler entdeckt und es nicht weitergehen kann? Was ist z.B., wenn `removeAds` merken würde, dass die URL kein HTML ist, sondern z.B. ein Bild, eine PDF-Datei etc.?

Falls in einem der Callbacks ein Fehler auftritt, wird normalerweise eine Ausnahme ausgelöst. Wird sie nicht im Callback abgefangen, wird sie zu den Errbacks weitergeleitet. Von dort aus kann der Fehler ebenfalls von Errback zu Errback weiter propagiert werden; aber nur so lange, wie kein richtiger Wert zurückgegeben wird. Ein künstliches Beispiel soll es zeigen:

```python
#!/usr/bin/env python
# twisted_cbebchain.py -- shows use of twisted callback and errback chains

from twisted.internet import reactor
from twisted.internet.defer import Deferred
from twisted.python.failure import Failure

def cb1(data): print "cb1(%s)" % (data,); return data
def cb2(data): print "cb2(%s)" % (data,); return data
def cb3(data): print "cb3(%s)" % (data,); raise Exception("CB3 Exception!");
def cb4(data): print "cb4(%s)" % (data,); return data

def eb1(failure): print "eb1(%s)" % (failure.getErrorMessage(),); raise failure
def eb2(failure): print "eb2(%s)" % (failure.getErrorMessage(),); raise failure
def eb3(failure):
    print "eb3(%s)" % (failure.getErrorMessage(),)
    return "corrected data"
def eb4(failure): print "eb4(%s)" % (failure.getErrorMessage(),); raise failure

d = Deferred()
d.addCallback(cb1).addCallback(cb2).addCallback(cb3).addCallback(cb4)
d.addErrback(eb1).addErrback(eb2).addErrback(eb3).addErrback(eb4)

d.callback("some data")     # kick off callback chain

reactor.callLater(10, lambda: reactor.stop())     # commit suicide in 10 seconds
reactor.run()
```

Führt man dieses Programm aus, erscheint auf der Standardausgabe:

```
$ ~/python/bin/python twisted_cbebchain.py
cb1(some data)
cb2(some data)
cb3(some data)
eb1(CB3 Exception!)
```

```
eb2(CB3 Exception!)
eb3(CB3 Exception!)
```

Zunächst wird ein Deferred-Objekt d erzeugt und daran eine Callback- und Errback-Kette angehängt:

```
d = Deferred()
d.addCallback(cb1).addCallback(cb2).addCallback(cb3).addCallback(cb4)
d.addErrback(eb1).addErrback(eb2).addErrback(eb3).addErrback(eb4)
```

Wie man sieht, kann man Aufrufe von addCallback und addErrback miteinander verketten.

Anschließend wird die ganze Callback-Kette mit der Deferred-Methode callback und einem Eingangswert angestoßen (gefeuert):

```
d.callback("some data")     # kick off callback chain
```

Wir sorgen zusätzlich dafür, dass in 10 Sekunden die Event-Schleife des Reaktors sich selbst beendet, woduch das Programm beendet wird. Direkt darauf starten wir diese Event-Schleife:

```
reactor.callLater(10, lambda: reactor.stop())     # commit suicide in 10 seconds
reactor.run()
```

Das Entscheidende hier ist aber die Reihenfolge der Callback- und Errback-Aufrufe. Das Feuern der Callback-Kette fängt mit dem Aufruf des ersten registrierten Callbacks cb1 mit dem Startwert als Argument an. Der von cb1 zurückgegebene Wert wird dann in cb2 gesteckt und von dort aus weiter nach cb3 geleitet.

Dort wird eine Ausnahme ausgelöst, womit wir das Auftreten eines Fehlers während der Verarbeitung der Callback-Kette simulieren. Diese Ausnahme bewirkt, dass jetzt auf die Errback-Kette umgeschaltet wird und der erste Errback eb1 mit einem Failure-Objekt aufgerufen wird, der die Ausnahme kapselt.

In der Errback-Kette gilt die Regel: Wir bleiben so lange in der Errback-Kette, wie Ausnahmen ausgelöst und nicht abgefangen werden. Mit anderen Worten: In eb1 reichen wir mit raise die empfangene Ausnahme weiter an eb2 und von dort an eb3.

In eb3 wird die Ausnahme nicht weiter mittels raise ausgelöst und stattdessen ein Wert zurückgegeben. Dies bewirkt, dass das Durchlaufen der Errback-Kette somit unterbrochen wird.

Nur noch ein Wort zum Selbstmord des Reaktors in 10 Sekunden: Da wir nirgendwo in der Callback- oder Errback-Kette den Reaktor explizit mit reactor.stop() anhalten, würde das Programm nach dem Durchlauf dieser Kette(n) wieder in die Event-Schleife zurückkehren und ewig warten, bis ein Event eintritt, der niemals eintreffen wird. Anders ausgedrückt: Das Programm würde einfach nur hängen. Um das zu verhindern, setzen wir den Timer auf 10 Sekunden. Danach soll mit der anonymen lambda-Funktion der Reaktor gestoppt werden; was die Event-Schleife beendet und somit der Aufruf von reactor.run() zurückkehrt: Das Programm wird normal beendet.

Die andere Seite von Deferred

Wie sieht es bei der Funktion aus, die ein Deferred erzeugt und zurückgibt? Man kann die Callback-Kette eines Deferred jederzeit mit dessen callback-Methode und einem Wert anstoßen, z.B. so: d.callback(somevalue). Genauso kann man die Errback-Kette mit d.errback(somefailure) anstoßen.

Schauen wir uns daher folgendes Beispiel an:

```python
#!/usr/bin/env python
# twisted_maybedeferred.py -- wrap a synchroneous function into an async one.

from twisted.internet import reactor
from twisted.internet.defer import Deferred, maybeDeferred

def syncDeepThought(bias=0):
    return 42+bias

def asyncDeepThought(bias=0):
    d = Deferred()
    reactor.callLater(2, d.callback, 42+bias)
    return d

def receiveSyncResult(bias=0):
    printResult(syncDeepThought(bias))

def receiveAsyncResult(bias=0):
    d = asyncDeepThought(bias)
    d.addCallback(printResult)

def receiveSyncAsyncResultFromFunction(resultReceiverFunction, bias=0):
    d = maybeDeferred(resultReceiverFunction, bias)
    d.addCallback(printResult)

def printResult(data):
    print "The result is", data

if __name__ == '__main__':
    receiveSyncResult(bias=100)
    receiveAsyncResult(bias=200)
```

```
receiveSyncAsyncResultFromFunction(syncDeepThought, bias=300)
receiveSyncAsyncResultFromFunction(asyncDeepThought, bias=400)

reactor.callLater(10, lambda: reactor.stop())
reactor.run()
```

Die Ausführung ergibt:

```
$ ~/python/bin/python twisted_maybedeferred.py
The result is 142
The result is 342
The result is 242
The result is 442
```

Wir fangen mit dem einfachsten Fall an: eine Funktion, die sofort einen Wert zurückgibt. Dies nennen wir eine synchrone Funktion, und sie aufzurufen und ihren Wert auszugeben, ist ja trivialer Python-Code:

```
def syncDeepThought(bias=0):
    return 42+bias


def receiveSyncResult(bias=0):
    printResult(syncDeepThought(bias))


receiveSyncResult(bias=100)
```

Dies könnte auch ohne Weiteres ohne Twisted aufgerufen werden. Interessanter ist aber natürlich eine asynchrone Funktion, die irgendwann mal die Antwort zur Verfügung stellen wird. Wir simulieren so eine Funktion in asyncDeepThought und dessen aufrufende Funktion receivedAsyncResult:

```
def asyncDeepThought(bias=0):
    d = Deferred()
    reactor.callLater(2, d.callback, 42+bias)
    return d


def receiveAsyncResult(bias=0):
    d = asyncDeepThought(bias)
    d.addCallback(printResult)


receiveAsyncResult(bias=200)
```

Zu erkennen ist, wie asyncDeepThought ein Deferred-Objekt d zurückgibt, aber nicht, ohne zuvor festgelegt zu haben, dass der Reaktor die Callback-Kette dieses Deferred 2 Sekunden später mit dem Ergebnis der Berechnung 42+bias feuern wird.

Nehmen wir aber jetzt an, dass wir eine Bibliothek von Funktionen hätten, die aus synchronen (wie `syncDeepThought`) und aus asynchronen (wie `asyncDeepThought`) Funktionen besteht. Wir hätten gerne all diese Funktionen so aufgerufen, als wären sie alle asynchron. Mit anderen Worten: wir hätten gern, dass die synchronen Funktionen ebenfalls so gewrappt werden, dass sie eine asynchrone Schnittstelle bekommen, d.h. dass sie ein `Deferred` genauso wie ihre asynchronen Varianten zurückgeben. Dann könnte man das, was diese Funktionen zurückgeben, einheitlich als `Deferred` ansehen und entsprechend darauf reagieren.

Genau das tut `receiveSyncAsyncResultFromFunction`:

```
def receiveSyncAsyncResultFromFunction(resultReceiverFunction, bias=0):
    d = maybeDeferred(resultReceiverFunction, bias)
    d.addCallback(printResult)


receiveSyncAsyncResultFromFunction(syncDeepThought, bias=300)
receiveSyncAsyncResultFromFunction(asyncDeepThought, bias=400)
```

Diese Funktion erwartet als erstes Argument (`resultReceiverFunction`) eine Funktion, die synchron oder asynchron sein kann, und als weitere Argumente die Werte, die der aufzurufenden Funktion zu übergeben sind (hier `bias`). Sie benutzt `twisted.internet.defer.maybeDeferred`, um diese synchrone oder asynchrone Funktion samt Eingangsparameter zu einem `Deferred`-Objekt zu wrappen, an dem dann beliebig viele Callbacks angehängt werden können.

Man beachte, dass man somit noch lange keine echte Asynchronität erhält. Auch eine Funktion wie `asyncDeepThought` ist nur deswegen asynchron, weil die Berechnung des Ergebnisses `42+bias` ganz schnell verlief. Was ist aber mit Funktionen, die rechenintensiv sind? Diese würden doch trotz `Deferred` den (oft einzigen) Thread in Beschlag nehmen, der eigentlich so schnell wie möglich zur `reactor` Event-Schleife zurückkehren müsste! Man sieht also, dass `Deferred` nicht auf magische Art und Weise synchronen Code asynchron werden lässt.

Einen Ausweg aus dem Dilemma CPU-intensiver Berechnungen gibt es zum Glück: Mit `twisted.internet.threads.deferToThread` kann man eine langlaufende Funktion in einen Python-Thread verlagern und ausführen lassen. `deferToThread` liefert genauso wie `maybeDeferred` (oder `Deferred`) ein `Deferred`-Objekt zurück, an das man Callbacks und Errbacks anhängen kann. Sobald sich die lang laufende Funktion beendet (und ihr Thread sich in Nichts auflöst), wird die Callback-Kette (oder die Errback-Kette, wenn die lang laufende Funktion eine Ausnahme ausgelöst hat) gefeuert, und man kann das Ergebnis der Berechnung einsammeln. Das Schöne an `deferToThread` ist, dass die Berechnung in einem anderen Thread als die Event-Schleife verläuft und somit sichergestellt ist, dass diese Berechnungen das Twisted-Programm nicht blockieren, da sie nicht der Event-Verarbeitung in die Quere kommen.

Ein kleines Beispiel? Bitte schön:

```python
#!/usr/bin/env python
# twisted_defertothread.py -- run a blocking / cpu-bound func in its own thread

from twisted.internet.threads import deferToThread
from twisted.internet import reactor

def long_or_blocking(bias=0):
    return 42+bias

def call_long_or_blocking(func, bias=0):
    d = deferToThread(func, bias)
    d.addCallback(printResult)

def printResult(result):
    print "The result is", result

call_long_or_blocking(long_or_blocking, bias=100)

reactor.callLater(5, lambda: reactor.stop())
reactor.run()
```

Die Ausführung ist unspektakulär:

```
$ ~/python/bin/python twisted_defertothread.py
The result is 142
```

Doch auch wenn es unspektakulär aussieht, wurde `long_or_blocking` in einem eigenen Thread ausgeführt. Statt des einfachen Codes `42+bias` müsste man sich hier jetzt eine richtig zeitintensive Routine aus einer Bibliothek vorstellen; z.B. das Berechnen der Rotation um einen beliebigen Winkel eines 1024x1024 Punkte großen Bildes oder so etwas ähnliches. Solche Funktionen sind oft oder eigentlich fast immer ohne Twisted und `Deferred`s programmiert worden; und man hat häufig nicht mal den Quellcode solcher Funktionen, wenn man sie aus einer Bibliothek dynamisch aufruft (siehe Kapitel 11, *Python und C/C++*, in dem wir `ctypes` vorstellen). Sie in einem Python-Thread ausführen zu lassen, ist die einfachste Methode, sie dennoch pseudo-asynchron werden zu lassen und in Twisted sauber zu integrieren.

Weitere Informationen zu `Deferred` finden Sie in der Twisted-Dokumentation. Man kann z.B. viele `Deferred`-Objekte in eine `DeferredList` zusammenfassen, welche ihre eigene Callback- (und Errback-) Kette haben kann, die dann gefeuert wird, wenn alle Callback-Ketten dieser Objekte erfolgreich durchlaufen wurden. Damit kann man z.B. einen Port Scanner oder Monitor-Programm schreiben, der/das verschiedene Rechner überwacht: Dieser Scanner könnte einen Ping zu jedem Rechner in schneller Abfolge senden und in den einzelnen Deferreds den Feedback einsammeln. Wenn alle Werte zur Verfügung stehen, würde dann ein Callback der DeferredList gefeuert. Das Entwickeln eines solchen Scanner- oder Monitor-Programms sei Ihnen als Übungsaufgabe überlassen. Weiter unten werden Sie ein Beispiel für DeferredList entdecken, wenn Sie genau hinschauen.

14.1.6 Passwort-geschützte Bereiche mit cred

Ein Nachteil aller bisherigen Anwendungen war, dass die Server weit offen für die ganze Welt waren. In der Praxis ist es natürlich komplizierter, denn man muss häufig eine (Passwort-geschützte) Benutzerverwaltung aufsetzen. Dies könnte man mit Twisted manuell bewerkstelligen, aber wozu das Rad neu erfinden, wenn es das twisted.cred-Subsystem gibt?

twisted.cred ist ein komplexes Subsystem mit verschiedenen Akteuren, die alle miteinander kooperieren. Die folgende, aus der Twisted-Dokumentation entnommene Skizze zeigt, wie das Einloggen in eine twisted.cred-Anwendung aussehen würde:

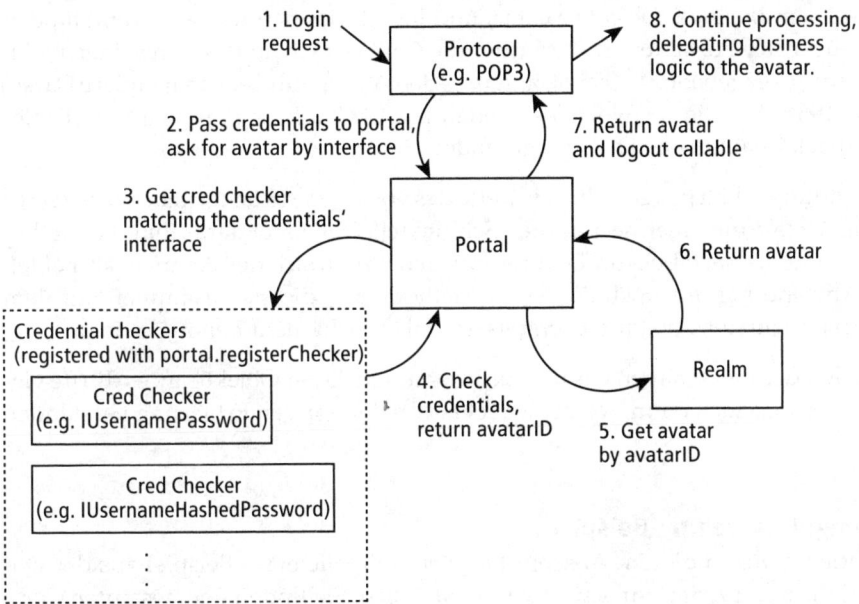

Man erkauft sich mit dieser Komplexität ein Höchstmaß an Flexibilität. So kann man z.B. eine Anwendung so entwickeln, dass erst kurz vor dem Deployen entschieden werden kann, ob man sich gegen eine Unix-/etc/passwd Datenbank, einen LDAP- oder Datenbankserver oder ein Challenge/Response-System identifizieren will.

Die Hauptakteure im twisted.cred-Subsystem sind:

- *Credentials Checkers*, die Passwörter überprüfen (z.B. gegen eine Passwort-Datei, eine LDAP- oder SQL-Datenbank oder auch mit Hilfe eines Challenge/Response-Systems)
- *Avatare*, die einen authentifizierten Benutzer repräsentieren und Businesslogik enthalten
- ein *Realm*, der für jeden authentifizierten Benutzer einen Avatar erzeugt,
- ein *Portal*, der Credentials Checkers und einen Realm zusammenfügt und eine login-Funktion anbietet.

Wie aus der Skizze zu erkennen ist, meldet sich ein Benutzer beim Portal von durch Aufruf von dessen login-Funktion an. Der Portal reicht die Credentials (das ist i.d.R. ein Binary Blob aus Benutzername und Passwort) an die passenden Credentials Checkers, welche nachprüfen, ob sich dieser Benutzer so anmelden darf oder nicht. Die Antwort des Checkers ist entweder eine avatarID (typischerweise der Benutzername) im Erfolgsfall oder einen Fehler, falls der Benutzer nicht existiert oder ein falsches Passwort angegeben hat.

Ist die Antwort des Credentials Checkers positiv, fordert dann der Portal seinen Realm auf, einen Avatar für diesen Benutzer zu erzeugen. Der Realm erzeugt in Abhängigkeit des avatarID ein Business Object (Avatar) und liefert diesen (unter anderem) an den Portal zurück. Der Portal feuert daraufhin die Callback Chain des von seiner login-Methode zurückgegebenen Deferred, indem es den Avatar (und ein paar andere Daten) ihr übermittelt. War die Antwort des Credentials Checkers negativ, wird ein Fehler an die Errback Chain dieses Deferred gesendet.

Die Anwendung erhält in der Callback-Kette des von login zurückgegebenen Deferred ein Avatar-Objekt mit einer bestimmten Schnittstelle. Sie kann daraufhin die Methoden dieses Avatars nach Lust und Laune aufrufen. Wenn sich der Benutzer abmeldet, ruft die Anwendung nur noch die *logout*-Methode auf, die sie zusammen mit dem Avatar erhielt, um den Avatar zu zerstören (weil er nicht mehr benötigt wird).

Im folgenden Beispiel schauen wir uns die Interaktion dieser Objekte an: es dürfte vieles klarer werden, auch dann, wenn Sie nichts von der vorigen Erklärung verstanden haben!

Anwendung: Das cred.py-Beispiel

Wir orientieren uns in diesem Abschnitt an dem mitgelieferten Beispiel aus der Dokumentation: cred.py, das wir schrittweise vorstellen. Sie finden den gesamten Code in Tarball des Quellcodes unter *doc/core/examples/cred.py*.

Bevor wir uns auf die Details stürzen, wollen wir sehen, wie man es aufruft. In einem Fenster starten wir es:

```
$ ~/python/bin/python cred.py
2008-04-06 11:19:19+0200 [-] Log opened.
```

```
2008-04-06 11:19:19+0200 [-] __main__.ServerFactory starting on 4738
2008-04-06 11:19:19+0200 [-] Starting factory
                 <__main__.ServerFactory instance at 0x2898b3ec>
```

Auf dem angegebenen Port können wir jetzt mittels telnet eine Verbindung aufbauen:

```
$ telnet localhost 4738
Trying 127.0.0.1...
Connected to localhost.hajji.name.
Escape character is '^]'.
Login with USER <name> followed by PASS <password> or ANON
Check privileges with PRIVS
```

Das Programm *cred.py* definiert zwei Benutzer (einen regulären Benutzer und einen Administrator) und erlaubt anonymen Benutzern, sich einzuloggen. All diese Benutzer haben unterschiedliche Priviledges, die man mit PRIVS abfragen kann. Damit die Telnet-Sitzung klarer erscheint, steht (nur) hier im Buch C: vor unseren Eingaben und S: vor den Ausgaben und Antworten des Servers.

Bevor wir uns überhaupt einloggen, probieren wir PRIVS aus:

```
C: PRIVS
S: You have the following privileges:
S: Server error (probably your fault)
```

Wenn man sich überhaupt nicht anmeldet, soll man auch nicht mit dem Server sprechen!

Als Nächstes probieren wir es mit dem anonymen Benutzer ANON aus, der kein Passwort besitzt:

```
C: ANON
S: Login successful.  Available commands: PRIVS
C: PRIVS
S: You have the following privileges:
S: 1 2 3
```

Wie man sieht, besitzt ein anonymer Benutzer ein paar wenige Zugriffsrechte.

Eskalieren wir dies, indem wir uns jetzt als normaler User *auser* mit dem Passwort *thepass* einloggen, und die Privileges abfragen:

```
C: USER auser
S: Alright.  Now PASS?
C: PASS thepass
S: Login successful.  Available commands: PRIVS
C: PRIVS
S: You have the following privileges:
S: 1 2 3 5 6
```

Aha, wir haben jetzt mehr Zugriffsrechte. Probieren wir es nun mit dem Administrator *SECONDUSER* und Passwort *secret* aus:

```
C: USER SECONDUSER
S: Alright.  Now PASS?
C: PASS secret
S: Login successful.  Available commands: PRIVS
C: PRIVS
S: You have the following privileges:
S: 0 1 2 3 4 5 6 7 8 9 10 11 12 13 14 15 16 17 18 19 20 21 22 23 24 25 26
   27 28 29 30 31 32 33 34 35 36 37 38 39 40 41 42 43 44 45 46 47 48 49
```

Na, wenn das keine *privilege escalation* ist!

Die Verbindung schließen wir nun wieder:

```
^]
telnet> close
Connection closed.
```

Der Server gibt auf seiner Standardausgabe Folgendes aus:

```
2008-04-06 11:24:56+0200 [Protocol,0,127.0.0.1]
        Cleaning up administrator resources
2008-04-06 11:29:07+0200 [Protocol,1,127.0.0.1]
        Cleaning up anonymous user resources
2008-04-06 11:37:56+0200 [Protocol,2,127.0.0.1]
        Cleaning up administrator resources
```

Bisher haben wir aber noch nichts bewiesen. Wie sieht es aus, wenn man sich als existierender Benutzer einloggt, aber das falsche Passwort angibt? Und wie sieht es aus, wenn man versucht, sich als nicht existierender Benutzer einzuloggen? Starten wir also telnet neu und probieren es einfach aus!

```
C: USER nonexistant
S: Alright.  Now PASS?
C: PASS somepass
S: Login denied!  Go away.
C: PRIVS
S: You have the following privileges:
S: Server error (probably your fault)
```

Das sieht schon mal gar nicht schlecht aus! Wie wäre es mit einem falschen Passwort?

```
C: USER auser
S: Alright.  Now PASS?
C: PASS wrongpassword
```

```
S: Login denied!  Go away.
C: PRIVS
S: You have the following privileges:
S: Server error (probably your fault)
```

Das scheint also gut zu funktionieren!

Den Server können wir jetzt beenden; einfach *Ctrl-C* eingeben:

```
2008-04-06 11:42:25+0200 [-] Received SIGINT, shutting down.
2008-04-06 11:42:25+0200 [__main__.ServerFactory] (Port 4738 Closed)
2008-04-06 11:42:25+0200 [__main__.ServerFactory] Stopping factory
                         <__main__.ServerFactory instance at 0x2898b3ec>
2008-04-06 11:42:25+0200 [-] Main loop terminated.
```

Schauen wir uns nun das Programm an.

Zunächst werden ein paar Module importiert:

```
import sys
from zope.interface import implements, Interface

from twisted.protocols import basic
from twisted.internet import protocol
from twisted.python import log

from twisted.cred import error
from twisted.cred import portal
from twisted.cred import checkers
from twisted.cred import credentials
```

Doch interessanter ist die Funktion `main` des Hauptprogramms:

```
def main():
    r = Realm()
    p = portal.Portal(r)
    c = checkers.InMemoryUsernamePasswordDatabaseDontUse()
    c.addUser("auser", "thepass")
    c.addUser("SECONDUSER", "secret")
    p.registerChecker(c)
    p.registerChecker(checkers.AllowAnonymousAccess())

    f = ServerFactory(p)

    log.startLogging(sys.stdout)
```

```
from twisted.internet import reactor
reactor.listenTCP(4738, f)
reactor.run()
```

Dreh- und Angelpunkt einer twisted.cred-Anwendung ist der Portal p. Ein Portal ist einfach eine Instanz der twisted.cred-Klasse twisted.cred.portal.Portal. Wenn Sie sich an die Skizze weiter oben erinnern, werden Sie erkennen, dass p auch einen Realm benötigt, der Avatare erzeugt, und einen oder mehrere Credentials Checkers, welche die Passwörter überprüfen.

Der Realm r wird aus der weiter unten noch zu definierende Klasse Realm instanziiert und bei der Konstruktion von p an Portal übergeben. Damit ist die Verbindung zwischen Portal und Realm hergestellt.

Als Credentials Checker benutzen wir einen einfachen Checker namens InMemory-UsernamePasswordDatabaseDontUse, der Benutzernamen und Passwörter im Hauptspeicher hält. Im realen Leben würde man hier einen anderen Checker einsetzen, aber das ist hier ja nur eine Demo. Daraus erzeugen wir eine Instanz c, die wir mit zwei Benutzern (*auser* und *SECONDUSER*) belegen. Die Verbindung zwischen Portal p und Credentials Checker c wird mit der Methode registerChecker des Portals bewerkstelligt. Wir erlauben auch anonymes Einloggen, indem wir beim Portal p einen weiteren Credentials Checker namens AllowAnonymousAccess registrieren.

Nun ist der Portal p bereit, und kann von einem Protokollobjekt angesprochen werden.

Als Nächstes wird eine Factory f vom noch zu definierenden Typ ServerFactory erzeugt, und p wird dort gespeichert (damit die Protokollobjekte leicht darauf zugreifen können).

Der Rest des Hauptprogramms verläuft wie gewohnt. Nach dem Einschalten des Loggings wird der reactor einen Server Socket mit listenTCP erzeugen und an die Factory f ankoppeln. Danach startet die Event-Schleife.

Nun ist die Zeit gekommen, sich den Realm anzuschauen:

```
class Realm:
    implements(portal.IRealm)

    def requestAvatar(self, avatarId, mind, *interfaces):
        if IProtocolUser in interfaces:
            if avatarId == checkers.ANONYMOUS:
                av = AnonymousUser()
            elif avatarId.isupper():
                # Capitalized usernames are administrators.
                av = Administrator()
            else:
                av = RegularUser()
```

```
            return IProtocolUser, av, av.logout
      raise NotImplementedError(
             "Only IProtocolUser interface is supported by this realm")
```

Ein Realm dient dazu, Business-Objekte zu erzeugen, welche den Kern der Anwendung darstellen. Diese Business-Objekte heißen in der twisted.cred-Terminologie Avatare. Sie werden vom Portal angefordert, nachdem ein Anwender des Portals dessen Funktion login aufgerufen hat (mehr dazu später).

Nachdem der Portal einen Benutzer mittels Credentials Checkers authentifiziert hat, wird er vom Realm mit requestAvatar einen Avatar für diesen Benutzer anfordern. Dazu übergibt er dieser Methode die Argumente avatarId, mind und interfaces:

■ avatarId ist typischerweise der (authentifizierte) Benutzername bzw. beim Checker für anonymes Login checkers.ANONYMUS.

■ mind ist normalerweise None. Wir gehen nicht weiter darauf ein.

■ interfaces ist eine Liste von Schnittstellen ist: Der angeforderte Avatar muss mindestens eine dieser Schnittstellen implementieren. Diese kommt typischerweise aus der login-Funktion des Portals.

Die Methode requestAvatar soll daraufhin einen passenden Avatar für diesen Benutzer erzeugen und ein Tupel an p zurückgeben, der aus folgenden drei Komponenten besteht:

■ der vom Avatar implementierten Schnittstelle
■ dem Avatar selbst
■ einer Logout-Funktion.

Zu den Avataren AnonymousUser, RegularUser und Administrator und zur Schnittstelle IProtocolUser, die sie implementieren sollen, kommen wir sofort zurück.

Soweit zum Realm. Das war doch nicht schwer, oder?

Nun zu den Avataren. Wir haben durch den Rückgabewert von requestAvatar festgelegt, dass alle Avatare die Schnittstelle IProtocolUser implementieren:

```
class IProtocolUser(Interface):
    def getPrivileges():
        """Return a list of privileges this user has."""

    def logout():
        """Cleanup per-login resources allocated to this avatar"""
```

Diese Methoden werden nun von den Avataren AnonymousUser, RegularUser und Administrator implementiert:

```
class AnonymousUser:
    implements(IProtocolUser)
```

```
    def getPrivileges(self):
        return [1, 2, 3]

    def logout(self):
        print "Cleaning up anonymous user resources"

class RegularUser:
    implements(IProtocolUser)

    def getPrivileges(self):
        return [1, 2, 3, 5, 6]

    def logout(self):
        print "Cleaning up regular user resources"

class Administrator:
    implements(IProtocolUser)

    def getPrivileges(self):
        return range(50)

    def logout(self):
        print "Cleaning up administrator resources"
```

Man erkennt, dass die unterschiedlichen Avatare auch unterschiedliche Zugriffsberechtigungen liefern würden. In einer realen Anwendung würden diese Avatare
die Anwendungslogik implementieren.

Jetzt bleibt uns nur noch die Factory ServerFactory und das dazu passende Protokoll
Protocol zu implementieren.

Die Factory ServerFactory ist absolut klassisch und hat auch mit twisted.cred-Interna
nichts direkt zu tun. Das einzige, was hier eine Rolle spielt: Wir speichern das Portal-
objekt p in die Factory:

```
class ServerFactory(protocol.ServerFactory):
    protocol = Protocol

    def __init__(self, portal):
        self.portal = portal

    def buildProtocol(self, addr):
        p = protocol.ServerFactory.buildProtocol(self, addr)
        p.portal = self.portal
        return p
```

Das Entscheidende ist natürlich `Protocol`, d.h. der Typ der Protokollobjekte, die auf der einen Seite mit den Clients (z.B. `telnet`) kommunizieren und auf der anderen Seite mit dem Portal und den jeweiligen Avataren. Da diese Klasse lang ist, stellen wir sie stückweise vor. Sie besteht aus folgendem Skelett (der Inhalt der einzelnen Methoden wird weiter unten gezeigt):

```
class Protocol(basic.LineReceiver):
    user = None
    portal = None
    avatar = None
    logout = None

    def connectionMade(self):
    def connectionLost(self, reason):
    def lineReceived(self, line):

    def cmd_ANON(self):
    def cmd_USER(self, name):
    def cmd_PASS(self, password):
    def cmd_PRIVS(self):

    def _cbLogin(self, (interface, avatar, logout)):
    def _ebLogin(self, failure):
```

Da es sich um ein zeilenorientiertes Protokoll handelt, wird es von der Klasse `Line-Receiver` abgeleitet. Wir wissen daher, dass man die Callbacks `connectionMade` und `connectionLost` erbt und zusätzlich den Callback `lineReceived` mit unserer eigenen Logik überschreiben muss.

Die `cmd_*`-Methoden werden als Reaktion auf die verschiedenen Kommandos (`ANON`, `USER`, `PASS`, `PRIVS`) unserer Anwendung aufgerufen. Dies geschieht von `lineReceived` heraus.

Der Callback `_cbLogin` und der Errback `_ebLogin` werden an das `Deferred` angehängt, dass die `login`-Methode des Portals uns zurückgeben wird.

Im Callback `connectionMade` senden wir dem Client eine Begrüßung:

```
def connectionMade(self):
    self.sendLine("Login with USER <name> followed by PASS <password> or ANON")
    self.sendLine("Check privileges with PRIVS")
```

Falls der Client die Verbindung schließt, loggen wir uns aus dem Portal heraus, indem wir die Login-Funktion aufrufen, die wir von der `requestAvatar`-Methode des Realms für diesen Avatar erhielten.

```
def connectionLost(self, reason):
    if self.logout:
        self.logout()
        self.avatar = None
        self.logout = None
```

Der Dispatcher unserer Kommandos befindet sich in lineReceived:

```
def lineReceived(self, line):
    f = getattr(self, 'cmd_' + line.upper().split()[0])
    if f:
        try:
            f(*line.split()[1:])
        except TypeError:
            self.sendLine("Wrong number of arguments.")
        except:
            self.sendLine("Server error (probably your fault)")
```

Das Prinzip hier ist sehr einfach: zunächst wird die Zeile, die wir vom Client erhalten, in Wörter zerlegt. Das erste Wort wird in Großbuchstaben konvertiert und sollte dann eines von ANON, USER, PASS und PRIVS sein. Aufgerufen wird daraufhin die Funktion, die aus diesem Namen und dem Präfix cmd_ besteht: Beispielsweise wird bei USER die Funktion cmd_USER aufgerufen. Das zweite Wort wird dabei als Argument übergeben.

Dieser Funktionsdispatcher-Trick wird häufig verwendet, weil man so ganz bequem das Protokoll erweitern kann, indem man einfach weitere cmd_*-Methoden definiert: Man muss nicht mehr den Dispatcher-Code selbst anpassen.

Also, was geschieht, wenn man versucht, sich als anonymer Benutzer mit dem Kommando ANON einzuloggen?

```
def cmd_ANON(self):
    if self.portal:
        self.portal.login(credentials.Anonymous(), None, IProtocolUser
                    ).addCallbacks(self._cbLogin, self._ebLogin
            )
    else:
        self.sendLine("DENIED")
```

Um sich als anonymer Benutzer einzuloggen, rufen wir die login-Methode des Portals auf. Als Parameter von login übergeben wir:

- credentials: Wir loggen uns als anonymer Benutzer ein.
- mind: In den meisten Fällen reicht None aus. Darauf gehen wir nicht ein.
- interfaces: die Schnittstelle(n) der Avatare, die wir erhalten wollen. Alle unsere Avatare sollen hier die weiter oben gezeigte Schnittstelle IProtocolUser implementieren.

644

Die login-Methode liefert ein Deferred-Objekt zurück. Daran hängen wir den Callback _cbLogin und den Errback _ebLogin:

```
def _cbLogin(self, (interface, avatar, logout)):
    assert interface is IProtocolUser
    self.avatar = avatar
    self.logout = logout
    self.sendLine("Login successful.  Available commands: PRIVS")


def _ebLogin(self, failure):
    failure.trap(error.UnauthorizedLogin)
    self.sendLine("Login denied!  Go away.")
```

Gelingt das Login, würde das von login zurückgegebene Deferred-Objekt dessen Callback-Kette feuern. Ansonsten wird dieses Deferred seine Errback-Kette starten. Im Erfolgsfall wird daher _cbLogin mit einem Tupel, bestehend aus folgenden Werten, aufgerufen:

- interface ist die Schnittstelle, die der Avatar implementiert.
- avatar ist unser Avatar (z.B. eine Instanz von AnonymousUser).
- logout ist eine Funktion, die aufzurufen ist, wenn sich der Client, der diesen Avatar benutzt, abmeldet.

Dieser Tupel kommt direkt aus dem Rückgabewert von requestAvatar. Im ANON-Fall wird also als avatar eine AnonymousUser-Instanz übergeben. Bei USER wird avatar eine Instanz von RegularUser oder Administrator sein.

Im Misserfolgsfall wird _ebLogin aufgerufen. Wir senden einfach eine Zeile zurück. Im Prinzip könnte man hier auch die Verbindung schließen, aber in diesem Beispiel wollen wir dem Client erlauben, sich erneut als neuer User anzumelden.

Schauen wir uns nun USER und PASS an:

```
def cmd_USER(self, name):
    self.user = name
    self.sendLine("Alright.  Now PASS?")


def cmd_PASS(self, password):
    if not self.user:
        self.sendLine("USER required before PASS")
    else:
        if self.portal:
            self.portal.login(
                credentials.UsernamePassword(self.user, password),
                None,
                IProtocolUser
                ).addCallbacks(self._cbLogin, self._ebLogin)
        else:
            self.sendLine("DENIED")
```

645

Sie erinnern sich? Nachdem wir USER angegeben haben, hat uns das Programm aufgefordert, ein Passwort mit PASS anzugeben. Darum wird lediglich von cmd_USER der angeforderte Username in self.user des Protokollobjekts gespeichert.

Die eigentliche Logik geschieht in cmd_PASS. Wir haben hier den Benutzernamen hoffentlich schon in self.user gespeichert, und das vom Client angegebene Passwort steht in password. Wieder einmal rufen wir die login-Methode des Portals auf und übergeben diesmal folgende Argumente:

- credentials ist der Binary Blob, bestehend aus Benutzername und Passwort. Diese Credentials erzeugen wir mit UsernamePassword.
- mind ist wieder None.
- interfaces: die Schnittstelle(n), die von den Avataren implementiert werden sollen. Wir übergeben unsere Schnittstelle IProtocolUser.

Auch hier liefert login ein Deferred-Objekt zurück. Wir hängen daran mit dessen Methode addCallbacks (beachten Sie das s am Ende!) gleichzeitig unseren Callback _cbLogin und unseren Errback _ebLogin an.

Die Ausgabe DENIED erhält der Client nur dann, wenn es keinen Portal gab.

Wir haben bereits gesehen, wie man in _cbLogin den Avatar erhält: in diesem Fall entweder RegularUser oder Administrator (welchen von beiden hat der Realm mit dessen Funktion requestAvatar in Abhängigkeit der überprüften Credentials festgelegt!).

Nun bleibt nur noch cmd_PRIVS:

```
def cmd_PRIVS(self):
    self.sendLine("You have the following privileges: ")
    self.sendLine(" ".join(map(str, self.avatar.getPrivileges())))
```

Das Kommando PRIVS richtet sich ja an einen Avatar. Diesen hat der Callback _cbLogin bereits im Protokollobjekt unter self.avatar gespeichert. Darum können wir die Business-Methoden des Avatars aufrufen. Da wir wissen, dass unsere Avatare die Schnittstelle IProtocolUser implementieren, sind wir auch sicher, dass sie die Methode getPrivileges zur Verfügung stellen. Diese können wir daher als self.avatar. getPrivileges() aufrufen. Wir tun dies und liefern die in einen String konvertierte Liste an den Client mit sendLine zurück.

Damit haben wir das *cred.py*-Beispiel komplett besprochen und damit auch die Hauptakteure des twisted.cred-Subsystems einzeln kennengelernt.

14.1.7 Twisted AMP (Asynchroneous Messaging Protocol)

Bevor wir uns auf die standardisierten Internet-Protokolle stürzen, werfen wir einen Blick auf Twisted AMP (Asynchroneous Messaging Protocol), das in twisted. protocols.amp implementiert ist.

AMP ist ein Toolkit zum Implementieren von Protokollen. Dabei spielt es keine Rolle, ob diese binär oder zeilenorientiert sind. Die meisten Internetprotokolle sind zeilenorientiert und könnten somit auch auf `LineReceiver` aufsetzen (und viele der unten gezeigten Implementierungen tun es auch), aber besonders im binären Fall kann AMP die Implementierung einer Protokollklasse stark vereinfachen.

Die Grundidee von AMP ist es, `Deferred` auf der tiefsten Protokollebene anzubieten. Angenommen, wir hätten einen Server, der einfache arithmetische Operationen wie Addition und Division auf `int` durchführt. Client-seitig würde man diesem Server ein Kommando (z.B.: `Sum` oder `Divide`) samt 2 binärcodierten `int`-Argumenten senden. Man erhält von AMP dann ein `Deferred` zurück, das seine Callback-Kette feuern wird, sobald der Arithmetikserver seine Antwort gesendet hat. Daraufhin kann der Client die Ergebnisse in den Callbacks des `Deferred` abholen.

Die Erläuterungen dieses Abschnitts orientieren sich am ausführlichen Docstring, der am Anfang von *twisted/protocols/amp.py* zu finden ist; und wir werden, anstatt unser eigenes Beispiel zu implementieren, einfach die guten Beispiele aus *doc/core/examples/ampserver.py* und *doc/core/examples/ampclient.py* unter die Lupe nehmen.

Wir fangen mit dem Server an:

```python
#!/usr/bin/env python
# ampserver.py -- A Twisted AMP server.
# From: Twisted-8.0.1/doc/core/examples/ampserver.py

from twisted.internet import reactor
from twisted.internet.protocol import Factory
from twisted.protocols import amp

class Sum(amp.Command):
    arguments = [('a', amp.Integer()),
                 ('b', amp.Integer())]
    response = [('total', amp.Integer())]

class Divide(amp.Command):
    arguments = [('numerator', amp.Integer()),
                 ('denominator', amp.Integer())]
    response = [('result', amp.Float())]
    errors = {ZeroDivisionError: 'ZERO_DIVISION'}

class Math(amp.AMP):
    def sum(self, a, b):
        total = a + b
        print 'Did a sum: %d + %d = %d' % (a, b, total)
        return {'total': total}
    Sum.responder(sum)
```

```
    def divide(self, numerator, denominator):
        result = numerator / denominator
        print 'Divided: %d / %d = %d' % (numerator, denominator, total)
        return {'result': result}
    Divide.responder(divide)


if __name__ == '__main__':
    pf = Factory()
    pf.protocol = Math

    reactor.listenTCP(1234, pf)
    reactor.run()
```

Die Kommandos des Protokolls (Sum und Divide) werden als Klassen des Typs amp
.Command definiert. Diese Klassen benötigen die klassenweiten Attribute arguments,
response und wenn nötig auch errors. arguments spezifiziert die Parameter, die dem
jeweiligen Protokoll zu senden sind und response die Rückgabewerte, die uns das Protokoll daraufhin zurücksendet. errors bildet Ausnahmen auf eine String-Darstellung
ab (Ausnahmen müssen ja als Strings über das Netz übermittelt werden).

Wie sieht es bei Sum und Divide aus?

```
class Sum(amp.Command):
    arguments = [('a', amp.Integer()),
                 ('b', amp.Integer())]
    response = [('total', amp.Integer())]


class Divide(amp.Command):
    arguments = [('numerator', amp.Integer()),
                 ('denominator', amp.Integer())]
    response = [('result', amp.Float())]
    errors = {ZeroDivisionError: 'ZERO_DIVISION'}
```

arguments ist eine Liste von Parameterspezifikationen, wobei jede dieser Spezifikatio-
nen ein Tupel aus Parametername und Parametertyp ist. Bei Sum heißen die Parameter
a und b und sind jeweils vom Typ Integer, während die Divide-Parameter numerator
und denominator heißen und ebenfalls Integer sind. Was Integer ist, zeigen wir gleich.

Der Rückgabetyp wird in response spezifiziert. Man kann einen oder mehrere Rück-
gabewerte spezifizieren, indem man sie in eine Liste einträgt. Bei Sum wird z.B. der
Rückgabewert mit dem Namen total und dem Typ Integer angegeben, und bei der
Division heißt der Rückgabewert result, ist diesmal aber vom Typ Float!

Außerdem wird bei Divide die Ausnahme ZeroDivisionError (die ja bei Division durch Null entsteht) auf den String ZERO_DIVISION abgebildet.

Was sind Integer und Float eigentlich für Datentypen? In *twisted/protocols/amp.py* erkennt man, dass die Datentypen Integer, String, Float, Boolean, Unicode, Path, AmpList alle von der Klasse Argument abgeleitet sind. Sie implementieren die Methoden fromString und toString. Damit erkennt man auch ihren Sinn: Das sind die Klassen, welche die Parameter serialisieren und deserialisieren, damit sie über die Netzverbindung als Strings (Bytefolgen) geschickt werden können.

Doch kehren wir zum Server zurück!

Wir müssen ja noch die Kommandos Sum und Divide an Funktionen koppeln, die Parameter entgegennehmen und Ergebnisse oder Ausnahme zurückgeben. Mit anderen Worten: Wir benötigen noch die Business Logic der Kommandos.

Dies geschieht in einer Protokollklasse, die von amp.AMP abgeleitet werden soll:

```
class Math(amp.AMP):
    def sum(self, a, b):
        total = a + b
        print 'Did a sum: %d + %d = %d' % (a, b, total)
        return {'total': total}
    Sum.responder(sum)


    def divide(self, numerator, denominator):
        result = numerator / denominator
        print 'Divided: %d / %d = %d' % (numerator, denominator, total)
        return {'result': result}
    Divide.responder(divide)
```

In diesem Beispiel haben wir die Funktion sum und die Funktion divide an die Sum- und Divide-Kommandos mit Hilfe von deren responder-Methode angekoppelt. Man beachte:

- dass die Parameternamen identisch sind mit den Parametern, die in arguments definiert waren,
- dass der (oder die) Rückgabewert(e) als Dictionary angegeben wird, dessen Schlüssel denselben Namen habt wie das, was in response stand und
- dass bei divide die Ausnahme ZeroDivisionError nicht explizit abgefangen werden musste und dank des errors-Mappings automatisch zum String 'ZERO_DIVISION' konvertiert wurde.

Das war es auch schon für den Server. AMP kümmert sich selbstständig darum, die empfangenen Kommandos und Parameter zu deserialisieren, die richtigen Responder aufzurufen und deren Ergebnis(se) erneut zu serialisieren und über das Netz an den Client zurückzusenden.

open source library

Kommen wir nun zum Client:

```python
#!/usr/bin/env python
# ampclient.py -- A Twisted AMP client.
# From: Twisted-8.0.1/doc/core/examples/ampclient.py

from twisted.internet import reactor, defer
from twisted.internet.protocol import ClientCreator
from twisted.protocols import amp
from ampserver import Sum, Divide

def doMath():
    # Add two numbers
    d1 = ClientCreator(reactor, amp.AMP).connectTCP('127.0.0.1', 1234)
    d1.addCallback(lambda p: p.callRemote(Sum, a=13, b=81))
    d1.addCallback(lambda result: result['total'])

    # Divide two numbers, raising an exception
    def trapZero(result):
        result.trap(ZeroDivisionError)
        print "Divided by zero: returning INF"
        return 1e1000

    d2 = ClientCreator(reactor, amp.AMP).connectTCP('127.0.0.1', 1234)
    d2.addCallback(lambda p: p.callRemote(Divide, numerator=1234,
                                          denominator=0))
    d2.addErrback(trapZero)

    # Wait until both addition and division have completed
    def done(result):
        print 'Done with math:', result
        reactor.stop()
    defer.DeferredList([d1, d2]).addCallback(done)

if __name__ == '__main__':
    doMath()
    reactor.run()
```

Der Client importiert die Kommandoklassen Sum und Divide vom Server, damit Client und Server sich über die Namen der Parameter und Rückgabetypen einig sind. Der Mechanismus von ClientCreator, der ein Deferred zurückgibt, hat nichts mit AMP zu tun. Was aber sehr wohl mit AMP zu tun hat, sind der Aufruf des entfernten Kommandos und das Abholen des Ergebnisses. Beides wird als Callback des Deferred realisiert. Bei der Addition:

```
d1 = ClientCreator(reactor, amp.AMP).connectTCP('127.0.0.1', 1234)
d1.addCallback(lambda p: p.callRemote(Sum, a=13, b=81))
d1.addCallback(lambda result: result['total'])
```

Und bei der Division:

```
d2 = ClientCreator(reactor, amp.AMP).connectTCP('127.0.0.1', 1234)
d2.addCallback(lambda p: p.callRemote(Divide, numerator=1234,
                                      denominator=0))
d2.addErrback(trapZero)
```

Wir sehen, dass der entfernte Aufruf durch callRemote erfolgte. Diese Methode ist in der Klasse amp.AMP definiert und sie sorgt dafür, dass der Name des Kommandos und die Parameter serialisiert und über das Netz geschickt werden.

In dem Beispiel haben wir auch gesehen, wie die Ausnahme, die durch die Division durch 0 entstand (und als 'ZERO_DIVISION'-String serialisiert wurde), richtig erkannt und durch einen Errback abgefangen werden konnte.

Um das Ergebnis beider Deferred (d1 und d2) auszugeben, werden sie in eine Deferred-List zusammengefasst, und daran wird ein Callback done angehängt, der aufgerufen wird, wenn die Callback-Ketten von d1 und d2 beide fertig sind. Das Ergebnis dieses Callbacks ist eine Liste von Paaren. Bei laufendem Server sieht es so aus:

```
$ ~/python/bin/python ampclient.py
Divided by zero: returning INF
Done with math: [(True, 94), (True, inf)]
```

Sie finden weitere Details zum AMP-Toolkit in den ausführlichen Docstrings in *twisted/protocols/amp.py*. So soll z.B. nicht verschwiegen werden, dass Anzahl und Größe der Parameter durch das Bytemuster beschränkt sind.

14.1.8 Ein Schnelldurchlauf durch die Twisted-Protokolle

Bisher haben wir unsere eigenen aus Protocol abgeleiteten Klassen für Protokoll-objekte verwendet. Diese Klassen waren weitgehend einfach gestrickt und reichten für unsere eigenen kleinen Anwendungen voll aus. Doch in der realen Welt spre-chen Client und Server in standardisierten Protokollen wie FTP, HTTP, SMTP, POP3, IMAP4 usw. Diese in den RFCs (*Request for Comments*) definierten und formalisierten Protokolle könnte man als Anwendungsprogrammierer theoretisch in von Protocol (oder LineReceiver) abgeleitete Klassen implementieren. Doch dies kann bei einigen Protokollen recht aufwändig werden, denn man muss dabei oft einen Zustandsauto-maten (*state machine*) und unzählige Feinheiten beachten. Zum Glück muß man das für die populärsten Internet-Protokolle nicht mehr tun, denn für sie gibt es im Twisted Framework gute Implementierungen.

In den folgenden Abschnitten werden wir im Schnelldurchlauf ohne viel Erklärungen einige dieser fertigen Protokolle mit kleinen Demo-Programmen ausprobieren und vorführen. Dies soll nicht das Studieren der jeweiligen Klassen ersetzen, sondern nur als kleine Ermunterung verstanden werden, sich damit ausführlicher zu befassen.

Twisted Wire (selten benutzte inetd-Protokolle)

Die ersten standardisierten Protokolle, mit denen wir anfangen wollen, sind historischer Natur: Sie wurden (und werden immer noch) vom Unix-Superdämon *inetd* standardmäßig angeboten. Die meisten dieser Protokolle sind heutzutage aus Sicherheitsgründen abgeschaltet, aber man kann sie bei Bedarf wieder einschalten, indem man die Datei */etc/inetd.conf* anpasst und *inetd* mittels eines Signals neu startet. Bei FreeBSD zum Beispiel editieren wir */etc/inetd.conf* und entfernen dabei die Kommentare aus den »Small servers« (im Beispiel habe ich die IPv6-Zeilen entfernt):

```
# "Small servers" -- used to be standard on, but we're more conservative
# about things due to Internet security concerns. Only turn on what you
# need.
#
daytime  stream  tcp    nowait  root    internal
daytime  dgram   udp    wait    root    internal
time     stream  tcp    nowait  root    internal
time     dgram   udp    wait    root    internal
echo     stream  tcp    nowait  root    internal
echo     dgram   udp    wait    root    internal
discard  stream  tcp    nowait  root    internal
discard  dgram   udp    wait    root    internal
chargen  stream  tcp    nowait  root    internal
chargen  dgram   udp    wait    root    internal
```

Den *inetd*-Server aktivieren wir in FreeBSD, indem wir in */etc/rc.conf* die Zeile `inetd_enable="YES"` eintragen und diesen mit dem Kommando `/etc/rc.d/inetd start` starten. Wir prüfen nach, ob er auch wirklich läuft:

```
$ sockstat -461 | grep inetd
root     inetd        82620 5   tcp4   *:13         *:*
root     inetd        82620 6   udp4   *:13         *:*
root     inetd        82620 7   tcp4   *:37         *:*
root     inetd        82620 8   udp4   *:37         *:*
root     inetd        82620 9   tcp4   *:7          *:*
root     inetd        82620 10  udp4   *:7          *:*
root     inetd        82620 11  tcp4   *:9          *:*
root     inetd        82620 12  udp4   *:9          *:*
root     inetd        82620 13  tcp4   *:19         *:*
root     inetd        82620 14  udp4   *:19         *:*
```

Die Port-Nummern können wir auch nachprüfen:

```
$ egrep ' (7|9|13|19|37)/(tcp|udp)' /etc/services
echo            7/tcp
echo            7/udp
discard         9/tcp      sink null
discard         9/udp      sink null
daytime         13/tcp
daytime         13/udp
chargen         19/tcp     ttytst source      #Character Generator
chargen         19/udp     ttytst source      #Character Generator
time            37/tcp     timserver
time            37/udp     timserver
```

Hat man keinen *inetd*-Server zur Verfügung (z.B. unter Windows), kann man ihn in Twisted implementieren, indem man die Protokolle Echo, Discard, Daytime, Chargen und Time aus dem Modul twisted.protocols.wire verwendet.

```python
#!/usr/bin/env python
# twisted_smallservers.py -- Some inetd small servers written in Twisted
# run as: twistd -ny twisted_smallservers.py

from twisted.internet.protocol import Factory
from twisted.protocols import wire

from twisted.application import internet
from twisted.application import service as srv
from twisted.internet import reactor

f_echo    = Factory(); f_echo.protocol    = wire.Echo
f_discard = Factory(); f_discard.protocol = wire.Discard
f_daytime = Factory(); f_daytime.protocol = wire.Daytime
f_chargen = Factory(); f_chargen.protocol = wire.Chargen
f_time    = Factory(); f_time.protocol    = wire.Time

app = srv.Application('twistedinetd', uid=65534, gid=65534)
application = app  # twistd needs an 'application' variable for -y to work

internet.TCPServer(7, f_echo).setServiceParent(srv.IServiceCollection(app))
internet.TCPServer(9, f_discard).setServiceParent(srv.IServiceCollection(app))
internet.TCPServer(13, f_daytime).setServiceParent(srv.IServiceCollection(app))
internet.TCPServer(19, f_chargen).setServiceParent(srv.IServiceCollection(app))
internet.TCPServer(37, f_time).setServiceParent(srv.IServiceCollection(app))
```

Dieses Programm muss man als *root* ausführen, damit es sich an die Ports < 1024 anschließen kann. Doch es wird direkt nach dem Start auf den User mit der ID 65534 (hier *nobody*) umgeschaltet. Natürlich sollte *inetd* zuvor entweder ausgeschaltet oder zumindest angewiesen werden, auf diese Ports nicht mehr zu hören.

Wir starten es mit *twistd* wie folgt:

```
# ~farid/python/bin/twistd -ny twisted_smallservers.py
Removing stale pidfile /var/tmp/twistd.pid
2008-04-06 16:32:59+0200 [-] Log opened.
2008-04-06 16:32:59+0200 [-] twistd 8.0.1
                           (/users/farid/python/bin/python 2.5.2) starting up
2008-04-06 16:32:59+0200 [-] reactor class:
                           <class 'twisted.internet.selectreactor.SelectReactor'>
2008-04-06 16:32:59+0200 [-] twisted.internet.protocol.Factory starting on 7
2008-04-06 16:32:59+0200 [-] Starting factory
                <twisted.internet.protocol.Factory instance at 0x28a2952c>
2008-04-06 16:32:59+0200 [-] twisted.internet.protocol.Factory starting on 9
2008-04-06 16:32:59+0200 [-] Starting factory
                <twisted.internet.protocol.Factory instance at 0x28a20a6c>
2008-04-06 16:32:59+0200 [-] twisted.internet.protocol.Factory starting on 13
2008-04-06 16:32:59+0200 [-] Starting factory
                <twisted.internet.protocol.Factory instance at 0x28a98a0c>
2008-04-06 16:32:59+0200 [-] twisted.internet.protocol.Factory starting on 19
2008-04-06 16:32:59+0200 [-] Starting factory
                <twisted.internet.protocol.Factory instance at 0x28a98a2c>
2008-04-06 16:32:59+0200 [-] twisted.internet.protocol.Factory starting on 37
2008-04-06 16:32:59+0200 [-] Starting factory
                <twisted.internet.protocol.Factory instance at 0x28a98a4c>
2008-04-06 16:32:59+0200 [-] set uid/gid 65534/65534
```

Es wird auf die jeweiligen TCP-Ports gehört:

```
$ sockstat -461 | grep nobody
nobody    python     82757 3  tcp4   *:7            *:*
nobody    python     82757 4  tcp4   *:9            *:*
nobody    python     82757 7  tcp4   *:13           *:*
nobody    python     82757 8  tcp4   *:19           *:*
nobody    python     82757 9  tcp4   *:37           *:*
```

Und man kann es ausprobieren:

```
$ nc localhost 7
hello, world
hello, world
```

```
$ nc localhost 9
hello, black hole

$ nc localhost 13
Sun Apr  6 14:37:39 2008

$ nc localhost 37 | hexdump
0000000 f847 67e0
0000004

$ nc localhost 19
@ABCDEFGHIJKLMNOPQRSTUVWXYZ[\]^_`abcdefghijklmnopqrstuvwxyz{|}~ !"#$%&?
@ABCDEFGHIJKLMNOPQRSTUVWXYZ[\]^_`abcdefghijklmnopqrstuvwxyz{|}~ !"#$%&?
@ABCDEFGHIJKLMNOPQ^C
```

Anschließend stoppen wir den Server wieder mit *Ctrl-C*:

```
2008-04-06 16:40:43+0200 [-] Received SIGINT, shutting down.
2008-04-06 16:40:43+0200 [-] (Port 37 Closed)
2008-04-06 16:40:43+0200 [-] Stopping factory
                 <twisted.internet.protocol.Factory instance at 0x28a98a4c>
2008-04-06 16:40:43+0200 [-] (Port 19 Closed)
2008-04-06 16:40:43+0200 [-] Stopping factory
                 <twisted.internet.protocol.Factory instance at 0x28a98a2c>
2008-04-06 16:40:43+0200 [-] (Port 13 Closed)
2008-04-06 16:40:43+0200 [-] Stopping factory
                 <twisted.internet.protocol.Factory instance at 0x28a98a0c>
2008-04-06 16:40:43+0200 [-] (Port 9 Closed)
2008-04-06 16:40:43+0200 [-] Stopping factory
                 <twisted.internet.protocol.Factory instance at 0x28a20a6c>
2008-04-06 16:40:43+0200 [-] (Port 7 Closed)
2008-04-06 16:40:43+0200 [-] Stopping factory
                 <twisted.internet.protocol.Factory instance at 0x28a2952c>
2008-04-06 16:40:43+0200 [-] Main loop terminated.
2008-04-06 16:40:43+0200 [-] Warning: No permission to delete pid file
2008-04-06 16:40:43+0200 [-] Server Shut Down.
```

Voilà, Small servers ohne *inetd*!

Twisted FTP (File Transfer Protocol)

Im Modul `twisted.protocols.ftp` befinden sich Klassen, die das FTP-Protokoll spre-chen. Wir werden im Folgenden ein kleines Programm entwickeln, das eine Datei aus einem anonymen FTP-Server herunterlädt. Dafür verwenden wir die Klasse `FTPClient`. Schauen wir uns das Programm an:

```
#!/usr/bin/env python
# twisted_ftpget.py -- Fetch and display a file using anonymous FTP

SERVER   = 'ftp.freebsd.org'
USER     = 'anonymous'
PASSWD   = 'me@example.com'
SRCDIR   = '/pub/FreeBSD/releases/i386'
SRCFILE  = 'README.TXT'
DEBUG    = True    # Set to False for production code

from twisted.internet import reactor
from twisted.internet.protocol import Protocol, ClientCreator
from twisted.protocols.ftp import FTPClient
from cStringIO import StringIO

class BufferingProtocol(Protocol):
    def __init__(self): self.buffer = StringIO()
    def dataReceived(self, data): self.buffer.write(data)
filebufproto = BufferingProtocol()

def cb_success(response):
    if DEBUG: print 'OK', response
    return response
def cb_error(error):
    print 'ERR', error;
    reactor.stop()

def cb_changedir(ftpClient):
    if DEBUG: print 'cb_changedir()'
    dcwd = ftpClient.cwd(SRCDIR)
    dcwd.addCallbacks(cb_fetchfile, cb_error, callbackArgs=(ftpClient,))

def cb_fetchfile(result, ftpClient):
    if DEBUG: print 'cb_fetchfile() result:', result
    dfile = ftpClient.retrieveFile(SRCFILE, filebufproto)
    dfile.addCallbacks(cb_printfile, cb_error, callbackArgs=(ftpClient,))

def cb_printfile(result, ftpClient):
    if DEBUG: print 'cb_savefile() result:', result
    print filebufproto.buffer.getvalue(),  # print file contents
    dquit = ftpClient.quit()
    dquit.addCallbacks(lambda _: reactor.stop(), cb_error)
```

```
FTPClient.debug = DEBUG
client = ClientCreator(reactor, FTPClient, USER, PASSWD, passive=True)
dmain = client.connectTCP(SERVER, 21)
dmain.addCallbacks(cb_success, cb_error)
dmain.addCallbacks(cb_changedir, cb_error)
reactor.run()
```

Führt man es mit eingeschalteten DEBUG-Meldungen aus, erhält man (Ausgabe im Buch abgekürzt):

```
$ ~/python/bin/python twisted_ftpget.py
OK <twisted.protocols.ftp.FTPClient instance at 0x289be04c>
cb_changedir()
cb_fetchfile() result: ['250 Directory successfully changed.']
cb_savefile() result: [(True, [(True, ['150 Opening BINARY mode
 data connection for README.TXT (637 bytes).',
 '226 File send OK.'])]),
 (True, None), (True, None)]
CONTENTS:
---------
*-RELEASE/
    The official FreeBSD releases

(... etc ...)
```

Das Programm fängt mit ein paar Konstanten an, welche die URL ftp://ftp.freebsd .org/pub/FreeBSD/releases/i386/README.TXT bezeichnen und angeben, dass man sich als anonymer User im FTP-Server einloggen soll. Diese Konstanten benutzen wir dann im Programm.

```
SERVER   = 'ftp.freebsd.org'
USER     = 'anonymous'
PASSWD   = 'me@example.com'
SRCDIR   = '/pub/FreeBSD/releases/i386'
SRCFILE  = 'README.TXT'
DEBUG    = True    # Set to False for production code
```

Ein paar Module brauchen wir auch:

```
from twisted.internet import reactor
from twisted.internet.protocol import Protocol, ClientCreator
from twisted.protocols.ftp import FTPClient
from cStringIO import StringIO
```

Wir werden außerdem gleich sehen, dass die Methode retrieveFile ein Protokollobjekt benötigt, das den Inhalt der Datei über den dataReceived Callback nach und nach aufnehmen soll. Was so ein Protokollobjekt tut, bleibt der Anwendung überlassen: Es könnte z.B. nach und nach die empfangenen Daten ausgeben, in eine Datei speichern oder einfach nur verschlucken. In unserem Beispiel verwenden wir eine RAM-Datei (StringIO), um den Inhalt der Datei im Speicher zu puffern, und werden diesen Inhalt später ausgeben:

```
class BufferingProtocol(Protocol):
    def __init__(self): self.buffer = StringIO()
    def dataReceived(self, data): self.buffer.write(data)

filebufproto = BufferingProtocol()
```

Zum generischen Callback cb_success und generischen Errback cb_error ist nicht viel zu sagen.

Bevor wir zu den Anwendungscallbacks kommen, schauen wir uns erst das Hauptprogramm an:

```
FTPClient.debug = DEBUG
client = ClientCreator(reactor, FTPClient, USER, PASSWD, passive=True)
dmain = client.connectTCP(SERVER, 21)
dmain.addCallbacks(cb_success, cb_error)
dmain.addCallbacks(cb_changedir, cb_error)
reactor.run()
```

Mit twisted.internet.protocol.ClientCreator wird gleich eine ClientFactory-Instanz erzeugt, ohne dass wir eine solche Factory definieren müssen. Als Parameter übergeben wir den reactor, die Protokollklasse FTPClient für das Protokollobjekt, das die Verbindung mit dem FTP-Server managen wird, und ein paar Daten wie USER, PASSWD sowie den Hinweis, dass wir *passive ftp* verlangen.

Als Nächstes wird mit connectTCP eine TCP-Verbindung zum FTP-Server auf dem FTP-Standardport 21 aufgebaut. Man erhält als Ergebnis dieses Aufrufs ein Deferred, dessen Callback-Kette gefeuert wird, sobald die Verbindung aufgebaut wurde und wir dort eingeloggt sind.

Folglich definieren wir ein paar Callbacks für genau diesen Fall. Der erste Callback cb_success ist strenggenommen gar nicht nötig, da er uns nur OK sagt. Der entscheidende Callback ist cb_changedir, welcher das erste FTP-Kommando an den Server senden wird.

Welche Kommandos wollen wir denn senden?
- Wir wechseln mit CWD ins Quellverzeichnis SRCDIR.
- Wir fordern mit RETR die Datei SRCFILE.
- Wir schließen die Verbindung mit QUIT.

Diese Kommandos sollen der Reihe nach aufgerufen werden.

Nun stellt sich die Frage: wie führt man Kommandos der Reihe nach aus, wo diese doch sofort jeweils ein Deferred zurückgeben, bevor diese beendet sind?

Des Rätsels Lösung liegt im Verketten von Callbacks! Dies zeigen wir in den Callbacks cb_changedir, cb_fetchfile und schließlich cb_printfile. Jeder dieser Callbacks erhält intern ein Deferred-Objekt als Ergebnis eines FTP-Kommandos. Damit all diese drei Callbacks in der richtigen Reihenfolge aufgerufen werden, trägt ein Callback den nächsten Callback im Deferred-Objekt ein, den er als Ergebnis eines FTP-Kommandos erhielt.

Die erste Funktion, cb_changedir setzt das CWD-Kommando an den FTP-Server ab, indem es die cwd-Methode der FTPClient-Instanz aufruft: ftpClient.cwd(SRCDIR)

```
def cb_changedir(ftpClient):
    if DEBUG: print 'cb_changedir()'
    dcwd = ftpClient.cwd(SRCDIR)
    dcwd.addCallbacks(cb_fetchfile, cb_error, callbackArgs=(ftpClient,))
```

Die cwd-Methode tut zweierlei:
- Sie setzt das CWD-Kommando an den FTP-Server ab
- Sie liefert ein Deferred zurück.

Das Deferred wird seine Callback-Kette dann feuern, wenn der FTP-Server einen positiven Statuscode gesendet hat.

Die Verkettung erfolgt dann so, dass cb_changedir die nächste Funktion cb_fetchfile als Callback an diesen Deferred hängt. Damit ist sichergestellt, dass cb_fetchfile automatisch erst dann aufgerufen wird, wenn der FTP-Server positiv auf den CWD-Befehl geantwortet hat (diesen bestätigt hat, wenn man so will).

Und nun zu cb_fetchfile:

```
def cb_fetchfile(result, ftpClient):
    if DEBUG: print 'cb_fetchfile() result:', result
    dfile = ftpClient.retrieveFile(SRCFILE, filebufproto)
    dfile.addCallbacks(cb_printfile, cb_error, callbackArgs=(ftpClient,))
```

cb_fetchfile erhielt als erstes Argument von cwd den Rückgabecode des FTP-Servers, z.B.: ['250 Directory successfully changed.']; und als zweites Argument den ftpClient von cb_changedir.

Was cb_fetchfile nun tun soll, ist offensichtlich: Es soll das Kommando RETR an den FTP-Server absetzen, mit dem Namen der anzufordernden Datei. Vergessen wir nicht, dass wir bereits im richtigen Verzeichnis sind, wenn cb_fetchfile aufgerufen wird! Um das RETR-Kommando abzusetzen, rufen wir die ftpClient Methode retrieveFile auf.

Ein Blick in die Datei *twisted/protocols/ftp.py* unter `FTPClient` verrät uns, dass `retrieve-File` als erstes Argument den Pfadnamen der anzufordernden Datei erhalten soll, und als zweites Argument eine `Protocol`-Instanz, die diese Datei aufnehmen soll. Erinnern Sie sich an die Instanz `filebufproto` unseres `BufferingProtocols` weiter oben? Genau diese Instanz übergeben wir hier, damit die empfangenen Daten in einer RAM-Datei landen.

Die Methode `retrieveFile` von `FTPClient` tut nun Folgendes:

- Sie setzt das Kommando `RETR` an den FTP-Server ab.
- Sie liefert ein `Deferred` zurück.

Dieses `Deferred` wird dann seine Callback-Kette feuern, wenn die gesamte Datei empfangen wurde. Tritt irgendein Fehler auf, wird er stattdessen seine Errback-Kette feuern.

Damit also die nächste Funktion `cb_printfile` aufgerufen wird, *nachdem* die Datei komplett erhalten wurde, trägt `cb_fetchfile` diese Funktion als Callback des gerade erhaltenen `Deferred` ein. So ist sichergestellt, dass wir nur vollständig erhaltene Dateien ausgeben.

Kommen wir nun zu `cb_printfile`, und somit zur letzten Funktion dieses Programms:

```
def cb_printfile(result, ftpClient):
    if DEBUG: print 'cb_savefile() result:', result
    print filebufproto.buffer.getvalue(),  # print file contents
    dquit = ftpClient.quit()
    dquit.addCallbacks(lambda _: reactor.stop(), cb_error)
```

Wenn `cb_printfile` aufgerufen wird, ist bereits die gesamte Datei in das Protokollobjekt `filebufproto` abgelegt worden. In diesem Protokollobjekt befand sich die RAM-Datei als `StringIO`-Instanz in dessen `buffer`-Attribut. Wir geben den Inhalt dieser RAM-Datei aus, indem wir die `getvalue`-Methode aufrufen und mittels `print` ausgeben.

Nachdem wir die Datei ausgegeben haben, setzen wir noch das Kommando `QUIT` an den FTP-Server, indem wir die `quit`-Methode unserer `FTPClient`-Instanz aufrufen. Wir erhalten wieder ein `Deferred`-Objekt zurück und warten auf die Bestätigung des FTP-Servers, bevor wir den `reactor` stoppen und somit das Hauptprogramm beenden. Das Warten erfolgt natürlich wieder durch Eintagen der nächsten Aktion (hier den Reaktor stoppen) in die Callback-Kette dieses `Deferred`-Objekts. Sobald wir eine Antwort auf `quit()` von der anderen Seite erhalten haben, wird die Callback-Kette gefeuert und folglich der `reactor` beendet.

Welche Funktionen `FTPClient` anbietet, erfahren Sie in der Datei *twisted/protocols/ftp.py*. Ein gutes Beispiel finden Sie auch im Twisted Tarball unter *doc/core/examples/ftpclient.py*.

Twisted DNS (Domain Name Service)

Unter twisted.names befinden sich Klassen, mit denen man DNS-Server auf asynchrone Art und Weise abfragen und erstellen kann. Dabei unterscheiden wir zwischen Clients und Servern.

In der Praxis werden Sie twisted.names nur selten brauchen, wenn überhaupt. Die meisten Anwendungen werden i.d.R. den Resolver des Betriebssystems nutzen, um Nameserver zu befragen, und ein eigener (caching) Nameserver wird i.d.R. BIND (*named*) sein und vom Unix-Betriebssystem oder von Ihrem ISP zur Verfügung gestellt.

Funktionen und Klassen für den Client befinden sich unter twisted.names.client. Dieses Modul bietet einen asynchronen Resolver, der direkt mit einem DNS-Server das DNS-Protokoll spricht. Hat man erst einen Resolver, kann man ihn für diverse Abfragen nutzen.

Das folgende Programm (nur leichte kosmetische Änderungen eines Twisted Demo-Programms) zeigt, wie diverse lookup*-Funktionen des Resolvers Deferred-Objekte zurückgeben, mit denen man die Ergebnisse auf die gewohnte Twisted-Art abholen kann:

```python
#!/usr/bin/env python
# twisted_testdns.py -- from Twisted-8.0.1/doc/names/examples/testdns.py

import sys, pprint
from twisted.names import client
from twisted.internet import reactor

def cb_address(a):
    print 'Addresses:'
    pprint.pprint(a)

def cb_mails(a):
    print 'Mail Exchangers:'
    pprint.pprint(a)

def cb_nameservers(a):
    print 'Nameservers:'
    pprint.pprint(a)

def cb_error(f):
    print 'gotError'
    f.printTraceback()

    from twisted.internet import reactor
    reactor.stop()
```

```
if __name__ == '__main__':
    import sys

    r = client.Resolver('/etc/resolv.conf')

    dA = r.lookupAddress(sys.argv[1])
    dMX = r.lookupMailExchange(sys.argv[1])
    dSOA = r.lookupNameservers(sys.argv[1])

    dA.addCallback(cb_address).addErrback(cb_error)
    dMX.addCallback(cb_mails).addErrback(cb_error)
    dSOA.addCallback(cb_nameservers).addErrback(cb_error)

    reactor.callLater(4, reactor.stop)
    reactor.run()
```

Die Ausführung, auf *www.example.com* angewandt, ergibt:

```
$ ~/python/bin/python twisted_testdns.py www.example.com
Addresses:
([<RR name=www.example.com type=A class=IN ttl=43243s auth=False>],
 [<RR name=example.com type=NS class=IN ttl=43243s auth=False>,
  <RR name=example.com type=NS class=IN ttl=43243s auth=False>],
 [<RR name=a.iana-servers.net type=A class=IN ttl=43212s auth=False>,
  <RR name=b.iana-servers.net type=A class=IN ttl=43212s auth=False>])
Mail Exchangers:
([], [<RR name=example.com type=SOA class=IN ttl=10161s auth=False>], [])
Nameservers:
([], [<RR name=example.com type=SOA class=IN ttl=10161s auth=False>], [])
```

Weitere Informationen zu DNS-Clients finden Sie in der Datei *twisted/names/client.py*.

Um einen DNS-Server mit `twisted.names` aufzusetzen, lesen Sie die Datei *doc/names/howto/names.html* des Source Tarballs.

Twisted Pair

Unter `twisted.pair` befinden sich Protokollklassen zum Umgang mit low-level-Daten wie z.B.

- Ethernet Frames, `twisted.pair.ethernet`
- Rohe IP-Pakete, `twisted.pair.ip`

Schauen Sie sich einfach in *twisted/pair/*.py* um. Ohne ein genaues Wissen um die rohen Formate werden Sie da nicht sehr weit kommen.

Twisted HTTP

Wir haben schon die getPage-Funktion aus twisted.web.http kennengelernt. Weitere Beispiele sind Gegenstand des Kapitels 15, *Webprogrammierung und Web-Frameworks*.

Twisted NNTP

In diesem Abschnitt entwicklen wir einen kleinen primitiven (sicher verbesserungs-würdigen) NNTP-Newsreader, der von der Kommandozeile zu bedienen ist. Zum Aufruf von *twisted_nntpclient.py* sollte man auf jeden Fall einen Newsserver ange-ben. Es kann sein, dass Ihr ISP einen Newsserver anbietet; wenn nicht oder wenn er nur einen zensierten Newsserver ohne Binarys zur Verfügung stellt und Sie die-se benötigen, können Sie immer auf einen der zahlreichen kommerziellen USENET News-Anbieter mit guter Haltezeit und unzensierter Newsgruppenauswahl auswei-chen.

Gibt man nichts Weiteres außer dem Newsserver an, holt sich das Programm die Liste aller vom Newsserver angebotenen Gruppen und gibt diese aus:

```
$ ~/python/bin/python twisted_nntpclient.py news.kamp.net | \
  grep comp.lang.python
('cz.comp.lang.python', 5015, 4419, 'y'),
('de.comp.lang.python', 6646, 6123, 'y'),
('it.comp.lang.python', 28227, 24680, 'y'),
('cn.bbs.comp.lang.python', 19742, 14143, 'y'),
('fr.comp.lang.python', 11826, 10494, 'y'),
('comp.lang.python', 178708, 155514, 'y'),
('comp.lang.python.announce', 1808, 1660, 'm'),
('tw.bbs.comp.lang.python', 1988, 1302, 'y'),
('pl.comp.lang.python', 16590, 14387, 'y'),
```

Ruft man es hingegen mit dem Namen einer Newsgroup, werden die Subject-Zeilen ausgegeben:

```
$ ~/python/bin/python twisted_nntpclient.py news.kamp.net \
  comp.lang.python.announce
('149', '1660', '1808', 'comp.lang.python.announce')
     1660 ANN: magnitude 0.9.1
     1661 [ANN] Data Plotting Library DISLIN 9.2
     1662 ANNOUNCE: omniORB 4.1.1 and omniORBpy 3.1
     1663 Python Ireland Talks Reminder - Wed 10th October 2007
     1664 ANN: Pyrex 0.9.6.2
     1665 ordereddict 0.2
     1666 ANN: Shed Skin 0.0.24, 0.0.25
^C
```

Ein einzelner Artikel kann unter Angabe seiner Nummer ausgegeben werden:

```
$ ~/python/bin/python twisted_nntpclient.py news.kamp.net \
  comp.lang.python.announce 1807
---------------------------------------------------------------
ANN: eric4 4.1.2 released
Hi,

eric4 4.1.2 has been released today. This release fixes a few bugs
reported
since the last release.

As usual it is available via
http://www.die-offenbachs.de/eric/index.html.

What is eric?
-------------
eric is a Python IDE written using PyQt4 and QScintilla2. It comes with
batteries included. Please see a.m. link for details.

(... etc ...)
```

Wir importieren zunächst `twisted.news.nntp.NNTPClient` und weitere Module:

```
#!/usr/bin/env python
# twisted_nntpclient.py -- A simple Twisted NNTP client

from twisted.internet import reactor
from twisted.internet.protocol import ClientFactory
from twisted.news.nntp import NNTPClient
from email import message_from_string
from pprint import pprint
```

Das Hauptprogramm liest Newsserver, Newsgroup und Artikelnummer von der Kommandozeile, speichert sie in eine Factory und ruft dann `connectTCP` des `reactors` auf. Dann geht es wie gewohnt zur Event-Schleife:

```
if __name__ == '__main__':
    import sys
    newsserver, newsgroup, articlenr = None, None, None
    if len(sys.argv) >= 4: articlenr = sys.argv[3]
    if len(sys.argv) >= 3: newsgroup = sys.argv[2]
    if len(sys.argv) >= 2: newsserver = sys.argv[1]

    nfactory = MyNNTPClientFactory(newsgroup, articlenr)
    reactor.connectTCP(newsserver, 119, nfactory)
    reactor.run()
```

Die Factory `MyNNTPClientFactory` ist eine `ClientFactory`:

```
class MyNNTPClientFactory(ClientFactory):

    protocol = MyNNTPClient

    def __init__(self, newsgroup, articlenr):
        self.newsgroup = newsgroup
        self.articlenr = articlenr
```

All das ist langweilig. Interessant ist `MyNNTPClient`, das NNTP mit dem Newsserver spricht. Dessen Skelett sieht so aus:

```
class MyNNTPClient(NNTPClient):
    def connectionMade(self):

    def gotAllGroups(self, groups):
    def gotGroup(self, info):
    def gotHead(self, head):
    def gotArticle(self, article):

    def gotAllGroupsFailed(self, error):
    def gotArticleFailed(self, error):
    def gotGroupFailed(self, error):
    def gotHeadFailed(self,error):
```

Wir erkennen, dass `MyNNTPClient` von `NNTPClient` abgeleitet ist. Das ist die Twisted-Klasse, die das NNTP-Protokoll für den Client implementiert. Es gibt in *twisted/news/nntp.py* auch eine Klasse `NNTPServer`, um einen primitiven Newsserver zu erstellen, die wir aber in diesem Buch nicht benötigen.

Alles fängt mit der `connectionMade`-Methode an:

```
def connectionMade(self):
    NNTPClient.connectionMade(self)
    if self.factory.newsgroup is None:
        self.fetchGroups()
    else:
        self.fetchGroup(self.factory.newsgroup)
```

Nachdem wir `connectionMade` der Elternklasse aufgerufen haben, müssen wir entscheiden, was der Anwender möchte: eine Liste aller Gruppen (`fetchGroups`) oder den Inhalt einer Gruppe bzw. eines Artikels (`fetchGroup`).

Die Liste aller Gruppen wird durch `fetchGroups` vom Newsserver angefordert. Sobald wir sie erhalten haben, wird `gotAllGroups` aufgerufen. Hat es dagegen einen Fehler gegeben, ruft das Framework `gotAllGroupsFailed` auf:

```
def gotAllGroups(self, groups):
    pprint(groups)
    self.quit()
    reactor.stop()

def gotAllGroupsFailed(self, error):
    print 'gotAllGroupsFailed', error
```

Die lange Liste der Gruppen geben wir einfach aus.

Soll hingegen eine bestimmte Gruppe aufgelistet werden, wird fetchGroup aufgerufen. Sobald die Gruppe zur Verfügung steht, ruft das Framework gotGroup bzw. gotGroupFailed auf:

```
def gotGroup(self, info):
    if self.factory.articlenr is None:
        narts, nbegin, nend, gname = info
        for artnr in range(int(nbegin), int(nend)+1):
            self.fetchHead(artnr)
        print info
        # No matter how long it takes, quit after 60 seconds
        reactor.callLater(60, self.quit)
    else:
        self.fetchArticle(self.factory.articlenr)

def gotGroupFailed(self, error):
    print 'gotGroupFailed', error
```

Eine Gruppe besteht aus Artikeln, die nummeriert sind. Die kleinste und größte Nummer des zur Verfügung stehenden Artikels wird zurückgegeben.

Was wir hier tun, ist abhängig von dem, was der Benutzer will: Soll bloß eine Gruppe angezeigt werden, dann ist die in der Factory gespeicherte self.factory.articlenr gleich None. In diesem Fall holen wir uns mit fetchHead die Header sämtlicher Artikel dieser Gruppe. fetchHead wird im Erfolgsfall gotHead und im Fehlerfall gotHeadFailed aufrufen.

Ansonsten wird der angeforderte Artikel mit fetchArticle geholt. fetchArticle ruft im Erfolgsfall gotArticle und im Fehlerfall gotArticleFailed auf.

Wichtig hier ist, dass man fetchArticle erst dann aufrufen kann, nachdem man fetchGroup aufrief, weil die Artikelnummern immer nur zur jeweiligen Gruppe relevant sind (sie sind nicht im ganzen Newsserver eindeutig).

Die Ausgabe der Liste aller Artikel einer Gruppe erfolgt durch wiederholtes Aufrufen von gotHead (bzw. gotHeadFailed):

```
def gotHead(self, head):
    msg = message_from_string(head)
    artnr = msg['Xref'].split(' ')[1].split(':')[1]
    print "%10s %-60s" % (artnr, msg['Subject'])

def gotHeadFailed(self,error):
    print 'gotHeadFailed', error
```

head ist hier ein String im RFC 822 (e-mail)-Format, der nur die Header eines Artikels enthält. Diese Header könnten wir manuell parsen, doch dafür gibt es das message_ from_string aus dem email-Modul der Python Standard Library! Auf die Details gehen wir nicht ein. Nur so viel: Um aus den Headern eines Artikels die Artikelnummer im Newsserver zu erhalten, müssen wir den Xref-Header parsen. Dieser enthält zwei Werte: anewsserver the.news.group:nnnnnn. Dabei ist nnnnnn die Artikelnummer, die wir brauchen.

Einen bestimmten Artikel holen wir uns mit fetchArticle, nachdem eine Gruppe selektiert wurde. Die Callbacks von fetchArticle sind gotArticle und gotArticleFailed, die wie folgt aussehen könnten:

```
def gotArticle(self, article):
    print '-' * 70
    msg = message_from_string(article)
    print msg['Subject'][:70]
    print msg.get_payload()
    self.quit()
    reactor.stop()

def gotArticleFailed(self, error):
    print 'gotArticleFailed', error
```

Das war es auch schon!

Natürlich lässt sich dieses Programm verbessern: wie kann man z.B. den Selbstmord reactor.callLater(60, self.quit) verhindern? Überlegen Sie es sich.

Twisted Mail
In diesem Abschnitt zeigen wir ganz kurz, wie man E-Mails von einer POP3- und IMAP4-Mailbox herunterladen kann und wie man E-Mails sendet.

Mails können wir mit twisted.mail.pop3client.POP3Client aus einer POP3-Mailbox wie folgt herunterladen:

```
#!/usr/bin/env python
# twisted_pop3client.py -- Fetch mails from a POP3 mailbox
```

```python
from getpass import getpass

SERVER = raw_input("POP3 Server: ")
USER   = raw_input("POP3 User: ")
PASSWD = getpass("POP3 Password: ")
DEBUG  = True

from twisted.internet import defer, reactor, ssl
from twisted.internet.protocol import ClientCreator
from twisted.mail.pop3client import POP3Client

def cb_success(response):
    if DEBUG: print 'OK', response
    return response
def cb_error(error):
    print 'ERR', error;
    reactor.stop()

def cb_start(pop3Client):
    if DEBUG: print "cb_start()"
    dlogin = pop3Client.login(USER, PASSWD)
    dlogin.addCallbacks(cb_stat, cb_error, callbackArgs=(pop3Client,))

def cb_stat(result, pop3Client):
    if DEBUG: print "cb_stat()"
    dstat = pop3Client.stat()
    dstat.addCallbacks(cb_list, cb_error, callbackArgs=(pop3Client,))

def cb_list(result, pop3Client):
    if DEBUG: print "cb_list(). stat() returned:", result
    dlist = pop3Client.listSize()
    dlist.addCallbacks(cb_fetchall, cb_error, callbackArgs=(pop3Client,))

def cb_fetchall(result, pop3Client):
    if DEBUG: print "cb_fetchall(). listSize() returned:", result
    fetchers = []
    for idx in range(len(result)):
        dmesg = pop3Client.retrieve(idx)
        dmesg.addCallbacks(cb_gotmessage, cb_error)
        fetchers.append(dmesg)
    metadef = defer.DeferredList(fetchers)
    metadef.addCallbacks(cb_gotall, cb_error, callbackArgs=(pop3Client,))
```

```
def cb_gotmessage(result):
    if DEBUG: print "cb_gotmessage()"
    print "\n".join(result)

def cb_gotall(result, pop3Client):
    if DEBUG: print "cb_gotall(). global result:", result
    dquit = pop3Client.quit()
    dquit.addCallbacks(lambda _: reactor.stop(), cb_error)

client = ClientCreator(reactor, POP3Client)
dmain = client.connectSSL(SERVER, 995, ssl.ClientContextFactory())
dmain.addCallbacks(cb_success, cb_error)
dmain.addCallbacks(cb_start, cb_error)
reactor.run()
```

Führt man es z.B. aus, erhält man:

```
$ ~/python/bin/python twisted_pop3client.py
POP3 Server: pop.gmail.com
POP3 User: cptheghost@gmail.com
POP3 Password:

OK <twisted.mail.pop3client.POP3Client instance at 0x28ab8bec>
cb_start()
cb_stat()
cb_list(). stat() returned: (2, 4493)
cb_fetchall(). listSize() returned: [2271, 2222]
cb_gotmessage()
Delivered-To: cptheghost@gmail.com
Received: by 10.142.114.7 with SMTP id m7cs408628wfc;
        Wed, 9 Apr 2008 13:25:48 -0700 (PDT)
Received: by 10.86.95.20 with SMTP id s20mr1269348fgb.6.1207772747446;
        Wed, 09 Apr 2008 13:25:47 -0700 (PDT)
Return-Path: <pythonbook@hajji.name>

(...)

Date: Wed, 9 Apr 2008 22:25:44 +0200
From: Pythonbook Service Address <pythonbook@hajji.name>
To: cptheghost@gmail.com
Bcc: farid@hajji.name
Subject: Testing Twisted.Mail POP3Client
Message-ID: <20080409202544.GA44465@epia-2.hajji.name>
MIME-Version: 1.0
```

```
Content-Type: text/plain; charset=us-ascii
Content-Disposition: inline
User-Agent: Mutt/1.5.17 (2007-11-01)

This is a simple test of twisted.mail.pop3client.POP3Client.
Fetching mails with twisted_pop3client.py
```

Daraufhin kommt wieder `cb_gotmessage()` für weitere E-Mails aus dieser Mailbox. Am Ende erscheint dann so etwas wie:

```
cb_gotall(). global result: [(True, None), (True, None)]
```

Das Programm startet mit ein paar Konfigurationsdaten:

```python
from getpass import getpass


SERVER = raw_input("POP3 Server: ")
USER   = raw_input("POP3 User: ")
PASSWD = getpass("POP3 Password: ")
DEBUG  = True
```

Nichts besonderes. Außerdem werden ein paar Module importiert:

```python
from twisted.internet import defer, reactor, ssl
from twisted.internet.protocol import ClientCreator
from twisted.mail.pop3client import POP3Client
```

Das Hauptprogramm ist deswegen interessant, weil es diesmal eine SSL-verschlüsselte Verbindung zum POP3-Server aufbaut, statt eine normale TCP-Verbindung nach Port 110. Damit das funktioniert, muss `pyOpenSSL` installiert worden sein:

```python
client = ClientCreator(reactor, POP3Client)
dmain = client.connectSSL(SERVER, 995, ssl.ClientContextFactory())
dmain.addCallbacks(cb_success, cb_error)
dmain.addCallbacks(cb_start, cb_error)
reactor.run()
```

Die beiden Standardcallbacks und -errbacks `cb_success` und `cb_error` sind langweilig.

Der Dialog mit dem POP3-Server fängt im Callback `cb_start` an:

```python
def cb_start(pop3Client):
    if DEBUG: print "cb_start()"
    dlogin = pop3Client.login(USER, PASSWD)
    dlogin.addCallbacks(cb_stat, cb_error, callbackArgs=(pop3Client,))
```

Wir rufen lediglich die `login`-Methode der `POP3Client` Instanz `pop3Client` auf. Das `Deferred`, das man erhält, benutzen wir, um daran die nächste Funktion zu hängen.

Mit anderen Worten: Erst wenn der Server uns eine Bestätigung des Login-Vorgangs zurückgegeben hat, wird die Callback-Kette von `dlogin` feuern, und dann wird die Funktion `cb_stat` aufgerufen. Diese Technik der Verkettung von Callbacks wird durchgehend verwendet.

In `cb_stat` rufen wir die Methode `stat` von `POP3Client` auf, die uns die Anzahl der neuen Nachrichten, und die Gesamtgröße dieser Nachrichten in Bytes in Form eines Callbacks zurückgibt. Das Ergebnis wird erst in der nachfolgenden Funktion `cb_list` ausgegeben:

```
def cb_stat(result, pop3Client):
    if DEBUG: print "cb_stat()"
    dstat = pop3Client.stat()
    dstat.addCallbacks(cb_list, cb_error, callbackArgs=(pop3Client,))
```

Nun zu `cb_list`! Diese Funktion ruft die `listSize`-Methode von `POP3Client` auf, um eine Liste von Nachrichtengrößen zu erhalten. Anders gesagt: Jede neue Nachricht in der Mailbox hat eine Größe. Damit erfahren wir die Anzahl der in der Mailbox enthaltenen Nachrichten, aber erst in der nachfolgenden Funktion:

```
def cb_list(result, pop3Client):
    if DEBUG: print "cb_list(). stat() returned:", result
    dlist = pop3Client.listSize()
    dlist.addCallbacks(cb_fetchall, cb_error, callbackArgs=(pop3Client,))
```

Dann kommen wir eben zu `cb_fetchall`:

```
def cb_fetchall(result, pop3Client):
    if DEBUG: print "cb_fetchall(). listSize() returned:", result
    fetchers = []
    for idx in range(len(result)):
        dmesg = pop3Client.retrieve(idx)
        dmesg.addCallbacks(cb_gotmessage, cb_error)
        fetchers.append(dmesg)
    metadef = defer.DeferredList(fetchers)
    metadef.addCallbacks(cb_gotall, cb_error, callbackArgs=(pop3Client,))
```

`cb_fetchall` enthält in `result` eine Liste von Größen für die neuen Nachrichten (das Ergebnis von `listSize` aus der vorigen Funktion). Wir werden hier jede Nachricht simultan und asynchron anfordern, indem wir die `retrieve`-Methode von `POP3Client` mit dem Index der Nachricht aufrufen: Die erste Nachricht ist an Position 0, die zweite an Position 1 etc.

Da jedoch `retrieve` immer ein `Deferred` liefert, müssen wir zweierlei tun.

Zunächst einmal ist jeder dieser `Deferred` an ein Callback/Errback-Paar gekoppelt. Die Callback Chain eines `Deferred` wird dann gefeuert, wenn die gesamte angeforderte

Nachricht angekommen ist. Also koppeln wir eine Funktion `cb_gotmessage` an jedes dieser `Deferred`, damit sie die empfangenen Nachrichten ausgeben.

Außerdem müssen wir warten, bis alle diese `Deferred` fertig sind, bevor wir uns aus dem Server ausloggen und den `reactor` stoppen. Darum gruppieren wir all diese `Deferred` in eine `DeferredList` und hängen an diese `DeferredList` einen Callback, der dann feuern wird, wenn sämtliche `Deferred` fertig sind, d.h. wenn sämtliche E-Mails erhalten wurden.

Der Callback `cb_gotall` wird von der `DeferredList` (wir haben sie `metadef` in `cb_fetchall` genannt) gefeuert, wenn alles da ist. Dort loggen wir uns aus dem Server mit `quit` aus und beenden den `reactor` dann, wenn wir eine Bestätigung erhalten haben:

```
def cb_gotall(result, pop3Client):
    if DEBUG: print "cb_gotall(). global result:", result
    dquit = pop3Client.quit()
    dquit.addCallbacks(lambda _: reactor.stop(), cb_error)
```

Nun müssen wir nur noch den Callback `cb_gotmessage`, der für jede einzelne erhaltene Nachricht aufgerufen wird, zeigen:

```
def cb_gotmessage(result):
    if DEBUG: print "cb_gotmessage()"
    print "\n".join(result)
```

Das ist eine sehr dumme Funktion, die einfach nur die Liste der erhaltenen Zeilen zu einem String zusammenfasst und ausgibt.

Weitere Informationen finden Sie in *twisted/mail/pop3client.py*.

Kommen wir nun zu IMAP4-Mailboxen. In `twisted.mail.imap4` befinden sich Klassen zum Implementieren von IMAP4-Servern und -Clients. Auf Server gehen wir nicht ein, denn in der Praxis wird man wohl einen der existierenden, in C geschriebenen high-performance Server wie Cyrus- oder Courier-IMAP oder auch Dovecot zur Verfügung haben und diesen lediglich von einem Client aus benutzen wollen.

Die Protokollklasse für IMAP4-Clients heißt, nicht überraschend, `twisted.mail.imap4.IMAP4Client`. Werfen Sie einfach einen Blick in *twisted/mail/imap4.py*, um sich über die API zu informieren.

Ein gutes Beispiel, das `IMAP4Client` benutzt, befindet sich im Twisted Tarball unter *doc/mail/examples/imap4client.py*. Wir verzichten darauf, es hier abzudrucken (sowohl direkt als auch in abgewandelter *twisted_pop3client.py*-ähnlicher Form).

Und nun zum Senden von E-Mails!

Man kann mit `twisted.mail.smtp.ESMTPClient` Mails senden, indem man SMTP mit einem Mailserver spricht. Das folgende Programm aus den Twisted SMTP Client Tutorial zeigt, wie es geht:

```python
#!/usr/bin/env python
# twisted_smtpclient.py -- A simple SMTP Client application.
# From: Twisted-8.0.1/doc/mail/tutorial/smtpclient/smtpclient-11.tac
# Run as: twistd -ny twisted_smtpclient.py

import StringIO

from twisted.application import service

application = service.Application("SMTP Client Tutorial")

from twisted.application import internet
from twisted.internet import protocol
from twisted.internet import defer
from twisted.mail import smtp, relaymanager

class SMTPTutorialClient(smtp.ESMTPClient):
    mailFrom = "tutorial_sender@example.com"
    mailTo = "tutorial_recipient@example.net"
    mailData = '''\
Date: Fri, 6 Feb 2004 10:14:39 -0800
From: Tutorial Guy <tutorial_sender@example.com>
To: Tutorial Gal <tutorial_recipient@example.net>
Subject: Tutorate!

Hello, how are you, goodbye.
'''

    def getMailFrom(self):
        result = self.mailFrom
        self.mailFrom = None
        return result

    def getMailTo(self):
        return [self.mailTo]

    def getMailData(self):
        return StringIO.StringIO(self.mailData)

    def sentMail(self, code, resp, numOk, addresses, log):
        print 'Sent', numOk, 'messages'

        from twisted.internet import reactor
        reactor.stop()
```

```
class SMTPClientFactory(protocol.ClientFactory):
    protocol = SMTPTutorialClient

    def buildProtocol(self, addr):
        return self.protocol(secret=None, identity='example.com')

def getMailExchange(host):
    def cbMX(mxRecord):
        return str(mxRecord.exchange)
    return relaymanager.MXCalculator().getMX(host).addCallback(cbMX)

def cbMailExchange(exchange):
    smtpClientFactory = SMTPClientFactory()

    smtpClientService = internet.TCPClient(exchange, 25, smtpClientFactory)
    smtpClientService.setServiceParent(application)

getMailExchange('example.net').addCallback(cbMailExchange)
```

Das Tutorial *doc/mail/tutorial/smtpclient/smtpclient.html* enthält weitere Details, wie man Mails senden kann. Ein weiteres Beispiel ist *doc/mail/examples/smtpclient_tls.py*, das zeigt, wie man Mails senden kann, wenn der Server Verschlüsselung und Authentifizierung verlangt.

Außerdem finden Sie in *doc/mail/tutorial/smtpserver* ein Tutorial zum Aufbau eines (minimalen) Mailservers. Wir verzichten auch hier auf nähere Details. Schauen Sie dort rein, es lohnt sich.

Twisted IRC

Unter `twisted.words.protocols` befinden sich Protokolle zum Kommunizieren mit diversen Chat- und Instant Messaging-Systemen. In der Dokumentation von `twisted.words` finden Sie unter *doc/words/examples* ein paar einfache Beispiele.

In diesem Abschnitt nehmen wir das Beispiel *ircLogBot.py* unter die Lupe. Es handelt sich um einen IRC-Client, der sich als Bot in einen IRC-Channel einloggt und sämtliche Aktivitäten in eine Datei speichert. Mit anderen Worten: Mit diesem Programm kann man ein Protokoll eines IRC-Chats bequem erstellen, indem man einfach diesen Bot dort einloggt.

Damit das Programm etwas spannender ist, wird es zusätzlich die empfangenen Nachrichten scannen, und sollte die Nachricht empfangen werden, die mit dessen Nicknamen, gefolgt von einem Doppelpunkt, anfängt, dann wird extra darauf geantwortet.

Das Programm fängt ganz harmlos mit einem Docstring an, damit die Verwendung klar wird:

```
#!/usr/bin/env python
# ircLogBot.py -- Logs an IRC channel's events to a file.
# From: Twisted-8.0.1/doc/words/examples/ircLogBot.py
#
# Copyright (c) 2001-2004 Twisted Matrix Laboratories.
# See LICENSE for details.

"""An example IRC log bot - logs a channel's events to a file.

If someone says the bot's name in the channel followed by a ':',
e.g.

  <foo> logbot: hello!

the bot will reply:

  <logbot> foo: I am a log bot

Run this script with two arguments, the channel name the bot should
connect to, and file to log to, e.g.:

  $ python ircLogBot.py test test.log

will log channel #test to the file 'test.log'.
"""
```

Damit dürfte die Verwendung hoffentlich verständlich sein.

Als Nächstes werden die diversen Module importiert:

```
# twisted imports
from twisted.words.protocols import irc
from twisted.internet import reactor, protocol
from twisted.python import log

# system imports
import time, sys
```

Am Wichtigsten hierbei ist `twisted.words.protocols.irc`, auf das wir gleich zurückkommen.

675

Das Schreiben der Meldungen in eine Log-Datei wird mit Hilfe eines MessageLogger-Objekts bewerkstelligt. Man könnte zwar direkt eine Logging-Funktion benutzen (z.B. von twisted.python.log), aber hier ist es eben objektorientiert. Die Klasse MessageLogger bietet keine Überraschungen:

```python
class MessageLogger:
    """
    An independent logger class (because separation of application
    and protocol logic is a good thing).
    """
    def __init__(self, file):
        self.file = file

    def log(self, message):
        """Write a message to the file."""
        timestamp = time.strftime("[%H:%M:%S]", time.localtime(time.time()))
        self.file.write('%s %s\n' % (timestamp, message))
        self.file.flush()

    def close(self):
        self.file.close()
```

Das Hauptprogramm am Ende der *ircLogBot.py*-Datei ist ebenfalls ganz klassisch für einen TCP-Client:

```python
if __name__ == '__main__':
    # initialize logging
    log.startLogging(sys.stdout)

    # create factory protocol and application
    f = LogBotFactory(sys.argv[1], sys.argv[2])

    # connect factory to this host and port
    reactor.connectTCP("irc.freenode.net", 6667, f)

    # run bot
    reactor.run()
```

Wir erkennen die Ingredienzien: reactor, eine Client-Factory vom Typ LogBotFactory, der Aufruf von connectTCP, um eine Verbindung zum IRC Server aufzubauen, und schließlich die Event-Schleife.

Auch die Factory tut nichts Besonderes: Sie speichert lediglich den Channel-Namen und den Namen der Datei, die das Protokoll der IRC-Sitzung aufnehmen soll, in ihre

676

Attribute `channel` und `filename`. Das einzig Neue hier ist, dass die Factory beim Ausfall der Verbindung diese neu herstellt:

```
class LogBotFactory(protocol.ClientFactory):
    """A factory for LogBots.

    A new protocol instance will be created each time we connect to the server.
    """

    # the class of the protocol to build when new connection is made
    protocol = LogBot

    def __init__(self, channel, filename):
        self.channel = channel
        self.filename = filename

    def clientConnectionLost(self, connector, reason):
        """If we get disconnected, reconnect to server."""
        connector.connect()

    def clientConnectionFailed(self, connector, reason):
        print "connection failed:", reason
        reactor.stop()
```

Richtig interessant wird es ja erst im Protokollobjekt, was das IRC-Protokoll sprechen soll. Hier haben wir die Klasse `LogBot` dafür auserkoren, die folgendes Skelett hat (den Inhalt der Callbacks zeigen wir im Anschluss):

```
class LogBot(irc.IRCClient):
    nickname = "twistedbot"

    def connectionMade(self):
    def connectionLost(self, reason):

    def signedOn(self):
    def joined(self, channel):
    def privmsg(self, user, channel, msg):
    def action(self, user, channel, msg):

    def irc_NICK(self, prefix, params):
```

Zunächst einmal erkennen wir, dass `LogBot` von `IRCClient` abgeleitet wird. Das ist es, was ihr die Fähigkeit verleiht, das IRC-Protokoll zu sprechen. Wie üblich werden ein paar Callbacks überschrieben.

Fangen wir mit `connectionMade` und `connectionLost` an:

```
def connectionMade(self):
    irc.IRCClient.connectionMade(self)
    self.logger = MessageLogger(open(self.factory.filename, "a"))
    self.logger.log("[connected at %s]" %
                    time.asctime(time.localtime(time.time())))

def connectionLost(self, reason):
    irc.IRCClient.connectionLost(self, reason)
    self.logger.log("[disconnected at %s]" %
                    time.asctime(time.localtime(time.time())))
    self.logger.close()
```

Das einzig Interessante hier ist, dass diese Callbacks die Callbacks der Elternklasse `IRCClient` aufrufen. Streng genommen brauchen wir diese Callbacks nur, um ein `MessageLogger`-Objekt zu initialisieren und am Ende wieder zu schließen. Mit anderen Worten: Für jede Verbindung wird die zu schreibende Datei richtig initialisiert.

Doch kommen wir nun zu den Callbacks des IRC-Protokolls selbst! Welche das sind, finden Sie in *twisted/words/protocols/irc.py* in der `IRCClient`-Klasse.

Die erste Methode, die wir betrachten, ist `signedOn`. Diese wird von `IRCClient` aufgerufen, sobald wir die Verbindung mit dem IRC-Server aufgebaut haben. Unsere Aufgabe ist es dann, den gewünschten Channel zu joinen:

```
def signedOn(self):
    """Called when bot has succesfully signed on to server."""
    self.join(self.factory.channel)
```

Der zweite Callback ist `joined`, der aufgerufen wird, sobald wir einen Channel gejoint haben. Wir loggen es nur in die Datei.

```
def joined(self, channel):
    """This will get called when the bot joins the channel."""
    self.logger.log("[I have joined %s]" % channel)
```

Kommen wir nun zu `privmsg`. Dieser Callback wird dann aufgerufen, wenn eine Nachricht empfangen wurde. Da `IRCClient` selbst ein `LineReceiver` ist (wie ein Blick im Quellcode *irc.py* offenbart), wird die Nachricht auf jeden Fall nicht mittendrin abgeschnitten. Schauen wir uns den Quellcode von `privmsg` an:

```
def privmsg(self, user, channel, msg):
    """This will get called when the bot receives a message."""
    user = user.split('!', 1)[0]
    self.logger.log("<%s> %s" % (user, msg))
```

```
# Check to see if they're sending me a private message
if channel == self.nickname:
    msg = "It isn't nice to whisper!  Play nice with the group."
    self.msg(user, msg)
    return

# Otherwise check to see if it is a message directed at me
if msg.startswith(self.nickname + ":"):
    msg = "%s: I am a log bot" % user
    self.msg(channel, msg)
    self.logger.log("<%s> %s" % (self.nickname, msg))
```

Die Hauptaufgabe von `privmsg` ist es, die Zeile in `self.logger` zu speichern. Das geschieht direkt am Anfang der Funktion. Damit erhalten wir ein Protokoll der IRC-Sitzung dieses Channels.

Bei IRC kann man Nachrichten an die ganze Gruppe (den ganzen Channel) senden oder eine private Nachricht an einen einzigen Benutzer »flüstern«. `privmsg` erkennt den Unterschied und antwortet an Flüsterer mit einer privaten Nachricht. Ansonsten wird, wie angekündigt, die öffentliche Nachricht daraufhin untersucht, ob sie mit unserem Nicknamen, gefolgt von einem Doppelpunkt, anfängt. Ist es der Fall, wird an alle eine Antwort geschickt, dass man eben ein Logging Robot ist.

Und nun zu `action`. Eine Klasse von Nachrichten, die man von einem IRC-Server erhält, ist die der Actions. Da steht z.B., dass ein User sich gerade eingeloggt hat, ein anderer User sich soeben abgemeldet hat usw. All diese Mitteilungen werden in `action` abgefangen und ebenfalls geloggt:

```
def action(self, user, channel, msg):
    """This will get called when the bot sees someone do an action."""
    user = user.split('!', 1)[0]
    self.logger.log("* %s %s" % (user, msg))
```

Falls ein Benutzer den Nicknamen mitten in einer Sitzung ändert, wird uns dies in `irc_NICK` signalisiert. Auch hier loggen wir dieses Ereignis:

```
def irc_NICK(self, prefix, params):
    """Called when an IRC user changes their nickname."""
    old_nick = prefix.split('!')[0]
    new_nick = params[0]
    self.logger.log("%s is now known as %s" % (old_nick, new_nick))
```

Das wäre schon das komplette Programm. Sie können es mit dem im Hauptprogramm angegebenen IRC-Server `irc.freenode.net` auf Channel #test mit einen eigenen Nicknamen ausprobieren:

```
$ ~/python/bin/python ircLogBot.py '#test' irclog.txt
```

Einen eigenen IRC-Server können Sie selbstverständlich auch auf Ihrem Rechner installieren und ausführen. Einen guten IRC-Server finden Sie z.B. unter http://www.ircd-ratbox.org/ (bei FreeBSD installieren Sie einfach den Port */usr/ports/irc/ircd-ratbox*).

Twisted SSH

Mit twisted.conch können Sie eine Verbindung zu einem SSH-Server aufbauen. Am einfachsten ist das Skript *conch*, das bei der Installation von Twisted im Binary-Verzeichnis kopiert wurde:

```
$ ~/python/bin/conch someserver
```

Dieses Programm entspricht *twisted/conch/scripts/conch.py*. Auf die Details werden wir an dieser Stelle nicht eingehen.

14.1.9   Twisted und Datenbanken

In Kapitel 13, *Persistenz und Datenbanken*, haben wir gesehen, wie mit Hilfe eines DB-API 2.0 Connection-Objekts ein SQL-Server angesprochen werden kann. Möchte man Datenbanken in Twisted ansprechen, hat man normalerweise ein Problem: Die Operationen, die den Datenbankserver ansprechen, sind blockierend; d.h. man muss evtl. mehrere Sekunden oder gar Minuten auf das Ergebnis diverser SQL-Befehle warten. Dies ist inakzeptabel bei einem asynchronen Framework wie Twisted, da wir ja so schnell wie möglich zur Event-Schleife zurückkehren müssen.

Wir haben weiter oben gesehen, wie man mit Hilfe der Funktion twisted.internet. threads.deferToThread manche blockierenden oder lang laufenden Operationen in eigene Threads verbannen kann, und ganz gewohnt einen Deferred erhält, der dann seine Callback-Kette feuern wird, wenn der Thread zu Ende ist. Diesen Mechanismus könnten wir jetzt manuell auf diverse DB-API 2.0-Objekte anwenden, z.B. auf Connection, Cursor usw. Doch diese Mühe können wir uns zum Glück sparen, denn es gibt twisted.enterprise.adbapi (adbapi steht für *asynchroneous* DB-API 2.0, d.h. es werden Deferred als Ergebnisse zurückgegeben).

Weitere Informationen dazu finden Sie in der Dokumentation des Twisted Tarballs unter *doc/core/howto/enterprise.html* und selbstverständlich in *twisted/enterprise/adbapi.py*.

14.1.10   Wie findet man sich in Twisted zurecht?

Nachdem wir ausführlich diverse Komponenten von Twisted vorgestellt haben, bleiben vielleicht noch ein paar Fragen offen:

- Welche Klassen gibt es überhaupt?
- Woher weiß ich, welche Callbacks eine Klasse hat?

- Woher weiß ich, welche Argumente ein Callback erhalten wird?
- Welche Reaktoren gibt es?
- Welche Protokollklassen gibt es?

Diese Fragen beantwortet man am besten, indem man sich im Quellcode von Twisted etwas umschaut. Den Quellcode erhalten wir entweder aus dem Twisted Tarball, oder gleich aus dem installierten Twisted-Modul.

Im folgenden Abschnitt sind sämtliche Pfade (außer reine Dateinamen) relativ zum *site-packages*-Verzeichnis der aktuellen Python-Installation. Es kann sein, dass vor *twisted/...* noch der Pfad des Twisted-Eggs vorkommt und vor *zope/...* der Pfad des *zope.interface*-Eggs erscheint, aber wir verzichten darauf, die Egg-Pfade mit einzubeziehen. Denken Sie sich diese einfach weg.

Bevor Sie anfangen, den Twisted-Quellcode zu studieren, sollten Sie sich mit zope .interface.Interface vertraut machen, indem Sie folgende Datei durchlesen: *zope/ interface/README.txt*. Diese Datei enthält eine Einführung in Schnittstellen und wie diese zu verstehen und zu benutzen sind. Wenn Sie nicht mit Interface vertraut sind, sollten Sie jetzt mit dem Lesen dieses Kapitels kurz innehalten und diese Datei studieren. Wir gehen im Folgenden davon aus, dass Ihnen dieses Konzept vertraut ist.

Twisted benutzt zope.interface, um die Schnittstellen seiner Klassen zu spezifizieren. Der Grund dafür ist, dass Twisted ein großes Framework ist mit vielen zusammenhängenden Klassen. In *twisted/internet/interfaces.py* befinden sich ein ganze Menge solcher Schnittstellen:

```
$ grep -i '^class I' twisted/internet/interfaces.py
```

Die vollständige Ausgabe drucken wir hier nicht ab. Interessant, weil wir sie schon ausführlich verwendet haben, sind z.B. folgende Schnittstellen: IProtocol, IProtocol-Factory, ITransport, IReactorCore und IReactorTCP. Abgekürzt ohne ihre ganz wichtigen Docstrings (die Sie sich in *interfaces.py* unbedingt anschauen sollten!) sehen diese Schnittstellen wie folgt aus:

```
class IProtocol(Interface):
    def dataReceived(data):
    def connectionLost(reason):
    def makeConnection(transport):
    def connectionMade():


class IProtocolFactory(Interface):
    def buildProtocol(addr):
    def doStart():
    def doStop():
```

```
class ITransport(Interface):
    def write(data):
    def writeSequence(data):
    def loseConnection():
    def getPeer():
    def getHost():

class IReactorCore(Interface):
    def resolve(name, timeout=10):
    def run():
    def stop():
    def crash():
    def iterate(delay=0):
    def fireSystemEvent(eventType):
    def addSystemEventTrigger(phase, eventType, callable, *args, **kw):
    def removeSystemEventTrigger(triggerID):
    def callWhenRunning(callable, *args, **kw):

class IReactorTCP(Interface):
    def listenTCP(port, factory, backlog=50, interface=''):
    def connectTCP(host, port, factory, timeout=30, bindAddress=None):
```

Zu jeder Schnittstelle gibt es natürlich Klassen, die diese Schnittstelle implementieren. So implementiert z.B. die Klasse Protocol die Schnittstelle IProtocol, wie man in der Klassendefinition von Protocol erkennen kann. Die Klasse Factory implementiert dafür die Schnittstelle IProtocolFactory. Dies erkennt man in der Datei *twisted/internet/protocol.py*. Abgekürzt sieht Factory so aus:

```
class Factory:
    implements(interfaces.IProtocolFactory)

    def doStart(self):
    def doStop(self):
    def startFactory(self):
    def stopFactory(self):
    def buildProtocol(self, addr):
```

Die Körper dieser Methoden sind nicht alle leer, wie Sie sicher erraten haben. Man erkennt, dass zusätzlich zu den Methoden aus IProtocolFactory hier zwei weitere Methoden hinzugekommen sind: startFactory und stopFactory. Das ist völlig in Ordnung und stellt auch keine Verletzung der Schnittstellenspezifikation dar.

Natürlich kommt auch Vererbung zum Zuge. So erbt etwa die Klasse ClientFactory alle Methoden aus der Klasse Factory. Dessen sollte man sich stets bewusst sein beim Lesen dieser Quellen (Ausgabe wieder abgekürzt):

```
class ClientFactory(Factory):
    def startedConnecting(self, connector):
    def clientConnectionFailed(self, connector, reason):
    def clientConnectionLost(self, connector, reason):
```

Nachdem Sie diese Mechanismen verstanden haben, können Sie sich auf Wanderschaft in die wunderbare Welt von Twisted begeben. Vergessen Sie auch nicht, den Twisted Tarball auszupacken und ins doc-Verzeichnis zu wechseln. Dort finden Sie zusätzliche Informationen und gute Anwendungsbeispiele. Viel Spaß!

14.2 Module der Python Standard Library

Wir haben jetzt viel Zeit mit Twisted verbracht, und das Programmieren von asynchronen Anwendungen dürfte Ihnen inzwischen zur zweiten Natur geworden sein! Doch das asynchrone, Event-gesteuerte Modell ist nicht das einzig mögliche. Man kann auch ganz klassisch eine Anforderung an einen Server senden, auf dessen Antwort warten und dann mit der Arbeit fortfahren. Einfache Programme benötigen kein komplexes Framework wie Twisted, um so einfache Aufgaben zu erledigen wie:

- eine Datei von einem FTP-Server herunterzuladen
- eine E-Mail zu senden oder von einem POP3- oder IMAP4-Server zu laden
- ein Kommando via Telnet zu senden

Für solche Aufgaben könnte man genauso gut Module aus der Python Standard Library benutzen. Einige dieser Module (mit Ausnahme der Module zur Webprogrammierung, die in einem eigenen Kapitel behandelt werden) sind ftplib, gopherlib, poplib, imaplib, smtplib, nntplib und telnetlib.

Bevor wir uns diesen Modulen zuwenden, um diverse Clients zu entwickeln, wollen wir das SocketServer-Modul vorstellen, mit dessen Hilfe einfache Server programmiert werden können, ohne dass man dafür die low-level Socket-API benutzen muss.

14.2.1 Server mit SocketServer schreiben

Wie wir weiter unten noch erkennen werden, besteht das Problem beim Programmieren von Servern darin, dass man oft viele Details der low-level Berkeley Socket-API berücksichtigen muss. Der Code für solche Server kann schnell unübersichtlich werden; und, was noch schwer wiegender ist, dieser Code ist oft stark eingeschränkt. Wenn man z.B. einen single threaded TCP-Server entwickelt hat, kann man den Code nur mühsam so refaktorieren, dass er zu einem UDP-Server oder einem multi threaded TCP-Server wird.

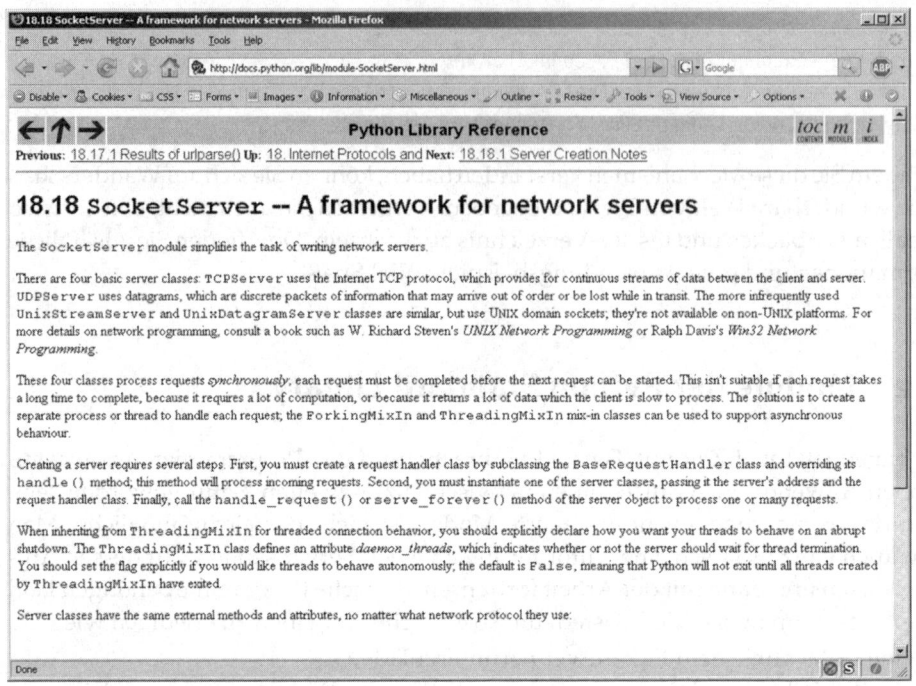

Doch der größte Nachteil der low-level Programmierung mit Hilfe von Sockets besteht darin, dass es eine Verzahnung zwischen Kommunikations- und Anwendungslogik gibt.

Die Klassen aus dem SocketServer-Modul dienen dem Zweck, einerseits die Komplexität der low-level Socket-API zu verbergen und andererseits die Anwendungslogik von der Kommunikationslogik zu entkoppeln.

Beim Entwickeln eines SocketServer-basierten Servers kann man wie folgt vorgehen:

- Man leitet eine Handler-Klasse von BaseRequestHandler ab und überschreibt deren handle-Methode.
- Man wählt eine der Serverklassen TCPServer, UDPServer und instanziiert sie mit einer Server-Adresse und einer Handler-Klasse.
- Man startet die Event-Schleife des Servers.

Ein einfaches Beispiel soll es verdeutlichen:

```python
#!/usr/bin/env python
# sockserv_hellotcpserver.py -- A simple TCP hello server with SocketServer

from SocketServer import TCPServer, BaseRequestHandler

class HelloHandler(BaseRequestHandler):
```

```
def handle(self):
    print "Serving client:", self.client_address
    self.request.sendall('Hello Client! I am a HelloHandler\r\n')

TCPServer.allow_reuse_address = True
srv = TCPServer(('', 7070), HelloHandler)
srv.serve_forever()
```

Führt man diesen Server aus und kontaktiert ihn Client-seitig, erhält man:

```
$ nc localhost 7070
Hello Client! I am a HelloHandler

$ nc localhost 7070
Hello Client! I am a HelloHandler
```

Server-seitig erscheint auf der Konsole bzw. im Fenster, wo wir den Server gestartet haben:

```
$ ~/python/bin/python sockserv_hellotcpserver.py
Serving client: ('127.0.0.1', 50630)
Serving client: ('127.0.0.1', 60533)
```

Den Server kann man mit *Ctrl-C* beenden.

Falls Sie den Abschnitt zu Twisted gelesen haben, wird Ihnen diese Struktur bekannt vorkommen. Die TCPServer-Instanz srv entspricht in etwa dem reactor und einer Factory in einem, während HelloHandler ein Protocol-Objekt repräsentiert. Die Event-Schleife heißt hier serve_forever.

Der Request Handler (die Protocol-Klasse in Twisted-Terminologie) HelloHandler wird, wie gefordert, von BaseRequestHandler abgeleitet und implementiert eine handle-Methode. Jedes Mal, wenn die TCPServer-Instanz srv eine Verbindung eines neues Clients entgegennimmt, instanziiert sie ein HelloHandler-Objekt, das die Verbindung zum Client managen soll, d.h. mit dem Client in dessen Protokoll sprechen wird. Für jede neue Verbindung wird ein neues HelloHandler-Objekt erzeugt! Sobald dieses Objekt instanziiert ist, ruft srv dessen handle-Methode auf. Wenn handle zu Ende ist, kehrt srv in dessen Event-Schleife zurück und wartet auf weitere Verbindungen.

Wichtig ist aber, dass dieser Server weder asynchron, noch multi threaded ist. Er blockiert so lange, bis handle mit dem Client fertig ist. Eine Möglichkeit, diesen zu einem multi threaded Server zu verwandeln, zeigen wir weiter unten.

Doch zurück zum Request Handler handle. TCPServer sorgt vor dem Aufruf von handle dafür, dass in dem HelloHandler-Objekt ein Socket, der mit dem Client verbunden ist, als request-Attribut zur Verfügung gestellt wird. Außerdem speichert srv im Attribut client_address die Adresse des Clients, mit dem dieser Request Handler verbunden ist.

685

Was der Request Handler in `handle` tut, bleibt ihm überlassen. In unserem Beispiel haben wir mit `print` auf die Konsole die Adresse des Clients ausgegeben und dem Client selbst via dem Socket `request` eine Nachricht gesendet. Wir benutzten die `sendall`-Methode dieses Sockets, die erst dann zurückkehrt, wenn alle Daten auch tatsächlich zum Client gesendet wurden (weitere Details dazu weiter unten bei der low-level Socket-Programmierung). Sobald alle Daten gesendet sind, kehrt `sendall` zurück. Mehr tun wir nicht.

Wenn `handle` abgeschlossen ist, schließt `srv` die Verbindung zum Client und kehrt in die Event-Schleife `serve_forever` zurück.

Versuchen wir jetzt dasselbe als UDP-Server:

```python
#!/usr/bin/env python
# sockserv_helloudpserver.py -- A simple UDP hello server with SocketServer

from SocketServer import UDPServer, BaseRequestHandler

class HelloHandler(BaseRequestHandler):
    def handle(self):
        print "Serving client:", self.client_address
        self.packet, self.socket = self.request
        self.socket.sendto('Hello Client! I am a HelloHandler\r\n',
                           self.client_address)

UDPServer.allow_reuse_address = True
srv = UDPServer(('', 7070), HelloHandler)
srv.serve_forever()
```

Mit *nc* (*netcat*) kann man es gut testen. Dafür müssen wir das `-u`-Flag (für UDP) benutzen, und dummerweise müssen wir auch ein UDP-Paket senden, bevor wir eine Antwort erhalten:

```
$ nc -u localhost 7070
dummy
Hello Client! I am a HelloHandler
```

Server-seitig:

```
$ ~/python/bin/python sockserv_helloudpserver.py
Serving client: ('127.0.0.1', 58309)
```

Wir erkennen wieder die übliche Struktur: ein `UDPServer`, der mit einem Request Handler `HelloHandler` und einer Server-Adresse instanziiert wird; und eine Event-Schleife.

Der `HelloHandler` definiert eine `handle`-Methode, um auf UDP-Pakete zu antworten. Wieder einmal erhalten wir in `client_address` von `srv` die Adresse des Clients, der

686

uns ein UDP-Paket gesendet hat. Doch hier hört die Ähnlichkeit auf! Anders als beim TCPServer-Beispiel enthält das request-Attribut jetzt ein Tupel, bestehend aus dem empfangenen TCP-Paket und einem UDP-Socket. Wir benutzen diesen Socket, um dem Client ein UDP-Paket mit einer Begrüßung zurückzusenden.

Der Code von handle unterscheidet sich signifikant von dem des TCP-Servers. Darum ist es vielleicht es besser, die Klassen StreamRequestHandler im TCP Fall, und DatagramRequestHandler im UDP Fall zu benutzen.

Der Code sähe dann im TCP-Fall so aus:

```python
#!/usr/bin/env python
# sockserv_hellotcpserver2.py -- A simple TCP hello server with SocketServer

from SocketServer import TCPServer, StreamRequestHandler

class HelloHandler(StreamRequestHandler):
    def handle(self):
        print "Serving client:", self.client_address
        self.wfile.write('Hello Client! I am a HelloHandler\r\n')

TCPServer.allow_reuse_address = True
srv = TCPServer(('', 7070), HelloHandler)
srv.serve_forever()
```

Und im UDP-Fall so:

```python
#!/usr/bin/env python
# sockserv_helloudpserver2.py -- A simple UDP hello server with SocketServer

from SocketServer import UDPServer, DatagramRequestHandler

class HelloHandler(DatagramRequestHandler):
    def handle(self):
        print "Serving client:", self.client_address
        self.wfile.write('Hello Client! I am a HelloHandler\r\n')

UDPServer.allow_reuse_address = True
srv = UDPServer(('', 7070), HelloHandler)
srv.serve_forever()
```

Das sieht schon viel besser aus!

Kommen wir nun zur nächst höheren Stufe: einem Echo-Server.

```
#!/usr/bin/env python
# sockserv_echotcpserver.py -- A simple TCP echo server with SocketServer

from SocketServer import TCPServer, StreamRequestHandler

class EchoHandler(StreamRequestHandler):
    def handle(self):
        print "Serving client:", self.client_address
        for line in (self.rfile):
            self.wfile.write("S:" + line)

TCPServer.allow_reuse_address = True
srv = TCPServer(('', 7070), EchoHandler)
srv.serve_forever()
```

Client-seitig ergibt die Ausführung

```
$ nc localhost 7070
first line
S:first line
second line
S:second line
^C
```

während der Server Folgendes auf die Konsole ausgibt:

```
$ ~/python/bin/python sockserv_echotcpserver.py
Serving client: ('127.0.0.1', 52825)
```

Ein StreamRequestHandler stellt alle Eingaben in einem file-ähnlichen Objekt rfile zur Verfügung. Umgekehrt kann man Daten an den Client senden, indem man sie ins fileähnliche Objekt wfile schreibt.

In der handle-Methode lesen wir so lange Zeilen vom Client ein und senden sie gleich zurück, bis der Client die Verbindung schließt. In dem Fall beendet sich die Schleife in handle, und der TCPServer kehrt zurück in die Event-Schleife, wo er auf weitere Verbindungen warten wird.

Der UDP-Echo-Server ist fast identisch: Wir benutzen lediglich UDPServer und einen DatagramRequestHandler:

```
#!/usr/bin/env python
# sockserv_echoudpserver.py -- A simple UDP echo server with SocketServer

from SocketServer import UDPServer, DatagramRequestHandler
```

```
class EchoHandler(DatagramRequestHandler):
    def handle(self):
        print "Serving client:", self.client_address
        for line in (self.rfile):
            self.wfile.write("S:" + line)


UDPServer.allow_reuse_address = True
srv = UDPServer(('', 7070), EchoHandler)
srv.serve_forever()
```

Die Ausführung ist identisch. Denken Sie an das -u-Flag bei *nc*!

Ein Nachteil des TCP-Echo-Servers liegt darin, dass er nur einen Client auf einmal bedienen kann, weil er single threaded ist. Versuchen Sie es selbst: Starten Sie den Server und stellen Sie eine Verbindung her mit *nc*. Ohne diese Verbindung wieder zu schließen, versuchen Sie eine weitere Verbindung mit *nc* aus einem anderen Fenster heraus zu diesem Server aufzubauen. Eine Antwort wird lange auf sich warten lassen! Im besten Fall wird der zweite (dritte, vierte, ...) Client hängen, bis der erste Client die Verbindung beendet. Erst dann wird der Server die Verbindung des zweiten Clients entgegennehmen und exklusiv bedienen. Ebenso für den dritten, vierten usw. simultanen Client. Aber das passiert nur im besten Fall. Irgendwann wird die Warteschlange der Verbindungen (die listen-Queue für Eingeweihte) überlaufen, und weitere Verbindungen werden direkt abgewiesen.

Stellen Sie sich einen Webserver vor, der so handeln würde!

Die Lösung besteht darin, entweder einen asynchronen Server zu programmieren (wie bei Twisted) oder die handle-Methode eines jeden Request Handlers in einem eigenen Prozess oder Thread auszuführen!

Um den Request Handler in einem eigenen Prozess auszuführen, mischen Sie der Klasse TCPServer die Mixin-Klasse ForkingMixIn hinzu; um ihn in einem Thread auszuführen, mischen Sie stattdessen die Klasse ThreadingMixIn hinzu. Beachten Sie, dass Prozesse vollständig voneinander isoliert sind, während sich Threads gemeinsame Daten (z.B. des Servers, aber nicht nur) teilen (und diese Daten natürlich mit einem Mutex zu schützen sind).

Auf die Details gehen wir nicht ein und beschränken uns darauf, den single threaded *sockserv_echotcpserver.py*-Server zu einem multi threaded Server zu verwandeln. Statt ThreadingMixIn explizit dem TCPServer beizumischen:

```
class ThreadingTCPServer(ThreadingMixIn, TCPServer): pass
```

benutzen wir ThreadingTCPServer aus dem SocketServer-Modul, der genauso definiert wurde. Übrigens: Die Mixin-Klasse muss vor der TCPServer-Klasse stehen, weil sie eine Methode aus dieser Klasse überschreibt, und die Reihenfolge der Methoden bei Mehrfachvererbung nun mal so ist, wie sie ist. Wie dem auch sei, hier ist das Beispiel:

```
#!/usr/bin/env python
# sockserv_echotcpserver2.py -- A simple TCP echo server with SocketServer

from SocketServer import ThreadingTCPServer, StreamRequestHandler

class EchoHandler(StreamRequestHandler):
    def handle(self):
        print "Serving client:", self.client_address
        for line in (self.rfile):
            self.wfile.write("S:" + line)

ThreadingTCPServer.allow_reuse_address = True
srv = ThreadingTCPServer(('', 7070), EchoHandler)
srv.serve_forever()
```

Es ist fast identisch mit *sockserv_echotcpserver.py*: Lediglich TCPServer wurde durch ThreadingTCPServer ersetzt.

Testen Sie nun den Server, indem Sie mit *nc* zwei parallele Verbindungen aufbauen. Dies erzeugt insgesamt 3 Threads: einen Hauptthread, in dem der ThreadingTCPServer läuft, und zwei Subthreads: einen pro Verbindung. Unter FreeBSD sähe die Prozessliste so aus:

```
$ ps axH | grep sockserv
70328  p4  I+    0:03.51 emacs sockserv_echotcpserver2.py
70347  p6  I+    0:00.37 /users/farid/python/bin/python sockserv_echotcpserver
70347  p6  I+    0:00.37 /users/farid/python/bin/python sockserv_echotcpserver
70347  p6  I+    0:00.37 /users/farid/python/bin/python sockserv_echotcpserver
```

Beachten Sie an der *ps*-Ausgabe, dass der Python-Prozess hier dreimal erscheint, aber mit derselben PID 70347. Das bedeutet, dass Python drei Kernel sichtbare Threads erzeugt hat und gerade benutzt.

14.2.2 FTP mit ftplib.FTP

Weiter oben haben wir mit Twisted die Datei mit der URL http://ftp.freebsd.org/pub/FreeBSD/releases/i386/README.txt asynchron heruntergeladen.

Mit dem Modul ftplib der Python Standard Library kann man dasselbe tun, aber synchron. Man muss warten, bis die Datei vollständig da ist, um fortfahren zu können.

Als kleine Abwechslung führen wir diese Kommandos von der Python-Shell aus, statt ein Programm dafür zu schreiben:

```
>>> from ftplib import FTP
>>> ftp = FTP('ftp.freebsd.org')
>>> welcome = ftp.login()
>>> print welcome
```

Als Ergebnis erscheint:

```
230-
230-You have reached the freebsd.isc.org FTP server, serving the
230-full FreeBSD FTP archive over IPv4 (204.152.184.73) and IPv6
230-(2001:4f8:0:2::e) networks.  This server is also known as:
230-
230-    ftp.freebsd.org
230-    ftp4.freebsd.org
230-    ftp4.us.freebsd.org
230-
230-This server is operated by Internet Systems Consortium (ISC),
230-on behalf of the FreeBSD Project, with hardware donations from
230-Apple, Intel and Iron Systems.
230-
230-Questions about this service can be sent to: freebsd@isc.org.
230-
230 Login successful.
```

Wir benutzen hier die login-Methode von FTP, ohne irgendwelche Argumente zu übergeben. Damit wird man als anonymer User beim Server eingeloggt. Der Welcome-Banner wird als String zurückgegeben.

```
>>> ftp.cwd('/pub/FreeBSD/releases/i386')
'250 Directory successfully changed.'
>>> ftp.retrlines('LIST')
```

Die Ausgabe (etwas gekürzt) ist:

```
drwxrwxr-x   19 110        0        1024 Feb 04  2006 5.5-BETA1
drwxrwxr-x   13 110        0        1024 Feb 04  2006 6.1-BETA1
drwxrwxr-x   14 110        0        1024 Jan 13  2007 6.2-RELEASE
drwxrwxr-x   14 110        0        1024 Jan 17 15:49 6.3-RELEASE
drwxrwxr-x   14 110        0         512 Feb 27 03:49 7.0-RELEASE
drwxrwxr-x    8 110        0         512 Oct 31 18:30 ISO-IMAGES
-rw-rw-r--    1 110        0         637 Nov 23  2005 README.TXT
'226 Directory send OK.'
```

Alles, was wir nur tun müssen, ist, die Datei *README.TXT* im Binärmodus herunterzuladen. Dafür benutzen wir die Methode retrbinary des FTP-Objekts. Als zweiten Parameter benötigt man eine Funktion als Verbraucher für die Daten. Wir öffnen dafür

691

eine Datei (im Binärmodus) und übergeben die write-Methode des file-Objekts der Funktion retrbinary:

```
>>> ftp.retrbinary('RETR README.TXT', open('README.TXT', 'wb').write)
'226 File send OK.'
```

```
>>> ftp.quit()
'221 Goodbye.'
```

Eine Liste von Kommandos des FTP-Objekts erhält man mit:

```
>>> dir(ftp)
['__doc__', '__init__', '__module__', 'abort', 'acct', 'af', 'close',
'connect', 'cwd', 'debug', 'debugging', 'delete', 'dir', 'file', 'getline',
'getmultiline', 'getresp', 'getwelcome', 'host', 'lastresp', 'login',
'makepasv', 'makeport', 'mkd', 'nlst', 'ntransfercmd', 'passiveserver',
'port', 'putcmd', 'putline', 'pwd', 'quit', 'rename', 'retrbinary',
'retrlines', 'rmd', 'sanitize', 'sendcmd', 'sendeprt', 'sendport',
'set_debuglevel', 'set_pasv', 'size', 'sock', 'storbinary', 'storlines',
'transfercmd', 'voidcmd', 'voidresp', 'welcome']
```

Eine Übersicht ergibt pydoc ftplib.FTP von der Kommandozeile heraus.

14.2.3 Mails senden mit smtplib.SMTP

Um Mails *synchron* zu senden, kann man die Klasse SMTP aus dem smtplib-Modul der Python Standard Library einsetzen. Ein (interaktives) Beispiel dürfte es klar machen.

Als Erstes konstruieren wir eine E-Mail:

```
>>> from email.message import Message
```

```
>>> msg = Message()
```

```
>>> msg['From'] = 'farid@hajji.name'
>>> msg['To']   = 'pythonbook@hajji.name'
>>> msg['Subject'] = 'Test email with smtplib.SMTP'
```

```
>>> msg.set_payload('This is the body of the email')
```

```
>>> msg
<email.message.Message instance at 0x2842d9ec>
```

```
>>> print msg.as_string()
From: farid@hajji.name
To: pythonbook@hajji.name
Subject: Test email with smtplib.SMTP

This is the body of the email
```

Damit ausgestattet, können wir jetzt einen SMTP-Server kontaktieren und die Nachricht abschicken:

```
>>> from smtplib import SMTP

>>> server = SMTP('mail.hajji.name')
>>> server.set_debuglevel(1)

>>> server.sendmail('farid@hajji.name', ['pythonbook@hajji.name'],
...                 msg.as_string())
```

Die Debug-Meldungen, die wir mit set_debuglevel eingeschaltet haben, zeigen wir an dieser Stelle nicht. Sie sind nützlich, wenn man einen neuen SMTP-Server ausprobiert und sichergehen will, dass der SMTP-Dialog reibungslos abläuft.

Nachdem der Mailserver die Mail entgegengenommen hat, melden wir uns ab:

```
>>> server.quit()
```

Die Methoden von server sind:

```
>> dir(server)
['__doc__', '__init__', '__module__', 'close', 'connect', 'data',
'debuglevel', 'docmd', 'does_esmtp', 'ehlo', 'ehlo_resp', 'esmtp_features',
'expn', 'file', 'getreply', 'has_extn', 'helo', 'helo_resp', 'help',
'local_hostname', 'login', 'mail', 'noop', 'putcmd', 'quit', 'rcpt', 'rset',
'send', 'sendmail', 'set_debuglevel', 'sock', 'starttls', 'verify', 'vrfy']
```

Wem es ein wenig zu schnell ging – schauen wir uns ein paar dieser Methoden noch mal genauer an.

Dem Konstruktor SMTP übergeben wir den Namen des Mailservers. In einigen Fällen muss man sich beim Mailserver mit Username und Passwort identifizieren. In dem Fall ruft man die login-Methode von SMTP auf. Probieren Sie es einfach bei Ihrem Mailserver aus!

Die Methode sendmail führt die gesamte SMTP-Transaktion durch. Die wichtigsten Parameter von sendmail sind:

- die From-Adresse (die muss nicht mit dem From:-Header identisch sein, denn hier handelt es sich um die Envelope-Adresse)

- eine Liste von Empfängeradressen (die ebenfalls nicht unbedingt mit den `To:`-Namen der Header übereinstimmen müssen)
- eine E-Mail im RFC 822-Format (z.B. das, was die `as_string`-Methode eines `email.message.Message` liefern würde).

`sendmail` kehrt dann zurück, wenn der Server die Mail zum Weiterleiten entgegengenommen hat.

Was `quit` tut, dürfte klar sein.

Weitere Details finden Sie in der Dokumentation der Module `smtplib.SMTP` und `email.message`.

14.2.4 Mails abholen mit poplib.POP3 und imaplib.IMAP4

Die Klasse `POP3` aus dem Modul `poplib` ermöglicht es, Nachrichten aus einer POP3-Mailbox auszulesen. Wenn der POP3-Server SSL-verschlüsselte Verbindungen anbietet, sollte man die Klasse `POP3_SSL` stattdessen verwenden.

Als Beispiel holen wir uns Mails von einer `gmail`-Mailbox mit eingeschalteter POP3-Funktionalität, genauso wie wir es mit Twisted weiter oben mit *twisted_pop3client.py* getan haben:

```python
#!/usr/bin/env python
# poplib_pop3client.py -- Fetch mail headers from a POP3 mailbox

from getpass import getpass

SERVER = raw_input("POP3 Server: ")
USER   = raw_input("POP3 User: ")
PASSWD = getpass("POP3 Password: ")
DEBUG  = True

from poplib import POP3_SSL as POP3

pop3 = POP3(SERVER)
print pop3.getwelcome()

pop3.user(USER)
pop3.pass_(PASSWD)

print "New messages: %d, total size of mailbox: %d" % pop3.stat()

response, mlist, octets = pop3.list()
print "Response code to list: %s. Octets: %d" % (response, octets)
```

```
for mentry in mlist:
    msg_num, size = mentry.split()
    response, headers, octets = pop3.top(msg_num, 0)
    for hdr in headers:
        if 'Subject' in hdr:
            print msg_num, hdr
```

```
pop3.quit()
```

Führt man das Programm aus, könnte die Ausgabe so aussehen:

```
$ ~/python/bin/python poplib_pop3client.py
POP3 Server: pop.gmail.com
POP3 User: yyyyyyyyy@gmail.com
POP3 Password:

+OK Gpop ready for requests from NNN.NNN.NNN.NNN 4zc2bfds7797ah.0
New messages: 23, total size of mailbox: 483559
Response code to list: +OK 23 messages (483559 bytes). Octets: 199
1 Subject: Google Mail is different. Here's what you need to know.


(...)


21 Subject: Testing Twisted.Mail POP3Client
22 Subject: Another Twisted.Mail Test
23 Subject: A test of poplib and imaplib
```

Um daraus eine Mail zu extrahieren, ruft man statt top die Methode retr auf. Schauen Sie einfach in der Dokumentation der POP3-Klasse (pydoc poplib.POP3) nach.

Kommen wir jetzt zu IMAP4! Führt man folgendes Programm aus

```
#!/usr/bin/env python
# imaplib_imap4client.py -- Fetch mail headers from an IMAP mailbox

from pprint import pprint
from getpass import getpass

SERVER = raw_input("IMAP4 Server: ")
MBOX   = raw_input("IMAP4 Mailbox: ")
USER   = raw_input("IMAP4 User: ")
PASSWD = getpass("IMAP4 Password: ")
DEBUG  = True
```

```
from imaplib import IMAP4_SSL as IMAP4

imap4 = IMAP4(SERVER)
imap4.login(USER, PASSWD)

pprint(imap4.list()); print

imap4.select(MBOX, readonly=True)
pprint(imap4.fetch('1:*',
                   '(UID BODY[HEADER.FIELDS (SUBJECT)] BODY[TEXT])'))

imap4.logout()
```

erhält man z.B. folgende Ausgabe:

```
IMAP4 Server: imap.gmail.com
IMAP4 Mailbox: INBOX
IMAP4 User: xxxxxxxxxx@gmail.com
IMAP4 Password:
('OK',
 ['(\\HasNoChildren) "/" "INBOX"',
  '(\\Noselect \\HasChildren) "/" "[Google Mail]"',
  '(\\HasNoChildren) "/" "[Google Mail]/All Mail"',
  '(\\HasNoChildren) "/" "[Google Mail]/Drafts"',
  '(\\HasNoChildren) "/" "[Google Mail]/Sent Mail"',
  '(\\HasNoChildren) "/" "[Google Mail]/Spam"',
  '(\\HasNoChildren) "/" "[Google Mail]/Starred"',
  '(\\HasNoChildren) "/" "[Google Mail]/Trash"'])

('OK',
 [('1 (UID 17 BODY[TEXT] {66}',
   'This is just another Twisted.Mail POP3 Test from another\nmailbox.\n'),
  (' BODY[HEADER.FIELDS (SUBJECT)] {38}',
   'Subject: Another Twisted.Mail Test\r\n\r\n'),
  ')',
  ('2 (UID 18 BODY[TEXT] {41}', 'This is a test for poplib and imaplib...\n'),
  (' BODY[HEADER.FIELDS (SUBJECT)] {41}',
   'Subject: A test of poplib and imaplib\r\n\r\n'),
  ')'])
```

Wir benutzen hier die Klasse IMAP4_SSL, um eine Verbindung zu einem IMAP4-Server mit SSL-Verschlüsselung aufzubauen. Alternativ dazu hätte man auch einfach die Klasse IMAP4 verwenden können, hätte dann aber eventuell statt login die Funktion

696

login_cram_md5 benutzen müssen (falls es der Server unterstützt), damit das Passwort nicht im Klartext über die Leitung oder Funkstrecke übermittelt wird.

Nachdem man sich eingeloggt hat, kann man eine Liste von Mailboxen mit der list-Methode aufrufen. Beachten Sie, wie der Rückgabewert von list aufgebaut ist!

Danach wählen wir eine Mailbox aus (z.B. INBOX, INBOX/Drafts ...) mit der Funktion select. Da wir nichts auf dem IMAP4-Server verändern wollen, setzen wir readonly auf True.

Jetzt stehen einem unzählige Methoden des IMAP4-Protokolls zur Verfügung. Man kann z.B. nach Mails suchen und dabei bestimmte Kriterien angeben; oder einfach nur eine Mail oder Teile davon herunterladen. Eine Liste der Methoden des IMAP4-Objekts erhält man mit pydoc imaplib. Als Beispiel rufen wir die Methode fetch auf, um Mails anzufordern. Wir fordern alle Mails (1:*) der aktuellen Mailbox auf und wollen dabei pro Mail die UID, den Betreff und den Körper selbst erhalten. Mehrere Header hätte man mit folgender Syntax anfordern können:

```
msgs = imap4.fetch('1:*',
              '(UID BODY[HEADER.FIELDS (SUBJECT FROM DATE)] BODY[TEXT])')
```

Die zurückgegebene Datenstruktur ist wieder etwas komplex. Schauen Sie sich die Ausgabe oben an, um eine Idee für deren Aufbau zu bekommen.

Auf die Details von IMAP4 können wir an dieser Stelle aus Platzgründen nicht eingehen. Schauen Sie sich pydoc imaplib an. Sie werden auch die Protokollspezifikation von IMAP4 benötigen: Das dazugehörige RFC 2060 befindet sich z.B. unter der URL http://www.faqs.org/rfcs/rfc2060.html.

14.2.5 Newsreader mit nntplib.NNTP

Wir schreiben hier das Äquivalent des Twisted NNTP-Newsreaders, den wir weiter oben vorgestellt haben:

```
#!/usr/bin/env python
# nntplib_nntpclient.py -- A simple NNTP newsreader

from getpass import getpass
from pprint import pprint
from nntplib import NNTP

# 1. Login to a server
srv = NNTP(host=raw_input("NNTP Server: "),
          user=raw_input("NNTP User  : "),
          password=getpass("NNTP Passwd: "))
print srv.getwelcome()
```

```
# 2. Get list of all groups (glist is a list of (group, last, first, flag))
resp, glist = srv.list()

# 3. Show all 'comp.lang.python' groups
gpython = [ t for t in glist if 'comp.lang.python' in t[0] ]
gpython.sort()
for t in gpython:
    print t

# 4. Show a few article headers from comp.lang.python.announce
resp, count, first, last, name = srv.group('comp.lang.python.announce')
print "comp.lang.python.announce: %s - %s available" % (first, last)

pprint(srv.xhdr('subject', '%s-%s' % (raw_input("Begin: "),
                                      raw_input("End: "))))

# 5. Show an article
resp, nr, id, lines = srv.body(raw_input('Article Number: '))
print '\n'.join(lines)

# 6. That's all, folks!
srv.quit()
```

Eine typische Ausführung ergibt:

```
$ ~/python/bin/python nntplib_nntpclient.py
NNTP Server: news.kamp.net
NNTP User  :
NNTP Passwd:
200 news.kamp.net NNRP Service Ready (posting ok).
```

Die gefilterte Liste der Newgroups:

```
('cn.bbs.comp.lang.python', '0000019916', '0000014344', 'y')
('comp.lang.python', '0000179600', '0000156226', 'y')
('comp.lang.python.announce', '0000001812', '0000001665', 'm')
('cz.comp.lang.python', '0000005026', '0000004429', 'y')
('de.comp.lang.python', '0000006648', '0000006144', 'y')
('fr.comp.lang.python', '0000011914', '0000010537', 'y')
('it.comp.lang.python', '0000028308', '0000024768', 'y')
('pl.comp.lang.python', '0000016645', '0000014454', 'y')
('tw.bbs.comp.lang.python', '0000002000', '0000001328', 'y')
```

Zu jeder Newsgroup gibt es einen Bereich von Nachrichten:

```
comp.lang.python.announce: 1665 - 1812 available
```

Zeigen wir uns ein paar dieser Nachrichten an:

```
Begin: 1805
End: 1810
('221 subject data follows',
 [('1805', 'musync 0.3 beta'),
  ('1806', 'ANN: Leo 4.4.8 rc1 released'),
  ('1807', 'ANN: eric4 4.1.2 released'),
  ('1808', 'Python-URL! - weekly Python news and links (Apr  7)'),
  ('1809', 'setuptools_bzr 1.1'),
  ('1810', 'CrunchyFrog 0.2.0 released')])
```

Und nun, ab zu einem bestimmten Artikel:

```
Article Number: 1807
Hi,

eric4 4.1.2 has been released today. This release fixes a few bugs
reported
since the last release.

As usual it is available via
http://www.die-offenbachs.de/eric/index.html.

What is eric?
-------------
eric is a Python IDE written using PyQt4 and QScintilla2. It comes with
batteries included. Please see a.m. link for details.

(...)
```

Der Schlüssel zum NNTP-Client ist die NNTP-Klasse des Standardmoduls nntplib. Die jeweiligen Methoden sind wie üblich gut dokumentiert (rufen Sie z.B. pydoc nntplib von der Kommandozeile auf).

14.2.6 Telnet-Clients mit telnetlib.Telnet

Mit telnetlib.Telnet kann man einen Telnet-Client simulieren. Da heutzutage die meisten Telnet-Server aus Sicherheitsgründen durch SSH-Server ersetzt wurden (benutzen Sie twisted.conch, wenn Sie einen SSH-Server ansprechen wollen), werden wir *telnet* bzw. hier `telnetlib.Telnet` benutzen, um ein paar Header von einem Webserver zu besorgen. Das ist zwar eine kleine Zweckentfremdung von Telnet, aber was soll's!

```
>>> from telnetlib import Telnet
>>> tn = Telnet('pythonbook.hajji.name', 80)
>>> tn.write('HEAD /examples/net/test.html HTTP/1.0\r\n')
>>> tn.write('Host: pythonbook.hajji.name\r\n')
>>> tn.write('Connection: close\r\n')
>>> tn.write('\r\n')
>>> print tn.read_all()
```

Als Ausgabe erscheint z.B.:

```
HTTP/1.0 200 OK
Connection: close
Content-Type: text/html
Accept-Ranges: bytes
ETag: "-1253217529"
Last-Modified: Mon, 14 Jan 2008 08:20:56 GMT
Content-Length: 93
Date: Sun, 13 Apr 2008 13:26:24 GMT
Server: lighttpd/1.4.19
```

Die Verbindung können wir wie folgt schließen:

```
>>> tn.close()
```

Das `Telnet`-Objekt bietet folgende Methoden und Attribute an:

```
>>> dir(tn)
['__del__', '__doc__', '__init__', '__module__', 'close', 'cookedq',
'debuglevel', 'eof', 'expect', 'fileno', 'fill_rawq', 'get_socket', 'host',
'iacseq', 'interact', 'irawq', 'listener', 'msg', 'mt_interact', 'open',
'option_callback', 'port', 'process_rawq', 'rawq', 'rawq_getchar', 'read_all',
'read_eager', 'read_lazy', 'read_sb_data', 'read_some', 'read_until',
'read_very_eager', 'read_very_lazy', 'sb', 'sbdataq', 'set_debuglevel',
'set_option_negotiation_callback', 'sock', 'sock_avail', 'write']
```

Was sie genau bewirken, erfahren Sie in `pydoc telnetlib`.

14.3 Verteilte Programme

Ein oft und gern benutzter Ansatz beim Entwickeln von Netzanwendungen ist das der verteilten Programmierung. Die Idee dabei ist, dass ein Client Funktionen aufruft, die in Wirklichkeit auf einem anderen Server ausgeführt werden. Idealerweise würde der Client nicht einmal merken, dass die Funktionen remote statt lokal ausgeführt werden.

Ein Aufruf funktioniert ganz allgemein nach folgendem Prinzip:

- Client-seitig wird eine Funktion aufgerufen.
- Ein *Client-Stub* wird die Argumente für die Funktion zu Strings serialisieren.
- Diese Strings und den Namen der aufzurufenden Funktion sendet der Client-Stub über das Netz an den Server-Stub.
- Der *Server-Stub* entschlüsselt die empfangenen Daten und ruft die Funktion mit den deserialisierten Argumenten lokal auf.
- Der Rückgabewert der Funktion wird vom Server-Stub seralisiert und übers Netz zurück an den Client-Stub gesendet.
- Der Client-Stub deserialisiert den Rückgabewert und liefert ihn an die Client-Anwendung zurück, als wäre alles lokal verlaufen.

All dies ist keine Theorie, denn ganze Systeme sind mit diesem Prinzip entwickelt worden: Das NFS-Dateisystem ist nur ein Beispiel von vielen. Wir werden im Folgenden zwei Ansätze zur verteilten Programmierung unter Python kennenlernen:

- einen asynchronen Ansatz mit dem Perspective Broker von Twisted
- einen synchronen Ansatz mit XML-RPC

14.3.1 Twisted Perspective Broker

Der Schlüssel zur verteilten Programmierung in Twisted ist der Perspective Broker `twisted.spread.pb`. Anstatt lang und breit über die Architektur zu referieren, ist es einfacher, das Prinzip von `pb` mit Hilfe von kommentierten Beispielen zu erläutern.

Wir beginnen daher diesen Abschnitt mit den Beispielen aus der Twisted-Dokumentation und kommentieren diese anschließend.

Ein Server, den jeder aufrufen kann

Unter *doc/core/examples/pbsimple.py* befindet sich ein ganz einfacher Echo-Server, der all das zurücksendet, was man ihm schickt:

```python
#!/usr/bin/env python
# twisted_pbsimpleserver.py -- A simple echo server with perspective.
# From: Twisted-8.0.1/doc/core/examples/pbsimple.py

from twisted.spread import pb
from twisted.internet import reactor

class Echoer(pb.Root):
    def remote_echo(self, st):
        print 'echoing:', st
        return st
```

```
if __name__ == '__main__':
    reactor.listenTCP(8789, pb.PBServerFactory(Echoer()))
    reactor.run()
```

Die beteiligten Akteure in diesem Programm sind der `reactor` (natürlich), eine `pb.PBServerFactory` und ein `Echoer`-Objekt mit einer Funktion `remote_echo`, das von `pb.Root` abgeleitet ist.

Die `PBServerFactory` ist eine Spezialisierung der Factory-Klasse `twisted.internet.protocol.ServerFactory` und ersetzt damit die `Factory`, die wir von Servern her kennen. Der Grund hierfür dürfte offensichtlich sein: Anstatt gewöhnliche Protokollobjekte zu instanziieren, muss `PBServerFactory` etwas mehr leisten: insbesondere muß sie mit dem `twisted.cred`-Subsystem zusammenarbeiten, um Passwort-geschützte RPCs anzubieten.

Das Äquivalent zu den `Factory`-Protokollobjekten ist bei Perspective ein `pb.Root`-Objekt. Dieses Objekt ist dafür verantwortlich, Verbindungen vom Client entgegenzunehmen, zu dekodieren, den Aufruf zur richtigen Methode weiterzuleiten, das Ergebnis dieser Methode entgegenzunehmen, zu serialisieren und an den Client zurückzusenden.

Das hört sich jetzt komplizierter an, als es ist! Alles, was wir tun müssen, ist, eine Klasse zu schreiben, die von `pb.Root` abgeleitet ist. Innerhalb dieser Klasse definieren wir dann einfach die Methoden, die der Client aufrufen kann. Die ganzen Details der darunterliegenden Maschinerie übernehmen `pb.Root` und die beteiligten Klassen.

Das Programm dürfte jetzt einfacher zu verstehen sein. Im Hauptprogramm wird wie gewohnt der `reactor` einen Server-Socket auf einen bestimten Port initialisieren und darauf warten. Die damit assoziierte Factory ist eine `pb.PBServerFactory`, die mit einer Instanz einer von `pb.Root` abgeleiteten Klasse `Echoer` initialisiert wurde. Dann wird einfach die Event-Schleife gestartet:

```
if __name__ == '__main__':
    reactor.listenTCP(8789, pb.PBServerFactory(Echoer()))
    reactor.run()
```

Die Klasse `Echoer` selbst enthält einfach ein paar Remote-Methoden, hier die Methode `remote_echo`. Wichtig an dieser Stelle ist, dass nur Methoden, deren Namen mit `remote_` starten, auch nach außen hin sichtbar sind (d.h. von Clients aufgerufen werden können).

```
class Echoer(pb.Root):
    def remote_echo(self, st):
        print 'echoing:', st
        return st
```

Das war es auch schon Server-seitig.

Kommen wir nun zum Client!

```python
#!/usr/bin/env python
# twisted_pbsimpleclient.py -- A simple echo client with perspective.
# From: Twisted-8.0.1/doc/core/examples/pbsimpleclient.py


from twisted.spread import pb
from twisted.internet import reactor
from twisted.python import util

factory = pb.PBClientFactory()

d = factory.getRootObject()

d.addCallback(lambda object: object.callRemote("echo", "hello network"))
d.addCallback(lambda echo: 'server echoed: ' + echo)
d.addErrback(lambda reason: 'error: ' + str(reason.value))

d.addCallback(util.println)
d.addCallback(lambda _: reactor.stop())

reactor.connectTCP("localhost", 8789, factory)
reactor.run()
```

Wir fangen ganz unten an. Der reactor erzeugt ein Client-Socket auf demselben Port wie dem Server und assoziiert ihn mit einer speziellen Client-Factory-Instanz factory. Anschließend wird die Event-Schleife gestartet. Dieses Muster kennen wir schon zu Genüge von Twisted Clients:

```python
reactor.connectTCP("localhost", 8789, factory)
reactor.run()
```

Doch was ist factory? Das ist, anders als bisher üblich, nicht eine von ClientFactory abgeleitete Factory, sondern eine spezielle Client Factory vom Typ pb.PBClientFactory:

```python
factory = pb.PBClientFactory()
```

Auch hier scheinbar nichts Besonderes. Aber in Wirklichkeit verbirgt sich hinter PBClientFactory das Gegenstück zu PBServerFactory: Hier wird die Anbindung ans twisted.cred-Subsystem realisiert und vor allem: PBClientFactory kann ein Root-Objekt zurückgeben, mit dessen Hilfe man die remote-Methoden der anderen Seite asynchron aufrufen kann:

```python
d = factory.getRootObject()
```

Dieses spezielle Root-Objekt ist (auch) ein `Deferred`, an das man Callbacks hängen kann. In diesen Callbacks kann man dann unter anderem die entfernten Methoden mit `callRemote` aufrufen und auch das Ergebnis abrufen:

```
d.addCallback(lambda object: object.callRemote("echo", "hello network"))
d.addCallback(lambda echo: 'server echoed: ' + echo)
d.addErrback(lambda reason: 'error: ' + str(reason.value))
```

Was erkennt man hier? Zunächst einmal besteht ein Aufruf aus zwei Teilen:

- Senden der Anforderung (mit `callRemote`)
- Empfangen der Antwort

Beide Teile des Aufrufs geschehen hintereinander, also sind sie auch in zwei aufeinanderfolgende Callbacks derselben Callback-Kette zu platzieren.

Man beachte auch, dass der Name der aufzurufenden entfernten Methode `echo` und nicht `remote_echo` war.

Der Rest ist simpel: Man gibt einfach nur ein Newline aus und beendet den Reaktor:

```
d.addCallback(util.println)
d.addCallback(lambda _: reactor.stop())
```

Probieren wir das Programm mal aus. In einem Fenster starten wir *twisted_pbsimpleserver.py* und rufen in anderen Fenstern (evtl. auch von anderen Rechnern aus, aber da müsste man `localhost` durch den Rechnernamen ersetzen, der den Server ausführt) den Client *twisted_pbsimpleclient.py* auf. Server-seitig sieht die Konsole so aus:

```
$ ~/python/bin/python twisted_pbsimpleserver.py
echoing: hello network
echoing: hello network
```

Und Client-seitig sieht sie so aus:

```
$ ~/python/bin/python twisted_pbsimpleclient.py
server echoed: hello network


$ ~/python/bin/python twisted_pbsimpleclient.py
server echoed: hello network
```

Ein Server, bei dem man sich anmelden muss

Während die Methoden von *twisted_pbsimpleserver.py* von allen Clients ohne Anmeldung aufgerufen werden konnten, wird man in der Praxis selten solche anonymen Perspective Server finden. Vielmehr wird man Servern begegnen, bei denen man sich erst anmelden (einloggen) muss, bevor man ihre Methoden aufrufen kann.

Zum Glück unterstützt `PBServerFactory` neben anonymen Servern auch `twisted.cred`-basierte Systeme, bei denen man sich erst einloggen muss. Das folgende Beispielpaar *twisted_pbechoserver.py* und *twisted_pbechoclient.py*, das weitgehend aus der Dokumentation stammt, zeigt, wie man einen Echo-Server mit Anmeldung programmiert.

Um diese Programme zu verstehen, sollten Sie den Abschnitt zu `twisted.cred` gelesen und verdaut haben, da hier die Begriffe Portal, Credentials Checker und Avatar wieder auftauchen.

Schauen wir uns also den Server an:

```python
#!/usr/bin/env python
# twisted_pbechoserver.py -- An echo server with perspective and cred
# From: Twisted-8.0.1/doc/core/examples/pbecho.py


from twisted.spread import pb
from twisted.cred.portal import IRealm
from zope.interface import implements

class DefinedError(pb.Error):
    pass

class SimplePerspective(pb.Avatar):
    def perspective_echo(self, text):
        print 'echoing',text
        return text

    def perspective_error(self):
        print 'raising exception'
        raise DefinedError("exception!")

    def logout(self):
        print self, "logged out"

class SimpleRealm:
    implements(IRealm)

    def requestAvatar(self, avatarId, mind, *interfaces):
        if pb.IPerspective in interfaces:
            avatar = SimplePerspective()
            return pb.IPerspective, avatar, avatar.logout
        else:
            raise NotImplementedError("no interface")

if __name__ == '__main__':
    from twisted.internet import reactor
```

```
from twisted.cred.portal import Portal
from twisted.cred.checkers import InMemoryUsernamePasswordDatabaseDontUse
portal = Portal(SimpleRealm())
checker = InMemoryUsernamePasswordDatabaseDontUse()
checker.addUser("guest", "guest")
portal.registerChecker(checker)
reactor.listenTCP(pb.portno, pb.PBServerFactory(portal))
reactor.run()
```

Wir importieren erst ein paar Module:

```
from twisted.spread import pb
from twisted.cred.portal import IRealm
from zope.interface import implements
```

Bevor wir zu den einzelnen Klassen kommen, werfen wir erst einen Blick ins Hauptprogramm:

```
if __name__ == '__main__':
    from twisted.internet import reactor
    from twisted.cred.portal import Portal
    from twisted.cred.checkers import InMemoryUsernamePasswordDatabaseDontUse

    portal = Portal(SimpleRealm())
    checker = InMemoryUsernamePasswordDatabaseDontUse()
    checker.addUser("guest", "guest")
    portal.registerChecker(checker)
    reactor.listenTCP(pb.portno, pb.PBServerFactory(portal))
    reactor.run()
```

Es wird ein Avatar-erzeugender SimpleRealm instanziiert und damit ein Portal erzeugt. An diesen Portal wird ein simpler Credentials Checker InMemoryUsernamePassword-DatabaseDontUse angekoppelt. In der Praxis werden natürlich andere Arten von Checkern eingesetzt, aber das ist ja ohnehin nur ein Beispiel. Somit haben wir dann ein völlig funktionsfähiges twisted.cred-System.

Die eigentliche Neuerung ist, dass wir eine Factory erzeugen, indem wir den soeben erzeugten Portal an PBServerFactory übergeben. Beachten Sie den Unterschied zu *twisted_pbsimpleserver.py*, wo wir ein pb.Root-Objekt statt eines Portals PBServerFactory übergeben haben!

Der Rest ist trivial: der reactor erzeugt mit dieser Factory-Instanz einen Server Socket auf einem bestimmten Port, und wir starten die Event-Schleife.

Schauen wir uns jetzt SimpleRealm an:

```
class SimpleRealm:
    implements(IRealm)

    def requestAvatar(self, avatarId, mind, *interfaces):
        if pb.IPerspective in interfaces:
            avatar = SimplePerspective()
            return pb.IPerspective, avatar, avatar.logout
        else:
            raise NotImplementedError("no interface")
```

Wie man sieht, erzeugt `SimpleRealm` **Avatare**. Wie im Abschnitt über `twisted.cred` gezeigt, muss der Realm eine Methode `requestAvatar` mit einer ganz bestimmten Signatur zur Verfügung stellen.

`requestAvatar` liefert Instanzen von `SimplePerspective` zurück. Diese Avatare sollen die entfernten Methoden enthalten, die der (angemeldete) Client aufrufen können soll.

Kommen wir nun zu `SimplePerspective`:

```
class SimplePerspective(pb.Avatar):
    def perspective_echo(self, text):
        print 'echoing',text
        return text

    def perspective_error(self):
        print 'raising exception'
        raise DefinedError("exception!")

    def logout(self):
        print self, "logged out"
```

Es handelt sich um spezielle Avatare vom Typ `pb.Avatar`. Dort definiert man die entfernten Methoden, indem man ihren Namen `perspective_` voranstellt. Nur diese Namen sind nach außen hin sichtbar und aufrufbar. Man kann dort einfache Werte zurückgeben, wie die Funktion `perspective_echo` zeigt, oder Ausnahmen auslösen, wie `perspective_error` vorführt. Damit diese Ausnahmen auch zum Client übermittelt werden, sollten Sie von einem speziellen Typ sein, der von `pb.Error` abgeleitet ist. Wir haben daher hier den Typ `DefinedError` definiert und verwendet:

```
class DefinedError(pb.Error):
    pass
```

Man hätte auch direkt eine `pb.Error`-Instanz verwenden können, aber so lassen sich diverse anwendungsabhängige Ausnahmen definieren, was für klareren Code sorgt.

Das war es auch schon Server-seitig.

Kommen wir jetzt zum Client:

```python
#!/usr/bin/env python
# twisted_pbechoclient.py -- An echo client with perspective and cred
# From: Twisted-8.0.1/doc/core/examples/pbechoclient.py

from twisted.internet import defer, reactor
from twisted.spread import pb
from twisted.cred.credentials import UsernamePassword

from twisted_pbechoserver import DefinedError

def success(message):
    print "Message received:", message

def failure(error):
    t = error.trap(pb.Error, DefinedError)
    print "error received:", t

def connected(perspective):
    # Call fnction "error", get exception as result
    d1 = perspective.callRemote('error')
    d1.addCallbacks(success, failure)

    # Call function "echo", get result.
    d2 = perspective.callRemote('echo', "hello world")
    d2.addCallbacks(success, failure)

    # Wait for both callbacks to kill reactor
    dmeta = defer.DeferredList([d1, d2])
    dmeta.addCallback(lambda _: reactor.stop())

factory = pb.PBClientFactory()
dlogin = factory.login(UsernamePassword("guest", "guest"))
dlogin.addCallbacks(connected, failure)

reactor.connectTCP("localhost", pb.portno, factory)
reactor.run()
```

Auch hier werden erst ein paar Module importiert:

```python
from twisted.internet import defer, reactor
from twisted.spread import pb
```

```
from twisted.cred.credentials import UsernamePassword
from twisted_pbechoserver import DefinedError
```

Das Hauptprogramm ist eine Kombination von Twisted Perspective und Twisted Cred Clients:

```
factory = pb.PBClientFactory()
dlogin = factory.login(UsernamePassword("guest", "guest"))
dlogin.addCallbacks(connected, failure)

reactor.connectTCP("localhost", pb.portno, factory)
reactor.run()
```

Erst wird eine PBClientFactory instanziiert. Dann wird loggt man sich mit login in den Server ein und übergibt dabei einen Satz Credentials. An dem von login zurückgegebenen Deferred hängen wir einen Callback und Errback an. Danach erzeugt der reactor einen Client Socket mit dieser Factory-Instanz und wird die Event-Schleife starten.

Sobald wir erfolgreich eingeloggt sind, wird der Callback connected aufgerufen. Dieser sieht so aus:

```
def connected(perspective):
    # Call fnction "error", get exception as result
    d1 = perspective.callRemote('error')
    d1.addCallbacks(success, failure)

    # Call function "echo", get result.
    d2 = perspective.callRemote('echo', "hello world")
    d2.addCallbacks(success, failure)

    # Wait for both callbacks to kill reactor
    dmeta = defer.DeferredList([d1, d2])
    dmeta.addCallback(lambda _: reactor.stop())
```

Als Argument erhalten wir perspective. Das ist das Proxy-Objekt, mit dessen Hilfe wir entfernte Methoden auf der Serverseite aufrufen können. Genauer gesagt, man kann diese entfernten Methoden mit der callRemote-Methode des perspective Proxy-Objekts aufrufen.

Wir rufen also die Methode error auf, die eine Ausnahme auslöst (Sie erinnern sich? Das ist die Funktion perspective_error des Avatars auf der Serverseite); und wir rufen parallel dazu auch die Methode echo (perspective_echo serverseitig) auf, die einen Wert zurückgibt.

In beiden Fällen erhalten wir, wie bei Perspective üblich, sofort ein Deferred zurück, das, wenn der Avatar auf der Server-Seite geantwortet hat, feuern wird. Darum hängen wir an d1 und d2 jeweils Callbacks an, um Rückgabewert bzw. Ausnahmen abzuholen.

Damit wir den Client erst dann beenden, wenn beide Ergebnisse zur Verfügung stehen, tragen wir beide Deferred in eine DeferredList ein und hängen daran einen Callback, der den reactor stoppt.

Bleibt nur noch, die beiden Callbacks success und failure zu zeigen:

```
def success(message):
    print "Message received:", message

def failure(error):
    t = error.trap(pb.Error, DefinedError)
    print "error received:", t
```

In success erhalten wir den Rückgabewert des Avatars als ganz normalen Wert; während man in failure die Ausnahme, die der Avatar ausgelöst und übermittelt hat, in Form einer pb.Error- bzw. DefinedError-Ausnahme. Diese Ausnahme fangen wir mit trap auf, damit sie nicht weiter propagiert wird. trap ist eine Methode von pb.Error, die nichts anderes tut, als auf die Ausnahmen zu warten, deren Typ als Argument übergeben wurde. Kommt in dem Beispiel eine pb.Error- oder DefinedError-Ausnahme an, wird diese verschluckt und ihr Typ ausgegeben. Ansonsten wird die Ausnahme einfach weiter propagiert, und failure würde diese Ausnahme sehen.

Jetzt müssen wir nur noch zeigen, wie Server und Client miteinander interagieren. Auf der Client-Seite sieht es so aus:

```
$ ~/python/bin/python twisted_pbechoclient.py
error received: <class 'twisted.spread.pb.Error'>
Message received: hello world
```

Man erkennt hier die beiden Rückgabewerte: eine Ausnahme und den einfachen String, den wir zum Echo-Server gesendet haben.

Auf der Server-Seite erhalten wir auf der Konsole:

```
$ ~/python/bin/python twisted_pbechoserver.py
raising exception
echoing hello world
<__main__.SimplePerspective instance at 0x28a6718c> logged out
```

Die beiden ersten Meldungen kommen vom Avatar: Erst wird eine Ausnahme ausgelöst, weil perspective_error aufgerufen wurde; und dann sendet perspective_echo einen String zurück. Die letzte Meldung stammt aus der logout-Methode des Avatars. Diese wird vom Portal aufgerufen, damit der Avatar eine Chance erhält, Aufräumarbeiten zu machen.

Dies schließt das Thema der verteilten Programmierung mit Hilfe von Twisted Perspective Broker. Wie immer, finden Sie mehr Informationen darüber im Quellcode von twisted.spread.

14.3.2 XML-RPC

XML-RPC ist ein *synchrones* Protokoll zum Aufruf entfernter Methoden. Mit anderen Worten: Man kann Methoden in einem anderen Prozess oder auf einem anderen Rechner aufrufen und muss so lange warten, bis die Antwort kommt. Dabei werden die Argumente und die Rückgabewerte, samt Typen, als XML über die Leitung geschickt. Als Transportprotokoll dient HTTP oder HTTPS.

Anders als der Perspective Broker von Twisted ist XML-RPC ein wohletablierter, sprachenagnostischer Standard. Es kann also vorkommen, dass Client und Server in ganz unterschiedlichen Programmiersprachen programmiert wurden. Sie können trotzdem gut miteinander kommunizieren, weil sowohl die XML-Codierung der Daten, als auch das HTTP-Protokoll, das im Hintergrund ausgeführt wird, von allen möglichen Programmiersprachen unterstützt werden.

Unter Python kann man XML-RPC mit Hilfe der Module xmlrpclib und SimpleXMLRPC-Server (bzw. DocXMLRPCServer) implementieren.

Ein Server, den jeder kontaktieren kann

Fangen wir mit einem einfachen XML-RPC-Server an, den jeder (ohne vorheriges Einloggen) kontaktieren kann:

```python
#!/usr/bin/env python
# xmlrpc_server.py -- A simple calculator server, accessible through XML-RPC

from __future__ import division
from SimpleXMLRPCServer import SimpleXMLRPCServer

class Calculator(object):
    def add(self, x, y): return x + y
    def sub(self, x, y): return x - y
    def mul(self, x, y): return x * y
    def div(self, x, y): return x / y
    def idiv(self, x, y): return x // y

def NoneFunc(): return None
def HiMomFunc(): return ['Hi', 'Mom']
def AddListFunc(lst): return sum(lst)

srv = SimpleXMLRPCServer(('', 7070), allow_none=True)
srv.register_introspection_functions()

srv.register_instance(Calculator())
srv.register_function(NoneFunc, 'none')
```

```
srv.register_function(HiMomFunc, 'himom')
srv.register_function(AddListFunc, 'addlist')
srv.register_function(lambda s: s, 'echo')

srv.serve_forever()
```

Sie erkennen vielleicht an `serve_forever` am Ende des Programms, dass es sich um eine Spezialisierung von `SocketServer` handelt, den wir weiter oben vorgestellt haben.

Den XML-RPC Server initialisiert man wie folgt:

```
srv = SimpleXMLRPCServer(('', 7070), allow_none=True)
```

Damit wird ein Objekt erzeugt, das auf dem Port 7070 aller Interfaces des Systems ('') auf XML-RPC-Anforderungen warten wird. Das Flag `allow_none` bedeutet, dass der Server auch in der Lage sein soll, `None`-Objekte zu akzeptieren und zurückzusenden. Dies ist eine Erweiterung des XML-RPC Protokolls, das nicht immer zur Verfügung steht.

Hat man erst ein solches Objekt, kann man dort Funktionen unter ihren eigenen oder fremden Namen registrieren. Diese Funktionen können gewöhnliche Funktionen (`NoneFunc`, `HiMomFunc`, `AddListFunc`) oder `lambda`-Ausdrücke (einen davon haben wir unter dem Namen `echo` registriert) sein:

```
def NoneFunc(): return None
def HiMomFunc(): return ['Hi', 'Mom']
def AddListFunc(lst): return sum(lst)

srv.register_function(NoneFunc, 'none')
srv.register_function(HiMomFunc, 'himom')
srv.register_function(AddListFunc, 'addlist')
srv.register_function(lambda s: s, 'echo')
```

Man kann auch sämtliche Methoden einer Klasse (oder genauer gesagt, der Instanz einer Klasse) auf einmal registrieren:

```
class Calculator(object):
    def add(self, x, y): return x + y
    def sub(self, x, y): return x - y
    def mul(self, x, y): return x * y
    def div(self, x, y): return x / y
    def idiv(self, x, y): return x // y

srv.register_instance(Calculator())
```

Diese Methoden sind dann einfach unter ihren Namen Client-seitig aufrufbar.

Mit `register_introspection_functions`:

```
srv.register_introspection_functions()
```

werden zusätzliche Funktionen dem Client zur Verfügung gestellt, die der Introspektion dienen. Ihr Zweck ist es, Clients das interaktive Entdecken der Funktionalität eines Servers zu ermöglichen. Diese Funktionen sind `system.listMethods`, `system.methodHelp` und `system.methodSignature`. Im Client werden wir sehen, wie die Methode `system.listMethods` aufgerufen wird.

Kommen wir nun zu einem Client, der diese Methoden aufruft:

```
#!/usr/bin/env python
# xmlrpc_client.py -- A simple XML-RPC client of the calculator server.

import xmlrpclib

prx = xmlrpclib.ServerProxy('http://localhost:7070',
                            allow_none=True, verbose=False)

print prx.echo('Hello, XML-RPC World!')
print prx.none()
print prx.himom()
print prx.addlist([5,6,7,8,9,10])

print prx.add(3,2), prx.sub(3,2), prx.mul(3,2), prx.div(7,2), prx.idiv(7,2)

try:
    print prx.idiv(3,0)
except xmlrpclib.Fault, f:
    print f

print "Remote methods:"
print '\n'.join(['    ' + meth for meth in prx.system.listMethods()])

print "That's all, folks!"
```

Bevor wir das Programm besprechen, führen wir es aus und schauen uns die Ausgabe an:

```
$ ~/python/bin/python xmlrpc_client.py
Hello, XML-RPC World!
None
['Hi', 'Mom']
45
5 1 6 3.5 3
```

```
<Fault 1: "<type 'exceptions.ZeroDivisionError'>:
           integer division or modulo by zero">
Remote methods:
   add
   addlist
   div
   echo
   himom
   idiv
   mul
   none
   sub
   system.listMethods
   system.methodHelp
   system.methodSignature
That's all, folks!
```

Das Prinzip ist ganz einfach. Man besorgt sich ein Proxy-Objekt vom Typ `xmlrpclib.ServerProxy`, das mit dem XML-RPC-Server kommunizieren wird. Als Parameter übergeben wir die URL des Objekts (wir haben den Port 7070 gewählt; statt `localhost` müsste man von einem entfernten Rechner aus einen anderen Hostnamen wählen), setzen `allow_none` auf `True`, damit wir auch `None` übermitteln bzw. empfangen können, und lassen die Debug-Meldungen `verbose` ausgeschaltet:

```
prx = xmlrpclib.ServerProxy('http://localhost:7070',
                            allow_none=True, verbose=False)
```

Das Schöne an XML-RPC ist, dass wir jetzt die entfernten Methoden des Servers so aufrufen können, als wären sie Methoden des Proxy-Objekts `prx`. Wir rufen z.B. `echo`, `none`, `himom` und `addlist`, aber auch alle Methoden der `Calculator`-Instanz auf und erhalten direkt richtige Python-Werte zurück, die wir in diesem Fall einfach mit `print` ausgeben:

```
print prx.echo('Hello, XML-RPC World!')
print prx.none()
print prx.himom()
print prx.addlist([5,6,7,8,9,10])

print prx.add(3,2), prx.sub(3,2), prx.mul(3,2), prx.div(7,2), prx.idiv(7,2)
```

Ausnahmen, die von Funktionen auf der Server-Seite ausgelöst werden, werden Client-seitig in `xmlrpclib.Fault`-Ausnahmen verpackt und können wie gewöhnliche Ausnahmen abgefangen und ausgegeben werden.

```
try:
    print prx.idiv(3,0)
except xmlrpclib.Fault, f:
    print f
```

Interessant ist hier, wie man mit der Introspektionsfunktion system.listMethods eine Liste von Funktionsnamen erhält, die der XML-RPC-Server uns zur Verfügung stellt. Diese geben wir leicht eingerückt aus:

```
print "Remote methods:"
print '\n'.join(['    ' + meth for meth in prx.system.listMethods()])
```

Server-seitig erscheint Folgendes:

```
$ ~/python/bin/python xmlrpc_server.py
localhost - - [13/Apr/2008 17:35:17] "POST /RPC2 HTTP/1.0" 200 -
localhost - - [13/Apr/2008 17:35:18] "POST /RPC2 HTTP/1.0" 200 -
localhost - - [13/Apr/2008 17:35:18] "POST /RPC2 HTTP/1.0" 200 -
localhost - - [13/Apr/2008 17:35:18] "POST /RPC2 HTTP/1.0" 200 -
localhost - - [13/Apr/2008 17:35:18] "POST /RPC2 HTTP/1.0" 200 -
localhost - - [13/Apr/2008 17:35:18] "POST /RPC2 HTTP/1.0" 200 -
localhost - - [13/Apr/2008 17:35:18] "POST /RPC2 HTTP/1.0" 200 -
localhost - - [13/Apr/2008 17:35:18] "POST /RPC2 HTTP/1.0" 200 -
localhost - - [13/Apr/2008 17:35:18] "POST /RPC2 HTTP/1.0" 200 -
localhost - - [13/Apr/2008 17:35:19] "POST /RPC2 HTTP/1.0" 200 -
localhost - - [13/Apr/2008 17:35:19] "POST /RPC2 HTTP/1.0" 200 -
```

Das erinnert stark an Einträge eines Webserver-Logfiles, und es ist auch kein Zufall. In Wirklichkeit werden tatsächlich Anforderungen und Antworten im HTTP-Protokoll (hier ein POST Request) an den XML-RPC-Server gesendet. Dazu gehört auch eine feste URL, die standardmäßig /RPC2 ist (man kann sie auch ändern, siehe Dokumentation).

Wenn Sie jetzt ein bisschen neugierig auf das XML-RPC-Protokoll selbst geworden sind, versuchen Sie doch, einen ServerProxy zu instanziieren, und dabei verbose auf True zu setzen. Rufen Sie dann eine entfernte Methode auf und schauen Sie sich die Debug-Meldungen an:

```
>>> from xmlrpclib import ServerProxy
>>> prx = ServerProxy('http://localhost:7070', allow_none=True, verbose=True)
>>> prx.addlist([10, 11, 12])
```

Das Ergebnis 33 erscheint, nachdem folgende Debug-Meldungen ausgegeben wurden. An der Ausgabe erkennt man, dass der Client zunächst folgende Anforderung schickt:

```
POST /RPC2 HTTP/1.0
Host: localhost:7070
User-Agent: xmlrpclib.py/1.0.1 (by www.pythonware.com)
```

```
Content-Type: text/xml
Content-Length: 250

<?xml version='1.0'?>
<methodCall>
  <methodName>addlist</methodName>
  <params>
    <param>
      <value>
        <array>
          <data>
            <value><int>10</int></value>
            <value><int>11</int></value>
            <value><int>12</int></value>
          </data>
        </array>
      </value>
    </param>
  </params>
</methodCall>
```

Den XML-Körper habe ich hier zur besseren Lesbarkeit entsprechend eingerückt. In Wirklichkeit wird er Platz sparend ohne führende Whitespaces gesendet.

Man sieht, dass ein ganz gewöhnlicher HTTP POST-Request an den Server geschickt wurde, wobei der Körper des Requests ein XML-Dokument ist. Dieses Dokument ist gemäß der XML-RPC-Spezifikation mit diversen standardisierten Tags verstehen. Mit `<methodCall>` wird eine entfernte Methode aufgerufen, deren Name in `<methodName>` steht. Die Parameter der Funktion werden in einer `<params>`-Datenstruktur übermittelt.

Nachdem der Server die Funktion ausgeführt hat, sendet er folgende Antwort über dieselbe TCP-Verbindung zurück:

```
HTTP/1.0 200 OK
Server: BaseHTTP/0.3 Python/2.5.2
Date: Sun, 13 Apr 2008 15:41:31 GMT
Content-type: text/xml
Content-length: 122

<?xml version='1.0'?>
<methodResponse>
  <params>
    <param>
      <value><int>33</int></value>
```

```
    </param>
  </params>
</methodResponse>
```

Auch hier habe ich den XML-Körper zur besseren Lesbarkeit *indentiert* (d.h. eingerückt).

Alles, was der Client da noch zu tun hat, ist, den Rückgabewert aus der XML-Antwort zu extrahieren und diesen dem Aufrufer zur Verfügung zu stellen.

Ein selbstdokumentierender Server

Wäre es nicht schön, wenn XML-RPC Server zusätzlich zu ihrer XML-RPC-Funktionalität sich selbst dokumentieren könnten, wenn man sie per GET-Request anspricht, wie es ein normaler Browser tun würde? Nun, mit DocXMLRPCServer können Sie es! DocXMLRPCServer ist eine Spezialisierung von SimpleXMLRPCServer, die zusätzlich eine HTML-Dokumentation zur Verfügung stellt.

Damit das alles jedoch funktioniert und Sinn macht, sollten die exportierten Funktionen schon über Docstrings verfügen, denn was sollte sonst dokumentiert werden? Darum verändern wir das vorige Programm *xmlrpc_server.py* geringfügig wie folgt:

```python
#!/usr/bin/env python
# xmlrpc_server2.py -- A self-documenting XML-RPC calculator server

from __future__ import division
from DocXMLRPCServer import DocXMLRPCServer

class Calculator(object):
    "A calculator object"
    def add(self, x, y): "Add two numbers";      return x + y
    def sub(self, x, y): "Subtract two numbers"; return x - y
    def mul(self, x, y): "Multiply two numbers"; return x * y
    def div(self, x, y): "Divide two numbers";   return x / y
    def idiv(self, x, y): "Divide two integers"; return x // y

def NoneFunc(): "A function which returns None"; return None
def HiMomFunc(): "A function which returns a list"; return ['Hi', 'Mom']
def AddListFunc(lst): "A function which sums a list"; return sum(lst)

srv = DocXMLRPCServer(('', 7070))
srv.allow_none = True
srv.set_server_title('XML-RPC Calculator')
srv.set_server_name('pythonbook.hajji.name')
srv.set_server_documentation('I am a simple XML-RPC Calculator')
```

717

```
srv.register_introspection_functions()

srv.register_instance(Calculator())
srv.register_function(NoneFunc, 'none')
srv.register_function(HiMomFunc, 'himom')
srv.register_function(AddListFunc, 'addlist')
srv.register_function(lambda s: s, 'echo')


srv.serve_forever()
```

Bis auf zusätzliche Docstrings, den Einsatz von `DocXMLRPCServer` statt `SimpleXMLRPC-Server`, das manuelle Setzen von `allow_none` (weil es im Konstruktor von `DocXMLRPC-Server` bei Python 2.5.2 nicht geht) und das Definieren von Titel, Servername und einer einleitenden Bemerkung ist alles beim Alten geblieben:

```
srv = DocXMLRPCServer(('', 7070))
srv.allow_none = True
srv.set_server_title('XML-RPC Calculator')
srv.set_server_name('pythonbook.hajji.name')
srv.set_server_documentation('I am a simple XML-RPC Calculator')
```

Den Server können wir mit dem bereits entwickelten XML-RPC Client *xmlrpc_client.py* testen: es kommt dasselbe raus, wie beim `SimpleXMLRPCServer`.

Der wesentliche Unterschied ist natürlich die HTML-Dokumentation, die man mit einem normalen Browser erhält (siehe Abbildung oben auf der nächsten Seite).

Auf der Server-Konsole erscheint neben den `POST`-Requests des XML-RPC-Clients jetzt auch ein `GET`-Request des Browsers:

```
$ ~/python/bin/python xmlrpc_server2.py
localhost - - [13/Apr/2008 18:03:10] "POST /RPC2 HTTP/1.0" 200 -

(...)

localhost - - [13/Apr/2008 18:03:11] "POST /RPC2 HTTP/1.0" 200 -
localhost - - [13/Apr/2008 18:03:33] "GET / HTTP/1.1" 200 -
```

Ein vielbeschäftigter Server

Ein Nachteil der bisherigen XML-RPC-Server war, dass sie single threaded sind. Dies hat bekanntermaßen folgende Nachteile:

- wenn eine Funktion viel Zeit benötigt oder gar blockiert,
- wenn viele Daten zwischen Client und Server und wieder zurück zu senden sind,
- wenn die Verbindung zwischen Client und Server besonders langsam ist,
- wenn einer der Clients absichtlich Daten im Schneckentempo entgegennimmt.

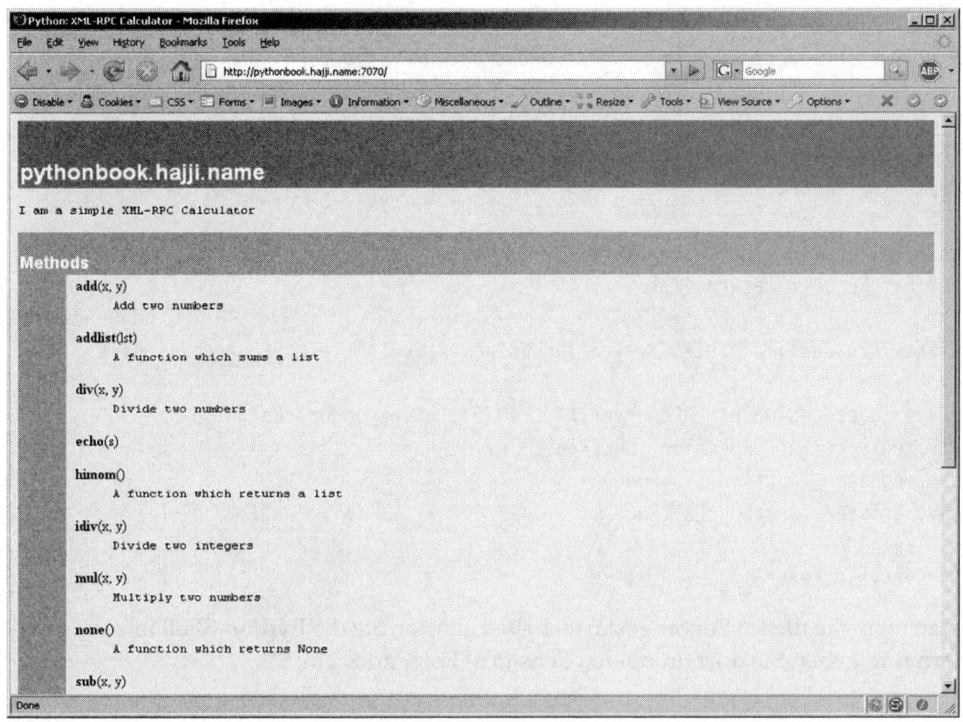

In all diesen Fällen ist der einzige Thread des Servers damit beschäftigt, eine einzige Anforderung eines einzigen Clients zu befriedigen.

Was ist aber, wenn mehrere Clients gleichzeitig den Server kontaktieren und eine Antwort erwarten? Solange der Server single threaded ist, kann man nichts machen. Aber wer sagt denn, dass es dabei bleiben muss? Schließlich ist ein `SimpleXMLRPCServer` ja bloß ein Sonderfall von `SocketServer`; und da haben wir ja gesehen, wie man einen multi threaded `SocketServer` durch einfache Beimischung einer Mixin-Klasse (`Threading-MixIn`) bekommt.

Dies können wir auch hier mit `SimpleXMLRPCServer` tun! Alles, was man machen muss, ist, eine neue Klasse aus `SimpleXMLRPCServer` abzuleiten und dabei `ThreadingMixIn` als *erste* Elternklasse beizumischen:

```
class ThreadedSimpleXMLRPCServer(ThreadingMixIn, SimpleXMLRPCServer): pass
```

Danach kann man `ThreadedSimpleXMLRPCServer` genauso wie die Klasse `SimpleXMLRPC-Server` einsetzen.

Das folgende Beispiel zeigt, wie es geht:

```
#!/usr/bin/env python
# xmlrpc_threadedserver.py -- A threaded XML-RPC server.

from SimpleXMLRPCServer import SimpleXMLRPCServer
from SocketServer import ThreadingMixIn
from time import sleep

def SlowFunc(): sleep(5); return 42
def FastFunc(): return 4711

class ThreadedSimpleXMLRPCServer(ThreadingMixIn, SimpleXMLRPCServer): pass

srv = ThreadedSimpleXMLRPCServer(('', 7070), allow_none=True)
srv.register_introspection_functions()
srv.register_function(SlowFunc)
srv.register_function(FastFunc)

srv.serve_forever()
```

Nachdem Sie diesen Server gestartet haben, starten Sie die Python-Shell in zwei Fenstern und geben Sie dort (in beiden Fenstern) Folgendes ein:

```
>>> import xmlrpclib
>>> prx = xmlrpclib.ServerProxy('http://localhost:7070')
```

In einem Fenster starten Sie dann SlowFunc:

```
>>> prx.SlowFunc()
42
```

Und während Sie auf die Antwort 42 warten, starten Sie schnell im anderen Fenster mehrfach FastFunc:

```
>>> prx.FastFunc()
4711
```

```
>>> prx.FastFunc()
4711
```

Sie werden feststellen, dass die Antworten auf FastFunc sofort erscheinen, während die Antwort auf SlowFunc immer noch auf sich warten lässt. Das wäre bei einem normalen single threaded SimpleXMLRPCServer nicht möglich gewesen: Dort hätte der Aufruf von SlowFunc den Server so lange blockiert (5 Sekunden im Beispiel), bis er die Antwort an den Client gesendet hat. Erst danach hätte er die FastFunc-Aufrufe des anderen Clients bedienen können.

(K)ein Server mit Anmeldung

Die Server, die wir bisher vorgestellt haben, konnten von allen Clients ohne Angabe von Username und Passwort benutzt werden. Um diese Benutzung einzuschränken, ist man auf einen Mechanismus des darunterliegenden HTTP-Protokolls angewiesen. Man kann z.B. mittels *Basic Authentication* einen Client, der bei einer Anforderung keine Credentials zur Verfügung stellt, dazu bringen, sich erst anzumelden, bevor er die Funktionen benutzen kann.

Da dies eher Gegenstand der Webprogrammierung ist (die wir in Kapitel 15, *Webprogrammierung und Web-Frameworks*, vorstellen werden), verzichten wir an dieser Stelle darauf, Beispiele für authentifizierende Clients und Server zu zeigen.

Warum die Authentifizierung nicht ganz so trivial ist, wie sie beim Twisted Perspective Broker war, liegt auf der Hand: Aufgrund der Natur von HTTP kann jeder einzelne Funktionsaufruf in einer eigenen TCP-Verbindung stattfinden: Ruft man fünf Funktionen auf, kann der Client durchaus fünfmal hintereinander eine TCP-Verbindung zum Server aufbauen und nach Erhalten des Ergebnisses wieder schließen. Eine erfolgreiche Anmeldung durch Aufruf einer Funktion wie, sagen wir mal einfach, login würde beim nächsten Funktionsaufruf wieder weg sein, weil die TCP-Verbindung, die damit zusammenhängt, schon wieder geschlossen worden sein könnte. Damit die Authentifizierung mit HTTP (und somit auch mit XML-RPC) funktioniert, muss der Zustand (angemeldet, nicht angemeldet) das Ende einer TCP-Verbindung überdauern. Das macht man normalerweise mit diversen Tricks, z.B. mit Cookies oder Sessions.

Wenn Ihnen das Prinzip der *Basic Authentication* in HTTP vertraut ist und Sie jetzt schon einen XML-RPC-Server und -Client damit ausstatten möchten, hier ein paar Tipps:

- Der Konstruktor von SimpleXMLRPCServer spezifiziert als zweiten Parameter requestHandler einen Request Handler, der die HTTP-Daten verarbeitet. Das ist Default-mäßig *SimpleXMLRPCRequestHandler*, kann aber auch eine davon abgeleitete Klasse sein.
- In der Moduldatei *SimpleXMLRPCServer.py* der Python-Installation finden Sie den Quellcode von SimpleXMLRPCRequestHandler. Dort erkennen Sie, dass es eine Methode do_POST gibt, welche die POST-Anforderung des Clients erhält. Unter anderem befinden sich dort in self.headers die Header.
- In den POST-Headern können Sie nachprüfen, ob ein Cookie enthalten ist (verwenden Sie z.B. das Standardmodul cookielib, um den Inhalt des Cookies zu extrahieren oder ein Cookie zu erzeugen). Das könnte z.B. ein Cookie sein, das wir dem Client als Ergebnis einer erfolgreichen Authentifizierung gesendet haben.

Wir belassen es bei diesen Andeutungen. Versuchen Sie, ein solches System zu entwickeln, es ist eine sehr gute Übung.

14.3.3 asyncore/asynchat

Nachdem wir uns lange in den hohen Sphären von Frameworks wie Twisted oder SocketServer aufgehalten haben, ist es langsam an der Zeit, sich der low-level-Programmierung von Sockets zu nähern. Damit der Wechsel nicht zu abrupt ausfällt, legen wir auf dem Weg nach unten einen kleinen Zwischenstopp bei asyncore (und asynchat) ein.

Das Modul asyncore ermöglicht es, verschiedene spezielle socket-Objekte (*channels* genannt) parallel zu verwalten, so dass man damit Clients schreiben kann, die verschiedene parallele Verbindungen aufbauen, oder Server erstellen kann, die gleichzeitig verschiedene Clients bedienen sollen. Das Interessante an asyncore ist jedoch, dass dies ohne Multithreading implementiert wird! Hinter den Kulissen wird nämlich die Funktion select.select benutzt, die auf mehrere Socket-Deskriptoren gleichzeitig warten kann und den aktuellen Thread aufweckt, sobald ein Event auf einen dieser Deskriptoren eintritt:

- Daten können abgeholt werden,
- einer der Sockets ist wieder schreibbereit,
- es wurde eine Verbindung geschlossen ...

asyncore kann also Multithreading auf Sockets ohne Threads realisieren, was stark an SocketServer oder auch Twisted erinnert.

Es wird auch nicht überraschen, dass asyncore genauso wie SocketServer und der Twisted reactor eine Event-Schleife besitzt (asyncore.loop), welche diese Events abfängt und an die Socket-Objekte (an die Channels) dispatcht, indem sie deren Callbacks aufruft.

Nachdem man mit asyncore in der Lage ist, mit multiplen Verbindungen gleichzeitig zu jonglieren, kann man sich asynchat zuwenden. Zusätzlich zur asyncore-Funktionalität kann man mit asynchat eine Funktion zum Erkennen von Protokollsgrenzen definieren. Solche Grenzen könnten bei zeilenorientierten Protokollen das Newline-Zeichen sein, es könnte auch ein spezieller Prompt oder eine besondere Ausgabe sein. Somit entspräche asynchat in etwa und nur ganz grob das Twisted LineReceiver-Protokoll (wenn man Newlines erkennt). In diesem Abschnitt werden wir uns auf asyncore konzentrieren. Es bleibt Ihnen überlassen, sich in asynchat mit Hilfe der eingebauten Dokumentation einzuarbeiten.

Zur Illustration von asyncore zeigen wir, wie man eine Webseite von einem Webserver herunterlädt. Dabei nutzen wir noch nicht unbedingt die Parallelität von asyncore aus, denn es geht nur darum, die API von asyncore.dispatcher kennenzulernen. Eine sich daran anschließende Übungsaufgabe (samt Musterlösung) zeigt, wie man dieses Programm zu einem parallelen HTTP-Downloader ohne Mühe erweitern kann; was die ganze Flexibilität von asyncore erst richtig zum Vorschein bringen wird.

Eine Webseite mit asyncore herunterladen

Das folgende Programm, das wir weiter unten noch erklären werden, lädt eine Webseite von einem Webserver herunter und gibt sie aus:

```python
#!/usr/bin/env python
# asyncore_gethttp.py -- A simple web downloader using asyncore.

import socket
import asyncore

HTTP_COMMAND = "GET %s HTTP/1.0\r\nHost: %s\r\nConnection: close\r\n\r\n"
BUFSIZE = 4096

class HTTPDownloader(asyncore.dispatcher):
    "A class that downloads a web page from an HTTP server"

    def __init__(self, host, path, port=80):
        asyncore.dispatcher.__init__(self)
        self.create_socket(socket.AF_INET, socket.SOCK_STREAM)
        self.connect((host, port))
        self.buffer = HTTP_COMMAND % (path, host)

    def handle_connect(self):
        pass

    def handle_close(self):
        print ''               # add a terminating newline
        self.close()

    def handle_read(self):
        print self.recv(BUFSIZE),

    def writable(self):
        return len(self.buffer) > 0

    def handle_write(self):
        sent = self.send(self.buffer)
        self.buffer = self.buffer[sent:]

def getpage(host, path, port=80):
    "Download a page path from host:port using HTTP protocol"

    getter = HTTPDownloader(host, path, port)
    asyncore.loop()

if __name__ == '__main__':
    import sys
```

```
if len(sys.argv) < 3:
    print >>sys.stderr, "Usage:", sys.argv[0], "host path [port]"
    sys.exit(1)
host, path, port = sys.argv[1], sys.argv[2], 80
if len(sys.argv) == 4: port = int(sys.argv[3])

getpage(host, path, port)
```

Um `http://pythonbook.hajji.name:7464/asyncore.html` herunterzuladen, rufen wir *asyncore_gethttp.py* wie folgt auf:

```
$ ~/python/bin/python asyncore_gethttp.py pythonbook.hajji.name \
                      /asyncore.html 7464
```

In der Ausgabe erscheint die komplette Antwort des Webservers, inklusive HTTP-Header. Eine nicht existierende Seite wird ebenfalls richtig ausgegeben, wenn der Webserver eine Fehlermeldungsseite erzeugt:

```
$ ~/python/bin/python asyncore_gethttp.py pythonbook.hajji.name /notthere.html
HTTP/1.0 404 Not Found
Connection: close
Content-Type: text/html
Content-Length: 345
Date: Sun, 13 Apr 2008 18:46:35 GMT
Server: lighttpd/1.4.19

<?xml version="1.0" encoding="iso-8859-1"?>
<!DOCTYPE html PUBLIC "-//W3C//DTD XHTML 1.0 Transitional//EN"
        "http://www.w3.org/TR/xhtml1/DTD/xhtml1-transitional.dtd">
<html xmlns="http://www.w3.org/1999/xhtml" xml:lang="en" lang="en">
 <head>
  <title>404 - Not Found</title>
 </head>
 <body>
  <h1>404 - Not Found</h1>
 </body>
</html>
```

Was ist aber `asyncore.dispatcher`? Auf den ersten Blick ist es nichts anderes als ein `socket` mit zusätzlichen Methoden; darunter viele Methoden, die mit `handle_*` anfangen. Das ist auch gar nicht mal so falsch:

```
>>> import asyncore
```

```
>>> dir(asyncore.dispatcher)
['__doc__', '__getattr__', '__init__', '__module__', '__repr__', 'accept',
'accepting', 'add_channel', 'addr', 'bind', 'close', 'closing', 'connect',
'connected', 'create_socket', 'debug', 'del_channel', 'handle_accept',
'handle_close', 'handle_connect', 'handle_error', 'handle_expt',
'handle_expt_event', 'handle_read', 'handle_read_event', 'handle_write',
'handle_write_event', 'listen', 'log', 'log_info', 'readable', 'recv',
'send', 'set_reuse_addr', 'set_socket', 'writable']
```

Man erkennt unter anderem die socket-Methoden accept, bind, close, connect, listen, recv und send (siehe weiter unten bei der low-level Berkeley Socket API); also ist ein asyncore.dispatcher bzw. Klassen, die man daraus ableitet, eine Art socket.

Doch in Wirklichkeit ist dispatcher etwas mehr. Es handelt sich um einen dünnen Wrapper, der sich um socket legt und der mit einer auf select.select basierenden Event-Schleife kooperiert.

Das funktioniert wie folgt: Immer wenn man einen asyncore.dispatcher oder, besser gesagt, ein Objekt aus einer von asyncore.disptacher abgeleiteten Klasse (wie im Programm die Klasse HTTPDownloader) instanziiert, wird dieses Objekt in einer globalen Map von Channels aufgenommen. Diese Map wird dann beim Aufruf der Event-Schleife asyncore.loop() einem select.select-Aufruf übergeben.

Sobald das geschehen ist, wartet der select-Systemaufruf so lange darauf, bis ein Event auf einen der darunterliegenden Socket-Deskriptoren eintritt. Wenn das geschehen ist, kehrt select zur Event-Loop zurück und meldet die Sockets, auf denen sich etwas getan hat. asyncore.loop() geht dann die Map durch und signalisiert den verschiedenen betroffenen dispatcher-Instanzen durch Aufruf u.a. ihrer handle_*-Funktionen, dass ein Event für sie eingetreten ist. Anschließend kehrt die asyncore.loop()-Schleife wieder zurück und ruft select.select erneut auf, um auf die nächsten Events zu warten.

Um dispatcher zu nutzen, sollte man also asyncore.dispatcher ableiten und diverse Event-Handler durch eigene benutzerspezifische Versionen überschreiben. Um z.B. unseren HTTP-Downloader-Client zu implementieren, leiten wir die Klasse HTTPDownloader ab und überschreiben folgende Funktionen: __init__, handle_connect, handle_close, handle_read, handle_write und writable. Auf diese Funktionen kommen wir gleich zu sprechen.

Unsere Beispielklasse HTTPDownloader kann nun diverse Verbindungen zu HTTP-Servern erzeugen. Jede dieser Verbindungen ist ein Channel und wird durch Instanziierung eines HTTPDownloader-Objekts (wie z.B. getter im Beispiel) der globalen Map hinzugefügt. Wenn wir anschließend asyncore.loop() aufrufen, können wir uns zurücklehnen und darauf warten, dass diese Schleife die diversen Callbacks der registrierten Channels aufruft.

Mit anderen Worten: Wir könnten das Beispiel dahingehend erweitern, dass mehrere Seiten parallel vom selben oder von verschiedenen Webservern heruntergeladen werden, indem wir mehrere Channels aus `HTTPDownloader` instanziieren und erst dann die Event-Loop aufrufen. Die Event-Schleife wird dann bequem alle parallele Verbindungen managen und die von `select.select` gemeldeten Events der einzelnen Socket-Deskriptoren zu den verschiedenen Channelobjekten durch Aufruf von deren Callbacks weiterleiten.

Kommen wir nun zu den Event-Handlern.

`handle_connect` wird aufgerufen, sobald eine Verbindung hergestellt ist. Diese Methode ist vor allem für Server interessant (man kann z.B. einen Banner als Begrüßung senden), darum tun wir hier als Client gar nichts.

`handle_close` wird aufgerufen, wenn die Event-Loop erkannt hat, dass der darunterliegende Socket von der anderen Seite aus geschlossen wurde (d.h. wenn das letzte Lesen mit `recv` einen leeren String zurückgeliefert hat): Wir schließen den Socket auf unserer Seite als Antwort darauf.

`handle_read` wird immer dann von der Event-Schleife aufgerufen, wenn wir garantiert Daten aus dem Socket mit `recv` lesen können, ohne dass das Lesen unser Programm blockiert: Es sind also immer Daten verfügbar, wenn dieser Handler aufgerufen wird. Wir können daher Daten abholen, ohne uns Sorgen machen zu müssen, dass der `recv`-Aufruf blockieren könnte. In diesem Fall lesen wir die Daten ein und geben sie direkt mit `print` auf die Standardausgabe aus. Bei einem parallelen Downloader könnte man stattdessen die Daten in eine Datei speichern.

`handle_write` wird von der Event-Schleife immer dann aufgerufen, wenn der darunterliegende Socket der Funktion `select.select` gemeldet hat, dass er bereit ist, Daten mit `send` zu empfangen, ohne dabei zu blockieren. Anders ausgedrückt: In `handle_write` schreiben wir einfach in den Socket, was wir senden wollen. Da die `send`-Methode des Sockets nicht unbedingt alle zu sendenden Daten auf einmal senden kann (es ist ja nicht `sendall`, welche evtl. blockieren könnte), merken wir uns einfach die Zahl der gesendeten Bytes und kürzen den Sendepuffer entsprechend.

`writable` wird von der Event-Loop aufgerufen, um uns zu fragen, ob wir Daten senden wollen. Wir liefern `True` zurück, wenn unser Sendepuffer noch nicht leer ist, und `False`, wenn wir gerade nichts zu senden haben. Der Sinn von `writable` ist es, die Richtung der Kommunikation zu bestimmen: Wenn wir glauben, dass wir an der Reihe sind, sollte `writable` den Wert `True` liefern. Und wenn wir glauben, dass die andere Seite an der Reihe ist, sollten wir in `writable` den Wert `False` zurückgeben (es ist zwar ein wenig komplizierter als das, aber wir wollen nicht in die Details eintauchen).

Die Verbindung selbst wird in `__init__` hergestellt. Dort rufen wir erst wie gewohnt die `__init__`-Methode der Basisklasse `asyncore.dispatcher` auf, und sind dann bereit, ein `socket`-Objekt zu erzeugen. Wir benutzen die Funktion `create_socket`, um (in diesem

Beispiel) einen TCP-Client-Socket zu erzeugen, bauen die Verbindung mit connect auf und bereiten den Sendepuffer vor, der die benötigten HTTP-Header enthält. Beachten Sie, dass wir hier noch nicht diesen Sendepuffer zum Webserver senden. Das wird erst in der Funktion handle_write geschehen, die von der Event-Loop dann aufgerufen wird, wenn der Socket der select.select-Funktion meldet, dass er zum Schreiben bereit ist. Erst dann wird (evtl. stückweise in mehreren Schüben und mehreren Aufrufen von handle_write) der Sendepuffer zum Webserver abgeschickt.

Konkret sehen die Aufrufe dann so aus:

- __init__ wird beim Instanziieren von getter aufgerufen.
- __init__ ruft asyncore.dispatcher.__init__ auf und fügt diese Instanz somit der globalen Map von zu überwachenden dispatchern zu.
- __init__ erzeugt einen Socket und baut damit eine Verbindung zum Webserver auf.
- asyncore.loop() startet die Event-Schleife.
- Wenn die Verbindung zum Webserver steht, ruft die Event-Schleife handle_connect auf.
- Der Socket ist nun zum Schreiben bereit. Die Event-Schleife fragt nach, ob Daten zu senden sind, indem sie writable aufruft.
- writable erkennt, dass der Sendepuffer etwas enthält (die HTTP-Header, die im __init__ vorbereitet wurden), und meldet True.
- Die Event-Schleife ruft dann handle_write auf, damit ein Teil des Sendepuffers an den Webserver gesendet wird.
- Falls nicht alles am Stück gesendet werden konnte, wird die Event-Schleife noch mehrmals writable und handle_write aufrufen. Irgendwann wird writable den Wert False senden, und die Event-Schleife weiß, dass der Channel nun in die Leserichtung statt Schreibrichtung zu betreiben ist.
- Wenn der Webserver anfängt, seine Antwort zu senden, erkennt die Event-Schleife, dass Daten beim Socket aufgerufen werden können, und sie ruft ihrerseits handle_read auf.
- handle_read besorgt sich so viele Daten am Stück, wie zur Verfügung stehen. All dies wird ausgegeben.
- Eventuell sendet der Server seine Antwort in mehreren Schüben. In dem Fall wird die Event-Schleife evtl. noch mehrmals handle_read aufrufen.
- Irgendwann liefert der Aufruf von recv einen leeren String. Die Event-Schleife erkennt das und ruft anschließend handle_close auf. handle_close schließt dann die Verbindung, und wir sind fertig.

Puh ... ganz schön lang!

Als Übungsaufgabe schreiben Sie jetzt einen Paralleldownloader für Webseiten! Der könnte z.B. so aufgerufen werden

```
$ python asyncore_pgetter.py url1 file1 url2 file2 url3 file3 ...
```

und würde die URL url1 in die Datei file1 speichern, die URL url2 in die Datei file2 usw. Modifizieren Sie dafür einfach die Klasse HTTPDownloader dahingehend, dass die gelesenen Daten in die jeweilige Datei gespeichert, statt auf die Standardausgabe ausgegeben werden. Verändern Sie auch getpage so, dass der Aufruf von der Event-Schleife dort nicht mehr stattfindet. Rufen Sie dann einfach getpage für alle (URL, Dateiname) Paare auf, um die Channels einzurichten und in die globale Map hinzu-zufügen. Anschließend rufen Sie die Event-Schleife auf, um den parallelen Download all dieser Channels zu managen.

Ein Lösungsansatz, den wir nicht weiter kommentieren, sähe z.B. so aus:

```python
#!/usr/bin/env python
# asyncore_pgetter.py -- A parallel web downloader using asyncore

import socket
import asyncore
import urlparse


HTTP_COMMAND = "GET %s HTTP/1.0\r\nHost: %s\r\nConnection: close\r\n\r\n"
BUFSIZE = 4096

class HTTPDownloader(asyncore.dispatcher):
    "A class that downloads a web page from an HTTP server into a file"

    def __init__(self, url, filename):
        # Register channel with event loop
        asyncore.dispatcher.__init__(self)

        # Parse url, but only for the form scheme://netloc/path
        (scheme, netloc, path, query, fragment) = urlparse.urlsplit(url)
        if ':' in netloc:
            host, port_as_str = netloc.split(':')
            if port_as_str == '': port_as_str = '80'
            port = int(port_as_str)
        else:
            host, port = netloc, 80

        # Create socket and open connection
        self.create_socket(socket.AF_INET, socket.SOCK_STREAM)
        self.connect((host, port))

        # Create destination file
        self.thefile = open(filename, 'wb')
```

```
        # Prepare send buffer
        self.buffer = HTTP_COMMAND % (path, host)

    def handle_connect(self):
        pass

    def handle_close(self):
        self.thefile.close()
        self.close()

    def handle_read(self):
        data = self.recv(BUFSIZE)
        if data:
            self.thefile.write(data)

    def writable(self):
        return len(self.buffer) > 0

    def handle_write(self):
        sent = self.send(self.buffer)
        self.buffer = self.buffer[sent:]

def getpage(url, filename):
    "Download a page from URL using HTTP, and save it in filename"

    # Initialize and register channel into global map
    getter = HTTPDownloader(url, filename)

if __name__ == '__main__':
    import sys
    if len(sys.argv) < 3 or len(sys.argv) % 2 != 1:
        print >>sys.stderr, "Usage:", sys.argv[0], "url file [url file...]"
        sys.exit(1)

    getters = []
    for i in range(len(sys.argv) / 2):
        url, filename = sys.argv[i*2+1], sys.argv[i*2+2]
        try:
            getters.append(getpage(url, filename))
        except Exception, e:
            print url, filename, e    # skip this one.
    asyncore.loop()
```

Auf `asynchat` gehen wir an dieser Stelle nicht ein. Lesen Sie einfach die jeweilige Dokumentation, um mehr darüber zu erfahren.

14.4 Low-level-Programmierung mit Sockets

Um ein Gefühl für Sockets zu gewinnen, fangen wir mit einem einfachen Server an, der endlos auf TCP-Verbindungen wartet. Sobald eine solche Verbindung von außen entgegengenommen wird, meldet sich der Server mit einer kurzen Begrüßungszeile und sendet dorthin die Adresse des Clients zurück.

```python
#!/usr/bin/env python
# tcpserver.py -- a single threaded TCP server with sockets

import socket

def create_server(port, host=''):
    "Create a listening socket, and accept connections in an endless loop"

    s = socket.socket(socket.AF_INET, socket.SOCK_STREAM)
    s.setsockopt(socket.SOL_SOCKET, socket.SO_REUSEADDR, 1)
    s.bind((host, port))
    s.listen(5)
    print "Server started on port %s" % (port,)

    try:
        while True:
            c, (raddr, rport) = s.accept()
            print "Accepted connection from %s:%s" % (raddr, rport)
            c.sendall("Hi (%s:%s)!\r\n" % (raddr, rport))
            c.close()
    except KeyboardInterrupt:
        s.close()
        print "Server stopped"

if __name__ == '__main__':
    import sys
    if len(sys.argv) != 2:
        print >>sys.stderr, "Usage:", sys.argv[0], "port"
        sys.exit(1)
    port = int(sys.argv[1])
    create_server(port)
```

Die Reihenfolge der Aufrufe wird durch die Socket-API festgelegt:

- Zunächst wird mit `socket` ein Socket-Objekt erzeugt. Die Parameter legen fest, dass es sich um einen TCP-Socket handelt.
- Mit `setsockopt` wird das Socket-Objekt in den Zustand versetzt, mehrere aufeinanderfolgende Verbindungen entgegenzunehmen, ohne dass man eine längere Wartezeit (z.B. zwei Minuten) zwischen den Aufrufen einlegen muss. Beim Entwickeln ist es eine sehr nützliche Option.
- Dann wird der Socket mit dem `bind`-Aufruf an einen TCP-Port angekoppelt. Der `host`-Parameter kann dabei der leere String sein (' '), um alle Interfaces im System zu bezeichnen (hört auf alle IP-Adressen, in C wäre das `INADDR_ANY`).
- Mit `listen` wird die Warteschlange für eingehende Verbindungen eingerichtet.

An dieser Stelle wäre der Socket bereit, Verbindungen von anderen Rechnern entgegenzunehmen. Eine Verbindung nehmen wir entgegen mit dem `accept`-Aufruf. Diese Methode hält den Server-Thread so lange an, bis ein Client sich an den angegebenen Port mit einem `connect`-Aufruf anschließt. Sobald das eintritt, wird der Serverthread wieder aufgeweckt, und `accept` kehrt mit folgendem Tupel zurück:

- `c`, ein Client Socket, der die Verbindung zum Client herstellt.
- (`raddr`, `rport`) ist die Adresse und der Port des Clients, der eine Verbindung zu uns aufnimmt.

In einer Endlos-Schleife nehmen wir also Verbindungen mit `accept` auf. Jedes Mal, wenn eine solche Verbindung entgegengenommen wird, schreiben wir auf der Konsole eine kurze Mitteilung. Damit auch der Client etwas vom Server bekommt, senden wir mit der `sendall`-Methode eine kurze Begrüßungszeile, die `raddr` und `rport` enthält. Mit anderen Worten, wir sagen dem Client, von wo aus er uns kontaktiert. Anschließend schließen wir mit `close` Server-seitig die Verbindung zum Client und kehren zum `accept`-Aufruf zurück, um neue Verbindungen aufzunehmen.

Wir hätten auch `send` statt `sendall` benutzen können, aber dann muss man damit rechnen, dass nicht alle Daten mit einem einzigen Aufruf gesendet würden. In dem Fall müsste man `send` in einer Schleife mit einem immer kleiner werdenden Puffer aufrufen, bis alle Daten gesendet sind. Das ist umständlich und auch genau das, was `sendall` tut.

Der `try`-Block um die Endlos-Schleife dient lediglich dazu, *Ctrl-C* abzufangen, um den Server sauber herunterzufahren.

Beachten Sie, dass dieser Server nur eine Client-Verbindung gleichzeitig verarbeiten kann: Zwischen dem einen und dem nächsten `accept`-Aufruf müssen weitere verbindungswillige Clients warten! Falls es sehr viele solcher Clients gibt, wird die `listen`-Warteschlange des Sockets (eine vom Betriebssystem eingerichtete Schlange) überlaufen, und die Verbindung wird einfach fehlschlagen. Um also mehrere parallele Verbindungen zu verwalten, müssten wir das Programm anders strukturieren. Doch das kommt später.

Jetzt brauchen wir einen zu diesem Server passenden Client. Man könnte z.B. mit Tools wie *telnet* oder *nc* (*netcat*) das Programm ausprobieren, aber es bietet sich natürlich an, einen TCP-Client in Python zu schreiben:

```python
#!/usr/bin/env python
# tcpclient.py -- a single threaded TCP client with sockets

import socket

BLOCKSIZE = 1024

def create_client(host, port):
    "Create a connection to a server, read and print whole server reply"

    s = socket.socket(socket.AF_INET, socket.SOCK_STREAM)
    s.connect((host, port))

    while True:
        buf = s.recv(BLOCKSIZE)
        if not buf:
            break
        print buf,

    s.close()

if __name__ == '__main__':
    import sys
    if len(sys.argv) != 3:
        print >>sys.stderr, "Usage:", sys.argv[0], "host port"
        sys.exit(1)
    host, port = sys.argv[1], int(sys.argv[2])

    create_client(host, port)
```

Der wesentliche Unterschied zum Server liegt darin, dass nach dem Erzeugen des Sockets mit socket dieser mit einem Aufruf von connect zu einem Client Socket gemacht wird.

Achtung!

Beachten Sie: connect erwartet ein Tupel als Argument und nicht zwei Argumente!

Ein weiterer Unterschied ist, dass wir hier natürlich recv statt sendall benutzen, um Daten aus dem Socket zu lesen.

Entscheidend bei Client Sockets ist, dass Aufrufe von recv weniger als die geforderte Anzahl Zeichen liefern könnte. Eigentlich müsste man die so stückweise gelesenen Daten puffern und anschließend verarbeiten. Man kann z.B. so nicht ohne Weiteres eine Zeile lesen.

Auf jeden Fall wissen wir bei den normalen blockierenden Client Sockets, dass der Server die Verbindung geschlossen hat, wenn recv einen leeren String zurückgibt. Dies benutzen wir nun als Abbruchkriterium für unsere Schleife.

Als Nächstes probieren wir unser Client/Server-Beispiel aus. In einem Fenster starten wir den Server, und in einem anderen Fenster (bzw. auf einem ganz anderen Rechner) rufen wir den Client mehrmals auf. Anschließend beenden wir den Server mit *Ctrl-C*.

Das Fenster beim Server zeigt dann z.B. Folgendes an:

```
$ ~/python/bin/python tcpserver.py 7111
Server started on port 7111
Accepted connection from 127.0.0.1:57866
Accepted connection from 127.0.0.1:59677
Accepted connection from 127.0.0.1:55812
^CServer stopped
```

Während das Client-Fenster dies zeigt:

```
$ ~/python/bin/python tcpclient.py localhost 7111
Hi (127.0.0.1:57866)!

$ ~/python/bin/python tcpclient.py localhost 7111
Hi (127.0.0.1:59677)!

$ ~/python/bin/python tcpclient.py localhost 7111
Hi (127.0.0.1:55812)!
```

Der Client hat vom Betriebssystem jedes Mal eine neue ausgehende Portnummer zugewiesen bekommen. Mit dieser Portnummer hat er eine Verbindung zum Server aufgenommen. Hier liefen der Server und der Client auf demselben Rechner *localhost* (*127.0.0.1*), aber sie hätten auch ohne Weiteres auf verschiedenen Rechnern laufen können, solange eine TCP-Verbindung zwischen Client und Server möglich ist.

Man beachte, dass Rechner-Adressen sowohl Hostnamen als auch IP-Adressen in *dotted quad*-Notation sein können. Wir hätten daher statt *localhost* auch gleich *127.0.0.1* auf der Kommandozeile beim Aufruf vom Client angeben können.

Selbstverständlich könnte der connect-Aufruf des Clients auch scheitern, beispielsweise wenn wir den falschen Port ansprechen oder einen DNS-Namen angeben, der nicht zu einer IP-Adresse konvertiert werden kann (Traceback gekürzt):

```
$ ~/python/bin/python tcpclient.py 127.0.0.1 7112
socket.error: (61, 'Connection refused')

$ ~/python/bin/python tcpclient.py notthere.example.com 7111
socket.gaierror: (8, 'hostname nor servname provided, or not known')
```

Dieser Client war etwas einfach: Alles, was er tat, war, eine TCP-Verbindung zu einem Server aufzubauen und alles, was der Server daraufhin sendet, zu schlürfen und auszugeben. Solange der Server die Verbindung nicht von selbst schließt, sitzt der Client da und wartet auf weitere Daten.

Als Übung wollen wir nun *tcpclient.py* dahingehend ändern, dass wir nach erfolgtem Verbindungsaufbau erst ein paar Zeilen einlesen und diese dann zum Server zu senden. Anschließend lesen wir alles, was der Server als Antwort sendet und beenden das Programm. Dieses Modell entspricht grob HTTP.

```python
#!/usr/bin/env python
# tcpclient2.py -- a single threaded TCP client with sockets

import socket

BLOCKSIZE = 1024

def create_client(host, port):
    "Connect to a server, send input, and print whole server reply"

    send_data = read_data_from_user()

    s = socket.socket(socket.AF_INET, socket.SOCK_STREAM)
    s.connect((host, port))
    s.sendall(send_data)
    s.shutdown(socket.SHUT_WR)
```

```
    while True:
        buf = s.recv(BLOCKSIZE)
        if not buf:
            break
        print buf,

    s.close()


def read_data_from_user():
    "Read data from user and return as string"
    print "Enter a line to send to server. Terminate with ~."
    data = []
    while True:
        inp = raw_input('? ')
        if inp == '~.':
            break
        data.append(inp)
    return '\r\n'.join(data) + '\r\n'


if __name__ == '__main__':
    import sys
    if len(sys.argv) != 3:
        print >>sys.stderr, "Usage:", sys.argv[0], "host port"
        sys.exit(1)
    host, port = sys.argv[1], int(sys.argv[2])

    create_client(host, port)
```

Dieses Programm sollte weitgehend selbsterklärend sein: Die Hilfsfunktion read_data_
from_user liest vom Benutzer eine Menge von Zeilen. Sobald der Benutzer das Ende der
Eingabe mit dem speziellen Marker ~. signalisiert, wird diese Eingabe so zusammengesetzt, dass sie aus lauter \r\n abgeschlossenen Zeilen besteht. Dieses liefert read_
data_from_user als String zurück.

Die Funktion create_client besorgt sich erst diese Eingabe vom Benutzer und erzeugt
dann, wie im vorigen Fall, einen Client Socket, indem sie socket und connect aufruft.
Als Nächstes geht das Programm *tcpclient2.py* davon aus, dass der Server auf der
anderen Seite eine Eingabe erwartet. Also wird mit sendall die vom Benutzer in read_
data_from_user entgegengenommene Eingabe komplett zum Server gesendet.

Da der Server in diesem speziellen Fall wartet, dass wir die Socket-Verbindung einseitig schließen, bevor er die Antwort sendet, rufen wir shutdown mit dem Argument
SHUT_WR auf, damit die schreibende Seite des Sockets geschlossen wird. Das ist dann
das Signal für den Server, die Antwort zu senden. Diese Antwort lesen wir stückweise

via recv wie in *tcpclient.py* und geben sie auch aus, während sie bei uns eintrudelt. Am Ende schließen wir wieder die Verbindung (genauer gesagt: wir schließen die lesende Seite der Verbindung, womit sie dann komplett geschlossen wird).

Dies ist, wie gesagt, ideal für HTTP. Darum probieren wir es aus, indem wir einen Webserver kontaktieren und eine HTTP-Anfrage dorthin senden:

```
$ ~/python/bin/python tcpclient2.py pythonbook.hajji.name 80
Enter a line to send to server. Terminate with ~.
? HEAD /examples/net/test.html HTTP/1.0
? Host: pythonbook.hajji.name
? Connection: close
?
? ~.
HTTP/1.0 200 OK
Connection: close
Content-Type: text/html
Accept-Ranges: bytes
ETag: "-1253217529"
Last-Modified: Mon, 14 Jan 2008 08:20:56 GMT
Content-Length: 93
Date: Wed, 19 Mar 2008 23:24:50 GMT
Server: lighttpd/1.4.18
```

In diesem Fall haben wir die HTTP-Header einer Seite auf dem Lighttpd-Webserver *pythonbook.hajji.name* angefordert. Dazu war es nötig, drei Zeilen, gefolgt von einer leeren Zeile, zu senden und dann die Verbindung einseitig zu schließen. Die Antwort wird anschließend ausgegeben.

All dies ist zwar schön und gut, aber das ist nicht gut genug für Protokolle, die sich mit dem Benutzer unterhalten. Was ist z.B. mit SMTP oder POP3 oder ...? In diesem Fall müssten wir den Client abermals ändern und abwechselnd *Zeilen* oder mehrere Zeilen lesen und schreiben. Das ist zwar möglich, aber für die meisten Protokolle kann man sich auf Module der Python Standard Library verlassen (allgemein asynchat oder spezieller ftp, smtp, urllib2 etc.).

Kommen wir noch einmal zu *tcpserver.py* zurück. Sie erinnern sich, dass dies ein single threaded Programm war: Es konnte immer nur eine einzige Verbindung auf einmal entgegennehmen und verarbeiten. Zum Glück ist es nicht schwer, daraus ein multi-threaded Programm zu machen! Dazu benutzen wir den @threaded-Dekorator aus Kapitel 8, *Funktionen*, den wir hier noch mal als Modul verpackt haben:

```
#!/usr/bin/env python
# threaded.py -- a threaded and delayed decorator
```

```python
import threading
import decorator

def delayed(nsec):
    "A factory of decorators which launch a function after a delay"
    def delayed_call(f, *p, **kw):
        "Call f(*p, **kw) in a thread after a delay"
        thread = threading.Timer(nsec, f, p, kw)
        thread.start()
        return thread
    return decorator.decorator(delayed_call)

threaded = delayed(0)
```

Mit Hilfe dieses Moduls können wir nun *tcpserver.py* überarbeiten. Wir verlagern einfach das Handling der Client-Verbindung in eine Funktion `handle_request`, welche dank des Dekorators `@threaded` in einem eigenen Thread laufen wird. Der Code sieht dann wie folgt aus:

```python
#!/usr/bin/env python
# tcpserver2.py -- a multi threaded TCP server with sockets

import socket
from threaded import threaded

@threaded
def handle_request(sock, remote_addr):
    "handle remote request in a separate thread"

    raddr, rport = remote_addr
    print "Accepted connection from %s:%s" % (raddr, rport)
    sock.sendall("Hi (%s:%s)!\r\n" % (raddr, rport))
    sock.close()

def create_server(port, host=''):
    "Create a listening socket, and accept connections in an endless loop"

    s = socket.socket(socket.AF_INET, socket.SOCK_STREAM)
    s.setsockopt(socket.SOL_SOCKET, socket.SO_REUSEADDR, 1)
    s.bind((host, port))
    s.listen(5)
    print "Server started on port %s" % (port,)
```

```
try:
    while True:
        c, (raddr, rport) = s.accept()
        handle_request(c, (raddr, rport))
except KeyboardInterrupt:
    s.close()
    print "Server stopped"

if __name__ == '__main__':
    import sys
    if len(sys.argv) != 2:
        print >>sys.stderr, "Usage:", sys.argv[0], "port"
        sys.exit(1)
    port = int(sys.argv[1])
    create_server(port)
```

Beachten Sie, dass hier die Threads vollkommen unabhängig voneinander sind. Sollten sie aber auf eine gemeinsame Datenstruktur zugreifen, sollte man diese Datenstruktur mit einem Mutex schützen; z.B. indem man darauf nur mit einer @synchronized-Funktion zugreift. Wie das geht, wird in Kapitel 8, *Funktionen*, gezeigt.

Eine Unix-spezifische Alternative verwendet die os.fork-Funktion, um die Client-Verbindung in einem eigenen Prozess auszuführen. Diese Lösung erfordert aber mehr Ressourcen des Betriebssystems, da forken eine teurere Operation ist als das Erzeugen eines Threads.

In beiden Fällen (Threads oder Prozesse) müsste man anschließend wieder aufräumen (join bzw. wait), sonst besteht die Gefahr, dass sich Threads oder Zombies im System sammeln. Das ist besonders bei länger laufenden Servern ein Risiko. Den Code dazu zeigen wir hier aber nicht.

Wenn man keinen Wert auf die von TCP implementierte Flusskontrolle und Fehlerkorrektur legt und gleichzeitig den Aufwand dessen *3-way handshakes* vermeiden möchte, kann man auf UDP ausweichen. Dieses verbindungslose Protokoll betrachtet alle Datagramme zusammen mit ihren Adressen als eine Einheit: Jedes Mal, wenn man ein solches Datagramm empfängt, erhält man damit die Adresse des Absenders und kann entsprechend darauf antworten. Es ist aber zu beachten, dass aufgrund der Eigenart des Routings UDP-Datagramme weder in der Reihenfolge ankommen müssen, in der sie gesendet wurden (später gesendete Datagramme können früher gesendete Datagramme überholen), noch garantiert nur einmal ankommen: Sie können unterwegs in einem schwarzen Loch verschwinden, oder sie könnten sogar mehrfach beim Empfänger ankommen! Darum sollte eine Anwendung, die UDP benutzt, entweder ihre eigene Flusskontrolle implementieren (und damit im Wesentlichen das, was TCP viel besser kann, nachahmen) oder so angelegt sein, dass sie solche Anomalien tolerieren kann.

Zur Illustration stellen wir unseren TCP-Server *tcpserver.py* auf UDP um. Wir empfangen jetzt der Reihe nach UDP-Datagramme und senden sie, mit einer kurzen
Begrüßung versehen, zurück an den Absender:

```python
#!/usr/bin/env python
# udpserver.py -- a single threaded UDP server with sockets

import socket

BUFSIZE = 1024

def create_server(port, host=''):
    "Create a UDP socket, and echo received datagrams in an endless loop"

    s = socket.socket(socket.AF_INET, socket.SOCK_DGRAM)
    s.setsockopt(socket.SOL_SOCKET, socket.SO_REUSEADDR, 1)
    s.bind((host, port))
    print "Server started on port %s" % (port,)

    try:
        while True:
            # Receive a datagram into data_in
            data_in, (raddr, rport) = s.recvfrom(BUFSIZE)
            print "Received datagram from %s:%s" % (raddr, rport)

            # Prepare reply
            data = data_in.strip()    # remove trailing newline
            data_out = "Hi (%s:%s)! You've sent: [%s]\n" % (raddr, rport, data)

            # Send reply data_out back to sender
            s.sendto(data_out, (raddr, rport)) # simply send data back!
    except KeyboardInterrupt:
        s.close()
        print "Server stopped"

if __name__ == '__main__':
    import sys
    if len(sys.argv) != 2:
        print >>sys.stderr, "Usage:", sys.argv[0], "port"
        sys.exit(1)
    port = int(sys.argv[1])
    create_server(port)
```

Man erkennt hier ein paar Unterschiede:

- Der Socket-Typ ist jetzt `SOCK_DGRAM` statt `SOCK_STREAM`.
- Wir benutzen keinen `listen`-Aufruf mehr.
- Wir benötigen keinen `accept`-Aufruf.
- Wir empfangen Datagramme mit `recvfrom`.
- Wir senden die Antwort mit der `sendto`-Methode an den Absender zurück.

Die Methode `recvfrom` blockiert den aktuellen Thread so lange, bis ein UDP-Datagramm eintrifft. Dann wird der Thread wieder aufgeweckt, und `recvfrom` kehrt mit einem Tupel zurück, das aus dem Payload und der Adresse des Absenders (ihrerseits als Adresse und Port-Tupel verpackt) besteht.

Die Methode `sendto` bildet aus einem Payload und einer Empfängeradresse ein UDP-Datagramm, und sendet es dann ab.

Man beachte, dass der Socket s nicht mit der anderen Seite *verbunden* ist! Jedes von `recvfrom` empfangene Datagramm kann aus einer anderen Adresse stammen, und man könnte auch mit `sendto` jedes Datagramm an eine beliebige Adresse senden. Im Unterschied dazu ist der Client Socket, den man im TCP-Fall aus `accept` erhält, stets mit dem jeweiligen Client verbunden, der uns kontaktiert hat.

Man könnte wieder ein Tool benutzen, um diesen Server auszuprobieren. Angenommen, man startet *udpserver.py* auf Port 7111. Mit *nc* (*netcat*) sähe es es Client-seitig so aus:

```
$ nc -u localhost 7111
hello, world
Hi (127.0.0.1:61876)! You've sent: [hello, world]
this is a test
Hi (127.0.0.1:61876)! You've sent: [this is a test]
^C
```

Man beachte das -u-Flag von *nc*, damit UDP benutzt wird. Doch da nicht jeder *nc* bzw. *netcat* auf seinem Rechner hat, schreiben wir natürlich das UDP-Äquivalent von *tcpclient2.py*:

```
#!/usr/bin/env python
# udpclient.py -- a single threaded UDP client with sockets

import socket

BUFSIZE = 1024

def create_client(host, port):
    "Connect to a UDP server, send input, and print whole server reply"

    s = socket.socket(socket.AF_INET, socket.SOCK_DGRAM)
```

```
    while True:
        data = read_data_from_user()
        if data == '':
            break
        s.sendto(data, (host, port))
        data_in, (raddr, rport) = s.recvfrom(BUFSIZE)
        print '!', data_in,

    s.close()

def read_data_from_user():
    "Read data from user and return as string"
    return raw_input('? ').strip()


if __name__ == '__main__':
    import sys
    if len(sys.argv) != 3:
        print >>sys.stderr, "Usage:", sys.argv[0], "host port"
        sys.exit(1)
    host, port = sys.argv[1], int(sys.argv[2])

    create_client(host, port)
```

Nun müssen wir es nur noch ausprobieren:

```
$ ~/python/bin/python udpclient.py localhost 7111
? Hello, World
! Hi (127.0.0.1:59876)! You've sent: [Hello, World]
? This is a test
! Hi (127.0.0.1:59876)! You've sent: [This is a test]
?
$
```

Für Anwendungsentwickler besteht aber der eigentliche Sinn der low-level Socket-API nicht darin, Anwendungen zu schreiben, denn dazu gibt es schon fertige Module (die ihrerseits diese low-level API hinter den Kulissen aufrufen). Vielmehr wird diese API eingesetzt, um Besonderheiten von Sockets zu nutzen: z.B. zum Senden von ICMP Meldungen (Pings), zum Broadcasten (Multicast) oder zum Streamen usw. Man könnte zum Beispiel mit dieser API ein Tool wie *nmap* (http://www.insecure.org/nmap/) komplett in Python implementieren. Auf die Details gehen wir aber hier aus Platzgründen nicht ein: Es würde ein komplettes Buch erfordern!

14.5 Zusammenfassung

Das Twisted Framework:

- Twisted ist ein Framework zum Erstellen von asynchronen Netzanwendungen. Als Drittanbieter-Framework muss es extra installiert werden.
- Die Hauptakteure eines Twisted-Programms sind Reaktor, Factory und Protokoll.
- Der Reaktor wartet in einer Event-Schleife (`reactor.run()`) auf Ereignisse aus dem Netz und sendet diese an die Callbacks der Factory oder des Protokollobjekts, das für die jeweilige Verbindung zuständig ist. Das Protokollobjekt managt nur eine Verbindung und beendet sich, sobald die Verbindung geschlossen wird. Es spricht in der Sprache (dem Protokoll) der anderen Seite.
- Ein Server ruft normalerweise `reactor.listenTCP(port, factory)` auf, wobei `factory` eine Instanz der Server-Factory `Factory` ist.
- Ein Client ruft dafür `reactor.connectTCP(port, clientfactory)` auf, wobei `clientfactory` eine Instanz einer aus `ClientFactory` abgeleiteten Klasse ist.
- Die Verbindung zwischen Factory und Protokollobjekt erfolgt durch das (factory) klassenweite Attribut `protocol`, das der Protokollklasse zugewiesen werden muss.
- Ein Protokoll definiert Callbacks wie `dataReceived`, die aufgerufen werden, sobald Daten ankommen. Benötigt man ein zeilenweises Protokoll, benutzt man `LineReceiver` oder eine davon abgeleitete Klasse.
- Die einzelnen Callbacks sind in der Interface-Spezifikation dokumentiert, z.B. in `IFactory`, `IProtocol` etc.
- Mit *twistd* kann man Server als *root* starten, wobei sie dann bei Bedarf eine weniger priviligierte UID annehmen.
- Ein `Deferred` ist ein Objekt, das sofort zurückgegeben wird und an das Callbacks und Errbacks angehängt werden können. Wenn das `Deferred` bereit ist, seine Daten zu liefern, ruft man dessen `callback`- oder `errback`-Methode auf, um die Callback- oder Errback-Kette zu starten (zu feuern). Mehrere `Deferred` kann man in eine `DeferredList` packen und per Callback darauf warten, dass sie alle abgearbeitet werden.
- Das `twisted.cred`-Subsystem implementiert Server, bei denen sich Clients einloggen können. Die Hauptakteure sind *Credentials Checkers*, die Credentials wie Username und Passwort-Paare überprüfen, ein Realm, der Avatare erzeugt (Avatare sind Objekte, die anwendungsspezifische Funktionen (business logic) implementieren), und ein Portal, der Credentials Checkers, Realm und Avatare zusammenhält. Ein Protokoll loggt sich beim Portal ein und erhält einen Avatar im Erfolgsfall.
- Wir haben ein paar Beispiele für Protokolle kennengelernt: AMP, einfache Dienste, FTP-Clients, DNS-Resolver, NNTP-Reader, POP3- und IMAP4-Clients sowie einen SMTP-Client, IRC. Außerdem haben wir erwähnt, dass man mit `twisted.enterprise.adbapi` DB-API 2.0-Datenbanken in eigenen Threads ansprechen und asynchron abfragen kann.

▩ Wir haben gelernt, wie man sich im Twisted Framework orientiert.

Das `SocketServer`-Standardmodul:

▩ Mit `SocketServer` lassen sich *synchrone* Server nach dem Twisted- Modell programmieren. Man erzeugt einen `TCPServer` oder `UDPServer` und übergibt ihm einen Request Handler, der von `BaseRequestHandler` abgeleitet sein soll. Dann startet man die Event-Schleife des Servers `serve_forever`.

▩ Der Request Handler eines `SocketServers` muss eine Methode `handle` implementieren. Innerhalb von `handle` erhält man als `self.request` im Stream-Fall (z.B. bei `TCPServer`) einen Socket zur anderen Seite und kann so mit dem Client kommunizieren. Im Datagramm-Fall (`UDPServer`) steht in `self.request` ein Paar, bestehend aus dem empfangenen Paket und dem Socket.

▩ Die `self.request` Schnittstelle von `handle` lässt sich vereinfachen, indem man statt von `BaseRequestHandler` von `StreamRequestHandler` bzw. `DatagramRequestHandler` erbt. In dem Fall sind `self.rfile` ein `file`-ähnliches Objekt, aus dem die Daten der anderen Seite gelesen werden können, und `self.wfile` ein `file`-ähnliches Objekt, in das man Daten für die andere Seite schreiben kann.

▩ Ein `SocketServer` ist normalerweise single threaded. Mit dem `ThreadingMixIn`-Mixin kann man einen Server erzeugen, der pro Verbindung einen eigenen Thread erzeugt und benutzt. Mit `ForkingMixIn` kann man stattdessen einen Multi-Prozess-Server erzeugen. Die Klasse `ThreadingTCPServer` ist bereits in `SocketServer` definiert und kann anstelle von `TCPServer` eingesetzt werden.

Module der Python Standard Library:

▩ Mit `ftplib.FTP` haben wir eine Datei von einem FTP-Server heruntergeladen.

▩ Mit `smtplib.SMTP` haben wir eine Mail über einen SMTP-Mailserver gesendet (und dabei `email.message.Message` kennengelernt).

▩ Mit `poplib.POP3` und `imaplib.IMAP4` kann man Mails von einem POP3- bzw. IMAP4-Server herunterladen.

▩ Mit `nntplib.NNTP` lässt sich ein Newsserver bequem ansprechen und auslesen.

▩ Mit `telnetlib.Telnet` kann man mit einem Telnet-Server kommunizieren. Mit einem SSH-Server kommuniziert man am besten mit Hilfe des `twisted.conch` Frameworks.

Verteilte Programmierung allgemein:

▩ Es geht bei der verteilten Programmierung darum, Funktionen aufzurufen, die in einem anderen Prozess, evtl. auf einen anderen Rechner, ausgeführt werden.

▩ Dafür benötigt man einen Mechanismus zum Benennen der aufzurufenden Funktion bzw. zum Dispatchen der richtigen aufzurufenden Funktion, zum Serialisieren und Deserialisieren von Argumenten, Rückgabewerten und Ausnahmen.

▩ Es gibt diverse Schnittstellen und APIs für die verteilte Programmierung. Python-spezifisch und asynchron ist Twisted Perspective Broker (`twisted.spread`), sprachagnostisch, synchron und standardisiert sind XML-RPC, SOAP, CORBA, ...

Verteilte Programme mit Twisted Spread:

- Der Server eines Twisted Perspective Brokers wird wie ein normaler Twisted Server programmiert (`reactor.listenTCP(...)`), wobei als Factory eine `pb.PBServerFactory`-Instanz dient. Als dazugehörige Protokollklasse definiert man eine von `pb.Root` abgeleitete Klasse. Alle Funktionen, die von einem Client aufgerufen werden können sollen, sind als Methoden dieser von `pb.Root` abgeleiteten Klasse zu definieren. Die Namen dieser Methoden müssen mit `remote_` anfangen, damit sie Client-seitig sichtbar werden.

- Der Client eines Twisted Perspective Brokers wird wie ein normaler Twisted Client programmiert (`reactor.connectTCP(...)`), wobei als Client Factory eine `pb.PBClientFactory` zum Zuge kommt. Um die Methoden des Servers aufrufen zu können, besorgt man sich aus der Factory-Instanz mit `getRootObject` ein Proxy-Objekt, das zugleich ein `Deferred` ist. In dessen Callbacks kann man entfernte Methoden starten, indem man `callRemote` mit dem Namen der enfernten Funktion (sans `remote_`) aufruft. Sobald das Ergebnis zur Verfügung steht, wird es in Form eines Callback-Aufrufs bereitstehen.

- Ein Twisted Perspective Broker Server kann auch mit `twisted.cred` zu einem anmeldungspflichtigen Server umgewandelt werden. Man übergibt `pb.PBServerFactory` statt eines `pb.Root` einfach eine Portal-Instanz.

- Der Client eines `twisted.cred` Twisted Perspective Brokers ruft bei der `pb.PBClientFactory`-Instanz statt der `getRootObject`-Methode die `login`-Methode auf, um sich beim Server anzumelden. Der Rest ist identisch: Es wird ein `Deferred` zurückgegeben, und an dessen Callbacks lassen sich mit `callRemote` entfernte Methoden aufrufen und Ergebnisse abholen.

Verteilte Programme mit XML-RPC:

- Mit dem `SimpleXMLRPCServer`-Modul der Python Standard Library lassen sich XML-RPC-Server programmieren. Die passenden Clients werden mit dem Standardmodul `xmlrpclib` erstellt.

- Ein `SimpleXMLRPCServer` ist ein spezialisierter `SocketServer`; darum ruft man dessen Event-Schleife `serve_forever` auf.

- Man kann diverse Funktionen bei einer `SimpleXMLRPCServer`-Instanz mit `register_function` registrieren. Hat man eine Klasse, kann man sämtliche Methoden einer Instanz dieser Klasse mit `register_instance` beim Server anmelden. Außerdem kann man Introspektionsfunktionen mit `register_introspection_functions` registrieren. Alle registrierten Funktionen sind von außen aufrufbar.

- Client-seitig benötigt man erst ein Proxy-Objekt, das man mit `xmlrpclib.ServerProxy` erhält. Man kann sämtliche entfernte Methoden (die beim Server mit einer der `register_*`-Funktionen angemeldet wurden) über das Proxy-Objekt aufrufen, als wären sie lokal. Werte werden normal zurückgegeben, Ausnahmen auf der Server Seite als `xmlrpclib.Fault`-Ausnahme verpackt.

- Beim Instanziieren des `ServerProxy`-Objekts kann man mit `verbose` die Ausgabe der HTTP- und XML-Daten zu Debugzwecken bewirken.

- Client- und Server-seitig muss man den None-Datentyp als Argument und Rück-gabewert erst mit allow_none aktivieren, da dieser Wert nicht zum Standard von XML-RPC gehört und somit eine Erweiterung darstellt.

- Benutzt man DocXMLRPCServer statt SimpleXMLRPCServer, erhält man einen XML-RPC-Server, der sich zusätzlich dokumentiert, d.h. von einem Webbrowser aufrufen lässt und dabei per HTML angibt, welche Methoden er bereitstellt.

- Der XML-RPC-Server ist normalerweise single threaded. Damit er multi-threaded wird, kann man wie im SocketServer-Fall auch eine Klasse aus SimpleXMLRPCServer ableiten, indem man ihr *als erste Elternklasse* das Mixin ThreadingMixIn beimischt.

asyncore und asynchat:

- Oft treten an einem Socket mehrere Events auf (Verbindung wurde aufgebaut, sie wurde geschlossen, es sind Daten angekommen, es kann wieder nicht-blockierend geschrieben werden ...). Diese Events kann asyncore.dispatcher abfangen und an diverse handle_*-Callbacks weiterleiten.

- Mögliche asyncore Callbacks sind handle_connect, handle_close, handle_read, writable, handle_write. Diese überschreibt man in Klassen, die von asyncore.dispatcher abgeleitet sind. Der Socket steht als self zur Verfügung, da ein asyncore.dispatcher nur ein dünner Wrapper über einem normalen Socket-Objekt ist.

- Ein asyncore-basiertes Programm ist Event-gesteuert und muss folglich auch die Event-Schleife von asyncore mit asyncore.loop() aufrufen.

- Wir haben gesehen, wie man mit asyncore eine oder parallel mehrere Seiten von einem Webserver herunterladen kann.

- Mit asynchat, das eine Spezialisierung von asyncore ist, kann man Protokollgrenzen definieren (z.B. Zeilenende) und erhält einen Callback (ähnlich der lineReceived-Methode aus dem Twisted LineReceiver-Protokoll). Dafür muss man zuerst den Protokolltrenner definieren. Details in der asynchat-Dokumentation.

Low-level-Programmierung mit Sockets:

- Das socket- Modul exportiert einen Großteil der Berkeley Socket API nach Python. Es wird von den übergeordneten Schichten (wie SocketServer und allem, was darauf basiert, asyncore und asynchat oder Twisted) letztendlich aufgerufen.

- Es ist leicht, bei der socket-Schnittstelle etwas falsch zu machen (z.B. einen Funktionsaufruf wie bind oder so zu vergessen). Darum wird sie i.d.R. vermieden und nur dann benutzt, wenn besondere Flexibilität vonnöten ist (etwa beim Senden von speziellen Paketen, bei Port-Scannern wie ein Python-Äquivalent zu *nmap* etc.).

- Wir haben einen single threaded TCP-Server mit Sockets erzeugt, samt zugehörigem Client.

- Außerdem haben wir gesehen, wie mit sendall Daten an die andere Seite gesendet und wie man mit wiederholten Aufrufen von recv Daten sammeln muss, die stotternd von der anderen Seite kommen.

- Einen multi threaded TCP-Server haben wir mit Hilfe des @threaded-Dekorators erzeugt, der die dekorierte Funktion in einem eigenen Python-Thread ausführt.
- Wir haben auch ein Beispiel mit einem UDP-Server samt Client kennengelernt.

In Kapitel 15, *Webprogrammierung und Web-Frameworks*, werden wir uns auf das Programmieren im HTTP-Umfeld konzentrieren.

15 Webprogrammierung und Web-Frameworks

Der Bereich der Webprogrammierung war lange Zeit fest in PHPs Hand, aber diese Situation hat sich in den letzten Jahren erheblich zugunsten von Python verschoben. Die Gründe dafür sind vielfältig, doch als Hauptgründe kann man die wahre objektorientierte Natur von Python und eine Menge nützlicher Drittanbieter-Software, die das Schreiben von Webanwendungen in Python zu einem wahren Vergnügen werden lässt, ins Feld führen.

In diesem Kapitel werden wir dieses Anwendungsgebiet von verschiedenen Seiten beleuchten und dabei stets sehen, wie man in Python die unterschiedlichsten Fragestellungen recht elegant löst, ohne zugleich Performance-Verluste in Kauf nehmen zu müssen.

Bevor wir aber auf die unterschiedlichen Bereiche zu sprechen kommen, stellt sich vielen Webprogrammierern die Frage: *Wieso soll ich in Python programmieren, wenn ich doch an PHP gewöhnt bin?* Darauf gibt es viele mögliche Antworten, aber das Hauptargument ist m.E., dass die im Python-Bereich üblichen Werkzeuge und Module die *Trennung von Logik und Präsentation* fördern, ja sogar erleichtern. Natürlich kann man auch in PHP, das schließlich eine vollwertige Programmiersprache ist, ebenfalls sauber programmieren, aber die Leichtigkeit, mit der dort Code und Aussehen mit Hilfe der `<?php>`-Tags vermischt werden, hat oft zu Programmen geführt, deren Pflege und Wartung ein wahrer Albtraum geworden ist. Programmierer, die von einem Python-Background kommen, kennen normalerweise keine `<?python>`-Tags, da Python so normalerweise nicht eingesetzt wird; und das ist der Grund, warum sie i.d.R. nach saubereren Lösungen Auschau halten werden.

Ein weiterer Grund, Python im Webprogrammierungsumfeld den Vorzug zu geben, sind mächtige Frameworks. Das sind komplexe Systeme, mit denen man mit relativ wenig Aufwand und Mühe vollwertige Webanwendungen erstellen kann, ohne sich um low-level-Details wie Cookies, Sitzungsverwaltung und dergleichen auseinandersetzen zu müssen. Ähnlich wie *Rails*, das eine Menge Webprogrammierer erst dazu gebracht hat, sich mit Pythons Cousin *Ruby* zu befassen, haben *Zope* und später weitere Frameworks viele Webprogrammierer die Programmiersprache Python erst zu Bewusstsein gebracht und damit auch (automatisch) schmackhaft gemacht!

Außerdem würden Pythonistas (wie man Python-Hacker oft nennt) schon von Natur aus zur Python-basierten Webprogrammierung greifen, allein aus reiner Liebe zu dieser schönen und eleganten Sprache.

Eine Webanwendung kommt ohne Webserver nicht aus. Darum beginnt dieses Kapitel mit der Vorstellung verschiedener Webserver. Man muss dabei nicht unbedingt erst Apache installieren, um Webprogramme zu erstellen. Oft reicht schon ein in Python geschriebener Webserver vollkommen aus, und sogar in der Praxis werden so manche Websites mittleren Traffics mit reinen Python-basierten Webservern betrieben.

Solche Webserver muss man natürlich nicht selbstständig programmieren, denn man kann sie in der Python Standard Library (gemäß dem Motto *batteries included*), aber auch bei Drittanbietern finden. Wir werden daher auf BaseHTTPServer basierende Webserver, aber auch einen WSGI-kompatiblen Webserver aus Modulen der Python Standard Library zusammenstellen.

Greift man auf Drittanbietermodule zurück, hat man eine noch größere Auswahl. Wir stellen beispielhaft zwei Webserver vor. Mit CherryPy kann man z.B. Python-Objekte publizieren, die ihre Methoden auf eine spezielle Art und Weise als für die Außenwelt *sichtbar* gekennzeichnet haben. Diese Methoden werden automatisch von CherryPy aufgerufen, je nach erweiterter URL. Während CherryPy ein ausgewachsener multi-threaded Webserver ist, ist Twisted.Web ein singlethreaded Server, dem wie der Rest von Twisted Framework ein nicht-lineares Programmiermodell mit Deferred und Call-backs zugrunde liegt. Twisted.Web ist Bestandteil des Twisted Framework, das wir in aller Ausführlichkeit in Kapitel 14, *Netzwerkprogrammierung*, vorgestellt haben. Hier erfahren wir, wie dieser Server eingesetzt wird.

Sowohl die Server aus der Python Standard Library als auch die der vorgestellten Dritt-anbietermodule CherryPy und Twisted.Web sind in der Lage, neben dynamischen Inhalten auch statische Seiten aus dem Dateisystem anzubieten. Wenn die Webanwendung hauptsächlich *datengesteuert* ist (wie z.B. ein Wiki oder ein Blog), dann wird man nur selten statischen Inhalt an die Besucher senden – bis auf bestimmte Bilder und CSS-Dateien, die immer wieder benötigt werden.

In manchen Fällen jedoch ist die Webanwendung alles andere als datengesteuert: Stellen Sie sich eine Website wie Flickr oder http://commons.wikimedia.org/ vor. Solche Bilder-Repositorys verbringen viel mehr ihrer Zeit (und somit auch CPU-Zyklen) damit, große statische Bilddateien an die Besucher zu senden, als damit, dynamische Programme auszuführen. In einem solchen Fall wäre ein reiner Python-basierter Webserver vielleicht nicht unbedingt die beste Wahl; zumindest nicht dann, wenn er sowohl statische als auch dynamische Seiten anbieten soll.

In solchen Fällen greift man oft und gern auf Hybridlösungen zurück: Man setzt einen sehr schnellen, in C geschriebenen Webserver wie Apache oder (noch besser) Lighttpd ein, um den statischen Inhalt anzubieten, und benutzt weiterhin einen Python-basierten Webserver für die dynamischen Seiten. Dies kann ganz ohne Kommunikation zwischen dem *statischen* und dem *dynamischen* Server geschehen, indem alle statischen Seiten von einem anderen Rechner aus (und somit auch von einer anderen Domain – etwa *static.example.com* statt der üblichen *www.example.com*) angeboten werden. Diese Verlagerung des statischen Inhalts auf einen Rechner mit einem schnellen Webserver à la Lighttpd ist nicht nur populär, sie kann noch weitergetrieben werden: Man kann nämlich die statischen Seiten auf mehrere statische Server verlagern und die ganze Last entweder mit einer gut ausgedachten Verteilung bei den URLs oder mittels Round-Robin DNS auf diese statischen Server verteilen.

Dieses Prinzip kann man auch auf den Kopf stellen. Anstatt einen dynamischen Webserver auf *www.example.com* und einen statischen Webserver auf *static .example.com* zu verteilen, kann man auch umgekehrt einen statischen Webserver auf *www.example.com* und einen dynamischen Webserver auf *dynamic.example.com* installieren. Warum sollte man auf diese Idee kommen? Nun ja, denken Sie mal kurz drüber nach: es gibt ja auch Anwendungen, die sehr viel dynamischen Inhalt benötigen (man denke z.B. an die Wikipedia oder auch an Google) – weitaus mehr, als von einem einzigen Rechner zu bewerkstelligen ist. Schließlich benötigt das Erzeugen einer dynamischen Webseite erheblich mehr CPU-Zyklen als das Senden einer statischen Seite. In diesem Fall wird man typischerweise den statischen Webserver als Hauptserver installieren, und die dynamischen Server auf verschiedene Rechnercluster verschieben, etwa *dynamic1.example.com*, *dynamic23.example.com* usw.

Eine solche Balancierung der Last kann jetzt aber nicht mehr so leicht mit Hilfe von URLs oder Round-Robin-DNS bewerkstelligt werden (auch wenn es möglich ist, wenn man vorsichtig mit dem Inhalt ist, den man an die Clients sendet). Wie würden Sie z.B. eine Anwendung wie einen Webshop eines großen Online-Retailers programmieren, bei der die Verbindung zum Client via HTTPS in verschlüsselter Form geschieht? Man kann ja schlecht den Browser des Clients hin- und herschicken zwischen zig verschiedenen verschlüsselten Sitzungen. Viel besser ist es, wenn immer nur der Hauptserver mit den Browsern kommuniziert.

Aus diesem Grunde gibt es Architekturen wie FastCGI und neuerdings auch SCGI. Dort verlagert man die rechenintensiven dynamischen Aspekte der Webanwendung nicht auf eigene Webserver, sondern auf FastCGI- oder SCGI-Server. Diese Server werden dann (evtl. sogar Round-Robin-mäßig) *vom Webserver* kontaktiert, damit sie Seiten erzeugen, die der Webserver anschließend an die Clients zurücksendet.

Wir werden aus diesem Grunde sehen, wie man Apache und Lighttpd konfiguriert, damit sie einen FastCGI- bzw. einen SCGI-Server im Hintergrund benutzen. Einen solchen Hintergrundserver kann man in Python ganz bequem erstellen, wenn man das

Drittanbietermodul flup einsetzt. Alles, was man tun muss, ist, eine WSGI-kompatible Anwendung in Python zu programmieren und flup zu benutzen, um daraus einen multithreaded FastCGI- oder SCGI-Server zu erzeugen. Somit hat man dann etwas Feines erreicht: Apache und Lighttpd können sich weiterhin um den statischen Inhalt sehr effizient kümmern (und auch um dynamische Legacy-Anwendungen wie z.B. alte, noch nicht nach Python migrierte PHP-Anwendungen) und sich per FastCGI oder SCGI den dynamischen Inhalt von einem anderen Rechner holen, auf dem eine in Python geschriebene WSGI-Anwendung läuft. Auf WSGI kommen wir gleich zurück.

Eine weitere Möglichkeit, dynamischen und statischen Inhalt vom selben Server anzubieten, wird mit den Apache-Modulen mod_python und mod_wsgi implementiert. Beide Module betten einen Python-Interpreter innerhalb der HTTP-Prozesse des Apache Webservers ein. Somit kann dieser Server Python-Code selbstständig auswerten und zu HTML oder sonstigen Ausgaben konvertieren und zum Client zurücksenden, ohne den Umweg über einen externen FastCGI- oder SCGI-Server gehen zu müssen. Dieser Umweg ist nämlich nicht ganz umsonst, verzögert er doch zusätzlich jede einzelne dynamische Anfrage!

mod_python ist etwas älter und benötigt Python-Code, der eine ganz spezifische API implementiert. Dies macht Anwendungen, die für mod_python entwickelt wurden, inkompatibel zu anderen Webservern. mod_wsgi ist moderner und in der Lage, jede Webanwendung auszuführen, die WSGI-kompatibel ist. Hat man erst einmal eine WSGI-Anwendung, kann man sie dann in einen Python-basierten Webserver laden und ausführen, mit Hilfe von flup zu einem FastCGI- oder SCGI-Server verwandeln und von Apache oder Lighttpd kontaktieren lassen oder direkt in den Hauptspeicher eines Apache-Prozesses laden und von mod_wsgi ausführen lassen.

Man sieht also, dass WSGI immer wieder in diesem Umfeld auftaucht. WSGI ist eine Schnittstelle zwischen einer Webanwendung und einem (Python-basierten bzw. mod_wsgi-erweiterten Apache) Webserver. Diese Schnittstelle, die zugleich ein Protokoll ist, wird anschließend ausführlich erklärt und anhand eines kleinen Beispiels verdeutlicht. WSGI gilt als die *Geheimwaffe* von Python im Umfeld der Webprogrammierung. Es lohnt sich, sich damit auseinander zu setzen; vor allem, weil es eine leichte Schnittstelle ist.

Während die WSGI-Schnittstelle ausschließlich auf Python basiert und zwingend vorschreibt, dass der Webserver ebenfalls Python-basiert sein muss (denn es findet eine bidirektionale Kommunikation durch gegenseitiges Aufrufen von Funktionen und einem gemeinsamen file-ähnlichen Objekt zwischen WSGI-Anwendung und Webserver statt), sind Schnittstellen wie FastCGI und SCGI programmiersprachenagnostisch. Das bedeutet, dass es keine Rolle spielt, in welcher Sprache ein FastCGI- oder SCGI-Server programmiert wurde.

Programmiersprachenagnostisch ist auch der Vorgänger von FastCGI und vermutlich das erste Protokoll zwischen einem Webserver und einer externen Anwendung überhaupt: CGI. Das Common Gateway Interface war lange Zeit die einzige Schnittstelle zwischen Webserver und Programmen, die für dynamische Elemente in einer weitgehend statischen Welt sorgten. Viele Webprogrammierer haben sicher mit dem Programmieren von CGI-Skripten begonnen und sind dabei auf ganz erstaunliche Artefakte und Besonderheiten des zustandslosen HTTP-Protokolls gestoßen.

So waren CGI-Programmierer die ersten, die gemerkt haben, dass man eine Anwendung, die mehrere Interaktionen zwischen Benutzer und Webserver erforderte (etwa ein Warenkorb (Shopping Cart)), nicht ohne Weiteres wie eine normale Anwendung programmieren konnte. Der Grund dafür ist, dass das HTTP-Protokoll *zustandslos* ist, und jeder einzelne Klick des Benutzers startet das CGI-Programm erneut. Doch wie kann man sich den Zustand eines Einkaufswagens so merken, wenn das CGI-Programm immer wieder verschwindet und bei jedem weiteren Klick erneut vom Webserver gestartet wird? Anders als bei normalen Anwendungen ist der Zustand nicht in einer dauerhaften TCP-Verbindung enthalten. Es muss vielmehr eine *Sitzung* simuliert werden.

Sitzungen simulieren muss man heutzutage glücklicherweise nicht mehr zu Fuß, denn das nehmen uns die Web-Frameworks ab. Aber im reinen CGI-Umfeld (und auch im FastCGI- und SCGI-Umfeld) muss man sich (zumindest als Framework-Entwickler) Gedanken darüber machen. Wir werden daher sehen, wie man den Zustand im CGI-Umfeld erhält; und da wir schon CGI benutzen, werden wir auch sehen, wie man einen Python-basierten Webserver dazu bringen kann, CGI-Programme auszuführen, und wie man Apache und Lighttpd so konfiguriert, dass sie es ebenfalls tun können. Wir werden auch sehen, wie man ganz klassisch mit dem `cgi`-Modul ein einfaches HTML-Formular ausliest. Eine kleine Webrechner-Anwendung durchzieht dieses Kapitel und soll zeigen, wie man dieselbe Aufgabe in den verschiedensten Umgebungen umsetzt.

Die andere Seite der Medaille sind Webclients. Wozu braucht man sie, und sollte man als Python-Programmierer jemals in die Bredouille kommen, einen Webclient zu programmieren? Es kommt ja schon mal vor, dass man eine Webseite programmatisch herunterladen und weiterverarbeiten möchte (ein Newsaggregator würde RSS/Atom-Seiten z.B. regelmäßig herunterladen, um einen Feed zu bekommen; ein Backup-Skript könnte eine ganze Website wie eine Suchmaschine durchlaufen und Seite nach Seite anfordern). Manche Webclients müssen auch intelligenter sein und Passwörter, ja sogar Formulare automatisch ausfüllen und abschicken, um bestimmte Informationen zurückzuerhalten. Ein Spammer hätte gerne einen Webclient, der Captchas herunterlädt und versucht zu analysieren, um damit Gästebücher und Foren mit sinnlosem Linkspam vollzumüllen ... Kurz: Die Anwendungsmöglichkeiten sind unbeschränkt.

Technisch gesehen werden Webclients in Python mit Hilfe der Module `httplib`, `urllib` und `urllib2` der Python Standard Library implementiert. Wir zeigen ein paar kleine Beispiele, ohne jedoch zu sehr in die Tiefe zu gehen.

Viele der Beispielprogramme, die uns in diesem Kapitel begegnen werden, geben kurze Ausgaben zurück. In der Praxis wird man aber nicht umhin kommen, recht umfangreiche, oft verschachtelte Webseiten zu erzeugen, die einem bestimmten einheitlichen Design (*Corporate Design*) genügen sollen. Ein solches Design sollte man natürlich nicht in die Programme festverdrahten, denn man sollte *die Präsentation von der Logik trennen*. Warum ist das nötig und wichtig? Weil unterschiedliche Leute für das Design und für die Programmierung zuständig sind! Man kann nicht von einem Webdesigner erwarten, dass er den Code der Webanwendung anpasst, wenn er der Website ein neues visuelles Aussehen gegeben hat. Umgekehrt kann man nicht von Programmierern erwarten, dass sie ständig greifbar sind, wenn jemand aus dem Designteam wieder einmal etwas am Aussehen angepasst hat. In den meisten Fällen sind Designer und Programmierer ohnehin Selbstständige oder Freiberufler, die ihren eigenen vollen Terminkalender haben, und von einer IT-Abteilung nur schwer unter einen Hut zu bringen und zu synchronisieren.

Die Lösung dieses Problems besteht darin, das Aussehen (die Präsentation) von der Logik (dem Programm) zu entkoppeln. Und das tut man meist mit Templates. Ein Template ist nichts anderes als eine Webseite mit bestimmten Markierungen, die von einer Webanwendung geladen und ausgeführt wird. Ein Template ausführen bedeutet, dass das Programm die Markierungen im Template auswertet und z.B. durch Werte ersetzt. Somit ist das einfachste Template eine Textdatei, auf die Variablensubstitution ausgeführt wird! Wir werden sehen, wie man in Python mit Hilfe des Stringinterpolationsoperators oder auch mit dem `string.Template`-Modul solche Substitutionen bewerkstelligen kann.

Doch Templates können mehr! Viel mehr! Wer sagt uns denn, dass wir uns bei den Markierungen auf Variablen und Platzhalter beschränken müssen? Man könnte ja auch Kontrollstrukturen und Schleifen in ein Template einbauen und von der Templating-Engine ausführen lassen. Somit werden Templates zu richtigen kleinen Programmen, die in einer Templating-Programmiersprache geschrieben sind. Ein Beispiel für solche Templates mit Programmiersprachenlogik aus dem Nicht-Python-Bereich sind natürlich PHP-Dateien: Dort wird ja HTML-Code mit speziellen Bausteinen vermischt, die beliebig komplizierten PHP-Code enthalten können. Auch für Python gibt es so etwas, wie wir weiter unten sehen werden.

Es gibt zwei Sorten von Templating-Sprachen: Text-basiert und XML-basiert. Es geht dabei nicht darum, was die Templates, wenn sie ausgewertet werden, ausgeben würden. Wichtig bei dieser Unterscheidung ist das Format des Templates selbst! Kann das Template alles Mögliche sein, spricht man von Text-basierten Templating-Systemen; kann das Template nur XML sein, muss die Templating-Sprache so designt sein, dass sie nun mal auch in reines XML-Template passt! Wozu ist diese Unterscheidung wichtig? Können Templates nicht grundsätzlich reiner Text sein? Nun ja, manche Webdesigner verwenden sehr gerne XML-basierte Werkzeuge, um ihre Schablonen zu pflegen: Sie möchten gerne unsere Templates in ihren Webdesign-Programmen laden und entsprechend anpassen, ohne dass unsere Template-Markierungen ihnen in den Weg kommen und das Designer-Tool durcheinanderbringen. Das geht nur, wenn das Template garantiert XML ist und wenn die Markierungen des Templates verträglich sind, d.h. ebenfalls eigene XML-Elemente (mit einem eigenen Namensraum) bzw. zusätzliche Attribute von existierenden XML-Elementen (z.B. HTML-Elementen) sind. Damit können dann Designertools gut arbeiten.

Ein weiterer Vorteil XML-basierter Templates liegt darin, dass einige von ihnen garantiert wohlgeformtes XML (und folglich auch wohlgeformtes XHTML und HTML) erzeugen würden. So gewinnt man dann ein Syntax-korrektes Dokument, ohne sich besonders anzustrengen!

Wir werden in diesem Kapitel daher zwei Text-basierte Templating-Systeme (Mako und sein Vorgänger Cheetah) und zwei XML-basierte Templating-Systeme (Genshi und sein Vorgänger Kid) kennenlernen. Außerdem finden Sie dort Tipps für weitere Templating-Systeme, auf die aus Platzgründen unmöglich ebenfalls eingegangen werden kann.

Als Nächstes sind dann ausgewachsene Web-Frameworks an der Reihe. Ein Framework nimmt dem Entwickler einer Anwendung eine Menge von Details ab und ermöglicht es ihm, sich auf die eigentliche Anwendung zu konzentrieren. Zu den Aufgaben, die Web-Frameworks häufig übernehmen, gehören die Sitzungsverwaltung, aber auch die Persistenz der Daten und die Darstellung der Ausgaben. Eine weitere Aufgabe dieser Frameworks ist die Integration mit existierenden Webservern (z.B. indem sie WSGI-kompatibel sind).

Es gibt zwei verschiedene Sorten von Web-Frameworks:

- »Leichte« Frameworks, die aus verschiedenen, lose gekoppelten Komponenten bestehen: ein Persistenz-Backend, eine Templating-Engine usw.
- »Schwergewichtige« Frameworks, die eng integriert sind und in denen Anwendungen quasi als Gast leben.

Zur ersten Kategorie von Frameworks gehören Turbo Gears, Pylons, web.py und Django. Am Beispiel von Django werden wir sehen, wie man eine kleine Zeitung mit Artikeln und einer Talkback-Sektion spielend leicht erstellen kann.

Die zweite Kategorie von Frameworks wird durch den Zope Application Server und verschiedene Zope-basierte Applikationen verkörpert. Wir werden sehen, wie man in Zope die kleine Webrechner-Applikation implementiert, um zu zeigen, wie der Datenfluss zwischen Browser und Zope-Anwendung vonstatten geht. Dann werden wir diese Webrechner-Anwendung erneut für Plone implementieren und dabei lernen, wie man ein fertiges Template benutzt.

Dieses Kapitel schließen wir mit der Erwähnung von Wikis und diversen Bibliotheken und Modulen (z.B. zum Skalieren von Bildern, zum Erzeugen von PDF-Dateien), die in der Praxis häufig eingesetzt werden. Aus Platzgründen werden wir es aber bei der bloßen Erwähnung belassen: Das Kapitel ist ja auch so schon lang genug geworden!

Und nun, viel Spaß!

15.1 Webserver in Python

Aus Gründen der Performance werden Webserver i.d.R. in C (oder C++) geschrieben, z.B. Apache und Lighttpd. Doch nicht immer ist Performance absolut notwendig. So enthalten viele eingebettete Systeme wie Router und Printserver ihren eigenen kleinen Webserver; und für das Entwickeln kann sich ein in Python geschriebener Webserver als ganz nützlich erweisen.

In diesem Abschnitt werden wir sehen, wie man mit Python einen eigenen Webserver programmiert. Es gibt dafür zwei Möglichkeiten:

- Man verwendet Module der Python Standard Library, die auf BaseHTTPServer basieren.
- Man verwendet Drittanbietermodule wie z.B. CherryPy oder den Twisted.Web Server.

15.1.1 Webserver aus der Python Standard Library

Die Python Standard Library bietet zwei von SocketServer.TCPServer abgeleitete Klassen, die einen Webserver implementieren, an. Diese Klassen sind SimpleHTTPServer und CGIHTTPServer. Beide Klassen haben die Klasse BaseHTTPServer gemeinsam, die jedoch i.d.R. nicht von Anwendungsprogrammierern benutzt wird.

Es könnte von Vorteil sein, den Abschnitt zu SocketServer aus dem Netzwerkprogrammierung vorher gelesen zu haben, aber es ist nicht unbedingt erforderlich.

Eine weitere Alternative steht im wsgiref.simple_server-Modul zur Verfügung: Dort kann man eine WSGI-Anwendung in einen kleinen Webserver einbinden.

BaseHTTPServer

Nehmen wir das folgende einfachste Programm an:

```
#!/usr/bin/env python
# basehttpserver.py -- a basic HTTP server that doesn't understand GET, POST...

import BaseHTTPServer
```

```
server_address = ( '', 9090)
handler_class  = BaseHTTPServer.BaseHTTPRequestHandler
server_class   = BaseHTTPServer.HTTPServer

server = server_class(server_address, handler_class)
server.serve_forever()
```

Dieses rufen wir wie gewohnt in einem Fenster auf:

```
$ python basehttpserver.py
```

Während der Aufruf der Eventschleife `serve_forever` blockiert und auf Verbindungen wartet, gehen wir in ein anderes Fenster und rufen die URL `http://localhost:9090/path/to/file` mit einem Browser auf.

Wir erhalten in der Python-Shell die Meldungen:

```
$ python basehttpserver.py
localhost - - [14/May/2008 20:35:18] code 501, message
                                Unsupported method ('GET')
localhost - - [14/May/2008 20:35:18] "GET /path/to/file HTTP/1.1" 501 -
```

Während clientseitig die Sitzung wie folgt aussehen könnte:

```
$ nc localhost 9090
GET /path/to/file HTTP/1.1
Host: localhost
Connection: close

HTTP/1.0 501 Unsupported method ('GET')
Server: BaseHTTP/0.3 Python/2.5.2
Date: Wed, 14 May 2008 18:35:18 GMT
Content-Type: text/html
Connection: close

<head>
<title>Error response</title>
</head>
<body>
<h1>Error response</h1>
<p>Error code 501.
<p>Message: Unsupported method ('GET').
<p>Error code explanation: 501 = Server does not support this operation.
</body>
```

Das *nc* (a.k.a. *netcat*)-Kommando können Sie durch *telnet* ersetzen, wenn es nicht auf Ihrem Rechner installiert ist. Die drei ersten Zeilen und die darauffolgende Leerzeile geben wir ein. Die Antwort des Servers erfolgt dann automatisch und schließt sich unserer Anfrage an. Am Ende der Antwort schließt der Server die Verbindung, und der *nc*-Client, der es gemerkt hat, beendet sich ganz brav.

Mit anderen Worten, der Server BaseHTTPServer.HTTPServer hat schon die Verbindung von Client entgegengenommen und darauf geantwortet. Aber der BaseHTTPRequest-Handler, der dafür zuständig war, eine Antwort zu generieren, konnte mit einem GET-Aufruf nichts anfangen. Der Grund dafür ist, dass die handle-Methode unseres für die Verbindung zuständigen BaseHTTPRequestHandlers keine do_GET-Methode finden konnte, um den GET-Aufruf zu beantworten.

Natürlich kommen in den abgeleiteten Klassen SimpleHTTPServer und CGIHTTPServer spezialisiertere Request Handler zum Einsatz; aber nichts hindert uns daran, selbst einen solchen Request Handler auf die Schnelle zu basteln!

Wir definieren in *basehttpserver2.py* einen eigenen Handler, der auf GET-Aufrufe reagiert:

```
#!/usr/bin/env python
# basehttpserver2.py -- a basic HTTP server without GET method.

import BaseHTTPServer

class MyHandler(BaseHTTPServer.BaseHTTPRequestHandler):
    def do_GET(self):
        print "Got GET Request from", self.client_address
        self.wfile.write('Sorry, I do not speak HTTP. Go away.\r\n')

server_address = ('', 9090)
handler_class  = MyHandler
server_class   = BaseHTTPServer.HTTPServer

server = server_class(server_address, handler_class)
server.serve_forever()
```

Fragen wir wieder den Server ab, erhalten wir auf der Konsole des Servers:

```
$ python basehttpserver2.py
Got GET Request from ('127.0.0.1', 58555)
```

Und clientseitig sieht es so aus:

```
$ nc localhost 9090
GET /path/to/file HTTP/1.1
Host: localhost
Connection: close

Sorry, I do not speak HTTP. Go away.
```

Die drei ersten Zeilen und die darauffolgende Leerzeile haben wir eingegeben, die letzte Zeile stammt vom Server oder, genauer gesagt, von der do_GET-Methode des Request Handlers.

Obwohl unser MyHandler lediglich die do_GET-Methode definiert, werden andere Schlüsselwörter richtig abgefangen. So wird z.B. die (nicht existierende) SOMETHING-Methode nicht unterstützt:

```
$ nc localhost 9090
SOMETHING /path/to/file HTTP/1.1
Host: localhost
Connection: close

HTTP/1.0 501 Unsupported method ('SOMETHING')
Server: BaseHTTP/0.3 Python/2.5.2
Date: Wed, 14 May 2008 18:57:20 GMT
Content-Type: text/html
Connection: close

<head>
<title>Error response</title>
</head>
<body>
<h1>Error response</h1>
<p>Error code 501.
<p>Message: Unsupported method ('SOMETHING').
<p>Error code explanation: 501 = Server does not support this operation.
</body>
```

Es ist zwar schön und gut, aber jetzt stellen sich zwei Fragen:

- Wie kommen wir an die Informationen heran, die uns der Client sendete (z.B. */path/to/file*)?
- Wie senden wir Header und Antwort zurück?

Das Kommando pydoc BaseHTTPServer.BaseHTTPRequestHandler zeigt die API, die man hier benutzen kann.

Als kleine Anwendung wollen wir einen kleinen Web-Taschenrechner implementieren:

```python
#!/usr/bin/env python
# basehttpcalc.py -- a basic HTTP server / calculator

import BaseHTTPServer

class CalcHandler(BaseHTTPServer.BaseHTTPRequestHandler):
    def do_GET(self):
        path = self.path

        lst = path.split('/')
        if len(lst) != 4:
            self.send_response(403)
            self.end_headers()
            self.wfile.write('Illegal syntax. '
                             'Use /{add,sub,mul,div}/num1/num2'
                             '\r\n')
            return

        dummy, op, arg1, arg2 = lst

        if op not in ('add', 'sub', 'mul', 'div'):
            self.send_response(403)
            self.end_headers()
            self.wfile.write('Illegal operation: ' + op + '\r\n')
            return

        try:
            numarg1 = float(arg1)
            numarg2 = float(arg2)
        except ValueError:
            self.send_response(403)
            self.end_headers()
            self.wfile.write('Numerical arguments expected' + '\r\n')
            return

        if op == 'add': result = numarg1 + numarg2
        elif op == 'sub': result = numarg1 - numarg2
        elif op == 'mul': result = numarg1 * numarg2
        elif op == 'div':
            if numarg2 == 0: result = 'NaN'
            else:            result = numarg1 / numarg2
```

```
        self.send_response(200)
        self.end_headers()
        self.wfile.write(str(result) + '\r\n')

def run_server(port=9090):
    server_class   = BaseHTTPServer.HTTPServer
    server_address = ('', port)
    handler_class  = CalcHandler

    server = server_class(server_address, handler_class)
    server.serve_forever()

if __name__ == '__main__':
    run_server()
```

Probieren Sie nun den Server mit verschiedenen gültigen und ungültigen Eingaben aus!

■ http://localhost:9090/add/3.7/7.2
■ http://localhost:9090/div/1.3/0
■ http://localhost:9090/mod/37.3/11.2
■ http://localhost:9090/add/3
■ http://localhost:9090/add/3a/7.3

Wie sehen also, dass man einen (einfachen) Webserver leicht programmieren kann.

SimpleHTTPServer

Oft möchte man lediglich Dateien eines Verzeichnisses (und alle darunter liegenden Verzeichnisse) über einen Webserver der Außenwelt zum Download anbieten. Obwohl dies unter Umständen eine gewaltige Sicherheitslücke sein kann, gibt es Situationen, in denen es durchaus Sinn macht. Für solche Zwecke kann man den Request Handler SimpleHTTPRequestHandler des Moduls SimpleHTTPServer wie folgt benutzen:

```
#!/usr/bin/env python
# simplehttpserver.py -- a simple HTTP server to expose a directory hierarchy

import BaseHTTPServer
import SimpleHTTPServer

def run_server(port=9090):
    server_class   = BaseHTTPServer.HTTPServer
    handler_class  = SimpleHTTPServer.SimpleHTTPRequestHandler
    server_address = ('', port)
    server = server_class(server_address, handler_class)
    server.serve_forever()
```

```
if __name__ == '__main__':
    run_server()
```

Dieser Webserver wird *alle* Dateien anzeigen, die sich im und unterhalb des aktuellen Verzeichnisses befinden. Möchte man z.B. die Dokumentation aus dem Verzeichnis */usr/local/share/doc* und alles, was sich darin befindet, nach außen exportieren, geht man wie folgt vor:

```
$ cd /usr/local/share/doc
$ python ~/PythonBook/simplehttpserver.py
```

Der Aufruf von *cd* ist wichtig, damit der Webserver nicht Dateien außerhalb dieser Hierarchie anzeigt. Danach geht man mit einem Browser seiner Wahl nach `http://localhost:9090/` und kann dann die einzelnen Dateien bequem im Browser anschauen.

Möchten Sie eine spezielle Logik einbauen (z.B. Berechtigungen abfragen, andere MIME-Typen senden etc.), bleibt Ihnen immer noch die Möglichkeit, `SimpleHTTP-RequestHandler` als Basis für eine eigene Custom-Klasse zu benutzen. Viel Spaß dabei!

CGIHTTPServer

Soll unser Server aus *simplehttpserver.py* zusätzlich zu den normalen Dateien auch noch bestimmte Dateien als CGI-Skripte ansehen und in einer CGI-Umgebung ausführen, dann kann man anstelle des `SimpleHTTPRequestHandler` aus dem `SimpleHTTPServer`-Modul den `CGIHTTPRequestHandler` aus dem `CGIHTTPServer`-Modul einsetzen:

```
#!/usr/bin/env python
# cgihttpserver.py -- a CGI-enabled HTTP server to expose a directory hierarchy

import BaseHTTPServer
import CGIHTTPServer

def run_server(port=9090):
    server_class  = BaseHTTPServer.HTTPServer
    handler_class  = CGIHTTPServer.CGIHTTPRequestHandler
    handler_class.cgi_directories = ['/cgi-bin']
    server_address = ('', port)

    server = server_class(server_address, handler_class)
    server.serve_forever()

if __name__ == '__main__':
    run_server()
```

Ein CGI-Programm selbst kann in jeder beliebigen Programmiersprache verfasst sein. Das folgende CGI-Programm gibt z.B. den Inhalt seiner Umgebungsvariablen aus:

```python
#!/usr/bin/env python
# cgiprintenv.py -- Display CGI Environment Variables.

import os
from sys import stdout

stdout.write("Content-type: text/plain\r\n\r\n")

for key in sorted(os.environ.keys()):
    print "%s=%s " % (key, os.environ[key])
```

Nehmen wir an, dass wir unter */usr/local/www/data* einen Mix von Verzeichnissen und Dateien haben, die ein Webserver der Welt präsentieren soll. In den meisten Fällen werden die dort enthaltenen Dateien ausgelesen und sofort an den Browser des Clients gesendet.

Nehmen wir ferner an, dass sich unter */usr/local/www/data/cgi-bin* lauter CGI-Programme befinden. Diese Programme sollen jetzt nicht ausgegeben, sondern ausgeführt werden! Wir gehen also davon aus, dass *cgiprintenv.py* als */usr/local/www/data/cgi-bin/cgiprintenv.py* steht und dort für den Benutzer ausführbar ist, der unseren HTTP-Server *cgihttpserver.py* startet.

Wenn wir also erst nach */usr/local/www/data* wechseln (z.B. mit *cd*) und dann *cgihttpserver.py* starten, geschieht zweierlei:

Erstens wird bei `http://localhost:9090/cgi-bin/cgiprintenv.py` der Quellcode des Programms *cgiprintenv.py* nicht angezeigt, sondern ausgeführt. Das, was das Programm auf dessen Standardausgabe schreibt, wird vom Webserver entgegengenommen und an den Browser weitergeleitet.

Wird Zweitens eine andere Datei aufgerufen, z.B. über die URL `http://localhost:9090/htdocs/index.html`, erkennt der Webserver, dass es sich nicht um einen Pfad handelt, der CGI-Programme enthält, und lädt dann die Datei */usr/local/www/data/htdocs/index.html* vom Dateisystem und sendet sie zum Browser.

Die Klassenvariable `cgi_directories` des `CGIHTTPRequestHandler` enthält eine Liste von Pfaden (relativ zum aktuellen Verzeichnis zum Zeitpunkt, als der Server gestartet wurde), die als CGI-Verzeichnisse anzusehen sind. Man kann sie ergänzen oder (wie in diesem Beispiel) verkleinern.

Bei der Ausführung von `http://localhost:9090/cgi-bin/cgiprintenv.py` erhält man eine Liste von Umgebungsvariablen zurück. Diese Liste enthält die Umgebungsvariablen des Prozesses, der unseren Webserver ausführt, sowie CGI-spezifische Umge-

761

bungsvariablen wie PATH_INFO, REQUEST_METHOD etc. Auf die Details der CGI-Spezifikation gehen wir weiter unten nochmal ein.

Alle wichtigen Hinweise zur Sicherheit, die CGI betreffen, gelten (im verstärkten Maße) hier: Sie sollten insbesondere diesen Webserver nur als unprivilegierter Benutzer (z.B. als *nobody* oder zumindest als *www* oder Ähnliches) ausführen – *niemals* als *root*!

wsgiref.simple_server

Das folgende einführende Beispiel zeigt, wie man die WSGI-Anwendung wsgiref.simple_server.demo_app

```
def demo_app(environ,start_response):
    from StringIO import StringIO
    stdout = StringIO()
    print >>stdout, "Hello world!"
    print >>stdout
    h = environ.items(); h.sort()
    for k,v in h:
        print >>stdout, k, '=', 'v'
    start_response("200 OK", [('Content-Type','text/plain')])
    return [stdout.getvalue()]
```

in einem kleinen WSGI-fähigen Webserver ausführen kann:

```
#!/usr/bin/env python
# wsgidemo.py -- Running the WSGI-Demo within a WSGI-enabled webserver
# From: Python Library Reference, 18.4.3 wsgiref.simple_server, make_server()

from wsgiref.simple_server import make_server, demo_app

server = make_server('', 9090, demo_app)
server.serve_forever()
```

Führt man dieses Programm aus (python wsgidemo.py) und schaut sich mit dem Browser die URL http://localhost:9090/ an, erhält man die Ausgabe von demo_app: einen Begrüßungsstring und eine Menge Umgebungsvariablen.

Um also eine Webanwendung zu erstellen, braucht man bloß eine Funktion zu definieren, ähnlich demo_app, welche die WSGI-Spezifikation erfüllt.

Zur Illustration wollen wir unseren Taschenrechner noch mal implementieren, aber diesmal als WSGI:

```python
#!/usr/bin/env python
# wsgicalc.py -- A web calculator as WSGI application

def webcalc(environ, start_response):
    "A web calculator as WSGI application"
    from cStringIO import StringIO
    out = StringIO()

    def send_result(result):
        print >>out, result + "\r\n"
        start_response("200 OK", [('Content-Type', 'text/plain')])

    path = environ.get('PATH_INFO', None)
    if path is None:
        send_result("Usage: /{add,sub,mul,div}/num1/num2")
        return [out.getvalue()]

    lst = path.split('/')
    if len(lst) != 4:
        send_result("Invalid syntax. Use /op/arg1/arg2")
        return [out.getvalue()]

    dummy, op, arg1, arg2 = lst
    if op not in ('add', 'sub', 'mul', 'div'):
        send_result("Invalid operator. Use one of add, sub, mul, div.")
        return [out.getvalue()]

    try:
        numarg1 = float(arg1)
        numarg2 = float(arg2)
    except ValueError:
        send_result("Invalid numerical argument.")
        return [out.getvalue()]

    if op == 'add': result = numarg1 + numarg2
    elif op == 'sub': result = numarg1 - numarg2
    elif op == 'mul': result = numarg1 * numarg2
    elif op == 'div':
        if numarg2 == 0: result = 'N/A'
        else:            result = numarg1 / numarg2
    send_result(str(result))
    return [out.getvalue()]
```

```
def run(port):
    "Start the WSGI server"
    from wsgiref.simple_server import make_server
    server = make_server('', port, webcalc)
    server.serve_forever()

if __name__ == '__main__':
    run(9090)
```

Beachten Sie, dass bei WSGI-Anwendungen die gesamte Ausgabe erst in einen Puffer geschrieben (hier out), dann die start_response-Funktion aufgerufen und schließlich eine Liste von Antworten zurückgesendet wird. In diesem Fall senden wir bloß eine Liste mit einem einzigen String zurück (der eventuell aus mehreren Zeilen bestehen könnte).

Der Aufruf erfolgt wieder wie gewohnt, z.B. über URLs der Art http://localhost:9090/ add/3.2/7.21. Die Parameter erhalten wir, wie bei CGI, über die Umgebungsvariable PATH_INFO, die wir aus dem Umgebungsdictionary environ vom Server über die WSGI-Schnittstelle erhalten haben.

Wie man sieht: WSGI ist eine sehr nützliche Schnittstelle! Auf sie kommen wir weiter unten noch einmal zurück.

15.1.2 Webserver aus Drittanbietermodulen

Neben den Webservern aus der Python Standard Library gibt es viele Webserver von Drittanbietern. Wir stellen in diesem Abschnitt in aller Kürze CherryPy und den Twisted Webserver vor. Dies ist bei Weitem keine vollständige Aufzählung!

Webserver mit CherryPy

CherryPy ist ein Objekt-Publisher. Das heißt, dass man damit Objekte über HTTP sichtbar macht.

Um damit ein wenig experimentieren zu können, müssen wir CherryPy erst installieren. Dies geschieht am Einfachsten mit easy_install CherryPy. Alternativ dazu können Sie den Quellcode von der CherryPy-Website http://www.cherrypy.org/ herunterladen, auspacken und mit python setup.py install installieren. Bietet das Packagesystem Ihres Betriebssystems CherryPy an, können Sie es auch von dort aus installieren. Unter FreeBSD installiert man z.B. den Port */usr/ports/www/py-cherrypy* wie folgt:

```
# cd /usr/ports/www/py-cherrypy
# make install clean
```

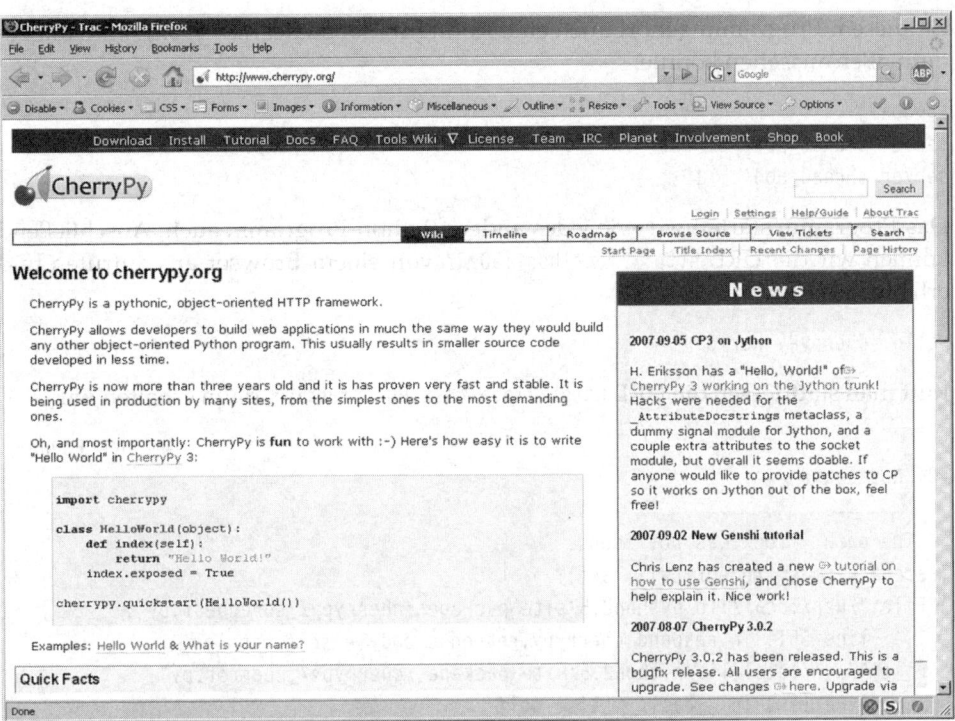

CherryPy ist richtig installiert, wenn man `cherrypy` in der Python-Shell importieren kann:

```
>>> import cherrypy
```

Wie bei jedem komplexen System fangen wir auch hier mit einem einfachen *Hello, World!*-Programm an.

```python
#!/usr/bin/env python
# cherrypyhello.py -- A simple hello, world with CherryPy

import cherrypy

class Hello(object):
    @cherrypy.expose
    def index(self):
        return "Hello, CherryPy World"

if __name__ == '__main__':
    hello = Hello()
    cherrypy.quickstart(hello, config='cherrypy.cfg')
```

Zu diesem Programm gehört auch eine Konfigurationsdatei *cherrypy.cfg*, die folgendermaßen aussehen könnte:

```
[global]
server.socket_port = 9090
server.thread_pool = 10
```

Das Programm starten wir wie jedes andere Python-Programm auch. Anschließend können wir die URL http://localhost:9090/ von einem Browser aus aufrufen und erhalten als Ergebnis:

```
Hello, CherryPy World
```

Ruft man stattdessen die URL http://localhost:9090/foo auf, dann erhalten wir:

```
                                                            404 Not Found

404 Not Found

    The path '/foo' was not found.
Traceback (most recent call last):
  File "/usr/local/lib/python2.5/site-packages/cherrypy/_cprequest.py",
      line 551, in respond cherrypy.response.body = self.handler()
  File "/usr/local/lib/python2.5/site-packages/cherrypy/_cperror.py",
      line 198, in __call__ raise self
NotFound: (404, "The path '/foo' was not found.")


    Powered by CherryPy 3.0.2
```

Wir kehren auf die Server-Konsole zurück und stoppen den Server mit *Ctrl-C*:

```
$ python cherrypyhello.py
[15/May/2008:04:33:04] HTTP Serving HTTP on http://0.0.0.0:9090/
127.0.0.1 - - [15/May/2008:04:33:14] "GET / HTTP/1.1" 200 21 "" ""
127.0.0.1 - - [15/May/2008:04:34:05] "GET /foo HTTP/1.1" 404 1046 "" ""
[15/May/2008:04:36:05] ENGINE <Ctrl-C> hit: shutting down app engine
[15/May/2008:04:36:05] HTTP HTTP Server shut down
[15/May/2008:04:36:05] ENGINE CherryPy shut down
```

Was erkennen wir an diesem Beispiel?

CherryPy besitzt einen eigenen Webserver, den man mit einer Konfigurationsdatei anpassen kann. Dieser wird durch den Aufruf von cherrypy.quickstart unter Angabe einer zu publizierenden Objektinstanz und der Konfigurationsdatei gestartet. Ist z.B. hello das zu publizierende Objekt, wird der Server so in Gang gesetzt:

```
cherrypy.quickstart(hello, config='cherrypy.cfg')
```

Das zu publizierende Objekt kann aus einer beliebigen, ganz gewöhnlichen Python-Klasse stammen. Wir haben in diesem einführenden Beispiel die Klasse Hello definiert und daraus unser hello-Objekt instanziiert.

Die Methoden des zu publizierenden Objekts sind nur dann über den Webserver aufrufbar, wenn sie *exponiert* sind. Die Methode index wird z.B. exponiert, wenn sie mit dem Dekorator (siehe Kapitel 8, *Funktionen*) expose des cherrypy-Moduls versehen ist. Alternativ dazu hätte man auch schreiben können:

```
class Hello(object):
    def index(self):
        return "Hello, CherryPy World"

    index.exposed = True
```

Die Methode index ist ein Sonderfall, ähnlich der Datei *index.html* bei Webservern.

Erweitern wir nun unser Beispiel ein kein wenig. Wir möchten jetzt, dass verschiedene Methoden je nach URL aufgerufen werden:

```
#!/usr/bin/env python
# cherrypymapper.py -- URL-mapping to methodes with CherryPy

import cherrypy

class URLMapper(object):
    def foo(self):     return "This is foo()"
    def bar(self):     return "This is bar()"
    def index(self):   return "This is index()"
    def default(self): return "This is default()"

    foo.exposed = True
    bar.exposed = True
    index.exposed = True
    default.exposed = True

if __name__ == '__main__':
    mapper = URLMapper()
    cherrypy.quickstart(mapper, config='cherrypy.cfg')
```

Ruft man http://localhost:9090/ auf, dann erhält man die Ausgabe This is index(). Aber wenn man http://localhost:9090/foo aufruft, dann erscheint This is foo(), und wenn man http://localhost:9090/bar aufruft, dann erscheint erwartungsgemäß This is bar().

Das ist schon mal sehr gut, denn wir können so Teile unserer Website bestimmten Methoden zuweisen, die sich darum kümmern sollen: So kann z.B. die URL */forum* auf eine Forum-Methode abgebildet werden, die URL */news* auf eine Methode, welche die aktuellen Nachrichten anzeigt, und */archive/2008/03/18* könnte z.B. die Methode archive aufrufen, welche dann alle an dem spezifizierten Tag archivierten Artikel aus einer Datenbank herausholen und zur Auswahl stellen könnte. Die Möglichkeiten sind endlos!

Ruft man aber jetzt http://localhost:9090/foobar auf, dann löst das einen 500-er Fehler aus mit der Fehlermeldung:

```
TypeError: default() takes exactly 1 argument (2 given)
```

Offenbar ist in dem Fall tatsächlich die Methode default aufgerufen worden. Aber da sie keine Argumente entgegennahm (vermutlich foobar), ist eine Ausnahme ausgelöst worden. default ist eine catch-all-Methode, die dann aufgerufen wird, wenn CherryPy nicht in der Lage ist, eine genauere Methode zu finden.

Was geschieht, wenn wir http://localhost:9090/foo/bar aufrufen? Es wird wieder eine Ausnahme ausgelöst und somit ein 500er Fehler an den Client gesendet. Als Fehlermeldung erscheint jetzt:

```
TypeError: foo() takes exactly 1 argument (2 given)
```

Das ist auch richtig so! Diesmal wurde die Methode foo aufgerufen, weil die URL ja mit foo begann. Aber der nachfolgende Teil der URL (hier das Teil mit bar) konnte CherryPy nicht auflösen. Oder, genauer gesagt, CherryPy hat dafür die foo-Methode aufgerufen und als Argument den Pfad angegeben (wohl bar). Und foo war in unserem Beispiel leider nicht in der Lage, damit klarzukommen, da es keine weiteren Argumente außer self erwartete.

So ganz optimal ist das alles noch nicht. Aber keine Sorge: Wir nähern uns der Lösung. Wir müssen den Fall lösen, dass default Argumente entgegennimmt, und es ist außerdem wichtig, dass die einzelnen Methoden ebenfalls Argumente entgegennehmen, um mit Subpfaden zurecht zu kommen.

Versuchen wir einfach, alle Methoden so umzuschreiben, dass sie eine beliebige Anzahl von Argumenten entgegennehmen:

```python
#!/usr/bin/env python
# cherrypymapper2.py -- enhanced URL-mapping to methods with CherryPy

import cherrypy

class URLMapper2(object):
    def foo(self, *args):    return "This is foo(%s)\r\n"    % str(args)
    def bar(self, *args):    return "This is bar(%s)\r\n"    % str(args)
```

```
    def index(self, *args):   return "This is index(%s)\r\n"   % str(args)
    def default(self, *args): return "This is default(%s)\r\n" % str(args)

    foo.exposed = True
    bar.exposed = True
    index.exposed = True
    default.exposed = True

if __name__ == '__main__':
    mapper = URLMapper2()
    cherrypy.quickstart(mapper, config='cherrypy.cfg')
```

Probieren wir es aus:

```
$ fetch -q -o - http://localhost:9090/
This is index(())


$ fetch -q -o - http://localhost:9090/foo
This is foo(())


$ fetch -q -o - http://localhost:9090/bar
This is bar(())


$ fetch -q -o - http://localhost:9090/foobar
This is default(('foobar',))
```

Übrigens: *fetch* ist ein FreeBSD-Tool, das URLs herunterlädt. Benutzen Sie alternativ dazu *wget*, *curl* oder schreiben Sie Ihren eigenen Webclient in Python (siehe unten), wenn Sie kein *fetch*-Kommando auf Ihrem Rechner haben.

So weit, so klar: index, foo und bar sind mit 0 Argumenten aufgerufen worden, und für foobar wurde die default-Funktion mit einem Argument, dem String 'foobar', aufgerufen.

Doch wie sieht es aus, wenn wir Argumente an foo hängen?

```
$ fetch -q -o - http://localhost:9090/foo/2008/03/18
This is foo(('2008', '03', '18'))
```

Genauso sind wir in der Lage, das oben beschriebene System zu implementieren!

Was ist mit einer unbekannten URL?

```
$ fetch -q -o - http://localhost:9090/foobar/foo/baz/2008/03/18
This is default(('foobar', 'foo', 'baz', '2008', '03', '18'))
```

Alles klar: Hier wird die `default`-Funktion aufgerufen, weil `foobar` unbekannt ist. Ab da geht es automatisch weiter: Sowohl `foobar` als auch alle anderen Teile des Pfades werden als Argumente der Funktion `default` übergeben.

Bisher haben wir immer nur Methoden der Root-Klasse aufgerufen. Man kann auch ein ganzes Objektgeflecht publizieren:

```python
#!/usr/bin/env python
# cherrypysite.py -- a web site with many different parts

import cherrypy

class Rootsite(object):
    @cherrypy.expose
    def index(self): return "Rootsite.index()\r\n"

    @cherrypy.expose
    def default(self, *args): return "Rootsite.default(%s)\r\n" % str(args)

class Forum(object):
    @cherrypy.expose
    def index(self): return "Forum.index()\r\n"

    @cherrypy.expose
    def default(self, *args): return "Forum.default(%s)\r\n" % str(args)

    @cherrypy.expose
    def admin(self, *args): return "Forum.admin(%s)\r\n" % str(args)

class Archive(object):
    @cherrypy.expose
    def index(self): return "Archive.index()\r\n"

    @cherrypy.expose
    def default(self, *args): return "Archive.default(%s)\r\n" % str(args)

if __name__ == '__main__':
    rootsite = Rootsite()
    rootsite.talkback = Forum()
    rootsite.newsroom = Archive()
    cherrypy.quickstart(rootsite, config='cherrypy.cfg')
```

So sieht es aus, wenn man es aufruft:

```
$ fetch -q -o - http://localhost:9090/
Rootsite.index()
```

```
$ fetch -q -o - http://localhost:9090/talkback/add/somedata
Forum.default(('add', 'somedata'))
```

```
$ fetch -q -o - http://localhost:9090/newsroom/2008/03/18/1
Archive.default(('2008', '03', '18', '1'))
```

Doch auch wenn sich Leute irren, bekommen sie eine sinnvolle Reaktion:

```
$ fetch -q -o - http://localhost:9090/newsroom
Archive.index()
```

```
$ fetch -q -o - http://localhost:9090/talkback
Forum.index()
```

```
$ fetch -q -o - http://localhost:9090/notthere
Rootsite.default(('notthere',))
```

Der entscheidende Teil in diesem Programm ist das Objekt-Geflecht um `rootsite`:

```
rootsite = Rootsite()
rootsite.talkback = Forum()
rootsite.newsroom = Archive()
```

Dadurch wurde die URL */talkback* an eine Instanz von `Forum` gebunden, die URL */newsroom* an eine Instanz von `Archive` angekoppelt, und dank `Rootsite.default` wird jede andere URL (außer /) abgefangen!

Bevor wir zu einer Anwendung kommen, wollen wir noch sehen, wie man Daten aus einem Formular ausliest:

```
#!/usr/bin/env python
# cherrypyform.py -- read data from a form

import cherrypy

class FeedbackForm(object):
    @cherrypy.expose
    def feedback(self, username=None, email=None):
        if username is None or email is None:
            return self.send_form()
        else:
            return "Got username: %s, Email: %s" % (username, email)
```

```
    def send_form(self):
        return '''<div>
<form action="/feedback" method="POST">
  <p>Username: <input type="text" name="username" size="40"/></p>
  <p>Email:    <input type="text" name="email" size="40"/></p>
  <p><input type="submit" value="Send"/>
     <input type="reset" value="Clear"/>
  </p>
</form>
</div>'''


if __name__ == '__main__':
    feedback = FeedbackForm()
    cherrypy.quickstart(feedback, config='cherrypy.cfg')
```

Ruft man es als http://localhost:9090/feedback auf, erhält man zunächst ein Eingabe-formular für die Daten. Schickt man diese ab, wird die feedback-Funktion noch mal aufgerufen, und wir erhalten die gesendeten Daten zurück.

Ein Blick in die Logs (Server-Konsole) zeigt, dass der erste Aufruf ein GET-Aufruf ist, während der zweite Aufruf ein POST-Aufruf ist: CherryPy ist in der Lage, POST-Daten entgegenzunehmen und automatisch an die richtige Funktion zu übergeben.

```
127.0.0.1 - - [15/May/2008:05:54:34] "GET /feedback HTTP/1.1" 200 292 "" ""
127.0.0.1 - - [15/May/2008:05:54:47] "POST /feedback HTTP/1.1" 200 42 "" ""
```

Doch CherryPy kann natürlich auch GET-Requests verarbeiten:

```
$ fetch -q -o - 'http://localhost:9090/feedback?username=joe&email=a@b'
Got username: joe, Email: a@b
```

Als Anwendung von CherryPy wollen wir nun unseren Webrechner erneut aufgreifen und für CherryPy anpassen:

```
#!/usr/bin/env python
# cherrypycalc.py -- web calculator using CherryPy

import cherrypy

class Calculator(object):
    @cherrypy.expose
    def add(self, arg1, arg2):
        return self.calculate('add', arg1, arg2)

    @cherrypy.expose
    def sub(self, arg1, arg2):
        return self.calculate('sub', arg1, arg2)
```

```
@cherrypy.expose
def mul(self, arg1, arg2):
    return self.calculate('mul', arg1, arg2)


@cherrypy.expose
def div(self, arg1, arg2):
    return self.calculate('div', arg1, arg2)


@cherrypy.expose
def default(self, *args):
    return "Invalid operator. Use one of 'add', 'sub', 'mul', or 'div'"


def calculate(self, op, arg1, arg2):
    # if op not in ('add', 'sub', 'mul', 'div'):
    #     return "Invalid operator. Use 'add', 'sub', 'mul', or 'div'"
    result = 'No result yet'
    try:
        num1 = float(arg1)
        num2 = float(arg2)
        if op == 'add': result = num1 + num2
        elif op == 'sub': result = num1 - num2
        elif op == 'mul': result = num1 * num2
        elif op == 'div':
            if num2 == 0: result = 'NaN'
            else        : result = num1 / num2
    except ValueError:
        result = "Invalid operand. Use numerical values only."
    finally:
        return str(result)

if __name__ == '__main__':
    calc = Calculator()
    cherrypy.quickstart(calc, config='cherrypy.cfg')
```

Das Beispiel kommentieren wir nicht weiter. Probieren Sie es einfach mit verschiedenen URLs aus.

Bevor wir diesen Abschnitt verlassen, noch eine kleine Bemerkung: CherryPy erkennt selbstständig, ob die Datei, die gerade ausgeführt wird, verändert wird. So ist es möglich, die Datei zu editieren und den Server trotzdem weiterlaufen zu lassen. Geschieht dies, erscheint z.B. auf der Konsole (Leerzeilen manuell eingefügt zwecks besserer Lesbarkeit):

```
$ python cherrypycalc.py
[15/May/2008:06:02:35] HTTP Serving HTTP on http://0.0.0.0:9090/
127.0.0.1 - - [15/May/2008:06:03:07] "GET /add/1.0/2.2 HTTP/1.1" 200 3 "" ""
127.0.0.1 - - [15/May/2008:06:03:14] "GET /add/1.2/2.2 HTTP/1.1" 200 3 "" ""

[15/May/2008:06:03:29] HTTP HTTP Server shut down
[15/May/2008:06:03:29] ENGINE CherryPy shut down
[15/May/2008:06:03:29] ENGINE Re-spawning cherrypycalc.py
[15/May/2008:06:03:31] HTTP Serving HTTP on http://0.0.0.0:9090/

127.0.0.1 - - [15/May/2008:06:03:36] "GET /div/1.2/2.2 HTTP/1.1" 200 14 "" ""

[15/May/2008:06:03:43] ENGINE <Ctrl-C> hit: shutting down app engine
[15/May/2008:06:03:43] HTTP HTTP Server shut down
[15/May/2008:06:03:43] ENGINE CherryPy shut down
```

Beim Eintrag `[15/May/2008:06:03:29] HTTP HTTP Server shut down` hat CherryPy gemerkt, dass ich die Datei *cherrypycalc.py* gerade verändert hatte (z.B. indem ich sie im Editor verändert und gerade die Speicherfunktion angestoßen habe). Daraufhin ist der Webserver erneut gestartet worden. So etwas kann sich während der Entwicklung als sehr nützlich erweisen.

Wir haben gerade mal die Oberfläche angekratzt: CherryPy kann viel mehr als das! Es empfiehlt sich ein Blick in die Howtos und in die umfangreiche Online-Dokumentation.

Twisted.Web Server

Im Kapitel 14, *Netzwerkprogrammierung*, haben wir ausführlich das Twisted Framework vorgestellt. Doch was wir dort verschwiegen haben: Twisted bietet auch einen vielseitigen und flexiblen Webserver im `twisted.web` Package an. Dies holen wir hier nach! Grundlage dieses Abschnitts ist das Howto *Configuring and Using the Twisted.Web Server* der Twisted-Dokumentation, unter `http://twistedmatrix.com/projects/web/documentation/howto/using-twistedweb.html` verfügbar. Wir gehen hier davon aus, dass Twisted bereits auf Ihrem Rechner installiert ist.

Fangen wir mit einem einfachen Webserver an, der bloß den String *Hello World* ausgibt:

```
#!/usr/bin/env python
# twistedhelloworld.py -- A simple hello, world Twisted.Web server.
# From: Twisted.Web HowTo "Configuring and Using the Twisted.Web server"

from twisted.web import server, resource
from twisted.internet import reactor
```

```python
class HelloWorld(resource.Resource):

    isLeaf = True

    def render_GET(self, request):
        return "<html>Hello, world.</html>"

if __name__ == '__main__':
    site = server.Site(HelloWorld())
    reactor.listenTCP(9090, site)
    reactor.run()
```

Ist Twisted in unserer lokalen Python-Installation unter ~/python installiert, können wir dieses Programm unter Angabe des richtigen Python-Interpreters wie folgt starten:

```
$ ~/python/bin/python twistedhelloworld.py
```

Und wir können es dann von einem beliebigen Browser an der URL http://localhost:9090/ abfragen. Auch URLs der Form http://localhost:9090/foo/bar/baz ergeben hier denselben String.

Wie ist das Programm zu verstehen? Wenn Ihnen das typische Pattern von Twisted-Programmen bekannt ist, erkennen Sie hier zwei der üblichen Komponenten einer Twisted-Anwendung: den reactor und eine Factory-Instanz site. Außerdem sehen wir eine Klasse HelloWorld, die von twisted.web.resource.Resource abgeleitet ist: Diese Klasse ist aber keine Protocol-Klasse, wie wir es aus Twisted-Programmen gewöhnt sind. Das prüfen wir in der Python-Shell nach. Wir initialisieren erst die Variablen:

```python
from twisted.web import server
from twistedhelloworld import HelloWorld

helloworld = HelloWorld()
site = server.Site(helloworld)
```

Und nun fragen wir die Variablen ab:

```python
>>> site
<twisted.web.server.Site instance at 0x284a942c>

>>> dir(site)
['__doc__', '__getstate__', '__implemented__', '__init__', '__module__',
'__providedBy__', '__provides__', '_escape', '_mkuid', '_openLogFile',
'buildProtocol', 'counter', 'displayTracebacks', 'doStart', 'doStop',
'getChildWithDefault', 'getResourceFor', 'getSession', 'isLeaf', 'log',
'logPath', 'makeSession', 'noisy', 'numPorts', 'protocol', 'render',
'requestFactory', 'resource', 'sessionCheckTime', 'sessionFactory',
'sessions', 'startFactory', 'stopFactory', 'timeOut']
```

```
>>> site.protocol
<class twisted.web.http.HTTPChannel at 0x28c6050c>
```

Man erkennt auch ohne den Quellcode von Site zu Rate zu ziehen, dass site (unter anderem) eine Factory ist: Sie enthält die typischen Methoden, die man von einer Factory erwarten würde. Außerdem erkennt man, wie bei Twisted-Programmen üblich, dass diese Factory-Instanz eine klassenweite protocol-Variable besitzt, welche die Klasse der Protokollobjekte enthält. Diese Protokollobjekte werden pro Verbindung erzeugt und managen die HTTP-Verbindung mit dem Browser.

Wir sehen, dass unsere site-Factory die Twisted-Klasse twisted.web.http.HTTPChannel als Protokollklasse definiert hat. Es werden also pro Verbindung zu Clients jeweils ein solches HTTPChannel-Objekt instanziiert.

Doch was ist helloworld, wenn es nicht ein Protokollobjekt ist?

```
>>> helloworld
<twistedhelloworld.HelloWorld instance at 0x284a9c8c>
```

```
>>> dir(helloworld)
['__doc__', '__implemented__', '__init__', '__module__', '__providedBy__',
'__provides__', 'children', 'delEntity', 'entityType', 'getChild',
'getChildForRequest', 'getChildWithDefault', 'getDynamicEntity',
'getStaticEntity', 'isLeaf', 'listDynamicEntities', 'listDynamicNames',
'listEntities', 'listNames', 'listStaticEntities', 'listStaticNames',
'putChild', 'reallyPutEntity', 'render', 'render_GET', 'render_HEAD',
'server']
```

Das ist alles nicht sehr aufschlussreich. Offensichtlich ist helloworld ein Hilfsobjekt für site. Es bleibt uns nichts anderes übrig, als im Quellcode selbst nachzuschauen. Da HelloWorld aus der Klasse twisted.web.resource.Resource abgeleitet ist, schauen wir in der Datei *twisted/web/resource.py* des *site-packages*-Verzeichnisses unserer Python-Installation nach. Dort erkennen wir Folgendes (Skelett):

```
class IResource(Interface):
    isLeaf = Attribute(...)
    def getChildWithDefault(name, request):
    def putChild(path, child):
    def render(request):


class Resource:
    implements(IResource)
```

```
# Misc. methods omitted... then:

def getChildWithDefault(self, path, request):
def putChild(self, path, child):
def render(self, request):
def render_HEAD(self, request):
```

Auch ohne die Kommentare in *resource.py* gelesen zu haben, erkennen wir, dass eine Resource-Instanz (wie unser helloworld) eine bestimmte Schnittstelle implementieren soll, die in IResource definiert ist. Diese Schnittstelle zeigt, dass es sich um Objekte handelt, die:

- sich mit der render-Methode nach außen hin präsentieren,
- in einem Baum von Kindern organisiert sind.

Ein Blick in die Dokumentation der Methode render verrät uns, dass:

```
$ ~/python/bin/pydoc twisted.web.resource.Resource.render
Help on method render in twisted.web.resource.Resource:

twisted.web.resource.Resource.render = render(self, request)
                unbound twisted.web.resource.Resource method

    Render a given resource. See L{IResource}'s render method.

    I delegate to methods of self with the form 'render_METHOD'
    where METHOD is the HTTP that was used to make the
    request. Examples: render_GET, render_HEAD, render_POST, and
    so on. Generally you should implement those methods instead of
    overriding this one.

    render_METHOD methods are expected to return a string which
    will be the rendered page, unless the return value is
    twisted.web.server.NOT_DONE_YET, in which case it is this
    class's responsibility to write the results to
    request.write(data), then call request.finish().

    Old code that overrides render() directly is likewise expected
    to return a string or NOT_DONE_YET.
```

Jetzt wird alles klar! Die Methode render_GET, die wir in HelloWorld definiert haben, wird letztendlich von der Methode render unseres helloworld-Objekts aufgerufen, wenn ein Webbrowser es über die HTTP GET-Methode anfordert. Erinnert das nicht an unser Beispiel *basehttpserver2.py* weiter oben, in dem wir im BaseHTTPRequestHandler die Methode do_GET definiert haben?

Die Organisation der Resource-Objekte in einem Baum erinnert dagegen an Cherry-Py. Dort ist ein Objekt pro URL-Komponente zuständig gewesen (vgl. das Beispiel *cherrypysite.py*).

Das Gesamtbild müsste jetzt klar sein:

- Der reactor kümmert sich Ereignisse aus dem Netz.
- site verwaltet die HTTPChannel-Protokollobjekte.
- site enthält eine Resource-Instanz, die die Spitze des Objektgeflechts ist, welche die URL-Komponenten ausmacht.
- helloworld und andere Resource-Objekte erzeugen mit einer der render_*-Methoden Strings für den Browser, oder sie leiten die Anfrage weiter an ihre Kinder, die sie in einer Liste speichern.

Bisher hat unser Beispiel alle URLs unter *localhost:9090* ordentlich ausgegeben. Der Grund war, dass wir die Resource als Blatt (isLeaf) deklariert haben. Was ist, wenn es nicht so ist? Schauen wir uns folgendes Beispiel an:

```python
#!/usr/bin/env python
# twistedurl1.py -- A Twisted.Web with two attached resources.

from twisted.web import server, resource
from twisted.internet import reactor

class RootResource(resource.Resource):
    def getChild(self, name, request):
        if name == '':
            return self
        else:
            return resource.Resource.getChild(self, name, request)

    def render_GET(self, request):
        return "I am the Root resource.\r\n"

class ForumResource(resource.Resource):
    isLeaf = True
    def render_GET(self, request):
        return "I am a Forum resource. request.postpath=%r\r\n" % \
                (request.postpath,)

class ArchiveResource(resource.Resource):
    isLeaf = True
    def render_GET(self, request):
        return "I am an Archive resource. request.postpath=%r\r\n" % \
                (request.postpath,)
```

```
if __name__ == '__main__':
    root = RootResource()
    root.putChild('talkback', ForumResource())
    root.putChild('newsroom', ArchiveResource())

    site = server.Site(root)
    reactor.listenTCP(9090, site)
    reactor.run()
```

Durch die Zeilen

```
root = RootResource()
root.putChild('talkback', ForumResource())
root.putChild('newsroom', ArchiveResource())
```

haben wir einen Baum erzeugt, bestehend aus den URLs /, /talkback und /newsroom und diese drei URLs an eine Instanz von RootResource, ForumResource und ArchiveResource angekoppelt (genauso wie beim CherryPy-Beispiel cherrypysite.py):

```
$ fetch -q -o - http://localhost:9090/
I am the Root resource.

$ fetch -q -o - http://localhost:9090/talkback
I am a Forum resource. request.postpath=[]

$ fetch -q -o - http://localhost:9090/newsroom
I am an Archive resource. request.postpath=[]
```

Andere Top-level-URLs sind nicht erlaubt:

```
$ fetch -q -o - http://localhost:9090/nonexistent
fetch: http://localhost:9090/nonexistent: Not Found
```

Oder ausführlicher:

```
$ telnet localhost 9090
Trying 127.0.0.1...
Connected to localhost.
Escape character is '^]'.
GET /nonexistent HTTP/1.1
Host: localhost
Connection: close

HTTP/1.1 404 Not Found
Date: Thu, 15 May 2008 19:22:39 GMT
Connection: close
```

```
Content-type: text/html
Content-length: 173
Server: TwistedWeb/8.0.1

<html>
        <head><title>404 - No Such Resource</title></head>
        <body><h1>No Such Resource</h1>
            <p>No such child resource.</p>
        </body></html>
```

```
Connection closed by foreign host.
```

Das ist auch richtig so! Schließlich kann Twisted.Web nur die URLs bedienen, für die es ein Resource-Objekt gibt.

Wieso brauchen wir die getChild-Methode in RootResource? Würde man sie auskommentieren, dann könnte man zwar immer noch auf die */talkback* und */newsroom* Hierarchie zugreifen, aber die URL / selbst wäre nicht mehr erreichbar:

```
$ fetch -q -o - http://localhost:9090/
fetch: http://localhost:9090/: Not Found
```

Wieso das denn? Das RootResource-Objekt weiß in dem Fall nicht, dass es ein Blatt des gesamten Baumes ist (isLeaf ist ja nicht auf True gesetzt). In dem Fall ruft es getChild auf, um die URL zu durchlaufen. Doch wenn wir getChild für RootResource auskommentieren, dann würde resource.Resource.getChild der Elternklasse aufgerufen. Und diese Elternmethode durchsucht die Kinderliste und würde im Misserfolgsfall einfach standardmäßig Folgendes liefern:

```
return error.NoResource("No such child resource.")
```

Die Online-Hilfe zu getChild macht es klar:

```
$ ~/python/bin/pydoc twisted.web.resource.Resource.getChild
Help on method getChild in twisted.web.resource.Resource:

twisted.web.resource.Resource.getChild = getChild(self, path, request)
                        unbound twisted.web.resource.Resource method

    Retrieve a 'child' resource from me.

    Implement this to create dynamic resource generation -- resources which
    are always available may be registered with self.putChild().

    This will not be called if the class-level variable 'isLeaf' is set in
    your subclass; instead, the 'postpath' attribute of the request will be
    left as a list of the remaining path elements.
```

```
For example, the URL /foo/bar/baz will normally be::

  | site.resource.getChild('foo').getChild('bar').getChild('baz').

However, if the resource returned by 'bar' has isLeaf set to true, then
the getChild call will never be made on it.

@param path: a string, describing the child

@param request: a twisted.web.server.Request specifying meta-information
                about the request that is being made for this child.
```

Wenn wir jetzt die getChild-Methode in RootResource wieder aktivieren (die Kommentare entfernen) – oder auch nicht – und stattdessen isLeaf dort auf True setzen, dann würde getChild gar nicht erst aufgerufen. Das hat zur Folge, dass dann dieses Root-Objekt jede URL abfangen würde, auch diejenigen, die mit */talkback* oder */newsroom* anfangen. Das ist nicht, was wir an dieser Stelle wollten!

Wir lernen daraus, dass eine Resource sich entweder als Blatt deklarieren soll, indem sie isLeaf auf True setzt (und in dem Fall ist sie dafür verantwortlich, eventuell übrig gebliebene URL-Elemente manuell auszuwerten), oder wenn sie das nicht tut, dass sie die Methode getChild überschreiben und innerhalb dieser Methode entscheiden soll, ob sie sich selbst als zuständig sieht oder die weitere Suche an die Elternklasse abgeben soll.

In unserem Beispiel hat sich das RootResource-Objekt root selbst nicht zum Blatt erkoren (damit */talkback* und */newsroom* über die normale Suche erreicht werden können) und stattdessen mit getChild in die URL-Suche eingegriffen, um zu entscheiden, ob es zuständig ist oder nicht.

Kommen wir nun zu den Kindressourcen. Diese deklarieren sich als Blatt, indem sie isLeaf auf True setzen. Daduch wird alles, was mit */talkback* und */newsroom* anfängt, von diesen Objekten abgefangen. Entscheidend ist jetzt, dass das, was hinter diesen URLs steht (z.B. Pfade wie */2008/03/18/1*) nun nicht mehr von der Resource Publishing-Maschinerie besucht wird, sondern dem jeweiligen ForumResource- oder ArchiveResource-Objekt als Liste in request.postpath übergeben wird:

```
$ fetch -q -o - http://localhost:9090/talkback/
I am a Forum resource. request.postpath=['']

$ fetch -q -o - http://localhost:9090/talkback/2008/03/18/1
I am a Forum resource. request.postpath=['2008', '03', '18', '1']

$ fetch -q -o - http://localhost:9090/newsroom/2008/03/18/102
I am an Archive resource. request.postpath=['2008', '03', '18', '102']
```

Jetzt kann dieses Objekt die gewünschte Information z.B. aus einer Datenbank holen und in `render_GET` ausgeben. Beachten Sie, dass das `Resource`-Objekt auch anhand von `request.postpath` entscheiden kann, ob es mit oder ohne einen abschließenden Slash aufgerufen wird:

```
$ fetch -q -o - http://localhost:9090/talkback
I am a Forum resource. request.postpath=[]
```

```
$ fetch -q -o - http://localhost:9090/talkback/
I am a Forum resource. request.postpath=['']
```

Nicht gezeigt in diesem Beispiel ist, dass das `Resource`-Objekt in `request.prepath` eine Liste von URL-Komponenten erhält, die bereits ausgewertet sind. Somit kann das Objekt auch wissen, wo es sich in der URL-Hierarchie befindet:

```
#!/usr/bin/env python
# twistedurl2.py -- A Twisted.Web with two attached resources.

from twisted.web import server, resource
from twisted.internet import reactor

class DynamicResource(resource.Resource):
    isLeaf = True
    def render_GET(self, request):
        return "I am a dynamic resource.\r\n" \
               "request.prepath=%r, request.postpath=%r\r\n" % \
               (request.prepath, request.postpath)

if __name__ == '__main__':
    root = resource.Resource()
    root.putChild('talkback', DynamicResource())
    root.putChild('newsroom', DynamicResource())

    site = server.Site(root)
    reactor.listenTCP(9090, site)
    reactor.run()
```

Der Aufruf ergibt:

```
$ fetch -q -o - http://localhost:9090/talkback/2008/03/18/1
I am a dynamic resource.
request.prepath=['talkback'], request.postpath=['2008', '03', '18', '1']
```

```
$ fetch -q -o - http://localhost:9090/newsroom/2008/03/18/102
I am a dynamic resource.
request.prepath=['newsroom'], request.postpath=['2008', '03', '18', '102']
```

Normalerweise würde nun in `render_GET` je nach Inhalt von `request.prepath[0]` die eine oder andere Logik aufgerufen werden.

Mit diesem Wissen ausgestattet, können wir jetzt unseren Webrechner (erneut) implementieren, diesmal als Twisted.Web-Projekt:

```python
#!/usr/bin/env python
# twistedwebcalc.py -- A Twisted.Web calculator resource.

from twisted.web import server, resource
from twisted.internet import reactor

class WebCalc(resource.Resource):
    isLeaf = True

    def render_GET(self, request):
        if len(request.postpath) != 3:
            return "Usage: " + '/'.join(request.prepath) + "/op/arg1/arg2\r\n"

        op, arg1, arg2 = request.postpath
        if op not in ('add', 'sub', 'mul', 'div'):
            return "Invalid operator. Use 'add', 'sub', 'mul', or 'div'\r\n"

        result = 0.0
        try:
            numarg1 = float(arg1)
            numarg2 = float(arg2)
            if op == 'add': result = numarg1 + numarg2
            elif op == 'sub': result = numarg1 - numarg2
            elif op == 'mul': result = numarg1 * numarg2
            elif op == 'div':
                if numarg2 == 0: result = 'NaN'
                else:            result = numarg1 / numarg2
        except ValueError:
            result = "Invalid operand: use numerical values only\r\n"
        finally:
            return str(result) + "\r\n"

if __name__ == '__main__':
    root = WebCalc()

    site = server.Site(root)
    reactor.listenTCP(9090, site)
    reactor.run()
```

Die Anwendung ergibt dasselbe wie bei den vorigen Webrechner-Beispielen. Wir haben hier alles im Root-Knoten aufgelöst. Man hätte ohne Weiteres den Webrechner unter einer anderen URL einhängen können:

```python
#!/usr/bin/env python
# twistedwebcalc2.py -- A Twisted.Web calculator resource.

from twisted.web import server, resource
from twisted.internet import reactor
from twistedwebcalc import WebCalc

if __name__ == '__main__':
    root = resource.Resource()
    root.putChild('calc', WebCalc())

    site = server.Site(root)
    reactor.listenTCP(9090, site)
    reactor.run()
```

Die URLs lauten jetzt z.B. http://localhost:9090/calc/add/3.2/1.7. Interessant ist auch das, was geschieht, wenn man z.B. die falsche Anzahl von Argumenten angibt. Achten Sie auf die Fehlermeldung: Obwohl wir das Resource-Objekt WebCalc aus dem vorigen Beispiel recyclt haben, ist die Fehlermeldung immer noch richtig. Möglich ist es, weil wir mit request.prepath immer genau wissen, wo wir eingehängt wurden (hier unter calc)!

Bevor wir unseren Webrechner verlassen, wollen wir noch erkunden, wie man dessen Eingaben über ein Webformular entgegennehmen kann. Bisher haben wir ja den URL-Pfad ausgenutzt, genauer gesagt, wir haben Pfade der Form /add/3.1/7.23 benutzt. Viel häufiger in der Praxis sind Anwendungen, die ein Webformular zur Verfügung stellen und vom Benutzer erwarten, dass er die Felder ausfüllt und das Formular dann abschickt.

Dann stellt sich die Frage, wie man in Twisted.Web an die POST- oder GET-Daten des Formulars herankommt. Das Argument request der render_GET-Methode aus den vorigen Beispielen dürfte uns da schon etwas verraten. Ein Blick in den Quellcode von Twisted.Web verrät uns, dass request unter anderem auch ein Objekt vom Typ twisted.web.http.Request ist und somit ein Attribut args besitzt. Dieses Attribut enthält ein Dictionary, das die Argumentnamen als Schlüssel und deren Wert(e) als Liste (von Werten) hat. Würde man z.B. ?a=7&a=8&b=6 an die URL anhängen, dann würde request.args das Dictionary {'a': ['7', '8'], 'b': ['6']} enthalten. Das machen wir uns zunutze in folgendem Webrechner mit Formular:

```python
#!/usr/bin/env python
# twistedwebcalc3.py -- A Twisted.Web web calculator using a FORM.

from twisted.web import server, resource
from twisted.internet import reactor

class WebCalcForm(resource.Resource):
    isLeaf = True

    def render_GET(self, request):
        # 1. Fetch arguments from URL or POST arguments using request
        # (which is also a twisted.web.http.Request object)
        op = request.args.get('op', None)
        arg1 = request.args.get('arg1', None)
        arg2 = request.args.get('arg2', None)

        # 2. If arguments ar missing, send input form
        if op is None or arg1 is None or arg2 is None:
            return self.create_form()

        # URL or POST arguments are always returned as a list
        # in case they occur mutiple times as in op=add&op=sub.
        op = op[0]
        arg1 = arg1[0]
        arg2 = arg2[0]

        # 3. Sanity checks and calculations
        if op not in ('add', 'sub', 'mul', 'div'):
            return "Invalid operator. Use 'add', 'sub', 'mul', or 'div'\r\n"

        result = 0.0
        try:
            numarg1 = float(arg1)
            numarg2 = float(arg2)
            if op == 'add': result = numarg1 + numarg2
            elif op == 'sub': result = numarg1 - numarg2
            elif op == 'mul': result = numarg1 * numarg2
            elif op == 'div':
                if numarg2 == 0: result = 'NaN'
                else:            result = numarg1 / numarg2
        except ValueError:
            result = "Invalid operand: use numerical values only\r\n"
        finally:
            return str(result) + "\r\n"
```

```
    def create_form(self):
        return '''
<form action='/' method='POST'>
  <input type="text" size="20" name="arg1" value="number 1" />
  <select name="op">
    <option>add</option>
    <option>sub</option>
    <option>mul</option>
    <option>div</option>
  </select>
  <input type="text" size="20" name="arg2" value="number 2" />
  <br />
  <input type="submit" value="Calculate" />
  <input type="reset" value="Clear fields" />
</form>
'''


if __name__ == '__main__':
    root = WebCalcForm()
    root.render_POST = root.render_GET

    site = server.Site(root)
    reactor.listenTCP(9090, site)
    reactor.run()
```

Wir erkennen die typische Struktur von CGI-Programmen, auch wenn es kein CGI ist:
Fehlen die Argumente, wird dem Benutzer ein Formular mit den einzugebenden Daten
gesendet, das auf uns selbst zurückweist. Sind aber die Daten vorhanden, werden sie
ausgewertet und zu einer Antwort verarbeitet.

Diesem Programm kann man z.B. direkt Daten über die GET-Methode zur Verfügung
stellen:

```
$ fetch -q -o - 'http://localhost:9090/?op=add&arg1=7.2&arg2=11.3'
18.5

$ fetch -q -o - 'http://localhost:9090/?op=mod&arg1=7.2&arg2=11.3'
Invalid operator. Use 'add', 'sub', 'mul', or 'div'

$ fetch -q -o - 'http://localhost:9090/'

<form action='/' method='POST'>
  <input type="text" size="20" name="arg1" value="number 1" />
```

```
<select name="op">
  <option>add</option>
  <option>sub</option>
  <option>mul</option>
  <option>div</option>
</select>
<input type="text" size="20" name="arg2" value="number 2" />
<br />
<input type="submit" value="Calculate" />
<input type="reset" value="Clear fields" />
</form>
```

Doch das ist nicht Sinn der Übung. Wenn der Benutzer das Formular ausgefüllt hat, wird der Browser die Daten mit der POST-Methode zurücksenden. Würde man aber nur die render_GET-Methode definieren, dann würde der Webserver eine Fehlermeldung ausgeben:

```
$ telnet localhost 9090
Trying 127.0.0.1...
Connected to localhost.
Escape character is '^]'.

POST / HTTP/1.1
Host: localhost
Connection: close

HTTP/1.1 405 Method Not Allowed
Content-length: 243
Server: TwistedWeb/8.0.1
Connection: close
Allow: ()
Date: Fri, 16 May 2008 08:10:46 GMT
Content-type: text/html

<html>
        <head><title>405 - Method Not Allowed</title></head>
        <body><h1>Method Not Allowed</h1>
            <p>Your browser approached me (at /) with the method "POST".
                I only allow the method  here.</p>
        </body></html>

Connection closed by foreign host.
```

Wir brauchen also auch eine render_POST-Methode, um diese Anforderung zu erfüllen. Dies funktioniert dadurch, dass wir einfach die render_GET-Methode dem render_POST-Attribut zuweisen:

```
if __name__ == '__main__':
    root = WebCalcForm()
    root.render_POST = root.render_GET

    # etc...
```

Damit ist sichergestellt, dass sich render_GET sowohl um GET- als auch um POST-Aufrufe von Clients kümmern wird, und zwar einfach deswegen, weil nun render_GET und render_POST Aliase sind, die auf dieselbe Memberfunktion verweisen.

Ein Webserver, der Resource-Objekte publiziert, ist zwar eine feine Sache, aber kann er nicht auch gewöhnliche Dateien aus dem Dateisystem zur Verfügung stellen, wie jeder andere Webserver auch? Na klar doch! Alles, was wir brauchen, ist ein Resource-Objekt, das diese Aufgabe übernimmt. Doch zum Glück müssen wir nicht ein solches Objekt selbst programmieren; das gibt es natürlich schon als twisted.web.static.File. Der folgende Webserver stellt alle Dateien ab einem bestimmten Pfad zur Verfügung, den man auf der Kommandozeile angibt:

```
#!/usr/bin/env python
# twistedstaticfile.py -- A Twisted.Web static file server.

from twisted.web import server, static
from twisted.internet import reactor

if __name__ == '__main__':
    import sys
    if len(sys.argv) != 2:
        print >>sys.stderr, "Usage: %s /path/to/serve" % (sys.argv[0],)
        sys.exit(1)

    root = static.File(sys.argv[1])

    site = server.Site(root)
    reactor.listenTCP(9090, site)
    reactor.run()
```

Das könnte ja nicht einfacher sein! Sie sollten aus Sicherheitsgründen natürlich keine Pfade über diesen Webserver nach außen exportieren, die sicherheitsrelevante Informationen enthalten können: Schließlich läuft der Webserver mit den Rechten des Benutzers, der ihn gestartet hat.

Neben statischen Dateien kann man auch CGI-Verzeichnisse einbinden:

```python
#!/usr/bin/env python
# twistedstaticandcgi.py -- A Twisted.Web static file server with cgi support

from twisted.web import server, static, twcgi
from twisted.internet import reactor


if __name__ == '__main__':
    import sys
    if len(sys.argv) != 3:
        print >>sys.stderr, \
                "Usage: %s /static/path/to/serve /cgi/path/to/serve" % \
                (sys.argv[0],)
        sys.exit(1)

    root = static.File(sys.argv[1])
    root.putChild('cgi-bin', twcgi.CGIDirectory(sys.argv[2]))

    site = server.Site(root)
    reactor.listenTCP(9090, site)
    reactor.run()
```

Startet man das Programm wie folgt

```
$ ~/python/bin/python twistedstaticandcgi.py /usr/local/share/doc \
                    /usr/local/www/apache22/cgi-bin
```

erhält man alle Dateien aus */usr/local/share/doc*, sowie für eine URL, die mit */cgi-bin/* anfängt, werden alle CGIs, die sich im Directory */usr/local/www/apache22/cgi-bin* befinden, aufgerufen statt angezeigt. Befindet sich dort z.B. *cgiprintenv.py*, könnte man etwa folgende URL abfragen

```
$ lynx http://localhost:9090/cgi-bin/cgiprintenv.py/path/info/here
```

um eine lange Liste von Umgebungsvariablen zu erhalten. Man beachte alle Sicherheitshinweise zu CGI: Diese Programme laufen unter der Benutzerkennung desjenigen, der den Server *twistedstaticandcgi.py* gestartet hat.

Die von `twisted.web.twcgi` implementierte CGI-Ressource ist ein primitiver Weg, dynamischen Inhalt einem Webserver wie Twisted.Web zur Verfügung zu stellen, denn

- alle CGI-Skripte müssen im CGI-Verzeichnis enthalten sein, und man erkennt sie von außen an der mit */cgi-bin/* beginnenden URL;
- die Skripte werden als extra Prozess ausgeführt, was große Latenz zur Folge haben kann.

Das erste Problem ist im CGI-Umfeld dadurch umgangen worden, dass man einen klassischen Webserver so konfigurieren kann, dass Dateien mit einer speziellen Endung (z.B. .cgi) automatisch als CGI-Programme angesehen werden und in einer CGI-Umgebung ausgeführt statt einfach nur angezeigt werden. Das mag zwar Sicherheitsprobleme in Umgebungen nach sich ziehen, in denen beliebige Benutzer Dateien hochladen können; aber im Kleinen ist es durchaus praktikabel.

Das zweite Problem, die Latenz beim Ausführen des CGI-Programms, und auch die Tatsache, dass bei jedem Aufruf das CGI-Programm all seine persistenten Daten verliert, wiegt schwerer. Wäre es nicht schön, wenn man zur Laufzeit statt eines CGI-Programms einfach den Quellcode eines Resource-Objekts in ein Verzeichnis ablegen kann, mit der Folge, dass Twisted.Web dies erkennt, die Resource lädt und ihre render_GET-Handlermethode aufrufen würde?

Genau das ist möglich mit Hilfe von .rpy-Skripten! Ein solches Skript ist nichts anderes als eine Python-Datei, die eine Resource definiert (oder per import aus einem anderen Python-Modul lädt) und eine Instanz daraus der speziellen Variablen resource zuweist.

Schauen wir uns ein Beispiel an! Damit ein Twisted.Web-Server solche .rpy-Dateien ausführen kann, muss er diese .rpy-Endung mit der Klasse twisted.web.script.ResourceScript assoziieren. Wer sich mit Apache, Lighttpd oder anderen konventionellen Webservern auskennt, wird das Prinzip wiedererkennen. Diese Assoziation erfolgt dadurch, dass dem Resource-Objekt, das für das jeweilige Verzeichnis zuständig ist, ein Attribut processors zugewiesen wird, bestehend aus einem Dictionary:

```
root.processors = { '.rpy': script.ResourceScript }
```

Die gesamte Datei sieht so aus:

```
#!/usr/bin/env python
# twistedserverpy.py -- A Twisted.Web static file server with .rpy file support

from twisted.web import server, static, script
from twisted.internet import reactor

if __name__ == '__main__':
    import sys
    if len(sys.argv) != 2:
        print >>sys.stderr, "Usage: %s /path/to/serve" % (sys.argv[0],)
        sys.exit(1)

    root = static.File(sys.argv[1])
    root.ignoreExt(".rpy")
    root.processors = { '.rpy': script.ResourceScript }
```

```
site = server.Site(root)
reactor.listenTCP(9090, site)
reactor.run()
```

Wir starten diesen Server jetzt schon:

```
$ mkdir /tmp/testhtml
$ ~/python/bin/python twistedserverpy.py /tmp/testhtml
```

Nun läuft der Server und zeigt alle Dateien an, die unter */tmp/testhtml* enthalten sind. Das ist das Wirken des `static.File` Resource-Objekts.

Nehmen wir nun folgende Datei *webcalc.rpy*:

```
#!/usr/bin/env python
# webcalc.rpy -- A Twisted.Web calculator resource.

# Drop this somewhere in a file system served by twisted.web.static.File
# and call up twistedserverpy.py.

# So that twistedwebcalc can be imported, uncomment the following
# two lines, and customize /path/to/your/own/python/modules:
# import sys
# sys.path.insert(0, '/path/to/your/own/python/modules')

import twistedwebcalc

# Comment out this line when finished debugging
reload(twistedwebcalc)

resource = twistedwebcalc.WebCalc()
```

Wie man sieht, lädt diese Datei unser *twistedwebcalc.py*-Modul von vorher, instanziiert ein `WebCalc`-Objekt daraus und weist es der Variablen `resource` zu. Das ist auch schon alles!

Befindet sich *twistedwebcalc.py* irgendwo im `sys.path` (z.B. indem wir das Programm *twistedserverpy.py* vom selben Verzeichnis starten, in dem sich *twistedwebcalc.py* befindet – bedenken Sie, dass `''` normalerweise in `sys.path` enthalten ist!), kann man diese Datei einfach nach */tmp/testhtml* kopieren (und eventuell sogar ihren Namen in *calc.rpy* verändern, wenn wir mögen):

```
$ cp webcalc.rpy /tmp/testhtml/calc.rpy
```

Sobald das geschehen ist, steht uns dieses Programm unter der URL */calc.rpy* zur Verfügung:

```
$ fetch -q -o - http://localhost:9090/calc.rpy
Usage: calc.rpy/op/arg1/arg2


$ fetch -q -o - http://localhost:9090/calc.rpy/add/7.1/3.8
10.9


$ fetch -q -o - http://localhost:9090/calc.rpy/mod/1.1/2.2
Invalid operator. Use 'add', 'sub', 'mul', or 'div'
```

Übrigens, `.rpy`-Dateien müssen nicht nur in */tmp/testhtml* sein, sie können auch in Unterverzeichnissen liegen:

```
$ mkdir /tmp/testhtml/devel


$ cp /tmp/testhtml/calc.rpy /tmp/testhtml/devel


$ fetch -q -o - http://localhost:9090/devel/calc.rpy/add/7.1/3.2
10.3


$ fetch -q -o - http://localhost:9090/devel/calc.rpy/add/7.1/3.2/blah
Usage: devel/calc.rpy/op/arg1/arg2
```

Ist das nicht praktisch? Wenn Sie es verpasst haben: Dieses `WebCalc`-Objekt aus *calc.rpy* gab es nicht, als der Webserver gestartet wurde. Erst als wir es in */tmp/testhtml* (oder in einem seiner Unterverzeichnisse) deponiert hatten, ist es dynamisch beim ersten Aufruf vom Webserver aufgefangen und geladen worden! Somit ist man in der Lage, dynamisch `Resource`-Objekte zu entwickeln und in einem laufenden Webserver zu testen.

Die Zeile `reload(twistedwebcalc)` bewirkt, dass diese Veränderungen beim nächsten Aufruf der */calc.rpy*-URL erkannt werden, wenn Sie das Python-Modul *twistedweb-calc.py* editieren und verändern. Ist das Python-Modul erst einmal stabil und wird es nicht mehr verändert, sollte die `reload`-Zeile aus Gründen der Performance auskommentiert oder ganz entfernt werden.

Was tun, wenn sich *twistedwebcalc.py* in einem Verzeichnis befindet, das nicht von Pythons `import`-Anweisung durchsucht wird? In dem Fall funktioniert das Programm natürlich nicht, weil es dieses Modul nicht `importieren` kann. Die klassische Lösung besteht darin, `sys.path` um den Pfad zu ergänzen, in dem diese Module enthalten sind. Tragen Sie z.B. vor der Zeile `import twistedwebcalc` Folgendes ein:

```
import sys
sys.path.insert(0, '/tmp/rpymodules')

# and now import your own modules
```

Als Nächstes stellt sich die Frage: Wozu ist jetzt die Zeile `root.ignoreExt(».rpy«)` gut? Man kann damit Endungen optional machen. So geht z.B. neben */calc.rpy* auch die URL */calc*:

```
$ fetch -q -o - http://localhost:9090/calc/add/7.1/3.8
10.9
$ fetch -q -o - http://localhost:9090/calc/add/7.1/3.8/blah/bloh
Usage: calc/op/arg1/arg2
```

Das ist eine nützliche Sache, denn so kann man die Implementierung aus den URLs fernhalten: Niemand muss wissen, dass *calc* ein `.rpy`-Skript ist, denn vielleicht möchte man es später sowieso in den Hauptwebserver integrieren, nachdem es gut als externes Skript lief. Hätten sich die Suchmaschinen auf */calc.rpy* gestürzt, würde es bei der späteren Umbenennung in */calc* zu gebrochenen Links kommen.

Kommen wir noch einmal zu den Endungen zurück. Wir haben gesehen, dass man mit `processors` einem `ResourceScript` bestimmte Endungen zuweisen kann:

```
root.processors = { '.rpy': script.ResourceScript }
```

Doch was ist mit Endungen wie `.pl` (für Perl), `.php` (für PHP) und dergleichen? Diese könnte man der CGI-Resource wie folgt zuweisen:

```
#!/usr/bin/env python
# twistedserve_rpy_perl_php.py -- A Twisted.Web static file server.
#                         with .rpy, .pl und .php support

from twisted.web import server, static, script, twcgi
from twisted.internet import reactor

class PerlScript(twcgi.FilteredScript):
    filter = '/usr/bin/perl'              # Point to the perl parser

class PHPScript(twcgi.FilteredScript):
    filter = '/usr/local/bin/php'         # Point to the PHP server

def create_server(rootpath):
    root = static.File(rootpath)
    root.processors = { '.rpy': script.ResourceScript,
                        '.pl' : PerlScript,
                        '.php': PHPScript }
    root.ignoreExt(".rpy")
    return root

if __name__ == '__main__':
```

```
import sys
if len(sys.argv) != 2:
    print >>sys.stderr, "Usage: %s /path/to/serve" % (sys.argv[0],)
    sys.exit(1)

root = create_server(sys.argv[1])
site = server.Site(root)
reactor.listenTCP(9090, site)
reactor.run()
```

Jetzt würden .rpy-Skripte als Resource-Objekte geladen und .pl und .php-Skripte mit Perl und PHP im CGI-Kontext ausgeführt. Probieren Sie es aus, in dem Sie z.B. die Datei *test.pl* (ein Perl-Skript) in */tmp/testhtml* deponieren:

```
print "Content-Type: text/plain\r\n";
print "\r\n";

print "I am a perl script\r\n";
```

Deponieren Sie dort auch *test.php*, das folgendermaßen aussieht:

```
<?php
    print "Content-Type: text/plain\r\n";
    print "\r\n";
    phpinfo();
?>
```

Und nun rufen Sie die folgenden URLs auf:

- http://localhost:9090/test.pl
- http://localhost:9090/test.php
- http://localhost:9090/calc/add/3.1/2.2

Wenn Sie einen 500er-Fehler erhalten, dann sollten Sie die Syntax des CGI-Programms noch mal genau nachprüfen und auch sicher sein, dass das Programm vor der eigentlichen Ausgabe wenigstens einen HTTP-Header (typischerweise Content-Type) ausgibt, gefolgt von einer leeren Zeile.

Kommen wir nun zu einem Problem, das häufiger auftritt, als man denkt: Der Client bekommt eine Antwort stückweise und hat irgendwann mal keine Lust mehr, darauf zu warten, dass der Server fertig ist. Das kann z.B. bei längeren Download-Sitzungen geschehen oder wenn die Anfrage an einen Datenbankserver für den Geschmack des Anwenders zu lange dauert. In dem Fall möchte man serverseitig erkennen, dass der Besucher freiwillig die Verbindung abgebrochen hat. Angenommen, wir wollen dies loggen, so dass eine Auswertung der Logfiles später klar machen wird, wie oft (und an welchen Stellen) Besucher keine Geduld mehr hatten.

Um dies zu simulieren, zeigt ein nur ganz leicht angepasstes Beispiel aus dem oben genannten Howto, wie ein verzögertes serverseitiges Schließen der Verbindung bewerkstelligt wird:

```python
#!/usr/bin/env python
# twistedtarpit.py -- Send a reply after a long delay.
# From: http://twistedmatrix.com/projects/web/documentation/howto/\
#       using-twistedweb.html

from twisted.web.resource import Resource
from twisted.web import server
from twisted.python.util import println
from twisted.internet import reactor

class Tarpit(Resource):

    isLeaf = True

    def __init__(self, delay):
        Resource.__init__(self)
        self.delay = delay

    def render_GET(self, request):
        request.write("Hello World\r\n")

        d = request.notifyFinish()
        d.addCallback(lambda _: println("finished normally"))
        d.addErrback(println, "error")
        reactor.callLater(self.delay, request.finish)

        return server.NOT_DONE_YET

resource = Tarpit(10)

if __name__ == '__main__':
    root = Tarpit(10)
    site = server.Site(root)
    reactor.listenTCP(9090, site)
    reactor.run()
```

Die Resource vom Typ Tarpit würde, wenn sie aufgerufen wird, sofort den String Hello World\r\n an den Browser des Clients senden, doch bevor sie die Verbindung schließt (d.h. bevor sie die Funktion request.finish des request-Objekts aufruft), stellt sie mit einem Deferred sicher, dass sie über normale und abnormale Konditionen informiert wird. `request.finish` wird verzögert aufgerufen, indem der `reactor` mit `callLater` dazu aufgefordert wird. Die Details zur Deferred-Maschinerie sind in Kapitel 14, *Netzwerkprogrammierung*, ausführlich beschrieben, und `NOT_DONE_YET` wird im o.g. HOWTO erklärt.

Wenn man dieses Programm direkt startet – oder wenn man es als ein `.rpy`-Skript in einem statischen Twisted.Web-Server ablegt (siehe oben) – und die jeweilige URL aufruft, dann geschieht Folgendes:

- Der Webbrowser zeigt sofort den String `Hello World` an.
- Der Webbrowser zeigt dem Benutzer an, dass er noch nicht die ganze Seite erhalten hat.
- Wartet der Benutzer 10 Sekunden, dann meldet der Browser, dass die Seite komplett da ist, und auf der Konsole des Servers erscheint die Meldung `finished normally`.
- Wartet der Benutzer aber nicht 10 Sekunden und bricht den Download vorher ab, dann erscheint auf der Konsole des Webservers die Meldung `error`:

```
[Failure instance: Traceback (failure with no frames):
                   <class 'twisted.internet.error.ConnectionDone'>:
                   Connection was closed cleanly.
] error
```

Somit sind wir in der Lage, abgeschlossene und nicht abgeschlossene Transfers voneinander zu unterscheiden.

Was gibt es noch zu Deferred zu sagen? Alles, was in Kapitel 14, *Netzwerkprogrammierung*, zum Thema langlaufende Operationen erläutert wurde, gilt auch hier: Möchte man z.B. eine Datenbank abfragen, um eine Antwort zu senden, dann sollte entweder die `Resource` in einem eigenen, von Twisted verwalteten Thread laufen, und/oder es müsste mit `NOT_DONE_YET` und Deferreds hantiert werden, wie es bei Twisted üblich ist.

Vergessen Sie außerdem nicht, dass es normalerweise bei Twisted immer nur einen Thread gibt: Rufen Sie daher keine lang laufende Operation synchron auf. Als kleine Übungsaufgabe könnten Sie `WebCalc` um eine lang laufende numerische Operation ergänzen. Diese sollte aber definitiv in einem eigenen Thread laufen und über das Feuern einer Callback-Kette mitteilen, wann sie fertig ist. Sonst würde der ganze Server blockieren, während die Berechnung läuft, und kein anderer Benutzer könnte ihm irgendeine Antwort entlocken!

Ein Problem mit allen bisherigen Webservern war, dass sie einen Port größer als 1024 benötigten. Möchte man aber den Standard HTTP-Port 80 oder, wenn dieser bereits belegt ist, einen anderen, der nicht so weit weg ist, sagen wir mal 90, dann müssen wir den Webserver als *root* starten, denn unter Unix dürfen nur Prozesse, die unter *root* laufen, einen Port kleiner als 1024 passiv öffnen.

Das ist aber ein großes Sicherheitsrisiko. Darum würde man in der Praxis erst den Webserver als *root* starten, aber der Server müsste dann die Identität wechseln, z.B. zu einem Benutzer, der nur ganz geringe Privilegien besitzt (wie z.B. *nobody*). In Kapitel 14, *Netzwerkprogrammierung*, haben wir gesehen, wie man ein Twisted-Programm mit Hilfe von *twistd* starten und dazu veranlassen kann, dass sein Prozess die Identität wechselt. Damit das aber funktioniert, muss der Server zu einer `twisted.application` werden. Dies illustrieren wir jetzt.

Das Programm *twistedwebsvc.py* implementiert einen statischen Webserver, der alle Dateien ab */usr/local/share/doc* mit dem jetzt gewohnten `twisted.web.static.File`-Objekt über HTTP der Welt zur Verfügung stellt. Doch anders als die bisherigen Beispiele ist das Programm jetzt eine `application`:

```python
#!/usr/bin/env python
# twistedwebsvc.py -- Running a Twisted.Web server as a Service with twistd

from twisted.application import internet, service
from twisted.web import server, static

root = static.File("/usr/local/share/doc")

application = service.Application("web")
sc         = service.IServiceCollection(application)
site       = server.Site(root)

i = internet.TCPServer(90, site)
i.setServiceParent(sc)
```

Sie merken, dass wir jetzt einen Port kleiner als 1024 haben (Port 90) und dass im Programm nirgendwo die Rede ist von einem Benutzerwechsel oder von einem Benutzer *nobody* (oder wer sonst noch). Dies ist Aufgabe von *twistd*!

Bevor wir *twistd* aufrufen, benötigen wir erst die UID und die GID des *nobody*-Benutzers:

```
$ grep nobody /etc/passwd
nobody:*:65534:65534:Unprivileged user:/nonexistent:/sbin/nologin
```

Es ist also in beiden Fällen die 65534. Auf Ihrem System ist es sicher eine andere numerische Zahl (es sei denn, Sie verwenden wie ich FreeBSD). Der Aufruf dieses Webservers erfolgt dann als *root*, damit das Binden an den Port 90 (< 1024), aber auch der Benutzerwechsel erfolgen können:

```
# ~farid/python/bin/twistd --nodaemon --python=twistedwebsvc.py \
          --pidfile=/tmp/twistd.pid --uid=65534 --gid=65534
```

Sie werden wahrscheinlich einfach nur *twistd* angeben, wenn Twisted in Ihrer Systemversion von Python installiert wurde.

Auf der Konsole (oder im Shell- bzw. Terminalfenster) erscheint nach dem Aufruf von *twistd* Folgendes:

```
# ~farid/python/bin/twistd --nodaemon --python=twistedwebsvc.py \
                    --pidfile=/tmp/twistd.pid --uid=65534 --gid=65534
Removing stale pidfile /tmp/twistd.pid
2008-05-16 08:08:16+0200 [-] Log opened.
2008-05-16 08:08:16+0200 [-] twistd 8.0.1
                        (/users/farid/python/bin/python 2.5.2) starting up
2008-05-16 08:08:16+0200 [-] reactor class:
                        <class 'twisted.internet.selectreactor.SelectReactor'>
2008-05-16 08:08:16+0200 [-] twisted.web.server.Site starting on 90
2008-05-16 08:08:16+0200 [-] Starting factory
                        <twisted.web.server.Site instance at 0x28d610cc>
2008-05-16 08:08:16+0200 [-] set uid/gid 65534/65534
```

Ab jetzt ist der Webserver bereit! Probieren wir es einfach aus, indem wir http://localhost:90/ in einem Browser unserer Wahl öffnen. Es müsste eine Liste von Verzeichnissen erscheinen. Klicken Sie ein wenig dort herum, um sich zu vergewissern, dass der Server wirklich funktioniert.

Interessanterweise erhalten Sie jetzt auch Logausgaben auf der Konsole (eine Zeile pro Treffer: hier im Buch manuell nachformatiert).

```
2008-05-16 08:12:04+0200 [HTTPChannel,0,127.0.0.1]
   127.0.0.1 - - [16/May/2008:06:12:01 +0000] "GET / HTTP/1.1" 200 20335
      "-" "ELinks/0.11.2 (textmode; FreeBSD 7.0-STABLE i386; 80x45-2)"

2008-05-16 08:12:42+0200 [HTTPChannel,0,127.0.0.1]
   127.0.0.1 - - [16/May/2008:06:12:41 +0000]
   "GET /cherrypy/ HTTP/1.1" 200 1198
   "http://localhost:90/"
   "ELinks/0.11.2 (textmode; FreeBSD 7.0-STABLE i386; 80x45-2)"

2008-05-16 08:12:47+0200 [HTTPChannel,0,127.0.0.1]
   127.0.0.1 - - [16/May/2008:06:12:47 +0000]
   "GET /cherrypy/README.txt HTTP/1.1" 200 703
   "http://localhost:90/cherrypy/"
   "ELinks/0.11.2 (textmode; FreeBSD 7.0-STABLE i386; 80x45-2)"
```

Das sind fast Apache-kompatible Logs: Man muss nur den Anfang vor der IP-Adresse entfernen, wenn man sie verarbeiten will.

twistd hat verschiedene Optionen, so auch eine Option, um die Logs in eine Datei oder zu Syslog etc. zu senden. Rufen Sie einfach *twistd* ohne Argumente auf, um eine Übersicht zu bekommen.

Jetzt wollen wir nur noch überprüfen, dass der Prozess, der an Port 90 gerade gebunden ist, auch tatsächlich unter der Kennung *nobody* läuft und nicht etwa unter *root*. Unter FreeBSD benutzen wir z.B. *sockstat*, um dessen Prozess-ID herauszufinden, und rufen dann *ps* mit dieser PID auf, um noch mehr Informationen darüber zu erhalten:

```
$ sockstat -461 | grep ':90 '
nobody    python    62128 3  tcp4   *:90              *:*

$ ps axuwww | grep 62128
nobody   62128  0.0  2.8 17176 14168  p3  S+    8:08AM   0:06.94
           /users/farid/python/bin/python /users/farid/python/bin/twistd
           --nodaemon --python=twistedwebsvc.py --pidfile=/tmp/twistd.pid
           --uid=65534 --gid=65534
```

Man sieht sowohl an der Ausgabe von *sockstat* als auch an der Ausgabe von *ps*, dass dieser Prozess auch tatsächlich unter der effektiven UID des *nobody*-Benutzers läuft.

Wir beenden nun den Server, indem wir ihn entweder killen

```
# kill `cat /tmp/twistd.pid`
```

oder, da wir ihn im Vordergrund mit der Option --nodaemon gestartet haben, indem wir in die Konsole gehen und dort einfach Ctrl-C eingeben. Der Server fährt dann ordendlich runter und zeigt es auch:

```
2008-05-16 08:23:16+0200 [-] Received SIGINT, shutting down.
2008-05-16 08:23:16+0200 [-] (Port 90 Closed)
2008-05-16 08:23:16+0200 [-] Stopping factory
                         <twisted.web.server.Site instance at 0x28d610cc>
2008-05-16 08:23:16+0200 [-] Main loop terminated.
2008-05-16 08:23:16+0200 [-] Warning: No permission to delete pid file
2008-05-16 08:23:16+0200 [-] Server Shut Down.
```

Noch ein kleiner Hinweis aus der Praxis: ich habe diese Anwendung mit Hilfe meiner eigenen Python-Installation unter dem Verzeichnis */users/farid/python* laufen lassen, weil ich dort – und nur dort – Twisted-8.0.1 installiert hatte (darum auch der Aufruf von */users/farid/python/bin/twistd* statt einfach nur *twistd*, was bei meinem System */usr/local/bin/twistd* bedeutet hätte). Als ich versuchte, den Server als *nobody* mit *twistd* zu starten, erhielt ich folgende Fehlermeldung innerhalb eines langen Tracebacks, sobald ich die erste URL abgefragt hatte:

```
exceptions.ImportError: No module named woven
```

Der Grund dafür waren die Zugriffsrechte meines Home-Verzeichnisses:

```
$ ls -ld /users/farid
drwx------ 144 farid  users  7680 May 16 07:39 /users/farid
```

Wie man sieht, durfte der Benutzer *nobody* nicht nach */users/farid/python/lib/python2.5/
site-packages/...*, um das Modul *twisted.web.woven* zu laden! Durch das kurzzeitige Ändern der Zugriffsrechte auf `drwxr-xr-x` funktionierte dann alles, sogar ohne Neustart des Webservers! Dass der Server überhaupt starten konnte und keinen Trackback vor der ersten Anfrage erzeugte, dürfte erstaunen: wie kann *nobody* die Twisted-Module laden, wenn er nicht in mein Home-Verzeichnis darf? Des Rätsels Lösung ist klar: Der Server startet ja als *root* und importiert schon einige Twisted-Module. Erst kurz bevor die Eventschleife betreten wird, schaltet *twistd* den Prozess auf *nobody* ... und erst dann ist das Programm nicht mehr in der Lage, nachträglich Module zu importieren, die im geschützten Verzeichnis liegen.

Und die Moral von der Geschichte? Immer schön auf Zugriffsrechte achten, wenn man als niedrigprivilegierter Benutzer unterwegs ist!

Wir schließen an dieser Stelle diesen Abschnitt zu Twisted.Web, aber nicht ohne zuvor noch zu erwähnen, dass

- das `Site`-Objekt auch Sessions mit Hilfe von Cookies verwalten kann,
- man verschiedene virtuelle Hosts (mehrere Domains) auf einem einzigen Twisted .Web-Server laufen lassen kann,
- es eine überarbeitete Version des Twisted.Web-Servers im `twisted2.web.server`-Modul des zurzeit separat zu installierenden `TwistedWeb2-8.0.1`-Packages gibt.

Weitere Informationen darüber erhalten Sie in dem am Anfang dieses Abschnitts erwähnten Howto.

15.2 Integration mit anderen Webservern

Die bisher vorgestellten, in Python geschriebene, Webserver sind zwar ganz nett, aber ab einer gewissen Last bleibt einem nichts anderes übrig, als auf kompilierte, typischerweise in C geschriebene Webserver auszuweichen. Vertreter dieser Webserver sind Apache und Lighttpd, auf die wir weiter unten eingehen werden.

Es kann auch sein, dass Sie auf einem *shared hosting*-Plan eine Kennung haben, und die große Mehrheit dieser Pläne verwendet Apache und nicht etwa Twisted.Web oder CherryPy. Bei manchen Websites wird auch eine Mischung von Webservern eingesetzt, z.B. Apache für den dynamischen Inhalt und Lighttpd für statische Dateien wie etwa Bilder.

In all diesen Fällen stellt sich die Frage, wie man eine in Python geschriebene Webanwendung in diese Webserver integrieren kann. Schließlich enthalten diese Server (im Auslieferungszustand) keinen eigenen Python-Interpreter, und auch wenn man in der Theorie einen solchen nachträglich dort einbauen kann (mit den Techniken des Embeddings, die in der Python-Dokumentation ausführlich erläutert werden), so hat man nicht immer Zugriff auf den Server selbst, wie etwa bei den shared hosting-Kennungen.

Was tut man also dann? Man könnte ganz konventionell die traditionelle CGI-Schnittstelle nutzen, die all diese Webserver anbieten. Bei CGI ruft der Webserver ein externes Programm auf (genannt CGI-Programm oder CGI-Skript), und sendet dem Browser alles zurück, was dieses Programm ausgibt. Der große Vorteil von CGI ist, dass die Programmiersprache des CGI-Programms gar keine Rolle spielt: Ob es sich dabei um ein Binary, ein in C oder C++ geschriebenes und kompiliertes Programm, ein Python-, Ruby-, PHP-, Perl- oder gar Shell-Programm handelt, ist dem Webserver absolut egal. Man sagt, dass die CGI-Schnittstelle *programmiersprachenagnostisch* ist.

Traditionell wurden CGI-Programme in Perl und später in PHP geschrieben. Doch, wie gesagt, CGI ist sprachagnostisch, und darum kann man auch in Python ganz bequem CGI-Programme schreiben. Dies werden wir weiter unten auch tatsächlich tun.

CGI hat aber einen großen Nachteil: Es weist eine große Latenz auf! Was heißt das? Da bei *jedem* Aufruf einer CGI-URL das CGI-Programm erst in einem Prozess geladen und gestartet werden muss, erzeugt dies eine gewisse Verzögerung. Mit anderen Worten: Der Benutzer muss sich in Geduld üben, bis das CGI-Programm gestartet ist und anfängt, die Anfrage zu bearbeiten und zu beantworten. Jetzt könnte man glauben, dass mit immer schnellerer Hardware dieser Aufwand vernachlässigbar ist, aber dem ist leider nicht so. Warum nicht? Viele Webanwendungen benötigen z.B. eine Verbindung zu einem Datenbankserver, um eine Anfrage zu beantworten, und im CGI-Fall müsste eine solche Verbindung bei jedem Aufruf erst aufgebaut werden. Da das Einloggen in einen Datenbankserver ebenfalls eine gewisse Latenz zur Folge hat, würde auch eine schnelle Hardware das Problem nicht ganz beseitigen.

Ein weiterer Nachteil von CGI ist, dass es nicht besonders gut skaliert. Bei wenigen hundert Treffern pro Minute wird eine CGI-basierte Webanwendung mit der Last i.d.R. gut klar kommen; aber wenn diese auf 1000, 10000 oder noch mehr Treffer pro Minute anschwillt, wird es beim Server erhebliche Probleme geben. Warum das denn? Nun, da jedes CGI-Programm pro Aufruf in einem eigenen Prozess läuft und diese Programme sich nicht sofort beenden, sondern schon ein paar hundert Millisekunden oder länger benötigen, wird es unweigerlich zu einer Explosion der Zahl von CGI-Prozessen im Host des Webservers kommen. Da das Betriebssystem nur eine beschränkte Zahl von Prozessen gleichzeitig ausführen kann (selten mehr als ein paar Tausend), muss der Webserver dafür sorgen, dass die Anzahl der gleichzeitigen CGI-Prozesse beschränkt bleibt. Das wiederum bedeutet, dass manche Benutzeranfragen nicht oder nicht rechtzeitig beantwortet werden können.

Offensichtlich muss eine andere Lösung her.

Anstatt einen Prozess pro Anforderung zu starten, verfolgen das FastCGI und eine Variante davon namens SCGI einen anderen Ansatz: die Webanwendung wird in einem eigenen Prozess gestartet, und wartet dann auf einem (TCP- oder Unix-Domain-) Socket auf Anfragen des Webservers in einem standardisierten Format. Ein FastCGI- oder SCGI-enabled Webserver sendet seine Anfragen an die Webanwendung über diesen Socket, erhält eine Antwort und sendet diese an den Benutzer zurück.

Diese Lösung hat große Vorteile:

- Sie ist wie CGI sprachenagnostisch: Das FastCGI- oder SCGI-Programm kann in jeder beliebigen Programmiersprache verfasst sein.
- Sie ist schnell: Ein FastCGI- oder SCGI-Programm läuft die ganze Zeit im Hintergrund und muss z.B. nicht ständig neue Datenbankverbindungen aufbauen.
- Sie skaliert gut: Ein FastCGI- oder SCGI-Programm kann multithreaded sein und viele Tausend parallele Anfragen beantworten, ohne die Prozesstabelle des Betriebssystems zu überfüllen.
- Sie distribuiert gut: Da die FastCGI-Schnittstelle über gewöhnliche Internet-Sockets laufen kann, müssen der FastCGI-Server und der Webserver nicht unbedingt auf derselben physischen Maschine laufen. So kann man bestimmte Teil-URLs der Anwendung auf verschiedene FastCGI-Server verlegen und diese auf verschiedene Rechner verteilen, um die Last zu reduzieren.
- Sie wird von den gängigen Webservern unterstützt: Sowohl Apache als auch Lighttpd bieten eine FastCGI-Schnittstelle an, Apache kann auch SCGI in einem Modul, und auch pythonbasierte Webserver bieten immer häufiger FastCGI an.

Wir werden im Folgenden sehen, wie man FastCGI auf Lighttpd und Apache aktiviert und wie ein Python-Programm dazu gebracht werden kann, das FastCGI-Protokoll zu beherrschen.

Ein weiterer Ansatz sind hybride Systeme wie das Apache-Modul `mod_python`. Dieses Modul bettet einen Python-Interpreter in sich ein und kann dann Python-Programme laden und selbstständig ausführen, ohne ein externes Programm wie bei CGI oder einen externen Server wie bei FastCGI zur Hilfe zu nehmen. Wer in `mod_python` programmiert, hat gewisse Vorteile: Es ist besser als CGI, weil der Python-Interpreter nicht bei jedem Aufruf neu geladen werden muss, und besser als FastCGI, weil der Aufwand der Kommunikation zwischen Webserver und FastCGI-Server entfällt. Wir werden im Folgenden sehen, wie man das `mod_python`-Modul für Apache verwendet.

Ein Nachteil von `mod_python` ist, dass es auf einen einzigen Webservertyp, nämlich Apache, beschränkt ist. Möchte man einen Python-Interpreter in einen anderen Webserver einbinden, ginge das nicht ohne eine völlige Neuprogrammierung. Wer `mod_python`-Code geschrieben hat, wird sich natürlich darüber ärgern. Doch zum Glück gibt es mit WSGI eine bessere Alternative.

WSGI ist eine Schnittstelle zwischen einer Python-Webanwendung und einem (WSGI-enabled) Webserver. Die Idee ist dabei, dass man seine Webanwendung in Python so schreibt, dass sie der WSGI-Schnittstelle entspricht, und sich nicht darum kümmert, auf welchem Webserver sie anschließend laufen wird. Der Webserver selbst wird in einem eigenen Modul das WSGI-Protokoll beherrschen und damit die Webanwendung ansprechen. Das ist so ähnlich wie bei CGI, aber es hat den Vorteil, dass die Webanwendung quasi im WSGI-Adaptermodul geladen wird und nicht mehr als externer Prozess (wie bei CGI oder FastCGI) laufen würde.

Die meisten Webserver (seien sie in Python geschrieben oder konventionell) unterstützen heutzutage die WSGI-Schnittstelle, so dass man als Entwickler von Python-basierten Webanwendungen mit WSGI auf der sicheren Seite ist. Darum werden wir in diesem Abschnitt sehen, wie man etwa Apache mit dem `mod_wsgi`-Apache-Modul WSGI-fähig macht. Auf die WSGI-Schnittstelle gehen wir weiter unten ein.

15.2.1 Lighttpd

Lighttpd, `http://www.lighttpd.net/` ist ein extrem schneller singlethreaded Webserver, der sich dadurch auszeichnet, dass er statischen Inhalt mindestens eine Größenordnung effizienter als Apache übertragen kann. Viele große Websites mit hoher Trefferrate verlagern ihre statischen Inhalte wie etwa Bilder heutzutage auf einen Lighttpd-Webserver und überlassen Apache den Umgang mit den dynamischeren Seiten. Der große Vorteil von Lighttpd ist auch sein sehr geringer Speicherplatzbedarf und seine Skalierbarkeit.

Lighttpd selbst hat keine Ahnung von Python, aber er beherrscht natürlich sowohl die CGI- als auch die FastCGI- und SCGI-Schnittstellen.

Wir gehen davon aus, dass Sie *lighttpd* bereits auf Ihrem System kompiliert und installiert haben. Außerdem gehen wir in den beiden Beispielen von `mod_cgi` und `mod_fastcgi` davon aus, dass Konfigurationsdateien von Lighttpd beide folgende Datei einbinden werden (*lighttpd_common.conf*):

```
# lighttpd_common.conf -- common settings for lighttpd
# Note: include it with 'include "lighttpd_common.conf"'

server.event-handler = "freebsd-kqueue"

server.document-root = "/usr/local/www/data/testbox.hajji.name"
server.port          = 9090
server.username      = "www"
server.groupname     = "www"
```

```
server.pid-file      = "/var/run/lighttpd_test.pid"
server.errorlog      = "/var/log/lighttpd/lighttpd_test.error.log"
accesslog.filename   = "/var/log/lighttpd/lighttpd_test.access.log"

dir-listing.activate = "enable"
dir-listing.encoding = "utf-8"

index-file.names              = ( "index.php", "index.html",
                                  "index.htm", "default.htm" )
static-file.exclude-extensions = ( ".php", ".pl", ".py", )

# IMPORTANT: define mimetype.assign as in the demo lighttpd.conf file
#            of the lighttpd distribution! Not reproduced here only
#            to save space on paper.
```

Beachten Sie hierbei den Hinweis am Ende dieser Datei: Sie sollten Sie um die `mimetype.assign`-Zeilen aus einer Standard *lighttpd.conf* Datei ergänzen!

Wenn Sie versuchen, diese Beispiele auf Ihrem Rechner nachzuvollziehen, sollten Sie `server.event-handler` auskommentieren (es sei denn, Sie benutzen FreeBSD), und Sie sollten auch die Pfade am Anfang anpassen, insbesondere die `server.document-root`. Auch `server.port` könnten Sie auf einen anderen Wert setzen. Mehr Informationen zu den verschiedenen Konfigurationsdirektiven finden Sie im Lighttpd Source-Tarball unter *doc/configuration.txt*.

Lighttpd und CGI

Die folgende Konfigurationsdatei *lighttpd_cgi.conf* verwendet das `mod_cgi`-Modul von Lighttpd, zusammen mit der `cgi.assign` Anweisung, um Dateien mit den Endungen .pl, .php und .py als CGI-Skripte zu deklarieren. Der Webserver würde dann jede Datei, die so endet, als CGI interpretieren und ausführen.

```
# lighttpd_cgi.conf -- minimalistic config file for mod_cgi

server.modules     = (
                       "mod_access",
                       "mod_accesslog",
                       "mod_cgi"
                     )

cgi.assign         = ( ".pl"     => "/usr/bin/perl",
                       ".php"    => "/usr/local/bin/php",
                       ".py"     => "/usr/local/bin/python",
                     )

include "lighttpd_common.conf"
```

Um das auszuprobieren, starten wir den Webserver *als root* im Vordergrund wie folgt:

```
# lighttpd -D -f lighttpd_cgi.conf
```

Um sicherzugehen, dass der Server auch tatsächlich so läuft, wie er soll, prüfen wir ein paar Sachen nach:

```
$ sockstat -461 | grep :9090
www       lighttpd   67779 4  tcp4  *:9090            *:*


$ tail -f lighttpd_test.error.log
2008-05-17 02:12:45: (log.c.75) server started
```

Es sieht gut aus. Kopieren wir nun die weiter oben gezeigten Programme *cgiprintenv.py*, *test.pl* und *test.php* in die als server.document-root definierte Stelle (z.B. nach */usr/local/www/data/testbox.hajji.name*):

```
$ cd /usr/local/www/data/testbox.hajji.name
$ cp -i ~/PythonBook/cgiprintenv.py .
$ cp -i ~/PythonBook/test.pl .
$ cp -i ~/PythonBook/test.php .
```

Wir können außerdem auch ein paar andere Dateien dorthin oder in eines seiner Unterverzeichnisse kopieren, etwa eine ganze statische Website.

Und nun ist die Stunde der Wahrheit gekommen. Wenn die Zugriffsrechte der Verzeichnisse und der CGI-Programme richtig gesetzt sind, kann man folgende URLs besuchen:

- http://localhost:9090/cgiprintenv.py
- http://localhost:9090/test.pl
- http://localhost:9090/test.php

In allen drei Fällen müsste sich das CGI-Programm melden, statt angezeigt zu werden. Den Server stoppen wir, indem wir einfach Ctrl-C eingeben oder ihn mit einem Signal beenden:

```
2008-05-17 02:26:45: (server.c.1361) [note] graceful shutdown started
2008-05-17 02:26:45: (server.c.1475) server stopped by UID = 0 PID = 0
```

Selbstverständlich lässt sich der Server auch im Hintergrund ausführen (starten Sie ihn ohne -D). Auf die Details gehen wir hier nicht ein.

Informationen zu cgi.assign befinden sich im Source-Tarball von Lighttpd unter *doc/cgi.txt*.

Lighttpd und FastCGI

Kommen wir nun zum `mod_fastcgi`-Lighttpd-Modul! Lighttpd ist in der Lage, einen FastCGI-Server über ein Unix-Domain Socket oder über einen gewöhnlichen IP-Socket anzusprechen. Schauen Sie sich folgende Konfigurationsdatei an (*lighttpd_fastcgi.conf*):

```
# lighttpd_fastcgi.conf -- minimalistic config file for mod_fastcgi

server.modules      = (
                       "mod_access",
                       "mod_accesslog",
                       "mod_fastcgi"
                      )

fastcgi.server = (
                  "/fastcgi/" =>
                  ((
                    "host"        => "192.168.254.11",
                    "port"        => 20000,
                    "check-local" => "disable",  # forward all to fcgi srv.
                    "broken-scriptfilename" => "enable"
                  )),
                  ".fcg" =>
                  ((
                    "socket"      => "/tmp/lighttpd_test_fastcgi.sock",
                    "check-local" => "disable"  # forward all to fcgi srv.
                  ))
                 )

include "lighttpd_common.conf"
```

Diese Konfigurationsdatei stellt den Lighttpd-Server so ein, dass er Anfragen an alle URLs, die mit */fastcgi/* anfangen, an den FastCGI-Server sendet, der auf dem Rechner 192.168.254.11, Port 20000 läuft. Beachten Sie, dass Webserver und FastCGI-Server nicht unbedingt auf demselben Rechner laufen müssen!

Außerdem sendet der Lighttpd-Server alle Anfragen an URLs, die mit *.fcg* enden, an einen lokalen FastCGI-Server, der auf dem Socket */tmp/lighttpd_test_fastcgi.sock* (ein Unix-Domain Socket) lauscht.

Wir starten den Server (aber nicht ohne zuvor den vorigen Server, der ebenfalls auf Port 9090 gelauscht hatte, zu beenden) wie folgt:

```
# lighttpd -D -f lighttpd_fastcgi.conf
```

In */var/log/lighttpd/lighttpd_test.error.log* erscheint:

```
2008-05-17 04:25:36: (log.c.75) server started
```

So weit, so gut. Wir könnten jetzt ein paar URLs abfragen, z.B.

- `http://localhost:9090/cgiprintenv.py`
- `http://localhost:9090/test.pl`
- `http://localhost:9090/test.php`

In allen drei Fällen erhalten wir 403-Forbidden-Fehler, weil wir ja diese Endungen mit `static-file.exclude-extensions` von der normalen Anzeige ausgeschlossen haben und kein CGI-Handler da ist, der sie ausführen könnte. So weit, so gut.

Ruft man die URL

```
http://localhost:9090/
```

auf, dann erscheint entweder der Inhalt von einem der Dateien in `index-file.names` oder, wenn eine solche Datei nicht im `server.document-root` ist, ein Verzeichnis-Listing aller dort vorhandener Dateien, weil wir `dir-listing.activate` eingeschaltet haben.

Das alles ist aber nicht wichtig. Wir wollen ja FastCGI-Programme aufrufen. Da unsere Konfigurationsdatei sowohl `.fcg`-Endungen als auch das */fastcgi/*-Präfix zu je einem FastCGI-Server assoziiert haben, probieren wir es einfach aus!

Gehen wir nach `http://localhost:9090/test.fcg`, dann bekommen wir einen 500er *Internal Server Error*-Fehler, und der Fehlerlog von Lighttpd zeigt unter anderem:

```
2008-05-17 04:27:55: (mod_fastcgi.c.1743) connect failed:
                Connection refused on unix:/tmp/lighttpd_test_fastcgi.sock
```

Das ist auch richtig so, schließlich haben wir noch keinen FastCGI-Server gestartet, der auf dem Unix-Domain Socket */tmp/lighttpd_test_fastcgi.sock* lauschen würde! Wenn der Webserver den FastCGI-Server nicht erreichen kann, ist nun mal nichts zu machen, und es wird ein 500er-Fehler angezeigt.

Was ist mit dem FastCGI-Server, der auf Port 20000 des Rechners 192.168.254.11 laufen sollte? Gehen wir zum Beispiel zur URL `http://localhost:9090/fastcgi/test`. Auch hier erhalten wir einen 500er-Fehler, und die Fehlerlogs zeigen:

```
2008-05-17 04:30:31: (mod_fastcgi.c.1743) connect failed:
                Connection refused on tcp:192.168.254.11:20000
```

Auch das ist vernünftig: Es gibt zurzeit keinen FastCGI-Server, der auf diesem Rechner auf diesem Port lauscht.

Aber die Frage, die sich jetzt stellt, ist: Woher nehmen wir so einen FastCGI-Server? Schließlich haben wir noch keinen programmiert! Das wird Gegenstand des nächsten Abschnitts sein.

FastCGI-Server in Python mit flup

Tja, da sind wir nun wieder, und uns steht immer noch die Aufgabe bevor, einen FastCGI-Server zu programmieren, der entweder auf einem TCP-Socket oder auf einem Unix-Domain Socket lauschen soll. Doch wie geht das?

Eine Möglichkeit ist, das Drittanbietermodul flup zu installieren und damit dann einen FastCGI-Server zu erstellen.

flup installiert man mit easy_install flup, oder man holt sich die neueste Version von flup aus der URL des Entwicklers, http://www.saddi.com/software/flup/, packt sie aus und ruft das übliche python setup.py install auf. Alternativ kann man auch ein Package oder Port des Betriebssystems installieren, wenn vorhanden: unter FreeBSD z.B. */usr/ports/www/py-flup*. In allen Fällen hat man dann ein flup-Modul zur Verfügung, mit dem wir etwas anfangen können.

Als Nächstes schauen Sie sich folgendes Programm an:

```python
#!/usr/bin/env python
# fastcgi_server_helloworld.py -- A FastCGI server with a WSGI-App.

from flup.server.fcgi import WSGIServer

def hello_app(environ, start_response):
    "A simple WSGI application"
    start_response("200 OK", [('Content-Type', 'text/plain')])
    return ["Hello, I am a WSGI application"]

wsgi = WSGIServer(hello_app, bindAddress="/tmp/lighttpd_test_fastcgi.sock")
wsgi.run()
```

Sehr kurz und knapp! Probieren wir es doch einfach aus. In einem Fenster starten wir das Programm

```
$ ~/python/bin/python fastcgi_server_helloworld.py
```

und prüfen in einem anderen Fenster nach, ob das Programm läuft:

```
# sockstat -u | grep lighttpd
farid    python    69376 3    stream /tmp/lighttpd_test_fastcgi.sock

# ls -l /tmp/lighttpd_test_fastcgi.sock
srwxr-xr-x  1 farid  wheel  0 May 17 04:32 /tmp/lighttpd_test_fastcgi.sock
```

Offensichtlich hört nun unser Programm auf den Unix-Domain Socket */tmp/lighttpd_test_fastcgi.sock*. Probieren wir es also aus. Falls Lighttpd noch mit *lighttpd_fastcgi.conf* läuft (wir haben ihn im vorigen Abschnitt gestartet und absichtlich nicht beendet), können wir noch mal `http://localhost:9090/test.fcg` aufrufen. Dummerweise erhalten wir wieder einen 500er Fehler und folgende Fehlermeldung:

```
2008-05-17 04:33:12: (mod_fastcgi.c.1743) connect failed:
                Permission denied on unix:/tmp/lighttpd_test_fastcgi.sock
```

Permission denied? Ja, stimmt: Die Zugriffsrechte des Unix-Domain Sockets stimmen nicht:

```
# ls -l /tmp/lighttpd_test_fastcgi.sock
srwxr-xr-x  1 farid  wheel  0 May 17 04:32 /tmp/lighttpd_test_fastcgi.sock
```

Erkennen Sie es? Der Webserver läuft ja unter der Kennung *www* und der Gruppe *www*. Diese Kennungen haben keinen Schreibzugriff auf diesen Socket, da wir *fastcgi_server_helloworld.py* als Benutzer *farid* und Gruppe *wheel* starteten!

Ohne jetzt viel mit Kennungen von Unix-Usern zu hantieren und somit eine dauerhaftere Lösung zu deployen, setzen wir *ad hoc* die Zugriffsberechtigungen manuell, um zu sehen, dass FastCGI überhaupt funktioniert:

```
# chgrp www /tmp/lighttpd_test_fastcgi.sock
```

```
# chmod 775 /tmp/lighttpd_test_fastcgi.sock
```

```
# ls -l /tmp/lighttpd_test_fastcgi.sock
srwxrwxr-x  1 farid  www  0 May 17 04:32 /tmp/lighttpd_test_fastcgi.sock
```

Somit gehört dieser Socket jetzt der Gruppe *www*, welche ihrerseits Schreibberechtigung erhalten hat. Damit kann Lighttpd (oder, genauer gesagt, dessen `mod_fastcgi`-Modul) nun hoffentlich mit dem FastCGI-Programm kommunizieren. Probieren wir es aus, indem wir (wieder einmal) die URL `http://localhost:9090/test.fcg` besuchen. Jetzt erscheint tatsächlich im Browser:

```
Hello, I am a WSGI application
```

Nicht schlecht, was?

Wenn Sie sich die Dokumentation für das `mod_fastcgi`-Modul aus dem Lighttpd Source-Tarball unter *doc/fastcgi.txt* sowie die kurze Manpage des `spawn-fcgi`-Programms, das Teil von Lighttpd ist, anschauen, werden Sie erkennen, dass man Lighttpd selbst damit beauftragen kann, einen (oder mehrere) FastCGI-Server bei Bedarf zu starten, wenn sie auf demselben Rechner laufen sollen wie der Webserver. Die gesamte `fastcgi.server`-Anweisung sieht so aus (aus *doc/fastcgi.txt*):

```
fastcgi.server
  tell the module where to send FastCGI requests to. Every
  file-extension can have it own handler. Load-Balancing is
  done by specifying multiple handles for the same extension.
```

```
structure of fastcgi.server section: ::

  ( <extension> =>
    (
      ( "host" => <string> ,
        "port" => <integer> ,
        "socket" => <string>,        # either socket
                                     # or host+port
        "bin-path" => <string>,      # OPTIONAL
        "bin-environment" => <array>, # OPTIONAL
        "bin-copy-environment" => <array>, # OPTIONAL
        "mode" => <string>,          # OPTIONAL
        "docroot" => <string> ,      # OPTIONAL if "mode"
                                     # is not "authorizer"
        "check-local" => <string>,   # OPTIONAL
        "min-procs" => <integer>,    # OPTIONAL
        "max-procs" => <integer>,    # OPTIONAL
        "max-load-per-proc" => <integer>, # OPTIONAL
        "idle-timeout" => <integer>, # OPTIONAL
        "broken-scriptfilename" => <boolean>, # OPTIONAL
        "disable-time" => <integer>, # optional
        "allow-x-send-file" => <boolean> # optional
      ),
      ( "host" => ...
      )
    )
  )
```

Die einzelnen Parameter sind in der o.g. Datei beschrieben. Nur so viel: Mit bin-path kann man den Pfad des FastCGI-Programms auf dem Dateisystem des Webservers spezifizieren, und mit den Parametern min-procs, max-procs, max-load-per-proc lässt sich angeben, wie viele FastCGI-Prozesse immer bereitzuhalten sind. Ach ja: Der Parameter check-local, den wir in unserer Konfigurationsdatei *lighttpd_fastcgi.conf* benutzt haben, bewirkt Folgendes:

```
:"check-local": is optional and may be "enable" (default) or
                "disable". If enabled the server first check
                for a file in local server.document-root tree
                and return 404 (Not Found) if no such file.
                If disabled, the server forward request to
                FastCGI interface without this check.
```

Durch das Setzen von check-local auf disable haben wir bewirkt, dass die URL http:// localhost:9090/test.fcg nicht erst auf dem lokalen Webserver gesucht wurde, sondern die Anfrage direkt an unseren FastCGI-Server weitergeleitet wird. Hätten wir den Default enable gelassen, dann hätten wir einen 404-Fehler erhalten, weil es eben keine Datei */usr/local/www/data/testbox.hajji.name/test.fcg* gibt!

Wie wäre es jetzt mit einem FastCGI-Server, der auf dem Rechner 192.168.254.11, Port 20000 hört? Außerdem soll dieser Server uns etwas mehr Informationen liefern, z.B. was er an Argumenten bekommen hat. Mit flup kein Problem!

```python
#!/usr/bin/env python
# fastcgi_server_debug.py -- A FastCGI server with a WSGI-App.

from cStringIO import StringIO
from pprint import pformat

from flup.server.fcgi import WSGIServer

def debug_app(environ, start_response):
    "A simple WSGI debug application"

    buf = StringIO()
    print >>buf, 'WSGI application received environ:\r\n'
    print >>buf, pformat(environ), '\r\n'

    start_response("200 OK", [('Content-Type', 'text/plain')])
    return [buf.getvalue()]

wsgi = WSGIServer(debug_app, bindAddress=('', 20000))
wsgi.run()
```

Wir geben hier lediglich die WSGI-Variable environ schön formatiert aus. Starten wir das Programm auf dem Rechner 192.168.254.11 wie gewohnt:

```
$ ~/python/bin/python fastcgi_server_debug.py
```

Damit das funktioniert, muss auf diesem Rechner natürlich das flup-Modul installiert sein. Wir prüfen wieder nach, ob der FastCGI-Server auch wirklich läuft:

```
# sockstat -461 | grep ':20000 '
farid    python    69402 3  tcp4  *:20000           *:*
```

Ja, sieht gut aus.

Jetzt rufen wir eine URL auf, die mit */fastcgi/* anfängt, damit der Webserver diesen FastCGI-Server anfragt. Diese URL können wir uns beliebig ausdenken (dank check-local, der ausgeschaltet wurde), solange sie mit */fastcgi/* anfängt. Eine solche URL könnte z.B. sein:

```
$ lynx http://localhost:9090/fastcgi/spy/a/test
```

Als Ausgabe erscheint dann:

```
WSGI application received environ:

{'DOCUMENT_ROOT': '/usr/local/www/data/testbox.hajji.name',
 'GATEWAY_INTERFACE': 'CGI/1.1',
 'HTTP_ACCEPT': 'text/html, text/plain, text/css, text/sgml, */*;q=0.01',
 'HTTP_ACCEPT_ENCODING': 'gzip, compress, bzip2',
 'HTTP_ACCEPT_LANGUAGE': 'en',
 'HTTP_HOST': 'localhost:9090',
 'HTTP_USER_AGENT': 'Lynx/2.8.6rel.5 libwww-FM/2.14 SSL-MM/1.4.1 \
                     OpenSSL/0.9.8e',
 'PATH_INFO': '/a/test',
 'PATH_TRANSLATED': '/usr/local/www/data/testbox.hajji.name/a/test',
 'QUERY_STRING': '',
 'REDIRECT_STATUS': '200',
 'REMOTE_ADDR': '127.0.0.1',
 'REMOTE_PORT': '59181',
 'REQUEST_METHOD': 'GET',
 'REQUEST_URI': '/fastcgi/spy/a/test',
 'SCRIPT_FILENAME': '/usr/local/www/data/testbox.hajji.name/fastcgi/\
                     spy/a/test',
 'SCRIPT_NAME': '/fastcgi/spy',
 'SERVER_ADDR': '127.0.0.1',
 'SERVER_NAME': 'localhost:9090',
 'SERVER_PORT': '9090',
 'SERVER_PROTOCOL': 'HTTP/1.0',
 'SERVER_SOFTWARE': 'lighttpd/1.4.19',
 'wsgi.errors': <flup.server.fcgi_base.TeeOutputStream object at 0x285ac40c>,
 'wsgi.input': <flup.server.fcgi_base.InputStream object at 0x285ac30c>,
 'wsgi.multiprocess': False,
 'wsgi.multithread': True,
 'wsgi.run_once': False,
 'wsgi.url_scheme': 'http',
 'wsgi.version': (1, 0)}
```

Achten Sie darauf, dass wegen der Option broken-scriptfilename aus der Datei *lighttpd_fastcgi.conf* die Variablen REQUEST_URI und SCRIPT_NAME ausgewertet wurden und daraus PATH_INFO gebildet wurde. Ohne diese Option würde in diesem Fall PATH_INFO leer bleiben. Das wird uns gleich noch nützen!

Was man daraus erkennt ist, dass WSGIServer aus dem flup-Modul dafür sorgt, dass alles, was wir über die FastCGI-Schnittstelle bekommen, unserer WSGI-Applikation über ihre WSGI-Schnittstelle übergeben wird. Mit anderen Worten: flup.server.fcgi.

WSGIServer ist nicht nur ein gewöhnlicher FastCGI-Server, er kommuniziert auch mit unserer WSGI-Anwendung über eine wohldefinierte WSGI-Schnittstelle.

Um zu zeigen, wie mächtig das WSGI-Konzept ist, folgt hier (wieder einmal) der Webrechner, diesmal via FastCGI:

```python
#!/usr/bin/env python
# fastcgi_server_webcalc.py -- A FastCGI server with a WSGI web calculator

from flup.server.fcgi import WSGIServer
from wsgicalc import webcalc

wsgi = WSGIServer(webcalc, bindAddress=('', 20000))
wsgi.run()
```

Erkennen Sie hier etwas wieder? Richtig: die Funktion wegcalc aus dem *wsgicalc.py* Programm, das wir weiter oben bei der Vorstellung des wsgiref.simple_server-Moduls der Python Standard Library eingeführt haben. Diese Funktion ist eine vollwertige WSGI-Anwendung und kann folglich hier wiederverwendet werden. Starten Sie den FastCGI-Server *fastcgi_server_webcalc.py* auf 192.168.254.11 wie gewohnt, und rufen Sie dann folgende URLs auf:

```
$ fetch -q -o - http://localhost:9090/fastcgi/calc/add/3.1/2.2
5.3

$ fetch -q -o - http://localhost:9090/fastcgi/calc/div/3.1/1.1
2.81818181818

$ fetch -q -o - http://localhost:9090/fastcgi/calc/div/3.1/0
N/A

$ fetch -q -o - http://localhost:9090/fastcgi/calc/mod/3.1/2.2
Invalid operator. Use one of add, sub, mul, div.

$ fetch -q -o - http://localhost:9090/fastcgi/calc/div
Invalid syntax. Use /op/arg1/arg2
```

Das funktioniert deshalb, weil
- alles, was mit */fastcgi/* beginnt, zu diesem WSGI-Server gesendet wird,
- dank broken-scriptfilename alles, was sich hinter der Phantasie-URL calc verbirgt, in PATH_INFO landet,
- die Funktion wsgicalc.webcalc eine ganz normale WSGI-Anwendung ist, die PATH_INFO ausliest, um an ihre Daten zu gelangen,
- flup.server.fcgi.WSGIServer einen FastCGI-Server erzeugt, der auf Socket 20000 hört und als Brücke zur webcalc WSGI-Anwendung dient,
- flup auf dem Rechner 192.168.254.11 installiert ist.

Somit haben wir einen sehr effizienten Lighttpd-Webserver erhalten, der seine statischen Daten blitzschnell liefern, URLs der Form /fastcgi/<irgendwas>/op/arg1/arg2 an die WSGI-kompatible Python-Anwendung wsgicalc.webcalc per FastCGI senden (wobei der FastCGI-Server evtl. auf einem ganz anderen Rechner laufen könnte) und dessen Antwort dem Browser zurücksenden kann. Oder, viel kürzer zusammengefasst: Wir haben jetzt ein Hybridsystem, das aus einem sehr effizienten Lighttpd-Webserver für statischen Inhalt und einer FastCGI-Schnittstelle zu WSGI-Anwendungen besteht. Das Beste aus beiden Welten sozusagen.

Auf WSGI kommen wir weiter unten noch mal zu sprechen.

Lighttpd und SCGI

SCGI ist eine noch schnellere Variante von FastCGI, die sehr gerne im Python/WSGI-Umfeld eingesetzt wird. Da das Protokoll zwischen Webserver und SCGI-Server sich vom FastCGI-Protokoll unterscheidet, brauchen wir ein eigenes Lighttpd-Modul dafür. Dieses heißt mod_scgi und ist bereits Standardbestandteil von Lighttpd. Darum kann man folgende Konfiguration benutzen (*lighttpd_scgi.conf*):

```
# lighttpd_scgi.conf -- minimalistic config file for mod_scgi

server.modules      = (
                        "mod_access",
                        "mod_accesslog",
                        "mod_scgi"
                      )

scgi.server = (
                "/scgi/" =>
                ((
                    "host"          => "192.168.254.11",
                    "port"          => 21000,
                    "check-local" => "disable",  # forward all to fcgi srv.
                    "broken-scriptfilename" => "enable"
                )),
                ".fcg" =>
                ((
                    "socket"        => "/tmp/lighttpd_test_scgi.sock",
                    "check-local" => "disable"  # forward all to fcgi srv.
                ))
              )

include "lighttpd_common.conf"
```

Wie man sieht, unterscheidet sie sich nur sehr geringfügig von derjenigen aus *lighttpd_fastcgi.conf*!

Den Server startet man einfach mit:

```
# lighttpd -D -f lighttpd_scgi.conf
```

Auch hier gilt, dass wir einen SCGI-Server benötigen, um diese Konfiguration auszuprobieren. Das folgt weiter unten.

SCGI-Server in Python mit flup

Wie beim FastCGI-Beispiel kann man flup einsetzen, um einen SCGI-Server und eine Brücke zwischen SCGI und WSGI zu erhalten. Ohne weiter auf die Details einzugehen, stellen wir unseren FastCGI-basierten Webrechner auf SCGI um:

```
#!/usr/bin/env python
# scgi_server_webcalc.py -- A SCGI server with a WSGI web calculator

from flup.server.scgi import WSGIServer
from wsgicalc import webcalc

wsgi = WSGIServer(webcalc, bindAddress=('', 21000))
wsgi.run()
```

Läuft dieses Programm auf 192.168.254.11, Port 21000, und läuft der Lighttpd-Webserver, der mit *lighttpd_scgi.conf* konfiguriert wurde, dann kann man folgende URLs aufrufen (vom Rechner des Webservers aus, sonst ändern Sie *localhost* entsprechend):

```
$ fetch -q -o - http://localhost:9090/scgi/calc/add/3.1/2.2
5.3

$ fetch -q -o - http://localhost:9090/scgi/calc/sub/3.1/2.2
0.9

$ fetch -q -o - http://localhost:9090/scgi/calc/div/3.1/2.2
1.40909090909

$ fetch -q -o - http://localhost:9090/scgi/calc/div/3.1/0
N/A

$ fetch -q -o - http://localhost:9090/scgi/calc/mod/3.1/0
Invalid operator. Use one of add, sub, mul, div.

$ fetch -q -o - http://localhost:9090/scgi/calc/mod/3.1/0/1/2.3/1
Invalid syntax. Use /op/arg1/arg2
```

Den SCGI-Server stoppen wir mit Ctrl-C:

```
$ ~/python/bin/python scgi_server_webcalc.py
2008-05-17 08:50:31 : WSGIServer starting up
2008-05-17 08:52:04 : GET /scgi/calc/add/3.1/2.2
2008-05-17 08:52:09 : GET /scgi/calc/sub/3.1/2.2
2008-05-17 08:52:13 : GET /scgi/calc/div/3.1/2.2
2008-05-17 08:52:15 : GET /scgi/calc/div/3.1/0
2008-05-17 08:52:18 : GET /scgi/calc/mod/3.1/0
2008-05-17 08:52:24 : GET /scgi/calc/mod/3.1/0/1/2.3/1
^C2008-05-17 08:53:12 : WSGIServer shutting down
```

Wie man sieht, ist das eine sehr einfache und bequeme Art und Weise, WSGI-Applikationen via flup und Lighttpd zur Verfügung zu stellen.

Python in Lighttpd integrieren

Ohne Aufwand sind wir jetzt in der Lage gewesen, ein Programm in Python von Lighttpd aufrufen zu lassen:

- über die CGI-Schnittstelle mit dem mod_cgi-Modul
- über die FastCGI-Schnittstelle mit dem mod_fastcgi-Modul
- über die SCGI-Schnittstelle mit dem mod_scgi-Modul

Wir haben auch gesehen, dass das Drittanbietermodul flup als eine Art pythonische FastCGI-zu-WSGI- und SCGI-zu-WSGI-Brücke dient.

Dies sind drei Möglichkeiten, Python-Programme von Lighttpd aus aufzurufen. Ein anderer Ansatz könnte darin bestehen, ein Lighttpd-Modul, sagen wir mal, mod_python zu entwickeln, der einen Python-Interpreter enthält (evtl. in einem eigenen Thread, um nicht den Hauptserver zu verlangsamen), und der z.B. eine richtige WSGI-Anwendung laden und ausführen kann. Das würde dann den Umweg über FastCGI einsparen und für noch mehr Geschwindigkeit sorgen. Ein solches Modul ist mir nicht bekannt (zum Zeitpunkt, als dieses Kapitel entstand), aber es wäre eine gute Aufgabe für fortgeschrittene C- und Python-Liebhaber. Wenn so ein zukünftiges Modul auch noch unter der Lighttpd-Lizenz (BSD-Lizenz) der Öffentlichkeit zur Verfügung gestellt würde, wäre es auch ein guter Beitrag für die Lighttpd- und Python-Communitys.

15.2.2 Apache

In diesem Abschnitt werden wir den populären Apache Webserver, http://httpd .apache.org/, so konfigurieren, dass er Standard CGI, FastCGI und SCGI Programme ausführt. Außerdem werden wir das mod_python- und das mod_wsgi-Modul kennenlernen und sehen, wie man damit bequem Python-Code direkt im Server ausführen kann.

Wir gehen im Folgenden davon aus, dass Apache 2.2.8 – oder eine spätere Version, wenn Sie dieses Kapitel lesen – installiert und betriebsbereit ist. Wie das geht, kann aus Platzgründen hier nicht angeführt werden. Nur so viel: Für Windows gibt es einen visuellen Installer für ein vorkompiliertes Binary, und unter Unix kann man den Quellcode entweder manuell oder automatisiert mit Hilfe von Ports (FreeBSD), pkgsrc (OpenBSD, NetBSD u.a.) oder Portage (Gentoo) herunterladen, konfigurieren, kompilieren und installieren. Unter FreeBSD kann man z.B. so vorgehen:

```
# cd /usr/ports/www/apache22
# make install clean
```

Auf jeden Fall erhält man ein Binary *httpd* und eine Menge von Modulen (unter FreeBSD z.B. unter */usr/local/libexec/apache22*).

Einige Module wird man manuell nachinstallieren müssen, z.B. dasjenige für FastCGI, SCGI und `mod_python`, aber darauf kommen wir noch zurück.

Apache benötigt eine Konfigurationsdatei *httpd.conf*. Wir werden im Folgenden die relevanten Teile dieser Konfigurationsdatei zeigen. Denken Sie daran, dass Sie von einer funktionierenden *httpd.conf* ausgehen müssen und nur die Zeilen dort hineinmergen, die unten gezeigt werden: Die fertige *httpd.conf* muss aus beiden Teilen bestehen: der Standardkonfiguration und den Erweiterungen!

Apache und CGI

Apache kann CGI-Programm standardmäßig ausführen, wenn folgende Einträge in der *httpd.conf* vorhanden sind:

```
LoadModule mime_module libexec/apache22/mod_mime.so
LoadModule cgi_module libexec/apache22/mod_cgi.so
LoadModule alias_module libexec/apache22/mod_alias.so

<IfModule alias_module>
    ScriptAlias /cgi-bin/ "/usr/local/www/apache22/cgi-bin/"
</IfModule>

<Directory "/usr/local/www/apache22/cgi-bin">
    AllowOverride None
    Options None
    Order allow,deny
    Allow from all
</Directory>
```

Damit wird das, was sich in */usr/local/www/apache22/cgi-bin* befindet und über die URL */cgi-bin/* angesprochen wird, automatisch zu einem CGI-Programm.

Möchte man auch, dass Dateien mit der Endung `.py`, `.pl`, `.cgi`, die außerhalb von `ScriptAlias` sind, als CGIs angesehen werden, kann man Folgendes hinzufügen:

```
<IfModule mime_module>
    AddHandler cgi-script .cgi .pl .py
</IfModule>

<Directory "/usr/local/www/apache22/data">
    Options Indexes FollowSymLinks ExecCGI
</Directory>
```

Denken Sie aber daran, dass dies ein Sicherheitsrisiko darstellt, wenn beliebige Benutzer (z.B. Kunden) ihre eigenen Dateien dort deponieren können: Wenn sie ein CGI dort ablegen, *wird* es laufen, und zwar unter der Kennung des Apache-Users (z.B. *www* oder *nobody*).

Apache und FastCGI

Damit Apache das FastCGI-Protokoll versteht, braucht es das `mod_fastcgi`-Modul. Dieses Modul ist aber nicht Bestandteil der Standarddistribution von Apache und muss nachträglich installiert werden. Sie finden ihn unter `http://www.fastcgi.com/`.

Wie er kompiliert wird, steht im Source-Tarball. Unter FreeBSD installiert man z.B. nur den Port */usr/ports/www/mod_fastcgi* und trägt dann folgende Zeilen in die *httpd.conf* ein:

```
LoadModule fastcgi_module libexec/apache22/mod_fastcgi.so

<IfModule mod_fastcgi.c>
    FastCgiExternalServer /usr/local/www/apache22/data/fastcgi \
                          -host 192.168.254.11:20000
</IfModule>
```

Hinweis

Die `FastCgiExternalServer`-Zeile sollte natürlich nicht umbrochen sein, wie hier im Buch!

Diese Eintragung bewirkt, dass alle Anfragen an */fastcgi* und was darunter liegt, über die FastCGI-Schnittstelle zum FastCGI-Server, der auf dem Host 192.168.254.11, Port 20000 läuft, gesendet werden. Startet man wie im Abschnitt zu Lighttpd zum Beispiel unseren Server *fastcgi_server_debug.py*, und ruft man die URL */fastcgi/blah* auf (relativ zum Hostnamen, wo der Apache läuft), dann erhält man eine Liste von Umgebungsvariablen. Da auch `PATH_INFO` auf '/blah' steht, können wir unseren Webrechner stattdessen als FastCGI-Server einsetzen. Einfach *fastcgi_server_webcalc.py* stattdessen starten und URLs der Form */fastcgi/add/3.1/2.7* aufrufen!

Apache und SCGI

Statt `mod_fastcgi` möchten Sie vielleicht auch `mod_scgi` für Apache unter die Lupe nehmen. Dieses Apache-Modul bekommen Sie von der URL `http://www.mems-exchange.org/software/scgi/`. Übrigens: Lighttpd wird mit seinem eigenen `mod_scgi` ausgeliefert; es ist standardmäßig schon dabei.

Um `mod_scgi` zu installieren, befolgen Sie die Anweisungen aus dem Source-Tarball. Innerhalb dieses Tarballs befinden sich sowohl eine Version für Apache 1.x als auch eine für Apache 2.x. Unter FreeBSD installieren Sie einfach den Port */usr/ports/www/mod_scgi*.

Apache konfigurieren Sie dann wie folgt:

```
LoadModule scgi_module libexec/apache22/mod_scgi.so

<IfModule mod_scgi.c>
    SCGIMount /scgi 192.168.254.11:21000
</IfModule>
```

Wenn jetzt das Programm *scgi_server_webcalc.py* (siehe weiter oben beim Lighttpd SCGI-Beispiel) auf 192.168.254.11, Port 21000 lauscht, kann man den Apache-Server unter der URL */scgi* direkt ansprechen:

```
$ fetch -q -o - http://testbox.hajji.name/scgi/add/3.1/2.2
5.3

$ fetch -q -o - http://testbox.hajji.name/scgi/mod/3.1/2.2
Invalid operator. Use one of add, sub, mul, div.

$ fetch -q -o - http://testbox.hajji.name/scgi/mod/3.1/2.2/a/b/c
Invalid syntax. Use /op/arg1/arg2
```

Auf der Konsole des SCGI-Servers *cgi_server_webcalc.py* steht dann:

```
$ ~/python/bin/python scgi_server_webcalc.py
2008-05-17 09:11:52 : WSGIServer starting up
2008-05-17 09:15:21 : GET /scgi/add/3.1/2.2
2008-05-17 09:15:25 : GET /scgi/mod/3.1/2.2
2008-05-17 09:15:34 : GET /scgi/mod/3.1/2.2/a/b/c
^C2008-05-17 09:16:24 : WSGIServer shutting down
```

Voilà! Mit dem kleinen `mod_scgi` für Apache haben wir Zugriff auf einen SCGI-Server, der mit `flup` implementiert ist und der eine WSGI-Anwendung nach außen hin exportiert.

Apache und mod_python

Alle bisher gezeigten Lösungen, Python-Code in Webseiten zu integrieren, bestanden darin, entweder den Python-Interpreter pro Aufruf in einem Prozess zu starten (CGI) oder die Python-Anwendung in einem eigenen Prozess dauerhaft laufen zu lassen und vom Webserver aus per FastCGI oder SCGI zu kontaktieren.

All diese Lösungen haben einen Nachteil: Es entsteht aufgrund der Kommunikation zwischen zwei getrennten Prozessen (Webserver und Anwendung) eine gewisse Latenz und Verzögerung. Schließlich kann diese Kommunikation niemals so schnell sein, wie wenn sie im Hauptspeicher innerhalb desselben Prozesses ablaufen würde.

Darum gibt es noch eine weitere Möglichkeit, Python-Code auszuführen: Man bettet einfach einen Python-Interpreter innerhalb des Webservers ein und lässt den Python-Code vom Webserver selbst ausführen. Dies ist schließlich genau das, was die weiter oben gezeigten Python-basierten Webserver tun: Sie werden ja bereits von Python ausgeführt, und da ist es naheliegend, dass sie auch den Anwendungscode gleich mit ausführen.

Doch Apache ist nicht in Python geschrieben, er wäre dann viel zu langsam, bei aller Liebe zu Python! Auf den ersten Blick scheint es also unmöglich, dass ein Apache-Prozess Python-Code laden und ausführen kann. Aber dieser erste Blick täuscht. Wenn Sie sich an Kapitel 11, *Python und C/C++*, erinnern, haben wir dort erwähnt (aber nicht gezeigt), dass man auch einen Python-Interpreter innerhalb eines C-Programmes einbetten kann. Wie das genau geht, wird in der Python-Dokumentation unter *Extending and Embedding* im Abschnitt *Embedding Python in Another Application*, `http://docs.python.org/ext/embedding.html` ausführlichst erklärt. Das einfachste Einbetten sähe z.B. so aus (Beispiel aus dieser Dokumentation):

```
#include <Python.h>

int
main(int argc, char *argv[])
{
  Py_Initialize();
  PyRun_SimpleString("from time import time, ctime\n"
                     "print 'Today is', ctime(time())\n");
  Py_Finalize();
  return 0;
}
```

In der Praxis ist es etwas komplizierter, aber die ganzen Details sind ja gut in der Python-Dokumentation erklärt.

Jetzt könnte man auf die Idee kommen, ein Apache-Modul (in C) zu programmieren und darin den Python-Interpreter mit den Techniken des Embedding einzubetten. Ein solches Modul würde dann Apache dazu veranlassen, Kindprozesse zu erzeugen, die allesamt Python-Code in (einem ihrer) eigenen Python-Interpreter direkt ausführen.

Bevor Sie sich jetzt begeistert auf den Weg machen, sich ein existierendes Apache-Modul schnappen und so refaktorieren, dass es den Python-Interpreter einbettet, sollten Sie wissen, dass es bereits ein solches Modul gibt: mod_python!

mod_python erhalten Sie von http://www.modpython.org/ und können es selbst kompilieren, indem Sie die Anleitung in seinem Source-Tarball befolgen. Statt es manuell zu übersetzen, könnten Sie auch das Package- oder Portsystem Ihres Betriebssystems mit dieser Aufgabe betrauen. Unter FreeBSD würden Sie z.B. den Port */usr/ports/www/mod_python3* wie jeden anderen Port installieren.

Nachdem mod_python übersetzt und installiert ist, sollte er auch in *httpd.conf* eingetragen werden. Hier ist z.B. meine Apache-Konfiguration für mod_python:

```
LoadModule python_module libexec/apache22/mod_python.so

<IfModule mod_python.c>
  <Location /python>
    AddHandler mod_python .py
    PythonHandler mod_python.publisher
    PythonDebug On
  </Location>
</IfModule>
```

Wir starten nun den Apache-Server neu und gehen dann in das Verzeichnis */usr/local/www/apache22/data/python* (zur Not vorher erzeugen). Dort deponieren wir folgende Datei:

```
#!/usr/bin/env python
# modpycalc.py -- A webcalc handler for mod_python.

def add(req, arg1=None, arg2=None):
    req.content_type = 'text/plain'
    if arg1 is None or arg2 is None:
        return "Wrong syntax. Use /add/arg1/arg2"
    try:
        numarg1 = float(arg1)
        numarg2 = float(arg2)
    except ValueError:
```

```
    return "Non numerical operands"
result = numarg1 + numarg2
return str(result)
```

Und jetzt rufen Sie folgende URLs auf:

- `http://testbox.hajji.name/python/modpycalc.py/add?arg1=3.1&arg2=7.2`
- `http://testbox.hajji.name/python/modpycalc.py/sub?arg1=7.7&arg2=0.3`

Im ersten Fall erhalten wir 10.3, im zweiten Fall die 404-Fehlermeldung:

```
The requested URL /python/modpycalc.py/sub was not found on this
server.
```

Sieht man sich parallel den Fehlerlog an, dann findet man am Anfang folgende Zeilen:

```
[Sun May 18 05:46:57 2008] [notice] mod_python
  (pid=81210, interpreter='testbox.hajji.name'):
  Importing module '/usr/local/www/apache22/data/python/modpycalc.py'
```

Das geschieht nur einmal pro Kindprozess. Anschließend werden die Aufrufe an denselben Apache-Prozess direkt vom Hauptspeicher beantwortet, und zwar sehr schnell!

Was ist hier geschehen? Wir nutzen den Publisher oder, genauer gesagt, `mod_python.publisher`, um Dateien, die mit `.py` enden und sich unter der URL `/python` befinden, zu laden und auszuführen. In diesem Beispiel hatten wir nur eine Funktion, `add`, in unserer Python-Datei *modpycalc.py*. Darum war die folgende URL gültig: */python/modpycalc.py/add* (und sie wurde von der Funktion `add` bedient), während */python/modpycalc.py/sub* nicht gültig war (weil es keine Funktion `sub` in *modpycalc.py* gab).

Die Argumente von `add` waren `req` (ein Request-Objekt), `arg1` und `arg2`. `req` enthält diverse Methoden, mit denen man Metadaten handeln kann. Zum Beispiel enthält `req.content-type` den HTTP-Header `Content-Type`, der bei der Antwort zurückgesendet werden soll. Der Rückgabestring der Funktion `add` wird direkt an den Browser gesendet, nachdem die HTTP-Header übermittelt wurden.

Die Argumente `arg1` und `arg2` entnimmt der Publisher aus diversen Quellen. Bei den Beispiel-URLs, bei denen wir `arg1` und `arg2` in der URL selbst übergeben haben (so wie es ein FORM-Formular bei der GET-Methode tun würde), hat der Publisher diese Daten von dort geholt. Hätte man ein Formular gehabt, der die Daten der POST geschickt hätten, dann hätte der Publisher diese Daten von dort übernommen und an `add` übermittelt.

Wenn Sie jetzt den Webrechner nachbilden wollen, tragen Sie einfach weitere Funktionen in `modpycalc.py` ein.

Der Publisher ist ein cleverer Weg, der uns das Hantieren mit low-level-Handlern erspart; aber er ist nicht der einzige! `mod_python` hat viel mehr zu bieten. Da dies aber alles sehr spezifisch ist und ausführlich in der `mod_python`-Dokumentation beschrieben ist, werden wir an dieser Stelle nicht weiter darauf eingehen. Das tun wir auch deswegen nicht, weil es mit dem folgenden Modul `mod_wsgi` eine bessere und vor allem portablere Alternative gibt, Python-Code innerhalb des Apache-Webservers auszuführen.

Apache und WSGI

Wir haben weiter oben gesehen, dass Apache in der Lage ist, WSGI-Anwendungen indirekt via FastCGI bzw. SCGI aufzurufen, wenn auf der anderen Seite `flup` eingesetzt wird. In den meisten Fällen funktioniert das auch sehr gut und wird in Umgebungen mit hoher Last eingesetzt.

Doch es gibt noch eine andere Möglichkeit: Würde es ein Apache-Modul geben, das

- den Python-Interpreter einbetten würde (wie bei `mod_python`),
- WSGI-Anwendungen bei Bedarf direkt in diesen Interpreter laden und ausführen würde,

dann hätte man eine sehr schnelle Umgebung. Diese wäre deswegen schnell, weil der Overhead der FastCGI- bzw. SCGI-Kommunikation mit einem anderen Prozess (evtl. sogar auf einem anderen Rechner) entfiele: Der Webserver hätte dann seinen eigenen Python-Interpreter in sich und könnte den Code direkt ausführen!

Ein solches Modul gibt es für Apache tatsächlich! Es heißt `mod_wsgi` und kann von der URL `http://www.modwsgi.org/` heruntergeladen werden.

`mod_wsgi` ist in etwa vergleichbar mit `mod_python`: Wie bei `mod_python` wird der Python-Interpreter in die Prozesse des Webservers eingebettet, und `mod_wsgi` kann dann Python-Code direkt vom Dateisystem bei Bedarf ausführen. Wie `mod_python` ist der Python-Interpeter persistent, d.h. anders als bei CGI bleibt er länger im Hauptspeicher, weil die Kindprozesse des Apache-Webservers i.d.R. viele hundert Anfragen beantworten, bevor sie sich beenden und neu starten. Damit wäre das Problem der Latenz, z.B. beim Aufbau einer Verbindung zu einem Datenbankserver, weitgehend gelöst.

Doch es gibt auch Unterschiede zu `mod_python`: `mod_wsgi` kann nur Python-Code ausführen, der in Form einer WSGI-Anwendung konzipiert wurde. Er ruft immer eine Funktion, die `application` heißen muss und die WSGI-Schnittstelle implementiert, auf, während `mod_python` Python-Code ausführt, der eine andere API erfüllen muss (`handler`).

In der Praxis bedeutet dies Folgendes: Eine Anwendung, die für `mod_python` geschrieben wird, ist i.d.R. an `mod_python` gekettet. Sie läuft nicht außerhalb dieser Umgebung. Eine WSGI-Anwendung, die unter `mod_wsgi` läuft, kann auch unter anderen WSGI-Umgebungen laufen wie z.B. unter FastCGI oder SCGI mit Hilfe von `flup`, mit dem Twisted.Web Server oder mit dem `wsgiref.simple_server`-Webserver der Python Standard Library. Und vice versa. Eine WSGI-Anwendung ist standardkonform und somit portabel: Sie würde überall laufen, wo ein Webserver oder seine Hilfsserver (FastCGI, SCGI, ...) eine WSGI-Anwendung erwarten.

Verschiedene Web-Frameworks haben inzwischen eine WSGI-Schnittstelle, und können daher auch u.A. unter mod_wsgi laufen.

Fangen wir also an und installieren mod_wsgi auf unserem Apache-Webserver. Wir gehen wie folgt vor: Als Erstes laden wir die aktuelle Version von mod_wsgi von dessen Website herunter und packen den Source-Tarball aus:

```
$ tar -xvpf mod_wsgi-2.0.tar.gz
x mod_wsgi-2.0/
x mod_wsgi-2.0/configure
x mod_wsgi-2.0/configure.ac
x mod_wsgi-2.0/LICENCE
x mod_wsgi-2.0/Makefile-1.X.in
x mod_wsgi-2.0/Makefile-2.X.in
x mod_wsgi-2.0/mod_wsgi.c
x mod_wsgi-2.0/README
```

Wie wir sehen, ist er nicht besonders groß. Jetzt rufen wir das *configure*-Skript auf, welches herausfindet, welche Version von Apache wir benutzen und welche Pfade unsere Apache-Installation hat (*include*, *lib* und der Ort, an dem das fertige Modul landen soll). Außerdem identifiziert *configure* unseren Python-Interpreter und dessen Pfade, weil er diesen ja später in das Modul einbetten soll:

```
$ ./configure
checking for apxs2... no
checking for apxs... /usr/local/sbin/apxs
checking Apache version... 2.2.8
checking for python... /usr/local/bin/python
configure: creating ./config.status
config.status: creating Makefile
```

Es ist an dieser Stelle wichtig, dass Python mit *shared library*-Unterstützung kompiliert wurde, denn sonst würde der Bedarf an Speicherplatz sehr stark anwachsen, und vor allem könnte man nicht mod_python und mod_wsgi gleichzeitig in den Apache-Prozessen laden (es gäbe eine Kollision der Adressen). Wenn aber Python mit *shared library*-Unterstützung kompiliert wurde (und wenn mod_python mit derselben Python-Bibliothek übersetzt wurde), steht uns nichts mehr im Wege.

Nach dem Aufruf von ./configure kommt natürlich der Aufruf von *make*. Unter Linux würden Sie jetzt einfach make, gefolgt von make install, aufrufen. Ich muss hier unter FreeBSD *gmake* statt *make* benutzen, weil das BSD-*make* nicht das GNU-*make* ist.

```
$ gmake
/usr/local/sbin/apxs -c -I/usr/local/include/python2.5 -DNDEBUG \
 -D__wchar_t=wchar_t -DTHREAD_STACK_SIZE=0x20000   mod_wsgi.c \
 -L/usr/local/lib/python2.5/config -lpython2.5 -lutil

/usr/local/build-1/libtool --silent --mode=compile cc -prefer-pic -O2 \
 -fno-strict-aliasing -pipe -I/usr/local/include/mysql -DHAVE_MYSQL_H \
 -I/usr/include   -O2 -fno-strict-aliasing -pipe -I/usr/local/include/mysql \
 -DHAVE_MYSQL_H -I/usr/include -I/usr/local/include \
 -I/usr/local/include/apache22  -I/usr/local/include/apr-1 \
 -I/usr/local/include/apr-1 -I/usr/local/include -I/usr/local/include/db46 \
 -I/usr/local/include/python2.5 -DNDEBUG -D__wchar_t=wchar_t \
 -DTHREAD_STACK_SIZE=0x20000  -c -o mod_wsgi.lo mod_wsgi.c && \
touch mod_wsgi.slo

/usr/local/build-1/libtool --silent --mode=link cc -o mod_wsgi.la \
 -rpath /usr/local/libexec/apache22 -module -avoid-version mod_wsgi.lo \
 -L/usr/local/lib/python2.5/config -lpython2.5 -lutil
```

Nach *make* können wir jetzt als *root* das Modul installieren, indem wir `make install`
(bzw. bei FreeBSD `gmake install`) aufrufen:

```
$ su
Password:

# gmake install
/usr/local/sbin/apxs -i -S LIBEXECDIR=/usr/local/libexec/apache22 \
 -n 'mod_wsgi' mod_wsgi.la

/usr/local/share/apache22/build/instdso.sh \
 SH_LIBTOOL='/usr/local/build-1/libtool' mod_wsgi.la \
 /usr/local/libexec/apache22

/usr/local/build-1/libtool --mode=install cp mod_wsgi.la \
 /usr/local/libexec/apache22/

cp .libs/mod_wsgi.so /usr/local/libexec/apache22/mod_wsgi.so
cp .libs/mod_wsgi.lai /usr/local/libexec/apache22/mod_wsgi.la
cp .libs/mod_wsgi.a /usr/local/libexec/apache22/mod_wsgi.a
chmod 644 /usr/local/libexec/apache22/mod_wsgi.a
ranlib /usr/local/libexec/apache22/mod_wsgi.a
chmod 755 /usr/local/libexec/apache22/mod_wsgi.so
```

Das war es auch schon! Jetzt bleibt nur noch die Konfiguration des Apache-Webservers vorzunehmen, damit mod_wsgi benutzt wird.

In *httpd.conf* tragen wir z.B. folgende Zeilen ein:

```
LoadModule wsgi_module libexec/apache22/mod_wsgi.so

LogLevel info

<IfModule mod_wsgi.c>
    # 1. /wsgi should contain WSGI-apps.
    #    Note: the function name MUST be 'application'
    WSGIScriptAlias /wsgi/ /usr/local/www/apache22/wsgi-bin/

    # 2. Additional paths to look for python modules (:-separated)
    WSGIPythonPath "/usr/local/www/apache22/wsgi-bin"

    # 3. All applications within this directory will share the
    #    same python subinterpreter.
    <Directory /usr/local/www/apache22/wsgi-bin>
      WSGIApplicationGroup my-wsgi-scripts
      Order allow,deny
      Allow from all
    </Directory>
</IfModule>
```

Wir legen noch ein Verzeichnis an:

```
# mkdir /usr/local/www/apache22/wsgi-bin
# chown www:www /usr/local/www/apache22/wsgi-bin
```

Und jetzt können wir den Server neu starten:

```
# /usr/local/etc/rc.d/apache22 restart
Performing sanity check on apache22 configuration:
Syntax OK
Stopping apache22.
Waiting for PIDS: 77207.
Performing sanity check on apache22 configuration:
Syntax OK
Starting apache22.
```

Durch LogLevel info haben wir mehr Debug-Informationen zum Apache-Fehlerlog gesendet, um zu sehen, was geschieht. Im Produktionsbetrieb wird man das natürlich nicht tun. Der Fehlerlog zeigt u.a. Folgendes:

```
[Sat May 17 12:26:11 2008] [notice] Apache/2.2.8 (FreeBSD) mod_scgi/1.12 \
  mod_ssl/2.2.8 OpenSSL/0.9.8e DAV/2 mod_python/3.3.1 Python/2.5.2 \
  mod_fastcgi/2.4.6 mod_wsgi/2.0 configured -- resuming normal operations
```

Sie erkennen hier, dass ich schon `mod_python` konfiguriert und geladen habe. Dadurch, dass `Python/2.5.2` nach `mod_python/3.3.1` aber vor `mod_wsgi/2.0` steht, heißt es, dass `mod_python` zuerst den Python-Interpreter in die Kindprozesse des Webservers geladen hat. Wäre `mod_python` nicht geladen worden, dann hätte `mod_wsgi` selbst den Python-Interpreter geladen.

Pro gestartetem Kindprozess erscheint dann auch:

```
[Sat May 17 12:26:11 2008] [info] mod_wsgi (pid=77429): Attach interpreter ''.
[Sat May 17 12:26:11 2008] [info] mod_wsgi (pid=77429): Adding \
                               '/usr/local/www/apache22/wsgi-bin' to path.
```

Das stammt aus der `WSGIPythonPath`-Anweisung:

```
# 2. Additional paths to look for python modules (:-separated)
WSGIPythonPath "/usr/local/www/apache22/wsgi-bin"
```

Wir wollen nämlich später `.wsgi`-Anwendungen, aber auch die Python-Module, die sie importieren wollen, zusammen in dem Verzeichnis */usr/local/www/apache22/wsgi-bin* ablegen.

Wie dem auch sei – jetzt ist der `mod_wsgi`-enabled Apache-Webserver bereit, WSGI-Anwendungen selbst zu laden und auszuführen.

Um es zu testen, kopieren wir folgende Datei *hello.wsgi*

```
def application(environ, start_response):
    output = 'Hello mod_wsgi\r\n'
    start_response('200 OK', [('Content-type', 'text/plain'),
                        ('Content-Length', str(len(output)))])
    return [output]
```

nach */usr/local/www/apache22/wsgi-bin* und setzen ihre Zugriffsrechte entsprechend:

```
# cd /usr/local/www/apache22/wsgi-bin
# cp -i ~farid/PythonBook/hello.wsgi .
# chown www:www hello.wsgi
# chmod 755 hello.wsgi
# ls -l hello.wsgi
-rwxr-xr-x  1 www  www  227 May 17 12:36 hello.wsgi
```

Diese Datei rufen wir auf, indem wir die URL */wsgi/hello.wsgi* aufrufen:

```
$ fetch -q -o - http://testbox.hajji.name/wsgi/hello.wsgi
Hello mod_wsgi
```

Wir sehen, dass es funktioniert! Was wir auch noch erkennen, falls wir ein `tail -f` auf den Errorlog ausgeführt hätten:

```
[Sat May 17 12:37:36 2008] [info] mod_wsgi (pid=77429):
                Create interpreter 'my-wsgi-scripts'.

[Sat May 17 12:37:36 2008] [info] mod_wsgi (pid=77429):
                Adding '/usr/local/www/apache22/wsgi-bin' to path.

[Sat May 17 12:37:36 2008] [info] [client 192.168.254.11]
   mod_wsgi (pid=77429, process='', application='my-wsgi-scripts'):
   Loading WSGI script '/usr/local/www/apache22/wsgi-bin/hello.wsgi'.
```

Das bedeutet Einiges!

Erst einmal erkennt man an der PID, dass ein Kindprozess von Apache nun bemerkt hat, dass eine WSGI-Anwendung auszuführen ist. Da ein frisch erzeugter Kindprozess noch keinen Python-Interpreter gestartet hat, wird er es jetzt tun. Normalerweise würde nun pro WSGI-Anwendung ein eigener Python-Interpreter gestartet. Aber wenn mehrere WSGI-Anwendungen in einem einzigen Interpreter koexistieren können (meistens ist es der Fall), dann könnte man `mod_wsgi` dazu bringen, alle WSGI-Anwendungen in einen gemeinsamen Python-Interpreter zu laden und auszuführen. Das würde viel Speicherplatz sparen. Das wird mit der Anweisung `WSGIApplication-Group` weiter oben bewerkstelligt. So weit zur ersten Zeile.

Durch `WSGIPythonPath` haben wir das Verzeichnis dem Suchpfad von Python hinzugefügt, in dem sich unsere *hello.wsgi*-Datei befindet. Diese Datei selbst benötigt jetzt keine weiteren Module, weder von der Python Standard Library, für die es keine besondere Modifizierung des Suchpfads bedarf, noch eigene Module. Aber da `WSGIPythonPath` grundsätzlich für den Python-Interpreter gilt, wird jetzt schon vorsorglich dieser Pfad dem Suchpfad `sys.path` hinzugefügt. Das ist die zweite Zeile.

Die dritte Zeile zeigt jetzt, dass der Kindprozess mit dieser PID unsere *hello.wsgi*-Datei nun in den gemeinsam genutzten Python-Interpreter geladen hat. An dieser Stelle ist dieser Prozess jetzt bereit, die WSGI-Anwendung aufzurufen, indem er dessen `application`-Funktion gemäß der WSGI-Schnittstelle aufruft. Der Python-Interpreter innerhalb dieses Prozesses führt nun diese Funktion aus und sendet dessen Rückgabe an den Browser oder Webclient zurück.

Ruft man jetzt mehrmals schnell hintereinander */wsgi/hello.wsgi* auf, dann wird dasselbe bei den anderen Kindprozessen von Apache geschehen: Überall wird (erstmalig) ein

Python-Interpreter initialisiert und *hello.wsgi* darin geladen. Irgendwann mal haben alle Kindprozesse *hello.wsgi* in ihren Python-Interpretern geladen und können weitere Anfragen nach dieser URL blitzschnell beantworten (direkt aus dem Hauptspeicher). Es kommen keine weiteren Einträge im Errorlog, und die Antworten kommen auch viel schneller als zuvor. Das ist der Hauptvorteil von mod_wsgi (genauso wie von mod_python)!

Würde man jetzt *hello.wsgi* editieren, dann würde dies mod_wsgi erkennen und beim nächsten Treffer diese Anwendung erneut in den Python-Interpreter eines jeden Kindprozesses wieder laden. Man muss also nicht den ganzen Server neu starten, wenn man eine WSGI-Anwendung verändert hat.

```
[Sat May 17 12:54:52 2008] [info] [client 192.168.254.11] \
   mod_wsgi (pid=77496, process='', application='my-wsgi-scripts'):
   Reloading WSGI script '/usr/local/www/apache22/wsgi-bin/hello.wsgi'.
```

Beachten Sie, dass die Endung .wsgi lediglich eine Konvention darstellt. Man hätte die Endung auch ganz weglassen oder eine beliebige andere Endung nehmen können – bis auf die Endungen, die wir bereits reserviert haben mit einer Zeile wie

```
<IfModule mime_module>
   AddHandler cgi-script .cgi .pl .py'
</IfModule>
```

für CGI-Skripte! Also, nicht vergessen: keine .py-Endungen hier, wenn sie vorher allgemein als Zeichen für CGI-Skripte auserkoren wurden!

hello.wsgi war etwas langweilig. Interessanter ist sicher eine WSGI-Anwendung, die uns hilft herauszufinden, welche Informationen die Anwendung via mod_wsgi erhält. Um es noch etwas interessanter zu gestalten, recyclen wir ein Python-Modul, das wir bereits von oben kannten. Wir tragen folgende Datei *wsgidebug.py* ins wsgi-bin-Verzeichnis ein:

```
#!/usr/bin/env python
# wsgidebug.py -- A WSGI-App to print the environ.

from cStringIO import StringIO
from pprint import pformat

def debug_app(environ, start_response):
    "A simple WSGI debug application"

    buf = StringIO()
    print >>buf, 'WSGI application received environ:\r\n'
    print >>buf, pformat(environ), '\r\n'
```

```
start_response("200 OK", [('Content-Type', 'text/plain')])
return [buf.getvalue()]
```

Leider können wir diese Datei nicht ohne Weiteres als WSGI-Anwendung in mod_wsgi benutzen, auch dann nicht, wenn wir sie mit .wsgi statt mit .py hätten enden lassen. Warum denn nicht? Schließlich ist die Funktion debug_app aus *wsgidebug.py* eine waschechte WSGI-Anwendung!

Sie erinnern sich aber daran, dass WSGI-Anwendungen unter mod_wsgi nur dann ausgeführt werden können, wenn sie application heißen. Leider hat debug_app den falschen Namen! Wie geht man dann dort vor? Eine Möglichkeit wäre, die Datei manuell zu editieren und debug_app einfach kurzerhand in application umzuwandeln. Aber wir wollen *wsgidebug.py* als Modul in Ruhe lassen: Wer weiß, wer sonst noch dieses Modul benötigt?! Was kann man noch tun? Wie wäre es mit folgender Datei *debug.wsgi*:

```
from wsgidebug import debug_app as application
```

Dieser Einzeiler tut nichts anderes, als unsere debug_app-Funktion aus *wsgidebug.py* zu importieren und gleichzeitig dabei in application umzubenennen. Jetzt enthält *debug.wsgi* eine WSGI-Anwendung namens application. Nun probieren wir es einfach aus! Wenn wir schon dabei sind, probieren wir auch gleich, ob PATH_INFO richtig funktioniert:

```
$ fetch -q -o - 'http://testbox.hajji.name/wsgi/debug.wsgi/foo/bar?name=a'
```

Es kommt tatsächlich eine Liste von Umgebungsvariablen heraus. Die erste Hälfte davon sind CGI-Variablen:

```
WSGI application received environ:

{'DOCUMENT_ROOT': '/usr/local/www/apache22/data',
 'GATEWAY_INTERFACE': 'CGI/1.1',
 'HTTP_CONNECTION': 'close',
 'HTTP_HOST': 'testbox.hajji.name',
 'HTTP_USER_AGENT': 'fetch libfetch/2.0',
 'PATH_INFO': '/foo/bar',
 'PATH_TRANSLATED': '/usr/local/www/apache22/data/foo/bar',
 'QUERY_STRING': 'name=a',
 'REMOTE_ADDR': '192.168.254.11',
 'REMOTE_PORT': '63595',
 'REQUEST_METHOD': 'GET',
 'REQUEST_URI': '/wsgi/debug.wsgi/foo/bar?name=a',
 'SCRIPT_FILENAME': '/usr/local/www/apache22/wsgi-bin/debug.wsgi',
 'SCRIPT_NAME': '/wsgi/debug.wsgi',
 'SERVER_ADDR': '192.168.254.11',
 'SERVER_ADMIN': 'webmaster@hajji.name',
```

```
'SERVER_NAME': 'testbox.hajji.name',
'SERVER_PORT': '80',
'SERVER_PROTOCOL': 'HTTP/1.1',
'SERVER_SIGNATURE': '',
'SERVER_SOFTWARE': 'Apache/2.2.8 (FreeBSD) mod_scgi/1.12 mod_ssl/2.2.8 \
                    OpenSSL/0.9.8e DAV/2 mod_python/3.3.1 Python/2.5.2 \
                    mod_fastcgi/2.4.6 mod_wsgi/2.0',
'UNIQUE_ID': 'M2drPcCo-gsAAS55cgIAAAAE',
```

Achten Sie insbesondere auf die Variablen PATH_INFO, QUERY_STRING, REQUEST_METHOD, SCRIPT_NAME und SERVER_SOFTWARE!

Die andere Hälfte der Ausgaben sieht wie folgt aus:

```
'mod_wsgi.application_group': 'my-wsgi-scripts',
'mod_wsgi.callable_object': 'application',
'mod_wsgi.listener_host': '',
'mod_wsgi.listener_port': '80',
'mod_wsgi.process_group': '',
'mod_wsgi.reload_mechanism': '0',
'mod_wsgi.script_reloading': '1',
'wsgi.errors': <mod_wsgi.Log object at 0x28c38800>,
'wsgi.file_wrapper': <built-in method file_wrapper of mod_wsgi.Adapter \
                      object at 0x28d86f08>,
'wsgi.input': <mod_wsgi.Input object at 0x28da15c0>,
'wsgi.multiprocess': True,
'wsgi.multithread': False,
'wsgi.run_once': False,
'wsgi.url_scheme': 'http',
'wsgi.version': (1, 0)}
```

Achten Sie jetzt auf die Umgebungsvariablen von mod_wsgi und auf die Werte von wsgi.multiprocess und wsgi.multithreaded (anders als bei den vorigen Setups).

Auf jeden Fall sieht man klar, dass man mit PATH_INFO Informationen von der URL erhält (und genauso via GET und POST). Dies machen wir uns zunutze, um unseren Webrechner (wieder einmal) zu verwenden.

Eine fertige WSGI-Anwendung des Webrechners hatten wir bereits im Modul *wsgi-calc.py*. Diese Datei kopieren wir 1:1 nach */usr/local/www/apache22/wsgi-bin*:

```
# cd /usr/local/www/apache22/wsgi-bin
# cp -i ~farid/PythonBook/wsgicalc.py .
# chown www:www wsgicalc.py
```

Doch auch hier müssen wir erst die Funktion von webcalc in application umbenennen. Das geht mit folgender *calc.wsgi*-Datei:

```
from wsgicalc import webcalc as application
```

Ist auch diese Datei im wsgi-bin-Verzeichnis, steht uns nichts mehr im Wege:

```
$ fetch -q -o - http://testbox.hajji.name/wsgi/calc.wsgi/add/3.2/7.11
10.31


$ fetch -q -o - http://testbox.hajji.name/wsgi/calc.wsgi/div/3.2/0
N/A


$ fetch -q -o - http://testbox.hajji.name/wsgi/calc.wsgi/mod/3.2/0
Invalid operator. Use one of add, sub, mul, div.


$ fetch -q -o - http://testbox.hajji.name/wsgi/calc.wsgi/mod/3.2/0/a/b/c
Invalid syntax. Use /op/arg1/arg2
```

Auch hier sieht man an den Fehlerlogs, wie die Anwendung in die Python-Interpreter der Kindprozesse geladen wird:

```
[Sat May 17 13:22:26 2008] [info] [client 192.168.254.11] \
  mod_wsgi (pid=77429, process='', application='my-wsgi-scripts'):
  Loading WSGI script '/usr/local/www/apache22/wsgi-bin/calc.wsgi'.
```

Am Namen des Python-Interpreters my-wsgi-scripts erkennt man, dass alle bisherigen WSGI-Anwendungen im selben Python-Interpreter koexistieren.

Es gibt noch viel mehr zu mod_wsgi zu sagen, aber das würde den Rahmen sprengen. Schauen Sie einfach in der Online-Dokumentation nach. Es lohnt sich!

15.3 WSGI

Schreibt man eine Webapplikation, hat man im Wesentlichen zwei Möglichkeiten:

- Webserver und Anwendung befinden sich im selben Prozess (alle Python-basiertes Webserver und bei Apache mod_wsgi und mod_python),
- Webserver und Anwendung befinden sich in unterschiedlichen Prozessen (alle CGI-Anwendungen, FastCGI und SCGI).

WSGI ist wie CGI, FastCGI und SCGI eine Schnittstelle zwischen Webserver und Anwendung. Doch sie ist spezialisiert auf die erste Klasse von Webanwendungen, da

- eine Kopplung über gegenseitige Funktionsaufrufe als Teil des WSGI-Protokolls stattfindet,
- eine weitere Kopplung über ein file-ähnliches Objekt, wsgi.input, existiert.

Diese beiden Kopplungen binden Python an die WSGI-Schnittstelle und bewirken, dass es sich nicht um eine programmiersprachenagnostische Schnittstelle handelt: Man kann sie nur bei Webserver einsetzen, die entweder selbst in Python geschrieben sind oder zumindest einen Python-Interpreter eingebettet haben.

Doch trotz dieser Einschränkungen hat WSGI seine Berechtigung: es entstand zu einem Zeitpunkt, als die Zahl der Python-basierten Webserver einerseits und die Zahl der Python-basierten Web-Frameworks und -anwendungen andererseits immer mehr wuchs – und damit auch das Problem der Kompatibilität und Interoperabilität. Wollte man z.B. eine mühsam entwickelte Webanwendung von einem Webserver zu einem anderen Webserver migrieren, war das vor WSGI nicht so einfach: Im besten Fall musste die Anwendung eine neue API für den anderen Webserver zur Verfügung stellen und auf die alte API abbilden; im schlimmsten Fall war die Migrierung ohne eine völlige Umstrukturierung der Anwendung unmöglich. WSGI hat diese Interoperabilitätsprobleme durch ihre bloße Existenz (und Implementierung seitens der Webserver- und Applikationsentwickler) mit einem Schlag beseitigt. Wir haben das sogar in unseren kleinen Versuchen weiter oben bemerkt: Hat man erst eine WSGI-Anwendung, lässt sie sich ohne Weiteres in verschiedenste Umgebungen deployen (`wsgiref.simple_server`, `flup`, `mod_wsgi` etc.). Es lohnt sich also, sich damit etwas näher zu befassen.

In den folgenden Abschnitten stellen wir erst das WSGI-Protokoll anhand eines Beispiels vor und erwähnen anschließend ein paar Module, mit denen man WSGI-Umgebungen bauen kann.

15.3.1 Was ist WSGI?

WSGI ist nichts anderes als eine Spezifikation, die im Python PEP 333 (http://www.python.org/dev/peps/pep-0333/) definiert wird. Ihr offizieller Name lautet: *Python Web Server Gateway Interface v1.0*. Doch WSGI ist natürlich mehr als eine bloße Spezifikation, es ist vor allem eine genau definierte Schnittstelle zwischen einem Python-basierten Webserver und einer Python-basierten Anwendung. Wie gerade erwähnt, geht WSGI davon aus, dass Webserver und Anwendung im selbem Prozess laufen.

Ohne in die Details von PEP 333 einzutauchen, wollen wir WSGI an dieser Stelle informell anhand von Beispielen zeigen.

Eine einfache *Hello, World!*-Anwendung mit WSGI-Schnittstelle haben wir weiter oben in der Datei *hello.wsgi* vorgestellt. Hier ist sie noch mal:

```
def application(environ, start_response):
    output = 'Hello mod_wsgi\r\n'
    start_response('200 OK', [('Content-type', 'text/plain'),
                              ('Content-Length', str(len(output)))])
    return [output]
```

Dies ist eine ganz gewöhnliche Python-Funktion, die in diesem Fall auch völlig ohne externe Module auskommt. Mit anderen Worten: Um eine WSGI-Anwendung zu sein, muss man nicht irgendwelche externen und exotischen Module importieren!

Was macht also eine WSGI-Anwendung aus?

Zunächst einmal ist eine WSGI-Anwendung nichts anderes als ein Callable mit einer spezifischen Signatur. Callable kann hier eine Funktion oder ein aufrufbares Objekt sein. In *hello.wsgi* war das die Funktion application.

Eine andere Möglichkeit, eine WSGI-Anwendung zu programmieren, besteht darin, ein Objekt zu erzeugen, das aufrufbar ist. Damit das der Fall ist, müssen wir die __call__-Methode definieren, wie im folgenden Beispiel:

```python
# wsgidummyapp.py -- an object oriented WSGI-like application class

class WSGIDummyApp(object):
    def __call__(self, environ, start_response):
        "Called by WSGI-enabled server"

        output = []

        # The following print statements are not WSGI-conform!
        # Don't write to sys.stdout from within a WSGI application!
        print 'C: I have been called with arguments:'
        print 'C:    environ: %r' % (environ,)
        print 'C:    start_response: %r' % (start_response,)

        if 'CLIENT' in environ:
            output.append("Hello Client %r\n" % (environ['CLIENT'],))
        else:
            output.append("Hello WSGI World\n")
        output.append("Nice to meet you\n")
        output_length = str(len(''.join(output)))

        print 'C: I will call start_response now'
        start_response('200 OK', [('Content-type', 'text/plain'),
                                  ('Content-Length', str(len(output)))])

        print 'C: Finished calling start_response'
        print 'C: now, returning output iterable'
        return output
```

Die Klasse allein ist noch keine WSGI-Anwendung. Aber eine Instanz daraus wäre es sehr wohl:

```
application = WSGIDummyApp()
```

In dem Fall wäre das `application`-Objekt die WSGI-Anwendung gewesen!

Beachten Sie, dass es an dieser Stelle noch nichts gibt, was `application` von anderen gewöhnlichen Python-Funktionen oder -Objekten unterscheidet.

Die Signatur des WSGI-Callables lautet:

```
(environ, start_response, exc_info=None)
```

Dabei ist:

- `environ` ein Python-Dictionary vom eingebauten Typ `dict`,
- `start_response` ein Callable, dessen Signatur wir weiter unten zeigen werden,
- `exc_info` ein Python `sys.exc_info`-Tupel und optional.

Wenn jetzt der Webserver eine Anforderung von einem Client erhält, der für diese Anwendung bestimmt ist, füllt er `environ` mit diversen Umgebungsvariablen (mehr dazu später), und ruft anschließend das Callable damit auf. Als Parameter `start_response` übergibt der Webserver eine seiner eigenen Funktionen, die dafür da ist, die HTTP-Antwort an den Client zu senden. Es lohnt sich, es zu wiederholen, denn es wird leicht übersehen: Der Server sendet eine seiner Funktionen der WSGI-Anwendung zu, damit die Anwendung diese Funktion als Callback aufruft.

Die WSGI-Anwendung hat jetzt die Aufgabe, die Informationen aus `environ` auszuwerten und daraus eine Antwort zu generieren, die an den Webserver zwecks Weiterleitung an den Client zu übergeben ist.

Dabei muss die Anwendung unbedingt ein bestimmtes Protokoll einhalten:

- Sie muss ihre Ausgaben puffern und in Form eines Iterators mittels `return` zurückgeben.
- Sie muss vor dem Zurückgeben der Antwort das vom Webserver übergebene `start_response` mit geeigneten Werten aufrufen.

In unserem Beispiel hat das `application`-Objekt seine Ausgabe (einen einzigen String) in eine Liste gepackt und diese Liste zurückgegeben. Da eine Liste ein Iterator ist, ist dieser Teil der WSGI-Spezifikation erfüllt. Außerdem hat `application` den übergebenen Callback `start_response` des Webservers mit einem HTTP-Rückgabecode und einer Liste von (HTTP-Header, HTTP-Wert) Tupeln aufgerufen. Damit ist die Aufgabe von `application` beendet. Sie sitzt jetzt im Speicher des Webservers und wartet darauf, erneut aufgerufen zu werden.

Auf der Webserver-Seite geschieht ganz grob Folgendes (ohne auf die Fehlerbehandlung einzugehen):

- Eine Anforderung von einem Client für application wird entgegengenommen.
- Die Daten des Clients und andere Informationen werden in ein Dictionary environ eingetragen.
- Der Webserver ruft application auf und übergibt environ sowie eine Callback-Funktion seiner selbst.
- Der Webserver erhält als Ergebnis einen Iterable zurück.

Mit diesem Iterable versehen, ruft der Webserver nun in einer Schleife die einzelnen Antworten ab und sendet sie dem Client zurück. Wichtig ist aber, dass die Anwendung vor dem zurückgeben des ersten Wertes aus dem Iterator die Callback-Funktion start_ response des Webservers aufrufen wird. Damit ist sichergestellt, dass der Server die richtigen Header zurücksendet, bevor er damit beginnt, die Daten aus dem Iterable, die er von der Anwendung erhalten hat, an den Client zu senden.

Der folgende Dummy-Server simuliert das Verhalten eines WSGI-Servers:

```python
#!/usr/bin/env python
# wsgidummyserver.py -- a pseudo-server that calls a WSGI application.

class WSGIDummyServer(object):
    "A dummy server that calls a WSGI application"

    def __init__(self, app):
        self.app = app
        self.app.iterable = None
        self.client = None

    def handle_request(self, client):
        "Handle a request by a client. client is a file-like object"

        print "S: handle_request() called"

        self.client = client

        # The following environment is NOT WSGI-conform!
        # It's missing CGI- and wsgi.* values required by the spec.
        environment = { 'CLIENT': client }

        print 'S: About to call application with arguments:'
        print 'S:   environ:', environment
        print 'S:   start_response:', self.my_start_response
        self.app.iterable = self.app(environment, self.my_start_response)

        print 'S: Finished calling application. Got iterable back.'
```

```
        for chunk in self.app.iterable:
            print "S: got a chunk from app:"
            print "S:    chunk was:", chunk
            print "S: sending chunk to client"
            self.client.write(chunk)

        print 'S: Got all chunks from app iterator. Closing client conn.'

        # A real webserver would close the connection to the client here.
        # self.client.close()
        self.client = None
        self.app.iterable = None

    def my_start_response(self, status, response_headers):
        "Send initial headers back to client"

        print "S: my_start_response() called"

        self.client.write(status + "\r\n")
        for key, value in response_headers:
            self.client.write("%s=%s\r\n" % (key, value))
        self.client.write("\r\n")
```

Simulieren wir nun die Interaktion zwischen Webserver und Applikation:

```
#!/usr/bin/env python
# wsgidummydemo.py -- show interaction between WSGIDummyServer and MyApp

from wsgidummyapp import WSGIDummyApp
from wsgidummyserver import WSGIDummyServer
from cStringIO import StringIO

app    = WSGIDummyApp()
server = WSGIDummyServer(app)
client = StringIO()

server.handle_request(client)

print '-' * 70
print 'Client got the following reply:'
print client.getvalue()
```

Führt man es aus, sieht man sehr schön, wer wen aufruft:

```
$ python wsgidummydemo.py
S: handle_request() called
S: About to call application with arguments:
S:    environ: {'CLIENT': <cStringIO.StringO object at 0x28492e00>}
S:    start_response: <bound method WSGIDummyServer.my_start_response
           of <wsgidummyserver.WSGIDummyServer object at 0x28492dec>>
C: I have been called with arguments:
C:    environ: {'CLIENT': <cStringIO.StringO object at 0x28492e00>}
C:    start_response: <bound method WSGIDummyServer.my_start_response
           of <wsgidummyserver.WSGIDummyServer object at 0x28492dec>>
C: I will call start_response now
S: my_start_response() called
C: Finished calling start_response
C: now, returning output iterable
S: Finished calling application. Got iterable back.
S: got a chunk from app:
S:    chunk was: Hello Client <cStringIO.StringO object at 0x28492e00>

S: sending chunk to client
S: got a chunk from app:
S:    chunk was: Nice to meet you

S: sending chunk to client
S: Got all chunks from app iterator. Closing client conn.
----------------------------------------------------------------
Client got the following reply:
200 OK
Content-type=text/plain
Content-Length=2

Hello Client <cStringIO.StringO object at 0x28492e00>
Nice to meet you
```

Das dürfte das Prinzip hoffentlich etwas verdeutlicht haben.

Eine häufig gestellte Frage zum Interable lautet: Warum gibt die WSGI-Anwendung ein Iterable (z.B. eine Liste) mit einem einzigen String zurück, statt einfach einen String direkt zurückzugeben? Auf die Antwort kommen Sie sicher selbst, wenn Sie bedenken, dassß manche Webanwendungen:

- umfangreiche Daten zurücksenden können (z.B. riesige Ausgaben, die nicht in den Hauptspeicher passen oder nicht dorthin gehören),
- manchmal etwas Zeit brauchen, um eine Antwort zu generieren, und in der Zwischenzeit schon Teile der fertigen Antwort an den Browser senden wollen.

Mit anderen Worten: Durch die Forderung der WSGI-Spezifikation, dass eine An-wendung ein Iterable statt eines Strings zurückgibt, und die weitere Forderung der Spezifikation, dass WSGI-enabled Webserver jeden erhaltenen Wert aus dem Iterable *sofort und ohne Verzögerung* an den Client zu senden haben (oder zumindest eine leere Antwort pro Wert, wenn Pufferung erforderlich ist), wird *Streaming* zwischen An-wendung und Browser unterstützt: Der Webserver agiert hier lediglich als Vermittler zwischen den Beiden.

Kommen wir jetzt kurz zu `environ`. Wie sie oben schon erkannt haben, enthält ein WSGI-konformes `environ` eine Menge von CGI-Variablen und speziellen `wsgi.*`-Varia-blen. Die interessanteste Variable hier ist zweifellos `wsgi.input`! Dies ist ein `file`-ähn-liches Objekt, aus dem die Applikation den HTTP-Body des Clients auslesen kann. Wozu ist das gut? Denken Sie z.B. an eine File-Upload-Anwendung: Dort wird der Inhalt der hochzuladenden Datei vom Webbrowser als Teil des HTTP-Bodys an den Webserver gesendet. Wenn ein Formular Daten per POST-Methode zurücksendet, dann werden diese Daten ebenfalls im HTTP-Body des Clients enthalten sein. Damit die Applikation dies auslesen kann, sollte sie diese Daten aus `wsgi.input` holen.

Weitere Details finden Sie in PEP 333 sowie unter `http://www.wsgi.org/`.

15.3.2 WSGI-Tools

Dass WSGI selbst ganz ohne Module auskommt, dürfte klar geworden sein. Doch man benötigt doch sicher einen WSGI-enabled Webserver, der am besten multithreaded sein soll, aber auch mehrere Prozesse startet. Man benötigt vielleicht auch eine Brücke zu FastCGI oder SCGI. Aus diesem Grunde gibt es WSGI-Tools. Das sind Packages von Drittanbietern, die diese WSGI-Infrastruktur implementieren.

Es gibt viele WSGI-Tools. Wir beschränken uns hier darauf, eine kleine Auswahl zu erwähnen:

- die `wsgiref.*`-Module der PSL
- die WSGI-Utils
- `flup`

Anschließend erwähnen wir ein Meta-Framework namens *Paste*, mit dem man Web-Frameworks aus diversen Komponenten ganz bequem zusammenstellen kann. Aus Platzgründen gehen wir auf *Paste* aber nicht genauer ein.

Die wsgiref.*-Module

Die `wsgiref`-Module der Python Standard Library werden streng genommen nicht benötigt, wenn alless was Sie vorhaben, das Erstellen einer WSGI-Anwendung ist. Sie enthalten lediglich eine Referenz-Implementierung des WSGI-Protokolls und einen einfachen WSGI-Server, den wir weiter oben bei `wsgiref.simple_server` vorgestellt haben. Sinn dieser Module ist es, Implementierern von WSGI-Frameworks zu helfen, standardkonform zu programmieren.

WSGI-Utils

Weitaus nützlicher als die `wsgiref.*`-Module der Python Standard Library sind die *WSGI-Utils*, die man aus folgender URL erhalten kann: `http://www.owlfish.com/software/wsgiutils/`. Sie kann man entweder über `easy_install wsgiutils` oder nach dem Download mit `python setup.py install` wie gewohnt installieren. Bietet die Package-Verwaltung Ihres Betriebssystems die `wsgiutils` an, benutzen Sie diese einfach. Unter FreeBSD würden Sie z.B. den Port */usr/ports/devel/py-wsgiutils* installieren.

WSGI-Utils enthalten im Wesentlichen `wsgiServer` und `wsgiAdaptor`.

`wsgiServer` ist ein multithreaded WSGI-enabled Webserver, der auf `SimpleHTTPServer` aus der Python Standard Library basiert.

`wsgiAdaptor` ist ein Mini-Framework, das auf WSGI basiert und unter anderem passwortgeschützte Bereiche (mit Basic Authentication), signierte Cookies und persistente Sitzungen anbietet.

Schauen Sie sich einfach im Quellcode um!

flup

`flup` haben wir weiter oben schon installiert und benutzt, als es darum ging, eine WSGI-Anwendung mit Hilfe eines FastCGI- bzw. SCGI-Servers Webservern zur Verfügung zu stellen. `flup` kann natürlich mehr, als nur eine WSGI-zu-FastCGI- oder WSGI-zu-SCGI-Brücke bilden!

`flup` unterteilt sich in drei Hauptbereiche:

- Multithreaded und Multiprozess-WSGI-Brücken zu FastCGI, SCGI und AJP
- Middleware-Module zur Fehlerbehandlung, Komprimierung und zum Sitzungsmanagement
- Publisher-Module, die sich an dem Publisher aus `mod_python` orientieren

Schauen Sie einfach im Quellcode nach.

Python Paste

Paste ist ein Meta-Framework, mit dem Web-Frameworks aus verschiedenen existierenden WSGI-Tools und anderen Modulen zusammengestellt werden können. Es gilt als *die Borg des WSGI-Universums*, weil es im Laufe der Zeit immer mehr Tools in sich aufgenommen hat (*Widerstand ist zwecklos, Sie werden assimiliert!*).

Paste bekommt man aus `http://pythonpaste.org/`, und es besteht derzeit aus folgenden Komponenten:

- Paste
- Paste Script
- Paste Deploy
- Paste WebKit
- Wareweb

Wir werden aus Platzmangel nicht auf Paste eingehen, aber Sie sollten sich wirklich ein wenig damit auseinandersetzen!

15.4 Low-level-Programmierung mit CGI

Das *Common Gateway Interface* ist eine der ältesten und einfachsten Schnittstellen zwischen Webserver und einem externen Programm. Der Vorteil dieser Schnittstelle ist, dass das externe Programm programmiersprachenagnostisch ist, d.h. in jeder möglichen Sprache programmiert sein könnte: C, C++, Perl, PHP, Ruby, Python, Shell, ...

Traditionell sind die low-level-Details der Webprogrammierung (z.B. wie man Daten von Benutzern entgegennimmt, wie man Sessionmanagement betreibt und dergleichen) in den Anfängen der Webprogrammierung vor allem beim Programmieren von CGI-Anwendungen verstärkt zu Tage getreten: Es gab kaum einen CGI-Programmierer, der nicht auf die eine oder andere Art und Weise damit zu kämpfen hatte. Aus diesem Grunde, und als kleiner Salut an CGI-Veteranen, werden wir hier ein paar low-level-Details beispielhaft detailliert vorstellen. Aber denken Sie stets daran: Heutzutage wird man in der realen Praxis kaum noch auf so einer tiefen Ebene echte Anwendungen erstellen, denn all dies haben uns die Web-Frameworks glücklicherweise abgenommen. Wer sich dennoch für mehr Einzelheiten interessiert, sei auf den jeweiligen Quellcode moderner Web-Frameworks verwiesen. Dort steht alles bis ins letzte Detail. Fangen wir also an, als gäbe es keine Web-Frameworks, und erstellen wir ein paar CGI-Programme!

15.4.1 Hello, CGI World!

Das einfachste, in Python geschriebene CGI-Programm könnte so aussehen:

```python
#!/usr/bin/env python
# cgihello.py -- Hello, CGI World.

from sys import import stdout

stdout.write("Content-type: text/plain\r\n")
stdout.write("\r\n")
stdout.write("Hello, CGI World!\r\n")
```

841

Das Programm ist sehr einfach: Es gibt lediglich ein paar Strings auf seine Standard-ausgabe aus. Anstelle von `stdout.write` hätte man auch `print` benutzen können.

cgihello.py gibt zunächst einen HTTP-Header heraus, gefolgt von einer leeren Zeile. Anschließend gibt es den Inhalt der Seite aus. Durch den HTTP-Header (hier `Content-type: text/plain`) weiß der Webserver, dass er alle anderen HTTP-Header ebenfalls erzeugen muss und dass wir als Antwort eine gewöhnliche Textseite senden werden. Statt `text/plain` hätten wir auch den MIME-Typ `text/html` senden können, gefolgt von einer HTML-Seite.

Wie man sieht, ist CGI nicht besonders schwer. Die einzige (kleine) Schwierigkeit besteht darin, dieses Programm bei einem Webserver auch tatsächlich ausführen zu lassen. Wie das funktioniert, hängt vom verwendeten Webserver ab. Die Details dazu sind oben bereits ausführlich vorgestellt worden.

15.4.2 CGI-Umgebungsvariablen

Zur CGI-Spezifikation gehören Umgebungsvariablen, die der Webserver dem CGI-Programm übermittelt. Das folgende, schon weiter oben vorgestellte und als Text-programm benutzte CGI-Skript liest diese Umgebungsvariablen aus dem `os.environ`-Dictionary aus und gibt sie anschließend aus.

```
#!/usr/bin/env python
# cgiprintenv.py -- Display CGI Environment Variables.


import os
from sys import stdout


stdout.write("Content-type: text/plain\r\n\r\n")


for key in sorted(os.environ.keys()):
    print "%s=%s" % (key, os.environ[key])
```

Führt man das Programm unter Apache aus und ruft es mit dem Text-Browser *lynx* auf, indem man die URL `http://testbox.hajji.name/cgi-bin/cgiprintenv.py/blah` eingibt, erscheint als Ausgabe (Ausgabe leicht umformatiert):

```
DOCUMENT_ROOT=/usr/local/www/apache22/data
GATEWAY_INTERFACE=CGI/1.1
HTTP_ACCEPT=text/html, text/plain, text/css, text/sgml, */*;q=0.01
HTTP_ACCEPT_ENCODING=gzip, compress, bzip2
HTTP_ACCEPT_LANGUAGE=en
HTTP_HOST=testbox.hajji.name
HTTP_USER_AGENT=Lynx/2.8.6rel.5 libwww-FM/2.14 SSL-MM/1.4.1 OpenSSL/0.9.8e
PATH=/sbin:/bin:/usr/sbin:/usr/bin:/usr/games:/usr/local/sbin:/usr/local/bin:\
    /root/bin
```

```
PATH_INFO=/blah
PATH_TRANSLATED=/usr/local/www/apache22/data/blah
QUERY_STRING=
REMOTE_ADDR=192.168.254.11
REMOTE_PORT=54268
REQUEST_METHOD=GET
REQUEST_URI=/cgi-bin/cgiprintenv.py/blah
SCRIPT_FILENAME=/usr/local/www/apache22/cgi-bin/cgiprintenv.py
SCRIPT_NAME=/cgi-bin/cgiprintenv.py
SERVER_ADDR=192.168.254.11
SERVER_ADMIN=webmaster@hajji.name
SERVER_NAME=testbox.hajji.name
SERVER_PORT=80
SERVER_PROTOCOL=HTTP/1.0
SERVER_SIGNATURE=
SERVER_SOFTWARE=Apache/2.2.8 (FreeBSD) mod_scgi/1.12 mod_ssl/2.2.8 \
                OpenSSL/0.9.8e DAV/2 mod_python/3.3.1 Python/2.5.2 \
                mod_fastcgi/2.4.6 mod_wsgi/2.0
UNIQUE_ID=wy3b-cCo-gsAAVa1HUsAAAAC
```

Installiert man das Programm unter Lighttpd und ruft man es vom Firefox-Browser unter Windows auf, sieht die Ausgabe hingegen wie im folgenden Screenshot aus:

Interessant sind hier unter anderem die Variablen QUERY_STRING, REQUEST_METHOD und PATH_INFO (für letztere sehen wir uns ein Beispiel in Kürze an). Man kann nämlich an eine URL weitere Daten anhängen, wie uns das folgende Beispiel zeigen wird.

15.4.3 Anwendung: Ein Web-Taschenrechner

Wir haben bereits die Umgebungsvariable PATH_INFO kennengelernt, und Sie haben sicher gemerkt, dass sie den Pfad, den man der URL hinzufügt, aufnimmt. Darum bietet sich an, unser bereits hinlänglich strapaziertes Beispiel mit dem Webrechner auch unter CGI zu implementieren.

Die Idee des Webrechners war, wie sie sich zweifellos erinnern, die Operation und die Operanden in der URL als PATH_INFO zu encodieren (in den folgenden Beispielen soll ein Lighttpd-Testserver auf Port 85 eines Rechners namens *testbox.hajji.name* laufen, der CGI-Programm anhand ihrer .py-Endung identifiziert und ausführt):

- http://testbox.hajji.name:85/cgicalc.py/add/3/7
- http://testbox.hajji.name:85/cgicalc.py/sub/3/2
- http://testbox.hajji.name:85/cgicalc.py/mul/7/3.2
- http://testbox.hajji.name:85/cgicalc.py/div/7/2

Diese Pfade werden dann in PATH_INFO wie folgt encodiert:

- /add/3/7
- /sub/3/2
- /mul/7/3.2
- /div/7/2

Jetzt müssen wir lediglich diese Pfade mit split an der Stelle / aufteilen und die richtige Funktion aufrufen, abhängig vom ersten Parameter. Dieses Prinzip heißt REST und wird häufig in Webprogrammen eingesetzt.

Doch nun zum Programm:

```python
#!/usr/bin/env python
# cgicalc.py -- A web calculator using PATH_INFO

from __future__ import division
import os, sys


class WebCalculator(object):
    def add(self,a,b): return a+b
    def sub(self,a,b): return a-b
    def mul(self,a,b): return a*b
    def div(self,a,b):
        try:
            return a/b
```

```
            except ZeroDivisionError:
                return "ZeroDivisionError"

def main():
    sys.stdout.write("Content-type: text/plain\r\n\r\n")
    if 'PATH_INFO' not in os.environ:
        sys.stdout.write("Usage: cgicalc.py/{add,sub,mul,div}/a/b\r\n")
        sys.exit()

    paramlist = os.environ['PATH_INFO'].split('/')
    if len(paramlist) != 4:
        sys.stdout.write("Wrong number of parameters\r\n")
        sys.exit()

    func, arg1, arg2 = paramlist[1:]
    calc = WebCalculator()
    f = getattr(calc, func, None)
    if f is None:
        sys.stdout.write("Function %s is not defined\r\n" % (func,))
        sys.exit()

    try:
        a1 = float(arg1)
        a2 = float(arg2)
    except ValueError:
        sys.stdout.write("Arguments must be float\r\n")
        sys.exit()

    result = str(f(a1,a2))
    sys.stdout.write("%s(%s,%s) = %s\r\n" % (func, arg1, arg2, result))

if __name__ == '__main__':
    main()
```

Wir definieren eine Klasse WebCalculator mit den Funktionen, die via CGI aufgerufen werden sollen. In der Funktion main starten wir die Ausgabe wie immer mit Content-type: text/plain, gefolgt von einer leeren Zeile.

Dann geht es ans Überprüfen der erhaltenen Daten. Wird hinter cgicalc.py kein Pfad angehängt, ist PATH_INFO nicht definiert, und wir geben aus, wie das Programm aufzurufen ist. Ist aber PATH_INFO definiert, splitten wir es mit split am Slash, und prüfen nach, ob wir die richtige Anzahl Parameter haben. Ist es nicht der Fall, wird eine Fehlermeldung ausgegeben und das Programm beendet.

Stimmt die Anzahl der Parameter, holen wir uns func, arg1 und arg2 aus dieser aufgesplitteten Liste paramlist. Beachten Sie, dass das nullte Element nicht der Name der aufzurufenden Funktion, sondern der leere String ist, weil der String in PATH_INFO mit einem Slash beginnt.

Auf jeden Fall enthalten nun func, arg1 und arg2 *Strings*. Wir müssen jetzt zweierlei tun:

- den String func in eine aufzurufende Funktion f konvertieren
- die Strings arg1 und arg2 in Floats a1 und a2 umwandeln

Beide Operationen könnten durchaus auch scheitern. Darum gehen wir behutsam mit Eingaben von draußen um!

Wenden wir uns erst der Umwandlung des Funktionsnamens in eine Funktion zu. Wir instanziieren ein WebCalculator-Objekt calc und müssen anschließend daraus die richtige Methode selektieren.

Um den String, der in func steht, zu einer Funktion umzuwandeln, hätten wir so vorgehen können:

```
if func == 'add': f = calc.add
elif func == 'sub': f = calc.sub
elif func == 'mul': f = calc.mul
elif func == 'div': f = calc.div
else f = None
```

Das ist aber nicht so gut: Hätten wir später WebCalculator um weitere (zweistellige) Funktionen erweitert, dann hätten wir auch diesen Code anpassen müssen. Wäre jetzt WebCalculator in einer eigenen Datei definiert worden, hätte man diese notwendige Anpassung leicht übersehen können. Stattdessen benutzen wir den Trick mit der getattr *built-in*-Funktion. Wenn Sie sich nicht erinnern, was getattr tut, rufen Sie doch einfach von der Kommandozeile Folgendes auf:

```
$ pydoc getattr
Help on built-in function getattr in module __builtin__:

getattr(...)
    getattr(object, name[, default]) -> value

    Get a named attribute from an object; getattr(x, 'y') is equivalent to x.y.
    When a default argument is given, it is returned when the attribute doesn't
    exist; without it, an exception is raised in that case.
```

Mit anderen Worten, wir extrahieren ein Attribut aus dem calc-Objekt, das so heißt wie func. Existiert kein solches Attribut, wissen wir, dass der Client eine nicht existierende Funktion aufgerufen hat. Das signalisieren wir entsprechend.

Die Konvertierung der Strings `arg1` und `arg2` in die Float-Zahlen `a1` und `a2` erfolgt mit dem `float`-Konstruktor. Dieser kann eine `ValueError`-Ausnahme auslösen, wenn diese Konvertierung nicht möglich war (z.B. wenn wir einen String statt eines wohlgeformten Float übergeben haben). Dies fangen wir ab und geben eine Fehlermeldung bei Bedarf aus.

Sind wir erst einmal so weit gekommen, können wir die Methode f mit den Argumenten `a1` und `a2` bedenkenlos aufrufen (beachten Sie, dass `div` eine eventuelle Ausnahme selbst abfängt und als String zurückgibt). Da der Rückgabewert von f immer als String anzusehen ist, konvertieren wir diesen explizit mit `str` und speichern das Ergebnis in `result`.

Jetzt müssen wir nur noch eine Antwort an den Browser senden und sind fertig.

Testen Sie das Programm mit verschiedenen Parametern: ohne oder mit `PATH_INFO`, mit der falschen oder richtigen Anzahl von Parametern, mit Parametern, die nicht numerisch sind, und welchen, die es sind; und mit existierenden und nicht existierenden Funktionen!

15.4.4 Ein Formular manuell auslesen

Oft muss man Daten vom Benutzer entgegennehmen und weiterverarbeiten. Das ist die Hauptmotivation für die damalige Entwicklung von CGI. Davor bestand das Web aus lauter statischen Seiten (und zuvor aus Gopher-Seiten), und eine Programmierung erübrigte sich. Mit dem ersten Webformular ist auch der erste CGI-Programmierer geboren!

Nehmen wir also an, dass wir folgende HTML-Datei haben:

```
<!DOCTYPE html PUBLIC "-//W3C//DTD XHTML 1.0 Strict//EN"
    "http://www.w3.org/TR/xhtml1/DTD/xhtml1-strict.dtd">
<html xmlns="http://www.w3.org/1999/xhtml" xml:lang="en" lang="en">
  <head>
    <meta http-equiv="Content-Type" content="text/html; charset=UTF-8" />
    <title>A simple data entry form</title>
  </head>
  <body>
    <h1>A simple data entry form</h1>
    <form action="cgiform.py" method="GET">
      <input type="text" size="40" name="username" />    (User name)<br />
      <input type="text" size="40" name="email" />       (User Email)<br />
      <input type="password" size="8" name="password" /> (User Password)<br />
      <input type="text" size="40" name="prog" />        (Prog. Lang. #1)<br />
      <input type="text" size="40" name="prog" />        (Prog. Lang. #2)<br />
```

```
    <input type="text" size="40" name="prog" />        (Prog. Lang. #3)<br />
    <input type="submit" value="Send data"/>
  </form>
 </body>
</html>
```

Das passende Gegenstück, das dieses Formular auswerten könnte, wäre *cgiform.py*, das man manuell so kodieren könnte:

```
#!/usr/bin/env python
# cgiform.py -- decode form data from CGI

import os, sys, urllib


reqmeth = os.environ['REQUEST_METHOD']


if reqmeth == 'GET':
    data = os.environ['QUERY_STRING']
elif reqmeth == 'POST':
    data = sys.stdin.read()
else:
    data = "Unknown method %s. Must be GET or POST" % (reqmeth)

sys.stdout.write('Content-type: text/plain\r\n\r\n')
sys.stdout.write('Got the following data with %s method:\r\n' % (reqmeth,))
sys.stdout.write(data + '\r\n\r\n')

sys.stdout.write('Partially decoding fields:\r\n')
fields = data.split('&')
for field in fields:
    fieldname, fieldvalue = field.split('=')
    sys.stdout.write(' ' + fieldname + ': ' + fieldvalue + '\r\n')
```

Geht man nach http://testbox.hajji.name:85/cgiformget.html mit einem beliebigen Browser und gibt folgende Werte dort ein:

```
                        A simple data entry form


    John S. Doe_____ (User name)
    jdoe@example.com_____ (User Email)
    _____ (User Password)
    Python_____ (Prog. Lang. #1)
    C++_____ (Prog. Lang. #2)
    Perl_____ (Prog. Lang. #3)
    Send data
```

würde uns als Ausgabe Folgendes entgegenkommen:

```
Got the following data with POST method:
username=John+S.+Doe&email=jdoe@example.com&password=blah&prog=Python\
&prog=C%2B%2B&prog=Perl

Partially decoding fields:
 username: John+S.+Doe
 email: jdoe@example.com
 password: blah
 prog: Python
 prog: C%2B%2B
 prog: Perl
```

Zusätzlich zu dieser Ausgabe beachte man, dass die im Browser angezeigte URL nun um diese empfangenen Daten erweitert wurde!

Wenn man statt *cgiformget.html* die Datei *cgiformpost.html* benutzt, die sich nur durch POST statt GET unterscheidet

```
<!DOCTYPE html PUBLIC "-//W3C//DTD XHTML 1.0 Strict//EN"
    "http://www.w3.org/TR/xhtml1/DTD/xhtml1-strict.dtd">
<html xmlns="http://www.w3.org/1999/xhtml" xml:lang="en" lang="en">
  <head>
    <meta http-equiv="Content-Type" content="text/html; charset=UTF-8" />
    <title>A simple data entry form</title>
  </head>
  <body>
    <h1>A simple data entry form</h1>
    <form action="cgiform.py" method="POST">
        <input type="text" size="40" name="username" />    (User name)<br />
        <input type="text" size="40" name="email" />       (User Email)<br />
        <input type="password" size="8" name="password" /> (User Password)<br />
        <input type="text" size="40" name="prog" />        (Prog. Lang. #1)<br />
        <input type="text" size="40" name="prog" />        (Prog. Lang. #2)<br />
        <input type="text" size="40" name="prog" />        (Prog. Lang. #3)<br />
        <input type="submit" value="Send data"/>
    </form>
  </body>
</html>
```

und nach `http://testbox.hajji.name:85/cgiformpost.html` geht und dieselben Daten wie vorher eingibt, erscheint dieselbe Ausgabe, nur mit zwei kleinen Unterschieden:

- Es wird angezeigt, dass die Daten mit der POST-Methode empfangen wurden.
- Diese Daten stehen nicht zusätzlich in der URL des Browsers.

Was lernen wir daraus? Es gibt unter anderem zwei HTTP-Methoden, mit denen man Daten vom Browser zum Server senden kann: die GET- und die POST-Methode (es gibt noch andere Methoden, wie z.B. PUT, aber wir gehen hier nicht darauf ein).

Mit der GET-Methode encodiert der Browser die Daten des Formulars in ein spezielles Format und hängt es an die URL, die in ACTION angegeben ist, an, indem er ein Fragezeichen erzeugt, gefolgt von den URL-encodierten Daten. Das CGI-Programm erkennt, dass es sich um einen GET-Aufruf handelt, anhand der Umgebungsvariablen REQUEST_METHOD. Die Daten holt es sich dann aus der Umgebungsvariablen QUERY_STRING.

Mit der POST-Methode encodiert der Browser die Daten des Formulars wieder in ein spezielles Format und sendet diese dann an die Standardeingabe des CGI-Programms. Das CGI-Programm erkennt anhand der REQUEST_METHOD-Umgebungsvariable, dass es sich diesmal um einen POST Request handelt, und weiß, dass es die Daten aus seiner Standardeingabe einlesen soll.

Normalerweise ist die POST-Methode der GET-Methode immer vorzuziehen, denn:

- die Daten werden nicht im URL-Fenster des Browsers sichtbar (gut bei Passwörtern, die ja im Klartext übermittelt werden!),
- die Anzahl und Länge der Daten ist nicht durch die Länge der URL beschränkt, wie sie es bei GET wäre.

In einem realen Programm sollte man natürlich CGI-seitig niemals unbeschränkt viel von der Standardeingabe einlesen, denn nichts hindert einen Browser daran, uns einen unendlichen Strom von Daten zu senden. Darum würde man da typischerweise eine maximale Anzahl von Bytes einlesen, z.B. data = sys.stdin.read(1000000), und dann mit dem Lesen aufhören. In diesem Fall lesen wir einfach unbegrenzt, da es bloß ein Demoprogramm ist.

In beiden Fällen erhält das CGI-Programm die Daten aus dem Formular in URL-encodierter Form. Diese Form haben wir hier artisanal (d.h. manuell) zu dekodieren *angefangen* , indem wir die Schlüssel/Wert-Paare, die durch & getrennt sind, auseinanderzogen und den Schlüssel vom Wert, der durch = getrennt ist, trennten.

Wir erkennen an der Beispielausgabe, dass diese Dekodierung keineswegs perfekt ist: So wurde weder das + Zeichen im Usernamen zu einem Leerzeichen, noch das %2B zu einem +. In der Praxis wird man wohl kaum diese URL-encodierten Daten selber entschlüsseln, sondern

- urllib.unquote_plus aufrufen oder
- das cgi-Modul mit dem Dekodieren beauftragen.

Man erkennt noch etwas anderes an diesem Beispiel: Ein Feldname kann mehrmals vorkommen, wie hier das Feld prog. Das ist wichtig, weil man so die Felder eines HTML-Formulars nicht direkt in ein Python Dictionary von Feldnamen zu Feldwerten abbilden kann. Warum nicht? Denken Sie kurz darüber nach: Würde man diese Schlüssel/Wert-Paare in ein Dictionary speichern, dann würde nur das letzte prog im Dictionary bleiben, da es seinen Vorgänger überschrieben hätte. Man könnte hier eine Multimap benutzen, d.h. ein Dictionary, das Schlüssel zu Listen abbildet, und die verschiedenen Werte jeweils in eine Liste speichern. Bevor Sie sich aber jetzt auf den Weg machen und so etwas nachbilden: Es gibt bereits so eine Datenstruktur, und sie heißt `cgi.FieldStorage`. Darum werden wir jetzt als Nächstes das `cgi`-Modul der Python Standard Library einführen.

15.4.5 Das cgi-Modul

Anstatt die CGI-Daten mühsam aus `QUERY_STRING` und der Standardeingabe einzulesen, auseinanderzufriemeln und zu dekodieren, kann man das `cgi`-Modul der Python Standard Library einsetzen. Das folgende Beispiel zeigt, wie man Daten aus dem *cgiformpost.html* Formular mit `cgi` einlesen und als HTML-Liste wieder ausgeben kann. Denken Sie daran, *cgiformpost.py* so zu verändern, dass als `action` jetzt *cgiform2.py* statt *cgiform.py* aufgerufen wird.

```
#!/usr/bin/env python
# cgiform2.py -- decode form data from CGI using the cgi module

import cgitb; cgitb.enable()
import cgi

print "Content-type: text/html"
print

result = []
result.append("<html><head><title>Results</title></head><body>")
result.append("<ul>")

form = cgi.FieldStorage()
for field in form.keys():
    valuelist = form.getlist(field)
    for value in valuelist:
        result.append("<li>%s: %s</li>" %
                      (cgi.escape(field), cgi.escape(value)))

result.append("</ul></body></html>")
print '\n'.join(result)
```

Dieses Programm importiert erst die Module `cgitb` und `cgi` aus der Python Standard Library.

`cgitb` erzeugt im Fehlerfall saubere Tracebacks und sendet sie standardmäßig an den Browser. Das ist sehr nützlich während der Entwicklung, denn man kann sofort erkennen, was schief gelaufen ist, ohne im Error-Logfile nachschauen zu müssen. Im späteren Produktionsbetrieb sollte man den Aufruf von `enable` dahingehend erweitern, dass die Tracebacks nicht mehr zum Browser, sondern in eine Datei gespeichert werden (damit wildfremde Menschen nicht Kenntnisse über Interna des Programms erlangen). Wenn Sie sehen möchten, wie der Traceback aussieht, lösen Sie z.B. eine Ausnahme kurz vor der Ausgabe von HTML-Code im Programm aus:

```python
#!/usr/bin/env python
# cgierror.py -- show stack track with cgitb

import cgitb; cgitb.enable()

print "Content-type: text/html"
print

class MyError(Exception): pass

def foo(inpt): bar(inpt+1)
def bar(data): baz(data+1)
def baz(param): raise MyError("Something's wrong in baz")

foo(42)
```

Die Ausgabe sähe dann so aus:

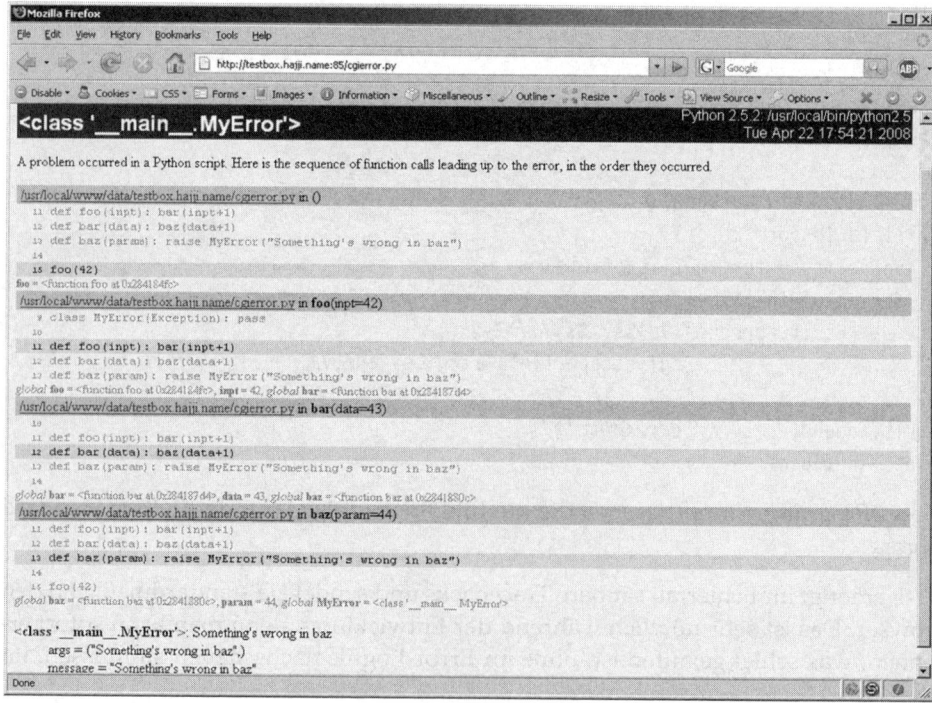

Doch zurück zu unserem Programm *cgiform2.py*!

Da unser Programm jederzeit eine Ausnahme auslösen könnte und diese Ausnahme mit `cgitb` als HTML-Code an den Browser geschickt würde (in der Standardeinstellung), sollten wir so früh wie möglich den HTTP-Header `Content-type: text/html` an den Browser senden.

Da außerdem diese Tracebacks jederzeit auftreten können, insbesondere auch mitten in der Ausgabe unserer eigenen HTML-Daten, puffern wir unsere Ausgabe in eine Liste `result` und geben diese Liste als String erst ganz am Schluss aus. Damit ist sichergestellt, dass sich `cgitb` und unsere HTML-Ausgaben nicht in die Quere kommen.

Unsere Ausgabe wird ein einfaches HTML-Dokument (ohne DOCTYPE, es ist ja nur zum Testen!) sein. Dieses Dokument soll eine Liste von Parametern enthalten, die wir aus dem Formular ausgelesen haben. Eine solche Liste lässt sich am bequemsten mit einer HTML-Liste der Form `<ul>...</ul>` formatieren.

Kommen wir nun zum Kern unseres Programms:

```
form = cgi.FieldStorage()
for field in form.keys():
    valuelist = form.getlist(field)
    for value in valuelist:
        result.append("<li>%s: %s</li>" %
                        (cgi.escape(field), cgi.escape(value)))
```

Der Aufruf `cgi.FieldStorage()` wertet die CGI-Eingabe aus und liefert eine `FieldStorage`-Datenstruktur zurück, die alle Parameter enthält. Diese Methode ist schlau genug, zwischen GET und POST zu unterscheiden, und sie weiß, dass sie die Parameter richtig dekodieren soll.

`FieldStorage` kann wie ein Dictionary abgefragt werden: Die Namen der empfangenen Felder sind als Schlüssel abgelegt. Darum erhält man mit `form.keys()` eine Liste solcher Feldnamen. Beachten Sie, dass diese Namen nicht unbedingt in sortierter Reihenfolge vorliegen müssen und auch nicht in der Reihenfolge, in der sie im HTML-Formular enthalten waren!

In diesem Beispiel ist `field` jeweils ein String, der den Feldnamen enthält. Benutzt man *cgiform2.py* mit unserem (leicht angepassten) *cgiformpost.html*, dann wären die Felder `'username'`, `'email'`, `'password'` und `'prog'`.

Die eigentliche (kleine) Schwierigkeit mit `FieldStorage` liegt darin, dass der zugehörige Wert `form[field]` nicht etwa der Wert des jeweiligen Feldes ist, sondern

- entweder ein `FieldStorage`- oder `MiniFieldStorage`-Objekt ist, wenn das Feld `field` nur einmal vorkam,
- oder eine Python-Liste von `FieldStorage`- oder `MiniFieldStorage`-Objekten ist, wenn das Feld `field` mehrmals vorkam.

Man müsste also ständig zwischen Listen und Nicht-Listen unterscheiden, wenn man `form[field]` benutzen würde, was den Code ziemlich unübersichtlich werden lässt.

Viel besser ist es, wenn man einheitlich eine Liste von Werten bekommt: Sofern das Feld nur einmal vorkam, wird es eine ein-elementige Liste sein; sind es mehrere Felder gleichen Namens, dann erhalten wir eben eine mehr-elementige Liste. Eine solche Liste von Werten erhält man mit der `getlist`-Methode: `valuelist = form.getlist(field)`.

Jetzt können wir die Feldnamen (in `field`) und Werte (in `value`) in die HTML-Ausgabe einfügen. Da wir hier HTML-ausgeben und die Feldnamen und Feldwerte von draußen kommen, müssen wir dafür Sorge tragen, dass sie kein HTML-Zeichen enthalten. Insbesondere muss man die Zeichen ⟨, ⟩ und & durch `&lt;`, `&gt;` und `&amp;` ersetzen, sonst wird die HTML-Ausgabe durcheinander kommen! Dieses Ersetzen wird am schnellsten mit der `escape`-Methode des `cgi`-Moduls bewerkstelligt.

Ganz am Ende schließen wir die `⟨ul⟩...⟨/ul⟩`-Liste und die gesamte HTML-Ausgabe und senden sie dann mit `print` zum Browser zurück.

Gibt man Folgendes in *lynx* ein

```
                       A simple data entry form


    John <S.> Doe & Company_____ (User name)
    "John S. Doe & Cie" <jdoe@example.com>__ (User Email)
    _____ (User Password)
    Python_____ (Prog. Lang. #1)
    C & C++_____ (Prog. Lang. #2)
    Ruby_____ (Prog. Lang. #3)
    Send data
```

erscheint dann als Ausgabe:

```
<<<                                                          Results
    * username: John <S.> Doe & Company
    * email: "John S. Doe & Cie" <jdoe@example.com>
    * password: blah
    * prog: Python
    * prog: C & C++
    * prog: Ruby
```

Wie man sieht, sind die HTML-Sonderzeichen alle richtig dekodiert und angezeigt worden.

15.4.6 Anwendung: Dateien uploaden

Eine mögliche Anwendung von CGI ist das Uploaden von Dateien in ein Verzeichnis des Webservers. Das ist oft sinnvoll, wenn man keinen FTP-Zugang zum Server besitzt, aber CGI doch möglich ist. Das folgende Programm lädt eine Datei zum Server hoch:

```python
#!/usr/bin/env python
# cgiupload.py -- CGI to upload a file to a directory on the webserver.

import cgitb; cgitb.enable()
import cgi
import sys, os.path

DESTDIR   = '/tmp'          # CHANGE ME!
PASSWORD  = 'smurf32ii'     # CHANGE ME!
BLOCKSIZE = 4096

FORMTEXT  = '''<!DOCTYPE html PUBLIC "-//W3C//DTD XHTML 1.0 Strict//EN"
    "http://www.w3.org/TR/xhtml1/DTD/xhtml1-strict.dtd">
<html xmlns="http://www.w3.org/1999/xhtml" xml:lang="en" lang="en">
  <head>
    <meta http-equiv="Content-Type" content="text/html; charset=UTF-8" />
    <title>A simple file upload form</title>
  </head>
  <body>
    <h1>Upload a file to %(destdir)s</h1>
    <form action="%(action)s" method="POST"
          enctype="multipart/form-data">
     <input type="file" name="filename" />(File Name)<br />
     <input type="password" size="8" name="password" /> (User Password)<br />
     <input type="submit" value="Upload file"/>
    </form>
  </body>
</html>''' % { 'destdir': DESTDIR,
              'action': os.environ.get('SCRIPT_NAME', 'not-a-cgi') }

def bailout(result):
    result.append('</body></html>')
    print '\n'.join(result)
    sys.exit(0)

print "Content-type: text/html"
print

result = []    # HTML reply
result.append('<html><head><title>Upload result</title></head><body>')

form = cgi.FieldStorage()
if 'filename' not in form:
```

```
    # User didn't send anything yet.
    print FORMTEXT
    sys.exit(0)

try:
    filename = form['filename'].filename
    password = form['password'].value
except:
    result.append('<p>Filename or password missing. Nothing uploaded.</p>')
    result.append('</body></html>')
    bailout(result)

if password != PASSWORD:
    result.append('<p>Wrong password. Nothing uploaded.</p>')
    result.append('</body></html>')
    bailout(result)

# Sanitize (somewhat) output filename
outfilename = filename.replace(os.path.sep, '_').replace(os.path.pardir, '_')
outfilename = os.path.join(DESTDIR, outfilename)

# Now copy chunkwise from form['filename'].file to outfilename
nbytes = 0L
f_inp = form['filename'].file
f_out = open(outfilename, 'wb')
while (True):
    chunk = f_inp.read(BLOCKSIZE)
    if not chunk: break
    f_out.write(chunk)
    nbytes += len(chunk)
f_out.close()
f_inp.close()

# That's all, folks!
result.append('<p>Uploaded %d bytes from %s to %s</p>' %
              (nbytes, filename, outfilename))
bailout(result)
```

Geht man nach `http://testbox.hajji.name:85/cgiupload.py` (ersetzen Sie den Hostnamen entsprechend) mit einem Browser, erscheint zum ersten Mal ein Eingabeformular, in dem man einen Dateinamen und ein Passwort eingeben kann. Die meisten Browser werden neben dem Dateinameneingabefeld einen *Browse*-Button einblenden: Wenn man darauf klickt, erhält man einen Dateiselektor, mit dem man eine Datei auswählen kann.

856

Dieses Eingabefenster wird durch das folgende, von *cgiupload.py* erzeugte Formular generiert:

```
<!DOCTYPE html PUBLIC "-//W3C//DTD XHTML 1.0 Strict//EN"
    "http://www.w3.org/TR/xhtml1/DTD/xhtml1-strict.dtd">
<html xmlns="http://www.w3.org/1999/xhtml" xml:lang="en" lang="en">
  <head>
    <meta http-equiv="Content-Type" content="text/html; charset=UTF-8" />
    <title>A simple file upload form</title>
  </head>
  <body>
    <h1>Upload a file to /tmp</h1>
    <form action="/cgiupload.py" method="POST"
          enctype="multipart/form-data">
      <input type="file" name="filename" />(File Name)<br />
      <input type="password" size="8" name="password" /> (User Password)<br />
      <input type="submit" value="Upload file"/>
    </form>
  </body>
</html>
```

Beachten Sie hier dreierlei:

FORMTEXT besteht aus einem Template, das mit dem normalen Stringinterpolationsoperator % von Python mit aktuellen Werten gefüllt wird (siehe Kapitel 5, *Strings*).

Das action-Feld erhält den URL-Pfad des CGI-Programms (entweder */cgiupload.py* bei http://testbox.hajji.name:85/cgiupload.py oder */cgi-bin/cgiupload.py* bei der Apache-URL http://testbox.hajji.name/cgi-bin/cgiupload.py). Damit zeigt das Programm wieder auf sich selbst! Diese Information kommt aus der CGI-Umgebungsvariablen SCRIPT_NAME, die der Webserver gesetzt haben muss. Ist diese Umgebungsvariable wider Erwarten nicht gesetzt, dann sind wir nicht als CGI-Programm aufgerufen worden und leiten den Benutzer ins Nirvana in die fiktive URL not-a-cgi. Das ist nicht die beste Reaktion in diesem Fall, aber das können Sie ja nachbessern.

Der zweite wichtige Punkt bei diesem Formular ist, dass es einen speziellen enctype erhält: multipart/form-data. Nur so wird sichergestellt, dass der Inhalt der Datei richtig kodiert mit der Antwort zurückgesendet wird. Wir gehen auf diese MIME-Typen nicht weiter ein.

Der dritte wichtige Punkt ist, dass der Typ des »filename«-Feldes nicht mehr text, sondern file ist. Das ist es, was dem Browser den Hinweis gibt, das, was dort steht, als Pfadnamen aufzufassen, diesen einzulesen und mit der Antwort zurückzusenden. Außerdem können die meisten Browser einen *Browse*-Button neben diesem Feld einblenden, damit der User nicht gezwungen ist, den Pfadnamen manuell einzugeben: Der Browser würde in dem Fall einen schönen klassischen Dateiselektor einblenden.

Doch kommen wir jetzt noch mal zu den Innereien von *cgiupload.py* zurück!

Am Anfang des Programms werden ein paar Variablen definiert:

```
DESTDIR   = '/tmp'        # CHANGE ME!
PASSWORD  = 'smurf32ii'   # CHANGE ME!
BLOCKSIZE = 4096
```

Alle heraufgeladenen Dateien werden nach DESTDIR kopiert. Diesen Pfad sollten Sie natürlich entsprechend ändern, damit die Dateien in einem Verzeichnis landen, auf das Sie Zugriffsrechte haben.

Das Passwort ist nur zur Sicherheit da: Es soll Unbefugte daran hindern, beliebige Dateien nach DESTDIR hochzuladen, und somit eventuell eine DOS-Attacke (*denial of service attack*) durch das Vollmüllen des verfügbaren Plattenplatzes auszuführen. Selbstverständlich sollte *cgiupload.py* vom Webserver auf keinen Fall angezeigt, sondern nur ausgeführt werden. Achten Sie also auf die Einstellungen des Webservers. Da dieses Passwort im Klartext im Programm abgelegt ist, sollten Sie auch die cgitb.enable()-Anweisung am Anfang des Programms dahingehend ändern, dass die Tracebacks im Fehlerfall nicht zum Browser, sondern in eine (gesicherte) Datei geschrieben werden. Sie sehen schon: Sicherheit von CGI-Programm ist schwer. Man muss immer auf der Hut sein!

Das Erste, was wir nach der Initialisierung der Konstanten tun, ist, so früh wie möglich Content-type: text/html auszugeben. Das wird für die normale HTML-Ausgabe ohnehin benötigt und sollte auch vor eventueller Traceback-Ausgabe von cgitb stehen:

```
print "Content-type: text/html"
print
```

Im gesamten Programm folgen wir dem Prinzip, dass wir unsere Ausgaben bis zum letzten Moment (in result) puffern und ganz am Schluss auf einmal ausgeben. Der Grund ist natürlich der, dass wir eine Kollision unserer Ausgaben mit denen eines eventuellen Tracebacks von cgitb vermeiden wollen. Die Funktion bailout, die an verschiedenen Stellen aufgerufen wird, tut nichts anderes, als diese gepufferte Ausgabe abzuschließen, zum Browser zu senden und das Programm zu beenden.

Nach der Initialisierung des Ausgabepuffers result kommen wir nun zu diesem Code-Ausschnitt:

```
form = cgi.FieldStorage()
if 'filename' not in form:
    # User didn't send anything yet.
    print FORMTEXT
    sys.exit(0)
```

Machen Sie sich bitte klar, dass bei einem normalen Upload-Vorgang *cgiupload.py* zweimal aufgerufen wird:

■ Beim ersten Aufruf erzeugt *cgiupload.py* das Eingabeformular, sendet es zum Benutzer und beendet sich anschließend.

■ Beim zweiten Aufruf hat der Benutzer Daten ins Formular eingetragen und auf *Upload file* geklickt. *cgiupload.py* muss dann die Daten entgegennehmen und auswerten, die empfangene Datei speichern und eine Rückmeldung an den Benutzer senden und sich ebenfalls anschließend beenden.

Dieser doppelte Aufruf ist typisch für CGI-Programme, die ihre eigenen Formulare ausgeben und anschließend auswerten.

Doch wie erkennt man, bei welchem Aufruf wir gerade sind? *cgiupload.py* benutzt hier eine einfache Methode: Ist ein Parameter `filename` vom Browser empfangen worden, wissen wir, dass wir beim zweiten Aufruf sind und die Daten auswerten sollen. Ist hingegen kein `filename`-Parameter gesendet worden, gehen wir davon aus, dass der Benutzer das Programm zum ersten Mal (innerhalb dieser Transaktion) aufruft, und wir senden ihm dann das Formular zum Ausfüllen (und beenden uns).

Um die Parameter auszuwerten, benutzen wir selbstverständlich wieder `cgi.Field-Storage()`, das sich um das Auswerten der diversen Umgebungsvariablen und im POST-Fall um das Auslesen der Antwort über die Standardeingabe kümmern wird.

Holen wir uns also die Antwort des Benutzers:

```
try:
    filename = form['filename'].filename
    password = form['password'].value
except:
    result.append('<p>Filename or password missing. Nothing uploaded.</p>')
    result.append('</body></html>')
    bailout(result)
```

Wir haben diesmal nicht erst nachgeprüft, ob `filename` und `password` vorhanden waren, sondern haben sie direkt ausgelesen. Sollte dabei ein Fehler auftreten (z.B. weil sie fehlen), wird eine Ausnahme ausgelöst, und wir senden eine entsprechende Rückmeldung an den Benutzer. Sie erinnern sich vielleicht: Das ist das EAFP-Prinzip (Easier to Ask Forgiveness than Permission).

Haben Sie auch bemerkt, dass wir diesmal nicht `form.getlist(...)` benutzt haben? Schließlich haben wir im Formular keine Felder, die mehrfach vorkommen. Im Normalfall würde der Browser uns daher auch keine Mehrfachfelder senden, und wir können den Inhalt als skalaren Wert auslesen. Aber nur im Normalfall. Nichts hindert einen, einen Webclient zu programmieren, der *cgiupload.py* Daten sendet, bei denen z.B. `password` mehrmals vorkommt. In dem Fall würde `password` keinen String enthalten, sondern eine Liste. Das haben wir hier nicht abgefangen – versuchen Sie es!

Ein ganz wichtiger Punkt hier ist, dass wir die Variable `filename` nicht aus `form['filename'].value` ausgelesen haben, sondern aus `form['filename'].filename`. Wieso das denn? Ein Blick in die Dokumentation von `cgi.FieldStorage` (`pydoc cgi.FieldStorage`) zeigt, dass:

- `form['filename'].value` die gesamte Datei eingelesen und als String zur Verfügung gestellt hätte.
- `form['filename'].filename` der (Basis-)Name der Datei ist, wie er vom Browser gesendet wurde.
- `form['filename'].file` ein `file`-ähnliches Objekt ist, aus dem man die Datei auslesen kann (wenn sie nicht zuvor durch `.value` gelesen wurde).

Da wir die Datei selbst stückweise lesen wollen, benötigen wir den Dateinamen und den Dateiinhalt. Das ist der Grund dafür, dass wir `.filename` und nicht `.value` ausgelesen haben.

Wenn Sie sich in die Dokumentation von `cgi.FieldStorage` vertiefen, werden Sie erkennen, dass die hochgeladene Datei von der Funktion `cgi.FieldStorage.make_file` in eine temporäre Datei gespeichert wurde. Wir würden dann effektiv von dieser Datei stückweise lesen und sie woanders hin kopieren (nach `DESTDIR`). Das ist natürlich alles andere als effizient: Es werden schließlich zwei Dateien pro Upload geschrieben; eine beim Upload von der Methode `cgi.FieldStorage.make_file` selbst und eine von unserem *cgiupload.py*. Um das zu vermeiden und die Datei vom Webserver über die CGI-Schnittstelle direkt ins Zielverzeichnis zu kopieren, müsste man `cgi.FieldStorage` ableiten und `make_file` dort überschreiben. Details dazu finden Sie in `pydoc cgi.FieldStorage` unter `make_file`.

Doch weiter im Programm. Wir prüfen das Passwort nach und brechen ab, wenn es falsch war:

```
if password != PASSWORD:
    result.append('<p>Wrong password. Nothing uploaded.</p>')
    result.append('</body></html>')
    bailout(result)
```

Wie bereits erwähnt: Das Programm ist unsicher, weil das Passwort im Klartext in `PASSWORD` gespeichert ist und diese Information eventuell über einen falsch konfigurierten Webserver (der den Inhalt der *cgiupload.py*-Datei anzeigt, statt sie auszuführen) oder über einen `cgitb`-erzeugten Traceback unabsichtlich zum Browser eines wildfremden Menschen (oder Bots) gelangen kann.

Viel besser wäre es, das Passwort in `PASSWORD` mit einer Hashing-Funktion außerhalb des Programms zu verschlüsseln und diesen verschlüsselten Wert in `PASSWORD` einzutragen. Dann könnte man an dieser Stelle `password` mit demselben Algorithmus verschlüsseln und beide Digests miteinander vergleichen.

Das könnte z.B. so aussehen: In einer Python-Shell berechnen wir den SHA-1 Digest des Passworts *smurf32ii*:

```
>>> import hashlib
>>> sha1 = hashlib.sha1()
>>> sha1.update('smurf32ii')
>>> sha1.hexdigest()
'0482d8a6ee951f75c05f17ca2f82e7a6c1a336cc'
```

Diesen Wert tragen wir dann in `PASSWORD_HASH` ein und entfernen `PASSWORD`:

```
PASSWORD_HASH = '0482d8a6ee951f75c05f17ca2f82e7a6c1a336cc'
```

Die Passwortüberprüfung könnte dann folgendermaßen aussehen:

```
import hashlib
sha1 = hashlib.sha1()
sha1.update(password)
password_hash = sha1.hexdigest()


if password_hash != PASSWORD_HASH:
    result.append('<p>Wrong password. Nothing uploaded.</p>')
    result.append('</body></html>')
    bailout(result)
```

Nur wenn uns der Benutzer *smurf32ii* sendet (oder etwas, das denselben SHA-1-Digest erzeugen würde, was extrem unwahrscheinlich erscheint), würden beide Digests übereinstimmen, und das Passwort würde validieren. Man beachte, dass bei dieser Modifikation das Passwort *smurf32ii* nicht mehr im Klartext im Programm enthalten ist und somit keine Gefahr besteht, dass es nach außen gelangt. Bestenfalls würden Benutzer den Digest erhalten, aber dann müssten sie eine Brute Force-Attacke darauf anwenden, um etwas senden zu können, das denselben Digest hat. Wenn Ihnen `sha1` zu unsicher erscheint, benutzen Sie stattdessen einfach `hashlib.sha512()`: das mit Brute Force zu knacken, dürfte extrem schwer werden!

Da wir gerade beim Thema Sicherheit sind, wollen wir uns gleich auch den Dateinamen der hochzuladenden Datei anschauen:

```
# Sanitize (somewhat) output filename
outfilename = filename.replace(os.path.sep, '_').replace(os.path.pardir, '_')
outfilename = os.path.join(DESTDIR, outfilename)
```

Wir haben gesehen, dass `filename` den Dateinamen enthält, den uns der Browser sendet. Die meisten Browser werden hier bloß den Basisnamen senden, aber ein extra programmierter Webclient könnte einen ganzen Pfadnamen enthalten, z.B.: */etc/passwd*, oder *../../bin/ps*. Würde man hier nicht aufpassen, dann könnte das CGI-Programm unbeabsichtigt wichtige Systemdateien überschreiben! Ein richtig konfigurierter Webserver würde zwar nicht mit *root*-Rechten laufen, und somit könnte das CGI-Programm auch nicht solche wichtigen Dateien wie */etc/passwd* oder */bin/ps* überschreiben; aber würden Sie dafür die Hand ins Feuer legen? Außerdem kann auch der Unix-User, unter dem den Webserver läuft, bereits zu viele Zugriffsberechtigungen haben. Um es kurz zu fassen: Wir müssen die Dateinamen, die wir von draußen bekommen, erst bereinigen!

Bereinigen heißt hier, alles daraus zu beseitigen, was auch nur im Entferntesten an Pfadtrenner erinnert (/ bei Unix, \ bei Windows und wer weiß, welche weiteren Pfadtrenner bei anderen exotischen Plattformen)! Somit erhalten wir einen reinen Dateinamen ohne jegliche Pfadkomponenten, und ein Cracker könnte nicht mehr ohne Weiteres eine wichtige Datei außerhalb von DESTDIR überschreiben.

Der Pfadtrenner befindet sich in der Variablen os.path.sep. Diesen ersetzen wir *überall* in filename durch den Unterstrich _. Damit würde */etc/passwd* zu *_etc_passwd* und nach Anfügen von DESTDIR zu einem harmlosen */tmp/_etc_passwd*. Nur um ganz sicher zu gehen, ersetzen wir auch '..' (der in os.path.pardir enthalten ist und von Plattform zu Plattform theoretisch unterschiedlich sein könnte) ebenfalls durch einen Unterstrich.

Das ist zwar keine absolute Sicherheit (man sollte vielmehr nur eine bestimmte Anzahl von Zeichen erlauben, statt bestimme Zeichen rauszuwerfen), aber es ist schon mal besser als nichts. Schließlich sind wir auch durch das Passwort schon ein wenig geschützt. Versuchen Sie, das Sanitizen so zu verbessern, dass nur noch eine genau abgegrenzte Anzahl von Zeichen erlaubt ist.

Den gesicherten Namen hängen wir an DESTDIR, und wir erhalten dann in outfilename den Namen der Zieldatei.

Jetzt geht es ans stückweise Kopieren der Datei:

```
# Now copy chunkwise from form['filename'].file to outfilename
nbytes = 0L
f_inp = form['filename'].file
f_out = open(outfilename, 'wb')
while (True):
    chunk = f_inp.read(BLOCKSIZE)
    if not chunk: break
    f_out.write(chunk)
    nbytes += len(chunk)
f_out.close()
f_inp.close()
```

Wichtig ist hier, dass in form['filename'].file ein file-ähnliches Objekt steht, aus dem wir die Datei einlesen können. Wir lesen diese Datei stückweise und speichern sie nach f_out. Dieses stückweise Kopieren von Dateien haben wir im in Kapitel 9, *Dateien und das Dateisystem*, begründet und erklärt.

Es sei noch mal daran erinnert, dass `form['filename'].file` aus einer bereits von `cgi.FieldStorage.make_file` gespeicherten temporären Datei liest und nicht aus der Standardeingabe von der CGI-Schnittstelle des Webservers. Versuchen Sie, das zu verbessern!

Sind wir durch, geben wir einfach eine Rückmeldung an den Benutzer zurück:

```
# That's all, folks!
result.append('<p>Uploaded %d bytes from %s to %s</p>' %
              (nbytes, filename, outfilename))
bailout(result)
```

Unser *cgiupload.py* hat noch (mindestens) zwei Schwachstellen:

- Es begrenzt nicht die Größe der empfangenen Dateien.
- Es begrenzt nicht die Anzahl der hochgeladenen Dateien.

Somit kann jemand, der im Besitz des richtigen Passwortes ist, problemlos den gesamten Plattenplatz auffüllen und somit das Dateisystem, in dem `DESTDIR` liegt, zum Überlaufen bringen (bei */tmp* ist es ganz schlecht, da andere Programme oft und gern dort was hinterlegen). Außerdem kann durch eine Endlosausgabe eines speziellen Webclients, die darüberhinaus auch (absichtlich) extrem langsam ist, ein CGI-Prozess beliebig lange im Rechner binden und damit die Prozesstabelle ebenfalls langsam zum Überlaufen bringen. Kurz: Es können leicht DoS (Denial of Service)-Attacken auf diesen Webserver ausgeführt werden, wenn man nicht weitere Gegenmaßnahmen ergreift.

Zusammenfassend kann man sagen, dass bei CGI-Programmen, die den Zustand auf dem Webserver verändern (z.B. Dateien speichern), Sicherheit an erster Stelle stehen muss. Es gibt unzählige Injection-Attacken, bei denen fehlerhafte oder schlecht entworfene CGI-Programme ausgenutzt wurden, um allerlei Unsinn zu machen; von einfachem Vandalismus und Website-Defacing zu massivem Senden von Spam. Diese Sicherheitslücken sind nicht an eine bestimmte Programmiersprache des CGI-Programms gekoppelt (PHP, Perl, Python, Ruby, ...), sondern an das gesamte CGI-Modell an sich. Seien Sie also stets auf der Hut und extrem konservativ in dem, was Sie von draußen einlesen! Man kann immer einen Webclient schreiben, der solche Lücken aufspürt und ausnutzt: Auch wenn Sie glauben, dass ein normaler Browser nur bestimmte Felder als Antwort zurücksendet – ein spezieller Webclient ist ja daran nicht gebunden und kann effektiv alles Mögliche senden. Darum muss man auch alles Mögliche erwarten.

15.4.7 Den Zustand clientseitig erhalten

CGI-Prozesse sind kurzlebig: Sie handeln gerade mal einen einzigen Aufruf durch den Browser und beenden sich anschließend. Sogar unser CGI-Uploader *cgiupload.py* musste zweimal aufgerufen werden, um eine Datei hochzuladen: einmal, um ein Formular an den Benutzer zu senden, und noch einmal, um die angebotene Datei auch tatsächlich hochzuladen.

Stellen Sie sich nun eine typische Webshop-Anwendung vor: Besucher können nach und nach verschiedene Waren in einen Warenkorb eintragen und begeben sich anschließend zur Kasse. Dort müssen sie sich eventuell erst noch registrieren, ihre Kreditkartendaten eingeben und dann die Bestellung noch mal zusammengefasst sehen und abnicken, korrigieren oder annulieren. Am Ende wird dann eine Rechnung erzeugt, die ausgedruckt werden kann.

Solche Anwendungen existieren selbstverständlich (auch) als CGI-Programm, aber ein solches Programm muss dabei eine Schwierigkeit überwinden: Wie kann der Zustand des Warenkorbs von Aufruf zu Aufruf übertragen werden? Wie weiß man, in welchem Bestellstatus sich ein Benutzer gerade befindet? Hat er schon seine Daten eingegeben? Hat er schon die Bestellung bestätigt?

Anders als normale, längerlebige Programme, die den Benutzer von Anfang bis Ende der Transaktion begleiten, leiden CGI-Programme darunter, dass sie immer nur einen Teil einer Transaktion ausführen. Das an sich wäre noch kein Problem, aber es stellt sich die Frage: *Woher weiß das CGI-Programm, dass sich Benutzer B gerade in Zustand Z der Transaktion T befindet?*

Eine solche Information wird sich das CGI-Programm wohl oder übel von draußen holen und anschließend updaten müssen. Doch was heißt hier »draußen«? Es gibt im wesentlichen zwei Orte, an denen der aktuelle Zustand gespeichert werden kann:

- *Serverseitig*, z.B. in einer Datenbank oder in einer Datei (erinnern Sie sich: Das CGI-Programm ist kurzlebig, es kann diese Daten nicht in irgendeiner seiner Variablen speichern, denn sie würden sofort verschwinden, sobald sich das Programm beendet).
- *Clientseitig*, d.h. im Browser. Dort kann man z.B. den Zustand an die als nächste aufzurufende URL dranhängen, in »hidden«-Feldern eines Formulars oder in Cookies.

Oft kommen auch *Hybridlösungen* zum Zuge, wo der größte Teil des Zustands (z.B. der Inhalt des Warenkorbs) serverseitig gespeichert wird und clientseitig lediglich ein Handle auf den Servereintrag etwa in Form eines Cookies oder einer Session-ID im Pfad abgelegt wird, um eine Zuordnung zu ermöglichen. Und das führt uns direkt zum Thema der Sitzungen, das wir weiter unten besprechen werden.

Doch genug der Theorie. Schauen wir uns erst an, wie der Zustand clientseitig erhalten wird durch die URL, hidden-Felder und Cookies. Danach werden wir sehen, wie

Sitzungen geführt werden können, deren Zustand serverseitig gespeichert wird, und dem Client lediglich eine Session-ID übermittelt wird (z.B. durch eine der gerade eingeführten Techniken).

Ein Problem beim clientseitig gespeicherten Zustand liegt darin, dass der Client diesen Zustand lediglich *unverändert* an den Server bei der nächsten Invokation zurücksenden soll. Doch ohne geeignete Gegenmaßnahmen hindert uns niemand, diesen Zustand clientseitig auch zu manipulieren (etwa um höhere Privilegien zu erhalten, als uns zustehen). Um dies zu verhindern, könnte der Server den Zustand verschlüsseln und mit einem nur ihm bekannten Schlüssel veschlüsseln. Jede unbefugte clientseitige Änderung würde den Zustand dann einfach invalidieren.

Zustand als Teil der URL

Um das Prinzip der Zustanderhaltung anhand eines praktischen Beispiels zu zeigen, werden wir ein Programm schreiben, das als einfacher Zähler fungiert: Jedes Mal, wenn wir (in einer Sitzung) das Programm aufrufen, soll ein Zähler inkrementiert werden. Der Zustand wird auf jeden Fall der aktuelle Zählerstand sein: also int-Zahlen wie 1, 2, 3...

In diesem Abschnitt speichern wir den Zählerstand in die Umgebungsvariablen PATH_INFO, d.h. wir hängen ihn an die URL. Aufeinanderfolgende Invokationen des CGI-Zählerprogramms *cgistate_pathinfo.py* könnten folgende URLs nacheinander aufrufen:

- ▨ http://testbox.hajji.name/cgi-bin/cgistate_pathinfo.py
- ▨ http://testbox.hajji.name/cgi-bin/cgistate_pathinfo.py/2
- ▨ http://testbox.hajji.name/cgi-bin/cgistate_pathinfo.py/3
- ▨ http://testbox.hajji.name/cgi-bin/cgistate_pathinfo.py/4
- ▨ usw.

Das Programm sollte so robust sein, dass es auch mit Fehleingaben der Form http://testbox.hajji.name/cgi-bin/cgistate_pathinfo.py/42aa umgehen können soll (der ungültige Zustand 42aa soll in diesem Fall einfach als Zustand 1 angesehen werden), ohne dass es zu einer Ausnahme bzw. zu einem Traceback kommt.

Das Programm sieht so aus:

```
#!/usr/bin/env python
# cgistate_pathinfo.py -- Preserving CGI state with PATH_INFO

import cgitb; cgitb.enable()
import os, os.path


def state_fetch():
    try:
        state = int(os.environ.get('PATH_INFO', '/1')[1:])
    except ValueError:
        state = 1
```

```
    finally:
        return state

def state_update(state):
    state = state + 1
    return state

def state_store(state):
    if 'SCRIPT_NAME' not in os.environ:
        return "This is not a CGI script. Can't call again."
    else:
        return 'Call me <a href="%s/%d">again</a><br />' % \
               (os.environ['SCRIPT_NAME'], state)

print "Content-type: text/html"
print

result = []
result.append('<html><head><title>Counter 1</title></head></body><p>')

# Fetch old counter value from client
oldstate = state_fetch()
result.append('Old Counter: %d<br />' % (oldstate,))

# Compute new counter value
newstate = state_update(oldstate)
result.append('New Counter: %d<br />' % (newstate,))

# Send new counter value to client
result.append(state_store(newstate))

result.append('</p></body></html>')
print '\n'.join(result)
```

Das Programm benötigt (hoffentlich) nicht cgitb, aber wir haben es dennoch eingebaut, um für alle Fälle einen ordentlichen Traceback an den Browser zurückzusenden.
Natürlich senden wir HTML zurück und puffern die Ausgabe in result, um nicht mit
den Tracebacks von cgitb zu kollidieren.

Der Kern des Programms besteht aus dieser Logik:

```
oldstate = state_fetch()
newstate = state_update(oldstate)
result.append(state_store(newstate))
```

Mit anderen Worten: Wir holen uns den Zustand mit `state_fetch`, verändern ihn mit `state_update` und senden ihn an den Client zurück mit `state_store`. Generell ist es eine gute Idee, solche Funktionen zu benutzen, da man damit die spezielle Technologie (in diesem Fall `PATH_INFO`) etwas von der Präsentationslogik entkoppeln kann. Diese Entkopplung ist nicht perfekt, aber sie dürfte die Intention deutlich machen.

Schauen wir uns die Zustandsfunktionen näher an. Der aktuelle Zählerstand steht (hoffentlich) in der aufgerufenen URL; d.h. in der CGI-Umgebungsvariablen `PATH_INFO`:

```
def state_fetch():
    try:
        state = int(os.environ.get('PATH_INFO', '/1')[1:])
    except ValueError:
        state = 1
    finally:
        return state
```

Wir holen uns also aus dem Dictionary von Umgebungsvariablen, `os.environ`, die Variable `PATH_INFO` heraus. Gibt es diese nicht, nehmen wir an, dass der Benutzer einfach eine /1 an die URL angehängt hat. Im Normalfall erhalten wir daher /1, /2, /3 etc.

Daraus entfernen wir den führenden Slash, indem wir einen String mit `[1:]` slicen (das haben wir im einführenden Kapitel 5, *Strings*, erklärt). Normalerweise erhalten wir dann Strings '1', '2', '3' usw.

Diese Strings konvertieren wir zu einem `int` (der ja schließlich unser Zustand sein soll) mit Hilfe des `int`-Konstruktors. Dabei kann bei fehlerhaften Daten wie etwa `42aa` der `int`-Konstruktor keinen `int` erzeugen: Er würde stattdessen eine `ValueError`-Ausnahme werfen. Diese wird abgefangen, und wir setzen in dem Fall den Zustand auf die Zahl 1 (wie oben angegeben). Danach liefern wir diesen Zustand an die Anwendung zurück, damit sie damit etwas tut.

Das ist jetzt nur eine Spielanwendung. In der Praxis wird der Zustand irgendwas Komplizierteres sein. So könnte der Inhalt des Warenkorbs als Folge von Artikelnummern kodiert werden:

- http://testbox.hajji.name/cgi-bin/basket.py/3/47/9/21/26/26
- http://testbox.hajji.name/cgi-bin/basket.py/9/7

Im ersten Fall hat der Benutzer die Artikel 3, 47, 9, 21 und zweimal 26 in den Warenkorb eingeladen, während er im zweiten Fall die Artikel 9 und 7 dort geladen hat. Es liegt in der Verantwortung von `state_fetch`, diese Daten in eine Liste von Artikeln zu verwandeln, z.B. mit Ausdrücken wie `in_basket = os.environ.get('PATH_INFO', '/').split('/')[1:]`

Die nächste Funktion, die aufgerufen wird, ist state_update. In unserem Fall aktualisieren wir lediglich den Zähler, indem wir ihn inkrementieren:

```
def state_update(state):
    state = state + 1
    return state
```

Eine echte Anwendung könnte hier z.B. einen Artikel in den Warenkorb hinzufügen: in_basket.append(newarticle).

Die dritte Funktion sendet den neuen Zustand (d.h. hier den aktualisieren Zählerstand) an den Client zurück. Wir gehen so vor:

```
def state_store(state):
    if 'SCRIPT_NAME' not in os.environ:
        return "This is not a CGI script. Can't call again."
    else:
        return 'Call me <a href="%s/%d">again</a><br />' % \
            (os.environ['SCRIPT_NAME'], state)
```

Das Geheimnis liegt hier im Link zum nächsten Aufruf. Wir setzen diesen Link zusammen aus der URL des CGI-Programms (die in der Umgebungsvariable SCRIPT_NAME enthalten sein muss) und dem neuen Zählerstand. Ruft man z.B. das Programm mit der URL http://testbox.hajji.name/cgi-bin/cgistate_pathinfo.py/42 auf, so würde SCRIPT_NAME den Pfad *cgi-bin/cgistate_pathinfo.py* enthalten (testen Sie es mit *cgiprintenv.py*, das wir weiter oben vorgestellt haben). Wir senden dem Client den zu speichernden neuen Zustand in Form eines Links zurück, der auf die relative URL /cgi-bin/cgistate_pathinfo.py/43 zeigen wird. Die 43 ist damit effektiv der beim Client nun gespeicherte neue Zustand!

Bei der Warenkorbanwendung würde man den aktualisierten Stand des Warenkorbs in Form eines evtl. länger gewordenen Links zum Client zurücksenden.

Beachten Sie, dass der Server keinerlei Zustand speichert. Die ganze Information kommt bei jedem einzelnen Aufruf ausschließlich vom Client (d.h. von der Zustands-URL, die der User anklickt). Der Client hat die volle Verantwortung für das Speichern des Zustands dieser Sitzung.

Beachten Sie ferner, dass wir so eine virtuelle Sitzung aufgebaut haben. Wenn Sie mehrere Tabs oder Fenster Ihres Browsers öffnen, können Sie in jedem dieser Tabs bzw. Fenster einen unterschiedlichen Zählerstand haben und diesen Zählerstand von Fenster zu Fenster und von Tab zu Tab jeweils getrennt aktualisieren, ohne dass sich dies auf die anderen Zähler auswirkt.

hidden-Felder

Ein weitere Möglichkeit, den Zustand beim Client zu speichern, ist es, diesen in ein *hidden*-Feld eines HTML-Formulars zu übergeben. Dieses Feld hat die Eigenschaft, dass es vom Browser nicht angezeigt, aber trotzdem beim Abschicken des Formulars an den Server gesendet wird.

Wir schreiben daher unser Zählerprogramm neu, indem wir diesmal ein HTML-Formular einsetzen. Wenn das Programm ein paar Mal als http://testbox.hajji.name/cgi-bin/cgistate_hiddenfields.py aufgerufen wurde, erscheint z.B. als HTML-Formular Folgendes:

```
<!DOCTYPE html PUBLIC "-//W3C//DTD XHTML 1.0 Strict//EN"
    "http://www.w3.org/TR/xhtml1/DTD/xhtml1-strict.dtd">
<html xmlns="http://www.w3.org/1999/xhtml" xml:lang="en" lang="en">
  <head>
    <meta http-equiv="Content-Type" content="text/html; charset=UTF-8" />
    <title>CGI Counter 2</title>
  </head>
  <body>
    <p>Current counter value: 4</p>
    <form action="/cgi-bin/cgistate_hiddenfields.py" method="POST">
      <input type="hidden" name="state" value="4" />
      <input type="submit" value="Increment counter"/>
    </form>
  </body>
</html>
```

Im Textbrowser *lynx* sähe dieses Formular so aus:

```
<<<                                                        CGI Counter 2
    Current counter value: 4
    Increment counter
```

Klickt man auf *Increment counter*, wird der Zähler erhöht.

cgistate_hiddenfields.py sieht so aus:

```
#!/usr/bin/env python
# cgistate_hiddenfields.py -- Preserving CGI state with HTML hidden fields

import cgitb; cgitb.enable()
import cgi
import sys, os

FORMTEXT_TMPL = '''<!DOCTYPE html PUBLIC "-//W3C//DTD XHTML 1.0 Strict//EN"
    "http://www.w3.org/TR/xhtml1/DTD/xhtml1-strict.dtd">
```

```
<html xmlns="http://www.w3.org/1999/xhtml" xml:lang="en" lang="en">
  <head>
    <meta http-equiv="Content-Type" content="text/html; charset=UTF-8" />
    <title>CGI Counter 2</title>
  </head>
  <body>
    <p>Current counter value: %(value)s</p>
    <form action="%(action)s" method="POST">
      <input type="hidden" name="state" value="%(value)s" />
      <input type="submit" value="Increment counter"/>
    </form>
  </body>
</html>'''

def state_fetch(form):
    try:
        state = int(form['state'].value)
    except:
        state = 1
    finally:
        return state

def state_update(state):
    state = state + 1
    return state

def state_store(state):
    if 'SCRIPT_NAME' not in os.environ:
        return "This is not a CGI script. Can't call again."
    else:
        return FORMTEXT_TMPL % \
            { 'action': os.environ.get('SCRIPT_NAME', 'not_a_cgi'),
              'value' : str(state) }

print "Content-type: text/html"
print

result = []

form = cgi.FieldStorage()
if 'state' not in form:
    print FORMTEXT_TMPL % \
        { 'action': os.environ.get('SCRIPT_NAME', 'not_a_cgi' ),
```

870

```
                 'value':  '1' }
      sys.exit(0)

# Fetch old counter value from client
oldstate = state_fetch(form)
# Compute new counter value
newstate = state_update(oldstate)

# Send new counter value to client
result.append(state_store(newstate))
print '\n'.join(result)
```

Hier kommen mehrere Techniken zum Einsatz:

cgistate_hiddenfields.py erzeugt sein eigenes Formular, sowohl beim ersten Aufruf als auch bei nachfolgenden Aufrufen. Der erste Aufruf wird dadurch erkannt, dass wir kein state-Feld erhalten haben:

```
form = cgi.FieldStorage()
if 'state' not in form:
    print FORMTEXT_TMPL % \
          { 'action': os.environ.get('SCRIPT_NAME', 'not_a_cgi' ),
            'value':  '1' }
    sys.exit(0)
```

Nachfolgende Aufrufe erzeugen dann ein aktualisiertes Formular.

Die zweite Technik ist, dass wir ein parametrisiertes Template für die gesamte, an den Browser zu sendende HTML-Seite (inklusive Formular) benutzen:

```
FORMTEXT_TMPL  = '''<!DOCTYPE html PUBLIC "-//W3C//DTD XHTML 1.0 Strict//EN"
    "http://www.w3.org/TR/xhtml1/DTD/xhtml1-strict.dtd">
<html xmlns="http://www.w3.org/1999/xhtml" xml:lang="en" lang="en">
  <head>
    <meta http-equiv="Content-Type" content="text/html; charset=UTF-8" />
    <title>CGI Counter 2</title>
  </head>
  <body>
    <p>Current counter value: %(value)s</p>
    <form action="%(action)s" method="POST">
      <input type="hidden" name="state" value="%(value)s" />
      <input type="submit" value="Increment counter"/>
    </form>
  </body>
</html>'''
```

Wie Sie von Kapitel 5, *Strings*, bereits wissen, kann man mit Hilfe des Stringinterpolationsoperators % aus diesem Template einen String mit eingesetzten Werten machen. Hier sind die Parameter value und action, die wir in Form eines Dictionarys übergeben, etwa bei der Initialisierung:

```
print FORMTEXT_TMPL % \
      { 'action': os.environ.get('SCRIPT_NAME', 'not_a_cgi' ),
        'value':  '1' }
```

Oder beim Erzeugen der aktualisieren Maske in state_store:

```
return FORMTEXT_TMPL % \
       { 'action': os.environ.get('SCRIPT_NAME', 'not_a_cgi'),
         'value' : str(state) }
```

Wir verlassen uns darauf, dass die Umgebungsvariable SCRIPT_NAME den URL-Pfad unseres Programms enthält (das könnte beispielsweise */cgi-bin/cgistate_hiddenfields.py* sein). Fehlt wider Erwarten diese Information, dann wurden wir nicht von einer CGI-Umgebung aus aufgerufen und leiten den Benutzer zur relativen URL not_a_cgi, d.h. irgendwo ins Nirwana. Das ist nicht die beste Reaktion, aber in diesem Demoprogramm ist mehr als ausreichend.

Die dritte Technik ist bereits bekannt: Wir haben die drei Schritte

- Zustand holen,
- Zustand aktualisieren und
- Zustand an den Client zurücksenden

in die Funktionen

- state_fetch
- state_update
- state_store

verbannt.

Die Funktion state_fetch holt sich den Zustand aus dem *hidden*-Feld namens state, das uns der Browser gesendet hat:

```
def state_fetch(form):
    try:
        state = int(form['state'].value)
    except:
        state = 1
    finally:
        return state
```

Sie erinnern sich, dass man Feldwerte mit der .value-Notation aus dem FieldStorage-Objekt auslesen kann. Für den Fall, dass so ein Feld fehlt oder dass die Konvertierung

in ein int misslingt, wird eine Ausnahme ausgelöst. In dem Fall setzen wir den Anfangswert auf 1.

Das Aktualisieren des Zustands ist trivial: Er wird lediglich inkrementiert.

Das Senden des aktualisierten Zustands an den Client erfolgt dadurch, dass wir ein
neues Formular senden, in dem wir den neuen Zustand als *hidden*-Feld übergeben:

```python
def state_store(state):
    if 'SCRIPT_NAME' not in os.environ:
        return "This is not a CGI script. Can't call again."
    else:
        return FORMTEXT_TMPL % \
               { 'action': os.environ.get('SCRIPT_NAME', 'not_a_cgi'),
                 'value' : str(state) }
```

Ganz sauber ist das hier nicht. Im Fehlerfall hätten wir ein kleines HTML-Dokument
aufbauen sollen, in dem die Fehlermeldung steht. Das haben wir hier unterlassen, um
Platz im Buch zu sparen. Es ist auch nicht schlimm, denn die allermeisten Browser
kommen damit auch klar und werden es richtig anzeigen.

Dieser String wird anschließend an den Client zurückgesendet:

```python
result.append(state_store(newstate))
print '\n'.join(result)
```

Cookies

Ein Cookie ist eine Information, die ein HTTP-Server an einen HTTP-Client sendet,
in der Erwartung, dass der Client diese Information bei folgenden Aufrufen des Servers zurücksendet. Damit eignen sich Cookies hervorragend, um den Zustand einer
Sitzung clientseitig zu speichern.

Achtung!

Nicht alle Browser sind so konfiguriert, dass sie Cookies zurücksenden. Sie
sollten eine Fallback-Möglichkeit für den Fall vorsehen, dass ein Browser
hier nicht mitspielt; eventuell weil dessen Benutzer eine bewusste Ent-
scheidung getroffen hat, Cookies (allgemein oder nur für unsere Domain)
auszuschalten.

Technisch gesehen, sendet der Webserver das Cookie an den Client als Teil der HTTP-
Header mit Hilfe des Set-Cookie-Headers. Dies geschieht vor der leeren Zeile, welche

873

die HTTP-Header vom Körper trennt. Es können mehrere Cookies an den Client gesendet werden, indem einfach mehrere Set-Cookie-Header ausgegeben werden.

Umgekehrt empfängt der CGI-Client diese Cookies in der Umgebungsvariable HTTP_COOKIE. Wenn mehrere Cookies empfangen wurden, werden sie alle hintereinander in derselben HTTP_COOKIE Umgebungsvariablen enthalten sein (mit ; getrennt).

Jedes Cookie hat einen Namen, kann einen Wert haben und bei Bedarf auch weitere Attribute aufweisen wie z.B. seine Gültigkeitsdauer oder den Pfad (auf den Server bezogen), für den es gültig ist und vom Client zurückgesendet werden soll. Cookies ohne Gültigkeitsdauer werden vom Client so lange zurückgesendet, bis die Sitzung zu Ende ist; d.h. bis der Client beendet wird. Sollen Cookies auch das Ende des Clients überdauern, müssen sie mit einer Gültigkeitsdauer versehen werden. In dem Fall würde der Client diese Cookies persistent abspeichern (z.B. in eine Cookie-Datei) und erst dann wieder automatisch löschen, wenn sie nicht mehr gültig sind.

Bevor wir weiter in die Theorie eintauchen, wollen wir unser Zählerbeispiel auf Cookies umstellen. Dafür benutzen wir das Cookie-Modul der Python Standard Library, um Cookies auszulesen bzw. zu erzeugen.

```python
#!/usr/bin/env python
# cgistate_cookies.py -- Preserving CGI state with cookies

import cgitb; cgitb.enable(logdir='/tmp/cgitb', format='text')
import Cookie
import os

def state_fetch():
    try:
        c = Cookie.SimpleCookie()
        c.load(os.environ['HTTP_COOKIE'])
        state = int(c['state'].value)
    except KeyError:
        state = 1
    except ValueError:
        state = 1
    finally:
        return state

def state_update(state):
    state = state + 1
    return state
```

```python
def state_store(state):
    c = Cookie.SimpleCookie()
    c['state'] = state
    c['state']['expires'] = 3600   # forget state in 3600 seconds = 1 hour
    c['state']['path'] = '/'       # cookie valid for the whole domain
    return c.output()

result_http = []
result_http.append("Content-type: text/html")

result_html = []
result_html.append('<html><head><title>Counter 3</title></head></body><p>')

# Fetch old counter value from client
oldstate = state_fetch()
result_html.append('Old Counter: %d<br />' % (oldstate,))

# Compute new counter value
newstate = state_update(oldstate)
result_html.append('New Counter: %d<br />' % (newstate,))

# Send new counter value to client
result_http.append(state_store(newstate))

# Send feedback
result_html.append('Call me <a href="%s">again</a><br />' %
                   os.environ.get('SCRIPT_NAME', 'not_a_cgi'))

result_html.append('</p></body></html>')

print '\n'.join(result_http)
print
print '\n'.join(result_html)
```

Die erste Neuerung hier ist, dass wir eventuelle Tracebacks von `cgitb` nun in ein Verzeichnis des Servers speichern, statt sie zum Browser zu senden:

```python
import cgitb; cgitb.enable(logdir='/tmp/cgitb', format='text')
```

Der Grund dafür ist vielleicht nicht sofort ersichtlich, aber er dürfte klar werden, wenn Sie bedenken, dass wir diesmal die Ausgabe nicht grundsätzlich mit `Content-type`, gefolgt von einer leeren Zeile, anfangen können. Schließlich wollen wir doch ein Cookie an den Browser zurücksenden, und das geht nur, bevor wir die HTTP-Header mit einer Leerzeile abschließen.

Aus diesem Grund führen wir auch zwei getrennte Ausgabepuffer: `result_http` (für die zurückzusendenden HTTP-Header) und `result_html` (für den zurückzusenden-den HTML-Körper). Diese geben wir am Ende des Programms hintereinander aus, getrennt durch eine Leerzeile:

```
result_http = []
result_http.append("Content-type: text/html")

result_html = []
result_html.append('<html><head><title>Counter 3</title></head></body><p>')

# ... program logic omitted ...

print '\n'.join(result_http)
print
print '\n'.join(result_html)
```

Die Grundstruktur des Programms bleibt unverändert: Wir benutzen wieder unsere drei Funktionen `state_fetch`, `state_update` und `state_store`:

```
oldstate = state_fetch()
newstate = state_update(oldstate)
result_http.append(state_store(newstate))
```

Wir haben hier die Ausgaben ausgeblendet. Entscheidend ist, dass das Ergebnis von `state_store` diesmal ein `Set-Cookie` HTTP-Header sein wird, welcher in den `result_http`-Puffer zu speichern und vor allen HTML-Ausgaben auszugeben ist.

Kommen wir nun zu den Zustandsfunktionen. `state_update` ist trivial. Das Empfangen des (oder der) Cookies vom Browser erledigt `state_fetch` für uns:

```
def state_fetch():
    try:
        c = Cookie.SimpleCookie()
        c.load(os.environ['HTTP_COOKIE'])
        state = int(c['state'].value)
    except KeyError:
        state = 1
    except ValueError:
        state = 1
    finally:
        return state
```

Wir benutzen in `state_fetch` ein `Cookie.SimpleCookie`-Objekt, das ein oder mehre-re Cookies aufnehmen kann. Da jedes Cookie einen Namen hat, werden in einem `SimpleCookie` alle Cookies Dictionary-artig gespeichert.

Doch woher kommen die Cookies? Das CGI-Modul des Webservers hat diese Cookies aus den HTTP-Headern, die der Browser gesendet hat, empfangen und uns in der CGI-Umgebungsvariable `HTTP_COOKIE` zur Verfügung gestellt. Man könnte jetzt den Inhalt dieser Variable (sichtbar als `os.environ['HTTP_COOKIE']`) manuell parsen; doch das erledigt die `load`-Methode der `SimpleCookie`-Instanz für uns!

Beim ersten Aufruf dieser Funktion oder in dem Fall, dass der Browser keine Cookies zurücksendet (aus welchem Grund auch immer), wird es keine `HTTP_COOKIE`-Umgebungsvariable geben, denn wir haben schließlich keine Cookies empfangen! In diesem Fall würde der Zugriff auf `os.environ['HTTP_COOKIE']` eine `KeyError`-Ausnahme auslösen, die wir brav abfangen, indem wir den Zustand auf 1 initialisieren.

Haben wir tatsächlich Cookies erhalten, wird in `c['state']` unser `state`-Cookie enthalten sein – es sei denn, der Browser hat uns alle möglichen Cookies gesendet außer eines namens `state`. Dann würde der Ausdruck `c['state']` selber eine `KeyError`-Ausnahme auslösen, die wir wieder einmal abfangen.

Wenn es bisher keinen Fehler gab, befindet sich in `c['state']` das Cookie-Objekt mit Namen `state`. Da ein Cookie mehrere Attribute aufweisen kann (erinnern Sie sich? Attribute können ein Wert, eine Gültigkeitsdauer, ein Pfad ... sein), können wir den Wert unseres `state`-Cookies nicht einfach als `c['state']` auslesen. Wir müssen stattdessen den Ausdruck `c['state'].value` benutzen, um an den Wert *in Stringform* zu gelangen!

Übungsaufgabe: Kann es Cookies ohne Wert geben? Was würde der Zugriff auf `c['somename'].value` bewirken bei einem Cookie namens `somename`, der keinen Wert hat? Würde es eine Ausnahme auslösen? Wenn ja, welche Ausnahme? Wie könnte man sie abfangen?

Ist alles bisher gut gegangen, haben wir den Wert des Cookies (also unseren Zählerstand) als String erhalten. Diesen konvertieren wir nun mit `int` in ein Integer. Normalerweise dürfte die Konvertierung gelingen, aber falls der Benutzer in seinem Browser den Wert des `'state'`-Cookies manuell verändert hat und dabei Zeichen, die keine Ziffern sind, dort eingebaut hat (oder einen speziellen Webclient einsetzt, der die Cookies entsprechend modifiziert), könnte diese Konvertierung in ein `int` scheitern. Die passende Ausnahme, die `int` werfen würde, wäre eine `ValueError`. Diese fangen wir wie die `KeyError` brav ab und setzen den Zähler auf 1 (siehe Abbildung oben auf der nächsten Seite).

Das Gegenstück zu `state_fetch` ist die Funktion `state_store`:

```
def state_store(state):
    c = Cookie.SimpleCookie()
    c['state'] = state
    c['state']['expires'] = 3600   # forget state in 3600 seconds = 1 hour
    c['state']['path'] = '/'       # cookie valid for the whole domain
    return c.output()
```

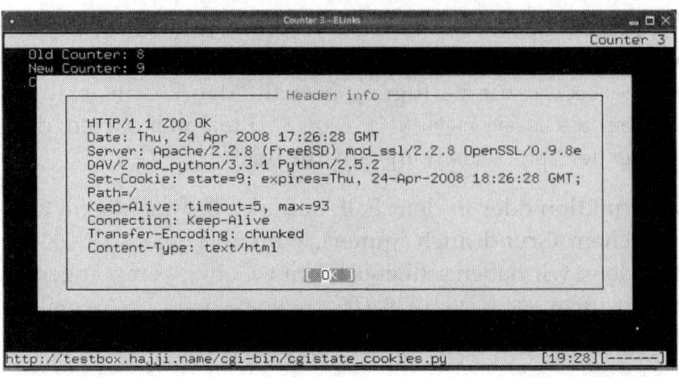

Die Aufgabe von state_store ist es, einen HTTP-Header zu erzeugen, der zum Client gesendet wird. Dieser HTTP-Header soll den Client dazu veranlassen, ein state-Cookie bei sich zu speichern und später zurückzusenden. In dem state-Cookie soll der nächste Zählerstand im Klartext enthalten sein. Selbstverständlich wird der HTTP-Header ein Set-Cookie-Header sein!

Um diesen Set-Cookie-Header zu erzeugen, benutzen wir wieder ein SimpleCookie aus dem Cookie-Modul. Sie erkennen hier, dass wir in c ein einziges Cookie namens state speichern. Folglich würde der Aufruf c.output() nur einen einzigen Set-Cookie-Header erzeugen. Man könnte auch weitere Cookies in c speichern, z.B. c['foo'] = 'bar'. In diesem Fall hätte c.output() zwei Set-Cookie-Header erzeugt.

Die Zuweisung c['state'] = state hat die int-Variable state automatisch in einen String konvertiert. An c['state'] hängen wir noch die Attribute expires und path an.

Die 3600 Sekunden Gültigkeit bewirken, dass der Browser (sollte er Cookies akzeptieren), das Cookie state persistent in eine Datei ablegen und es mit einem Zeitstempel versehen wird. Mit anderen Worten: Der Zählerstand wird genau 1 Stunde lang browserseitig festgehalten. Diese Zeit verlängert sich automatisch bei jedem neuen Aufruf von *cgistate_cookies.py*. Sollte zwischen zwei Aufrufen dieses Programms mehr als eine Stunde verstrichen sein, verfällt das state-Cookie, und der Browser sendet es nicht mehr an den Server zurück. Außerdem löscht er dieses Cookies von der Cookie-Datei. Das bewirkt, dass der Zähler wieder ab 1 anfängt.

Das Setzen das Attributes path auf einen bestimmten Pfad hat zur Folge, dass der Browser dieses Cookie nur dann an den Server zurücksendet, wenn es sich bei der aufgerufenen URL um einen Pfad handelt, der bei path oder unterhalb von path anfängt. Konkret würde ein path von /foo/bar bewirken, dass der Browser das Cookie bei den folgenden URLs */foo/bar/cgistate_cookies.py* oder */foo/bar/baz/cgistate_cookies.py* zurücksenden würde, aber nicht bei der URL */foo/cgistate_cookies.py*. Damit kann man Cookies nur für bestimmte Bereiche einer Website zuweisen. Damit unser state-Cookie für alle Bereiche unserer Website gilt, setzen wir path auf /.

Den Zustand fälschungssicherer machen

Bei der vorigen Lösung gibt es zwei Probleme:

- Der Wert des Cookies steht im Klartext zur Verfügung.
- Anwender können diesen Cookie-Wert im Client verändern.

Der folgende Screenshot zeigt, wie man unter Firefox mit dem *Web Developer*-Plugin (http://chrispederick.com/work/web-developer/) den Zähler manipulieren kann, indem man den Wert des state-Cookies verändert:

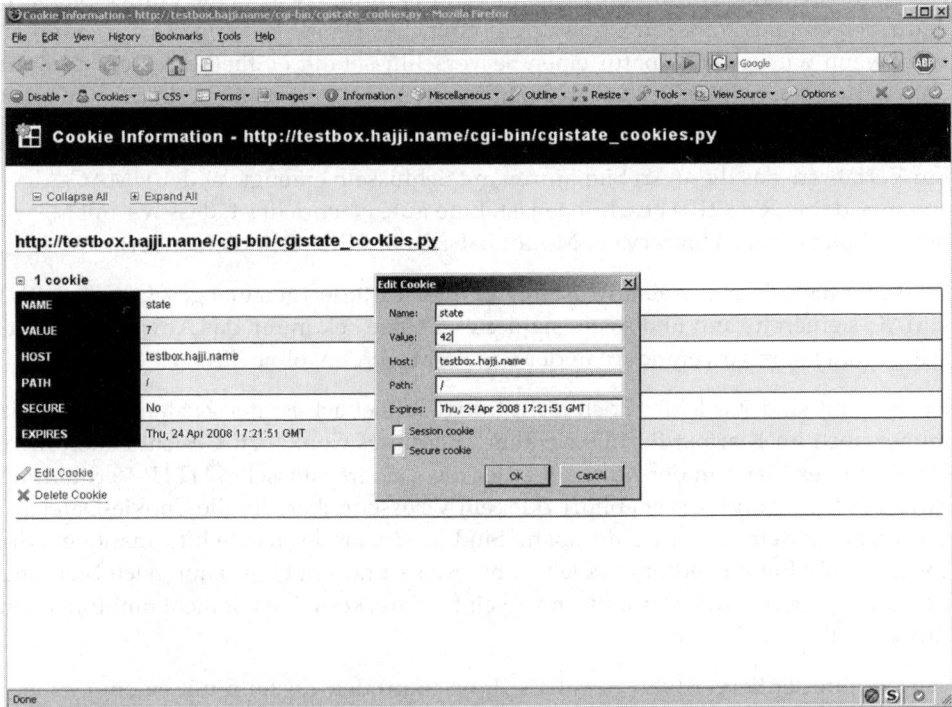

Was hier noch als sympathisches Austricksen eines Zählers gelten mag, kann bei bestimmten Webanwendungen böse Folgen haben. Was ist z.B. mit Anwendungen, die sensiblere Daten clientseitig speichern wollen; Daten, die der Anwender auf keinen Fall verändern darf? Bei der bisherigen Lösung merkt der Server (bzw. das CGI-Programm) ja nicht, dass jemand den Zähler manipuliert hat. Es würde einfach fröhlich mit dem Benutzer-veränderten Zählerwert weitermachen, als sei dieser Wert der einzig wahre Wert gewesen.

Man kann nicht Anwender daran hindern, irgendwelche Änderungen am Cookie vorzunehmen. Aber was man tun kann, ist, den Zustand mit einem kryptographischen Algorithmus zu signieren und Zustand + Signatur zusammen in ein Cookie zu verpacken und zum Client zu senden. Der Anwender kann zwar immer noch Signatur und Zustand einzeln oder zusammen verändern, aber wenn das so veränderte Cookie später zurück an den Server geschickt wird, wird der Server die Manipulation entdecken und das Cookie als manipuliert ansehen (und zurückweisen).

Der Server berechnet nämlich aus dem übermittelten Zustand erneut eine Signatur und vergleicht diese mit der Signatur, die im Cookie abgelegt war. Stimmen beide Signaturen nicht überein, heißt dies, dass ein Anwender Zustand, Signatur oder beides verändert hat.

Kann ein Anwender nicht den Zustand verändern und selbst eine gültige Signatur dafür berechnen? Wäre die Signatur ein einfaches Digest (MD5, SHA, ...), dann ja. Aber wenn wir in die Signatur einen Serverschlüssel mit einfließen lassen, den nur der Server kennt, wäre der Client nicht in der Lage, eine gültige Signatur für den veränderten Zustand zu erzeugen, denn es fehlt ihm dann der Serverschlüssel.

Ein Verfahren, das diese Art Signaturen mit Schlüsseln erzeugt, ist der HMAC-Algorithmus, der in RFC 2104 beschrieben ist. Eine gute Nachricht ist, dass wir mit hmac in der Python Standard Library ein Modul haben, das HMAC implementiert.

Wir sehen also, dass man einen Zustand serverseitig (oder, genauer gesagt, CGI-seitig) HMAC-signieren kann und so ein signiertes Cookie bekommt, das Anwender clientseitig wohl kaum zu verändern in der Lage sein werden, ohne dass wir es merken.

Doch damit sind wir leider noch nicht fertig! Schließlich ist der Zustand im Cookie immer noch im Klartext für alle sichtbar, die dieses Cookie zu Gesicht bekommen: Das kann der Mann in der Mitte sein, der die (unverschlüsselte) HTTP-Verbindung zwischen Client und Server abhört, oder ein Virusschreiber, der die Cookie-Datei des Browsers auf dem Client-PC ausspäht. Sind im Zustand sensible Informationen, die solchen Unbefugten verborgen bleiben müssen – und unbefugt kann nach Meinung des Entwicklers auch der Endanwender sein! –, dann kommen wir nicht umhin, diesen Zustand zu verschlüsseln.

Würde nun der Server (bzw. das CGI-Programm) den Zustand mit einem nur ihm bekannten Schlüssel (z.B. den weiter oben erwähnten Serverschlüssel) verschlüsseln und in das Cookie den verschlüsselten Zustand und die HMAC-Signatur des *unverschlüsselten* Zustands packen und zum Client senden, dann hat der Client keine leichte Möglichkeit, etwas dagegen zu unternehmen.

Am wichtigsten ist, dass er den Inhalt des Zustands nicht erkennen kann, weil er verschlüsselt ist, und er nicht im Besitz des Serverschlüssels ist.

Außerdem kann er mit der HMAC-Signatur des unverschlüsselten Zustands nicht auf den unverschlüsselten Zustand schließen, weil der HMAC-Algorithmus eine Digest-Funktion benutzt, die nur in eine Richtung geht (man kann nicht von der Signatur zurück auf den Wert schließen).

So könnte er zwar versuchen, den verschlüsselten Zustand zu verändern, aber dies würde bedeuten, dass beim Entschlüsseln etwas rauskommt, das einerseits ohnehin keinen Sinn macht, da es nicht mit dem Serverschlüssel clientseitig verschlüsselt werden konnte, und andereseits sowieso eine andere HMAC-Signatur hätte wie die HMAC-Signatur, die im Cookie enthalten ist.

Er kann zusätzlich versuchen, die HMAC-Signatur zu verändern, um sie dem veränderten Klartext des Zustands auzupassen (den er durch seinen eigenen Cyphertext des Zustands ersetzt hat, was ohnedies keinen Sinn ergibt), aber in dem Fall würde die vom Server überprüfte Signatur etwas anderes ergeben, weil clientseitig keine HMAC-Signatur mit dem (dort fehlenden) Serverschlüssel berechnet werden kann.

Wir sehen also, dass man so schon ein etwas sichereres Cookie-Protokoll bekommen hat:

■ Der Zustand lässt sich nicht mehr vom Client oder von einem Mann in der Mitte im Klartext erkennen.

■ Eine clientseitige oder *man in the middle*-Veränderung des Cookies wird vom Server erkannt.

Wir wollen nun dieses Protokoll implementieren!

Alle Cryptofunktionen tragen wir in die Datei *cryptutils.py* ein. Diese Datei erfordert das Drittanbietermodul `pycrypto`, das man mit der Anweisung `easy_install pycrypto` der Python-Installation hinzufügen sollte, die das CGI-Programm ausführen wird (mit anderen Worten: auf dem Rechner, der den Webserver ausführt). Sind keine `setuptools` und somit kein *easy_install* in dieser Python-Installation vorhanden, kann man `pycrypto` auch manuell aus der URL `http://www.amk.ca/python/code/crypto.html` herunterladen und wie ein gewöhnliches Python Distutils-Modul installieren.

Kommen wir nun zu den Cryptofunktionen!

```
#!/usr/bin/env python
# cryptutils.py -- crypto utility functions

import Crypto.Cipher.AES
import hmac, hashlib


def HMAC(data, key):
    """HMAC
    Compute the HMAC algorithm of RFC 2104 on DATA using the key KEY
    and the digest algorithm SHA-256.
    Return the compute HMAC as string.
    """
    hmacer = hmac.HMAC(key, digestmod=hashlib.sha256)
    hmacer.update(data)
    return hmacer.hexdigest()
```

```python
def Encrypt(data, key):
    """Encrypt
    Encrypt DATA with KEY using the AES algorithm in ECB mode.
    KEY must be 16, 24, or 32 bytes long. DATA must be a multiple
    of 16 in length.
    Return a the encrypted text.
    """
    encrypter = Crypto.Cipher.AES.new(key, Crypto.Cipher.AES.MODE_ECB)
    return encrypter.encrypt(data)

def Decrypt(data, key):
    """Decrypt
    Decrypt DATA with KEY using the AES algorithm in ECB mode.
    KEY must be 16, 24, or 32 bytes long. DATA must be a multiple
    of 16 in length.
    Return the decrypted data as string.
    """
    decrypter = Crypto.Cipher.AES.new(key, Crypto.Cipher.AES.MODE_ECB)
    return decrypter.decrypt(data)

def pad(data, padlength=16, padbyte='\x00'):
    padsize = padlength - (len(data) % padlength)
    padded = data + padbyte * padsize
    return padded, padsize

def unpad(data, padsize=0):
    return data[:-padsize]
```

Die Funktion HMAC berechnet aus data und einem Schlüssel key eine Signatur. Dabei benutzen wir in diesem Fall das Modul hmac der Python Standard Library. Als Digest-Funktion verwenden wir hashlib.sha256, ebenfalls aus der Python Standard Library, das wir als ausreichend sicher ansehen (als dieses Buch geschrieben wurde). Diese Implementierung von HMAC liefert einen String aus 64 Bytes zurück, der aus druckbaren Zeichen besteht und ohne Weiteres Teil eines Cookies werden darf.

Die Funktion Encrypt verschlüsselt Daten mit einem Schlüssel unter Verwendung des AES-Algorithmus im ECB-Modus. Was das im einzelnen bedeutet, werden wir hier übergehen, da ein kleiner Kurs in Cryptographie den Rahmen dieses Buches bei Weitem sprengen würde. Wichtig hier sind die Einschränkungen dieser Funktion:

- Der Schlüssel muss 16, 24, oder 32 Bytes lang sein.
- Die Daten müssen ein Vielfaches von 16 Bytes enthalten (zur Not padden).

Diese Einschränkungen hängen mit dem AES-Algorithmus und dem Modul `Crypto` `.Cipher.AES` zusammen. Der Rückgabewert von `Encrypt` ist eine Bytefolge (ein String), bestehend aus dem AES-verschlüsselten (eventuell gepaddeten) `data`.

Die Funktion `Decrypt` entschlüsselt Daten aus `data` mit Hilfe des Schlüssels `key` unter Benutzung des AES-Algorithmus. Es gibt auch hier Einschränkungen, die im Docstring erklärt sind.

Die `pad`- und `unpad`-Funktionen sind einfache Hilfsfunktionen, mit denen Datenpuffer auf die richtige Größe gebracht bzw. wieder verkleinert werden.

Bevor wir uns nun den verschlüsselten Cookies widmen, zeigen wir noch kurz, wie die Funktionen aus *cryptutils.py* aufgerufen werden können:

```python
#!/usr/bin/env python
# cryptutils_demo.py -- demo of cryptutils functions

from cryptutils import HMAC, Encrypt, Decrypt, pad, unpad
from base64 import b64encode, b64decode

senddata, key = "hello", "0123456789abcdef"
padded_data, pad_size = pad(senddata, 16, 'X')

# Encrypt padded_data:
cyphertext = Encrypt(padded_data, key)
signature  = HMAC(padded_data, key)          # 64 bytes!
sendmsg    = b64encode(cyphertext + signature)

# Decrypt message:
recvmsg    = b64decode(sendmsg)
cyphertext = recvmsg[:-64]
signature  = recvmsg[len(recvmsg)-64:]
plaintext  = Decrypt(cyphertext, key)
if HMAC(plaintext, key) != signature:
    raise Exception("HMAC mismatch!")

recvdata = unpad(plaintext, pad_size)

if recvdata != senddata:
    raise Exception("Decrypt o Encrypt != id")
print "Received: [%s]" % (recvdata,)
```

Die Ausgabe ergibt:

```
$ python cryptutils_demo.py
Received: [hello]
```

Somit können wir schon etwas zuversichtlicher in die Zukunft blicken.

Sie erkennen sicher, wie wir hier bereits das gewünschte Cookie-Protokoll nachgebildet haben, und zwar ohne Cookies: Wir berechnen die Signatur des Zustands `padded_data` und verschlüsseln ihn auch gleich. Der verschlüsselter Zustand und die Signatur werden zusammen in einen String verpackt, und dieser wird Base64-encodiert (damit wir ausdruckbare Zeichen bekommen, die später auch in einem Cookie enthalten sein können):

```
cyphertext = Encrypt(padded_data, key)
signature  = HMAC(padded_data, key)          # 64 bytes!
sendmsg    = b64encode(cyphertext + signature)
```

Der umgekehrte Weg ist (fast) genauso einfach: Wir Base64-dekodieren erst das, was im Cookie enthalten war, und trennen den verschlüsselten Zustand von der Signatur. Da wir wissen, dass die Signatur genau die letzten 64 Bytes sind, kann man mit einfacher Slice-Notation den String an der richtigen Stelle aufsplitten. Dann bleibt uns nur noch übrig,

- den verschlüsselten Zustand zu entschlüsseln,
- die Signatur des entschlüsselten Zustandes erneut zu berechnen, mit der abgesplitteten Signatur zu vergleichen und Alarm zu schlagen, wenn die Signaturen nicht übereinstimmen.

```
recvmsg    = b64decode(sendmsg)
cyphertext = recvmsg[:-64]
signature  = recvmsg[len(recvmsg)-64:]
plaintext  = Decrypt(cyphertext, key)
if HMAC(plaintext, key) != signature:
    raise Exception("HMAC mismatch!")
```

Die kleine Unschönheit, dass wir statt `senddate` nur `padded_data` zurückerhalten und dass wir zum Entpadden auch die PAD-Größe benötigen, wollen wir an dieser Stelle ignorieren und bei den Cookies noch einmal kurz darauf zurückkommen.

Somit steht unsere Cryptoinfrastruktur!

Als Nächstes wollen wir unseren Zähler mit verschlüsselten und signierten Cookies implementieren. Man könnte die ganze Cryptologik, wie wir sie eben aus *cryptutils_demo.py* gesehen haben, in unser CGI-Programm einbauen (genauer gesagt, in die Funktionen `state_fetch` und `state_store`), aber das hätte mindestens zwei Nachteile:

- eine zu enge Kopplung zwischen Cryptologik und unserer Webanwendung und
- ein unübersichtliches CGI-Programm.

Auch wenn wir mit der Unübersichlichkeit vielleicht zurecht kommen könnten, so ist das mit der engen Kopplung weitaus gravierender: Möchte man z.B. später von SHA-256 nach SHA-512 umsteigen oder von AES im ECB-Modus nach AES im CBC-Modus oder gar IDEA oder andere Cryptoalgorithmen benutzen, dann müsste man *jede* Webanwendung, die so programmiert wäre, einzeln anpassen. Das kann eine Menge Arbeit bedeuten, wäre ziemlich fehlerbehaftet und vor allem völlig unnötig!

Statt die Cryptologik in die Webanwendung zu verbannen, leiten wir lieber unsere eigene Cookie-Klasse aus `Cookie.BaseCookie` ab und überschreiben lediglich zwei (na ja, drei in diesem Fall) Funktionen, die für die Ein- und Ausgabe von Werten in bzw. aus dem Cookie zuständig sind. Diese Funktionen überschreiben wir mit unseren eigenen Funktionen, welche die Cryptologik (das verschlüsselte Cookie-Protokoll, wenn Sie so wollen) enthalten.

Um es auf den Punkt zu bringen: Wir definieren eine Klasse `CryptCookie`, die wie `SimpleCookie` benutzt werden, aber statt Klartext verschlüsselten Inhalt samt HMAC-Signatur im Cookie speichern bzw. dort auslesen soll.

Schauen wir uns daher unser *cryptcookie.py*-Modul mal an:

```python
#!/usr/bin/env python
# cryptcookie.py -- An encrypted and signed Cookie class

from base64 import b64encode, b64decode
import Cookie
import cryptutils


class ModifiedCookieError(Exception): pass

class CryptCookie(Cookie.BaseCookie):
    "A collection of cookies that are encrypted and signed"

    def __init__(self, serverkey):
        super(CryptCookie, self).__init__()
        self.serverkey = serverkey

    def value_encode(self, val):
        data, pad_size = cryptutils.pad(str(val), 16, ' ')
        cyphertext    = cryptutils.Encrypt(data, self.serverkey)
        signature     = cryptutils.HMAC(data, self.serverkey)    # 64 bytes!
        message       = b64encode(cyphertext + signature)
        return val, message
```

```
def value_decode(self, val):
    recvmsg      = b64decode(val)
    cyphertext   = recvmsg[:-64]
    signature    = recvmsg[len(recvmsg)-64:]
    plaintext    = cryptutils.Decrypt(cyphertext, self.serverkey)
    if cryptutils.HMAC(plaintext, self.serverkey) != signature:
        raise ModifiedCookieError()
    return plaintext, val    # plaintext is probably still padded!
```

Man erkennt als Erstes, dass dieses Modul die Cryptofunktionen aus dem weiter oben entwickelten *cryptutils.py*-Modul importiert, da sie ja benötigt werden.

Als Zweites erkennt man, dass CryptCookie aus der Standardklasse Cookie.BaseCookie abgeleitet ist, und zwar genauso wie Cookie.SimpleCookie, das wir weiter bei den Klartext-Cookies benutzt haben.

Wir überschreiben nun __init__, um den Serverschlüssel entgegenzunehmen und zu speichern. Wir stellen sicher, dass die __init__-Methode der Basisklasse BaseCookie ebenfalls aufgerufen wird, wie es sich in Python gehört:

```
def __init__(self, serverkey):
    super(CryptCookie, self).__init__()
    self.serverkey = serverkey
```

Dann überschreiben wir zwei Funktionen: value_encode und value_decode. Beide Funktionen sind im Cookie-Modul in der Klasse BaseCookie gut kommentiert (aus der Datei */usr/local/lib/python2.5/Cookie.py*):

```
class BaseCookie(dict):
    def value_decode(self, val):
        """real_value, coded_value = value_decode(STRING)
        Called prior to setting a cookie's value from the network
        representation.  The VALUE is the value read from HTTP
        header.
        Override this function to modify the behavior of cookies.
        """
        return val, val

    def value_encode(self, val):
        """real_value, coded_value = value_encode(VALUE)
        Called prior to setting a cookie's value from the dictionary
        representation.  The VALUE is the value being assigned.
        Override this function to modify the behavior of cookies.
        """
        strval = str(val)
        return strval, strval
```

Der Rückgabewert ist nicht ganz so klar erklärt. Um ganz sicher zu gehen, schauen wir uns in der SimpleCookie-Klasse um. Dies gesamte Klasse sieht so aus:

```
class SimpleCookie(BaseCookie):
    """SimpleCookie
    SimpleCookie supports strings as cookie values. When setting
    the value using the dictionary assignment notation, SimpleCookie
    calls the builtin str() to convert the value to a string. Values
    received from HTTP are kept as strings.
    """
    def value_decode(self, val):
        return _unquote( val ), val
    def value_encode(self, val):
        strval = str(val)
        return strval, _quote( strval )
```

Damit dürfte klar sein, was der Originalwert (val bzw. strval) und was der veränderte Wert (_unquote(val) bzw. _quote(strval)) zu sein hat.

Wir definieren also value_encode wie folgt:

```
def value_encode(self, val):
    data, pad_size = cryptutils.pad(str(val), 16, ' ')
    cyphertext    = cryptutils.Encrypt(data, self.serverkey)
    signature     = cryptutils.HMAC(data, self.serverkey)    # 64 bytes!
    message       = b64encode(cyphertext + signature)
    return val, message
```

Bis auf den Rückgabewert (Rückgabetupel), bei dem wir nun wissen, was Original- und was encodierter Wert zu sein hat, ist der Rest fast identisch mit dem Beispiel aus *cryptutils_demo.py*: Die Daten werden auf ein Vielfaches von 16 Bytes gepaddet, dann mit dem Serverschlüssel (self.serverkey) verschlüsselt. Außerdem werden die (ge-paddeten) unverschlüsselten Daten auch mit HMAC und dem Serverschlüssel signiert. Dann werden beide Werte konkateniert und Base64-encodiert. Das wird nun im Coo-kie gespeichert.

Die umgekehrte Funktion ist value_decode, die für das Entschlüsseln und Überprüfen der Signatur zuständig ist:

```
def value_decode(self, val):
    recvmsg       = b64decode(val)
    cyphertext    = recvmsg[:-64]
    signature     = recvmsg[len(recvmsg)-64:]
    plaintext     = cryptutils.Decrypt(cyphertext, self.serverkey)
    if cryptutils.HMAC(plaintext, self.serverkey) != signature:
        raise ModifiedCookieError()
    return plaintext, val    # plaintext is probably still padded!
```

887

Auch hier ist der Code quasi identisch mit demjenigen aus dem Demobeispiel *cryptutils_demo.py*: Der Inhalt des (empfangenen) Cookies wird Base64-dekodiert, in verschlüsselten Inhalt und Signatur aufgesplittet (wobei wir wieder davon ausgehen, dass die Signatur genau die letzten 64 Bytes des Strings sind). Danach wird der verschlüsselte Teil mit unserem Serverschlüssel entschlüsselt. Zum entschlüsselten Wert wird noch mal die HMAC-Signatur berechnet (wieder mit unserem Serverschlüssel) und diese neue Signatur mit der Signatur aus dem Cookie verglichen. Stimmen beide nicht überein, wird eine ModifiedCookieError-Ausnahme geworfen, die von der Webanwendung aufgefangen werden sollte. Somit wird der Webanwendung mitgeteilt, dass jemand clientseitig (oder unterwegs) das Cookie unbefugt verändert hat. Der Rückgabewert ist der entschlüsselte Inhalt des Cookies.

Damit haben wir nun ein wiederverwendbares Modul verschlüsselter Cookies erhalten.

Jetzt haben wir alles, was wir brauchen, um unseren Zähler auf Server-verschlüsselte und Server-signierte Cookies (CryptCookies) umzustellen. Das Programm *cgistate_cryptutils.py* ähnelt sehr stark dem früheren Programm *cgistate_cookies.py*, und das ist kein Zufall:

```python
#!/usr/bin/env python
# cgistate_cryptcookies.py -- Preserving CGI state with encrypted cookies

import sys, os
sys.path.append(os.environ['SCRIPT_FILENAME'])

import cgitb; cgitb.enable(logdir='/tmp/cgitb', format='text')
from cryptcookie import CryptCookie, ModifiedCookieError

SERVER_KEY = 'oj2kj6/vboU8721j'    # must be 16 bytes

def state_fetch():
    try:
        c = CryptCookie(SERVER_KEY)
        c.load(os.environ['HTTP_COOKIE'])
        state = int(c['state'].value)
    except KeyError:
        state = 1                  # No cookie yet, start with 1
    except ValueError:
        state = -1000              # There was no integer in the cookie
    except ModifiedCookieError:
        state = -2000              # Someone tampered with the cookie
    except:
        state = -3000              # Some other error occured
```

```
    finally:
        return state

def state_update(state):
    state = state + 1
    return state

def state_store(state):
    c = CryptCookie(SERVER_KEY)
    c['state'] = state
    c['state']['expires'] = 3600   # forget state in 3600 seconds = 1 hour
    c['state']['path'] = '/'        # cookie valid for the whole domain
    return c.output()

result_http = []
result_http.append("Content-type: text/html")

result_html = []
result_html.append('<html><head><title>Counter 4</title></head></body><p>')

# Fetch old counter value from client
oldstate = state_fetch()
result_html.append('Old Counter: %d<br />' % (oldstate,))

# Compute new counter value
newstate = state_update(oldstate)
result_html.append('New Counter: %d<br />' % (newstate,))

# Send new counter value to client
result_http.append(state_store(newstate))

# Send feedback
result_html.append('Call me <a href="%s">again</a><br />' %
                   os.environ.get('SCRIPT_NAME', 'not_a_cgi'))

result_html.append('</p></body></html>')

print '\n'.join(result_http)
print
print '\n'.join(result_html)
```

Als Erstes fällt auf, dass wir einen Serverschlüssel im CGI-Programm festverdrahtet haben:

```
SERVER_KEY = 'oj2kj6/vboU8721j'    # must be 16 bytes
```

Das ist zwar nicht der Weisheit letzter Schluss, aber für ein einfaches Beispiel müsste es reichen. Anders als weiter oben, können wir nicht diesen Schlüssel durch einen Digest desselben ersetzen, weil wir den Schlüssel selbst benötigen, um Cookiers zu verschlüsseln, zu entschlüsseln, zu signieren und um die Signatur zu überprüfen.

Den Serverschlüssel im Klartext im CGI-Programm vorzuhalten, ist keine besonders gute Idee: Sollte der Webserver (bzw. das CGI-Modul des Webservers) irrtümlicherweise falsch eingestellt sein, um den Quellcode dieses Programms zu zeigen, statt es auszuführen, dann wäre dieser Serverschlüssel kein Geheimnis mehr, sondern der ganzen weiten Welt zugänglich gemacht. Das würde unsere Cryptocookies ad absurdum führen. Außerdem könnte im Fehlerfall unabsichtlich ein Traceback erzeugt und zum Browser des Clients gesendet werden, der zufällig auch diese Serverschlüssel enthält.

Weitaus sicherer (aber nicht 100% sicher), wäre es gewesen, den Serverschüssel erst bei Bedarf aus einer Datei einzulesen; doch dies skaliert nicht besonders gut, da es eine weitere (langsame) Disk I/O-Operation zur Folge hätte. Außerdem könnte auch in dem Fall ein Traceback, z.B. tief in den Innereien von CryptCookie dazu führen, dass der Schlüssel der Öffentlichkeit bekannt wird.

Es bleibt also Ihnen überlassen, diesen Mechanismus zu perfektionieren und den Serverschlüssel gegen unbeabsichtigte Veröffentlichung zu schützen (Sie können unter anderem das cgitb-Modul *nicht* importieren!).

Wie dem auch sei: Mit Hilfe dieses Serverschlüssels werden wir nun Cryptocookies des soeben definierten Typs CryptCookie erzeugen, den Zustand (Zählerstand) damit ver- und entschlüsseln und HMAC-signieren.

Wie gewohnt, spielt die Musik in den Funktionen state_fetch und state_store. Fangen wir mit state_store an, da es einfacher ist:

```
def state_store(state):
    c = CryptCookie(SERVER_KEY)
    c['state'] = state
    c['state']['expires'] = 3600  # forget state in 3600 seconds = 1 hour
    c['state']['path'] = '/'       # cookie valid for the whole domain
    return c.output()
```

Bis auf die Verwendung von CryptCookie (samt SERVER_KEY) statt SimpleCookie ist der Code absolut identisch zu demjenigen aus *cgistate_cookies.py*. Der Zählerstand wird transparent durch die überschriebene CryptCookie.value_encode-Methode mit dem Serverschlüssel verschlüsselt, HMAC-signiert und anschließend in Base64 konvertiert.

Das Cookie, das so zum Browser zurückgesendet wird, könnte wie im folgenden *elinks*-Screenshot aussehen:

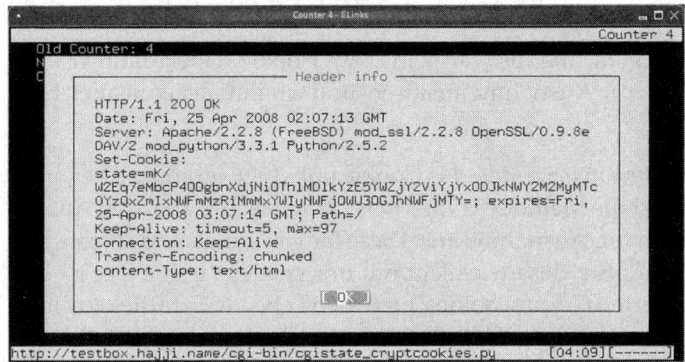

Man erkennt hier unter Set-Cookie das Cookie state mit dem verschlüsselten Wert und den 64 Bytes der HMAC-Signatur am Ende. Den Wert des Zähler erkennt man nicht mehr am Cookie.

Beim nächsten Aufruf erhalten wir diese Bytefolge und müssten sie entschlüsseln und die Signatur vergleichen. Das geschieht (transparent) in der Funktion state_fetch:

```python
def state_fetch():
    try:
        c = CryptCookie(SERVER_KEY)
        c.load(os.environ['HTTP_COOKIE'])
        state = int(c['state'].value)
    except KeyError:
        state = 1              # No cookie yet, start with 1
    except ValueError:
        state = -1000          # There was no integer in the cookie
    except ModifiedCookieError:
        state = -2000          # Someone tampered with the cookie
    except:
        state = -3000          # Some other error occured
    finally:
        return state
```

Wir sehen hier wieder, dass wir statt SimpleCookie nun unsere Klasse CryptCookie benutzen, der wir den Serverschlüssel übergeben. Nur so ist sie in der Lage, beim load-Aufruf die empfangene Bytefolge zu entschlüsseln, den entschlüsselten Wert erneut HMAC zu signieren und diese Signatur mit der Signatur aus dem Cookie zu vergleichen.

Hier kann einiges schiefgehen:

Falls es das erste Mal ist, dass wir von einem Client aufgerufen werden, dann haben wir noch kein Cookie erhalten und die Umgebungsvariable `HTTP_COOKIE` existiert nicht. Das löst eine `KeyError`-Ausnahme aus, in der wir den Zähler auf 1 initialisieren.

Sind zwar Cookies angekommen, aber es war kein `state` Cookie dabei, dann würde `c['state']` ebenfalls eine `KeyError` Ausnahme auslösen, und wir initialisieren auch hier den Zähler auf 1.

Hat der Anwender oder ein *man in the middle* das Cookie unbefugt verändert, bevor er es uns zurücksendet, dann löst die Methode `CryptCookie.value_decode` über den Aufruf von `load` eine `ModifiedCookieError`-Ausnahme aus. Diese fangen wir ab und setzen den Zähler auf `-2000` als Zeichen dafür, dass wir nicht mit uns spaßen lassen! Das ist die Hauptanwendung von signierten Cryptocookies. Im realen Leben würde dies zu einer Beendigung der Sitzung führen, und der User müsste sich erneut einloggen.

Eine `ValueError`-Ausnahme erhalten wir dann, wenn der entschlüsselte Wert des Cookies (bei verifizierter HMAC-Signatur) nicht zu einem `int` konvertiert werden konnte. Erinnern Sie sich, dass wir hier einen mit ' ' gepaddeten Wert verschlüsselt haben? Wir hatten Glück: Eine Dezimalzahl mit abschließenden Whitespaces wird durch den `int`-Konstruktur richtig erkannt. Hätten wir aber statt Whitespaces Nullbytes (`'\x00'`) als Padding-Zeichen genommen (was durchaus legitim ist und auch sinnvoll sein kann), dann hätte `int` eine `ValueError`-Ausnahme ausgelöst. Dem hätte man dann entgegenwirken können, indem man z.B. Folgendes aufgerufen hätte:

```
state = int(c['state'].value.strip('\x00'))
```

Andere Fehler fangen wir ebenfalls ab.

Anschließend geben wir den (entschlüsselten und zu einer `int`-Zahl konvertierten) Zustand zur Anwendung zurück, damit sie damit machen kann, was ihr gefällt.

Um das Programm auszuführen, müssen wir alle drei Dateien:

- *cgistate_cryptcookies.py*
- *cryptcookie.py*
- *cryptutils.py*

ins CGI-Verzeichnis des Webservers kopieren, dem richtigen Benutzer zuweisen (mit *chmod*) und die Zugriffsrechte so setzen, dass das Hauptprogramm *cgistate_cryptocookies.py* les- und ausführbar ist und die Hilfsmodule *cryptcookie.py* und *cryptutils.py* lesbar sind. Vergessen Sie nicht, das `pycrypto`-Modul zu installieren:

```
# easy_install pycrypto

(... output omitted ...)

# cd /usr/local/www/apache22/cgi-bin
```

```
# cp ~farid/PythonBook/cgistate_cryptcookies.py .
# cp ~farid/PythonBook/cryptcookie.py .
# cp ~farid/PythonBook/cryptutils.py .
# chown www:www cgistate_cryptcookies.py cryptcookie.py cryptutils.py
# chmod 444 cgistate_cryptcookies.py cryptcookie.py cryptutils.py
# chmod u+x cgistate_cryptutils.py
```

Es bleibt nur noch ein winziges, aber dennoch ganz wichtiges Detail zu erwähnen. In *cgistate_cryptcookies.py* steht am Anfang des Programms folgende Zeile:

```
import sys, os
sys.path.append(os.environ['SCRIPT_FILENAME'])
```

Der Grund hierfür ist, dass die Hilfsmodule *cryptcookie.py* und *cryptutils.py*, die im selbem Verzeichnis liegen wie unser CGI-Programm, ja importiert werden müssen. Doch das CGI-Verzeichnis wird normalerweise nicht vom Python-Interpreter nach Modulen durchsucht. Damit das geändert wird, müssen wir den Pfad dieses CGI-Verzeichnisses an die Variable sys.path anfügen.

Führen wir das Programm jetzt ein paar Mal aus

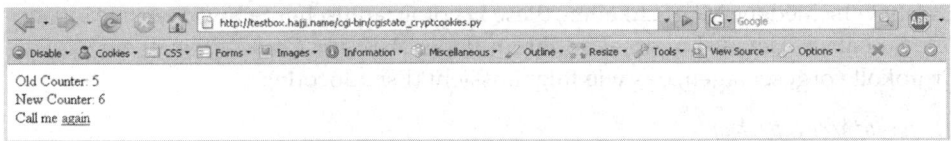

und versuchen dann, das Cookie manuell zu verändern:

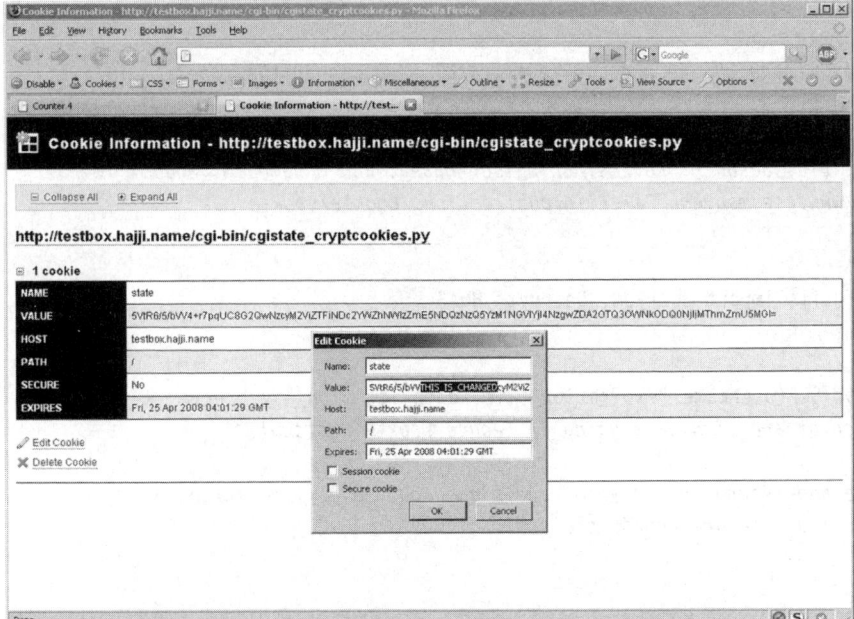

Ruft man dann das Programm erneut auf, erhalten wir zur Bestrafung den Zählerstand -3000:

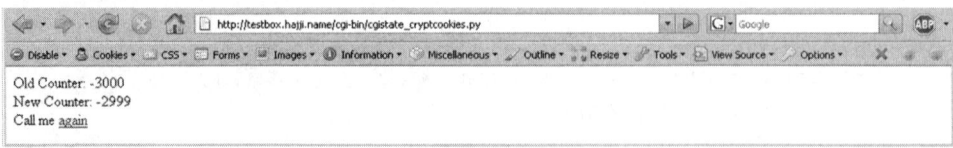

Wie man sieht, hat es hervorragend funktioniert!

Es soll natürlich nicht verschwiegen werden, dass diese Lösung vom kryptanalytischen Standpunkt aus auch ihre Schwächen hat. So wird für jedes Cookie derselbe Serverschlüssel verwendet. Das ist vom kryptographischen Standpunkt aus gesehen schon mal ganz schlecht, weil man eine große Zahl von Cookies erwerben und eine Volumenattacke durchführen kann, um den Schlüssel zu erraten. Da in *diesem* Beispiel außerdem der Zähler monoton steigt, könnte man eine *known plaintext attack* ausführen: Man kennt schließlich den Wert, der so verschlüsselt wurde. Ein weiteres Problem ist, dass solche Cookies gestohlen (z.B. von einem Virus) und von einem ganz anderen Rechner aus wiederverwendet werden können (*replay attack*).

Es gibt verschiedene Möglichkeiten, diese kryptographischen Schwächen zu bekämpfen. So haben Alex X. Liu et. al. in ihrem Paper *A Secure Cookie Protocol* ein Cookie-Protokoll vorgeschlagen, das wie folgt aussieht (Pseudocode):

```python
#!/usr/bin/env python
# securecookieprotocol.py -- A Secure Cookie Protocol by Alex X. Liu et al.
# http://www.cse.msu.edu/~alexliu/publications/Cookie/cookie.pdf

'''

Pseudo code of the the Secure Cookie Protocol proposed in the paper

    A Secure Cookie Protocol
    Alex X. Liu, Jason M. Kovacs, Chin-Tser Huang, and Mohamed G. Gouda
    http://www.cse.msu.edu/~alexliu/publications/Cookie/cookie.pdf
'''


from cryptutils import Encrypt, Decrypt, HMAC
import time

def Encrypt_SCP(username, expiration_time, data, session_key, server_key):
    '''Encrypt and sign data using "A Secure Cookie Protocol."

    Create and return an encrypted and signed cookie payload for a
    user using a secure cookie protocol.
```

```
    USERNAME        is the name of the cookie owner.
    SESSION_KEY     is the SSL session ID of the Client/Server connection.
    EXPIRATION_TIME is the time in seconds since the Epoch when the
                    cookie is set to expire... as String.
    DATA            is the data to be encrypted
    SERVER_KEY      is a secret key private to the server.

    SCP creates a payload containing:
      USERNAME, EXPIRATION_TIME in plaintext,
      The encrypted DATA, using a key that is difficult to guess,
      a hard to forge signature.

    SCP uses the Encrypt and HMAC functions from cryptutils.py
    '''

    k = HMAC(username + expiration_time, server_key)
    C_enc = username + expiration_time + Encrypt(data, k) + \
            HMAC(username + expiration_time + data + session_key, k)


    return C_enc

def Decrypt_SCP(payload, session_key, server_key):
    '''Verify and decrypt payload according to "A Secure Cookie Protocol."

    Decrypt the cookie payload PAYLOAD and return a tuple
    (verified, decrypted_data). VERIFIED is True only if the
    payload has not been tampered with, and DECRYPTED_DATA
    contains the decrypted payload, but only if VERIFIED is True.

    PAYLOAD is the encrypted payload as returned by Encrypt_SCP
    SESSION_KEY is the SSL session ID of the Client/Server connection.
    SERVER_KEY  is a secret key private to the SERVER.

    Decrypt and HMAC are from cryptutils.py
    '''

    if int(payload.expiration_time) < time.time():
        return (False, None)        # Cookie expired.

    k         = HMAC(payload.username + payload.expiration_time, server_key)
    data      = Decrypt(payload.encrypted_data, k)
    signature =  HMAC(payload.username + payload.expiration_time + data + \
                    session_key, k)
```

```
if computed_signature != payload.signature:
    return (False, None)        # Cookie has been tampered with

return (True, data)             # Cookie is valid.
```

Wir haben diesen Algorithmus hier nicht implementiert, da wir einerseits keinen User-namen haben und andererseits keine SSL-Verbindung (und folglich keinen Session Key) angeben können. Versuchen Sie es nachzuholen, es ist eine gute Übungsaufgabe!

15.4.8 Den Zustand serverseitig erhalten

Manchmal ist das Speichern des kompletten Zustands beim Client keine besonders gute Idee.

So kann der Zustand sehr umfangreich sein, was die Kapazität von Cookies, hidden-Feldern oder URLs übersteigt. Cookies haben nur eine begrenzte Größe; sie sind nicht dafür gedacht, riesige Informationsmengen zu speichern. Stellen Sie sich z.B. eine Webshop-Anwendung vor, welche die gesamte Bestellhistorie eines Kunden speichert. Bei besonders aktiven Kunden könnte alleine diese Bestellhistorie die Kapazität eines Cookies schnell übersteigen.

Der Zustand kann auch wertvoll sein und sollte lieber auf einem gut gesicherten Unix-Server statt auf einem von Viren und Trojanern geplagten Windows-PC abgelegt werden (wo er verloren gehen kann; oder ausgespäht und verändert werden könnte). Sie möchten z.B. nicht Kundenadressen, Bankkonten und sogar Kreditkartennummern (sic!) auf einem ungesicherten PC ablegen.

Achtung!

Kreditkartennummern sollten *überhaupt nicht* auf dem Server eines Web-shops gespeichert werden. Stattdessen sollten sie direkt, ohne Zwischen-speicherung an den Credit Card Processor weitergeleitet werden, aber das ist ein Thema für sich!

Oft ist der Zustand an einen bestimmten Benutzer statt einen bestimmten Clientrech-ner gebunden. So ist bei einer Internetbanking-Lösung der Zustand das Konto des Benutzers; und niemand würde auf die Idee kommen, die Kontoverwaltung eines Benutzers clientseitig abzulegen!

Sitzungen

Den Zustand serverseitig zu speichern, ist also eine gute Idee. Aber wie stellt man einen Zusammenhang zwischen einem bestimmten Zustand und einer bestimmten TCP-Verbindung her? Woher weiß die Webanwendung, dass zur aktuellen Verbindung zur IP $A.B.C.D$, Port P der serverseitige Zustand 'Z' gehört?

Wer sich nicht mit dem HTTP-Protokoll auskennt, könnte sich vielleicht folgende »Lösung« ausdenken: Der Benutzer muss sich beim erstmaligen Verbindungsaufbau einloggen. Ist das Einloggen erfolgreich, wird die Webanwendung die aktuelle TCP-Verbindung dem Zustand dieses Benutzers zuordnen, und jeder Datenverkehr, der über diese TCP-Verbindung abgewickelt wird, gehört dann automatisch zu diesem Zustand. So könnten mehrere aufeinanderfolgende Klicks den einen Zustand des Benutzers beeinflussen, und kein anderer Benutzer könnte sich da einmischen.

Tja, das ist keine schlechte Idee, und sie würde bei vielen Protokollen auch funktionieren. Dummerweise ist HTTP aber ein *zustandsloses Protokoll*. Das heißt, dass die einzelnen Aufrufe einer Website (die einzelnen Klicks) normalerweise nicht über dieselbe TCP-Verbindung stattfinden. Oder anders gesagt: Bei HTTP wird zwar schon eine TCP-Verbindung zum Webserver aufgebaut, aber diese wird in den meisten Fällen nach dem Senden der Antwort an den Client sofort wieder geschlossen. Jeder einzelne Klick auf eine Seite würde eine eigene, neue TCP-Verbindung bedeuten.

Mit dem HTTP-Header `Connection: open` kann ein Client vom Server verlangen, mehrere Anforderungen über dieselbe TCP-Verbindung abwickeln zu dürfen, aber ein Webserver muss diesem Wunsch nicht unbedingt immer nachkommen. In der Praxis werden die meisten Webserver einige aufeinanderfolgende Aufrufe akzeptieren, wenn es der Client wünscht, aber wie viele das sind, hängt vom Server ab, von der Anzahl der bereits akzeptierten Anforderungen eines der Serverprozesse etc. Kurz: Man kann sich darauf nicht verlassen. Außerdem: Wie bringt man *alle* Clients dazu, so einen Header zu generieren?

Man hat also das Problem, dass wir zwar den Zustand serverseitig speichern, aber die einzelnen TCP-Verbindungen, die auf uns einprasseln, nicht so ohne Weiteres einem bestimmten Zustand zuordnen können.

Könnte man etwa eine IP-Adresse einem Zustand zuordnen, und sei es nur eine bestimmte Zeit? Leider nicht, denn:

- Die IP-Adresse eines Clients kann mitten in einer Sitzung wechseln (man denke an DSL mit Zwangstrennung, Wiedereinwahl mit Modems etc.): Die Anwendung sieht dann verschiedene IP-Adressen für denselben Benutzer.
- Mehrere Benutzer könnten einen ISP-Proxyserver benutzen (z.B. Squid): Die Anwendung sieht dann dieselbe IP-Adresse des ISP-Proxyservers für verschiedene Benutzer.
- Die Anwendung kann auf einem internen Server laufen, auf dem externe User nur per Proxy zugreifen können und auf dem der Proxy in der DMZ liegt: Die Anwendung sieht auch hier dieselbe IP-Adresse des DMZ-Proxyservers.

897

Die IP-Adresse ist also keine Lösung!

Tatsache ist, dass man das Problem, dass das HTTP-Protokoll zustandslos ist, nicht auf OSI-Layer 4 (Verbindungslayer)-Ebene lösen kann. Wir müssen schon Sitzungen auf OSI-Layer 7 simulieren!

Wie simuliert man eine solche Sitzung? Na, das dürfte doch klar sein: durch anwendungsspezifische *Sitzungstoken*! Ein Sitzungstoken ist ein kleines Stückchen Information, das zwischen Server und Client hin- und hergereicht wird und eine Sitzung von einer anderen Sitzung unterscheidet. Jede Sitzung soll eindeutig zu einem Sitzungstoken zugeordnet werden. Eine Sitzung ist dabei die Folge der Aufrufe einer Anwendung, angefangen beim Einloggen bis hin zum Ausloggen. Sitzungen können (und sollten) auch eine begrenzte Lebensdauer haben: Erfolgt kein Aufruf der Anwendung nach einer bestimmten Anzahl Minuten, gilt die Sitzung als abgelaufen, und der Benutzer muss sich erneut einloggen.

Als Token kann man z.B. eine Sitzungs-ID benutzen. Diese Sitzungs-ID kann eine einfache aufsteigende Zahl oder auch eine zufällige Zahl sein, die der Server am Beginn einer jeder Sitzung erzeugt. Durch zufällige Sitzungszahlen kann man verhindern, dass Benutzer Sitzungen anderer Benutzer stehlen. Das geht aber nur, wenn der Raum, aus dem die zufälligen Zahlen gewählt werden, groß genug ist, damit Kollisionen möglichst augeschlossen sind.

Um zu verhindern, dass der Benutzer seine eigene Sitzungs-ID sieht oder eine fremde Sitzungs-ID statt der aktuellen Sitzungs-ID erzeugt, könnte man diese Sitzungs-ID in ein verschlüsseltes und signiertes Cookie verpacken und dem Benutzer senden, so wie wir es weiter oben im clientseitigen Fall getan haben.

Statt eines Cookies kann man diese (evtl. verschlüsselte und signierte) Sitzungs-ID auch als hidden-Feld oder in die URL als `PATH_INFO` hinzufügen: Eine solche Fallback-Lösung ist auf jeden Fall sinnvoll, um Browser zu unterstützen, die Cookies (implementierungsabhängig oder konfigurationsmäßig) nicht akzeptieren.

Im Folgenden werden wir davon ausgehen, dass der Browser des Benutzers Cookies akzeptiert, und werden daher die Sitzungs-ID des Benutzers (verschlüsselt und signiert) als Cookie beim Browser des Benutzers ablegen.

Serverseitig werden Sitzungen persistent in eine Datenbanktabelle gespeichert. Eine Möglichkeit, diese Sitzungstabellen zu gestalten, könnte folgende sein: Die Sitzungstabelle sollte drei Spalten enthalten:

- Sitzungs-ID,
- Benutzer-ID und
- Ablaufzeitpunkt.

Dabei sollte die Sitzungs-ID ein Primärschlüssel sein. Daten zum Benuzer, die wir als »Zustand« weiter oben bezeichnet haben, können dann in anderen Tabellen liegen, und zwar durch die Benutzer-ID referenzierbar.

Die grundlegende Vorgehensweise ist dann wie folgt (Pseudocode):

```
def handle_request(req):

    session = DB_Session(session_time=300)   # 5 minutes = 300 secs. sessions
    cookie  = req.getCookie('session')        # decrypt and verify, else None

    if cookie:
        sess_id = cookie.getSessionID()
        if session.session_valid(sess_id):
            if req.getCommand() == LOGOUT:
                session.session_remove(sess_id)
                send_cookie(create_cookie(LOGGED_OUT))
                confirmLogoutToUser()
                send_login_form()
            else:
                do_something_with_session_and_request(sess_id, req)
                session.session_extend_time(sess_id)
                send_some_reply()
        else:
            sendErrorToUser(INVALID_OR_EXPIRED_SESSION)
            send_login_form()

    else:
        if req.hasLoginCredentials():
            username, password = req.loginCredentials()
            if verify_credentials(username, password):
                sess_id = session.session_create(username)
                send_cookie(create_cookie(sess_id)) # encrypt and sign cookie
                confirmLoginToUser()
                show_logged_in_page()
            else:
                sendErrorToUser(INVALID_USER)
                send_login_form()
        else:
            send_login_form()

    session.close()
```

Die Idee ist, dass der Benutzer sich erst mit Benutzernamen und Passwort einloggen muss und im Erfolgsfall eine Sitzungs-ID als verschlüsseltes und signiertes Cookie erhält. Diese Sitzung wird serverseitig mit einem Ablaufzeitstempel versehen. Später sendet der Client dann das Cookie mit der Sitzungs-ID zum Server. Der Server prüft erst nach, ob das Cookie eine gültige, nicht abgelaufene Sitzung kennzeichnet, und im Erfolgsfall führt es das aktuell gewünschte Kommando aus.

Möchte sich der Benutzer ausloggen, wird die Sitzung aus der Datenbank gelöscht. Dann wird (in einem optionalen Schritt) dem Client mittels eines speziellen Cookies signalisiert, dass die Sitzung tot ist, und ein Login-Formular gesendet.

Sendet der Benutzer mit einer gültigen Sitzungs-ID ein anderes als das Logout-Kommando, wird das Kommando ausgeführt, die Gültigkeitsdauer der Sitzung serverseitig aktualisiert und dann die Antwort gesendet. Somit ist sichergestellt, dass eine Sitzung nur dann abläuft, wenn sie eine gewisse Zeit inaktiv ist.

Am obigen Beispiel erkennen wir, dass wir persistente Sitzungen in Form des session-Objekts benötigen. Die Schnittstelle eines solchen Objekts könnte folgende Basisklasse spezifizieren.

```python
#!/usr/bin/env python
# session.py -- abstract class representing a server-side session

class BaseSession(object):
    "Abstract class represending a server-side session"
    def __init__(self, session_time=3600):
        "Initialize database connections etc. here. Don't forget to call me"
        self.expires_interval = session_time

    def close(self):
        "Close database connections here"
        raise NotImplementedError('Method must be implemented by subclass')

    def session_create(self, user_id):
        "Create a new session for user user_id. Return new session_id"
        raise NotImplementedError('Method must be implemented by subclass')

    def session_remove(self, session_id):
        "Remove the session with the ID session_id"
        raise NotImplementedError('Method must be implemented by subclass')

    def session_valid(self, session_id):
        "Verify that the session is still valid by checking its expire time"
        raise NotImplementedError('Method must be implemented by subclass')
```

```
def session_extend_time(self, session_id):
    "Extend the expire time by self.expires_interval"
    raise NotImplementedError('Method must be implemented by subclass')
```

Die Klasse BaseSession muss natürlich erst abgeleitet werden, um eine Form von Persistenz zu implementieren. Persistenz kann man mit unterschiedlichsten Mitteln realisieren. Wie wir im Kapitel 13, *Persistenz und Datenbanken*, gesehen haben, könnten wir Dateien, SQL-Datenbanken, objektorientierte Datenbanken und objektrelationale Mapper einsetzen.

Datenbankbasierte Sitzungen

Wir werden im Folgenden die Persistenz von BaseSession mit Hilfe einer SQL-Datenbank auf PostgreSQL-Basis implementieren. Wir gehen davon aus, dass Sie einen PostgreSQL-Server zur Verfügung haben und dort bereits eine Datenbank namens *pybookdb* eingerichtet haben, so wie in Persistenz und Datenbanken in aller Ausführlichkeit erklärt.

Tasten wir uns schrittweise an die Lösung heran! Als Erstes brauchen wir eine Tabelle *sessions* mit den drei Feldern session_id, user_id und expires. Diese legen wir hier interaktiv an:

```
$ psql --host 127.0.0.1 --username pythonbook --password --dbname pybookdb
Password for user pythonbook: <py.book>
Welcome to psql 8.3.1, the PostgreSQL interactive terminal.

Type:  \copyright for distribution terms
       \h for help with SQL commands
       \? for help with psql commands
       \g or terminate with semicolon to execute query
       \q to quit

pybookdb=> CREATE TABLE sessions (
pybookdb(>     session_id BIGSERIAL PRIMARY KEY,
pybookdb(>     user_id   VARCHAR(8),
pybookdb(>     expires   INTEGER
pybookdb(> );
NOTICE:  CREATE TABLE will create implicit sequence
         "sessions_session_id_seq" for serial column "sessions.session_id"
NOTICE:  CREATE TABLE / PRIMARY KEY will create implicit index
         "sessions_pkey" for table "sessions"
CREATE TABLE
```

Wir benutzen ein BIGSERIAL-Feld für session_id. Dieses Feld besitzt eine *autoincrement*-Eigenschaft: Sobald eine Zeile eingefügt wird, bei der man das Feld leer lässt, wird automatisch der nächsthöhere Wert eingesetzt. Probieren wir es einfach aus! Fügen wir erst zwei Einträge ein:

```
pybookdb=> INSERT INTO sessions ( user_id, expires )
pybookdb->         VALUES ( 'user1', 12345 );
INSERT 0 1

pybookdb=> INSERT INTO sessions ( user_id, expires )
pybookdb->         VALUES ( 'user2', 12310 );
INSERT 0 1
```

Und jetzt führen wir einen INSERT-Befehl aus mit einer PostgreSQL-spezifischen RETURNING-Anweisung:

```
pybookdb=> INSERT INTO sessions ( user_id, expires )
pybookdb->         VALUES ( 'user3', 55555 )
pybookdb->         RETURNING session_id;
 session_id
------------
          3
(1 row)


INSERT 0 1
```

Möchte man das Eintragen einer neuen Spalte mit einer Standard-SQL INSERT-Anweisung ausführen, könnte man auch die PostgreSQL currval-Funktion aufrufen:

```
pybookdb=> SELECT currval('sessions_session_id_seq');
 currval
---------
       3
(1 row)
```

Fragen wir vorsichtshalber die Tabelle kurz ab:

```
pybookdb=> select * from sessions;
 session_id | user_id | expires
------------+---------+---------
          1 | user1   |   12345
          2 | user2   |   12310
          3 | user3   |   55555
(3 rows)
```

Nun wissen wir, wie wir BaseSession mit PostgreSQL implementieren! Wir löschen die Tabelle und legen sie noch mal an, um ganz von vorn anzufangen:

```
DROP TABLE sessions;

CREATE TABLE sessions (
    session_id BIGSERIAL PRIMARY KEY,
    user_id    VARCHAR(8),
    expires    INTEGER
);
```

Implementieren wir nun die Klasse DBSession, **indem wir sie aus** BaseSession **ableiten:**

```
#!/usr/bin/env python
# session_dbapi.py -- server-side sessions using DB-API 2.0

'''

session_dbapi.py implements a session.BaseSession on PostgreSQL.
It assumes a table "session" that has been defined as follows:

CREATE TABLE sessions (
    session_id BIGSERIAL PRIMARY KEY,
    user_id    VARCHAR(8),
    expires    INTEGER
);
'''


import time
import psycopg2
import session


def now():
    return int(time.time())


class DBSession(session.BaseSession):
    "A server-side session saved in a DB-API 2.0 table"
    def __init__(self, dsn, session_time=3600):
        super(DBSession, self).__init__(session_time)
        self.dsn = dsn
        self.conn = psycopg2.connect(dsn)
        self.curs = self.conn.cursor()

    def close(self):
        self.curs.close()
        self.conn.close()
        self.conn = self.curs = None
```

```
def session_create(self, user_id):
    "Create a new session for user user_id. Return new session_id"
    data = { 'user_id': user_id,
             'expires': now() + self.expires_interval }
    self.curs.execute("INSERT INTO sessions ( user_id, expires ) "
                      "VALUES ( '%(user_id)s', %(expires)d )" %
                      data)
    self.curs.execute("SELECT currval('sessions_session_id_seq')")
    session_id = self.curs.fetchone()[0]
    self.conn.commit()
    return session_id

def session_remove(self, session_id):
    "Remove the session with the ID session_id"
    data = { 'session_id': session_id }
    self.curs.execute("DELETE FROM sessions "
                      "WHERE session_id = %(session_id)s" %
                      data)
    self.conn.commit()

def session_valid(self, session_id):
    "Verify that the session is still valid by checking its expire time"
    data = { 'session_id': session_id }
    self.curs.execute("SELECT expires FROM sessions "
                      "WHERE session_id = %(session_id)d" %
                      data)
    expires = self.curs.fetchone()[0]
    return now() <= expires

def session_extend_time(self, session_id):
    "Extend the expire time by self.expires_interval"
    data = { 'session_id': session_id,
             'expires'   : now() + self.expires_interval }
    self.curs.execute("UPDATE sessions SET expires = %(expires)d "
                      "WHERE session_id = %(session_id)d" %
                      data)
    self.conn.commit()
```

Um sicherzugehen, dass das Programm funktioniert, tragen wir ein paar Sitzungen manuell ein:

```
>>> from session_dbapi import DBSession
>>> dsn = "user='pythonbook' password='py.book' host='127.0.0.1' " + \
...       "dbname='pybookdb'"
>>> sess = DBSession(dsn, 300)
```

Die Sitzungen werden 5 Minuten (300 Sekunden) lang gültig sein. Beachten Sie, dass wir diese Länge nicht in der Datenbank selbst eingetragen haben. Somit kann man bequem die Länge bereits existierender Sitzungen verändern, indem man diesen Wert anwendungsseitig anpasst.

Doch zurück zu den Sitzungen. Tragen wir mal ein paar ein:

```
>>> sess.session_create('user1')
1L
```

```
>>> sess.session_create('user25')
2L
```

```
>>> sess.session_create('user9')
3L
```

Übrigens, ein User kann auch mehrere parallele Sitzungen aufbauen (z.B. von verschiedenen Rechnern aus):

```
>>> sess.session_create('user1')
4L
```

Ein Blick in die Tabelle session (z.B. mit *psql* aus einem anderen Fenster) zeigt, was wir bisher haben:

```
pybookdb=> select * from sessions;
 session_id | user_id |  expires
------------+---------+------------
          1 | user1   | 1209311886
          2 | user25  | 1209311895
          3 | user9   | 1209311907
          4 | user1   | 1209311994
(4 rows)
```

Jetzt prüfen wir nach, welche Sitzungen (noch) gültig sind:

```
>>> sess.session_valid(1L)
True
```

Die Sitzung mit der session_id 1 ist immer noch gültig, da wir sie vor 5 Minuten erzeugt haben. Warten wir ein wenig, bis die Zeit abgelaufen ist, würde sie ungültig werden:

```
>>> sess.session_valid(1L)
False
```

Eine abgelaufene Sitzung könnten wir manuell löschen:

```
>>> sess.session_remove(1L)
```

Alternativ dazu kann man eine Sitzung wieder aktualisieren:

```
>>> sess.session_extend_time(3L)
>>> sess.session_valid(3L)
True
```

Beachten Sie, dass man mit dieser API bereits abgelaufene, aber noch nicht gelöschte Sitzungen trotzdem wieder zum Leben erwecken kann, indem man `session_extend_time` aufruft. Es wird in der Verantwortung des Aufrufers liegen, abgelaufene Sitzungen aus der Datenbank zu streichen. Man hätte zwar in der Methode `session_extend_time` einen Aufruf von `session_remove` einbauen können, wenn sich herausgestellt hat, dass die Sitzung abgelaufen ist. Wir haben es aber hier eben nicht getan, um die Zuständigkeiten sauber voneinander zu trennen.

Löschen wir nun *alle* Sitzungen, bevor wir das Programm verlassen:

```
>>> for sess_id in range(5L):
...     sess.session_remove(sess_id)
...
>>> sess.close()
>>> quit()
```

Es ist zu beachten, dass die Python-Installation des Rechners, der das CGI-Programm ausführt (also der Rechner mit den Webserver) das Drittanbietermodul `psycopg2` laden kann: Man sollte es also nachträglich installieren, wenn nicht schon geschehen. Der Datenbankserver selbst kann durchaus auf einem anderen Rechner laufen, solange man in der DSN den richtigen Hostnamen angibt.

Dateibasierte Sitzungen

Steht einem kein Datenbankserver zur Verfügung, oder lässt sich das jeweilige DB-API 2.0 Modul nicht auf dem Rechner installieren, der den Webserver ausführt, kann man auch auf eine dateibasierte Lösung ausweichen.

Als mögliche Dateien kommen gewöhnliche Textdateien, DBM-Dateien, die ZODB und eine SQLite3-Datei in Frage. Bei all diesen Dateien muss man aber darauf achten, dass ein CGI-Programm vom Webserver je nach Anforderungen von den Clients auch gleichzeitig ausgeführt werden kann. So ist es bei einem gut ausgelasteten Webserver nicht ungewöhnlich, dass mehrere Prozesse dasselbe CGI-Programm ausführen.

Was hat das für Konsequenzen? Die wichtigste Konsequenz ist, dass das von `Base-Session` abgeleitete Modul thread-safe sein muss. Dieser Code, der `anydbm` benutzt, ist z.B. *nicht* thread-safe:

```
from cPickle import dumps, loads
import anydbm
import time
```

```
def session_create(user_id):
    d          = anydbm.open('/tmp/sessions.db', 'w')
    nextval    = str(int(d['max_session']) + 1)
    d[nextval] = dumps((user_id, int(time.time()) + 300))
    d.close()
```

Erstens ist er nicht thread-safe, weil zwischen dem Auslesen von max_session (nach nextval) und dem Speichern der nächsten Sitzung unter nextval + 1 etwas Zeit vergeht. In dieser Zeit könnte ein anderer Prozess mit demselben CGI-Programm kommen, den alten nextval-Wert auslesen, erhöhen und dort seine Sitzung speichern. Wenn wir wieder dran sind, würden wir die soeben gespeicherte Sitzung des anderen Prozesses überschreiben.

Zweitens ist er nicht thread-safe, wenn die von anydbm (oder eines anderen Persistenz-moduls wie etwa shelve etc.) verwendete Implementierung es auch nicht ist.

In allen Fällen müsste man darauf achten, dass die Datei erst für den exklusiven Zugriff durch das CGI-Programm gesperrt wird, und erst wenn wir im Besitz eines exclusiven Locks sind, können wir die Datei verändern.

Auf dieses (wichtige) Thema gehen wir nicht weiter ein und werden im Folgenden weiterhin einen Datenbankserver benutzen, der uns diese lästige Aufgabe der Seria-lisierung der Zugriffe auf ganz natürliche Art und Weise abnimmt.

15.4.9 Nachteile von CGI

Es sei noch einmal daran erinnert, dass CGI nur eine suboptimale Lösung für heutige Bedürfnisse ist. Sein Hauptnachteil ist natürlich, dass jedes Mal, wenn der Webserver das CGI-Programm benötigt, es diesen mühsam als Prozess starten muss. Das Starten eines Prozesses ist aber schon für sich eine aufwändige Angelegenheit. Kommt noch dazu, dass die meisten CGI-Programme keine Binarys sind, sondern aus Perl, PHP, Ruby oder Python-Code bestehen, dann muss nicht nur ein kleines effizientes Pro-gramm gestartet werden. Stattdessen muss ein ganzer Interpreter gestartet werden, und dieser muss zu allem Überfluss auch noch den Quellcode parsen (oder bei Python den Bytecode aus der .pyc-Datei laden) und interpretieren. All das kann sehr langsam vonstatten gehen.

Ein weiterer Nachteil von CGI ist, dass eine CGI-Anwendung keine persistente Ver-bindung zu einem Datenbankserver besitzen kann. Für jeden einzelnen Aufruf müsste ein CGI-Programm, das Daten aus einer Datenbank benötigt – und das wird es wohl in der Praxis so gut wie wie jedem Aufruf –, sich beim SQL-Server einloggen, um an die Daten des Benutzers zu gelangen.

Doch sich auf einen Datenbankserver einzuloggen, ist traditionell eine Operation, die etwas Zeit benötigt, und das verlangsamt die Reaktionszeit des gesamten Webservers samt CGIs erheblich. Außerdem skaliert diese Lösung nicht besonders gut: Sollte der Webserver von vielen gleichzeitigen Clients besucht sein, dann müsste der Datenbankserver genauso viele parallele Verbindungen und Sitzungen von den CGI-Prozessen verkraften können. Das ist alles andere als sicher.

Und überhaupt: Ein Server, der tausende Treffer auf eine CGI-URL erleidet, muss dafür sorgen, dass nur eine maximale Zahl von CGI-Prozessen vom Betriebssystem erzeugt werden. Warum? Weil Prozesse im Betriebssystem alle um die CPU-Zyklen kämpfen, und je mehr solche Prozesse es gibt, desto länger dauert es, bis jeder dieser Prozesse fertig ist (weil die CPU(s) ja inzwischen andere Prozesse bedienen müssen).

Es gibt ferner auch Probleme mit der Sicherheit! Normalerweise läuft ein CGI-Prozess mit denselben Berechtigungen wie der Webserver selbst. Das bedeutet in der Praxis entweder einen dedizierten Unix-Benutzer wie *www* oder einen, der traditionell sehr wenig Rechte haben sollte, etwa *nobody*. Sollte aber das CGI-Programm eine Sicherheitslücke aufweisen (und das haben in der Vergangenheit sehr viele, weil Programmierer zu faul sind, um die Eingaben von draußen strengstens zu bereinigen!), dann könnten Malware-Programme, Skript-Kiddies oder auch erfahrene Cracker (nicht Hacker, das ist ein positiver Begriff) allerlei Unsinn veranstalten, z.B. Dateien auf dem Webserver überschreiben – Sie haben doch schon von Defacements gehört!

Im Vergleich zu CGI sind SCGI- oder FastCGI-Programme zwar auch nicht ganz immun gegen Sicherheitslücken, aber dort kann man den FastCGI- oder SCGI-Prozess wenigstens in einem *chroot(2)*-Jail oder gar (bei FreeBSD z.B.) in einem virtuellen *jail(8)*-Server laufen lassen. Somit kann man die Auswirkung eines Einbruchs in den meisten Fällen auf einen kleinen Bereich beschränken, und die sonstigen Dateien des Webservers (und erst recht des Rechners, auf dem der Webserver (und die SCGI- bzw. FastCGI-Server) läuft) bleiben verschont.

Das schließt unsere Tour durch CGI und die tiefsten Abgründe der Webprogrammierung!

15.5 Webclients

Bisher haben wir ausschließlich Webanwendungen beschrieben, die auf dem Server laufen. Als Webclients haben wir fertige Browser benutzt oder *fetch*, eine Anwendung zum Herunterladen von Webseiten, ähnlich *wget* und *curl*. Doch wir haben noch keine einzige Python-Zeile gezeigt, mit der man eine URL selbst herunterladen kann.

Wozu ist das überhaupt gut? Die Hauptanwendung ist zweifellos der Crawler einer Suchmaschine: dieser Roboter muss ja Seite nach Seite herunterladen und indizieren. Eine weitere Anwendung wäre das Spiegeln von Websites zu Backup-Zwecken oder um die Seiten dann in Ruhe offline lesen zu können (z.B. von unterwegs, wenn man keine Netzanbindung hat).

Das eigentliche Herunterladen einer Webseite ist in Python denkbar einfach und kann mit einem Zweizeiler erledigt werden. Aber je nach Anforderungen kann es etwas komplexer werden. So kann man z.B. programmatisch:

- Teile einer Seite herunterladen (z.B. um einen unterbrochenen Download fortzusetzen).
- Daten in ein Formular eingeben, das gefüllte Formular abschicken und die Antwort auslesen.
- Passwort-geschützte Bereiche durch Angabe des richtigen Passworts betreten.
- Cookies sammeln und bei Bedarf zurücksenden, um Benutzersitzungen zu simulieren.

Die Anwendungsmöglichkeiten sind vielfältig.

15.5.1 Low-level HTTP Protokoll mit httplib

Auf der niedrigsten Ebene könnte man die Techniken aus dem Kapitel 14, *Netzwerkprogrammierung*, einsetzen, um eine TCP-Verbindung zu einem Webserver aufzubauen, die erforderlichen Zeilen des HTTP-Protokolls abzuschicken und anschließend die Antwort des Servers (HTTP-Header und HTTP-Körper) auszulesen. Mit anderen Worten, man könnte eine HTTP-Sitzung wie folgt simulieren:

```
$ nc testbox.hajji.name 80
GET /cgi-bin/cgihello.py HTTP/1.0
Host: testbox.hajji.name
Connection: close


HTTP/1.1 200 OK
Date: Mon, 19 May 2008 01:19:21 GMT
Server: Apache/2.2.8 (FreeBSD) mod_scgi/1.12 mod_ssl/2.2.8 OpenSSL/0.9.8e \
        DAV/2 mod_python/3.3.1 Python/2.5.2 mod_fastcgi/2.4.6 mod_wsgi/2.0
Connection: close
Content-Type: text/plain

Hello, CGI World!
```

Hier haben wir die drei ersten Zeilen, gefolgt von der leeren Zeile eingegeben, und der Server hat eine Antwort gesendet, bestehend aus HTTP-Header, einer leeren Zeile und einem HTTP-Körper (hier bestehend aus einer einzigen Zeile).

Doch auf diese tiefe Ebene wollen wir uns gar nicht erst begeben. Schließlich müsste man mit verschiedenen Sonderfällen rechnen, etwa mit einem stotternden Server (*chunked encoding*), und die HTTP-Header müssten wir ebenfalls bei Bedarf erst interpretieren, um zu wissen, was uns der Server da überhaupt mitteilen will!

Einfacher ist es, die httplib-Bibliothek der Python Standard Library zu benutzen. Nähern wir uns schrittweise und interaktiv der Lösung an. Als Erstes importieren wir httplib und bauen eine Verbindung zu unserer Testbox auf:

```
>>> import httplib
```

```
>>> conn = httplib.HTTPConnection("testbox.hajji.name", port=80)
```

Inspizieren wir nun das conn-Objekt:

```
>>> conn
<httplib.HTTPConnection instance at 0x284a020c>
```

```
>>> dir(conn)
['_HTTPConnection__response', '_HTTPConnection__state', '__doc__', '__init__',
'__module__', '_buffer', '_http_vsn', '_http_vsn_str', '_method', '_output',
'_send_output', '_send_request', '_set_hostport', 'auto_open', 'close',
'connect', 'debuglevel', 'default_port', 'endheaders', 'getresponse', 'host',
'port', 'putheader', 'putrequest', 'request', 'response_class', 'send',
'set_debuglevel','sock', 'strict']
```

```
>>> conn.host, conn.port
('testbox.hajji.name', 80)
```

Als Nächstes fordern wir eine URL vom Webserver an und holen uns die Antwort ab:

```
>>> conn.request('GET', '/cgi-bin/cgihello.py')
>>> resp = conn.getresponse()
```

Was ist nun resp?

```
>>> resp
<httplib.HTTPResponse instance at 0x2872450c>
```

```
>>> dir(resp)
['__doc__', '__init__', '__module__', '_check_close', '_method',
'_read_chunked', '_read_status', '_safe_read', 'begin', 'chunk_left',
'chunked', 'close', 'debuglevel', 'fp', 'getheader', 'getheaders',
'isclosed', 'length', 'msg', 'read', 'reason', 'status', 'strict',
'version', 'will_close']
```

Schauen wir uns erst an, ob die Anfrage erfolgreich war:

```
>>> resp.status, resp.reason
(200, 'OK')
```

Aber was ist mit den anderen Methoden des resp-Objekts?

```
>>> for header, value in resp.getheaders():
...     print header, '=', value
...
date = Mon, 19 May 2008 01:31:25 GMT
transfer-encoding = chunked
content-type = text/plain
server = Apache/2.2.8 (FreeBSD) mod_scgi/1.12 mod_ssl/2.2.8 OpenSSL/0.9.8e \
        DAV/2 mod_python/3.3.1 Python/2.5.2 mod_fastcgi/2.4.6 mod_wsgi/2.0
```

Das sind genau die Header, die der Webserver als Teil der Antwort gesendet hat. Ja, es sieht in der Tat sehr gut aus! Was ist mit der read-Methode?

```
>>> resp.read
<bound method HTTPResponse.read of <httplib.HTTPResponse instance at \
                            0x2872450c>>
```

Da es eine read-Methode gibt, kann man wohl resp wie ein file-ähnliches Objekt behandeln und es auslesen. Probieren wir es einfach aus!

```
>>> data = resp.read()

>>> data
'Hello, CGI World!\r\n'
```

Es hat wohl funktioniert.

Natürlich können verschiedene Fehler auftreten. Wartet man z.B. in der Python-Shell zu lange, bevor man eine weitere Anfrage über dasselbe conn-Objekt sendet, könnte man Folgendes erhalten (Tracebacks gekürzt):

```
>>> conn.request('GET', '/nonexistent')
>>> resp = conn.getresponse()
socket.error: (54, 'Connection reset by peer')

>>> conn.request('GET', '/cgi-bin/cgihello.py')
httplib.CannotSendRequest
```

Der Grund hier ist, dass der Webserver die Verbindung von sich aus geschlossen hat; entweder weil er das nach jeder Verbindung wie bei HTTP/1.0 üblich tut oder weil wir zu lange damit gewartet haben, eine weitere Anfrage zu senden.

Doch nichts hindert uns, die Verbindung erneut aufzubauen, denn das conn-Objekt hat eine connect-Methode:

```
connect(self) method of httplib.HTTPConnection instance
    Connect to the host and port specified in __init__.
```

Wir schließen und öffnen die Verbindung erneut und fragen jetzt nach einer Seite, die nicht existiert:

```
>>> conn.connect()
>>> conn.request('GET', '/blah')

>>> resp = conn.getresponse()
>>> resp.status, resp.reason
(404, 'Not Found')

>>> data = resp.read()
>>> print data
```

Das ergibt in dem Fall:

```
<!DOCTYPE HTML PUBLIC "-//IETF//DTD HTML 2.0//EN">
<html><head>
<title>404 Not Found</title>
</head><body>
<h1>Not Found</h1>
<p>The requested URL /blah was not found on this server.</p>
</body></html>
```

Wie ist es mit dem umgekehrten Weg? Das heißt: Wie sendet man z.B. mit der POST-Methode Daten an ein Programm? Um das zu zeigen, brauchen wir eine Webanwendung, die ein Formular sendet und Daten daraus liest. Wir starten dafür am besten unseren weiter oben vorgestellten Formular-basierten Webrechner *twistedwebcalc3.py*, der auf Port 9090 hört:

```
$ ~/python/bin/python twistedwebcalc3.py
```

Wir müssen nun das simulieren, was ein Webbrowser tut, wenn er ein HTML-Formular mit den Parametern arg1, arg2 und op mit der POST-Methode zurücksendet. Wir gehen daher systematisch vor. Zunächst bereiten wir die HTTP-Anfrageheader und den HTTP-Body vor. Dieser Body muss die Parameter in URL-encodierter Form enthalten:

```
import httplib, urllib

headers = {'Content-type': 'application/x-www-form-urlencoded',
           'Accept':       'text/plain'}

params = urllib.urlencode({'arg1': 2.3, 'arg2': 3.7, 'op': 'add'})
```

Wie man sieht, erwarten wir als Antwort ausschließlich einen MIME-Typ von *text/plain*. Das stimmt überein mit dem, was *twistedwebcalc3.py* uns zurücksenden wird.

Außerdem teilen wir dem Typ *application/x-www-form-urlencoded* mit, dass die Daten des HTML-Formulars URL-encodiert sein werden. Diese Encodierung sieht so aus:

```
>>> params
'arg1=2.3&arg2=3.7&op=add'
```

Nun ist die Zeit gekommen, die Anfrage per POST-Methode an unsere Webanwendung samt eingebautem Twisted.Web Server zu senden:

```
conn = httplib.HTTPConnection("localhost:9090")
conn.request("POST", "/", params, headers)

resp = conn.getresponse()
```

Beachten Sie, wie wir hier den Port 9090 angegeben haben. Statt des zusätzlichen Parameters port=9090 ist diese URL-ähnliche Schreibweise genauso erlaubt.

Die eigentliche Anfrage wird durch die request-Methode abgesetzt. Wir haben jetzt zusätzliche Argumente gesendet: die URL, an die die Antwort gehen soll (unsere Anwendung wartet auf die URL /, in der Praxis wird hier ein ganzer Pfad bis zum eigentlichen Skript stehen), den zu sendenden encodierten HTTP-Körper paramas und die Header mit dem *application/x-www-form-urlencoded* Content-Type. Die Signatur von request lautet:

```
request(self, method, url, body=None, headers={})
    method of httplib.HTTPConnection instance
  Send a complete request to the server.
```

Nachdem wir die Anfrage abgeschickt und die Antwort mit getresponse abgeholt haben, sollten wir als Erstes nachprüfen, welchen Rückgabecode der Twisted.Web Server gesendet hat:

```
>>> resp.status, resp.reason
(200, 'OK')
```

Das ist sehr gut. Lesen wir nun die Antwort aus dem HTTP-Körper aus. Ob wir das Ergebnis der Berechnung erhalten werden?

```
>>> data = resp.read()
>>> print data
6.0

>>> data
'6.0\r\n'
```

Super! Es hat tatsächlich funktioniert! Wir schließen nun von unserer Client-Seite aus die Verbindung und sind fertig:

```
>>> conn.close()
```

15.5.2 Einfache Webclients mit urllib

Etwas einfacher zu benutzen als `httplib` sind die Methoden des `urllib`-Moduls der Python Standard Library:

```
>>> import urllib
>>> f = urllib.urlopen('http://testbox.hajji.name/cgi-bin/cgihello.py')
>>> data = f.read()
```

data sieht so aus:

```
>>> data
'Hello, CGI World!\r\n'
```

Um unseren Webrechner *twistedwebcalc3.py* mit GET und POST anzusprechen, gehen wir wie folgt vor: Zunächst bereiten wir unsere Daten vor. Diese sollen im URL-encoded-Format vorliegen:

```
>>> params = urllib.urlencode({'arg1': 2.3, 'arg2': 3.7, 'op': 'add'})
>>> params
'arg1=2.3&arg2=3.7&op=add'
```

Mit der GET-Methode hängen wir einfach diese Daten an die URL, nicht ohne zuvor ein Fragezeichen dazwischen einzutragen:

```
>>> f = urllib.urlopen('http://localhost:9090/?%s' % (params,))

>>> f.read()
'6.0\r\n'
```

Mit der POST-Methode übergeben wir stattdessen den `params`-String an `urlopen` als zweiten Parameter. Damit ist sichergestellt, dass diese Informationen als HTTP-Körper gesendet werden. Achten Sie darauf, dass `params` hier ein String und nicht ein Dictionary ist!

```
>>> f = urllib.urlopen('http://localhost:9090/', params)

>>> f.read()
'6.0\r\n'
```

Wie schon oben erwähnt, erwartet *twistedwebcalc3.py* die Daten an der URL /. In der Praxis wird es längere Pfade geben.

In der Dokumentation des `urllib`-Moduls befinden sich weitere nützliche Funktionen und Methoden. So kann man z.B. mit einem `FancyURLopener` automatisch 301 und 302 redirects ausführen und auf andere Besonderheiten richtig reagieren. Auch die Passwort-Eingabe via HTTP-Authentication kann dort automatisch in der richtigen Art und Weise erfolgen.

15.5.3 Flexiblere Webclients mit urllib2

Das urllib2-Modul der Python Standard Library kann mal als urllib-Modul auf Steroiden bezeichnen. Mit den dort definierten Funktionen und Klassen kann man nicht nur HTTP- sondern auch FTP-URLs anfordern. Dabei kann man ganz flexibel an verschiedenen Stellen eingreifen, indem man spezielle Objekte verwendet. Vielleicht ist es erforderlich, ein Passwort einzugeben? Oder Sie möchten nur Teile einer Seite anfordern? Was ist mit Redirects? Was ist mit Proxy-Servern?

Weil es eben so viele verschiedene Anforderungen gibt, ist urllib2 ein sehr großes Modul mit sehr vielen Handlern:

```
>>> import urllib2
```

```
>>> [ o for o in dir(urllib2) if o[0].isupper() ]
['AbstractBasicAuthHandler', 'AbstractDigestAuthHandler',
'AbstractHTTPHandler', 'BaseHandler', 'CacheFTPHandler', 'FTPHandler',
'FileHandler', 'GopherError', 'GopherHandler', 'HTTPBasicAuthHandler',
'HTTPCookieProcessor', 'HTTPDefaultErrorHandler', 'HTTPDigestAuthHandler',
'HTTPError', 'HTTPErrorProcessor', 'HTTPHandler', 'HTTPPasswordMgr',
'HTTPPasswordMgrWithDefaultRealm', 'HTTPRedirectHandler', 'HTTPSHandler',
'OpenerDirector', 'ProxyBasicAuthHandler', 'ProxyDigestAuthHandler',
'ProxyHandler', 'Request', 'StringIO', 'URLError', 'UnknownHandler']
```

Doch lassen Sie sich nicht davon abschrecken! Für einfache Anwendungen reicht meist die urllib2.urlopen-Funktion aus. Benötigt man mehr Flexibilität, ist sie aber vorhanden.

Eine Seite anfordern

Um eine URL herunterzuladen, ruft man einfach urllib2.urlopen auf und übergibt dabei die geforderte URL:

```
import urllib2
theurl = 'http://pythonbook.hajji.name/examples/net/test.html'


f = urllib2.urlopen(theurl)
data = f.read()
f.close()
```

Nun enthält data einen String (vom Typ str), der der angeforderten URL entspricht:

```
>>> print data,
<html>
  <head><title>a test page</title></head>
  <body><h1>a test page</h1></body>
</html>
```

Natürlich geht's auch kürzer:

```
>>> print urllib2.urlopen(theurl).read()
<html>
  <head><title>a test page</title></head>
  <body><h1>a test page</h1></body>
</html>
```

Falls wir wissen, dass diese URL einen Text ergeben würde (im Gegensatz zu einer binären Ausgabe), können wir auch mit einer Schleife über das von `urllib2.urlopen` gelieferte Objekt iterieren:

```
f = urllib2.urlopen(theurl)
for line in f:
    thelist.append(line)
f.close()
```

Dies entspräche in diesem Fall natürlich:

```
thelist = urllib2.urlopen(theurl).readlines()
```

Aber nichts hindert uns daran, innerhalb der Schleife kompliziertere Arbeitsschritte einzubauen. In beiden Fällen sähe `thelist` dann so aus:

```
>>> thelist
['<html>\n', '  <head><title>a test page</title></head>\n',
'  <body><h1>a test page</h1></body>\n', '</html>\n']
```

Enthält die URL hingegen Binärdaten (z.B. Bilder, Videos etc.), sollte man lieber die read-Methode einsetzen.

Manchmal sind die Daten ziemlich groß. Es wäre in dem Fall unpraktisch, sie mittels read komplett in den Hauptspeicher zu laden. Zum Glück kann man stückweise die Seite lesen, indem read einer Chunk-Größe übergeben wird. Das folgende Programm lädt eine URL chunkweise herunter und gibt sie auf die Standardausgabe aus.

```
#!/usr/bin/env python
# fetchchunked.py -- download a URL chunkwise, write it to sys.stdout

import sys
import urllib2

BLOCKSIZE = 8192

def fetch_chunked(url, chunksize=BLOCKSIZE):
    "Fetch a 'url' to sys.stdout, using 'chunksize' bytes."
```

```
    f = urllib2.urlopen(url)
    chunk = f.read(chunksize)
    while chunk:
        sys.stdout.write(chunk)
        chunk = f.read(chunksize)
    f.close()

if __name__ == '__main__':
    if len(sys.argv) < 3:
        print "Usage:", sys.argv[0], "URL chunksize"
        sys.exit(1)

    url   = sys.argv[1]
    csize = int(sys.argv[2])

    fetch_chunked(url, csize)
```

Selbstverständlich kann die URL beliebig kompliziert sein: einen abweichenden Port angeben, einen Query-String enthalten etc.

Fehler kommen natürlich ebenfalls vor. Es kann ja z.B. sein, dass eine URL nicht existiert. In dem Fall würde urllib2.urlopen eine passende Ausnahme auslösen, hier eine urllib2.HTTPError:

```
>>> import urllib2

>>> the_wrong_url = 'http://pythonbook.hajji.name/examples/net/notthere.html'

>>> f = urllib2.urlopen(the_wrong_url)
urllib2.HTTPError: HTTP Error 404: Not Found
```

So kann man also ganz bequem solche Fehler abfangen:

```
>>> try:
...     print urllib2.urlopen(the_wrong_url).read(),
... except Exception, e:
...     print "An error occured: ", e
...
An error occured:  HTTP Error 404: Not Found
```

Das von urllib2.urlopen zurückgegebene file-ähnliche Objekt besitzt neben den üblichen file-Methoden noch weitere Methoden und Attribute, mit denen man diverse Metadaten abfragen kann. Führt man folgenden Code aus

```
import urllib2
theurl = 'http://pythonbook.hajji.name/examples/net/test.html'
f = urllib2.urlopen(theurl)
```

sieht man, dass f mehr als nur die file-Methoden besitzt:

```
>>> f
<addinfourl at 678665516 whose fp = <socket._fileobject object at 0x2848fd14>>
```

```
>>> dir(f)
['__doc__', '__init__', '__iter__', '__module__', '__repr__', 'close',
'code', 'fileno', 'fp', 'geturl', 'headers', 'info', 'msg', 'next',
'read', 'readline', 'readlines', 'url']
```

Den Rückgabecode und die angeforderte URL erhält man z.B. so:

```
>>> f.code, f.msg, f.url
(200, 'OK', 'http://pythonbook.hajji.name/examples/net/test.html')
```

```
>>> f.geturl()
'http://pythonbook.hajji.name/examples/net/test.html'
```

Die vom Webserver zurückgegebenen Header werden in einem speziellen httplib.
HTTPMessage-Objekt zusammengefasst und als headers-Attribut zur Verfügung gestellt:

```
>>> f.headers
<httplib.HTTPMessage instance at 0x28739d6c>
```

Damit ist auf den ersten Blick nicht viel anzufangen. Versuchen wir es zu stringifizieren, indem wir es mit print ausgeben:

```
>>> print f.headers
Connection: close
Content-Type: text/html
Accept-Ranges: bytes
ETag: "-1253217529"
Last-Modified: Mon, 14 Jan 2008 08:20:56 GMT
Content-Length: 93
Date: Mon, 19 May 2008 03:06:33 GMT
Server: lighttpd/1.4.19
```

Das sieht doch schon viel besser aus!

Ein Blick in die Methoden und Attribute von f.headers verrät uns, dass wir die Header auch so abfragen können:

```
>>> import pprint

>>> pprint.pprint(f.headers.dict)
{'accept-ranges': 'bytes',
 'connection': 'close',
 'content-length': '93',
 'content-type': 'text/html',
 'date': 'Mon, 19 May 2008 03:06:33 GMT',
 'etag': '"-1253217529"',
 'last-modified': 'Mon, 14 Jan 2008 08:20:56 GMT',
 'server': 'lighttpd/1.4.19'}
```

Somit können wir einzelne Header gezielt abfragen.

```
>>> f.headers.dict['server']
'lighttpd/1.4.19'
```

Es ist sogar noch besser, das `httplib.HTTPMessage`-Objekt als intelligentes Dictionary abzufragen:

```
>>> f.headers['Content-Type']
'text/html'
```

```
>>> f.headers['content-type']
'text/html'
```

```
>>> f.headers.typeheader
'text/html'
```

Einen Teil einer Seite anfordern

Wie man sieht, reicht in den meisten Fällen die `urllib2.urlopen`-Funktion aus. Aber es gibt Fälle, in denen man doch etwas mehr Flexibilität braucht.

Das folgende Beispiel zeigt, wie man nur einen bestimmten Bereich einer Seite anfordern kann. Das ist nützlich, wenn ein Download unterbrochen wurde. Der Trick hier ist, den HTTP-Header `Range: bytes=%d-` zu benutzen, um alle Bytes ab einer bestimmten Position anzufordern.

Doch wie fügt man eigene Header hinzu? Wie wäre es damit?

```
import urllib2

opener = urllib2.build_opener()
opener.addheaders = [('Range', 'bytes=30-'), ('User-agent', 'mybot/0.0')]
```

```
op = opener.open('http://pythonbook.hajji.name/examples/net/test.html')
data = op.read()
```

data enthält jetzt alle Bytes der Seite, mit Ausnahme der 30 ersten Bytes:

```
>>> data
'age</title></head>\n   <body><h1>a test page</h1></body>\n</html>\n'
```

15.5.4   Webclients mit Twisted

In Kapitel 14, *Netzwerkprogrammierung*, haben wir im Beispiel *twisted_fetcher.py* gesehen, wie eine Webseite von einem Webserver angefordert wird. Da muss man natürlich mit Callbacks und Errbacks auf die fertige Seite bzw. auf Fehler warten. Hier ist noch mal das Programm:

```
#!/usr/bin/env python
# twisted_fetcher.py -- fetch and display a page via HTTP using Deferred.

from twisted.internet import reactor
from twisted.web.client import getPage
import sys

def contentHandler(thepage):
    print thepage,
    reactor.stop()

def errorHandler(theerror):
    print theerror
    reactor.stop()

d = getPage(sys.argv[1])
d.addCallback(contentHandler)
d.addErrback(errorHandler)

reactor.run()
```

Unter twisted.web.client gibt es weitere nützliche Funktionen und Parameter, die man nutzen kann. Gehen Sie einfach nach *site-packages/twisted/web/client.py* shoppen, und lassen Sie sich von dem Code inspirieren.

15.6 Templating Engines

Ein Problem im Bereich der Webprogrammierung, das immer wieder auftaucht, ist das Templating. Stellen Sie sich vor, Sie schreiben im Auftrag eines Kunden irgendeine Webanwendung. Diese Anwendung muss, neben ihrer eigentlichen Logik, ihre Daten dem Benutzer zur Verfügung stellen (ist schon klar!). Im ersten Anlauf werden Sie vermutlich den HTML-Code on-the-fly im Programm selbst erzeugen und dem Anwender senden. Doch damit diese Webanwendung dem Corporate Design Ihres Auftraggebers entspricht, mussten Sie sich fertige Seiten besorgen und diese in Form von Bauelementen (z.B. vor den Daten, nach den Daten) als Stringkonstanten im Programm festlegen. Somit sieht dann die Webanwendung optisch genauso aus, als wäre sie integraler Bestandteil der Website Ihres Auftraggebers. So weit, so gut.

Nach einigen Jahren entscheidet Ihr Auftraggeber, dass das visuelle Design seiner Website veraltet ist und einer grundlegenden Überarbeitung bedarf. Er engagiert dafür einen Webdesigner, der richtig schöne neue (statische) Seiten erzeugt und auf den Webserver hochlädt. Doch jetzt, oh Schreck, Ihre Webanwendung sieht immer noch altbacken aus: Sie hat natürlich noch das alte Aussehen! Schlimmer noch: Falls der Webdesigner alte CSS-Stylesheets und Bildchen, Icons etc. des alten Designs entfernt hat, die von der Webanwendung benötigt werden, dann sähe diese Anwendung ganz furchtbar aus: optisch völlig kaputt!

Es ist offensichtlich, dass die Anwendung ebenfalls angepasst werden muss. Nun stellen Sie sich vor, dass Sie auf freiberuflicher Grundlage für diesen Auftraggeber tätig waren und nun nicht mehr greifbar sind. Wer wird diesen Python-, PHP-, Perl-, Java-Code nun pflegen und an das neue Design anpassen? Der Webdesigner ist ja kein Programmierer, und so etwas geht i.d.R. weit über seine Kenntnisse. Das Ergebnis ist, dass die Webanwendung erst dann angepasst werden kann, wenn ein Programmierer greifbar ist.

Dies ist alles andere als zufriedenstellend: Für den Auftraggeber ist es schlecht, weil er mit dem Update seiner Website nicht so schnell vorankommen kann wie gedacht (er müsste im oben angedeuteten Szenario entweder die Aktualisierung der Website zurücknehmen und sich furchtbar blamieren oder die Webanwendung temporär ausschalten, bis sie angepasst ist, was bei kritischen Webanwendungen nicht immer möglich ist). Für den (fest angestellten) Programmierer ist es auch keine gute Lösung! Schließlich muss er immer wieder zu Rate gezogen werden, wenn die Webdesigner etwas am optischen Aussehen verändern, und das kann ziemlich viel zusätzliche Arbeit bedeuten.

Sie werden es erraten haben: Die Lösung besteht darin, die enge Kopplung zwischen dem Code der Webanwendung und dem Design des HTML-Codes zu lockern. Mit anderen Worten, wir wollen die Koppelung von Logik und Präsentation aufbrechen, zumindest so weit es geht! Dies geschieht üblicherweise damit, dass man die verschiedenen Seiten, die eine Webanwendung erzeugen soll, nicht mehr im Programm selbst festverdrahtet, sondern in Templates auslagert, die das Programm nur noch mit der Ausgabe der eigentlichen *business logic* ausfüllen soll.

Ein Template ist dabei HTML-Code, der das visuelle Aussehen der gewünschten Seiten und Stellen enthält, die vom Programm mit eigentlichen Daten gefüllt werden sollen. Hat man erst einmal ein paar Templates in Form von externen Dateien, kann der Webdesigner diese Templates dem neuen Aussehen der Website anpassen, ohne mehr wissen zu müssen, als die (Markup-)Sprache, in welcher diese Templates verfasst sind, zu verstehen. So muss der Programmierer von der Änderung der Templates nichts wissen, und die Webdesigner können dann nach Herzenslust mit visuellen Spielereien experimentieren, bis sie mit dem neuen Aussehen zufrieden sind. Man sagt auch, dass die Webdesigner der Webanwendung ein neues Skin (eine neue Haut) verpassen, indem sie deren Templates anpassen.

Wie könnten nun Templates implementiert werden? Es gibt verschiedene Ansätze:

- Interpolation in Python Strings oder `string.Template`
- Text-basierte Templates mit einer eigenen Markup-Sprache
- XML-basierte Templates, deren Markup-Sprache sich in XML einfügt

Wir werden im Folgenden ein paar Vertreter dieser drei Ansätze kurz vorstellen. Dabei können wir nur eine winzig kleine Auswahl von Templating-Modulen vorstellen. Eine umfangreiche Liste solcher Module befindet sich im Python-Wiki, z.Zt. unter der URL `http://wiki.python.org/moin/Templating`.

15.6.1 Templating für arme Leute

Es gibt viele mächtige und vielseitige Templating-Module, doch leider sind diese i.d.R. nicht in der Python Standard Library enthalten. Das kann sich als Nachteil erweisen, wenn man sich auf einer Shared Hosting-Plattform befindet, bei der man nicht ganz einfach externe Module mit *easy_install* hinzufügen kann. In dem Fall möchte man sich auf die Bordmittel der PSL verlassen und froh sein, dass der Hoster gar nicht erst gemerkt hat, dass wir Python statt der populäreren Perl- oder PHP-Interpreter für unsere Webanwendung einsetzen.

Welche Bordmittel gibt es denn bei einer Python-Standardinstallation? Bei Python 2.5 sind das der Stringinterpolationsoperator %, den wir in Kapitel 5, *Strings*, eingeführt haben, und die Klasse `string.Template` aus dem `string`-Modul der Python Standard Library.

Beide Methoden ermöglichen es, Templates in Form von gewöhnlichen Strings mit Platzhaltern zu definieren. Als Platzhalter kommen beim Stringinterpolationsoperator Variablen der Form %(var)s vor, während man bei `string.Template` die sicher aus Perl, PHP und der Shell gewohnte Syntax $var oder ${var} einsetzen kann.

In beiden Fällen kann man aber auf natürliche Art und Weise keine Logik einbauen. Wie wir noch sehen werden, gibt es Workarounds, die aber nicht ganz so elegant sind, wie das, was uns vollwertige Templating-Module anbieten. Darum nennen wir diese beiden Methoden *Templating für arme Leute*.

Stringinterpolation

Am allereinfachsten ist es, Templates als Strings zu definieren und mit Hilfe des Stringinterpolationsoperators % zu füllen.

Das Grundprinzip sieht so aus:

```
>>> tmpl = '''From: %s
... To: %s
... Subject: %s
...
... %s'''

>>> tmpl % ('me@example.com', 'you@example.org', 'a subject',
...         'this is a test\nwith many lines')
'From: me@example.com\nTo: you@example.org\nSubject: a subject\n\nthis\
is a test\nwith many lines'

>>> print _
From: me@example.com
To: you@example.org
Subject: a subject

this is a test
with many lines
```

Hier ist tmpl das Template, und durch die Anwendung des Stringinterpolationsoperators % unter Angabe eines Tupels von Werten wird daraus ein fertiger String.

Längere Templates können leicht mehrere Dutzend Prozentplatzhalter enthalten. Dann kann es sehr unübersichtlich werden, das Tupel von Werten beim %-Operator zu pflegen. Noch schlimmer ist dabei, dass eine Änderung der Reihenfolge der Platzhalter auch zwingend eine Änderung der Reihenfolge der aktuellen Werte im Tupel zur Folge haben muss. Sollte z.B. (aus irgendeinem obskuren Grund) die To:-Zeile jetzt vor die From:-Zeile, dann müssen die beiden ersten Werte im Tupel ebenfalls vertauscht werden.

Das wäre aus praktischen Gründen sehr ungünstig. Erinnern Sie sich, dass Templates eigentlich von Webdesignern angepasst werden sollten und nicht von Programmierern? Sollte ein Webdesigner auf die Idee kommen, die Reihenfolge der Platzhalter durcheinanderzubringen (wozu er durchaus berechtigt wäre), dann würde die Webanwendung nicht mehr die richtigen Daten an der richtigen Stelle anzeigen.

Zum Glück bietet der Stringinterpolationsoperator eine robustere Methode! Man kann nämlich die Platzhalter mit Namen versehen und statt eines Tupels ein Dictionary von Platzhalternamen/Platzhalterwerte-Paaren übergeben:

```
>>> tmpl = '''From: %(from)s
... To: %(to)s
... Subject: %(subject)s
...
... You are %(age)d years old.'''

>>> data = { 'from': 'me@example.com', 'to': 'you@example.org',
...          'subject': 'age reporting tool', 'age': 40 }

>>> print tmpl % data
From: me@example.com
To: you@example.org
Subject: age reporting tool

You are 40 years old.
```

Statt Werte kann man auch Variablennamen oder Funktionsaufrufe im Dictionary angeben, z.B.:

```
>>> data = { 'from': myEmail, 'to': hisEmail,
...          'subject': 'age reporting tool', 'age': compute_age(handle) }
```

In diesen Fällen kann man im Template bedenkenlos

- die Reihenfolge der Platzhalter verändern,
- Platzhalter entfernen, wenn sie nicht mehr benötigt werden,
- einen Platzhalter gleichen Namens mehrmals an verschiedenen Stellen einsetzen,

ohne dass man das Dictionary, das im Programm übergeben wird, anpassen muss!

Somit kann ein Designer sein Template beliebig anpassen und muss sich nicht mit dem Programmierer in Verbindung setzen (außer er benötigt mehr Daten, die nicht im bisherigen Dictionary übergeben wurden).

In der Praxis wird man solche Templates in eine Datei speichern. Angenommen, wir speichern das Template in eine Datei namens *template1.txt*:

```
From: %(from)s
To: %(to)s
Subject: %(subject)s

You are %(age)d years old.
```

Um das Template aufzurufen, würde das Programm Folgendes tun:

```
>>> data = { 'from': 'me@example.com', 'to': 'you@example.org',
...          'subject': 'age reporting tool', 'age': 40 }
```

```
>>> print open('template1.txt', 'r').read() % data
From: me@example.com
To: you@example.org
Subject: age reporting tool

You are 40 years old.
```

In diesem Fall liest die Anweisung

```
open('template1.txt', 'r').read()
```

die Datei *template1.txt* ein und liefert einen String zurück. Dieser String ist nichts anderes als unser Template mit den genannten Platzhaltern. Durch den Stringinterpolationsoperator wird das Template mit Werten aus dem Dictionary data gefüllt. Das Ergebnis ist der String, den wir ausgeben wollen, z.B. mit print.

Wie man sieht, ist jetzt das Template eine Datei, die vom Webdesigner frei editiert werden kann, ohne dass er dafür das Programm selbst, das dieses Template einliest und auswertet (mit Werten füllt), kennen, geschweige denn verändern muss. So ist die Entkopplung von Logik (Programm) und Präsentation (Template) gelungen.

Doch ganz gelungen ist uns das bisher noch nicht. Wir können nämlich keine Logik in natürlicher Art und Weise einbauen. Als Beispiel greifen wir wieder unser E-Mail-Template auf. Wie könnte man eine solche E-Mail an mehrere Empfänger senden? Etwa so wie in der Datei *template2.txt*?

```
From: %(from)s
To: %(to)s
Cc: %(cc)s
Subject: %(subject)s

You are %(age)d years old.
```

Das Senden könnte dann so aussehen:

```
>>> tmpl = open('template2.txt', 'r').read()
```

```
>>> data = { 'from': 'me@example.com', 'to': 'you@example.com',
...          'cc'  : 'nsa@example.org', 'subject': 'age reporting tool',
...          'age' : 40 }
```

```
>>> print tmpl % data
From: me@example.com
To: you@example.com
Cc: nsa@example.org
Subject: age reporting tool

You are 40 years old.
```

Scheinbar funktioniert es. Aber wie ist es, wenn man keine Kopie an die NSA senden will?

```
>>> del data['cc']
```

```
>>> print tmpl % data
Traceback (most recent call last):
  File "<stdin>", line 1, in <module>
KeyError: 'cc'
```

Hmmm ... Doch nicht so gut! Also schnell wieder rein mit dem cc-Wert. Aber was setzen wir dort ein?

Nebenbei bemerkt, diese Situation zeigt auch klar, was geschieht, wenn der Webdesigner im Template *zusätzliche* Platzhalter einbaut, die vom Programmierer eigentlich nicht vorgesehen sind. Das Programm muss stets auf der Hut sein, wenn es Templates auswertet!

```
>>> data['cc'] = None
```

Die CC:-Zeile sähe dann so aus (der Rest bleibt gleich, wir ersparen uns das Wiederholen aus Platzgründen):

```
Cc: None
```

Nein, das war wohl nichts. Wie wäre es mit einem leeren String?

```
>>> data['cc'] = ''
```

In dem Fall erhalten wir folgende CC:-Zeile:

```
Cc:
```

Das ist ja auch nicht das Wahre! Schließlich soll die CC:-Zeile ganz verschwinden. Und was ist, wenn wir eine Liste von Empfängern haben?

```
>>> data['cc'] = ['nsa@example.com', 'cia@example.com', 'fbi@example.com']
```

Die CC:-Zeile sieht jetzt völlig falsch aus:

```
Cc: ['nsa@example.com', 'cia@example.com', 'fbi@example.com']
```

926

Das ist auch kein richtiges Format! So etwas ginge:

```
>>> data['cc'] = ', '.join(['nsa@example.com',
...                         'cia@example.com',
...                         'fbi@example.com'])
```

Die `CC:`-Zeile ist jetzt richtig:

```
Cc: nsa@example.com, cia@example.com, fbi@example.com
```

Nun ja, in diesem Fall haben wir ja noch Glück gehabt, denn es gab eine Syntax für E-Mail-Dateien, nach der man mehrere Empfänger durch Kommata getrennt in die `CC:`-Zeile eintragen konnte. Aber was wir nicht können, ist,

- die `CC:`-Zeile zu entfernen, wenn kein `data['cc']` vorhanden ist,
- bei Bedarf eine `CC:`-Zeile pro Kopierempfänger einzufügen, wenn `data['cc']` eine Liste ist.

Eine Möglichkeit, das Problem zu umgehen (ein Workaround), könnte darin liegen, dass wir das Template modifizieren und daraus *template3.txt* machen:

```
From: %(from)s
To: %(to)s%(cc)s
Subject: %(subject)s

You are %(age)d years old.
```

Die Anwendung könnte so aussehen:

```
>>> tmpl = open('template3.txt', 'r').read()
```

```
>>> data = { 'from': 'me@example.com', 'to': 'you@example.com',
...          'subject': 'age reporting tool', 'age': 40 }
```

Hat man keinen Kopierempfänger, übergibt man einfach den leeren String:

```
>>> data['cc'] = ''
```

Das ergibt dann bei `print tmpl % data`, Folgendes:

```
From: me@example.com
To: you@example.com
Subject: age reporting tool

You are 40 years old.
```

Sehr gut: Es gibt keine `CC:`-Zeile in diesem Fall. Hat man einen Kopierempfänger, kann man ihn so übergeben:

```
>>> data['cc'] = '\nCC: cia@example.com'
```

927

Man beachte das führende Newline und den 'CC: '. Die Ausgbe von `print tmpl %` `data`, ergibt jetzt:

```
From: me@example.com
To: you@example.com
CC: cia@example.com
Subject: age reporting tool

You are 40 years old.
```

Hat man hingegen eine Liste von Kopierempfängern, kann man diese Liste in Form von mehreren `CC:`-Zeilen wie folgt ausgeben:

```
cclist = [ 'nsa@example.com', 'cia@example.com', 'fbi@example.com' ]
data['cc'] = '\n'.join([ 'CC: %s' % (cc,) for cc in cclist ])
if data['cc'] != '':
    data['cc'] = '\n' + data['cc']
```

Die Ausgabe von `print tmpl % data`, ergäbe:

```
From: me@example.com
To: you@example.com
CC: nsa@example.com
CC: cia@example.com
CC: fbi@example.com
Subject: age reporting tool

You are 40 years old.
```

Das funktioniert auch bei einer leeren oder ein-elementigen Liste `cclist` richtig.

Das Problem hierbei ist, dass wir wieder eine starke Kopplung zwischen Programmlogik (der `cclist`-Liste) und der Präsentation im Template haben. Sie erkennen, dass wir *im Programm* die `CC:`-Header, aber auch das erste Newline spezifizieren mussten. Stellen Sie sich vor, dass man statt einer E-Mail-Nachricht HTML-Code so erzeugen würde: Man hätte dann unweigerlich wieder Präsentationscode im Programm. Das ist der Nachteil von reiner Stringinterpolation. Man braucht mehr als nur Interpolation, um richtig flexibles Templating zu realisieren: das Template muss *if, for* und ähnliche Konstrukte unterstützen, damit wir die Entkoppelung von Präsentation und Logik auch bei solchen Fällen (die in der Praxis sehr häufig vorkommen) bewerkstelligen können.

string.Template

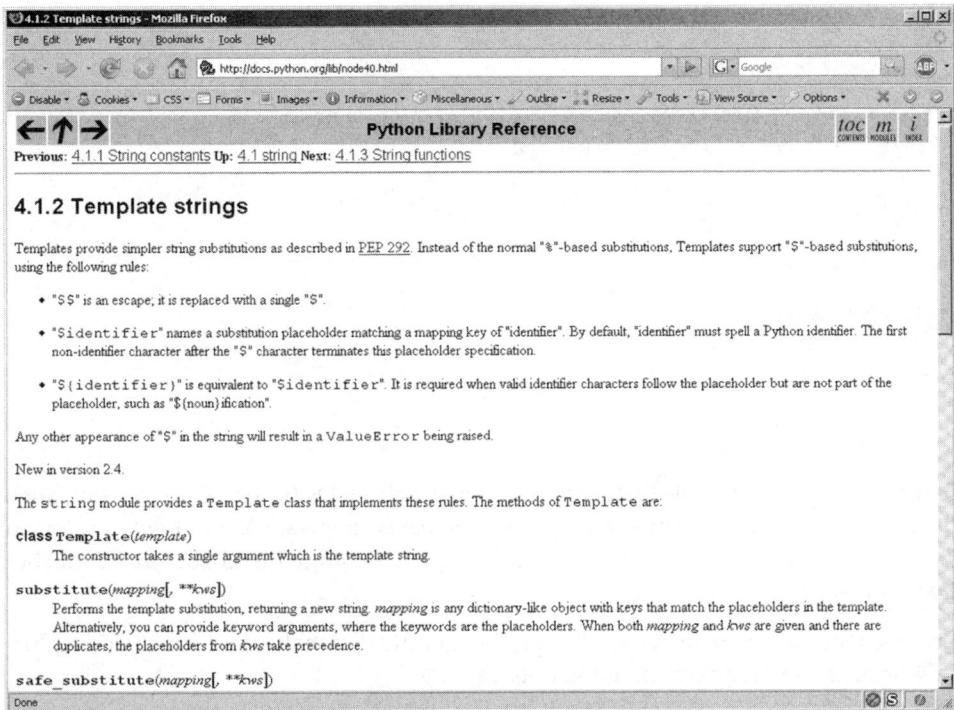

Wem die %-Schreibweise der Platzhalter beim Stringinterpolationsoperator nicht gefällt, der kann auch das Modul `string` der Python Standard Library benutzen. Die meisten Funktionen, die dort definiert sind, gelten als *deprecated*, da sie nun Elementfunktionen von `str` und `unicode` sind und bei Python 3 wohl verschwinden werden – bis auf die Klasse `Template`! Diese Klasse ermöglicht es uns, Shell-, Perl- bzw. PHP-ähnliche Interpolation von Variablen mit Hilfe des Dollarzeichens à la `$var` und `${var}` zu realisieren.

Die Verwendung ist denkbar einfach. Nehmen wir wieder unser E-Mail-Template und verändern es so, dass es nun $-Platzhalter enthält. Die Template-Datei heißt jetzt *template4.txt*:

```
From: $from
To: $to
Subject: $subject

You are $age ${unit}s old.
```

Im Programm kann man dieses Template wie folgt aufrufen:

```
from string import Template
tmpl = Template(open('template4.txt', 'r').read())

data = { 'from': 'me@example.com', 'to': 'you@example.com',
         'subject': 'Age reporting tool' }

print tmpl.substitute(data, unit='year', age=40),
```

Es kommt raus:

```
From: me@example.com
To: you@example.com
Subject: Age reporting tool

You are 40 years old.
```

Sie erkennen, dass man die Platzhalter sowohl durch ein Dictionary (hier data), als auch durch Schlüsselwortargumente (*keyword arguments*) angeben kann. Beide ergänzen sich, wobei Schlüsselwortargumente zur Not gleichnamige Platzhalter aus dem Dictionary ersetzen.

Beachten Sie, dass man in diesem Beispiel bestimmte Platzhalter leider nicht als Schlüsselwortargumente hätte nehmen können, z.B.:

```
>>> print tmpl.substitute({}, subject='Age reporting tool', unit='year',
...                          age=40, to='you@example.com',
...                          from='me@example.com')
  File "<stdin>", line 3
    from='me@example.com')
        ^
SyntaxError: invalid syntax
```

Hätte man from im Dictionary definiert, wäre alles okay gewesen:

```
>>> print tmpl.substitute({ 'from': 'me@example.com' }, age=40, unit='year',
...                          subject='Age reporting tool', to='you@example.com'),
From: me@example.com
To: you@example.com
Subject: Age reporting tool

You are 40 years old.
```

Woran könnte das liegen? Könnte `from` ein reserviertes Schlüsselwort sein?

```
>>> help('keywords')
```

```
Here is a list of the Python keywords.  Enter any keyword to get more help.

and             elif            if              print
as              else            import          raise
assert          except          in              return
break           exec            is              try
class           finally         lambda          while
continue        for             not             with
def             from            or              yield
del             global          pass
```

Ja, genau: `from` ist dabei! (wegen `from xxx import zzz`)

Was ist der Unterschied zwischen den Methoden `substitute` und `safe_substitute`? Fehlen bei `substitute` ein paar Werte, wird eine `KeyError`-Ausnahme ausgelöst. Diese wird in `safe_substitute` abgefangen:

```
>>> data = { 'to': 'you@example.com', 'from': 'me@example.com' }

>>> s = tmpl.substitute(data)
Traceback (most recent call last):
  File "<stdin>", line 1, in <module>
  File "/usr/local/lib/python2.5/string.py", line 170, in substitute
    return self.pattern.sub(convert, self.template)
  File "/usr/local/lib/python2.5/string.py", line 160, in convert
    val = mapping[named]
KeyError: 'subject'

>>> s = tmpl.safe_substitute(data)
>>> print s
```

Es kommt raus:

```
From: me@example.com
To: you@example.com
Subject: $subject

You are $age ${unit}s old.
```

931

Ganz sicher ist `safe_substitute` nicht: Man kann auch Templates haben, die schlecht aufgebaut sind:

```
>>> tmpl2 = Template('A ${test')
>>> tmpl2.safe_substitute(test='TEST')
'A ${test'
```

Alles, was wir weiter oben beim Stringinterpolationsoperator im Bezug auf Templates und ihre nur eingeschränkte Nutzbarkeit bei der Trennung von Präsentation und Logik kennengelernt haben, gilt auch hier. Darum brauchen wir ein mächtigeres Templating-Modul. Dies ist Gegenstand der folgenden Abschnitte.

15.6.2 Text-basiertes Templating

Offensichtlich reicht das Templating für arme Leute nicht für alle Fälle aus. Benötigt wird vielmehr ein System, das neben Variablensubstitution auch Programmlogik wie Verzweigungen, Schleifen und Makro- bzw. Funktionsaufrufe kann.

Im Folgenden schauen wir uns zwei Drittanbietermodule an, die sich z.Zt. großer Beliebtheit erfreuen: Mako und Cheetah. Bedenken Sie dabei, dass beide nicht Bestandteil einer Standard Python-Installation sind und erst auf dem Rechner, auf dem der Webserver läuft, nachträglich installiert werden müssen!

Mako

Mako ist ein Templating-System, das es ermöglicht, beliebige Python-Ausdrücke innerhalb eines Templates zu platzieren und auszuwerten. Es erinnert ein wenig an Sprachen wie PHP, nur eben für Python. In diesem Abschnitt werden wir Mako installieren und sehen, wie man es aufruft. Anschließend gehen wir auf die Syntax ein und schließen diesen Abschnitt dann mit ein paar Bemerkungen zum Thema Unicode und internationale Encodings.

Das Mako-Templating-System erhält man von `http://www.makotemplates.org/`. Installieren kann man es, genauso wie seine Abhängigkeiten, am einfachsten mit *easy_install* aus den *setuptools*:

```
# easy_install Mako
```

Alternativ dazu kann man es auch mit dem Packagesystem des jeweiligen Betriebssystems installieren. Unter FreeBSD ruft man z.B. auf:

```
# cd /usr/ports/textproc/py-mako
# make install clean
```

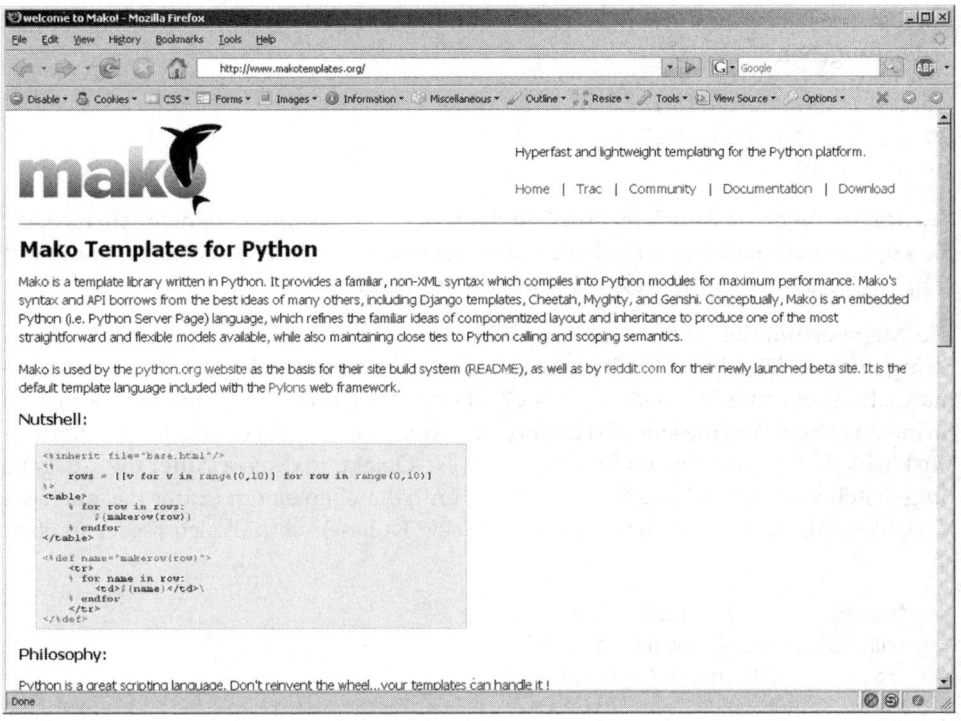

Wir testen, dass es funktioniert, indem wir mako importieren:

```
>>> import mako
```

Wie ruft man Mako auf?

Wenn Sie den Abschnitt zu string.Template gelesen haben, werden Sie erfreut sein zu erfahren, dass auch Mako eine Template-Klasse anbietet, die Variablensubstitution ermöglicht. Allerdings wird lediglich die Syntax ${var} erkannt, denn $var wird nicht substituiert:

```
>>> from mako.template import Template

>>> tmpl1 = Template("You are ${age} years old!")
>>> tmpl1.render(age=40)
'You are 40 years old!'

>>> tmpl2 = Template("You are $age years old!")
>>> tmpl2.render(age=40)
'You are $age years old!'
```

Interessanterweise kann man in geschweiften Klammern auch ganze Python-Ausdrücke angeben:

```
>>> tmpl3 = Template("${a} + ${b} = ${a + b}")
>>> tmpl3.render(a=10, b=20)
'10 + 20 = 30'
```

Beachten Sie aber, dass auch hier die Platzhalter gültige Python-Variablen sein müssen: Sie können insbesondere auch keines der reservierten Schlüsselwörter sein, die mit `help('keywords')` in der Python-Shell angezeigt werden.

Die Memberfunktion `render` von `mako.template.Template` liefert in jedem Fall einen String zurück. Dies kann bei längeren Ausgaben etwas ineffizient sein. Oft möchte man z.B. direkt in ein `file`-ähnliches Objekt rendern, ohne den Umweg über einen String zu gehen. Aus diesem und anderen Gründen verwendet die `render`-Methode in Wirklichkeit ein spezielles `mako.runtime.Context`-Objekt, in dessen Puffer die Ausgabe umgeleitet wird. Ein solches `Context`-Objekt enthält neben einem Puffer u.a. auch die Variablen, die man `render` übergibt. Hinter den Kulissen verhält sich `render` in etwa so:

```
>>> from mako.template import Template
>>> from mako.runtime import Context
>>> from cStringIO import StringIO

>>> tmpl = Template("Hello ${name}! You are ${age} years old.")
>>> buff = StringIO()
>>> cntx = Context(buff, name="John", age=40)

>>> tmpl.render_context(cntx)
>>> buff.getvalue()
'Hello John! You are 40 years old.'
```

Statt eines `StringIO`-Objekts `buff` hätten wir auch ein beliebiges anderes `file`-ähnliches Objekt benutzen können. Dies ist im Kontext von CGI oder WSGI besonders sinnvoll: Man hat dort ein solches `file`-ähnliches Objekt, in das man die Ausgaben direkt senden sollte, damit sie vom Webserver weiter an den Client übermittelt werden.

Oft liegen Templates in Dateien im Dateisystem. Schließlich soll ja ein Webdesigner in der Lage sein, diese Dateien zu verändern, ohne das Programm selbst anzufassen! Nehmen wir an, dass folgende Datei *mako1.txt* ein einfaches Template enthält:

```
From: ${fromvar}
To: ${to}
Subject: ${subject}

${body}
```

Dieses Template könnten wir erst in einen String laden und diesen dann `Template` übergeben:

```
>>> from mako.template import Template
>>> tmpl = Template(open('mako1.txt', 'r').read())
>>> print tmpl.render(fromvar='me', to='you', subject='what?', body='blah'),
```

Das geht auch kürzer:

```
>>> tmpl = Template(filename='mako1.txt')
>>> print tmpl.render(fromvar='me', to='you', subject='what?', body='blah'),
```

Da intern `Template` das Template in ein Python-Modul übersetzt, das eine Funktion `render_body` besitzt, liegt es nahe, dieses Python-Modul zu speichern und wiederzuverwenden. Mit dem `module_directory` kann man tatsächlich ein Verzeichnis angeben, in dem diese generierten Module abgelegt werden:

```
>>> from mako.template import Template

>>> tmpl = Template(filename='mako1.txt', module_directory='/tmp/mako')
>>> print tmpl.render(fromvar='me', to='you', subject='what?', body='blah'),
```

Das Verzeichnis */tmp/mako* sollte man natürlich vorher angelegt haben! Sobald `Template` das Template *mako1.txt* übersetzt hat, landet in */tmp/mako* ein Python-Modul (und dessen Bytecode):

```
$ cd /tmp/mako
$ ls -l
total 4
-rw-------  1 farid  wheel  1081 May 12 10:27 mako1.txt.py
-rw-r--r--  1 farid  wheel  1161 May 12 10:27 mako1.txt.pyc
```

Wie Sie sehen, ist der Name des Moduls vor der `.py`-Endung identisch mit dem Dateinamen, den man in `filename` übergeben hat.

Wir sind natürlich neugierig und schauen kurz in *mako1.txt.py* rein:

```
from mako import runtime, filters, cache
UNDEFINED = runtime.UNDEFINED
_magic_number = 2
_modified_time = 1210580860.5037041
_template_filename='mako1.txt'
_template_uri='mako1.txt'
_template_cache=cache.Cache(__name__, _modified_time)
_source_encoding=None
_exports = []
```

open source library

```
def render_body(context,**pageargs):
    context.caller_stack.push_frame()
    try:
        __M_locals = dict(pageargs=pageargs)
        body = context.get('body', UNDEFINED)
        to = context.get('to', UNDEFINED)
        fromvar = context.get('fromvar', UNDEFINED)
        subject = context.get('subject', UNDEFINED)
        # SOURCE LINE 1
        context.write(u'From: ')
        context.write(unicode(fromvar))
        context.write(u'\nTo: ')
        # SOURCE LINE 2
        context.write(unicode(to))
        context.write(u'\nSubject: ')
        # SOURCE LINE 3
        context.write(unicode(subject))
        context.write(u'\n\n')
        # SOURCE LINE 5
        context.write(unicode(body))
        context.write(u'\n')
        return ''
    finally:
        context.caller_stack.pop_frame()
```

Wir erkennen, dass die Platzhalter hier zu Variablen wurden. Das ist auch der Grund, warum wir etwa nicht ${from} (statt ${fromvar}) hätten benutzen können: Man kann keine Variable namens from erzeugen, da dies ein reserviertes Schlüsselwort in Python ist (aus der import-Anweisung, um genauer zu sein).

Das Entscheidende hier ist jedoch etwas anderes: Wenn das nächste Mal Template mit denselben filename- und module_directory-Schlüsselargumenten aufgerufen wird, dann wird das Template nicht erneut kompiliert, sondern direkt aus *mako1.txt.py* geholt (solange *mako1.txt* nicht verändert wurde – darum der Zeitstempel). Nach dem erstmaligen Kompilieren des Templates geht dann bei nachfolgenden Aufrufen alles sehr schnell.

Oft werden Seiten aus verschiedenen Templates zusammengesetzt. Nehmen wir zum Beispiel eine Webseite: Sie besteht aus einem Header, etwas Inhalt und einem Footer. Oft wird das Corporate Design im Header festgelegt (Stylesheets, Tabellenteile, ...) und wird im Footer fortgesetzt (Tabellenteile schließen, eigener Custom Footer, ...). Der Header enthält womöglich auch Informationen, die parametrisierbar sind (Titel, Brotkrümel, ...).

Soll eine Template-gestützte Webanwendung in so einer Website integriert werden, hat man zwei Möglichkeiten:

- Alle Templates können das gesamte Corporate Design replizieren.
- Die Seiten werden aus mehreren (Teil-)Templates zusammengesetzt.

Die erste Lösung hat den Nachteil, dass eine Veränderung am Corporate Design in allen Templates vorgenommen werden muss! Bei der zweiten Möglichkeit lagert man die Design-Teile z.B. in gemeinsam benutzte Header- und Footer-Templates und lädt dann diese Templates in einem Mastertemplate zusammen.

All dies ist bei Mako mit Hilfe des %include-Tags möglich! Nehmen wir an, dass wir folgende Templates haben:

- *mako_header.txt*, das den Header enthält
- *mako_footer.txt*, das den Footer enthält
- *mako_main.txt*, das den eigentlichen Inhalt enthält

Als Beispiel sähe *mako_header.txt* so aus:

```
<html>
  <head>
    <title>${title}</title>
  </head>
  <body>
    <h1>${title}</h1>
```

Der Footer könnte sein:

```
  </body>
</html>
```

Und der Hauptinhalt wäre:

```
  <p>${a} + ${b} = ${a + b}</p>
```

All diese Templates kann man dann zu einem Gesamttemplate *mako_all.txt* zusammensetzen:

```
<%include file="mako_header.txt"/>
<%include file="mako_main.txt"/>
<%include file="mako_footer.txt"/>
```

Das hört sich alles ganz plausibel an, doch jetzt gibt es ein kleines Problem(chen): Mako muss bei der Auswertung von der %include-Tags von *mako_all.txt* zur Laufzeit erfahren, wo sich diese Templates befinden! Das ist wie bei der import-Anweisung von Python: Auch sie benötigt sys.path, um herauszufinden, wo die importierten Module sind!

Bei Mako kann man eine Liste von zu durchsuchenden Verzeichnissen einer Instanz von mako.lookup.TemplateLookup über dessen directories-Schlüsselargument übergeben. Diese Lookup-Instanz übergibt man dann `mako.template.Template` über dessen `lookup`-Schlüsselargument:

```
>>> from mako.template import Template
>>> from mako.lookup import TemplateLookup

>>> paths = TemplateLookup(directories=['.'])
>>> tmpl  = Template(filename='mako_all.txt', module_directory='/tmp/mako',
...                  lookup=paths)

>>> print tmpl.render(title='Calculator', a=10, b=20),
```

In diesem Beispiel haben wir `.` übergeben, um zu sagen, dass die Templates im aktuellen Verzeichnis zu suchen sind. In der Praxis wird man da einen konkreten Pfad oder eine Liste von Pfaden auf dem Dateisystem des Webservers angeben, in denen nach Templates gesucht werden soll.

Als Ausgabe der `print`-Anweisung erhält man:

```
<html>
  <head>
    <title>Calculator</title>
  </head>
  <body>
    <h1>Calculator</h1>

    <p>10 + 20 = 30</p>

  </body>
</html>
```

Die leeren Zeilen zwischen dem Header, Hauptteil und Footer stammen daher, dass wir in *mako_all.txt* zwischen den `%include`-Tags Newlines hatten. Hätten wir diese Tags direkt hintereinander auf derselben Zeile geschrieben, dann hätten wir diese leeren Zeilen vermieden. Aber bei HTML- (und generell XML-) Ausgabe spielt es ja keine große Rolle.

Übrigens: Wenn `%include` einen Pfadnamen spezifiziert, so wie bei

```
<%include file='/path/to/template.txt'/>
```

dann werden die Pfaden in `directories` diesem Pfad vorangestellt. Enthält z.B. `directories` die Liste `['/p1', '/p2/p3']`, dann wird in */p1/path/to/template.txt*, */p2/p3/path/to/template.txt* gesucht.

Wenn Sie aufmerksam mitlesen, werden Sie sicher jetzt einen Blick in *tmp/mako* geworfen haben:

```
$ cd /tmp/mako
$ ls -l
total 40
-rw-------  1 farid  wheel  1081 May 12 10:27 mako1.txt.py
-rw-r--r--  1 farid  wheel  1161 May 12 10:27 mako1.txt.pyc
-rw-------  1 farid  wheel   859 May 12 11:33 mako_all.txt.py
-rw-r--r--  1 farid  wheel   997 May 12 11:33 mako_all.txt.pyc
```

Man erkennt, dass zwar *mako_all.txt* kompiliert und dort als *mako_all.txt.py* abgelegt wurde, aber was ist mit den anderen Teiltemplates *mako_header.txt*, *mako_main.txt* und *mako_footer.txt*? Sollten sie nicht auch kompiliert und aus Performancegründen im module_directory gespeichert werden?

Das ist richtig! Das sollten sie. Damit das möglich ist, sollten wir das Lookup-Objekt mit einem module_directory instanziieren.

In der Praxis wird man typischerweise folgenden Code benutzen:

```
from mako.template import Template
from mako.lookup import TemplateLookup

paths = TemplateLookup(directories=['.'], module_directory='/tmp/mako')

def serve_template(templatename, **kwargs):
    tmpl = paths.get_template(templatename)
    print tmpl.render(**kwargs),
```

Nun können wir serve_template aufrufen:

```
>>> serve_template('mako_all.txt', title='Calculator', a=10, b=20)
```

Das erste Mal werden alle Templates kompiliert und in *tmp/mako* abgelegt. Spätere Aufrufe von server_template mit demselben Templatenamen *mako_all.txt* verlaufen dann viel schneller! In *tmp/mako* befinden sich jetzt auch die kompilierten Teiltemplates:

```
$ cd /tmp/mako
$ ls -l
-rw-------  1 farid  wheel  1081 May 12 10:27 mako1.txt.py
-rw-r--r--  1 farid  wheel  1161 May 12 10:27 mako1.txt.pyc
-rw-------  1 farid  wheel   859 May 12 11:33 mako_all.txt.py
-rw-r--r--  1 farid  wheel   997 May 12 11:33 mako_all.txt.pyc
-rw-------  1 farid  wheel   560 May 12 11:50 mako_footer.txt.py
-rw-r--r--  1 farid  wheel   844 May 12 11:50 mako_footer.txt.pyc
```

```
-rw--------  1 farid  wheel   843 May 12 11:50 mako_header.txt.py
-rw-r--r--  1 farid  wheel  1037 May 12 11:50 mako_header.txt.pyc
-rw--------  1 farid  wheel   823 May 12 11:50 mako_main.txt.py
-rw-r--r--  1 farid  wheel  1052 May 12 11:50 mako_main.txt.pyc
```

Nun ist die Zeit gekommen, einen Blick auf die Mako-Syntax zu werfen! Wir definieren daher folgendes Programm, um Mako-Templates auszuwerten und zu zeigen:

```
#!/usr/bin/env python
# showmako.py -- render mako templates

from mako.template import Template
from mako.lookup import TemplateLookup

class Renderer(object):
    def __init__(self, dirs='.', moddir='/tmp/mako'):
        self.lookup = TemplateLookup(directories=dirs,
                                     module_directory=moddir)
    def render(self, templatename, **kwargs):
        self.tmpl = self.lookup.get_template(templatename)
        return self.tmpl.render(**kwargs)
    def render_unicode(self, templatename, **kwargs):
        self.tmpl = self.lookup.get_template(templatename)
        return self.tmpl.render_unicode()

if __name__ == '__main__':
    import sys
    r = Renderer('.', '/tmp/mako')
    print r.render(sys.argv[1]),
```

Anschließend importieren wir den Renderer und erzeugen ein Renderer-Objekt t, mit dem wir im Folgenden arbeiten werden:

```
>>> from showmako import Renderer
>>> r = Renderer(dirs='.', moddir='/tmp/mako')
```

Jetzt sind wir gerüstet für das, was noch kommen wird!

Sie erinnern sich, dass Templates in ${ ... } ganze Python-Ausdrücke haben konnten:

```
${a} + ${b} = ${a + b}
```

Neben diesen Ausdrücken, zu denen wir weiter unten noch mal zurückkehren werden, kann man auch mehrzeiligen Python-Code in Templates einsetzen. Dieser Code wird mit einem % Zeichen eingeleitet. Das folgende Template *mako2.txt*

```
## A simple multiplication table
<table>
  % for row in range(row_begin, row_end):
  <tr>
    % for col in range(col_begin, col_end):
    <td>${row * col}</td>
    % endfor
  </tr>
  % endfor
</table>
```

würde beim Aufruf

```
>>> print r.render('mako2.txt', row_begin=1, row_end=4,
...                             col_begin=1, col_end=4),
```

eine Multiplikationstabelle ergeben:

```
<table>
  <tr>
    <td>1</td>
    <td>2</td>
    <td>3</td>
  </tr>
  <tr>
    <td>2</td>
    <td>4</td>
    <td>6</td>
  </tr>
  <tr>
    <td>3</td>
    <td>6</td>
    <td>9</td>
  </tr>
</table>
```

Sie erkennen, dass alle Doppelpunkt-Ausdrücke (if, while, for usw.) mit einem entsprechenden % endif, % endwhile, % endfor, ... abgeschlossen werden müssen.

Hier ist ein weiteres Beispiel. *mako3.txt* soll folgenden Code enthalten:

```
<%!
    import time
%>
From: ${fromvar}
To: ${to}
```

```
% if cc != UNDEFINED:
CC: ${cc}
% endif
Date: ${time.ctime()}
Subject: ${subject}


${body}
```

Führt man es so aus

```
>>> print r.render('mako3.txt', fromvar='me@example.com', to='you@example.com',
...                           subject='a subject', body='a body'),
```

erhält man:

```
From: me@example.com
To: you@example.com
Date: Mon May 12 15:49:33 2008
Subject: a subject


a body
```

Man sieht, dass hier die (leidige) `CC:`-Zeile nun nicht mehr ausgegeben wird, wenn keine `cc`-Variable übergeben wird. Wenn Sie sich den Code des kompilierten Templates */tmp/mako/mako3.txt.py* anschauen, werden Sie sehen, dass die entsprechende Variable den Wert `UNDEFINED` erhält, wenn beim Aufruf ein Platzhalter fehlt. Versuchen Sie, beim Aufruf von `render` eine Variable `cc` zu übergeben, und achten Sie auf den Unterschied bei der Ausgabe!

Da wir die Funktion `time.ctime` benötigten, um das aktuelle Datum einzufügen, muss dafür gesorgt werden, dass das kompilierte Template auf Modulebene `time` importiert. Python-Code, der auf Modulebene ausgeführt werden soll, wird in `<%! ... %>` eingeschlossen.

Auch hier erkennen wir, dass die Ausgabe mit einer leeren Zeile beginnt. Diese hätten wir vermeiden können, wenn wir `From` direkt hinter `%>` statt darunter geschrieben hätten. Darauf haben wir verzichtet, damit das Template im Buch klarer aussieht. In der Praxis sollten Sie aber daran denken!

Der Code, der im `<%! ... %>`-Block steht, wird im kompilierten Template außerhalb der `render_body`-Funktion eingefügt und ausgeführt. Darum stehen einem dort nicht die Variablen aus dem `Context`-Objekt, welche dem Aufruf von `render` übergeben werden, zur Verfügung.

Neben modulweitem `<%! ... %>`-Python-Code kann man auch beliebigen Python-Code in `<% ... %>` eintragen. Dieser Code wird dann an der entsprechenden Stelle in der `render_body`-Funktion eingefügt. Zur Illustration greifen wir noch einmal unser E-Mail-Template *mako3.txt* auf und erweitern es zu *mako4.txt* wie folgt:

```
<%!
    import time
%>
<%
    if isinstance(to, list):
        toval = ', '.join(to)
    else:
        toval = to

    if cc != UNDEFINED:
        if isinstance(cc, list):
            ccval = '\n'.join(['CC: ' + c for c in cc])
        else:
            ccval = 'CC: ' + cc
%>
From: ${fromvar}
To: ${toval}
% if cc != UNDEFINED:
${ccval}
% endif
Date: ${time.ctime()}
Subject: ${subject}


${body}
```

Der Aufruf von

```
>>> print r.render('mako4.txt', subject='a subject', body='a body',
...                              fromvar='me@example.com',
...                              to='you@example.com'),
```

ergibt (ohne die führenden Leerzeilen):

```
From: me@example.com
To: you@example.com
Date: Mon May 12 16:32:01 2008
Subject: a subject


a body
```

Übergibt man to eine Liste statt eines Strings

```
>>> print r.render('mako4.txt', subject='a subject', body='a body',
...                              fromvar='me@example.com',
...                              to=['you@example.com', 'nsa@example.com']),
```

erhält man:

```
From: me@example.com
To: you@example.com, nsa@example.com
Date: Mon May 12 16:32:32 2008
Subject: a subject

a body
```

Und nun zu cc! Ein einzelner Wert (ein String) beim Aufruf

```
>>> print r.render('mako4.txt', subject='a subject', body='a body',
...                              fromvar='me@example.com',
...                              to=['you@example.com', 'fbi@example.com'],
...                              cc='nsa@example.com'),
```

ergibt:

```
From: me@example.com
To: you@example.com, fbi@example.com
CC: nsa@example.com
Date: Mon May 12 16:35:59 2008
Subject: a subject

a body
```

Während mehrere Werte für cc (d.h. eine Liste) beim Aufruf

```
>>> print r.render('mako4.txt', subject='a subject', body='a body',
...                              fromvar='me@example.com',
...                              to='you@example.com',
...                              cc=['nsa@example.com', 'cia@example.com',
...                                  'fbi@example.com', 'dhs@example.com']),
```

folgende Ausgabe zur Folge hätten:

```
From: me@example.com
To: you@example.com
CC: nsa@example.com
CC: cia@example.com
CC: fbi@example.com
CC: dhs@example.com
Date: Mon May 12 16:37:55 2008
Subject: a subject

a body
```

Auch hier gilt noch mal: Die zwei führenden Leerzeilen hätte man vermeiden können, wenn man folgende Struktur im Template benutzt hätte (worauf wir aus Gründen der besseren Lesbarkeit verzichtet haben):

```
<%!
    ...
%><%
    ...
%>From: ...
To: ...
...
```

Man kann z.B. Tabellen folgendermaßen übersichtlich darstellen, indem man jede zweite Zeile mit einer anderen Farbe versieht (*mako5.txt*):

```
% if data is not UNDEFINED and isinstance(data, list):
<table>
  % for idx, elem in enumerate(data):
  <%
      if idx % 2 == 0:
          color = "lighter"
      else:
          color = "darker"
  %> <tr><td class="${color}">${elem}</td></tr>
  % endfor
</table>
% elif data is not UNDEFINED:
<p>${data}</p>
% else:
<p>No data available</p>
% endif
```

So könnten die Ausgaben aussehen:

```
>>> print r.render('mako5.txt'),
<p>No data available</p>

>>> print r.render('mako5.txt', data='Some result'),
<p>Some result</p>

>>> print r.render('mako5.txt', data=['line 1', 'line 2', 'line 3', 'line 4']),
<table>
   <tr><td class="lighter">line 1</td></tr>
   <tr><td class="darker">line 2</td></tr>
   <tr><td class="lighter">line 3</td></tr>
   <tr><td class="darker">line 4</td></tr>
</table>
```

945

Man erkennt, wie leicht es ist, die überflüssigen Leerzeilen zu entfernen.

Beachten Sie noch einmal den Unterschied zwischen modulweiten `<%! ... %>`- und funktionsspezifischen `<% ... %>`-Blöcken: Möchte man eine eigene Python-Funktion erst definieren und später aufrufen, sollte man sie natürlich in einem `<%! ... %>`-Block definieren. Man kann sie später in einem `<% ... %>`-Block oder einem `${ ... }`-Ausdruck aufrufen. Enthält z.B. das Template *mako6.txt* folgenden Code:

```
<%!
    def foo():
        return "I am foo"
%>
<%
    foosaid = foo()
%>
Foo said: ${foo()}.
Foo said: ${foosaid}.
```

Und führt man es aus, beispielsweise mit

```
>>> print r.render('mako6.txt'),
```

so erhält man (wenn man von den Leerzeilen absieht):

```
Foo said: I am foo.
Foo said: I am foo.
```

Das kommt uns gleich zu Hilfe, wenn wir gefilterte `${ ... }`-Ausdrücke betrachten werden. Schauen wir uns folgendes Template, *mako7.txt*, mal an:

```
<%!
    import string

    def tagit(text):
        return "<tag>%s</tag>" % (text,)
%>

Simple Python Expression        : ${a} + ${b} = ${a + b}
Python Expression with a builtin : pow(${a}, ${b}) = ${pow(a, b)}
Python Expression with tagit    : ${tagit('test')}

Filtering with u                : ${"this is (was) a test" | u}
Filtering with h                : ${"<Smith & Wesson>"       | h}
Filtering with trim             : ${"   this is a test      " | trim}

Filtering with u,trim           : ${"   this is a test      " | u,trim}
Filtering with trim,u           : ${"   this is a test      " | trim,u}
```

```
Filterint with string.upper    : ${"this is a test" | string.upper}
Filtering with tagit           : ${"tagged text" | tagit}
```

Führt man das mit Werten für a und b wie folgt aus

```
>>> print r.render('mako7.txt', a=2, b=3),
```

erhält man eine interessante Ausgabe:

```
Simple Python Expression       : 2 + 3 = 5
Python Expression with a builtin : pow(2, 3) = 8
Python Expression with tagit   : <tag>test</tag>

Filtering with u               : this+is+%28was%29+a+test
Filtering with h               : &lt;Smith &amp; Wesson&gt;
Filtering with trim            : this is a test

Filtering with u,trim          : +++this+is+a+test+++
Filtering with trim,u          : this+is+a+test

Filterint with string.upper    : THIS IS A TEST
Filtering with tagit           : <tag>tagged text</tag>
```

Wie man sieht, filtert die in Mako eingebaute Filterfunktion u einen String, als wäre er eine URL, gemäß dem folgenden Ausdruck: `urllib.quote_plus(unicode.encode('utf-8'))`. h führt HTML-Escaping gemäß `cgi.escape(string, True)` durch, trim entfernt führende und abschließende Whitespaces, indem es `unicode.strip()` aufruft.

Filterfunktionen können miteinander kombiniert werden, indem sie nacheinander ausgeführt werden. Beachten Sie, dass u,trim nicht dasselbe ergibt wie trim,u! Die Funktion upper aus dem Standardmodul string musste erst im <%! ... %>-Block importiert werden, und die Funktion tagit haben wir ebenfalls dort definiert!

Funktionen kann man auch mit dem <%def>-Tag definieren. Man erhält damit etwas, das weitaus flexibler ist als gewöhnliche mit def in einem <%! ... %>-Block definierte Funktionen. Fangen wir mit einem einfachen Beispiel an (*mako8.txt*):

```
Calling adder(3, 4): ${adder(3, 4)}

<%def name="adder(a, b)">
    The sum of ${a} and ${b} is ${a + b}
</%def>
```

Die Ausgabe ergibt (ohne die Newlines am Ende):

```
>>> print r.render('mako8.txt')
Calling adder(3, 4):
    The sum of 3 and 4 is 7
```

Man sieht: Funktionen, die mit `<%def>` definiert werden, sind im gesamten Template sichtbar. Darum konnten wir den Aufruf vor der Definition angeben.

Es können beliebig komplizierte Python-Signaturen angegeben werden.

Normalerweise wird man `<%def>`-Funktionen in ein eigenes Template zusammenfassen und diese dann von Anwendertemplates aufrufen. Eine solche Bibliothek könnte so aussehen (*makocalc.py*)

```
<%def name="add(a, b)">add(${a}, ${b}) is ${a + b}</%def>
<%def name="sub(a, b)">sub(${a}, ${b}) is ${a - b}</%def>
<%def name="mul(a, b)">mul(${a}, ${b}) is ${a * b}</%def>
<%def name="div(a, b)">div(${a}, ${b}) is ${a / b}</%def>


<%def name="summer(lst)">summer(${lst}) is ${sum_aux(lst)}</%def>
<%def name="sum_aux(lst)">\
  <%
    result = 0
    for elem in lst:
        result = result + elem
  %>\
  ${result}\
</%def>


<%def name="multiplier(lst)">\
  <%def name="mul_aux(lst)">\
    <%
      result = 1
      for elem in lst:
          result = result * elem
    %>${result}\
  </%def>multiplier(${lst}) is ${mul_aux(lst)}\
</%def>
```

Um diese Funktionsdefinitionen in den Namensraum `calc` zu importieren, benutzt man hier in *mako9.txt* die `<%namespace>`-Anweisung:

```
<%namespace name="calc" file="makocalc.txt"/>

${calc.add(3,4)}
${calc.sub(3,4)}
${calc.mul(3,4)}
${calc.div(3,4)}

${calc.summer([10, 20, 30, 40, 50])}
${calc.multiplier([5, 10, 15, 20, 25])}
```

Die Ausführung ergibt (führende und abschließende Newlines entfernt):

```
>>> print r.render('mako9.txt')
add(3, 4) is 7
sub(3, 4) is -1
mul(3, 4) is 12
div(3, 4) is 0

summer([10, 20, 30, 40, 50]) is      150
  multiplier([5, 10, 15, 20, 25]) is      375000
```

In *makocalc.txt* haben wir auch gesehen, wie verschachtelte `<%def>`-Funktionen definiert und benutzt werden. Man beachte auch, dass ein abschließendes Backslash-Zeichen das nachfolgende Newline-Zeichen »verschluckt«, d.h. die Zeile, in der es steht, mit der nachfolgenden Zeile zu einer einzelnen Zeile vereinigt.

Was `<%def>`-Funktionen besonders wertvoll macht und von normalen Funktionen abhebt, ist Folgendes. Betrachten Sie die Datei *mako10.txt*:

```
<%def name="foo()">
  <footag>
    ${caller.body()}
  </footag>
</%def>

<%call expr="foo()">
  This is within footag tags...
</%call>
```

Die Ausführung ergibt (Whitespaces manuell entfernt bzw. eingefügt):

```
<footag>
  This is within footag tags...
</footag>
```

949

Wir können also eine Art »Custom Tags« definieren. Ganz spannend ist es noch nicht. Aber das kommt jetzt: Man kann auch Parameter übergeben, wie *mako11.txt* zeigt:

```
<%def name="display_n_times_with_style(style, n=1)">
  <p style="${style}">
    % for i in range(n):
      ${caller.body()} <br />
    % endfor
  </p>
</%def>


<%call expr="display_n_times_with_style(style='color: blue')">
  Buy me!
</%call>


<%call expr="display_n_times_with_style(style='color: red', n=3)">
  Buy me now!
</%call>
```

Die Ausgabe sieht, manuell nachformatiert, so aus:

```
<p style="color: blue">
  Buy me!<br />
</p>

<p style="color: red">
  Buy me now!<br />
  Buy me now!<br />
  Buy me now!<br />
</p>
```

Denken Sie kurz darüber nach, was wir hiermit gewonnen haben. Wir haben hier eine Art Custom Tag, das mit bestimmten Werten von draußen gefüllt werden kann, d.h. ein Custom Tag mit Slots (in ZPT/METAL-Terminologie). Doch wir haben nicht nur einfache Slots: Das Custom Tag kann auch noch Programmierlogik enthalten wie hier. Das kann unglaublich nützlich werden. Ein Beispiel zeigt *mako12.txt*: Oft hat man Daten, die nur dann ausgegeben werden sollen, wenn eine bestimmte Bedingung erfüllt ist. Wir definieren also ein Custom Tag test wie folgt:

```
<%def name="test(condition)">
  % if condition:
    ${caller.body()}
  % endif
</%def>
```

```
<%call expr="test(3+2==5)">
  Python is awesome!
</%call>

<%call expr="test(3+2==10)">
  Python is awful!
</%call>
```

Diese Funktion gibt nur dann den Body des Aufrufers aus, wenn die übergebene Bedingung True ist!

Führt man es aus, erhält man erwartungsgemäß (Whitespaces manuell editiert):

```
Python is awesome!
```

Die Zeile Python is awful wird hingegen nie angezeigt, weil die Bedingung zu False evaluiert.

Dass der Aufrufer Werte an die <%def>-Funktion übergeben kann, ist schon ganz nützlich. Es geht auch andersrum: Die aufgerufene <%def>-Funktion kann Werte zurück an den Aufrufer übermitteln, bevor er dessen Körper erhält. Ein Beispiel ist *mako13.txt*:

```
<%def name="callee(value_from_caller)">
  I am callee, called with value ${value_from_caller}.
  I'll send the incremented value back to the caller!
  The body of the caller will be:

  ${caller.body(value_from_callee=value_from_caller+1)}
</%def>

<%call expr="callee(42)" args="value_from_callee">
    I am the caller.
    I have been called back by the callee
    with the value ${value_from_callee}.
</%call>
```

Die Ausführung ergibt jetzt:

```
I am callee, called with value 42.
I'll send the incremented value back to the caller!
The body of the caller will be:

    I am the caller.
    I have been called back by the callee
    with the value 43.
```

Wie man sieht, kann man Werte in beiden Richtungen übertragen.

Doch es gibt noch mehr! Der Aufrufer kann nicht nur Argumente für den Körper definieren, er kann auch eigene Funktionen enthalten, z.B. wie in *mako14.txt*:

```
<%def name="htmlize()">
  <div>
    <div class="header">
      ${caller.header()}
    </div>

    <div class="main">
      ${caller.body()}
    </div>

    <div class="footer">
      ${caller.footer()}
    </div>
  </div>
</%def>

<%call expr="htmlize()">
  <%def name="header()">
    This is the header.
  </%def>
  <%def name="footer()">
    This is the footer.
  </%def>

  This is the body.
</%call>
```

Führt man es aus, kommt Folgendes (manuell formatiert) raus:

```
<div>
  <div class="header">
    This is the header.
  </div>
  <div class="main">
    This is the body.
  </div>
  <div class="footer">
    This is the footer.
  </div>
</div>
```

Selbstverständlich lassen sich auch Argumente an die einzelnen Callbacks des `<%call>`-Aufrufers übergeben!

Wir kommen nun zum Thema der Pufferung. Schauen Sie sich folgendes Beispiel an:

```
<%def name="nonbuffered()">
  This is nonbuffered!
</%def>

<%def name="buffered()" buffered="True">
  This is buffered!
</%def>

${" before " + nonbuffered() + " after "}
${" before " + buffered() + " after "}
```

Die Ausführung ergibt (manuell nacheditiert):

```
>>> print r.render('mako15.txt')
This is nonbuffered!  before  after
 before  This is buffered!  after
```

Was hat das zu bedeuten? Die Funktion `unbuffered` hat einen Wert. Wenn sie aufgerufen wird, gibt sie diesen Wert nicht etwa als Rückgabewert zurück, sondern sendet ihn direkt und sofort zum Puffer des Kontextobjekts. Die Funktion liefert keinen Rückgabewert zurück. Wenn jetzt der Ausdruck

```
${" before " + nonbuffered() + " after "}
```

ausgewertet wird, muss ein String aufgebaut werden, der aus der Konkatenation von `" before "`, dem, was der Aufruf der Funktion `unbuffered` zurückgeben würde (hier gar nichts), und `" after "`. Der konkatenierte String besteht daher aus: `" before  after "`, nicht mehr und nicht weniger.

Was wird aber zum Puffer des Kontextobjekts gesendet, d.h. was sehen wir dann als Ergebnis des `render`-Aufrufs des Templates? Zunächst wird ja `nonbuffered` ausgewertet, und dessen Inhalt `"This is buffered!"` landet *als Erstes* in dem Ausgabepuffer. Erst danach ist der `${ ... }`-Ausdruck fertig ausgewertet, und dessen Wert `"before after"` wird zum Puffer gesendet. Insgesamt erhält der Puffer:

```
This is nonbuffered!  before  after
```

Das Problem von `unbuffered` war, dass es seine Ausgabe sofort in den Ausgabepuffer gesendet hat und nicht etwa zwischengespeichert hat. Der Code sieht so aus (aus */tmp/mako/mako15.txt.py*):

```
def render_nonbuffered(context):
    context.caller_stack.push_frame()
    try:
        context.write(u'\n  This is nonbuffered!\n')
        return ''
    finally:
        context.caller_stack.pop_frame()
```

Entscheidend an diesem Code ist, dass die `write`-Methode von `context` direkt aufgerufen wird. Wichtig ist auch, dass diese Funktion nichts zurückgibt!

Ganz anders verhält es sich beim Aufruf der Funktion `buffered`. Der generierte Code sieht so aus:

```
def render_buffered(context):
    context.caller_stack.push_frame()
    try:
        context.push_buffer()
        context.write(u'\n  This is buffered!\n')
    finally:
        __M_buf = context.pop_buffer()
        context.caller_stack.pop_frame()
    return __M_buf.getvalue()
```

Hier wird mit `context.push_buffer()` ein weiterer Puffer auf den Pufferstack gepusht, und es wird mit `write` in diesen neuen Puffer geschrieben. Anschließend wird dieser temporäre Puffer mit `context.pop_buffer()` wieder vom Pufferstack genommen und der Variablen `__M_buf` zugewiesen. Dieser Puffer ist ein `StringIO`- (oder `StringIO`-ähnliches) Objekt. Darum kann man das, was dorthin mit `write` geschrieben wurde, als String zurückholen, indem man `getvalue` aufruft. Dies geben wir an den Aufrufer mittels `return` zurück.

Man merkt also, dass die Pufferung eine wichtige Rolle spielt!

Mit Hilfe der Funktion `capture` kann man auch eine ungepufferte Funktion so aufrufen, als wäre sie gepuffert. Dies zeigt das Beispiel *mako16.txt*:

```
<%def name="foobar(a, b)">
  This is foobar(${a}, ${b})
</%def>

${" results " + foobar(5, 10) + " after "}
${" results " + capture(foobar, 5, 10) + " after "}
```

Die Ausführung ergibt (wieder leicht editiert):

```
>>> print r.render('mako16.txt')
This is foobar(5, 10)  results  after
 results  This is foobar(5, 10)  after
```

Man beachte, dass man capture die Funktion selbst und nicht deren Aufruf (und somit Rückgabewert) übergeben sollte. Argumente, die der Funktion zu übergeben sind, kann man capture stattdessen übergeben.

Eine interessante Anwendung der Pufferung sind filternde Definitionen. Einer <%def>-Funktion kann man mit dem Schlüsselwort filter eine oder mehrere Filterfunktionen übergeben. Geschieht dies, wird

- die Funktion automatisch gepuffert,
- die Ausgabe der Funktion durch die Filter geschickt.

Das ist besonders nützlich, um Leerstellen zu filtern, wie das *mako17.txt*-Template zeigt:

```
<%def name="summer(lst)">
  <%
    result = 0
    for elem in lst:
        result = result + elem
  %>
  The sum of ${lst} is ${result}.
</%def>

<%def name="product(lst)" filter="trim">
  <%
    result = 1
    for elem in lst:
        result = result * elem
  %>
  The product of ${lst} is ${result}
</%def>

Summer  : ${summer([10, 20, 30, 40, 50])}
Product : ${product([10, 20, 30, 40, 50])}
```

Die Ausgabe ergibt (führende und abschließende Newlines, die aus dem *mako17.txt*-Template selbst kommen, manuell entfernt):

```
Summer  :

  The sum of [10, 20, 30, 40, 50] is 150.


Product : The product of [10, 20, 30, 40, 50] is 12000000
```

Man beachte den Unterschied: Die Funktion summer gibt vor und nach dem String 'The sum ...' Leerzeilen und Leerzeichen aus. Aber die Funktion product, die zwar genauso Leerzeilen und Leerzeichen vor und nach dem String 'The product ...' produzieren würde, wendet den Filter trim auf diese Ausgabe an, um sie zu bereinigen. Darum sieht die Ausgabe von product viel aufgeräumter aus als die von summer!

Man kann auch mehrere Filter dem filter-Schlüsselargument übergeben, etwa wie in filter=h, trim.

Auf die Tags <%page>, <%inherit>, <%doc> und <%text> gehen wir an dieser Stelle nicht ein, sie sind in der Mako-Dokumentation erklärt.

Bevor wir diesen Abschnitt schließen, wollen wir noch das Thema Unicode ansprechen.

Mako speichert seine Eingabe grundsätzlich in unicode-Strings. Das hat wichtige Konsequenzen, wenn man mit Templates arbeitet, die nicht-ASCII-Zeichen enthalten, wie etwa Umlaute und sonstige internationale Zeichen. Da unicode eine Python-spezifische Darstellung besitzt (typischerweise UCS-2 oder UCS-4, d.h. 16- oder 32-bits pro Zeichen) und da es verschiedene standardisierte Encodings für Unicode-Zeichen gibt (UTF-8, UTF-16 usw.), muss man Mako mitteilen, in welchem Encoding sich ein Template befindet, das nicht-ASCII-Zeichen enthält. Dies geht mit Hilfe eines magischen Strings am Anfang des Templates. Die von meinem Editor im UTF-8 Format gespeicherte Datei *mako18.txt* sieht so aus:

```
## -*- coding: utf-8 -*-

${u"German Umlauts are: äöüÄÖÜ and ß."}
```

Dies erkennt man am Hexdump:

```
$ file mako18.txt
mako18.txt: UTF-8 Unicode text

$ hexdump -C mako18.txt
00000000  23 23 20 2d 2a 2d 20 63  6f 64 69 6e 67 3a 20 75  |## -*- coding: u|
00000010  74 66 2d 38 20 2d 2a 2d  0a 47 65 72 6d 61 6e 20  |tf-8 -*-.German |
00000020  55 6d 6c 61 75 74 73 20  61 72 65 3a 20 c3 a4 c3  |Umlauts are: .#.|
00000030  b6 c3 bc c3 84 c3 96 c3  9c 20 61 6e 64 20 c3 9f  |..#...... and ..|
00000040  2e 0a                                             |..|
00000042
```

Somit können wir das Template schon mal richtig einlesen. Eine Alternative dazu besteht darin, das Encoding dem TemplateLook-Objekt mit dem Schlüsselargument input_encoding mitzuteilen:

```
lookup = TemplateLookup(directories=['.'],
                        module_directory='/tmp/mako',
                        input_encoding='utf-8')
```

Ausgeben kann man dieses Template nicht so ohne Weiteres (Traceback gekürzt):

```
>>> s = r.render('mako18.txt')
Traceback (most recent call last):
UnicodeEncodeError: 'ascii' codec can't encode characters in position 20-25:
                    ordinal not in range(128)
```

Aber mit Hilfe der Funktion render_unicode des Templates (die wir dem Renderer-Objekt r in der Methode render_unicode anbieten), erhält man einen unicode-String zurück:

```
>>> s = r.render_unicode('mako18.txt')

>>> type(s)
<type 'unicode'>

>>> s
u'\nGerman Umlauts are: \xe4\xf6\xfc\xc4\xd6\xdc and \xdf.\n'

>>> s.encode('utf-8')
'\nGerman Umlauts are: \xc3\xa4\xc3\xb6\xc3\xbc\xc3\x84\xc3\x96\xc3\x9c and \
\xc3\x9f.\n'

>>> s.encode('utf-16')
'\xff\xfe\n\x00G\x00e\x00r\x00m\x00a\x00n\x00 \x00U\x00m\x00l\x00a\x00u\x00t\
\x00s\x00 \x00a\x00r\x00e\x00:\x00 \x00\xe4\x00\xf6\x00\xfc\x00\xc4\x00\xd6\
\x00\xdc\x00 \x00a\x00n\x00d\x00 \x00\xdf\x00.\x00\n\x00'
```

Man kann es sogar überprüfen: Wir geben diese letzte Ausgabe in eine Datei aus

```
>>> f = open('mako18.output.utf-16', 'wb')
>>> f.write(s.encode('utf-16'))
>>> f.close()
```

und versuchen, sie mit dem Programm *recode* nach HTML zu konvertieren (erste Leerzeile manuell entfernt):

```
$ recode 'UTF-16..h' < mako18.output.utf-16
German Umlauts are: &auml;&ouml;&uuml;&Auml;&Ouml;&Uuml; and &szlig;.

$ recode 'UTF-16LE..h' < mako18.output.utf-16
German Umlauts are: &auml;&ouml;&uuml;&Auml;&Ouml;&Uuml; and &szlig;.
```

Durch die Form des BOM-Markers am Anfang der Datei konnte GNU-*recode* erkennen, dass diese Datei auf einer little endian-Plattform erzeugt wurde. Dies erkennt man hier am Hexdump: Das \x00-Byte, das normalerweise vor den meisten ASCII-Zeichen steht (als *most significant byte*), steht hier in der Datei nach dem Zeichen (als *least significant byte*); klassisches little endian eben:

```
$ hexdump -C mako18.output.utf-16
00000000  ff fe 0a 00 47 00 65 00  72 00 6d 00 61 00 6e 00  |....G.e.r.m.a.n.|
00000010  20 00 55 00 6d 00 6c 00  61 00 75 00 74 00 73 00  | .U.m.l.a.u.t.s.|
00000020  20 00 61 00 72 00 65 00  3a 00 20 00 e4 00 f6 00  | .a.r.e.: ......|
00000030  fc 00 c4 00 d6 00 dc 00  20 00 61 00 6e 00 64 00  |........ .a.n.d.|
00000040  20 00 df 00 2e 00 0a 00                           | ......|
00000048
```

```
$ rm mako18.output.utf-16
```

Man kann also die Ausgabe des Unicode-Templates in jeder beliebigen Encodierung veranlassen.

Damit schließen wir diesen Abschnitt zu Mako.

Cheetah

Das Templating-System Cheetah aus `http://www.cheetahtemplate.org/` ist einer der geistigen Vorgänger von Maco. Es hat eine ähnliche Syntax, mit ein paar Unterschieden.

Cheetah installiert man mit `easy_install Cheetah` oder, wenn *easy_install* nicht zur Verfügung steht (weil `setuptools` nicht installiert wurden), nach dem Download des Quellcodes mit dem gewohnten `python setup.py install`. Eine weitere Möglichkeit, Cheetah zu installieren, ist es, das Port- oder Packagesystem Ihres Betriebssystems zu nutzen. Unter FreeBSD installieren Sie z.B. den Port */usr/ports/devel/py-cheetah*, genauso, wie Sie weiter oben den Mako-Port installiert haben.

Um zu testen, ob Cheetah richtig installiert ist, versuchen Sie es zu `importieren`:

```
>>> import Cheetah.Template
```

Sie sollten auch einen Selbsttest von der Kommandozeile aus anstoßen, um ganz sicher zu gehen, dass alles perfekt funktioniert. Dies machen Sie mit dem gerade installierten *cheetah*-Kommando:

```
$ cheetah test
...........................................................................
...........................................................................
... ( etc ) .....
---------------------------------------------------------------------
Ran 2066 tests in 269.655s
```

Das *cheetah*-Kommando kann unter anderem:

```
$ cheetah help
```

```
      __  _____  __
      \ \/            \/ /
       \/    *    *    \/        CHEETAH 2.0.1 Command-Line Tool
        \       |      /
         \   ==----==  /         by Tavis Rudd <tavis@damnsimple.com>
          _____/           and Mike Orr <sluggoster@gmail.com>


USAGE:
------

  cheetah compile [options] [FILES ...]     : Compile template definitions
  cheetah fill [options] [FILES ...]        : Fill template definitions
  cheetah help                              : Print this help message
  cheetah options                           : Print options help message
  cheetah test [options]                    : Run Cheetah's regression tests
                                            : (same as for unittest)
  cheetah version                           : Print Cheetah version number

You may abbreviate the command to the first letter; e.g., 'h' == 'help'.
If FILES is a single "-", read standard input and write standard output.
Run "cheetah options" for the list of valid options.
```

Nehmen wir nun an, dass wir folgendes Template *cheetah1.txt* haben:

```
## A simple multiplication table
<table>
  #for $row in range(int($row_begin), int($row_end)):
  <tr>
    #for $col in range(int($col_begin), int($col_end)):
    <td>${$row * $col}</td>
    #end for
  </tr>
  #end for
</table>
```

Wir erkennen nebenbei, dass es sich hierbei syntaktisch stark an *mako2.txt* anlehnt. Dieses Template kann *cheetah* in ein Python-Modul kompilieren:

```
$ mkdir /tmp/cheetah
$ cheetah compile --odir /tmp/cheetah --iext txt cheetah1.txt
Compiling cheetah1.txt -> /tmp/cheetah/cheetah1.py
```

Der Schalter `--odir` gibt ein Verzeichnis an, in dem die kompilierten Templates landen sollen, und der Schalter `--iext` gibt den Namen der Eingabeerweiterung (defaultmäßig `.tmpl`) an.

Dieses Modul können wir nicht direkt ausführen, weil wir dort Platzhalter verwenden, die nicht gefüllt werden (Traceback gekürzt):

```
$ python cheetah1.py
NameMapper.NotFound: cannot find 'row_begin'
```

Eine Möglichkeit, diese Platzhalter zu füllen, ist über die Umgebung, wenn das Programm mit dem `--env`-Schalter aufgerufen wird. Unter FreeBSD kann man die Umgebungsvariablen temporär für einen einzigen Aufruf eines Programms mit dem Programm *env* setzen:

```
$ env row_begin=1 row_end=4 col_begin=1 col_end=4 python cheetah1.py --env
<table>
  <tr>
    <td>1</td>
    <td>2</td>
    <td>3</td>
  </tr>
  <tr>
    <td>2</td>
    <td>4</td>
    <td>6</td>
  </tr>
  <tr>
    <td>3</td>
    <td>6</td>
    <td>9</td>
  </tr>
</table>
```

Jetzt verstehen Sie auch, wieso wir `int` verwenden mussten: Das, was über die Umgebungsvariablen eingelesen wird, ist ein String, und mit Strings kann die Python-Funktion `range` natürlich nichts anfangen!

Versuchen wir jetzt, *cheetah1.txt* programmatisch aufzurufen!

```
>>> from Cheetah.Template import Template
>>> ns = {'row_begin': '1', 'row_end': '4', 'col_begin': '1', 'col_end': '4'}
>>> t = Template(file='cheetah1.txt', searchList=[ns])
>>> print t
```

Es kommt dasselbe raus wie soeben: eine HTML-Tabelle mit 3x3 Feldern.

Doch interessant ist, dass jedes Mal, wenn t abgefragt wird, die Platzhalter in den Dictionarys der searchList erneut nachgeschlagen werden. Ändert man einen Wert im Dictionary ns, würde bei t etwas anderes herauskommen:

```
>>> ns['col_end'] = 3
>>> print t
```

Jetzt erscheint nur eine 3x2-Tabelle (3 Zeilen à 2 Spalten)!

Cheetah kann natürlich noch weitaus mehr. Wir verzichten aber an dieser Stelle auf eine Zusammenfassung. Der interessierte Leser möge die Online-Dokumentation konsultieren.

15.6.3 XML-basiertes Templating

Reine Text-basierte Templating-Systeme können auch zum Erzeugen von XML- und HTML-Dokumenten herangezogen werden. Sie haben jedoch einen kleinen Nachteil: Die Templates selbst sind nur sehr selten XML-Dokumente, denn sie enthalten ja Markierungen, die nicht kompatibel zu XML sind.

Das ist deswegen ein Nachteil, weil viele Designer in ihrer Arbeit XML-Editoren benutzen und Templates eigentlich von ihnen bearbeitet werden sollten. Ein XML-basiertes Templating-System hat die Eigenschaft, dass es nicht nur (gültige) XML- und HTML-Dokumente erzeugen kann, sondern vor allem, dass seine Templates selbst gültige XML-Dokumente sind.

In diesem Abschnitt werden wir zwei XML-basierte Templating-Systeme vorstellen: Genshi und seinen geistigen Vorgänger Kid.

Genshi

Genshi, verfügbar von http://genshi.edgewall.org/, ist ein vielseitiges System zum Erzeugen von Websites. Es verfügt unter anderem über eine XML-basierte und eine Text-basierte Templating-Sprache, die wir im Folgenden vorstellen werden (siehe Abbildung oben auf der nächsten Seite).

Doch bevor wir diese Sprache vorstellen, müssen wir Genshi installieren. Dies geschieht ganz klassisch mit easy_install Genshi, wenn die setuptools zur Verfügung stehen. Wenn nicht, kann man Genshi von dessen Website herunterladen, auspacken und die distutils-kompatible Zeile python setup.py install aufrufen. Eine Alternative zur direkten Installation von Genshi ist die Verwendung des Package- oder Portsystems Ihres Betriebssystems: So installieren Sie z.B. unter FreeBSD den Port */usr/ports/textproc/py-genshi*, wie sie jeden anderen Port auch installieren würden. Sie testen, ob Genshi richtig installiert ist, indem Sie einfach Folgendes in der Python-Shell eingeben:

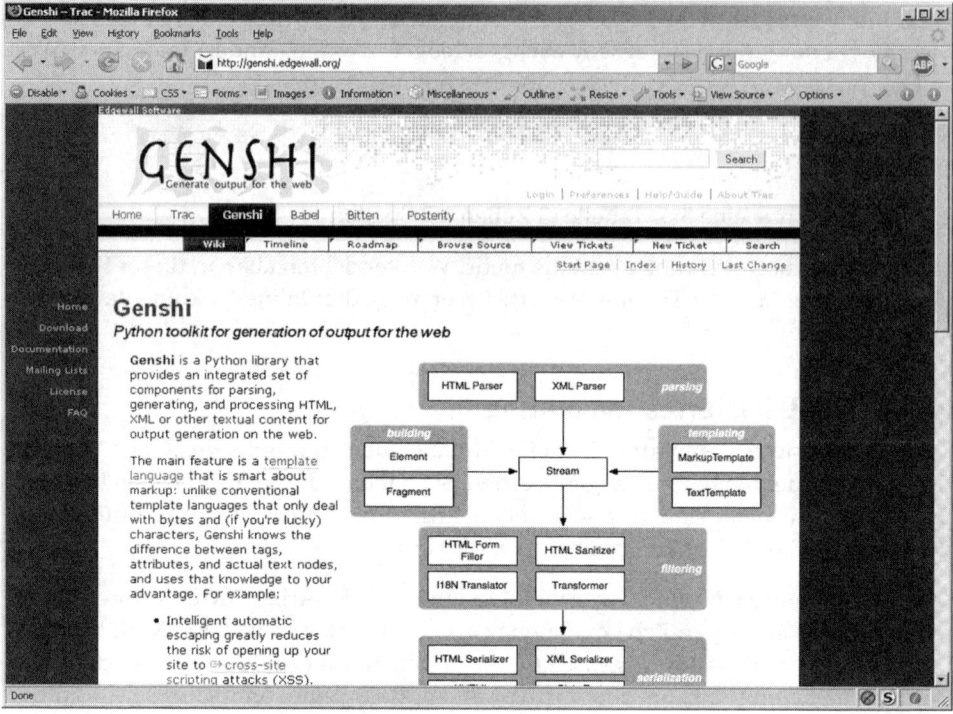

```
>>> from genshi.template import MarkupTemplate
```

Wenn es keine Probleme beim `import` gab, ist Genshi richtig installiert und kann verwendet werden.

Wir zeigen zunächst einmal, wie man Genshi von Python aus benutzt, bevor wir uns auf die Template-Sprache stürzen:

```
>>> from genshi.template import MarkupTemplate

>>> tmpl = MarkupTemplate('<h1>Hello, $name</h1>')
>>> stream = tmpl.generate(name='world')

>>> print stream.render('xhtml')
<h1>Hello, world</h1>
```

Statt das Template aus einem String zu erzeugen, kann man es auch von einer Datei laden. Dazu verwendet man den `TemplateLoader`. Angenommen, wir haben folgendes Template *genshi1.txt*:

```
<html>
  <head><title>$title</title></head>
  <body><h1>$title</h1><p>Hello, $name</p></body>
</html>
```

Wir laden es wie folgt von Python aus:

```
>>> from genshi.template import TemplateLoader

>>> loader = TemplateLoader(['.'])
>>> tmpl = loader.load('genshi1.txt')
>>> stream = tmpl.generate(title='A title', name='John')

>>> print stream.render('xhtml')
<html>
  <head><title>A title</title></head>
  <body><h1>A title</h1><p>Hello, John</p></body>
</html>
```

Ein mit TemplateLoader einmal geladenes Template wird kompiliert und immer wieder neu verwendet. Die Liste der Pfade, die man TemplateLoader übergibt, wird in der Praxis nicht das aktuelle Verzeichnis '.' enthalten, sondern die Pfade auf dem Webserver, in denen die Templates zu finden sind. Weitere Argumente für TemplateLoader entnimmt man aus dessen Dokumentation, z.B. aus pydoc genshi.template.TemplateLoader.

Um im Folgenden Templates zu konvertieren, benutzen wir dieses Programm:

```
#!/usr/bin/env python
# showgenshi.py -- render genshi templates

from genshi.template import TemplateLoader, MarkupTemplate

class Renderer(object):
    def __init__(self, dirs='.', variable_lookup='strict'):
        self.loader = TemplateLoader(dirs, variable_lookup=variable_lookup)
        self.variable_lookup = variable_lookup

    def r_file(self, templatename, **kwargs):
        self.tmpl = self.loader.load(templatename)
        self.stream = self.tmpl.generate(**kwargs)
        return self.stream.render('xhtml')

    def r_str(self, templatestring, **kwargs):
        self.tmpl = MarkupTemplate(templatestring,
                                   lookup=self.variable_lookup)
        self.stream = self.tmpl.generate(**kwargs)
        return self.stream.render('xhtml')
```

```
if __name__ == '__main__':
    import sys
    r = Renderer('.')
    print r.render(sys.argv[1]),
```

Das vorige Template kann man dann wie folgt in der Python-Shell ausführen:

```
>>> from showgenshi import Renderer
>>> r = Renderer()
>>> print r.r_file('genshi1.txt', title='A title', name='John')
<html>
  <head><title>A title</title></head>
  <body><h1>A title</h1><p>Hello, John</p></body>
</html>
```

Selbstverständlich können Variablennamen statt als $var auch als ${var} angegeben werden.

Da wir den Modus 'strict' statt 'lenient' im TemplateLoader angegeben haben, würde eine fehlende Variable folgende Ausnahme auslösen (Traceback gekürzt):

```
>>> print r.r_file('genshi1.txt', title='A title')
genshi.template.eval.UndefinedError: "name" not defined
```

Man kann auch Strings übergeben:

```
>>> print r.r_str('<em>Hello, ${name}</em>', name='world')
<em>Hello, world</em>
```

```
>>> print r.r_str('<em>Hello, ${name}</em>', name2='world')
genshi.template.eval.UndefinedError: "name" not defined
```

Neben Variablennamen kann man auch beliebige Python-Werte übergeben:

```
>>> print r.r_str('<em>Hello, ${names[0]} and ${names[1]}</em>',
...               names=['John', 'Jane'])
<em>Hello, John and Jane</em>
```

```
>>> print r.r_str("<em>Foo is ${mydict['foo']}</em>",
...               mydict={'foo': 'FOO', 'bar': 'BAR'})
<em>Foo is FOO</em>
```

Ebenso kann man in <?python ... ?> ganze Python-Codeblöcke einbetten. Man beachte, dass dies in XML-Sprache eine gültige PI (*processing instruction*) ist, so dass das Template immer noch nach XML-Regeln wohlgeformt ist. Nehmen wir zum Beispiel das Template *genshi2.txt*:

```
<div>
  <?python
    from genshi.builder import tag
    def greeting(name):
        return tag.b("Hello, %s" % (name,))
  ?>
  ${greeting('world')}
</div>
```

Das ergibt mit unserem Renderer:

```
>>> print r.r_file('genshi2.txt')
<div>
  <b>Hello, world</b>
</div>
```

Bevor wir auf die Markup-Sprache nun kommen, wollen wir noch in aller Kürze die Fehlerbehandlung erwähnen. Wir haben gesehen, dass undefinierte Variablen zu einer UndefinedError-Ausnahme führen, wenn wir im strict-Modus sind:

```
>>> print r.r_str('<em>Hello ${name}</em>')
genshi.template.eval.UndefinedError: "name" not defined
```

Im lenient-Modus wird hingegen kein Fehler gemeldet:

```
>>> rl = Renderer(variable_lookup='lenient')
>>> rl.r_str('<em>Hello, ${name}</em>')
'<em>Hello, </em>'
```

Sehr nützlich im lenient-Modus sind die Funktionen defined und value_of:

```
>>> rl.r_str('<em>${defined("name")}</em>', name='John')
'<em>True</em>'
```

```
>>> rl.r_str('<em>${defined("name")}</em>')
'<em>False</em>'
```

```
>>> rl.r_str('<em>${value_of("name", "N/A")}</em>', name='John')
'<em>John</em>'
```

```
>>> rl.r_str('<em>${value_of("name", "N/A")}</em>')
'<em>N/A</em>'
```

Mit folgender Datei *genshi3.txt*

```
<div>
  <?python
    if defined("name"):
        myname = name
    else:
        myname = 'N/A'
  ?>
  <em>Hello, ${myname}</em>
</div>
```

erhält man beim lenient-Modus:

```
>>> print rl.r_file('genshi3.txt', name='John')
<div>
  <em>Hello, John</em>
</div>
```

```
>>> print rl.r_file('genshi3.txt')
<div>
  <em>Hello, N/A</em>
</div>
```

Aber nicht im strict-Modus mit unserem strict-Renderer r:

```
>>> print r.r_file('genshi3.txt', name='John')
<div>
  <em>Hello, John</em>
</div>
```

```
>>> print r.r_file('genshi3.txt')
genshi.template.eval.UndefinedError: "name" not defined
```

Im lenient-Modus kann man undefinierte Variablen auch auf den Typ Undefined testen:

```
<div>
  <?python
    if type(name) is not Undefined:
        myname = name
    else:
        myname = 'N/A'
  ?>
  <em>Hello, ${myname}</em>
</div>
```

Das ergibt mit dem `lenient`-Renderer `rl`:

```
>>> rl.r_file('genshi4.txt', name='John')
'<div>\n  <em>Hello, John</em>\n</div>'

>>> rl.r_file('genshi4.txt')
'<div>\n  <em>Hello, N/A</em>\n</div>'
```

Wenden wir uns nun der Markup-Sprache zu. Wir haben schon gesehen, dass man bei Genshi, genauso wie bei Mako und Cheetah, Python-Ausdrücke in `${ ... }`-Klammern eintragen kann. Außerdem kann man ganze Python-Codeblöcke in `<?python ... ?>`-PIs eintragen.

Bis jetzt sind das alles gültige XML-Elemente: `${ ... }` befanden sich innerhalb erlaubter XML-Elemente wie `div`, `em` etc., und `<?python ... ?>` ist immer eine gültige *processing instruction*.

Im Folgenden werden wir spezielle XML-Elemente einführen wie etwa `<py:if ...>` oder `<py:for ...>`. Damit das XML-Dokument auch validiert, muss man den `py:...`-Namensraum erst deklarieren. Dies geschieht üblicherweise am Anfang eines XML-Dokuments und sieht so aus:

```
<html xmlns="http://www.w3.org/1999/xhtml"
      xmlns:py="http://genshi.edgewall.org/"
      lang="en">
  ...
</html>
```

Indem wir `xmlns:py` auf diese URL setzen, definieren wir einen Namensraum für alle mit `py:` anfangenden XML-Elemente. Ein Validierer könnte sich aus dieser Adresse eine DTD-Spezifikation besorgen (evtl. über einen Katalog) und überprüfen, dass nur richtige `py:`-Elemente mit den richtigen Attributen zum Einsatz kommen.

Wie dem auch sei: Nachdem wir den Namensraum definiert haben, können wir diese Elemente einsetzen.

Fangen wir dem `py:if`-Element an. Das Beispiel *genshi5.html* zeigt zwei Möglichkeiten, ein Element nur dann zu zeigen, wenn eine Bedingung erfüllt ist:

```
<html xmlns="http://www.w3.org/1999/xhtml"
      xmlns:py="http://genshi.edgewall.org/"
      lang="en">
  <head><title>Genshi py:if demo</title></head>
  <body>
    <h1>Genshi py:if demo</h1>
```

```
    <py:if test="cond1">
      <p>Condition 1 is met</p>
    </py:if>

    <div py:if="cond2">
      Condition 2 is met
    </div>

  </body>
</html>
```

Lädt man den strict-Renderer wie gewohnt

```
>>> from showgenshi import Renderer
>>> r = Renderer()
```

kann man nun experimentieren. So würde

```
>>> print r.r_file('genshi5.html', cond1=True, cond2=True)
```

Folgendes ergeben:

```
<html xmlns="http://www.w3.org/1999/xhtml" lang="en">
  <head><title>Genshi py:if demo</title></head>
  <body>
    <h1>Genshi py:if demo</h1>
      <p>Condition 1 is met</p>
    <div>
      Condition 2 is met
    </div>
  </body>
</html>
```

Wie man sieht, erscheinen sowohl das <p>...</p>- als auch das <div>...</div>-Element, weil die Variablen cond1 und cond2 beide True sind. Probieren Sie nun, cond1, cond2 oder beide auf False zu setzen:

```
>>> print r.r_file('genshi5.html', cond1=False, cond2=False)
```

Es käme dann heraus:

```
<html xmlns="http://www.w3.org/1999/xhtml" lang="en">
  <head><title>Genshi py:if demo</title></head>
  <body>
    <h1>Genshi py:if demo</h1>
  </body>
</html>
```

Man erkennt: `py:if` dient dazu, ein Element und alles, was sich darin befindet (also auch Kinder), komplett auszublenden, wenn eine Bedingung falsch ist. Das ist vor allem dann nützlich, wenn dieses Element das Ergebnis einer Berechnung ist. Als Beispiel aus der Praxis könnte z.B. ein Portlet für aktuelle Nachrichten dienen: Nur wenn es aktuelle Nachrichten gibt, sollte das Portlet (und alles, was sich darin befindet) überhaupt eingeblendet werden! Dies kann man nun mit `py:if` sehr bequem erreichen.

Am *genshi5.html*-Beispiel haben Sie auch erkannt, dass es bei vielen `py:`-Elementen zwei Formen gibt: Man kann sie direkt als eigenes XML-Element wie in `<py:if test=...>` ... `</pi:if>` spezifizieren, oder man kann sie in Form eines Attributs eines anderen XML-Elements wie in `<div py:if=...>` ... `</div>` eintragen. Welchen Stil Sie bevorzugen, bleibt Ihnen überlassen: Manch alte XML-Validierer, die Designer nutzen, verstehen womöglich nicht Namespaces und kämen mit der ersten Form nicht besonders gut zurecht. In dem Fall könnten Sie auf die zweite Form ausweichen, bei den `py:`-Elementen, die es ermöglichen.

Unser `py:if`-Beispiel hatte keinen `else`- oder `elsif`-Zweig. Benötigt man dies, bleibt einem nichts anderes übrig, als auf das nächste Konditionalelement auszuweichen: `py:choose`. Das Beispiel *genshi6.html* zeigt, wie es benutzt wird, wieder einmal in beiden Stilen:

```
<html xmlns="http://www.w3.org/1999/xhtml"
      xmlns:py="http://genshi.edgewall.org/"
      lang="en">
  <head><title>Genshi py:choose demo</title></head>
  <body>
    <h1>Genshi py:choose demo</h1>

    <div py:choose="day">
      <span py:when="1">Monday</span>
      <span py:when="2">Tuesday</span>
      <span py:when="3">Wedneday</span>
      <span py:when="4">Thursday</span>
      <span py:when="5">Friday</span>
      <span py:when="6">Saturday</span>
      <span py:when="7">Sunday</span>
      <span py:otherwise="">Invalid weekday</span>
    </div>

    <div>
      <py:choose test="grade">
        <py:when test="'A'">Excellent</py:when>
        <py:when test="'B'">Good</py:when>
        <py:when test="'C'">Average</py:when>
```

```
        <py:when test="'D'">Poor</py:when>
        <py:when test="'F'">Failing</py:when>
        <py:otherwise>Invalid grade</py:otherwise>
      </py:choose>
    </div>

  </body>
</html>
```

Eine typische Ausgabe sähe aus:

```
>>> print r.r_file('genshi6.html', day=3, grade='B')
<html xmlns="http://www.w3.org/1999/xhtml" lang="en">
  <head><title>Genshi py:choose demo</title></head>
  <body>
    <h1>Genshi py:choose demo</h1>
    <div>
      <span>Wedneday</span>
    </div>
    <div>
        Good
    </div>
  </body>
</html>
```

Der py:otherwise-Zweig wird betreten, wenn ein ungültiger Wert übergeben wurde:

```
>>> print r.r_file('genshi6.html', day=8, grade='E')
<html xmlns="http://www.w3.org/1999/xhtml" lang="en">
  <head><title>Genshi py:choose demo</title></head>
  <body>
    <h1>Genshi py:choose demo</h1>
    <div>
      <span>Invalid weekday</span>
    </div>
    <div>
        Invalid grade
    </div>
  </body>
</html>
```

Der test-Ausdruck in py:choose kann auch ein beliebiger Python-Ausdruck sein.

Mit py:choose lassen sich auch if/elif/else-Ausdrücke simulieren.

Das nächste, sehr nützliche Element ist `py:for`, mit dem Schleifen ausgeführt werden. Das Beispiel *genshi7.html* zeigt, wie man eine Python-Liste in HTML ausgeben kann. Beachten Sie, dass es auch hier wieder zwei Stile gibt:

```
<html xmlns="http://www.w3.org/1999/xhtml"
      xmlns:py="http://genshi.edgewall.org/"
      lang="en">
  <head><title>Genshi py:for demo</title></head>
  <body>
    <h1>Genshi py:for demo</h1>

    <ul>
      <py:for each="item in thelist">
        <li>${item}</li>
      </py:for>
    </ul>

    <ul>
      <li py:for="item in thelist">${item}</li>
    </ul>

  </body>
</html>
```

Übergibt man eine nicht leere Liste, erhält man:

```
>>> print r.r_file('genshi7.html', thelist=['tic', 'tac', 'toe'])
<html xmlns="http://www.w3.org/1999/xhtml" lang="en">
  <head><title>Genshi py:for demo</title></head>
  <body>
    <h1>Genshi py:for demo</h1>
    <ul>
        <li>tic</li>
        <li>tac</li>
        <li>toe</li>
    </ul>
    <ul>
      <li>tic</li><li>tac</li><li>toe</li>
    </ul>
  </body>
</html>
```

Ist die Liste leer, wird trotzdem ein ul-Element erzeugt:

```
>>> print r.r_file('genshi7.html', thelist=[])
<html xmlns="http://www.w3.org/1999/xhtml" lang="en">
  <head><title>Genshi py:for demo</title></head>
  <body>
    <h1>Genshi py:for demo</h1>
    <ul>
    </ul>
    <ul>
    </ul>
  </body>
</html>
```

Das kann man dadurch verhindern, dass man ul mit einem py:if-Test versieht, wie in
genshi8.html gezeigt:

```
<html xmlns="http://www.w3.org/1999/xhtml"
      xmlns:py="http://genshi.edgewall.org/"
      lang="en">
  <head><title>Genshi py:for demo 2</title></head>
  <body>
    <h1>Genshi py:for demo 2</h1>

    <ul py:if="len(thelist) > 0">
      <py:for each="item in thelist">
        <li>${item}</li>
      </py:for>
    </ul>

    <ul py:if="len(thelist) > 0">
      <li py:for="item in thelist">${item}</li>
    </ul>
  </body>
</html>
```

Mit der leeren Liste ergibt es als Ausgabe:

```
>>> print r.r_file('genshi8.html', thelist=[])
<html xmlns="http://www.w3.org/1999/xhtml" lang="en">
  <head><title>Genshi py:for demo 2</title></head>
  <body>
    <h1>Genshi py:for demo 2</h1>
  </body>
</html>
```

Kleine Übungsaufgabe: Modifizieren Sie *genshi8.html* dahingehend, dass eine leere Liste mit der Ausgabe: `The list is empty` erscheint. Tipp: Benutzen Sie `py:choose`!

Auch Dictionarys kann man so durchlaufen (*genshi9.html*):

```
<html xmlns="http://www.w3.org/1999/xhtml"
      xmlns:py="http://genshi.edgewall.org/"
      lang="en">
  <head><title>Genshi py:for demo 3</title></head>
  <body>
    <h1>Genshi py:for demo 3</h1>

    <table py:if="len(thedict) > 0">
      <py:for each="key, value in thedict.iteritems()">
        <tr>
          <td>${key}</td>
          <td>${value}</td>
        </tr>
      </py:for>
    </table>
  </body>
</html>
```

Bei einem leeren Dictionary erscheint:

```
>>> print r.r_file('genshi9.html', thedict={})
<html xmlns="http://www.w3.org/1999/xhtml" lang="en">
  <head><title>Genshi py:for demo 3</title></head>
  <body>
    <h1>Genshi py:for demo 3</h1>
  </body>
</html>
```

Das liegt daran, dass wir `table` mit einem `py:if` bewachen: Es soll schließlich keine leere Tabelle bei leerem Dictionary ausgegeben werden!

Ist das Dictionary nicht leer, erscheint:

```
>>> print r.r_file('genshi9.html', thedict={'a': 'A', 'b': 'B', 'c': 'C'})
<html xmlns="http://www.w3.org/1999/xhtml" lang="en">
  <head><title>Genshi py:for demo 3</title></head>
  <body>
    <h1>Genshi py:for demo 3</h1>
    <table>
      <tr>
        <td>a</td>
```

```
        <td>A</td>
      </tr>
      <tr>
        <td>c</td>
        <td>C</td>
      </tr>
      <tr>
        <td>b</td>
        <td>B</td>
      </tr>
    </table>
  </body>
</html>
```

Ein Nachteil dieses Templates ist, dass man die Schlüssel/Wert-Paare nicht unbedingt in sortierter Reihenfolge erhält: iteritems (oder items) liefert diese Paare bekanntweise in einer scheinbar zufälligen Reihenfolge. Das folgende Beispiel, *genshi10.html*, zeigt zwei Möglichkeiten, dennoch eine sortierte Reihenfolge zu erhalten:

```
<html xmlns="http://www.w3.org/1999/xhtml"
      xmlns:py="http://genshi.edgewall.org/"
      lang="en">
  <head><title>Genshi py:for and py:with demo</title></head>
  <body>
    <h1>Genshi py:for and py:with demo</h1>

    <table py:if="len(thedict) > 0">
      <py:for each="key in sorted(thedict.keys())">
        <tr>
          <td>${key}</td>
          <td>${thedict[key]}</td>
        </tr>
      </py:for>
    </table>

    <table py:if="len(thedict) > 0">
      <py:with vars="keylist = sorted(thedict.keys())">
        <py:for each="idx, key in enumerate(keylist)">
          <tr>
            <td>${idx}</td>
            <td>${key}</td>
            <td>${thedict[key]}</td>
          </tr>
        </py:for>
```

```
      </py:with>
    </table>

  </body>
</html>
```

Dieses Beispiel nutzt die Funktion `sorted` aus Python 2.5 und später, um die Liste der Schlüssel erst zu sortieren, bevor darüber iteriert wird. Die erste Tabelle wird hier direkt ausgegeben, während die zweite Tabelle `py:with` benutzt, um der Variablen `keylist` eine sortierte Liste zuzuweisen. Diese Variable wird dann später innerhalb des `py:with`-Blocks weiterverwendet, um eine 3-spaltige Tabelle zu erzeugen, bei der die erste Spalte der Index ist (0, 1, 2, ...). Soll der Index ab 1 beginnen, ersetzen Sie einfach ${idx} durch ${idx + 1}.

Mit `py:with` kann man auch mehr als nur eine Variable binden. Das Beispiel aus der Dokumentation zeigt es sehr deutlich:

```
<div>
  <span py:with="y=7; z=x+10">$x $y $z</span>
</div>
```

Manchmal ist es erforderlich, Attribute zu berechnen. Sie kann man mit dem `py:attrs`-Element einfügen, wie das Beispiel *genshi11.html* zeigt:

```
<html xmlns="http://www.w3.org/1999/xhtml"
      xmlns:py="http://genshi.edgewall.org/"
      lang="en">
  <head><title>Genshi py:attrs demo</title></head>
  <body>
    <h1>Genshi py:attrs demo</h1>

    <div py:attrs="myattrs">
      Some content
    </div>

  </body>
</html>
```

Übergibt man keine Attribute (d.h. ein leeres Dictionary), werden keine dem jeweiligen Element angehängt:

```
>>> print r.r_file('genshi11.html', myattrs={})
<html xmlns="http://www.w3.org/1999/xhtml" lang="en">
  <head><title>Genshi py:attrs demo</title></head>
  <body>
    <h1>Genshi py:attrs demo</h1>
```

```
    <div>
      Some content
    </div>
  </body>
</html>
```

Ansonsten erscheint bei einem nicht leeren Attribut-Dictionary:

```
>>> print r.r_file('genshi11.html',
...                 myattrs={'att1': 'val1', 'att2': None, 'att3': 'val3'})
<html xmlns="http://www.w3.org/1999/xhtml" lang="en">
  <head><title>Genshi py:attrs demo</title></head>
  <body>
    <h1>Genshi py:attrs demo</h1>
    <div att3="val3" att1="val1">
      Some content
    </div>
  </body>
</html>
```

Wie man sieht, werden Attribute mit dem Wert None bei der Ausgabe gar nicht erst angegeben.

Manchmal möchte man:

- mit py:content den Inhalt eines Elements, d.h. das, was zwischen <elem> und </elem> steht, durch einen berechneten Wert ersetzen,
- mit py:replace das komplette Element, also sowohl die <elem>- und </elem>-Tags, als auch alles, was dazwischen steht, austauschen,
- mit py:strip lediglich die umgebenden Tags, d.h. <elem> und </elem> entfernen.

Diese Strukturmanipulationen dienen vor allem dazu, Teile in einem Template gezielt an bestimmten Positionen einzufügen. Das Beispiel *genshi12.html* zeigt in vereinfachter Form, wie es geht:

```
<html xmlns="http://www.w3.org/1999/xhtml"
      xmlns:py="http://genshi.edgewall.org/"
      lang="en">
  <head><title>Genshi py:content, py:replace and py:strip demo</title></head>
  <body>
    <h1>Genshi structure demo</h1>

    <div py:content="cont1">
      This will be replaced by cont1
    </div>
```

```
<div>
  <span py:replace="cont2">This will be replaced by cont2</span>
</div>

<div>
  <span py:strip="nospan">This is or is not within a span tag</span>
</div>

  </body>
</html>
```

Führt man es aus, erhält man:

```
>>> print r.r_file('genshi12.html', cont1='C1', cont2='C2', nospan=True)
<html xmlns="http://www.w3.org/1999/xhtml" lang="en">
  <head><title>Genshi py:content, py:replace and py:strip demo</title></head>
  <body>
    <h1>Genshi structure demo</h1>
    <div>C1</div>
    <div>
      C2
    </div>
    <div>
      This is or is not within a span tag
    </div>
  </body>
</html>
```

Wie man erkennen kann, sind die Platzhalter entfernt worden und durch die Werte aus cont1 und cont2 ersetzt worden. Statt bloß C1 und C2 hätte man hier auch einen ganzen Baum von Elementen in Form eines Strings ausgeben können, z.B. ein Portlet. In Kapitel 12, *XML und XSLT*, haben wir gesehen, wie man solche Bäume programmatisch erstellen und anschließend zu einem String rendern kann. Wenn nospan auf False gesetzt wird, dann würde der dritte Text nach wie vor innerhalb von span-Tags enthalten sein.

Als Nächstes kommen wir zum unvermeidlichen py:def-Tag, mit dem Python-Funktionen in einem Template definiert werden können. Das Beispiel *genshicalc.html* ist eine gute Illustration davon:

```
<html xmlns="http://www.w3.org/1999/xhtml"
      xmlns:py="http://genshi.edgewall.org/"
      xmlns:xi="http://www.w3.org/2001/XInclude"
      py:strip="True"
      lang="en">
```

977

```
<body py:strip="True">
  <span py:def="add(a, b)">add(${a}, ${b}) is ${a + b}</span>
  <span py:def="sub(a, b)">sub(${a}, ${b}) is ${a - b}</span>
  <span py:def="mul(a, b)">mul(${a}, ${b}) is ${a * b}</span>
  <span py:def="div(a, b)">div(${a}, ${b}) is ${a / b}</span>

  <span py:def="summer(lst)">
    <?python
        result = 0
        for elem in lst:
            result = result + elem
    ?>
    summer(${str(lst)}) is ${result}
  </span>

  <div py:def="mult_table(row_begin, row_end, col_begin, col_end)">
    <table>
      <py:for each="row in range(row_begin, row_end)">
        <tr>
          <py:for each="col in range(col_begin, col_end)">
            <td>${row * col}</td>
          </py:for>
        </tr>
      </py:for>
    </table>
  </div>
</body>
</html>
```

Wir definieren hier ein paar Funktionen. Beachten Sie, dass wir hier die `html`- und `body`-Tags mit `py:strip` entfernen. Der Sinn dafür wird klar, wenn wir uns das Template *genshi13.html* anschauen werden, das *genshicalc.html* mit `xi:include` einfügen wird:

```
<html xmlns="http://www.w3.org/1999/xhtml"
      xmlns:py="http://genshi.edgewall.org/"
      xmlns:xi="http://www.w3.org/2001/XInclude"
      lang="en">
  <head><title>Genshi py:def demo (using functions)</title></head>
  <body>
    <h1>Genshi py:def demo</h1>

    <xi:include href="genshicalc.html" />
```

978

```
<ul>
  <li py:content="add(x1, x2)" />
  <li py:content="sub(x1, x2)" />
  <li py:content="mul(x1, x2)" />
  <li py:content="div(x1, x2)" />
  <li>${summer(thelist)}</li>
</ul>

  <div py:replace="mult_table(1, 4, 1, 4)" />


</body>
</html>
```

Damit xi:include funktioniert, müssen wir erst den Namensraum xmlns:xi zusätzlich zu den pi:-Namen oben definieren. XML verlangt es so. Unsere Bibliothek von Funktionen aus dem Template *genshicalc.html* wird dann mitten im Dokument eingefügt.

Der Aufruf der einzelnen py:def-Funktionen kann mit zwei verschiedenen Stilen geschehen: entweder wie bei add, sub usw. oder wie bei summer.

Eine Funktion aufzurufen, bedeutet, dass die gesamte Struktur, die sie definiert, ausgegeben wird. So würde z.B. der Aufruf von mult_table ein <div><table>... </table></div>-Element ausgeben. Damit beim Aufruf dieser Funktion nicht zwei verschachtelte div-Elemente entstehen, ersetzen wir *genshi13.html*s div-Element komplett mit der Struktur, die mult_table erzeugen würde. Das geht mit der py:replace-Anweisung, die wir weiter oben eingeführt haben.

Die Ausgabe könnte wie folgt aussehen:

```
>>> print r.r_file('genshi13.html', x1=7, x2=3, thelist=[10, 20, 30])
<html xmlns="http://www.w3.org/1999/xhtml" lang="en">
  <head><title>Genshi py:def demo (using functions)</title></head>
  <body>
    <h1>Genshi py:def demo</h1>

    <ul>
      <li><span>add(7, 3) is 10</span></li>
      <li><span>sub(7, 3) is 4</span></li>
      <li><span>mul(7, 3) is 21</span></li>
      <li><span>div(7, 3) is 2</span></li>
      <li><span>
      summer([10, 20, 30]) is 60
    </span></li>
    </ul>
    <div>
```

```
<table>
    <tr>
        <td>1</td>
        <td>2</td>
        <td>3</td>
    </tr>
    <tr>
        <td>2</td>
        <td>4</td>
        <td>6</td>
    </tr>
    <tr>
        <td>3</td>
        <td>6</td>
        <td>9</td>
    </tr>
</table>
    </div>
  </body>
</html>
```

Auf die `py:match`-Anweisung gehen wir nicht ein: Es geht darum, dass man mit XPath bestimmte Elemente eines Templates auswählen kann. Informationen darüber befinden sich in der Genshi-Dokumentation unter `http://genshi.edgewall.org/wiki/Documentation/xml-templates.html`.

Bei den Kommentaren ist nur zu erwähnen, dass ein normaler XML-Kommentar

```
<!-- This comment will be passed down the chain to the output -->
```

von Genshi weitergereicht wird, d.h. dass die generierte Seite diesen Kommentar enthalten wird. Möchte man aber das Genshi-Template selbst kommentieren und dabei verhindern, dass *diese* Kommentare in der erzeugten Ausgabe erscheinen, dann spezifiziert man sie mit einem zusätzlichen Ausrufezeichen:

```
<!-- ! This comment will not be passed down the chain to the output -->
```

Die `py:`-Tags werden in folgender Reihenfolge von Genshi ausgewertet: `py:def`, `py:match`, `py:when`, `py:otherwise`, `py:for`, `py:if`, `py:choose`, `py:with`, `py:replace`, `py:content`, `py:attrs`, `py:strip`.

Es bleibt noch zu erwähnen, dass Genshi auch eine Templating-Sprache für reine Textverarbeitung (kein XML) zur Verfügung stellt. Dafür verwendet man aber nicht die `MarkupTemplate`, sondern `TextTemplate` oder, noch besser, `NewTextTemplate`. Die Sprache ähnelt in etwa der von Django und enthält die Direktiven:

- `{% if %}`
- `{% choose %}`

- `{% for %}`
- `{% def %}`
- `{% include %}`
- `{% with %}`
- `{# This is a comment #}`

In `http://genshi.edgewall.org/wiki/Documentation/text-templates.html` wird dies ausführlich beschrieben.

Kid

Wie bereits angedeutet, ist Genshi stark von Kid beeinflusst worden. So sind alle `py:`-Tags von Kid inspiriert worden. In diesem Abschnitt erwähnen wir Kid nur, weil wir das Meiste bereits von Genshi aus gelernt haben und die Unterschiede aus der Kid-Dokumentation entnommen werden können.

Kid ist unter `http://www.kid-templating.org/` verfügbar und kann wie gewohnt mit `easy_install Kid` oder `python setup.py install` installiert werden. Eventuell gibt es bei Ihrem Betriebssystem eine andere Möglichkeit. Unter FreeBSD installieren wir z.B. den Port */usr/ports/devel/py-kid* wie jeden anderen beliebigen Port.

Wie auch bei anderen Templating-Systemen übersetzt Kid seine XML-Templates in Python-Module. Dies kann entweder mit dem *kidc*-Skript bewerkstelligt werden, oder man ruft ein paar Funktionen aus der Kid Python-API auf.

Die Kid-Sprache ist weitgehend identisch mit derjenigen von Genshi, aber die API ist etwas anders. Auch da gilt: Lesen Sie die Dokumentation, wenn Sie Kid einsetzen wollen. Ein Grund, Kid statt Genshi zu benutzen, ist, dass Kid in der Lage ist, seine Ausgaben richtig zu formatieren (z.B. überflüssige Leerzeilen zu entfernen usw.). Wenn Sie dies lesen, kann es sein, dass Genshi dazu auch in der Lage sein wird.

15.6.4 Weitere Templating-Systeme

Templating-Systeme gibt es wie Sand am Meer. Wir könnten ein ganzes Buch nur darüber schreiben, aber das würde den Rahmen dieses Python-Buchs bei Weitem sprengen. Wenn Sie mögen, können Sie ein wenig im Netz stöbern. Eine aus Sicht des Autors interessante Auswahl wäre:

- Nevow, `http://divmod.org/trac/wiki/DivmodNevow`
- SimpleTAL, `http://www.owlfish.com/software/simpleTAL/`
- Python Servlet Engine, `http://nick.borko.org/pse/index.html`
- Qpy, `http://www.mems-exchange.org/software/qpy/`
- Evoque, `http://evoque.gizmojo.org/`

Viel Spaß beim Erkunden!

15.7 Web-Frameworks

Web-Frameworks fassen alle bisherigen Komponenten zusammen. Sie bieten in der Regel mindestens

- einen integrierten WSGI-kompatiblen Webserver,
- ein Templating-System (Text- oder XML-basiert) und
- eine Anbindung an eine oder mehrere Datenbanken

an.

Ein Web-Framework kann aus wenigen Komponenten bestehen (*light*) oder ein riesiges Monster sein. Im Folgenden werden wir ein Web-Framework *light* praktisch einsetzen (Django) und erwähnen am Ende noch ein paar weitere Web-Frameworks, die Sie interessieren könnten. Das Thema Applikationsserver (Zope) schließt sich unserer Betrachtung der aktuellen Python-basierten Web-Frameworks an.

15.7.1 Django

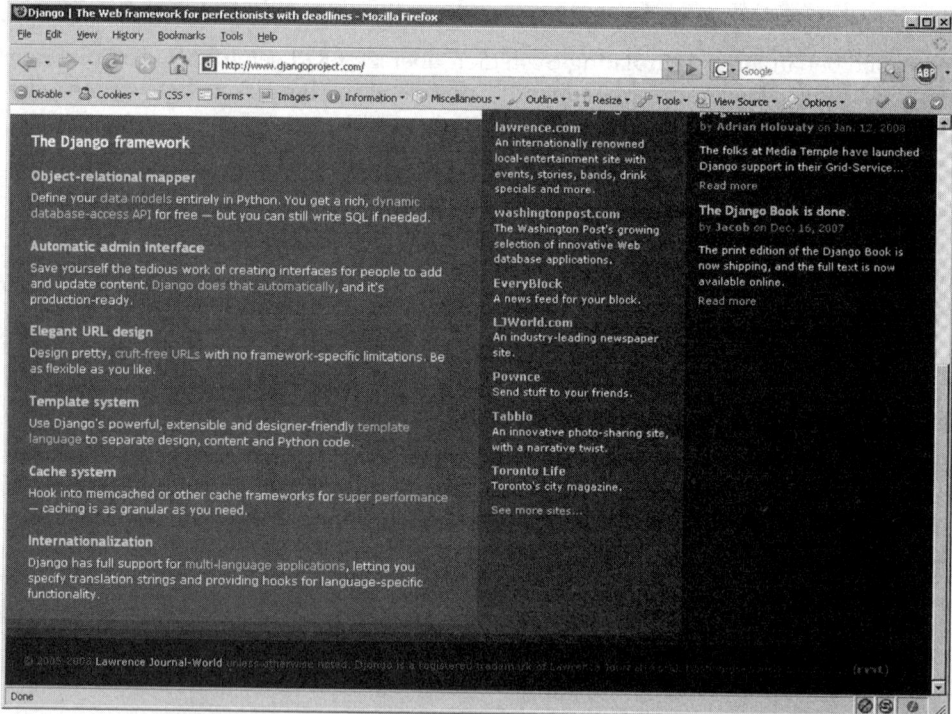

Das Django Web-Framework wurde ursprünglich entwickelt, um Online-Redaktionen zu helfen, flexible E-zines aufzubauen. Es ist aber nicht auf Zeitungen beschränkt und kann ganz allgemein eingesetzt werden.

Eine Django-basierte Website wird in einem Django-Projekt realisiert, und ein solches Projekt besteht in der Regel aus mehreren Applikationen. Was sind das für Applikationen? Denken Sie sich z.B. eine Zeitung aus: Diese besteht aus mehreren Hauptkomponenten:

- eine Menge von Artikeln
- Talkbacks zu den Artikeln
- Umfragen
- Leserbriefe

All diese Komponenten werden als Applikationen innerhalb des Django-Projekts implementiert.

Jede Applikation besteht dabei aus drei Komponenten:

- Modelle
- Views
- URL-Mappings

Ein Modell ist dabei eine objektorientierte Repräsentation der persistenten Daten der Anwendung. Beispielsweise würden die Talkbacks zu einem Artikel in einer Datenbank in Form einer Tabelle gespeichert, und folglich hätten Talkbacks ein eigenes Modell. Die Views sind nichts anderes als Controller, die die Modelle abfragen und Daten mit Hilfe von Templates generieren; Templates, die ihrerseits das visuelle Aussehen der Website bestimmen. Die Views holen sich die Daten aus den Modellen und stellen sie zusammen. Die URL-Mappings sind Abbildungen von Teil-URLs auf die einzelnen Views.

Wir werden im Folgenden Django installieren und damit ein wenig spielen, um ein Gefühl für diese Komponenten zu erhalten. Außerdem werden wir ein einfaches Talkback-System (ohne Fehlerbehandlung) entwickeln, das Sie als Ausgangsbasis für eigene Experimente nutzen können.

Django installieren

Wir installieren die aktuelle offizielle Version von Django in unserer lokalen Python-Installation $HOME/python wie folgt:

```
$ fetch http://media.djangoproject.com/releases/0.96/Django-0.96.2.tar.gz
jango-0.96.2.tar.gz                      100% of 1598 kB    72 kBps 00m00s
$ tar -xpf Django-0.96.2.tar.gz
$ cd Django-0.96.2
$ ~/python/bin/python setup.py install
```

Wir probieren aus, ob Django auch wirklich installiert ist, indem wir das django-Modul testweise importieren:

```
$ ~/python/bin/python
Python 2.5.2 (r252:60911, Mar  1 2008, 18:37:16)
```

```
[GCC 4.2.1 20070719  [FreeBSD]] on freebsd7
Type "help", "copyright", "credits" or "license" for more information.
>>> import django
>>> quit()
```

Hinweis

Sie würden normalerweise statt ˜/python/bin/python einfach nur *python* aufrufen, um Django in die Systemversion von Python zu installieren.

Gab es keine Probleme beim `import`, ist Django richtig installiert.

Ein richtiges Django-Projekt würde entweder in einem Apache `mod_python`- oder `mod_wsgi`-Prozess leben oder in einem FastCGI- oder SCGI-Server existieren und von einem beliebigen Webserver angeboten (wie z.B. Lighttpd). Wie man Apaches `mod_python`, `mod_wsgi` oder Lighttpd an einen FastCGI- oder SCGI-Server ankoppelt, ist bereits oben ausführlich erklärt worden.

Für unsere ersten Schritte in Django werden wir den mit Django mitgelieferten, in Python geschriebenen Entwicklungswebserver benutzen und brauchen uns deswegen nicht um logistische Details kümmern.

Ein Django-Projekt starten

Django-Projekte werden in eigenen Verzeichnissen angelegt. Da wir hier nur zum Spielen und Ausprobieren solche Projekte anlegen wollen, werden wir alle in ein Verzeichnis */tmp/djangoprojs* ablegen. In der Praxis wird man ein dauerhafteres Verzeichnis benutzen:

```
$ mkdir /tmp/djangoprojs
$ cd /tmp/djangoprojs
```

Um ein Projekt zu erzeugen, rufen wir *django-admin.py* mit dem Kommando *startproject* auf. Als Namen des Projekts empfiehlt es sich, einen `importierbaren` Namen zu benutzen, der nicht mit anderen Modulen kollidiert. Wir wollen z.B. eine Zeitung *The Python Post* mit Neuigkeiten aus der Python-Welt erzeugen. Darum wählen wir den Namen *pypost* für das Projekt aus.

Wir geben nun `django-admin.py startproject pypost` ein:

```
$ ~/python/bin/django-admin.py startproject pypost
$ cd pypost
$ ls -F
__init__.py     manage.py       settings.py     urls.py
```

In */tmp/djangoprojs/pypost* befinden sich jetzt drei Dateien:

- An der *__init__.py*-Datei erkennt man, dass es sich bei *pypost* um ein importierbares Package handelt.
- *manage.py* ist ein Kommandozeilentool, mit dem das Projekt gemanagt werden kann.
- *settings.py* enthält diverse Einstellungen und Konfigurationen für unser Django-Projekt.
- *urls.py* enthält ein Mapping von URLs auf Django-Views.

Wenn Sie mögen, können Sie bereits einen Blick in diese Dateien werfen, aber wir kommen darauf noch zurück.

Nun starten wir einen Entwicklungsserver auf Port 9090, indem wir das Kommando `python manage.py runserver 9090` eingeben (wir gehen davon aus, dass wir schon im *pypost*-Verzeichnis sind!):

```
$ ~/python/bin/python manage.py runserver 9090
Validating models...
0 errors found.

Django version 0.96.2, using settings 'pypost.settings'
Development server is running at http://127.0.0.1:9090/
Quit the server with CONTROL-C.
```

Und jetzt besuchen wir `http://localhost:9090/` mit einem Browser unserer Wahl. Wir erhalten einen 404er Fehler mit folgender Beschreibung:

It worked!
Congratulations on your first Django-powered page.

Of course, you haven't actually done any work yet. Here's what to do next:

- If you plan to use a database, edit the DATABASE_* settings in pypost/settings.py.
- Start your first app by running python pypost/manage.py startapp [appname].

You're seeing this message because you have DEBUG = True in your Django settings file and you haven't configured any URLs. Get to work!

Eine Datenbank anbinden

Wir brauchen nun einen Datenbankserver, an dem man das Django-Projekt ankoppeln kann. Wir benutzen die PostgreSQL-Datenbank *pybookdb* mit Benutzer *pythonbook* und Passwort *py.book*. Wir gehen davon aus, dass ein solcher Server mit diesen Zugangsdaten bereits auf *localhost* läuft und richtig konfiguriert ist. Außerdem gehen wir in den folgenden Beispielen davon aus, dass die *pybookdb*-Datenbank keine Tabellen enthält. Wenn Sie aus Kapitel 13, *Persistenz und Datenbanken*, die Beispiele ausprobiert haben, können Sie entweder die Datebank löschen und neu anlegen, oder Sie loggen sich mit *psql* dort ein und löschen die Tabellen mit DROP TABLE SQL-Befehlen.

Damit das Django-Projekt sich an eine Datenbank ankoppeln kann, tragen wir in *pypost/settings.py* folgende Datenbankeinstellungen ein:

```
DATABASE_ENGINE = 'postgresql_psycopg2' # 'postgresql_psycopg2', 'postgresql',
                                        # 'mysql', 'sqlite3' or 'ado_mssql'.
DATABASE_NAME = 'pybookdb'       # Or path to database file if using sqlite3.
DATABASE_USER = 'pythonbook'     # Not used with sqlite3.
DATABASE_PASSWORD = 'py.book'    # Not used with sqlite3.
DATABASE_HOST = ''               # Set to empty string for localhost.
                                 # Not used with sqlite3.
DATABASE_PORT = ''               # Set to empty string for default.
                                 # Not used with sqlite3.
```

Wenn Sie keinen PostgreSQL-Datenbankserver installiert haben, können Sie auf MySQL oder gar auf eine (bei Python 2.5 und später) immer zur Verfügung stehende sqlite3-Datenbank ausweichen. Die folgenden Beispiele (SQL-Code usw.) beziehen sich auf PostgreSQL, aber Django ist schlau genug, um den richtigen SQL-Code für den jeweils eingesetzten Datenbankserver oder Datenbanksystem zu generieren (sind ORMs – objektrelationale Mapper – nicht eine feine Sache?!).

Wenn wir dabei sind, ändern wir auch gleich die Variablen ADMINS und die aktuelle Uhrzeit TIMEZONE, auch wenn es nicht dringend erforderlich list:

```
ADMINS = (
    ('PyPost Admin', 'pypost@hajji.name'),
)
TIME_ZONE = 'America/Denver'
```

Wenn Sie mögen, ändern Sie noch weitere Werte dort. Es bleibt Ihnen überlassen. Für unser kleines Talkback-Projekt reicht es aus, das in *pypost/settings.py* zu verändern, was hier protokolliert ist.

Nach dem Speichern von *pypost/settings.py* erkennt der laufende Entwicklungsserver die Änderung und startet sich neu:

```
Validating models...
0 errors found.

Django version 0.96.2, using settings 'pypost.settings'
Development server is running at http://127.0.0.1:9090/
Quit the server with CONTROL-C.
```

Während wir gerade dabei sind, schauen wir uns auch gleich die Variable INSTALLED_APPS an:

```
INSTALLED_APPS = (
    'django.contrib.auth',
    'django.contrib.contenttypes',
    'django.contrib.sessions',
    'django.contrib.sites',
)
```

Das sind Applikationen, die standardmäßig vorhanden sein werden, aber auch bei Bedarf abgeschaltet werden könnten (z.B. durch Auskommentieren), wenn sie nicht benötigt werden.

Diese Applikationen benötigen Tabellen in der soeben konfigurierten Datenbank. Um diese Tabellen zu erzeugen, rufen wir das Kommando python manage.py syncdb auf:

```
$ ~/python/bin/python manage.py syncdb
Creating table auth_message
Creating table auth_group
Creating table auth_user
Creating table auth_permission
Creating table django_content_type
Creating table django_session
Creating table django_site

You just installed Django's auth system, which means you don't have
  any superusers defined.
Would you like to create one now? (yes/no): yes
Username (Leave blank to use 'farid'): django
E-mail address: django@hajji.name
Password: <djan.go>
Password (again): <djan.go>
Superuser created successfully.
Installing index for auth.Message model
Installing index for auth.Permission model
Loading 'initial_data' fixtures...
No fixtures found.
```

Hinweis

Das Passwort des Superusers wird natürlich nicht angezeigt.

Da wir neugierig sind, können wir uns diese Tabellen anschauen, indem wir uns mit dem *psql*-Tool in die Datenbank einloggen und mit Kommandos wie \d umschauen:

```
$ psql --host 127.0.0.1 --username pythonbook --password --dbname pybookdb
Password for user pythonbook: <py.book>
Welcome to psql 8.3.1, the PostgreSQL interactive terminal.

Type:  \copyright for distribution terms
       \h for help with SQL commands
       \? for help with psql commands
       \g or terminate with semicolon to execute query
       \q to quit


pybookdb=>
```

Um die erzeugten Tabellen zu sehen, geben wir \d am pybookdb-Prompt ein:

```
pybookdb=> \d
                       List of relations
 Schema |                Name                 |   Type   |   Owner
--------+-------------------------------------+----------+------------
 public | auth_group                          | table    | pythonbook
 public | auth_group_id_seq                   | sequence | pythonbook
 public | auth_group_permissions              | table    | pythonbook
 public | auth_group_permissions_id_seq       | sequence | pythonbook
 public | auth_message                        | table    | pythonbook
 public | auth_message_id_seq                 | sequence | pythonbook
 public | auth_permission                     | table    | pythonbook
 public | auth_permission_id_seq              | sequence | pythonbook
 public | auth_user                           | table    | pythonbook
 public | auth_user_groups                    | table    | pythonbook
 public | auth_user_groups_id_seq             | sequence | pythonbook
 public | auth_user_id_seq                    | sequence | pythonbook
 public | auth_user_user_permissions          | table    | pythonbook
 public | auth_user_user_permissions_id_seq   | sequence | pythonbook
```

```
public | django_content_type          | table    | pythonbook
public | django_content_type_id_seq   | sequence | pythonbook
public | django_session               | table    | pythonbook
public | django_site                  | table    | pythonbook
public | django_site_id_seq           | sequence | pythonbook
(19 rows)
```

Einen Blick in `django_session` riskieren wir auch:

```
pybookdb=> \d django_session
           Table "public.django_session"
    Column    |            Type            | Modifiers
--------------+----------------------------+-----------
 session_key  | character varying(40)      | not null
 session_data | text                       | not null
 expire_date  | timestamp with time zone   | not null
Indexes:
    "django_session_pkey" PRIMARY KEY, btree (session_key)
```

Mit \q verlassen wir *psql* wieder.

Wir sind nun bereit, einzelne Applikationen zu erzeugen.

Modelle definieren

Eine Zeitung besteht hauptsächlich aus Artikeln. Wir werden daher eine Applikation *articles* definieren, in der Artikel samt zugehöriger Talkbacks gespeichert werden.

Um eine Applikation *articles* zu erzeugen, ruft man das Kommando `python manage.py startapp articles` auf. Wir gehen davon aus, dass wir immer noch im *pypost*-Verzeichnis sind:

```
$ ~/python/bin/python manage.py startapp articles
$ ls -F
__init__.py      articles/      settings.py      urls.py
__init__.pyc     manage.py      settings.pyc     urls.pyc
$ cd articles
$ ls -F
__init__.py      models.py      views.py
```

Wie man sieht, erzeugt `python manage.py startapp articles` ein Unterverzeichnis *pypost/articles*, das aus einem leeren *__init__.py* und zwei Dateien *models.py* und *views.py* besteht. Unsere Anwendung ist folglich ein importierbares Package.

In die Datei *models.py* tragen wir Folgendes ein:

989

```
from django.db import models

class Article(models.Model):
    title      = models.CharField(maxlength=100)
    slug       = models.SlugField(maxlength=50)
    pub_date   = models.DateTimeField('date published')
    author     = models.CharField('by line', maxlength=40)
    content    = models.TextField('the article')

    def __str__(self):
        return self.slug

    class Admin:
        pass

class Talkback(models.Model):
    article    = models.ForeignKey(Article)
    tbauthor   = models.CharField('tb author', maxlength=40)
    tbemail    = models.EmailField('email talkbacker')
    tbloc      = models.CharField('city or country', maxlength=20)
    tbsubject  = models.CharField('subject', maxlength=40)
    tbcontent  = models.CharField('the talkback', maxlength=250)

    def __str__(self):
        return self.tbsubject

    class Admin:
        pass
```

Man erkennt, dass hier ein ORM (objektrelationaler Mapper) ähnlich SQLObject am Werk sein wird (ORMs und SQLObject wurden im Kapitel 13, *Persistenz und Datenbanken*, schon vorgestellt).

Das obige Modell besagt, dass Artikel (vom Typ Article) aus einem Titel, einem Slug (das ist eine Kurzform, die in der URL erscheinen wird), Publikationsdatum, einer Byline (d.h. einem Autor) und dem eigentlichen Inhalt besteht. Ein Kommentar zu einem Artikel besteht aus einem Autor, einer E-Mail-Adresse (die wir nicht publizieren), einem Ort, einer Betreff-Zeile und dem eigentlichen Kommentar. Artikel und Talkbacks sind durch Talkback.article miteinander verknüpft. Zu jedem Article kann es mehrere Talkbacks geben; aber ein Talkback kann nur zu einem einzigen Article gehören. Es ist eine 1:N-Beziehung.

Eine Liste aller möglichen Felder erhalten Sie aus der *__init__.py*-Datei des Moduls django.db.models:

```
$ cd ~/python/lib/python2.5/site-packages/django/db/models/fields

$ egrep '^class ' __init__.py | sort
class AutoField(Field):
class BooleanField(Field):
class CharField(Field):
class CommaSeparatedIntegerField(CharField):
class DateField(Field):
class DateTimeField(DateField):
class EmailField(CharField):
class Field(object):
class FieldDoesNotExist(Exception):
class FileField(Field):
class FilePathField(Field):
class FloatField(Field):
class IPAddressField(Field):
class ImageField(FileField):
class IntegerField(Field):
class NOT_PROVIDED:
class NullBooleanField(Field):
class OrderingField(IntegerField):
class PhoneNumberField(IntegerField):
class PositiveIntegerField(IntegerField):
class PositiveSmallIntegerField(IntegerField):
class SlugField(Field):
class SmallIntegerField(IntegerField):
class TextField(Field):
class TimeField(Field):
class URLField(CharField):
class USStateField(Field):
class XMLField(TextField):

$ /tmp/djangoprojs/pypost
```

Auf die Details der einzelnen Felder gehen wir nicht ein: Diese erhalten Sie aus der Django-Dokumentation. Die inneren Klassen Admin dienen dazu, die Objekte zu markieren, die in der Admin-Site (siehe weiter unten) angezeigt und editiert werden können.

Dieses Modell oder, genauer gesagt, die Applikation *articles* muss jetzt auf Datenbanktabellen abgebildet werden. Damit das geschieht, fügen wir *pypost.articles* der Variablen INSTALLED_APPS aus *pypost/settings.py* hinzu:

```
INSTALLED_APPS = (
    'django.contrib.auth',
    'django.contrib.contenttypes',
    'django.contrib.sessions',
    'django.contrib.sites',
    'pypost.articles',
)
```

Wenn wir jetzt `python manage.py syncdb` eingeben würden, dann würden neue Tabellen in der Datenbank angelegt. Möchte man aber zuvor sehen, welche SQL-Befehle abgesetzt werden würden, dann kann erhält man eine schöne Vorschau mit `python manage.py sqlall articles`:

```
$ ~/python/bin/python manage.py sqlall articles
BEGIN;
CREATE TABLE "articles_article" (
    "id" serial NOT NULL PRIMARY KEY,
    "title" varchar(100) NOT NULL,
    "slug" varchar(50) NOT NULL,
    "pub_date" timestamp with time zone NOT NULL,
    "author" varchar(40) NOT NULL,
    "content" text NOT NULL
);
CREATE TABLE "articles_talkback" (
    "id" serial NOT NULL PRIMARY KEY,
    "article_id" integer NOT NULL REFERENCES "articles_article" ("id")
                                    DEFERRABLE INITIALLY DEFERRED,
    "tbauthor" varchar(40) NOT NULL,
    "tbemail" varchar(75) NOT NULL,
    "tbloc" varchar(20) NOT NULL,
    "tbsubject" varchar(40) NOT NULL,
    "tbcontent" varchar(250) NOT NULL
);
CREATE INDEX articles_article_slug ON "articles_article" ("slug");
CREATE INDEX articles_talkback_article_id ON "articles_talkback"
                                             ("article_id");
COMMIT;
```

So kann man sich davon überzeugen, dass das Modell unseren Vorstellungen entspricht. Ist alles in Ordnung, fügen wir diese Tabellen der Datenbank zu mit `python manage.py syncdb`. Beachten Sie, dass nur die neuen Tabellen aus der `pypost.articles`-Applikation (aus `INSTALLED_APPS`) angelegt würden. So kann man bequem später eine Django-Website erweitern, ohne dass existierende Daten zerstört würden:

```
$ ~/python/bin/python manage.py syncdb
Creating table articles_article
Creating table articles_talkback
Installing index for articles.Article model
Installing index for articles.Talkback model
Loading 'initial_data' fixtures...
No fixtures found.
```

Wenn Sie möchten, können Sie sich davon überzeugen, dass die neuen Tabellen auch tatsächlich in der Datenbank gelandet sind, indem Sie *psql* benutzen. Oder, noch besser, wenn Sie sich nur mit Mühe an die Parameter von *psql* erinnern, benutzen Sie doch einfach das Kommando `python manage.py dbshell`:

```
$ ~/python/bin/python manage.py dbshell
Password for user pythonbook: <py.book>
Welcome to psql 8.3.1, the PostgreSQL interactive terminal.

Type:  \copyright for distribution terms
       \h for help with SQL commands
       \? for help with psql commands
       \g or terminate with semicolon to execute query
       \q to quit


pybookdb=>
```

Der Vorteil von `Python manage.py dbshell` ist, dass es immer den richtigen SQL-Monitor startet, sei es *psql*, *mysql* oder *sqlite3*, und dabei die richtigen Parameter in der richtigen Form und Reihenfolge präsentiert.

Das Modell ausprobieren

Jetzt, da wir ein Modell *articles* für die Artikel und Talkbacks definiert haben, wollen wir es auch ausprobieren. Mit anderen Worten, wir wollen uns mit der `django.db.models`-API vertraut machen.

Damit das geht, starten wir die Python-Shell. Aber das tun wir nicht, indem wir einfach *python* (oder *~/python/bin/python*) eingeben. Wir starten stattdessen die Python-Shell mit Hilfe des Kommandos `python manage.py shell`. Warum das denn? Django wird diverse Module aus unserem *pypost*-Verzeichnis laden und erwartet daher, dass `sys.path` richtig gesetzt ist. Außerdem benötigt Django auch eine Umgebungsvariable `DJANGO_SETTINGS_MODULE`, die den Pfad zu *settings.py* enthalten soll. Diese Vorbereitungen werden bequem von `manage.py shell` vorgenommen.

Starten wir also die Python-Shell wie erklärt. Wir gehen davon aus, dass wir uns im *pypost*-Verzeichnis befinden, wo sich auch *manage.py* befindet:

```
$ ~/python/bin/python manage.py shell --plain
Python 2.5.2 (r252:60911, Mar  1 2008, 18:37:16)
[GCC 4.2.1 20070719 [FreeBSD]] on freebsd7
Type "help", "copyright", "credits" or "license" for more information.
(InteractiveConsole)
>>>
```

--plain bewirkt, dass statt der optionalen IPython-Shell die normale Python-Shell gestartet wird.

Probieren wir nun unser Modell aus! Wir importieren erst die Klassen Article und Talkback aus unserer Application *articles*:

```
>>> from pypost.articles.models import Article, Talkback
```

Wir können sehen, dass noch keine Artikel und noch keine Talkbacks existieren:

```
>>> Article.objects.all()
[]
```

```
>>> Talkback.objects.all()
[]
```

Erzeugen wir nun einen Artikel:

```
>>> from datetime import datetime
```

```
>>> a = Article(title='Python and Django', slug='python-and-django',
...             pub_date=datetime.now(), author='Farid Hajji',
...             content='Python and Django are a great combination.')
```

```
>>> a.save()
```

Durch den Aufruf von save wird der neue Artikel in die Datenbank gespeichert. Untersuchen wir nun den Artikel:

```
>>> a.id
1L
```

```
>>> a.title
'Python and Django'
```

```
>>> a.pub_date
datetime.datetime(2008, 5, 19, 17, 53, 47, 754950)
```

Das id-Feld wird automatisch vom Django-Modell und der Datenbank vergeben: Jeder Artikel hat eine eindeutige ID.

Man kann einzelne Felder verändern, sollte aber nicht vergessen, die Änderungen anschließend wieder mit save in die Datenbank zu speichern:

```
>>> a.pub_date = datetime(2008, 5, 19, 17, 0, 0, 0)
```

```
>>> a.save()
```

Schauen wir uns nun an, welche Artikel vorhanden sind:

```
>>> Article.objects.all()
[<Article: python-and-django>]
```

Sie erkennen an der Ausgabe des Slugs, wozu der __str__-Hook der Klasse Article gut war!

Es gibt verschiedene Möglichkeiten, die Daten abzufragen:

```
>>> Article.objects.all()
[<Article: python-and-django>]
```

```
>>> Article.objects.get(pk=1)
<Article: python-and-django>
```

```
>>> Article.objects.get(pub_date__year=2008)
<Article: python-and-django>
```

```
>>> Article.objects.filter(id=1)
[<Article: python-and-django>]
```

```
>>> Article.objects.filter(title__startswith='Python')
[<Article: python-and-django>]
```

Wie Sie sehen, können Sie nicht nur nach Feldern fragen, sondern auch nach Attributen und sogar Methoden (z.B. die startswith-Methode des Strings title)! pk steht für *Primary Key*. get liefert ein Objekt (oder eine Ausnahme), während filter eine Liste liefert.

Wird nichts gefunden, wird eine DoesNotExist-Ausnahme ausgelöst:

```
>>> Article.objects.get(id=2)
DoesNotExist: Article matching query does not exist.
```

Man kann auch eventuell definierte Methoden direkt aufrufen:

```
>>> Article.objects.get(pk=1).__str__()
'python-and-django'
```

Und man ist natürlich nicht nur auf die Hooks beschränkt. Hätten wir weitere Methoden der Klasse `Article` hinzugefügt, dann hätten wir auch ohne Weiteres diese Methoden aufrufen können.

Fügen wir nun ein paar `Talkback`s dem Artikel mit dem Primärschlüssel 1 hinzu:

```
>>> art = Article.objects.get(pk=1)
```

```
>>> art.talkback_set.create(tbauthor='The Troll', tbemail='troll@fjords.no',
...                         tbloc='Fjord #423', tbsubject='It sucks',
...                         tbcontent='No, Py+Dj suck. Way too easy to use')
<Talkback: It sucks>
```

```
>>> art.talkback_set.create(tbauthor='Admirer', tbemail='admireall@nope.no',
...                         tbloc='Dreamland', tbsubject='It rocks',
...                         tbcontent='Actually, it rocks. I love it')
<Talkback: It rocks>
```

```
>>> art.talkback_set.create(tbauthor='Spammer', tbemail='forged@email.glb',
...                         tbloc='Fort Lauderdale', tbsubject='Your Invoice',
...                         tbcontent='Buy Vlagra (Clalis) cheap + Rolex')
<Talkback: Your Invoice>
```

Holen wir uns ein Talkback, und fragen wir nach, zu welchem Artikel er gehört:

```
>>> spam = Talkback.objects.get(tbemail__startswith='forged')
```

```
>>> spam
<Talkback: Your Invoice>
```

```
>>> spam.article
<Article: python-and-django>
```

Umgekehrt erfahren wir leicht, welche Talkbacks zu einem Artikel gehören:

```
>>> art.talkback_set.all()
[<Talkback: Your Invoice>, <Talkback: It rocks>, <Talkback: It sucks>]
```

```
>>> art.talkback_set.count()
3L
```

Wir brauchen alle Talkbacks aus dem Jahr 2008, egal von welchem Artikel:

```
>>> Talkback.objects.filter(article__pub_date__year=2008)
[<Talkback: Your Invoice>, <Talkback: It rocks>, <Talkback: It sucks>]
```

Werfen wir nun den Spam-Talkback von Artikel `art` wieder weg:

```
>>> spam
<Talkback: Your Invoice>

>>> spam.delete()

>>> Talkback.objects.all()
[<Talkback: It sucks>, <Talkback: It rocks>]
```

Die Admin-Site

Da unsere Redaktion wohl kaum Artikel über die Python-Shell hinzufügen wird (ob-wohl ... wenn es eine Python-Zeitung ist, wäre es ja für einige Hardcore-Journalisten durchaus denkbar!) und Talkbacks auch nicht über diese umbequeme Schnittstelle moderieren wird, benötigt sie ein Web Frontend, um die Daten des Modells bequem vom Browser aus zu manipulieren. Dieses Web Frontend, das nicht für normale Be-sucher der Website gedacht ist, heißt in Django-Terminologie *admin site*.

Eine Admin-Site könnte man zwar mühsam manuell erstellen, aber wozu das Rad neu erfinden, wenn es Django schon kann? Schließlich hat Django durch die kombinierten Modelle alle Informationen, die es braucht, um eine Admin-Site dynamisch daraus zu erzeugen.

Damit es geht, fügen wir in *pypost/settings.py* der Variablen INSTALLED_APPS eine weitere Applikation hinzu. Diese heißt django.contrib.admin:

```
INSTALLED_APPS = (
    'django.contrib.auth',
    'django.contrib.contenttypes',
    'django.contrib.sessions',
    'django.contrib.sites',
    'pypost.articles',
    'django.contrib.admin',
)
```

Anschließend rufen wir python manage.py syncdb auf, damit die von django.contrib. admin benötigten Tabellen in die Datenbank angelegt werden:

```
$ ~/python/bin/python manage.py syncdb
Creating table django_admin_log
Installing index for admin.LogEntry model
Loading 'initial_data' fixtures...
No fixtures found.
```

Damit man diese Applikation auch finden kann, muss man sie dem URL-zu-Applika-tionen-Mapping hinzufügen. Editieren Sie also die Datei *pypost/urls.py*, und enfernen Sie das Kommentarzeichen vor der Zeile, die 'admin' enthält. *urls.py* sieht derzeit so aus:

```
from django.conf.urls.defaults import *

urlpatterns = patterns('',
    (r'^admin/', include('django.contrib.admin.urls')),
)
```

Besuchen wir jetzt `http://localhost:9090/admin/`. Wir bekommen einen Login-Bildschirm:

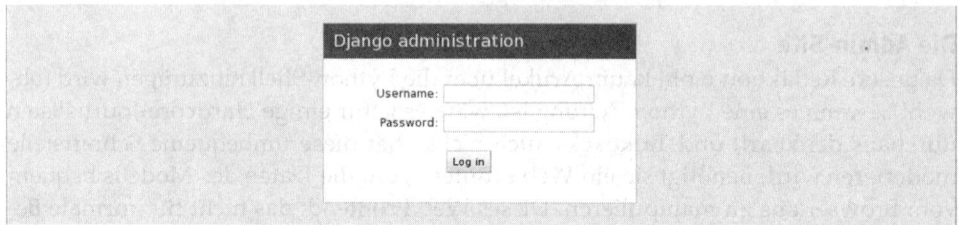

Wir loggen uns ein mit dem Django-Superuser, den wir weiter oben angelegt hatten. Der lautete in unserem Fall *django* mit Passwort *djan.go*. Wir erhalten dann folgenden Bildschirm:

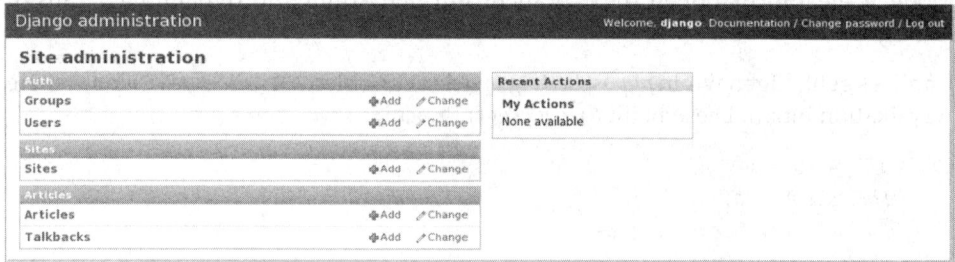

Beachten Sie, dass wir `Article`- und `Talkback`-Einträge in der Application `Articles` nur dann sehen werden, wenn wir die Klassen `Article` und `Talkback` des Modells mit einer inneren Klasse `Admin` versehen haben! Im Django-Tutorial wird auch gezeigt, wie man die Admin-Site customizen kann, indem man in diesen inneren `Admin`-Klassen die `fields`-Variable verändert. Darauf gehen wir hier nicht ein.

Angenommen, man möchte den Artikel noch mal verändern. Das geht mit der Admin-Site spielend leicht (siehe Abbildung oben auf der nächsten Seite).

Man kann so auch andere Objekte wie etwa die Talkbacks editieren. Im Django-Tutorial wird gezeigt, wie man das Modell so ändern kann (das tun wir hier nicht), damit Talkbacks auf derselben Admin-Site erscheinen wie der dazugehörige Artikel. Das würde somit das Administrieren noch weiter erleichtern.

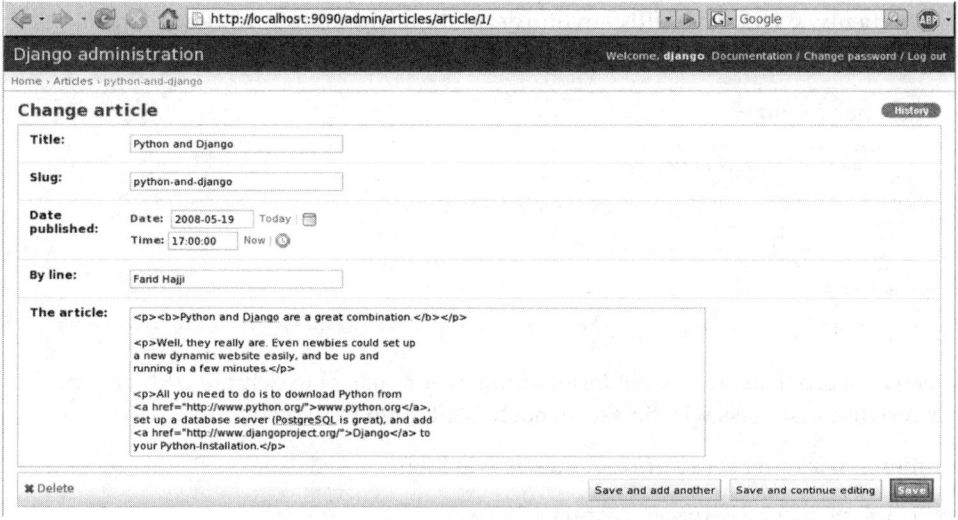

Die öffentliche Sicht

Unsere Besucher sollen natürlich nicht die Admin-Site zu Gesicht bekommen. Sie sind viel mehr daran interessiert, die Nachrichten und die Talkbacks ohne Schnickschnack sehen zu können.

Wir gehen also von folgender URL-Struktur aus:

- */articles/* zeigt eine Liste von Artikeln.
- */articles/${artid}/* zeigt den Artikel samt Talkback-Liste.
- */articles/${artid}/{$tbid}/* zeigt einen spezifischen Talkback.
- */articles/${artid}/talkback/* zeigt ein Eingabeformular für Talkbacks.
- */articles/${artid}/talkback_submit/* empfängt Talkback-Daten und speichert sie.

Für jede dieser URLs soll es ein Template geben, das sich die Daten aus dem Modell holen wird bzw. dort ablegen soll. Wir brauchen also eine Abbildung zwischen diesen URLs und Templates. Dazu editieren wir *pypost/urls.py* wie folgt:

```
from django.conf.urls.defaults import *

urlpatterns = patterns('',
    (r'^articles/$',                         'pypost.articles.views.index'),
    (r'^articles/(?P<article_id>\d+)/$',     'pypost.articles.views.article'),
    (r'^articles/(?P<article_id>\d+)/(?P<talkback_id>\d+)/$',
                                             'pypost.articles.views.talkback'),
    (r'^articles/(?P<article_id>\d+)/talkback/$',
                                             'pypost.articles.views.newtalkback'),
    (r'^articles/(?P<article_id>\d+)/talkback_submit/$',
                                             'pypost.articles.views.savetalkback'),

    (r'^admin/', include('django.contrib.admin.urls')),
)
```

999

Versuchen wir z.B. eine URL anzufordern, die nicht erlaubt ist, etwa */article/* (statt */articles/*). Man erhält eine Fehlermeldung, was auch richtig ist:

Page not found (404)

 Request Method: GET
  Request URL: http://localhost:9090/article/

Using the URLconf defined in pypost.urls, Django tried these URL patterns, in this order:

 1. ^articles/$
 2. ^articles/(?P<article_id>\d+)$
 3. ^articles/(?P<article_id>\d+)/(?P<talkback_id>\d+)$
 4. ^articles/(?P<article_id>\d+)/talkback$
 5. ^admin/

The current URL, /article/, didn't match any of these.

You're seeing this error because you have DEBUG = True in your Django settings file. Change that to False, and Django will display a standard 404 page.

Doch man erhält auch eine Fehlermeldung, wenn man eine richtige URL eingibt. Der Grund dafür ist, dass wir die Views noch nicht definiert haben.

Editieren wir nun *pypost/articles/views.py* wie folgt:

```python
from django.template import Context, loader
from django.http import HttpResponse
from django.shortcuts import render_to_response

from pypost.articles.models import Article, Talkback

def index(request):
    "Create a list of the 5 latest articles"
    latest_articles_list = Article.objects.all().order_by('-pub_date')[:5]
    t = loader.get_template('articles/index.html')
    c = Context({'latest_articles_list': latest_articles_list,})
    return HttpResponse(t.render(c))

def article(request, article_id):
    "Fetch and show the article with the ID article_id and its talkback list"
    article = Article.objects.get(pk=article_id)
    talkbacks = article.talkback_set.all()
    return render_to_response('articles/article.html',
                              {'article': article, 'talkbacks': talkbacks})

def talkback(request, article_id, talkback_id):
    "Fetch and show a talkback to an article"
    talkback = Talkback.objects.get(pk=talkback_id)
    article  = Article.objects.get(pk=article_id)
    article_title = article.title
    return render_to_response('articles/talkback.html',
                              {'article_title': article_title,
                               'article_id': article_id,
                               'talkback': talkback})
```

```
def newtalkback(request, article_id):
    "Present a form for a new talkback to article_id"
    article = Article.objects.get(pk=article_id)
    article_title = article.title
    return render_to_response('articles/newtalkback.html',
                              {'article_title': article_title,
                               'article_id': article_id})


def savetalkback(request, article_id):
    "Saved user-submitted talkback data"
    art = Article.objects.get(pk=article_id)
    art.talkback_set.create(tbauthor=request.POST['author'],
                            tbemail=request.POST['email'],
                            tbloc=request.POST['location'],
                            tbsubject=request.POST['subject'],
                            tbcontent=request.POST['content'])
    return article(request, article_id) # Display article page again.
```

Wir sehen, dass pro URL eine bestimmte View in Form einer Funktion definiert wurde. Diese Views holen sich die Daten aus dem Modell und rufen dann folgende Templates mit Argumenten auf:

- *pypost/articles/index.html* zeigt eine Liste von Artikeln.
- *pypost/articles/article.html* zeigt einen Artikel + Talkbacks.
- *pypost/articles/talkback.html* zeigt einen einzelnen Talkback.
- *pypost/articles/newtalkback.html* zeigt Eingabefenster für Talkbacks.

Wir werden uns nicht mit umfangreichem Design hier aufhalten, sondern die einfachste Form von HTML ausgeben. In der Praxis werden Sie von einem Basis-Layout erben, das dem Corporate Design der Zeitung entspricht, und nur noch die entsprechenden Teile füllen.

Die Templates, die in *views.py* geladen werden, muss Django erst finden. Dazu tragen wir in *pypost/settings.py* Folgendes bei TEMPLATE_DIRS ein:

```
TEMPLATE_DIRS = (
    '/tmp/djangoprojs/pypost/templates',
)
```

Dann erzeugen wir dieses Verzeichnis, und da in *views.py* alle Template relativ zu *articles* stehen, erzeugen wir auch das *articles*-Unterverzeichnis:

```
$ mkdir /tmp/djangoprojs/pypost/templates
$ mkdir /tmp/djangoprojs/pypost/templates/articles
```

Jetzt legen wir in */tmp/djangoprojs/pypost/templates/articles* folgende Templates ab:

■ Die *index.html*-Datei:

```
<h1>Current articles</h1>

<ul>
{% for article in latest_articles_list %}
  <li>
    <a href="/articles/{{ article.id }}/">
      {{ article.title }}
    </a>
  </li>
{% endfor %}
</ul>
```

■ Die *article.html*-Datei:

```
<h1>{{ article.title }}</h1>

<p><b>By {{ article.author }}</b><br />
{{ article.pub_date }}
</p>

<div>
  {{ article.content }}
</div>

<p>Back to <a href="/articles/">News Summary</a>.</p>

<h2>Talkbacks</h2>

<ul>
{% for tb in talkbacks %}
  <li>
    <a href="/articles/{{ article.id }}/{{ tb.id }}">
      {{ tb.tbsubject }}
    </a>
  </li>
{% endfor %}
</ul>

<p>
  <a href="/articles/{{ article.id }}/talkback/">
    Add Talkback
  </a>
</p>
```

Dieses Template würde z.B. unseren ersten Artikel so zeigen:

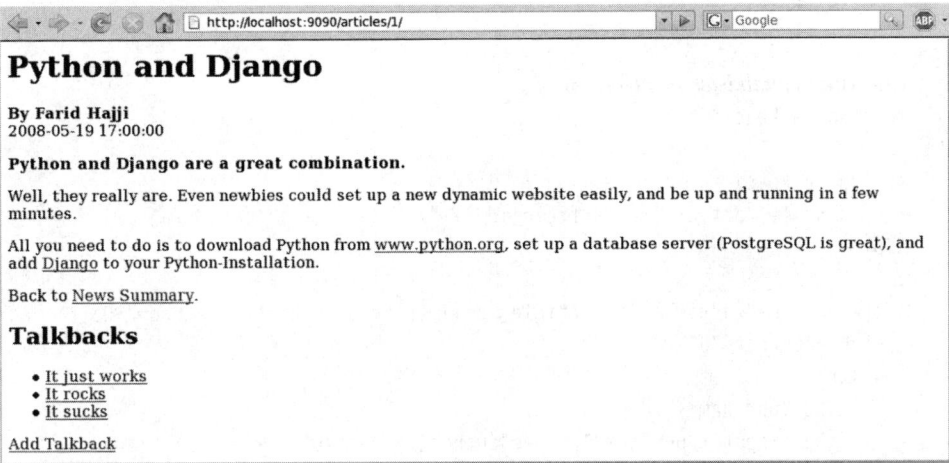

Außerdem brauchen wir noch:

- die *talkback.html*-Datei:

```
<h1>{{ talkback.tbsubject }}</h1>

<p>Talkback to article:
    <a href="/articles/{{ article_id }}/">{{ article_title }}</a>
</p>

<table border="0">
  <tr>
    <td>Author</td>
    <td>{{ talkback.tbauthor }}</td>
  </tr>
  <tr>
    <td>From</td>
    <td>{{ talkback.tbloc }}</td>
  </tr>
  <tr>
    <td>Subject</td>
    <td>{{ talkback.tbsubject }}</td>
  </tr>
</table>

<p> </p>
```

```
<div>
  {{ talkback.tbcontent }}
</div>
```

■ und die *newtalkback.html*-Datei:

```
<h1>Add Talkback</h1>

<p>Add Talkback to article:
    <a href="/articles/{{ article_id }}/">{{ article_title }}</a>
</p>

<form action="/articles/{{ article_id }}/talkback_submit/" method="POST">
  <table border="0">
    <tr>
      <td>Your name</td>
      <td><input type="text" name="author" size="40" value="" /></td>
    </tr>
    <tr>
      <td>Your email</td>
      <td><input type="text" name="email" size="20" value="" />
          (<b>not</b> for publication)</td>
    </tr>
    <tr>
      <td>Country / City</td>
      <td><input type="text" name="location" size="20" value="" /></td>
    </tr>
    <tr>
      <td>Subject</td>
      <td><input type="text" name="subject" size="40" value="" /></td>
    </tr>
    <tr valign="top">
      <td>Your comments</td>
      <td><textarea name="content" cols="40" rows="7" value=""></textarea>
          (250 characters max.)</td>
    </tr>
  </table>
  <br />
  <input type="submit" value="Submit Talkback" />
  <input type="reset"  value="Clear fields" />
</form>
```

Das wäre die öffentliche Sicht!

Was noch zu berücksichtigen ist

Wir sind natürlich noch nicht ganz fertig, denn wir haben aus didaktischen Gründen und aus Gründen der Übersichtlichkeit die Fehlerbehandlung völlig außer Acht gelassen! Natürlich sollte man bei der Abfrage des Modells nachprüfen, ob man nicht eine `DoesNotExist` Ausnahme bekommt, und die Daten, die wir vom Benutzer erhalten, sollten wir ebenfalls streng sanitizen, d.h. unter die Lupe nehmen: Benutzer haben die Tendenz, Felder nicht auszufüllen oder darin Blödsinn einzugeben (insbesondere HTML- und Javascript-Code, der XSS-Vulnerabilitys auslösen kann). Sie haben auch die Tendenz, nicht-existierende URLs (z.B. für noch nicht geschriebene oder gelöschte Artikel) testweise einzugeben! Außerdem sind Spambots ständig unterwegs, um unser schönes Talkback-System mit Spam vollzumüllen. All dies müsste man noch ordentlich abfragen!

Nachdem das Django-Projekt fertig ausgetestet ist, sollte es auf einem eigenen Webserver laufen, z.B. unter `mod_python` bei Apache. Da Django WSGI-kompatibel ist, kann es auch unter dem oben vorgestellten `mod_wsgi` ausgeführt werden. Will man stattdessen Lighttpd oder einen anderen Webserver einsetzen, der keinen Python-Code direkt ausführen kann, dann lässt sich das Projekt auch unter SCGI oder FastCGI ausführen (z.B. mit `flup`, wie oben gezeigt).

Im Django Source-Tarball befindet sich eine ausführliche und exzellente Dokumentation. Wenn Sie ernsthaft erwägen, eine Django-powered Website einzurichten, dann empfiehlt sich die Lektüre dieser Dokumentation und das Durchlaufen des dort enthaltenen Tutorials dringend.

Viel Spaß mit Django!

15.7.2 Weitere Web-Frameworks

Nachdem wir ausführlich Django vorgestellt haben, müssten Sie einen guten Eindruck von einem typischen Web-Framework gewonnen haben. Natürlich ist Django nicht das einzige Framework, das es gibt ... Bei Weitem nicht! Sein eigenes Web-Framework zu erstellen, ist schon fast zu einem quasi obligatorischen Initiationsritual (*rite of passage*) für Python-Programmierer geworden. Doch lassen Sie sich nicht von der Vielfalt dieser Frameworks verwirren! Viele von ihnen benutzen immer wieder dieselben Ingredienzen: eine Persistenzbasis zum Speichern der Daten, eine Komponente zu Verwalten von Sitzungen, Cookies usw.; und eine Templating-Engine wie diejenigen, die wir weiter oben kennengelernt haben.

Auf die folgenden (wichtigen) Web-Frameworks können wir aus Platzgründen in diesem Kapitel nicht mehr eingehen, aber es sei Ihnen ans Herz gelegt, sich damit gründlich auseinanderzusetzen. Es lohnt sich auf jeden Fall!

- **web.py,** `http://webpy.org/`
- **web2.py,** `http://www.web2py.com/`

- Webware, http://www.webwareforpython.org/
- Pylons, http://pylonshq.com
- Turbo Gears, http://www.turbogears.org/

Wenn Sie dieses Buch lesen, werden sicher weitere Python-basierte Web-Frameworks das Licht der Welt erblickt haben und so manche der oben genannten Frameworks obsolet erscheinen lassen. Behalten Sie einfach diesen Bereich im Auge.

15.8 Zope, Plone et al.

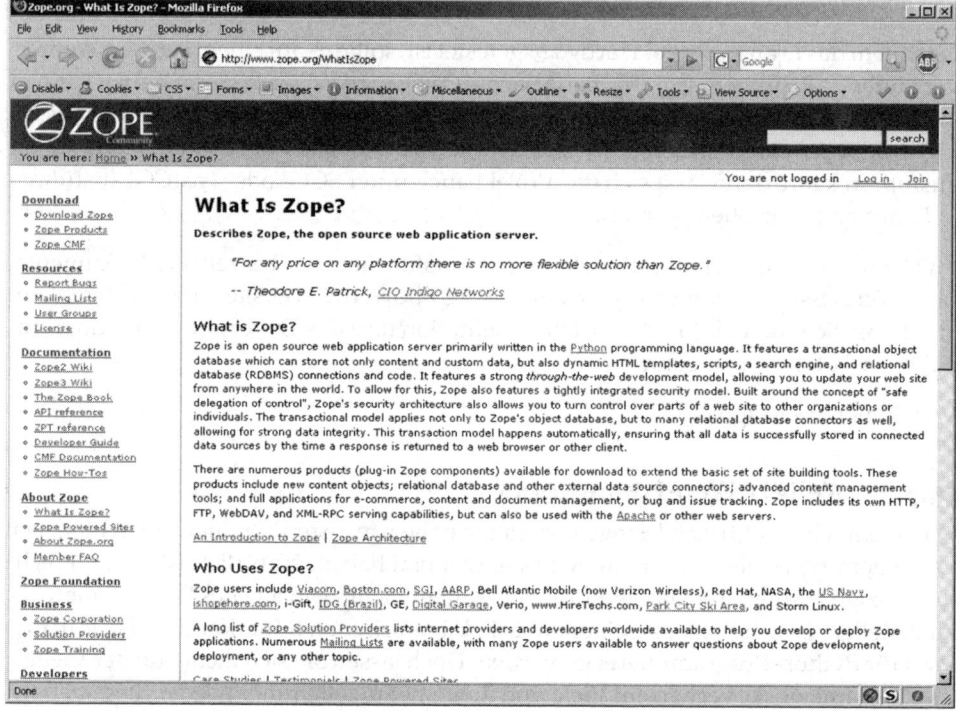

Zope, http://www.zope.org/, ist der Großvater aller Python-basierter Web-Frameworks. Seine Philosophie unterscheidet sich etwas von späteren Frameworks, und es fühlt sich auch etwas weniger pythonisch an. Aber der Zope Application Server bleibt unverzichtbar für viele große und kleine Websites. Aus diesem Grunde werden wir ihn im Folgenden vorstellen.

Wer mit Zope arbeitet, wird meistens ein Content Management System (CMS), das auf Zope aufsetzt, entwickeln, weiterentwickeln oder einfach nur customizen wollen. Viele CMS basieren auf einer Reihe von Zope-Produkten, deren Namen mit CMF beginnen. Diese Buchstaben stehen für *Content Management Framework*. Das ist nichts anderes als eine weitere Schicht, die eine sehr nützliche API zur Verfügung stellt.

Anwender des CMF-Frameworks sind ausgewachsene CMS-Systeme. Wir werden im Folgenden Plone und Silva als prominenteste Vertreter ihrer Zunft kurz erwähnen.

15.8.1 Zope und Plone zusammen installieren

Als dieses Kapitel entstand, konnte man unter Windows am einfachsten Zope installieren, indem man es als Bestandteil von Plone gleich mit installierte. Die aktuellste Version von Plone befindet sich auf der Plone-Website `http://plone.org/`. Laden Sie einfach den Windows-Installer herunter: Er enthält bereits alles, was benötigt wird: Python-2.4, Zope-2.X und Plone-3.X.

Unter Unix wird man Zope und Plone i.d.R. getrennt installieren, und dabei das Package Management System des eigenen Betriebssystems nutzen. Unter FreeBSD kann man z.B. einfach den folgenden Port installieren: */usr/ports/www/plone3*. Dies würde bei Bedarf alle Abhängigkeiten mit auflösen, und ebenfalls installieren. Es werden insbesondere auch Zope-2.10 und Python-2.4 installiert. Wenn Ihr Betriebssystem Plone3 nicht direkt installieren kann, laden Sie einfach den Plone3-Source-Tarball herunter und befolgen Sie die innenliegenden Anweisungen: Es gibt mittlerweile eine Methode, mit der man automatisch alle benötigten Abhängigkeiten herunterladen, kompilieren und installieren kann.

Um Zope nutzen zu können, muss man eine Zope-Instanz vorbereiten und starten. Was ist das? Eine Zope-Instanz besteht aus einem integrierten Webserver, und Zope und lebt in einem eigenen Pfad auf dem Dateisystem. Dieser Webserver erinnert ein wenig an andere Python-basierte Webserver: Er wartet auf Anfragen von Clients und konsultiert dann die angefragten Objekte, um eine Antwort zu generieren. Innerhalb einer Zope-Instanz kann man mehrere Objekte, Packages usw. installieren. Man kann z.B. pro Zope-Instanz mehrere Plone3-Websites installieren, und alle diese Websites würden sich in einer gemeinsamen ZODB-Datei befinden, die im Instanz-Verzeichnis abgelegt ist. Möchte man aber die Websites voneinander wirklich streng isolieren, kann man auch mehrere Zope-Instanzen erzeugen und jede von ihnen (auf einen anderen Port) laufen lassen. Diese verschiedenen Instanzen kann man dann getrennt starten und stoppen, und sie haben alle ihre eigene ZODB-Datei, externe Packages usw.

Hat man den Windows-Installer für Plone3 ausgeführt, wird auch eine Zope-Instanz bereits angelegt und gestartet worden sein. Unter Unix muss man es manuell tun. Befolgen Sie auch da die Anweisungen Ihres Package Management Systems bzw. lesen Sie die Anweisungen, die Zope und Plone beigelegt sind.

15.8.2 Erste Schritte in Zope

Läuft erst eine Zope-Instanz, wird man sich typischerweise in ihre ZMI einloggen (Zope Management Interface):

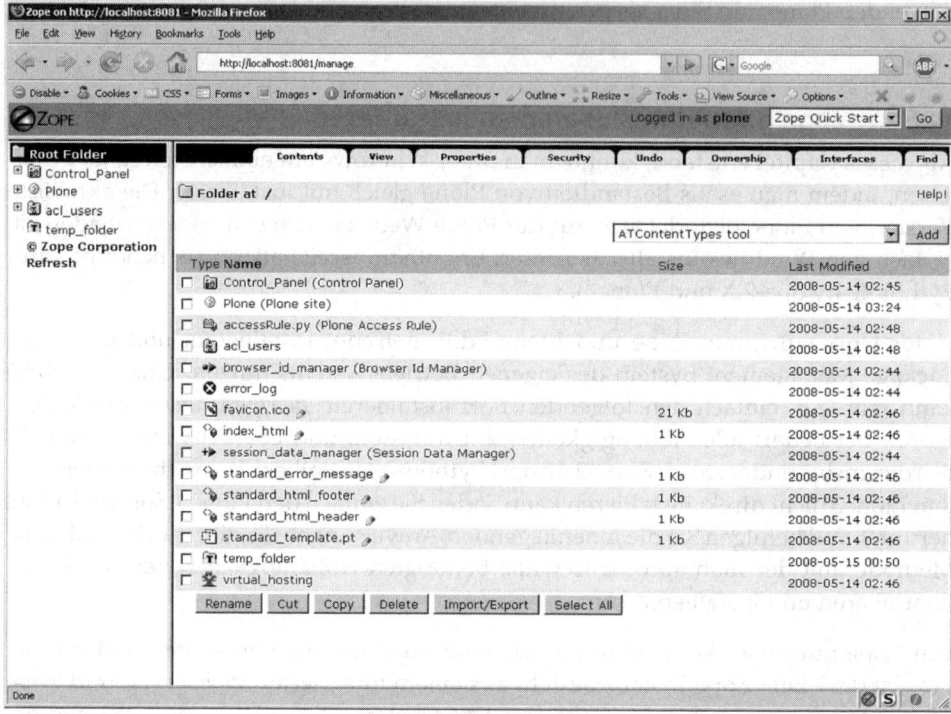

In der ZMI kann man jetzt diverse Objekt anlegen, ihre Eigenschafen anpassen usw. Man kann auch etliche Aspekte der Zope-Instanz steuern: So kann man z.B. im CONTROL PANEL die Instanz neu starten oder die ZODB-Datenbank komprimieren (d.h. alte, obsolete Einträge bereinigen).

Die Objekte in einer Zope-Instanz sind in einer Baumstruktur genauso wie ein Dateisystem organisiert. Damit wir ein bisschen üben, wollen wir von der ZMI aus einen eigenen Folder anlegen, um dort diverse Objekte abzulegen.

Um in der ZMI einen Folder anzulegen, geht man erst in das Verzeichnis, das den Folder aufnehmen soll (wir bleiben hier im Root-Verzeichnis /), und klickt auf die Drop-Down-Liste neben dem ADD-Button. Wir sehen, dass man da eine große Auswahl von Objekttypen erhält, die man installieren kann. Die meisten CMF*- und AT*- (Archetypes-) Objekte stammen aus Plone, aber die interessieren uns im Augenblick nicht. Wir wollen lediglich einen normalen Zope-Folder anlegen.

Wir wählen also aus der Liste *Folder* aus. Es folgt eine Eingabemaske, in der man *Id* und *Title* eingeben kann. Außerdem stehen da zwei Checkboxen: CREATE PUBLIC

INTERFACE und CREATE USER FOLDER. Wir tragen in *Id* den String *pythonbook*, in *Title* den String *The Book of Python* und setzen CREATE PUBLIC INTERFACE auf True (Häkchen ein) und CREATE USER FOLDER auf False (Häkchen aus).

Wenn alles gut ging, befindet sich jetzt ein Ordner *pythonbook* in der ZMI. Wir wechseln dort rein. Da wir CREATE PUBLIC INTERFACE ausgewählt haben, hat Zope in diesem Ordner ein Objekt namens *index_html* angelegt.

Weitere Objekte sind erst einmal nicht da, aber nichts hindert uns daran, welche in diesen Ordner hinzuzufügen, wenn es erforderlich ist. Wenn Sie in der Ordner-Ansicht sind, wählen Sie einfach aus der Drop-Down-Liste z.B. *Page Template* aus, geben ihr dann eine ID und (optional) einen Titel, und tragen Sie dort z.B. HTML-Code oder um TAL-Attribute angereicherten HTML-Code ein. Sie erhalten somit sofort eine neue Seite. Das, was wir unten noch besprechen werden, gilt für jedes *Page Template*, nicht nur für *index_html*.

Doch zurück zu *index_html*. Dieses Objekt ist ein ZPT, ein *Zope Page Template*. Wenn man drauf klickt, erhält man ein Eingabefenster, in dem man die Datei modifizieren kann:

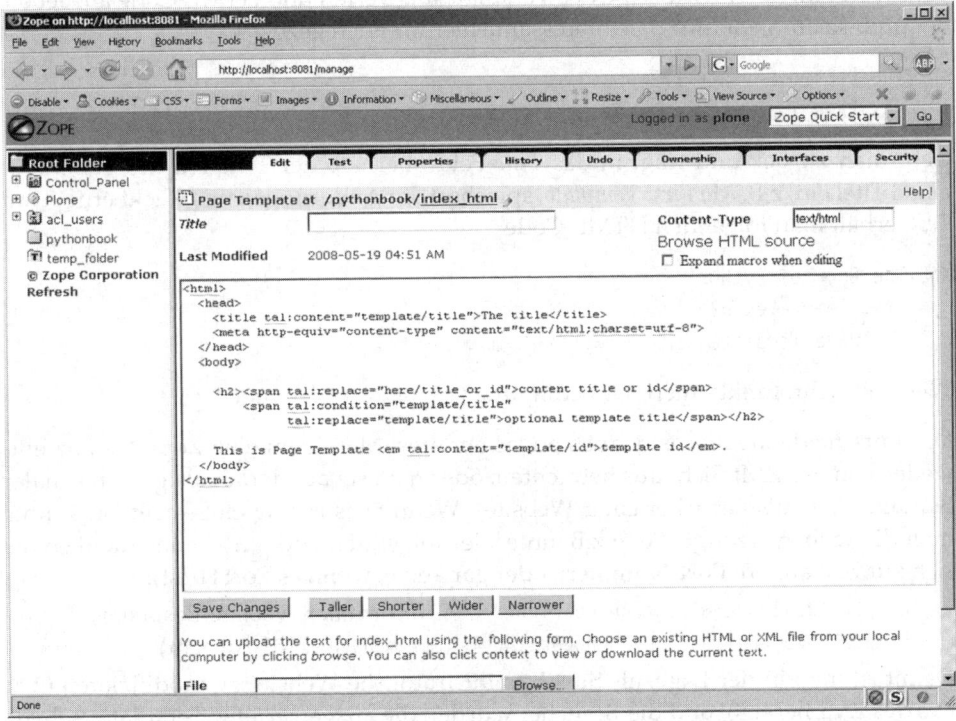

Das sieht verdächtig nach einer XML-basierten Template-Sprache aus, und das stimmt auch. Zope benutzt eine eigene Template-Sprache ZPT, bestehend aus diversen Teilsprachen wie TAL, METAL usw. Die Details befinden sich auf der Zope-Seite.

Was hier jedoch für uns Python-Programmierer von Interesse ist, ist Folgendes:

```
<span tal:replace="here/title_or_id">content title or id</span>
```

Durch `tal:replace` wird das ganze `<span>...</span>`-Element durch den TAL-Ausdruck ersetzt, der aus der Auswertung von *here/title_or_id* entsteht (an die `replace`-Semantik bei Genshi oder Kid erinnern Sie sich sicher). Dabei steht *here* für das Objekt, das gerade besucht wird, und *title_or_id* ist eine Methode dieses Objekts, die dessen Titel als String zurückgibt, oder, falls das Objekt keinen Titel hat, dessen ID liefert.

Doch was wäre eine Template-Sprache ohne das Äquivalent zu `py:if`?

```
<span tal:condition="template/title"
      tal:replace="template/title">optional template title</span>
```

Mit `tal:condition` wird der Ausdruck *template/title* ausgewertet, und wenn er wahr ist (z.B. nicht leer), dann wird das gesamte Element `<span>...</span>` samt Platzhalter *optional template title* dazwischen durch den Titel dieser Template ersetzt.

Probieren wir es einfach aus, indem wir auf den Test-Reiter klicken. Wenn man nichts verändert hat, dann wird Zope das Template auswerten und HTML-Code ausgeben, der grob so aussieht (nur das Interessante hier im Buch gezeigt).

```
<h2>The Book of Python</h2>
This is Page Template <em>index_html</em>.
```

Geht man zurück und trägt in das *Title*-Feld oberhalb der Textarea des Templates einen Titel ein, z.B. *My First Template*, speichert die Änderungen und klickt erneut auf *Test*, erhält man folgenden HTML-Code:

```
<h2>The Book of Python
My First Template</h2>
this is Page Template <em>index_html</em>.
```

Wie man sieht, funktioniert die Bedingung `tal:replace` blendend.

Das Entscheidende hier ist jedoch etwas anderes: Man kann eine Zope-Instanz entweder von der ZMI-Sicht aus betrachten, oder man schaut darauf als ganz normaler Benutzer (z.B. als Besucher einer Website). Wenn alles richtig eingestellt ist, könnte man die soeben erzeugte Seite z.B. unter der folgenden URL anschauen (denken Sie sich zur Not andere Port-Nummern oder gar keine, wenn es Port 80 ist):

- `http://localhost:81/pythonbook/index_html` **(Normaler Website-Besucher)**
- `http://localhost:8081/pythonbook/index_html/manage` **(ZMI-Ansicht)**

Damit ist man in der Lage, als Site-Administrator die Website zu modifizieren (z.B. aus der ZMI heraus), und die Besucher würden die ausgewerteten Templates sehen.

Ein weiteres interessantes Zope-Objekt, das man in einen Ordner ablegen kann, ist ein *Script (Python)* (dieser hässliche Name rührt daher, dass der Begriff *Python Script* geschützt ist und die Zope-Entwickler sich genötigt sahen, ihn zu verändern). Legen wir also ein *Script (Python)* an, indem wir auf die Ordneransicht von */pythonbook* gehen und aus der Drop-down-Liste ein solches Objekt auswählen. Als *Id* geben wir *demo* ein, lassen *File* leer und klicken auf ADD AND EDIT. Man erhält dann ein Texteingabefeld, in dem man Python-Code eingeben kann. Als Anfangscode hat Zope uns Folgendes schon vorbelegt:

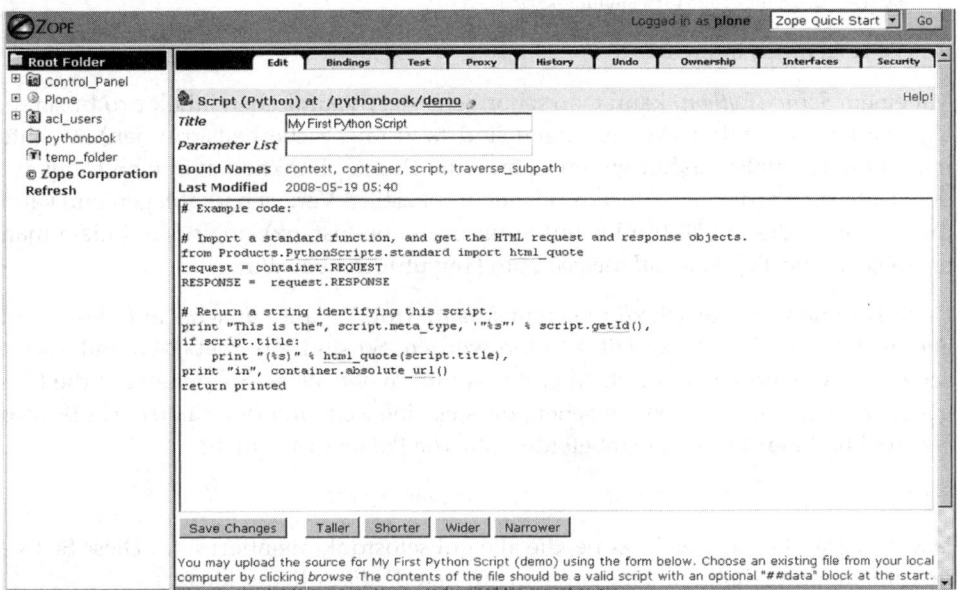

```
# Example code:

# Import a standard function, and get the HTML request and response objects.
from Products.PythonScripts.standard import html_quote
request = container.REQUEST
RESPONSE =  request.RESPONSE

# Return a string identifying this script.
print "This is the", script.meta_type, '"%s"' % script.getId(),
if script.title:
    print "(%s)" % html_quote(script.title),
print "in", container.absolute_url()
return printed
```

Wir verändern diesen Code vorläufig noch nicht und tragen im zusätzlichen Feld *Title* den Titel *My First Python Script* ein. Anschließend speichern wir die Änderungen, indem wir auf SAVE CHANGES klicken. Sollte ein (Syntax-)Fehler auftreten, würde er gemeldet.

Das Skript kann man jetzt ausprobieren, indem man:

- auf den *Test*-Reiter klickt oder
- `http://localhost:81/pythonbook/demo` besucht.

In beiden Fällen erhalten wir als Ausgabe (ohne Zeilenumbruch):

```
This is the Script (Python) "demo" (My First Python Script)
in http://localhost:8081/pythonbook
```

Das ist ja ziemlich interessant!

Mit einem *Script (Python)* kann man schon sehr viel dynamischen Inhalt produzieren, aber bestimmte Python-Anweisungen sind tabu (aus Sicherheitsgründen). Möchte man diese ebenfalls ausführen, muss man die Python-Funktionen in eine Datei auf dem Dateisystem der Zope-Instanz in einem speziellen Verzeichnis ablegen und kann diese dann in die ZODB (und somit in unsere Zope-Instanz) einbinden, indem man ein Objekt vom Typ *External Method* zum Hinzufügen auswählt.

Doch kommen wir zurück zu unserem *demo*-Skript. Es fällt zunächst auf, dass nicht alle Namen mit `import` explizit geladen werden. So sind z.B. `container` und `script` scheinbar nirgendwo definiert. Aber das stimmt nicht! Wenn Sie genau auf die Eingabemaske achten, werden Sie sehen, dass es eine Zeile mit der Überschrift BOUND NAMES oberhalb des Texteingabefeldes gibt, die Folgendes enthält:

```
Bound Names: context, container, script, traverse_subpath
```

Das sind Standardnamen in Zope, die alle gut selbstdokumentiert sind. Diese Selbstdokumentation erhält man, indem man auf den *Bindings*-Reiter klickt:

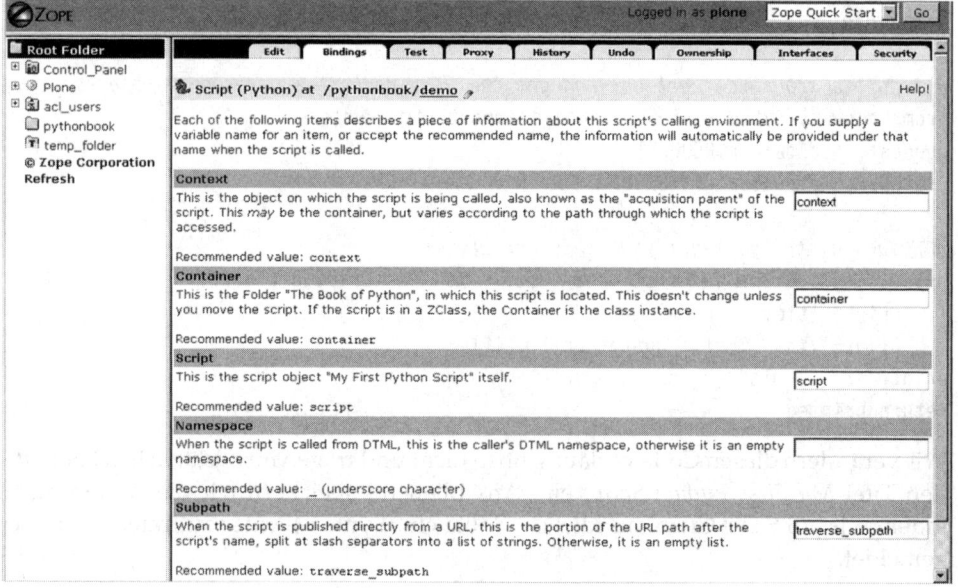

Klicken Sie einfach auf den EDIT-Reiter oder auf die Rücktaste Ihres Browsers, um zum Texteingabefeld des Scripts zurückzukehren.

Bevor wir uns mit diesen Variablen (kurz) auseinandersetzen, wollen wir sehen, wie das Skript die Daten an den Benutzer sendet! Das Skript gibt eine Ausgabe mit print scheinbar auf die Standardausgabe aus, und das wird von Zope dann abgefangen und zum Browser gesendet. Das Skript wird mit return printed beendet.

Verändern wir nun *demo* so, dass es folgenden Code enthält:

```
request = container.REQUEST

print "We've got the following container.REQUEST object:"
print request

return printed
```

Die Ausgabe ist eine (hier nicht gezeigte) lange Liste von Umgebungsvariablen und anderen Werten. Wir gehen nicht auf die Details ein.

Versuchen wir nun, den Webrechner (wieder einmal) neu zu programmieren, diesmal unter Zope als Python Script. Man kann

- Operator und Argumente an den Pfad anhängen (PATH_INFO),
- Operator und Argumente per GET oder POST übermitteln.

Wir werden ein Skript schreiben, das sowohl die Informationen aus dem Pfad, als auch aus GET und POST auswertet. Dafür müssen wir erst herausfinden, wie man an die Informationen herankommt! Jetzt wird sich unser *demo*-Skript als sehr nützlich erweisen: Rufen wir es mit folgender URL auf:

```
http://localhost:81/pythonbook/demo/add/3.2/1.7
```

Als Ausgabe erhalten wir z.B.:

```
traverse_subpath    ['add', '3.2', '1.7']
PATH_INFO           '/pythonbook/demo/add/3.2/1.7'
```

Offenbar ist traverse_subpath für unsere Zwecke etwas nützlicher als PATH_INFO, denn

- der Pfad unsers Skripts */pythonbook/demo* wurde bereits herausgerechnet,
- die restlichen Argumente stehen uns sofort zur Verfügung.

Wir werten also traverse_subpath aus!

Aber was ist mit GET-Argumenten? Rufen wir also noch mal unser *demo*-Skript auf, diesmal mit dieser URL:

```
http://localhost:81/pythonbook/demo?op=div&arg1=3.2&arg2=7.7
```

Am Anfang der Ausgabe steht:

```
We've got the following container.REQUEST object:
form
arg1 '3.2'
arg2 '7.7'
op   'div'
```

Wir schließen daraus, dass man die Informationen aus `container.REQUEST.form['arg1']` usw. bekommen würde. Das war jetzt beim GET-Aufruf der Fall. Hoffentlich ist es auch beim POST-Aufruf so. Das werden wir einfach später ausprobieren.

Jetzt gehen wir wie folgt vor:

- Wir schreiben ein *Script (Python)* namens *zopecalc*, das die Informationen auswertet und als Taschenrechner fungiert.
- Wir schreiben ein (Zope) *Page Template* namens *zopecalc_pt*, das ein Eingabeformular darstellt und zu *zopecalc* verweist.

Beide Elemente deponieren wir in */pythonbook*.

Fangen wir mit dem Template *zopecalc_pt* an. Wir gehen also nach */pythonbook* und fügen ein *Page Template* mit der ID *zopecalc_pt* und dem Titel *The Zope Calculator* hinzu. Dieses ZPT soll folgenden Inhalt haben:

```html
<html>
  <head>
    <title tal:content="template/title">The title</title>
    <meta http-equiv="content-type" content="text/html;charset=utf-8">
  </head>
  <body>
    <form action="zopecalc" method='POST'>
      <input type="text" size="20" name="arg1" value="number 1" />
      <select name="op">
        <option>add</option>
        <option>sub</option>
        <option>mul</option>
        <option>div</option>
      </select>
      <input type="text" size="20" name="arg2" value="number 2" />
      <br />
      <input type="submit" value="Calculate" />
      <input type="reset" value="Clear fields" />
    </form>
  </body>
</html>
```

Es ist also ein ganz gewöhnliches HTML-Formular.

Nun fügen wir das *Script (Python)* in */pythonbook* hinzu und geben dem die ID *zopecalc* und als Titel irgendetwas, z.B. *The Zope Calculator Backend*. Das Skript sieht so aus:

```python
if len(traverse_subpath) == 3:
    # extract arguments from PATH_INFO...
    op, arg1, arg2 = traverse_subpath
else:
    # or from GET or POSt parameters.
    op   = container.REQUEST.form.get('op', None)
    arg1 = container.REQUEST.form.get('arg1', None)
    arg2 = container.REQUEST.form.get('arg2', None)

# called the first time w/o args? send form to user
if op is None or arg1 is None or arg2 is None:
    pt = context.zopecalc_pt
    return pt()

if op not in ('add', 'sub', 'mul', 'div'):
    return 'Invalid operator. Use one of add, sub, mul or div'

result = 'No result yet'
try:
    numarg1 = float(arg1)
    numarg2 = float(arg2)
    if op == 'add': result = numarg1 + numarg2
    elif op == 'sub': result = numarg1 - numarg2
    elif op == 'mul': result = numarg1 * numarg2
    elif op == 'div':
        if numarg2 == 0: result = 'NaN'
        else:            result = numarg1 / numarg2
except ValueError:
    return 'Invalid arguments. Use only numerical arguments.'
except TypeError:
    return 'Invalid arguments. Missing one or both argument.'

return str(result)
```

Bevor wir das Programm besprechen: Haben Sie den Unterschied zum vorigen *demo*-Skript bemerkt? Jetzt geben wir nicht mehr die Ausgaben mit print aus, gefolgt von einem return printed, sondern geben diese direkt mit return zurück. Das ist eigentlich auch die bevorzugte Methode, um Daten an den Benutzer zu senden.

Doch nun zur Skriptlogik!

Als Erstes wird nachgeschaut, ob wir in `traverse_subpath` Argumente haben – und ob es genug sind. Das würde folgende Aufrufe ermöglichen:

- `http://localhost:81/pythonbook/zopecalc/div/3.2/1.7`
- `http://localhost:81/pythonbook/zopecalc/mod/3.1/3.0`
- `http://localhost:81/pythonbook/zopecalc/add/3.a/7.2`

Gibt es aber nicht genug oder gar keine Argumente wie hier

- `http://localhost:81/pythonbook/zopecalc/add/3.0`
- `http://localhost:81/pythonbook/zopecalc/add`
- `http://localhost:81/pythonbook/zopecalc`

dann schauen wir in `container.REQUEST.form` nach, ob dort Argumente für uns zur Verfügung stehen. Da es nicht ausgeschlossen ist, dass einige Argumente fehlen (schließlich kann der Benutzer das eingeben, was er mag), benutzen wir die `get`-Methode des Dictionary `container.REQUEST.form` statt der Syntax `container.REQUEST.form['op']`, um keine Ausnahme auszulösen. Das würde URLs der folgenden Form beantworten:

- `http://localhost:81/pythonbook/zopecalc?op=add&arg1=7.1&arg2=2.1`
- `http://localhost:81/pythonbook/zopecalc?op=mod&arg1=3.1`

Wir sind also nicht fertig: Es könnten immer noch Argumente fehlen (wenn `op`, `arg1` oder `arg2` den Wert `None` haben). In diesem Fall geben wir auf und senden dem Benutzer das (ausgewertete, d.h. aufgerufene) *zopecalc_pt*-Template zurück. Dies geht so:

```
pt = context.zopecalc_pt
return pt()
```

Natürlich gehen wir hier davon aus, dass `zopecalc_pt` sich entweder im */pythonbook*-Pfad genauso wie *zopecalc* befindet oder dass er per *Acquisition* von Zope gefunden werden kann (Acquisition ist eine Zope-spezifische Eigenschaft, über die Sie sich informieren sollten, um jemals eine Chance zu haben, Zope richtig einsetzen zu können. Die Zope-Website (z.B. das Zope Book) enthält alle nötigen Details dazu.).

Der Rest des Skripts ist naheliegend und beschäftigt sich nur noch mit der eigentlichen Rechenarbeit. Das Programm testen Sie, indem Sie die folgende URL aufrufen:

```
http://localhost:81/pythonbook/zopecalc
```

Es wird ein Eingabeformular zur Verfügung gestellt, in das Sie Zahlen eingeben und die jeweilige Operation herauspicken können. Schicken Sie das Formular ab, werden die Daten per POST-Methode an das *zopecalc*-Objekt gesendet zwecks Auswertung. Das funktioniert genauso gut wie bei der GET-Methode (probieren Sie es ruhig aus!).

Das Skript sollte auch dann weiterlaufen, wenn Sie es an eine andere Stelle verschieben, z.B. nach */pythonbook/utils/zopecalc*, weil wir nirgendwo die Position */python-*

book/zopecalc festverdrahtet haben. Aber Sie sollten das passende Template *zopecalc_pt* ebenfalls mitverschieben.

Dieser Zope-Rechner lässt sich natürlich an zwei Stellen verbessern:

Das Zope-Template enthält *zopecalc* als festverdrahtetes *action*-Attribut von `form`. Benutzen Sie `tal:attributes`, um *zopecalc* dynamisch zu lokalisieren. Die Syntax von `tal:attributes` sähe so aus:

```
<form tal:attributes="action here/zopecalc/id" method='POST'>
  ...
</form>
```

Das Skript sollte nach Ausgabe des Ergebnisses wieder ein Formular anzeigen. Modifizieren Sie *zopecalc_pt* so, dass es ein zusätzliches Feld für das Ergebnis gibt, das nur dann ausgegeben wird, wenn ein Template-Parameter den Rückgabewert hat (nutzen Sie `tal:condition`). Im Programm rufen Sie dann dieses Template genauso wie vorher auf, mit dem Unterschied, dass Sie bei Bedarf den Rückgabewert beim Aufruf übergeben.

Es gibt zu Zope selbst noch viel zu erzählen, aber wir machen an dieser Stelle einen Schnitt. Weitere und sehr ausführliche Informationen finden Sie im *Zope Book* auf der Zope-Website.

15.8.3 Macros in Plone

Da wir schon das Plone-CMS installiert haben, wollen wir gleich noch unseren Webrechner so anpassen, dass er jetzt immer ein Formular zurückgibt, egal, ob er Fehlermeldungen erzeugt oder Antworten gibt. Wir werden außerdem dafür sorgen, dass die Ausgabe immer innerhalb der Plone-Oberfläche erscheint und dort bleibt.

Wir nehmen im Folgenden an, dass Plone installiert und konfiguriert ist und ein Benutzer angemeldet ist. Ich habe mir z.B. eine Plone-Kennung als Benutzer *farid* eingerichtet.

Als Erstes schauen wir uns das angepasste Programm *plonecalc* an! Wir gehen in irgendeinen Ordner (z.B. */Members/farid*) und wechseln von dort aus in die ZMI, indem die URL um */manage_main* erweitert wird. Mit anderen Worten, wir wählen z.B.:

```
http://localhost:81/Members/farid/manage_main
```

Wir landen in der ZMI und fügen ein *Script (Python)* hinzu mit der ID *plonecalc*. Der Titel ist beliebig. Wir landen dann im Editor für */Members/farid/plonecalc*. Dort geben wir folgenden Text ein:

```
if len(traverse_subpath) == 3:
    # extract arguments from PATH_INFO...
    op, arg1, arg2 = traverse_subpath
```

```
else:
    # or from GET or POSt parameters.
    op   = container.REQUEST.form.get('op', None)
    arg1 = container.REQUEST.form.get('arg1', None)
    arg2 = container.REQUEST.form.get('arg2', None)

# This will be our return template
pt = context.plonecalc_pt

# called the first time w/o args? send form to user
if op is None or arg1 is None or arg2 is None:
    return pt()

if op not in ('add', 'sub', 'mul', 'div'):
    return pt(result='Invalid operator. Use one of add, sub, mul or div')

result = 'No result yet'
try:
    numarg1 = float(arg1)
    numarg2 = float(arg2)
    if op == 'add': result = numarg1 + numarg2
    elif op == 'sub': result = numarg1 - numarg2
    elif op == 'mul': result = numarg1 * numarg2
    elif op == 'div':
        if numarg2 == 0: result = 'NaN'
        else:            result = numarg1 / numarg2
except ValueError:
    return pt(result='Invalid arguments. Use only numerical arguments.')
except TypeError:
    return pt(result='Invalid arguments. Missing one or both argument.')

# Now return result in a template
return pt(result=str(result))
```

Die Logik ist dieselbe geblieben, aber achten Sie darauf, wie wir diesmal *immer* ein Template zurückgeben. Hier sind die relevanten Zeilen:

```
# This will be our return template
pt = context.plonecalc_pt

if op is None or arg1 is None or arg2 is None:
    return pt()

if op not in ('add', 'sub', 'mul', 'div'):
    return pt(result='Invalid operator. Use one of add, sub, mul or div')
```

```
# try: ...
except ValueError:
    return pt(result='Invalid arguments. Use only numerical arguments.')
except TypeError:
    return pt(result='Invalid arguments. Missing one or both argument.')

# Now return result in a template
return pt(result=str(result))
```

Anders ausgedrückt: Wir rufen stets das Template pt (das den Namen *plonecalc_pt* im aktuellen Kontext haben muss) auf, und das Ergebnis der Auswertung dieses Templates, d.h. eine fertige HTML-Seite, wird an den Benutzer mit return zurückgegeben.

Um jedoch dem Template *plonecalc_pt* den berechneten Rückgabewert zu übermitteln, übergeben wir immer diesen Wert (oder eine passende Fehlermeldung) mit dem Schlüsselwortparameter result (nicht mit der Variablen result zu verwechseln!). Nur wenn keine Fehlermeldung und kein voriges Ergebnis zu übermitteln sind, wird pt ohne result-Schlüsselwortargument aufgerufen.

Es gibt nichts Besonderes an dem Namen result des Schlüsselwortparameters. Ehrlich nicht! Sie können beliebig viele Werte unter verschiedenen Namen übergeben, wenn Sie möchten. Hauptsache, das Template erwartet diese Namen, um sie evtl. auszuwerten und auszugeben.

Kommen wir nun zum Template selbst: *plonecalc_pt*. Wir legen im selben Ordner wie *plonecalc* ein *Page Template* namens *plonecalc_pt* (genauso wie bei Zope weiter oben) an. Dieses Template */Members/farid/plone_calc_pt* sieht so aus:

```
<html xmlns="http://www.w3.org/1999/xhtml" xml:lang="en"
      xmlns:tal="http://xml.zope.org/namespaces/tal"
      xmlns:metal="http://xml.zope.org/namespaces/metal"
      xmlns:i18n="http://xml.zope.org/namespaces/i18n"
      lang="en"
      metal:use-macro="here/main_template/macros/master"
      i18n:domain="plone">

<body>
  <div metal:fill-slot="main">

    <h1>The Plone Calculator</h1>

    <div tal:condition="exists:options/result">

      <h2>Previous results</h2>
      The result of the previous calculation was
```

```
    <b tal:content="options/result">
      placeholder for result
    </b>.

    <h2>New calculation</h2>
  </div>

  <form method="POST" action="plonecalc">
    <input type="text" size="20" name="arg1" value="111" />
    <select name="op">

      <option>add</option>
      <option>sub</option>
      <option>mul</option>
      <option>div</option>
    </select>
    <input type="text" size="20" name="arg2" value="222" />
    <br />

    <input type="submit" value="Calculate" />
    <input type="reset" value="Clear fields" />
  </form>
  </div>

</body>

</html>
```

Hier sind ein paar entscheidende Neuigkeiten zu beobachten. Wir konzentrieren uns erst auf die Logik des Templates, bevor wir zum Thema *Einbindung in Plone* kommen.

Die Logik sieht vor, dass wir von *plonecalc* aufgerufen werden, eventuell ein voriges Ergebnis oder eine vorige Fehlermeldung auszugeben haben und anschließend ein Formular für den nächsten Aufruf zu präsentieren haben. Es kann aber vorkommen, dass uns *plonecalc* ohne jegliches voriges Ergebnis aufruft; dann sollte lediglich das Formular erscheinen.

Man muss natürlich zweierlei wissen:

- Wie heißt hier der Parameter result, der von plonecalc beim Aufruf des Templates als Schlüsselwortparameter übergeben wurde?
- Wie kann man mit TALES entscheiden, ob es überhaupt diesen Parameter gibt?

Wie man am Beispiel sieht, bedeutet der TAL-Ausdruck *options/result*, dass result einer der Schlüsselwortparameter ist. Alle Parameter, die der Aufrufer des Templates übergibt, landen in *options*. Um herauszufinden, ob dieser Parameter überhaupt da ist, benutzen wir den TALES-Ausdruck *exists:options/result*.

Jetzt dürfte die Logik des Templates völlig klar sein.

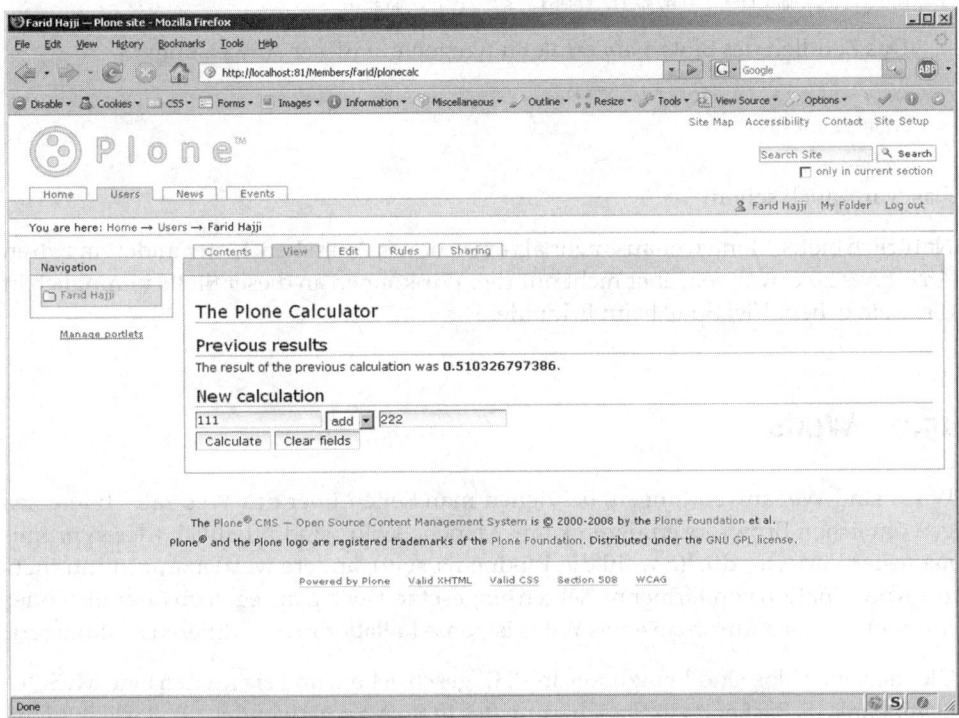

Kommen wir jetzt zur Einbettung der Ausgabe innerhalb von Plone: Was verleiht diesem Template das Aussehen einer Plone-Site? Das Geheimnis liegt in den METAL-Makros. METAL ist eine Makrosprache, die TALES erweitert.

Bei Plone muss man wissen, dass *alle* erzeugten Seiten aus einem Master-Template erzeugt werden, das sich in der ZMI unter *[/Plonesite]/portal_skins/plone_templates/main_template* befindet. Wenn Sie auf dieses Master-Template klicken, werden Sie eine längere Datei vorfinden, die unter anderem folgenden Slot definiert:

```
<metal:bodytext metal:define-slot="main" tal:content="nothing">
  Page body text
</metal:bodytext>
```

Das ist der Teil, der in einer Plone-Seite eingefügt wird!

Wenn wir jetzt eine Seite ausgeben wollen, die das Plone-Aussehen hat, müssen wir lediglich dieses *main_template* benutzen und dabei diesen speziellen *main*-Slot mit unserem Inhalt füllen.

Das tun wir an zwei Stellen:

- Der Aufruf des `main_template`-Makros erfolgt im HTML-Tag mit der METAL-Anweisung:

```
metal:use-macro="here/main_template/macros/master"
```

- Das Befüllen des Slots *main* erfolgt hingegen mit dieser Anweisung:

```
<div metal:fill-slot="main">
  Our content
</div>
```

Das war's auch schon!

Natürlich bietet Plone weitaus mehr als ein schönes Aussehen. Unter anderem wären *Archetypes* zu erwähnen, aber nicht nur die. Wir können an dieser Stelle unmöglich in die Tiefe gehen. Viel Spaß beim Erkunden!

15.9 Wikis

Wikis sind Webanwendungen, bei denen man Seiten über das Web mit Hilfe eines gewöhnlichen Browsers editieren kann. Manche Wikis sind öffentlich (deren prominentester Vertreter dürfte wohl die Wikipedia sein), andere werden nur in Intranets zur Koordination von Firmenprojekten eingesetzt. Doch ganz egal, ob öffentlich oder Intranet, das Grundprinzip eines Wikis ist, dass kollaboratives Editieren funktioniert.

Die meisten Wikis sind heutzutage in PHP geschrieben, und sie nutzen eine MySQL-Datenbank als Backend zur Speicherung des Inhalts. So verwendet z.B. die Wikipedia die freiverfügbare PHP-Software Mediawiki, mit MySQL als Backend. Doch nichts zwingt uns, ein Wiki ausgerechnet in PHP zu schreiben! Python kann dafür genausogut zum Einsatz kommen.

Es gibt verschiedene, in Python geschriebene Wikis. Zwei prominente Vertreter davon sind:

- MoinMoin, `http://moinmo.in/`
- Trac, `http://trac.edgewall.org/`

MoinMoin ist ein Wiki für alle Zwecke, das seine Seiten einfach als gewöhnliche Dateien speichert (eine Datei pro Revision). Es kommt ganz ohne SQL-Datenbankserver aus! Dieses Buch wurde übrigens in MoinMoin erstellt, korrigiert und anschließend mit Hilfe eines Plugins in LaTeX konvertiert.

Trac ist ebenfalls ein Wiki, das aber auf Programmierprojekte spezialisiert ist.

Experimentieren Sie einfach ein wenig mit den verschiedenen Wikis herum. Es gibt nichts Leichteres, als in Python mit oder ohne Hilfe der hier gezeigten Frameworks sich sein eigenes Wiki zu basteln.

15.10 Lose Enden

Was es sonst noch gab, aber aus Platzmangel nicht mehr behandelt werden konnte:

- Bildverarbeitung (z.B. Skalierung) mit Hilfe der Python Imaging Library, PIL: `http://www.pythonware.com/products/pil/index.htm` und `http://www.pythonware.com/library.htm`
- Erzeugen von Graphen und Bildern mit der berühmten GD-Bibliothek: `http://newcenturycomputers.net/projects/gdmodule.html`
- PDF-Dateien (z.B. Rechnungen?) erzeugen mit dem ReportLab-Toolkit: `http://www.reportlab.org/rl_toolkit.html`

15.11 Zusammenfassung

Webserver in Python (Python Standard Library):

- `BaseHTTPServer.HTTPServer` ist ein spezieller `SocketServer.TCPServer`, der einen Webserver implementiert. Einen Request-Handler für diese Server kann man von `BaseHTTPServer.BaseHTTPRequestHandler` ableiten und muss dabei nur die `do_GET`-bzw. `do_POST`-Methode überschreiben. Innerhalb dieser Methode schreibt man nach `self.wfile`, z.B. mit `write`. Woher Eingabedaten stammen, entnimmt man der API von `BaseHTTPRequestHandler`.
- `SimpleHTTPServer.SimpleHTTPRequestHandler` ist ein `BaseHTTPServer.HTTPServer` Request-Handler, der ein Verzeichnis statischen Inhalts zur Verfügung stellt. Er bietet alle Dateien an, die sich in dem *aktuellen Verzeichnis* befinden: man sollte also vorher mit `os.chdir` in das richtige Verzeichnis wechseln.
- `CGIHTTPServer.CGIHTTPRequestHandler` verhält sich wie `SimpleHTTPServer.SImple HTTPRequestHandler` (er liefert alle statischen Dateien, die im *aktuellen Verzeichnis* sind), kann aber zusätzlich die Dateien aus den CGI-Directorys in einer CGI-Umgebung ausführen. Die CGI-Directorys definiert man als `handler_class.cgi_ directories = ['/cgi-bin']`.
- Die Funktion `wsgiref.simple_server.make_server` kann eine WSGI-kompatible Anwendung in einem kleinen Webserver ausführen. Eine WSGI-Anwendung ist einfach ein Callable (z.B. eine Funktion) mit der Signatur `(environ, start_response)`, das seine Ausgaben als eine Liste von Strings zurückgibt, aber nicht ohne zuvor `start_response` mit geeigneten Werten aufgerufen zu haben.

Webserver in Python (Drittanbietermodule). Wir haben erst mit CherryPy angefangen:

- Mit CherryPy ist ein multithreaded Server, der Objekte der Außenwelt anbietet. Dabei sind die Methoden eines Objekts über das Web aufrufbar, die als *exposed* markiert sind. Dies tut man, indem man entweder das `exposed`-Attribut *der Methode* auf `True` setzt (`method.exposed = True`) oder diese Methode mit dem `exposed`-Dekorator versieht (`@exposed def method(self): ...`).
- Die POST- und GET-Daten werden transparent als `*args` den Methoden übergeben. Die Ausgabe erfolgt über `return`.
- Den CherryPy-Server startet man mit `cherrypy.quickstart(obj_with_exposed_methods, config='config.cfg')`.

Danach haben wir uns Twisted.Web zugewandt:

- Der Twisted.Web Server exponiert eine Menge von `Resource`-Objekten, die in einen Baum organisiert sind, über eine `Site` der Außenwelt. Man überschreibt in der `Resource` dessen `render_GET`- (und `render_POST`-) Methode. Ist die Resource ein Blatt des Baumes, ist die klassenweite `isLeaf`-Variable auf `True` zu setzen.
- Die Daten kommen in die `render_*`-Methoden über ein `request`-Objekt hinein. Das `request`-Objekt hat ein `args`-Attribut, das GET- und POST-Argumente enthält, und `prepath` und `postpath` Attribute für den Pfad (wo wir sind, `PATH_INFO`).
- Der Twisted.Web Server kann auch statische Seiten mit der `static.File`-Resource exportieren. Daran kann man mit `twcgi.CGIDirectory` auch CGI-Verzeichnisse hängen (wie gewohnt mit `putChild`).
- Außerdem kann man in `static.File` bestimmte Dateien mit eigenen Endungen über einen Prozessor laufen lassen. Mit `root.processors = { '.rpy': script:ResourceScript }` wird eine `.rpy`-Datei mit Python-Code, die eine Variable namens `resource` mit einer `Resource` enthält, bei jedem Aufruf ausgeführt. So kann man dynamische Inhalte in einer laufenden `static.File` Resource einbauen, indem man einfach `.rpy`-Dateien in das Dateisystem einfügt.
- Eine weitere Form von dynamischem Inhalt sind Perl, PHP und andere Dateien, die von einem `twcgi.FilteredScript` ausgeführt werden. Ein solches `FilteredScript` ist eine Klasse, die von `twcgi.FilteredScript` abgeleitet wird und dessen klassenweite Variable `filter` auf den Pfad des jeweiligen Interpreters gesetzt wird. Ein `FilteredScript` muss genauso der Liste der Prozessoren (`processors`) des jeweiligen Resource-Objekts hinzugefügt werden wie bei `ResourceScript`.
- Wir haben gesehen, wie man Twisted.Web Server als `Application` durch *twistd* auch als unprivilegierter Benutzer ausführen kann.

Integration mit anderen Webservern:

- Lighttpd und Apache können nicht von selbst Python-Code ausführen, sondern müssen ein Python-Programm via CGI, FastCGI oder SCGI aufrufen. Wir haben gesehen, wie man beide Server so konfiguriert, daß sie dies tun.
- Um einen FastCGI- oder SCGI-Server aus einer WSGI-Anwendung zu bauen, verwendet man `flup`. Man erzeugt einfach einen `flup.server.fcgi.WSGIServer` für Fast-

CGI, oder ein `flup.server.scgi.WSGIServer` für SCGI. `WSGIServer` übergibt man als erstes Argument die WSGI-Anwendung und als zweites Argument `bindAddress` entweder einen String mit einem Pfad zu einem Unix-Domain Socket oder ein Tupel mit einer Bind-Adresse (leerer String für *alle Interfaces*) und einem Port. Dann ruft man die `run`-Methode der `WSGIServer`-Instanz auf.

- Apache kann Python-Code direkt mit `mod_python` ausführen. Dieser Code muss eine `mod_python`-spezifische API sprechen. Portabler ist das `mod_wsgi`-Modul, mit dem Apache eine WSGI-Anwendung ausführen kann. In beiden Fällen wird der Python-Interpreter innerhalb der Apache-Prozesse eingebettet, so dass Apache den Python-Code nicht indirekt an einen anderen Prozess via CGI, FastCGI oder SCGI zur Ausführung übergibt, sondern selbst diesen Code ausführt. Wir haben ausführlich die Verwendung von `mod_wsgi` gezeigt.

WSGI (Python Web Server Gateway Interface):

- WSGI ist eine Schnittstelle zwischen Python-basiertem Webserver und einer Python-basierten Webanwendung. Sie ist in PEP 333 formal festgelegt und kommt ohne externe Abhängigkeiten (von Modulen) aus.
- Eine WSGI-Anwendung ist ein einfaches Callable (z.B. eine Funktion oder ein aufrufbares Objekt, dessen Klasse z.B. die __call__-Methode überschreibt) mit einer bestimmten Signatur: (`environ`, `start_response`). `environ` ist ein Python-Dictionary mit CGI-Variablen und ein paar `wsgi.*`-Variablen, darunter der Eingabestream `wsgi.input` (ein `file`-ähnliches Objekt) zum Auslesen des HTTP-Bodys des Clients – sinnvoll für File-Uploads.
- Eine WSGI-Anwendung muss ein bestimmtes Protokoll einhalten. Sie soll:
    - alle Ausgaben puffern und als ein Iterable von Strings zurückliefern (etwa eine Liste von Strings),
    - vor der Rückgabe des Iterable oder beim erstmaligen Aufruf dieses Iterable durch den Server das vom Server übergebene `start_response`-Callable aufrufen.

    Das `start_response`-Callable soll von der Anwendung so aufgerufen werden, dass das erste Argument der Rückgabecode ist (z.B. `'200 OK'`) und das zweite Argument eine Liste von Tupeln, die HTTP-Headern repräsentieren (z.B. `[('Content-Type', 'text/html')]`).

    Die WSGI-Schnittstelle unterstützt Streaming: Durch den Iterator kann die WSGI-Anwendung ihre Daten Stück für Stück an den Client via Webserver übermitteln. Der Webserver soll diese Daten nicht puffern, sondern unmittelbar an den Browser weitergeben (zur Not einen leeren String, wenn eine kleine Zwischenpufferung nötig sein sollte). Es gibt Toolkits zum Umgang mit WSGI-Anwendungen: das `wsgiref`-Modul der Python Standard Library, WSGI-Utils, um einen multithreaded WSGI-Server zu haben, und `flup` für eine WSGI-zu-FastCGI- und WSGI-zu-SCGI-Brücke. Mit Python Paste (auf das wir nicht weiter eingegangen sind) kann man Web-Frameworks erstellen; es ist ein Meta-Framework.

Low-level-Programmierung mit CGI:

- Ein CGI-Programm startet seine Ausgabe mit einem `Content-Type`-Header, gefolgt von einer leeren Zeile und dem Körper der Antwort.

- Eingaben erhält es durch die Umgebungsvariablen `os.environ`. GET-Parameter stehen in `QUERY_STRING`, POST-Parameter in der Standardeingabe. Um sie unabhängig von der Methode zu extrahieren, benutzt man das `cgi`-Standardmodul, insbesondere die `cgi.FieldStorage`- Klasse. Eine weitere Eingabequelle ist der Pfad: `PATH_INFO`.

- Als Anwendung haben wir gesehen, wie man eine Datei von einem Browser aus zu einem CGI-Programm hochlädt. Dies haben wir durch ein Passwort geschützt, damit nicht jeder Dateien hochladen kann. Das Passwort steht aber nicht im Klartext im CGI-Skript: Wir benutzten einen Passwort-Hash.

- Da HTTP ein zustandsloses Protokoll ist, muss die Anwendung den Zustand irgendwie erhalten. Clientseitig kann man dies in `PATH_INFO`, hidden-Feldern und Cookies speichern; serverseitig in einer Datenbank, aber man muss trotzdem dem Client ein Handle senden (z.B. ein Cookie), das auf den Datenbankeintrag verweist.

- Wird der Zustand clientseitig gespeichert (etwa als Cookies), muss man dafür sorgen, dass diese Cookies vom Server signiert sind, damit sie nicht absichtlich oder unabsichtlich vom Client oder von einem Mann in der Mitte verändert werden. Ferner sollte man sie serverseitig verschlüsseln, damit Viren und Trojaner auf der Clientseite oder ein Mann in der Mitte sie nicht ausspähen können. Dies haben wir gezeigt. Gegen eine weitere Schwäche namens *Replay Attacks* haben wir ein Paper erwähnt, das eine Lösung anbietet. Eine Replay Attack findet dann statt, wenn jemand ein Cookie vom Client stiehlt und später selbst benutzt, um sich Zugang zu einer Webanwendung zu erschleichen.

- Sitzungen werden serverseitig in einer Datenbank initialisiert, nachdem sich ein Benutzer erfolgreich eingeloggt hat. Die Sitzungs-ID wird in Form eines Cookies (am besten ein signiertes und verschlüsseltes Cookie) an den Browser gesendet.

- Wir haben die Nachteile von CGI diskutiert: Sicherheitsprobleme, zu große Latenz bei Aufruf, skaliert nicht besonders gut bei großer Last.

Webclients:

- Man braucht Webclients, um eine Seite herunterzuladen, um Websites zu sichern, um ganze Bereiche zu spidern und zu indizieren (Suchmaschinen). Webclients sollten auch in der Lage sein, mit Passwort-Anfragen klarzukommen und Formulare maschinell auszufüllen. Außerdem sollten Sie Cookies entgegennehmen und an den Webserver zurücksenden.

- In der Python Standard Library kann man die low-level API des Moduls `httplib` benutzen. Man erzeugt ein `httplib.HTTPConnection`-Objekt und benutzt deren `request`-Methode, um eine URL anzufordern. Anschließend erhält man ein `httplib.HTTPResponse`-Objekt aus dem Verbindungsobjekt mit der `getresponse`-

Methode. Aus diesem Antwort-Objekt kann man Header extrahieren und mittels read den HTTP-Body auslesen, die der Server uns sendete.

■ Mit der urlopen-Methode des urllib-Standardmoduls kann man eine URL direkt öffnen (man übergibt eine ganze URL) und auslesen, als wäre sie ein fileähnliches Objekt. urllib.urlopen kann man weitere Parameter in Form eines urllib.urlencode-d Dictionary-Strings übergeben. Dabei kann man zwischen der GET- und der POST-Methode wählen.

■ Mit dem urllib2-Modul kann man noch flexibler Webseiten herunterladen. Es ist ein modularisiertes urllib, mit zig Handlern für die verschiedenen Phasen einer HTTP-Transaktion (z.B. für Cookies, Passwort-Authentifizierung, automatische Redirects ...). Wir haben z.B. eine Seite ab einem bestimmten Byte angefordert, um zu zeigen, wie man abgebrochene Downloads fortsetzen kann.

■ Mit twisted.web.client.getPage können wir eine Seite von einem Twisted-Programm aus anfordern. Wir sind nicht in die Details gegangen.

Templating Engines:

■ Es geht um die Trennung von Logik und Präsentation.

■ Templates für arme Leute sind Variablensubstitutionen mit dem Stringinterpolationsoperator % und mit string.Template aus der Python Standard Library.

■ Text-basierte Templates kann man mit Mako, Cheetah, XML-basierte Templates mit Genshi und Kid ausführen.

■ Bei Mako benutzt man Instanzen aus mako.template.Template und übergibt ihnen bei der Konstruktur Mako-Templates. Diese Templates werden mit der render-Methode, der man aktuelle Werte als Schlüsselwertparameter übergibt, ausgeführt und zurückgegeben.

■ Mako verwendet die ${ ... }-Syntax, um Python-Ausdrücke auszuwerten. Mit <%include file="..."> werden weitere Templates eingebunden (dafür muss man die Templates aus einem mako.lookup.TemplateLookup laden). Mit ## werden Kommentare eingeleitet. Python-Code kann mit normalem Text vermischt werden, wenn er mit % anfängt. % for ... wird mit einem % endfor, % if ... mit einem % endif usw. beendet. Auf Einrückungen sollte man achten. <%! ... %> wird im kompilierten Mako-Template außerhalb der render_body-Funktion eingefügt, und <% ... %> wird innerhalb der render_body-Funktion ausgeführt. Somit könnte man PHP-ähnlich codieren, sollte es aber besser nicht tun.

■ Mako bietet auch mit <%def name="signature()"> funktionsähnliche Tags an, die nicht nur innerhalb von ${ ... }-Ausdrücken, sondern auch mit <%call expr= "signature()"> aufgerufen werden können. Dabei können Parameter von <%call> nach <%def> und sogar von <%def> zurück nach <%call> übermittelt werden. Man sollte auch auf die Pufferung der Ausgaben achten. Unicode ist ein Thema für sich und wird ebenfalls kurz gestreift.

■ Cheetah hat eine ähnliche Syntax wie Mako, ist aber nicht so flexibel und vielseitig.

■ Bei XML-basierten Templates sind die Templates selber wohlgeformte XML-Dokumente. Das ist gut für Designer, die diese Templates in ihre Designer-Tools laden und dort verarbeiten wollen. Als Beispiele solcher Sprachen haben wir Genshi und Kid vorgestellt.

- Bei Genshi benutzt man `genshi.template.MarkupTemplate` und übergibt `Markup-Template` den String mit dem Template. Es gibt auch andere Methoden, z.B. einen `genshi.template.TemplateLoader`. Aus dem `MarkupTemplate` erzeugt man einen Stream mit Hilfe der `generate`-Funktion, der man aktuelle Werte als Schlüsselwortparameter übergibt. Der Stream kann mittels `render('xhtml')` zu einem XHTML-Dokument formatiert werden.

- Genshi versteht die `${ ... }`-Notation, um Python-Ausdrücke einzufügen. Mit `<?python ... ?>` kann ein ganzer Python-Block ausgeführt werden. Das ist nützlich, um Funktionen zu definieren, die später woanders, z.B. in `${ ... }`-Ausdrücken, aufgerufen werden.

- Genschi bietet folgende Spezial-Tags aus dem `xmlns:py`-Namensraum an: `py:if`, `py:choose`, `py:when` und `py:otherwise`, `py:for`. Man kann einige dieser Elemente auch als Attribute benutzen. Einige kann man nur als Attribute benutzen: `py:with`, `py:attrs`. Strukturanweisungen sind `py:content`, `py:replace` und `py:strip`. Mit `py:def` kann man funktionsähnliche Elemente definieren.

- Kid hat eine ähnliche Syntax, da es Genshi inspiriert hat.

Web-Frameworks:

- Bei den Web-Frameworks gibt es Leichtgewichte und Schwergewichte. Leichtgewichte (die durchaus sehr viel Code enthalten können) setzen sich i.d.R. aus einzelnen Komponenten zusammen, die lose miteinander gekoppelt sind: Webserver, Session Manager, Templating Engine, Persistenz Backends, u.v.a.m. Schwergewichtige sind Applikationsserver à la Zope, die eine integrierte Umgebung bieten und *through the web* administriert werden.

- Wir haben ausführlich Django vorgestellt und damit ein kleines Zeitungssystem mit Artikeln und Talkbacks eingerichtet (ohne Fehlerbehandlung). Als Backend haben wir die PostgreSQL-Datenbank benutzt, welche von Django über einen eigenen ORM (objektrelationalen Mapper) angesprochen wird.

- Ein Django-Projekt besteht aus drei Hauptkomponenten:
  - Modelle, die persistente Daten repräsentieren und eine reiche API besitzen. Als Datenbank kommen PostgreSQL, MySQL, sqlite3 in Frage: Sie werden über einen ORM angesprochen.
  - Views, die sich Daten aus Modellen besorgen, verarbeiten und damit Templates aufrufen, welche das fertige Layout erzeugen. Eine View ist eine Funktion innerhalb eines Python-Moduls. Das Template hat eine `{%...%}`- und `{{...}}`-ähnliche Templating-Sprache.
  - URL-zu-Views-Mapper, bei denen entschieden werden kann, welche URLs auf welche Views anzuwenden sind.

Wir haben gesehen, dass Django in der Lage ist, selbstständig anhand der Modelldefinitionen dynamisch eine Admin-Sicht (Admin-Site) on-the-fly zu erzeugen. Diese Admin-Site ist für Redaktionen gedacht, die Objekte pflegen, und unterscheidet sich von der öffentichen Sicht, die für die Masse der Besucher angezeigt wird. Andere bekannte Web-Frameworks sind web.py, web2py, Webware, Pylons und Turbo Gears. Wir sind aus Platzmangel nicht darauf eingegangen.

Zope, Plone et. al:

- Zope ist ein in Python geschriebener integrierter Applikationsserver. Er ist der Großvater aller späteren Web-Frameworks und zeichnet sich dadurch aus, dass man dort so gut wie alles *through-the-web* editieren kann. Alle dort enthaltenen Objekte sind in einer ZODB-Datenbank enthalten. Innerhalb von ZOPE kann man ein CMF-Framework und Anwendungen, die i.d.R. auf das CMF aufsetzen, installieren, wie z.B. Plone und Silva. Zope ist nicht ganz so *pythonisch* wie andere, modernere Web-Frameworks, wird aber nach wie vor stark eingesetzt.
- Wir installieren am besten Zope, indem wir Plone installieren. Dann installiert sich Zope als Abhängigkeit gleich mit. Auf die Details der Administration einer Zope-Instanz sind wir nicht eingegangen.
- Unsere ersten Schritte in Zope bestanden darin, in der ZMI einen Ordner anzulegen und dort ein *Page Template* hinzuzufügen und austesten.
- Wir haben die Webrechner-Anwendung als *Script (Python)* in Zope neu formuliert und uns dabei Gedanken darüber gemacht, wie man PATH_INFO-Daten in das Skript hineinbekommt. Dies haben wir mit Hilfe einer *demo*-Anwendung hinbekommen, die ihre erhaltenen Daten alle wieder ausgibt.
- Unser Skript sollte auch Daten aus einem Formular erhalten, das selbst als *Page Template* ausgestaltet sein kann. Wir haben gesehen, wie das Skript dieses Formular aufruft, wenn es keine Daten erhielt.
- Unter Plone haben wir den Webrechner erneut implementiert. Auch hier bestand er aus zwei Komponenten: einem *Script (Python)*-Objekt und einem *Page Template*. Dabei haben wir das *Page Template* so ausgestaltet, dass es das Haupt-Template von Plone, main_template, benutzt und dessen main-Slot befüllt.
- Das Skript zeigt, wie man dieses Template zur *Ausgabe* von Daten aufruft, samt Parameterübergabe.

Wikis:

- Wikis sind Anwendungen, die das Verändern von Webseiten aus dem Web heraus ermöglichen. Prominentester Vertreter ist Mediawiki, die PHP-Software, die die Wikipedia betreibt. Wikis können auch in Python programmiert sein, wie z.B. *MoinMoin*, das seine Seiten direkt im Dateisystem ablegt und keinerlei Datenbankserver benötigt. Zu erwähnen ist auch *Trac*, das bei Software-Entwicklung gern als Projekt-Wiki zum Einsatz kommt.

Lose Enden (nur erwähnt):

- Oft muss man Bilder automatisch auf eine bestimmte Größe skalieren. Dies und viel mehr erledigt die PIL, die *Python Imaging Library*.

- Muss man Graphen (wie bei MRTG oder Logfile-Analysierer) erzeugen, bietet sich die GD-Bibliothek an. Es gibt ein Python-Modul, mit dessen Hilfe diese Bibliothek angesprochen werden kann.
- Man muss häufig PDF-Dateien aus dynamisch gewonnenen Daten erzeugen, beispielsweise Rechnugen. PDF-Dateien erzeugt man unter Python mit dem `ReportLab`-Toolkit.

Wir sind nun am Ende dieses langen Kapitels angelangt. Im nächsten Kapitel zeigen wir, dass Python-Programme nicht immer reine Kommandozeilen-Skripte sein müssen, sondern durchaus ansprechende grafische Oberflächen (GUIs) haben können.

16 GUI-Toolkits

Bis auf das kleine *tkhello.py*-Programm aus dem einführenden Kapitel 3, *Hello, World!*, sind alle weiteren Beispielprogramme bisher ohne grafische Oberfläche ausgekommen.

Das mag zwar für Programmierer und Systemadministratoren durchaus befriedigend sein, aber für Endanwender, die sich mittlerweile kaum ein Programm vorstellen können, das ohne Fenster läuft, und für die der Begriff der Kommandozeile (Unix-Shell oder DOS-Box) schon an schwarze Magie grenzt, sind solche Programme möglicherweise nicht gerade benutzerfreundlich.

Als Anwendungsentwickler stehen einem dann im Wesentlichen zwei Möglichkeiten zur Verfügung:

- Man entwickelt eine Webanwendung.
- Man entwickelt eine Anwendung mit echter grafischer Oberfläche.

Die erste Möglichkeit wurde ausführlich in Kapitel 15, *Webprogrammierung und Web-Frameworks*, erklärt. Sie hat den Vorteil, dass eine gut entwickelte Webanwendung potenziell überall dort läuft, wo es einen grafischen Webbrowser gibt; ja, sie kann sogar da laufen, wo es reine Textbrowser à la *lynx* gibt, sollte dem Anwender ausnahmsweise keine grafische Umgebung zur Verfügung stehen.

Leider kann man nicht alle Anwendungen im Browser laufen lassen, oder es macht nicht immer Sinn, selbst wenn es möglich ist, denn:

- es steht nicht immer eine Netzverbindung zur Verfügung, um den Webserver zu erreichen,
- die Latenz ist auch bei AJAX für manche Anwendungen immer noch zu groß,
- Browser sind i.d.R. hungrige Biester (*resource hogs*), die mehrere hundert Megabytes Speicher verschlingen und dazu noch recht langsam sein können,
- manche Anwendungen wie Spiele erfordern eine schnelle Kommunikation und Verarbeitung von Events, womit der gewöhnliche Browser überfordert wäre.

Diese sind nur einige Gründe, die Programmierer zwingen, manche Anwendungen immer noch als gute altmodische GUI-Programme zu entwickeln.

Bedauerlicherweise ist die Entwicklung von Programmen mit grafischer Oberfläche (GUI, *Graphical User Interface*) immer etwas schwieriger als die Programmierung eines ganz gewöhnlichen Kommandozeilenprogramms. Das liegt in der Natur der Sache und lässt sich nicht ganz verhindern. Wir werden aber in diesem Kapitel sehen, dass es nicht so schwer ist, wie es viele Programmierer oft befürchten.

Um ein Programm mit GUI zu entwickeln, wird man wohl kaum zur low-level-API des jeweiligen Fenstersystems greifen (Xlib, Win32, ...), denn das wäre, als würde man in Assembler programmieren, obwohl man einen C-Compiler oder Python-Interpreter hat, der einem unzählige Details abnehmen kann. Aus diesem Grunde benutzt man in der Praxis fast durchgehend GUI-Toolkits.

Da es viele GUI-Toolkits gibt, stellt sich die Frage nach der Auswahl des *richtigen* Toolkits. Wir werden uns hier auf Cross-Platform Toolkits konzentrieren, die sowohl unter X (das ist das Fenstersystem, das im Unix-Bereich eingesetzt wird) als auch unter Windows laufen.

Als Cross-Platform GUI-Toolkits stellen wir vor:

- wxPython
- PyQt4

Beide Toolkits nutzen im Hintergrund eine in C++ geschriebene Bibliothek (wxWidgets, Qt4). Falls Sie Kapitel 11, *Python und C/C++*, gelesen haben, werden Sie ahnen, wie eine solche Anbindung an existierende Bibliotheken, die in C und C++ entwickelt wurden, möglich ist.

In einem Kapitel über Python-GUIs darf auch Tkinter natürlich nicht fehlen. Es ist ein Erweiterungsmodul von Python, mit dem man Programme mit Hilfe des Tk-Toolkits entwickeln kann. Tkinter bietet nicht den Reichtum an Klassen und Widgets an, den man aus wxPython oder PyQt4 gewohnt ist, und das Entwickeln von Tk-Anwendungen kann etwas seltsam erscheinen, aber es hat den riesengroßen Vorteil, dass es Bestandteil der Python Standard Library ist und somit überall zur Verfügung steht, wo Python installiert ist! Eine Tk-Anwendung ist also viel leichter portabel als eine auf anderen externen GUI-Toolkits basierende Anwendung, und das macht die Nachteile von Tk und Tkinter oft wieder wett. Da wir uns aber hier vorwiegend auf die »großen« GUI-Toolkits wxPython und PyQt4 konzentrieren, werden wir zu Tkinter lediglich ein paar URLs angeben.

wxPython ist ein Python-Port der populären wxWidgets- (ehemals wxWindows-)Bibliothek, die in C++ geschrieben ist und unter Unix und Windows läuft. Mit ihr kann man professionell aussehende Open Source- und Closed Source-Applikationen entwickeln. wxPython bietet eine ganze Menge von Klassen und eine große Auswahl von Widgets an, aus denen auch die anspruchvollste Anwendung entwickelt werden kann.

PyQt4 ist eine Menge von Bindings an die in C++ geschriebene Bibliothek Qt4. Auch sie ist eine hervorragende Bibliothek (auf die KDE fußt), aber man ist bei ihr leider auf das Programmieren von GPL-lizenzierten Anwendungen beschränkt – es sei denn, man erwirbt eine kommerzielle Lizenz.

Wer mit wxPython, PyQt4 oder anderen Toolkits arbeitet, wird nach einer gewissen Zeit feststellen, dass der Aufbau einer komplexen grafischen Oberfläche im Code selbst nicht nur umständlich ist, sondern auch schwer wartbar. Möchte man z.B. das Layout später ändern, dann bleibt einem nichts anderes übrig, als den handgeschriebenen Code manuell anzupassen. Dies ist sowohl langweilig und zeitraubend als auch fehlerbehaftet. Aus diesem Grund gibt es RAD-Tools. Ein *Rapid Application Development*-Tool ist ein Designer für grafische Oberflächen, mit dem man schön bequem mit der Maus seine Fenster entwerfen kann. Ist man damit fertig, kann man dann das Layout speichern (typischerweise im XML-Format) und von der Anwendung dynamisch laden lassen.

Mit RAD-Tools kann man als GUI-Programmierer unglaublich schnell produktiv werden. Wir stellen daher für wxPython das RAD-Tool wxGlade vor und werden sehen, wie man mit seiner Hilfe eine GUI-Anwendung in Python programmieren kann. Für PyQt4 stellen wir den *designer* vor und werden sehen, wie man die von diesem RAD-Tool erzeugten Layout-Dateien zu Python-Code verwandeln kann, mit dem das Layout dynamisch erzeugt wird.

Alle GUI-Programme sind Event-gesteuert: Man erzeugt erst die Oberfläche und stellt ein paar anwendungsspezifische Callbacks zur Verfügung. Anschließend betritt man eine Eventschleife und lässt dann das Fenstersystem die Aktionen des Benutzers (Mausklicks, Texteingaben usw.) abfangen und an den Event-Dispatcher weiterleiten. Das Toolkit kümmert sich dann darum, die Events entgegenzunehmen und letztendlich an die Callbacks zu übergeben.

Das ist alles schön und gut, aber es bedeutet auch, dass man oft vor dem Problem steht, wie man mit langsamen Funktionsaufrufen umgeht. Nehmen wir z.B. an, dass man eine Datenbank-basierte Anwendung programmiert. Irgendwann muss das Programm eine SQL-Abfrage an einen Datenbankserver senden und auf die Antwort warten. Ist die Anwendung naiv programmiert worden, würde während der Wartezeit das gesamte GUI »einfrieren«, d.h. nicht mehr auf Aktionen des Benutzers reagieren. Der Grund ist klar: Während man auf den Datenbankserver wartet, erfüllt man nicht seine Pflicht, die da wäre: die Events in der Eventschleife weiterhin zu verarbeiten!

Ein weiteres, damit verwandtes Problem ist, wie man Netzanwendungen erstellen kann. Nehmen wir an, dass wir einen Chat-Client entwickeln. Dieser muss sowohl die Eventschleife des GUI-Systems regelmäßig bedienen, als auch auf Events aus dem Netzwerk reagieren.

Diese beiden Probleme lassen sich auf i.d.R. mit Threads lösen: Die Eventschleife des GUIs läuft in einem Thread, und Funktionen, die länger laufen bzw. auf andere Events hören, würden in ihrem eigenen Thread ausgeführt. Nun ist das Managen von Threads etwas umständlich (wenn auch nicht besonders schwer), und aus diesem Grund bieten gute GUI-Toolkits wie Qt4 oft Funktionen zur Anbindung an Datenbankserver oder an Netzevents. Man ruft dann einfach Methoden dieser Klassen auf, und das Toolkit kümmert sich um den Rest. Natürlich sollte man sich stets bewusst sein, dass beim Einsatz von Threads, sei es manuell oder in der API des GUI-Toolkits verborgen, immer gemeinsam genutzte Datenstrukturen vor konkurrierendem Zugriff geschützt werden müssen.

Doch nicht immer sind Threads die einzige Lösung, die Eventschleife des GUI-Toolkits und Events aus Netzereignissen bzw. langsamen Funktionsaufrufen zu lösen. Wie das Twisted Framework aus Kapitel 14, *Netzwerkprogrammierung*, gezeigt hat, kann man mit einem nicht-linearen Programmiermodell, bestehend aus Callbacks und Deferreds, single-threaded Programme erstellen, die dennoch viele Dinge gleichzeitig tun. Hat man schon eine Twisted-basierte Anwendung und möchte ihr lediglich ein GUI geben, dann stellt sich die Frage, wie man die Twisted-Eventschleife und die GUI-Tookit-Eventschleife unter einem Hut bringen kann! Zum Glück bietet Twisted spezialisierte Reaktoren, die man anstelle des Standard `reactor` einsetzen kann, um wxPython- oder PyQt4-Anwendungen, die auf Twisted basieren, zu programmieren.

Das Kapitel setzen wir mit einer besonderen Klasse von GUI-Toolkits fort: den *textbasierten Toolkits*, die man eigentlich NGUI-Toolkits nennen müsste (für Non-Graphical User Interfaces). Ein NGUI hat den Vorteil, dass es kein Fenstersystem benötigt und somit auch auf kleinen Embedded Devices laufen könnte (man denke an Handys ohne aufwändiges Display, an Messgeräte usw.). Ein weiterer großer Vorteil dieser Systeme ist, dass man sie über eine langsame serielle Leitung (z.B. per Modem und Telefon) tunneln kann (mit oder ohne SSH-Verschlüsselung). Und sogar wenn die Leitung schnell ist, haben sie ihre Berechtigung da, wo der Netzprovider horrende Gebühren für jedes übertragene Kilobyte verlangt und es so auf jedes Byte ankommt.

All diesen Text-basierten Systemen gemeinsam ist, dass man mit ihrer Hilfe Zeichen an einer beliebigen Position des Text-Fensters platzieren und auch auf einzelne Tastendrücke sofort reagieren kann. Somit sind sie mehr als reine `sys.stdin`/`sys.stdout`-basierte Kommandozeilenprogramme.

Als NGUI-Toolkits stellen wir `pythondialog` vor. `pythondialog` benutzt die `dialog`-Bibliothek, mit der man einfache Dialoge (Text-Widgets) für Konsolen-Anwendungen erstellen kann.

Nachdem wir uns mit GUI-Toolkits ausführlich auseinandergesetzt haben, werden wir kurz das Thema der low-level API von Fenstersystemen erwähnen. Es gibt zwar Python-Bindings sowohl für Xlib als auch Win32, aber diese wird man in der Praxis wohl kaum einsetzen. Wir erwähnen diese low-level API lediglich, um zu zeigen, was die Toolkits schon alles für uns erledigt haben!

Dies schließt dann unsere Betrachtung einer Menge verschiedener GUI-Toolkits. Noch ein Wort, bevor wir uns in die Details stürzen: Eine professionelle Anwendung sollte man möglichst modular konzipieren. Die Kernfunktionalität sollte von der Kommandozeile aus ansprechbar sein (bzw. von einer wohldefinierten nicht-grafischen API) und ihre Anbindung an diverse GUI-Toolkits durch Hinzufügen eines oder mehrerer Module (eines pro Toolkit) geschehen. Somit hätte man ein Maximum an Flexibilität und Portabilität erreicht.

16.1 wxPython

Das erste Cross-Platform GUI-Toolkit, das wir betrachten wollen, basiert auf der populären, in C++ geschriebenen wxWidgets-Klassenbibliothek aus http://www.wxwidgets.org/. wxWidgets, ehemals wxWindows, zeichnet sich dadurch aus, dass es – soweit möglich – die nativen Widgets des jeweiligen Betriebssystem nutzt, seien es GTK+ (1 und 2), X11, Motif bzw. Lesstif, Mac OS X (Carbon und Cocoa), Win32 oder WinCE und PalmOS. Damit ist eine in wxWidgets (und somit auch in wxPython) geschriebene Anwendung nicht von einer nativen Anwendung unterscheidbar (im Gegensatz etwa zu Java/Swing-Anwendungen).

Das wxPython Package aus http://www.wxpython.org/ wrappt die C++-Klassen und Konstanten aus der wxWidgets-Bibliothek in gewohnte Python-Klassen und -Module. Da wxPython versucht, die API von C++, soweit es pythonisch möglich ist, zu erhalten, dürften wxWidgets C++ Entwickler keine Schwierigkeiten beim Umstieg haben.

Wir werden in den folgenden Abschnitten wxPython installieren, darin manuell ein paar Anwendungen schreiben und anschließend sehen, wie man mit RAD-Tools das Erstellen von GUI-Frontends beschleunigen kann.

16.1.1 wxPython installieren

Da wxPython nicht Bestandteil einer Standard-Python-Installation ist, muss es wie jedes Drittanbieter-Package auch nachträglich installiert werden. Wir betrachten in diesem Buch hauptsächlich Unix-basierte Betriebssysteme und Windows. MacOS X-Benutzer finden im Source-Tarball von wxPython entsprechende Hinweise.

Installation unter Unix

Unter Unix gibt es wie gewohnt mehrere Möglichkeiten, wxPython zu installieren. Man kann es entweder mit Hilfe des Package Management Systems (z.B. *rpm*, *pkgsrc*, Ports, Portage usw ...) automatisch installieren oder manuell herunterladen, auspacken, konfigurieren, kompilieren und installieren.

Die automatische Vorgehensweise, soweit von Ihrem Betriebssystem unterstützt, ist vorzuziehen, da Sie sich mit den jeweiligen Details nicht auseinandersetzen müssen: Alle Abhängigkeiten und betriebssystemspezifische Anpassungen werden vom

Package Management System automatisch berücksichtigt. Wir schauen uns als Beispiel die Installation von wxPython unter FreeBSD an:

```
# cd /usr/ports/x11-toolkits/py-wxPython28-unicode
# make install clean
```

Als dieses Kapitel entstand, installierte dieser Port die Unicode-Version von wxPython 2.8.7.1 und alle Abhängigkeiten gleich mit (soweit sie nicht schon auf dem Rechner installiert waren). Sollten Sie statt Unicode lediglich die ANSI-Version benötigen, könnten Sie auch den Port *py-wxPython28* installieren.

Falls Ihr Betriebssystem kein Package Management System bietet, oder falls das dort angebotene wxPython-Package veraltet ist, können Sie aus der wxPython-Website den Source-Tarball herunterladen (als dieses Buch geschrieben wurde: *wxPython-src-2.8.7.1.tar.bz2*) und auspacken. Im *docs*-Unterverzeichnis und auf der wxPython-Website befinden sich dann weitere Hinweise, die wir hier nicht wiederholen werden.

Haben Sie eines der vorkompilierten RPMs verwendet, sollten Sie auch die *Demo and Sample Apps* mit Namen wxPython-demo separat nachinstallieren.

Sie prüfen leicht nach, ob die Installation erfolgreich war, indem Sie versuchen, das wx-Package zu importieren:

```
>>> import wx
```

und indem Sie das Demo-Programm aufrufen:

```
$ cd /usr/local/lib/python2.5/site-packages/wxPython/demo
$ python demo.py
```

Wenn es keine Probleme beim import gab, und das Demo-Programm erfolgreich starten konnte (Screenshot auf Seite 1058), ist wxPython richtig installiert und betriebsbereit.

Installation unter Windows

Die Installation unter Windows ist äußerst einfach, dank der mitgelieferten Binary-Installer. Gehen Sie zur Website http://www.wxpython.org/ und holen Sie sich die neueste Version für Windows und Ihre Version von Python. Holen Sie sich auch die Docs und Demos.

In diesem Buch habe ich folgende Dateien unter Windows installiert und ausprobiert:

- *wxPython2.8-win32-unicode-2.8.7.1-py25.exe*
- *wxPython2.8-win32-docs-demos-2.8.7.1.exe*

Es sind zwei gewöhnliche grafische Installer.

Nachdem sie ausgeführt wurden, können Sie nachprüfen, ob alles funktioniert hat, indem Sie das Demo-Programm starten. Dazu gehen Sie in den Folder, in dem die

Demos installiert wurden, und von dort in den Unter-Folder *demo* und rufen dann einfach `python demo.py` auf:

```
D:\wxPython2.8_Docs_and_Demos\demo> python demo.py
```

Das Programm müsste ohne Probleme starten, und Sie können gleich anfangen, es zu erkunden.

16.1.2 Erste Schritte in wxPython

In den folgenden Abschnitten werden wir uns an die wxPython-API ein wenig herantasten. Der Schwerpunkt liegt nicht darin, viele verschiedene Widgets zu zeigen (dafür ist die mitgelieferte *demo.py*-Anwendung viel besser geeignet!), sondern den Grundaufbau einer wxPython-Anwendung zu erläutern und ein paar Grundkonzepte einzuführen. Am Ende dieser Abschnitte sollten Sie in der Lage sein, selbstständig eine wxPython-Anwendung zu erstellen: Nehmen Sie dazu die Beispielanwendung und die wxPython- und wxWidgets-API zu Hilfe.

Wie finde ich mich in wxPython zurecht?

Eine ganz einfache wxPython-Anwendung sieht wie folgt aus:

```python
#!/usr/bin/env python
# wx_app1.py -- A first wxPython application.

import wx

app = wx.App()
frame = wx.Frame(None, wx.ID_ANY, title="A frame", size=(400, 200))
frame.Show(True)
app.MainLoop()
```

Führt man sie aus, erhält man ein kleines Fenster mit Rahmen:

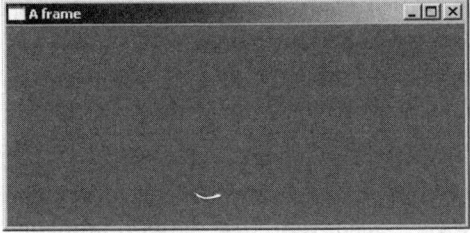

Dieses Fenster lässt sich vergrößern, verkleinern, verschieben und schließen wie jedes andere Fenster auch.

Wie ist *wx_app1.py* zu verstehen? Eine wxPython-Anwendung besteht aus einem `wx.App`-Objekt, das eine Eventschleife zur Verfügung stellt, und aus ein paar Widgets, welche die grafische Oberfläche ausmachen.

Wichtig ist hier, dass man erst das `wx.App`-Objekt instanziiert, dann das GUI aufbaut und anschließend, wenn alles bereit ist, die Eventschleife ausführt.

wx_app1.py besteht aus einem `wx.Frame`-Widget. Das ist ein gewöhnliches Fenster, das vom Fenstersystem normalerweise mit Rahmen gezeigt wird. Der `wx.Frame`-Konstruktor hat viele Parameter. Diejenigen, die wir hier angegeben haben, waren der Reihe nach:

- `parent`: das Eltern-Widget, das dieses Fenster enthalten soll. Gibt man hier `None` ein, soll das Fenstersystem ein eigenständiges `wx.Frame`-Fenster anzeigen. Ist es nicht `None`, dann würde Windows dieses Fenster immer genau über dem Elternfenster zeigen.
- `id`: eine eindeutige Kennung. Jedes Widget soll eine solche anwendungsweit eindeutige Kennung aufweisen. Man kann diese Kennungen manuell vergeben oder wie hier den Wert `wx.ID_ANY` (-1) zuweisen. Bei `wx.ID_ANY` wird wxPython selbstständig dem Widget eine eindeutige ID zuweisen.
- `title`: ein Titel für das Fenster. Wird üblicherweise im Rahmen angezeigt, wenn das Fenstersystem oder der *Window Manager* es zulässt. Wir übergeben einfach einen String. Da wir die Unicode-Version von wxPython installiert haben, hätten wir hier auch einen Unicode-String à la `u'title'` übergeben können. Nützlich bei Umlauten im Titel.
- `size`: die Größe in Pixel des Fensters, als Tupel dargestellt. Das ist die gewünschte Initial-Größe. Ein Wert von `(-1, -1)` würde wxPython oder das Fenstersystem veranlassen, eine Standardgröße zu wählen.

Neben diesen Parametern gibt es weitere, z.B. `pos` (ein Tupel für die Anfangsposition), `style` für den Fenstertyp und `name` für den Namen des Fensters (nicht mit dem `title` zu verwechseln!).

Ein erzeugtes Widget wie etwa `frame` ist noch lange nicht sichtbar, bloß weil es erzeugt wurde! Erst nachdem man es mit der `Show`-Methode als sichtbar deklariert hat, wird es von wxPython angezeigt. Wozu ist das gut? Warum werden die Widgets nicht sofort alle sichtbar? Stellen Sie sich vor, Sie würden ein kompliziertes GUI aufbauen. Es ist besser, die einzelnen Komponenten erst zu instanziieren, in einem Geometrie-Manager (Sizer in wxPython-Slang) einzufügen und erst ganz am Schluss sichtbar zu machen.

Nachdem das GUI aufgebaut wurde, bleibt einem nur noch übrig, die Eventschleife der `wx.App`-Anwendung app mittels `app.MainLoop()` zu starten. Ab jetzt übernimmt das Fenstersystem die Kontrolle, und die Anwendung wartet auf Ereignisse. Wenn der Benutzer das Fenster z.B. mit der Maus vergrößert, wird das Fenstersystem ein Event an diese Anwendung senden. Die Eventschleife nimmt dieses Event entgegen und

sendet es an die wxWidgets-Bibliothek zwecks weiterer Verarbeitung. Diese Bibliothek stellt dann fest, dass das Event sich auf das `wx.Frame`-Objekt `frame` bezog, und
wird das Fenster dann mit der neuen Größe neu zeichnen.

Nun stellen sich gleich ein paar Fragen:

- Woher weiß man, welche Klassen und Widgets es gibt?
- Woher weiß man, welche Parameter der `wx.Frame` oder andere Konstruktoren und
  Methoden erwarten?

Oder kürzer: Wo ist die API dokumentiert?

Um diese Frage zu beantworten, muss man wissen, dass wxPython lediglich ein
dünner Wrapper um die wxWidgets C++-Bibliothek ist. Es stehen Ihnen also mindestens zwei Quellen offen, um sich da einen Überblick zu verschaffen:

- die Dokumentation der C++-API
- die Docstrings und der Python-Code von wxPython.

Bei der ersten Möglichkeit geht man am besten direkt in die API-Dokumentation von
wxWidgets und schaut einfach in der Liste der Klassen nach. Diese Dokumentation
findet man online auf der Website von wxWidgets (etwa `http://docs.wxwidgets.org/`
`2.8.7/`) oder offline als Bestandteil des wxPython-Source-Tarballs:

```
$ cd wxPython-src-2.8.7.1/docs/html/wx
$ lynx index.html
```

Wenn Sie unter Windows die Dokumentation und Beispiele mit installiert haben, finden Sie die wxWidgets-Dokumentation in einer CHM-Datei namens *wx.chm*, erreichbar über das Menü wxPython 2.8 Docs Demos and Tools/wxWidgets Reference,
oder direkt im Folder, in dem diese Dokumentation installiert wurde; bei mir war das
z.B. hier:

```
D:\wxPython2.8_Docs_and_Demos\docs> dir wx.chm
 Volume in drive D is NEW VOLUME
 Volume Serial Number is XXXX-XXXX

 Directory of D:\wxPython2.8_Docs_and_Demos\docs

11/29/2007  05:17 PM         3,240,654 wx.chm
               1 File(s)      3,240,654 bytes
               0 Dir(s)  14,549,532,672 bytes free
```

Wir haben beispielsweise ein `wx.Frame`-Python-Objekt `frame` instanziiert. Dies entspricht einem `wxFrame` C++-Objekt. Also gehen wir etwa in die Dokumentation der
`wxFrame`-Klasse und schauen uns die Definition des Konstruktors `wxFrame::wxFrame` mal
näher an:

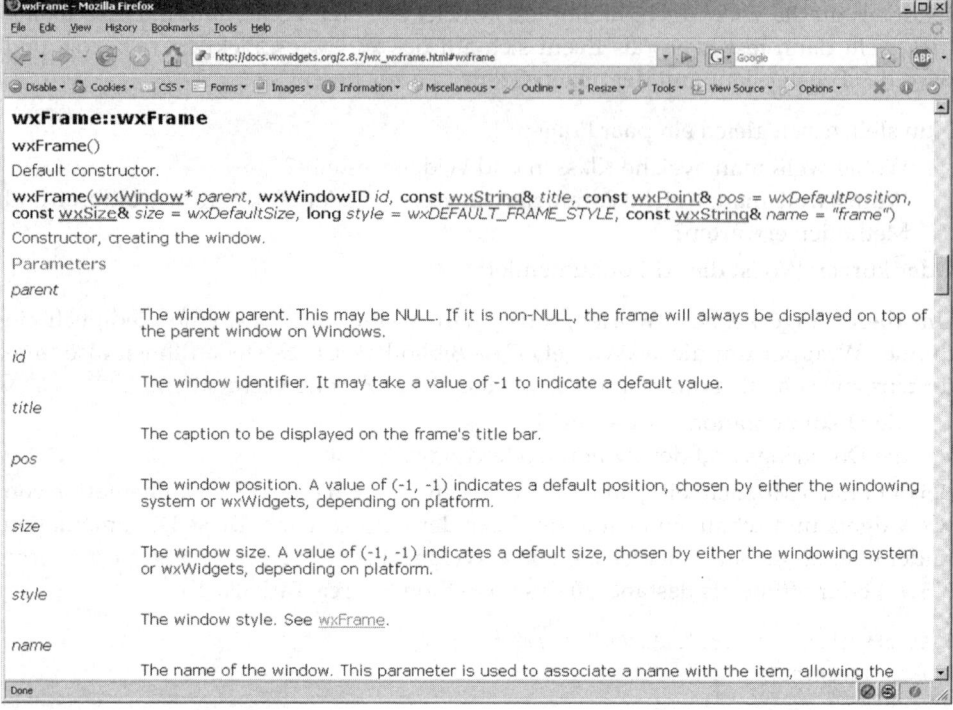

Beachten Sie, dass dies eine C++- und keine Python-Definition ist! Aber mit etwas Gewöhnung werden Sie schnell die Abbildung von der C++- zur Python-API ganz automatisch vornehmen. Sie ist recht intuitiv und wird einem rasch zur zweiten Natur.

Auf derselben API-Seite erfährt man gleich, dass ein `wxFrame` C++-Objekt weitere Methoden hat:

```
wxFrame::wxFrame
wxFrame::~wxFrame
wxFrame::Centre
wxFrame::Create
wxFrame::CreateStatusBar
wxFrame::CreateToolBar
wxFrame::GetClientAreaOrigin
wxFrame::GetMenuBar
wxFrame::GetStatusBar
wxFrame::GetStatusBarPane
wxFrame::GetToolBar
wxFrame::OnCreateStatusBar
wxFrame::OnCreateToolBar
wxFrame::ProcessCommand
```

```
wxFrame::SendSizeEvent
wxFrame::SetMenuBar
wxFrame::SetStatusBar
wxFrame::SetStatusBarPane
wxFrame::SetStatusText
wxFrame::SetStatusWidths
wxFrame::SetToolBar
```

Diese C++-Methoden sind ebenfalls dort dokumentiert, und sie haben entsprechende Python-Wrapper.

Das ist aber noch nicht alles! Da wir hier eine objektorientierte Bibliothek haben, müssen wir auch die Klassen betrachten, aus denen wxFrame abgeleitet ist. Am Anfang der API-Seite steht eine Liste von Elternklassen:

```
Derived from

wxTopLevelWindow
wxWindow
wxEvtHandler
wxObject
```

Somit muss man auch alle Methoden aus diesen Klassen der wxFrame-Klasse hinzufügen, da diese von wxFrame geerbt werden. Gehen Sie z.B. nach wxWindow und schauen sich die (lange) Liste weiterer Methoden an, die ein wxWindow und somit auch ein wxFrame hat.

Während das Nachschauen in der C++-API einen vollständigen und guten Überblick über die von der wxWidgets-Bibliothek angebotenen Klassen (und Konstanten) vermittelt, zeigt ein Blick in den Python-Code von wxPython eine ähnliche, aber doch andere Sicht. Dort erkennt man die Klassen und Methoden der wxWidgets-Bibliothek, die von wxPython gewrappt wurden, und *wie* sie genau auf Python abgebildet wurden.

Geben Sie z.B. pydoc wx.Frame auf der Kommandozeile ein, um sich eine Übersicht über alle Methoden von wx.Frame zu verschaffen! Das Schöne an *pydoc*: Es gibt auch die Methoden, die aus Elternklassen (z.B. wx.Window) abgeleitet wurden, gleich mit aus! Funktioniert *pydoc* unter Windows nicht, rufen Sie einfach eine Python-Shell auf und geben Sie dann Folgendes dort ein (seien Sie auf eine lange Ausgabe gefasst; vielleicht wäre es sinnvoll, dies nicht in einer DOS-Box, sondern in *idle* auszuprobieren):

```
>>> import wx
>>> help(wx.Frame)
```

Da wir schon bei Python-Shells sind: Wenn Sie wxPython installiert haben, können Sie das Programm *pycrust* (oder *pyshell*) starten. Es handelt sich um eine Python-Shell mit auto-completion, und das kann sehr nützlich sein, um die wxPython-API interaktiv beim Programmieren zu erkunden, da sie automatisch Signaturen in Form von Tooltips (siehe nächste Abbildung) und auch eine Liste von Methoden bei Bedarf erzeugt.

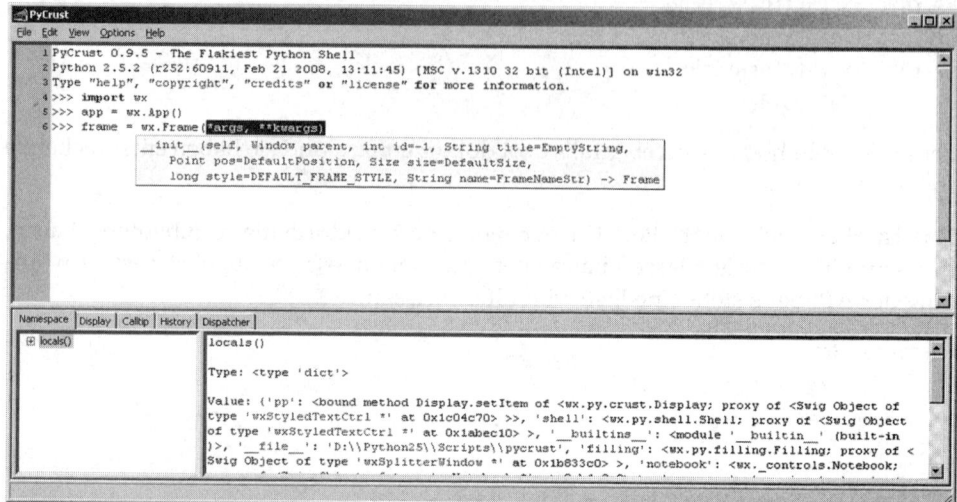

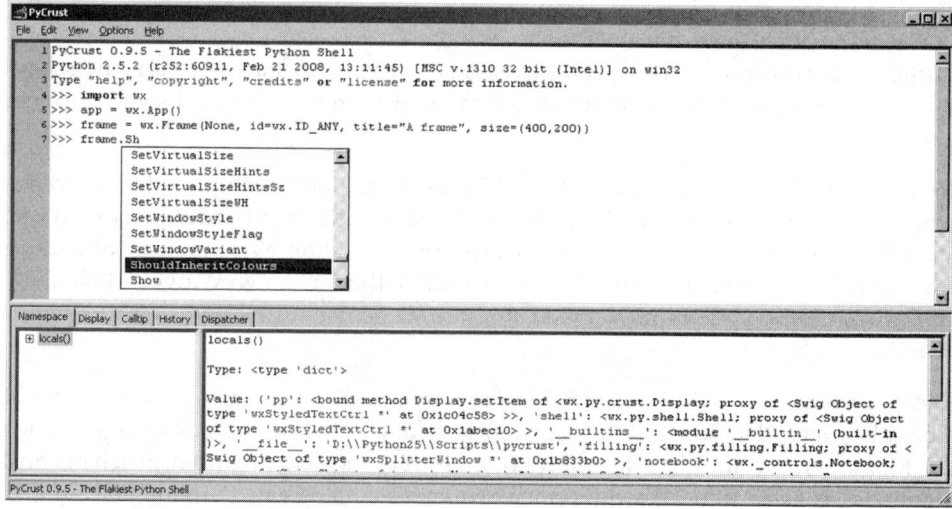

Erscheint Ihnen *pycrust* (bzw. *pyshell*) zu langsam, können Sie auch mit der IPython-Shell *ipython* entsprechende Konstanten ganz schnell herausfinden: Denken Sie an die Tab-Taste, die wir in Kapitel 2, *Die Python-Shell*, erwähnt haben!

Eine weitere praktische Möglichkeit, sich über die existierenden Widgets zu informieren, ist das *demo.py*-Programm, das Sie weiter oben zum Test der Installation von wxPython vielleicht aufgerufen haben. Es ist ein hervorragendes Lernmittel, um sich mit den verschiedenen Widgets aus wxPython vertraut zu machen. Probieren Sie es unbedingt aus, Sie werden es nicht bereuen!

Ein Fenster mit einem Button

Im vorigen Beispiel haben wir ein `wx.Frame`-Widget instanziiert. Dieses war aber sehr langweilig, denn es enthielt ja gar nichts! Es ist nun an der Zeit, das zu ändern.

Wir wollen jetzt ein Fenster mit einem Button erzeugen. Klickt man darauf, soll die Anwendung beendet werden.

Es gibt mehrere Möglichkeiten, dies zu bewerkstelligen:

- Man fügt den Button einem bereits existierenden `wx.Frame`-Objekt hinzu.
- Man leitet eine Klasse von `wx.Frame` ab, und in deren Initialisierer erzeugen wir den Button.

In beiden Fällen müssen wir das Ereignis »Button wurde geklickt« an eine Callback-Funktion binden, welche die Anwendung schließt.

Schauen wir uns die erste Methode an:

```python
#!/usr/bin/env python
# wx_app2.py -- A window with one button.

import wx

app = wx.App()

frame = wx.Frame(None, wx.ID_ANY, title="A frame", size=(400, 200))
button = wx.Button(frame, wx.ID_EXIT, label="Exit")
button.Bind(event=wx.EVT_BUTTON, handler=lambda evt: frame.Close())

frame.Show(True)
app.MainLoop()
```

Dieses Programm erzeugt ein Fenster und setzt innerhalb dieses Fensters einen Button. Klickt man darauf, schließt sich das Hauptfenster, und die gesamte Anwendung wird beendet:

Schauen wir näher hin!

- Mit `wx.Button` wird ein Button instanziiert. Auf die genaue API brauchen wir an dieser Stelle nicht einzugehen.
- Beim `wx.Button`-Aufruf wurde als `parent` nicht `None`, sondern das Fenster `frame` übergeben, das gerade zuvor erzeugt wurde. Damit wird der Button innerhalb des Fensters eingefügt.
- `wx.ID_EXIT` ist eine reservierte Konstante. Wir hätten auch `wx.ID_ANY` oder irgendeine Zahl manuell dort eintragen können, aber es ist immer besser, vordefinierte Konstanten wiederzuverwenden.
- Mit der `Bind`-Methode des `wx.Button`-Objekts wird das Event `wx.EVT_BUTTON` an eine Callback-Funktion gekoppelt. Dieses Event wird dann ausgelöst, wenn der Benutzer den Button anklickt, und als Callback (auch Event-Handler genannt) übergeben wir eine `lambda`-Funktion.
- Der Event-Handler ruft die `Close`-Methode des Hauptfensters `frame` auf. Sobald das Hauptfenster geschlossen ist, beendet sich die Anwendung `app` automatisch.

Dasselbe Programm kann auch anders erstellt werden:

```python
#!/usr/bin/env python
# wx_app2a.py -- A window with one button, using inheritance

import wx

class FrameWithOneButton(wx.Frame):
    def __init__(self, *args, **kw):
        wx.Frame.__init__(self, *args, **kw)
        button = wx.Button(self, wx.ID_EXIT, label="Exit")
        button.Bind(event=wx.EVT_BUTTON, handler=lambda evt: self.Close())

if __name__ == '__main__':
    app = wx.App()
    bframe = FrameWithOneButton(None, id=wx.ID_ANY,
                               title="A frame with one button",
                               size=(400, 200))
    bframe.Show(True)
    app.MainLoop()
```

Die Ausgabe ist genau dieselbe, aber jetzt ist die Struktur des Programms ganz anders!

- Wir definieren unsere eigene Fensterklasse `FrameWithOneButton`, indem wir sie aus `wx.Frame` ableiten.
- Den Initialisierer `__init__` überschreiben wir, um dort den Button zu erzeugen. Dabei rufen wir zuerst den Initialisierer der Basisklasse `wx.Frame` auf, da Python dies nicht selbst tut. Beachten Sie, wie wir alle positionalen Parameter mit `*args` und alle Schlüsselwortparameter mit `**kw` übergeben! Darauf kommen wir gleich zurück.

- Im Initialisierer __init__ erzeugen wir wx.Button und übergeben uns selbst (self) als parent. Die restlichen Parameter für wx.Button sind gleichgeblieben.

- Beim Aufruf von Bind übergeben wir wieder dieselben Parameter event und handler. Beim Handler rufen wir jetzt self.Close auf, d.h. die Close-Methode des FrameWithOneButton-Objekts. Das ist eine Methode, die aus wx.Frame vererbt wird (welches ihrerseits diese Methode vielleicht von einer ihrer Basisklassen geerbt hat: prüfen Sie es nach, wenn Sie möchten) und die das Fenster schließt.

- Damit FrameWithOneButton in anderen Programmen wiederverwendet werden kann, haben wir den Client-Code (oder, anders gesagt, Beispiel-Code), der diese Klasse verwendet, in einen __main__-Block verschoben. Somit sind wir in der Lage, FrameWithOneButton aus einem anderen Programm aus zu importieren, etwa mit der Anweisung from wx_app2a import FrameWithOneButton. Diese Praxis sollten Sie sich angewöhnen, um wiederverwendbare Module zu erzeugen.

- Beachten Sie, dass wir beim Instanziieren von bframe den parent-Parameter als positionales Argument übergeben (es landet dann in *args im __init__-Konstruktor) und die anderen Parameter als Schlüsselwortparameter (die in **kw landen, im selben Initialisierer)! Durch die Signatur (self, *args, **kw) von __init__ und das unveränderte Weiterreichen dieser Parameter an den Konstruktor der Basisklasse wx.Frame haben wir ein Maximum an Flexibilität gewonnen.

Sizer oder: ein Fenster mit zwei Buttons

Wir greifen wieder unser Beispiel auf und steigern uns noch ein wenig. Diesmal soll das Hauptfenster zwei statt nur einen Button enthalten. Diese Buttons sollen bei Vergrößerung des Fensters gleich mitwachsen und bei Verkleinerung mit verkleinert werden. Beide Buttons sollen einfach das Fenster schließen.

Dies nutzen wir, um gleich zwei weitere Konzepte vorzustellen:

- Panel
- Sizer

Ein wx.Panel ist ein Widget, das weitere Widgets enthalten kann. Es wird gern benutzt, um etwas Ordnung in ein kompliziertes Layout zu bringen. In diesem Beispiel ist es nicht absolut notwendig, denn man könnte die beiden Buttons auch direkt ins Hauptfenster setzen, aber wir wollen ja sehen, wie es geht.

Ein Sizer, auch Geometry Manager genannt, ist ein Objekt, das mehrere Widgets enthalten kann und dafür sorgt, daß diese Widgets in einer bestimmten Form angeordnet werden. Es gibt verschiedene Sizertypen. In diesem Beispiel zeigen wir einen wx.BoxSizer, mit dem man Widgets horizontal oder vertikal anordnen kann:

```
#!/usr/bin/env python
# wx_app3.py -- A window with two buttons

import wx
```

```
class FrameWithTwoButtons(wx.Frame):
    def __init__(self, *args, **kw):
        wx.Frame.__init__(self, *args, **kw)
        self.panel = wx.Panel(self, wx.ID_ANY)
        self.sizer = wx.BoxSizer(wx.HORIZONTAL)

        button1 = wx.Button(self.panel, wx.ID_EXIT, label="Exit 1")
        button1.Bind(event=wx.EVT_BUTTON, handler=lambda evt: self.Close())
        self.sizer.Add(button1, wx.EXPAND)

        button2 = wx.Button(self.panel, wx.ID_EXIT, label="Exit 2")
        button2.Bind(event=wx.EVT_BUTTON, handler=lambda evt: self.Close())
        self.sizer.Add(button2, wx.EXPAND)

        self.panel.SetSizer(self.sizer)
        self.sizer.Fit(self)

if __name__ == '__main__':
    app = wx.App()
    bframe = FrameWithTwoButtons(None, id=wx.ID_ANY,
                                 title="A frame with two buttons",
                                 size=(400, 200))
    bframe.Show(True)
    app.MainLoop()
```

Führen Sie dieses Programm aus und versuchen Sie anschließend, das Fenster horizontal und vertikal zu vergrößern oder zu verkleinern!

Schauen wir uns den Code etwas näher an:

- Die Grundstruktur von *wx_app3.py* entspricht der von *wx_app2a.py*. Es wird lediglich etwas mehr im __init__-Initialisierer getan.
- Innerhalb des Hauptfensters self wird jetzt ein wx.Panel mit Namen self.panel verlegt. Dieser wx.Panel wird gleich die Buttons aufnehmen.
- Wir erzeugen nun ein wx.BoxSizer-Objekt, das die Widgets, die es managen soll, horizontal ausrichten soll. Dieses Objekt speichern wir in self.sizer.
- Die Buttons sind Kinder von self.panel. Damit werden sie innerhalb des panels angelegt und nicht direkt innerhalb des Hauptfensters.
- Die Buttons werden dem wx.BoxSizer, den wir in self.panel gespeichert haben, mit der Methode Add hinzugefügt. Damit sagen wir self.panel, dass es für das Layout dieser beiden Button-Widgets verantwortlich ist.

- Die Konstante wx.EXPAND bewirkt, dass die Widgets immer die maximale Größe einnehmen sollen, die der Sizer ihnen anbieten kann (in der Richtung des Sizers). Versuchen Sie, diesen Parameter wegzulassen, um den Effekt zu beobachten.

- Beachten Sie, dass Besitz (self.parent) und Layout-Manager (self.sizer) zwei verschiedene Sachverhalte sind. Insbesondere ist ein Sizer nicht Elternwidget von Widgets! Er ist nur für die Geometrieanpassungen zuständig.

- Der Sizer self.sizer ist zu dem Zeitpunkt noch inaktiv. Erst wenn wir ihn an den gerade erzeugten self.panel mittels SetSizer ankoppeln, wird eine Veränderung der Größe von self.panel auch eine Anpassung der Geometrie der von self.sizer verwalteten Widgets (die beiden Buttons) zur Folge haben.

- Der letzte Aufruf self.sizer.Fit(self) bewirkt, dass der Sizer das Hauptfenster (self) ebenfalls in der Größe anpassen wird, dass es eng um self.panel anliegt.

Man könnte jetzt beliebig komplizierte Layouts aufbauen, indem man geschickt wx.Panel und wx.BoxSizer (mit wx.HORIZONTAL und wx.VERTICAL) verschachtelt und kombiniert. Aber es ist natürlich bequemer, einen Sizer einzusetzen, der etwas flexibler als ein BoxSizer ist. Wenn Sie mehr wissen wollen, starten Sie einfach die *demo.py*-Anwendung von wxPython, gehen Sie dort nach *Window Layout* und schauen Sie sich die Demos und den Quellcode zu den verschiedenen Sizern an!

Ein Button und ein Dialogfenster

Wir wollen jetzt, daß beim Klicken eines Buttons ein Dialogfenster erscheint. Dieser Dialog soll ganz einfach sein und lediglich einen Informationstext anzeigen. Wir wählen daher ein wx.MessageDialog-Objekt aus, das genau für diese Zwecke gut geeignet ist:

```python
#!/usr/bin/env python
# wx_app4.py -- A button and a dialog window

import wx

class FrameWithButtonAndDialog(wx.Frame):
    def __init__(self, *args, **kw):
        wx.Frame.__init__(self, *args, **kw)

        button = wx.Button(self, wx.ID_ANY, label="Click me")
        button.Bind(event=wx.EVT_BUTTON, handler=self.OnClick)

    def OnClick(self, evt):
        dialog = wx.MessageDialog(self, message="Thank you for clicking me",
                                  caption="Button clicked",
                                  style=wx.OK | wx.ICON_INFORMATION)
        dialog.ShowModal()
```

```
if __name__ == '__main__':
    app = wx.App()
    bdframe = FrameWithButtonAndDialog(None, id=wx.ID_ANY,
                                title="A button and a dialog",
                                size=(400, 200))
    bdframe.Show(True)
    app.MainLoop()
```

Das Dialogfenster sieht wie folgt aus:

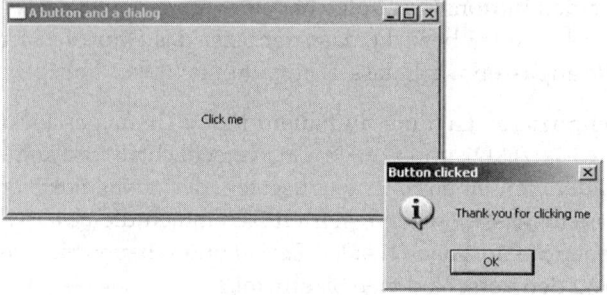

Dieses Beispiel hat dieselbe Struktur wie *wx_app2a.py*, wobei wir jetzt im wx.Frame-Nachfolger FrameWithButtonAndDialog neben dem __init__-Initialisierer eine weitere Methode definiert haben: OnClick. Diese Methode wird als handler unseres buttons mittels Bind deklariert.

Was geschieht in OnClick? Man beachte erst einmal die Signatur: Ein wx.EVT_BUTTON-Event wird immer an den Handler als ersten Parameter (hier evt) übergeben. Wir nutzen evt hier nicht.

Wichtiger ist, dass im Button-Handler OnClick jetzt ein Dialogfenster vom Typ wx.MessageDialog instanziiert und mit ShowModal eingeblendet wird. Dabei sind folgende Punkte relevant:

- parent ist das Hauptfenster self. Damit wird dieses Dialogfenster i.d.R. direkt über dem Hauptfenster eingeblendet und nicht irgendwo sonst auf dem Bildschirm. So kann der Benutzer erkennen, worauf sich dieses Dialogfenster bezieht.
- message ist die anzuzeigende Nachricht und caption der Titel des Dialogfensters. Unicode-Strings sind hier auch erlaubt, wenn man die Unicode-Version von wx-Python installiert hat.
- style besteht aus einer Folge von mit ODER (|) verbundenen Flags. Wir setzen wx.OK und wx.ICON_INFORMATION, damit das Dialogfenster einen OK-Button aufweist, und ein Icon angezeigt wird, der auf ein normales Informationsfenster hinweist. Fehler könnte man z.B. mit wx.ICON_EXCLAMATION, wx.ICON_WARNING, wx.ICON_ERROR usw. markieren. Eine Frage kann mit wx.ICON_QUESTION kenntlich gemacht werden.

Der Aufruf dialog.ShowModal() zeigt nicht nur das Dialogfenster an, er bewirkt, dass es *modal* erscheint. Das bedeutet, dass es den Fokus der Anwendung erhält und man innerhalb dieser Anwendung kein anderes Fenster anklicken kann, bevor man nicht das Dialogfenster beendet hat. So ist es z.B. nicht möglich, zum Hauptfenster zu wechseln und dort noch mal den Button zu klicken, während das Dialogfenster angezeigt ist. Man muss erst das Dialogfenster schließen, um erneut ins Hauptfenster zurückkehren zu können.

Ein Dialogfenster als Passwortabfrage

Oft benötigt man zur Laufzeit mal schnell eine Information, z.B. ein Passwort. Solche Einzeiler erhält man am Einfachsten vom Benutzer, indem man ein wx.TextEntryDialog-Dialogfenster einblendet:

```python
#!/usr/bin/env python
# wx_app5.py -- Querying a password with a TextEntryDialog window

import wx

class QueryFrame(wx.Frame):
    def __init__(self, *args, **kw):
        wx.Frame.__init__(self, *args, **kw)

        button = wx.Button(self, wx.ID_ANY, label="Click me")
        button.Bind(event=wx.EVT_BUTTON, handler=self.OnClick)

    def OnClick(self, evt):
        dialog = wx.TextEntryDialog(self, message="Password, please?",
                                    caption="Password query",
                                    style=wx.OK | wx.CANCEL | wx.TE_PASSWORD)
        dialog.SetValue("Your password here...")
        result = dialog.ShowModal()

        if result == wx.ID_OK:
            passwd = dialog.GetValue()
        elif result == wx.ID_CANCEL:
            passwd = "No password supplied"
        else:
            passwd = "Eh?"

        dialog.Destroy()

        wx.MessageDialog(self, message="Your password: " + passwd,
                    caption="Query result", style=wx.OK).ShowModal()
```

```
if __name__ == '__main__':
    app = wx.App()
    qframe = QueryFrame(None, id=wx.ID_ANY,
                            title="A query frame", size=(400, 200))
    qframe.Show(True)
    app.MainLoop()
```

Dieses Dialogfenster könnte so aussehen:

Zu beachten ist hier:

- Dem Konstruktor von wx.TextEntryDialog übergeben wir als style zusätzlich zu wx.OK und wx.CANCEL den Wert wx.TE_PASSWORD. Damit wird das, was in der Eingabezeile vom Benutzer entgegengenommen wird, zu lauter Sternchen: ein Passwort-Eingabefeld eben. Lassen Sie einfach diesen Wert weg, wenn Sie eine normale einzeilige Texteingabe benötigen.
- Mit SetValue kann man einen Wert in das Dialogfenster eintragen. Bei einem Passwort-Feld wird dieser Wert zwar richtig eingetragen, aber wiederum mit lauter Sternchen angezeigt. Doch keine Sorge: Der Wert ist noch da – wenn er nicht vom Benutzer inzwischen verändert wurde.
- Das wx.TextEntryDialog Dialogfenster wird modal angezeigt.

Interessant ist hier das Auslesen der Daten aus diesem Dialogfenster:

- Zunächst muss bestimmt werden, welche Aktion das Dialogfenster beendet hat. Durch den Rückgabewert von ShowModal erfährt man, ob das Dialogfenster durch Klicken auf OK bzw. Betätigen der Enter-Taste, durch Klicken auf CANCEL oder Betätigen der Esc-Taste oder auch durch das Schließen des Fensters vom Fenstermanager aus verlassen wurde.
- Abhängig vom Rückgabewert lesen wir den vom Benutzer eventuell eingegebenen einzeiligen Wert mit GetValue wieder aus.
- Erst nachdem wir diesen Wert ausgelesen haben, können wir das Dialog-Objekt (das bereits nicht mehr angezeigt wird) mittels Destroy vom Hauptspeicher entfernen.

Die Ausgabe des eingegebenen Wertes wird in einem MessageDialog mitgeteilt.

Sie finden weitere Dialoge und wie man sie verwendet im Demo-Programm.

Menü mit Statuszeile

Es gibt kaum eine Anwendung, die ohne Menü- und Statuszeile auskommt. In diesem Abschnitt werden wir ein Skelett erstellen, das aus einem wx.Frame-Fenster, einem Menü und einer Statuszeile besteht. Die einzelnen Menüpunkte werden lediglich einen Text in die Statuszeile einblenden; es bleibt Ihnen überlassen, sie mit sinnvolleren Aktionen zu ersetzen.

Da das Programm etwas lang ist, entwickeln wir es stückweise:

```python
#!/usr/bin/env python
# wx_app6.py -- A Frame, Menu and StatusBar

import wx

class MenuAndStatusBarFrame(wx.Frame):
    def __init__(self, *args, **kw):
        wx.Frame.__init__(self, *args, **kw)

        self.createStatusBar()
        self.createMenuBar()
        self.bindMenuEvents()

    def createStatusBar(self): pass    # See below
    def createMenuBar(self): pass      # See below
    def bindMenuEvents(self): pass     # See below

    def OnMenuHandler(self, evt):
        self.sb.SetStatusText('Unhandled menu event: %d' % (evt.GetId(),))

    def OnQuit(self, evt):
        self.Close()

if __name__ == '__main__':
    app = wx.App()
    mframe = MenuAndStatusBarFrame(None, id=wx.ID_ANY,
                                   title="A demo frame", size=(400, 200))
    mframe.Show(True)
    app.MainLoop()
```

Die Anwendung – wenn das Programm komplett ist – wird wie folgt aussehen:

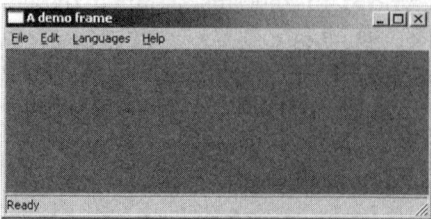

Die Grundstruktur des Programms erkennen Sie wieder: ein wx.App-Objekt samt Event-schleife und ein Hauptfenster vom Typ MenuAndStatusBarFrame, das von wx.Frame abge-leitet ist.

Die Anpassungen in unserem Hauptfenster werden in dessen __init__-Konstruktor vorgenommen. Nach dem zwingend erforderlichen Aufruf des Elternkonstruktors werden drei Funktionen aufgerufen, die wir noch programmieren müssen:

- createStatusBar soll eine Statuszeile erzeugen und an das Fenster anschließen.
- createMenuBar soll ein Menü erzeugen und als Menüzeile an das Fenster anbinden.
- bindMenuEvents dient dazu, die einzelnen Menüpunkte an unsere Callbacks anzu-koppeln, da sie sonst ohne Wirkung bleiben.

Die beiden Event-Handler OnMenuHandler und OnQuit werden später von den Menü-punkten aufgerufen. In der Praxis wird man pro Menüpunkt einen Event-Handler haben, aber aus Gründen der Einfachheit und Übersichtlichkeit werden wir alle Menü-punkte, bis auf denjenigen zum Verlassen des Programms, an OnMenuHandler koppeln.

Tragen Sie nun folgenden Code für die createStatusBar-Methode ein:

```
def createStatusBar(self):
    self.sb = wx.StatusBar(self, id=wx.ID_ANY)
    self.sb.SetStatusText('Ready')
    self.SetStatusBar(self.sb)
```

Die Statuszeile wird in wxPython durch ein wx.StatusBar-Objekt repräsentiert. Sie kann wie hier aus einem einzigen Feld (das mit SetStatusText beschrieben wird) oder aus mehreren Teilfeldern bestehen. Details dazu finden Sie in der API-Dokumentation (rufen Sie pydoc wx.StatusBar von der Kommandozeile oder help(wx.StatusBar) bei importiertem wx-Modul von der Python-Shell auf), und ein Anwendungsbeispiel fin-den Sie im Demoprogramm.

Was tun wir also in createStatusBar? Nach dem Erzeugen des wx.StatusBar-Objekts weisen wir dieses einem Attribut sb des wx.Frame-abgeleiteten Fensters zu. Das ist erforderlich, weil wir im Menühandler OnMenuHandler eine kleine Mitteilung über einen gewählten Menüpunkt dort eintragen und folglich eine Referenz darauf benötigen.

Wir setzen auch gleich einen Anfangstext `Ready` dort ein mit Hilfe der `StatusBar`-Methode `SetStatusText`.

Damit eine `wx.StatusBar` an ein `wx.Frame`-Fenster (oder ein von `wx.Frame` abgeleitetes Fenster) angekoppelt wird, ruft man die Fenstermethode `SetStatusBar` wie folgt auf: `self.SetStatusBar(self.sb)`. An dieser Stelle haben wir nun ein Fenster mit einer Statuszeile, die das Wort `'Ready'` enthält.

Kommen wir jetzt zur Methode `createMenuBar`! Wir wollen ein Menü erzeugen, das aus 4 Teilen besteht:

- `File`-Menü (NEWS, OPEN, SAVE, SAVE AS, EXIT)
- `Edit`-Menü (COPY, CUT, PASTE)
- `Languages`-Menü, bestehend aus zwei Submenüs
- `Help`-Menü (HELP, ABOUT)

Dabei soll das `Languages`-Menü eine applikationsspezifische Auswahl an interpretierten und kompilierten Programmiersprachen zur Verfügung stellen.

Wie baut man so etwas auf? Schauen Sie sich folgenden Code an:

```python
def createMenuBar(self):
    filemenu = wx.Menu()
    filemenu.Append(id=wx.ID_NEW, text='&New', help='Create new file')
    filemenu.Append(id=wx.ID_OPEN, text='&Open', help='Open existing file')
    filemenu.Append(id=wx.ID_SAVE, text='&Save', help='Save file')
    filemenu.Append(id=wx.ID_SAVEAS, text='Save &As', help='Save file as')
    filemenu.AppendSeparator()
    filemenu.Append(id=wx.ID_EXIT, text='&Quit', help='Good bye')

    editmenu = wx.Menu()
    editmenu.Append(id=wx.ID_COPY, text='&Copy', help='Copy selected area')
    editmenu.Append(id=wx.ID_CUT, text='C&ut', help='Cut selected area')
    editmenu.Append(id=wx.ID_PASTE, text='&Paste', help='Paste clipboard')

    lmi = wx.Menu()
    lmi.Append(id=1001, text='&Python', help='Python', kind=wx.ITEM_CHECK)
    lmi.Append(id=1002, text='&Ruby', help='Ruby', kind=wx.ITEM_CHECK)
    lmi.Append(id=1003, text='P&erl', help='Perl', kind=wx.ITEM_CHECK)
    lmi.Append(id=1004, text='P&HP', help='PHP', kind=wx.ITEM_CHECK)
    lmi.Append(id=1005, text='&Java', help='Java', kind=wx.ITEM_CHECK)
    lmi.Append(id=1006, text='&Scheme', help='Scheme', kind=wx.ITEM_CHECK)

    lmc = wx.Menu()
    lmc.Append(id=1011, text='&C', help='C', kind=wx.ITEM_RADIO)
    lmc.Append(id=1012, text='C&++', help='C++', kind=wx.ITEM_RADIO)
    lmc.Append(id=1013, text='&Pascal', help='Pascal', kind=wx.ITEM_RADIO)
    lmc.Append(id=1014, text='&F95', help='Fortran95', kind=wx.ITEM_RADIO)
```

```
langmenu = wx.Menu()
langmenu.AppendMenu(100, '&Interpreted', lmi)
langmenu.AppendMenu(101, '&Compiled', lmc)

helpmenu = wx.Menu()
helpmenu.Append(id=wx.ID_HELP, text='&Help', help='Show help')
helpmenu.AppendSeparator()
helpmenu.Append(id=wx.ID_ABOUT, text='&About', help='About this app')

self.menuBar = wx.MenuBar()

self.menuBar.Append(filemenu, '&File')
self.menuBar.Append(editmenu, '&Edit')
self.menuBar.Append(langmenu, '&Languages')
self.menuBar.Append(helpmenu, '&Help')

self.SetMenuBar(self.menuBar)
```

Diesen Code liest man am besten von unten nach oben. Es wird eine wx.MenuBar erzeugt, mit wx.Menu-Instanzen gefüllt und mittels SetMenuBar an das Hauptfenster angekoppelt:

```
self.menuBar = wx.MenuBar()

self.menuBar.Append(filemenu, '&File')
self.menuBar.Append(editmenu, '&Edit')
self.menuBar.Append(langmenu, '&Languages')
self.menuBar.Append(helpmenu, '&Help')

self.SetMenuBar(self.menuBar)
```

Die &-Zeichen sind für die Shortcuts. So kann man das FILE-Menü mit Alt-F, das EDIT-Menü mit Alt-E usw. auswählen (bzw. mit einer ähnlichen Tastenkombination, so wie sie von Ihrem Fenstersystem vorgegeben wird; Acceleratoren genannt).

Die einzelnen wx.Menu-Instanzen filemenu, editmenu, langmenu und helpmenu sind bereits oben erzeugt worden. Schauen wir uns z.B. das filemenu an:

```
filemenu = wx.Menu()
filemenu.Append(id=wx.ID_NEW, text='&New', help='Create new file')
filemenu.Append(id=wx.ID_OPEN, text='&Open', help='Open existing file')
filemenu.Append(id=wx.ID_SAVE, text='&Save', help='Save file')
filemenu.Append(id=wx.ID_SAVEAS, text='Save &As', help='Save file as')
filemenu.AppendSeparator()
filemenu.Append(id=wx.ID_EXIT, text='&Quit', help='Good bye')
```

Nach dem Instanziieren eines `wx.Menu`-Objekts `filemenu` werden die einzelnen Menüpunkte mittels `Append` hinzugefügt. Die Argumente von `Append` sind dabei:

- `id`: eine eindeutige Kennung für den jeweiligen Menüpunkt
- `text`: der Text, der im Menü erscheinen soll
- `help`: ein Hilfetext, der beim Selektieren (aber noch nicht Auswählen) des Menüpunktes in der Statuszeile erscheinen wird

Ein weiteres Argument, das wir in `lmi` und `lmc` verwendet haben, ist

- `kind`: `wx.ITEM_NORMAL` (Defaultwert), `wx.ITEM_CHECK`, `wx.ITEM_RADIO`, je nach Typ des Menüpunktes.

Jeder Menüpunkt muss eine eindeutige numerische Kennung aufweisen, z.B. 100, 200, 201 usw. Es ist aber sinnvoll, bei Menüpunkten, die häufig vorkommen und bekannt sind (z.B. `New`, `Open`, etc.) standardisierte Kennungen zu nehmen (etwa `wx.ID_NEW`, `wx.ID_OPEN`, usw.). Wozu ist das gut? Indem man diese Kennungen verwendet, wird wxPython versuchen, zusätzlich zum Menütext auch ein passendes Icon daneben einzublenden, und soweit vorhanden auch die jeweiligen Acceleratoren anzeigen. Unter FreeBSD (GTK2+) erscheint das `File`-Menü daher wie folgt:

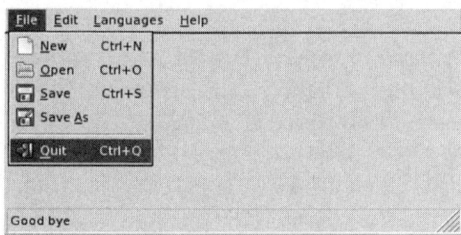

Erkennen Sie die Icons?

Wie bereits erwähnt, enthält der `text`-Parameter den Menütext, wobei auch hier Shortcuts mit einem vorangestellten &-Zeichen kenntlich gemacht werden können, sofern erwünscht. Benötigen Sie Accents oder Umlaute, verwenden Sie einfach einen `unicode`-String (und stellen Sie sicher, dass Ihre Version von wxPython mit Unicode-Unterstützung kompiliert wurde): `text=u'Übertrag'`. Das Programm sollte dann als `utf-8`-codiert markiert und als solches abgespeichert werden:

```
#!/usr/bin/env python
# -*- coding: utf-8 -*-
# wx_app6.py -- this is blah blah blah...
```

Der Hilfetext aus `help` wird beim Überfliegen des Menüpunktes mit der Maus (oder mit der Tastatur) in der Statuszeile eingeblendet, die wir mittels `SetStatusBar` an das Fenster angekoppelt hatten.

Wie aus dem Beispiel zu erkennen ist, fügt `AppendSeparator` eine Trennlinie hinzu. Das ist nützlich, wenn man Menüpunkte in Gruppen zusammenfassen will.

Für das Programmiersprachenmenü mit den zwei Untermenüs stehen uns keine fertigen IDs zur Verfügung. Wir benutzen daher einfach irgendwelche Zahlen, z.B. 1001, 1013 usw. Beachten Sie aber, wie das Menü samt Untermenüs erzeugt wird:

```
lmi = wx.Menu()
# construct lmi here...


lmc = wx.Menu()
# construct lmc here...


langmenu = wx.Menu()
langmenu.AppendMenu(100, '&Interpreted', lmi)
langmenu.AppendMenu(101, '&Compiled', lmc)
```

Mit `AppendMenu` kann man ein Untermenü mitten in einem Menü eintragen.

Interessant beim Programmiersprachenmenü ist, dass man mittels `kind` die Menüpunkte in Radiobuttons oder Checkboxen gruppieren kann:

```
lmi = wx.Menu()
lmi.Append(id=1001, text='&Python', help='Python', kind=wx.ITEM_CHECK)
lmi.Append(id=1002, text='&Ruby',   help='Ruby',   kind=wx.ITEM_CHECK)
lmi.Append(id=1003, text='P&erl',   help='Perl',   kind=wx.ITEM_CHECK)
lmi.Append(id=1004, text='P&HP',    help='PHP',    kind=wx.ITEM_CHECK)
lmi.Append(id=1005, text='&Java',   help='Java',   kind=wx.ITEM_CHECK)
lmi.Append(id=1006, text='&Scheme', help='Scheme', kind=wx.ITEM_CHECK)
```

Es sieht z.B. wie folgt aus:

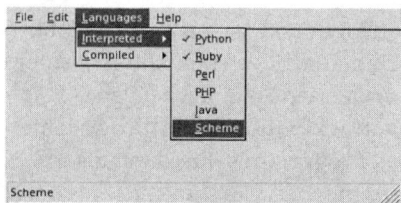

Bis jetzt sind all diese Menüpunkte völlig ohne Wirkung. Man kann sie zwar anwählen und sich in der Menüstruktur umschauen – und beim Spaziergang über die Menüpunkte erscheinen Hilfetexte auch in der Statuszeile –, aber wenn man einen Menüpunkt auswählt, geschieht einfach nichts. Das liegt daran, dass wir die Menü-Events vom Typ `wx.EVT_MENU`, die erzeugt werden, noch nicht an eigene Event-Handler gekoppelt haben! Woher soll schließlich wxPython wissen, was bei den einzelnen Menüpunkten zu tun ist?

Dies holen wir jetzt nach. Tragen Sie daher folgenden Code in die Methode `bindMenuEvents` ein:

```
def bindMenuEvents(self):
    self.Bind(wx.EVT_MENU, self.OnMenuHandler, id=wx.ID_NEW)
    self.Bind(wx.EVT_MENU, self.OnMenuHandler, id=wx.ID_OPEN)
    self.Bind(wx.EVT_MENU, self.OnMenuHandler, id=wx.ID_SAVE)
    self.Bind(wx.EVT_MENU, self.OnMenuHandler, id=wx.ID_SAVEAS)

    self.Bind(wx.EVT_MENU, self.OnMenuHandler, id=wx.ID_COPY)
    self.Bind(wx.EVT_MENU, self.OnMenuHandler, id=wx.ID_CUT)
    self.Bind(wx.EVT_MENU, self.OnMenuHandler, id=wx.ID_PASTE)

    self.Bind(wx.EVT_MENU, self.OnMenuHandler, id=1000, id2=1014)

    self.Bind(wx.EVT_MENU, self.OnMenuHandler, id=wx.ID_HELP)
    self.Bind(wx.EVT_MENU, self.OnMenuHandler, id=wx.ID_ABOUT)

    self.Bind(wx.EVT_MENU, self.OnQuit, id=wx.ID_EXIT)
```

Wir benutzen hier die Methode `Bind` des `wx.Frame`-Fensters, weil die Menü-Events an das Fenster geleitet werden, das die jeweilige `wx.MenuBar` enthält. Daher ist das Fenster für die Verarbeitung der Menü-Events verantwortlich.

Die Parameter von `Bind` sind:

■ der Event-Typ, hier immer `wx.EVT_MENU`, da es sich um Menü-Events handelt,
■ der Event-Handler, hier fast immer unsere `OnMenuHandler`-Methode,
■ die eindeutige Menü-ID, die wir abfangen wollen.

Wir sehen, dass alle Menüpunkte, bis auf das Quit-Menü, den Event-Handler `OnMenu-Handler` aufrufen würden. Quit wird dafür die `OnQuit`-Methode aufrufen und somit die Anwendung schließen.

Beachten Sie hierbei folgenden Aufruf:

```
self.Bind(wx.EVT_MENU, self.OnMenuHandler, id=1000, id2=1014)
```

Damit wird ein ganzer Bereich von IDs auf einmal an `OnMenuHandler` gebunden, und zwar von `id` bis `id2`. In unserer Anwendung ist es der Bereich für die Programmiersprachen.

Die Handler haben wir oben bereits gezeigt. Zur Erinnerung:

```
def OnMenuHandler(self, evt):
    self.sb.SetStatusText('Unhandled menu event: %d' % (evt.GetId(),))

def OnQuit(self, evt):
    self.Close()
```

Der Catch-all Handler `OnMenuHandler` holt sich die Menü-ID aus dem Event `evt` mittels `GetId` heraus und könnte jetzt gezielt auf einige Menü-IDs reagieren. Das tun wir an dieser Stelle aber nicht. Stattdessen wird die StatusBar, die wir in der Methode createStatusBar in sb gespeichert haben, bemüht, um zu zeigen, dass der Menüpunkt ausgewählt wurde. In der Statuszeile erscheint daher die Menü-ID des gewählten Menüpunktes.

Wie gesagt, in einer realen Anwendung würde man pro Menüpunkt einen eigenen Event-Handler programmieren.

Und wenn wir schon von realen Anwendungen sprechen:

- Komplexe Menüstrukturen wird man i.d.R. selten programmatisch erstellen, sondern mit Hilfe eines Rapid Application Development (RAD) Tools. Darauf kommen wir weiter unten noch zu sprechen.
- Man kann bestimmte Menüpunkte disablen (Enable mit False), mit eigenen Icons versehen, dynamisch hinzufügen oder entfernen: Schauen Sie dazu einfach in die API-Dokumentation von wx.Menu und verwandter Klassen nach.

Weitere Widgets

GUI-Toolkits wie wxWidgets/wxPython enthalten eine große Anzahl von Widgets. Wir können sie unmöglich in diesem Kapitel einzeln vorstellen. Um sich einen Überblick über die zahlreichen Widgets zu verschaffen, sollten Sie wirklich das *demo.py*-Programm der wxPython-Distribution aufrufen. Es ist ein hervorragendes Lern-Tool, das die Widgets zeigt, aber auch den Quellcode, der sie erzeugt. Man kann diesen Quellcode sogar verändern und die Veränderungen ausprobieren.

Als Beispiel wollen wir uns einen FileDialog anschauen:

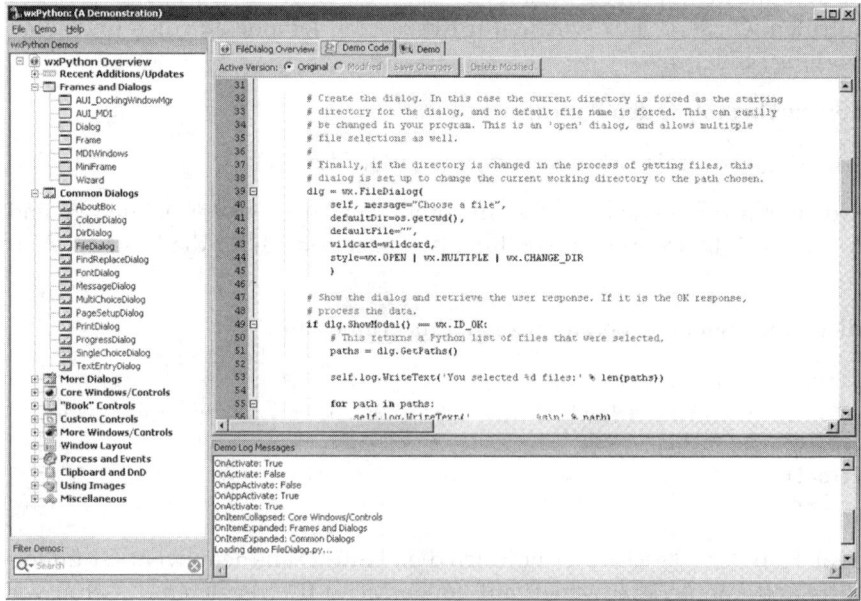

Man erkennt den Code, der ein wx.FileDialog im OPEN-Modus öffnet. Führt man das Beispiel aus (indem man den DEMO-Reiter auswählt und auf den angebotenen Button klickt), sieht man, wie das FileDialog-Fenster unter Windows aussieht:

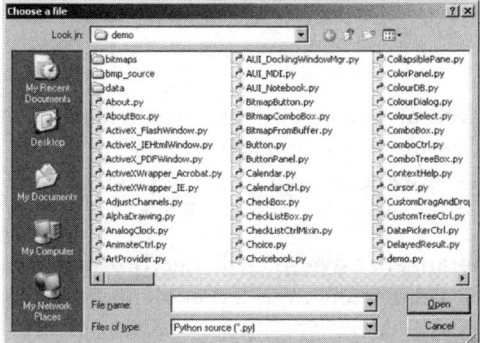

Unter FreeBSD mit GTK2+ verändert sich das Aussehen (Sie erinnern sich? wxWidgets – und damit auch wxPython – benutzen, soweit es geht, die Widgets aus der nativen Umgebung des jeweiligen Fenstersystems):

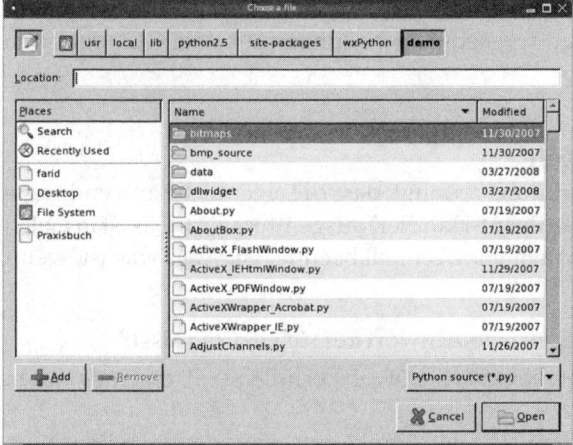

Sie können nun mit diesem FileDialog-Dialog spielen und eine Datei auswählen. Alternativ können Sie auch den Dialog einfach schließen. Zusätzlich zum Aufruf des wx.FileDialog-Konstruktors sieht man im Demoprogramm auch, wie man erkennt, ob der Benutzer eine Datei selektiert oder einfach abgebrochen hat; und natürlich, wie man programmatisch an den Pfad der selektierten Datei herankommt.

wx.FileDialog ist nur ein Dialog von vielen. Probieren Sie sie einfach aus, wenn Sie eine davon in Ihrer Anwendung benötigen. Der Beispiel-Code müsste ausreichend sein, aber wenn Sie etwas experimentieren wollen, bevor Sie diesen Code in Ihrer Anwendung einbauen, dann zögern Sie nicht, den Code in der Demoanwendung selbst probeweise zu ändern und erneut auszuführen. Mit diesem Programm und der wxPython/wxWidgets-API bewaffnet, sind Sie dann bestens ausgerüstet, um Ihr eigenes wxPython-basiertes GUI zu erstellen!

16.1.3 Responsive GUIs

In den folgenden Abschnitten werden wir Techniken vorstellen, mit denen man GUI-Anwendungen so programmiert, dass ihre grafischen Oberflächen stets auf Benutzereingaben reagieren, sogar dann, wenn die Anwendung mal länger für die Antwort braucht oder auf Eingaben aus dem Netz warten muss.

Wir werden erst sehen, dass eine naive Herangehensweise GUIs hervorbringt, die unter Last für mehr oder weniger lange Zeit »einfrieren«. Wir lernen dann folgende Techniken, um solche einfrierende GUIs zu vermeiden:

- Timer
- Threads
- Prozesse

Anschließend werden wir sehen, wie man die Eventschleife eines Twisted-Programms mit der Eventschleife eines `wx.App`-Objekts kombinieren kann, um GUIs mit einem Netzanschluss (oder, genauer gesagt, Twisted-Anwendungen mit einer GUI) versehen kann.

Das Problem des eingefrorenen GUI

Die Grundstruktur eines GUI-Programms verlangt, dass die eigentliche anwendungsspezifische Arbeit in einem Callback (Event-Handler) ausgeführt wird. Das ist in vielen Fällen kein Problem, wenn diese Arbeit ganz schnell beendet ist. Aber was ist, wenn der Callback mal länger benötigt?

Es gibt viele Anwendungen, bei denen eine Antwort auf sich warten lässt:

- das Programm muss eine rechenintensive Aufgabe erfüllen (z.B. einen Graphen berechnen)
- der angefragte Datenbankserver muss eine komplizierte Abfrage abarbeiten (etwa eine SQL-Abfrage auf eine Tabelle ohne Index)
- ein Server am anderen Ende des Internet benötigt etwas Zeit zum Antworten
- ein externes Programm braucht ein paar Sekunden für rechenintensive Berechnungen ...

Würde man eine solche Aufgabe in einem Callback erledigen, dann erhielte man ein GUI, das für die ganze Zeit der Ausführung »eingefroren« ist. Mit anderen Worten: das GUI reagiert dann nicht mehr auf weitere Benutzereingaben. So würde während dieser Zeit das Anwählen des Menüs oder das Klicken eines Buttons (auch eines CANCEL-Buttons!) solange wirkungslos bleiben, bis der Callback zurückkehrt. Benutzer erwarten aber, dass sich das GUI entsprechend verhält, wenn sie das Menü bedienen wollen, auf Buttons klicken oder die Größe des Fensters verändern!

Wie kommt es, dass das GUI kurzfristig einfriert? Das liegt daran, dass die Anwendung nur einen Thread hat; und dieser Thread kann nur eine Aufgabe auf einmal ausführen:

- entweder wird der (längerlaufende) Callback ausgeführt,
- oder es werden Events des Fenstersystems in der Eventschleife verarbeitet.

Beides gleichzeitig geht nicht. Wenn also der Haupt- (und somit auch einzige) Thread in einem Callback längere Zeit verweilt, kann er nicht weitere Events in der Eventschleife verarbeiten. Und wenn keine Events verarbeitet werden, bleiben auch die Benutzereingaben (Mausklicks, Menüauswahl, Fenstervergrößerungen usw.) in der Event-Schlange liegen, und das GUI passt sich in der Zeit nicht an: Es wirkt wie eingefroren!

Ein weiteres Szenario, das sich mit GUIs auf den ersten Blick nicht gut verträgt, ist ein Server, der auf Netzverbindungen oder Eingaben eines Programms wartet. Wie kann man in einem accept-Systemaufruf nach Netzverbindungen warten und gleichzeitig die Eventschleife ausführen? Wie kann man mittels read, select, poll (oder epoll), kevent und ähnlicher blockierender Systemaufrufe auf bestimmte Ereignisse warten (z.B. dass man Daten auf der Standardeingabe hat, sich eine Datei verlängert usw.) und zugleich die Eventschleife des GUI-Toolkits ausführen?

Um das Problem zu illustrieren, werden wir ein Einfachst-GUI, bestehend aus einem wx.Frame samt wx.Button und wx.StatusBar, konstruieren und eine länger laufende Operation im Callback des Button ausführen:

```python
#!/usr/bin/env python
# wx_app7.py -- simulating a non-responsive GUI

import time
import wx

class NonResponsiveGUI(wx.Frame):
    def __init__(self, *args, **kw):
        wx.Frame.__init__(self, *args, **kw)

        self.sb = wx.StatusBar(self)
        self.sb.SetStatusText("Ready")
        self.SetStatusBar(self.sb)

        self.button = wx.Button(self, id=100, label="Start slow_op")
        self.Bind(event=wx.EVT_BUTTON, handler=self.handler, id=100)

        self.count = 0L
```

```
    def handler(self, evt):
        "Simulate a slow operation"
        time.sleep(10)

        self.count = self.count + 1L
        self.sb.SetStatusText(str(self.count))

if __name__ == '__main__':
    app = wx.App()
    frame = NonResponsiveGUI(None, title='Freezing GUI',
                             size=(400, 100))
    frame.Show(True)
    app.MainLoop()
```

Probieren Sie diese Anwendung aus, indem Sie erst einmal das Fenster vergrößern und verkleinern. Sie sehen, dass sich der darin enthaltene Button und die dort vorhandene StatusBar mitverändern. So sollte es auch sein!

Nun klicken Sie auf den Button und warten Sie 10 Sekunden. Nach dieser Zeit verändert sich die Statuszeile, indem dort eine 1 erscheint. Sie können dann den Button wieder klicken, und nach 10 Sekunden wird die Statuszeile eine 2 aufweisen usw.

Machen Sie nun folgendes Experiment: Klicken Sie wieder auf den Button, und während Sie darauf warten, dass sich die Statuszeile aktualisiert, verändern Sie gleich mit der Maus die Größe des gesamten Fensters! Benutzen Sie dabei abwechselnd den Fenster-Manager oder die Greiffläche der Statuszeile. Was auch immer Sie tun: Solange die Anwendung in time.sleep(10) steckt, passt sich das GUI nicht der veränderten Fenstergröße an:

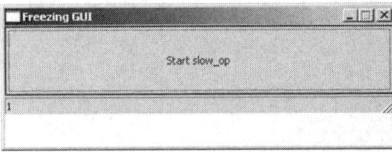

Das liegt daran, dass der einzige Thread dieser Anwendung im Callback handler beim Aufruf von time.sleep(10) hängt und nicht dazu kommt, die Eventschleife zu durchlaufen, um die Resize-Events entgegenzunehmen und zu verarbeiten.

Doch diese Events sind nicht verloren! Sobald wieder eine Funktion aus wxPython aufgerufen wird (z.B. wx.MessageDialog) und spätestens, nachdem der Callback handler zurückkehrt, wird auch die Eventschleife wieder ausgeführt. Und dann werden diese Resize-Events automatisch verarbeitet, und Button und StatusBar passen sich der neuen Fenstergröße an!

Im Folgenden werden wir die verschiedenen Techniken vorstellen, mit denen man dieses GUI responsiver machen kann.

Timer

Wenn uns nur ein Thread zur Verfügung steht, müssen wir auf jeden Fall den Aufruf von time.sleep loswerden und durch etwas Anderes ersetzen. Warum? Um ein responsives GUI zu erhalten, müssen wir auf jeden Fall in die Eventschleife zurück. Doch der Aufruf von time.sleep würde den ganzen Prozess aufhalten (blockieren), und was immer wir tun: Mit dem schlafenden Thread lässt sich nun mal keine Eventschleife ausführen und keine Events des Fenstersystems verarbeiten!

Wie werden wir also den Aufruf time.sleep los? Es gibt in wxPython drei Möglichkeiten:

- wx.CallLater
- wx.Timer an wx.EVT_TIMER gekoppelt
- wx.Timer ableiten und Notify überschreiben

Wenn Sie sich an die Funktion callLater des Twisted reactors aus Kapitel 14, *Netzwerkprogrammierung*, erinnern, werden Sie auch wx.CallLater gut verstehen. Schauen Sie sich folgendes Beispiel an:

```python
#!/usr/bin/env python
# wx_app7a.py -- simulating a responsive GUI with wx.CallLater

import wx
from wx_app7 import NonResponsiveGUI

class CallLaterGUI(NonResponsiveGUI):
    def __init__(self, protect=True, *args, **kw):
        NonResponsiveGUI.__init__(self, *args, **kw)
        self.protect = protect

    def handler(self, evt):
        "Simulate a slow operation"
        if self.protect:
            self.button.Enable(False)
        self.timer = wx.CallLater(10000, self.OnTimer)

    def OnTimer(self):
        self.count = self.count + 1L
        self.sb.SetStatusText(str(self.count))
        if self.protect:
            self.button.Enable(True)
```

```
if __name__ == '__main__':
    import sys
    protectValue = (sys.argv[1] == 'True')

    app = wx.App()
    frame = CallLaterGUI(protect=protectValue,
                         parent=None, title='CallLater GUI', size=(400, 100))
    frame.Show(True)
    app.MainLoop()
```

Wir rufen es wie folgt auf:

```
$ python wx_app7a True
```

Um das GUI nicht noch mal aufbauen zu müssen, haben wir die Klasse NonResponsive-GUI aus dem vorigen Beispiel *wx_app7.py* einfach verändert, indem wir u.a. dem handler überschrieben und eine eigene Methode OnTimer hinzugefügt haben.

Der handler wird aufgerufen, sobald auf den Button geklickt wird. Dabei werden folgende Schritte ausgeführt:

- Der Button wird deaktiviert, so dass er während der Wartezeit nicht erneut vom Anwender angeklickt werden kann.
- Der Aufruf der Methode OnTimer wird mittels wx.CallLater auf 10000 Millisekunden, also 10 Sekunden, später eingeplant.

Das war es auch schon für den handler des Button-Klicks! Wenn der Anwender also auf den Button klickt, wird der Aufruf von OnTimer 10 Sekunden später automatisch von der Eventschleife von app veranlasst!

Die Methode OnTimer erhöht den Zähler, zeigt ihn in der StatusBar und aktiviert den Button erneut, falls der Button zuvor deaktiviert wurde, damit der Anwender wieder darauf klicken kann.

Was haben wir damit gewonnen?

- Der Thread blockiert nirgendwo mehr, da wir nicht mehr time.sleep aufrufen.
- Der Event-Handler für den Button handler kehrt so schnell wie möglich zurück, nachdem er den Aufruf von OnInit für später eingeplant hat, so dass weitere Events aus der Eventschleife von app auch in der Wartezeit verarbeitet werden können.

Wozu ist das gut? Probieren Sie wieder das Experiment von oben: Klicken Sie auf den Button, und während Sie auf die Antwort warten, vergrößern oder verkleinern Sie das Fenster. Sie werden sehen, dass jetzt die Größe des Buttons und der Statuszeile sich unmittelbar an die neue Fenstergröße anpassen, obwohl der Zähler noch nicht nach dem Klick auf den Button erhöht wurde. Mit anderen Worten: Das GUI reagiert nun auf Änderungen, auch wenn die Antwort des Button-Klicks 10 Sekunden lang auf sich warten lässt! Wir haben ein responsiveres GUI!

Wozu dient das Disablen des Buttons im `handler` und das Enablen desselben in `OnTimer`? Nehmen wir wieder an, dass es sich beim aufzurufenden Callback um eine langlaufende Operation handelt (z.B. eine aufwändige Datenbankabfrage). Während die Operation läuft, möchte man nicht, dass der ungeduldige Benutzer den Button erneut betätigt, denn das hätte zur Folge, dass diese Operation dann mehrmals ausgeführt werden würde. Falls diese Operation nicht wiederholt werden kann (nicht idempotent ist, sagt man dazu), wie etwa das Abbuchen eines Geldbetrags von einer Kreditkarte, dann empfiehlt es sich dringend, den Button so lange zu sperren (zu disablen), bis die Operation abgeschlossen ist. Genau das wird mit den Aufrufen von `Enable` bewirkt:

- Sobald der Anwender den Button klickt, wird der Button in `handler` deaktiviert.
- Sobald die Operation zu Ende ist, wird der Button in `OnTimer` wieder aktiviert.

Wie würde sich die Anwendung verhalten, wenn wir den Button nicht vorsorglich deaktiviert hätten? Dies können Sie selbst ausprobieren, indem Sie *wx_app7a.py* mit einem Argument, das anders als `True` lautet, aufrufen, z.B.:

```
$ python wx_app7a.py False
```

In diesem Fall ist `self.protect` auf `False` gesetzt (beachten Sie, wie der Wert über den Konstruktor von `CallLaterGUI` dort landet); und die Aufrufe von `Enable` zum deaktivieren bzw. reaktivieren des Buttons greifen nicht mehr.

Versuchen Sie nun wieder, das Fenster während der Wartezeit in seiner Größe zu verändern. Das geht wie vorher auch. Aber was interessanter ist: Klicken Sie nun während der Wartezeit mehrmals auf den Button! Er ist schließlich nicht deaktiviert und lässt sich anklicken. Diese Klicks triggern jedes Mal einen Aufruf von `handler`, und zwar auch dann, wenn die Statuszeile von vorigen Aufrufen noch nicht aktualisiert wurde. Mit anderen Worten: bei jeden Klick wird ein Aufruf von `OnTimer` in eine Warteschlange eingetragen und jeweils 10 Sekunden danach getriggert.

Die Operation wird also bei mehreren Klicks auf den Button auch mehrmals ausgeführt, wenn auch mit der jeweiligen Verzögerung von 10 Sekunden *ab Mausklick*. Um unser Beispiel der Abbuchung von einer Kreditkarte wieder aufzugreifen, bedeutet dies, dass mehrere Beträge hintereinander abgebucht würden – eventuell bloß, weil der Benutzer ungeduldig geworden ist. Darum ist es stets zu empfehlen, Buttons und andere GUI-Elemente (z.B. Menu-Items) zu deaktivieren, solange eine langlaufende, nicht-idempotente Operation läuft, und sie anschließend wieder zu aktivieren.

Beachten Sie, dass die API für `wx.CallLater` auch die Übergabe von zusätzlichen positionalen und Schlüsselwertargumenten an den Handler ermöglicht. Man hätte auch Folgendes eingeben können (vereinfacht):

```
def handler(self, evt):
    self.timer = wx.CallLater(10000, self.OnTimer, oldCounter=self.count)

def OnTimer(self, *args, **kw):
    self.count = kw['oldCounter'] + 1L
```

wx.CallLater ist ein so genannter *one-shot Timer*: Er wird nur genau einmal das angegebene Callable aufrufen und dann aufhören. Man kann aber im Callable selbst diesen Timer wieder *scharfmachen*, indem man dessen Methode Restart aufruft:

```python
def OnTimer(self, *args, **kw):
    self.count = kw['oldCounter'] + 1L
    self.timer.Restart(60000, oldCounter=self.count)
```

Ein entsprechendes Beispiel finden Sie im Demoprogramm unter der Rubrik *Process and Events / Timer* im Beispiel-Code in den Methoden OnTest2Start und OnTest2Timer.

Statt die Klasse wx.CallLater zu benutzen, kann man auch direkt die Klasse wx.Timer einsetzen. Diese Klasse erzeugt wx.EVT_TIMER-Events, die man mit einem entsprechenden Event-Handler abfangen kann.

Schauen Sie sich daher folgendes Beispiel an:

```python
#!/usr/bin/env python
# wx_app7b.py -- simulating a responsive GUI with wx.Timer and wx.EVT_TIMER

import wx
from wx_app7 import NonResponsiveGUI

class EVT_TIMER_GUI(NonResponsiveGUI):
    def __init__(self, *args, **kw):
        NonResponsiveGUI.__init__(self, *args, **kw)
        self.Bind(wx.EVT_TIMER, self.OnTimer)

    def handler(self, evt):
        "Simulate a slow operation"
        self.button.Enable(False)
        self.timer = wx.Timer(self)
        self.timer.Start(10000)

    def OnTimer(self, evt):
        self.timer.Stop()
        self.count = self.count + 1L
        self.sb.SetStatusText(str(self.count))
        self.button.Enable(True)

if __name__ == '__main__':
    app = wx.App()
    frame = EVT_TIMER_GUI(None, title='EVT_TIMER GUI', size=(400, 100))
    frame.Show(True)
    app.MainLoop()
```

Diese Anwendung ruft man ohne weitere Kommandozeilenargumente auf.

Testen Sie sie, indem Sie auf den Button klicken, und während Sie auf die Aktualisierung der Statuszeile warten (der Button ist in dieser Zeit gesperrt/deaktiviert), verändern Sie die Größe des Fensters. Sie werden sehen, dass sich das Fenster auch dann ohne Probleme an die neue Größe anpasst.

Möglich ist die schnelle Reaktionsfähigkeit des GUIs, weil:

- kein blockierender Aufruf wie time.sleep mehr vorhanden ist und
- die handler-Methode sofort zur Eventschleife zurückkehrt, ohne 10 Sekunden zu warten.

Schauen wir uns die Methode handler genauer an! Sie wird ja aufgerufen, sobald der Benutzer auf den Button geklickt hat. Als Erstes wird der Button gesperrt/deaktiviert. Dann wird ein wx.Timer-Objekt erzeugt und in self.timer gespeichert. Es ist wichtig, sich eine Referenz auf den wx.Timer zu merken, da wir diesen Timer später wieder stoppen müssen. Danach wird der Timer mit einem Intervall von 10000 Millisekunden (10 Sekunden) gestartet. Der handler kehrt dann sofort in die Eventschleife zurück.

Sobald das geschehen ist, wird die wx.Timer-Instanz self.timer alle 10 Sekunden ein wx.EVT_TIMER-Event erzeugen. Es liegt nun an uns, dieses Event abzufangen und darauf zu reagieren. Das Abfangen geschieht dadurch, dass wir wx.EVT_TIMER im Konstruktor unserer Fensterklasse mittels Bind an den Handler OnTimer binden:

```
self.Bind(wx.EVT_TIMER, self.OnTimer)
```

Mit anderen Worten: OnTimer wird jetzt alle 10000 Millisekunden aufgerufen.

OnTimer soll wieder einmal ein Eintrag in der Statuszeile anpassen und anschließend den Button wieder aktivieren, damit der Benutzer erneut darauf klicken kann, um eine weitere verzögerte Erhöhung des Zählers in der Statuszeile (und in self.count) zu veranlassen.

Wir müssen hier lediglich darauf achten, dass es sich bei unserer Anwendung ja um einen *one-shot Timer* handeln soll. Dummerweise ist wx.Timer ein *periodischer Timer*, d.h. sobald er mittels Start angeworfen wurde, tickt er immer und immer wieder – was einen sich immer und immer wiederholenden Aufruf von OnTimer zur Folge hätte. Das ist natürlich nicht das, was wir wollen. Darum stoppen wir den Timer in OnTimer wieder, indem wir dessen Stop-Methode aufrufen. Somit haben wir doch noch einen *one-shot Timer* erhalten.

Zu beachten ist, dass hier das Sperren des Buttons absolut erforderlich war. Hätte man es nicht getan, hätte ein nachfolgender Aufruf von handler (beim Klicken auf den Button) einen bereits laufenden self.timer durch einen neuen wx.Timer überschrieben und diesen gestartet. Wir hätten dann keine Kontrolle mehr über den zuvor gestarteten Timer, und es ist nicht klar, ob er weiter tickt, tief in den Innereien von wxWidgets, oder ob er garbage collected wurde. Tickt er noch weiter, dann könnte er nicht mehr in `OnTimer` gestoppt werden, da die alte Referenz darauf verlorengegangen ist. Tickt er nicht mehr, würden frühere Klicks auf den Button (und somit auch Aufrufe von `handler`) nicht mehr zu einem (verzögerten) Aufruf von `OnTimer` führen. Mit anderen Worten, es gingen Button-Klicks verloren, sie wären verschluckt. Um beiden Problemen aus dem Weg zu gehen, deaktivieren wir doch lieber den Button im `handler` und aktivieren ihn wieder in `OnTimer`.

Eine dritte Variante, mit Timern umzugehen, ist, die Klasse `wx.Timer` abzuleiten und ihre `Notify`-Methode zu überschreiben. Diese Methode wird nach dem `Start` der abgeleiteten Timerklasse so lange im von `Start` angegebenen periodischen Abstand aufgerufen, bis jemand den Timer mit `Stop` wieder anhält.

Wir greifen nun unser *wx_app2b.py*-Beispiel auf und stellen es etwas um:

```python
#!/usr/bin/env python
# wx_app7c.py -- simulating a responsive GUI with deriving from wx.Timer

import wx
from wx_app7 import NonResponsiveGUI

class NotifyTimerGUI(NonResponsiveGUI):
    def __init__(self, *args, **kw):
        NonResponsiveGUI.__init__(self, *args, **kw)

    def handler(self, evt):
        "Simulate a slow operation"
        self.button.Enable(False)
        self.timer = NotifyTimer(self)
        self.timer.Start(10000)

    def OnTimer(self):
        self.timer.Stop()
        self.count = self.count + 1L
        self.sb.SetStatusText(str(self.count))
        self.button.Enable(True)

class NotifyTimer(wx.Timer):
    def __init__(self, theFrame):
        wx.Timer.__init__(self)
        self.theFrame = theFrame

    def Notify(self):
        "Will be triggered with the timer ticks"
        self.theFrame.OnTimer()
```

```
if __name__ == '__main__':
    app = wx.App()
    frame = NotifyTimerGUI(None, title='NotifyTimer GUI', size=(400, 100))
    frame.Show(True)
    app.MainLoop()
```

Probieren Sie es wieder aus und überzeugen Sie sich davon, dass Sie das Fenster vergrößern können, während Sie darauf warten, dass sich der Eintrag in der Statuszeile nach einem Klick auf den Button erhöht.

In diesem Fall ist es nicht mehr nötig, wx.EVT_TIMER-Events mittels Bind abzufangen. Stattdessen leiten wir NotifyTimer von wx.Timer ab und überschreiben ihre Notify-Methode. Um von dort aus unseren OnTimer-Handler aufzurufen, benötigen wir von der NotifyTimer-Klasse einen Link zurück zu unserem NotifyTimerGUI-Fenster. Diesen speichern wir beim Erzeugen von NotifyTimer in ihrem self.theFrame-Attribut.

Alles andere verläuft wie gewohnt: Der Button wird gesperrt und später wieder entsprerrt, und der Timer wird, nachdem er einmal getickt hat, in OnTimer manuell gestoppt, damit er nicht periodisch seine Notify-Methode aufruft.

Delayed Results

Die bisherigen Beispiele haben zwar gezeigt, wie man eine Funktion nach einer bestimmten Verzögerung aufrufen kann, aber diese Funktion war nach wie vor sehr schnell abgearbeitet. Was ist aber mit Funktionen, die tatsächlich länger brauchen, bis sie ein Ergebnis liefern? Solche Funktionen könnten z.B.

■ CPU-intensive Berechnungen ausführen (etwa einen Graphen berechnen),
■ in blockierenden Systemaufrufen stecken, wenn sie Ergebnisse aus einem Server lesen (z.B. read).

In beiden Fällen haben wir ein Problem: Der Thread, der diese Funktion ausführt, ist in Beschlag genommen und kann sich nicht gleichzeitig um die Eventschleife von wx.App kümmern.

Die offensichtliche Lösung ist, die Funktion in einem eigenen Thread auszuführen und den Hauptthread weiterhin in der Eventschleife zu belassen. Programmatisch könnte man zwar Threads manuell starten und verwalten, indem man z.B. das threading-Modul der Python Standard Library einsetzt (oder das low-level thread-Modul); aber dann müsste man auf die vielen Details achten, die multi-threaded Programme betreffen: Mutexe, warten auf Ergebnisse usw.

Viel leichter ist es, die API aus dem wx.lib.delayedresult-Modul einzusetzen! Das folgende Beispiel greift unsere vorigen Beispiele auf und führt eine längerlaufende, *blockierende* Operation in einem eigenen Thread aus:

```
#!/usr/bin/env python
# wx_app7d.py -- simulating a responsive GUI with DelayedResults

import time
import wx
import wx.lib.delayedresult as delayedresult
from wx_app7 import NonResponsiveGUI

class DelayedResultsGUI(NonResponsiveGUI):
    def __init__(self, protect=True, *args, **kw):
        NonResponsiveGUI.__init__(self, *args, **kw)
        self.protect = protect

    def handler(self, evt):
        "Called when self.button is clicked"
        if self.protect:
            self.button.Enable(False)
        delayedresult.startWorker(self.consumeResult, self.produceResult)

    def produceResult(self):
        "Simulates a slow operation running in its own thread"
        time.sleep(10)
        return self.count + 1L

    def consumeResult(self, delayedResult):
        "Collects results from worker thread, running in main thread"
        self.count = delayedResult.get()
        self.sb.SetStatusText(str(self.count))
        if self.protect:
            self.button.Enable(True)

if __name__ == '__main__':
    import sys
    protectValue = (sys.argv[1] == 'True')

    app = wx.App()
    frame = DelayedResultsGUI(protect=protectValue,
                              parent=None, title='DelayedResults GUI',
                              size=(400, 100))
    frame.Show(True)
    app.MainLoop()
```

Der Kern dieser Anwendung ist die Funktion startWorker aus dem o.g. Modul. Diese hat folgende Signatur:

```
$ pydoc wx.lib.delayedresult.startWorker
Help on function startWorker in wx.lib.delayedresult:

wx.lib.delayedresult.startWorker =
  startWorker(consumer, workerFn,
              cargs=(), ckwargs={}, wargs=(), wkwargs={},
              jobID=None, group=None, daemon=False,
              sendReturn=True, senderArg=None)

    Convenience function to send data produced by workerFn(*wargs, **wkwargs)
    running in separate thread, to a consumer(*cargs, **ckwargs) running in
    the main thread. This function merely creates a SenderCallAfter (or a
    SenderWxEvent, if consumer derives from wx.EvtHandler), and a Producer,
    and returns immediately after starting the Producer thread. The jobID
    is used for the Sender and as name for the Producer thread. Returns the
    thread created, in case caller needs join/etc.
```

Die Signatur ist etwas kompliziert, aber sie ist nicht so schwierig, wie es scheint. Die Grundidee lautet wie folgt: Die Funktion workerFn wird in einem eigenen Thread ausgeführt, und startWorker kehrt sofort zurück. Nun gibt es zwei Threads: den Haupt-Thread, der wohl die meiste Zeit in der Eventschleife verbringt, und den extra für workerFn erzeugten Thread. workerFn kann jetzt alles Mögliche tun, z.B. eine lange Berechnung ausführen, einen Datenbankserver per DB-API 2.0 abfragen usw., ohne dass dies die Responsivität des GUI beeinflussen würde.

Irgendwann wird workerFn mit seiner Arbeit fertig sein und mit einem Rückgabewert zurückkehren. In diesem Fall beendet sich der Thread, der für workerFn extra erzeugt wurde. Dies wird vom Haupt-Thread in der Eventschleife erkannt, und dieser Haupt-Thread ruft dann die Funktion consume auf.

consume kann jetzt u.a. dem Rückgabewert von workerFn als erstes Argument entgegennehmen. Dieses Argument ist vom Typ wx.lib.delayedresult.DelayedResult, und der eigentliche Rückgabewert von workerFn kann mit der Methode get dieses Arguments entgegengenommen werden.

Das Schöne an diesem Modell ist, dass man sich nicht um Mutexe und weitere Thread-spezifische Dinge kümmern muss: Dies wird vom delayedresult-Modul transparent hinter den Kulissen erledigt!

Die API von startWorker ist deswegen kompliziert, weil man sowohl consumer als auch workerFn zusätzliche positionale und Schlüsselwortargumente übergeben kann. So ist

- cargs ein Tupel von positionalen Argumenten, die an consumer nach dem Delayed-Result übergeben werden,
- ckwargs ein Dictionary von Schlüsselwortargumenten, die an consumer zusätzlich zu den cargs übergeben werden,
- wargs ein Tupel von positionalen Argumenten, die an workerFn übergeben werden,
- wkwargs ein Dictionary von Schlüsselwortargumenten, die an workerFn nach wargs übergeben werden.

Mit anderen Worten, folgende Funktionen werden konzeptuell aufgerufen:

```
# This call...
thread_id = startWorker(consumer, workerFn, cargs, ckwargs, wargs, wkwargs)

# ... results in workerFn to be called in thread thread_id
result = DelayedResult(workerFn(*cargs, **ckwargs))

# ... and when workerFn returns, in consumer to be invoked
consumer(result, *wargs, **wkwargs)    # Runs in main thread.
```

Auf die restlichen Parameter gehen wir hier nicht ein.

Das Programm *wx_app7d.py* dürfte jetzt verständlicher werden:

- Wenn der Button geklickt wird, wird der Callback handler aufgerufen.
- handler ruft dann startWorker auf, um produceResult in einem eigenen Thread auszuführen.
- startWorker kehrt sofort zurück nach handler, ohne die langlaufende Operation produceResult abzuwarten.
- handler beendet sich sofort, und der Haupt-Thread (der GUI-Thread) kehrt in die Eventschleife zurück.
- Währenddessen läuft produceResult in einem eigenen Thread. Er schläft erst dank time.sleep ein Weilchen (das simuliert einen blockierenden Systemaufruf, kann aber auch eine CPU-intensive Anwendung darstellen) und liefert dann einen Wert zurück.
- Beachten Sie, dass der Zugriff auf self.count vom produceResult-Thread mit einem Mutex geschützt werden muss. Dies sollte transparent von der delayedresult-Maschinerie bewerkstelligt werden.
- Wenn produceResult zurückkehrt, beendet sich dieser eigene Thread.
- Der GUI-Thread merkt in seiner Eventschleife, dass sich der zuvor erzeugte Thread beendet hat, und ruft jetzt consumeResult auf.
- consumeResult läuft im Haupt-Thread und bekommt als erstes Argument den Rückgabewert von produceResult, als ein DelayedResult-Objekt verpackt, übergeben.
- Wir modifizieren jetzt das GUI innerhalb von consumeResult, indem wir die Statuszeile anpassen. Dafür haben wir den Rückgabewert von produceResult entgegengenommen und verwendet.

Experimentieren Sie mit Werten von True und False auf der Kommandozeile, um zu sehen, wie sich die Anwendung benimmt, wenn der Button nach dem Klicken deaktiviert wird oder nicht.

Wichtig bei dieser Anwendung ist, dass GUI-relevante Veränderungen (Buttons deaktivieren und reaktivieren, Statuszeile verändern, ...) ausschließlich innerhalb des GUI-Threads (Haupt-Threads) stattfinden. Die langlaufende Operation aus dem Worker-Thread workerFn (hier im Beispiel produceResult genannt) interagiert *nicht* mit dem GUI! Das liegt daran, dass viele GUI-Toolkits nicht thread-safe sind, zumindest nicht über Plattformgrenzen hinweg. Unsere Anwendung trennt schön sauber Applikationslogik und Präsentationslogik und belässt beide in verschiedenen Threads. Die Kommunikation zwischen beiden Threads erfolgt ausschließlich über Parameter und Rückgabewerte von Funktionen.

Häufig möchten Anwender eine langlaufende Operation vorzeitig beenden. Da es keinen direkten Weg gibt, einen Thread zwangsweise abzuwürgen, muss man sich anderer Mittel bedienen. In der folgenden Anwendung geschieht dies über eine Variable self.is_running:

```python
#!/usr/bin/env python
# wx_app8.py -- simulating a responsive GUI with DelayedResults and Cancel

import time
import wx
import wx.lib.delayedresult as delayedresult

class DelayedResultsCancelGUI(wx.Frame):
    def __init__(self, *args, **kw):
        wx.Frame.__init__(self, *args, **kw)

        self.count = 0L
        self.is_running = False
        self.Bind(wx.EVT_CLOSE, self.OnClose)

        self.sb = wx.StatusBar(self)
        self.sb.SetStatusText("Ready")
        self.SetStatusBar(self.sb)

        self.panel = wx.Panel(self, wx.ID_ANY)
        self.sizer = wx.BoxSizer(wx.HORIZONTAL)

        self.buttonStart = wx.Button(self.panel, id=100, label="Start Thread")
        self.buttonStop  = wx.Button(self.panel, id=101, label="Stop Thread")
```

```python
        self.buttonStart.Enable(True)
        self.buttonStop.Enable(False)

        self.sizer.Add(self.buttonStart, wx.EXPAND)
        self.sizer.Add(self.buttonStop,  wx.EXPAND)

        self.Bind(event=wx.EVT_BUTTON, handler=self.handlerStart, id=100)
        self.Bind(event=wx.EVT_BUTTON, handler=self.handlerStop,  id=101)

        self.panel.SetSizer(self.sizer)
        self.sizer.Fit(self)

    def OnClose(self, evt):
        self.is_running = False
        self.Destroy()

    def handlerStart(self, evt):
        "Called when buttonStart is clicked"
        self.is_running = True
        self.buttonStart.Enable(False)
        self.buttonStop.Enable(True)
        delayedresult.startWorker(self.consumeResult, self.produceResult)

    def handlerStop(self, evt):
        "Called when buttonStop is clicked"
        self.is_running = False
        self.buttonStop.Enable(False)

    def produceResult(self):
        "Simulates a slow operation running in its own thread"
        time.sleep(10)
        if self.is_running:
            return self.count + 1L
        else:
            return "Aborted"

    def consumeResult(self, delayedResult):
        "Collects results from worker thread, running in main thread"
        result = delayedResult.get()
        if result != "Aborted":
            self.count = result
        self.sb.SetStatusText(str(result))
        self.buttonStart.Enable(True)
        self.buttonStop.Enable(False)
```

```
if __name__ == '__main__':
    app = wx.App()
    frame = DelayedResultsCancelGUI(None, title='DelayedResultsCancel GUI',
                                    size=(400, 100))
    frame.Show(True)
    app.MainLoop()
```

Führt man dieses Programm aus, erscheint ein Fenster mit zwei Buttons und einer
Statuszeile:

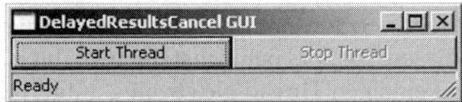

Klickt man auf den START THREAD-Button, wird ein Thread mit der Methode produce-
Result gestartet. Die Anwendung verhält sich wie *wx_app7d.py*: Der Zähler in der
Statuszeile wird inkrementiert nach 10 Sekunden Wartezeit. Doch anders als bei der
vorigen Anwendung kann jetzt der Anwender durch Klicken auf den STOP THREAD-
Button eine Variable self.is_running auf False setzen. Idealerweise würde jetzt der
Worker-Thread produceResult in periodischen Abständen diese Variable abfragen und,
wenn sie False ist, vorzeitig zurückkehren. In unserem Beispiel ist es nicht möglich,
weil time.sleep nicht mittendrin geweckt werden kann. Aber wenn dieser Aufruf
zurückkehrt nach 10 Sekunden, prüfen wir diese Variable nach und liefern entweder
einen richtigen Wert oder den String Aborted.

Probieren Sie die Anwendung aus und versuchen Sie, das Fenster in den verschiedenen
Fällen in der Größe zu verändern. Sie werden sehen, dass das GUI auf jeden Fall
responsiv bleibt, dass aber sowohl der START- als auch der STOP-Button deaktiviert
ist, falls Sie den Thread abbrechen wollen. In der Praxis ist es kein Problem, denn eine
GUI-Anwendung wird typischerweise mehr Funktionalität als *wx_app8.py* aufweisen,
und der Benutzer kann in der Zeit ruhig andere Aktionen veranlassen.

Eine Aufgabe für aufmerksame Leser: Starten und stoppen Sie den Thread und schließen Sie das Fenster, bevor der START-Button wieder aktiviert ist. Sie werden sehen, dass
das Programm mit einem *core dump* abbricht. Der Grund dafür ist, dass der Worker-
Thread nicht wirklich abgebrochen wurde, wenn das Fenster in OnClose zerstört wurde:
produceResult kehrt irgendwann mal mit Aborted zurück, und consumeResult wird dann
versuchen, den Rückgabewert in eine nicht mehr existierende Statuszeile eines nicht
mehr existierenden Fensters zu schreiben. Wie kann man *wx_app8.py* so verändern,
dass dieser Fall abgefangen wird? *Tipp*: Was liefert startWorker zurück? Kann man das
ausnutzen?

Threads

Es ist wohlbekannt, dass man bei multi-threaded Programmen darauf achten muss, dass sich die verschiedenen Threads nicht in die Quere kommen. Dies wird man i.d.R. mit diversen Synchronisationsmechanismen wie Mutexe bewerkstelligen.

Aber was ist mit dem Aufruf von Funktionen aus Bibliotheken, bei denen man nicht sicher ist, dass sie thread-safe programmiert sind? Diese Bibliotheken können wir nicht nachträglich thread-safe machen, indem wir jede ihrer Funktionen so verändern (oder wrappen), dass sie entsprechend geschützt werden.

Eine solche Bibliothek ist oft auch ein GUI-Toolkit. Selten sind die GUI-Toolkits, die *intern* völlig thread-safe sind. Man sollte bei diesen Toolkits peinlichst darauf achten, dass ihre Funktionen ausschließlich von einem einzigen Thread gleichzeitig aufgerufen werden.

Doch wie stellt man das sicher? wxPython stellt dafür folgenden Mechanismus zur Verfügung: Man kann in den Worker-Threads diverse Aufgaben erledigen, und wenn man das GUI verändern/updaten will, ruft man von dem jeweiligen Worker-Thread nicht etwa eine Funktion eines Widgets direkt auf, sondern man postet in dem Fall einfach ein spezielles Event. Dieses Event wird im Haupt-Thread (im GUI-Thread) von der Eventschleife aufgenommen und anschließend wie jedes andere Event verarbeitet.

Dieser Mechanismus wird in wxPython mit Hilfe der `wx.PostEvent` Funktion implementiert.

Etwas konkreter? Wir definieren erst ein Event wie folgt:

```
import wx
import wx.lib.newevent


# This creates a new Event class and a EVT binder function
(UpdateFooEvent, EVT_UPDATE_FOO) = wx.lib.newevent.NewEvent()
```

Die Intention ist dabei, dass ein Widget `Foo` im GUI aktualisiert werden sollte, wenn das Event `UpdateFooEvent` gepostet wird.

Im Hauptfenster binden wir dann das Event `UpdateFooEvent` an einen Callback, der im GUI-Thread laufen wird. Nennen wir ihn mal `OnUpdate`:

```
class SomeWindow(wx.Frame):
    def __init__(self, *args, **kwargs):
        wx.Frame.__init__(self, *args, **kwargs)
        # ...
        self.Bind(EVT_UPDATE_FOO, self.OnUpdate)

    def OnUpdate(self, evt):
        # Update GUI. Runs in GUI thread.
        self.TextCtrl.SetValue(evt.someValue)
```

Das alles läuft bisher im GUI-Thread. Nehmen wir nun eine Funktion `callbackWT`, die in einem Worker-Thread läuft. Damit diese Funktion indirekt `OnUpdate` aufruft, muss sie ein Event vom Typ `UpdateFooEvent` instanziieren und zur Eventschleife des GUI-Threads mit `wx.PostEvent` senden:

```python
def callbackWT(theFrame):
    "Runs in worker thread"
    evt = UpdateFooEvent(someValue="bloh")
    wx.PostEvent(theFrame, evt)
```

Wir sehen, dass der Worker-Thread nicht `theFrame.OnInit` direkt aufruft (das wäre nicht thread-safe), sondern ein Event mit einem Wert `someValue` erzeugt und an `theFrame` mittels `wx.PostEvent` sendet. Da dieser Event durch `Bind` an `OnUpdate` gebunden wurde, wird der GUI-Thread irgendwann mal in dessen Eventschleife dieses Event verarbeiten und `OnUpdate` aufrufen.

Beachten Sie, wie man Werte vom Worker-Thread an den GUI-Thread mit Hilfe von Schlüsselwortparametern übergeben kann. Diese Werte werden im `UpdateFooEvent` verpackt und können anschließend als ganz normale Attribute (z.B. `evt.someValue`) wieder ausgelesen werden. Man kann natürlich mehr als nur nur ein Schlüsselwortargument übergeben, um mehrere Werte gleichzeitig zu übermitteln. Oder man kann ein Dictionary von Werten übergeben. Die Wahl bleibt Ihnen überlassen.

Die folgende Anwendung *wx_app9.py*, die wir stückweise vorstellen, ist ein Beispiel, wie verschiedene Threads das GUI indirekt anpassen können. Das GUI könnte im Betrieb wie folgt aussehen:

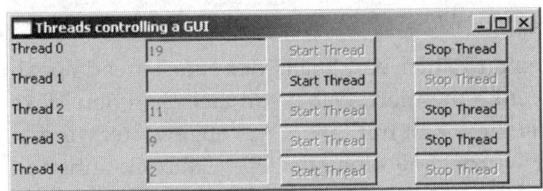

Die Idee dabei ist, dass jeder einzelne Thread einen mehr oder weniger schnell laufenden Zähler simuliert (mit Hilfe der blockierenden `time.sleep`-Funktion!) und den Wert seines Zählers im jeweiligen Textfeld aktualisiert. Da diese Worker-Threads nicht einfach das Textfeld-Widget direkt verändern sollten, werden sie bei jedem Tick ein Event erzeugen und an den GUI-Thread senden. Der GUI-Thread ist dann für das Updaten des jeweiligen Textfeldes zuständig.

Bevor wir zum GUI kommen, schauen wir uns erst die Zählerthreads an. Diese leiten wir von der `Thread`-Klasse des `threading`-Moduls der Python Standard Library ab:

```
#!/usr/bin/env python
# counterthread.py -- A Thread which acts like a counter and a timer.

from threading import Thread
import time

class CounterThread(Thread):
    def __init__(self, callbackFn, pace=1):
        Thread.__init__(self)
        self.callbackFn = callbackFn
        self.pace = pace
        self.counter = 0L
        self.keepGoing = True

    def run(self):
        while self.keepGoing:
            time.sleep(self.pace)
            self.counter = self.counter + 1L
            self.callbackFn(self, self.counter)

    def stop(self):
        self.keepGoing = False
```

Zu beachten ist, dass diese Klasse nichts mit einem GUI zu tun hat: Sie ist vollständig generisch, denn bei jeden Tick wird hier eine Callback-Funktion callbackFn aufgerufen, die beim Instanziieren eines CounterThreads übergeben wird.

Was tut CounterThread genau? Es soll einen Zähler darstellen, der eine Thread-spezifische Variable counter bei jedem Tick inkrementiert. Dabei soll zwischen den Ticks genau pace Sekunden vergehen – wobei diese Zeit mit time.sleep abgewartet werden soll. Sobald der Zähler inkrementiert wurde, soll eine spezielle Callback-Funktion aufgerufen werden, die bei der Instanziierung des CounterThreads mit übergeben wurde. Ein solcher Callback könnte z.B. dem Benutzer mitteilen, dass sich der Zähler verändert hat oder irgend etwas anderes tun. Als Parameter soll dieser Callback das aufrufende CounterThread-Objekt und den aktuellen Zählerstand counter erhalten.

All diese Werte werden in __init__ in Attributen gespeichert. Achten Sie auch auf das Attribut keepGoing: Darauf kommen wir gleich zurück.

Die threading.Thread-API verlangt, dass man pro Thread (oder einer von Thread-abgeleiteten Klasse wie CounterThread) eine run-Methode definiert. Diese Methode wird vom Threading-System aufgerufen, sobald der Thread mit Hilfe der start-Methode gestartet wird. Der Thread läuft dann so lange, bis run zurückkehrt. Anschließend wird der Thread beendet.

Schauen wir uns nun `run` an! Dort wird, solange `keepGoing` auf `True` gesetzt ist

- etwas gewartet (`time.sleep(self.pace)`),
- der Zähler inkrementiert (`self.counter = self.counter + 1L`),
- die Callback-Funktion aufgerufen (`self.callbackFn(self, self.counter)`).

Dies ist eine Endlosschleife, solange `keepGoing` weiterhin auf `True` bleibt. Mit anderen Worten: Dieser Thread wacht alle `self.pace` Sekunden auf, aktualisiert den Zähler und ruft `self.callbackFn` mit dem neuen Zählerwert auf und legt sich anschließend wieder schlafen.

Das bringt uns nun zur `stop`-Methode. Man kann zwar einen Thread mit `start` starten, aber es gibt keine `stop`-Methode in der API, die einen Thread von außen (d.h. von einem Kontroll-Thread aus) stoppen könnte. Anders ausgedrückt: Man kann einen Thread nicht einfach mit einem Aufruf einer Threading-Funktion *abwürgen*. Aber man kann dem Thread mitteilen, dass er sich bei nächstbester Gelegenheit selbst beenden soll! Dies geschieht in `stop`, indem wir `self.keepGoing` auf `False` setzen.

Beachten Sie, dass `stop` nicht vom eigentlichen Thread-Objekt `self` aufgerufen wird, sondern von einem anderen Thread (dem Kontroll-Thread, in unserer Anwendung wird es der GUI-Thread sein). Der zu stoppende Thread (`self`) wird sich irgendwo in `run` tummeln und mit großer Wahrscheinlichkeit in der `time.sleep`-Methode schlafen. Irgendwann wird er aber erwachen, den Zähler ein letztes Mal inkrementieren, die Callback-Funktion aufrufen und bei der nächsten Iteration der `while`-Schleife merken, dass er sich bitteschön beenden soll. Dann verlässt er die `run`-Funktion und wird vom Threading-System beendet.

Wir werden gleich sehen, wie man `CounterThread`s benutzt!

Um es noch einmal zu betonen: `CounterThread` ist völlig losgelöst vom GUI und hat mit ihm nichts zu tun. Wir haben diese Klasse in einer eigenen Datei *counterthread.py* gespeichert, damit wir sie unabhängig von `wx` benutzen und wiederverwenden können.

Kommen wir nun zum GUI-Programm *wx_app9.py*.

Das Programm fängt wie folgt an:

```
#!/usr/bin/env python
# wx_app9.py -- Multiple Python Threads and one GUI

from counterthread import CounterThread
import wx
import wx.lib.newevent

# This creates a new Event class and a EVT binder function
(UpdateTextEvent, EVT_UPDATE_TEXT) = wx.lib.newevent.NewEvent()
```

Neben den üblichen import-Statements erzeugen wir, wie oben erwähnt, ein Custom-Event vom Typ UpdateTextEvent (und einer ID-Kennung EVT_UPDATE_TEXT) mit Hilfe des speziellen Konstruktors wx.lib.newevent.NewEvent. Dieses Event wird von den einzelnen Worker-Threads bei jedem Tick generiert und an das GUI-Thread gepostet.

Das eigentliche GUI wird mit Hilfe der Klasse CounterGUI implementiert. Sie hat folgendes Skelett:

```python
class CounterGUI(wx.Frame):
    def __init__(self, numThreads=5, *args, **kwargs): pass

    def createThreads(self): pass
    def BuildGUI(self): pass

    def callbackFn(self, theThread, theCounter): pass
    def OnUpdate(self, evt): pass

    def startThread(self, evt): pass
    def stopThread(self, evt): pass
```

Wir werden nach und nach pass entfernen und durch den eigentlichen Code ersetzen. Doch bevor wir dazu kommen, schauen wir uns kurz das Hauptprogramm an, das sich an die Klasse CounterGUI anschließt. Es ist ohne Überraschungen:

```python
if __name__ == '__main__':
    import sys
    number_of_threads = int(sys.argv[1])

    app = wx.App()
    frame = CounterGUI(parent=None, title='Threads controlling a GUI',
                       numThreads=number_of_threads)
    frame.Show(True)
    app.MainLoop()
```

Kommen wir nun zu den einzelnen Methoden von CounterGUI zurück. Wir fangen mit dem Konstruktor __init__ an:

```python
def __init__(self, numThreads=5, *args, **kwargs):
    wx.Frame.__init__(self, *args, **kwargs)

    self.fields  = []          # a list of wx.TextCtrl fields for the threads
    self.buttons = []          # a list of (startButton, stopButton) objects
    self.numThreads = numThreads    # number of worker threads
    self.threads = self.createThreads()  # a list of worker threads

    self.BuildGUI()
    self.Bind(EVT_UPDATE_TEXT, self.OnUpdate)
```

Wie gewohnt und bei Python erforderlich, rufen wir explizit den Kontruktor der Elternklasse auf. Als Attribute definieren wir:

- `fields`: eine Liste von Textfeldern vom Typ `wx.TextCtrl`
- `buttons`: eine Liste von Buttons (`startButton`, `stopButton`)

Diese beiden Felder dienen dem Wiederauffinden des jeweiligen Widgets, falls sich einer der `CounterThread`-Threads melden sollte.

In `threads` wird eine Liste von `CounterThread`-Objekten gespeichert (mehr dazu später). In allen Fällen sind diese Listen stets `self.numThreads`-Elemente lang. Man kann ja die Anzahl der Threads auf der Kommandozeile spezifizieren.

Das eigentliche GUI wird in der Funktion `BuildGUI` aufgebaut.

Wichtig ist hier aber, dass das Event `UpdateTextEvent` mit der ID `EVT_UPDATE_TEXT` an die Methode `OnUpdate` gebunden wird. Wir werden weiter untern sehen, dass im Callback `CallbackFn`, der von den Worker-Threads aufgerufen und ausgeführt wird, ein `UpdateTextEvent` instanziiert und an den GUI-Thread gepostet wird. Durch den `Bind`-Aufruf hier wird dieser Event im GUI-Thread von der Funktion `OnUpdate` ausgewertet. Aber darauf kommen wir in Kürze.

Die Liste `self.threads` wird durch einen Aufruf folgender Methode `createThreads` aufgebaut:

```
def createThreads(self):
    threads = []
    for i in range(self.numThreads):
        thr = CounterThread(self.callbackFn, 3+i)
        thr.setName("<Thread %d>" % (i,))
        threads.append(thr)
    return threads
```

Wir instanziieren hier `self.numThreads` Thread-Objekte vom Typ `CounterThread`. Als Parameter erhält der Konstruktor dieser Objekte die Callback-Funktion `self.callbackFn` (auf die wir noch zurückkommen) und den Wert 3+i. Das bedeutet, dass der 0-te Thread die Methode `self.callbackFn` alle 3 Sekunden aufrufen wird, der 1-ste Thread wird alle 4 Sekunden `callbackFn` aufrufen usw. Wenn Sie die Anwendung ausführen, werden Sie merken, dass Zähler der Threads immer langsamer laufen, je höher die Thread-Nummer ist. Das ist nur, um zu zeigen, dass jeder Thread stets nur sein eigenes Textfeld (indirekt) aktualisiert: Die Threads kann man an ihrer unterschiedlichen Geschwindigkeit erkennen.

Nachdem die `CounterThread`-Objekte erzeugt sind, sind sie aber noch lange nicht gestartet worden. Das folgt erst im Button-Handler `startThread`.

Als Nächstes kommt die BuildGUI-Methode, die das eigentliche GUI innerhalb des Fensters aufbaut. Diese Methode trägt in einem GridSizer der Reihe nach für jede Zeile ein:

- ein wx.StaticText mit der Nummer des Threads,
- ein wx.TextCtrl im read-only-Modus, in dem der Thread seinen Zähler (indirekt via callbackFn und OnUpdate) eintragen kann,
- ein wx.Button zum Starten des Threads und
- ein wx.Button zum Stoppen des Threads.

Schauen wir uns diese Methode an:

```python
def BuildGUI(self):
    self.panel = wx.Panel(self, wx.ID_ANY)
    self.sizer = wx.GridSizer(self.numThreads, 4, 2, 10) # rows, cols,
                                                          # vgap, hgab

    for i in range(self.numThreads):
        textfield = wx.TextCtrl(self.panel, id=wx.ID_ANY)
        textfield.Enable(False)  # read only text field
        self.fields.append(textfield)

        buttonStart = wx.Button(self.panel, label="Start Thread")
        self.Bind(wx.EVT_BUTTON, handler=self.startThread,
                source=buttonStart)

        buttonStop  = wx.Button(self.panel, label="Stop Thread")
        self.Bind(wx.EVT_BUTTON, handler=self.stopThread,
                source=buttonStop)
        buttonStop.Enable(False)

        self.buttons.append((buttonStart, buttonStop))

        self.sizer.Add(wx.StaticText(self.panel, label="Thread %d" % (i,)))
        self.sizer.Add(textfield, wx.EXPAND)
        self.sizer.Add(buttonStart)
        self.sizer.Add(buttonStop)

    self.panel.SetSizer(self.sizer)
    self.sizer.Fit(self)
```

Der Code ist hoffentlich selbsterklärend.

Der interessante Teil sind folgende beide Funktionen:

```
def callbackFn(self, theThread, theCounter):
    "Called to update the GUI. Runs in calling worker thread."
    threadID = self.threads.index(theThread)
    evt = UpdateTextEvent(threadNum=threadID, value=theCounter)
    wx.PostEvent(self, evt)

def OnUpdate(self, evt):
    "Updates the GUI. Runs in the main GUI thread."
    threadID     = evt.threadNum
    counterValue = evt.value
    self.fields[threadID].SetValue(str(counterValue))
```

Beachten Sie erst die Docstrings:

- callbackFn ist die Callback-Funktion, die beim Instanziieren der CounterThreads übergeben wurde. Der Code, der sich darin befindet, wird von einem der Worker-Threads ausgeführt!
- OnUpdate ist der Event-Handler für das Custom-Event UpdateTextEvent. Dessen Code wird vom GUI-Thread ausgeführt.

Jedes Mal, wenn einer der Threads tickt, wird er callbackFn aufrufen und dabei sich selbst (das CounterThread-Objekt) und seinen aktualisierten Zählerwert übergeben. callbackFn identifiziert erst die Nummer des Thread-Objekts theThread, indem sie diese in der Liste self.threads mittels index sucht. Anschließend erzeugt sie ein UpdateTextEvent mit den Werten threadID und theCounter (unter den Namen threadNum und value) und sendet dieses Event mit wx.PostEvent an den GUI-Thread.

Der GUI-Thread ruft von seiner Eventschleife aus OnUpdate auf, immer wenn er ein UpdateTextEvent von einem der Worker-Threads erhalten hat. Dieses Event ist in der Variablen evt. Er extrahiert dann die Thread-ID und den Zählerwert aus den Attributen threadNum und value, die in callbackFn vom Thread angegeben wurden, identifiziert das jeweilige Textfeld-Widget anhand der Thread-ID und verändert den dort enthaltenen Wert mit der SetValue-Methode. Beachten Sie, dass wir diesen Wert programmatisch verändern können; der Anwender aber nicht: read-only bezieht sich nur auf Anwender.

Das ist alles schön und gut, aber kein Thread ist bisher gestartet worden! Dies geschieht zur Laufzeit selektiv für die Threads, bei denen der Benutzer auf den 'Start Thread'-Button geklickt hat. Mit anderen Worten, in dem folgenden Event-Handler:

```
def startThread(self, evt):
    startButton = evt.GetEventObject()
    buttonID = [lst[0] for lst in self.buttons].index(startButton)
    thread = self.threads[buttonID]
```

```
startButton.Enable(False)                  # can't start thread anew
self.buttons[buttonID][1].Enable(True)   # enable stop button
thread.start()
```

Der Code scheint nur kompliziert, ist er aber nicht:

- Aus evt wird der startButton herausgefischt, auf den der Benutzer geklickt hat.
- startButton ist aber nur eine Referenz. Wir benötigen hier die Nummer des Buttons (0, 1, 2, ...), um den jeweiligen Thread starten zu können. Um diese Nummer zu finden, schauen wir in der Liste der (startButton, stopButton) Tupel self.buttons nach. Wir benutzen eine *list comprehension*, um diese Tupelliste in eine einfache Liste ihrer 0-ten Komponenten zu konvertieren, und rufen darauf index auf. Das Ergebnis ist die Zeilennummer des geklickten Buttons.
- Mit dieser Zeilennummer buttonID wird dann in der Liste der Threads, self.threads der richtige Thread herausgefischt.
- Der START-Button wird disabled.
- Der passende STOP-Button wird enabled.
- Der Thread thread wird durch Aufruf von dessen Methode start gestartet.

Beachten Sie, dass start nicht in CounterThread definiert wurde! Diese Methode ist direkt aus threading.Thread geerbt worden und hat eine besondere Bedeutung: Sie erzeugt einen Betriebssystem-Thread und ruft darin die run-Methode des Thread-Objekts auf.

Zu diesem Zeitpunkt wird der Thread anfangen zu ticken und regelmäßig die callbackFn-Methode aufrufen.

Einen laufenden Thread stoppen wir mit stopThread:

```
def stopThread(self, evt):
    stopButton = evt.GetEventObject()
    buttonID = [lst[1] for lst in self.buttons].index(stopButton)
    thread = self.threads[buttonID]

    stopButton.Enable(False)
    thread.stop()                          # may take some seconds
                                           # to be picked up by thread
```

Auch hier wird erst die Zeile des 'Stop Thread'-Buttons aus evt herausgefischt und damit der zu stoppende Thread thread ermittelt. Der STOP-Button wird disabled und dann wird mit thread.stop() dem thread-Objekt signalisiert, dass es sich freiwillig beenden wird. Wie weiter oben bei bei der Besprechung der stop-Methode von CounterThread erklärt, bedeutet das nicht, dass der Zähler-Thread jetzt sofort stoppt: Das tut er erst, nachdem er aus seiner Schlafphase aufgewacht ist, den Zähler ein letztes Mal aktualisiert und ein letztes Mal callbackFn aufgerufen hat. Erst dann ist dieser Thread zu Ende.

Das war's auch schon!

Wenn Sie dieses Programm ausprobieren, denken Sie daran, dass das GUI weiterhin responsiv ist, weil alle GUI-Events von GUI-Thread verarbeitet werden, während das Warten und Zählererhöhen in den Worker-Threads stattfindet. Wir haben eine saubere Trennung hinbekommen.

Eine Übungsaufgabe für den interessierten Leser: Wenn Sie das Fenster schließen, während einer oder mehrere der Working-Threads noch laufen, wird es einen *core dump* geben. Warum? Wie kann man das verhindern? Tipp: `threading.Thread.isAlive`. Fügen Sie einen Button hinzu, der die Anwendung schließt. Dieser Button soll nur dann enabled sein, wenn kein Worker-Thread mehr läuft. Das schließt auch die Worker-Threads mit ein, die zwar mit `stop` angewiesen wurden, sich zu beenden, aber immer noch leben.

Externe Prozesse

Eine unverzichtbare Fähigkeit eines jeden GUI ist es, externe Programme in einem eigenen Prozess auszuführen und dessen Ein- und Ausgaben über das GUI zu leiten. Denken Sie z.B. an *pyshell* (bzw. *pycrust*), die wir oben erwähnt haben, oder an die Python-Shell *idle*.

In wxPython wird ein externes Programm als `wx.Process`-Objekt repräsentiert und wird mit `wx.Execute` ausgeführt. Der Kern eines solchen Programmes lautet:

```
process = wx.Process()
pid = wx.Execute(cmdline, wx.EXEC_ASYNC, process)
```

Doch das allein reicht noch nicht aus, denn es stellen sich folgende Fragen:

- Wie erkennt man, dass der Prozess sich beendet hat?
- Wie sendet man dem Prozess Daten?
- Wie liest man Daten aus dem Prozess aus?

Die erste Frage ist leicht zu beantworten: Man fängt einfach das Event `wx.EVT_END_PROCESS` auf, indem man es an einen Callback bindet:

```
# self is a wx.Frame or something similar
# OnProcessEnded is a custom callback

self.Bind(wx.EVT_END_PROCESS, OnProcessEnded)
```

Die zweite und dritte Frage löst man am bequemsten mit Hilfe von Ein- und Ausgabestreams. Das Objekt `process` ist ja unser Proxy für den externen Prozess. Mit Hilfe seiner `GetOuputStream`-Methode erhält man ein `file`-ähnliches Objekt, in das wir mit `write` schreiben können. Alles, was wir dort senden, landet in der Standardeingabe des externen Prozesses:

```
process.GetOutputStream().write('hello process, i am a gui client.' + '\n')
```

Umgekehrt liest man alles, was uns der Prozess über seine Standardausgabe bzw. Fehlerausgabe senden mag, über die Stream-Objekte, die man aus den `GetInputStream`- und `GetErrorStream`-Methoden erhält:

```
istream = process.GetInputStream()
if istream.CanRead():
    text = istream.read()

estream = process.GetErrorStream()
if estream.CanRead():
    text = estream.read()
```

Wo kann man so etwas bewerkstelligen? Man könnte (und sollte) wie in den vorigen Abschnitten einen eigenen Thread erzeugen, der sich um den Prozess kümmert, damit das GUI weiterhin responsiv bleibt. Ein schneller Hack bestünde aber darin, solche Ausleseaktionen dann zu erledigen, wenn das GUI ansonsten nichts zu tun hat, d.h. immer wenn es ein `wx.EVT_IDLE`-Event bekommt. Darauf kommen wir gleich noch mal zurück.

Oft fängt ein Programm erst dann zu antworten an, wenn wir unsere Seite der Verbindung geschlossen haben. Bei der Shell wäre das mit Ctrl-D (oder bei Windows mit Ctrl-Z+Enter), und bei wxPython geht das mit der `CloseOutput`-Methode des `wx.Process`-Objekts:

```
process.CloseOutput()
```

Den externen Prozess kann man entweder mit `process.Destroy()` beenden oder mit der statischen `wx.Process.Kill`-Funktion und der PID, die man aus dem Aufruf von `wx.Execute` erhalten hat, ein Signal senden:

```
# one way to kill the process
process.Destroy()

# another way to kill it
wx.Process.Kill(pid=thepid, sig=wx.SIGKILL)
```

Als Anwendung wollen wir mit *wx_app10.py* ein kleines GUI-Programm zusammenstellen, das ein externes Programm in einem Prozess ausführt und mit dem man über die Ein-/Ausgabestreams kommunizieren kann.

Das Programm könnte wie im auf der nächsten Seite gezeigten Screenshot aussehen.

Sie erkennen hier ein Fenster, das aus mehreren Komponenten besteht:

- eine Kommandozeile samt RUN-Button, in der der Benutzer den Namen des zu startenden externen Programmes angeben kann.
- ein Hauptfenster, in dem die Ausgaben des Programms erscheinen. Haben Sie bemerkt, dass die Eingaben des Benutzers dort fett wiedergegeben werden?

```
ssh net4801-2                                                                      Run!
caster, use ncat -o instead.
        -- Dru <genesis@istar.ca>
uptime
 7:29PM  up 8 days,  8:05, 1 user, load averages: 0.04, 0.03, 0.00
sysctl kern.clockrate
kern.clockrate: { hz = 100, tick = 10000, profhz = 1024, stathz = 128 }
vmstat -i
interrupt                        total       rate
irq0: clk                     72028700         99
irq4: sio0                        3363          0
irq8: rtc                     92194948        127
irq10: sis0 sis1+             50125843         69
irq14: ata0                    2688354          3
Total                        217041208        301
df -h
Filesystem     Size    Used   Avail Capacity  Mounted on
/dev/ad0s1a    496M    220M    236M    48%    /
devfs          1.0K    1.0K      0B   100%    /dev
/dev/ad0s1f    3.9G    1.0G    2.5G    29%    /users
/dev/ad0s1d    3.9G    2.5G    1.1G    69%    /usr
/dev/ad0s1e    3.9G    422M    3.1G    12%    /usr/local
/dev/ad0s1g     22G    4.4G     16G    22%    /var
devfs          1.0K    1.0K      0B   100%    /var/named/dev
pfctl
usage: pfctl [-AdeghmNnOqRrvz] [-a anchor] [-D macro=value] [-F modifier]
        [-f file] [-i interface] [-K host | network] [-k host | network ]
        [-o [level]] [-p device] [-s modifier ]
        [-t table -T command [address ...]] [-x level]
tail /var/log/messages
Jun  6 17:35:20 fw ntpd[783]: kernel time sync enabled 6001
Jun  6 17:56:07 fw ctl_cyrusdb[44383]: checkpointing cyrus databases
Jun  6 17:56:20 fw ctl_cyrusdb[44383]: done checkpointing cyrus databases
Jun  6 18:26:07 fw ctl_cyrusdb[44486]: checkpointing cyrus databases
Jun  6 18:26:17 fw ctl_cyrusdb[44486]: done checkpointing cyrus databases
Jun  6 18:26:34 fw ntpd[783]: kernel time sync enabled 2001
Jun  6 18:56:14 fw ctl_cyrusdb[44655]: checkpointing cyrus databases
Jun  6 18:56:23 fw ctl_cyrusdb[44655]: done checkpointing cyrus databases
Jun  6 19:26:21 fw ctl_cyrusdb[44800]: checkpointing cyrus databases
Jun  6 19:26:31 fw ctl_cyrusdb[44800]: done checkpointing cyrus databases
ps axuwww | grep lighttpd
www       874  0.0  1.0  3380  1184  ??  S    29May08   1:35.51 /usr/local/sbin/lighttpd -f /usr/local/etc/lighttpd2.conf
www     23963  0.0  2.1  5768  2616  ??  S    Mon10PM   6:26.95 /usr/local/sbin/lighttpd -f /usr/local/etc/lighttpd.conf
ps axuwww | grep postfix
root      865  0.0  0.9  4744  1080  ??  Is   29May08   1:17.51 /usr/local/libexec/postfix/master
postfix   871  0.0  1.0  4744  1224  ??  I    29May08   0:46.39 qmgr -l -t fifo -u
postfix 44676  0.0  1.3  4744  1576  ??  I     7:02PM   0:00.13 pickup -l -t fifo -u

                                                      Close stream   Ctrl-C   Kill -9
```

- eine Eingabezeile samt Close stream, Ctrl-C und Kill -9 Buttons, in die der Benutzer Zeilen an das ausgeführte Programm senden kann.

Wie lässt sich so etwas programmieren? Wir stellen *wx_app10.py* stückweise vor.

Das Skelett mit noch nicht ausgefüllten Methoden sieht wie folgt aus:

```python
#!/usr/bin/env python
# wx_app10.py -- running a program in a wxPython GUI

import wx
import wx.richtext as rt

class RunProcess(wx.Frame):
    def __init__(self, *args, **kwargs):
        wx.Frame.__init__(self, *args, **kwargs)

        self.size    = kwargs.get('size', ((1024,768)))
        self.process = None
        self.pid     = None
```

```
        self.createControls()
        self.bindEvents()
        self.createLayout()

    def createControls(self): pass
    def bindEvents(self): pass
    def createLayout(self): pass
    def OnRunBtn(self, evt): pass
    def OnSendText(self, evt): pass
    def OnCloseStream(self, evt): pass
    def OnCtrlC(self, evt): pass
    def OnKill9(self, evt): pass
    def OnIdle(self, evt): pass
    def OnCloseWindow(self, evt): pass
    def OnProcessEnded(self, evt): pass

if __name__ == '__main__':
    app = wx.App()
    frame = RunProcess(parent=None, title='Run process')
    frame.Show(True)
    app.MainLoop()
```

Die Struktur entspricht der anderer wxPython-Anwendungen: Wir haben im Hauptprogramm eine wx.App-Anwendung und ein spezielles RunProcess-Fenster. Die wx.App-Anwendung führt ihre normale Eventschleife wie gewohnt durch.

Das von wx.Frame abgeleitete RunProcess-Fenster repräsentiert das sichtbare Fenster. Es wird in __init__ initialisiert und konstruiert. Dabei geschieht der Aufbau der darin enthaltenen Widgets in createControls. Ihre Events werden in bindEvents an die einzelnen Callbacks gebunden, und all diese Widgets werden dann in einem Layout in der Methode createLayout zusammengefasst. Man hätte zwar auf diese drei Methoden verzichten und alles in den __init__-Konstruktor packen können, aber das wäre dann eine zu lange Funktion geworden.

Schauen wir uns die Widgets an:

```
def createControls(self):
    "Create the UI controls / widgets for the GUI shell"

    self.normalfont = wx.Font(pointSize=10,
                              family=wx.FONTFAMILY_TELETYPE,
                              style=wx.FONTSTYLE_NORMAL,
                              weight=wx.FONTWEIGHT_NORMAL)
```

```
self.panel   = wx.Panel(self)

self.command = wx.TextCtrl(self.panel, value='telnet localhost 80')
self.command.SetFont(self.normalfont)
self.runBtn  = wx.Button(self.panel,   label='Run!')

self.output  = rt.RichTextCtrl(self.panel, value='',
                  style=rt.RE_MULTILINE | rt.RE_READONLY)
self.output.SetFont(self.normalfont)

self.input   = wx.TextCtrl(self.panel, value='',
                              style=wx.TE_PROCESS_ENTER)
self.input.SetFont(self.normalfont)
self.closeBtn  = wx.Button(self.panel, label='Close stream')
self.ctrlCBtn  = wx.Button(self.panel, label='Ctrl-C')
self.kill9Btn  = wx.Button(self.panel, label='Kill -9')

self.input.Enable(False)     # will be enabled in OnRunBtn
self.closeBtn.Enable(False)  # will be enabled in OnRunBtn
self.ctrlCBtn.Enable(False)  # will be enabled in OnRunBtn
self.kill9Btn.Enable(False)  # will be enabled in OnRunBtn
self.command.SetFocus()
```

Am Screenshot dürften Sie die einzelnen Widgets erkennen:

- command ist die Kommandozeile.
- output ist das große Ausgabefeld.
- input ist die Eingabezeile für die Kommunikation mit dem Prozess.

Außerdem erscheinen dort noch ein paar Buttons.

All diese Widgets werden nicht direkt im wx.Frame (self) eingetragen, sondern in einem dort enthaltenen wx.Panel. Der Grund ist, dass es so unter Windows besser aussieht.

Beachten Sie, dass wir für output anstelle eines gewöhnlichen mehrzeiligen wx.Text-Ctrl- ein wx.richtext.RichTextCtrl-Widget gewählt haben. Der Grund ist, dass wir damit normale und fette Schrift mischen können (um die Eingaben des Benutzers von den Ausgaben des Prozesses schön säuberlich auseinanderhalten zu können).

Was noch interessant ist, ist das Flag wx.TE_PROCESS_ENTER der input-Eingabezeile. Dieses Flag bewirkt, dass, wenn der Benutzer dort die Enter-Taste drückt, es ein wx.EVT_TEXT_ENTER-Event geben wird, das wir natürlich abfangen werden! Somit verzichten wir auf einen SEND LINE-Button.

Die Buttons haben wir entsprechend aktiviert bzw. deaktiviert. Außerdem haben wir den Fokus auf command verschoben, damit der Benutzer direkt dort das gewünschte Kommando eingeben kann.

All diese Widgets erzeugen natürlich Events. Diese und andere Events werden an Callbacks in der Methode `bindEvents` gebunden:

```python
def bindEvents(self):
    "Associate events to callback functions"

    self.Bind(wx.EVT_IDLE, self.OnIdle)
    self.Bind(wx.EVT_END_PROCESS, self.OnProcessEnded)
    self.Bind(wx.EVT_CLOSE, self.OnCloseWindow)

    self.Bind(wx.EVT_BUTTON, self.OnRunBtn, self.runBtn)
    self.Bind(wx.EVT_BUTTON, self.OnCloseStream, self.closeBtn)
    self.Bind(wx.EVT_BUTTON, self.OnCtrlC, self.ctrlCBtn)
    self.Bind(wx.EVT_BUTTON, self.OnKill9, self.kill9Btn)
    self.Bind(wx.EVT_TEXT_ENTER, self.OnSendText, self.input)
```

Neben den gewohntem `wx.EVT_BUTTON`- und dem oben erwähnten `wx.EVT_TEXT_ENTER`-Event binden wir noch folgende Events an entsprechende Callbacks:

- `wx.EVT_CLOSE` wird ausgelöst, wenn der Anwender das Fenster über den Fenster-Manager schließt. Wir wollen eine Chance haben, den Prozess zu beenden, bevor wir die Anwendung schließen.
- `wx.EVT_END_PROCESS` wird vom Prozess-Proxy `wx.Process` ausgelöst, wenn sich der externe Prozess aus irgendeinem Grund beendet hat. Wir wollen dann die restlichen Daten auslesen und dem Benutzer die Möglichkeit geben, ein neues externes Programm zu starten.
- `wx.EVT_IDLE` wird immer dann von der Eventschleife ausgelöst, wenn die Anwendung gerade nichts zu tun hat. Wir wollen die Gelegenheit nutzen, dort Daten aus dem Prozess auszulesen und anzuzeigen.

All diese Widgets sollen mit dem im Screenshot oben gezeigten Layout positioniert werden. Dies geschieht in der Methode `createLayout` mit Hilfe verschachtelter `wx.Box-Sizer`:

```python
def createLayout(self):
    "Layout the UI widgets into a nice shell"

    runbox = wx.BoxSizer(wx.HORIZONTAL)
    runbox.Add(self.command, 1, wx.EXPAND | wx.ALL)
    runbox.Add(self.runBtn, 0)

    inpbox = wx.BoxSizer(wx.HORIZONTAL)
    inpbox.Add(self.input, 1, wx.EXPAND | wx.ALL)
    inpbox.Add(self.closeBtn, 0)
    inpbox.Add(self.ctrlCBtn, 0)
    inpbox.Add(self.kill9Btn, 0)
```

```
vbox = wx.BoxSizer(wx.VERTICAL)
vbox.Add(runbox, 0, wx.EXPAND | wx.ALL)
vbox.Add(self.output, 1, wx.EXPAND | wx.ALL)
vbox.Add(inpbox, 0, wx.EXPAND | wx.ALL)

self.panel.SetSizer(vbox)
vbox.Fit(self)
self.SetSize(self.size)
```

Die oberste Kommandozeile samt Run-Button landet in einem horizontalen wx.Box-Sizer, die unterste Eingabezeile samt den drei Buttons Close stream, Ctrl-C und Kill-9 landet ebenfalls in einem horizontalen wx.BoxSizer.

Beide horizontalen Boxen landen zusammen mit dem großen output-Widget in einer vertikalen wx.BoxSizer-Box, welche dann als Sizer für den wx.Panel dient, der alle Widgets enthält.

Die erste interessante Funktion OnRunBtn wird getriggert, wenn der Benutzer auf den Run-Button geklickt hat:

```
def OnRunBtn(self, evt):
    "The user wants to start a new process"

    cmdline = self.command.GetValue().strip()

    self.process = wx.Process(self)
    self.process.Redirect()
    self.pid = wx.Execute(cmdline, wx.EXEC_ASYNC, self.process)

    self.command.Enable(False)
    self.runBtn.Enable(False)
    self.input.Enable(True)
    self.closeBtn.Enable(True)
    self.ctrlCBtn.Enable(True)
    self.kill9Btn.Enable(True)
    self.output.SetValue('')
    self.input.SetFocus()
```

Wir müssen zunächst die Kommandozeile aus dem command-Widget extrahieren (strip dient dazu, evtl. überschüssige Leerzeichen zu entfernen).

Mit dieser Kommandozeile ausgestattet, erzeugen wir ein wx.Process-Objekt process. Dieses Objekt wird dann an wx.Execute übergeben. Dieser Aufruf bewirkt, dass die cmdline in einem eigenen Prozess ausgeführt wird und dass dieser Prozess mit dem Proxy-Objekt process assoziiert wird. wx.Execute liefert die PID (Prozess-ID) des neugestarteten Prozesses zurück. Wir speichern sie, weil wir sie später für `Ctrl-C` und `Kill-9` benötigen werden.

Der Rest von `OnRunBtn` ist Verwaltungskram, der uns nicht weiter interessiert.

Wenn der externe Prozess läuft, kann der Anwender in der Eingabezeile unten Zeilen an den Prozess senden. Für jede Zeile, die der Benutzer dort mit Enter abschickt, wird folgender Callback `OnSendText` aufgerufen:

```python
def OnSendText(self, evt):
    "The user wants to send a line to the process"

    text = self.input.GetValue()
    self.input.SetValue('')

    self.output.BeginBold()
    self.output.AppendText(text + '\n')
    self.output.EndBold()

    self.process.GetOutputStream().write(text + '\n')
    self.input.SetFocus()
```

In dieser Funktion tun wir Folgendes:

- Wir holen uns die eingegebene Zeile mit `input.GetValue()` und leeren die Eingabezeile.
- Wir fügen diese Benutzereingabe in das große `output`-Widget mit `output.Append-Text(text+'\n')`. Damit diese Eingabe sich optisch von den Ausgaben des Prozesses unterscheidet, setzen wir sie fett, indem die `BeginBold`- und `EndBold`-Methoden des `RichTextCtrl`-Objekts `output` vor bzw. nach der Ausgabe aufgerufen wird.
- Wir senden jetzt endlich die Benutzereingabe `text` an den externen Prozess. Dafür extrahieren wir mit `GetOutputStream` aus dem `process` Proxy-Objekt ein `file`-ähnliches Objekt, das mit der Standardeingabe des externen Prozesses verbunden ist. Dieses Objekt benutzen wir, um mit dessen `write`-Methode die Zeile, die der Benutzer angegeben hat, zu senden.

Beachten Sie bitte, dass bei `GetOutputStream`, `GetInputStream` die Richtung immer aus der Sicht des `wx.Process` Proxy-Objekts gilt: Wenn wir etwas zur Standardeingabe des externen Prozesses senden wollen, müssen wir es über den Ausgabestream des Proxy-Objekts senden; möchte man umgekehrt etwas aus der Standardausgabe des externen Prozesses lesen (siehe unten), dann müssen wir aus dem Eingabestream des Proxy-Objekts `process` lesen. Bringen Sie nicht die Richtungen durcheinander!

Wenn der Benutzer auf den CLOSE STREAM-Button geklickt hat, um ein *Ctrl-D* (bzw. *Ctrl-Z+Enter* bei Windows) zu simulieren, dann will er seine Verbindung in Richtung des externen Prozesses schließen. Beachten Sie, dass die andere Richtung nach wie vor offen bleiben kann und der Prozess uns immer noch Daten senden kann, die wir auch nach wie vor entgegennehmen können. Das Schließen dieser Verbindung geschieht in der Methode `OnCloseStream` mit Hilfe der Methode `CloseOutput` des Proxy-Objekts `process`:

```
def OnCloseStream(self, evt):
    "The user wants to close the stream to the process"

    if self.process is not None:
        self.process.CloseOutput()
        self.input.Enable(False)
```

Hinweis

Zur Erinnerung: Es heißt `CloseOutput` (und nicht etwa `CloseInput`), weil es die von uns, also vom Proxy-Objekt ausgehende Verbindung in Richtung Standardeingabe des externen Prozesses ist, die geschlossen werden soll.

Kommen wir nun zu den beiden Buttons `Ctrl-C` und `Kill -9`. Der erste Button soll ein *Ctrl-C* simulieren. Dies geschieht dadurch, dass dem laufenden Prozess ein `SIGINT`-Signal gesendet wird. Das geht mit der statischen `wx.Process.Kill`-Funktion. Bei `Kill -9` ist es dasselbe, nur dass wir jetzt ein anderes Signal namens `SIGKILL` senden werden. Die Callbacks dieser Buttons lauten daher:

```
def OnCtrlC(self, evt):
    "The user clicked on Ctrl-C; send SIGINT to process"
    if self.process is not None:
        wx.Process.Kill(pid=self.pid, sig=wx.SIGINT,
                        flags=wx.KILL_NOCHILDREN)

def OnKill9(self, evt):
    "The user clicked on Kill -9; send SIGKILL to process"
    if self.process is not None:
        wx.Process.Kill(pid=self.pid, sig=wx.SIGKILL,
                        flags=wx.KILL_NOCHILDREN)
```

Wichtig hier ist lediglich, dass wir dem Prozess mit der PID `self.pid` ein Signal senden werden. `self.pid` bekam seinen Wert weiter oben in `OnRunBtn` als Ergebnis von `wx.Execute`. Man muss natürlich eine gute Buchhaltung haben und darauf achten, dass `self.pid` und `self.process` stets synchronisiert sind, sonst laufen wir Gefahr, den falschen Prozess zu killen.

In `OnSendText` haben wir gesehen, wie die Ausgabe in Richtung Standardeingabe des externen Prozesses geschieht. Die umgekehrte Richtung, also das Einlesen der Standardausgabe und des Fehlerstreams des Prozesses geschieht in diesem Beispiel immer dann, wenn die Anwendung nichts zu tun hat, also idle ist. Wir haben weiter oben gesehen, wie man die `wx.EVT_IDLE`-Events, die die Eventschleife in diesem Fall generiert, an den Callback `OnIdle` gebunden haben. Schauen wir uns also diesen Callback näher an!

```
def OnIdle(self, evt):
    "When idling, read from the process"

    if self.process is not None:
        for stream in (self.process.GetInputStream(),
                       self.process.GetErrorStream()):
            if stream.CanRead():
                text = stream.read()
                self.output.AppendText(text)
```

Als Erstes ist es ganz wichtig zu wissen, dass `OnIdle` jederzeit aufgerufen werden kann, und zwar sowohl, wenn ein externer Prozess läuft, als auch dann, wenn kein solcher Prozess läuft. Darum müssen wir immer nachprüfen, ob wir einen externen Prozess in `self.process` haben, und nur dann etwas daraus lesen. Das ist der Sinn der äußeren `if`-Abfrage.

Sie wissen sicher, dass ein Prozess seine Ausgabe sowohl auf der Standardausgabe, als auch auf der Fehlerausgabe senden kann. Das sind zwei Streams, die man auslesen sollte, wenn man normale Ausgaben und Fehlerausgaben erhalten will!

Die Standardausgabe des externen Prozesses kommt bei uns im Proxy-Objekt `process` als Eingabestream an: Diesen erhalten wir mit `process.GetInputStream()`. Die Fehlerausgabe des Prozesses kommt bei uns als Fehlerstream an, den wir mit `process.GetErrorStream()` bekommen. Aus beiden Streams sollen wir das lesen, was uns der Prozess sendet, und zum großen `output`-Widget senden, damit es dort erscheint. Wir lesen erst aus der Standardausgabe und dann aus der Fehlerausgabe des Prozesses: Das ist der Sinn der `for`-Schleife.

Was tun wir also mit einem `stream`? Wir könnten ihn ja direkt mit `read` auslesen, aber wenn wir nicht aufpassen, kann es sein, dass der Stream gerade leer ist (z.B. wenn der Prozess uns nichts Neues zu sagen hat, etwa weil er selbst auf Eingaben wartet oder noch mit irgendeiner Berechnung beschäftigt ist)! Da `OnIdle` unabhängig vom Füllgrad der Streams aufgerufen wird, wäre es nicht ausgeschlossen, dass wir mit `read` plötzlich einen leeren Stream auszulesen versuchen.

Dummerweise würde das Auslesen eines leeren Streams normalerweise den lesenden Thread so lange blockieren, bis dort neue Daten angekommen sind. An sich wäre das nicht schlecht, wenn es sich um einen dedizierten Worker-Thread gehandelt hätte. Leider ist in diesem Beispiel der GUI-Thread selbst derjenige, der blockieren würde, und damit hätten wir wieder ein unresponsives GUI bekommen. Sie sehen: Das Thema kommt immer wieder vor.

Damit der GUI-Thread nicht blockiert, benutzen wir die (ineffiziente) Technik des Polling: Wir fragen erst mit `CanRead` nach, ob der Stream ausgelesen werden kann, ohne dass wir Gefahr laufen, dass unser lesender Thread blockiert, und erst dann lesen wir mit `read`, was uns der Prozess mitzuteilen hat. Dies wird dann, wie gesagt, zum `output`-Widget kopiert.

Beachten Sie, dass diese Lösung aus mehreren Gründen nicht ganz so effizient ist, wie sie sein könnte:

- Das Polling bei jedem `wx.EVT_IDLE`-Event verschwendet CPU-Zyklen.
- Die `wx.EVT_IDLE`-Events werden nur dann ausgelöst, wenn die Eventschleife überhaupt getriggert wird.

Der erste Nachteil könnte noch in Kauf genommen werden, aber der zweite Nachteil ist gravierender: Wenn der Benutzer z.B. etwas wie `tail -f /var/log/httpd_access.log` als Kommando absetzt und sich dann zurücklehnt, um zu sehen, wie die Logeinträge nach und nach `output` füllen, wird der Fluss der Einträge sehr schnell versiegen! Dies geschieht auch dann, wenn diese Einträge immer weiter in die Logdatei laden. Wieso das denn? Wenn der Benutzer nicht mehr mit dem GUI interagiert, gibt es nichts, was die Eventschleife aus ihrem Warteschlaf wecken könnte, und folglich würde diese Schleife auch keine weiteren `wx.EVT_IDLE`-Events erzeugen. Und das wiederum hätte zur Folge, dass wir nicht die Ausgaben von `tail -f` entgegennehmen würden, und `tail -f` würde selbst blockieren, wenn die Pipe zu unserem GUI-Prozess voll ist.

Diese Probleme können verhindert werden, indem die Daten aus dem Prozess in einem anderen Thread als dem GUI-Thread (blockierend, was auch CPU-Zyklen sparen wird) entgegengenommen werden. Möchte man aber trotzdem nur mit einem einzigen Thread arbeiten, dann kann man auch einen `wx.Timer` damit beauftragen, regelmäßig `OnIdle` zu triggern; sogar dann, wenn es keine `wx.EVT_IDLE`-Events von der Eventschleife gibt. Das wäre eine Art Watchdog, der für alle Fälle die Pipes ausliest, damit die Daten weiterhin fließen können. Das sei dem interessierten Leser als Programmieraufgabe überlassen.

Übrigens, da wir gerade über Deadlocks sprechen: Auch das Senden der Benutzereingaben an den externen Prozess kann eine blockierende Operation sein! Überlegen Sie mal, was geschieht, wenn der Prozess nur sehr langsam ist und seine Standardeingabe nur sporadisch ausliest. Dann würde unsere Anwendung ebenfalls blockieren. Ein Challenge für interessierte Leser wäre jetzt, dieses Problem zu lösen. Wie würden Sie dabei vorgehen?

Kommen wir jetzt zum nächsten Callback! Wenn der Benutzer das Fenster von außen schließt, möchten wir eine Chance haben, dies dem externen Prozess auch mitzuteilen:

```
def OnCloseWindow(self, evt):
    "The window is closing; destroy the process"

    if self.process is not None:
        self.process.Destroy()
        self.process = None
    self.Destroy()
```

Wir schauen also lediglich danach, ob ein externer Prozess vorhanden ist, der (mit Destroy) beendet werden soll. Es kann ja sein, dass OnCloseWindow auch dann getriggert wird, wenn gerade kein externer Prozess läuft.

Nun müssen wir nur noch den Event-Handler betrachten, der aufgerufen wird, wenn sich der externe Prozess aus welchen Gründen auch immer beendet hat. Das wx.Process Proxy-Objekt process postet das Event wx.EVT_END_PROCESS, wenn er erkannt hat, dass der externe Prozess sich beendet hat. Dieses Event wurde in unserer Anwendung an die Methode OnProcessEnded gebunden, die wir uns nun anschauen:

```
def OnProcessEnded(self, evt):
    "The process terminated; react accordingly"

    stream = self.process.GetInputStream()
    if stream.CanRead():
        text = stream.read()
        self.output.AppendText(text)

    self.process.Destroy()
    self.process = None
    self.pid = None

    wx.MessageDialog(self, message='Process ended, pid:%s, exitcode:%s' % \
                                    (evt.GetPid(), evt.GetExitCode()),
                    caption='Process ended',
                    style=wx.OK | wx.ICON_INFORMATION).ShowModal()

    self.command.Enable(True)
    self.runBtn.Enable(True)
    self.input.Enable(False)
    self.closeBtn.Enable(False)
    self.ctrlCBtn.Enable(False)
    self.kill9Btn.Enable(False)
    self.command.SetFocus()
```

Als Erstes lesen wir noch alle restlichen Daten, die uns der Prozess gesendet hat, und geben diese aus. Es ist ja möglich, dass noch etwas in den Puffern enthalten war, und wir wollen sichergehen, dass alles dem Benutzer in `output` gezeigt wird.

Als Nächstes wird das `process` Proxy-Objekt selbst zerstört, indem dessen `Destroy`-Methode aufgerufen wird. Aus Buchhaltungsgründen setzen wir `process` und `pid` auf `None`.

Danach teilen wir dem Benutzer in einem Dialogfenster mit, dass sich ein externer Prozess beendet hat. Wir geben auch gleich dessen PID und Rückgabecode an, die im Event-Objekt `evt` des `wx.EVT_END_PROCESS` enthalten waren und mit `GetPid` und `GetExitCode` extrahiert werden konnten.

Der Rest von `OnProcessEnded` ist Verwaltungskram und nicht weiter interessant.

Eine weitere Übungsaufgabe für interessierte und fleißige Leser: Vielleicht haben Sie gemerkt, dass das `RichTextCtrl`-Widget `output` nicht von selbst ans Ende scrollt, wenn die Ausgaben des externen Prozesses eine volle Seite erzeugt haben. Da `RichTextCtrl` auch von `wx.ScrolledWindow` abgeleitet ist (was man mit der Hilfefunktion `help(wx.rich-text.RichTextCtrl)` in der Python-Shell sieht), stellt sich die Frage, wie man ans Ende scrollt. Wenn Sie das herausgefunden haben, tragen Sie dies an den relevanten Stellen in *wx_app10.py* ein.

Das schließt unsere Betrachtung von *wx_app10.py*.

Integration mit Twisted

wxPython-Programme haben eine `wx.App`-Eventschleife, und Twisted-Programme haben auch eine `reactor`-Eventschleife (siehe Kapitel 14, *Netzwerkprogrammierung*). Wie können wir beide Welten zusammenbringen? Schließlich wollen wir in der Lage sein, Twisted-Programme mit einem GUI zu versehen!

Im Prinzip gibt es bei solchen Fragestellungen zwei Lösungen:

- Man verwendet zwei Threads: einen GUI-Thread, der die Eventschleife von wx-Python ausführt, und einen Worker-Thread, der die Eventschleife von Twisted bedient.
- Man kombiniert beide Eventschleifen zu einer einzigen Eventschleife, die auf beide Arten von Events hört und diese dann entweder an wxPython oder an Twisted weiterreicht.

In der Praxis wird man den `wxreactor` benutzen, der mit Twisted ausgeliefert wird. Wie Sie sicher schon erraten haben, kann man vor dem importieren von `twisted.internet.reactor` einen anderen als den `selectreactor` installieren.

Das folgende Programm *wxdemo.py* ist eine leichte Anpassung an die moderne wx-API des Demoprogramms gleichen Namens aus dem Twisted-Tarball *doc/core/examples/wxdemo.py*. Es installiert `wxreactor` als speziellen Twisted-Reactor und erzeugt dann eine `wx.App`-Anwendung mit einem `wx.Frame`-Fenster. Wir werden sehen, wie man innerhalb von wxPython nun eine Twisted Funktion aufrufen kann.

wxdemo.py sieht komplett so aus:

```python
#!/usr/bin/env python
# wxdemo.py -- Integrating Twisted and wxPython event loops with wxreactor
# Copyright (c) 2001-2006 Twisted Matrix Laboratories.
# Adapted from ${twisted_src}/doc/core/examples/wxdemo.py

import sys
import wx

from twisted.python import log
from twisted.internet import wxreactor
wxreactor.install()

# import twisted.internet.reactor only after installing wxreactor:
from twisted.internet import reactor, defer

class MyFrame(wx.Frame):
    def __init__(self, *args, **kwargs):
        wx.Frame.__init__(self, size=(300,200), *args, **kwargs)
        menu = wx.Menu()
        menu.Append(wx.ID_EXIT, "E&xit", "Terminate the program")
        menuBar = wx.MenuBar()
        menuBar.Append(menu, "&File")
        self.SetMenuBar(menuBar)
        self.Bind(wx.EVT_MENU, self.DoExit, id=wx.ID_EXIT)

        # make sure reactor.stop() is used to stop event loop:
        self.Bind(wx.EVT_CLOSE, lambda evt: reactor.stop())

    def DoExit(self, event):
        reactor.stop()

class MyApp(wx.App):
    def OnInit(self):
        frame = MyFrame(None, id=wx.ID_ANY, title="Hello, world")
        frame.Show(True)
        self.SetTopWindow(frame)
        # look, we can use twisted calls!
        reactor.callLater(10, self.tenSecondsPassed)
        return True
```

```
        def tenSecondsPassed(self):
            print "ten seconds passed"

def demo():
    log.startLogging(sys.stdout)

    # register the wxApp instance with Twisted:
    app = MyApp(0)
    reactor.registerWxApp(app)

    # start the event loop:
    reactor.run()

if __name__ == '__main__':
    demo()
```

Falls man es ausführt, sieht man das Fenster mit dem File-Menü, und auf der Konsole erscheint nach 10 Sekunden eine Meldung. Diese Meldung kommt aus der Methode, die mit Twisteds callLater-Aufruf später aufgerufen wurde:

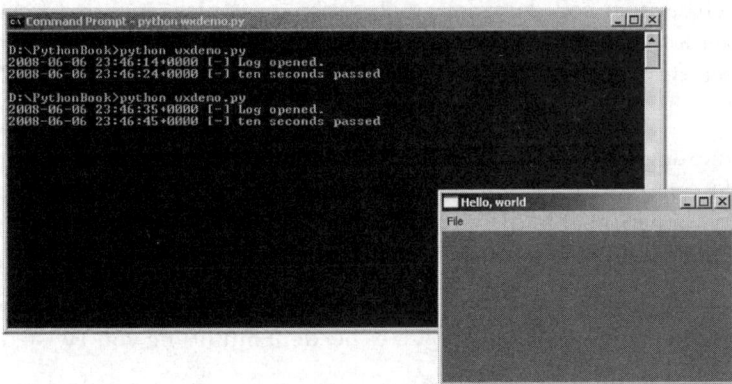

Beachten Sie, dass das GUI die ganze Zeit responsiv bleibt: Probieren Sie es einfach, indem Sie es vergrößern und verkleinern, bevor und nachdem die 10 Sekunden verstrichen sind!

Der Kern dieses Abschnitts ist folgender Code:

```
from twisted.internet import wxreactor
wxreactor.install()

# import twisted.internet.reactor only after installing wxreactor:
from twisted.internet import reactor, defer
```

Nach dem Aufruf von wxreactor.install hat das importieren von twisted.internet.
reactor eine besondere Wirkung: Anstatt dass reactor jetzt den Standard-selectreactor
darstellt, bezieht sich reactor auf den speziellen wxreactor, der beide Eventschleifen
miteinander kombiniert (wie er das tut, können Sie aus dessen Quellcode entnehmen).

Die Klasse MyFrame ist ein langweiliges Fenster. Hier ist bis auf folgende Aufrufe von
reactor.stop nichts Twisted-Spezifisches dabei:

```
def __init__(self, *args, **kwargs):
    wx.Frame.__init__(self, size=(300,200), *args, **kwargs)
    # etc...
    self.Bind(wx.EVT_MENU, self.DoExit, id=wx.ID_EXIT)

    # make sure reactor.stop() is used to stop event loop:
    self.Bind(wx.EVT_CLOSE, lambda evt: reactor.stop())

def DoExit(self, event):
    reactor.stop()
```

Der Grund dafür ist, dass man eine kombinierte wxPython/Twisted-Anwendung
grundsätzlich dadurch beenden soll, dass man reactor anhält, und nicht etwa dadurch,
dass man die GUI-Eventschleife verlässt! Wir fangen also sowohl den Exit-Menüpunkt
als auch das Schließen des Fensters über den Fenster-Manager (von außen) ab und
stellen sicher, dass reactor.stop() aufgerufen wurde.

Unsere wx.App-Anwendung ist ebenfalls ziemlich langweilig: wir erzeugen dort das
wx.Frame-Fenster in dessen OnInit-Callback. Wir hätten auch die __init__-Methode von
MyApp dafür benutzen können, aber in diesem Fall haben wir einfach die altmodische
OnInit-Methode behalten, damit Sie sie auch einmal kennengelernt haben.

Das einzig Twisted-Spezifische in MyApp ist der verspätete Aufruf einer Funktion mit
Hilfe der callLater-Methode des reactors, wie wir es bei der Einführung von Twisted
erklärt haben:

```
# look, we can use twisted calls!
reactor.callLater(10, self.tenSecondsPassed)
```

Der reactor selbst kümmert sich darum, dass diese Funktion später aufgerufen wird.
Natürlich kann man an dieser Stelle, selbstverständlich in den anderen Widgets auch,
die ganze Macht von Twisted einsetzen, mit Deferred und allem, was dazu gehört!

Eine wichtige Komponente fehlte aber noch im Puzzle: Die wx.App-Anwendung, welche ihre eigene Eventschleife ja hat, muss beim Twisted wxreactor-Reactor reactor
registriert werden:

```
# register the wxApp instance with Twisted:
app = MyApp(0)
reactor.registerWxApp(app)
```

Erst jetzt können wir die Eventschleife des reactors starten:

```
# start the event loop:
reactor.run()
```

Nun werden beide Event-Arten (GUI-Events für app und Twisted-Events aus dem Netz für reactor) gleichzeitig von reactor empfangen und entsprechend dispatcht.

Hinweis

Ein kleiner Tipp aus der Praxis: Da Dialogfenster ihre eigenen Eventschleifen haben, sollten Sie diese Fenster so früh wie möglich erzeugen und mit Show(False) verbergen. Auf jeden Fall sollten Sie es vermeiden, sie nach dem Registrieren der wx.App-Anwendung beim reactor dynamisch zu erzeugen. Bei der wxreactor-Implementierung gab es z.Zt. des Entstehens dieses Kapitels ein paar Probleme.

Wir werden aus Platzmangel nicht weiter auf die Details eingehen. Probieren Sie es einfach aus!

16.1.4 Schnelle Entwicklung mit RAD-Tools

Oft ist das Erstellen von GUIs eine zeitraubende und fehlerträchtige Angelegenheit, ganz besonders wenn es sich dabei um komplexe Dialogfenster handelt. Doch was noch schwerer wiegt: Sollte sich das gewünschte Layout in Zukunft ändern, müssten Sie den Python-Code, den Sie mühsam manuell erstellt haben, von Grund auf neu schreiben.

Eine bessere Methode bieten RAD-Tools an (Rapid Application Development Tools). Mit ihrer Hilfe kann man die Formulare und Dialoge grafisch erstellen, und (oft) in einem speziellen Format speichern. Diese Tools sind in der Lage, aus der Beschreibung dieser Formulare automatisch Python-Code zu erzeugen, der dann die GUIs aufbauen wird. Die meisten RAD-Tools geben Python-Code aus, aber einige können auch eine Beschreibung im XRC-Format ausgeben, welche von wxWidgets geladen werden kann.

Wir werden im Folgenden das RAD-Tool *wxGlade* vorstellen.

wxGlade ist eine Adaptation des Glade-Designers, den Sie vermutlich aus dem GTK+-Umfeld kennen, an wxWidgets. Es ist in der Lage, Code in diversen Sprachen, darunter auch Python und XRC, auszugeben. Die Ausgabe von wxGlade kann man direkt in größere Anwendungen einsetzen.

Wer lieber integrierte IDEs hat, dem sei Boa Constructor empfohlen.

Es gibt noch weitere RAD-Tools, auf die wir aber aus Platzgründen nicht eingehen werden. Probieren Sie einfach den Designer aus, der Ihnen am besten gefällt. Es ist Geschmackssache.

wxGlade

wxGlade ist ein RAD-Tool für wxWidgets. Man findet es unter der URL http://wxglade.sourceforge.net/. Es gibt dort sowohl eine Binary-Version für Windows als auch den Quellcode für alle anderen Plattformen wie etwa Unix. Unter Windows starten Sie einfach den Installer, und unter Unix packen Sie einfach den Quellcode-Tarball irgendwo aus. wxGlade starten Sie unter Windows über das START-Menü und unter Unix, indem Sie einfach *wxglade.py* aus dem ausgepackten Verzeichnis heraus aufrufen.

Startet man wxGlade und klickt man auf den FRAME-Button, erhält man folgenden Bildschirm:

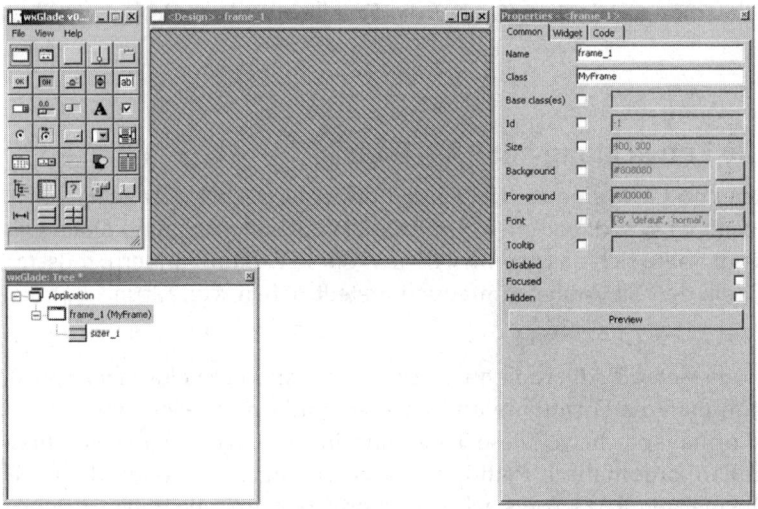

Was kann man an dieser Stelle tun? Wir könnten z.B. den Titel des Frames verändern. Dazu wählen wir erst frame_1 im Objektbaum, wenn es nicht schon selektiert ist, und gehen dann im PROPERTIES-Fenster auf den WIDGET-Reiter. Dort tragen wir einen Titel ein, und da wir schon dabei sind, aktivieren wir auch gleich die Checkboxen bei den Punkten HAS MENUBAR und HAS STATUSBAR:

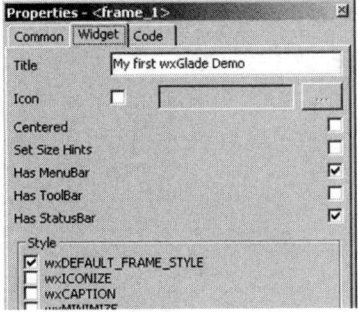

Der Objektbaum hat sich nun verändert:

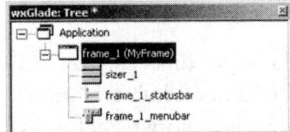

Gehen wir im Objektbaum auf FRAME_1_STATUSBAR, um die Statuszeile zu editieren. Das Properties-Fenster verändert sich. Wir fügen ein Feld mit ADD hinzu, verändern den Namen in thestatusbar und klicken auf APPLY:

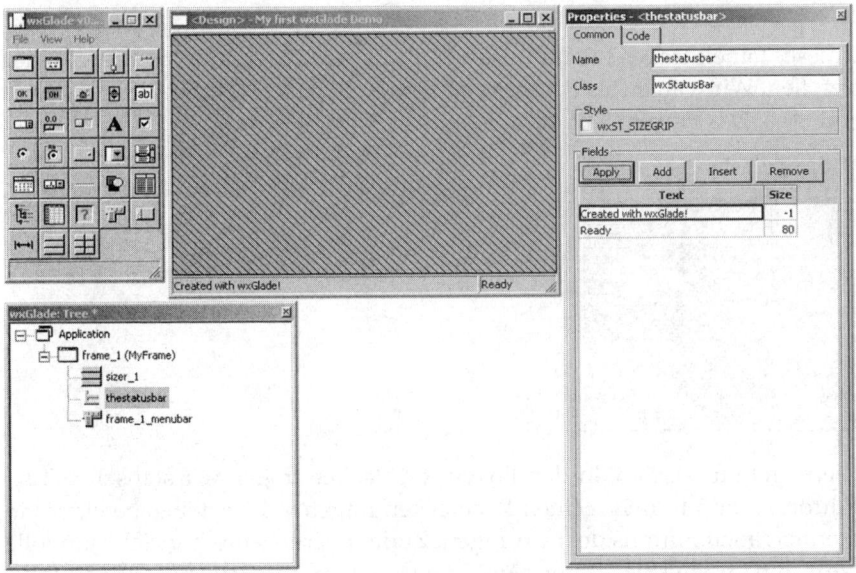

Als Nächstes kümmern wir uns um das Menü. Wir gehen auf FRAME_1_MENUBAR (im Objektbaum), verändern im Properties-Fenster den Namen frame_1_menubar nach themenubar und klicken dann auf den Button EDIT MENUS.... Es erscheint der Menü-Editor. Dort tragen wir verschiedene Menüpunkte ein. Dabei kann man mit > und

‹ Menüs und Menü-Items voneinander unterscheiden und auch Untermenüs durch weitere Einrückungen bewirken:

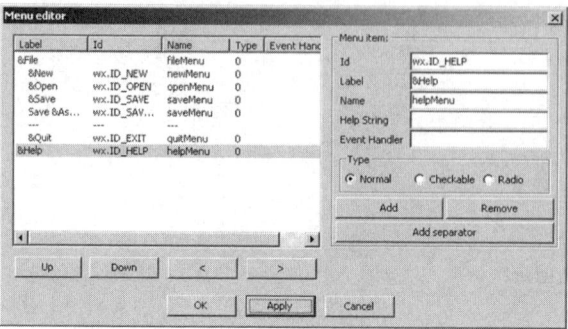

Wenn Sie einen Blick auf das Frame werfen, werden Sie erkennen, dass es jetzt Statuszeile und Menüzeile hat. Wir haben beim Aufbau des Menüs noch keine Handler eingetragen. Das sollten Sie aber später natürlich nachholen, denn sonst bliebe das Menü ohne Auswirkungen!

Wir wollen nun das Fenster selbst füllen. Innerhalb des gestreiften Bereichs tragen wir etwa ein Panel ein und verändern gleich dessen Namen in `themainpanel` im Properties-Fenster.

Innerhalb dieses Panels tragen wir nun einen `GridSizer` ein, da wir dort mehrere Felder eintragen wollen. Wir wählen als Parameter 3 Zeilen, 2 Spalten, 2 Punkte für `Vgap` und 3 Punkte für `Hgap`. Das Frame sieht dann so aus:

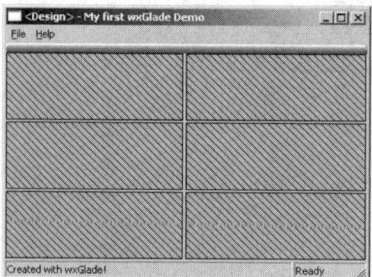

Das kann jetzt gefüllt werden. In den linken Rechtecken tragen wir statischen Text ein (der Button A), und in den rechten Rechtecken tragen wir Texteingabefelder ein (`ab`). Wir können auch Buttons dort eintragen. Zudem vergeben wir gleich sinnvolle Namen dafür. Bitte tragen Sie immer die Widgets im `GridSizer` zeilenweise von links nach rechts und von oben nach unten ein.

Die Arbeitsfläche könnte jetzt so aussehen:

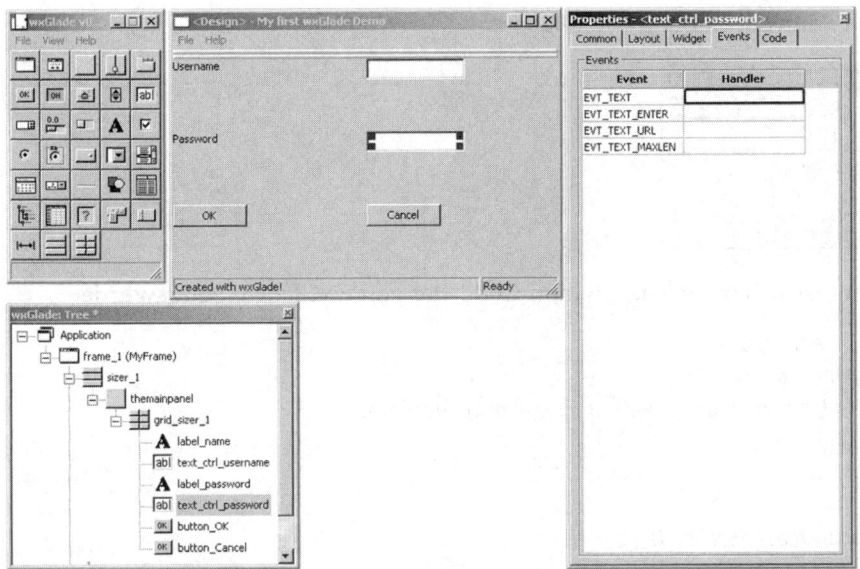

Um Handler können wir uns ja später kümmern. Wir wollen jetzt mal die Anwendung ausprobieren. Dafür müssen wir das ganze Design erst abspeichern: einfach auf FILE/SAVE im wxGlade-Fenster klicken. Wir speichern das Design in *myApp.wxg* ab. Das ist ein Format, das wxGlade-spezifisch ist.

Um Code zu erzeugen, gehen wir im Objektbaum auf `Application` und wählen im Properties-Fenster als Sprache `Python` aus, und im `Output path` geben wir etwas wie *myApp.py* ein. Danach klicken wir auf GENERATE CODE:

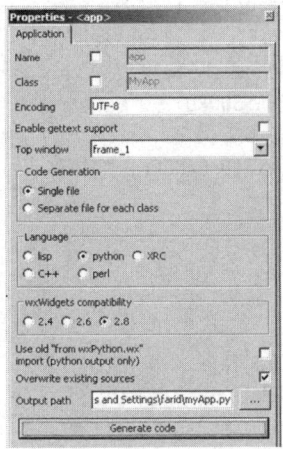

Jetzt können wir diese Datei *myApp.py* ausführen:

```
$ python myApp.py
```

Die Anwendung sieht dann wie folgt aus:

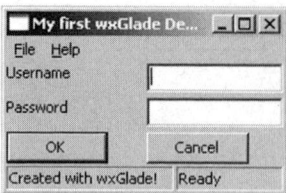

Interessant ist sicher auch der Python-Code, der von wxGlade erzeugt wurde:

```python
#!/usr/bin/env python
# -*- coding: utf-8 -*-
# generated by wxGlade 0.6.3 on Fri Jun 06 02:40:48 2008

import wx

# begin wxGlade: extracode
# end wxGlade

class MyFrame(wx.Frame):
    def __init__(self, *args, **kwds):
        # begin wxGlade: MyFrame.__init__
        kwds["style"] = wx.DEFAULT_FRAME_STYLE
        wx.Frame.__init__(self, *args, **kwds)
        self.themainpanel = wx.Panel(self, -1)
        self.label_name = wx.StaticText(self.themainpanel, -1, "Username")
        self.text_ctrl_username = wx.TextCtrl(self.themainpanel, -1, "")
        self.label_password = wx.StaticText(self.themainpanel, -1, "Password")
        self.text_ctrl_password = wx.TextCtrl(self.themainpanel, -1, "",
                                        style=wx.TE_PASSWORD)
        self.button_OK = wx.Button(self.themainpanel, wx.ID_OK, "")
        self.button_Cancel = wx.Button(self.themainpanel, wx.ID_CANCEL, "")
        self.thestatusbar = self.CreateStatusBar(2, 0)

        # Menu Bar
        self.themenubar = wx.MenuBar()
        self.fileMenu = wx.Menu()
        self.newMenu = wx.MenuItem(self.fileMenu, wx.ID_NEW,
                            "&New", "", wx.ITEM_NORMAL)
        self.fileMenu.AppendItem(self.newMenu)
        self.openMenu = wx.MenuItem(self.fileMenu, wx.ID_OPEN,
                            "&Open", "", wx.ITEM_NORMAL)
        self.fileMenu.AppendItem(self.openMenu)
        self.saveMenu = wx.MenuItem(self.fileMenu, wx.ID_SAVE,
                            "&Save", "", wx.ITEM_NORMAL)
```

```
        self.fileMenu.AppendItem(self.saveMenu)
        self.saveMenu = wx.MenuItem(self.fileMenu, wx.ID_SAVEAS,
                                    "Save &As...", "", wx.ITEM_NORMAL)
        self.fileMenu.AppendItem(self.saveMenu)
        self.fileMenu.AppendSeparator()
        self.quitMenu = wx.MenuItem(self.fileMenu, wx.ID_EXIT,
                                    "&Quit", "", wx.ITEM_NORMAL)
        self.fileMenu.AppendItem(self.quitMenu)
        self.themenubar.Append(self.fileMenu, "&File")
        self.helpMenu = wx.Menu()
        self.themenubar.Append(self.helpMenu, "&Help")
        self.SetMenuBar(self.themenubar)
        # Menu Bar end

        self.__set_properties()
        self.__do_layout()
        # end wxGlade

    def __set_properties(self):
        # begin wxGlade: MyFrame.__set_properties
        self.SetTitle("My first wxGlade Demo")
        self.button_OK.SetDefault()
        self.thestatusbar.SetStatusWidths([-1, 80])
        # statusbar fields
        thestatusbar_fields = ["Created with wxGlade!", "Ready"]
        for i in range(len(thestatusbar_fields)):
            self.thestatusbar.SetStatusText(thestatusbar_fields[i], i)
        # end wxGlade

    def __do_layout(self):
        # begin wxGlade: MyFrame.__do_layout
        sizer_1 = wx.BoxSizer(wx.VERTICAL)
        grid_sizer_1 = wx.GridSizer(3, 2, 2, 3)
        grid_sizer_1.Add(self.label_name, 0, 0, 0)
        grid_sizer_1.Add(self.text_ctrl_username, 0, 0, 0)
        grid_sizer_1.Add(self.label_password, 0, 0, 0)
        grid_sizer_1.Add(self.text_ctrl_password, 0, 0, 0)
        grid_sizer_1.Add(self.button_OK, 0, 0, 0)
        grid_sizer_1.Add(self.button_Cancel, 0, 0, 0)
        self.themainpanel.SetSizer(grid_sizer_1)
        sizer_1.Add(self.themainpanel, 1, wx.EXPAND, 0)
        self.SetSizer(sizer_1)
        sizer_1.Fit(self)
        self.Layout()
        # end wxGlade
```

```
# end of class MyFrame

if __name__ == "__main__":
    app = wx.PySimpleApp(0)
    wx.InitAllImageHandlers()
    frame_1 = MyFrame(None, -1, "")
    app.SetTopWindow(frame_1)
    frame_1.Show()
    app.MainLoop()
```

Diese Datei sollten Sie natürlich nicht verändern, wenn Sie jemals eine Chance haben wollen, *myApp.wxg* noch mal in wxGlade zu verändern und daraus neuen Python-Code zu erzeugen und wieder nach *myApp.py* zu senden!

Was ist nun mit den Event-Handlern? Am besten gehen Sie so vor, dass Sie diese in einer eigenen Datei definieren und in wxGlade den verschiedenen Widgets zuweisen (im Properties-Fenster). Wir werden das nicht weiter vertiefen: Probieren Sie es einfach aus!

XRC-Ressourcen

Manche UI-Editoren sind in der Lage, Dialoge, Menüs etc. in einem Format zu speichern, das völlig losgelöst ist von der jeweiligen Programmiersprache (z.B. in XML). Die Anwendung kann solche, Ressourcen genannte UI-Elemente aus diesen Dateien laden und rekonstruieren. Die Windows-Programmierer unter Ihnen werden jetzt an RC-Dateien denken, und das ist in der Tat damit vergleichbar.

Unsere Applikation *myApp.wxg*, die wir in wxGlade erstellt haben, lässt sich dort nicht nur in Python, sondern auch in XRC speichern. Die jeweilige XRC-Datei sähe wie folgt aus:

```
<?xml version="1.0" encoding="UTF-8"?>
<!-- generated by wxGlade 0.6.3 on Fri Jun 06 03:05:06 2008 -->

<resource version="2.3.0.1">
    <object class="wxFrame" name="frame_1" subclass="MyFrame">
        <style>wxDEFAULT_FRAME_STYLE</style>
        <title>My first wxGlade Demo</title>
        <object class="wxBoxSizer">
            <orient>wxVERTICAL</orient>
            <object class="sizeritem">
                <option>1</option>
                <flag>wxEXPAND</flag>
                <object class="wxPanel" name="themainpanel">
                    <style>wxTAB_TRAVERSAL</style>
```

```xml
                <object class="wxGridSizer">
                    <hgap>3</hgap>
                    <rows>3</rows>
                    <cols>2</cols>
                    <vgap>2</vgap>
                    <object class="sizeritem">
                        <object class="wxStaticText" name="label_name">
                            <label>Username</label>
                        </object>
                    </object>
                    <object class="sizeritem">
                        <object class="wxTextCtrl" name="text_ctrl_username">
                        </object>
                    </object>
                    <object class="sizeritem">
                        <object class="wxStaticText" name="label_password">
                            <label>Password</label>
                        </object>
                    </object>
                    <object class="sizeritem">
                        <object class="wxTextCtrl" name="text_ctrl_password">
                            <style>wxTE_PASSWORD</style>
                        </object>
                    </object>
                    <object class="sizeritem">
                        <object class="wxButton" name="wxID_OK">
                            <default>1</default>
                        </object>
                    </object>
                    <object class="sizeritem">
                        <object class="wxButton" name="wxID_CANCEL">
                        </object>
                    </object>
                </object>
            </object>
        </object>
    </object>
    <object class="wxStatusBar" name="thestatusbar">
        <fields>2</fields>
        <widths>-1, 80</widths>
    </object>
    <object class="wxMenuBar" name="themenubar">
        <object class="wxMenu" name="fileMenu">
```

```
                        <label>_File</label>
                        <object class="wxMenuItem" name="newMenu">
                            <label>_New</label>
                        </object>
                        <object class="wxMenuItem" name="openMenu">
                            <label>_Open</label>
                        </object>
                        <object class="wxMenuItem" name="saveMenu">
                            <label>_Save</label>
                        </object>
                        <object class="wxMenuItem" name="saveMenu">
                            <label>Save _As...</label>
                        </object>
                        <object class="separator"/>
                        <object class="wxMenuItem" name="quitMenu">
                            <label>_Quit</label>
                        </object>
                    </object>
                    <object class="wxMenuItem" name="helpMenu">
                        <label>_Help</label>
                    </object>
                </object>
            </object>
        </resource>
```

Sie erkennen das XML-Format! Man kann nun aus dieser `.xrc`-Datei einzeln oder zusammen die Ressourcen laden, indem man in etwa Folgendes tut:

```
import wx
from wx import xrc

app = wx.App()
res = xrc.XmlResource("myApp.xrc")
frame = res.LoadFrame(None, "frame_1")

# etc...
```

Editoren, die XRC-Dateien erzeugen, sind u.a. wxGlade und XRCed. Letzteres ist Bestandteil von wxPython und kann auch unter `http://xrced.sourceforge.net/` gefunden werden. Beachten Sie, dass man auch Windows RC-Dateien laden kann; aber Sie sollten aus Gründen der Portabilität diese in XRC-Dateien konvertieren.

Auf die Details werden wir aus Platzgründen nicht eingehen. Unter der URL `http://wiki.wxpython.org/index.cgi/UsingXmlResources` finden Sie ein paar Beispiele für `wx.xrc`, und in der C++-Dokumentation von wxWidgets finden Sie unter *XML-based resource system overview* genauere Informationen.

Weitere RAD-Tools

Auch wenn wxGlade ein GUI-Designer ist, der Python- und XRC-Code erzeugt, ist er noch lange keine vollwertige IDE. Eine solche integrierte Entwicklungsumgebung mit integriertem RAD finden Sie hier:

- Boa Constructor, `http://boa-constructor.sourceforge.net/`
- SPE IDE - Stani's Python Editor, `http://pythonide.stani.be/`
- Python Card, `http://pythoncard.sourceforge.net/`

Als Beispiel zeigen wir einen Snapshot von Boa Constructor:

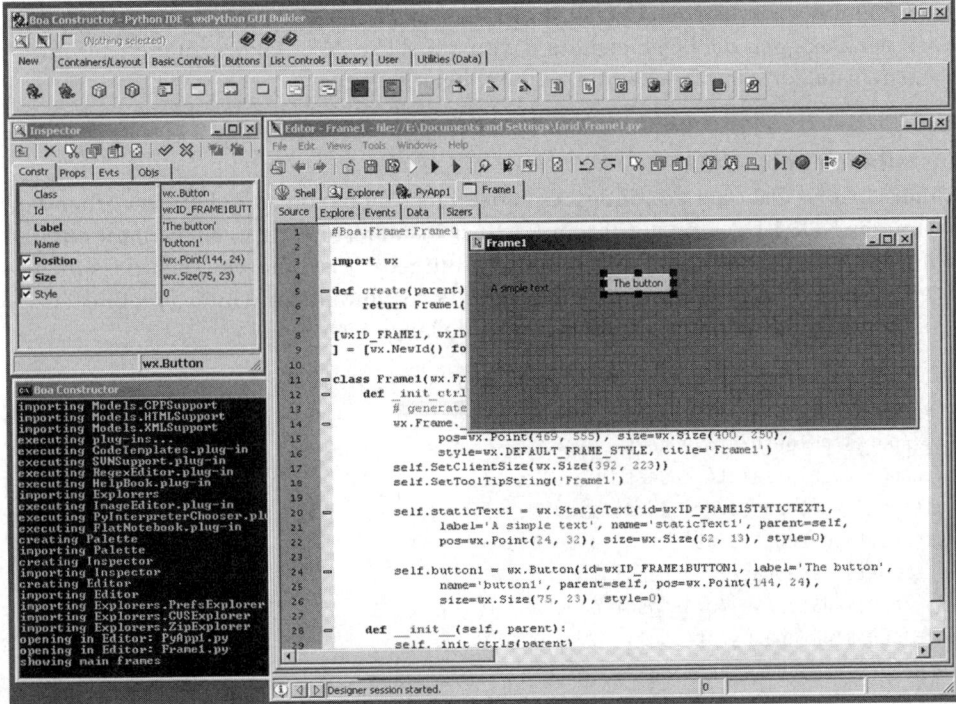

Viel Spaß beim weiteren Erkunden!

16.2 PyQt4

PyQt4 besteht aus einer Menge von Python-Klassen, die als Wrapper um die Klassen der Qt4-Bibliothek von Trolltech fungieren. Diese werden weitgehend automatisch aus den original C++-Klassen mit Hilfe des *sip*-Tools erzeugt und können mit derselben Leichtigkeit verwendet werden wie die C++-Klassen.

Wir werden in den folgenden Abschnitten PyQt4 unter Unix und Windows installieren und uns ein paar der fertigen Beispiele anschauen, um ein Gefühl dafür zu vermitteln. Man könnte zwar ein ganzes Buch über große GUI-Toolkits wie wxWidgets oder Qt4 (bzw. ihre Python-Wrapper) schreiben, aber dafür fehlt uns eindeutig der Platz. Es bleibt Ihnen daher überlassen, dieses vielseitige Framework selbstständig anhand der exzellenten Beispiele und der ausführlichen API-Dokumentation experimentell zu erkunden.

16.2.1 PyQt4 installieren

PyQt4 läuft überall da, wo Qt4 portiert wurde. Wir konzentrieren uns im Folgenden auf die beiden Plattformen Unix und Windows. Generell sind sowohl die Module der Qt4-Bibliothek als auch PyQt4 zu installieren. Außerdem ist es sehr nützlich, dass auch der Designer, die Beispiele und die ausführliche API-Dokumentation auf Ihrem System installiert sind: Sie werden sie benötigen!

Installation unter Unix

Unter Unix ist Qt4 oder zumindest ein wichtiger Teil davon i.d.R. bereits vorhanden, wenn das KDE4-Desktop auf Ihrem Rechner installiert ist; denn KDE4 baut auf Qt4 auf. Da Qt4 im Gegensatz zu Qt3 modular aufgebaut ist, kann es sein, dass Ihr Betriebssystem es auf mehrere Packages oder Ports verteilt hat. Unter FreeBSD ergibt eine kurze Suche im *usr/ports*-Baum folgende lange Liste:

```
$ locate '/usr/ports/*/qt4*/Makefile' | sed -e 's,/Makefile$,,'
/usr/ports/accessibility/qt4-accessible
/usr/ports/chinese/qt4-codecs-cn
/usr/ports/chinese/qt4-codecs-tw
/usr/ports/databases/qt4-ibase-plugin
/usr/ports/databases/qt4-mysql-plugin
/usr/ports/databases/qt4-odbc-plugin
/usr/ports/databases/qt4-pgsql-plugin
/usr/ports/databases/qt4-sql
/usr/ports/databases/qt4-sqlite-plugin
/usr/ports/databases/qt4-sqlite3-plugin
/usr/ports/devel/qt4
/usr/ports/devel/qt4-assistant
/usr/ports/devel/qt4-corelib
/usr/ports/devel/qt4-designer
/usr/ports/devel/qt4-libqtassistantclient
/usr/ports/devel/qt4-linguist
/usr/ports/devel/qt4-makeqpf
/usr/ports/devel/qt4-moc
```

```
/usr/ports/devel/qt4-porting
/usr/ports/devel/qt4-qdbusviewer
/usr/ports/devel/qt4-qt3support
/usr/ports/devel/qt4-qtestlib
/usr/ports/devel/qt4-qvfb
/usr/ports/devel/qt4-rcc
/usr/ports/devel/qt4-script
/usr/ports/devel/qt4-uic
/usr/ports/devel/qt4-uic3
/usr/ports/graphics/qt4-iconengines
/usr/ports/graphics/qt4-imageformats
/usr/ports/graphics/qt4-pixeltool
/usr/ports/graphics/qt4-svg
/usr/ports/japanese/qt4-codecs-jp
/usr/ports/korean/qt4-codecs-kr
/usr/ports/misc/qt4-doc
/usr/ports/misc/qt4-qtconfig
/usr/ports/misc/qt4-qtdemo
/usr/ports/net/qt4-network
/usr/ports/textproc/qt4-xml
/usr/ports/x11/qt4-inputmethods
/usr/ports/x11/qt4-opengl
/usr/ports/x11-toolkits/qt4-gui
```

Auch PyQt4 ist auf meinem System in verschiedene Ports zerlegt worden:

```
$ locate '/usr/ports/*/py-qt4*/Makefile' | sed -e 's,/Makefile$,,'
/usr/ports/databases/py-qt4-sql
/usr/ports/devel/py-qt4-assistant
/usr/ports/devel/py-qt4-core
/usr/ports/devel/py-qt4-dbus
/usr/ports/devel/py-qt4-designer
/usr/ports/devel/py-qt4-designerplugin
/usr/ports/devel/py-qt4-qscintilla2
/usr/ports/devel/py-qt4-script
/usr/ports/devel/py-qt4-test
/usr/ports/graphics/py-qt4-svg
/usr/ports/misc/py-qt4-demo
/usr/ports/misc/py-qt4-doc
/usr/ports/net/py-qt4-network
/usr/ports/textproc/py-qt4-xml
/usr/ports/x11/py-qt4-opengl
/usr/ports/x11-toolkits/py-qt4-gui
```

In solchen Fällen geht man am besten so vor, dass man einen Port installiert, der möglichst viel Abhängigkeiten aufweist. Auf meinem System reichte es z.B. aus, den Port mit den Demoprogrammen *usr/ports/misc/py-qt4-demo* zu installieren

```
# cd /usr/ports/misc/py-qt4-demo
# make install clean
```

und dabei die Option anzukreuzen, dass fehlende PyQt4-Komponenten mitinstalliert werden sollen, um eine lange Kette von Downloads und Kompilierungen in Gang zu setzen. Am Ende ist dann alles fertig installiert und kann ausgeführt werden!

Auf die zweite Methode werden Sie zurückgreifen müssen, wenn Ihr Betriebssystem entweder kein Package Management System bietet oder wenn dieses keine oder nur eine veraltete Version von PyQt4 und Qt4 zur Verfügung stellt. Sie werden in dem Fall auch das *sip*-Tool als notwendige Voraussetzung installieren müssen. *sip* ist das Äquivalent von *swig* (es wurde von *swig* abgeleitet) und wird benötigt, um die C++-Klasse von Qt4 in Python-Wrapperklassen zu konvertieren (siehe Python und C/C++). Die Details befinden sich alle im Source-Tarball von Qt4 und PyQt4.

Sie prüfen nach, dass PyQt4 richtig installiert ist, indem Sie ein paar Demoprogramme ausführen. Unter FreeBSD beispielsweise hat der Port */usr/ports/misc/py-qt4-demo* diese Beispiele im Pfad */usr/local/share/examples/py-qt4* untergebracht. Laufen diese Programme ohne Probleme, sind Sie sicher, dass alles richtig installiert wurde.

Versuchen Sie auch *designer* (oder *designer-qt4*) zu starten, um sicherzustellen, dass der grafische UI-Editor von Qt4 richtig funktioniert. Prüfen Sie zudem nach, dass der Designer, den Sie gestartet haben, auch tatsächlich zur richtigen Version von Qt passt (also Qt4 und nicht etwa Qt3)!

Installation unter Windows

Bei der Installation von PyQt4 unter Windows hat man die Wahl zwischen einem Binary-Installer, der sowohl PyQt4 als auch die dazu passende Version von Qt4 enthält; oder dem manuellem Installieren samt zeitraubender Übersetzung.

Wir fangen mit der einfachen Lösung an, weil sie am leichtesten auf verschiedene PCs zu deployen ist. Unter der URL http://www.riverbankcomputing.co.uk/pyqt/index.php befindet sich im Download-Bereich unter *Binary Packages* die Datei *PyQt-Py2.5-gpl-4.3.3-2.exe*, die Sie einfach ausführen. Auf die Details gehen wir nicht ein: Es ist ein gewöhnlicher Windows-Installer, der eine vorkompilierte Version von PyQt4 und von Qt4 unter der Python-Installation kopieren und Beispiele und Dokumentation an einer anderen Stelle deponieren wird.

Um nicht immer so langweilig zu sein, wollen wir diesmal unter Windows den langen Weg gehen und PyQt4 selber übersetzen. Wir gehen dabei folgendermaßen vor:

- aktuelle Version des Qt4-Toolkits installieren
- aktuelle Version von *sip* installieren
- aktuelle Version von PyQt4 installieren

Wir fangen also damit an, die aktuellste Version des Qt4-Toolkits zu installieren. Unter `http://trolltech.com/` befinden sich kommerzielle und GPL-Versionen von Qt4. Wir wählen selbstverständlich die GPL-Version. Folgende Dateien werden uns angeboten:

- *qt-win-opensource-src-4.3.4.zip*
- *qt-win-opensource-4.3.4-mingw.exe*

Erstere enthält den Quellcode von Qt4, und letztere enthält vorkompilierte Bibliotheken und Programme. Diese wurden mit dem MinGW-Compiler erstellt, den wir im einführenden Kapitel 1, *Python installieren*, bereits auf unserem System installiert hatten.

Welches davon nehmen wir? Im Prinzip könnten wir die Quellen komplett übersetzen. Doch Qt4 ist ein sehr großes Toolkit, und C++ Code lässt sich mit GCC bzw. MinGW nun mal nicht so schnell kompilieren. In der Praxis wird man schon aus Zeitgründen den Binary-Installer von Qt4 aufrufen und sich somit eine Menge Zeit sparen. Wir klicken also jetzt einfach auf *qt-win-opensource-4.3.4-mingw.exe* und durchlaufen die üblichen Fenster des Binary-Installers.

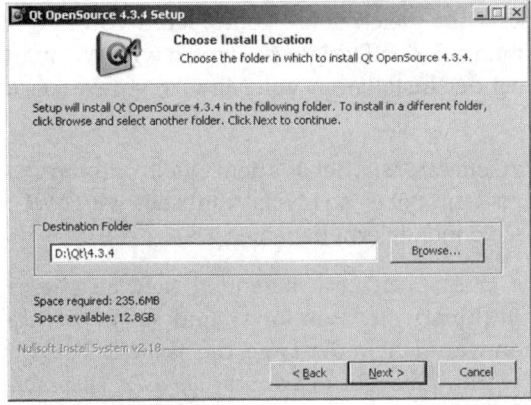

Wir wählen hier *D:\Qt\4.3.4* als Zielfolder für die Installation.

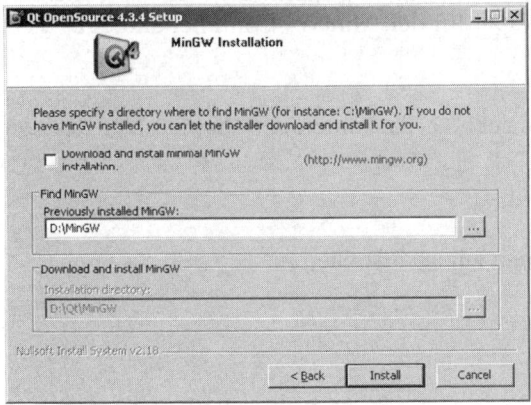

Ein paar Klicks weiter geben wir *D:\MinGW* an als Pfad für eine bereits existierende MinGW-Installation an (hätten wir MinGW nicht bereits installiert, könnte man dem Qt-Installer die Aufgabe aufbürden, MinGW nachzuinstallieren). Hier hat der Installer zwar angemahnt, dass die MinGW-Version evtl. nicht funktionieren wird, aber diese Meldung klicken wir einfach weg, indem wir weitermachen:

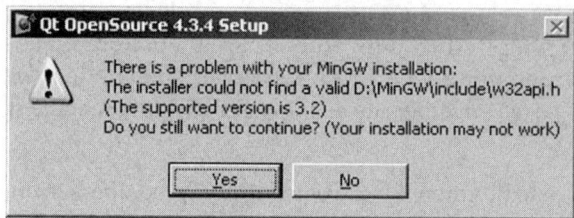

Der Installer packt jetzt alle Dateien nach *D:\Qt\4.3.4* aus und bietet dann an, die Demoprogramme und die Dokumentation zu zeigen. Ein kleiner Blick darauf kann nicht schaden. Anschließend beendet sich der Qt-Installer.

Wichtig ist an dieser Stelle, *D:\Qt\4.3.4\bin* unserem Path hinzuzufügen, damit die Qt4-Programme gefunden werden. Dies wird gleich beim Kompilieren von PyQt4 wichtig sein, aber auch generell, wenn man z.B. den Designer aufrufen will. Wie man den Path erweitert, haben wir bereits bei der Installation von MinGW vorexerziert: fügen Sie einfach den o.g. Pfad hinzu.

Als Nächstes brauchen wir den Interface Generator *sip*, der aus dem Quellcode von Qt4 entsprechende Python-Bindings erstellen kann. *sip* ist so etwas Ähnliches wie SWIG, den wir in Kapitel 11, *Python und C/C++*, kennengelernt haben.

Unter `http://www.riverbankcomputing.co.uk/sip/index.php` befanden sich, als dieses Buch entstand, die Dateien *sip-4.7.4.zip* (Binary für Windows) und *sip-4.7.4.tar.bz* (Quellcode für Unix). Doch diese Version war nicht in der Lage, die aktuelle Version von Qt4 (4.3.4) zu kompilieren. Dafür war im Snapshot Directory *sip-4.7.5-snapshot-20080328.zip*, welches funktioniert. Im Folgenden übersetzen und installieren wir es.

Zunächst packen wir die ZIP-Datei irgendwo aus und gehen dort rein. Wir müssen dann *sip* so konfigurieren, dass er Wrapper für den MinGW-Compiler erzeugt:

```
> python configure.py -p win32-g++
```

Als Nächstes brauchen wir nur noch unser make-Tool aufrufen. Wir benutzen das von MinGW:

```
> mingw32-make
```

Nach einer kurzen Kompilierung können wir *sip* installieren:

```
> mingw32-make install
```

Testen, dass es geht (wir können uns die Pfadangabe sparen, wenn `Path` richtig gesetzt ist):

```
> \Python25\sip -V
4.7.5-snapshot-20080328
```

Jetzt kann man das Arbeitsverzeichnis für *sip* löschen.

Mit einem funktionierenden *sip* können wir jetzt den Quellcode von PyQt4 herunterladen und übersetzen. Wir gehen nach `http://www.riverbankcomputing.co.uk/pyqt/index.php`. Dort befanden sich, als dieses Buch entstand, nur released-Versionen für die Vorgängerversion von Qt4 (für 4.3.3). Da wir aber `Qt 4.3.4` frisch vom Hersteller installiert haben, gehen wir hier ins Snapshot-Verzeichnis und holen uns die Datei *PyQt-win-gpl-4.3.4-snapshot-20080328.zip*. Diese packen wir irgendwo aus und wechseln dorthin.

Nun ruft man einfach Folgendes auf:

```
> python configure.py
```

Dies würde nur funktionieren, wenn *sip* in `Path` ist; und wenn `Path` das Qt4 *bin*-Verzeichnis enthält. Auf die Frage, ob wir die GPL 2 und GPL 3 akzeptieren, antworten wir ganz brav *yes*.

Wir erfahren unter anderem, dass

```
The following modules will be built:
QtCore QtGui QtNetwork QtOpenGL QtScript QtSql QtSvg QtTest QtXml
QtAssistant QtDesigner
```

Na gut, so soll es auch sein.

Jetzt kommt wieder das Kompilieren und Installieren dran:

```
> mingw32-make
> mingw32-make install
> mkdir \Qt\PyQt4
```

Der Aufruf `mingw32-make` wird ein Weilchen brauchen, um die Python-Bindings zu kompilieren. Ins Verzeichnis *\Qt\PyQt4* kopieren wir (z.B. mit dem Explorer) die beiden Folder *doc* und *examples*. Anschließend kann das Arbeitsverzeichnis, in dem PyQt4 übersetzt wurde, gelöscht werden.

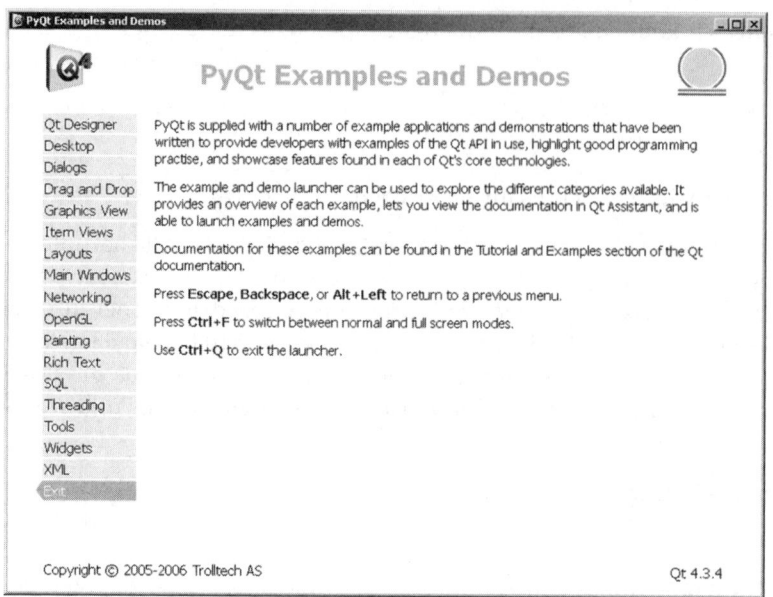

Wir probieren gleich ein Programm aus den Beispielen aus, um zu testen, ob alles richtig funktioniert:

```
D:\> python \Qt\PyQt4\examples\tools\qtdemo\qtdemo.pyw
```

16.2.2 Erste Schritte in PyQt4

Schauen wir uns ein paar einfache Anwendungen an. Wir greifen hier auf Beispiele aus PyQt4 zurück und geben sie unverändert weiter. Wir gehen davon aus, dass der Pfad zu den Beispielen sich in PYQT4_DEMOS befindet:

- */usr/local/share/examples/py-qt4*
- *D:\Qt\PyQt4\examples*

Doch bevor wir dazu kommen, schauen wir uns erst kurz in der Qt4- und PyQt4-Dokumentation um.

Wie finde ich mich in PyQt4 und Qt4 zurecht?

Wie auch bei wxPython ist der Schlüssel zum Verständnis der Beispiele und zum Erlernen von PyQt4 die Dokumentation!

Zum einen gibt es die Qt4-Dokumentation. Diese werden Sie i.d.R. zum Nachschlagen der API diverser C++-Klassen benutzen. Am Einfachsten zugänglich ist diese API-Dokumentation vom *QT Assistent* heraus, aber nichts hindert Sie daran, die HTML-Dateien auch direkt mit einem Browser Ihrer Wahl anzuschauen:

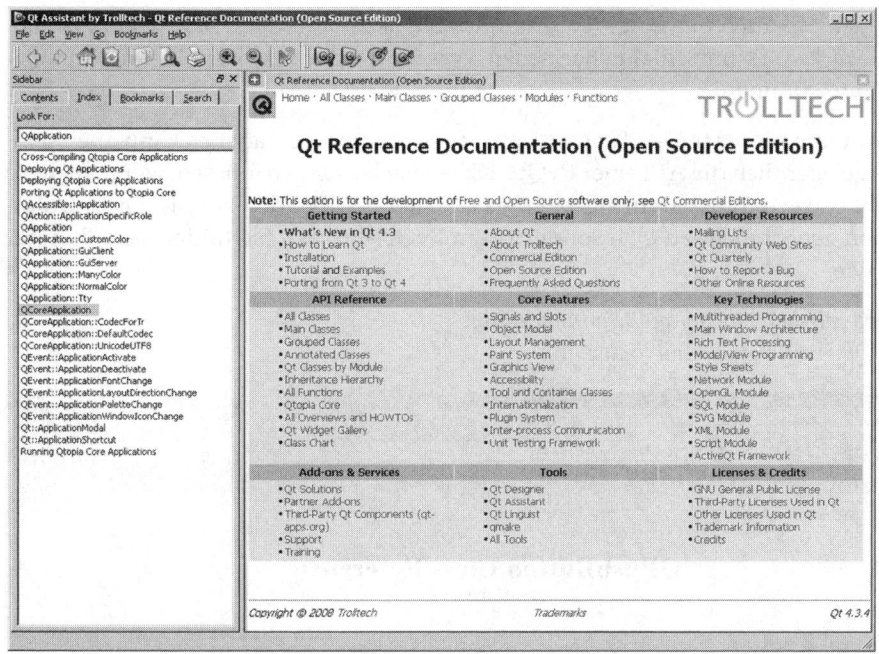

Dort befindet sich nicht nur der Zugang zur API-Dokumentation der verschiedenen
C++-Klassen:

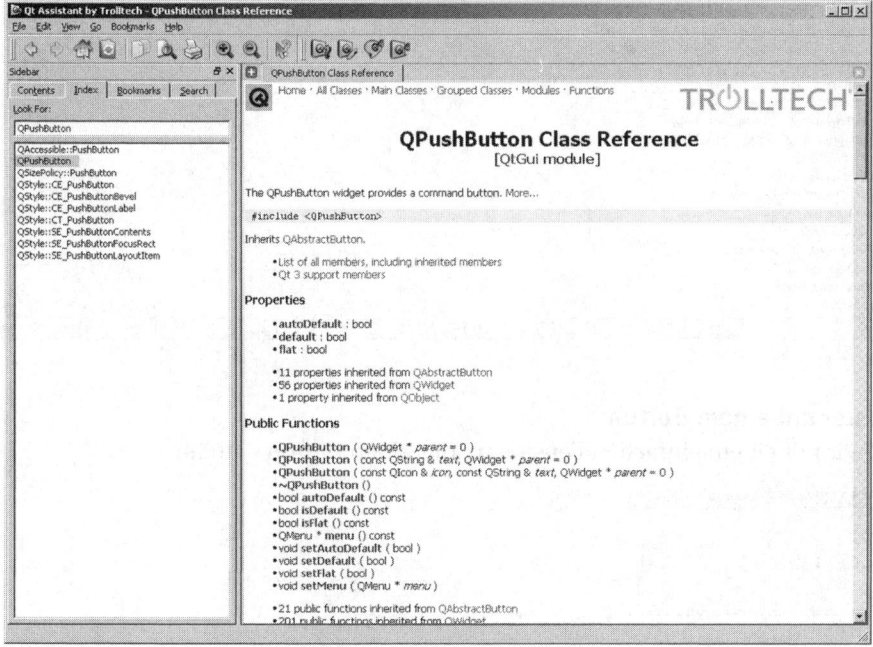

Hier finden Sie auch ein gutes Tutorial, das Sie sich auch dann anschauen sollten, wenn Sie nicht C++ im Schlaf beherrschen. Was Sie dort lernen, wird Ihnen bei PyQt4 sehr zugute kommen!

Die Dokumentation der C++ Klassen ist zwar schön und gut, aber es kann auch sein, dass Sie gelegentlich die API einer PyQt4-Klasse nachschlagen müssen, wenn *sip* diese API nicht ganz so transparent aus der C++-API heraus abbilden konnte. Diese Dokumentation gehört nicht zu Qt4, sondern zum PyQt4-Projekt. Sie finden sie z.B. unter Pfaden wie:

- */usr/local/share/doc/py-qt4/html/index.html*
- *D:\Qt\PyQt4\doc\html\index.html*

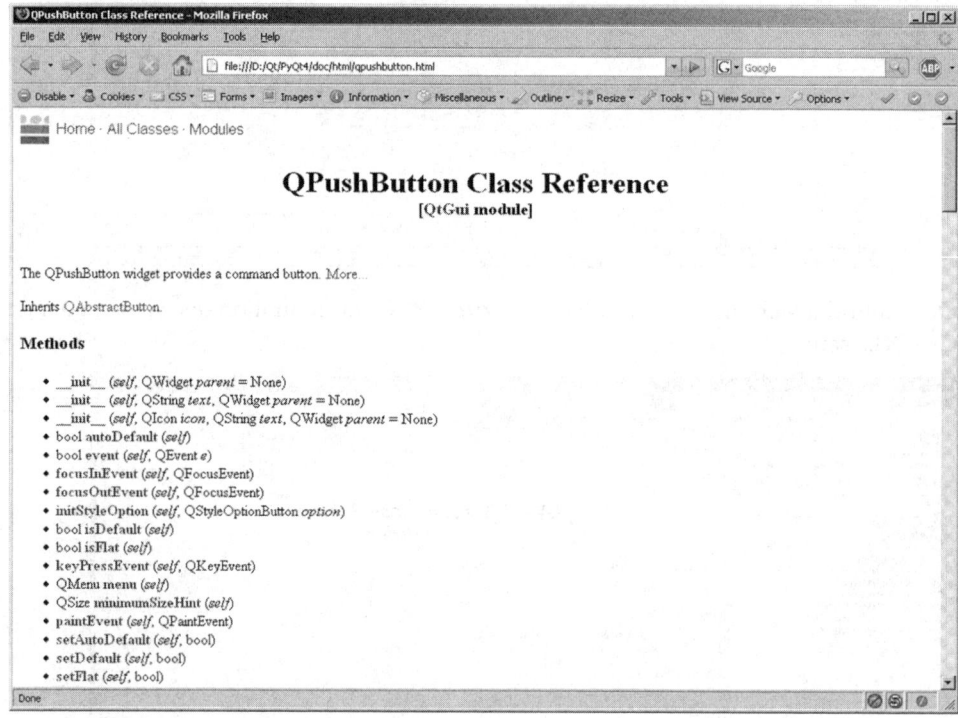

Ein Fenster mit einem Button

Fangen wir mit einem einfachen Fenster an, das einen Button enthält:

Probieren Sie, dieses Fenster zu vergrößern und zu verkleinern: Der Button verändert seine Größe entsprechend.

Das Programm, das dieses Fenster erzeugt, befindet sich in *$PYQT4_DEMOS/tutorial/ t2.py* (bei Windows ist die Endung .pyw, aber lassen Sie sich davon nicht stören) und sieht wie folgt aus:

```
#!/usr/bin/env python
# pyqt4_tutorial_t2.py -- PyQt tutorial 2
# From: /usr/local/share/examples/py-qt4/tutorial/t2.py


import sys
from PyQt4 import QtCore, QtGui

app = QtGui.QApplication(sys.argv)

quit = QtGui.QPushButton("Quit")
quit.resize(75, 30)
quit.setFont(QtGui.QFont("Times", 18, QtGui.QFont.Bold))

QtCore.QObject.connect(quit, QtCore.SIGNAL("clicked()"),
                       app, QtCore.SLOT("quit()"))

quit.show()
sys.exit(app.exec_())
```

Sie erkennen die Grundstruktur einer GUI-Anwendung:

- das PyQt4.QtGui.QApplication-Objekt mit seiner Eventschleife exec_,
- ein PyQt4.QtGui.QPushButton-Objekt, das mit dessen Methode show sichtbar gemacht wird, und
- das Event-Handling, das durch PyQt4.QtCore.QObject.connect konfiguriert ist.

Wenn Sie den Abschnitt zu wxPython gelesen haben, wird QObject.connect Sie ein wenig an die Bind-Methode eines wx.Frame-Fensters erinnern. Um zu verstehen, was es mit diesen Signalen und Slots auf sich hat, sollten Sie sich in die Qt4-Dokumentation vertiefen.

Signale (repräsentiert durch PyQt4.QtCore.SIGNAL) sind nichts anderes als Events, die ein grafisches oder nicht grafisches Qt4-Objekt auslösen kann. Ein QPushButton kann z.B. ein clicked()-Signal auslösen, wenn er angeklickt wurde.

Ein Slot (repräsentiert durch PyQt4.QtCore.SLOT) ist nichts anderes als ein Event-Handler, der ein Event empfängt und darauf reagiert.

Signale und Slots sind i.d.R. nicht direkt miteinander verbunden. Erst wenn ein Signal an einen Slot gebunden wird, wird die Eventschleife des QApplication-Objekts dafür sorgen, dass der richtige Event-Handler aufgerufen wird.

Diese Verbindung von Signalen und Slots geschieht mit der Funktion PyQt4.QtCore. QObject.connect, wie in dem obigen Beispiel gezeigt. Dort wurde das Signal clicked() des QPushButton an den Slot quit() des Hauptapplikationsobjekts app gebunden. Wird der Button irgendwann mal geklickt, dann wird app sich selbst beenden und somit auch die gesamte Anwendung.

Beachten Sie, dass in Qt Signale und Slots einfache Strings als Namen haben, z.B. clicked() und quit(). Die runden Klammern, die an Funktionsaufrufe erinnern, gehören dazu und werden von Qt4- und PyQt4-Anfängern häufig vergessen.

Woher wussten wir, dass ein QPushButton das clicked()-Signal auslösen würde und dass ein QApplication-Objekt einen quit()-Slot besitzt? Hier empfiehlt sich ein Blick in die API-Dokumentation, sowohl in die der C++-Klassen QPushButton und QApplication als auch in die der PyQt4-Klassen gleichen Namens. In der C++-Beschreibung von QPushButton wird das Signal clicked() klar erwähnt:

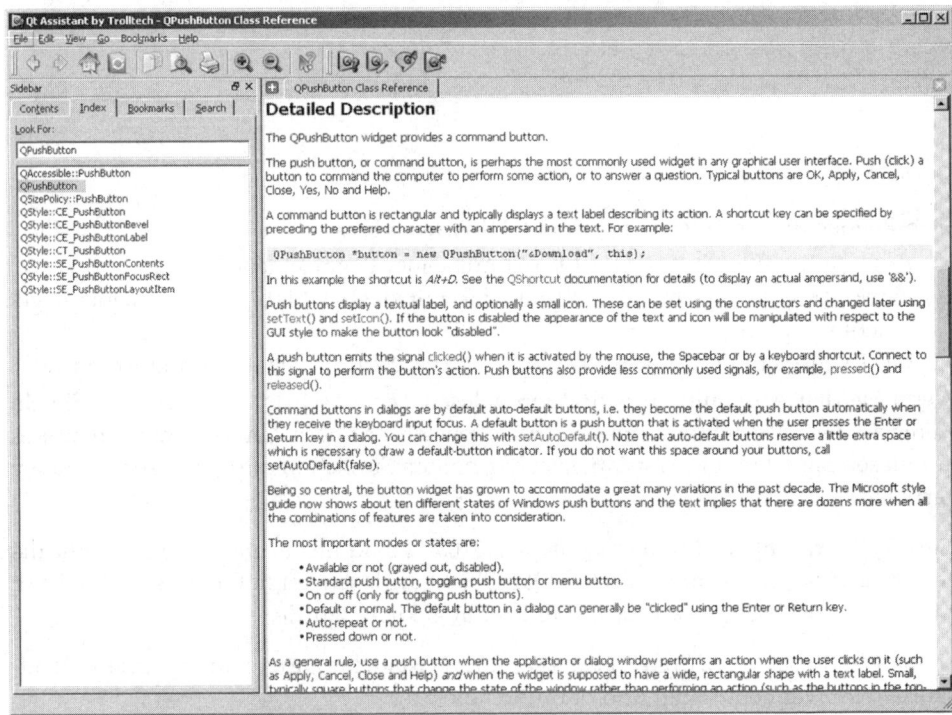

Und in der PyQt4-Beschreibung von QApplication wird der Slot quit() zwar nicht in der Liste der Slots erwähnt:

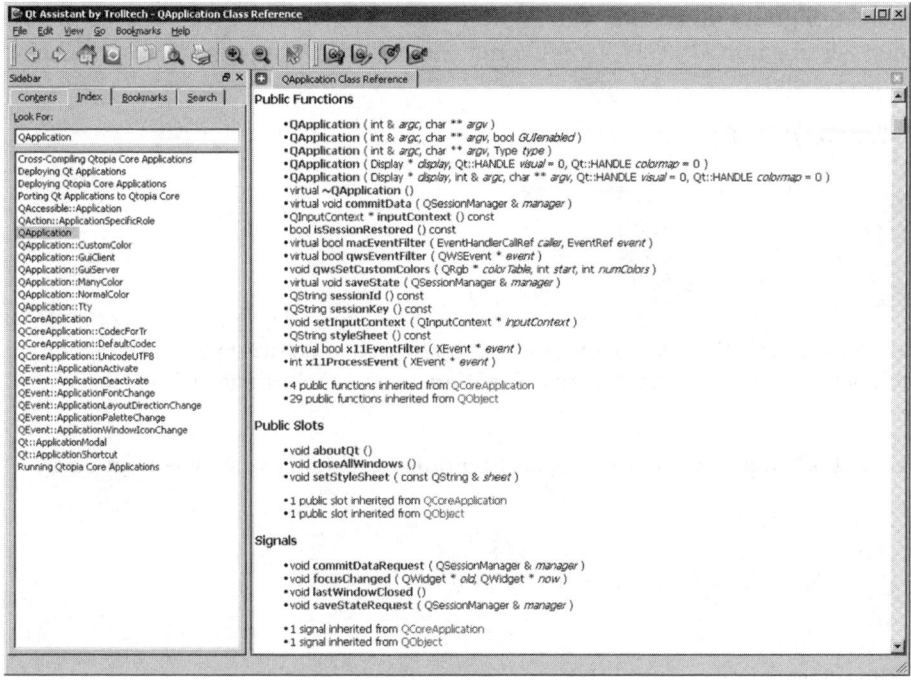

Aber er wird von `QCoreApplication` geerbt:

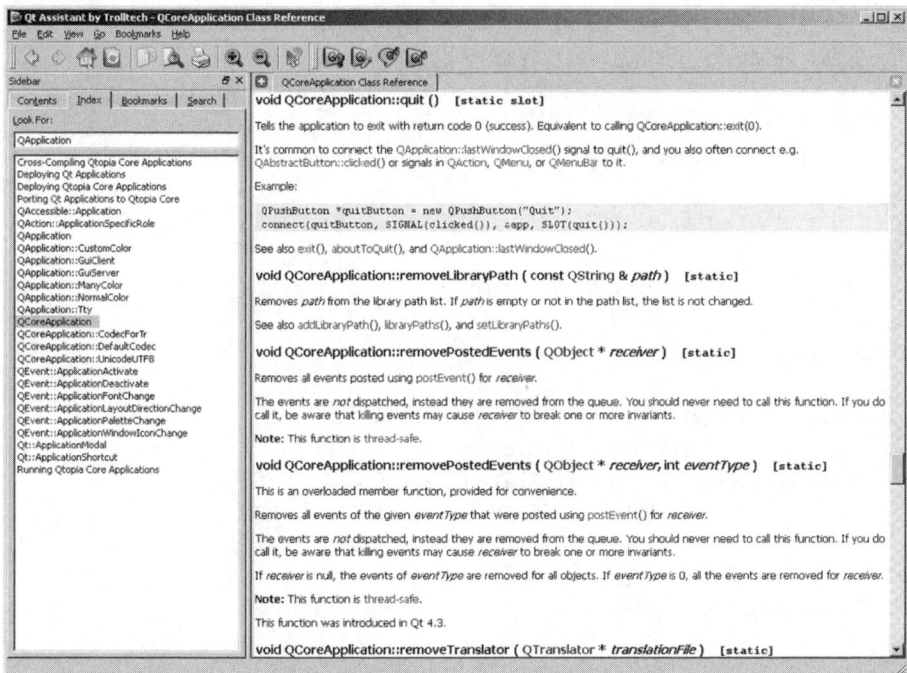

Geometrie, Signale und Slots

Schauen wir uns nun *$PYQT4_DEMOS/tutorial/t5.py* an. Führt man es aus, erscheint folgendes Fenster:

Sie können es nach Belieben in der Größe verändern. Versuchen Sie, den Slider zu verschieben, und beobachten Sie, wie der Wert der LCD-Anzeige sich entsprechend verändert!

Wie sieht das Programm aus? Etwas leicht modifiziert stellt es sich wie folgt dar:

```python
#!/usr/bin/env python
# pyqt4_tutorial_t5.py -- PyQt tutorial 5
# From: /usr/local/share/examples/py-qt4/tutorial/t5.py

import sys
from PyQt4 import QtCore, QtGui

class MyWidget(QtGui.QWidget):
    def __init__(self, parent=None):
        QtGui.QWidget.__init__(self, parent)

        quit = QtGui.QPushButton("Quit")
        quit.setFont(QtGui.QFont("Times", 18, QtGui.QFont.Bold))

        lcd = QtGui.QLCDNumber(2)

        slider = QtGui.QSlider(QtCore.Qt.Horizontal)
        slider.setRange(0, 99)
        slider.setValue(0)

        self.connect(quit, QtCore.SIGNAL("clicked()"),
                    QtGui.qApp, QtCore.SLOT("quit()"))
        self.connect(slider, QtCore.SIGNAL("valueChanged(int)"),
                    lcd, QtCore.SLOT("display(int)"))

        layout = QtGui.QVBoxLayout()
        layout.addWidget(quit);
```

```
        layout.addWidget(lcd);
        layout.addWidget(slider);
        self.setLayout(layout);

if __name__ == '__main__':
        app = QtGui.QApplication(sys.argv)
        widget = MyWidget()
        widget.show()
        sys.exit(app.exec_())
```

Was erkennen wir da? Die Struktur entspricht jetzt derjenigen aus den wxPython-Programmen:

■ Das Hauptfenster wird als Widget MyWidget modelliert.

■ Das Applikationsprogramm führt seine Eventschleife im Hauptprogramm aus.

So können wir die Klasse MyWidget woanders wiederverwenden, indem wir sie einfach importieren.

Dieses Programm hat ein paar interessante Neuigkeiten zu bieten:

■ das lcd-Widget PyQt4.QtGui.QLCDNumber, das die Zahlen wie ein LCD anzeigt,

■ den slider vom Typ PyQt4.QtGui.QSlider, den der Benutzer verschieben kann und

■ einen Sizer layout vom Typ PyQt4.QtGui.QVBoxLayout, um Widgets in eine vertikale Anordnung zu bringen.

Die API-Dokumentation können Sie selbst nachschlagen. Was uns an dieser Stelle interessiert, ist nicht so sehr das Layout mit QVBoxLayout (es entspricht dem Benutzen von Sizern, wie wir bei wxPython/wxWidgets weiter oben gesehen haben), sondern die Kommunikation zwischen dem slider und der lcd-Anzeige! Wie ist es möglich, dass jede noch so kleine Änderung am Slider die lcd-Anzeige verändert?

Sie werden es erraten haben: Es geht wieder mit Signalen und Slots. Der relevante Teil lautet:

```
self.connect(slider, QtCore.SIGNAL("valueChanged(int)"),
            lcd, QtCore.SLOT("display(int)"))
```

Wir benutzen hier die connect-Methode des Fenster-Widgets MyWidget (die von PyQt4.QtGui.QWidget geerbt wurde), um das vom slider erzeugte Signal valueChanged(int) mit dem Slot display(int) des lcd-Widgets zu verbinden.

Gehen Sie nun in die Dokumentation von QSlider und informieren Sie sich über das Signal valueChanged(int). Tun Sie dasselbe, indem Sie in der Dokumentation von QLCDNumber nach dem Slot display(int) suchen und sich darüber informieren.

Was dieses Signal/Slot-Paar vom vorigen Beispiel unterschied, ist die Tatsache, dass dieses Mal ein int-Parameter zusammen mit dem Signal übermittelt wurde. Dieser Parameter gab an, welchen aktuellen Wert der slider gerade besitzt, wenn slider das

Signal sendet. Mit anderen Worten: Sobald der Benutzer den Slider bewegt, sendet dieser ein Signal mit einem passenden Wert an `lcd`; und `lcd` passt sich entsprechend an.

Die Idee hinter dem Signal/Slot-Mechanismus ist, dass es sich um ein Subscriber-Modell handelt: Ein Widget wie etwa `slider` erzeugt Signale, und diese Signale können an unterschiedliche Slots gekoppelt werden. Wenn Sie das PyQt4-Tutorial ausprobieren, aus dem wir die beiden obigen Beispiele entnommen haben, und dabei etwa Tutorial 7 ausführen, werden Sie sehen, wie ein Slider mehrere LCD-Anzeigen gleichzeitig beeinflussen kann.

In der Praxis wird man dieses Modell in einer MVC-Umgebung einsetzen (*Model-View-Controller*). Stellen Sie sich z.B. eine Spreadsheet-Anwendung vor, bestehend aus einem Spreadsheet und mehreren Teilfenstern, welche die Daten aus dem Spreadsheet auswerten und in Form von Grafiken anzeigen (z.B. Bargraph, Piegraph usw.). Wenn der Anwender Daten im Spreadsheet verändert, soll sich das sofort auf die entsprechenden Grafiken auswirken. Wie wird so etwas gemacht?

- Das Modell sind die Daten, die im Spreadsheet angezeigt werden.
- Das Spreadsheet und die Widgets, die für die Präsentationsgraphik zuständig sind, sind die Views.
- Der Controller ist implizit die Qt-Eventschleife.

Diese Anwendung kann man z.B. so programmieren, dass das Spreadsheet Signale sendet, wenn der Benutzer es verändert, und dass die anderen View-Widgets diese Signale über ihre Slots empfangen. Der Controller ist die `QApplication` mit ihrer Eventschleife, denn sie ist es, die Signale aus dem Spreadsheet entgegennimmt und weiterleitet an die damit verbundenen Slots! Eine Alternative (und evtl. sauberere Architektur) bestünde darin, dass Spreadsheet Signale an das Modell sendet und dass das Modell seinerseits Signale an *alle* interessierten Widgets sendet, die sich updaten sollen.

16.2.3 Responsive GUIs

Wie bei wxWidgets stellt sich die Frage, wie man Anwendungen programmiert deren GUIs weiterhin auf Benutzereingaben reagieren, wenn mal längere Operationen ausgeführt werden sollen. Was tun, wenn eine Anwendung nicht nur auf Events des Fenstersystems in der `QApplication`-Eventschleife hören muss, sondern auch auf Ereignisse aus anderen Quellen achten soll (z.B. aus dem Netz)? Und wie ist es, wenn Anwendungen mehrere Frameworks gleichzeitig benutzen müssen, jedes mit seiner eigenen Eventschleife?

Die Problematik bei PyQt4 ähnelt sehr derjenigen aus wxPython. Wie Sie schon erwartet haben werden, bietet Qt4 (und somit auch PyQt4) eine Menge von Klassen, die es erleichtern, responsive GUIs zu erstellen. Es gibt Klassen für Timer, Threads,

Netzaktivität usw. All diese Klassen funktionieren so, dass ihre aufgerufenen Methoden sofort zurückkehren und dann, wenn sie fertig sind, ein Signal auslösen. Hat man zuvor mittels connect diese Signale an Slots assoziiert, kann man dort auf bestimmte Ereignisse reagieren.

Das erinnert an Twisted mit seinen Deferreds, aber es ist mehr als das: Qt4 (und PyQt4) kann intern mehrere Threads erzeugen, um solche Aktivitäten parallel im Programm ausführen zu können.

Wir stellen im folgenden Abschnitt einen HTTP-Downloader vor, der QHttp benutzt, um eine URL asynchron via HTTP herunterzuladen, um ihren Inhalt in eine Datei zu speichern.

QHttp ist nur eine von vielen Klassen, die ein asynchrones Verhalten an den Tag legen. Wenn Sie die wxPython-Beispiele weiter oben in PyQt4 nachvollziehen wollen, schauen Sie auch in die Dokumentation der folgenden PyQt4-Klassen:

- QTimer
- QThread
- QProcess

Wir werden darauf aus Platzgründen nicht weiter eingehen: Es ist ziemlich geradeheraus, und Sie können es selbst ausprobieren.

Ein HTTP-Downloader
Ein gutes Beispiel ist *$PYQT4_DEMOS/network/http.py*. Schauen wir es uns einfach mal an. Führt man es aus, erhält man folgendes Fenster:

Wählen Sie einfach eine Datei aus und laden Sie sie herunter. Während dies geschieht, probieren Sie, das GUI zu vergrößern oder zu verkleinern, um sich davon zu überzeugen, dass der GUI-Thread weiterhin alles voll im Griff hat. Schauen Sie auch nach, wie die Buttons aktiviert und deaktiviert werden, je nachdem, wie weit der Download fortgeschritten ist.

Kommen wir zum Code!

Das Programm fängt ganz harmlos an:

```
#!/usr/bin/env python
# pyqt4_network_http.py -- PyQt4 port of the network/http example from Qt v4.x
# From: /usr/local/share/examples/py-qt4/network/http.py

import sys
from PyQt4 import QtCore, QtGui, QtNetwork
```

Das Hauptprogramm am Ende ist ebenfalls absolut klassisch:

```
if __name__ == '__main__':
    app = QtGui.QApplication(sys.argv)
    httpWin = HttpWindow()
    sys.exit(httpWin.exec_())
```

Das eigentliche Fenster besteht aus der Klasse `HttpWindow`, deren Skelett wie folgt aussieht (Skelett, weil die Methoden hier noch mit `pass` no-op sind):

```
class HttpWindow(QtGui.QDialog):
    def __init__(self, parent=None): pass
    def enableDownloadButton(self): pass
    def downloadFile(self): pass
    def cancelDownload(self): pass
    def readResponseHeader(self, responseHeader): pass
    def updateDataReadProgress(self, bytesRead, totalBytes): pass
    def httpRequestFinished(self, requestId, error): pass
```

Die Logik der einzelnen Methoden und Callbacks wird gleich noch klar werden.

Das GUI selbst wird in `__init__` aufgebaut:

```
def __init__(self, parent=None):
    QtGui.QDialog.__init__(self, parent)

    self.urlLineEdit = \
        QtGui.QLineEdit("http://www.ietf.org/iesg/1rfc_index.txt")

    self.urlLabel = QtGui.QLabel(self.tr("&URL:"))
    self.urlLabel.setBuddy(self.urlLineEdit)
    self.statusLabel = QtGui.QLabel(self.tr("Please enter the URL of a file "
                                            "you want to download."))

    self.quitButton = QtGui.QPushButton(self.tr("Quit"))
    self.downloadButton = QtGui.QPushButton(self.tr("Download"))
    self.downloadButton.setDefault(True)

    self.progressDialog = QtGui.QProgressDialog(self)
```

```
self.http = QtNetwork.QHttp(self)
self.outFile = None
self.httpGetId = 0
self.httpRequestAborted = False

self.connect(self.urlLineEdit, QtCore.SIGNAL("textChanged(QString &)"),
             self.enableDownloadButton)
self.connect(self.http, QtCore.SIGNAL("requestFinished(int, bool)"),
             self.httpRequestFinished)
self.connect(self.http, QtCore.SIGNAL("dataReadProgress(int, int)"),
             self.updateDataReadProgress)
self.connect(self.http,
    QtCore.SIGNAL("responseHeaderReceived(QHttpResponseHeader &)"),
             self.readResponseHeader)
self.connect(self.progressDialog, QtCore.SIGNAL("canceled()"),
             self.cancelDownload)
self.connect(self.downloadButton, QtCore.SIGNAL("clicked()"),
             self.downloadFile)
self.connect(self.quitButton, QtCore.SIGNAL("clicked()"),
             self, QtCore.SLOT("close()"))

topLayout = QtGui.QHBoxLayout()
topLayout.addWidget(self.urlLabel)
topLayout.addWidget(self.urlLineEdit)

buttonLayout = QtGui.QHBoxLayout()
buttonLayout.addStretch(1)
buttonLayout.addWidget(self.downloadButton)
buttonLayout.addWidget(self.quitButton)

mainLayout = QtGui.QVBoxLayout()
mainLayout.addLayout(topLayout)
mainLayout.addWidget(self.statusLabel)
mainLayout.addLayout(buttonLayout)
self.setLayout(mainLayout)

self.setWindowTitle(self.tr("HTTP"))
self.urlLineEdit.setFocus()
```

Der für uns an dieser Stelle entscheidende Teil betrifft self.http:

```
self.http = QtNetwork.QHttp(self)

self.connect(self.http, QtCore.SIGNAL("requestFinished(int, bool)"),
             self.httpRequestFinished)
```

```
self.connect(self.http, QtCore.SIGNAL("dataReadProgress(int, int)"),
        self.updateDataReadProgress)
self.connect(self.http,
    QtCore.SIGNAL("responseHeaderReceived(QHttpResponseHeader &)"),
        self.readResponseHeader)
```

Sie können aus der API-Dokumentation zu QHttp die diversen Signale entnehmen und was sie bewirken:

- "requestFinished(int, bool)"
- "dataReadProgress(int, int)"
- "responseHeaderReceived(QHttpResponseHeader &)"

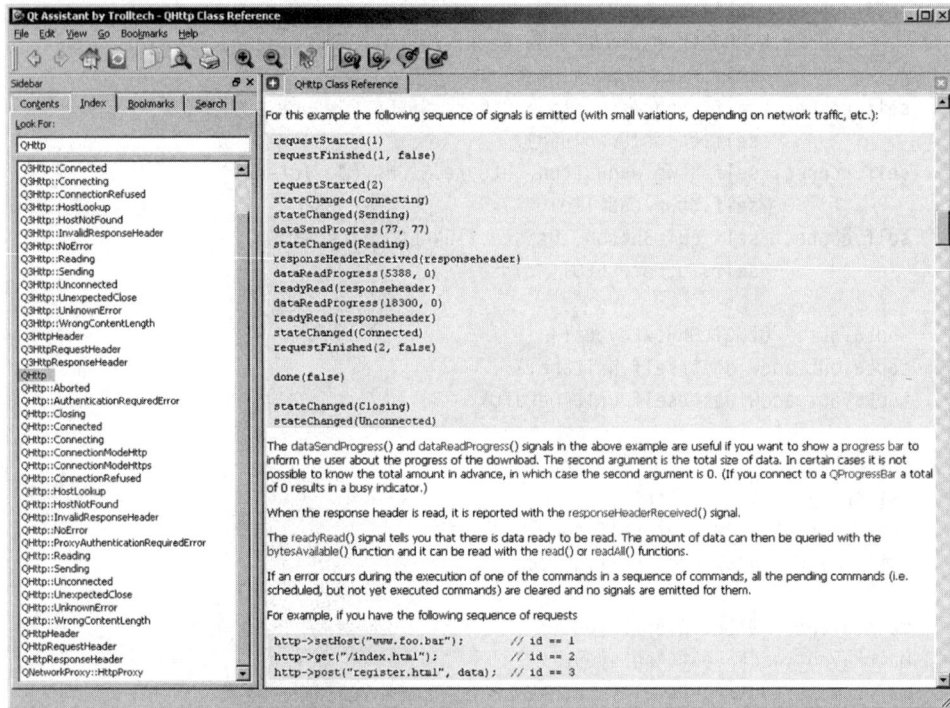

Neu für uns hier ist, dass wir diese Signale jetzt nicht an Slots, sondern an gewöhnliche Callbacks verbunden haben. Man sieht also, dass der Signal/Slot-Mechanismus äußerst flexibel sein kann!

QHttp führt seine Operationen asynchron aus (was an Twisted erinnern dürfte). Das Warten auf diverse Antworten aus dem Netz geschieht genauso in der Eventschleife von QApplication wie das Warten auf Events des Fenstersystems: Qt4 ist nun mal ein gut integriertes Toolkit!

`enableDownloadButton` ist langweilig:

```
def enableDownloadButton(self):
    self.downloadButton.setEnabled(not self.urlLineEdit.text().isEmpty())
```

Der Callback `downloadFile` wird aufgerufen, wenn der Benutzer auf den Button DOWN-LOAD klickt:

```
def downloadFile(self):
    url = QtCore.QUrl(self.urlLineEdit.text())
    fileInfo = QtCore.QFileInfo(url.path())
    fileName = QtCore.QString(fileInfo.fileName())

    if QtCore.QFile.exists(fileName):
        QtGui.QMessageBox.information(self, self.tr("HTTP"), self.tr(
                            "There already exists a file called %1 "
                            "in the current directory.").arg(fileName))
        return

    self.outFile = QtCore.QFile(fileName)
    if not self.outFile.open(QtCore.QIODevice.WriteOnly):
        QtGui.QMessageBox.information(self, self.tr("HTTP"),
                        self.tr("Unable to save the file %1: %2.")
                        .arg(fileName).arg(self.outFile.errorString()))
        self.outFile = None
        return

    if url.port() != -1:
        self.http.setHost(url.host(), url.port())
    else:
        self.http.setHost(url.host(), 80)
    if not url.userName().isEmpty():
        self.http.setUser(url.userName(), url.password())

    self.httpRequestAborted = False
    self.httpGetId = self.http.get(url.path(), self.outFile)

    self.progressDialog.setWindowTitle(self.tr("HTTP"))
    self.progressDialog.setLabelText(self.tr("Downloading %1.").arg(fileName))
    self.downloadButton.setEnabled(False)
```

Entscheidend hier ist der Aufruf `set.http.get(...)`, der den Download asynchron startet.

Entscheidet sich der Anwender dafür, den Download abzubrechen, wird `cancelDown-load` aufgerufen:

```
def cancelDownload(self):
    self.statusLabel.setText(self.tr("Download canceled."))
    self.httpRequestAborted = True
    self.http.abort()
    self.downloadButton.setEnabled(True)
```

Natürlich war hier `self.http.abort()` der entscheidende Teil!

Nachdem der HTTP-Request abgeschickt wurde, wird auf die Antwort des Servers gewartet. Irgendwann werden die gesamten HTTP-Header der Antwort angekommen sein, und `self.http` wird daraufhin das Signal `responseHeaderReceived(QHttpResponse-Header &)` auslösen. Dieses Signal wurde an den Callback `readResponseHeader` gekoppelt:

```
def readResponseHeader(self, responseHeader):
    if responseHeader.statusCode() != 200:
        QtGui.QMessageBox.information(self, self.tr("HTTP"),
                            self.tr("Download failed: %1.")
                            .arg(responseHeader.reasonPhrase()))
        self.httpRequestAborted = True
        self.progressDialog.hide()
        self.http.abort()
        return
```

Beachten Sie, wie der Parameter `responseHeader` zum Signalparameter `QHttpResponse-Header` passt! Das & im Signalnamen bedeutet, dass es sich um eine C++-Referenz handelt. Für Python heißt das, dass `responseHeader` im Prinzip auch über Methodenaufrufe verändert werden könnte. Aber das ist nicht wichtig. Wichtig hier ist lediglich, dass wir den Status-Code (200, 404, etc...) aus der HTTP-Antwort auswerten, und im Fehlerfall – d.h., wenn es nicht 200 OK ist – brechen wir den Download mit `self.http.abort()` ab.

Während der Download läuft, wird `self.http` mehrmals das Signal `dataReadProgress` (int, int) auslösen. Dieses Signal ist hier an den Callback gebunden:

```
def updateDataReadProgress(self, bytesRead, totalBytes):
    if self.httpRequestAborted:
        return

    self.progressDialog.setMaximum(totalBytes)
    self.progressDialog.setValue(bytesRead)
```

Hier kann man im Widget `progressDialog` zeigen, wie weit wir bisher mit dem Download gekommen sind: Die Anzahl der bisher heruntergeladenen und aller herunterzuladenden Bytes wird gezeigt.

Ist der Download abgeschlossen und die Datei gespeichert worden, wird der Callback `httpRequestFinished` aufgerufen. Das geschieht als Antwort auf das Signal `requestFinished(int, bool)`. Beachten Sie, wie die Eingabedaten `int requestId` und `bool error` hier zusammmen mit dem Signal beim Callback angekommen sind!

```python
def httpRequestFinished(self, requestId, error):
    if self.httpRequestAborted:
        if self.outFile is not None:
            self.outFile.close()
            self.outFile.remove()
            self.outFile = None

        self.progressDialog.hide()
        return

    if requestId != self.httpGetId:
        return

    self.progressDialog.hide()
    self.outFile.close()

    if error:
        self.outFile.remove()
        QtGui.QMessageBox.information(self, self.tr("HTTP"),
                        self.tr("Download failed: %1.")
                            .arg(self.http.errorString())))
    else:
        fileName = QtCore.QFileInfo(
                    QtCore.QUrl(self.urlLineEdit.text()).path()).fileName()
        self.statusLabel.setText(self.tr(
                "Downloaded %1 to current directory.").arg(fileName))

    self.downloadButton.setEnabled(True)
    self.outFile = None
```

Sie fragen sich, wieso wir hier nichts in die Datei speichern? Erinnern Sie sich an folgende Zeile aus `downloadFile`?

```python
self.httpGetId = self.http.get(url.path(), self.outFile)
```

`self.http.get` lädt nach und nach die URL herunter und speichert sie auch nach und nach in die Datei `self.outFile` ab. Die Methode `httpRequestFinished` dient nur dazu, eventuelle Aufräumarbeiten zu erledigen.

Integration mit Twisted

Genauso wie bei wxPython ist es auch hier möglich, die Eventschleifen von Twisted und PyQt4 zu kombinieren. Dafür benötigen Sie das Modul `qtreactor`, das aus Lizenzgründen (Qt4 ist GPL, Twisted ist MIT) nicht Bestandteil der Twisted-Distribution ist. Dieses Modul finden Sie derzeit unter `http://twistedmatrix.com/trac/wiki/QTReactor`. Wir verzichten an dieser Stelle auf ein Beispiel, weil PyQt4/Qt4 über sehr gute Klassen zur Netzwerkkommunikation verfügt. Falls Sie unbedingt Ihre existierende Twisted-Anwendung mit PyQt4 koppeln wollen, wäre dieses Modul genau das Richtige für Sie.

16.2.4 Schnelle Entwicklung mit RAD-Tools

Wie bei wxPython/wxWidgets, gibt es auch für das PyQt4/Qt4-Toolkit *rapid application development* (RAD) Tools; oder anders gesagt: UI-Editoren. Ein ganz mächtiger UI-Editor für Qt4 ist *designer*. Es ist Bestandteil von Qt4 und wird mit dessen Quellcode ausgeliefert.

designer erzeugt, genauso wie wxGlade, Beschreibungen von GUIs in einem XML-Format. Dieses Format kann zur Laufzeit zu Python-Code konvertiert oder auf verschiedene Arten und Weisen in die PyQt4-Anwendung geladen und ausgeführt werden.

Qt Designer

Wie bereits erwähnt, ist Qt Designer Bestandteil des Qt4-Toolkits. Ist es installiert, ruft man es als *designer-qt4*, *designer* oder bei Windows über das Start-Menü auf. Wichtig ist nur, dass Sie sicherstellen, den richtigen Designer für die richtige Version von Qt aufzurufen!

Der obige Snapshot zeigt, dass Qt Designer aus ähnlichen Fenstern besteht wie etwa wxGlade, unter anderem:

- einem Objekt Inspector, der unsere Objekte in Form eines Baumes anzeigt
- einem Property Editor, der Eigenschaften zu Werten assoziiert
- einer Widget Box (Palette), die auszuwählende Widgets enthält

Zusätzlich dazu kann man Frames oder Dialoge erzeugen und darin Widgets eintragen. Dies tut man i.d.R. nur indirekt, indem man diese in Geometrie-Manager (Layouts) wie `VerticalLayout`, `HorizontalLayout` und `GridLayout` einträgt. Ist das Frame oder der Dialog ausgewählt, kann man eines ihrer Objekte direkt anklicken und bekommt

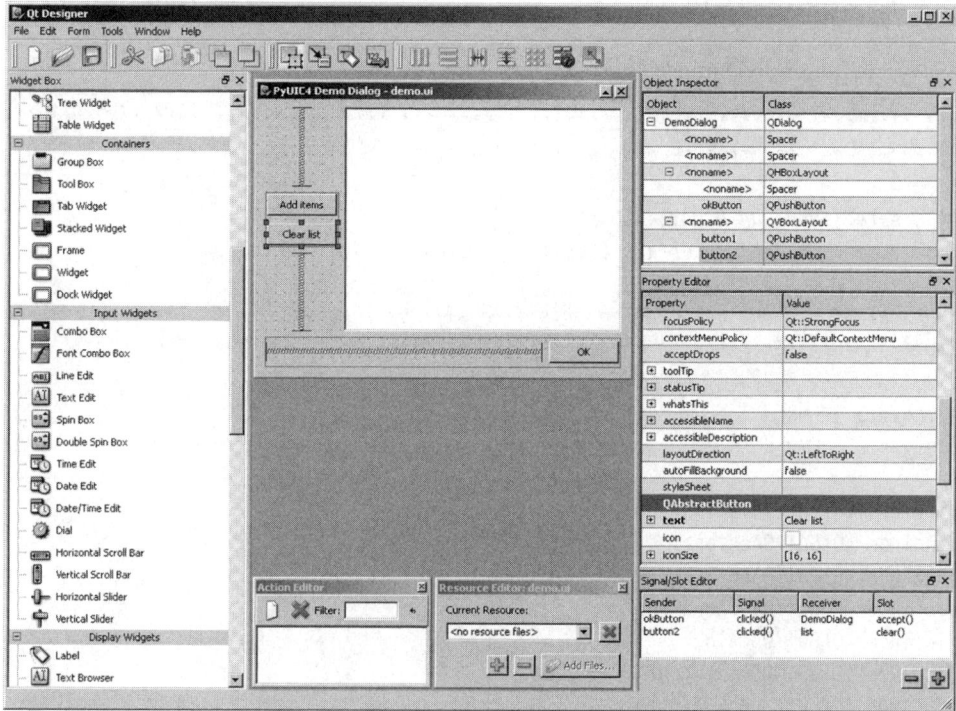

dann deren Eigenschaften im Property Editor. Möchte man z.B. ein Objekt umbenennen, kann man seinen `objectName` verändern. Soll es nur im Fenster eine andere Beschriftung haben, wählt man eine Eigenschaft wie z.B. `text` und verändert dort den jeweiligen Wert. Änderungen werden sofort im Frame oder Dialog sichtbar.

Interessant ist hier auch das Fenster SIGNAL/SLOT EDITOR, das Signale zu Slots assoziiert.

Ist man mit der Arbeit fertig, speichert man das Design in eine `.ui`-Datei und kann dieses später an dieser Stelle wieder aufnehmen und fortsetzen.

Eine `.ui`-Datei ist nichts anderes als eine XML-Datei, die ein Design genau beschreibt. Das Design aus dem obigen Screenshot stammt aus der Datei $PYQT4_DEMOS/pyuic/demo.ui. Was man damit machen kann, zeigen wir im folgenden Abschnitt.

.ui-Dateien laden

Nun haben wir mit dem Qt Designer ein schönes, kompliziertes Layout zusammengestellt. Was können wir also mit der Datei *demo.ui* so alles tun?

Würde man statt PyQt4 die Qt4-API in C++ benutzen, dann könnte man mit dem Tool *uic* aus *demo.ui* C++ Klassen erzeugen:

```
$ uic demo.ui > demo.h
```

Es würde folgende Datei *demo.h* erzeugt:

```
/********************************************************************************
** Form generated from reading ui file 'demo.ui'
**
** Created: Mon Jun 9 04:34:50 2008
**      by: Qt User Interface Compiler version 4.3.4
**
** WARNING! All changes made in this file will be lost when recompiling ui file!
********************************************************************************/

#ifndef UI_DEMO_H
#define UI_DEMO_H

#include <QtCore/QVariant>
#include <QtGui/QAction>
#include <QtGui/QApplication>
#include <QtGui/QButtonGroup>
#include <QtGui/QDialog>
#include <QtGui/QGridLayout>
#include <QtGui/QHBoxLayout>
#include <QtGui/QListWidget>
#include <QtGui/QPushButton>
#include <QtGui/QSpacerItem>
#include <QtGui/QVBoxLayout>

class Ui_DemoDialog
{
public:
    QGridLayout *gridLayout;
    QSpacerItem *spacerItem;
    QSpacerItem *spacerItem1;
    QListWidget *list;
    QVBoxLayout *vboxLayout;
    QPushButton *button1;
    QPushButton *button2;
    QHBoxLayout *hboxLayout;
    QSpacerItem *spacerItem2;
    QPushButton *okButton;

    void setupUi(QDialog *DemoDialog)
    {
```

```
    if (DemoDialog->objectName().isEmpty())
        DemoDialog->setObjectName(QString::fromUtf8("DemoDialog"));
    DemoDialog->resize(400, 300);
    gridLayout = new QGridLayout(DemoDialog);
#ifndef Q_OS_MAC
    gridLayout->setSpacing(6);
#endif
#ifndef Q_OS_MAC
    gridLayout->setMargin(9);
#endif
    gridLayout->setObjectName(QString::fromUtf8("gridLayout"));
    spacerItem = new QSpacerItem(20, 40, QSizePolicy::Minimum,
                                QSizePolicy::Expanding);

    gridLayout->addItem(spacerItem, 2, 0, 1, 1);

    spacerItem1 = new QSpacerItem(20, 40, QSizePolicy::Minimum,
                                QSizePolicy::Expanding);

    gridLayout->addItem(spacerItem1, 0, 0, 1, 1);

    list = new QListWidget(DemoDialog);
    list->setObjectName(QString::fromUtf8("list"));

    gridLayout->addWidget(list, 0, 1, 3, 1);

    vboxLayout = new QVBoxLayout();
#ifndef Q_OS_MAC
    vboxLayout->setSpacing(6);
#endif
    vboxLayout->setMargin(0);
    vboxLayout->setObjectName(QString::fromUtf8("vboxLayout"));
    button1 = new QPushButton(DemoDialog);
    button1->setObjectName(QString::fromUtf8("button1"));

    vboxLayout->addWidget(button1);

    button2 = new QPushButton(DemoDialog);
    button2->setObjectName(QString::fromUtf8("button2"));

    vboxLayout->addWidget(button2);

    gridLayout->addLayout(vboxLayout, 1, 0, 1, 1);
    hboxLayout = new QHBoxLayout();
```

```
#ifndef Q_OS_MAC
    hboxLayout->setSpacing(6);
#endif
    hboxLayout->setMargin(0);
    hboxLayout->setObjectName(QString::fromUtf8("hboxLayout"));
    spacerItem2 = new QSpacerItem(131, 31, QSizePolicy::Expanding,
                                QSizePolicy::Minimum);

    hboxLayout->addItem(spacerItem2);

    okButton = new QPushButton(DemoDialog);
    okButton->setObjectName(QString::fromUtf8("okButton"));

    hboxLayout->addWidget(okButton);

    gridLayout->addLayout(hboxLayout, 3, 0, 1, 2);

    retranslateUi(DemoDialog);
    QObject::connect(okButton, SIGNAL(clicked()), DemoDialog, SLOT(accept()));
    QObject::connect(button2, SIGNAL(clicked()), list, SLOT(clear()));

    QMetaObject::connectSlotsByName(DemoDialog);
    } // setupUi

    void retranslateUi(QDialog *DemoDialog)
    {
    DemoDialog->setWindowTitle(QApplication::translate("DemoDialog",
            "PyUIC4 Demo Dialog", 0, QApplication::UnicodeUTF8));
    button1->setText(QApplication::translate("DemoDialog",
            "Add items", 0, QApplication::UnicodeUTF8));
    button2->setText(QApplication::translate("DemoDialog",
            "Clear list", 0, QApplication::UnicodeUTF8));
    okButton->setText(QApplication::translate("DemoDialog",
            "OK", 0, QApplication::UnicodeUTF8));
    Q_UNUSED(DemoDialog);
    } // retranslateUi
};

namespace Ui {
    class DemoDialog: public Ui_DemoDialog {};
} // namespace Ui

#endif // UI_DEMO_H
```

Gibt es so was auch für Python? Na klar doch!

```
$ pyuic4 demo.ui > demo.py
```

Die resultierende Datei *demo.py* sieht wie folgt aus:

```python
# -*- coding: utf-8 -*-

# Form implementation generated from reading ui file 'demo.ui'
#
# Created: Mon Jun 09 04:45:23 2008
#      by: PyQt4 UI code generator 4.3.4-snapshot-20080328
#
# WARNING! All changes made in this file will be lost!

from PyQt4 import QtCore, QtGui

class Ui_DemoDialog(object):
    def setupUi(self, DemoDialog):
        DemoDialog.setObjectName("DemoDialog")
        DemoDialog.resize(QtCore.QSize(QtCore.QRect(0,0,400,300).size())
                                    .expandedTo(DemoDialog.minimumSizeHint()))

        self.gridlayout = QtGui.QGridLayout(DemoDialog)
        self.gridlayout.setMargin(9)
        self.gridlayout.setSpacing(6)
        self.gridlayout.setObjectName("gridlayout")

        spacerItem = QtGui.QSpacerItem(20,40,QtGui.QSizePolicy.Minimum,
                                            QtGui.QSizePolicy.Expanding)
        self.gridlayout.addItem(spacerItem,2,0,1,1)

        spacerItem1 = QtGui.QSpacerItem(20,40,QtGui.QSizePolicy.Minimum,
                                            QtGui.QSizePolicy.Expanding)
        self.gridlayout.addItem(spacerItem1,0,0,1,1)

        self.list = QtGui.QListWidget(DemoDialog)
        self.list.setObjectName("list")
        self.gridlayout.addWidget(self.list,0,1,3,1)

        self.vboxlayout = QtGui.QVBoxLayout()
        self.vboxlayout.setMargin(0)
        self.vboxlayout.setSpacing(6)
        self.vboxlayout.setObjectName("vboxlayout")
```

```
    self.button1 = QtGui.QPushButton(DemoDialog)
    self.button1.setObjectName("button1")
    self.vboxlayout.addWidget(self.button1)

    self.button2 = QtGui.QPushButton(DemoDialog)
    self.button2.setObjectName("button2")
    self.vboxlayout.addWidget(self.button2)
    self.gridlayout.addLayout(self.vboxlayout,1,0,1,1)

    self.hboxlayout = QtGui.QHBoxLayout()
    self.hboxlayout.setMargin(0)
    self.hboxlayout.setSpacing(6)
    self.hboxlayout.setObjectName("hboxlayout")

    spacerItem2 = QtGui.QSpacerItem(131,31,QtGui.QSizePolicy.Expanding,
                                        QtGui.QSizePolicy.Minimum)
    self.hboxlayout.addItem(spacerItem2)

    self.okButton = QtGui.QPushButton(DemoDialog)
    self.okButton.setObjectName("okButton")
    self.hboxlayout.addWidget(self.okButton)
    self.gridlayout.addLayout(self.hboxlayout,3,0,1,2)

    self.retranslateUi(DemoDialog)
    QtCore.QObject.connect(self.okButton,QtCore.SIGNAL("clicked()"),
                                DemoDialog.accept)
    QtCore.QObject.connect(self.button2,QtCore.SIGNAL("clicked()"),
                                self.list.clear)
    QtCore.QMetaObject.connectSlotsByName(DemoDialog)

def retranslateUi(self, DemoDialog):
    DemoDialog.setWindowTitle(QtGui.QApplication.translate("DemoDialog",
                "PyUIC4 Demo Dialog", None, QtGui.QApplication.UnicodeUTF8))
    self.button1.setText(QtGui.QApplication.translate("DemoDialog",
                "Add items", None, QtGui.QApplication.UnicodeUTF8))
    self.button2.setText(QtGui.QApplication.translate("DemoDialog",
                "Clear list", None, QtGui.QApplication.UnicodeUTF8))
    self.okButton.setText(QtGui.QApplication.translate("DemoDialog",
                "OK", None, QtGui.QApplication.UnicodeUTF8))
```

Es ist aber besser, .ui-Dateien direkt in einer Qt-Anwendung zu laden. Ein Beispiel ist $PYQT4\_DEMOS/pyuic/load\_ui1.py$, das wie folgt aussieht:

```
#!/usr/bin/env python
# pyqt4_pyuic_load_ui1.py -- dynamically load demo.py
# From: /usr/local/share/examples/py-qt4/pyuic/load_ui1.py

import sys
from PyQt4 import QtGui, uic

app = QtGui.QApplication(sys.argv)
widget = uic.loadUi("demo.ui")
widget.show()
app.exec_()
```

Die Funktion uic.loadUI hat die gesamte .ui-Beschreibung in XML in ein QWidget geladen. Anschließend konnte das Widget sicherbar gemacht und die Eventschleife der Anwendung gestartet werden! Einfacher geht es nicht!

Eine weitere Möglichkeit ist *$PYQT4\_DEMOS/pyuic/load\_ui2.py$*, das so aussieht:

```
#!/usr/bin/env python
# pyqt4_pyuic_load_ui2.py -- Load demo.ui and merge it into a 'QDialog' class
# From: /usr/local/share/examples/py-qt4/pyuic/load_ui2.py

import sys
from PyQt4 import QtCore, QtGui, uic

class DemoImpl(QtGui.QDialog):
    def __init__(self, *args):
        QtGui.QWidget.__init__(self, *args)
        uic.loadUi("demo.ui", self)

    @QtCore.pyqtSignature("")
    def on_button1_clicked(self):
        for s in "This is a demo".split(" "):
            self.list.addItem(s)

if __name__ == '__main__':
    app = QtGui.QApplication(sys.argv)
    widget = DemoImpl()
    widget.show()
    app.exec_()
```

Hier sieht man, dass das von uid.loadUI geladene Interface direkt in die Klasse DemoImpl eingemischt wird. Achten Sie auch auf den Dekorator von onButton1Clicked!

Eine dritte Möglichkeit zeigt *$PYQT4_DEMOS/pyuic/compile-on-the-fly.py*, das wie folgt aussieht:

```python
#!/usr/bin/env python
# pyqt4_pyuic_compile_on_the_fly.py -- load and compile demo.ui into a class

import sys
from PyQt4 import QtCore, QtGui, uic

app = QtGui.QApplication(sys.argv)
form_class, base_class = uic.loadUiType("demo.ui")

class DemoImpl(QtGui.QDialog, form_class):
    def __init__(self, *args):
        QtGui.QWidget.__init__(self, *args)

        self.setupUi(self)

    @QtCore.pyqtSignature("")
    def on_button1_clicked(self):
        for s in "This is a demo".split(" "):
            self.list.addItem(s)

if __name__ == '__main__':
        form = DemoImpl()
        form.show()
        app.exec_()
```

Was man hier erkennt: Mit `uic.loadUIType` wird eine Klasse erzeugt (samt Basisklasse), und daraus kann man dann ein Objekt instanziieren, z.B. indem man sie als Mixin-Klasse mit `QDialog` zur Klasse `DemoImpl` kombiniert.

16.2.5 eric4, eine PyQt4-IDE

Eine gute Anwendung von PyQt4 ist die Python-IDE *eric4* (siehe Abbildung oben auf der nächsten Seite).

Diese finden Sie unter `http://www.die-offenbachs.de/eric/index.html` und das erforderliche `QScintilla2` samt PyQt4-Anbindung unter der URL `http://www.riverbankcomputing.co.uk/software/qscintilla/intro`.

Installieren Sie einfach `QScintilla2` so, wie es im Source-Tarball erklärt ist, und installieren Sie anschließend `eric4`. Rufen Sie dann *eric4* auf, um die IDE zu starten. Eric4 kann mit Hilfe von Plugins erweitert werden, wovon einige sich auf derselben Website wie Eric4 befinden.

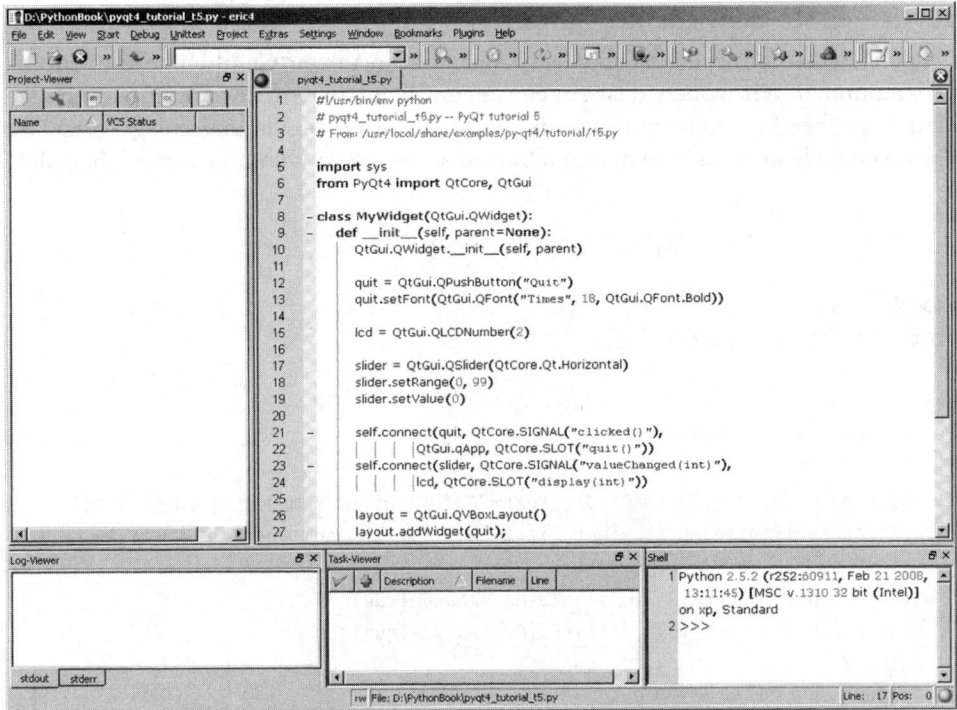

Dies schließt unsere Betrachtung von PyQt4. Es gibt natürlich noch viel mehr zu erfahren, aber das sollte erst mal einen guten Überblick vermittelt haben. Viel Spaß beim
weiteren Erkunden der jeweiligen APIs!

16.3 Tkinter

Das Tkinter-Modul und die folgenden dazugehörigen Module gehören zum Standard-
umfang von Python:

```
$ cd ~/python/lib/python2.5/lib-tk
$ ls *.py
Canvas.py              Tix.py                 tkFileDialog.py
Dialog.py              Tkconstants.py         tkFont.py
FileDialog.py          Tkdnd.py               tkMessageBox.py
FixTk.py               Tkinter.py             tkSimpleDialog.py
ScrolledText.py        tkColorChooser.py      turtle.py
SimpleDialog.py        tkCommonDialog.py
```

Das ist ein unschätzbarer Vorteil, wenn man portable Programme schreiben möchte,
d.h. Programme, die sofort unter allen Plattformen laufen, ohne dass man dafür erst
ein Toolkit auf den Zielmaschinen nachinstallieren müsste.

16.3.1 Erste Schritte mit Tkinter

Fangen wir sofort mit einem einfachen Programm an, um ein Gefühl für dieses Toolkit zu bekommen. Wir wollen, dass ein Fenster erscheint, in dem zwei Buttons enthalten sind. Klickt der Anwender auf einen der Buttons, soll auf der Standardausgabe ein Text erscheinen; klickt er auf den anderen Button, wird die Anwendung einfach beendet.

```python
#!/usr/bin/env python
# tksimple.py -- A simple 2 button application

import Tkinter
from Tkconstants import *

def build_gui():
    root = Tkinter.Tk()

    button1 = Tkinter.Button(root, text="Click Me!", command=button_pressed)
    button2 = Tkinter.Button(root, text="Exit",      command=root.destroy)

    button1.pack(side=RIGHT, fill=BOTH, expand=True)
    button2.pack(side=RIGHT, fill=BOTH, expand=True)

    return root

def button_pressed():
    print "Button pressed!"

root = build_gui()
root.mainloop()
```

Führt man dieses Programm aus, erscheint folgendes Fenster (mit der Maus vorher etwas vergrößert):

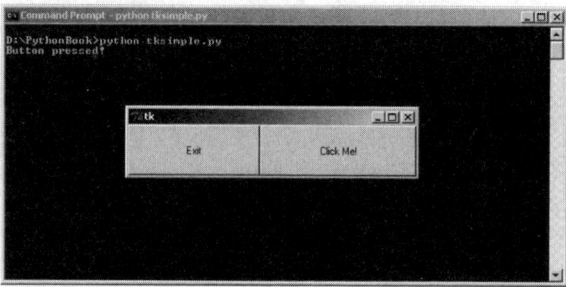

Hier erkennt man schön die Grundstruktur eines GUI-Programms: Erst wird in build_gui das GUI aufgebaut, wobei dort auch gleich ein Callback button_pressed registriert wird; und im Hauptprogramm wird nach dem Erzeugen des GUI die Eventschleife mit einem Aufruf der `mainloop`-Methode des Hauptfensters `root` angestoßen. Den Rest übernimmt dann das Tk-Toolkit für uns.

Die Funktion `build_gui` ist ebenfalls recht einfach gehalten. Zunächst wird mit `Tkinter.Tk` ein Hauptfenster erzeugt. Wir speichern es in die Variable `root`, da wir darauf später mehrmals zurückgreifen müssen.

Dann werden zwei Buttons vom Typ `Tkinter.Button` erzeugt. Um zu verstehen, was hier geschieht, muss man sich darüber im Klaren sein, dass ein Widget (wie z.B. ein Button) immer innerhalb eines anderen Widgets enthalten ist. Man sagt, dass ein Widget immer ein Eltern-Widget (parent) besitzt. Unsere beiden Button-Widgets sollen im Hauptfenster `root` enthalten sein. Darum haben wir dem `Tkinter.Button`-Konstruktor als erstes Argument das Eltern-Widget `root` angegeben. Die weiteren Parameter sind der Text des Buttons und der Callback, der von `Tkinter` aufzurufen ist, wenn der Button geklickt wurde. Bei `button1` war das unsere Funktion `button_pressed`, während es bei `button2` die `destroy`-Methode des Hauptfensters ist:

```
destroy(self) method of Tkinter.Tk instance
    Destroy this and all descendants widgets. This will
    end the application of this Tcl interpreter.
```

Wir haben nun zwei Buttons erzeugt und an das Hauptfenster `root` angekoppelt. Aber diese Buttons haben noch keinen Platz innerhalb des `root`-Fensters erhalten. Wo sollen sie denn genau hin? In die Mitte? An den Rand? Und wie sollen sie angeordnet sein? Nebeneinander? Untereinander? Soll ein Abstand zwischen ihnen erscheinen oder doch lieber nicht? Schwere Fragen!

Wir müssen also unseren beiden Buttons noch im Eltern-Widget einen Platz zuweisen. Das wird mit Hilfe eines Geometriemanagers bewerkstelligt! Es gibt bei `Tkinter` gleich drei Geometriemanager: `Place`, `Pack` und `Grid`. Diese kann man mit den Methoden `place`, `pack` und `grid` eines jeden Widgets erreichen. Wir kommen gleich noch auf diese Geometriemanager zu sprechen. In unserem einfachen Beispiel haben die beiden Buttons den `Pack`-Manager des Eltern-Widgets (also von `root`) damit beauftragt, ihnen einen Platz zuzuweisen. Das ging mit folgenden Aufrufen:

```
button1.pack(side=RIGHT, fill=BOTH, expand=True)
button2.pack(side=RIGHT, fill=BOTH, expand=True)
```

Um die Parameter von `pack` zu verstehen, schaut man sich am besten dessen Dokumentation mit `pydoc Tkinter.Button` an:

```
|  pack = pack_configure(self, cnf={}, **kw)
|      Pack a widget in the parent widget. Use as options:
|      after=widget - pack it after you have packed widget
|      anchor=NSEW (or subset) - position widget according to
|                                given direction
|          before=widget - pack it before you will pack widget
```

```
|   expand=bool - expand widget if parent size grows
|   fill=NONE or X or Y or BOTH - fill widget if widget grows
|   in=master - use master to contain this widget
|   ipadx=amount - add internal padding in x direction
|   ipady=amount - add internal padding in y direction
|   padx=amount - add padding in x direction
|   pady=amount - add padding in y direction
|   side=TOP or BOTTOM or LEFT or RIGHT - where to add this widget.
```

Mit anderen Worten: button1 sollte am rechten Rand von root untergebracht werden (side=RIGHT), horizontal und vertikal wachsen oder schrumpfen, wenn das Hauptfenster vom Anwender verkleinert oder vergrößert wird (fill=BOTH und expand=1).

Aber was ist mit button2? Sollte es nicht auch am rechten Rand von root untergebracht werden (side=RIGHT)? Würde es dann nicht button1 verdecken? Nein! side=RIGHT bedeutet lediglich, dass der Packer das Widget am rechten Rand von allen bisher gepackten Widgets unterbringen soll. Darum erscheint der zweite Button rechts vom ersten Button.

16.3.2 Wie findet man sich in Tkinter zurecht?

Mit Tkinter steht einem die ganze Macht von Tk zur Verfügung. Folgende URLs enthalten weiterführende Hinweise:

- http://wiki.python.org/moin/TkInter
- http://tkinter.unpythonic.net/wiki/
- http://www.pythonware.com/library/tkinter/introduction/index.htm
- http://effbot.org/zone/wck.htm
- http://www.astro.washington.edu/owen/TkinterSummary.html

Besonderer Erwähnung bedarf *GUI Builder*, der UI-Editor für Tkinter, den Sie unter http://spectcl.sourceforge.net/ erhalten können.

Wir belassen es bei dieser kleinen Einführung bzw. Erwähnung.

16.4 Text-basierte GUIs

Wie bereits in der Einführung angedeutet, gibt es Situationen, in denen ein volles grafisches System entweder nicht zur Verfügung steht (z.B. bei *headless-* oder *embedded-*Systemen, die bloß Textgrafik emulieren könnten) oder bei denen es für einfache Aufgaben einfach Overkill wäre, vom Benutzer zu verlangen, dass er erst den X-Server startet.

In solchen Fällen wäre ein Text-basiertes GUI ideal! Schließlich hat es solche GUIs schon seit Jahrzehnten gegeben, lange bevor es die ersten grafischen Fenstersysteme am XEROX PARC gab! Man denke nur an die vielen grünen Monitoren, die an Großrechnern hingen und die genauso Masken zur Verfügung stellen konnten, und das mit Hilfe von Mikroprozessoren, die um Welten langsamer waren als die heutigen weitverbreiteten Geschwindigkeitsmonster!

Um die meisten Text-basierten GUIs zu verstehen, ist es nützlich, die Technologie zu kennen, die hinter den Kulissen wirkt; und diese ist recht einfach: Terminals zeigen nicht nur das an, was man ihnen sendet, sie verfügen auch über spezielle Steuersequenzen. Sendet man einem Terminal eine seiner Steuersequenzen (eine Folge von Bytes), schaltet das Terminal intern auf einen anderen Status um. Eine Steuersequenz könnte z.B. eine Umschaltung auf Fettschrift bewirken, eine andere Sequenz den Cursor an eine bestimmte Position verschieben und eine dritte Sequenz den Bildschirm löschen.

Einige dieser Steuersequenzen haben Unsterblichkeit erlangt: man denke nur an manche Zeichen aus dem Anfang des ASCII-Alphabets:

```
00 NUL   01 SOH   02 STX   03 ETX   04 EOT   05 ENQ   06 ACK   07 BEL
08 BS    09 HT    0A NL    0B VT    0C NP    0D CR    0E SO    0F SI
10 DLE   11 DC1   12 DC2   13 DC3   14 DC4   15 NAK   16 SYN   17 ETB
18 CAN   19 EM    1A SUB   1B ESC   1C FS    1D GS    1E RS    1F US
```

Sendete man solche Zeichen an Terminals (und viele davon waren noch ohne Bildschirm und druckten auf Papier – Teletypes und Telexe), dann bewirkten sie besondere Aktionen: BS (Backspace) bewegte den Schreibkopf bzw. den Cursor um ein Zeichen zurück, CR (Carriage Return) bewegte denselben Kopf an den Anfang der Zeile, und BEL ließ eine Glocke klingeln.

Im Laufe der Zeit haben sich mehr und längere (multibyte) Steuersequenzen etabliert, da Terminals immer flexibler wurden. Doch bei der Vielzahl der Terminals war an Interoperabilität nicht zu denken. Darum etablierte sich ein Standard: VT100 (a.k.a. ECMA-48 oder ISO/IEC 6429, ehemals ANSI X3.64).

Auch wenn Sie wahrscheinlich kein physikalisches Terminal haben, werden Sie erstaunt sein, wie universell diese als ANSI-Steuersequenzen (ANSI escape codes) bezeichneten Bytefolgen in Terminalemulationen wirklich sein können. Versuchen Sie, in Ihrem Terminalfenster (*xterm* oder Konsole) etwa Folgendes in der Python-Shell einzugeben:

```
>>> print "\x1B[44m"
```

Sobald Sie Enter drücken, wird der Hintergrund ab der nächsten Zeile auf Blau umgeschaltet! Man sieht, dass man mit solchen Steuersequenzen sehr viel bewirken kann und somit auch schöne Text-GUIs erstellen kann, wenn man nur wollte!

Während sich die DOS/PC-Welt schnell auf VT100/ANSI-Steuersequenzen standardisierte, war es im Unix-Bereich mit den vielen Legacy-Terminals, die noch nicht VT100-kompatibel waren, nicht so rosig. In diesem Umfeld entstand die *Curses*-Bibliothek. Es handelt sich um eine Bibliothek und eine API, die höhere Abstraktionen als diejenigen der ANSI-Codes unterstützte: Fenster, Tasten etc. Die Idee war, dass eine Curses-Anwendung nur einmal geschrieben und dann auf allen möglichen Terminals laufen würde, auf denen Curses portiert wurde.

Im Laufe der Zeit gewann Curses natürlich auch die VT100- und dann ANSI-Kompatibilität hinzu, wurde farbig und benannte sich in *ncurses* um (für *new curses*). Dabei ist es gelungen, rückwärtskompatibel zu bleiben: alte *curses*-Programme konnten auch problemlos unter *ncurses* laufen.

Und was hat das alles mit Python und Text-basierten GUIs zu tun? Erstens dürfte es klar sein, dass der Aufbau eines Text-GUIs sowohl via *ncurses* als auch durch direkte Verwendung der ANSI-Steuersequenzen möglich wird. Zweitens kann man in Python auf triviale Art und Weise ANSI-Sequenzen generieren (siehe oben), und in der Python Standard Library befindet sich ein Modul namens `curses`, mit dem wir gemäß der *ncurses*-API programmieren können.

Wer Spaß am Tüfteln hat, könnte sich jetzt hinsetzen und ein paar schöne Tricks mit Steuersequenzen oder Aufrufen von Funktionen der Curses-API bewerkstelligen. Es macht sicher Spaß. Aber wenn Sie wenig Zeit haben, sich um die ganzen Details zu kümmern, und bloß eine Bibliothek benötigen, die einfach nur funktioniert, sollten Sie vielleicht den folgenden Abschnitt lesen.

Wir werden im Folgenden `pythondialog` (auch `py-dialog` genannt) kennenlernen. Es handelt sich um einen Wrapper um die *dialog*-Bibliothek, die ihrerseits auf *ncurses* basiert.

16.4.1 pythondialog

`pythondialog` ist, wie soeben gesagt, ein Wrapper um die *dialog-* (a.k.a. *cdialog-*)Bibliothek. Um es zu installieren, stehen einem mehrere Alternativen zur Verfügung (je nach Betriebssystem):

- `easy_install pythondialog`
- `# cd /usr/ports/devel/py-dialog && make install clean` (FreeBSD)
- Manuell aus `http://pythondialog.sourceforge.net/` herunterladen und mit `python setup.py build`, gefolgt von `python setup.py install`, installieren. Details in `INSTALL`.

Unter FreeBSD hat der Port */usr/ports/devel/py-dialog* als Abhängigkeit den Port */usr/ports/devel/cdialog* installiert: eine aktuellere *dialog*-Bibliothek als diejenige aus dem Basissystem aus `http://invisible-island.net/dialog/`. Aber für unsere Beispiele spielt es keine große Rolle.

Was können wir denn mit `pythondialog` so alles anstellen? Fragen wir z.B. mal den Benutzer nach Namen und Passwort mit Hilfe der `inputbox` und `passwordbox`:

```python
#!/usr/bin/env python
# pydialog_input_password.py -- inputbox, passwordbox, msgbox

import dialog

def verify_credentials(d):
    "Get username / password, and verify credentials"
    (code, username) = d.inputbox("What is your name?")
    (code, password) = d.passwordbox("What is your password?")

    if username == "Falken" and password == "CPE 1704 TKS":
        d.msgbox("You authenticated successfully.")
        return True
    else:
        d.msgbox("Sorry. Authorized personnel only.")
        return False

if __name__ == '__main__':
    d = dialog.Dialog(dialog="cdialog")
    result = verify_credentials(d)
    print "Credentials:", result
```

Es kann sein, dass die grundlegende Bibliothek bei Ihnen einfach nur `dialog` statt `cdialog` heißt. Ändern Sie dann den Code entsprechend.

Führt man das Programm aus, erscheint eine Eingabebox für den Benutzername, gefolgt von einer Eingabebox für das Passwort:

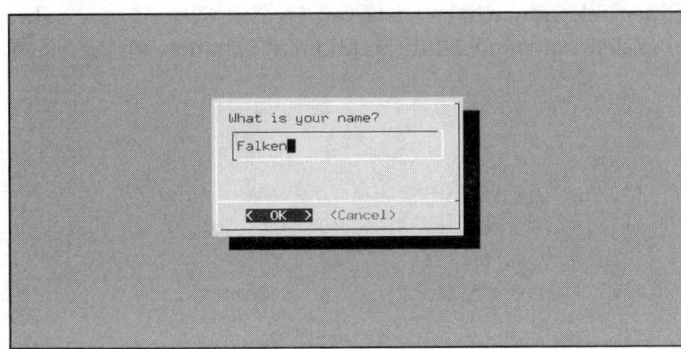

Anstatt in die Details zu gehen, nehmen wir ein weiteres Beispiel:

```python
#!/usr/bin/env python
# pydialog_yesno.py -- yes/no box

import dialog

the_question = '''You are about to nuke the planet.

Do you really, absolutely without any doubts want to do it? Do you
realize that there is no way to undo this action? Please confirm that
you intend to nuke the whole planet now!'''

d = dialog.Dialog(dialog="cdialog")
result = d.yesno(text=the_question, width=40, height=12)
print "Result:", result == d.DIALOG_OK
```

Führen Sie es aus, erscheint folgendes Fenster:

Jetzt, da Sie ungefähr eine Idee bekommen haben, ist es an der Zeit, pythondialog näher kennenzulernen. Was gibt es denn sonst noch für Funktionen? Schauen wir mal nach:

```python
>>> import dialog
>>> d = dialog.Dialog(dialog="cdialog")
>>> dir(d)
['DIALOG_CANCEL', 'DIALOG_ERROR', 'DIALOG_ESC', 'DIALOG_EXTRA', 'DIALOG_HELP',
'DIALOG_OK', '__doc__', '__init__', '__module__', '_call_program',
'_dialog_prg', '_perform', '_perform_no_options', '_strip_xdialog_newline',
'_wait_for_program_termination', 'add_persistent_args', 'calendar',
'checklist', 'clear', 'compat', 'dialog_persistent_arglist', 'fselect',
'gauge_iterate', 'gauge_start', 'gauge_stop', 'gauge_update', 'infobox',
'inputbox', 'menu', 'msgbox', 'passwordbox', 'radiolist', 'scrollbox',
'setBackgroundTitle', 'tailbox', 'textbox', 'timebox', 'use_stdout', 'yesno']
```

Was ist z.B. fselect?

```
>>> help(d.fselect)
Help on method fselect in module dialog:

fselect(self, filepath, height, width, **kwargs)
            method of dialog.Dialog instance

    Display a file selection dialog box.

    filepath -- initial file path
    height   -- height of the box
    width    -- width of the box

    The file-selection dialog displays a text-entry window in
    which you can type a filename (or directory), and above that
    two windows with directory names and filenames.

    Here, filepath can be a file path in which case the file and
    directory windows will display the contents of the path and
    the text-entry window will contain the preselected filename.

    Use tab or arrow keys to move between the windows. Within the
    directory or filename windows, use the up/down arrow keys to
    scroll the current selection. Use the space-bar to copy the
    current selection into the text-entry window.

    Typing any printable character switches focus to the
    text-entry window, entering that character as well as
    scrolling the directory and filename windows to the closest
    match.

    Use a carriage return or the "OK" button to accept the
    current value in the text-entry window, or the "Cancel"
    button to cancel.

    Return a tuple of the form (code, path) where 'code' is the
    exit status (an integer) of the dialog-like program and
    'path' is the path chosen by the user (whose last element may
    be a directory or a file).

    Notable exceptions:

        any exception raised by self._perform()
```

Aha, es ist ein Dateiselektor! Probieren wir ihn aus:

```
#!/usr/bin/env python
# pydialog_fselect.py -- A file selector box

import dialog

d = dialog.Dialog(dialog="cdialog")
(code, path) = d.fselect(filepath='/usr/local/lib/python2.5/site-packages/',
                         height=10, width=50)

ret = d.msgbox(text="You selected (%d, %s)" % (code, path), width=50)
```

Wird das Programm ausgeführt, erscheint folgendes Dialogfenster:

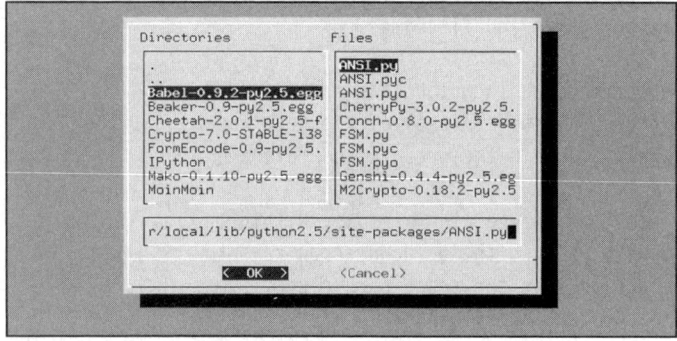

Beachten Sie:

- erst wenn der Benutzer den Dateinamen mit der Leertaste selektiert und somit in das Texteingabefeld übertragen hat, wird `code` den Wert 0 (OK) haben;
- der Rückgabecode ist nur dann 0, wenn der Benutzer die Eingabe nicht mit `Cancel` oder der Escape-Taste abgebrochen hat. `path` enthält einen gültigen Wert, wenn `code` auf 0 war.

Und nun, untersuchen Sie selbstständig die anderen Dialogelemente des `dialog`-Moduls! Vielleicht befindet sich dort das eine oder andere Element, das Sie benötigen können.

16.4.2 Weitere NGUI

Neben `pythondialog` gibt es auch andere Alterantiven, Text-basierte NGUIs zu erstellen. Beispielsweise:

- das `curses`-Modul aus der Python Standard Libary, das Ihnen die Macht der *ncurses*-Bibliothek zur Verfügung stellt,

■ die PyTVision-Wrapper für Borlands Turbo Vision C++-Klassenbibliothek, mit denen schöne SAA-kompatible, Text-basierte, grafische Oberflächen erstellt werden können:

- http://pypi.python.org/pypi/PyTVision/0.0.2
- http://pytvision.sourceforge.net/

Die Idee hinter PyTVision ist, die C++-Klassen aus Turbo Vision (für die es mindestens zwei Implementierungen im Unix-Bereich gibt!) mit *swig* zu wrappen und von Python aus aufzurufen. PyTVision ist noch frühe alpha-Software, aber vielleicht macht es Ihnen Spaß, mit dem Wissen aus Python und C/C++ entweder selbst eine der Turbo Vision Klassenbibliotheken in Python zu wrappen oder die PyTVision-Software zu hacken.

Wenn Sie selbst Turbo Vision mit Swig wrappen wollen, schauen Sie sich am besten folgende Implementierungen davon an:

■ http://www.sigala.it/sergio/tvision/
■ https://sourceforge.net/projects/tvision/

Viel Spaß beim Tüfteln, und vergessen Sie nicht, etwas an die Gemeinschaft zurückzugeben!

16.5 Low-level APIs

Nachdem wir uns ausführlich mit diversen GUI-Toolkits beschäftigt haben, wollen wir kurz einen Blick unter die Haube werfen und die rohen Events des Fenstersystems betrachten. Diese rohen Events könnte man mit spezialisierten Python-Bindings für Xlib, Win32 usw. abfangen und selbst verarbeiten, aber in der Praxis wird man ja solche Details dem GUI-Toolkit überlassen.

In diesem Abschnitt werden wir daher kurz rohe Events bei Xlib vorführen, und anschließend zeigen, wie GUI-Toolkits die komplexe low-level-API der Fenstersysteme vor dem Anwendungsentwickler verbirgt.

16.5.1 Ein Blick unter die Haube: Rohe Events

Programme mit GUIs sind unweigerlich Event-gesteuert. Der Grund dafür ist leicht einzusehen: während das Programm etwas tut, soll der Anwender selbstverständlich etwas anderes tun, z.B. mit der Maus auf andere Buttons klicken, Fenster vergrößern oder verkleinern etc.

Wer programmtechnisch die Kontrolle behält, das ist das Fenstersystem selbst (der Windows Kernel bzw. der Xorg Server). Dieses Fenstersystem ermöglicht es Programmen, sich bei ihm zu registrieren, aber dann, erwartet es von den Programmen, dass sie auf seine Nachrichten warten und darauf reagieren. Solche Nachrichten (Events) könnten heißen:

- Klick mit der linken Maustaste auf Position X, Y.
- Taste A wurde gerade losgelassen.
- Anwender hat Fenster auf neue Größe gesetzt.
- Anwender hat auf »Fenster schließen« geklickt.
- Zeichne das Rechteck (x, y, w, h) neu, da es nicht mehr von einem anderen Fenster verdeckt ist.

Das Programm sitzt dabei die ganze Zeit in einer Schleife (die Eventschleife, auch *event loop* genannt) und wartet auf solche Nachrichten, die es betreffen. Die Eventschleife liest eine Nachricht vom Fenstersystem nach der anderen und ruft dann entsprechende Callbacks auf. Einige dieser Callbacks werden von Anwendungsentwicklern programmiert worden sein, aber die meisten Callbacks gehören dem Toolkit, das verwendet wird.

Übrigens, es gibt Tools, mit denen man die Events des jeweiligen Fenstersystems beobachten kann. Unter Unix kann man sich die X11-Events mit dem Programm *xev*, das zum Lieferumfang von Xorg gehört, anschauen. *xev* startet ein kleines Fenster und gibt dann fleißig die Events heraus, die dieses Fenster bekommt. Im folgenden Beispiel habe ich die rechte Shift-Taste gedrückt und wieder losgelassen. Ergebnis: zwei Events.

```
KeyPress event, serial 29, synthetic NO, window 0x1600001,
    root 0x46, subw 0x1600002, time 1045404144, (27,45), root:(1107,547),
    state 0x0, keycode 62 (keysym 0xffe2, Shift_R), same_screen YES,
    XLookupString gives 0 bytes:
    XmbLookupString gives 0 bytes:
    XFilterEvent returns: False

KeyRelease event, serial 29, synthetic NO, window 0x1600001,
    root 0x46, subw 0x1600002, time 1045404204, (27,45), root:(1107,547),
    state 0x1, keycode 62 (keysym 0xffe2, Shift_R), same_screen YES,
    XLookupString gives 0 bytes:
    XFilterEvent returns: False
```

Eine Mausbewegung:

```
MotionNotify event, serial 29, synthetic NO, window 0x1600001,
    root 0x46, subw 0x1600002, time 1045405974, (26,44), root:(1106,546),
    state 0x0, is_hint 0, same_screen YES
```

Die Maus (Elvis) hat das Fenster (Gebäude) verlassen, um es gleich wieder zu betreten:

```
LeaveNotify event, serial 29, synthetic NO, window 0x1600001,
    root 0x46, subw 0x1600002, time 1045407394, (26,44), root:(1106,546),
    mode NotifyGrab, detail NotifyVirtual, same_screen YES,
    focus YES, state 256
```

```
EnterNotify event, serial 29, synthetic NO, window 0x1600001,
    root 0x46, subw 0x1600002, time 1045407394, (26,44), root:(1106,546),
    mode NotifyUngrab, detail NotifyVirtual, same_screen YES,
    focus YES, state 256
```

Und ein Klick auf Button 1 der Maus, samt Loslassen (zwischen den beiden Events hätten auch andere Events stattfinden können, z.B. wenn ich die Maus zuvor noch bewegt hätte):

```
ButtonPress event, serial 29, synthetic NO, window 0x1600001,
    root 0x46, subw 0x1600002, time 1045407394, (26,44), root:(1106,546),
    state 0x0, button 1, same_screen YES

ButtonRelease event, serial 29, synthetic NO, window 0x1600001,
    root 0x46, subw 0x1600002, time 1045408114, (26,44), root:(1106,546),
    state 0x100, button 1, same_screen YES
```

Mit etwas Vorstellungskraft kann man erkennen, dass zu jedem Event auch Koordinaten übermittelt werden: so ist hier z.B. (26,44) eine fensterrelative Koordinate, welche angibt, wo der Mauszeiger gerade war, als geklickt und losgelassen wurde.

Das müsste ungefähr einen Eindruck über die Natur der Events vermitteln, mit denen sich die Eventschleife herumschlagen muss. Unter Windows ist es ganz ähnlich; auch wenn die Events und die Nachrichten, die generiert werden, anders heißen.

Ein typisches Beispiel aus der Praxis sähe so aus:

- Der Anwender klickt auf einen Button des Programms.
- Das Fenstersystem sendet eine Nachricht an das Programm, etwa so: »Achtung Programm: In deinem Fenster XY wurde gerade ein Linksklick an der Koordinate X, Y registriert«.
- Das Programm, welches in der Eventschleife sitzt, nimmt irgendwann mal diese Nachricht entgegen und leitet sie an das Toolkit weiter.
- Das Toolkit findet heraus, dass es unter dieser Koordinate einen Button gezeichnet hat.
- Das Toolkit ruft einen Callback des Buttons auf mit der Nachricht: »Achtung Button: Du wurdest gerade angeklickt«.
- Der Callback des Buttons befindet sich auch im Toolkit (der Button ist ja ein Objekt des Toolkits): Er verändert das Aussehen des Buttons dahingehend, dass man merkt, wie der Button eingedrückt wurde.
- Nun kehrt das Programm erst einmal zur Ruheposition zurück, indem es wieder in der Eventschleife landet.
- Der Anwender lässt irgendwann die Maus wieder los, nachdem er geklickt hat.
- Das Fenstersystem sendet eine weitere Nachricht an das Programm: »Achtung Programm: in Deinem Fenster XY wurde gerade der Linksklick der Maus an Koordinate X1, Y1 beendet (Maus losgelassen)«.

- Die Eventschleife entnimmt diese Nachricht und sendet sie wieder an das Toolkit.
- Das Toolkit findet wieder heraus, dass es sich um einen Button handelt, und ruft einen anderen Callback dieses Buttons auf. Kurz: Das Toolkit sagt somit: »Achtung Button: Du wurdest gerade losgelassen«.
- Der Button zeichnet daraufhin die Fläche erneut so, dass der Eindruck entsteht, der Button sei wieder losgelassen worden.
- Der Button schaut jetzt nach, ob das Programm einen Callback bei ihm registriert hat. Ist das der Fall, ruft der Button (das Widget) diesen Callback auf.
- Jetzt endlich kann die Anwendung auf den Klick dieses Buttons reagieren und irgend etwas Anwendungsspezifisches tun.

Das war jetzt ziemlich lang, aber zum Glück muss man sich als Anwendungsentwickler, der ein Toolkit benutzt, nicht damit befassen! Alles, was man tun muss, ist, während der Initialisierung des GUI einen Button zu erzeugen und eine Funktion bereitzustellen, die aufgerufen werden soll, wenn der Anwender auf den Button geklickt hat. Diese Funktion sollte das Programm noch während der Initialisierung des GUIs bzw. des jeweiligen Fensters als Callback beim Button registrieren, damit der Button sie aufrufen kann, wenn er angeklickt wurde. Mehr muss man nicht tun, denn der ganze Rest läuft automatisch hinter den Kulissen ab!

16.5.2 GUI-Toolkits vereinfachen eine komplexe API

Grundsätzlich gibt es zwei Möglichkeiten, einem Programm eine grafische Oberfläche zu verpassen:

- Man ruft die low-level-API des Fenstersystems auf.
- Man verwendet eines der verfügbaren Toolkits.

Die erste Lösung ist nicht wirklich zu empfehlen, und dafür gibt es mehrere Gründe.

Zum einen ist die API des Fenstersystems nicht portabel über Betriebssystemgrenzen hinweg: Ein für Windows mit der Win32-API erstelltes Programm würde nicht unter Unix laufen. Das ist übrigens der Grund, warum so viele kommerzielle Programme die Grenze nach Unix nicht überspringen können: Sie sind auf Gedeih und Verderb der Win32-API ausgeliefert und könnten gar nicht unter Xorg, dem Fenstersystem der meisten Unix-Systeme, laufen, selbst wenn ihre Entwickler es gern hätten! Umgekehrt wäre ein Programm, das die X11-API des Xorg-Systems verwendet, unmöglich nach Windows zu portieren, denn die Win32- und die X11-APIs sind grundverschieden, und es gibt keinen Weg, die eine API in die andere mittels eines Compilers zu überführen.

Zum anderen sind diese Win32- und X11-APIs äußerst hässlich! Das ist jetzt ein hartes Wort, aber schauen Sie sich doch mal ein wenig in den APIs um! Unter X11 hat die Funktion XCreateWindow folgende Furcht einflößende Signatur (aus: ⟨X11/Xlib.h⟩):

```
extern Window XCreateWindow(
    Display*                /* display */,
    Window                  /* parent */,
    int                     /* x */,
    int                     /* y */,
    unsigned int            /* width */,
    unsigned int            /* height */,
    unsigned int            /* border_width */,
    int                     /* depth */,
    unsigned int            /* class */,
    Visual*                 /* visual */,
    unsigned long           /* valuemask */,
    XSetWindowAttributes*        /* attributes */
);
```

Und unter Window sieht es auch nicht viel besser aus:

```
HWND CreateWindow(
    LPCTSTR lpClassName,
    LPCTSTR lpWindowName,
    DWORD dwStyle,
    int x,
    int y,
    int nWidth,
    int nHeight,
    HWND hWndParent,
    HMENU hMenu,
    HINSTANCE hInstance,
    LPVOID lpParam
);
```

Und das ist nur die Spitze des Eisbergs! Man muss ja noch etliche Datenstrukturen vorbelegen und auf unterschiedlichste Events auf eine ganz bestimmte Art und Weise reagieren.

Ein weiteres Problem mit diesen APIs ist, dass sie nur einfache Fenstertypen (Widgets) anbieten. Versuchen Sie mal, unter X11 einen Dateiselektor zu finden!

Kurz: Es ist alles ein ziemlicher low-level-Frickelkram, mit dem sich Anwendungs-entwickler nicht die Hände schmutzig machen sollten. Denn zum Glück gibt es ja die Toolkits!

Toolkit-Entwickler haben viel Energie aufgewendet, um die low-level-API eines Fens-tersystems zu entziffern und dem Anwendungsprogrammierer höhere Abstraktionen zu geben. Anstatt zig Funktionen mit unglaublich komplizierten Parametern aufzurufen, um so etwas Prosaisches wie das Anzeigen eines SAVE As-Dialogs zu bewirken, reicht es aus, eine einzige Funktion aufzurufen.

So gesehen, wären Toolkits schon allein deswegen äußerst nützlich, und das ist der Grund, warum die verschiedenen Subkulturen (Win32, X11) schon früh ihre eigenen Toolkits besaßen und mit Erfolg einsetzten. Doch warum hier Halt machen? Ein ideales Toolkit sollte schon plattformübergreifend sein!

Programmiertechnisch wäre so ein Toolkit zwar eine Menge Arbeit, aber vom Prinzip her ist es recht einfach zu verstehen: Auf der einen Seite (dem Frontend) bietet ein plattformunabhängiges Toolkit dem Anwendungsentwickler eine einheitliche API, die er in seinen Anwendungen aufrufen kann. Auf der anderen Seite (dem Backend) übersetzt das Toolkit die Aufrufe des Anwenders in eine Reihe von low-level-APIs des Fenstersystems. Das tun ja alle Toolkits; aber plattformunabhängige Toolkits besitzen eben mehrere Backends: eines für jede unterstützte Fensterplattform (also z.B. Win32 und X11).

Das hört sich jetzt einfach an, aber es zu realisieren ist es keineswegs! Das wirklich Schwere daran ist, eine gemeinsame Frontend-API zu finden, die sowohl flexibel genug ist, um alle Wünsche des Anwendungsentwicklers zu befriedigen, als auch in der Lage ist, passende Aufrufe der low-level API zu finden. Einige Cross-Platform Toolkits verfolgen den Ansatz, ein einheitliches Look and Feel auf der Frontend-Seite anzubieten, und emulieren diesen durch viele Aufrufe der low-level API. Ein Beispiel dafür wäre Java Swing. Andere Toolkits sind so konzipiert, dass sie die native API des jeweiligen Fenstersystems direkt aufrufen: Somit sehen Programme, die diese Toolkits verwenden, bei den verschiedenen Plattformen auch etwas unterschiedlich aus. Da Anwender an das Look and Feel ihres Fenstersystems gewohnt sind und i.d.R. sehr konservativ sind, haben sich die Toolkits der letzteren Kategorie durchgesetzt: diejenigen, die das native Look and Feel der jeweiligen Plattform beibehalten.

16.6 Zusammenfassung

Allgemeines:

- Alle GUI-Anwendungen sind Event-gesteuert.
- Nach dem Aufbau des GUI (programmatisch oder mit Hilfe eines UI-Editors) werden Events an Callbacks gekoppelt.
- Die Eventschleife dispatcht die Events auf das Toolkit bzw. die vom Benutzer angegebenen Callbacks.
- Damit GUIs weiterhin responsiv bleiben, sollte man langlaufende oder potenziell blockierende Operationen in einem anderen als dem GUI-Thread ausführen oder die Hilfe des GUI-Toolkits selbst in Anspruch nehmen.

- Tkinter ist immer bei Python dabei, aber wir konzentrieren uns auf wxPython und PyQt4.
- Es gibt auch Text-basierte NGUIs (non-graphical user interfaces) wie py-dialog, Turbo Vision für Python oder `curses`.
- Events werden vom Fenstersystem generiert und durch eine unglaublich komplizierte API empfangen und weiterverarbeitet. Diese API ist zu low-level, um für Endanwendungen eingesetzt zu werden. Darum gibt es GUI-Toolkits.

wxPython/wxWidgets:

- wxPython ist eine Menge von Bindings der populären Cross-Platform GUI-Bibliothek wxWidgets. Es ist nicht in der Python Standard Library enthalten und muss daher installiert werden. Dabei gibt es sowohl eine ANSI- als auch eine Unicode-Version (empfohlen). Es wird empfohlen, die Dokumentation und Demos mit zu installieren.
- wxPython kommt mit einer Beispielanwendung *demo.py*, die alle möglichen Widgets nicht nur zeigt, sondern auch deren Code zeigt und es einem ermöglicht, diesen Code zur Laufzeit zu verändern, um experimentell mit den Widgets zu spielen.
- Man importiert den `wx`-Namensraum mit `import wx`. Jedes wxPython-Programm enthält eine `wx.App`-Instanz (oder eine davon abgeleitete Instanz), welche ihre Eventschleife `MainLoop` aufruft. Wird von `wx.App` abgeleitet, trägt man seine Anpassungen in die `OnInit`-Methode statt in `__init__`. Widgets, die `wx.App` hinzugefügt werden, sollten mit `Show(True)` sichtbar gemacht werden.
- Mit `Bind` werden `wx.EVT_*`-Events an Callbacks gebunden. Man kann auch Widgets an ihrer ID erkennen, wodurch Callbacks von verschiedenen Events gemeinsam genutzt werden können. Die Callbacks erwarten als erstes Argument ein Event-Argument.
- Wir haben gesehen, wie man mit `wx.Menu`, `wx.MenuBar`, `wx.StatusBar` und natürlich `wx.Frame` ein Fenster mit Menü und Statuszeile erstellt.
- GUIs müssen unbedingt responsiv bleiben, d.h. auch dann auf Ereignisse des Benutzers und des Fenstersystems reagieren, wenn gerade eine längere Operation läuft oder auf Events aus anderen Quellen wie dem Netz gewartet wird. Wir haben gesehen, wie man diese Responsivität durch folgende Techniken erhalten kann:
  - Mit einem `wx.Timer` kann eine Methode erst später aufgerufen werden.
  - Mit Delayed Results wird eine Berechnung transparent in einem anderen Thread als dem GUI-Thread ausgeführt. Man ruft auf: `wx.lib.delayedresult.startWorker(consumeResult, produceResult)`, welche sofort zurückkehrt. Optional kann man Parameter an `consumeResult` und `produceResult` übergeben. Dann wird `produceResult` in einem eigenen Worker-Thread ausgeführt, während der GUI-Thread unbehelligt weiterläuft. Kehrt `produceResult` zurück, wird dessen Worker-Thread zerstört und der Rückgabewert an `consumeResult` übergeben, der im GUI-Thread läuft.

– Worker-Threads dürfen nicht das GUI selbst verändern, weil dies dem GUI-Thread in die Quere kommen kann. Darum soll ein gewöhnlicher Python-Thread, der als Worker-Thread fungiert, das GUI nur indirekt beeinflussen, indem er mit `wx.PostEvent` dem GUI-Thread signalisiert, dass er wünscht, dass das GUI verändert wird. Der GUI-Thread nimmt diese Events entgegen und kann den Wunsch des (oder der) Worker-Threads erfüllen, indem er das GUI modifiziert.

– Ein externes Programm wird in einem eigenen Prozess ausgeführt. Der Prozess wird mit `wx.Execute` erzeugt, muss aber an ein Proxy-Objekt vom Typ `wx.Process` gebunden sein. Wir haben gesehen, wie man mit solchen Prozessen asynchron mittels Pipes kommunizieren kann.

– Wer Twisted benutzt, kann `twisted.internet.wxreactor` für `twisted.internet.reactor` installieren, anstelle des gewöhnlichen `selectreactors`. Wird auch das `wx.App`-Objekt mit der `wxreactor`-Methode `resigterWxApp` registriert, verschmelzen beide Eventschleifen, und man kann dann die `reactor`-Schleife mit `reactor.run()` starten bzw. in Callbacks mit `reactor.stop()` stoppen.

wxPython besitzt mit wxGlade und ähnlichen UI-Editoren ein RAD-Tool (*rapid application development*), mit dem visuell Fenster und Dialoge erstellt werden. wxGlade kann aus dem Design Python-Code oder auch XML-Code (XRC) erzeugen, die das GUI erneut generieren würden. Das spart nicht nur Zeit, sondern erleichtert auch noch die Anpassung, sollte sich das Design mal ändern.

wxGlade ist keine vollwertige wxPython-IDE. Eine solche IDE kann man z.B. mit Boa Constructor installieren. Boa enthält eben einer gewöhnlichen IDE auch einen integrierten Form-Designer.

PyQt4 / Qt4:

▪ PyQt4 ist ein im wesentlichen *sip*-generiertes Wrapping-System für Qt4-Klassen. Qt4 ist ein Cross-Platform GUI-Toolkit, auf dem u.a. KDE4 basiert. Man kann mit PyQt4 (und Qt4) nur GPL-lizenzierte Programme erstellen und muss eine (teuere) kommerzielle Qt4-Lizenz kaufen, wenn man von der GPL abweicht. Darum ist Vorsicht geboten. Dennoch überwiegen die Vorteile von Qt4 und PyQt4 bei weitem das GPL-Problem.

▪ Da Qt4 und folglich PyQt4 modular sind und je nach (Unix-)Betriebssystem über viele Packages verteilt sein können, empfiehlt es sich, die PyQt4-Demoprogramme zu installieren, da dies viele Abhängigkeiten automatisch mit hineinzieht. Bei Windows wird PyQt4 mit einem grafischen Installer ausgeliefert, kann aber mit MinGW auch problemlos vom Quellcode aus übersetzt werden (wenn man *sip*, das Äquivalent von *swig*, zuvor kompiliert hat).

▪ Wir haben ein paar Beispiele aus der PyQt4-Distribution angeschaut:

– *tutorial/t2.py* (ein Button)
– *tutorial/t5.py* (ein Button und ein LCD-Display, mit Signal/Slots verbunden)
– *network/http.py* (asynchroner Download einer Datei à la Twisted).

Die Kommunikation zwischen Widgets und Empfängern erfolgt über den Signal/ Slot-Mechanismus. Ein Widget erzeugt verschiedene Signale, die mittels connect an diverse Slots angekoppelt werden können. Anstelle von Slots kann man auch Signale an gewöhnliche Callbacks connectieren.

Responsive(re) GUIs erhält man mit QTimer, QThread und QProcess, ähnlich wie im wxPython-Fall. Die Integration mit Twisted erfolgt über das QTReactor-Subprojekt von Twistedmatrix, das separat installiert werden sollte.

Der bevorzugte UI-Editor von Qt4 (RAD-Tool) ist *Qt Designer* (auch *designer* oder *designer-qt4* genannt). Er erzeugt .ui-Dateien, die Frames, Dialoge etc. im XML-Format spezifizieren (ähnlich wie das XRC-Format von wxGlade bei wxPython). Diese .ui-Dateien kann man mit *uic* nach C++ und mit *pyuic4* nach Python konvertieren. Alternativ dazu kann man sie auch direkt in die Anwendung zur Laufzeit laden.

Als Anwendung von PyQt4 haben wir die IDE-Umgebung *Eric 4* (*eric4*) vorgestellt. Diese benötigt auch das QScintilla2-Projekt samt PyQt4-Anbindungsmodul.

Tkinter:

■ Tkinter ist eine Schnittstelle zum populären Tk-Toolkit.

■ Tkinter gehört zur Python Standard Library und steht folglich immer zur Verfügung.

■ Tkinter ist einfach zu verwenden.

■ Wir haben uns mit dem Thema nur oberflächlich befasst: Es bleibt Ihnen überlassen, tiefer in die Materie einzusteigen.

Text-basierte GUIs:

■ Man muss nicht grafische Oberflächen benutzen; z.B. bei embedded-Systemen oder da, wo es eine Zumutung für den Benutzer wäre, den X-Server bloß für eine kleine Eingabe starten zu müssen.

■ Die Technologie diverser NGUI-Toolkits basiert auf Steuersequenzen, die Terminals zu Verhaltensänderung bewegen. Bekannte Steuersequenzen sind VT100 (a.k.a. ANSI) und werden von vielen Terminal-Emulationen (*xterm*, Konsolen) erkannt. Darauf aufsetzend, bietet die *ncurses*-Bibliothek (für das es das curses-Modul in der Python Standard Library gibt) eine API höherer Abstraktion.

■ Mit pythondialog (dialog, py-dialog) kann man von Python aus auf die *dialog*-Bibliothek zugreifen und somit diverse Text-orientierte Dialoge zeigen.

■ Wir haben erfahren, dass man die Turbo Vision C++ Klassenbibliothek mit Swig in Python wrappen kann, und haben ein paar Hinweise gegeben.

Low-level APIs:

■ Fenstersysteme fangen Hardware-Events wie Mausbewegungen, Tastendrücke usw. und bilden sie auf logische Events ab. Als Events gelten z.B. KeyPress, KeyRelease, MotionNotify, EnterNotify, LeaveNotify, ButtonPress usw.

- Diese Events kann man z.B. bei X11 mit dem *xev*-Programm anzeigen. Unter Win32 werden diese Events in Form von Nachrichten (Messages) an die Anwendung übermittelt.

- Eine Anwendung muss in einem GUI-Thread auf solche Events hören (bzw. sie entgegennehmen) und darauf reagieren. Es wird typischerweise in Form einer Eventschleife realisiert. Eine GUI-Anwendung kann nach dem Betreten der Eventschleife nichts mehr tun: das Fenstersystem sendet Events, und diese werden von der Eventschleife an diverse Callbacks geleitet, falls die Anwendung die Callbacks vorher definiert hat.

- Anwendungen können auch Fenster, Dialoge usw. zeichnen. Leider ist die API für das Zeichnen äußerst kompliziert (man muss z.B. einen Device Context erhalten, damit was zeichnen, dann zurückgeben). Sogar eine triviale Anwendung wie ein FileChooser-Dialog bestünde aus vielen tausend Zeilen low-level API-Code. Für Anwendungsentwickler völlig inakzeptabel.

- GUI-Toolkits nehmen einem als Anwendungsentwickler die Komplexität der low-level API ab. Sie können noch mehr: Sie reagieren automatisch auf verschiedene GUI-Events, wie etwa Veränderung der Fenstergröße etc.

Ein Schlusswort:

- Anwendungen sollte man so programmieren, dass sie auch ohne GUI auskommen und von der Kommandozeile aufgerufen werden können.

- Die GUIs sollten Module sein und austauschbar für die Anwendung. Dies kann man nicht immer erreichen, aber es ist erstrebenswert.

In Kapitel 17, *Python für Wissenschaftler*, unserem letzten Kapitel, werden wir ein Spezialgebiet kennenlernen, bei dem es sich um Anwendungen handelt, die von Wissenschaftlern und Ingenieuren besonders häufig nachgefragt werden.

17 Python für Wissenschaftler

Im einführenden Kapitel 4, *Zahlen*, haben wir gesehen, dass Python die Grundzahlentypen `int` (eine ganze Zahl, die in ein Maschinenwort passt), `long` (eine ganze Zahl unbeschränkter Größe), `float` (IEEE-754-Gleitkommazahlen) und `complex` anbietet. Sollte es etwas genauer sein, bietet das `decimal`-Modul der Python Standard Library den Datentyp `Decimal` an. Außerdem haben wir gesehen, wie mit Hilfe des `random`-Moduls Zufallszahlen sowohl aus dem Mersenne Twister als auch aus einer Entropiequelle des Betriebssystems erzeugt werden. Nebenbei erwähnt haben wir dabei, dass man zwischen verschiedenen Verteilungen auswählen kann.

Interessanter wird es erst, wenn man Drittanbietermodule hinzuzieht. So werden wir in diesem Kapitel sehen, wie man mit Hilfe des Packages `sympy` ein ganz ordentliches Computer Algebra System (CAS) erhält, das ein wenig an Closed Source-Programme wie Mathematica und Maple erinnert.

Während das `sympy`-Package im reinen Python geschrieben und ganz ohne externe Abhängigkeiten auskommt, ist es bei `numpy` (und `scipy`) anders. Denn beide setzen ganz auf die in FORTRAN geschriebenen BLAS- und LAPACK- (bzw. die CPU-optimierten ATLAS) Bibliotheken, mit deren Hilfe man sehr effiziente Berechnungen, unter anderem mit Matrizen (auch dünn besetzten Matrizen) durchführen kann, sowie auf Funktionen, die in C geschrieben sind, z.B. FFTW3 zur Berechnung von schnellen Fourier-Transformationen.

Wir schließen dieses Kapitel mit `matplotlib` (auch als `pylab` bekannt), mit dem man professionell aussehende 2D-Graphen aus `numpy`-Arrays erstellen und in verschiedenen druckfähigen Formaten speichern kann.

17.1 Das Computer Algebra System sympy

Das Computer Algebra System `sympy` ist der Versuch, kommerzielle Systeme wie Maple und Mathematica in Python nachzubilden. Obwohl das Projekt noch in den Kinderschuhen steckt, kann man an dieser Stelle bereits ein paar Funktionen daraus vorführen.

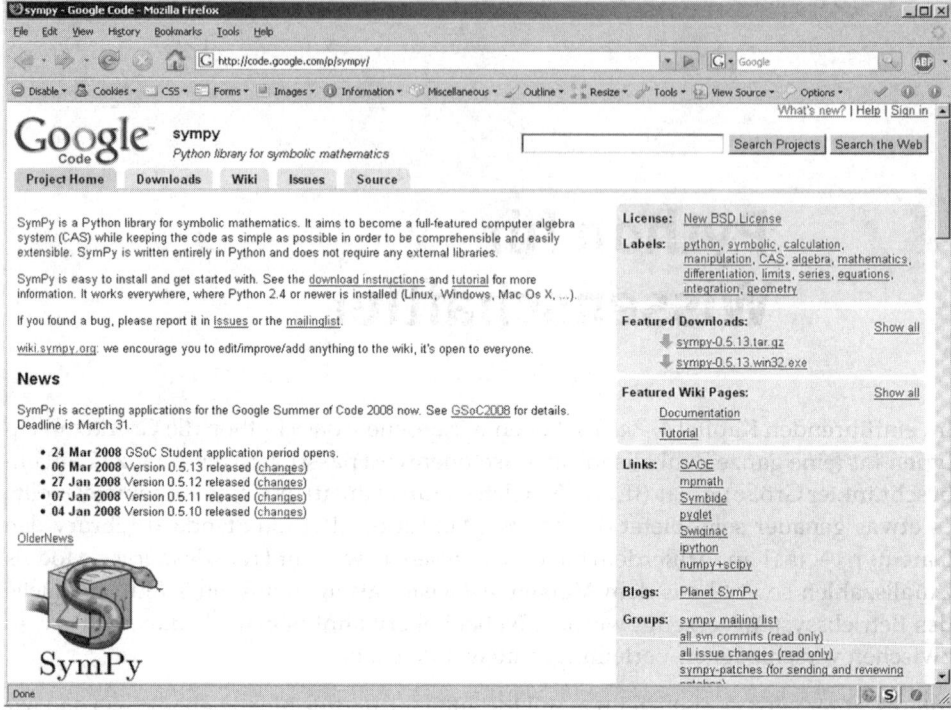

17.1.1 sympy installieren

sympy ist ein Drittanbietermodul und muss erst installiert werden. Die Website des Projekts befindet sich unter der URL http://sympy.org/.

sympy unter Unix installieren

Um sympy zu installieren, rufen wir einfach wie gewohnt easy_install sympy auf:

```
$ ~/python/bin/easy_install sympy
Searching for sympy
Reading http://pypi.python.org/simple/sympy/
Couldn't find index page for 'sympy' (maybe misspelled?)
Scanning index of all packages (this may take a while)
Reading http://pypi.python.org/simple/
Reading http://pypi.python.org/simple/SymPy/
Reading http://code.google.com/p/sympy/
Best match: sympy 0.5.13
Downloading http://sympy.googlecode.com/files/sympy-0.5.13.tar.gz
Processing sympy-0.5.13.tar.gz
Running sympy-0.5.13/setup.py -q bdist_egg --dist-dir \
  /tmp/easy_install-xp9Qkc/sympy-0.5.13/egg-dist-tmp-EzQCmr
```

```
Adding sympy 0.5.13 to easy-install.pth file
Installing isympy script to /users/farid/python/bin

Installed
  /users/farid/python/lib/python2.5/site-packages/sympy-0.5.13-py2.5.egg
Processing dependencies for sympy
Finished processing dependencies for sympy
```

Testen kann man es, indem man sympy in der normalen Python-Shell importiert:

```
$ ~/python/bin/python
Python 2.5.2 (r252:60911, Mar  1 2008, 18:37:16)
[GCC 4.2.1 20070719 [FreeBSD]] on freebsd7
Type "help", "copyright", "credits" or "license" for more information.
>>> import sympy
>>> quit()
```

In der Praxis werden Sie feststellen, dass die Python-Shell *ipython* sich dafür besser eignet; aber am besten ist es, die gerade installierte *isympy*-Shell zu benutzen. Dazu ruft man einfach *isympy* auf, evtl. unter Angabe eines Pfades:

Die *isympy*-Shell unterscheidet sich von der normalen Python- (bzw. *ipython-*) Shell dadurch, dass erstens der ganze Namensraum von *sympy* in den aktuellen Namensraum importiert wurde (damit wir nicht ewig sympy. als Präfix angeben müssen), zweitens ein paar Symbole bereits vordefiniert wurden und drittens das Threading-System initialisiert wurde, was sich beim Plotten als nützlich erweisen wird.

sympy unter Windows installieren

Für Windows gibt es einen Binary-Installer. Dort gibt man einfach an, wo sich sympy installieren soll:

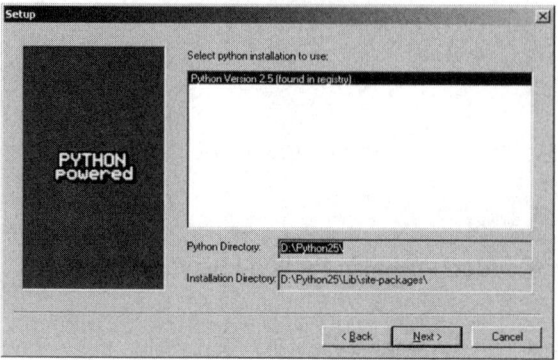

17.1.2 Die Datentypen Rational, Real und Integer

Wir haben in Kapitel 4, *Zahlen*, gesehen, dass Python über folgende numerische Datentypen verfügt: int, long, float und complex. Dazu kam noch der Typ Decimal aus dem decimal-Modul hinzu, mit dem Dezimalberechnungen bis zu einer bestimmten Genauigkeit ausgeführt werden können.

Das sympy-Modul erweitert Python um die numerischen Datentypen Real und Rational. Um dies zu zeigen, starten wir entweder die normale Python-Shell und importieren Folgendes:

```
>>> from __future__ import division
>>> from sympy import *
```

oder man führt gleich die sympy-Shell *isympy* aus, welche dies für uns tut und zusätzlich x, y und z als allgemeine Symbole und k, m, n als Symbole für (ganzzahlige) Indizes definiert:

```
Python 2.5.2 console for SymPy 0.5.13. These commands were executed:
>>> from __future__ import division
>>> from sympy import *
>>> x, y, z = symbols('xyz')
>>> k, m, n = symbols('kmn', integer=True)
>>> f = Function("f")

Documentation can be found at http://sympy.org/

In [1]:
```

Wir benutzen im Folgenden die gewohnte Notation der Python-Shell, um einen Prompt zu kennzeichnen, was aber nicht heißen soll, dass wir diese Shell unbedingt nutzen sollen.

Das sympy-Modul lässt sich hervorragend interaktiv benutzen, z.B. als Taschenrechner, der auch mit Symbolen arbeiten kann.

Fangen wir also mit dem Rational-Datentyp an:

```
>>> from __future__ import division
>>> from sympy import *

>>> a = Rational(1,3)
>>> b = Rational(2,3)

>>> a
1/3

>>> b
2/3
```

a und b sind ein eigener Datentyp und bieten somit eine Menge von Methoden an (versuchen Sie mal, dir(a) an dieser Stelle einzugeben!):

```
>>> type(a)
<class 'sympy.core.numbers.Rational'>
```

Die normalen Operatoren sind für Rational-Zahlen gleich richtig definiert:

```
>>> a + b
1

>>> a * 2
2/3

>>> a / b
1/2

>>> 1 / b
3/2

>>> a ** 10
1/59049
```

Achten Sie darauf, dass Rational-Arithmetik exakt ist, während float-Arithmetik ungenau sein kann (wegen der Rundung auf die nächstgelegene IEEE-754-Maschinenzahl):

```
>>> a, 1/3
(1/3, 0.33333333333333331)
```

```
>>> b, 2/3
(2/3, 0.66666666666666663)
```

Ungenauigkeiten können sich ja summieren, während dies bei Rational nicht geschehen kann:

```
>>> c = Rational(1,10)
```

```
>>> c
1/10
```

```
>>> 1/10
0.10000000000000001
```

```
>>> c + c, 1/10 + 1/10
(1/5, 0.20000000000000001)
```

Übrigens: bei Python 2.5.2 würde die Division 1/10 normalerweise 0 liefern, da es sich um Integer-Division handelt. Durch das Importieren von division aus __future__ wird diese Division zu einer float-Division. Wenn man trotzdem noch die Integer-Division benötigt, kann man sie mit // bekommen. In einer späteren Version von Python wird / vielleicht schon standardmäßig die float-Division sein:

```
>>> 1 / 10
0.10000000000000001
```

```
>>> 1 // 10
0
```

Doch machen wir mal weiter mit Rational. Die Vergleichsoperatoren funktionieren gut:

```
>>> a, b
(1/3, 2/3)
```

```
>>> a < b, a > b
(True, False)
```

```
>>> Rational(2,3) == Rational(2,4)
False
```

```
>>> Rational(2,3) == Rational(4,6)
True
```

Wie man sieht, werden Rational-Zahlen normalisiert:

```
>>> Rational(4,6)
2/3
```

```
>>> Rational(-2,-3)
2/3
```

Aber interessanterweise bleibt der Typ nicht immer erhalten:

```
>>> a, b
(1/3, 2/3)
```

```
>>> a + b
1
```

```
>>> type(a + b)
<class 'sympy.core.numbers.One'>
```

```
>>> b - 2*a
0
```

```
>>> type(b - 2*a)
<class 'sympy.core.numbers.Zero'>
```

Offensichtlich sind die 1 und die 0 von einem besonderen Typ! Aber nicht die 2: Die ist einfach ein Integer:

```
>>> (a + b)*2
2
```

```
>>> type((a + b)*2)
<class 'sympy.core.numbers.Integer'>
```

Neben den speziellen Typen One und Zero gibt es weitere Konstanten, die besonders behandelt werden, z.B. pi und E:

```
>>> pi, E
(pi, E)
```

```
>>> type(pi), type(E)
(<class 'sympy.core.numbers.Pi'>, <class 'sympy.core.numbers.Exp1'>)
```

Auf sie kommen wir gleich noch zurück!

Manchmal möchte man den Wert eines `Rational` als ganz gewöhnliche Gleitkomma-zahl approximiert bekommen. Das geht mit der Methode `evalf` (was Sie nicht über-raschen wird, wenn Sie mit Systemen wie Maple vertraut sind):

```
>>> a, a.evalf()
(1/3, 0.333333333333333333333333333333)
```

```
>>> b, b.evalf()
(2/3, 0.666666666666666666666666666667)
```

Beachten Sie, dass `evalf` die Zahl in die richtige Richtung rundet und nicht nur ab-schneidet!

Die Genauigkeit, mit der evalfuiert wird, ist leider beschränkt. Wenn man sich die Signatur von `evalf` mit `help(b.evalf)` mal anschaut

```
evalf(self, precision=None) method of sympy.core.numbers.Rational instance
```

sieht man, dass man eine Genauigkeit angeben kann:

```
>>> b.evalf(precision=5)
0.66667
```

```
>>> b.evalf(precision=200)
0.666666666666666666666666666667
```

Der Grund dafür wird vielleicht später klar werden, wenn man sich vergegenwärtigt, dass `evalf` in Wirklichkeit ein `Real`-Objekt zurückgibt:

```
>>> type(b.evalf())
<class 'sympy.core.numbers.Real'>
```

Doch bevor wir uns `Real`-Zahlen zuwenden, bleiben wir noch ein Weilchen bei `Rational`.

Es gibt verschiedene Methoden, um ein `Rational` zu erzeugen. Das hier kennen wir schon:

```
>>> Rational(3)
3
>>> Rational(1,2)
1/2
```

Aber man kann auch Strings dem `Rational`-Konstruktor übergeben:

```
>>> Rational("2/3")
2/3
```

```
>>> Rational("1.23")
123/100
```

Manchmal gibt es Zahlen mit periodisch wiederkehrender Folge von Dezimalziffern. Solche Zahlen sind ebenfalls Rational und können wie folgt angegeben werden:

```
>>> Rational("0.[333]")
1/3
```

Eindrucksvoller ist es mit der Zahl 1.2050505050505050505...:

```
>>> Rational("1.2[05]")
1193/990
```

```
>>> Rational("1193/990").evalf()
1.20505050505050505050505050505
```

Falls man den Zähler und Nenner einer Rational-Zahl benötigt, kann man sie mit .p und .q erhalten:

```
>>> b
2/3
```

```
>>> b.p
2
```

```
>>> b.q
3
```

Die Dokumentation von Rational (abrufbar z.B. durch help(Rational)) zeigt, dass man auch diverse math-Funktionen auf Rational anwenden kann:

```
>>> b
2/3
```

```
>>> b.sin()
0.618369803069737007749864622
```

```
>>> b.cos()
0.785887260776948000724222851
```

```
>>> b.tan()
0.786842889472977329668785456
```

Leider liefern die Funktionen nicht automatisch Rational, sogar wenn es möglich wäre:

```
>>> g = Rational("2/50")
```

```
>>> g
1/25
```

```
>>> g.sqrt()
0.2
```

Der Grund dafür liegt darin, dass diese Methoden alle Real-Zahlen liefern:

```
>>> type(g.sqrt())
<class 'sympy.core.numbers.Real'>
```

Man könnte sie zwar zu Rational machen, aber das geht nur, wenn man weiß, dass das Ergebnis auch tatsächlich ein Rational ist:

```
>>> Rational(str(g.sqrt()))
1/5
```

Das ging nur, weil 0.2 offensichtlich zu einem Rational transformiert werden konnte. Dies hier geht aber nicht:

```
>>> b
2/3
```

```
>>> b.sqrt()
0.816496580927726032732428249
```

```
>>> str(b.sqrt())
'0.816496580927726032732428249'
```

```
>>> Rational(str(b.sqrt()))
816496580927726032732428249/1000000000000000000000000000
```

Offensichtlich ist hier etwas schief gegangen: Durch die beschränkte und vor allem *endliche* Genauigkeit von Real Zahlen wurde daraus irrtümlicherweise und fälschlicherweise ein Rational. Man kann eben nicht die Gesetze der Mathematik außer Kraft setzen!

Wenden wir uns nun Real-Zahlen zu:

```
>>> b
2/3
```

```
>>> bapprox = b.evalf()
```

```
>>> bapprox
0.6666666666666666666666666666667
```

```
>>> type(bapprox)
<class 'sympy.core.numbers.Real'>
```

Ein Real kann man unter anderem aus einem Python-float erzeugen. Dabei können natürlich Approximationsfehler entstehen:

```
>>> 1/10
0.10000000000000001
```

```
>>> Real(1/10)
0.100000000000000005551115123
```

```
>>> type(Real(1/10))
<class 'sympy.core.numbers.Real'>
```

Wenn der Real-Konstruktor aber ein Python int oder long erhält, liefert er nicht eine Real-Zahl, sondern eine Integer-Zahl:

```
>>> type(Real(42))
<class 'sympy.core.numbers.Integer'>
```

```
>>> type(Real(42L))
<class 'sympy.core.numbers.Integer'>
```

Die Basisklasse von Real, Rational und Integer ist Number. Jedes Mal, wenn eine Zahl in sympy repräsentiert wird, wird sie intern als Number angesehen:

```
>>> type(Number(42))
<class 'sympy.core.numbers.Integer'>
```

```
>>> type(Number(3.14))
<class 'sympy.core.numbers.Real'>
```

Wir gehen an dieser Stelle nicht weiter auf Rational, Real oder Number ein: Sie können deren Methoden mit help(Real) und help(Number) aus der Python-/isympy-Shell oder durch den Aufruf von pydoc sympy.core.Rational etc. von der Kommandozeile aus sehen.

17.1.3 Ein paar Konstanten

Wie bereits erwähnt, gibt es spezielle Symbole. So steht pi für die Zahl *pi*, E für die Konstante *e*, I für die komplexe Zahl *i* und oo für unendlich. Schauen wir uns das kurz an. Erst pi:

```
>>> pi
pi
```

```
>>> pi.evalf()
3.14159265358979323846264643383
```

```
>>> sin(pi/2)*cos(pi/2)
0
```

Und nun zu E:

```
>>> E
E
```

```
>>> type(E)
<class 'sympy.core.numbers.Exp1'>
```

```
>>> log(E)
1
```

```
>>> log(0)
-oo
```

```
>>> E**(2*pi*I)
1
```

Die imaginäre Konstante I kann auch als Ergebnis von Funktionen erscheinen:

```
>>> sqrt(-1)
I
```

```
>>> sqrt(-1)
I
```

```
>>> I**2
-1
```

```
>>> (3+I)**2
(3 + I)**2
```

```
>>> ((3+I)**2).expand()
8 + 6*I
```

Nun kommen wir zum Unendlichkeitssymbol oo. Eine Python-Division durch 0 führt zu einer Ausnahme, aber ein positives Rational mit einer 0 als Nenner liefert oo:

```
>>> 3/0
Traceback (most recent call last):
  File "<stdin>", line 1, in <module>
ZeroDivisionError: float division
```

```
>>> Rational(3,0)
oo
```

Ein negatives Rational hätte -oo geliefert:

```
>>> Rational(-3,0)
-oo
```

Nebenbei gesagt, 0/0 ist ja keine Zahl, auch nicht unendlich:

```
>>> Rational(0,0)
nan
```

Die Arithmetik mit unendlich ist vielleicht ein wenig gewöhnungsbedürftig:

```
>>> 42 + oo, 42 - oo
(oo, -oo)
```

```
>>> oo + oo, oo - oo, oo / oo
(oo, nan, nan)
```

```
>>> oo < oo, oo > oo, oo == oo, oo > -oo
(False, False, True, False)
```

Wie dem auch sei, oo und -oo sind beide eigene Datentypen:

```
>>> type(oo)
<class 'sympy.core.numbers.Infinity'>
```

```
>>> type(-oo)
<class 'sympy.core.numbers.NegativeInfinity'>
```

17.1.4 Ausdrücke

Was sympy erst richtig interessant macht, das ist der Datentyp Symbol. Es gibt zwei Möglichkeiten, Symbole zu definieren: mit dem Symbol-Konstruktor oder mit der Funktion symbols, mit der mehrere Symbole auf einmal erzeugt werden können:

```
>>> from __future__ import division
>>> from sympy import *
```

```
>>> x = Symbol('x')
```

```
>>> y, z = symbols('yz')
```

Wie dem auch sei, Symbole sind ein eigener Datentyp Symbol:

```
>>> x
x
```

```
>>> type(x)
<class 'sympy.core.symbol.Symbol'>
```

Das Schöne an Symbolen ist, dass man damit rechnen kann:

```
>>> x+y+x-y
2*x
```

```
>>> (x+y)*(x+y)
(x + y)**2
```

Mit Symbolen kann man komplizierte Ausdrücke bilden und mit diesen Ausdrücken rechnen. Wir gehen in diesem Abschnitt davon aus, dass folgende Variablen definiert sind.

```
>>> from __future__ import division
>>> from sympy import *
>>> x, y, z = symbols('xyz')
>>> a, b, c = symbols('abc')
```

Die erste interessante Methode ist expand:

```
>>> (x+y)**2
(x + y)**2
```

```
>>> ((x+y)**2).expand()
x**2 + y**2 + 2*x*y
```

```
>>> ((x-y)**2).expand()
x**2 + y**2 - 2*x*y
```

```
>>> ((x+y+z)*(x-y-z)).expand()
x**2 - y**2 - z**2 - 2*y*z
```

Das sieht ja schon mal viel versprechend aus! expand kann aber etwas mehr:

```
>>> exp(I*x).expand()
exp(I*x)
```

```
>>> exp(I*x).expand(complex=True)
cos(re(x))*exp(-im(x)) + I*exp(-im(x))*sin(re(x))
```

Das Problem hier ist, dass expand davon ausgeht, dass x eine komplexe Zahl ist. Definiert man eine Variable als reell, kann expand einen einfacheren Ausdruck erzeugen:

```
>>> xr = Symbol('Xr', real=True)
```

```
>>> exp(I*xr).expand(complex=True)
I*sin(Xr) + cos(Xr)
```

Bevor wir expand verlassen, bauen wir gleich noch den Anfang des Pascalschen Dreiecks:

```
>>> for i in range(1, 6):
...     print ((a+b)**i).expand()
...
a + b
a**2 + b**2 + 2*a*b
a**3 + b**3 + 3*a*b**2 + 3*b*a**2
a**4 + b**4 + 4*a*b**3 + 4*b*a**3 + 6*a**2*b**2
a**5 + b**5 + 5*a*b**4 + 5*b*a**4 + 10*a**2*b**3 + 10*a**3*b**2
```

Natürlich spielen hier die Binomialkoeffizienten eine wichtige Rolle:

```
>>> import pprint
```

```
>>> pprint.pprint([ [binomial(n, k) for k in range(0,6)] for n in range(0,6) ])
[[1, 0, 0, 0, 0, 0],
 [1, 1, 0, 0, 0, 0],
 [1, 2, 1, 0, 0, 0],
 [1, 3, 3, 1, 0, 0],
 [1, 4, 6, 4, 1, 0],
 [1, 5, 10, 10, 5, 1]]
```

Die Funktion collect ermöglicht den anderen Weg:

```
>>> poly = a*x**2 + b*x**2 + a*x - b*x + c
```

```
>>> poly
c + a*x + a*x**2 + b*x**2 - b*x
```

```
>>> collect(poly, x)
c + x*(a - b) + x**2*(a + b)
```

Alternativ dazu kann collect auch ein Dictionary zurückgeben, das dann gezielt abgefragt werden kann:

```
>>> collect(poly, x, evaluate=False)
{x**2: a + b, x: a - b, 1: c}
```

```
>>> collect(poly, x, evaluate=False)[x**2]
a + b
```

```
>>> collect(poly, x, evaluate=False)[x]
a - b
```

Man kann auch nach mehreren Variablen sammeln:

```
>>> collect(x**2 + y*x**2 + x*y + y + a*y, [x, y])
x*y + y*(1 + a) + x**2*(1 + y)
```

Die Funktion collect ist gierig: Sie versucht, erst nach dem ersten Symbol zu sammeln, und zwar so viel es geht, dann nach dem zweiten Symbol etc.

Man ist nicht auf eine einzelne Variable beschränkt und kann auch nach einem beliebigen Ausdruck sammeln:

```
>>> collect(a*sin(2*x) + b*sin(2*x), sin(2*x))
(a + b)*sin(2*x)
```

```
>>> collect(a*x**2*log(x)**2 + b*(x*log(x))**2, x*log(x))
x**2*log(x)**2*(a + b)
```

Symbolische Exponenten (z.B. x**c) werden normalerweise von collect nicht wie ein Symbol angesehen, aber man kann sie direkt als Ausdruck angeben:

```
>>> collect(a*x**c + b*x**c, x)
a*x**c + b*x**c
```

```
>>> collect(a*x**c + b*x**c, x**c)
x**c*(a + b)
```

```
>>> collect(a*exp(2*x) + b*exp(2*x), exp(x))
(a + b)*exp(2*x)
```

Beachten Sie noch Folgendes:

```
>>> collect(a*x**7 + b*x**7, x)
x**7*(a + b)
```

```
>>> collect(a*x**7 + b*x**7, x**7)
x**7*(a + b)
```

```
>>> collect(a*x**7 + b*x**7, x, exact=True)
a*x**7 + b*x**7

>>> collect(a*x**7 + b*x**7, x**7, exact=True)
x**7*(a + b)
```

Diese und weitere Beispiele finden Sie in `help(collect)`.

Kommen wir nun zu `together`:

```
>>> 1/together(1/x + 1/y)
x*y/(x + y)

>>> 1/together(1/x + 1/y + 1/z)
x*y*z/(x*y + x*z + y*z)

>>> together(1/(x*y) + 1/y**2)
1/x*y**(-2)*(x + y)

>>> together(1/(1 + 1/x))
x/(1 + x)

>>> together(1/x**y + 1/x**(y-1))
x**(-y)*(1 + x)
```

Auch hier erhalten Sie mehr Informationen mit `help(together)`.

Die nächste interessante Methode von `Symbol` oder `Symbol`-Ausdrücken ist `subs` (kurz für *substitute*):

```
>>> ((x+y)**2).subs(x,1)
(1 + y)**2

>>> ((x+y)**2).subs(x,1).expand()
1 + y**2 + 2*y
```

Selbstverständlich ist man nicht darauf beschränkt, ein Symbol durch eine Zahl zu ersetzen. Auch Symbol-zu-Symbol- oder Symbol-zu-Ausdruck-Substitutionen sind möglich:

```
>>> (x*y).subs(x,(Symbol('u')+Symbol('v')))
y*(u + v)

>>> (x+y).subs(x,(Symbol('u')*Symbol('v')))
y + u*v
```

Auch in komplizierteren Ausdrücken funktioniert die Substitution:

```
>>> ((x+y)**2).subs(x,(Symbol('u')+Symbol('v')))
(u + v + y)**2
```

```
>>> ((x+y)**2).subs(y,(Symbol('w')+Symbol('eta')))
(eta + w + x)**2
```

Aufrufe von subs lassen sich selbstverständlich auch verketten, miteinander oder mit anderen Funktionen:

```
>>> ((x+y)**2).subs(x,sin(x)).subs(y,cos(y))
(cos(y) + sin(x))**2
```

```
>>> ((x+y)**2).subs(x,sin(x)).subs(y,cos(y)).expand()
cos(y)**2 + sin(x)**2 + 2*cos(y)*sin(x)
```

Manche Ausdrücke lassen sich vereinfachen:

```
>>> (sin(x) + cos(x))**2
(cos(x) + sin(x))**2
```

```
>>> ((sin(x) + cos(x))**2).expand()
cos(x)**2 + sin(x)**2 + 2*cos(x)*sin(x)
```

```
>>> trigsimp(((sin(x) + cos(x))**2).expand())
1 + 2*cos(x)*sin(x)
```

```
>>> trigsimp(sin(x)**2 + cos(x)**2)
1
```

Hier hat trigsimp (aus dem Modul sympy.simplify) eine bekannte trigonometrische Regel angewandt.

Neben trigsimp gibt es weitere Vereinfachungsfunktionen, z.B. powsimp:

```
>>> n = Symbol('n')
```

```
>>> e = x**n * (x*n)**(-n) * n
```

```
>>> powsimp(e)
n**(1 - n)
```

```
>>> powsimp(log(e))
log(n*x**n*(n*x)**(-n))
```

```
>>> powsimp(log(e), deep=True)
log(n**(1 - n))
```

oder radsimp:

```
>>> expr1 = 1/(2*sqrt(2))
```

```
>>> radsimp(expr1)
(1/4)*2**(1/2)
```

```
>>> expr2 = ((2+2*sqrt(2))*x + (2+sqrt(8))*y) / (2+sqrt(2))
```

```
>>> radsimp(expr2)
x*2**(1/2) + y*2**(1/2)
```

17.1.5   Differenzial- und Integralrechnung

In den Beispielen zu diesem Abschnitt gehen wir wieder davon aus, dass Folgendes eingegeben wurde:

```
from __future__ import division
from sympy import *
x, y, z = symbols('xyz')
a, b, c = symbols('abc')
```

Grenzwerte

Die Funktion limit ist in der Lage, verschiedene Grenzwerte zu berechnen. Sie hat folgenden Docstring (mit help(limit) abrufbar):

```
limit(e, z, z0, dir='+')
    Compute the limit of e(z) at the point z0.

    z0 can be any expression, including oo and -oo.

    For dir="+" (default) it calculates the limit from the right
    (z->z0+) and for dir="-" the limit from the left (z->z0-). For infinite z0
    (oo or -oo), the dir argument doesn't matter.
```

Das können wir uns nun zunutze machen. Fangen wir mit einfachen Grenzwerten an:

```
>>> limit(1/x, x, oo)
0
```

```
>>> limit(1/x, x, 0, dir='+')
oo
```

```
>>> limit(1/x, x, 0, dir='-')
-oo
```

Der Grenzwert komplizierter Ausdrücke lässt sich manchmal berechnen, manchmal aber auch nicht:

```
>>> limit(sin(x)/x, x, 0)
1
```

```
>>> limit((sin(x)-x)/x**3, x, 0)
-1/6
```

```
>>> limit(tan(x), x, pi/2)
tan((1/2)*pi)
```

```
>>> limit(tan(x), x, pi/2, dir='+')
tan((1/2)*pi)
```

```
>>> limit(tan(x), x, pi/2, dir='-')
tan((1/2)*pi)
```

```
>>> limit(sin(x), x, oo)
The limit algorithm needs to calculate the series of
series: sin(1/_w)
expansion variable (expanding around 0+): _w
But the series expansion failed. Check that this series is meaningful
and make it work, then run this again. If the series cannot be
mathematically calculated, the bug is in the limit algorithm.
```

In diesem Beispiel konnte limit den ersten Ausdruck berechnen (man kann z.B. l'Hospital anwenden), aber der Pol von *tan(x)* bei *Pi/2* ließ sich bei dieser frühen Version vom sympy noch nicht ermitteln. Der letzte Ausdruck dürfte klar sein: Den Limes von *sin(x)* bei unendlich gibt es gar nicht!

Ableitungen

Um die Ableitung eines Ausdrucks zu bekommen, verwenden wir die Funktion diff (bzw. die diff-Methode):

```
>>> diff(a*x**2 + b*x + c, x)
b + 2*a*x
```

```
>>> (a*x**2 + b*x + c).diff(x)
b + 2*a*x
```

Man kann auch mehrfache Ableitungen berechnen:

```
>>> (a*x**2 + b*x + c).diff(x, x)
2*a
```

```
>>> (a*x**2 + b*x + c).diff(x, 2)
2*a
```

Diese Notation ist ziemlich bequem:

```
>>> sin(2*x).diff(x, 1)
2*cos(2*x)
```

```
>>> sin(2*x).diff(x, 2)
-4*sin(2*x)
```

```
>>> sin(2*x).diff(x, 3)
-8*cos(2*x)
```

```
>>> sin(2*x).diff(x, 4)
16*sin(2*x)
```

Natürlich lässt sich ein Ausdruck nach mehreren Variablen ableiten:

```
>>> (a*x*y**2 + b*x**2*y + c*y).diff(x)
a*y**2 + 2*b*x*y
```

```
>>> (a*x*y**2 + b*x**2*y + c*y).diff(y)
c + b*x**2 + 2*a*x*y
```

```
>>> (a*x*y**2 + b*x**2*y + c*y).diff(x, y)
2*a*y + 2*b*x
```

Wie wäre es mit trigonometrischen Funktionen?

```
>>> diff(sin(x)*cos(x), x)
cos(x)**2 - sin(x)**2
```

```
>>> diff(tan(x), x)
1 + tan(x)**2
```

Der Logarithmus lässt sich auch recht bequem differenzieren:

```
>>> log(x).diff(x)
1/x
```

```
>>> log(x+y).diff(x)
1/(x + y)
```

```
>>> log(x+y).diff(x, y)
-(x + y)**(-2)
```

Die Exponentialfunktion natürlich genauso:

```
>>> exp(x).diff(x)
exp(x)
```

```
>>> exp(2*x).diff(x)
2*exp(2*x)
```

```
>>> diff(x*exp(y), x)
exp(y)
```

```
>>> diff(x*exp(y), y)
x*exp(y)
```

Daran erkennen wir, wie die Kettenregel zur Anwendung kommt:

```
>>> exp(2*cos(x)).diff(x)
-2*exp(2*cos(x))*sin(x)
```

```
>>> log(sin(x)).diff(x)
1/sin(x)*cos(x)
```

```
>>> log(sin(x)*cos(x)).diff(x)
1/cos(x)/sin(x)*(cos(x)**2 - sin(x)**2)
```

Integration

Einige Ausdrücke kann man symbolisch integrieren. Dazu nimmt man die Funktion `integrate`:

```
>>> integrate(1, x)
x
```

```
>>> integrate(x, x)
(1/2)*x**2
```

```
>>> integrate(x**2, x)
(1/3)*x**3
```

```
>>> integrate(a*x**2 + b*x + c, x)
c*x + (1/2)*b*x**2 + (1/3)*a*x**3
```

Man beachte dabei, dass die Integrationskonstante hier weggelassen wird: so ist integrate(1, x) der Ausdruck x statt korrekterweise x + C. Aber wenn man damit klar kommt und sich dies immer vergegenwärtigt, ist integrate schon sehr praktisch.

Trigonometrische und hyperbolische Funktionen kann integrate ohne Weiteres verarbeiten:

```
>>> integrate(sin(x), x)
-cos(x)
```

```
>>> integrate(tan(x), x)
(1/2)*log(1 + tan(x)**2)
```

```
>>> integrate(sin(x)*cos(x), x)
(1/2)*sin(x)**2
```

```
>>> integrate(a*cos(x)**2 + b*cos(x) + c, x)
a*((1/2)*x + (1/2)*cos(x)*sin(x)) + b*sin(x) + c*x
```

```
>>> integrate(2*x + sinh(x), x)
x**2 + cosh(x)
```

Wir können das Ergebnis unserer Berechnungen natürlich auch mit diff überprüfen:

```
>>> expr = integrate(x**2 * cos(x), x)
```

```
>>> expr
-2*sin(x) + x**2*sin(x) + 2*x*cos(x)
```

```
>>> diff(expr, x)
x**2*cos(x)
```

Und natürlich lassen sich der Logarithmus und die Exponentialfunktion auch integrieren:

```
>>> integrate(log(x), x)
-x + x*log(x)
```

```
>>> integrate(exp(x*2), x)
(1/2)*exp(2*x)
```

Mehrfachintegrale sind ebenfalls möglich: Man braucht lediglich die einzelnen Integrationsvariablen angeben.

```
>>> integrate(x*y, x)
(1/2)*y*x**2
```

```
>>> integrate(x*y, y)
(1/2)*x*y**2
```

```
>>> integrate(x*y, x, y)
(1/4)*x**2*y**2
```

Komplizierter geht es natürlich auch:

```
>>> integrate(a*x**2 + b*x*y + c*y**2, x)
(1/3)*a*x**3 + c*x*y**2 + (1/2)*b*y*x**2
```

```
>>> integrate(a*x**2 + b*x*y + c*y**2, y)
(1/3)*c*y**3 + a*y*x**2 + (1/2)*b*x*y**2
```

```
>>> integrate(a*x**2 + b*x*y + c*y**2, x, y)
(1/3)*a*y*x**3 + (1/3)*c*x*y**3 + (1/4)*b*x**2*y**2
```

Man kann auch über Intervalle integrieren:

```
>>> integrate(x*2, (x, 2, 4))
12
```

```
>>> integrate(x*2).subs(x, 4) - integrate(x*2).subs(x, 2)
12
```

Ein weiteres Beispiel? Ein paar bekannte Sinus-Integrale:

```
>>> integrate(sin(x), (x, -pi/2, pi/2))
0
```

```
>>> integrate(sin(x), (x, 0, pi/2))
1
```

```
>>> integrate(sin(x), (x, 0, pi))
2
```

Ein komplizierterer Ausdruck? Sie erinnern sich an das Beispiel weiter oben mit x**2 * cos(x)? Integrieren wir es von 0 bis *Pi/2*:

```
>>> e1 = x**2 * cos(x)
```

```
>>> integrate(e1, (x, 0, pi/2))
(-2) + (1/4)*pi**2
```

```
>>> integrate(e1, x).subs(x, pi/2)
(-2) + (1/4)*pi**2
```

```
>>> integrate(e1, x).subs(x, 0)
0
```

```
>>> integrate(e1, x).subs(x, pi/2) - integrate(e1, x).subs(x, 0)
(-2) + (1/4)*pi**2
```

Oder auch Integrale der Exponential- und Logarithmusfunktion:

```
>>> integrate(exp(x), (x, 0, 1))
(-1) + E
```

```
>>> integrate(log(x), (x, 0, 1))
-1
```

```
>>> integrate(log(x), (x, 0, 2))
(-2) + 2*log(2)
```

Mehrfache Integrale akzeptieren ihrerseits je einen Intervall:

```
>>> integrate(x*y, (x, 0, 2), (y, 0, 3))
9
```

```
>>> integrate(2*x*y+3, (x, 1, 2), (y, 2, 7))
165/2
```

Uneigentliche Integrale:

```
>>> integrate(exp(-x), (x, 0, oo))
1
```

```
>>> integrate(1/x, (x, 1, oo))
oo
```

```
>>> integrate(1/(x**2), (x, 1, oo))
1
```

17.1.6 Polynome

Führen wir ein paar Berechnungen mit Polynomen durch. Wir gehen davon aus, dass
wieder einmal Folgendes gegeben ist:

```
from __future__ import division
from sympy import *
x, y, z = symbols('xyz')
a, b, c = symbols('abc')
```

Polynomdivision mit Rest

Mit Hilfe der Funktion div kann man Polynome mit Rest dividieren:

```
>>> f = 12*x**2 + 39*x + 25
>>> g = 3 + 4*x

>>> q, r = div(f, g)

>>> q
15/2 + 3*x

>>> r
5/2
```

Wir können es nachprüfen:

```
>>> q*g + r
5/2 + (3 + 4*x)*(15/2 + 3*x)

>>> (q*g + r).expand()
25 + 12*x**2 + 39*x
```

Wir erhalten wieder f.

Möchte man erzwingen, dass die Koeffizienten von q und r jeweils int sind, kann man dies div mit dem coeff-Schlüsselwort mitteilen:

```
>>> q, r = div(f, g, coeff='int')

>>> q
3*x

>>> r
25 + 30*x

>>> q*g + r
25 + 30*x + 3*x*(3 + 4*x)

>>> (q*g + r).expand()
25 + 12*x**2 + 39*x
```

Das Problem hierbei ist aber, dass es *dann* vorkommen kann, dass der Grad von r nicht mehr echt kleiner sein muss als der Grad von f:

```
>>> f2 = 5*x**2 + 10*x + 3
>>> g2 = 2*x + 2
```

```
>>> q2, r2 = div(f2, g2, coeff='int')

>>> q2
5

>>> r2
(-7) + 5*x**2
```

Nichts hindert uns daran, Polynomen mit mehr als nur einer Variablen zu dividieren:

```
>>> f3 = x*y + y*z + x*y*z
>>> g3 = 4*x + 2*y

>>> q3, r3 = div(f3, g3)

>>> q3
(1/4)*y + (1/4)*y*z

>>> r3
-1/2*y**2 + y*z - 1/2*z*y**2
```

Man kann auch durch mehrere Polynome gleichzeitig teilen. Ein Beispiel aus der Dokumentation macht es klar:

```
>>> f = x*y + y*z + z*x
>>> g1 = x + 1
>>> g2 = 2*y + 1

>>> q, r = div(f, [g1, g2])

>>> q
[y + z, (-1/2) + (1/2)*z]

>>> r
1/2 - 3/2*z

>>> q[0]*g1 + q[1]*g2 + r
1/2 - 3/2*z + (1 + x)*(y + z) - (1 + 2*y)*(1/2 - 1/2*z)

>>> (q[0]*g1 + q[1]*g2 + r).expand()
x*y + x*z + y*z
```

ggT und kgV und Polynomen

Den größten gemeinsamen Teiler (ggT, Englisch: gcd) und das kleinste gemeinsame Vielfache (kgV, Englisch: lcm) zweier Polynome erhält man wie folgt:

```
>>> f = 12*(x + 1)*x
>>> g = 16*x**2

>>> gcd(f, g)
4*x

>>> lcm(f, g)
48*x**2 + 48*x**3
```

Mehrere Variablen sind ebenfalls möglich:

```
>>> f = x*y**2 + x**2*y
>>> g = x**2 * y**2

>>> gcd(f, g)
x*y

>>> lcm(f, g)
x**2*y**3 + x**3*y**2

>>> (f*g).expand()
x**3*y**4 + x**4*y**3

>>> (gcd(f, g)*lcm(f, g)).expand()
x**3*y**4 + x**4*y**3
```

Faktorisieren von Polynomen

Wir wissen, dass ein Polynom in Faktoren zerlegt werden kann:

```
>>> f = 3*x**5 - 4*x**4 - 72*x**3 + 132*x**2 + 97*x + 60

>>> factor(f)
(3 - x)*(4 - x)*(5 + x)*(1 + 2*x + 3*x**2)

>>> factor(f).expand()
60 - 72*x**3 - 4*x**4 + 3*x**5 + 97*x + 132*x**2
```

Auch wenn wir es noch nicht eingeführt haben: Man erhält hier die Nullstellen 3, 4, -5 und zwei konjugiert-komplexe Nullstellen des quadratischen Terms:

```
>>> r = roots(f)

>>> r
[-5, 3, 4, (-1/3) - 1/3*I*2**(1/2), (-1/3) + (1/3)*I*2**(1/2)]
```

```
>>> solve(f == 0, x)
[-5, 3, (-1/3) + (1/3)*I*2**(1/2), (-1/3) - 1/3*I*2**(1/2), 4]
```

Was wir auch gleich überprüfen können:

```
>>> r
[-5, 3, 4, (-1/3) - 1/3*I*2**(1/2), (-1/3) + (1/3)*I*2**(1/2)]

>>> [ f.subs(x, root).expand() for root in r ]
[0, 0, 0, 0, 0]
```

Achten Sie hier auf ein Gotcha: Wenn Sie manuell die Ausgabe der komplexen Nullstellen in subs kopieren, erhalten Sie lediglich Approximationen:

```
>>> f.subs(x, (-1/3) - 1/3*I*2**(1/2)).expand()
-6.3424710252E-16 - 3.7368099089E-15*I

>>> f.subs(x, (-1/3) + (1/3)*I*2**(1/2)).expand()
-6.3424710252E-16 + 3.7368099089E-15*I

>>> (1 + 2*x + 3*x**2).subs(x, (-1/3) - 1/3*I*2**(1/2)).expand()
-1.71292471273E-17 - 5.23364152892E-17*I

>>> (1 + 2*x + 3*x**2).subs(x, (-1/3) + 1/3*I*2**(1/2)).expand()
-1.71292471273E-17 + 5.23364152892E-17*I
```

Der Grund dafür wird klar, wenn Sie bedenken, dass (-1/3) und (1/2) hier keine Rational-Zahlen mehr sind, sondern das approximierte Ergebnis der floating point-Division von Python ist (Sie erinnern sich, dass wir die division aus __future__ importiert haben):

```
>>> (-1/3), (1/2)
(-0.33333333333333331, 0.5)
```

Hätte man hingegen Rational benutzt, wären keine hässlichen Approximationsfehler entstanden:

```
>>> r1 = Rational("-1/3") - Rational("1/3")*I*2**Rational("1/2")
>>> r2 = Rational("-1/3") + Rational("1/3")*I*2**Rational("1/2")

>>> r1
(-1/3) - 1/3*I*2**(1/2)
>>> r2
(-1/3) + (1/3)*I*2**(1/2)
```

```
>>> f.subs(x, r1).expand()
0
>>> f.subs(x, r2).expand()
0

>>> (1 + 2*x + 3*x**2).subs(x, r1).expand()
0
>>> (1 + 2*x + 3*x**2).subs(x, r2).expand()
0
```

17.1.7 Reihen

Mit sum und product kann man Reihen erzeugen. Nehmen wir noch Variablen hinzu:

```
>>> k, n = symbols('kn')
```

Hier ein paar Beispiele für sum:

```
>>> sum(k, (k, 0, 10))
55

>>> sum(1/k, (k, 0, 10))
oo

>>> sum(1/k, (k, 1, 10))
7381/2520
```

Aber warum so langweilig? Es geht doch spannender! Hier direkt in *isympy*, damit die Ausgabe schöner aussieht. Erst einmal die arithmetische Reihe:

```
In [3]: sum(k, (k, 1, n))
Out[3]:
      2
 n    n
 - + --
 2    2
```

```
In [4]: factor(sum(k, (k, 1, n)))
Out[4]:
n*(1 + n)
---------
    2
```

Und jetzt arithmethische Reihen höherer Ordnung:

```
In [5]: sum(k**2, (k, 1, n))
Out[5]:
 2    3
n    n    n
-- + -- + -
2    3    6
```

```
In [6]: factor(_)
Out[6]:
n*(1 + n)*(1 + 2*n)
-------------------
        6
```

Man erkennt schon so manche Formeln (Beweis durch vollständige Induktion).

Noch eine weiter? Na klar doch!

```
In [7]: sum(k**3, (k, 1, n))
Out[7]:
 3    2    4
n    n    n
-- + -- + --
2    4    4
```

```
In [8]: factor(_)
Out[8]:
 2        2
n *(1 + n)
----------
    4
```

Und jetzt etwas komplizierter:

```
In [9]: sum((k-1)*k, (k, 2, n))
Out[9]:
      3
 n   n
- - + --
 3   3
```

```
In [10]: factor(sum((k-1)*k, (k, 2, n)))
Out[10]:
-n*(1 + n)*(1 - n)
------------------
        3
```

Ja, könnte schon stimmen. Noch mehr?

```
In [11]: sum((k-2)*(k-1)*k, (k, 3, n))
Out[11]:
     3   2   4
n    n   n   n
- - -- - -- + --
2   2   4   4
```

```
In [12]: factor(_)
Out[12]:
n*(1 + n)*(1 - n)*(2 - n)
-------------------------
            4
```

Und jetzt die Kür (mal sehen, ob sum wirklich so gut ist):

```
In [13]: sum((2*k-1)**2, (k, 2, n))
Out[13]:
            3
     n   4*n
-1 - - + ----
     3    3
```

```
In [14]: factor(_)
Out[14]:
        /              2\
-(1 - n)*\3 + 4*n + 4*n /
-------------------------
            3
```

Naja, das müsste man mal überprüfen (Übungsaufgabe!).

Wie sieht es mit geometrischen Reihen aus?

```
In [15]: sum(Rational(1,3)**k, (k, 1, oo))
Out[15]: 1/2
```

Gar nicht mal so schlecht! Schauen wir genauer hin:

```
In [16]: a, q = symbols('aq')
```

```
In [17]: a*sum(q**(k-1), (k, 1, n))
```

```
Out[17]:
  /      1 + n\
a*\q - q     /
--------------
  q*(1 - q)
```

Das ist schon die gewohnte Formel: Man müsste nur Zähler und Nenner jeweils durch q teilen.

Ein letztes Beispiel mit sum:

```
>>> sum((-1)**k * x**k, (k, 0, 6))
1 + x**2 + x**4 + x**6 - x - x**3 - x**5
```

Kommen wir jetzt auf product:

```
>>> product((1+x), (k, 1, 10))
(1 + x)**10
```

```
>>> product(k, (k, 1, n))
gamma(1 + n)
```

```
>>> product((1+k), (k, 1, n))
RisingFactorial(2, n)
```

Die Gamma-Funktion ist eng mit der Fakultät n! verwandt. Aber um den dritten Ausdruck zu verstehen, hilft nur, sich einen Ausschnitt aus help(RisingFactorial) anzuschauen:

```
class RisingFactorial(sympy.core.function.Function)
 |  Rising factorial (also called Pochhammer symbol) is a double valued
 |  function arising in concrete mathematics, hypergeometric functions
 |  and series expanansions. It is defined by
 |
 |          rf(x, k) = x * (x+1) * ... * (x + k-1)
 |
 |  where 'x' can be arbitrary expression and 'k' is an integer. For
 |  more information check "Concrete mathematics" by Graham, pp. 66
 |  or visit http://mathworld.wolfram.com/RisingFactorial.html page.
```

Mit sum und product kann man sehr viel machen, aber dies würde den Rahmen dieses Buches bei Weitem sprengen.

Um ein Polynom um einen Punkt zu einer Taylor-Reihe zu entwickeln, kann man die Methode series benutzen:

```
>>> f = 1/cos(x)

>>> f.series(x, 0, 6)
1 + (1/2)*x**2 + (5/24)*x**4 + O(x**6)
```

Was sie genau tut, erhält man mit `help(f.series)`:

```
series(self, x, point=0, n=6) method of sympy.core.power.Pow instance
    Usage
    =====

        Returns the Taylor (Laurent or generalized) series of "self" around
        the point "point" (default 0) with respect to "x" until the n-th
        term (default n is 6).


    Notes
    =====

        This method is the most high level method and it returns the
        series including the O(x**n) term.

        Internally, it executes a method oseries(), which takes an
        O instance as the only parameter and it is responsible for
        returning a series (without the O term) up to the given order.
```

17.1.8 Gleichungen lösen

In diesem Abschnitt lernen wir, wie Gleichungen gelöst werden. `sympy` kann versuchen,

- algebraische Gleichungen,
- Gleichungssysteme und
- Differenzialgleichungen

mit Hilfe der Funktion `solve` zu lösen.

Algebraische Gleichungen

Wir haben weiter oben schon mal `solve` angewandt, um die Nullstellen eines Polynoms herauszufinden. Hier noch mal in einer frischen *isympy*-Shell:

```
In [1]: p = 3*x**5 - 4*x**4 - 72*x**3 + 132*x**2 + 97*x + 60

In [2]: solve(p == 0, x)
Out[2]:

               ___                ___
           I*\/ 2             I*\/ 2
[-5, 3, -1/3 + -------, -1/3 - -------, 4]
                 3                 3
```

Doch fangen wir erst mit einfachen Beispielen an:

```
In [3]: a = Symbol('a')

In [4]: solve(x**2 - 3*x + 2, x)
Out[4]: [1, 2]

In [5]: solve(x**2 == a, x)
Out[5]:

       __      __
[-\/ a , \/ a ]

In [6]: solve(x**2 == -1, x)
Out[6]: [I, -I]
```

Das lässt sich natürlich steigern:

```
In [7]: solve(x**4 == -1, x)
Out[7]:

   __      __        __      __      __      __       __      __
  \/ 2   I*\/ 2     \/ 2   I*\/ 2   \/ 2   I*\/ 2    \/ 2   I*\/ 2
[----- + -------, - ----- + -------, ----- - -------, - ----- - -------]
   2        2         2        2       2        2         2        2

In [8]: solve(x**4 == 1, x)
Out[8]: [I, 1, -1, -I]
```

Gleichungssysteme

Ein Gleichungssystem kann man genauso mit solve lösen:

```
>>> solve([x + 5*y == 2, -3*x + 6*y == 15], [x, y])
{y: 1, x: -3}
```

Man kann es auch verifizieren durch Einsetzen der Lösung:

```
>>> eqns = [x + 5*y == 2, -3*x + 6*y == 15]

>>> solve(eqns, [x, y])
{y: 1, x: -3}

>>> eqns[0].subs(y, 1).subs(x, -3)
True

>>> eqns[1].subs(y, 1).subs(x, -3)
True
```

Versuchen wir, ein größeres Gleichungssystem zu lösen. Wir definieren erst Variablen:

```
from __future__ import division
from sympy import *
x, y, z, u, v = symbols("xyzuv")
```

Und nun kann es losgehen:

```
>>> eqns = [
...    10*x +    y -   2*z + 3*u == -10,
...     2*x - 9*y +    z -   u == 27,
...    -3*x -    y + 12*z + 2*u == 27,
...             2*y +  2*z - 7*u ==  30
... ]

>>> d = solve(eqns, [x, y, z, u])
>>> d
{z: 3, y: -2, x: 1, u: -4}
```

Es gibt auch unbestimmte lineare Gleichungssysteme:

```
>>> eqns2 = [
...     3*x + 2*y -  4*z +  2*u ==  1,
...    -4*x + 9*y - 23*z - 21*u == 12,
...     2*x -   y +  3*z +  5*u == -2
... ]

>>> solve(eqns2, [x, y, z, u])
{y: 8/7 + (11/7)*u + (17/7)*z, x: (-3/7) - 12/7*u - 2/7*z}

>>> [ (k, d2[k].evalf(precision=3)) for k in d2.keys() ]
[(y, 1.14 + 1.57*u + 2.43*z), (x, -0.429 - 1.71*u - 0.286*z)]
```

Hier konnten u und z frei gewählt werden.

Man sieht an diesem Beispiel, dass man sympy und Python frei miteinander kombinieren kann: Hier haben wir einfach das Dictionary, das als Ergebnis herauskam, mit Hilfe einer *list comprehension* so verändert, dass wir approximierte Werte mittels evalf erhielten.

Differenzialgleichungen

Um eine gewöhnliche Differenzialgleichung zu lösen, kann man die Funktion dsolve ausprobieren:

```
>>> f = Function('f')

>>> odl = Derivative(f(x),x,x) + 9*f(x) + 1 == 1

>>> odl
1 + 9*f(x) + D(f(x), x, x) == 1

>>> dsolve(odl, f(x))
C1*sin(3*x) + C2*cos(3*x)
```

Das kann man ja überprüfen, indem man die Lösung in die Gleichung oder auch nur in die linke Seite der Gleichung einsetzt:

```
>>> odl
1 + 9*f(x) + D(f(x), x, x) == 1

>>> odl.subs(f(x), dsolve(odl, f(x)))
True

>>> (1 + 9*f(x) + Derivative(f(x), x, x)).subs(f(x), dsolve(odl, f(x)))
1
```

Eine Alternative zu `Derivative` ist es, die `diff`-Methode auf das Funktionsobjekt anzuwenden:

```
> ~/python/bin/isympy
Python 2.5.2 console for SymPy 0.5.13. These commands were executed:
>>> from __future__ import division
>>> from sympy import *
>>> x, y, z = symbols('xyz')
>>> k, m, n = symbols('kmn', integer=True)
>>> f = Function("f")

Documentation can be found at http://sympy.org/

In [1]: f(x).diff(x, x) + 9*f(x) + 1 == 1
Out[1]:
                2
               d
1 + 9*f(x) + -----(f(x)) = 1
             dx dx

In [2]: dsolve(_, f(x))
Out[2]: C1*sin(3*x) + C2*cos(3*x)

In [3]:
```

Weitere Anwendungsbeispiele erhalten Sie in *test_ode.py*. Das gilt auch allgemein für alle anderen Funktionen von `sympy`: Schauen Sie sich die mitgelieferten Tests an!

17.1.9 Pattern Matching

Mit der Methode `match` kann man beliebige Teile eines Ausdrucks extrahieren. Die Dokumentation hat folgendes Beispiel parat:

```
>>> from sympy import *
>>> x = Symbol('x')
>>> p = Wild('p')
>>> q = Wild('q')

>>> (5*x**2 + 3*x).match(p*x**2 + q*x)
{q_: 3, p_: 5}
```

Wie man sieht, wird ein Dictionary zurückgegeben, das die Wildcards auf die Teile des Ausdrucks abbildt, zu denen sie am besten passen.

match ist nicht so naiv, wie es scheint:

```
>>> (x**2).match(p*x**q)
{q_: 2, p_: 1}
```

Doch wenn das Matching nicht funktioniert, wird None zurückgegeben:

```
>>> print (x+1).match(p**x)
None
```

Und nun zu einer Anwendung! Erinnern Sie sich an folgendes Problem weiter oben?

```
In [1]: a, q = symbols('aq')

In [2]: result = a*sum(q**(n-1), (n, 1, n))

In [3]: result
Out[3]:
  /      1 + n\
a*\q - q     /
--------------
   q*(1 - q)
```

Um eine gewohntere Form dieses Ausdrucks zu erhalten, hätten wir gerne Zähler und Nenner durch q geteilt. Aber vielleicht wären wir nur an dem Ausdruck in Klammern im Zähler interessiert! Wie extrahiert man diesen, ohne jetzt den ganzen Ausdruck neu eingeben zu müssen?

```
In [4]: s = Wild('s')

In [5]: result.match((a*s)/(q*(1-q)))
Out[5]:
         1 + n
{s: q - q     }
```

Wie man sieht, man erhält ein Dictionary, das ein Wildcard zu dem jeweiligen Wert matcht. Das braucht man nur noch zu extrahieren:

```
In [6]: result.match((a*s)/(q*(1-q)))[s]
Out[6]:
    1 + n
q - q
```

17.1.10 Lineare Algebra

Matrizen werden mit Hilfe des `Matrix`-Datentyps von `sympy` dargestellt. Was ihn von Python-Arrays oder `numpy`-Matrizen oder -Arrays (die wir weiter unten kennenlernen werden) unterscheidet, ist, dass man dort auch Variablen und Ausdrücke speichern kann.

Fangen wir wieder mit folgenden Deklarationen an:

```
from __future__ import division
from sympy import *

u, v, w, x, y, z = symbols('uvwxyz')
i, j, k, l, m, n = symbols('ijklmn', integer=True)
f = Function('f')
```

Vielleicht brauchen wir im Folgenden nicht all diese Symbole, aber es schadet auch nicht, zu viele zu haben.

Matrizen erzeugen

Nun ist es aber an der Zeit, endlich ein paar Matrizen zu deklarieren!

```
m1 = Matrix([[1,0], [0,1]])
m2 = Matrix(2, 3, [1, 2, 3, 4, 5, 6])
m3 = Matrix([[x,y], [x**2,sin(x)]])
```

Diese Matrizen sind ein eigener Datentyp:

```
>>> type(m1)
<class 'sympy.matrices.matrices.Matrix'>
```

Und sie werden sauber formatiert ausgegeben:

```
>>> m1
[1, 0]
[0, 1]
```

```
>>> m2
[1, 2, 3]
[4, 5, 6]
```

```
>>> m3
[   x,      y]
[x**2, sin(x)]
```

Wie man am Beispiel von m3 erkennen kann, sind Symbole und ganze Ausdrücke in Matrizen erlaubt.

Eine andere Möglichkeit, Matrizen zu erzeugen, besteht darin, eine Funktion zu schreiben, welche den Wert eines Elements der Matrix berechnet, und diese Funktion dem Matrix-Konstruktor zu übergeben:

```
def f(i,j):
    if i == j: return 1
    else:      return 0
```

```
m4 = Matrix(4, 4, f)
```

Dies erzeugt folgende Matrix:

```
>>> m4
[1, 0, 0, 0]
[0, 1, 0, 0]
[0, 0, 1, 0]
[0, 0, 0, 1]
```

Anstelle einer Funktion kann natürlich auch ein lambda-Ausdruck stehen:

```
>>> m5 = Matrix(9, 9, lambda i,j: (i+1)*(j+1))
```

```
>>> m5
[1,  2,  3,  4,  5,  6,  7,  8,  9]
[2,  4,  6,  8, 10, 12, 14, 16, 18]
[3,  6,  9, 12, 15, 18, 21, 24, 27]
[4,  8, 12, 16, 20, 24, 28, 32, 36]
[5, 10, 15, 20, 25, 30, 35, 40, 45]
[6, 12, 18, 24, 30, 36, 42, 48, 54]
[7, 14, 21, 28, 35, 42, 49, 56, 63]
[8, 16, 24, 32, 40, 48, 56, 64, 72]
[9, 18, 27, 36, 45, 54, 63, 72, 81]
```

Es gibt auch ein paar Funktionen, die häufig benötigte Matrizen erzeugen: eye liefert die Einheitsmatrix, zero die Nullmatrix:

```
>>> eye(4)
[1, 0, 0, 0]
[0, 1, 0, 0]
[0, 0, 1, 0]
[0, 0, 0, 1]

>>> zero(3)
[0, 0, 0]
[0, 0, 0]
[0, 0, 0]
```

Und wenn man nicht-quadratische Nullmatrizen erzeugen muss, kann man die zeronm-Funktion aufrufen:

```
>>> zeronm(2,5)
[0, 0, 0, 0, 0]
[0, 0, 0, 0, 0]
```

Eine künstliche Unterscheidung zwischen Vektoren und Matrizen gibt es nicht:

```
>>> Matrix([[1, 2, 3, 4]])
[1, 2, 3, 4]

>>> Matrix([1, 2, 3, 4])
[1]
[2]
[3]
[4]
```

Da eine Matrix intern aus einer Liste samt Dimensionsangabe besteht

```
>>> m2
[1, 2, 3]
[4, 5, 6]

>>> m2.shape
(2, 3)
```

kann man sie in eine Matrix anderer Dimensionen umformen. Dazu dient die Methode reshape:

```
>>> m2.reshape(1,6)
[1, 2, 3, 4, 5, 6]
```

```
>>> m2.reshape(3,2)
[1, 2]
[3, 4]
[5, 6]
```

Die Methode `reshape` liefert eine neue `Matrix` zurück, lässt aber die Originalmatrix unangetastet:

```
>>> m2
[1, 2, 3]
[4, 5, 6]
```

Matrizenoperationen

Auf Teile von Matrizen kann man mit folgender Notation zugreifen:

```
>>> m6 = Matrix(3, 3, [1, 2, 3, 4, 5, 6, 7, 8, 9])
```

```
>>> m6
[1, 2, 3]
[4, 5, 6]
[7, 8, 9]
```

```
>>> m6[0,0], m6[1,2], m6[2,1]
(1, 6, 8)
```

Da dies Python ist, kann man auch Slices benutzen:

```
>>> m6[0:2,0:2]
[1, 2]
[4, 5]
```

```
>>> m6[1:,:2]
[4, 5]
[7, 8]
```

Slices sind sehr nützlich, um einzelne Zeilen oder Spalten zu extrahieren:

```
>>> m6[:,0]
[1]
[4]
[7]
```

```
>>> m6[1,:]
[4, 5, 6]
```

Durch Zuweisung eines Elementes lässt sich eine Matrix verändern:

```
>>> m6[0,0] = 100
```

```
>>> m6
[100, 2, 3]
[  4, 5, 6]
[  7, 8, 9]
```

Auch einem Slice kann man einen neuen Wert zuweisen. Möchte man beispielsweise eine Spalte verändern? Kein Problem:

```
>>> m6[:,1] = Matrix([1000, 2000, 3000])
```

```
>>> m6
[100, 1000, 3]
[  4, 2000, 6]
[  7, 3000, 9]
```

Auch eine Zeile lässt sich ohne Weiteres ersetzen:

```
>>> m6[2,:] = Matrix([[10, 20, 30]])
>>> m6
[100, 1000,  3]
[  4, 2000,  6]
[ 10,   20, 30]
```

Eine beliebige Submatrix kann man so auch ändern:

```
>>> m6[1:,1:] = Matrix([[-1, -2], [-3, -4]])
```

```
>>> m6
[100, 1000,  3]
[  4,   -1, -2]
[ 10,   -3, -4]
```

Wie bei Listen erzeugt man Kopien von Matrizen durch Kopieren von Slices:

```
>>> m7 = m6[:,:]
```

```
>>> m7[0,0] = sin(x)
```

```
>>> m6
[100, 1000,  3]
[  4,   -1, -2]
[ 10,   -3, -4]
```

```
>>> m7
[sin(x), 1000,  3]
[    4,   -1, -2]
[   10,   -3, -4]
```

Die Transponierte der Matrix m erhält man mit m.T:

```
>>> m7.T
[sin(x),  4, 10]
[ 1000, -1, -3]
[    3, -2, -4]
```

Kommen wir nun zu arithmetischen Operationen für Matrizen!

```
>>> m6 + m7
[100 + sin(x), 2000,  6]
[           8,   -2, -4]
[          20,   -6, -8]
```

```
>>> m6 - m7
[100 - sin(x), 0, 0]
[           0, 0, 0]
[           0, 0, 0]
```

```
>>> m6 * m7
[4030 + 100*sin(x), 98991, -1712]
[ (-24) + 4*sin(x),  4007,    22]
[(-52) + 10*sin(x), 10015,    52]
```

```
>>> m7 * m6
[4030 + 100*sin(x), (-1009) + 1000*sin(x), (-2012) + 3*sin(x)]
[              376,                  4007,                 22]
[              948,                 10015,                 52]
```

```
>>> m6.inv()
[1/2103, -3991/4206, 1997/4206]
[2/2103,   215/2103, -106/2103]
[1/2103, -5150/2103, 2050/2103]
```

```
>>> m6 * m6.inv()
[1, 0, 0]
[0, 1, 0]
[0, 0, 1]
```

Klar, nicht alle Matrizen sind invertierbar (Tracebacks für das Buch gekürzt):

```
>>> m8 = Matrix([[1,2,3],[4,5,6],[2,4,6]])
```

```
>>> m8.inv(method='GE')
Traceback (most recent call last):
    assert self.det() != 0
AssertionError
```

```
>>> m8.inv(method='LU')
Traceback (most recent call last):
Error: non-invertible matrix passed to LUdecomposition_Simple()
```

Der Grund ist offensichtlich: Die Determinante von m8 ist null, weil die dritte Zeile das doppelte der ersten Zeile ist:

```
>>> m8.det()
0
```

Doch wir kommen auf Determinanten gleich zurück. Die Multiplikation mit einem Skalar ist ebenfalls erlaubt:

```
>>> m6
[100, 1000,  3]
[  4,   -1, -2]
[ 10,   -3, -4]
```

```
>>> 2 * m6
[200, 2000,  6]
[  8,   -2, -4]
[ 20,   -6, -8]
```

```
>>> Rational(1,10) * m6
[ 10,   100, 3/10]
[2/5, -1/10, -1/5]
[  1, -3/10, -2/5]
```

```
>>> x * m6
[100*x, 1000*x,  3*x]
[  4*x,     -x, -2*x]
[ 10*x,   -3*x, -4*x]
```

```
>>> (x+y) * m6
[100*x + 100*y, 1000*x + 1000*y,   3*x + 3*y]
[    4*x + 4*y,           -x - y, -2*x - 2*y]
[  10*x + 10*y,     -3*x - 3*y, -4*x - 4*y]
```

Wie man sieht, ist der Begriff *Skalar* hier weitgefasst: Es können Zahlen sein oder Variablen oder ganze Ausdrücke.

Eine interessante Methode ist `applyfunc`:

```
>>> m9 = Matrix([[x,y], [2*x, 2*y]])
```

```
>>> m9
[  x,   y]
[2*x, 2*y]
```

```
>>> m9.applyfunc(sin)
[  sin(x),   sin(y)]
[sin(2*x), sin(2*y)]
```

```
>>> m9.applyfunc(lambda var: var**2)
[  x**2,   y**2]
[4*x**2, 4*y**2]
```

Nützlich ist `applyfunc` in diesem Fall:

```
>>> m6.inv()
[1/2103, -3991/4206, 1997/4206]
[2/2103,   215/2103, -106/2103]
[1/2103, -5150/2103, 2050/2103]
```

```
>>> m6.inv().applyfunc(lambda val: val.evalf(precision=2))
[0.00048, -0.95,  0.47]
[0.00095,   0.1, -0.05]
[0.00048,  -2.4,  0.97]
```

Und da wir schon Ausdrücke in Matrizen haben, lassen sich diese Ausdrücke substituieren:

```
>>> m9
[  x,   y]
[2*x, 2*y]
```

```
>>> m9.subs(x, 10)
[10,   y]
[20, 2*y]
```

```
>>> m9.subs(x, 10).subs(y, 20)
[10, 20]
[20, 40]
```

Kommen wir nun zu Determinanten. Bei 2x2-Matrizen liefert die det-Methode die Determinante nach der bekannten Formel:

```
>>> Matrix([[x, y], [z, w]]).det()
w*x - y*z
```

Auch bei 3x3 Matrizen erkennt man an folgendem Ergebnis vielleicht die Regel von Sarrus:

```
>>> symnames = ['x11', 'x12', 'x13', 'x21', 'x22', 'x23', 'x31', 'x32', 'x33']
>>> variables = []
>>> for name in symnames:
...     variables.append(Symbol(name))
...

>>> m10 = Matrix(3, 3, variables)

>>> m10
[x11, x12, x13]
[x21, x22, x23]
[x31, x32, x33]

>>> m10.det()
x11*x22*x33 + x12*x23*x31 + x13*x21*x32
- x11*x23*x32 - x12*x21*x33 - x13*x22*x31
```

Im allgemeinen Fall berechnet man die Determinante einer Matrix entweder nach ihrer Definition oder man benutzt diverse Algorithmen, z.B. den Laplaceschen Entwicklungssatz. Die Methode det von sympy verwendet (bei der hier benutzten Version) den Algorithmus von Bareis.

Doch egal, welcher Algorithmus zum Zuge kommt, eine Determinante von symbolischen Matrizen kann ein ziemlich langer und unhandlicher Ausdruck werden. Dies zeigen wir anhand einer 4x4-Matrix. Diese erzeugen wir mit einer Funktion createMatrix, die wie folgt aussehen könnte:

```
def createMatrix(rank):
    "Create a rank x rank matrix full of symbols"
    varlist = []
    for i in range(rank):
        for j in range(rank):
            varlist.append(Symbol("x%d%d" % (i+1,j+1)))
    return Matrix(rank, rank, varlist)
```

Damit erzeugen wir eine 4x4-Matrix:

```
>>> m11 = createMatrix(4)

>>> m11
[x11, x12, x13, x14]
[x21, x22, x23, x24]
[x31, x32, x33, x34]
[x41, x42, x43, x44]
```

Deren Determinante kann, wie gesagt, ziemlich groß werden (Ausgabe gekürzt):

```
>>> m11.det()
x33*x44*x11**2*x22**2/(x11*x22 - x12*x21)
+ x33*x44*x12**2*x21**2/(x11*x22 - x12*x21)
- x34*x43*x11**2*x22**2/(x11*x22 - x12*x21)
- x34*x43*x12**2*x21**2/(x11*x22 - x12*x21)
+ x11*x13*x34*x41*x22**2/(x11*x22 - x12*x21)

(... etc ...)

- x12*x14*x21*x23*x32*x41/(x11*x22 - x12*x21)
- 2*x11*x12*x21*x22*x33*x44/(x11*x22 - x12*x21)
+ 2*x11*x12*x21*x22*x34*x43/(x11*x22 - x12*x21)
```

Aber das ist natürlich nicht der Sinn von Determinanten. In der Regel wird man mit numerischen Werten in Matrizen zu tun haben, die insgesamt einen genau definierten Wert liefern:

```
>>> m12 = Matrix([[1,2,3], [4,5,6], [7,8,9]])

>>> m12
[1, 2, 3]
[4, 5, 6]
[7, 8, 9]

>>> m12.det()
0
```

Hier erkennen wir, dass m12 eine singuläre (nicht invertierbare) Matrix ist, während diese Matrix regulär ist:

```
>>> m13 = Matrix([[1,0,2],[-1,4,1],[-2,1,2]])

>>> m13
[ 1, 0, 2]
[-1, 4, 1]
[-2, 1, 2]
```

```
>>> m13.det()
21
```

Die Determinante der Inverse von m13 ist natürlich 1/21:

```
>>> m13.inv()
[1/3,  2/21, -8/21]
[  0,   2/7,  -1/7]
[1/3, -1/21,  4/21]

>>> m13.inv().det()
1/21
```

Der Matrix-Datentyp bietet noch mehr Funktionen und Methoden an. Schauen Sie sich am besten die Dokumentation von Matrix an (z.B. indem Sie help(Matrix) in *isympy* oder in der Python-Shell eingeben).

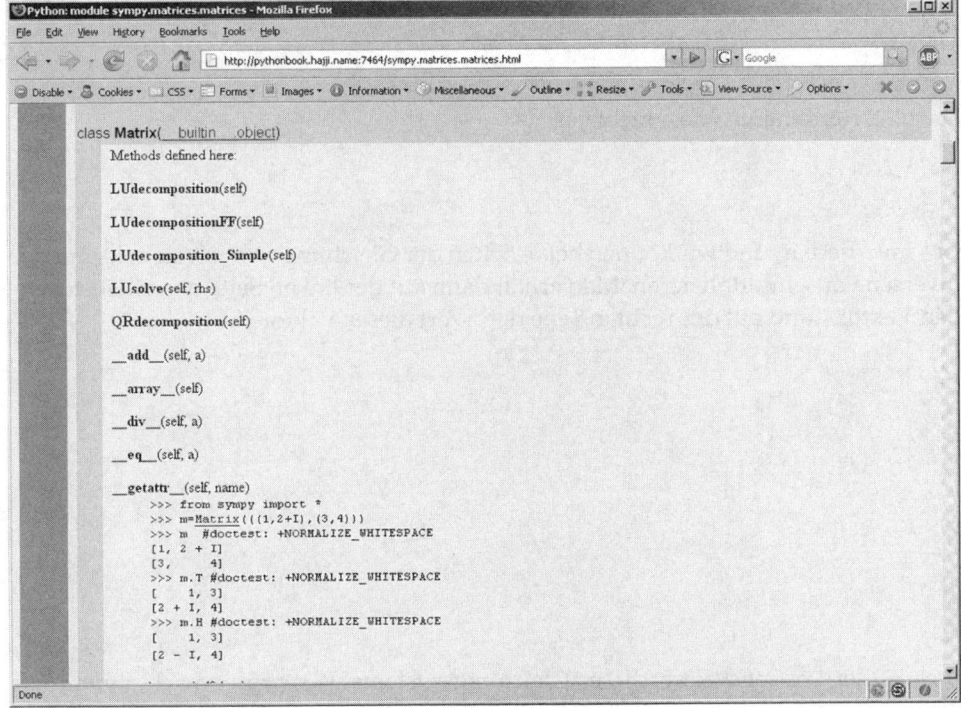

Anwendung: Lösung linearer Gleichungen

Man kann oft elegant die Lösung inhomogener linearer Gleichungssysteme auf Matrizenarithmetik zurückführen:

```
>>> A = Matrix([[2,3,2],[-1,-1,-3],[3,5,5]])
>>> X = Matrix([x,y,z])
>>> B = Matrix([2,-5,3])

>>> A
[ 2,  3,  2]
[-1, -1, -3]
[ 3,  5,  5]

>>> X
[x]
[y]
[z]

>>> B
[ 2]
[-5]
[ 3]
```

Da die Determinante von A nicht 0 ist:

```
>>> A.det()
4
```

ist A invertierbar, und wir können beide Seiten der Gleichung A*X==B von links mit der Inversen von A multiplizieren. Man erhält dann auf der linken Seite den alleinstehenden Vektor X und auf der rechten Seite den Wert dieses Vektors:

```
>>> A.inv()
[ 5/2, -5/4, -7/4]
[  -1,    1,    1]
[-1/2, -1/4,  1/4]

>>> A.inv()*B
[ 6]
[-4]
[ 1]
```

Dies ist der Lösungsvektor dieses Gleichungssystems. Wir prüfen nach, indem wir ihn in X einsetzen:

```
>>> A*X
[2*x + 2*z + 3*y]
[   -x - y - 3*z]
[3*x + 5*y + 5*z]
```

```
>>> (A*X).subs(x,6).subs(y,-4).subs(z,1)
[ 2]
[-5]
[ 3]

>>> (A*X).subs(x,6).subs(y,-4).subs(z,1) == B
True
```

Nachprüfen können wir es auch mit der oben eingeführten Funktion `solve`:

```
>>> solve([2*x + 2*z + 3*y == 2,
...          -x - y   - 3*z == -5,
...         3*x + 5*y + 5*z == 3], [x,y,z])
{z: 1, y: -4, x: 6}
```

Anwendung: Eigenwerte und Eigenvektoren

In vielen naturwissenschaftlichen Anwendungen muss man das *Eigenwertproblem* lösen. Dieses wird durch folgende Matrizengleichung beschrieben: $(A - mE)x = 0$. Dabei ist A eine n-reihige Matrix, E die n-reihige Einheitsmatrix, m der Eigenwert von A und x der Eigenvektor von A zum Eigenwert m. Die Matrix $A - mE$ heißt die *charakteristische Matrix* von A.

Beim Eigenwertproblem möchte man zu gegebenem A alle Eigenwerte m herausbekommen und zu jedem Eigenwert den dazugehörigen Eigenvektor x.

Wie geht man dabei vor? Dies lässt sich schrittweise erledigen:

- Die Eigenwerte sind die Lösungen der charakteristischen Gleichung $det(A - mE) = 0$. Man erhält die Werte `M1`, `M2`, ... bis `Mn`.
- Der zum Eigenwert `Mi` gehörige Eigenvektor `Xi` ergibt sich als Lösungsvektor des homogenen linearen Gleichungssystems $(A - MiE)Xi = 0$ für i von 1 bis n.

Berechnen wir die Eigenwerte und Eigenvektoren der folgenden Matrix:

```
>>> A = Matrix([[5,0,2],[3,2,0],[0,0,1]])

>>> A
[5, 0, 2]
[3, 2, 0]
[0, 0, 1]
```

Wir berechnen erst die charakteristische Gleichung:

```
>>> m = Symbol('m')

>>> (A - m*eye(3))
[5 - m,     0,     2]
[    3, 2 - m,     0]
[    0,     0, 1 - m]
```

```
>>> (A - m*eye(3)).det()
10 - m**3 - 17*m + 8*m**2
```

Das kann man auch mit der Methode charpoly tun:

```
>>> p = A.charpoly(m)
```

```
>>> p
10 - m**3 - 17*m + 8*m**2
```

Finden wir die Nullstellen davon, denn das ist ja das Eigenwertproblem:

```
>>> r = roots(p)
```

```
>>> r
[1, 2, 5]
```

Das prüfen wir gleich nach, indem wir p faktorisieren:

```
>>> factor(p)
(1 - m)*(2 - m)*(5 - m)
```

Sieht gut aus!

Also, die Eigenwerte sind 1, 2 und 5.

Nun müssen wir die zu diesen Eigenwerten gehörigen Eigenvektoren berechnen. Was wir brauchen, sind die Nullstellen (der Nullraum) des Systems *(A-Mi)x = 0*, wo *Mi* die Eigenwerte sind! Diesen Nullraum erhalten wir mit der Methode nullspace:

```
vlist = []

for eigval in r:
    nlsp = (A - eigval*eye(3)).nullspace()
    for vect in nlsp:
        vlist.append(vect)

for v in vlist:
    print v.T
```

Die Ausgabe ergibt:

```
[-1/2, 3/2, 1]
[0, 1, 0]
[1, 1, 0]
```

Die ganze Mühe hätten wir uns auch sparen können, denn wir haben ja die Methoden eigenvals:

```
>>> for eigval, multiplicity in A.eigenvals():
...     print "Eigenvalue", eigval, "with multiplicity", multiplicity
...
Eigenvalue 1 with multiplicity 1
Eigenvalue 2 with multiplicity 1
Eigenvalue 5 with multiplicity 1
```

und eigenvects:

```
>>> for eigval, multiplicity, basis in A.eigenvects():
...     print "Eigenvalue", eigval, "with multiplicity", multiplicity,
...     print "has Eigenvector"
...     print basis, "\n"
...
Eigenvalue 1 with multiplicity 1 has Eigenvector
[[-1/2]
[ 3/2]
[   1]]

Eigenvalue 2 with multiplicity 1 has Eigenvector
[[0]
[1]
[0]]

Eigenvalue 5 with multiplicity 1 has Eigenvector
[[1]
[1]
[0]]
```

Möchte man die Eigenvektoren normieren, können wir z.B. das Gram-Schmidtsche Orthonormierungsverfahren benutzen:

```
>>> normal = GramSchmidt(vlist, True)

>>> for vect in normal:
...     print vect.T
...
[-1/14*14**(1/2), (3/14)*14**(1/2), (1/7)*14**(1/2)]
[(3/70)*70**(1/2), (1/14)*70**(1/2), -3/35*70**(1/2)]
[(2/5)*5**(1/2), 0, (1/5)*5**(1/2)]
```

Anwendung: LU-, QR-Zerlegungen

Ohne viele Worte zu verlieren, zerlegen wir folgende Matrix

```
>>> A = Matrix([[3,5,2],[0,8,2],[6,2,8]])
```

```
>>> A
[3, 5, 2]
[0, 8, 2]
[6, 2, 8]
```

in ein Produkt zweier Diagonalmatrizen (die so genannte LU-Zerlegung):

```
>>> L, U, p = A.LUdecomposition()
```

```
>>> L
[1,  0, 0]
[0,  1, 0]
[2, -1, 1]
```

```
>>> U
[3, 5, 2]
[0, 8, 2]
[0, 0, 6]
```

```
>>> p
[]
```

Man sieht, dass L eine untere Dreicksmatrix ist (alle Werte oberhalb der Diagonale sind 0) und U eine obere Dreicksmatrix ist (alle Werte unterhalb der Diagonale sind 0). Man beachte, dass L so normiert ist, dass alle ihre Diagonalelemente 1 sind.

Multipliziert man beide Matrizen, erhält man wieder A:

```
>>> L*U
[3, 5, 2]
[0, 8, 2]
[6, 2, 8]
```

```
>>> L*U == A
True
```

p ist die Liste der Zeilenvertauschungen.

Eine andere Zerlegung ist LUdecompositionFF, die wie folgt funktioniert (wir ersparen uns die Ausgabe der Werte):

```
>>> P, L, D, U = A.LUdecompositionFF()
```

```
>>> P*A == L*D.inv()*U
True
```

Bei der QR-Zerlegung wird eine Matrix A in eine orthogonale Matrix Q und eine obere Dreiecksmatrix R zerlegt, so dass die Gleichung $A = Q*R$ gilt. Wir gehen von folgender Matrix A aus:

```
In [1]: A = Matrix([[6,4,1,1],[4,6,1,1],[1,1,5,2],[1,1,2,5]])
```

```
In [2]: A
Out[2]:
[6 4 1 1]
[4 6 1 1]
[1 1 5 2]
[1 1 2 5]
```

und zerlegen sie mit der Funktion QRdecomposition:

```
In [3]: Q, R = A.QRdecomposition()
```

R ist eine obere Dreiecksmatrix, wie man leicht erkennen kann:

```
In [4]: R
Out[4]:
[                                          ]
[          ___        ___          ___     ]
[         25*\/ 6    17*\/ 6     17*\/ 6    ]
[  3*\/ 6  ---------  ---------    ---------]
[              9         18           18    ]
[                                          ]
[          ___        ___          ___     ]
[         4*\/ 39   17*\/ 39    17*\/ 39    ]
[   0      ---------  ---------    ---------]
[              9        234          234    ]
[                                          ]
[                    ___          ___      ]
[                  21*\/ 39     95*\/ 39    ]
[   0       0       ---------    ---------  ]
[                      26          182      ]
[                                          ]
[                                 ___      ]
[                               11*\/ 6     ]
[   0       0         0          ---------  ]
[                                   7       ]
```

Und Q ist eine orthogonale Matrix:

```
In [5]: Q
Out[5]:
[          ___        ___        ___             ___ ]
[    \/ 6    -7*\/ 39  -11*\/ 39        -\/ 6 ]
[    -----   ---------  ----------       ------]
[      3        78         546           42   ]
[          ___        ___        ___             ___ ]
[    2*\/ 6   31*\/ 39  -11*\/ 39        -\/ 6 ]
[    -------  ---------  ----------       ------]
[      9        234        546           42   ]
[          ___        ___        ___             ___ ]
[    \/ 6     \/ 39    27*\/ 39        -\/ 6 ]
[    -----    ------   ---------       ------]
[     18        234        182           7    ]
[          ___        ___        ___             ___ ]
[    \/ 6     \/ 39    29*\/ 39       8*\/ 6 ]
[    -----    ------   ----------      -------]
[     18        234        546           21   ]
```

Was man überprüfen kann:

```
In [6]: Q*Q.T
Out[6]:
[1 0 0 0]
[0 1 0 0]
[0 0 1 0]
[0 0 0 1]


In [7]: Q.T*Q
Out[7]:
[1 0 0 0]
[0 1 0 0]
[0 0 1 0]
[0 0 0 1]
```

Es ist sogar eine ganz besondere Matrix, denn ihre Determinante ist 1. Sie entspricht somit einer Drehung im geometrischen Raum:

```
In [8]: Q.det()
Out[8]: 1
```

Ach ja, die Zerlegung stimmt:

```
In [9]: A == Q*R
Out[9]: True
```

Es gibt noch eine Menge weiterer nützlicher Funktionen, z.B. `matrix2numpy`, mit der man eine `Matrix` nach `numpy` (siehe unten) exportieren kann. Schauen Sie sich einfach etwas um im Quellcode der `sympy`-Module.

17.1.11 Plotting

Es wäre ein Jammer, wenn man all diese schönen Funktionen und Ausdrücke, die man mit `sympy` definiert, nicht anzeigen könnte! Zum Glück bietet das `plotting`-Modul von `sympy` die Funktion `Plot` an, mit der man einen interaktiven Viewer für 2D- und 3D-Plots erhält. Es empfiehlt sich, `Plot` innerhalb von *isympy* oder zumindest von *ipython* auszuführen.

Wir erzeugen einen Plot wie folgt:

```
>>> expr = sin(x)*cos(y) - (x**2 + y**2)/20
```

```
>>> Plot(expr, [x, -3*pi, 3*pi], [y, -3*pi, 9.8])
[0]: -1/20*x**2 - 1/20*y**2 + cos(y)*sin(x), 'mode=cartesian'
```

Dies produziert folgenden Plot, der gleich in einem interaktiven Plotviewer angezeigt wird.

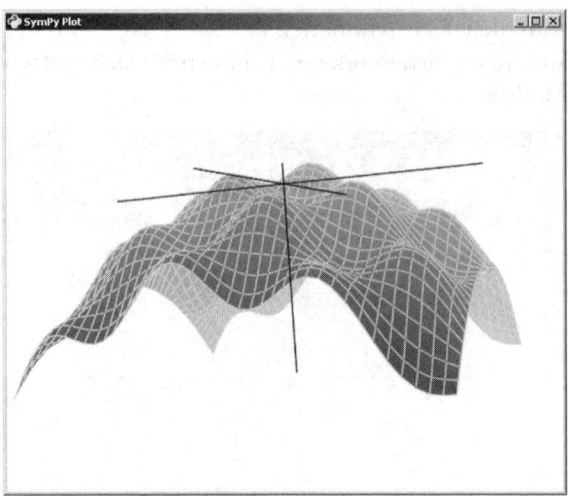

Es empfiehlt sich, mit verschiedenen Tasten aus dem numerischen Tastenfeld zu spielen, um rein- oder rauszuzoomen, die Achsen zu drehen oder zu verschieben ... Auch mit der Maus können Sie die Ansicht ändern. Versuchen Sie auch, bei gedrückten Maustasten (links, Mitte, oder rechts) die Maus zu bewegen. Mit *Esc* schließen Sie das Fenster.

Neben dem cartesischen Koordinatensystem gibt es noch andere Plot-Arten. Schauen Sie einfach im Quellcode von sympy (das plotting-Modul) nach. Es ist ein riesiges Gebiet, das den Rahmen dieses Buchs bei Weitem sprengen würde!

17.2 Effiziente numerische Berechnungen mit numpy und scipy

In der Praxis hat man es oft mit rechenintensiven numerischen Operationen zu tun, z.B. mit:

- riesigen Gleichungssystemen
- großen dünn besetzten Matrizen
- numerischer Integration
- Fourier-Transformationen
- Statistischen Berechnungen

Diese Operationen kommen oft in folgenden Disziplinen vor:

- Simulationen wirtschaftlicher oder physikalischer Prozesse
- Bild- und Signalverarbeitung
- Grundlagenforschung

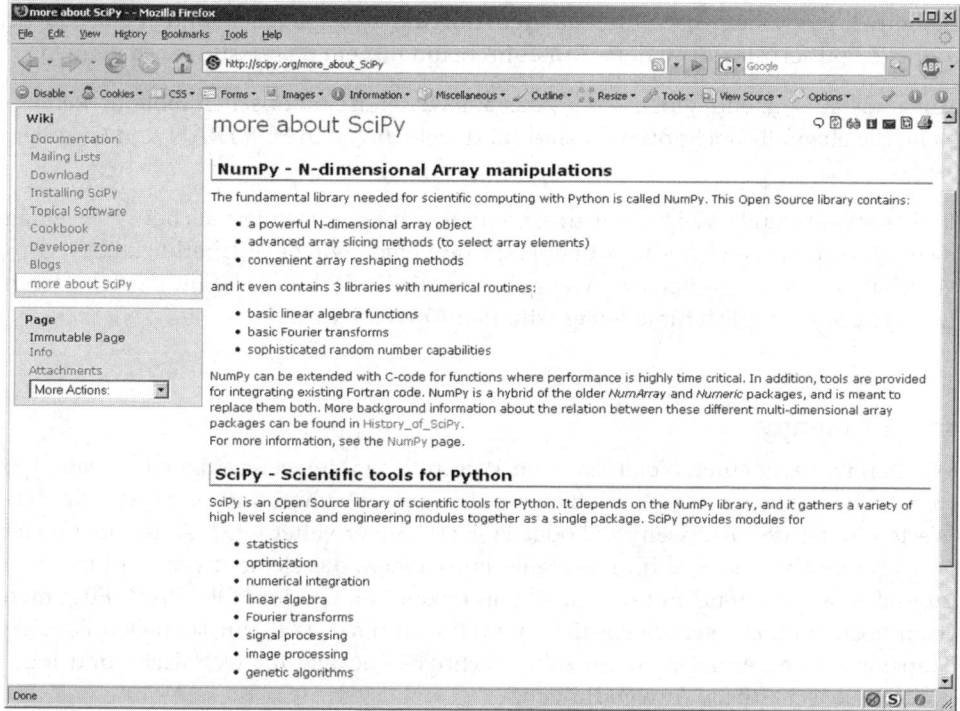

All diese numerischen Berechnungen könnte man zwar naiv in Python (mit oder ohne `sympy`) implementieren, aber das ist normalerweise keine gute Idee. Zum einen wäre der Code in Python langsam und speicherplatzintensiv, und zum anderen sind viele naive Implementierungen numerischer Algorithmen angesichts schlecht konditionierter Probleme numerisch instabil.

Der zweite Grund hat Forscher schon seit Jahrzehnten dazu getrieben, ausgetüftelte Algorithmen für ernsthafte numerische Berechnungen zu entwickeln. Diese Algorithmen sind zum größten Teil in einer Zeit entstanden, als noch FORTRAN die Sprache der Wahl in diesem Bereich war. So gibt es heute exzellente freiverfügbare Bibliotheken von in FORTRAN geschriebenen Funktionen aus den Bereichen der linearen Algebra, der numerischen Verfahren usw. Sehr bekannt sind z.B. die Basic Lineare Algebra Library BLAS `http://www.netlib.org/blas/`, für die es neuerdings eine für den Zielprozessor hochoptimierte Version namens ATLAS (für Automatically Tuned Linear Algebra Software) gibt, verfügbar unter `http://math-atlas.sourceforge.net/`.

Python hat bereits sehr früh unter dem Begriff `Numeric` den Vorgänger von `numpy` gekannt. `numpy` ist im Wesentlichen ein sehr effizienter Array-Datentyp mit Matrix-Aussehen, der anders als `Matrix` aus `sympy` lediglich numerische Werte enthält (`float`, `int`, und andere native Datentypen); samt den Funktionen aus der BLAS- bzw. ATLAS-

Bibliothek. `numpy` kann also unter anderem mit Matrizen umgehen, und auch einfache schnelle Fouriertransformationen ausführen, um nur ein paar Features zu nennen.

Auf `numpy` aufsetztend, gibt es `scipy`, das aus weiteren numerischen Bibliotheken besteht, die ebenfalls hochoptimiert sind (und viele davon in FORTRAN und C codiert sind).

In diesem Abschnitt werden wir uns, weitaus weniger detailliert als bei `sympy`, einen nicht ganz so kurzen Überblick über `numpy` und einen winzigen Überblick über `scipy` verschaffen. Dabei greifen wir weitgehend auf die Dokumentation zurück, deren Lektüre unumgänglich für jeden ernsthaften Anwender ist.

17.2.1 numpy

Wie bereits angedeutet, bietet `numpy` im Wesentlichen den sehr effizienten Datentyp `ndarray` (bzw. `numpy.ndarray`), mit dem eine homogene Sammlung von `float`- oder `int`-Werten hinter den Kulissen in C oder FORTRAN verwaltet wird. Außerdem bietet `numpy` zahlreiche `ufuncs`, d.h. universelle Funktionen, die elementweise auf `ndarrays` zugreifen, an; ebenfalls mit der Geschwindigkeit von C oder FORTRAN. Fügt man dazu noch ein paar weitere spezielle Funktionen hinzu (z.B. zur schnellen Fourier-Transformation), erhält man ein sehr mächtiges Package für technische und ingenieurwissenschaftliche Anwendungen.

numpy unter Unix installieren

Unter Unix lässt sich `numpy` mit einem einfachen Aufruf von `easy_install numpy` herunterladen, kompilieren und installieren. Es empfiehlt sich, zuvor den GNU FORTRAN-Compiler *gfortran* und die oben erwähnte ATLAS-Bibliothek auf Ihrem Unix-System zu kompilieren und zu installieren. Wichtig ist hier, dass ATLAS für genau Ihren Prozessor kompiliert wurde, um all dessen Features optimal einsetzen zu können. Dies geschieht während der (länglichen) Kompilierung des FORTRAN- und C-Codes. `numpy` kann zwar die weniger effiziente BLAS benutzen, aber damit verschenkt man nur unnötig Rechenkapazität. Sie wollen doch schließlich große Probleme berechnen, nicht wahr?

Um sicherzugehen, dass alles gut gelaufen ist, sollten Sie dann die Selbsttests ausführen:

```
>>> import numpy
>>> numpy.test()
```

numpy unter Windows installieren

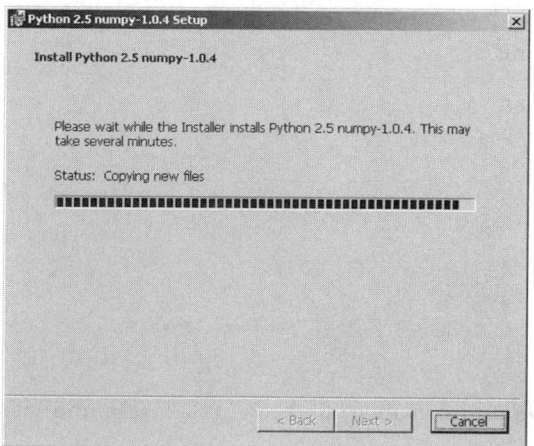

Unter Windows ist die Installation von numpy einfacher. Man verwendet den Binary-Installer aus http://scipy.org/, der numpy samt vorkompilierter externer Bibliotheken auf Ihrem System installiert.

Auch hier empfiehlt es sich, die Selbsttests genauso wie unter Unix auszuführen.

Wie finde ich mich in numpy zurecht?

Bevor wir uns Beispiele aus numpy anschauen, wollen wir die allgemeine Methode besprechen, mit der man sich in numpy zurecht findet. Es ist nämlich ein umfangreiches Package mit einigen Unterpackages und vielen Funktionen. Man kann leicht den Überblick verlieren.

Dazu definieren wir folgende Funktionen:

```python
#!/usr/bin/env python
# introspectme.py -- helper functions to inspect large modules

import inspect

def modules(module):
    "Returns a list of submodules of module"
    return [m[0] for m in inspect.getmembers(module)
            if inspect.ismodule(m[1]) ]

def functions(module):
    "Returns a list of functions of module"
```

```
        return [m[0] for m in inspect.getmembers(module)
               if inspect.isfunction(m[1])]
```

Damit schauen wir uns in numpy jetzt um:

```
>>> from introspectme import modules as mods
>>> from introspectme import functions as funcs

>>> import numpy

>>> mods(numpy)
['__config__', '_import_tools', 'add_newdocs', 'char', 'core', 'ctypeslib',
'emath', 'fft', 'lib', 'linalg', 'ma', 'math', 'random', 'rec', 'testing',
'version']
```

Interessante Module (die ihrerseits Submodule haben) sind core, fft, linalg und lib:

```
>>> mods(numpy.core)
['_internal', '_sort', 'arrayprint', 'char', 'defchararray', 'defmatrix',
'fromnumeric', 'info', 'ma', 'multiarray', 'numeric', 'numerictypes', 'rec',
'records', 'scalarmath', 'umath']

>>> mods(numpy.fft)
['fftpack', 'fftpack_lite', 'helper', 'info']

>>> mods(numpy.linalg)
['info', 'lapack_lite', 'linalg']
```

numpy.lib enthält Funktionen, die von allen numpy-Modulen benötigt werden; und auf numpy.core kommen wir gleich. Schauen wir uns erst das Modul numpy.fft an, das Funktionen zur schnellen Fourier-Transformation anbietet:

```
>>> funcs(numpy.fft)
['fft', 'fft2', 'fftfreq', 'fftn', 'fftshift', 'hfft', 'ifft', 'ifft2',
'ifftn', 'ifftshift', 'ihfft', 'irefft', 'irefft2', 'irefftn', 'irfft',
'irfft2', 'irfftn', 'refft', 'refft2', 'refftn', 'rfft', 'rfft2', 'rfftn',
'test']
```

Ein kurzer Blick in numpy.linalg könnte auch nicht schaden:

```
>>> funcs(numpy.linalg)
['cholesky', 'det', 'eig', 'eigh', 'eigvals', 'eigvalsh', 'inv', 'lstsq',
'norm', 'pinv', 'qr', 'solve', 'svd', 'tensorinv', 'tensorsolve', 'test']
```

Wer eine Grundausbildung in Mathematik hat, wird viele dieser Funktionsnamen wiedererkennen. Selbstverständlich sind sie mit Dokumentationsstrings versehen. Zum Beispiel:

```
>>> help(numpy.linalg.qr)
Help on function qr in module numpy.linalg.linalg:

qr(a, mode='full')
    cacluates A=QR, Q orthonormal, R upper triangular

    mode:  'full' --> (Q,R)
           'r'    --> R
           'economic' --> A2 where the diagonal + upper triangle
                         part of A2 is R. This is faster if you only need R
```

Doch der größte Batzen befindet sich in `numpy.core`. Zusätzlich dazu werden viele Funktionen in den `numpy`-Namensraum schon automatisch importiert. Überzeugen Sie sich davon, indem Sie z.B. Folgendes eingeben: `funcs(numpy)`.

Jetzt, da wir grob wissen, wie man sich in `numpy` zurecht findet, wollen wir erst den ganz wichtigen Datentyp `array` (oder, genauer gesagt, `numpy.ndarray`) (und `matrix`) kennenlernen; sehen, wie bestimmte Funktionen (`ufunc`, Universalfunktionen) auf jedes Element von `array` operieren, und uns anschließend einige typische Beispiele anschauen.

Dafür gehen wir davon aus, dass der gesamte Namensraum von `numpy` in den aktuellen Namensraum importiert wurde:

```
>>> from numpy import *
```

Der array-Datentyp aus numpy

Der Datentyp `numpy.ndarray`, den man mit `numpy.array` erhält (nicht zu verwechseln mit dem `array`-Datentyp aus Python!), ist ein homogener Datentyp, bestehend aus einer Liste von `int` bzw. `float` und einer Struktur. Sein Vorteil liegt natürlich darin, dass die Werte in einer C- bzw. FORTRAN-Datenstruktur sehr eng und effizient aneinandergepackt sind und dass die Methoden und Operatoren eines `array` in Wirklichkeit in C bzw. FORTRAN kodiert sind. Darum sind `array`-Objekte extrem schnell, viel schneller als ihre Python-Pendants. Hat man sehr große Strukturen mit Millionen von Einträgen, kann man `array` ohne Bedenken einsetzen. Außerdem basieren andere Klassen wie `numpy.matrix` auf `arrays`.

Doch bevor ein `array` definieren, wollen wir kurz herausfinden, welche Datentypen ein `array` überhaupt aufnehmen kann. Dazu schauen wir uns das Dictionary `typeDict` an!

```
>>> import pprint
>>> pprint.pprint(typeDict)
```

Die Ausgabe ist etwas lang. Ein kleiner Ausschnitt daraus:

```
(... etc ...)

'u1': <type 'numpy.uint8'>,
'u2': <type 'numpy.uint16'>,
'u4': <type 'numpy.uint32'>,
'u8': <type 'numpy.uint64'>,
'ubyte': <type 'numpy.uint8'>,
'uint': <type 'numpy.uint32'>,
'uint0': <type 'numpy.uint32'>,
'uint16': <type 'numpy.uint16'>,
'uint32': <type 'numpy.uint32'>,
'uint64': <type 'numpy.uint64'>,
'uint8': <type 'numpy.uint8'>,

(... etc ...)
```

Wichtig ist, dass es sich um maschinennahe Datentypen handelt, die blitzschell verarbeitet werden können (von C oder FORTRAN aus). Grundsätzlich darf man nur einen einzigen dieser Datentypen in einem `array` gleichzeitig unterbringen (Mischen verboten).

Also fangen wir an! Wir erzeugen ein `array` von Integern wie folgt:

```
>>> a = array([[1,2,3,4],[4,5,6,7],[9,10,11,12]])

>>> a
array([[ 1,  2,  3,  4],
       [ 4,  5,  6,  7],
       [ 9, 10, 11, 12]])

>>> print a
[[ 1  2  3  4]
 [ 4  5  6  7]
 [ 9 10 11 12]]
```

Welche Methoden hat denn `array`, und was kann man mit `arrays` überhaupt tun? Na, wozu gibt es Introspektion? Benutzen wir doch einfach `dir` und `help`, wie wir es die ganze Zeit schon getan haben!

```
>>> type(a)
<type 'numpy.ndarray'>
```

```
>>> [ m for m in dir(a) if not m.startswith('__') ]
['T', 'all', 'any', 'argmax', 'argmin', 'argsort', 'astype', 'base',
'byteswap', 'choose', 'clip', 'compress', 'conj', 'conjugate', 'copy',
'ctypes', 'cumprod', 'cumsum', 'data', 'diagonal', 'dtype', 'dump', 'dumps',
'fill', 'flags', 'flat', 'flatten', 'getfield', 'imag', 'item', 'itemset',
'itemsize', 'max', 'mean', 'min', 'nbytes', 'ndim', 'newbyteorder', 'nonzero',
'prod', 'ptp', 'put', 'ravel', 'real', 'repeat', 'reshape', 'resize', 'round',
'searchsorted', 'setfield', 'setflags', 'shape', 'size', 'sort', 'squeeze',
'std', 'strides', 'sum', 'swapaxes', 'take', 'tofile', 'tolist', 'tostring',
'trace', 'transpose', 'var', 'view']
```

Diese Methoden haben natürlich Docstrings:

```
>>> help(a.reshape)
Help on built-in function reshape:

reshape(...)
    a.reshape(d1, d2, ..., dn, order='c')

    Return a new array from this one.  The new array must have the same number
    of elements as self.  Also always returns a view or raises a ValueError if
    that is impossible.
```

Und da wir gerade bei reshape **sind, probieren wir es mal aus:**

```
>>> a
array([[ 1,  2,  3,  4],
       [ 4,  5,  6,  7],
       [ 9, 10, 11, 12]])

>>> a.shape
(3, 4)

>>> a.reshape(4,3)
array([[ 1,  2,  3],
       [ 4,  4,  5],
       [ 6,  7,  9],
       [10, 11, 12]])

>>> a.reshape(2,6)
array([[ 1,  2,  3,  4,  4,  5],
       [ 6,  7,  9, 10, 11, 12]])
```

```
>>> a.reshape(6,2)
array([[ 1,  2],
       [ 3,  4],
       [ 4,  5],
       [ 6,  7],
       [ 9, 10],
       [11, 12]])
```

Dies entspricht genau der reshape-Funktion aus sympy! reshape verändert die Original-matrix natürlich nicht, sondern liefert nur eine neue Matrix zurück:

```
>>> a
array([[ 1,  2,  3,  4],
       [ 4,  5,  6,  7],
       [ 9, 10, 11, 12]])
```

Auf die einzelnen array-Elemente greift man mit folgender Notation zu:

```
>>> a[2,3]
12
>>> a[0,2]
3
```

Slice-Notation ist auch möglich, entlang allen Achsen:

```
>>> a[0,1:3]
array([2, 3])
```

```
>>> a[2,1:]
array([10, 11, 12])
```

```
>>> a[1:3,:]
array([[ 4,  5,  6,  7],
       [ 9, 10, 11, 12]])
```

Wie Sie sicher erkannt haben, kann man einzelne Zeilen oder Spalten so extrahieren:

```
>>> a[:,2]
array([ 3,  6, 11])
```

```
>>> a[2,:]
array([ 9, 10, 11, 12])
```

Die Transponierte von a erhält man mit T:

```
>>> a.T
array([[ 1,  4,  9],
       [ 2,  5, 10],
       [ 3,  6, 11],
       [ 4,  7, 12]])
```

Einzelne Elemente, Slices, Spalten, Zeilen etc. kann man durch Zuweisung verändern:

```
>>> a[0,0] = 1000
```

```
>>> a[2,:] = array([100, 200, 300, 400])
```

```
>>> a
array([[1000,    2,    3,    4],
       [   4,    5,    6,    7],
       [ 100,  200,  300,  400]])
```

Die Funktion arange hilft uns dabei, den ursprünglichen Zustand von a wiederherzu-
stellen:

```
>>> arange(1,13)
array([ 1,  2,  3,  4,  5,  6,  7,  8,  9, 10, 11, 12])
```

```
>>> arange(1,13).reshape(3,4)
array([[ 1,  2,  3,  4],
       [ 5,  6,  7,  8],
       [ 9, 10, 11, 12]])
```

Möchte man, dass a jetzt ein array aus floats wird, übergeben wir einfach float-
Argumente an arange:

```
>>> arange(1.0, 13.0)
array([  1.,   2.,   3.,   4.,   5.,   6.,   7.,   8.,   9.,  10.,  11.,
        12.])
```

```
>>> a = arange(1.0, 13.0).reshape(3,4)
```

```
>>> a
array([[  1.,   2.,   3.,   4.],
       [  5.,   6.,   7.,   8.],
       [  9.,  10.,  11.,  12.]])
```

Die Schrittweite kann man auch angeben:

```
>>> arange(0.1, 1.3, 0.1)
array([ 0.1,  0.2,  0.3,  0.4,  0.5,  0.6,  0.7,  0.8,  0.9,  1. ,  1.1,
        1.2])

>>> a = arange(0.1, 1.3, 0.1).reshape(3,4)

>>> a
array([[ 0.1,  0.2,  0.3,  0.4],
       [ 0.5,  0.6,  0.7,  0.8],
       [ 0.9,  1. ,  1.1,  1.2]])
```

array **kennt arithmetische Operationen:**

```
>>> -1 * a
array([[-0.1, -0.2, -0.3, -0.4],
       [-0.5, -0.6, -0.7, -0.8],
       [-0.9, -1. , -1.1, -1.2]])

>>> a + a
array([[ 0.2,  0.4,  0.6,  0.8],
       [ 1. ,  1.2,  1.4,  1.6],
       [ 1.8,  2. ,  2.2,  2.4]])

>>> a - a
array([[ 0.,  0.,  0.,  0.],
       [ 0.,  0.,  0.,  0.],
       [ 0.,  0.,  0.,  0.]])
```

Doch Vorsicht bei Multiplikation und Division! Es wird hier (fälschlicherweise) elementweise multipliziert und dividiert:

```
>>> a * a
array([[ 0.01,  0.04,  0.09,  0.16],
       [ 0.25,  0.36,  0.49,  0.64],
       [ 0.81,  1. ,  1.21,  1.44]])

>>> a_inv = 1/a

>>> a_inv
array([[ 10.        ,  5.        ,  3.33333333,  2.5       ],
       [  2.        ,  1.66666667,  1.42857143,  1.25      ],
       [  1.11111111,  1.        ,  0.90909091,  0.83333333]])
```

Möchte man die Matrixmultiplikation, muss man dot verwenden:

```
>>> dot(a,a)
Traceback (most recent call last):
  File "<stdin>", line 1, in <module>
ValueError: objects are not aligned
```

Selbstverständlich muss die Form stimmen:

```
>>> a
array([[ 0.1,  0.2,  0.3,  0.4],
       [ 0.5,  0.6,  0.7,  0.8],
       [ 0.9,  1. ,  1.1,  1.2]])

>>> a.reshape(4,3)
array([[ 0.1,  0.2,  0.3],
       [ 0.4,  0.5,  0.6],
       [ 0.7,  0.8,  0.9],
       [ 1. ,  1.1,  1.2]])

>>> dot(a, a.reshape(4,3))
array([[ 0.7 ,  0.8 ,  0.9 ],
       [ 1.58,  1.84,  2.1 ],
       [ 2.46,  2.88,  3.3 ]])
```

Interessanterweise kann man einige Funktionen auf ndarrays **elementweise anwenden:**

```
>>> sin(a)
array([[ 0.09983342,  0.19866933,  0.29552021,  0.38941834],
       [ 0.47942554,  0.56464247,  0.64421769,  0.71735609],
       [ 0.78332691,  0.84147098,  0.89120736,  0.93203909]])

>>> sqrt(a)
array([[ 0.31622777,  0.4472136 ,  0.54772256,  0.63245553],
       [ 0.70710678,  0.77459667,  0.83666003,  0.89442719],
       [ 0.9486833 ,  1.        ,  1.04880885,  1.09544512]])

>>> sqrt(a) * sqrt(a)
array([[ 0.1,  0.2,  0.3,  0.4],
       [ 0.5,  0.6,  0.7,  0.8],
       [ 0.9,  1. ,  1.1,  1.2]])

>>> square(sqrt(a))
array([[ 0.1,  0.2,  0.3,  0.4],
       [ 0.5,  0.6,  0.7,  0.8],
       [ 0.9,  1. ,  1.1,  1.2]])
```

Die Funktionen, die das können, haben den Datentyp `numpy.ufunc`:

```
>>> sin, sqrt, square
(<ufunc 'sin'>, <ufunc 'sqrt'>, <ufunc 'square'>)

>>> type(sin), type(sqrt), type(square)
(<type 'numpy.ufunc'>, <type 'numpy.ufunc'>, <type 'numpy.ufunc'>)
```

Übrigens, `ndarray` kann auch multidimensionale Datenstrukturen unterstützen:

```
>>> a = array(arange(1,19)).reshape(3,3,2)

>>> a
array([[[ 1,  2],
        [ 3,  4],
        [ 5,  6]],

       [[ 7,  8],
        [ 9, 10],
        [11, 12]],

       [[13, 14],
        [15, 16],
        [17, 18]]])

>>> a[1,0,1]
8

>>> a[1,0]
array([7, 8])

>>> a[2]
array([[13, 14],
       [15, 16],
       [17, 18]])
```

Um Daten zu speichern und wieder einzulesen, kann man die Methode `tofile` und die Funktion `fromfile` benutzen. Beachten Sie aber, dass die gespeicherten Daten i.d.R. im Binärformat vorliegen und somit nicht plattformunabhängig sind. Außerdem gehen Formatinformationen verloren. Dazu folgendes kleines Beispiel:

```
>>> from numpy import *

>>> a = array(arange(1,10)).reshape(3,3)
```

```
>>> a
array([[1, 2, 3],
       [4, 5, 6],
       [7, 8, 9]])
```

```
>>> a.tofile('a.data')
```

Schaut man sich die Datei *a.data* an, erkennt man, dass hier 32-bit-Zahlen im little endian-Format gespeichert wurden (also genau 9 x 4, d.h. 36 Bytes):

```
$ ls -l a.data
-rw-r--r-- 1 farid  users  36 Mar 29 01:10 a.data

$ hexdump -C a.data
00000000  01 00 00 00 02 00 00 00  03 00 00 00 04 00 00 00  |................|
00000010  05 00 00 00 06 00 00 00  07 00 00 00 08 00 00 00  |................|
00000020  09 00 00 00                                       |....|
00000024
```

Das naive Einlesen geht nicht so ohne Weiteres:

```
>>> b = fromfile('a.data')
```

```
>>> b
array([ 4.24399158e-314,  8.48798317e-314,  1.27319747e-313,
        1.69759663e-313])
```

Hier ist offensichtlich etwas schief gegangen: `fromfile` ist wohl davon ausgegangen, dass die Binärdaten in *a.data* `float`-Zahlen repräsentieren würden. Ein Blick in den Anfang von der Hilfe von `fromfile` (d.h. die Ausgabe von `help(fromfile)`)

```
fromfile(...)
    fromfile(file=, dtype=float, count=-1, sep='') -> array.

    Required arguments:
        file -- open file object or string containing file name.

    Keyword arguments:
        dtype -- type and order of the returned array (default float)
        count -- number of items to input (default all)
        sep -- separater between items if file is a text file (default "")
```

zeigt, was man hätte angeben müssen: den Typ (cf. `typeDict`)

```
>>> b = fromfile(file='a.data', dtype=int)
```

```
>>> b
array([1, 2, 3, 4, 5, 6, 7, 8, 9])
```

Nicht schlecht, aber die Formatinformation fehlt noch und ist auch nirgends in der Datei zu finden. Dies müsste von woanders herkommen:

```
>>> b = b.reshape(3,3)
>>> b
array([[1, 2, 3],
       [4, 5, 6],
       [7, 8, 9]])
```

Im Prinzip müsste man also die shape mit in die Datei speichern und beim Auslesen auswerten. Das ist möglich, weil statt eines Dateinamens sowohl fromfile als auch tofile ein offenes file-Objekt akzeptieren. Außerdem ist es möglich, Daten im Textformat zu speichern (siehe help(a.tofile)) und wieder einzulesen.

Eine Alternative, um ein Array zu erzeugen, ist eine Funktion:

```
>>> def f(i,j):
...     return i**2 + j**2

>>> fromfunction(f, (3,3))
array([[ 0., 1., 4.],
       [ 1., 2., 5.],
       [ 4., 5., 8.]])
```

Weitere Funktionen finden Sie in der Dokumentation des ndarray-Datentyps mit help(a) oder allgemeiner mit help(numpy.ndarray) bzw. help(ndarray).

Ein paar Anwendungen von array

In diesem Unterabschnitt schauen wir uns in aller Kürze ein paar typische Anwendungen von numpy.ndarray an. Diese Beispiele sind ein paar Highlights aus der langen Liste der Numpy-Beispiele aus http://scipy.org/Numpy_Example_List_With_Doc, welche aus den Docstrings des Quellcodes von Numpy erzeugt wurde.

Fangen wir mit apply_along_axis an, die eine Funktion auf alle Elemente entlang einer Achse anwendet:

```
>>> def myfunc(a):
...     "Function works on 1D arrays, takes the average of 1st and last elem"
...     return (a[0]+a[-1])/2

>>> b = array([[1,2,3],[4,5,6],[7,8,9]])
```

```
>>> b
array([[1, 2, 3],
       [4, 5, 6],
       [7, 8, 9]])

>>> apply_along_axis(myfunc, 0, b) # apply myfunc to each column (axis=0) of b
array([4, 5, 6])

>>> apply_along_axis(myfunc, 1, b) # apply myfunc to each row (axis=1) of b
array([2, 5, 8])
```

Sehr eng verwandt mit apply_along_axis ist vectorize, mit dem man eine ganz gewöhnliche Python-Funktion in eine Vektorfunktion verwandeln, die dann auf ein array wirken kann:

```
>>> def myfunc(x):
...     if x >= 0: return x**2
...     else: return -x

>>> myfunc(2.)
4.0

>>> myfunc(array([-2,2]))
Traceback (most recent call last):
  File "<stdin>", line 1, in <module>
  File "<stdin>", line 2, in myfunc
ValueError: The truth value of an array with more than one element
            is ambiguous. Use a.any() or a.all()

>>> vecfunc = vectorize(myfunc, otypes=[float])

>>> vecfunc(array([-2,2]))
array([ 2.,  4.])

>>> vecfunc
<numpy.lib.function_base.vectorize object at 0x28e0164c>
```

Die Funktion asmatrix transformiert ein array in eine matrix, ohne die Daten zu kopieren. Das ist nützlich, wenn man plötzlich die Inverse benötigt:

```
>>> a = array([[1,2],[5,8]])

>>> m = asmatrix(a)
```

```
>>> type(m)
<class 'numpy.core.defmatrix.matrix'>

>>> m.I
matrix([[-4. ,  1. ],
        [ 2.5, -0.5]])

>>> m.I * m
matrix([[ 1.,  0.],
        [ 0.,  1.]])

>>> m * m.I
matrix([[ 1.,  0.],
        [ 0.,  1.]])
```

Gelegentlich möchte man zählen, wie oft manche Werte vorkommen. Die folgende
Ausgabe sagt, dass die Zahl 0 genau 0 mal vorkommt; die Zahl 1 kommt 4 mal vor,
die Zahl 2 zweimal, die Zahl 3 keinmal, die Zahl 4 zweimal, die Zahl 5 einmal und die
Zahl 6 dreimal.

```
>>> a = array([1,1,1,1,2,2,4,4,5,6,6,6])

>>> bincount(a)
array([0, 4, 2, 0, 2, 1, 3])
```

Eng damit verwandt ist das Bilden von Histogrammen, d.h. das Verteilen von Werten
auf verschiedene Behälter:

```
>>> x = array([0.2, 6.4, 3.0, 1.6, 0.9, 2.3, 1.6, 5.7, 8.5, 4.0, 12.8])

>>> bins = array([0.0, 1.0, 2.5, 4.0, 10.0])   # increasing monotonically

>>> N,bins = histogram(x,bins)

>>> N,bins
(array([2, 3, 1, 4, 1]), array([  0. ,   1. ,   2.5,   4. ,  10. ]))

>>> for n in range(len(bins)):
...     if n < len(bins)-1:
...         print N[n], "numbers fall into bin [", bins[n], ",", bins[n+1], "["
...     else:
...         print N[n], "numbers fall outside the bin range"
```

Als Ergebnis erscheint dann:

```
2 numbers fall into bin [ 0.0 , 1.0 [
3 numbers fall into bin [ 1.0 , 2.5 [
1 numbers fall into bin [ 2.5 , 4.0 [
4 numbers fall into bin [ 4.0 , 10.0 [
1 numbers fall outside the bin range
```

Während wir hier variable Größen von Behältern hatten, kann man im folgenden Beispiel Behälter gleicher Größe über einen Bereich einsetzen:

```
>>> N,bins = histogram(x,5,range=(0.0, 10.0))

>>> N,bins
(array([4, 2, 2, 1, 2]), array([ 0., 2., 4., 6., 8.]))

>>> N,bins = histogram(x,5,range=(0.0, 10.0), normed=True) # normalize hgram

>>> N,bins
(array([ 0.18181818, 0.09090909, 0.09090909, 0.04545455, 0.09090909]),
array([ 0., 2., 4., 6., 8.]))
```

Ein ähnliches Beispiel liefert die Funktion digitize:

```
>>> x = array([0.2, 6.4, 3.0, 1.6])

>>> bins = array([0.0, 1.0, 2.5, 4.0, 10.0])   # monotonically increasing

>>> d = digitize(x,bins)        # in which bin falls each value of x?

>>> d
array([1, 4, 3, 2])

>>> for n in range(len(x)):
...     print bins[d[n]-1], '<=', x[n], '<', bins[d[n]]
...
0.0 <= 0.2 < 1.0
4.0 <= 6.4 < 10.0
2.5 <= 3.0 < 4.0
1.0 <= 1.6 < 2.5
```

Statistische Berechnungen? Wie wäre es mit einer Korrelationsmatrix?

```
>>> T = array([1.3, 4.5, 2.8, 3.9])   # temperature measurements
>>> P = array([2.7, 8.7, 4.7, 8.2])   # corresponding pressure measurements
```

```
>>> print corrcoef([T,P])            # correlation matrix of temp and press
[[ 1.         0.98062258]
 [ 0.98062258  1.        ]]
```

```
>>> rho = array([8.5, 5.2, 6.9, 6.5]) # corresponding density measurements
>>> data = column_stack([T,P,rho])
```

```
>>> print corrcoef([T,P,rho])        # correlation matrix of T, P and rho
[[ 1.         0.98062258 -0.97090288]
 [ 0.98062258  1.         -0.91538464]
 [-0.97090288 -0.91538464  1.        ]]
```

Oft benötigt man die Diagonale oder Werte, die nahe an der Diagonale sind:

```
>>> a = arange(12).reshape(3,4)
```

```
>>> a
array([[ 0,  1,  2,  3],
       [ 4,  5,  6,  7],
       [ 8,  9, 10, 11]])
```

```
>>> a.diagonal()
array([ 0,  5, 10])
```

```
>>> a.diagonal(offset=1)
array([ 1,  6, 11])
```

```
>>> a.diagonal(offset=-1)
array([4, 9])
```

```
>>> diagonal(a)
array([ 0,  5, 10])
```

Funktionen, die Standardmatrizen oder Standardarrays liefern:

```
>>> ones(3)
array([ 1.,  1.,  1.])
```

```
>>> zeros(3)
array([ 0.,  0.,  0.])
```

```
>>> eye(3)
array([[ 1.,  0.,  0.],
       [ 0.,  1.,  0.],
       [ 0.,  0.,  1.]])
```

Mit `linspace` kann man linear verteilte Zahlen bekommen:

```
>>> linspace(0,5,num=6)
array([ 0.,   1.,   2.,   3.,   4.,   5.])
```

```
>>> linspace(0,5,num=10)
array([ 0.        ,  0.55555556,  1.11111111,  1.66666667,  2.22222222,
        2.77777778,  3.33333333,  3.88888889,  4.44444444,  5.        ])
```

Doch wie wäre es mit logarithmisch verteilten Zahlen?

```
>>> logspace(-2, 3, num = 6)
array([  1.00000000e-02,   1.00000000e-01,   1.00000000e+00,
         1.00000000e+01,   1.00000000e+02,   1.00000000e+03])
```

```
>>> logspace(-2, 3, num = 10)
array([  1.00000000e-02,   3.59381366e-02,   1.29154967e-01,
         4.64158883e-01,   1.66810054e+00,   5.99484250e+00,
         2.15443469e+01,   7.74263683e+01,   2.78255940e+02,
         1.00000000e+03])
```

Aus einem `array` kann man mittels `select` Elemente auswählen:

```
>>> x = array([5., -2., 1., 0., 4., -1., 3., 10.])
```

```
>>> select([x < 0, x == 0, x <= 5], [x-0.1, 0.0, x+0.2], default = 100.)
array([  5.2,  -2.1,   1.2,   0. ,   4.2,  -1.1,   3.2, 100. ])
```

Das ist äquivalent zu diesem Code, ist aber viel effizienter:

```
>>> result = zeros_like(x)
```

```
>>> for n in range(len(x)):
...     if   x[n] < 0:  result[n] = x[n]-0.1
...     elif x[n] == 0: result[n] = 0.0
...     elif x[n] <= 5: result[n] = x[n]+0.2
...     else:           result[n] = 100.
```

```
>>> result
array([  5.2,  -2.1,   1.2,   0. ,   4.2,  -1.1,   3.2, 100. ])
```

Gleichungssysteme lösen

Wir haben oben bei `sympy` gesehen, dass man ein Gleichungssystem auch durch Invertieren der Koeffizientenmatrix lösen kann. Unter `numpy` kann man eine Matrix (ein Array) mit `inv` aus dem `numpy.linalg`-Modul invertieren:

```
>>> from numpy.linalg import inv

>>> a = array([[3,1,5],[1,0,8],[2,1,4]])

>>> a
array([[3, 1, 5],
       [1, 0, 8],
       [2, 1, 4]])

>>> inva = inv(a)

>>> inva
array([[ 1.14285714, -0.14285714, -1.14285714],
       [-1.71428571, -0.28571429,  2.71428571],
       [-0.14285714,  0.14285714,  0.14285714]])

>>> dot(a,inva)
array([[  1.00000000e+00,   0.00000000e+00,   0.00000000e+00],
       [  2.22044605e-16,   1.00000000e+00,  -2.22044605e-16],
       [  0.00000000e+00,   0.00000000e+00,   1.00000000e+00]])
```

Kommen wir nun zur Funktion solve:

```
>>> from numpy.linalg import solve

>>> # The system of equations we want to solve for (x0,x1,x2):
... #  3 * x0 + 1 * x1 + 5 * x2 = 6
... #  1 * x0 +         8 * x2 = 7
... #  2 * x0 + 1 * x1 + 4 * x2 = 8

>>> a = array([[3,1,5],[1,0,8],[2,1,4]])

>>> b = array([6,7,8])

>>> x = solve(a,b)

>>> x
array([-3.28571429,  9.42857143,  1.28571429])

>>> dot(a,x)              # just checking the result
array([ 6.,  7.,  8.])
```

Anders als sympy erhalten wir hier eine numerische Approximation. Noch mal zum Vergleich und zur Überprüfung:

```
>>> from sympy import *

>>> A = Matrix([[3,1,5],[1,0,8],[2,1,4]])

>>> b = Matrix([6,7,8])

>>> A.inv()
[  8/7,  -1/7,  -8/7]
[-12/7,  -2/7,  19/7]
[ -1/7,   1/7,   1/7]

>>> A.inv()*b
[-23/7]
[ 66/7]
[  9/7]

>>> (A.inv()*b).applyfunc(lambda x: x.evalf())
[-3.28571428571428571428571428286]
[ 9.42857142857142857142857142429]
[ 1.28571428571428571428571428286]
```

Nullstellen eines Polynoms
Die Nullstellen eines Polynoms bei bekannten Koeffizienten liefert die Funktion roots:

```
>>> a = array([1,-6,-13,42])

>>> roots(a)
array([ 7., -3.,  2.])
```

Dies ist eine numerische Annäherung. Bei den Koeffizienten haben wir etwas ge-schummelt und sympy zu Hilfe genommen:

```
>>> from sympy import *
>>> x = Symbol('x')

>>> ((x - 2)*(x - 7)*(x + 3)).expand()
42 + x**3 - 13*x - 6*x**2
```

Fourier-Transformationen
In numpy.fft befinden sich folgende Funktionen zur schnellen Fourier-Transformation (inkl. inverse Transformationen):

- Standard-FFTs: `fft, ifft, fft2, ifft2, fftn, ifftn`
- FFTs für reale Arrays: `rfft, irfft, rfft2, irfft2, rfftn, irfftn`
- Hermite-FFTs: `hfft` und `ifft`.

Was diese Funktionen tun und was für Parameter sie haben, steht in deren Docstrings. Diese kann man z.B. so extrahieren:

```
>>> from numpy.fft import *

>>> help(fft)
Help on function fft in module numpy.fft.fftpack:

fft(a, n=None, axis=-1)
    fft(a, n=None, axis=-1)

    Return the n point discrete Fourier transform of a. n defaults to
    the length of a. If n is larger than the length of a, then a will
    be zero-padded to make up the difference.  If n is smaller than
    the length of a, only the first n items in a will be used.

    The packing of the result is "standard": If A = fft(a, n), then A[0]
    contains the zero-frequency term, A[1:n/2+1] contains the
    positive-frequency terms, and A[n/2+1:] contains the negative-frequency
    terms, in order of decreasingly negative frequency. So for an 8-point
    transform, the frequencies of the result are [ 0, 1, 2, 3, 4, -3, -2, -1].

    This is most efficient for n a power of two. This also stores a cache of
    working memory for different sizes of fft's, so you could theoretically
    run into memory problems if you call this too many times with too many
    different n's.
```

Gleiches gilt für die anderen Funktionen.

Hier das Beispiel aus der Dokumentation:

```
>>> from numpy import *
>>> from numpy.fft import *

>>> # signal ould also be complex:
>>> signal = array([-2.,  8., -6.,  4.,  1., 0.,  3.,  5.])

>>> fourier = fft(signal)
```

```
>>> fourier
array([ 13.        +0.j        ,   3.36396103 +4.05025253j,
        2.        +1.j        ,  -9.36396103-13.94974747j,
       -21.        +0.j        ,  -9.36396103+13.94974747j,
        2.        -1.j        ,   3.36396103 -4.05025253j])

>>> N = len(signal)

>>> fourier = empty(N,complex)

>>> for k in range(N):                    # equivalent but much slower
...     fourier[k] = sum(signal * exp(-1j*2*pi*k*arange(N)/N))

>>> timestep = 0.1                        # if unit=day -> freq unit=cycles/day

>>> fftfreq(N, d=timestep)                # freqs corresponding to 'fourier'
array([ 0.  ,  1.25,  2.5 ,  3.75, -5.  , -3.75, -2.5 , -1.25])
```

Wir werden aber nicht auf das Thema der Fourier-Transformationen eingehen, da dies kein Lehrbuch der Mathematik ist.

Lineare Algebra

Neben der Lösung von Gleichungssystemen bietet das numpy.linalg-Modul folgende Funktionen:

```
>>> import numpy.linalg

>>> [ m for m in dir(numpy.linalg) if not m.startswith('__') ]
['LinAlgError', 'cholesky', 'det', 'eig', 'eigh', 'eigvals', 'eigvalsh',
'info', 'inv', 'lapack_lite', 'linalg', 'lstsq', 'norm', 'pinv', 'qr',
'solve', 'svd', 'tensorinv', 'tensorsolve', 'test']
```

Sie werden den Zweck einiger dieser Funktionen am Namen schon erkennen: cholesky, det, eigvals, inv, norm, qr etc.

Als Beispiel: Die Funktion svd (für *Singular Value Decomposition*) zerlegt eine Matrix (ein array) A wie folgt:

```
>>> from numpy.linalg import svd

>>> A = array([[1., 3., 5.],[2., 4., 6.]])    # A is a (2x3) matrix

>>> U,sigma,V = svd(A)
```

```
>>> print U                              # U is a (2x2) unitary matrix
[[-0.61962948 -0.78489445]
 [-0.78489445  0.61962948]]

>>> print sigma                          # non-zero diag elems of Sigma
[ 9.52551809  0.51430058]

>>> print V                              # V is a (3x3) unitary matrix
[[-0.2298477  -0.52474482 -0.81964194]
 [ 0.88346102  0.24078249 -0.40189603]
 [ 0.40824829 -0.81649658  0.40824829]]

>>> Sigma = zeros_like(A)                # constructing Sigma from sigma

>>> n = min(A.shape)

>>> Sigma[:n,:n] = diag(sigma)

>>> print dot(U,dot(Sigma,V))            # A = U * Sigma * V
[[ 1.  3.  5.]
 [ 2.  4.  6.]]
```

17.2.2 scipy

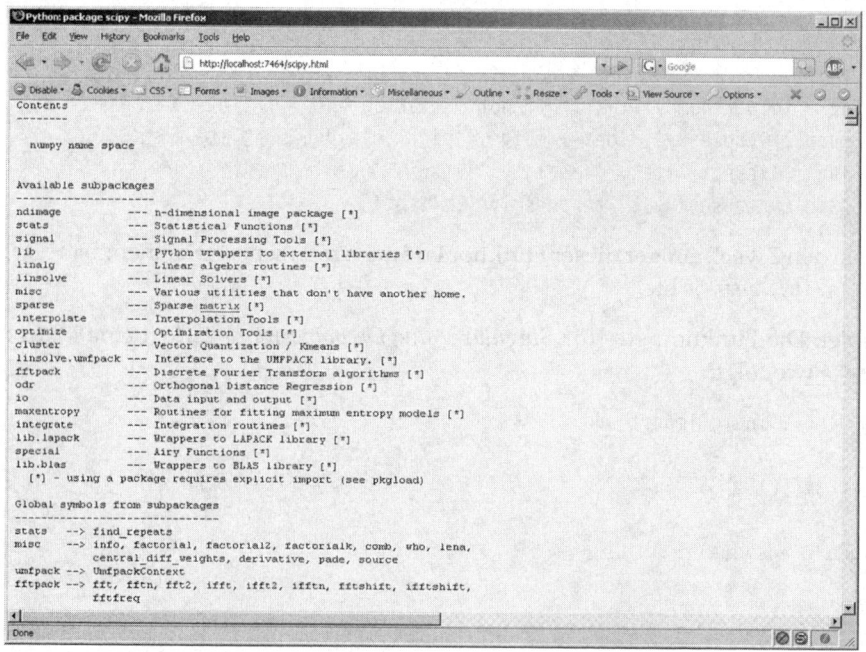

Das `scipy`-Package enthält so ähnlich wie `numpy` Teilpackages, die an diverse numerische Bibliotheken ankoppeln. Einen kurzen Überblick erhält man am Anfang von `help(scipy)`, nachdem man `scipy` mit `import scipy` in die Python-Shell geladen hat. Alternativ dazu kann man wie immer auch *pydoc* benutzen, um die Docstring-Dokumentation zu erhalten.

scipy unter Unix installieren

Unter Unix verläuft die Installation so ähnlich wie bei `numpy`. Man muss nur darauf achten, vorher alle benötigten numerischen Bibliotheken auf dem System installiert zu haben. Anschließend reicht ein einfaches `easy_install scipy` aus. Man prüft nach, dass `scipy` auch richtig installiert ist, indem man dessen Selbsttests ausführt:

```
>>> import scipy
>>> scipy.test()
```

scipy unter Windows installieren

Unter Windows kann man `scipy` wieder per Binary-Installer installieren. Auch hier empfiehlt es sich, in der Python-Shell (oder besser in *ipython*) die Selbsttests durchzuführen.

scipy verwenden

Als kleine Anwendung wollen wir ein bisschen mit einer dünn besetzten Matrix spielen und ein Gleichungssystem lösen, dessen Koeffizientenmatrix eine solche dünn besetzte Matrix ist. Dieses Beispiel stammt aus dem Docstring des `scipy.sparse`-Moduls, den man wie gewohnt mit `help` oder *pydoc* bekommen kann.

Zunächst laden wir die benötigten Module für dieses Beispiel:

```
from scipy import sparse, linsolve, rand
from numpy import linalg
```

Als Nächstes erzeugen wir eine dünn besetzte Matrix und tragen dort ein paar zufällige Werte ein:

```
A = sparse.lil_matrix((1000, 1000))

A[0, :100] = rand(100)
A[1, 100:200] = A[0, :100]
A.setdiag(rand(1000))
```

Der Konstruktor `lil_matrix` ist nur einer von vielen. Da es kein Format für dünn besetzte Matrizen, das für alle möglichen Belegungen die beste Speicherung garantiert, gibt, bietet das `sparse`-Modul gleich vier solcher Konstruktoren: `csc_matrix`, `csr_matrix`, `lil_matrix` und `dok_matrix`. Details finden Sie mit `help(sparse)` heraus.

Wäre es eine gewöhnliche Matrix, würde sie 1000x1000, d.h. eine Million Elemente enthalten. Tut sie aber nicht:

```
>>> A
<1000x1000 sparse matrix of type '<type 'numpy.float64'>'
     with 1199 stored elements in LInked List format>
```

Die Zahl der Elemente könnte auch grob stimmen: Die erste Zuweisung hat 100 Elemente am Anfang der obersten (0-ten) Zeile eingetragen; die nächste Zuweisung hat diese 100 Elemente kopiert in die zweite Zeile, ab der Spalte 100. Dann wurde eine Diagonale von 1000 Elementen mit `setdiag` gefüllt, wobei `A[0,0]`, das schon bei der allerersten Zuweisung einen Wert erhielt, überschrieben wurde. Insgesamt sind es also $100+100+1000-1 == 1199$ Elemente, die beschrieben wurden. Man beachte, dass ich hier absichtlich nicht schreibe, dass es 1199 Elemente ungleich 0 gibt, denn es kann zwischen ihnen auch mal eine `0.0` geben.

Wir können es ein bisschen überprüfen, indem wir ein paar mal innerhalb und außerhalb der besetzten Gebiete Werte abfragen:

```
>>> A[0,52], A[1,152]
(0.80200679554460519, 0.80200679554460519)

>>> A[300,300], A[987,987]
(0.25628005195080783, 0.52530130991389423)

>>> A[2,32], A[324,723]
(0.0, 0.0)
```

Man beachte, wie hier `A[0,52]` und `A[1,152]` identisch sind: Ist Ihnen klar, wieso es kein Zufall war?

Wir spielen noch ein wenig mit Formaten und konvertieren A in das CSR-Format:

```
A = A.tocsr()
```

Wie sieht A jetzt aus?

```
>>> A
<1000x1000 sparse matrix of type '<type 'numpy.float64'>'
        with 1199 stored elements (space for 1199)
        in Compressed Sparse Row format>
```

Die Werte dürften sich auch nicht geändert haben:

```
>>> A[300,300], A[987,987], A[324,723]
(0.25628005195080783, 0.52530130991389423, 0.0)
```

Nun geben wir uns einen zufälligen b-Vektor und lösen dann das lineare Gleichungs-system (A * A.T) x == b für x:

```
b = rand(1000)
x = linsolve.spsolve(A * A.T, b)
```

Es erscheint:

```
Use minimum degree ordering on A'+A.
```

Die Antwort erschien fast sofort!

Wir benutzen hier die Funktion spsolve aus dem linsolve-Modul, welche mit dünn be-setzten (sparse) Matrizen sehr gut umgehen kann. Dieses Modul verfügt über folgende Funktionen:

```
>>> from introspectme import functions as funcs
```

```
>>> funcs(linsolve)
['asarray', 'isspmatrix', 'isspmatrix_csc', 'isspmatrix_csr', 'spdiags',
'splu', 'spsolve', 'use_solver']
```

Wir ersparen uns die Ausgabe von x, denn es ist einfach nur ein langes, 1000-elemen-tiges array mit zufällig aussehenden Elementen.

Interessanter ist aber, wenn wir dasselbe Gleichungssystem mit der normalen linalg.solve-Funktion aus numpy berechnen und dann beide Lösungen miteinander vergleichen! Dafür muss man leider A erst von einer dünn besetzten Form zu einer Form konvertieren, die von linalg.solve verstanden wird; d.h. zu einer klassischen, dicht besetzten Form, wo alle 0.0-Elemente auch tatsächlich in der Matrix gespeichert werden. Dies geht mit der Methode todense:

```
>>> A1 = A.todense()

>>> type(A1)
<class 'numpy.core.defmatrix.matrix'>

>>> A1.shape
(1000, 1000)
```

Wir könnten, so neugierig wie wir eben sind, ja sogar kurz reinschauen, ohne Angst zu haben, dass die Ausgabefunktion eine Million Einträge abspulen würde:

```
>>> A1
matrix([[ 0.42904986,  0.85392339,  0.49638315, ...,  0.        ,
          0.        ,  0.        ],
        [ 0.        ,  0.1515056 ,  0.        , ...,  0.        ,
          0.        ,  0.        ],
        [ 0.        ,  0.        ,  0.75331674, ...,  0.        ,
          0.        ,  0.        ],
        ...,
        [ 0.        ,  0.        ,  0.        , ...,  0.50747397,
          0.        ,  0.        ],
        [ 0.        ,  0.        ,  0.        , ...,  0.        ,
          0.96765732,  0.        ],
        [ 0.        ,  0.        ,  0.        , ...,  0.        ,
          0.        ,  0.92836375]])
```

Also gut, jetzt lösen wir dieselbe Gleichung:

```
>>> x1 = linalg.solve(A1 * A1.T, b)
```

Auf einem langsamen Rechner dauert das erst einmal länger, denn das Gleichungssystem ist riesig! Jedenfalls: Nach einer mehr oder weniger langen Rechenzeit bekommen wir eine Lösung in x1.

Wie vergleicht man jetzt beide Lösungen? Wir könnten sie ja voneinander subtrahieren:

```
>>> x - x1
```

Es erscheint ein 1000-elementiges array, das bei der Ausgabe fast nur aus Nullen, genauer gesagt, aus 0.00000000e+00 besteht. Aber eben nur fast! Es ist praktischer, die Norm des Vektors x - x1 zu berechnen und auszugeben. Diese sollte möglichst klein sein.

```
>>> linalg.norm(x - x1)
0.00031865236901812047
```

Nicht schlecht für ein so großes Gleichungssystem!

17.3 Plotten mit pylab (a.k.a. matplotlib)

Mit dem matplotlib-Modul kann man professionelle 2D-Graphen aus numpy- und scipy-Daten erstellen. Dieses Modul finden Sie unter der URL http://matplotlib.source-forge.net/, und es gibt ein schönes Cookbook dazu unter http://www.scipy.org/Cookbook/Matplotlib. Dessen Installation läuft wie gewohnt: easy_install matplotlib überall bzw. unter Windows einen Binary-Installer aufrufen.

Das Schöne an matplotlib ist, dass

- man es sowohl interaktiv (*ipython*) als auch programmatisch benutzen kann,
- man die generierten Graphen in verschiedenen Formaten speichern kann (PS, EPS, SVG, BMP, PNG),
- man einen interaktiven Viewer erhält, bei dem man zoomen und den Sichtbereich verschieben kann.

matplotlib ist ein großes Package. Man verwendet es am besten so, dass man das pylab-Modul importiert. Wer mit dem Plotten mit Hilfe der kommerziellen Software Matlab vertraut ist, wird sich hier gleich heimisch fühlen!

Ein einfaches Beispiel aus der Dokumentation zeigt, wie man eine einfache Cosinuskurve zeichnet, deren Koordinaten in zwei parallelen arrays aus dem numpy-Package berechnet wurden:

```python
#!/usr/bin/env python
"""
Example: simple line plot.
Show how to make and save a simple line plot with labels, title and grid
"""

import numpy
import pylab


t = numpy.arange(0.0, 1.0+0.01, 0.01)
s = numpy.cos(2*2*numpy.pi*t)
pylab.plot(t, s)

pylab.xlabel('time (s)')
pylab.ylabel('voltage (mV)')
pylab.title('About as simple as it gets, folks')
pylab.grid(True)
pylab.savefig('simple_plot')

pylab.show()
```

Dieses Programm erzeugt folgenden Viewer samt Graphen:

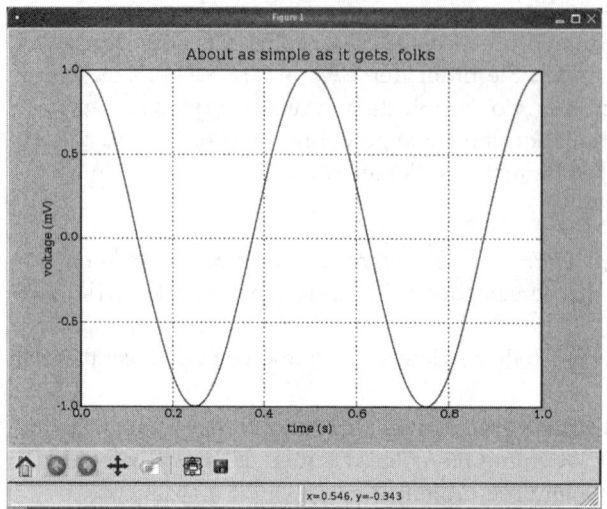

Ein weiteres Beispiel zeigt, wie man mehrere Kurven auf demselben Graphen unterbringen kann:

```
#!/usr/bin/env python
# From Matplotlib Cookbook

from pylab import plot, show, ylim, yticks
from matplotlib.numerix import sin, cos, exp, pi, arange

t = arange(0.0, 2.0, 0.01)
s1 = sin(2*pi*t)
s2 = exp(-t)
s3 = sin(2*pi*t)*exp(-t)
s4 = sin(2*pi*t)*cos(4*pi*t)

t = arange(0.0, 2.0, 0.01)
plot(t, s1, t, s2+1, t, s3+2, t, s4+3, color='k')
ylim(-1,4)
yticks(arange(4), ['S1', 'S2', 'S3', 'S4'])

show()
```

Die Ausgabe sähe dann so aus:

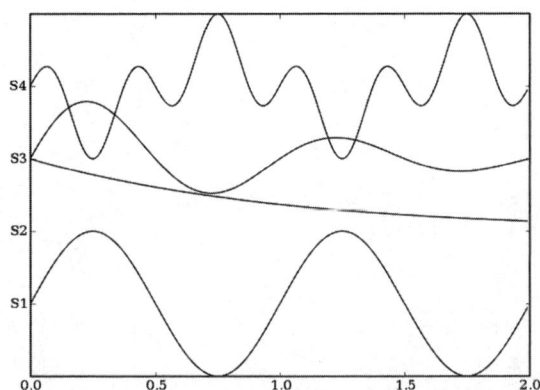

Das Prinzip ist einfach! Mit folgender Zeile

```
plot(t, s1, t, s2+1, t, s3+2, t, s4+3, color='k')
```

hat plot die Graphen (t,s1), (t,s2) usw. tatsächlich um einen vertikalen Offset von 1 voneinander verschoben, darum (t,s1), (t,s2+1), (t,s3+2) etc. Doch das ist alles nicht besonders handlich, denn die Kurven gehen ineinander über. Was man möchte, sind mehrere Y-Achsen ,die untereinander angebracht sind, so dass man jeden Graphen in seine eigene Achse zeichnen kann:

```
#!/usr/bin/env python
# From Matplotlib Cookbook

from pylab import figure, show, setp
from matplotlib.numerix import sin, cos, exp, pi, arange

t = arange(0.0, 2.0, 0.01)
s1 = sin(2*pi*t)
s2 = exp(-t)
s3 = sin(2*pi*t)*exp(-t)
s4 = sin(2*pi*t)*cos(4*pi*t)

fig = figure()
t = arange(0.0, 2.0, 0.01)

yprops = dict(rotation=0,
              horizontalalignment='right',
              verticalalignment='center',
              x=-0.01)

axprops = dict(yticks=[])
```

```
ax1 =fig.add_axes([0.1, 0.7, 0.8, 0.2], **axprops)
ax1.plot(t, s1)
ax1.set_ylabel('S1', **yprops)

axprops['sharex'] = ax1
axprops['sharey'] = ax1

# force x axes to remain in register, even with toolbar navigation
ax2 = fig.add_axes([0.1, 0.5, 0.8, 0.2], **axprops)

ax2.plot(t, s2)
ax2.set_ylabel('S2', **yprops)

ax3 = fig.add_axes([0.1, 0.3, 0.8, 0.2], **axprops)
ax3.plot(t, s4)
ax3.set_ylabel('S3', **yprops)

ax4 = fig.add_axes([0.1, 0.1, 0.8, 0.2], **axprops)
ax4.plot(t, s4)
ax4.set_ylabel('S4', **yprops)

# turn off x ticklabels for all but the lower axes
for ax in ax1, ax2, ax3:
    setp(ax.get_xticklabels(), visible=False)

show()
```

Die Ausgabe könnte dann so aussehen:

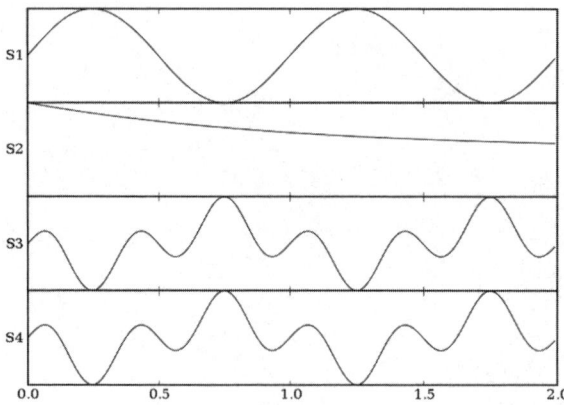

`matplotlib` kann natürlich viel mehr als das, aber es liegt jetzt an Ihnen, sich anhand der Dokumentation (im wahrsten Sinne des Wortes) ein Bild zu machen.

17.4 Zusammenfassung

Das CAS `sympy`:

- `sympy` ist ein in Python geschriebenes CAS (Computer Algebra System) zur Manipulation von Zahlen und Symbolen. Man kann es programmatisch, von der Python-Shell, von `ipython` oder der eigenen `isympy`-Shell heraus benutzen.
- Es kennt u.a. die Zahlentypen `Rational`, `Real` und `Integer`, Konstanten vom Typ `Symbol`, mit denen beliebig komplizierte Ausdrücke gebildet werden können, und einen Datentyp `Matrix`, der neben Zahlen auch Symbole und Ausdrücke aufnehmen kann.
- Symbole müssen mit `symbols` oder `Symbol` deklariert werden. Sie werden mit anderen `sympy`-Objekten benutzt, um Ausdrücke zu bilden.
- Mit Ausdrücken kann man rechnen; `evalf` liefert eine Approximation der ansonsten genauen Ausdrücke. `subs` ersetzt einen Teilausdruck (z.B. eine Variable) durch einen anderen Teilausdruck. `match` macht Pattern Matching von Ausdrücken, um gezielt Teilausdrücke zu extrahieren.
- Zur Manipulation von Ausdrücken haben wir `expand`, `collect`, `together` und die Vereinfachungsfunktionen `simplify`, `trigsimp`, `powsimp` und `radsimp` kennengelernt.
- Differenzial- und Integralrechnung wird mit den Funktionen `limit`, `diff`, `integrate` symbolisch durchgeführt.
- Polynome kann man teilen (mit Rest), faktorisieren und deren ggT und kgV ermitteln.
- Mit `sum` und `product` können Reihen gebildet werden. Manche Bildungsgesetze kennt `sympy` und ersetzt solche Reihen dann durch eine geschlossene Formel. Mit `series` erhält man eine Taylorreihen-Entwicklung.
- Gleichungen löst man mit der Funktion `solve`. Gelöst werden mit `solve` algebraische Gleichungen und Gleichungssysteme, und `dsolve` kann gewöhnliche Differenzialgleichungen erster Ordnung lösen.
- Lineare Algebra wird mit dem Datentyp `Matrix` bewerkstelligt. Wir haben Matrizen erzeugt, umgeformt (`reshape`), adressiert und geslicet; darauf Operationen durchgeführt, Funktionen angewandt etc.
- Matrizen können beliebige Ausdrücke enthalten. Wir haben deren Determinante berechnet, Inverse bestimmt. Als Anwendung haben wir das Eigenwertproblem und lineare Gleichungssysteme gelöst. Außerdem haben wir die LU- und QR-Zerlegung kennengelernt.
- `sympy` verfügt mit der Funktion `Plot` und deren `plotting`-Modul über einen interaktiven Plotviewer, mit dem 2D- und 3D-Plots dargestellt und vom Benutzer in allen möglichen Richtungen gedreht und angezeigt werden können.

Effiziente numerische Berechnungen mit `numpy` und `scipy`:

- Anders als `sympy` sind `numpy` und `scipy` auf numerische Berechnungen spezialisiert. Sie setzen hochperformante Bibliotheken aus FORTRAN und C ein, die mit sehr großen Datensätzen bzw. mit besonders schweren numerischen Problemen spielend fertig werden.

- `numpy` bietet den sehr effizienten `array`-Datentyp an. Es ist ein homogener Container von nativen Werten (`float`, `int`, ...), die direkt in C verwaltet werden. Außerdem bietet `numpy` universelle Funktionen (`ufuncs`) an, die auf alle Elemente eines `array` blitzschnell zugreifen (sie sind in C oder FORTRAN programmiert).

- `arrays` können beliebige Formen annehmen (`reshape`), und sämtliche Operationen darauf wirken elementweise; inklusive der Multiplikation. Für Matrixmultiplikation von `arrays` verwendet man die `dot`-Funktion oder benutzt den Datentyp `matrix`. `arrays` kann man von oder nach Binär- oder Textdateien speichern und somit an die reale Welt ankoppeln.

- Als Anwendungen von `array` haben wir ein paar ihrer Methoden und Funktionen beispielhaft gezeigt. Spezielle Anwendungen waren: Gleichungssysteme mit Matrixarithmetik lösen, die Nullstellen eines Polynoms numerisch herausfinden, eine Fourier-Transformation berechnen und aus der linearen Algebra eine Matrix mittels SVD zerlegen.

- `scipy` ist eine Erweiterung, die auf `numpy` fußt. Es ist eine Package-Sammlung, die an verschiedene hochperformante numerische Bibliotheken ankoppelt (wie etwa FFTW3, UMFPack, LAPACK etc.). Sie bietet Packages an zur Verarbeitung von Bildern, Signalen, zur linearen Algebra, zum Lösen von Gleichungssystemen, zum Umgang mit dünn besetzten Matrizen etc.

- Als Anwendung haben wir das Lösen eines linearen Gleichungssystems, bei dem die Koeffizientenmatrix groß und dünn besetzt war, vorgeführt. Wir sahen, dass dies vom Rechenaufwand her viel schneller zur Lösung führt als mit vollbesetzten Matrizen.

Professionelle 2D-Graphen mit `matplotlib` (a.k.a. `pylab`):

- Mit dem `matplotlib`-Package erhält man das `pylab`-Modul. Dieses erstellt professionell aussehende 2D-Graphen aus Koordinatenpaaren, die in `numpy`-Arrays (vom Typ `array`) vorberechnet wurden.

- `pylab` hat eine ähnliche Syntax wie Matlab, so dass die Umstellung nicht zu schwer fallen wird.

- Man kann `pylab` programmatisch oder in der Python-Shell (am besten *ipython*) interkativ einsetzen. Zum Lieferumfang von `matplotlib` gehört ein interaktiver Graphviewer, der Graphen in PS, EPS, SVG, BMP und PNG speichern kann.

Es bleibt zu erwähnen, dass all diese Komponenten (`sympy`, `numpy`, `scipy`, `matplotlib` und andere) zu einem integrierten Mathematiksystem ähnlich den bekannten kommerziellen Systemen kombiniert werden können. Das ist das Ziel des `SAGE`-Projekts unter `http://www.sagemath.org/`; mit dem Versuch, in Pyrex eine mathematische »Eier legende Wollmilchsau« zusammenzustellen.

Stichwortverzeichnis

open source library

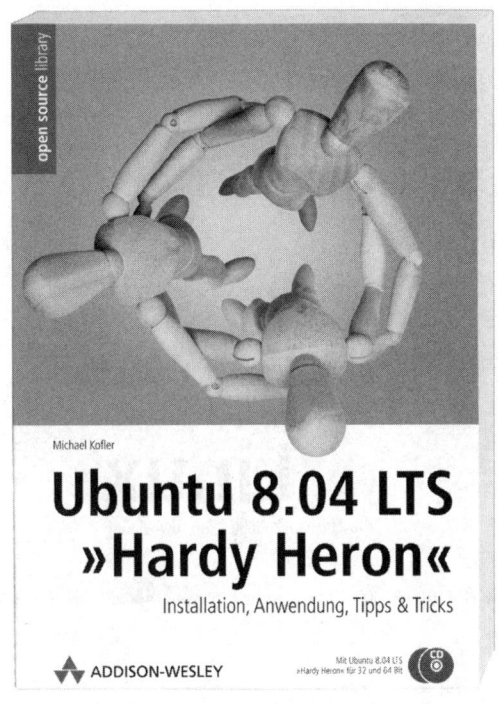